2021 HUAIBEI NIANJIAN

淮北年鉴

中石题

中共淮北市委党史和地方志研究室　编

方志出版社
Publishing House of Local Records

图书在版编目（CIP）数据

淮北年鉴.2021 / 中共淮北市委党史和地方志研究室编.-- 北京：方志出版社，2021.9

ISBN 978-7-5144-4859-7

Ⅰ.①淮… Ⅱ.①中… Ⅲ.①淮北—2021—年鉴 Ⅳ.① Z525.43

中国版本图书馆 CIP 数据核字 (2021) 第 211677 号

淮北年鉴（2021）

编　　者：中共淮北市委党史和地方志研究室
责任编辑：李晓晓

出 版 者：方志出版社
地址　北京市朝阳区潘家园东里 9 号（国家方志馆 4 层）
邮编　100021
网址　http://www.zgfzcb.cn
发　　行：方志出版社发行中心
电话（010）67110500
经　　销：各地新华书店
印　　制：济南书来书往印刷有限公司

开　　本：889mm × 1194mm　1/16
印　　张：25.5
字　　数：829 千字
版　　次：2021 年 9 月第 1 版　2021 年 9 月第 1 次印刷
印　　数：0001 ~ 1000 册

ISBN 978-7-5144-4859-7　定　价：300.00 元

淮北市地方志编纂委员会

《淮北年鉴》编辑部

编辑说明

一、《淮北年鉴（2021）》以马克思列宁主义、毛泽东思想、邓小平理论、“三个代表”重要思想、科学发展观、习近平新时代中国特色社会主义思想为指导，坚持辩证唯物主义和历史唯物主义的立场、观点和方法，记载2020年淮北市经济社会发展和党的建设等情况，为党政机关和社会各界人士了解淮北、研究淮北提供基本信息资料，为续修地方综合志书积累资料。

二、《淮北年鉴》是系统记述淮北市自然、政治、经济、文化、社会等方面情况的年度资料文献，是具有信息性、实用性的工具书。从2000年始，每年编辑1卷，本卷为第22卷。

三、《淮北年鉴（2021）》采用分类编辑法，设类目、分目、条目3个层次，条目为记述的基本单位。条目标题加【 】。全书设特载、专记、大事记、市情概览、中国共产党淮北市委员会、淮北市人民代表大会、淮北市人民政府、中国人民政治协商会议淮北市委员会、中共淮北市纪律检查委员会 淮北市监察委员会、民主党派、群众团体、法治、军事、开发园区·招商、工业、农业与农村工作、住房与城乡建设、环境·资源、交通·通信、商贸服务、财税、金融、综合经济管理、教育、科学技术、文化·旅游·体育·传媒、卫生、社会民生、县区概况、人物、附录31个类目。

四、《淮北年鉴（2021）》记述时限为2020年1月1日至2020年12月31日。为突出年鉴的实效性，卷首专题图片中的部分图片、特载中的“市委常委会工作报告”“政府工作报告”选用了2021年资料。

五、《淮北年鉴（2021）》稿件资料、图片均由全市各相关部门、单位提供，并经各撰稿单位领导人审核。撰稿人员在词条后署名。

六、《淮北年鉴（2021）》中计量单位执行国家标准《国际单位制及其应用》（GB 3101—1993），少数非统计意义的计量单位仍用市制。由于来源、统计方法或口径不同，不同部门提供的同项数据或有不一致的，以统计部门公布的数据为准。

淮北市行政区划图

淮北市新冠肺炎疫情防控

淮北市全面建设小康实录

内部用图

淮北市行政区划图

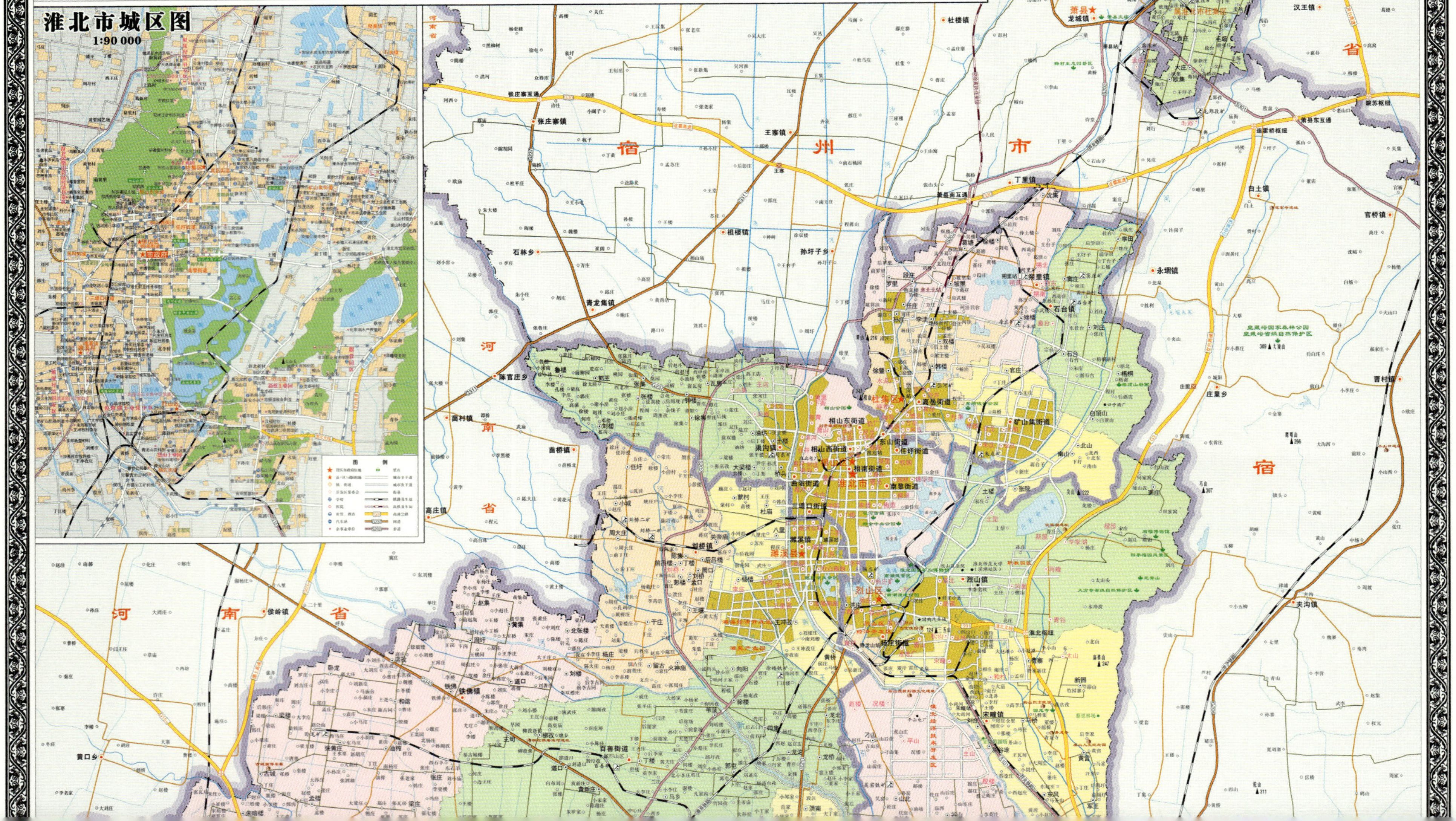

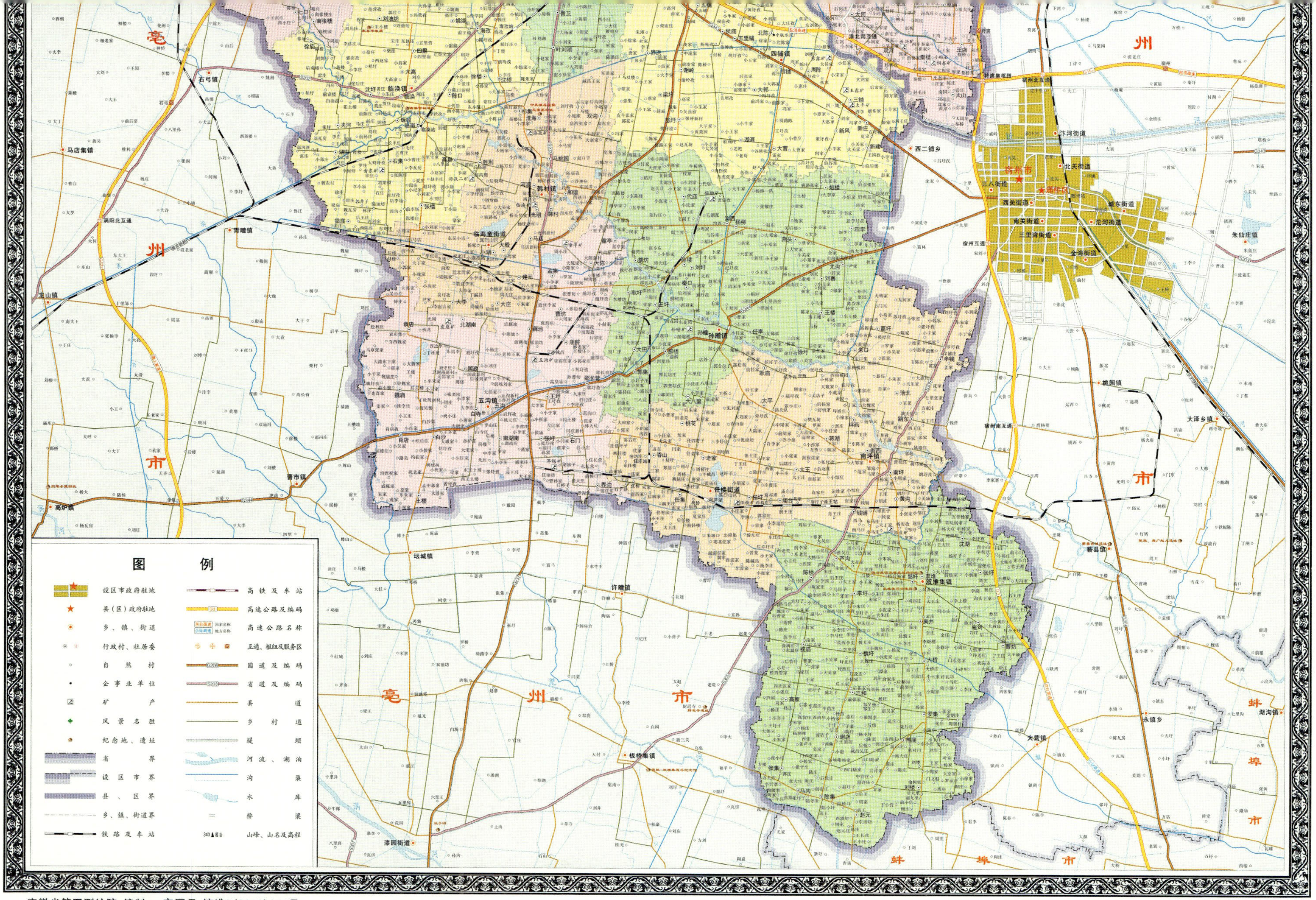

安徽省第四测绘院 编制　审图号:皖淮S(2018)001号

二〇一八年九月

淮北市新冠

肺炎疫情防控

2020年，淮北市先后派出4批次、28名医护人员参加援鄂医疗队，他们临危受命，冲锋在前、英勇奋战，用行动诠释了白衣天使救死扶伤的崇高精神。与此同时，全市广大干部群众万众一心、众志成城，共同抗击疫情。医务工作者、机关党员干部、公安民警、社区工作人员、志愿者、新闻工作者等，做到迅速响应和统一行动，精诚合作、协同作战，形成抗击疫情的坚强力量，共同书写了感天动地的壮丽篇章！

◇ 2020年2月12日，濉溪县首批驰援武汉医疗队出征　（黄鹤鸣　摄）

◇ 2020 年 4 月 14 日，淮北市举行援鄂医疗队返淮北欢迎仪式　（市传媒中心　供图）

最美逆行者

淮北市援鄂医务人员名单

孙　伟	牛小群	刘添添	王金玲
张　莉	陈建新	樊　磊	刘丽媛
蔡莉莉	姚蕊芹	李建桥	吴运虎
梁敏安	秦汝玲	朱远远	伊艳梅
王　娟	董昌梅	丁　一	吴　芳
葛晓莉	刘　菊	庞雅君	杨路路
邓珍珍	周　薇	徐晓中	徐　欢

◇ 2020年12月13日，市委书记张永（前排左一）在相山路菜市场调研疫情防控和市场供应工作 （陈文骁 摄）

◇ 2020年1月26日，淮北交警全力防守，筑牢疫情防控防线 （万善朝 摄）

◇ 2020年2月3日，淮北市开展防疫大消杀行动 （万善朝 摄）

◇ 2020年2月4日，市城管环卫工人坚守工作一线 （陈文骁 摄）

◇ 2020 年 1 月 30 日，濉溪县南坪镇街西村党员志愿者在街头宣传防疫知识 （濉溪县 供图）

◇ 2020 年 3 月 1 日，市城管工作人员为环卫工人发放《淮北市环卫工人防控新冠肺炎知识手册》

（陈文骁 摄）

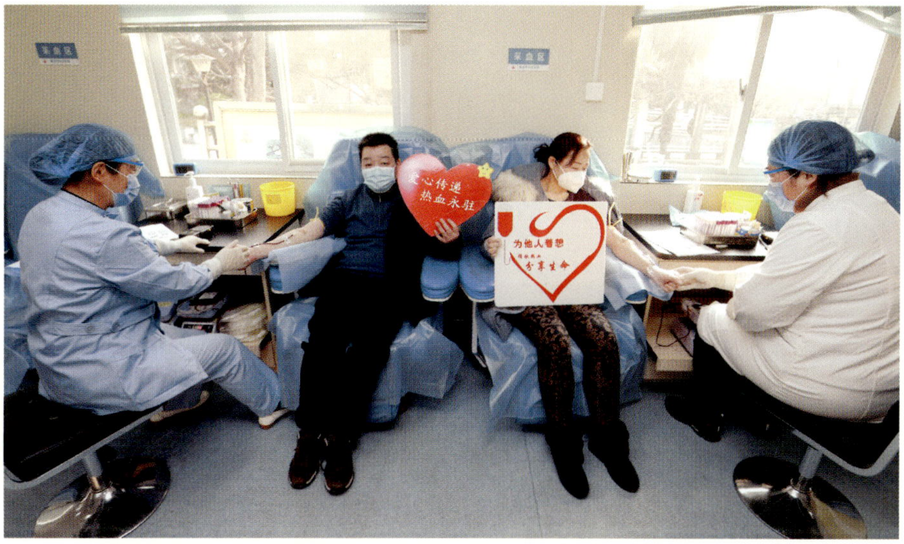

◇ 2020 年 2 月 6 日，市民在相山路工会献血屋爱心献血 （万善朝 摄）

◇ 2020 年 3 月 11 日，淮北凤凰山农贸城向相山区新冠肺炎疫情防控应援指挥部捐赠生活物资

（陈文骁 摄）

◇ 2020 年，淮北市统筹做好疫情防控和农业生产 （黄鹤鸣 摄）

◇ 2020 年 2 月 14 日，淮北市举行“淮优”农产品进社区保供应抗疫情新闻发布会
（市农业农村局 供图）

◇ 2020 年 2 月 24 日，淮北新兴皇苑制衣有限公司复工生产医用防护服

（万善朝 摄）

◇ 2020 年 4 月 23 日，安徽曦强乳业集团有限公司开展生产自救

（梅月 摄）

◇ 2020 年 1 月 26 日，相山区市场监督管理局工作人员走访商户 （陈文骁 摄）

◇ 2020 年 11 月 23 日，相山区市场监督管理局严查冷链食品安全 （黄鹤鸣 摄）

淮北市全面

建设小康实录

◇ 2020 年 12 月 27 日，市委书记张永（右二）深入濉溪县百善镇走访贫困户 （陈文骁 摄）

◇ 2020 年 10 月 10 日，市委副书记、市长覃卫国（右二）调研濉溪县蔬菜种植产业扶贫基地 （梅月 摄）

脱贫攻坚

◇ 2020 年，烈山区榴园村发展壮大石榴产业，并积极发展旅游业 （郝士宝 摄）

◇ 2020 年 9 月 12 日，贫困户和村民在濉溪县韩村镇扶贫产业园内采摘葡萄 （万善朝 摄）

◇ 2020 年 9 月，烈山区黄营灵枣喜获大丰收 （王圆圆 摄）

◇ 2020 年，濉溪县发展养牛业，带动村民共同致富 （张红心 摄）

◇ 2020 年，濉溪县刘桥镇推进光伏扶贫项目进村入户 （陈庭亚 摄）

◇ 2020年11月，濉溪县四铺镇周陈村扶贫车间加工服装订单

（岳建文　摄）

◇ 2020年4月，“公益助农 与爱同行”直播活动在濉溪县铁佛镇黄集村绿金花卉基地开播

（濉溪县铁佛镇　供图）

◇ 2020年，脱贫户领取脱贫光荣证

（市乡村振兴局　供图）

◇ 2020年9月，濉溪县双堆集镇邹圩村扶贫专干走访脱贫户　（冯树风　摄）

◇ 2020 年 9 月，濉溪县双堆集镇双堆村实施危房改造项目 （梅月 摄）

◇ 2020 年 4 月，濉溪县临涣镇沈圩村村民用上安全放心水 （万善朝 摄）

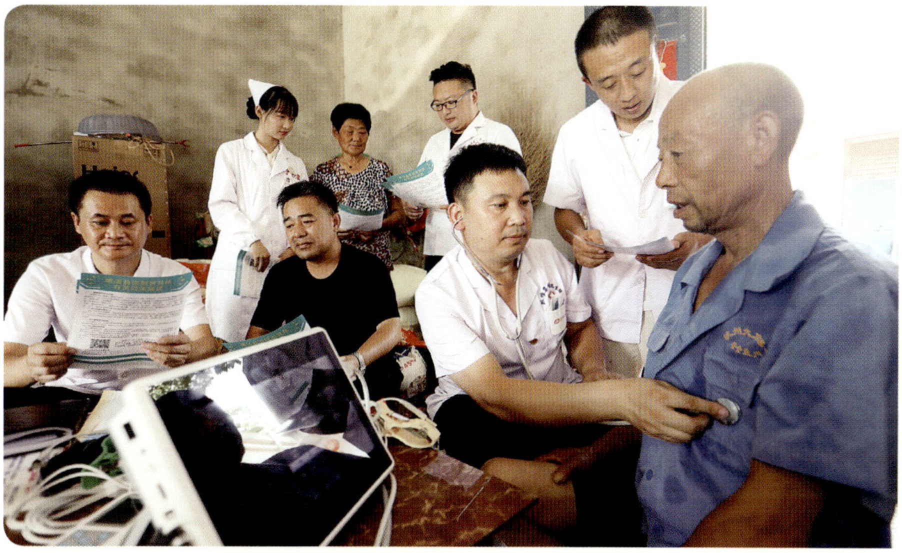

◇ 2020 年 6 月，濉溪县双堆集镇邹圩村家庭医生入户免费检查 （冯树风 摄）

◇ 2020 年，濉溪县临涣镇创新打造“茶馆＋阵地”扶贫扶志模式 （市乡村振兴局 供图）

◇ 淮北申皖发电有限公司 （岳建文 摄）

◇ 安徽陶铝新材料研究院 （岳建文 摄）

◇ 优耐德引发剂（淮北）有限公司生产车间 （万善朝 摄）

◇ 安徽力普拉斯电源技术有限公司生产车间

（万善朝 摄）

◇ 安徽超宇磁电科技有限公司生产车间

（岳建文 摄）

◇ 安徽美信铝业有限公司生产车间

（高墨翰　摄）

◇ 华孚时尚股份有限公司细纱车间

（岳建文　摄）

◇ 安徽金鸿盛电气有限公司空调生产线

（岳建文　摄）

◇ 金龙机电（淮北）有限公司生产车间

（万善朝　摄）

◇ 安徽力幕新材料科技有限公司生产车间　（万善朝　摄）

◇ 安徽华润金蟾药业股份有限公司生产车间
（万善朝　摄）

◇ 安徽口子酒业股份有限公司东关分厂生产车间
（岳建文　摄）

◇ 淮北高新技术开发区 （岳建文 摄）

◇ 相山经济开发区 （万善朝 摄）

◇ 濉溪经济开发区　（黄鹤鸣　摄）

◇ 安徽（淮北）新型煤化工合成材料基地　（黄鹤鸣　摄）

◇ 淮北万达广场
（黄鹤鸣　摄）

◇ 2020 年，淮北市商品市场供应充足
（陈文骁　摄）

◇ 2020 年，隋唐运河古镇夜市点亮城市“夜经济”　（陈文骁　摄）

◇ 2020 年 11 月 17 日，烈山区烈山镇蒋疃社区旅游风景特色商业街建成　（岳建文　摄）

◇ 2020 年，濉溪县百善镇大力发展休闲观光农业　（王圆圆　摄）

◇ 2020 年，烈山区发展特色种植业，振兴乡村旅游　（马辉　摄）

◇ 2020 年 9 月 16 日，淮北—宁波港海铁联运首发仪式　（岳建文　摄）

◇ 淮北站夜景　（市传媒中心　供图）

◇ 2020 年 6 月 1 日，创新大道东段暨泉山隧道正式通车 （万善朝 摄）

◇ 濉溪县铁佛镇境内的高速岳集互通枢纽 （陈庭亚 摄）

◇ 南坪港 （刘红岩 摄）

社会民生

◇ 2020 年 10 月 28 日，杜集区段园中心学校举办书法大赛，弘扬传统文化 （梅月 摄）

◇ 2020 年 10 月 10 日，濉溪县百善镇国防科技园举办学育活动
（岳建文 摄）

◇ 2020 年 12 月 7 日，“光大云缴费杯”全国羽毛球后备人才基地羽毛球比赛总决赛在淮北市举办
（市传媒中心 供图）

◇ 2020 年 6 月 18 日，淮北市人民医院与相山区签约组建紧密型城市医联体

（李春辉　摄）

◇ 2020 年 10 月 22 日，淮北市黎苑社区综合为老服务中心启动仪式举行

（王友祥　摄）

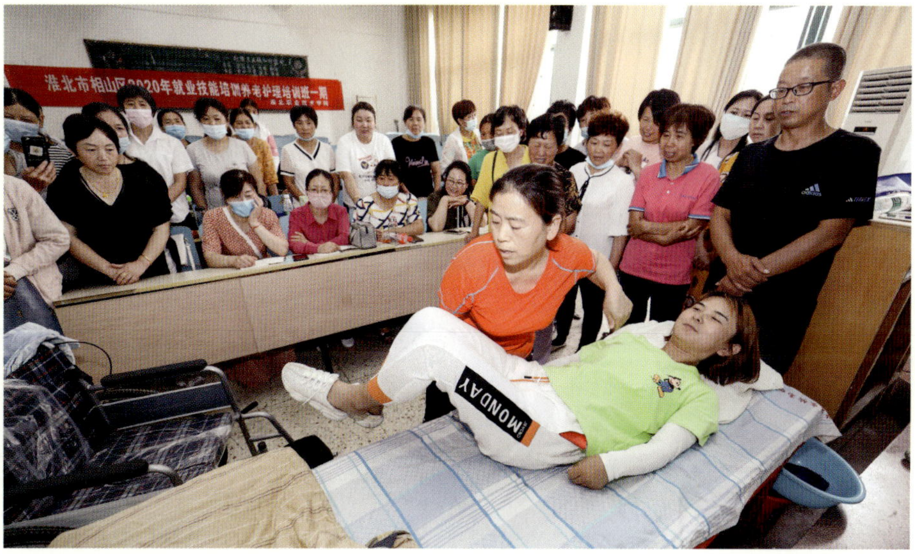

◇ 2020 年 7 月 21 日，淮北职业技术学院开展技能培训

（陈文骁　摄）

◇ 2020 年 1 月 19 日，相山区举办“春风行动”暨就业援助月专场招聘会 （万善朝 摄）

◇ 2020 年 5 月 19 日，淮北市“三社联动”社区试点项目落户安康社区 （梅月 摄）

◇ 2020 年 4 月 16 日，源创客众创空间被确定为国家备案众创空间单位 （王开东 摄）

◇ 2020 年 6 月，市公安机关为考生开辟居民身份证办理“绿色通道”
（市公安局　供图）

◇ 2020 年 6 月 18 日，禁毒小课堂在濉溪县郭屯村开讲　（张锋　摄）

◇ 2020 年，淮北市推行“一组一会　五治融合”党建引领基层治理模式
（市委组织部　供图）

◇ 2020年9月5日，第二届无锡大运河文化旅游博览会淮北馆 （黄鹤鸣 摄）

◇ 2020年10月1日，淮北市举行庆国庆暨庆祝建市60周年群众文艺演出 （冯树风 摄）

◇ 2020年，淮北国际半程马拉松获评安徽十大品牌马拉松及路跑赛事 （黄鹤鸣 摄）

◇ 2020年10月，淮北市第十一届石榴文化旅游节举办 （冯树风 摄）

◇ 2020年1月17日，相山区西街道体育社区开展“我们的节日”活动 （冯树风 摄）

◇ 2020年1月13日，“非遗过大年·文化进万家”系列活动在濉溪县临涣镇启动 （黄鹤鸣 摄）

◇ 2020年9月11日，濉溪县2020年民生工程·送戏进万村演出活动 （万善朝 摄）

◇ 2020 年 8 月 28 日，“文旅融合·点亮相城”淮北市文化惠民消费季开幕 （万善朝 摄）

◇ 2020 年 7 月，淮北市首个退役军人主题文化公园建成投用 （陈文骁 摄）

◇ 2020 年 9 月 30 日，淮北市城市展示馆、淮北市档案馆开馆 （黄鹤鸣 摄）

生态文明

◇ 相山公园　（王圆圆　摄）

◇ 淮北城市风光　（黄鹤鸣　摄）

◇ 乾隆湖风光 （缑军 摄）

◇ 2020年，烈山区修复烈山、卧牛山破损山体，利用废弃采石矿坑建成天街风景区
（黄鹤鸣　摄）

◇ 2020年，老濉河水生态环境综合整治成效明显
（冯树风　摄）

◇ 凤栖湖　（陈庭亚　摄）

◇ 2020 年 8 月，相山区东街道民生社区开展“公筷公勺，共建文明餐桌”主题活动　（冯树风　摄）

◇ 2020 年 9 月 2 日，相山区西街道新华社区联合淮北市第二实验小学童心有爱公益服务队开展“垃圾分类伴我行”　（冯树风　摄）

全面深化改革

◇ 2020 年，淮北市在全省率先研发上线"一网惠企"平台　（王思远　摄）

◇ 2020 年，淮北市推进"一网一门一次"改革，不断提升"互联网 + 政务服务"工作水平

（岳建文　摄）

◇ 2020 年，市自然资源和规划局不动产登记中心全面推行不动产登记"全市通办"

（市自然资源和规划局　供图）

◇ 淮北市市县媒体深度融合发展相关做法入选中宣部2020年度《宣传思想文化工作案例选编》，图为市融媒体指挥调度平台
（市传媒中心　供图）

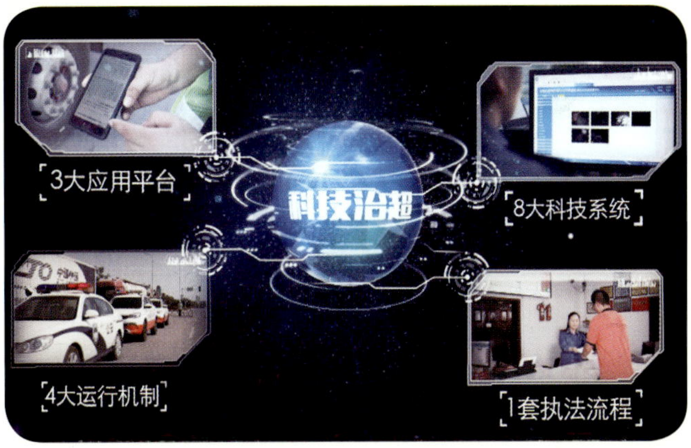

◇ 2020年，淮北市“科技治超”地方标准填补国内空白
（市交通运输局　供图）

◇ 2020年，市民凭“信用”免费借阅图书

261个地级市综合信用指数（TOP 50）

排名	城市名称	综合指数	省份
19	肇庆市	87.04	广东
20	辽阳市	86.97	辽宁
21	淮北市	86.95	安徽
22	珠海市	86.52	广东
23	舟山市	86.40	浙江
24	鞍山市	86.38	辽宁

◇ 2020年，信用中国网站发布城市信用排名，淮北市列第21名

◇ 绿金湖圆梦岛 （黄鹤鸣 摄）

◇ 淮北市夜景 （王岩 摄）

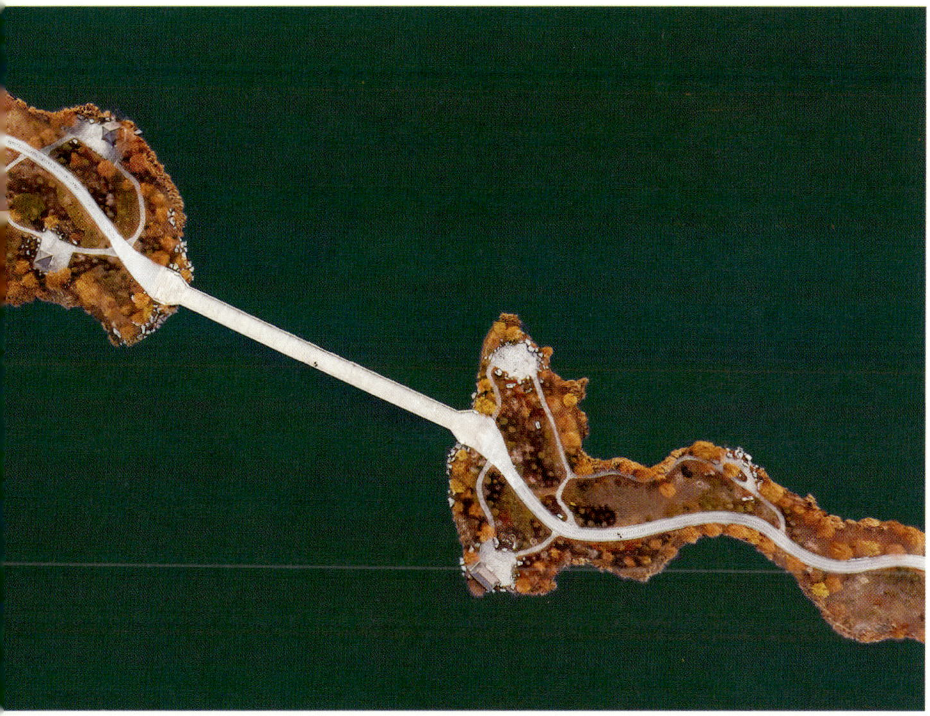

◇ 南湖公园颐和桥　（刘红岩　摄）

光明日報

GUANGMING RIBAO

2020年6月20日　星期六　农历庚子年闰四月廿九　今日12版

光明网网址：http://www.gmw.cn　国内统一连续出版物号CN 11-0026　代号1-16　第25708号

在习近平新时代中国特色社会主义思想指引下——新时代新作为新篇章

深改湖，浅造田，不深不浅种藕莲

——安徽淮北探索资源枯竭型城市转型之路

本报记者　常　河

6月10日，73岁的李本营和88岁的孙凤城拎着小马扎，从小区溜达到新城体育公园，只用了不到5分钟时间。5年前，他们还是安徽省淮北市濉溪县刘桥镇小城村的农民。如今，像李本营这样的农民进了"统建统分"的高标准楼房。"水电气都和城里一样，家门口就是公园和社区服务站，舒坦得很。"李本营告诉记者，"我每天晚上都喝两杯小酒，睡得可踏实了。"

淮北是全国13个重点煤炭基地之一，"缘煤而兴，因煤而建"。淮北市建市60余年来，累计为国家供应原煤近10亿吨，为华东乃至中国工业和城市发展提供了动能。而另一方面，采煤塌陷让城市水洼遍地、伤痕累累，制约高质量发展。

资源枯竭型城市的经济转型一直是个世界性难题，2009年淮北市被认定为国家第二批资源枯竭型城市，10年后的2019年，淮北荣获中华环境优秀奖。淮北是如何转型升级，从困境中突围的？

抓住"生态修复"这个关键

"淮北建市60年，采煤沉陷区治理时间长达30多年。"淮北市市长戴启远感慨地说，"没有高品质的国土空间就没有高质量的发展空间。"戴启远告诉记者，淮北市一任接着一任干，以"依托煤、延伸煤、逾越煤"为中心，进行工业结构调整和转型升级，以采煤沉陷区治理为突破口，探索形成"深改湖，浅造田，不深不浅种藕莲"稳建厂，沉修路，半稳半沉栽上树"的综合治理模式，努力把历史包袱变成发展财富。

6月3日，杭州园林设计院工程师刘志聪正在淮北市杜集区朔西湖工地上忙碌。这里原来是朔里煤矿塌陷区，一年后，将建成1.5万亩的皖北最大湿地休闲公园。

朔里因汉代文学家东方朔曾在此居住而得名。刘志聪记得，他们刚来的时候，这里是半抛荒的农田和"野湖"。他们把杭州西溪湿地的设计理念和淮北"汉文化"与"煤文化"元素结合起来，建成后有"梅花堤"、露天采煤博物馆、淮北民宿馆等各种主题休闲区。"这里原汁原味地保留着因为沉陷屋顶浮在水面的民居，游客等于穿越'时光隧道'，感受到工业时代的气息和印记。"刘志聪说。

淮北市因长期煤炭开采造成的资源锐减和生态破坏，特别是采煤沉陷区面积大、分布广，成为城市最深"伤疤"、发展最重"难题"和民生最大"痛点"。

经过多年探索，淮北市充分利用"水"与"地"的自然优势，做精"水"文章、"地"文章，按照"宜耕则耕、宜渔则渔、宜水则水、宜林则林、宜建则建"的原则，治理可利用土地，恢复生态环境，破解沉陷深浅不一、时间不一的治理和开发难题，形成六种综合治理利用模式。

淮北市对沉陷区深挖造湖，建设4个生态公园，全市湿地保护率达39.1%，形成"一带双城三青山、六湖九河十八湾"的"淮北江南"风貌。南湖治理连片沉陷水面7000余亩，形成总面积2.1平方公里的国家城市湿地公园。绿金湖项目投入26亿元，总治理面积3.61万亩，成为目前全国地级市城区面积最大的人工内湖。

无论领导怎么换，生态修复接着干。从20世纪90年代开始，淮北市通过生态修复，实施河湖联通工程，打造了南湖4A景区和中湖、东湖等生态公园，使一个煤炭工业城市焕然一新。近年来，淮北大力植树造林，把20万亩的石质山都披上了绿装，把过去的采煤沉陷区建成了湿地公园。同时，淮北市域2741平方公里做了全域规划，对城市进行了总体规划，"一半山水一半城，山水在城中，城在山水中"，淮北已成为国家园林城市和绿化模范城市。

坚持"以人民为中心"的发展理念

在濉溪县刘桥镇扶贫产业园，曾经的贫困户刘钦利给记者算了一笔账："俺家7亩地流转给产业园种葡萄，土地流转年收入7500元，俺两口子在葡萄园打工年收入2.4万元，2016年俺家就脱贫了。"

曾经，刘桥镇是浅层沉陷区。淮北市"挖高填低"、平整土地，增加有效耕地面积，实现"田成方、路相通、沟相连、林成网、旱能灌、涝能排"，使沉陷土地重新变成沃土良田。

（下转3版）

◇ 2020年6月20日，《光明日报》头版头条报道

城市荣誉

CHENGSHI RONGYU

全国节约用水先进城市

全国土地复垦整理示范区

全国卫生先进城市

全国创建文明城市先进城市

全国园林绿化先进城市

国家园林城市

全国未成年人思想道德建设工作先进城市

全国资源枯竭转型试点城市

国家知识产权试点城市

中国特色魅力城市 200 强

全国创建学习型家庭示范城市（城区）

全国科技进步先进市

全国无偿献血先进城市

全国创业先进城市

全国文化体制改革工作先进地区

全国国土绿化突出贡献单位

全国无障碍建设先进城市

全国节水型社会建设示范区

国家智慧城市试点市

全国社会组织建设创新示范区

国家中小城市综合改革试点市

全国双拥模范城

全国绿化模范城市

国家创建信用体系建设示范城市

全国文明城市

全国创建幸福家庭活动示范城市

中国绿色发展优秀城市

全国生态修复城市修补试点城市

国家低碳城市试点市

国家气候适应型城市建设试点市

中国城市治理智慧化优秀奖

全国社会信用体系建设示范城市

中华环境优秀奖

国家森林城市

目　录

特　载

市委常委会工作报告
——在市委八届十三次全会上的报告 …… 1
政府工作报告
——在淮北市第十六届人民代表大会第五次会议上的报告 …… 9

专　记

淮北市“十三五”时期经济社会发展 …… 21
淮北市脱贫攻坚 …… 24
淮北市新冠肺炎疫情防控 …… 28

大事记

1 月 …… 31
2 月 …… 32
3 月 …… 33
4 月 …… 35
5 月 …… 37
6 月 …… 38
7 月 …… 40
8 月 …… 42
9 月 …… 44
10 月 …… 46
11 月 …… 49
12 月 …… 52

市情概览

自然地理 …… 54
位置面积 …… 54
地形地貌 …… 54
气象与气候 …… 55
自然资源 …… 57
历史人文 …… 58
建置沿革 …… 58
行政区划 …… 58
人口 …… 59
民族 …… 60
历史名人 …… 60
方言 …… 60
市花市树市歌 …… 60
国民经济和社会事业 …… 60
国民经济发展 …… 60
社会事业 …… 62

中国共产党淮北市委员会

综述 …… 64
概况 …… 64
学习教育 …… 64
疫情防控 …… 64
精准扶贫 …… 65

战新产业提质增效 ……………………………65
举办纪念建市 60 周年系列活动 ……………65
重要会议……………………………………… 65
市委八届十二次全体会议 …………………65
市委常委会会议 ……………………………65
市委常委会扩大会议 ………………………68
“不忘初心、牢记使命”主题教育总结会议 ……………………………………………68
新冠肺炎疫情防控专题会议 ………………69
“抗补促推”专项行动工作部署会议 ……69
深化“三个以案”警示教育动员部署会 ……………………………………………69
市委常委会专题民主生活会 ………………69
重要活动……………………………………… 69
省委书记李锦斌到濉溪县调研 ……………69
省委副书记、省长李国英到淮北市调研 ……………………………………………70
签订陶铝新材料产业合作发展框架协议 ……………………………………………70
陶铝新材料产业发展建议座谈会 …………70
“六稳”重大项目集中开工现场推进会在淮北举行 ……………………………………70
省市长协会二届五次理事会举行 …………70
长三角青年企业家淮北行活动举行 ………70
组织建设……………………………………… 71
概况 …………………………………………71
基层组织建设 ………………………………72
干部队伍建设 ………………………………72
干部选拔任用 ………………………………73
干部监督管理 ………………………………73
干部教育培训 ………………………………73
人才工作 ……………………………………73
村党组织书记示范培训班 …………………74
宣传思想工作………………………………… 74
概况 …………………………………………74
意识形态工作 ………………………………74
理论武装工作 ………………………………75
理论宣讲 ……………………………………75
重大主题宣传报道 …………………………75
媒体宣传 ……………………………………75
社会主义核心价值观培育 …………………75
融媒体建设 …………………………………76
文化产业发展 ………………………………76
文艺精品创作 ………………………………76
公共文化服务 ………………………………76
社科联工作 …………………………………77
统一战线……………………………………… 77
思想政治引领 ………………………………77
民主党派和党派代表人士工作 ……………77
社会服务活动 ………………………………78
非公经济领域统战 …………………………78
新的社会阶层人士统战工作 ………………78
民族宗教事务 ………………………………78
政策研究……………………………………… 79
概况 …………………………………………79
决策信息服务 ………………………………79
课题调研 ……………………………………79
深化改革探索 ………………………………80
党建工作 ……………………………………80
财经工作 ……………………………………80
党刊编印 ……………………………………80
机构和人员编制管理………………………… 81
机构职能体系建设 …………………………81
综合执法改革 ………………………………81
清单制度体系建设 …………………………81
事业单位改革 ………………………………81
深化编制周转池制度建设 …………………81
市直机关党建………………………………… 82
概况 …………………………………………82
全省机关党建工作研讨会在淮北召开 ……82
机关党的政治和思想建设 …………………82
基层党组织建设 ……………………………82
机关党员队伍建设 …………………………82
机关党风廉政建设 …………………………83

党建信息化建设 ……83
党建品牌培育 ……83
模范机关建设 ……83
志愿帮扶工作 ……83
巡察工作……84
深化政治巡察 ……84
巡察全覆盖 ……84
巡察上下联动 ……84
巡察成果运用 ……84
巡察队伍建设 ……84
老干部工作……84
概况 ……84
离退休干部党建工作 ……84
老干部政治待遇落实 ……85
老干部生活待遇落实 ……85
老干部活动平台建设 ……85
老干部优势发挥 ……86
关心下一代工作 ……86
文明创建……86
概况 ……86
新时代文明实践中心建设 ……87
未成年人思想道德建设 ……87
群众性精神文明创建 ……88
志愿服务 ……88
农村精神文明建设 ……89
目标管理与督查……89
制定年度目标任务 ……89
督查工作 ……89
网友留言督办 ……89
议案建议提案落实与办理 ……89
党校教育……90
理论宣讲 ……90
教育培训 ……90
理论研究 ……90
科研资政 ……90
党史　地方志……91
党史编研 ……91
地方志工作 ……91
地情资源开发与利用 ……92
史志资政研究 ……92
史志宣传教育 ……92
史志信息化建设 ……92
档案工作……92
概况 ……92
依法治档 ……93
档案业务指导 ……93
档案征集 ……93
档案利用 ……94
档案新馆建设 ……94
档案数字化建设 ……94
保密工作……94
保密教育 ……94
保密宣传 ……95
保密检查 ……95
保密监管 ……95

淮北市人民代表大会

综述……96
概况 ……96
人事任免 ……96
信息宣传工作 ……96
人大信访 ……96
创新会议审议工作 ……97
重要会议……97
市十六届人大第三次会议 ……97
市十六届人大第四次会议 ……98
市十六届人大常委会会议 ……98
立法与监督……99
立法工作 ……99
法治监督 ……100
经济监督 ……100
预算监督 ……101
城建环资监督 ……101

教科文卫监督 …… 101
民生实事监督 …… 102
农业与农村工作监督 …… 102
人大代表工作 …… 103
代表选举 …… 103
人大代表活动 …… 103
代表建议办理 …… 103

淮北市人民政府

综述 …… 105
概况 …… 105
实体经济稳步发展 …… 105
打好三大攻坚战 …… 106
产业升级持续加快 …… 106
统筹城乡融合发展 …… 106
深化改革扩大开发 …… 106
服务政府 …… 107
文稿服务 …… 107
政务公开 …… 107
简政放权 …… 107
政务信息 …… 108
重要会议 …… 108
市政府常务会议 …… 108
市政府第三次廉政会议 …… 110
市长热线 …… 111
市长热线受理与办理 …… 111
网络问政平台建设 …… 111
外事工作 …… 111
概况 …… 111
外事管理与服务 …… 111
对外友好交流 …… 111
对外经贸交流 …… 112
经济发展与研究工作 …… 112
课题调研 …… 112
文稿工作 …… 112
政务服务 …… 112
概况 …… 112
行政审批 …… 112
优化服务环境 …… 113
规范监督和管理体系 …… 113
政务信息资源整合共享 …… 113
引导大数据产业发展 …… 114
机关事务管理 …… 114
公务用房管理 …… 114
公务用车管理 …… 114
公务接待管理 …… 114
信访 …… 115
概况 …… 115
领导干部接访下访 …… 115
信访积案化解 …… 115
信访受理 …… 116
扶贫开发 …… 116
概况 …… 116
内设机构改革 …… 116
“抗补促推”专项行动 …… 116
“两不愁三保障”及饮水安全 …… 116
扶贫项目资金 …… 117
产业就业扶贫 …… 117
防范返贫 …… 117
消费扶贫 …… 117
就业脱贫 …… 118
扶贫“四个清零”行动 …… 118
精准帮扶 …… 118
壮大村级集体经济 …… 118
中央脱贫攻坚专项巡视整改 …… 119
扶贫干部教育培训 …… 119
脱贫攻坚典型宣传 …… 119
应急管理 …… 120
防灾减灾救灾 …… 120
自然灾害和火灾防治 …… 120
应急值守与演练 …… 120

淮北应急广播 …… 120

中国人民政治协商会议淮北市委员会

综述 …… 121
组织机构 …… 121
专题协商 …… 121
调研视察 …… 121
民主监督 …… 122
团结民主 …… 122
界别工作 …… 122
交流联谊 …… 122
重要会议 …… 123
政协淮北市第十届委员会第三次会议 …… 123
政协常委会议 …… 123
政协各专门委员会工作 …… 124
提案委员会 …… 124
经济委员会 …… 124
农业和农村委员会 …… 124
人口资源环境委员会 …… 124
教科卫体委员会 …… 124
社会和法制委员会 …… 124
民族宗教和外事委员会 …… 125
文化文史和学习委员会 …… 125
政协日常工作 …… 125
创新协商平台 …… 125
提案工作 …… 125
“智慧政协”建设 …… 125

中共淮北市纪律检查委员会
淮北市监察委员会

综述 …… 127
概况 …… 127
纪检监察体制改革 …… 127
纪检监察队伍建设 …… 128
重要会议 …… 128
淮北市第八届纪律检查委员会第五次全会 …… 128
淮北市营商环境专项巡察反馈整改暨项目建设调度会 …… 128
党风政风监督 …… 128
“两个责任”落实 …… 128
政治监督 …… 129
作风建设 …… 129
整治不正之风 …… 129
巡察监督 …… 130
监督检查 …… 130
审查调查 …… 130
警示教育 …… 130
宣传教育与预防 …… 130

民主党派

中国国民党革命委员会淮北市委员会 …… 132
概况 …… 132
民革思想建设 …… 132
民革参政议政 …… 132
民革社会服务 …… 133
中国民主同盟淮北市委员会 …… 133
概况 …… 133
民盟思想建设 …… 133
民盟参政议政 …… 134
民盟社会服务 …… 134
中国民主建国会淮北市委员会 …… 134
概况 …… 134
民建思想建设 …… 135
民建参政议政 …… 135
民建社会服务 …… 135
中国民主促进会淮北市委员会 …… 136
概况 …… 136
民进思想建设 …… 136
民进参政议政 …… 136

民进社会服务 …… 136
中国农工民主党淮北市委员会…… 137
概况 …… 137
农工党思想建设 …… 137
农工党参政议政 …… 138
农工党社会服务 …… 138
中国致公党淮北市委员会…… 138
概况 …… 138
致公党思想建设 …… 138
致公党参政议政 …… 138
致公党社会服务 …… 139
致公党对外联络 …… 139
九三学社淮北市委员会…… 139
概况 …… 139
九三学社思想建设 …… 140
九三学社参政议政 …… 140
九三学社社会服务 …… 140

群众团体

淮北市总工会…… 141
概况 …… 141
工会思想引领 …… 141
工会组织建设 …… 141
劳动竞赛活动 …… 142
劳模服务 …… 142
职工帮扶 …… 142
职工维权服务 …… 142
职工劳动保护 …… 142
智慧工会建设 …… 143
先进表彰大会 …… 143
现场推进会 …… 143
共青团淮北市委员会…… 143
概况 …… 143
青少年思想引领 …… 143
基层团组织建设 …… 143
青年创业服务 …… 144
青年志愿服务 …… 144
青年帮扶工作 …… 144
少先队工作 …… 144
淮北市青少年宫 …… 144
淮北市妇女联合会…… 145
妇女思想引领 …… 145
巾帼建功行动 …… 145
妇女合法权益维护 …… 145
家庭家风建设 …… 146
妇女儿童关爱活动 …… 146
妇联基层组织建设 …… 146
淮北市科学技术协会…… 147
科普宣传 …… 147
青少年科技教育 …… 147
学术交流活动 …… 147
科普阵地建设 …… 148
淮北市归国华侨联合会…… 148
淮北市第三次归侨侨眷代表大会 …… 148
思想政治建设 …… 148
参与疫情防控 …… 148
服务地方经济发展 …… 148
海外文化交流 …… 149
开展慰问活动 …… 149
淮北市工商业联合会（总商会）…… 149
概况 …… 149
思想建设 …… 149
民营企业排序 …… 150
工商联参政议政 …… 150
工商联精准扶贫 …… 150
企业服务 …… 150
淮北市文学艺术界联合会…… 151
概况 …… 151
艺术创作成果 …… 151
文艺活动 …… 151
艺术交流 …… 152
中国国际贸易促进委员会淮北市委员会…… 152
服务企业 …… 152

扩大经贸合作平台 …… 152
对外经贸合作 …… 153
淮北市残疾人联合会 …… 153
概况 …… 153
残疾人康复服务 …… 153
残疾人就业扶持 …… 153
残疾人教育 …… 154
维护残疾人合法权益 …… 154
残疾人文体宣传 …… 154
淮北市红十字会 …… 154
人道救助 …… 154
应急救护 …… 154
红十字精神宣传 …… 154
捐献工作 …… 155

法　治

政法委及综治 …… 156
概况 …… 156
平安淮北建设 …… 156
社会治理 …… 156
执法监督 …… 156
扫黑除恶专项斗争 …… 156
政法队伍建设 …… 157
法治政府建设 …… 157
全面依法治市工作 …… 157
依法全面履行政府职能 …… 157
建设依法行政制度体系 …… 157
行政规范性文件合法性审查 …… 157
行政执法规范化建设 …… 158
构建权力运行制约体系 …… 158
化解社会矛盾纠纷 …… 158
公安 …… 158
优化法治营商环境 …… 158
守护社会平安 …… 159
严厉惩治犯罪活动 …… 159
刑事案件侦破 …… 159
经济案件侦破 …… 159
社会治安管理 …… 160
公安出入境管理 …… 160
监所管理 …… 160
交通秩序管理 …… 160
网络安全 …… 161
政务公开与便民服务 …… 161
公安执法规范化建设 …… 161
检察 …… 162
刑事案件检察 …… 162
民事案件检察 …… 162
行政案件检察 …… 162
公益诉讼检察 …… 162
市场经济秩序维护 …… 162
民营经济司法保障 …… 162
检务公开 …… 162
智慧检务 …… 163
法院 …… 163
概况 …… 163
司法服务与司法公开 …… 163
护航平安淮北 …… 163
民商事案件审判 …… 164
行政案件审判 …… 164
司法改革 …… 164
司法行政 …… 164
概况 …… 164
法治宣传 …… 164
法律服务 …… 165
社区矫正 …… 165
人民调解 …… 165
仲裁 …… 165

军　事

淮北军分区 …… 166
概况 …… 166
思想政治建设 …… 166

日常战备 …… 166
后勤保障建设 …… 166
国防教育 …… 166
学生军训 …… 166
军民共建 …… 167
武警淮北支队 …… 167
概况 …… 167
思想政治建设 …… 167
基层建设 …… 167
后勤保障 …… 167
拥政爱民 …… 168
人民防空 …… 168
概况 …… 168
人防基础建设 …… 168
人防应急演练 …… 168
人防宣传教育 …… 169

开发园区·招商

淮北高新技术开发区 …… 170
概况 …… 170
招商项目 …… 170
项目建设 …… 170
园区基础建设 …… 170
科技创新 …… 171
营商环境 …… 171
濉溪经济开发区 …… 172
概况 …… 172
项目建设 …… 172
科技创新 …… 172
园区发展 …… 173
安徽（淮北）新型煤化工合成材料基地 …… 173
概况 …… 173
项目建设 …… 173
科技创新 …… 174
园区发展 …… 174
濉溪芜湖现代产业园 …… 174
概况 …… 174
营商环境 …… 174
科技创新 …… 174
园区基础建设 …… 175
相山经济开发区 …… 175
概况 …… 175
项目建设 …… 175
科技创新 …… 175
园区建设 …… 176
营商环境 …… 176
杜集经济开发区 …… 177
概况 …… 177
园区建设 …… 177
项目建设 …… 177
营商环境 …… 177
烈山经济开发区 …… 178
概况 …… 178
园区建设 …… 178
招商引资 …… 179
概况 …… 179
招商活动 …… 179
精准招商 …… 179

工　业

综述 …… 181
概况 …… 181
工业强市建设 …… 181
供给侧结构改革 …… 181
“四基一高一大”产业推进 …… 181
传统产业升级改造 …… 181
民营经济发展 …… 182
企业经营环境建设 …… 182
工业化与信息化融合 …… 182
战略性新兴产业 …… 182
概况 …… 182
濉溪县铝基高端金属材料 …… 183

淮北市先进高分子结构材料 …………… 183
高端装备制造产业………………………………… 183
概况 ……………………………………… 183
安徽山河矿业装备有限公司 …………… 184
安徽矿业机电装备有限责任公司 ……… 184
淮北市中芬矿山机器有限责任公司 …… 184
煤化工产业………………………………………… 184
概况 ……………………………………… 184
临涣焦化股份有限公司 ………………… 184
濉溪县鸿源煤化有限公司 ……………… 184
安徽神源煤化工有限公司 ……………… 184
电子信息产业……………………………………… 185
概况 ……………………………………… 185
电子信息制造业 ………………………… 185
软件和信息服务业 ……………………… 185
淮北万里龙波电气有限公司 …………… 185
金龙机电（淮北）有限公司 …………… 185
生物制药…………………………………………… 186
概况 ……………………………………… 186
安徽华润金蟾药业股份有限公司 ……… 186
安徽英科医疗用品有限公司 …………… 186
安徽科宝生物工程有限公司 …………… 186
食品工业…………………………………………… 186
概况 ……………………………………… 186
安徽口子酒业股份有限公司 …………… 187
安徽曦强乳业集团有限公司 …………… 187
淮北贝宝食品有限公司 ………………… 187
淮北旭源食品有限公司 ………………… 187
思朗食品（淮北）有限公司 …………… 187
淮北顺发食品有限公司 ………………… 187
安徽金富士食品有限公司 ……………… 187
煤炭工业…………………………………………… 188
概况 ……………………………………… 188
科技创新 ………………………………… 188
电力工业…………………………………………… 188
概况 ……………………………………… 188
电网建设 ………………………………… 188
用电量 …………………………………… 189
助力社会节能减排 ……………………… 189
大唐淮北发电厂 ………………………… 189
淮北旺能环保能源有限公司 …………… 189
淮北国安电力有限公司 ………………… 189
淮北申皖发电有限公司 ………………… 189
化学工业…………………………………………… 190
概况 ……………………………………… 190
安徽中意胶带有限责任公司 …………… 190
安徽琪嘉日化股份有限公司 …………… 190
安徽金冠玻璃有限责任公司 …………… 190
纺织服装业………………………………………… 190
概况 ……………………………………… 190
华孚时尚股份有限公司 ………………… 190
安徽福尔足袜业公司 …………………… 191
新型建材业………………………………………… 191
概况 ……………………………………… 191
产品研发 ………………………………… 191
安徽康美绿筑新材料产业园有限公司 … 191
中煤远大淮北建筑产业化有限公司 …… 191
淮北矿业（集团）有限责任公司……………… 191
概况 ……………………………………… 191
生产经营 ………………………………… 192
转型发展 ………………………………… 192
深化改革 ………………………………… 192
安全生产 ………………………………… 192
皖北煤电（集团）责任公司…………………… 193
概况 ……………………………………… 193
企业改革 ………………………………… 193
安全生产 ………………………………… 193
中煤矿山建设集团有限责任公司……………… 193
概况 ……………………………………… 193
生产经营 ………………………………… 193
科技创新 ………………………………… 193
深化改革 ………………………………… 194
安全生产 ………………………………… 194

安徽淮海实业发展集团有限公司…… 194
概况 …… 194
转型发展 …… 194
科技创新 …… 194
深化改革 …… 194
安全生产 …… 195

农业与农村工作

综述…… 196
概况 …… 196
实施乡村振兴战略 …… 196
农业生产提质增效 …… 196
秸秆综合利用 …… 197
新型农业经营主体培育 …… 197
淮优农业品牌培育 …… 197
农村人居环境整治 …… 197
农村集体产权制度改革 …… 198
发展壮大村集体经济 …… 198
病虫害防治 …… 198
美丽乡村建设 …… 198
种植业…… 199
概况 …… 199
高标准农田建设 …… 199
优质专用小麦生产 …… 199
农药监管 …… 199
蔬菜生产 …… 200
畜牧业…… 200
概况 …… 200
重大动物疫病防控 …… 200
定点屠宰监管 …… 200
渔业…… 200
概况 …… 200
养殖技术应用 …… 201
水产品质量监管 …… 201
渔业安全生产 …… 201
农业科技…… 201
农业科技培训 …… 201
农业科技服务 …… 201
农业机械化…… 201
概况 …… 201
农机购置补贴 …… 202
机械化生产 …… 202
农机安全生产 …… 202
农机人员培训 …… 202
水利…… 202
概况 …… 202
水资源开发利用 …… 202
水行政执法 …… 203
中小河流治理 …… 203
农村安全饮水 …… 203
防汛工作 …… 203
抗旱工作 …… 203
节制闸查险除险 …… 204
河湖长制实施情况 …… 204
林业…… 204
概况 …… 204
林长制改革工作 …… 204
全民义务植树活动 …… 204
植树造林 …… 204
山场多目标经营工程 …… 204
森林长廊建设 …… 204
石榴产业 …… 205
三森创建 …… 205
森林资源保护 …… 205
野生动物保护管理 …… 205
林业产业化 …… 205

住房与城乡建设

综述…… 206
概况 …… 206
节水型城市创建 …… 206

城乡规划……206
城市双修工作……206
国土空间规划编制工作……206
重点片区控规维护……207
规划管理和服务……207
城市展示馆建设……207
市政建设……207
概况……207
道路维修与改造……207
桥梁建设与维修……207
城市照明……208
污水处理设施运行监管……208
公用事业……208
城市绿化……208
城市供水……208
城市供气……208
城市供电……208
镇村建设……209
镇村规划编制……209
城镇建设指导……209
农村危房改造……209
房地产开发与管理……209
概况……209
房地产市场运行情况……209
房地产市场平稳健康……209
商品房销售……210
保障房建设……210
房屋征收……210
老旧小区整治改造……210
房屋鉴定……210
中介代理……210
物业管理……210
房产超市管理……211
房产信息化管理……211
建筑业……211
概况……211
绿色建筑暨建筑节能……211
建筑工程质量管理……211
装配式建筑……212
建筑安全生产……212
建筑市场管理……212
淮北矿业（集团）工程建设有限责任公司……212
中煤特殊凿井有限责任公司……213
淮北淮海建设工程有限公司……213
城市建设投资与融资……213
概况……213
招商引资与融资……213
产业投资与发展……213
重点工程项目推进……214
美丽乡村建设成效……214
优化债务结构……214
盘活闲置资产……214
精细化管理……214
住房公积金管理……215
住房公积金归集……215
住房公积金使用……215
保障资金安全……215

环境·资源

环境保护……216
行政审批……216
大气环境监测……216
水质监测……216
环境噪声监测……216
环境监管与执法……216
环境污染事故处置……217
环境保护宣传……217
环保督察……217
环境质量……217
大气环境质量……217
水环境质量……218
声环境质量……218

土壤环境质量 …… 218
节能减排 …… 218
工业节能 …… 218
交通节能 …… 218
公共机构节能 …… 219
节能管理 …… 219
节能技能技术推广应用 …… 219
污染防治 …… 219
主要污染物减排 …… 219
大气污染防治 …… 219
水污染防治 …… 220
土壤污染防治 …… 220
农村面源污染防治 …… 220
建设项目环境管理 …… 220
建筑施工扬尘防治 …… 220
交通噪声治理 …… 220
医疗和工业危险废物处置 …… 220
水资源与水土保持 …… 221
水资源管理 …… 221
水土保持 …… 221
资源管理 …… 221
规划编制 …… 221
要素保障 …… 222
耕地保护 …… 222
矿业权管理 …… 222
矿产资源保护监督 …… 222
国土空间生态修复 …… 222
地质勘查与灾害防治 …… 222
建设用地报批 …… 222
用地审批与服务 …… 222
土地市场交易 …… 223
采煤塌陷村庄搬迁 …… 223
城市地价管理 …… 223
不动产登记 …… 223
测绘管理 …… 223
自然资源执法 …… 223
自然资源确权登记 …… 223
采煤塌陷区综合治理 …… 223
两淮采煤沉陷区综合治理现场会 …… 224

交通・通信

交通运输 …… 225
概况 …… 225
基础设施建设 …… 225
智慧交通建设 …… 225
道路运输安全 …… 225
行政执法工作 …… 225
公路 …… 226
公路路网建设 …… 226
公路养护与管理 …… 226
农村公路监管 …… 226
公路运输安全监管 …… 226
汽车维修行业管理 …… 227
汽车驾驶培训管理 …… 227
淮北市汽运公司 …… 227
铁路 …… 227
概况 …… 227
铁路运输经营 …… 227
安全生产 …… 227
淮北至宁波港海铁联运班列首发 …… 228
水路 …… 228
沱浍河航道建设 …… 228
港口航道管理 …… 228
船舶管理 …… 228
水上运输安全监管 …… 228
公共交通 …… 229
概况 …… 229
城市公共汽车运营管理 …… 229
城乡客运一体化建设 …… 230
出租汽车运营 …… 230
公共自行车运行 …… 230
淮北市公共交通有限公司 …… 230

邮政…………………………………………… 230
概况 …………………………………………… 230
报刊发行 ……………………………………… 230
快递网点建设 ………………………………… 231
快递网络建设 ………………………………… 231
快递行业管理 ………………………………… 231
快递行业安全监管 …………………………… 231
中国邮政集团公司淮北市分公司 ……… 231
中国邮政速递物流股份有限公司
淮北市分公司 ……………………………… 231
网络安全和信息化管理……………………… 232
概况 …………………………………………… 232
网上宣传 ……………………………………… 232
网络安全防护能力建设 ……………………… 232
网络安全检查 ………………………………… 232
大数据………………………………………… 232
概况 …………………………………………… 232
智慧城市建设 ………………………………… 232
互联网+政务服务 …………………………… 233
政务云平台建设 ……………………………… 233
手机 App 建设和应用 ……………………… 233
“安康码”应用便民工程 …………………… 233
数据应用 ……………………………………… 233
通信服务业…………………………………… 234
中国铁塔股份有限公司淮北市分公司
……………………………………………… 234
中国电信股份有限公司淮北分公司 …… 234
中国移动通信集团安徽公司淮北分公司
……………………………………………… 234
中国联通有限公司淮北分公司 ………… 235

商贸服务

国内贸易……………………………………… 236
概况 …………………………………………… 236
特殊行业监管 ………………………………… 236
夜经济 ………………………………………… 236
假日经济 ……………………………………… 236
农副产品市场 ………………………………… 236
拍卖业 ………………………………………… 236
电子商务……………………………………… 237
概况 …………………………………………… 237
电商服务体系建设 …………………………… 237
电商扶贫 ……………………………………… 237
电商产业园 …………………………………… 237
对外贸易……………………………………… 238
概况 …………………………………………… 238
出口企业 ……………………………………… 239
贸促活动 ……………………………………… 239
供销合作……………………………………… 239
概况 …………………………………………… 239
新网工程建设 ………………………………… 239
基层供销社建设 ……………………………… 239
盘活社有资产 ………………………………… 240
粮食流通……………………………………… 240
概况 …………………………………………… 240
粮食收购 ……………………………………… 240
仓储建设 ……………………………………… 240
粮油市场运行 ………………………………… 240
专项经营……………………………………… 240
盐业 …………………………………………… 240
石油 …………………………………………… 241
烟草专卖 ……………………………………… 241

财　税

财政管理……………………………………… 243
概况 …………………………………………… 243
财政管理改革 ………………………………… 243
支持经济转型升级 …………………………… 243
保障重点项目建设 …………………………… 243
财政监管与治理 ……………………………… 243
国有资产监督管理…………………………… 244
资产统计 ……………………………………… 244

国有企业管理 …………………………… 244
国有资本管理 …………………………… 244
税务…………………………………………… 244
概况 ……………………………………… 244
减税降费 ………………………………… 244
税收征管 ………………………………… 245
纳税服务 ………………………………… 245
税务稽查 ………………………………… 245

金　融

金融运行…………………………………… 246
存款与贷款 ……………………………… 246
货币政策落实 …………………………… 246
金融稳定措施 …………………………… 246
货币流通 ………………………………… 247
支付结算管理 …………………………… 247
国库管理 ………………………………… 247
反洗钱管理 ……………………………… 247
金融风险防控 …………………………… 247
金融消费者权益保护 …………………… 247
地方金融监管……………………………… 247
概况 ……………………………………… 247
深化金融创新 …………………………… 248
融资规模 ………………………………… 248
防范化解金融风险 ……………………… 248
银行保险业监管…………………………… 248
概况 ……………………………………… 248
金融服务 ………………………………… 249
防范化解金融风险 ……………………… 249
支持地方经济发展 ……………………… 249
保护金融消费者 ………………………… 249
保险业执法检查 ………………………… 250
保险业风险防控 ………………………… 250
银行 ………………………………………… 250
中国农业发展银行淮北市分行 ………… 250
中国工商银行股份有限公司淮北分行 … 251
中国银行股份有限公司淮北分行 ……… 251
中国建设银行股份有限公司淮北市分行… 251
中国农业银行股份有限公司淮北分行 … 252
交通银行股份有限公司淮北分行 ……… 252
招商银行股份有限公司淮北分行 ……… 253
徽商银行股份有限公司淮北分行 ……… 253
保险…………………………………………… 253
中国人民财产保险股份有限公司淮北市分公司
…………………………………………… 253
中国平安人寿保险股份有限公司淮北中心
支公司 …………………………………… 254
中国太平洋人寿保险股份有限公司淮北中心
支公司 …………………………………… 254
中国太平洋财产保险股份有限公司淮北中心
支公司 …………………………………… 255
都邦财产保险股份有限公司淮北中心支公司
…………………………………………… 255
证券…………………………………………… 256
证券交易 ………………………………… 256
上市企业 ………………………………… 256

综合经济管理

发展和改革…………………………………… 257
概况 ……………………………………… 257
重点项目工程建设 ……………………… 257
重点项目谋划 …………………………… 258
信用城市建设 …………………………… 258
区域合作 ………………………………… 259
创新驱动 ………………………………… 259
统计…………………………………………… 260
概况 ……………………………………… 260
统计分析研究 …………………………… 260
畅通统计服务直通车行动 ……………… 261
统计基层基础建设 ……………………… 261
统计法治建设 …………………………… 261
第七次全国人口普查工作 ……………… 261

审计…… 261
概况 …… 261
政策落实情况跟踪审计 …… 262
财政预算执行审计 …… 262
经济责任审计 …… 262
民生工程审计 …… 262
政府投资建设项目审计 …… 262
内部审计 …… 262
价格监督管理…… 263
价格管理 …… 263
收费管理 …… 263
价格监测调控 …… 263
价格认定 …… 263
公共资源交易管理…… 264
概况 …… 264
交易管理体制改革 …… 264
交易秩序监管 …… 264
完善交易规则 …… 264
交易主体监管 …… 264
网上交易平台建设 …… 265
市场监督管理…… 265
概况 …… 265
商事制度改革 …… 265
质量监督管理 …… 266
质量强市 …… 266
市场秩序监管 …… 266
消费者权益保护…… 267
概况 …… 267
维护市场秩序 …… 267
消费维权宣传 …… 267
严厉查处违法行为 …… 268
海关…… 268
概况 …… 268
打击走私综合治理 …… 268
海关监管 …… 268
优化服务 …… 268
落实贸易便利措施 …… 269
城市管理…… 269
市容秩序整治 …… 269
依法行政管理 …… 269
城市生活垃圾无害化处置 …… 270
建筑垃圾资源化利用情况 …… 271
农村生活垃圾治理 …… 271
智慧城管平台建设 …… 271
安全生产监督管理…… 272
概况 …… 272
危险化学品安全监管 …… 272
非煤矿山安全生产管理 …… 272
工贸安全生产管理 …… 272
安全生产监察执法 …… 272
安全宣传教育 …… 273
煤矿安全生产监察…… 273
煤矿安全监管 …… 273
监察执法力度加大 …… 273
瓦斯综合治理 …… 273
煤矿水害治理 …… 273
精准监察 …… 274
推行“互联网＋监察” …… 274
安全事故查处 …… 274
消防救援…… 274
概况 …… 274
消防训练 …… 275
完成救援任务 …… 275
知识产权…… 275
知识产权保护 …… 275
知识产权创新和运用 …… 275
知识产权公共服务 …… 275

教　育

综述…… 276
概况 …… 276
中小学素质教育 …… 276
教育资助 …… 277

教育督导 …… 277
平安校园建设 …… 277
教育信息化建设 …… 278
民办教育 …… 278
学前教育 …… 278
概况 …… 278
学前教育普及普惠发展 …… 278
淮北市直机关第一幼儿园 …… 279
义务教育 …… 279
概况 …… 279
义务教育均衡发展 …… 279
义务教育学校标准化建设 …… 280
主城区教育资源合理配置 …… 280
淮北市第一实验小学 …… 280
淮北市第三实验小学 …… 280
淮北市首府实验小学 …… 280
淮北市濉溪路小学 …… 280
淮北市黎苑小学 …… 280
淮北市人民路学校 …… 281
淮北市泉山路学校 …… 281
淮北市梅苑学校 …… 281
淮北市实验学校 …… 282
淮北市第二中学 …… 282
淮北市海宫学校 …… 282
淮北市西园中学 …… 282
普通高中教育 …… 282
概况 …… 282
教育教学改革 …… 283
普通高中教育质量提升 …… 283
淮北市第一中学 …… 283
淮北市实验高级中学 …… 283
淮北市第十二中学 …… 284
淮北市第五中学 …… 284
特殊教育 …… 284
概况 …… 284
校际交流活动 …… 285
淮北市特殊教育学校 …… 285
职业教育 …… 285
概况 …… 285
职业教育管理教学改革 …… 285
教育质量提升 …… 285
组织参加技能大赛 …… 286
安徽淮北技师学院·淮北工业与艺术学校 …… 286
淮北卫生学校 …… 286
安徽矿业职业技术学院 …… 286
高等教育 …… 287
概况 …… 287
市校共建 …… 287
淮北师范大学 …… 287
淮北职业技术学院 …… 288

科学技术

综述 …… 289
概况 …… 289
科技政策支持 …… 289
科技成果 …… 289
科技交流与合作 …… 290
科技惠民服务 …… 290
高新技术产业发展 …… 290
科技资源 …… 290
安徽陶铝新材料研究院有限公司 …… 290
相邦铝基复合材料产业技术研究院 …… 291
工程技术研究中心 …… 291
科技活动 …… 296
科技普及 …… 296
科技咨询 …… 296
科技服务 …… 297
科技成果 …… 297
科技项目和成果 …… 297
科技成果转化 …… 297
科技成果奖励 …… 298
“双创”平台 …… 298

源创客科技企业孵化器 …………………… 298
气象观测与服务 …………………… 299
概况 …………………… 299
气象科研 …………………… 299
气象服务 …………………… 299
农业农村气象服务 …………………… 299
人工影响天气 …………………… 300
气象科普宣传 …………………… 300
防震减灾 …………………… 300
地震观测站 …………………… 300
地震监测预防 …………………… 300
地震灾害防御 …………………… 300
防震减灾宣传 …………………… 301
地质勘探 …………………… 301
地质勘查 …………………… 301
地质服务 …………………… 301

文化·旅游·体育·传媒

文化事业 …………………… 302
文艺精品创作 …………………… 302
文艺人才培养 …………………… 302
文化惠民活动 …………………… 302
全民阅读推广活动 …………………… 302
群众文化艺术节 …………………… 303
公共文化服务 …………………… 303
基层文化阵地建设 …………………… 303
文艺创作 …………………… 303
诗词创作 …………………… 303
戏曲创作 …………………… 303
美术书法创作 …………………… 304
文化产业 …………………… 304
文化产业扶持 …………………… 304
文旅融合发展 …………………… 304
文化遗产保护 …………………… 304
大运河文化带建设 …………………… 304
文保单位维修管理 …………………… 304
非遗项目传承与保护 …………………… 304
考古发掘 …………………… 305
文化设施 …………………… 305
淮北市文化馆 …………………… 305
淮北市图书馆 …………………… 305
淮北市博物馆 …………………… 305
淮北市矿山博物馆 …………………… 305
文化市场管理 …………………… 306
印刷出版市场监管 …………………… 306
文化市场综合执法 …………………… 306
版权保护 …………………… 306
旅游 …………………… 306
概况 …………………… 306
文明旅游宣传活动 …………………… 307
旅游资源开发与保护 …………………… 307
旅游发展规划编制 …………………… 307
全市景区质量提升 …………………… 307
旅行社管理 …………………… 308
旅游市场整治 …………………… 308
旅游安全管理 …………………… 308
节庆旅游活动 …………………… 308
旅游市场开拓 …………………… 308
旅游营销活动 …………………… 309
体育 …………………… 309
概况 …………………… 309
竞技体育 …………………… 309
群众体育 …………………… 309
学校体育 …………………… 310
体育产业扶持与发展 …………………… 310
体校与训练基地建设 …………………… 310
体育场所管理 …………………… 311
公共体育场馆服务 …………………… 311
传媒 …………………… 311
概况 …………………… 311
媒体深度融合 …………………… 311
主题主线宣传 …………………… 311
疫情防控 …………………… 312

产业多元发展 …… 312
扩大对外宣传 …… 312
活动品牌创建 …… 313

卫 生

综述 …… 317
概况 …… 317
医疗卫生事业发展 …… 317
发展“互联网 + 医疗健康” …… 317
医养结合 …… 318
医药卫生体制改革 …… 318
公立医院改革 …… 318
卫生人才队伍建设 …… 318
基层卫生服务能力提升 …… 319
职业卫生健康 …… 319
卫生健康民生工程 …… 319
公共卫生服务 …… 319
公共卫生服务体系建设 …… 319
家庭医生签约服务 …… 319
传染病防控 …… 320
妇幼保健 …… 320
出生人口 …… 320
托育服务 …… 320
免疫规划 …… 320
妇幼健康 …… 320
卫生应急处置 …… 321
突发公共卫生应急处置 …… 321
应急能力建设 …… 321
市紧急医疗救援（市 120）指挥中心 …… 321
爱国卫生 …… 321
省级卫生城市创建 …… 321
医疗机构环境卫生整治 …… 321
健康素养促进 …… 322
城乡环境卫生整治 …… 322
卫生监督 …… 322
卫生监督综合执法 …… 322
惩治非法行医 …… 322
医疗行业监管 …… 322
中医中药 …… 323
中医药人才培养 …… 323
中医医院建设 …… 323
基层中医药服务能力建设 …… 323
健康养老服务 …… 323
基层老年协会规范化建设 …… 323
健康产业发展 …… 323
敬老月活动 …… 323
老龄文体活动 …… 323
老龄普法宣讲 …… 324
医政管理 …… 324
医疗质量管理 …… 324
医疗秩序维护 …… 325
血液安全与管理 …… 325
医疗单位 …… 325
淮北市人民医院 …… 325
淮北矿工总医院 …… 326
淮北市妇幼保健计划生育服务中心
（市妇幼保健院） …… 326
淮北市第四人民医院 …… 326

社会民生

人力资源和社会保障 …… 327
概况 …… 327
人才高地建设 …… 327
事业单位人事管理 …… 327
工资福利管理 …… 327
就业创业 …… 328
劳动保障监察 …… 328
人事劳动调解仲裁 …… 328
养老保险 …… 328
工伤保险 …… 328
失业保险 …… 329
社保基金管理 …… 329

民政事务 …… 329
社会救助 …… 329
特困人员供养 …… 329
社会组织管理 …… 329
多层次养老服务体系建设 …… 330
婚姻登记 …… 330
殡葬管理服务 …… 330
困难残疾人生活和护理补贴 …… 330
孤儿生活保障 …… 331
福利彩票 …… 331
城乡社区和基层政权建设 …… 331
地名服务管理 …… 331
退役军人事务 …… 331
概况 …… 331
退役军人安置 …… 332
就业创业与培训 …… 332
双拥工作 …… 332
优待抚恤 …… 332
“两年”活动现场推进会 …… 333
医疗保障 …… 333
城镇居民医疗保险 …… 333
城镇职工（生育）医疗保险 …… 333
医保支付改革 …… 334
医保基金监管 …… 334
药品和医疗服务价格管理 …… 334
优化医保经办服务 …… 334
人民生活 …… 335
城镇居民生活 …… 335
农村居民生活 …… 335
民族宗教事务 …… 336
概况 …… 336
民族事务管理 …… 336
民族团结进步工作 …… 336
宗教团体建设 …… 337
宗教事务管理 …… 337

县区概况

濉溪县 …… 338
基本县情 …… 338
工业 …… 338
农业 …… 338
电子商贸 …… 338
重点项目建设 …… 339
城镇化建设 …… 339
文旅融合发展 …… 339
创新型县建设 …… 339
社会事业 …… 340
相山区 …… 342
基本区情 …… 342
重点项目建设 …… 342
绿色食品产业 …… 342
工业 …… 343
“两治三改”工作 …… 343
杜集区 …… 344
基本区情 …… 344
工业 …… 345
现代农业 …… 345
商贸服务业 …… 345
重点项目建设 …… 345
基础设施建设 …… 345
生态环境治理 …… 345
社会事业 …… 345
烈山区 …… 346
基本区情 …… 346
产业转型升级 …… 347
发展活力加速释放 …… 347
城乡协调发展 …… 347
社会事业 …… 347

人　物

入选“中国好人榜”的淮北人 …… 349

入选“安徽好人榜”的淮北人 …………… 350
全国劳动模范 ……………………………… 351
全国先进工作者 …………………………… 352
全国五一劳动奖章获得者 ………………… 352
安徽省劳动竞赛先进个人（省五一劳动奖章获得者）
…………………………………………… 352

附　录

文件辑存 ………………………………………… 355
中共淮北市委　淮北市人民政府关于推动工业经济高质量转型发展的意见 …………… 355
淮北市人民政府关于印发健康淮北行动实施方案的通知（摘要） …………………… 359
统计资料 ………………………………………… 363
淮北市2020年国民经济和社会发展统计公报
…………………………………………… 363
淮北市第七次全国人口普查公报 ……… 372
淮海经济区核心区城市简介 ……………… 374

索　引

主题索引 …………………………………… 379

特　载

市委常委会工作报告

——在市委八届十三次全会上的报告

（2021 年 1 月 6 日）

市委书记　张　永

2020 年是全面建成小康社会和“十三五”规划收官之年，是脱贫攻坚决战决胜之年，也是淮北建市 60 周年。一年来，在习近平新时代中国特色社会主义思想指引下，我们认真贯彻党的十九大和十九届二中、三中、四中、五中全会精神，深入学习贯彻习近平总书记考察安徽重要讲话指示精神，坚决落实中央、省委决策部署，增强“四个意识”，坚定“四个自信”，做到“两个维护”，坚持稳中求进工作总基调，坚持新发展理念，坚持以供给侧结构性改革为主线，坚持以改革开放为动力，坚持推动高质量转型发展，坚定实施中国碳谷·绿金淮北发展战略，认真落实“一二三四五”总体发展思路，统筹推进疫情防控和经济社会发展，扎实做好“六稳”工作，全面落实“六保”任务，纵深推进全面从严治党，各项工作取得新的明显成效，向淮北 60 华诞献上了厚礼。

回望 2020 年，我们深感这是新中国历史上极不平凡、极不寻常的一年，也是淮北发展史上极不平凡、极不寻常的一年。我们积极应对严峻复杂的国际形势、艰巨繁重的改革发展稳定任务特别是新冠肺炎疫情的严重冲击，保持战略定力，准确判断形势，精心谋划部署，果断采取行动，聚焦聚力抓了“五件大事”，交出了一份经得起历史检验、群众满意、可以载入淮北发展史册的答卷。

第一，面对复杂多变的外部环境，我们深入学习宣传贯彻党的十九届五中全会和习近平总书记考察安徽重要讲话指示精神，确保了各项事业始终沿着习近平总书记指引的方向奋勇前行。我们坚持讲政治、抓根本、学理论，切实加强党的政治建设，自觉用习近平新时代中国特色社会主义思想武装头脑、凝神聚魂，始终牢记“对国之大者要心中有数”，第一时间传达学习贯彻习近平总书记系列重要讲话指示批示精神和党中央决策部署，在对标对表、学思践悟中找指针、找方法、找路径，增强应对挑战、抵御风险、化解矛盾的自信心和真本领。特别是把深入学习宣传贯彻党的十九届五中全会和习近平总书记考察安徽重要讲话指示精神作为重要政治任务，统筹推进“大学习、大宣讲、大调研、大培训、大落实”工作。及时召开市委常委会扩大会议，举办领导干部专题研讨班，将有关内容纳入党校必修课，开展系统学习培训，组织集中统一宣讲和调研式、互动式宣讲，切实把学习成果转化为贯彻新发展理念、构建新发展格局的能力和水平。聚焦强化“两个坚持”、实现“两个更大”目标要求，市级领导干部带头深入一线调研，广泛听取意见建议，研究制定市委“十四五”规划建议，提交本次全会审议。召开八届十二次全会，出台深入学习贯彻习近平总书记考察安徽重要讲话指示精神的《实施意见》，提出25条举措，确保不折不扣落到实处。

第二，面对新冠疫情的巨大挑战，我们统筹推进疫情防控和经济社会发展工作，夺取了抗疫情、促发展的重大战略成果。我们严格落实“坚定信心、同舟共济、科学防治、精准施策”总要求，建立“三防两抓”“四同三同时”“六库六策”等机制，迅速切断疫情传播渠道。坚持人民至上、生命至上，不惜一切代价救治患者，实现确诊病例零死亡、医护人员零感染，28位逆行出征的援鄂勇士也平安凯旋。在防疫一线，充分发挥各级党组织战斗堡垒作用和广大党员先锋模范作用，创新党组织、领导干部和在职党员社区“三报到”制度，形成联防联控、群防群治的强大合力。经过艰苦努力，我市在全省较早列入全域低风险地区、较早实现本地病例“清零”，常态化疫情防控有力有序、局势平稳，专项考核评分居全省第4位，相关做法获省委李锦斌书记批示肯定。坚持以“防得住”保障“放得开”，制定落实“六稳”“六保”11个具体工作方案以及助企抗疫政策清单40条，纵深推进“四送一服”“双千工程”，1031名党员干部联系包保2182家企业，1—11月全市减税降费25亿元，经济社会秩序全面复苏、回归常态、稳定向好，成功实现“二季红、半年正、三季进、全年稳”。

第三，面对脱贫攻坚的收官决战，我们以决胜信念尽锐出战精准施策，兑现了“全面小康、一个不少”的庄严承诺。我们主动答好疫情汛情“加试题”，扎实开展“抗补促推”专项行动，20位市级领导干部每人牵头督导一个镇（街道），实地走访解决问题289个，如期实现贫困劳动力就业、扶贫车间复工复产、农产品产销对接、贫困户子女网上教学“四个清零”。坚决打好问题整改“歼灭战”，49个“354+7”问题全部整改到位，“两不愁三保障”及饮水安全突出问题整治全面完成。全市22个贫困村全部出列，省建档立卡贫困户全部脱贫，人均纯收入由2014年的2411元增至目前的1.15万元，年均增长36.7%。接续推进全面脱贫与乡村振兴有效衔接，以产业振兴为抓手，持续壮大村级集体经济，确保脱贫后能发展、可持续。

第四，面对亟待破解的转型难题，我们坚持创新驱动招商带动“合力并进”，推动了战略性新兴产业发展继续在“快车道”上提质增效。我们把加快新旧动能转换、培育壮大战新产业作为产业转型升级的重中之重，坚定实施工业强市战略，在疫情趋稳后立即召开会议，部署推进抓招商、促创新、兴工业、建项目、优环境等重点工作。举办加快推进战略性新兴产业发展暨全省第十批贯彻“六稳”重大项目集中开工现场推进会，获批先进高分子结构材料、陶铝新材料和铝基高端金属材料2个省级重大新兴产业基地，以碳基、铝基、硅基、生物基、高端装备制造、大数据产业为主导的战新产业持续保持高位增长态势，1—11月产值同比增长31.2%，高于全省平均水平13.6个百分点，居全省第2位。陶铝新材料产业发展备受瞩目，习近平总书记考察安徽时，给予高度关注、充分肯定，为淮北争光、为全省添彩，“高性能陶铝活塞产业化”项目入选科技部重点专项，航空材料用锭、汽车轻量化等产能加速释放，与中国商飞、中国宝武等央企合作进展顺利。

第五，面对攻坚克难的时代命题，我们举办纪念建市60周年系列活动，极大鼓舞了全市人民共克时艰、接续奋斗的信心决心。我们坚持热烈喜庆、务实节俭、安全适度原则，有序组织实施各类庆祝活动，实现了政治效果、社会效果、舆论效果的高度统一。注重强化主题宣传，开设《砥

砺奋进一甲子 绿金筑梦新时代》等专栏，出版《庆祝淮北建市60周年特刊——韶华》，制作“VR全景看淮北变迁”新媒体产品，编纂发行《淮北往事——寻找建市以来的“第一”》，推出《缘煤兴起能源城》等一批深度报道，奏响了庆祝淮北60华诞的舆论强音。召开庆祝中华人民共和国成立71周年暨淮北市建市60周年座谈会，举行庆国庆暨庆祝建市60周年群众文艺演出，建成开放市历史档案馆、城市展示馆和“不忘初心、牢记使命”主题教育馆，将市情教育与党史、新中国史、改革开放史和社会主义发展史教育有机结合，生动展示辉煌成就，深刻总结历史经验，极大凝聚奋进力量，全市人民爱党、爱国、爱家乡的主旋律高昂强劲，加快建设新阶段中国碳谷·绿金淮北的信心决心切实增强，为在新的历史起点上继续前进注入了强大动力。

一年来，市委常委会统筹推进经济、政治、文化、社会、生态文明建设和党的建设，主要做了以下九个方面工作。

第一，继续下好创新“先手棋”，切实增强高质量发展动能。坚持创新核心地位，大力推进创新型城市建设，激活高质量转型发展强大动能。去年10月中国社科院发布的中国城市竞争力报告显示，我市综合经济竞争力和可持续竞争力指数在全国291个城市中分别排名第120和141位，均居省内城市第5位。加快产业创新。出台推动工业高质量转型发展“1+2”政策，实施产业升级“个十百千”工程，加快推动互联网、大数据、人工智能与传统产业深度融合，全市新入库规上工业企业88家，新增国家级绿色工厂1家、产品8个，中芬矿机、龙波电气入选国家专精特新“小巨人”企业，26家企业通过国家两化融合管理体系认证，新增省级数字化车间5个，1—11月工业技改投资同比增长3.7%，高于全省平均水平5.3个百分点，居全省第6位。紧盯“四基三千亿”目标，推进“四基”攻坚，加快欧励隆年产12万吨特种炭黑、力幕二期年产18万吨高精铝板带箔、英科医疗产业园、口子东山产业园等重大项目建设，中煤远大、中冶淮海分获国家级、省级装配式建筑产业基地，战新产业发展后劲不断增强。开展高新技术企业三年倍增行动，全市新认定国家高新技术企业60家、总数达150家。强化科技创新。进一步完善“政产学研用金”协同创新体系，与46所高校院所签订119项产学研合作协议，举办全省扶持高层次科技人才团队在皖创新创业工作推进会，积极申报陶铝新材料项目纳入合肥综合性国家科学中心支持范围，相山区与淮师大签署国家大学科技园共建协议，南开大学理士国际安徽先进能源研究院挂牌成立，陶铝新材料等10余项高科技成果入驻安徽创新馆。持续优化创新平台，绿金科创大走廊、东部科教新城、国家高新区“三区联创”扎实推进，市科创中心加快建设，陶铝新材料研究院获批省技术创新中心，“源创客”晋升国家级众创空间。1—11月全市完成科技成果登记345项、技术合同交易额24.2亿元，总量居全省第8位。深化改革创新。8个领域62项年度改革事项均完成序时进度，41项国家级、34项省级改革试点取得重大进展，作为安徽省辖市唯一代表在全国新时代体制机制创新引领高质量发展高层研讨会上作交流发言，“科技创新催生产业发展新动能”入选中国改革2020年度典型案例，深改工作呈现全面发力、系统集成、多点突破的强劲态势。

第二，积极实施扩大内需战略，努力服务构建新发展格局。突出扩大内需这个战略基点，着力打通堵点、补齐短板，持续畅通产业循环、市场循环和经济社会循环。狠抓项目稳投资。抢抓中央加大逆周期调节机遇，聚焦“两新一重”“三重一创”、先进制造业等重点领域，谋划储备项目760个，总投资2390.5亿元；争取地方政府专项债项目56个，总投资690.4亿元。严格落实“四督四保”“五项机制”，组织重大项目集中开工14次，累计新开工项目174个，总投资1462亿元。平山电厂二期工程成功并网发电，瑞柏新材料、今麦郎等一批项目建成投产。1—11月全市固定资产投资同比增长 6.9%，高于全省平均水平 2.5 个百分点，居全省第 4 位。多措并举拓消费。大力发展现代服务业，吾悦广场建成运营，南翔云集文旅特色街项目加快推进，隋唐运河古镇获评“长三角夜间文化和消费样板街区”“省十佳夜游街区”，“消费促进月”活动持续推进，40 余家重点商贸企业、电商平台开展促销活动 100 余场次，1—11 月全市限额以上消费品零售额同比增长 2.6%，居全省第 8 位。发展线上消费、直播带货等新业态新模式，打造“云享生活”消费平台，推动“淮优”农产品进社区，新增农村电商经营主体 198 家，前三季度全市电子商务交易额超 40 亿元，其中农村电子商务交易额 30.2 亿元，增长 58%。优化环境畅流通。着力完善综合交通运输体系，以临涣船闸、孙疃码头等工程开工为标志，港航建设全面提速，“绿色多式联运”入选省级示范工程，运输结构持续优化，降低物流成本近亿元；G3 京台高速淮北收费站东迁工程等一批重点项目建成通车，淮—宿—蚌、淮—阜城际铁路全面开工，“四好农村路”建设提前完工，交通基础设施建设投资近 20 亿元，增长 90%，创历史新高。着力优化营商环境，“一网一门一次”改革全面推进，在全省率先实现企业开办 1 日办结、不动产登记 3 日办结，7×24 小时政务服务体系初步形成。1—11 月民间投资同比增长 6.8%，高于全省平均水平 7.5 个百分点，居全省第 2 位。

第三，不断树牢招商“生命线”，奋力实现更高水平开放。抢抓长三角一体化战略机遇，持之以恒走开放融通、互利共赢之路。持续加大招商力度。围绕“四基一高一大”战新产业，大力推进产业招商、精准招商，特别是疫情防控期间开展“线上”洽谈、“云上”签约，以“不见面”招商确保工作“不断线”。建立健全招商项目预审评估和“回头看”机制，进一步提升招商工作质效，引进总投资 20 亿元中旗科技等优质项目。全年累计新签约项目 234 个，签约投资总额 493.2 亿元。持续优化载体平台。市高新区争创国家高新区工作扎实推进，邻里中心项目开工建设；新型煤化工合成材料基地干部人事制度改革顺利完成，初步建成高端化工原料、功能助剂、高性能合成材料、高端医药中间体 4 大产业集群；濉溪经济开发区积极争创国家级经开区，在全省省级以上开发区考核中连续两年跻身 30 强，相山区电子信息产业园初具规模，杜集开发区获评省装备制造专业商标品牌基地，烈山开发区获评省级示范物流园区，园区发展活力和承载能力全面增强。持续深化交流合作。全面融入长三角一体化发展，深化淮海经济区、淮河生态经济带等区域合作，共同签署产业投资基金、生态环境联防联控、职业教育等合作协议，成功举办 2020 安徽市长高峰论坛等会议，组织市党政代表团赴上海、无锡、常州等地学习考察、对接项目，成立上海安徽经济文化促进会淮北分会，区域协同协作层次更高、领域更宽、成效更实。扎实稳外贸、稳外资，建成青龙山“无水港”，开通赴宁波、连云港海铁联运班列，1—11 月全市进出口贸易总额增长 29.1%，历史性跨过 10 亿美元大关；实际利用外商直接投资增长 8.8%，分别高于全省平均水平 14.6、4.7 个百分点，居全省第 2、第 9 位。

第四，深入践行“两山”理念，日益彰显山水生态城市特色。坚持生态优先、绿色发展，统筹山水林田湖草系统治理，推动“绿水青山”与“金山银山”的生态价值转换，中国环境报刊发《践行“两山”理念打造生态文明建设淮北样板》。坚决打赢污染防治攻坚战。切实扛起中央环保督察及“回头看”、省“23+N”突出生态环境问题整改政治责任，整改完成率居全省前列。高质量推进蓝天碧水净土保卫战，建立四级大气污染防治网格化管理体系和“大数据+云计算+物联网”精细监测监管平台，全年 $PM_{2.5}$ 平均浓度同比下降 10.4%，优良天数比例上升 12.7 个百分点；深入实施“水十条”，8 条黑臭水体均达“初见成效”标准，81 个入河排污口通过省级现场核查；全面实施“土十条”，建立建设用地土壤污染风险管控和修复名录，主要农作物化肥农药使用量持续实现负增长，土壤环境质量稳中有升。大力推动生态治理修复。积极打造“公园城市”，新增及改造提升绿地28.5万平方米，累计建成生态公园及节点游园近100个，建成区绿化覆盖率达45.4%，人均公园绿地面积达17.4平方米。做好幸福河湖文章，朔西湖环境整治基本完成，乾隆湖风景区正式开园，绿金湖、碳谷湖等滨湖公园景色宜人，成为市民休闲娱乐好去处，举办全省“两淮”采煤沉陷区综合治理现场会，国家自然资源部举行新闻发布会向全国推介淮北市采煤沉陷区治理PPP模式。综合治理烈山、卧牛山等废弃采石场，674.5公顷破损山体生机重现，成为山、水、林、草、景相融的郊野公园。继续抓好创森“六大工程”，完成营造林8万亩、森林抚育4.8万亩、“四旁四边”绿化61.6公里。持续加强水资源管理工作，水资源管理考核位居全省第1，成功创建国家节水型城市。建立健全环保长效机制。全面落实突出环境问题包保整改责任制，在全省率先完成生态环境领域综合行政执法改革。持续深化河（湖）长制、林长制改革，在全省率先应用河（湖）长巡河湖App，烈山区入选全省林长制改革示范先行区。积极倡导绿色生活方式，严格执行市场出清机制，全市参加义务植树人数106万人次、植树380万株，生态环保理念更加深入人心。

第五，深入贯彻协调发展理念，全面提升城乡发展能级。坚持以城带乡、以工补农，稳步推进全域城镇化，积极打造城乡一体、全域统筹的发展格局。全面提升城市发展质量。加快老城改造升级，完成22个老旧小区整治改造，建成公租房37696套，桓谭东路、环山东路东段、创新大道东段暨泉山隧道等建成通车，有效畅通疏解老城、带动新城建设。扎实推进以人为核心的新型城镇化，市人民医院新院区、市一中新校区、华翊文创园等东部新城重点项目主体完工，南部次中心道路、医院、学校、安置小区、综合管廊等基础设施建设全面推进，新城新区进入大开发大建设的新阶段。1—11月房地产投资、商品房销售面积分别增长21.2%、11.7%，均居全省第2位，房地产行业持续健康发展。加快建设新型智慧城市。积极推进“城市智慧大脑”建设，整合归集53个部门973类13亿条数据，电子证照有效制证量达1299万个，“城市大脑助力数字治超”项目成功申报省“城市大脑”应用场景试点。5G商用全面开启，新建、改造5G基站820个，主城区5G网络全覆盖。大数据产业发展规划编制基本完成，“金融超脑”在3家银行成功应用，“东华（淮北）全国中小企业云”上线运行，大数据产业基地入驻企业达65家。扎实推进乡村振兴。粮食生产十七连丰，小麦单产连续两年全省第一，粮食、生猪等重要农产品供给充足。在全省率先完成农业综合行政执法改革，农村集体产权制度改革、“三变”改革全面完成。农村人居环境整治三年行动圆满收官，卫生厕所普及率超过85.7%，生活垃圾无害化处理率达98%以上。加快推进农村一二三产业融合发展，全市培育规模以上农产品加工企业190余家，榴园等4个村获评“省级百家乡村旅游示范村”。前三季度农村居民人均可支配收入增长6.9%，居全省第7位。

第六，始终坚持人民主体地位，大力推动社会主义民主政治建设。坚定不移走中国特色社会主义政治发展道路，坚持党的领导、人民当家做主、依法治国有机统一，健全民主制度、丰富民主形式、拓宽民主渠道。积极支持人大、政协工作。大力支持和保障人大及其常委会依法行使职权，创新开展“三优两争”活动，深化拓展代表工作“2121”工程实施成果，试点实施民生实事项目人大代表票决制，成功举办第二届淮海经济区立法联席会议，审议通过地方性法规2部，依法作出决议决定5项，在省委人大工作会议上作典型发言。大力支持人民政协发挥专门协商机构作用，出台《关于新时代加强和改进人民政协工作的实施意见》，健全完善“1+2+4+8+N”协商平台，出台将政协协商嵌入“一组一会”的实施意见，市委、市政府主要负责同志领衔督办“积极融入长三角一体化，加快创新发展”等重点提案，成功举办淮海经济区政协系统第二届书画联展暨淮海经济区政协主席联席会议。切实做好统一战线工作。加强民主党派新成员和党外干部培训，积极引导统一战线成员投身疫情防控阻击战和经济社会发展第一线，深入推进民族团结和宗教管理工作，爱国统一战线进一步巩固发展。更好发挥群团组织优势。加强工青妇等群团工作，支持市总工会做好劳模推荐评选工作，召开全市劳模座谈会和劳模表彰大会，支持团市委成功举办“合力赋能长三角 青年担当有作为”青年企业家淮北行交流会，支持妇联加快推动妇女儿童事业发展，市工商联获评2020年度全省民营企业调查点工作示范单位，市社科联、侨联换届圆满完成，群团组织政治性、先进性、群众性进一步增强。坚持党管武装优良传统。加强国防动员和后备力量建设，提升退役军人服务管理水平，全国双拥模范城创建实现“两连冠”，军政军民团结局面不断巩固。

第七，扎实做好宣传思想文化工作，广泛凝聚强大精神力量。坚定不移举旗帜、聚民心、育新人、兴文化、展形象，坚定主心骨、汇聚正能量，为淮北高质量转型发展提供思想保证和精神动力。坚决守牢意识形态阵地。组织实施市委巡察意识形态专项检查，扎实开展风险隐患排查、突出问题整治、阵地管理提升“三项行动”，推动责任制落地落实，确保意识形态领域绝对安全。坚持用党的创新理论武装党员、教育群众，深化“举旗帜·送理论”宣讲活动，围绕习近平总书记考察安徽重要讲话指示精神和《习近平谈治国理政》第一、二、三卷等主题，开展宣讲900余场次，推动党的创新理论入脑入心、见行见效。切实加强思想道德建设。积极培育和践行社会主义核心价值观，深入实施新时代公民道德建设、爱国主义教育两个《纲要》，涌现援鄂医务工作者孙伟等先进典型，全国学雷锋志愿服务“四个100”先进典型、年度“中国好人”入选数量均居全省前列，累计评出“中国好人”165位，继续位居全国前列，全国道德模范故事汇基层巡演在淮北举行。大力倡导文明新风，实施文明行为促进《条例》，开展六大提升行动，推深做实新时代文明实践中心建设，入选全国第二批试点地区，全市注册志愿者占常住人口14.5%。成功蝉联第六届“全国文明城市”，新增全国文明单位、文明村镇等15个。全面推进文化繁荣发展。积极回应群众精神文化生活新期待，开展群众文艺展演、文化讲座、送戏进村300余场，网络同步直播“乡村春晚”，市辖三区和濉溪县村级综合文化服务中心覆盖率分别达100%、98%。全面实施柳孜运河遗址本体保护工程，濉溪明清酿酒作坊遗址获评年度“中国重要考古发现”，淮北市博物馆入选“国家一级博物馆”，我市首部院线电影《征迁》上映，淮北文化软实力持续提升。不断加大内外宣传力度。聚焦“十三五”发展回顾、产业转型升级、决战脱贫攻坚等重点，制定“1+10”年度外宣选题，省级以上媒体刊发淮北稿件4100余篇，召开新闻发布会90余场，城市影响力美誉度不断提升。推进媒体深度融合发展，相关做法入选中宣部宣传思想文化工作案例。

第八，切实保障和改善民生，全面增进人民群众福祉。坚持以人民为中心的发展思想，统筹发展和安全，全力解决好群众急难愁盼问题，切实满足人民对美好生活的向往。持续增强群众获得感。不断加大民生投入，1—11月民生领域支出达123.9亿元，占比继续保持在80%以上，全市最低生活保障标准和特困人员救助供养基本生活财政补助标准均提高近10%。全面落实援企稳岗政策举措，创新建立用工“包保制度”，常态化举办“2+N”就业招聘活动，全年城镇新增就业4.4万人，城镇登记失业率为2.76%。以担当之责、创新之举持续化解房地产领域历史遗留“难办证”问题，全市摸排出的198个项目、126966套住房中，已办理首次登记项目156个，转移登记住房83891套，相关做法写入2020年最高人民法院工作报告，获评2020全国创新社会治理优秀案例。持续增强群众幸福感。教育体制改革不断深化，淮北理工学院一期工程基本完工，华师大淮北港利实验学校加快建设，新建、改扩建中小学7所、幼儿园9所，获批基础教育国家级优秀教学成果推广应用示范区。加快推进健康淮北建设，公立医院改革位列全省第一方阵，入选紧密型城市医联体省级试点市，异地就医门诊联网结算覆盖长三角区域41个城市、3800余家医疗机构。加大孤儿、智力障碍等特殊人群救助力度，探索推进“智慧+”儿童福利机构建设，创新建立“1+4+N”智慧养老服务体系。持续增强群众安全感。深入贯彻“1+9+N”方案体系，全面防范化解政治、生物、经济、科技、金融等领域重大风险，牢牢守住不发生系统性风险底线。深入学习贯彻习近平法治思想，扎实推进法治淮北、平安淮北建设，纵深推进扫黑除恶专项斗争，四级综治中心建设全面完成，网上信访工作继续保持全省领先，拓展公益诉讼范围典型案例入选最高检《公益诉讼指导性案例实务指引》，入选全国市域社会治理现代化试点市。严格落实安全生产责任制，加强食品药品安全监管，全力保障人民群众身体健康和生命安全。

第九，全面从严管党治党，巩固发展良好政治生态。全面贯彻新时代党的建设总要求和党的组织路线，推动全面从严治党向纵深发展，筑牢高质量转型发展的坚强保障。压紧压实主体责任。召开市委党建工作领导小组会议、全市党建工作会议、党（工）委书记抓党建述职评议会议、基层党建重点任务推进会等，严格执行中央关于党委（党组）落实全面从严治党主体责任规定，认真落实省委全面从严治党主体责任清单任务，坚决抓好省委巡视反馈问题整改工作，督促各级党组织落细落实管党治党主体责任。制定市委开展党内政治监督谈话实施方案，市级36名、县区129名谈话对象谈话全覆盖，持续抓好问题整改和建章立制，强化同级监督和上级“一把手”对下级“一把手”的监督。深入推进“三查三问”，加强对领导干部党内政治生活、履行主业主责等情况的监督检查，共问责党组织9个，处理61人，党纪处分17人。选优建强干部队伍。认真落实“二十字”好干部标准，树牢正确用人导向，建立干部考察“政治CT”“一述两测三分析”标准化操作规范，对174名拟提拔重用和职级晋升干部开展任前政治理论测试，在疫情防控一线考察识别干部“733模式”被央视《新闻联播》报道。破除“论资排辈”陈旧观念，连续4年开展年轻干部队伍调研，创新年轻干部预审制度、“四炼四提升”工程等举措，择优选派2批70名年轻干部赴上海学习锻炼，全市“80后”县处级干部数量较2019年增长55%，35岁以下正科级干部和30岁以下副科级干部数量较2019年增长30%。研究制定“特支计划”领军人才遴选和支持《办法》，认真落实人才储备金等制度，评审产生10个“555”创新团队。不断夯实基层基础。完善“四级联动”体系，推动街道社区减负增能，加快“一组一会”向城市延伸，探索形成“网格党组织+民情议事会”等特色治理模式，打造机关、企业、学校和医院党建品牌179个，擦亮全国城市基层党建工作示范市品牌。推深做实农村基层党建“一抓双促”工程，大力推动党建引领信用村建设和村级集体经济发展，创新致富“十条路径”，1—11月全市村级集体经营性收入6654.8万元，增长17.4%。持续强化正风肃纪。一体推进“三不”机制建设，持续深化纪检监察体制改革，高质量推进政治巡察，目前八届市委已巡察党组织117家，实现全覆盖。持之以恒落实中央八项规定精神，锲而不舍纠治“四风”，全年共查处违反中央八项规定精神问题146起，处理169人，党纪政务处分99人。开展深化“三个以案”警示教育，常态化推进“走基层、转作风、解难题”，文件、会议数量同比分别减少22.57%、35.4%，督查检查考核事项较2019年减少3项；共查处形式主义官僚主义问题63起，处理75人，党纪政务处分36人。始终保持反腐高压态势，全市纪检监察机关立案680件，结案641件，党纪政务处分568人，移送检察机关29人。坚持严管厚爱结合、激励约束并重，认真落实容错纠错机制，常态化开展澄清正名、暖心回访等工作，有效激励干部担当作为。

市委常委会高度重视自身建设，努力打造成为信念过硬、政治过硬、责任过硬、能力过硬、作风过硬的坚强领导集体。带头加强政治建设，坚决做到习近平总书记怎么说、我们就怎么做，在研究重要问题和重点工作时，首先学习习近平总书记系列重要讲话和有关重要论述，全年共召开市委全会、常委会会议、理论学习中心组学习会议60次，切实在践行“两个维护”上当好表率。带头树牢宗旨意识，认真落实以人民为中心的发展思想，尤其是在抗击疫情的吃劲时刻，坚决打好脱贫攻坚战，倾力解决“难办证”等群众急难愁盼问题，确保全面小康质量高、成色足，切实在增进群众福祉上当好表率。带头强化责任担当，统筹抓好“六稳”“六保”工作，坚决稳住经济基本盘，不断激活新动能新引擎，切实在推动高质量转型发展上当好表率。带头履行主体责任，坚持以抓好党建为最大政绩，深入践行“三严三实”，巩固深化主题教育成果，以强烈自我革命精神，把“严”的主基调长期坚持下去，自觉遵守廉洁从政各项规定，切实在净化优化政治生态上当好表率。

（市委办）

政府工作报告

——在淮北市第十六届人民代表大会第五次会议上的报告

（2021 年 1 月 19 日）

市长　覃卫国

一、全面建成小康社会取得决定性成就

2020 年是淮北市发展史上极不平凡的一年，面对全面建成小康社会和“十三五”规划收官的繁重任务，特别是新冠肺炎疫情带来的严重冲击，全市人民在省委、省政府和市委的坚强领导下，以习近平新时代中国特色社会主义思想为指导，深入学习贯彻习近平总书记考察安徽重要讲话指示精神，坚定实施中国碳谷·绿金淮北发展战略和“一二三四五”总体发展思路，全面落实“六稳”“六保”任务，众志成城，克难奋进，坚决打好决胜仗、收官战、阻击战，较好完成市十六届人大三次会议和“十三五”规划确定的目标任务。全市实现生产总值 1119.1 亿元、增长 3.3%，一般公共预算收入 80.1 亿元、增长 6.1%，规上工业增加值增长 3.5%，固定资产投资增长 9.3%，社会消费品零售总额 460.8 亿元、增长 1.3%，进出口总额超 10 亿美元、增长 24.2%，城镇、农村居民人均可支配收入分别增长 4.9%、8.3%。

主要做了以下工作：

（一）坚持人民至上，疫情防控取得重大战果。面对突如其来的新冠肺炎疫情，在市委的直接领导下，全面贯彻“坚定信心、同舟共济、科学防治、精准施策”总要求，迅速启动重大突发公共卫生事件一级响应，果断取消除夕敬香祈福等大型聚集性活动，严格社区封闭式管理、核酸检测、集中隔离等“硬核”举措，创新推进“三防两抓”，全面推行党员干部“三报到”制度，在全省率先建立“四同三同时”“六库六策”等机制，实现确诊患者“零死亡”、医护人员“零感染”，疫情防控专项考核居全省第 4 位。我们不会忘记，在疫情防控最艰难时刻，全市人民众志成城、守望相助，广大医护人员、疾控工作人员、公安民警、城乡社区工作者和志愿者挺身而出、日夜奋战，28 名白衣天使逆行出征、驰援湖北，以新时代最美逆行者的担当、最美奋进者的本色，生动展示了伟大抗疫精神，书写了人民至上、生命至上的最美画卷！

（二）坚持以保促稳，经济发展韧性明显增强。顶住经济下行压力，全面强化“六稳”“六保”举措，争分夺秒复工复产，在全省较早出台支持中小企业共渡难关若干政策措施，向 590 家重点企业选派联络服务干部，常态化开展“四送一服”工作，经济增长实现二季红、半年正、三季进、全年稳，一般公共预算收入、固定资产投资、战略性新兴产业产值等多项指标增速在全省位次大幅提升。发挥财政、就业、社保、金融等政策合力，助企纾困与激发活力并重，全力支持实体经济、稳定市场信心、兜住民生底线。全年新增减税降费 26.85 亿元，减免国有房产租金 2038 万元。普惠型小微企业贷款余额增长 32%。增量存贷比、直接融资分别居全省第 2 位、第 5 位。新增私营企业 7331 户，个体工商户 23868 户。城镇新增就业 4.4 万人，城镇登记失业率 2.76%。粮食生产实现“十七连丰”，小麦亩产居全省首位。我市荣获全国主要农作物生产全程机械化示范市称号。抢抓国家发行专项债机遇，累计申报重大项目 56

个，获批专项债额度 433.2 亿元。成功举办加快推进战略性新兴产业发展暨全省第十批贯彻“六稳”重大项目集中开工现场推进会，累计组织 14 次重大项目集中开工活动，重点项目完成投资581亿元。平山电厂二期并网发电，50 万吨焦炉煤气综合利用、口子年产2万吨大曲酿造等项目加快推进，淮—宿—蚌、淮—阜城际铁路同时开工建设。

（三）坚持补短强弱，全面小康质量成色更足。努力克服疫情、汛情不利影响，扎实开展“抗疫情、补短板、促攻坚、推振兴”专项行动，帮扶销售各类扶贫农产品 2.45 亿元。投入 4 亿元建成 5 处农村饮水安全工程，完成 89 个行政村 31.6 万人饮水型氟超标改水任务。剩余 318 户 1016 人全部脱贫。持续打好污染防治攻坚战。$PM_{2.5}$ 平均浓度同比下降 10.4%，优良天数同比上升 12.7%，饮用水源地水质达标率 100%。8 条黑臭水体经过整治均达“初见成效”标准。城区雨污分流改造工程累计新建各类排水管网 202.6 公里，东湖存量垃圾治理项目顺利完成。推深做实林长制、河（湖）长制，开展河湖“清四乱”行动，全年营造林 8 万余亩。节能减排完成省下达任务。严密防范金融风险，全市银行业不良贷款率 0.84%，资产质量居全省第 1 位。实行政府债务限额管理、风险预警，全面清理规范政府举债融资行为，债务风险持续下降。

（四）坚持创新驱动，产业升级步伐持续加快。大力推进创新型城市建设，兑现政策资金 5063 万元。全市高新技术产业增加值增长 13.4%，高新技术企业总数达到150家。市科创中心主楼正式封顶，市高新区邻里中心项目开工建设。持续深化“三重一创”建设，陶铝新材料和铝基高端金属材料、先进高分子结构材料两个基地获批省级重大新兴产业基地。陶铝新材料获批全省第一批产业创新中心，系列产品入驻省创新馆，陶铝航材铸锭生产线正式投产。中煤远大、中冶淮海分获国家级、省级装配式建筑产业基地。全市战略性新兴产业产值增长 30.7%。相山区与淮北师范大学合作共建大学科技园即将建成，南开大学—理士国际安徽先进能源研究院挂牌成立。源创客晋升国家级科技企业孵化器。出台推动工业高质量转型发展“1+2”政策，实施规上工业企业培育三年行动计划，旺能发电、阜邦生物等 88 家企业纳入规上工业企业。

（五）坚持城乡统筹，城市宜居水平稳步提高。突出城市特色，编制完成绿金湖、南湖西岸和高铁片区控制性详细规划及城市设计。完善城市功能，市城市展示馆及历史档案馆建成使用。实施重点城建项目 94 个，新建改造城市道路 40 公里。G237 二期、G254 二期、G3 京台高速淮北收费站东迁、创新大道东段、泉山北路上跨铁路立交桥、环山东路东段、桓谭东路等一批城市干道和节点工程建成通车，人民西路加快建设，有效疏解老城、带动新城建设。新增城市绿道 10 公里，新建便民公园绿地 5 个，市区新增停车泊位 5536 个。22 个老旧小区完成改造，棚户区改造开工 2534 套、基本建成 6384 套。乾隆湖风景区正式开园，朔西湖生态修复初见成效。我市荣获国家节水型城市称号，实行最严格水资源管理制度年度考核居全省首位。濉溪县电子商务产业园获批省级服务业集聚示范园区，隋唐运河古镇获评长三角夜间文化和消费样板区。大力推进新型基础设施建设，建成 5G 基站 800 座，5G 实现全面商用。积极推动城市大脑建设，完成 937 类、13 亿条数据整合归集，“安康码”注册人数超过 200 万人。

加强美丽乡村建设，推进农村“三大革命”，完成户改厕 29805 户，农村卫生厕所普及率超过 85%。18 个镇政府驻地和 65 个省级美丽乡村中心村污水处理设施全部建成。完成 20 个省级森林城镇、森林村庄创建任务。杜集区蝉联全国县域数字农业农村发展先进县。段园镇、烈山镇榴园村分获全国“一村一品”示范村镇和全国乡村旅游重点村称号。

（六）坚持改革开放，发展动力活力充分释放。开展创优营商环境提升行动，建成政务服务“一张网”，打造 7×24 小时不打烊“随时办”服务。

开设“一网通办”专窗，实现长三角41个城市、88个事项异地通办。在全省率先实现企业开办一日办结，工业项目报建审批压缩至40个工作日内。综合执法改革、新型煤化工基地干部人事制度改革顺利完成。青龙山无水港正式开通运营。全市实际利用外资3.17亿美元、增长10%。持续推进招商引资，创新开展“线上”招商、“云上”签约，全市新签约招商项目234个，其中工业项目155个，协议投资亿元以上项目100个。中北锂电产业基地、华孚30万锭智能纺纱产业园、英科医疗二期等一批投资超十亿元项目开工建设。

（七）坚持共建共享，社会大局更加和谐稳定。加快社会事业发展，编制完成重点发展区域中小学布局规划，新建学校7所。完成29所乡村小规模学校和乡镇寄宿制学校建设。普惠性幼儿园覆盖率超全省平均水平。我市被确定为基础教育国家级优秀教学成果推广应用示范区。淮北理工学院（筹）一期工程、华东师范大学教育小镇基本完工。高职招生规模实现新突破，进入全省第一方阵。创新推进“一老一小”健康服务，持续推进全国居家和社区养老服务改革试点工作，在全省率先将安宁疗护纳入基本医保，出台32项婴幼儿照护服务支持政策清单。市级公立医院改革位列全省第一方阵，濉溪县综合医改工作连续三年获省政府通报表扬。市中医院跻身全国百强中医院。我市连续七次获评全国无偿献血先进市。社会保障体系不断健全，社会保险覆盖面持续扩大。大力发展文化事业，组织开展文化消费季惠民系列活动，口子窖窖池群及酿酒作坊入选国家工业遗产名单。我市成功申办安徽省第六届全民健身运动会。

深入开展“四下基层”活动，推进“四最”试点，化解了一批涉及群众切身利益的信访难题。开展安全生产专项整治三年行动，安全生产事故起数全省最少，综合减灾示范创建工作全国领先。省级食品药品安全城市创建成果持续巩固。市域社会治理现代化试点工作全面启动。扫黑除恶专项行动战果丰硕、圆满收官。以房地产领域历史遗留“难办证”为突破口，着力解决事关群众切身利益的突出问题，累计办理总产权项目156个、11.7万套，惠及30多万群众，房企破产和解“淮北模式”写入最高人民法院工作报告，获评全国创新社会治理优秀案例。国防动员和后备力量建设稳步推进，退役军人服务保障有力，我市再次获评全国双拥模范城。“七五”普法通过考核验收。第七次全国人口普查圆满完成。妇女儿童、残疾人、慈善、红十字等事业取得新进步，民族宗教、外事、侨务、对台、地方志、档案、公积金、供销等工作进一步加强。

（八）坚持实干担当，政府履职能力不断加强。持续巩固“不忘初心、牢记使命”主题教育成果，深化“三个以案”警示教育。法治政府建设积极推进，《淮北市生活垃圾管理办法（试行）》正式出台，《淮北市非机动车管理条例》纳入立法。主动接受人大监督、政协监督和社会监督，办理市人大代表议案、建议205件，市政协委员提案166件，“市长热线”11.7万件。落实全面从严治党要求，持续抓好省委巡视反馈问题整改，建立打击公共资源交易、医保领域违法违规行为联动机制，加强审计监督和统计监督，持之以恒正风肃纪反腐，营造清正廉洁、实干担当的政务环境。

经过全市上下的共同努力，我市成功蝉联全国文明城市，必将进一步凝聚全市奋进力量，万众一心、勠力同心，建设更加文明、更加和谐的幸福城市。

无论是刚刚过去的2020年，还是“十三五”时期，我们始终聚焦城市转型发展这个不变主题，千方百计稳增长、调结构，毫不动摇抓改革、强创新，全心全力惠民生、防风险，全面建成小康社会取得决定性成就，在建市60周年特殊时间节点上，开启了新时代淮北高质量转型发展新局面。

这五年，我们以新理念为统领，全面深化转型崛起新实践，动能转换实现大突破。坚持新发展理念，统筹推进产业转型、发展转轨、城市转向、动力转换和共建共享，经济发展进入规模质量同步提升、新旧动能协同发力的关键期。产业结构实现从“二三一”向“三二一”重大转变，三产占比超过50%。以“四基一高一大”为代表的新兴产业蓬勃发展，“四基一高”产值占规上工业比重达到43%。城市规划建设管理、财税金融体制改革持续深化，采煤沉陷区治理“淮北经验”、房企破产和解“淮北模式”全国推广。让我们倍感自豪的是，2020年8月，习近平总书记考察安徽期间，对我市陶铝新材料给予高度关注和充分肯定，进一步坚定了我们加快科技创新、实现后发赶超的信心和决心。

这五年，我们以新战略为指引，奋力探索转型崛起新路径，综合实力实现大跨越。紧紧围绕市第八次党代会作出的战略部署，咬定目标、坚定信心，努力克服煤炭去产能、整治淘汰落后产能带来的转型阵痛，成功战胜新冠肺炎疫情、特大暴雨灾害带来的重大风险，推动经济社会发展行稳致远。在累计煤炭去产能1109万吨、减税降费102.7亿元情况下，全市生产总值连续跨上四个百亿元台阶，财政收入连续跨上五个十亿元台阶。我市先后获全国文明城市、国家森林城市和中华环境优秀奖荣誉，转型经验做法获国务院办公厅通报表扬，《人民日报》《光明日报》分别在头版进行了典型报道。

这五年，我们以高质量为主题，主动抢抓转型崛起新机遇，发展条件实现大改善。我市正式加入长三角城市经济协调会，全面融入长三角一体化发展。成功迈入高铁时代，高速路网不断完善，煤化工基地快速通道、梧桐中路、创新大道、龙山路等一批骨干道路建成通车，100公里城市大外环基本形成。城乡面貌焕然一新，五年新增一级公路117公里、农村公路1710公里、供水管网356公里、燃气管网240公里、污水传输管网189公里，城市建成区面积扩展至90平方公里，东部新城、南部次中心、高铁新区、凤凰新区等新城新区建设提速。淮北海关开关运行，铁路无水港投入使用，南坪港恢复运营，打造区域改革开放新高地的综合优势更加凸显。

这五年，我们以高品质为目标，主动顺应人民群众新期待，民生福祉实现大提升。五年累计投入民生工程资金超200亿元，民生投入占财政支出比重保持在80%以上，民生工程考核稳居全省第一方阵。五年累计新增城镇就业24万人。实施棚户区改造93256户，建设保障性住房7360套。城乡居民基本医保、大病保险、低保正式并轨。城乡居民人均可支配收入与2010年相比实现翻番目标，农村居民收入增速连续五年超过城镇。累计22个贫困村出列、35235人实现脱贫，如期完成脱贫攻坚目标任务。“皖北地区最稳定的城市、全省最稳定的城市之一”局面持续巩固深化。

各位代表！

五年的发展，倾注了全市上下不懈的努力，凝聚了全市人民共同的智慧。这是习近平新时代中国特色社会主义思想指引的结果，是省委、省政府和市委坚强领导的结果，是全市广大干部群众团结一心、共同奋斗的结果。我代表市人民政府，向全市人民，向人大代表、政协委员，向各民主党派、工商联、人民团体，表示最崇高的敬意！向驻淮部队、武警官兵、政法公安干警和消防救援队伍，向驻淮单位，向所有关心、支持和参与淮北改革发展的各界人士，表示最诚挚的感谢！

过去五年尤其是经过新冠肺炎疫情的大战大考，让我们更加清醒地看到，全市经济社会发展还存在一些深层次矛盾和问题：经济总量偏小、结构有待优化，发展水平与全省还有一定差距；科技创新实力较弱，新兴产业拉动性不强，工业经济还存在许多困难；县区、园区综合实力较弱，对全市发展的带动力还不够强；发展不平衡、不充分的一些突出问题还没有根本解决，民生领域还有不少短板。少数工作人员缺乏进取意识和工作激情，存在落实打折扣、服务不到位现象。我们将正视困难和问题，发扬斗争精神，以改革破难题，以担当抓落实，不辜负人民期望和重托。

二、奋力谱写淮北社会主义现代化建设新篇章

根据《中共淮北市委关于制定淮北市国民经济和社会发展第十四个五年规划和二〇三五年远景目标的建议》，市政府编制了《淮北市国民经济和社会发展第十四个五年规划和二〇三五年远景目标纲要（草案）》，提请大会审查。

《纲要（草案）》瞄定2035年远景目标，深入学习贯彻习近平总书记考察安徽重要讲话指示精神，全面对标中央和省委、市委要求，围绕扎实推进淮北更高质量转型发展，加快建设经济强、百姓富、生态美的新阶段现代化美好淮北，为我市社会主义现代化建设开好局、起好步，明确了今后五年全市经济社会发展的主要目标和战略任务，提出了一系列重大政策、重大工程、重大项目。突出表现在以下五个方面。

（一）准确把握新发展阶段，推动综合实力显著增强。把握开启全面建设社会主义现代化国家新征程的阶段性特征，充分发挥在服务构建新发展格局、区域战略叠加、转型加速推进等方面的比较优势，坚持新发展理念，持续推进产业转型、发展转轨、城市转向、动力转换、共建共享，实现淮北更高质量转型发展。“十四五”期间，全市地区生产总值年均增长7%。展望2035年，全市经济总量和城乡居民人均可支配收入较2020年翻一番以上，人均地区生产总值超过全省平均水平，全体人民共同富裕取得更为明显的实质性进展。

（二）坚持深化改革开放，加快打造苏鲁豫皖四省交汇区域改革开放新高地。持续深化“放管服”改革，常态化开展“四送一服”专项行动，打造“四最”营商环境。实施国有企业改革三年行动，促进国有资产保值增值、国有资本做强做优做大。支持民营经济发展，深入实施民营经济上台阶行动计划。到2025年，民营经济增加值占GDP比重达到58%。深化要素市场化配置改革，促进土地、劳动力、资本、技术、数据等要素在更大范围畅通流动。全面实施市场准入负面清单制度，健全公平竞争审查机制。推进自主知识产权市场化运营，健全知识产权激励机制。实施更大范围、更宽领域、更深层次对外开放，坚持全链条精准招商、以商招商，全面提升招商引资质量效益。复制推广安徽自贸区改革试点经验，强化政策对接、产业对接、项目对接，建立联动创新体制机制。扩大与“一带一路”沿线国家和地区经贸合作，深化中原经济区、淮海经济区、淮河生态经济带等多领域合作，实际利用省外资金年均增长8%。把实施扩大内需战略同深化供给侧结构性改革有机结合起来，打通各类要素循环堵点，贯通生产、分配、流通、消费各环节，融入国内国际双循环。提升传统消费、培育新型消费、适当增加公共消费，全面激活消费潜力。固定资产投资年均增长8%，社会消费品零售总额达到645亿元、年均增长7%，进出口总额突破16亿美元、年均增长8%。

（三）坚持创新驱动发展，加快打造承接长三角产业转移示范区。深入实施创新驱动战略、人才强市战略，营造良好创新生态，全面提升协同创新水平。主动对接合肥综合性国家科学中心，深入推进科创大走廊建设，加快创建淮北国家级高新技术产业开发区、濉溪国家级经济技术开发区。扎实开展高新技术企业培育攻坚行动，促进各类创新要素向企业集聚。高新技术产业增加值占规上工业比重达到32%。深入实施新时代“相城英才计划”，加大优秀人才引进力度，提升人才综合服务水平。加快发展现代职业教育，打造皖北地区和淮海经济区职业教育基地。坚定不移建设制造强市、质量强市、网络强市、数字淮北，推进产业基础高级化、产业链现代化，提高经济质量效益和核心竞争力。大力发展先进制造业，规上工业增加值年均增长7.5%以上。到2025年，制造业增加值占GDP比重达到23%。改造提升传统产业，推动煤电、纺织、食品、建材等传统优势产业智能化、高端化。培育壮大战略性新兴产业，推进陶铝新材料和铝基高端金属材料、先进高分

城市风光　　（市水务局　供图）

子结构材料省级重大新兴产业基地建设。战略性新兴产业产值占规上工业比重达到25%。加快发展现代服务业，形成若干综合竞争优势明显的服务业集群。大力实施数字经济赋能，支持物联网应用和智能化改造。力争“十四五”末基本形成“四基三千亿”板块。加快综合交通运输能力建设，推动与周边地区互联互通，快捷通达长三角中心城市，打造区域性综合交通枢纽。深化跨区域合作，全面融入长三角区域协调发展新格局，打造更高质量转型发展重要动力源。

（四）坚持“两山”理念，加快打造全国资源型城市全面绿色转型发展样板区。以人的城镇化为核心，树立“宜居宜业宜学宜游宜养”理念，实施城市更新行动，提升城市品质。高标准建设东部新城，支持濉溪县建设南部次中心，加快推进高铁新区、凤凰新区和双堆集中心镇新城建设，规划建设淮北西站新区，全面提升城市能级和要素吸纳能力。全面推进乡村振兴战略，促进农业高质高效、乡村宜居宜业、农民富裕富足。落实最严格的耕地保护制度，推动农产品加工业集群发展，争创国家现代农业产业园、国家农业现代化示范区，打造“淮优”农产品区域公共品牌，建设长三角绿色农产品生产加工供应基地。实施乡村建设行动，统筹县域城镇和村庄规划建设，增加农村公共服务供给。健全城乡融合发展机制，争创城乡融合发展试验区。落实“四个不摘”要求，加强脱贫不稳定户、边缘易致贫户的跟踪管理和后续服务，健全防止返贫监测和帮扶机制。以“碳达峰、碳中和”为引领，巩固深化国家第三批低碳城市试点成果。持续开展大气污染防治四个专项行动和秋冬季大气污染综合治理攻坚行动，强化土壤污染管控修复，严格落实河（湖）长制，全面建设全国林长制改革示范区，坚决打好蓝天碧水净土保卫战。开展工业园区循环化改造示范工程，全面提高资源利用效率。深入推进节水型社会建设，促进水资源优化配置和高效利用。统筹推进山水林田湖草一体化保护和修复，森林覆盖率达到22.5%，打造山水在城中、城在山水中的“公园城市”。

（五）坚持共同富裕方向，加快打造民生福祉更加厚实的幸福城。顺应人民群众新期待，维护人民根本利益，促进社会公平，不断实现人民对美好生活的向往。健全基本公共服务体系，提高公共服务均等化和优质化水平，为人民创造更高品质的生活。增加低收入群体转移性收入，创新实施中等收入群体倍增计划。推动区域教育优质均衡发展，大力发展应用型本科教育和职业教育，建设高质量教育体系，劳动年龄人口平均受教育年限达到11.1年。全面推进健康淮北建设，争创国家卫生城市。积极应对人口老龄化，巩固拓展全国居家和社区养老服务改革试点成果，促进养老事业和养老产业协同发展，人均预期寿命达到79岁。繁荣发展文化事业，健全现代文化产业体系，实施文明创建提升行动，加快建设创新型文化强市。统筹发展和安全，践行总体国家安全观，加强国家安全体系和能力建设，确保经济安全，保障人民生命安全。持续开展“铸安”行动，深化重点行业领域安全专项整治。开展食品安全放心工程攻坚行动，健全食品药品质量安全追溯体系。完善应急管理体系，提高防灾减灾抗灾救灾能力。深入推进法治淮北、法治政府、法治社会一体建设，争创法治政府建设示范城市。完善市域社会治理体制机制，争创全国市域社会治理现代化试点合格城市，打造更高水平的平安淮北。

三、乘势而上开启新阶段现代化美好淮北建设新征程

今年是“十四五”规划开局之年，也是乘势而上开启新阶段现代化美好淮北建设新征程的第一年。做好政府工作，要坚持以习近平新时代中国特色社会主义思想为指导，全面贯彻党的十九大，十九届二中、三中、四中、五中全会精神和中央经济工作会议、省委经济工作会议精神，按照市委八届十二次、十三次会议部署，科学把握新发展阶段，坚决贯彻新发展理念，服务构建新发展格局，坚持稳中求进工作总基调，以推动高质量发展为主题，以深化供给侧结构性改革为主线，以改革创新为根本动力，以满足人民日益增长的美好生活需要为根本目的，坚持系统观念，巩固拓展疫情防控和经济社会发展成果，更好统筹发展和安全，扎实做好“六稳”工作，落实“六保”任务，加快建设经济强、百姓富、生态美的新阶段现代化美好淮北，确保“十四五”开好局、起好步，以优异成绩庆祝中国共产党成立100周年。

经济社会发展的主要预期目标是：地区生产总值增长8%以上，规上工业增加值增长7.5%以上，固定资产投资增长9%，社会消费品零售总额增长9%，进出口总额增长10%，一般公共预算收入、城乡常住居民人均可支配收入增速不低于全省平均水平，城镇新增就业3.2万人，城镇登记失业率控制在4.5%以内。能耗和主要污染物排放量不超过省控目标。

重点抓好八个方面工作：

（一）抢抓历史机遇，高水平打造承接长三角产业转移示范区

强力推进招商引资。精准聚焦产业招商，组建“四基一高一大”产业发展专班，编制产业招商指南，提高招商精准度，工业招商项目全年完成固定资产投资120亿元以上。完善市级招商引资服务平台，在长三角、珠三角重点城市驻点，组建专业招商队伍，壮大县区招商力量。加强与行业协会、商会交流，积极发挥在淮商会和企业作用，提高委托招商、以商招商实效。主动对接央企、大型国企和知名民企，推动华润金蟾三期、今麦郎二期等重大项目落地。健全招商项目服务机制，对项目签约、落地、推进、认定、后期服务实行全周期管理，形成完整闭环。完善招商引资考核方式，修订奖励办法，调动各方面招商积极性。以省际合作园区为支撑点，搭建产业转移承接平台，促进县区与长三角重点区域开展全方位合作，支持段园镇大力发展“飞地经济”，主动融入徐州都市圈，努力把我市打造成为沪苏浙产业转移首选地。

加快重大项目建设。完善“四督四保”“四个一”推进机制，全年组织实施重大项目400个，完成年度投资550亿元以上。按照“三个走”要求，用好皖北承接产业转移集聚区优惠政策，加强土地、能耗、环境容量等要素保障，全力推进淮—宿—蚌、淮—阜城际铁路建设，积极推动宿淮天然气骨干网工程建设，开工建设城市地表水厂，破解发展瓶颈制约。加快专项债支出进度，带动社会资本加大投入，在区域交通、新型基础设施、生态保护等方面，打包储备一批基础性、枢纽性、带动性强的关键项目。

打造“四最”营商环境。认真落实国务院《优化营商环境条例》和我省实施办法，做好政策衔接，进一步压减涉企经营许可事项。持续开展创优营

商环境提升行动，纵深推进“四送一服”专项行动和常态化行动。加强园区配套设施建设，降低公共服务价格及物流运输成本，助力企业减负增效。落实区域评估要求，加快推进“标准地”改革，让企业“拿地即开工”，促进项目早落地、早建成、早见效。

（二）坚持工业强市战略，做实做强做优实体经济

推动工业高质量发展。全面落实工业经济高质量转型发展意见，加大对工业支持力度。实施规上工业企业培育三年行动计划，建立投产企业、“小升规”企业培育库，全年新增规上工业企业100家以上。开展“个十百千”工程企业培育年活动，“一企一策”分类梯次培育。实施工业项目建设攻坚“三百”工程，全年谋划储备超5000万元项目200个、新建和技改项目各100个以上。实施“抓在建、促投产”工程，确保50万吨焦炉煤气综合利用、口子年产2万吨大曲酿造等项目竣工投产，60万吨乙醇、英科医疗产业园（三期）、南京中旗新材料等项目开工建设，进一步提高制造业占规上工业比重。实施“企业上云”三年行动计划，新增上云企业100家、两化融合贯标企业15家。新认定数字化车间、智能工厂4个，机器换人100台以上。深化与在淮省属企业战略合作，共同谋划实施一批重大战略性项目，推动市企一体化高质量发展。

加快产业转型升级。开展产业链固链补链强链行动，推行产业集群群长制、产业链供应链链长制和产业联盟盟长制，分类精准施策。一手抓传统产业改造升级，以煤炭、机械制造、新型建材、食品加工、纺织等优势产业为重点，支持企业开展集群协同技改，推动绿色环保节能改造，助推200家企业加速转型。实施“增品种、提品质、创品牌”培育提升行动，新增“安徽工业精品”5个、省级新产品10个、省级以上绿色工厂2个、绿色产品3个。一手抓新兴产业培育壮大，以陶铝和铝基、先进高分子结构材料两大省级战新产业基地为依托，放大规模和集群效应，加快陶铝新材料产业基地、濉溪氢能产业基地、相山电子信息产业园、杜集科创园建设，提升产业核心竞争力。大力发展数字产业，支持“5G+工业互联网”“5G+智能制造”等重点应用，发挥大数据产业基地、源创客等平台作用，用数字赋能产业转型升级。

大力发展现代服务业。以产业升级为导向，提升生产性服务业整体素质和竞争力。积极发展现代金融，丰富业态产品，增强服务实体经济效能。发挥传化物流、家家悦综合产业园、中农联物流园等优势，大力发展第三方物流和冷链物流，建设区域性重要物流节点城市。加强服务业重点企业培育，支持大型企业主辅分离，促进传统服务业线上线下融合发展，进一步释放消费潜力。发挥万达、吾悦、国购广场等商圈带动效应，加快濉溪老城石板街、南翔云集、隋唐运河二期大观园等项目建设，高品位规划建设一批示范步行街。加快发展夜间经济，构建消费新场景，彰显城市魅力与活力。深入挖掘大运河文化、红色文化、工业遗产，建立文旅融合发展工作推进机制，加快发展文化旅游产业，打造区域休闲旅游目的地。

（三）建设创新型城市，培育转型崛起新动能

加强创新能力建设。抢抓“一室一中心”扩容机遇，促进更多优质基础设施和技术创新中心在淮北落子布局。以创新型城市创建为引领，统筹推进科创大走廊、东部科教新城建设，做好杜集高端装备国家火炬特色产业基地复审工作。深化政产学研用金协同创新，加快市科创中心建设，深化与中科院、上海交通大学、上海财经大学等合作，支持淮北师范大学高质量发展。强化知识产权创造、保护、运用，提高科技成果转移转化成效，争创中药配方颗粒省重点实验室。实施高新技术企业创建三年倍增行动计划，总数达到180家以上。引进高层次科技团队项目5个，实施产学研合作项目60个，组织实施市级以上科技项目30项以上。

推动园区改革创新。强化整体思维，打破区划限制，支持三区开发区与市高新区依托科创

大走廊，组建协同创新平台，支持濉溪县开发区与新型煤化工基地、濉芜产业园发挥比较优势，实现联动发展。加快市高新区邻里中心、新型煤化工基地智慧物流园、固废综合处置及利用中心等重点项目建设，提高园区综合承载能力。以园区为重点，清理闲置低效土地，新建项目优先使用存量土地，实现“腾笼换鸟”，全年盘活土地5000亩。加快标准化厂房建设，满足招商引资企业个性化、专业性需求，促进土地集约节约利用。

加快人才引进培育。全面落实新时代“相城英才计划”，完善人才引进工作机制，面向全球招引高端人才，完善高层次人才储备金管理，规划建设一批人才公寓，落实各项支持政策，以事业留人、待遇留人、感情留人。突出企业主体作用，优化人才配置，支持各类人才来淮发展。坚持引育并重，激发本地人才活力，大力实施职业技能提升行动，新增技能人才1.5万人。

（四）全面深化改革，推进高水平对外开放

推进重点领域改革。持续深化“放管服”改革，大力压减行政审批事项。深入推进“一网、一门、一次”改革，建成市智慧政务服务中心，提升7×24小时不打烊“随时办”服务质量。推动财税管理体制改革，全面实施预算绩效管理。完善国资国企监管，支持市建投集团做优做强。深化药品耗材集中招采制度改革，继续降低药品耗材价格。开展农村闲置宅基地和闲置住宅盘活利用试点示范，巩固提升农村集体产权制度改革和“三变”改革成果。在行政审批、税收分成等重点领域，加大向县区、开发区授权放权和政策支持力度，促进县区大发展、快发展。

打造对外合作平台。抢抓安徽自贸区政策机遇，加强与核心片区协作，提升制度创新能力，在构建新发展格局中争取主动。积极组织参加进博会、世界制造业大会，主动走出去、请进来，展示淮北对外开放新形象。加强对外经贸合作，大力发展跨境电子商务。发挥青龙山无水港海铁联运优势，增加淮北至宁波、连云港班次，开通淮北至上海线路，加快向周边地区辐射，形成集聚效应。

大力发展民营经济。全面落实助企纾困政策，聚焦“痛点”扩大金融服务供给，加强政银企对接，做大新型政银担业务规模，提高企业融资便利度。积极推进民营企业转型升级，优选培育一批成长性企业，打造“隐形冠军”“单项冠军”，新增省“专精特新”中小企业5家、冠军企业2家，在省股权托管交易中心挂牌40家。健全政企沟通协商制度，发挥工商联和所属商会作用，完善民营企业权益维护机制，做到诉求“直通必达”、服务“有求必应”、交往“亲而又清”。

（五）推动城市有机更新，提升城市综合竞争力

构建现代交通体系。以交通基础设施建设为先导，加大交通基础设施投入，织密区域交通网和城乡交通网，实现与周边地区无缝对接、市域内部高效联通，建设交通强市。增加高铁车次密度，新增始发（到达）班次6列。加快与省际城市互联互通，强力推进徐淮阜高速公路建设，开工建设S101淮徐快速通道、G3京台高速双堆集出入口、G344东灵线二期、S305等国省干线公路，争取实施S410濉刘路改建、S235濉唐路三期工程。提升综合交通能力，加快推进临涣船闸、浍河航道整治二期、孙疃码头工程。

完善城市综合功能。坚持规划引领建设，彰显山水生态公园城市特质，突出宜居宜业宜学宜游宜养功能，编制完成《淮北市国土空间总体规划（2020—2035年）》。完善东部新城路网，规划建设高铁西站路网。全面推进城镇老旧小区改造，完成老旧小区改造77个。积极推进公共设施适老化改造，更好方便老年人生活。构建现代公交体系，加快城乡公交和客运综合枢纽站建设，优化公交线路和班次，新增公交线路3条、新建公交停车场7个，基本完成农班线公交化改造。新增城市停车泊位3000个。加强餐厨废弃物资源化利用和无害化处理，建成一批生活垃圾分类示

范片区。加大新型基础设施投入，新建5G基站820座，实现重要区域5G网络全覆盖。加快智慧城市建设，实施城市大脑运营中心项目，丰富交通、教育、医疗、疫情防控等应用场景，提升城市治理智慧化水平。加强工业遗产保护和开发，变“工业锈带”为“生活秀带”，留住城市记忆，扩展文化空间。

加强生态文明建设。巩固国家森林城市创建成果，新增省级森林城镇、森林村庄18个。加强濉溪县凤栖湖、相山采煤沉陷区治理，完成朔西湖生态修复一期工程。持续开展大气污染防治四个专项行动，推进$PM_{2.5}$和臭氧协同控制，确保$PM_{2.5}$平均浓度和优良天数比例完成省定目标。积极推广清洁能源汽车，新投运新能源公交车200台。深入实施流域综合治理，完善流域生态保护补偿机制。加强饮用水水源地保护，开工建设丁楼污水处理厂二期，加快推进城区雨污分流工程。强化土壤污染管控修复，保障土壤环境安全。强化农业面源污染防控，提升畜禽养殖废弃物资源化利用和秸秆综合利用产业化发展水平。狠抓中央和省环保督察反馈问题整改，高标准完成整改任务。加大污染防治执法力度，推动生态环境质量持续好转。全面推行林长制，深化河（湖）长制改革，持续开展“清四乱”整治行动，支持烈山区建设林长制改革示范先行区。

（六）扎实推进乡村振兴，促进农业农村现代化

提高农业发展质效。加大农业投入，促进农业全面升级。稳定粮食播种面积，落实稳定生猪生产扶持政策，建立优质专用小麦基地123万亩。加强现代农业设施建设，新建高标准农田22.5万亩。大力实施农产品加工业“五个一批”工程和“158”行动计划，提升百善、凤凰山食品工业园功能，做大做强“淮优”农产品公共品牌，建设长三角绿色农产品生产加工供应基地。加快培育农村合作社、家庭农场，推动农业集约生产和适度规模经营。大力发展休闲农业和乡村旅游，发挥柳江口、黄里、南山、龙脊山等优势，培育“花”经济、做足“果”文章，促进一二三产业融合发展。加强供销基层网络建设，积极推进农超对接。优化升级农村电商，强化经营主体培育，开发适销特色农产品。

大力加强乡村建设。统筹县域城镇和村庄规划建设，保持乡村特色。积极推进农村公路提质改造工程。实施包浍河、龙岱河及支流治理工程，补齐水利短板，提高灾害防御能力。继续实施农村安全饮水巩固提升工程，确保集中供水率达到95%以上。结合新城新区布局，统筹美丽乡村建设、农村环境整治和采煤塌陷村庄搬迁，完成17个省级中心村和20个市级中心村建设，深化农村“厕所革命”整村推进，提高乡镇生活污水处理设施覆盖面，确保农村垃圾无害化处理率稳定在98%以上。提升乡镇综合服务功能，不断满足农村群众美好生活需要。

巩固脱贫攻坚成果。加强政策和工作统筹，严格“四个不摘”要求，实现巩固拓展脱贫攻坚成果同乡村振兴有效衔接。健全防止返贫动态监测和帮扶机制，对易返贫致贫人口实施常态化监测，重点监测收入水平变化和“两不愁三保障”巩固情况，及时做好精准帮扶。深入实施“百村示范”工程，发展壮大村级集体经济，推进资产收益扶贫。继续加强产业和就业帮扶，大力发展特色产业，促进相对贫困人口稳定增收。

（七）加强社会建设，改善人民生活品质

强化就业和社会保障。深入推进大众创业、万众创新，扎实开展小老板培育工程，大力发展小店经济，加强双创园区、扶贫车间等创业平台建设，支持高校毕业生、返乡农民工、退役军人等重点群体就业，推动电商、网络直播等多样化自主就业、灵活就业。健全城乡居民基本养老保险待遇确定和基础养老金正常调整机制。持续推进全民参保计划，扩大参保覆盖面。认真落实好困难群众基本生活救助扩围政策。

扩大优质教育供给。落实重点发展区域中小

学布局规划，促进义务教育优质均衡发展和城乡一体化，实施乡村教育提升计划，开工建设淮北二中（市一实小）南校区、濉溪中学南校区、淮北师范大学附属相山学校。推进学前教育普惠发展，新建、改扩建公办园5所，引导民办园规范发展。提高特殊教育保障能力。推动淮北职业技术学院创建地方技能型高水平大学。加快淮北卫校新校区建设，确保淮北一中新校区、华东师范大学港利实验学校正式投入使用，淮北理工学院（筹）通过教育部评估验收。

加快建设健康淮北。扩大紧密型城市医联体覆盖范围，巩固濉溪县紧密型医共体建设成效。推动“智医助理”建设，促进优质医疗卫生资源下沉。加快市人民医院东院区、县人民医院南院区建设，扩大优质医疗资源供给。加快推进公共卫生服务体系建设，增强突发公共卫生事件监测预警和处置能力，开工建设市公共卫生中心，建成相山区、杜集区人民医院等一批公共卫生补短板项目。深入开展爱国卫生运动，提高全民健康素养。积极推进普惠托育服务专项行动。启动养老服务新三年计划，扎实开展医养结合和安宁疗护试点，打造梧桐健康小镇，构建多元化、多层次养老服务供给体系。

繁荣发展文化事业。深化文明创建成果，加强新时代文明实践中心、融媒体中心建设，落实好《淮北市文明行为促进条例》，推动文明创建常态化、长效化。完善公共文化服务体系，提升公共文化服务水平，打造柳孜遗址国家大运河文化公园，推进濉溪明清酿酒作坊遗址保护展示。完善城乡体育设施，打造15分钟健身圈。认真做好省第六届全民健身运动会筹备工作。

坚持尽力而为、量力而行，继续办好民生实事，大力实施民生工程，引导社会力量有序参与民生建设和建后管养，着力改善人民生活品质。

（八）统筹发展和安全，建设更高水平的平安淮北

严格常态化疫情防控。压实“四方责任”，抓细抓实常态化防控举措，坚决巩固疫情防控成果。紧盯冬春疫情防控关键期，坚持“人物同防”，强化疫情重点地区来淮北人员管理，筑牢社区疫情防控第一道防线，加强群防群控，严格进口冷链食品全流程闭环管控，降低疫情输入和反弹风险。加强应急物资储备和培训演练，提升流调溯源、核酸检测和医疗救治能力。主动做好监测预警和信息发布，及时回应社会关切，提高群众科学防控意识。

加强安全生产和应急管理。严格落实生产经营单位主体责任，构建安全风险管控和隐患排查治理双重预防体系。聚焦重点行业重点领域，扎实开展安全生产专项整治三年行动，坚决防范较大以上事故发生。强化安全生产监管、食品药品监管、应急抢险救援，提升应急管理水平。继续推进综合减灾示范创建活动，增强灾害风险防御能力，建设安全韧性城市。

深化社会治理创新。扎实开展全国市域社会治理现代化试点工作，推动社会治理向基层下移。坚持和发展新时代“枫桥经验”，完善社会矛盾纠纷多元化解机制，严格“四下基层”制度，依法依规妥善解决群众合理诉求。巩固招投标、医保基金监管等领域专项整治成果，加大“难办证”等历史遗留问题攻坚力度，解决好群众身边“关键小事”。完善社会治安防控体系，深化环市治安防控圈、智慧平安小区建设，机制化常态化开展扫黑除恶专项斗争，严厉打击各类违法犯罪活动，让城乡更安宁、群众更安乐。

统筹经济建设和国防建设，巩固全国双拥模范城创建成果，大力支持驻淮部队改革发展，建设国防动员教育训练基地，做好退役军人服务保障，促进军政军民更加团结。

四、全面提升新时代政府治理能力和水平

新阶段新形势新任务对政府工作提出了更高要求，必须永葆“闯”的精神、“创”的劲头、“干”的作风，发扬“三牛”精神，保持定力，久久为功，不忘初心、不负人民。

（一）加强政治建设，始终做到绝对忠诚。深入学习贯彻习近平总书记考察安徽重要讲话指示精神，坚决做到“两个维护”。对标强化“两个坚持”、实现“两个更大”目标要求，自觉把政府工作放在大局中谋划和推进，不断提高政治判断力、政治领悟力、政治执行力，确保中央和省市决策部署不折不扣落地见效。

（二）践行初心使命，始终做到全心为民。坚持以人民为中心的发展思想，把小事当作大事来办，在强化民生保障上出实招、在优化公共服务上出真招，在解决群众“急难愁盼”上出硬招。严格“三公”经费管理，各级政府带头过“紧日子”，努力做到少花钱、多做事，不花钱、也办事，体现执政为民、发展为民本色。

（三）强力正风肃纪，始终做到廉洁从政。严格落实全面从严治党主体责任，深化法治政府建设，坚持依法行政，不断提高治理能力。全面推进基层政务公开标准化、规范化建设，让权力在阳光下运行。自觉接受人大监督、政协监督，重视社会和舆论监督，强化审计监督和统计监督，支持纪检监察机关依规依纪依法履职，力戒形式主义、官僚主义，坚决惩治腐败。

（四）勇于直面问题，始终做到实干担当。把坚持问题导向贯穿始终，不回避矛盾，不掩盖问题，越是艰险越向前，做到高度负责、忠诚履责、勇于担责。更新知识观念，掌握过硬本领，努力成为解决实际问题、推动转型发展的能手。强化绩效管理和政务督查，健全推进机制，加强跟踪问效和闭环管理，以钉钉子精神推动工作落实。

（市政府办）

专 记

淮北市“十三五”时期经济社会发展

【概况】 “十三五”时期，是全面建成小康社会决胜阶段，也是淮北市转型发展质量好、城乡面貌变化大、群众得到实惠多、城市知名度美誉度关注度高的时期。面对错综复杂的国际形势、艰巨繁重的改革发展稳定任务特别是新冠肺炎疫情严重冲击，在市委、市政府的坚强领导下，全市上下坚持以习近平新时代中国特色社会主义思想为指导，全面贯彻落实习近平总书记两次考察安徽重要讲话指示精神，紧紧把握长三角一体化发展等国家战略，坚持新发展理念，坚持稳中求进工作总基调，坚持以供给侧结构性改革为主线，坚决打赢三大攻坚战，高质量实施五大发展行动计划，坚持中国碳谷·绿金淮北发展战略和“一二三四五”总体发展思路，成功走出转型发展的新路子，“十三五”规划目标任务顺利完成，相继实现了文明创城、开通高铁、拥湖发展、淮水北调、煤化工振兴、群众安居、自办本科高校等梦想，经济社会发展取得历史性显著成就。

【综合实力实现重大跨越】 全市地区生产总值跨越四个百亿元台阶和千亿关口，提前一年实现比2010年翻一番目标，2020年达1119.1亿元。人均地区生产总值突破7000美元，位居皖北前列。城乡居民人均可支配收入分别达36428元、15218元，实现比2010年翻一番。财政收入提前一年完成“十三五”规划目标。社会消费品零售总额达460.8亿元，进出口总额跨过10亿美元大关，分别是2015年的1.6倍和1.7倍，经济社会发展的质量效益显著提升。

【城市转型实现重大突破】 三次产业结构由“二三一”调整为“三二一”，碳基、铝基、硅基、生物基、高端装备制造、大数据产业“四基一高一大”产业从小到大、从弱到强，陶铝新材料、平山电厂135万千瓦机组等一批世界领先的技术和企业快速发展。习近平总书记考察安徽，充分肯定陶铝新材料等“智”造成果，城市转型经验获国务院办公厅、省政府办公厅通报表扬。陶铝新材料项目纳入合肥综合性国家科学中心支持范围，陶铝新材料和铝基高端金属材料基地、先进高分子结构材料基地成功获批为省重大新兴产业基地。战略性新兴产业产值年均增长14.7%，占规上工业产值比重达到22.5%。服务业快速发展，新模式新业态不断涌现，累计创建省级服务业集聚区9个、示范园区2个、综合改革试点区2个。

【改革开放取得重大成果】 稳步推进“三去一降一补”（去产能、去库存、去杠杆、降成本、补短板），供给侧结构性改革成效显著。累计关闭矿井9对，化解煤炭过剩产能1109万吨，省属煤炭企业扭亏增盈，实现新发展。全市清出“僵尸企业”107家，盘活土地8593亩。全市新建商品住房供求基本平衡，房地产市场呈平稳发展态势。金融创新全面展开，直接融资规模持续扩大，市建投集团市场化改革取得显著成绩。大规模减税降费落地见效，“十三五”期间累计减税降费102.7亿元，是“十二五”期间的4.8倍。企业经营成本持续下降，发展活力日益增强。重点领域改革全面深化，新型智慧城市建设等41项国家级、34项省级改革试点取得重大进展，房企破产和解“淮北模式”“七步造林法”等多项改革成果在全省乃至全国复制推广。“四最”营商环境日益优化，以综合信用指数全国第4的成绩跻身第二批全国社会信用体系建设示范城市。“一带一路”建设、长三角一体化发展等国家战略深入实施，淮河生态经济带、淮海经济区协同发展等重大合作事项深度推进。新型煤化工产业发展论坛、黄里杏花文化旅游节、石榴文化旅游节、葡萄采摘节、食品工业博览会等对外交流合作平台影响力持续提升。淮北海关通关运行，淮北—宁波港海铁联运班列正式开通，浍河航道通江达海。郑徐客专淮萧联络线建成通车，淮北—宿州—蚌埠、淮北—阜阳城际铁路全面开工建设，淮北加速跨进高铁时代。

【城乡面貌发生重大变化】 坚持全域城镇化，东部新城、南部次中心、高铁新区、凤凰新区等新城新区建设日新月异，依山拥湖格局充分彰显，城市建成区面积扩展至90平方千米。老城改造升级加快，老工业区搬迁改造成效显著，市区多条“断头路”全面打通，长达100千米的城市大外环基本形成，一批事关长远的基础设施逐步完善。常住人口城镇化率稳居全省前列、皖北第一。美丽乡村建设扎实推进，农村人居环境持续改善，农村公路扩面延伸工程累计完成800千米。凤凰山国家农村产业融合发展示范园成功创建，石榴小镇、芳香小镇、健康食品小镇、七彩和村农旅小镇等一批创新平台载体快速涌现。农业现代化提速，乡村振兴战略稳步推进，粮食生产实现“十七连丰”。获国家森林城市、全国绿化模范城市等称号，《人民日报》《光明日报》头版头条分别刊文全面展示高质量转型发展的生动实践，城市知名度、美誉度越来越高。

【城市品位实现重大提升】 污染防治卓有成效，蓝天、碧水、净土保卫战有力推进，2020年底$PM_{2.5}$平均浓度较2015年下降18.6%，达到近五年来最好水平。黑臭水体得到有效整治，饮用水源地水质100%达标。采煤沉陷区生态修复持续推进，濉溪县、杜集区获批全国重点采煤沉陷区试点县（区），2016年以来，累计投入资金50多亿元，治理修复采煤沉陷区19.8万亩，20多万亩石质荒山染绿天际，治理经验全国推广。南湖、绿金湖等滨湖公园串珠成链，相山、龙脊山等森林公园处处皆景。累计完成人工造林14万余亩，获全省唯一“石质山造林突出贡献奖”。生态文明制度建设进一步加强，河（湖）长制、林长制建立健全。获国家生态环境保护领域奖项——第十届中华环境优秀奖。智慧城市建设不断深化，文化事业、文化产业蓬勃发展，运河文化、红色文化、好人文化等优秀文化广泛弘扬，全国文明城市实现“两连冠”。

【项目建设取得重大进展】 “十三五”期间，围绕产业发展、基础设施、生态环保、开放合作、社会民生等领域，谋划实施了一批事关我市长远发展的重大工程项目，累计完成投资2555亿元。陶铝新材料一期、平山电厂二期、焦化二期、口子产业园、理士新能源、淮水北调淮北市配水工程、淮萧客车联络线、符夹线扩能改造工程、省道203淮六路连接线、创新大道、梧桐中路、泉山路立交、南湖景区核心区、绿金湖治理、隋唐运河古镇、市规划展示馆和档案馆、万达广场、吾悦广场等一批标志性重大项目相继建成使用或竣工投产；陶铝产业化项目、50万吨焦炉气综合利用制甲醇、英科医疗防护用品产业园、中德（濉溪）国际合作铝基产业园、双创信息产业园、淮北师范大学国家大学科技园、科创中心、南部次中心基础设施建设等一批前瞻引领性项目部署实施；城区雨污分流工程、棚户区改造、市人民医院新院区、市第一中学东校区、淮北理工学院、华东师范大学淮北港利实验学校、烈山石榴小镇等一批关乎群众切身利益的工程项目扎实推进。

【民生福祉实现重大改善】 精准脱贫攻坚战、棚改攻坚战、抗洪救灾保卫战、新冠肺炎疫情防控阻击战等重大民生战役连战连捷。33 项民生工程精准实施，民生工程连续十年稳居全省第一方阵。社会保障水平连续 5 年保持较快增长。城镇登记失业率始终控制在省定目标以下。市民受教育程度持续提升，医疗、养老等基本公共服务均等化水平稳步提高，紧密型城市医联体初见成效，紧密型县域医共体全省领先。“房票”“房产超市”等推进棚户区改造的创新举措在全国推广，一批长达 10 ~ 30 年的房地产领域历史遗留“难办证”问题有效化解。国家总体安全观深入人心，“一组一会、五治融合”社会治理模式成效明显，扫黑除恶专项斗争纵深开展，“皖北地区最稳定的城市、全省最稳定的城市之一”的局面巩固深化，食品药品安全监管不断加强，全市安全生产形势良好，相山区入选首批全国综合减灾示范县（区）创建试点单位。荣获全国双拥模范城称号，群众幸福指数持续提升。

【民主法治建设实现重大进步】 人大及其常委会立法主导作用有效发挥，人民政协作为协商民主重要渠道作用充分彰显，爱国统一战线巩固发展，工会、共青团、妇联等群团组织桥梁纽带作用进一步发挥，老年人、残疾人、红十字等事业持续推进，民族宗教、外事、侨务、港澳、对台等工作取得新进展，编制、档案、方志、保密、气象、公积金、供销、机关事务等服务发展能力不断增强，退役军人服务管理、双拥共建、优抚褒扬、防空防震等工作进一步加强，法治淮北建设取得新进展，国防动员和后备力量建设持续加强。

【全面从严治党取得重大成效】 “不忘初心、牢记使命”主题教育成果巩固深化，先后开展“讲看齐、见行动”学习讨论和“讲政治、重规则、勇担责、作表率、促崛起”“讲忠诚、严纪律、立政德、善担当、新作为”“以案示警、以案为戒、以案促改”系列警示教育，干部队伍建设持续加强，党内政治监督谈话规范化常态化，全国城市基层党建工作示范市持续叫响，省委巡视、省委专项巡视及巡视“回头看”反馈问题整改完成，形式主义官僚主义整治靶向精准，不敢腐、不能腐、不想腐体制机制建设一体推进，政治生态风清气正。

（祝　辉）

淮北市脱贫攻坚

【概况】 淮北市辖一县三区，2014年建档立卡贫困人口13741户36603人，贫困村22个，全部在濉溪县，贫困发生率为2.7%，濉溪县为省定有扶贫开发任务的县。多轮动态调整后，还有贫困人口13052户35235人。经过全市上下共同努力，如期实现22个贫困村全部出列、13052户35235人（不含自然脱贫人口）脱贫的目标。在2018年度、2019年度省脱贫攻坚成效考核中，均位居全省第一方阵。

【组织领导有力】 中共十八大以来，特别是2016年打响脱贫攻坚战以来，淮北市坚持把脱贫攻坚作为重大政治任务和最大民生工程，落实市委、市政府一把手负责制，深抓五级书记遍访，贯彻中央和省部署要求，召开系列会议全面部署脱贫攻坚工作。夯实市县镇村四级和行业部门专责，形成“市指导、县主抓、镇落实、工作到村、帮扶到户”的推进机制。持续深化“1+19”政策体系，构建事前、事中、事后全过程的支撑保障体系，打出强有力的政策“组合拳”。对市直部门和三区实行脱贫攻坚成效考核综合评价，完善市县纪委联合巡察、专项督查、常态化暗访和电话抽查的督导机制，实现“督”“战”闭合管理，确保脱贫攻坚措施得法、成效显著。

立起精准导向，着力解决“扶持谁”“谁来扶”“怎么扶”“如何退”这一关键问题。从2016年开始，年年开展扶贫对象动态调整，按照应纳尽纳、应退尽退原则，严格执行标准，把住进出关口，杜绝“两该两不该”现象，做到零漏评、零错评、零错退。建立健全“单位包村、干部包户、驻村帮扶”机制，实施扶贫“九大工程”，推进“一户一方案、一人一举措”靶向施策，户均落实帮扶措施10.8条，打通精准扶贫“最后一千米”。实施贫困村提升工程，顺利通过省级第三方监测评估和脱贫攻坚调查。

市委、市政府坚持把整改工作作为重大政治任务，持续开展“重精准、补短板、促攻坚”专项整改行动，特别是2018年10月中央脱贫攻坚专项巡视后，把专项巡视和“回头看”以及各类督查考核反馈问题统筹起来，一体部署、一体整改，建立问题、任务、责任、时限“四项清单”，逐条对账整改并销号管理。全面核查整改成果，实行重点问题跟踪督办，建立长效机制20余个，确保所有问题整改到位、高质高效。

【稳定脱贫质量】 淮北市聚焦“两不愁三保障”（不愁吃、不愁穿，义务教育、基本医疗、住房安全有保障）及饮水安全目标底线，建立全面多元化教育资助体系，实现所有学段建档立卡贫困家庭学生资助全覆盖，彻底消除义务教育阶段学生失学辍学现象。

2016—2020年淮北市贫困人口综合医保情况统计表

表1

年度	2016	2017	2018	2019	2020	合计
报销人次	15134	76957	133645	158549	152992	537277
支出资金（万元）	969.82	5208.95	8891.31	10934.84	10715.24	36720.16

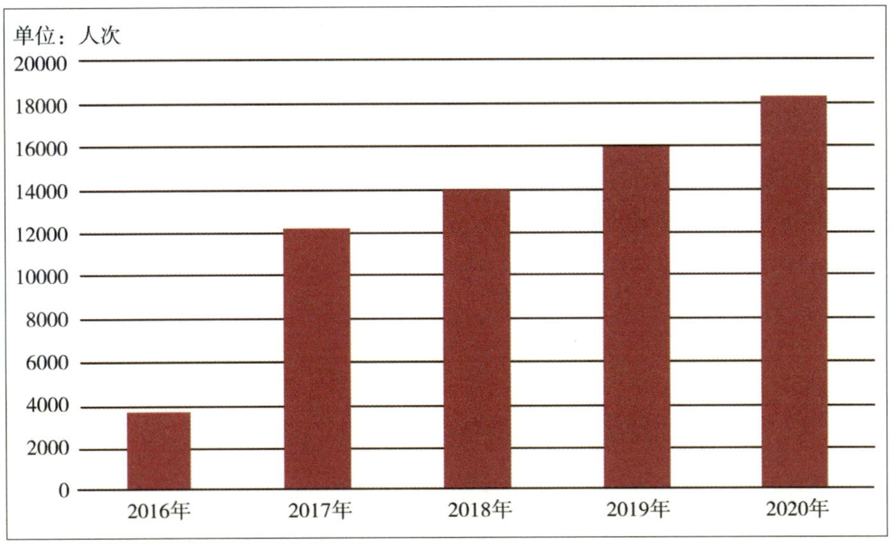

图 1　2016—2020 年淮北市建档立卡学生资助人次统计图

落实“351”“180”健康扶贫政策，贫困人口综合医保实现应保尽保，累计报销 53.7 万人次，支出 3.67 亿元，大幅减轻贫困群众就医负担。实行“一站式”结算和分级诊疗，贫困家庭医生签约 14.5 万人次，紧密型县域医共体建设走在全省前列，基层医疗卫生服务能力全面提升，贫困群众看病有了“医靠”。

2016—2020 年改造农村危房 6513 户，贫困群众住房安全得到保障。投资 6.53 亿元实施农村饮水安全巩固提升工程，115 个行政村 40.67 万人饮水型氟超标改水任务全面完成，困扰多年的饮水安全问题彻底解决。

2020 年，淮北市坚持战“疫”战“贫”两手抓、两手硬，以开展“抗补促推”（抗疫情、补短板、促攻坚、推振兴）专项行动为抓手，千方百计克服疫情影响，着力解决贫困群众“急难愁盼”问题。深入开展就业“四帮四促”（帮助基层学习领会精神，促进思想统一；帮助基层理清发展思路，促进科学发展；帮助基层解决实际问题，促进增比进位；帮助基层化解决矛盾纠纷，促进和谐稳定）、复工复产“四送一服”（送新发展理念，送支持政策，送创新项目，送生产要素，服务实体经济）、产销对接“八进”（进机关高校、进企业、进园区、进社区、进商超、进店商、进电视、进深加工）、网上教学精准帮扶等行动，3 月底，实现“四个清零”，并持续巩固清零成果。针对夏季降水明显增多的市情，全面排查贫困户受灾情况，实施灾后恢复重建“四启动一建设”（启动水毁设施恢复，启动灾后恢复农业生产，启动对受灾农民和农业经营大户进行综合帮扶服务，启动防止因灾致贫返贫巩固脱贫成果，谋划推动城乡重大水利基础设施建设）工作，没有因汛情发生返贫致贫问题。“抗补促推”专项行动期间，20 位市级干部督导调研 179 次，实地走访 404 个村（企业）375 户群众，解决问题 295 个。

建立“五防”（防自然灾害、防产品卖难、防带动断链、防失业风险、防家庭变故）机制，健全边缘户联系人制度，因户因人实施帮扶措施 3013 条，脱贫监测户 458 人、边缘户 1010

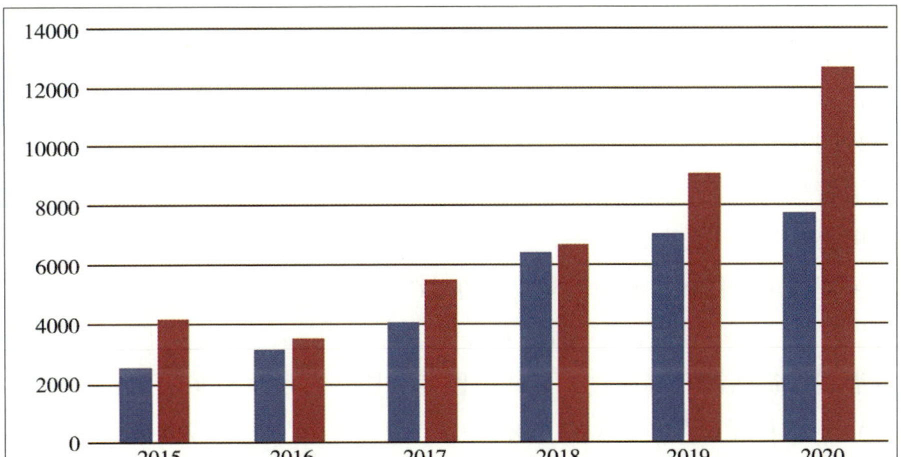

图 2　2015—2020 年淮北市农村低保标准统计图

人消除返贫致贫风险。坚持应保尽保，提升兜底保障水平，累计保障农村低保对象149.73万人次、特困供养对象1.85万人次、临时救助5538人次，支出各类救助资金5.6亿元，返贫致贫“防护网”织得更紧更牢。

【贫困群众收入水平提升】 淮北市持续打出产业、就业、小额信贷、光伏扶贫、小额信贷等扶贫“组合拳”，全力拓宽贫困群众增收渠道，贫困户人均纯收入从2014年的2411元增长到2020年的1.15万元，年均增长36.69%。大力实施“四带一自”（农民合作社带动、龙头企业带动、能人大户带动、园区带动、自种自养）产业扶贫、“三有一网”（村有当家产业、户有致富门路、人有一技之长、网络扶贫增效）点位扶贫，累计投入产业扶贫资金1.54亿元，实施到村项目244个、到户项目5.57万个，带动贫困户人均年增收万余元。实施光伏扶贫工程，累计建成并网光伏电站装机规模3495千瓦，受益725户贫困户年均增收3000元、22个贫困村集体经济年均增收5万元。推进“一自三合”（户贷户用自我发展、户贷户用合伙发展、户贷社管合作发展、户贷社管合营发展）小额信贷扶贫模式，累计发放小额贷款3.38亿元，惠及8147户，为产业扶贫引来金融活水。坚持稳岗与拓岗并重，扶贫车间、扶贫项目和扶贫龙头企业带动1568名贫困户就业，开发扶贫公益性岗位5259个，外出务工贫困劳动者14802人，有工资性收入的贫困户9117户，占总贫困户数的69.85%，自主脱贫能力稳步提高。大力推进消费扶贫，已认定扶贫产品123个，布放智能专柜190个，开设专馆6个、专区5个。推广“电商+基地+合作社+农户”模式，通过线上服务、直播代购、农超对接、农产品“八进”行动、“抗疫消费扶贫活动”等形式，累计销售各类扶贫农产品2.72亿元，受益贫困户7588户。

【基础设施建设日益完善】 淮北市坚持把革命老区重点镇作为首位重点，统筹贫困村与非贫困村工作，2016—2020年各级财政累计投入扶贫资金12.43亿元，其中市本级财政投入7.55亿元，年均增幅达39%。制定脱贫攻坚项目库，投资10.12亿元实施项目1514个，项目资金的拉动放大效应进一步显现。持续加强“双基”（农村基础设施建设、基本公共服务建设）建设，建成农村公路1710千米，濉溪县所有村实现“村村通”，城镇公交通行率达到100%，村道路硬化、动力电、光纤宽带、4G网络实现全覆盖，教育、医疗、文化等基本公共服务功能日趋完善，农村人居环境面貌焕然一新，加速推进信息互通、人员流动、要素聚合，脱贫地区发展活力不断增强。依托美丽乡村建设，深入实施“森林进村庄、经果林进庭院”双进工程和村庄清洁全覆盖，全面推进厕所、垃圾和污水处理“三大革命”，乡村环境发生蝶变。

【社会扶贫成效显著】 淮北市积极动员社会各界共同参与脱贫攻坚，向22个建档立卡贫困村派驻由3人组成的扶贫工作队，全部由副县级以上党员干部担任第一书记并兼任扶贫工作队队长，并为183个非贫困村选配扶贫专干，选调10名优秀大学生村干部和32名选调生村干部到贫困村任职。落实干部包户制度，市县共安排帮扶干部2000余人，确保所有贫困户都有帮扶责任人。实施到户到村帮扶，通过常态化“入户连心大走访”等活动，解决贫困户实际困难和问题，精准帮扶成效显著，干群关系进一步密切。5年的定点帮扶、3年多的驻村帮扶，大幅提升了党员干部联系群众、服务群众的硬本领，打造了一支扎根基层、踏实奉献、敢于攻坚的扶贫铁军。纵深推进“民企帮村”行动，212家民营企业投入资金5126万元，惠及贫困户2632户7545人。在全省率先成立市级扶贫公益基金，募集资金4000余万元全部投向濉溪县。开展“10·17”扶贫主题日、慈善募捐、爱心圆梦、“春蕾成才”“暖风行动”“巾幅脱贫行动”等活动，有力构建专项扶贫、行业扶贫、社会扶贫“三位一体”的大扶贫格局。

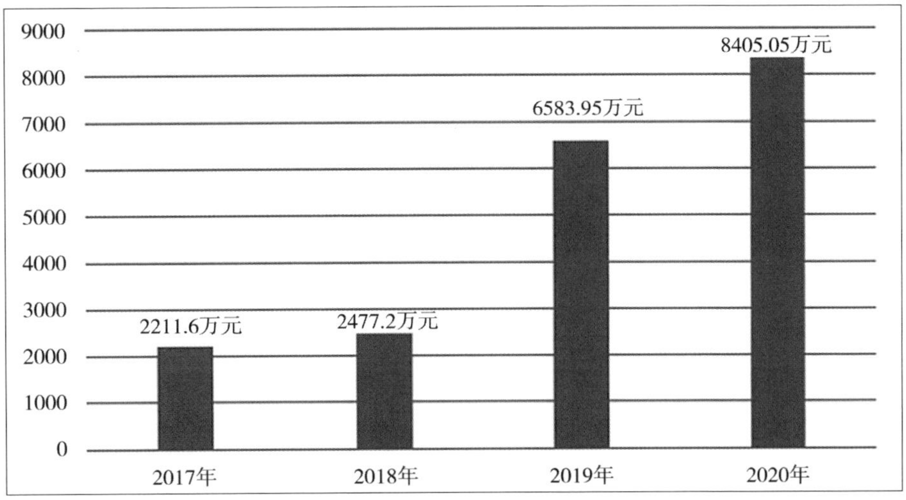

图 3　2017—2020 年淮北市村级集体经济经营性收入变化图

【乡村治理全面提升】 淮北市推深做实“一抓双促”（抓党建工作、促脱贫攻坚、促乡村振兴）、基层党组织标准化建设“争创达标、树亮品牌”三年行动计划、软弱涣散村党组织整顿巩固，储备村级后备干部 679 名，177 名村级后备干部进入村“两委”班子、38 名外出务工能人回村任党组织书记，56 个软弱涣散村党组织整顿提升后活力迸发。创新推出“一组一会”党建引领基层治理模式，全市调整设置党组织 2269 个、组建理事会 2285 个，建立“党群连心站”“党群微家”等议事载体，发动多方力量共同参与基层治理，利用“一组一会”推动脱贫攻坚、矛盾化解、移风易俗、法治教育、乡风塑造等乡村治理工作落地生根，累计调处信访矛盾、群众诉求 15.6 万件，有效延伸党建“手臂”，打通服务群众的“最后一米”，闯出一条乡村自治、法治、德治融合的善治新路子。

【特色典型做法】 一是创新打造“茶馆＋阵地”扶贫扶志模式。濉溪县充分利用以怡心茶馆为代表的临涣古茶馆这一特色载体，积极打造“茶馆＋阵地”模式，着力补齐精神贫困的短板。把“茶馆”打造成政策宣讲地。招募各级好人、道德模范、乡镇教师、“脱贫标杆”、传习员等先进典型在茶馆，现场传授脱贫致富经验。把“茶馆”打造成调解帮扶地。发挥“说事”功能，邀请政法工作人员、帮扶干部担任扶贫调解员，并将民间调解能手“街长”“五老”等吸纳到调解队伍中，倾听贫困群众诉求，调解邻里矛盾纠纷，架起扶贫“连心桥”。定期在茶馆举行扶贫点评会、脱贫示范会，引导贫困群众愿脱贫、能脱贫、敢脱贫、会脱贫，着力解决“造血”功能不够强等问题。二是推深做实“小老板＋扶贫”。利用农民工返乡创业试点县政策优势，深入推进创业带动就业，打造“小老板＋扶贫”工程，在税收减免、资金扶持、贷款融资等方面给予大力支持，每年评选出 40 名“创业之星”、20 名“返乡创业之星”，给予 2 万元资金奖励。设立创业专项扶持资金，对建档立卡贫困劳动者创业成功并稳定经营不少于 6 个月的，给予一次性创业补助 5000 元，累计为 104 名贫困户创业者发放扶持补贴 52 万元，发放企业吸纳贫困劳动者补贴 122.2 万元。完善县镇村三级创业服务平台，利用废旧学校、厂房和闲置办公场所改建农民工创业园 11 个，省级返乡创业示范园 2 个，截至 2020 年底共入驻小老板创办企业 126 家，带动贫困户及边缘户就业 125 人。三是持续壮大村级集体经济。深入开展“百村示范”工程，出台《淮北市发展壮大村级集体经济激励办法（试行）》，建立领导小组成员单位联系点制度和专家服务团，以 13 个党建引领乡村振兴融合发展示范园区为牵引，探索出资产经营型、产业带动型、物业租赁型等“十种模式”，推进“村企合作、村村联合、组合投资”等模式抱团发展，形成《案例选编》。

2020年6月，全省集体经济扶持村党组织书记示范培训班在淮北市举办。积极开展资产收益扶贫，22个贫困村集体经济增收438万元，贫困户户均增收2084.5元。全市316个村集体经济经营性收入达到8405万元，50万元以上集体经济强村提升至59个，其中13个是贫困村。

淮北市新冠肺炎疫情防控

【概况】 2020年1月16日，淮北市启动新型冠状病毒感染的肺炎疫情（以下简称“新冠疫情”）防控工作。1月23日，发布关于加强新冠疫情防控工作的通告。1月24日，建立了疫情防控领导体系、工作体系，构建起横向到边、纵向到底的防控网络。年内，共发布疫情防控指挥部通告（1—19号）19个。9月16日，中共安徽省委印发《关于2019年度省管领导班子和领导干部综合考核及新冠肺炎疫情防控专项考核结果的通报》，新冠肺炎疫情防控工作淮北市位居全省第四。12月7日，中共安徽省委、安徽省人民政府印发《关于表彰安徽省抗击新冠肺炎先进个人和先进集体的决定》，淮北市35名个人获“安徽省抗击新冠肺炎疫情先进个人”称号，12个集体获“安徽省抗击新冠肺炎疫情先进集体”称号。是年9月8日，全国抗击新冠肺炎疫情表彰大会在北京人民大会堂举行，淮北市疾控中心微生物检验科科长、副主任检验师王敏获评“全国抗击新冠肺炎疫情先进个人”。

【健全防控工作体系】 2020年1月24日，安徽省启动重大公共卫生事件一级响应。淮北市迅速建立市委、市政府主要负责人挂帅的领导体系、指挥体系和工作体系，成立疫情防控工作领导小组、市应急综合指挥部及办公室，市委书记任总指挥，建立“4+11+N”疫情防控领导体系。市委、市政府主要负责人靠前指挥，市四大领导班子主要负责人分别包保一县三区，市委、市政府11名分管副职牵头成立11个专项组，各县区建立相应组织体系，构建横向到边、纵向到底的防控网络。市疫防办18个专项工作组24小时保持运行状态，各级应急指挥体系严格落实24小时应急值守，落实岗位责任，全时待命，确保发生疫情后第一时间启动应急处置。淮北市在全省最早提出禁止湖北牌照车辆进入境内，并在全市高速出入口、火车站、国省干线设置检查点20个，另有农村公路省界20条、市界114条，均设置交通监测点，加强道路管控，构建严密防护圈。

【患者救治工作】 2020年，淮北市坚持“四集中”（集中人员、集中资源、集中床位、集中办公）原则，确定3家定点救治医院，抽调22名专家，实行“一人一策”精准救治。本地确诊病例和境外输入病例全部治愈出院，无医护人员感染。先后派出四批28名医疗骨干驰援武汉，圆满完成省、市交给的援助任务，全部平安返淮。2家新冠肺炎常态化疫情防控市级定点救治医院1家县级定点救治医院完成改造，医疗救治设备配备齐全，可随时收治或清空整改医院收治新冠肺炎病例。抽调医疗救治专家组、各质控中心专家和各医院医技人员共计191人，分9个批次在市传染病医院开展“四集中”救治轮训，一旦发生疫情，可立即分梯队进驻定点医院。

【疫情监测工作】 2020年，淮北市落实“四早”（早发现、早报告、早隔离、早治疗）要求，对新增确诊病例、疑似病例、无症状感染者严格溯源，全面排查风险点，落实防控措施。全市105家医疗卫生机构及时登录疾控信息系统报送传染病信息，疾控机构专人每日浏览审核并逐级报送，确保传染病及时发现处置。核酸筛查范围扩大到发热门诊、“四同三同时”〔同室、同车、同餐、同桌；“四同”人员同时向社区（村居）主动报告，对“四同”人员同时实施居家隔离措施，对“四同”人员同时落实〕等工作举措全省率先开展。发挥医疗机构传染病监测预警“哨点”作用，15 家二级及以上医院按照“三区两通道”要求，规范设置发热门诊，24 小时接诊，并严格落实首诊负责制，对发热门诊就诊患者采取全封闭就诊，全部落实核酸检测。严禁未设置发热门诊和发热哨点诊室的医疗机构接诊发热患者。住院患者、陪护人员全部进行新冠病毒核酸检测。医疗机构工作人员新冠病毒核酸检测“应检尽检”并定期开展。

【加强重点领域管控】　2020 年，市卫生健康委员会（以下简称“市卫健委”）进驻企业和学校指导疫情防控工作，在全省率先对重点复工企业疫情防控工作进行督导和帮助。严格落实中高风险地区和境外来（返）淮北人员摸排和健康管控，每月两次开展农贸市场、连锁超市冷链食品、储存环境、销售人员等核酸采样及重点场所环境卫生和消毒效果评估，严防疫情输入。在全省率先成立重点场所管理组，牵头负责进口冷链食品全流程闭环管控工作，率先实行进口冷链食品消毒和核酸检测合格“双证明”销售，率先明确进口冷链食品、储存冷库环境及相关工作人员核酸检测频次。

【检测能力提升】　截至 2020 年底，全市有 10 家医疗卫生机构具备新冠病毒核酸检测资质，完成市疾控核酸检测网络实验室扩建工程，移动核酸检测车已完成招标，天博检验移动方舱实验室随时待命。对医疗卫生机构采样和实验室检验人员开展全员培训，组建采样和核酸检验专业队伍。制发新冠肺炎疫情全员核酸检测工作实施办法，规范工作流程，压实人力物力保障。全市日核酸检测能力达到单检 9 万人，5 天内可完成全市核酸检测筛查全覆盖。

【落实常态化疫情防控】　2020 年，淮北市从日常防控措施、重点场所管控、突发疫情处置、防控支撑保障 4 个方面，强化网格化管理等 21 条防控措施，制定商超等 16 类防控重点场所工作流程，精准压实“党委（政府）属地责任、部门行业监管责任、单位主体责任、个人防控责任”四方责任。坚持“人物同防”，强化对入境解除隔离后和国内疫情中高风险地区来（返）淮北人员摸排管控，严格落实进口冷链食品报备和核酸检测。建立流调队伍、PCR 实验室、核酸检测队伍、隔离场所、救治队伍、转运车辆等“六个底册”，落实定人、定物、定时限、定职责、定联系方式“五定”职责。加强疫情防控社区网格化管理工作，疫情防控常态化防控关口前移至社区和相关责任单位，建立县区、镇街、社区（村）、小区（自然村）四级网格化管理责任体系，筑牢社区疫情防控阵地。全市共设置四级网格化管理单位 6473 个、防控责任人 6454 人、网格化管理员 7150 人。各医疗卫生机构按照每日清单至少储备 30 天用量，市级储备库储备不少于 2 个月用量。10 月 13 日，在全省首发《关于严格规范科学佩戴口罩的通告（第十九号）》，率先规范和要求 12 类重点场所及相关人员必须佩戴口罩，并压实“四方责任”。11 月 4 日，在淮北职业技术学院举行全市秋冬季新冠肺炎疫情防控应急演练，检验提升疫情应对处置能力。开展新冠病毒疫苗接种重点人群摸底，制定疫苗接种方案，对全市所有接种门诊进行新冠疫苗接种知识培训，12 月 31 日，在孟山路和濉溪县医院预防接种门诊启动重点人群新冠病毒疫苗紧急接种。

（梁　仓）

【红十字会助力疫情防控】　2020 年，市红十字会成立新型冠状肺炎疫情防控工作领导小组，做好捐赠款物接收工作。制定疫情防控工作方案、疫情期间接收捐赠管理办法等，提高接收和拨付效率。全市红十字系统共接收捐款捐物 1500 多万元，专款专用、专物专用，非定向款物均有市县防控指挥部统一接收调配使用，定向捐赠物资全部发放到位，捐赠款物接收和使用情况公示53次，组织红十字志愿者投入防疫一线。红十字救援队、战旗、稀有血型、热血旋风多支队伍发挥各自专长，出动志愿者2300多人次，志愿服务时长超过10000小时，健康监测及入户排查5000多人，搭设帐篷160余顶，参与学校社区环境消杀面积超过100万平方米。

【统筹疫情防控和复工复产】 2020年，市经信局主动承担全市防疫物资保障任务，统筹做好疫情防控和复工复产工作，复工率超标准完成省定目标。成立4个专项小组和2个复工督查组，保障企业顺利复工复产。累计为企业协调提供防疫口罩40多万只、防控设备1000多件（套）、防护服2000件、护目镜2000个。落实企业生产原料需求5000多吨，生产设备200多台（套）。2月，市“四送一服”活动领导小组办公室梳理全市支持企业应对疫情相关政策，汇编形成《淮北市“真金白银”助企抗疫政策清单40条》，包括财政奖补类9条、减税降费类9条、降成本类22条。市经信局及早制定支持企业复工复产政策，梳理汇编惠企政策2000份，下发企业及有关人员。在向重点企业派驻25名联络员的基础上，联合市委组织部组织全市545名干部分赴近600家规上企业开展联络服务。疫情期间，经信、税务、人社等部门共落实补助资金4.2亿元。

【养老服务疫情防控】 2020年，市民政局落实国家、省、市关于新冠疫情防控部署要求，成立疫情防控工作专班，制订《淮北市养老机构疫情防控工作应急方案》《淮北市养老机构疫情期间临时管理规定》《关于进一步加强当前养老机构重点环节疫情防控工作的通知》《关于持续做好全市养老机构疫情防控工作的通知》等防控措施，落实封闭管理制度，统筹保障疫情防控物资，建立生活用品固定渠道配送制度，建立养老机构四级网络包保责任体系，成立养老服务机构疫情防控专项督查组4个，建立市、县（区）养老机构三级疫情防控应急工作组，全市养老机构未感染或疑似感染新冠肺炎。

【援鄂医疗人员返淮北欢迎仪式】 2020年4月14日，淮北市援鄂医疗队返淮欢迎仪式在南湖公园滨水广场举行。市领导黄晓武、戴启远、朱浩东、任东、李加玉、张力、陈英，市政府秘书长梁龙义出席欢迎仪式。市委书记黄晓武发表讲话，代表市委、市政府和225万名淮北人民，向援鄂英雄及其家人致以问候。市委副书记、市长戴启远主持仪式并致欢迎词。淮北市援鄂医疗队队长孙伟作发言。市直相关部门负责人及队员所在医院职工代表等参加欢迎仪式。

【广大党员投身疫情防控一线】 2020年，市委组织部在疫情防控中第一时间下发《关于在新型冠状病毒感染的肺炎疫情防控工作中充分发挥各级党组织战斗堡垒作用和广大党员先锋模范作用的通知》，动员4500多个基层党组织、9万余名党员全面参与疫情防控；牵头组建“美城大爱战‘疫’”微信群，400多个非公党组织捐款捐物4600余万元。创新推行党组织、领导干部和在职党员到社区“三报到”制度，全市481名县处级以上领导干部包保小区，256家机关党组织、1.1万名在职党员深入社区，开展卡点值勤8.2万人次，解决难题1.6万个。

（李　伟）

大事记

1月

1日　淮北市人民医院、淮北市第二人民医院、淮北矿工总医院、濉溪县人民医院入选全省第一批中药配方颗粒试点医疗机构名单。

3日　中共安徽省委组织部、安徽省人力资源和社会保障厅下发《关于表彰首届江淮杰出工匠和第五届安徽省技能大奖获得者的决定》，淮北市杨杰、张涛、张浩、谢彪4人获“江淮杰出工匠”称号，梁后健、扣红卫、赵勇、王亚、陈谦、刘飞6人获“安徽省技能大奖”。

是日　市紧急医疗救援（市120）指挥中心正式启用，实现全市院前医疗急救统一受理、统一指挥、统一调度。首期建立1个指挥中心、12个标准化急救站的急救网络，除负责院前医疗急救的指挥调度，还担负突发灾害性事故和重大公共卫生事件的指挥调度工作。

4—6日　第十四届中国传媒大会在重庆举行。大会发布2019年度“金长城传媒奖”榜单，淮北市传媒中心获“2019中国最具影响力市县融媒体中心”荣誉，旗下《淮北日报》获评“2019中国传媒融合发展十大影响力地市党报”。

5—7日　中国人民政治协商会议第十届淮北市委员会第三次会议召开。大会应出席委员293名，实到279名。市政协主席谌伟代表市政协常委会作工作报告，市政协副主席张保成代表市政协常委会作提案工作报告。会议补选马磊、胡家培、韩生祥为政协第十届淮北市委员会常务委员，通过市政协十届三次会议决议、市政协十届三次会议提案审查情况的报告。表扬市政协十届二次会议优秀提案、先进承办单位及2019年度“新时代履职尽责好委员”。

6日　2019年度安徽省中小企业公共服务示范平台名单公布，安徽中成检测有限公司、淮北工科检测检验有限公司、安徽省宝创电子商务有限公司3家入选。

6—8日　淮北市第十六届人民代表大会第三次会议召开。大会应到代表303人，实到代表275人。会议听取市长戴启远向大会作政府工作报告，市人大常委会常务副主任方宗泽作市人大常委会工作报告，市中级人民法院院长余跃武作法院工作报告，市人民检察院检察长唐保银作检察院工作报告，大会议案审查委员会副主任委员盛林作关于市十六届人大三次会议代表议案审查和处理意见的报告。

8日　司法部发布《关于通报表扬“大排查早调解护稳定迎国庆”专项活动表现突出集体和个人的决定》，市司法局人民参与和促进法治科获“表现突出集体”称号，市医调委调解员周大林、濉溪县临涣镇人民调解委员会调解员陈文章获“表现突出个人”称号。

9日　2019年度安徽省见义勇为弘扬正气奖表彰大会在合肥召开。淮北矿业（集团）有限责任公司铁运处武保部主管刘鹏受到表彰，并代表获奖的省见义勇为弘扬正气43名先进个人发言。刘鹏曾三次英勇救人，勇斗歹徒。

10日 安徽相王物业服务有限公司召开创建省级物业服务业标准化试点项目大会，标志着淮北市第一家省级物业服务标准化试点项目正式启动。

16日 淮北市启动新型冠状病毒感染的肺炎疫情防控工作。1月23日至4月17日，淮北市新型冠状病毒肺炎疫情防控应急综合指挥部共发布通告18个。

17日 全市“不忘初心、牢记使命”主题教育总结会议在市行政中心召开。市委书记黄晓武、省委主题教育第二巡回指导组组长戴克柱出席会议并讲话。市委副书记、市长戴启远主持会议。

20日 2020年淮北英才迎春座谈会召开。市领导黄晓武、李明、任东参加会议并为入选第九批“555”产业创新团队代表颁发奖牌。

24日 安徽省启动重大公共卫生事件一级响应。淮北市迅速成立疫情防控工作领导小组、市应急综合指挥部及办公室，由市委书记黄晓武任总指挥，建立“4+11+N”疫情防控领导体系，市四大班子主要负责人分别包保一个县区，市委常委、副市长分别担任11个专项工作组组长，构建横向到边、纵向到底的防控网络。

1月27日至2月15日 淮北市共派出四批援鄂医疗队、28名医护人员支援湖北。

是月 省总工会开展全省劳模创新工作室选树活动，命名49个省劳模创新工作室，淮北矿业（集团）有限责任公司扣红卫工作室、中煤矿山建设集团有限责任公司郑忠献工作室、濉溪县农业科研试验站蔡士兵工作室、中国电信有限责任公司淮北分公司刘红丽工作室4个劳模创新工作室获表彰。

是月 是月起，淮北市全面启动示范河湖建设，推动河长制湖长制从“有名”全面转向“有实”，持续改善河湖生态，建成一批“河畅、水清、岸绿、景美、人和”人民群众满意的幸福河湖。

是月 2019中部地区县域经济百强榜正式出炉，濉溪县位列榜单第78位，排名较2018年上升11个位次。

2月

10日 省卫健委印发《关于给予全省卫生健康系统抗击新冠肺炎疫情表现突出集体和个人表扬的通报》，决定给予31个单位、76名个人通报表扬，淮北市疾控中心微生物检验科和检验科科长王敏分别获评表现突出集体和个人。

17日 省发展改革委、省教育厅、省人力资源社会保障厅联合公布安徽省第一批建设培育产教融合型企业名单，淮北矿业（集团）有限责任公司入选，并同步列入安徽省产教融合型企业建设信息储备库。

19日 市委组织部、市经信局联合下发《关于向全市规模以上工业企业选派联络服务干部的通知》，要求结合“四送一服”活动和落实党建指导员制度，按照属地原则，由一县三区、淮北经济开发区、安徽（淮北）新型煤化工合成材料基地选派机关事业单位干部到全市规模以上工业企业联络服务。对各县区推荐的重点骨干企业，由市直单位选派县级干部进行联络服务。全市近600名干部与企业对接联系，实现全覆盖。

21日 人民西路开工建设。道路西起西外环，东至省道202，与人民中路顺接，设计长度4.747千米，规划红线60米宽。

25日 淮北市公布第四批市级非物质文化遗产，包括传统美术、传统音乐、传统技艺、传统医药、传统体育游艺杂技等5类项目，香包布艺、相城古琴、周氏面皮制作技艺、李氏射艺等19项入选，全市普查、确定并公布的市级“非遗”名录共达到66项。

26—27日 2月份第一场、第二场全市重点项目开工现场会分别在相山经济开发区、烈山区华东师范大学港利教育小镇项目建设现场举行。淮北大健康产业园、人民西路、中电锂驰等17个重点项目开工，总投资额125.37亿元。

是月 中共安徽省委农村工作领导小组办公室下发《关于公布2019年第二批美丽乡村示范村和重点示范村名单的通知》，濉溪县刘桥镇王堰村、韩村镇淮海村、百善镇黄新庄村，杜集区高岳街道任庄村入选美丽乡村重点示范村名单。

是月 市“四送一服”活动领导小组办公室梳理全市支持企业应对疫情相关政策，汇编形成《淮北市“真金白银”助企抗疫政策清单40条》，包括财政奖补类9条、减税降费类9条、降成本类22条。

3月

1日 即日起，《淮北市文明行为促进条例》（以下简称《条例》）正式施行。《条例》于2019年10月24日经淮北市第十六届人民代表大会常务委员会第十三次会议审议通过，并于11月29日经安徽省第十三届人民代表大会常务委员会第十三次会议批准，是淮北市第一部精神文明建设领域的专项地方性法规。

是日 淮北市新冠肺炎疫情防控应急综合指挥部办公室下发通知，要求在各级党政机关、企事业单位、住宅小区率先推广使用“安徽健康码”（安康码），并逐步扩大至公共服务、交通站点、农村、学校等场所。通过采用“一人一码、一码三色”的方式，让出行群众通过自助填报、主动登记，实行进出城、往返家、上下班、购物买药等“亮码”通行。至月底，安徽“安康码”实现跨省互通互认。

5日 淮北市正式发布“第1号”地方标准，是科技治超非现场执法领域全国第一个地方标准，包括《交通非现场执法 执法规范》《交通非现场执法动态检测卡点建设规范》《货运车辆遮挡号牌识别技术规范》《货运车辆北斗定位车载终端在线状态自动检测技术规范》4项标准，2020年4月5日起正式实施。

是日 农业农村部公布第一批70个全国农业综合行政执法示范窗口和45个全国农业综合行政执法示范单位名单，淮北市农业农村局获评全国农业综合行政执法示范单位，为全省唯一。

9日 淮北市召开“抗疫情、补短板、促攻坚、推振兴”专项行动工作部署会议。市委书记黄晓武在会上讲话。会议宣布成立“抗疫情、补短板、促攻坚、推振兴”专项行动领导小组及宣读《淮北市“抗疫情、补短板、促攻坚、推振兴”专项行动督导工作方案》，并就专项行动督导工作指南进行解读。市委副书记、市长戴启远主持会议。

13日 淮北市首次举行产业合作项目“云签约”仪式。来自上海、广州、昆明、杭州，总投资额达17.5亿元的4家企业落户淮北高新技术产业开发区。

17日 市委全面深化改革委员会召开第八次会议，市委书记、市委全面深化改革委员会主任黄晓武主持会议并讲话。市委副书记、市长戴启远，市委副书记李明出席会议。会议传达学习中央全面深化改革委员会第十二次会议、省委全面深化改革委员会第七次会议精神，审议通过《市委全面深化改革委员会2020年工作要点》《市委全面深化改革委员会2019年工作总结报告》。

18日 市推进陶铝产业发展领导小组会议召开，听取相关工作进展情况汇报，研究下一步促进产业发展工作。市委书记黄晓武出席会议并讲话，市领导戴启远、朱浩东、任东、高维民参加会议，市委常委、常务副市长朱浩东主持会议。

20日 市领导黄晓武、戴启远、方宗泽、谌伟、李明、宰学明、朱浩东、钱界殊、任东、李加玉、孙军、张力和广大干部群众一起参加义务植树活动，分批次在绿金湖畔种下1200多株树苗。

23日 市委书记、市委全面依法治市委员会主任黄晓武主持召开市委全面依法治市委员会第二次会议。会议传达学习习近平总书记在中央全面依法治国委员会第三次会议上的重要讲话精神和省委全面依法治省委员会第二次会议精神，听取市委全面依法治市委员会办公室关于2019年淮北市全面依法治市工作开展情况的汇报，审议通过《中共淮北市委全面依法治市委员会2020年工作要点》《〈党政主要负责人履行推进法治建设第一责任人职责规定〉工作要求落实指引》《淮北市人民政府2020年规章制定计划》。

24日 高某某失火案刑事附带民事公益诉讼案在杜集区人民法院公开开庭审理。该案是淮北市检察机关办理的全市首例公益林保护案件。

25日 市中级人民法院诉讼服务中心律师调解工作室正式成立，是淮北市成立的首家律师调解工作室，首批确定111名注册律师作为特邀调解员。

26日 市生态环境保护委员会2020年第二次会议、市级总河长会议、市级林长会议三会合一召开。市委书记黄晓武在会上讲话。会议总结2019年全市生态环境保护及全面推行河（湖）长制、林长制工作进展情况，安排部署2020年重点工作，审议通过《淮北市创建林长制改革示范区实施方案重点任务分工》《2020年淮北市林长制改革工作要点》。市委副书记、市长戴启远主持会议。

31日 市纪委八届五次全会召开，回顾总结淮北市纪检监察工作，安排部署2020年任务。市委书记黄晓武参加会议并讲话。市委副书记、市长戴启远，市人大常委会主任方宗泽，市政协主席谌伟，市委副书记李明，市委常委，其他在职市级领导干部参加会议。市委常委、市纪委书记、市监委主任宰学明主持会议并代表市纪委常委会作工作报告。

是日 市委书记黄晓武主持召开市委退役军人事务工作领导小组2020年第一次会议，总结2019年全市退役军人工作，安排部署下一步任务。会议传达学习全国退役军人事务厅（局）长会议和全省退役军人事务局长会议精神，研究相关文件。与会领导就进一步抓好淮北市退役军人工作作发言。

是日 《淮北市养殖水域滩涂规划（2020—2030年）》出台，共分五章十七节。

是月 淮北市首部医保基金监督管理制度性文件《淮北市医疗保障基金使用监督管理暂行办法》出台。该《办法》明确相关监管责任主体及工作职责，细化医疗保障基金监督检查方式和监管措施，详列医疗保障经办机构、定点医药机构、协议管理医保医师、参保人员等相关主体使用医疗保障基金的禁止行为。

是月 淮北矿业（集团）有限责任公司供应链科技有限公司申报的“淮北市中国碳谷绿色多式联运示范工程”项目通过省交通运输厅、省财政厅、省发展改革审核，以全省第三名的成绩入选安徽省第一批多式联运示范工程创建项目，全省共计10家单位入选。

是月 淮北矿业（集团）有限责任公司芦岭矿地面水平压裂2号井实现连续多天出气，碎软低渗煤层地面抽采技术再次取得成功，同等地质条件下达到全国领先、世界一流水平。

是月 临时身份证实现全市通办，一县三区均设立办证点，市民不需要再回到户籍所在地办理。

是月 省委农办发布《中共安徽省委农村工作领导小组办公室关于公布2019年第二批美丽乡村示范村和重点示范村名单的通知》，淮北市16个行政村榜上有名。

是月 省绿化委员会印发《关于公布2019年度省级森林城市、森林城镇和森林村庄名单的通知》，杜集区段园镇、烈山区杨庄街道获省级“森林城镇”称号，濉溪县刘桥镇杨庄村等18个村庄获省级“森林村庄”称号。

4月

2日 经省委、省政府批准，省第一生态环境保护督察组对淮北市开展督察情况反馈会召开。督察组组长庄保斌通报督察反馈意见，市委书记黄晓武作表态发言。市委副书记、市长戴启远主持会议。督察组梳理督察发现的有关生态环境损害问题并形成清单，按程序移交淮北市委、市政府。

是日 淮北市以四会合一形式召开全市党的建设工作会议，认真贯彻落实中央、省委有关会议精神，统筹研究部署组织、宣传、统战、政法工作。市委书记黄晓武在会上讲话。市委副书记李明主持会议。

4日 全国性哀悼活动举行，表达对抗击新冠肺炎疫情斗争牺牲烈士和逝世同胞的深切哀悼。淮北市下半旗志哀，停止公共娱乐活动。10时起，全市人民默哀3分钟，汽车、火车鸣笛，防空警报鸣响。

6日 随着淮水北调水源送达萧县贾窝闸及乾隆湖生态补水的结束，淮北市2020年淮水北调工程首次调水工作圆满完成。

8日 淮北市召开深化“三个以案”警示教育动员部署会，对全市开展以“四联四增四不做”为主要内容的深化“三个以案”警示教育进行动员部署。市委书记黄晓武参加会议并讲话。市委副书记、市长戴启远主持会议。市委常委、市纪委书记、市监委主任宰学明通报全市深化“三个以案”警示教育工作安排。

10日 淮北市召开招商引资、工业经济、项目谋划暨优化营商环境工作会议，认真贯彻落实近期中央、省委关于统筹疫情防控和经济社会发展的一系列部署要求，统筹安排部署全市经济发展的四项重点工作。市委书记黄晓武在会上讲话。市委副书记、市长戴启远主持会议并点评。市委常委、市纪委书记宰学明宣读表彰通报。市委常委、常务副市长朱浩东作工作报告并总结会议。与会领导为2019年度优秀招商引资企业、工业经济发展突出贡献企业、优秀制造企业、优质成长型制造企业等受表彰企业代表颁发奖牌。

13日 省商务厅发布2019年度“安徽老字号”品牌名单，全省81家企业上榜，安徽曦强乳业集团有限公司、濉溪县临涣营家马蹄烧饼、濉溪县临涣南阁茶楼3家企业入选。

14日 淮北市援鄂医疗队返淮北欢迎仪式在南湖公园滨水广场举行。市领导黄晓武、戴启远、朱浩东、任东、李加玉、张力、陈英出席欢迎仪式。市委副书记、市长戴启远主持仪式并致欢迎词。淮北市援鄂医疗队队长孙伟作发言。

15日 安徽省举行第四批贯彻落实“六稳”重大项目集中开工现场推进会，淮北分会场设在濉芜产业园区英科医疗防护用品产业园建设现场。市委书记黄晓武在淮北分会场暨开工动员会上宣布项目开工。此次集中开工25个重点项目，总投资135亿元，年计划投资42.5亿元。

16日 科技部公布2020年度国家备案众创空间名单，淮北市源创客众创空间进入榜单，升级为国家级众创空间。至此，全市有国家级众创空间1家、省级众创空间4家。源创客众创空间总面积5065平方米，入驻创业团队及创业创新型企业23家，涵盖先进制造与自动化、生物与新医药、电子信息等新兴产业领域。

是日 全市首家商圈联合工会——淮北隋唐运河古镇商圈联合工会正式成立，并召开第一次会员代表大会，选举产生工会主席等人选。

20日 淮北市汽运公司正式开通古饶至淮北经济开发区管委会、南庄至金龙机电西、黄营至金龙机电3条定制公交线路。实行全程一票制，票价1元，无人售票。

是日 省高级人民法院发布安徽法院2019年知识产权司法保护典型案例，淮北市中级人民法院审理的杭州蜜獾文化创意有限公司与淮北市相山区一品脱酒吧、北京微播视界科技有限公司侵害商标权纠纷案入选典型案例。该案还是《中华人民共和国电子商务法》生效后，安徽省高级人民法院适用“通知—删除”规则依法保护网络平台经营者合法利益的典型案例。

是日 鹿港毛纺科技项目签约仪式在淮北市举行。江苏鹿港文化股份有限公司是一家多元产业发展主板上市企业，此次签约的毛纺科技项目落户淮北高新技术产业开发区，投资15亿元。

28日 《共青团中央关于表彰“全国优秀共青团员”“全国优秀共青团干部”“全国五四红旗团委（团支部）”的决定》下发，淮北矿工总医院重症医学科护士、安徽省第一批援鄂医疗队队员姚蕊芹被授予“全国优秀共青团员”称号。

是日 淮北市传媒中心为曦强乳业举办淮北云享首场直播。截至直播结束时，总订单量8000多单，总金额103万元。截至当日晚上10点，整个抢购活动总订单量达到10026单，总销售金额达到127.68万元。

30日 淮北市召开庆祝“五一”国际劳动节暨“话发展促崛起”劳模代表座谈会。市委书记黄晓武到会并讲话。会上，工匠大师杨杰、技术研发领军人刘丽、脱贫攻坚先锋王海峰、抗疫英雄孙伟等劳模代表先后发言。

是日 市交通运输综合行政执法支队依法受理办结全市首例水上违法案件，开出了淮北市水上执法第一张罚单。南坪港3号码头一艘货船涉嫌未按照水上交通安全和防治船舶污染操作规则操纵、控制和管理船舶，导致船上装载的精煤洒落在码头及航道，造成污染。

是月 共青团安徽省委、安徽省青联公布第23届“安徽青年五四奖章”表彰名单，淮北矿业（集团）有限责任公司生产管理部生产组织室主任、高级工程师张世泰，淮北市第一中学教师谢飞，淮北矿工总医院重症监护室护士姚蕊芹，淮北市人民医院呼吸内科副主任医师夏魁获“安徽青年五四奖章”，淮北市人民医院急诊、发热门诊护理团队获“安徽青年五四奖章集体”称号。

是月 一起劳动争议案件在市总工会劳动争议法庭开庭，是该法庭建立以来审理的第一起劳动争议案件。劳动争议法庭由市总工会与市中院于2019年联合创立。

是月 省文化和旅游厅发布“安徽文旅系列品牌”，杜集区南山村入选安徽省百家乡村旅游（扶贫）示范村，杜集区东篱山庄、山里人家入选2019年度安徽省百佳农家乐名单。

是月 省文明办通报2019年度全省学雷锋志愿服务“四个十佳”先进典型，淮北市红十字造血干细胞志愿服务队成员赵波、张秀丽夫妇和濉溪县农民企业家王芳获评“十佳志愿者”，东山街道翰林社区获评“十佳志愿服务社区”。

是月 省商务厅公布2019年度省级特色商业示范街区名单，全省有13家特色商业街区上榜，淮北市安兴古镇文化旅游开发有限责任公司隋唐草市入选。

是月 淮北市在相山区水利工程建设管理处“相山区城乡供水一体化郭王村管网延伸”项目中开出首张投标保证金银行电子保函，开启“互联网+普惠金融”便民惠企服务。

是月 濉溪经济开发区路网、濉溪县韩村镇光明村避险搬迁、杜集区湖西路、杜集区杨河北路、杜集区人民医院搬迁等5个项目被纳入2020年第一批国家资源型地区重点采煤沉陷区综合治理中央预算内投资支持，共计9447万元。

是月 烈山区“智慧养老平台”正式上线运行，率先在全市开启智慧养老服务管理新模式。智慧养老平台一级开发、多级使用，涵盖养老服务监管平台、社区居家养老服务平台和养老机构管理信息化平台三大模块及“12349”居家养老服务呼叫中心、养老大数据中心“两中心”的14项服务功能。

是月 安徽省第二批省级现代农业产业园名单公布，濉溪县百善现代农业产业园、相山区凤凰山现代农业产业园入选。

5月

4日　即日起，淮北市可线上预约接种预防宫颈癌的国产 HPV（人乳头状瘤病毒）疫苗。

8日　市委书记黄晓武主持召开 2019 年度党（工）委书记抓党的建设工作述职评议会议并讲话。省委组织部党员电教中心主任杨文武到会指导并作点评讲话。会上，10 位市委直属党（工）委书记、市直单位党组（党委）书记述职发言并表态。黄晓武代表市委逐一点评。其他书记作书面述职。与会人员进行评议。

10日　中国品牌建设促进会联合中国资产评估协会等单位开展的“2020 中国品牌价值评价信息发布”活动在北京举行。淮北矿业（集团）有限责任公司以“品牌强度”917 分、“品牌价值”146.09 亿元的成绩位列中国能源化工组第五位。

12日　濉溪县交通运输综合行政执法大队挂牌成立，标志着濉溪县成为全省首个完成交通运输执法体制改革任务的县（区）。

14日　相山区人民政府与淮北师范大学共建国家级大学科技园项目正式签约。根据协议约定，共建国家级大学科技园期间，双方将围绕生物科技、健康食品和信息技术领域开展工作，重点打造科技企业孵化、成果转化、产业公共服务、创新人才培养四大平台，推动项目申报及产学研合作；积极引进科技型企业、加强人才交流合作，促使一批新型研发机构落地。

15日　荣盛智能家居项目一期投产暨二期开工仪式在淮北高新区举行。项目一期拥有 11 条国际化水平生产线、213 台（套）生产设备，利用综合布线技术、网络通信技术、安全防范技术、自动控制技术、音视频技术等，致力打造拥有独立知识产权的荣盛智能家居体系。

16日　安徽省举行第五批贯彻“六稳”重大项目集中开工现场推进会，淮北分会场设在杜集区石台镇口子酒业大曲酒酿造提质增效项目现场。市委书记黄晓武在淮北分会场暨开工动员会上宣布项目开工。

20—21日　省人大常委会副主任刘明波率调研组深入烈山区人大常委会机关、濉溪镇、绿金湖圆梦岛，围绕加强新时代地方人大工作和建设开展专题调研并召开座谈会，听取市、县区人大常委会有关情况的汇报以及部分省、市人大代表的意见建议。

21日　省人大常委会党组副书记、副主任宋国权率调研组到朔西湖、碳谷湖、绿金湖，南湖采煤沉陷区治理项目、卧牛山废旧采石场治理项目现场，陶铝新材料研究院有限公司等地调研矿山地质环境治理工作。

22日　市委党的建设工作领导小组召开 2020 年第一次会议。市委书记、市委党的建设工作领导小组组长黄晓武主持会议并讲话。会议书面通报《市委党的建设工作领导小组 2019 年工作总结》，审议通过《市委党的建设工作领导小组 2020 年工作要点》。

25日　杜集区团代表联络站授牌仪式在杜集区双楼村青年之家举行，成为安徽省首家挂牌的团代表联络站。

29日　第一财经·新一线城市研究所“2020 城市商业魅力排行榜”发布，以商业资源集聚度、城市枢纽性、城市人活跃度、生活方式多样性、未来可塑性 5 个方面作为一级维度评估城市，淮北市从五线城市跻身四线城市。

30日　上午 10 点 10 分，市人民医院刷出首张医保电子凭证。6 月 2 日，淮北市医保电子凭证推广应用新闻发布会暨启动仪式举行，全市医保服务正式进入“一码通、一码办”时代。

31日　淮北市首个“儿童快乐家园”在濉溪县刘桥镇党群服务中心三楼综合文化站揭牌。

是月　安徽省推进“三重一创”建设工作领导小组公布新增和调整重大新兴产业基地名单，

淮北市先进高分子结构材料基地获批为省重大新兴产业基地，濉溪经济开发区铝基高端金属材料产业集聚发展基地调整为淮北市陶铝新材料和铝基高端金属材料重大新兴产业基地。

是月　《淮北市城市生活垃圾分类工作实施方案》出台，从“源头减量”“分类投放”“分类收运”“分类处理”4个方面，明确16项重点任务，提出到2020年底市本级以上党政机关等公共机构实现生活垃圾强制分类全覆盖，生活垃圾回收利用率达50%。

是月　淮北市政府印发《健康淮北行动实施方案》。《方案》提出全方位干预健康影响因素、维护全生命周期健康、防控重大疾病3个方面15项重点任务，并将主要健康指标纳入各级政府目标管理绩效考核内容。

是月　淮北市出台《淮北市推进“快递进村”三年行动方案（2020—2022年）》。方案提出通过交邮合作、交快合作、邮快合作、快快合作、快商合作、快电合作、驻村设点和多元合作等8种工作模式，融合交通、电商、电信、供销、农业等现有的多种有效进村渠道，与邮政快递企业形成紧密的联系网。至2022年底，基本实现村村通快递，打通农村寄递渠道“最后一千米”。

6月

1日　省精神文明建设指导委员会发布安徽省文明城市（城区）、文明村镇、文明单位名单。淮北市获评第五届安徽省文明城市，濉溪县获评第五届安徽省文明城市（县级市和县），相山区获评第三届安徽省文明城区，石台镇等29个村镇获评第五届安徽省文明村镇，市委办公室等80余家单位获评第十二届安徽省文明单位。

是日　新华网发布最高人民法院院长周强所作的《最高人民法院工作报告》，淮北市中级人民法院在破解房地产领域矛盾纠纷、服务经济社会持续健康发展中的经验做法被写入报告，向全国推广。

是日　泉山隧道通车。创新大道东段暨泉山隧道工程位于创新大道与梧桐路交叉口，西起梧桐路，东至花山东路，全长2600米，隧道长约600米，宽约28米。

2日　省农业农村厅公布新认定的999家农业产业化省级重点龙头企业名单，淮北市35家企业入选，涵盖面粉、粮油、畜禽、种业、乳业、生物工程、休闲食品等多类产业。

4日　荆门市沙洋县县级公共体育田径跑道和足球场建设项目通过公共资源线上交易系统，以荆门交易中心为主场、淮北和内江两地交易中心为副场开展远程评标，是淮北市首个跨省域远程异地评标项目。市公共资源交易中心作为首批合作援鄂单位，针对湖北当地专家因疫情无法现场评标的实际情况，为减轻疫情对公共资源交易活动的影响，开展跨省域远程异地评标。

5日　副省长张曙光到淮北徽香昱原早餐工程公司、思朗食品（淮北）有限公司、四铺镇张圩水厂和临涣水厂等地调研农业产业化及农村饮水安全工作。

是日　省总工会下发《关于表彰2020年安徽省女职工先进集体和先进个人的决定》。中煤矿山建设集团有限责任公司曹祥芳、淮北市人民医院王金玲、淮北市华孚纺织有限公司王淑云、中国电信淮北分公司王箐获评“安徽省五一巾帼标兵”；淮北新兴皇苑制衣有限公司缝纫一班、淮北矿业（集团）有限责任公司淮北选煤厂选煤车间厂房甲班获评“安徽省五一巾帼标兵岗”；相山区总工会女职工委员会、淮北矿业（集团）有限责任公司工会女职工委员会获评“安徽省工会女职工先进组织”；淮北市人民医院李丽家庭、皖北煤电集团公司荣书芹家庭获评“安徽省工会职工文明家庭”；淮北矿业（集团）有限责任公司淮北选煤厂选煤车间厂房甲班同时获评“安徽省工人先锋号”。

6日　从淮北市庆相桥客运站开往宿州市张庄寨的公交201路开通运营，标志着淮北市与宿州市城际公交开通，是淮北市首条城际公交。线路总长度约32千米，单边运行时间为60分钟。

8日　中国科学院院士、国家勘察设计大师、东南大学特聘教授、博士生导师段进到淮北调研，并作题为《淮北滨湖地区规划建设策略研究——从采煤沉陷区到生态城市客厅》的报告。在淮北考察期间，段进实地查勘南湖矿山地质公园、绿金湖和朔西湖采煤沉陷区治理项目，围绕如何进一步优化淮北城市尤其是滨湖地区规划建设、体现山水生态城市特色、提升城市门户形象等提出指导性建议。

是日　《相山区关于市区夜间摊点实施的通告》发布，对进一步规范市区夜间摊点经营作出规定，划定餐饮类、服装及日用百货类经营地段，限制经营时间为18:30—23:30，明确坚决禁止噪音扰民等7点经营要求。

10日　淮北市新的社会阶层人士联谊会第一届会员大会召开。淮北市新联会的成立标志着淮北市率先在全省实现市县（区）新联会全覆盖。

11—12日　市委书记黄晓武在浙江省杭州、湖州两地开展考察招商活动。在湖州期间，黄晓武考察习近平总书记“绿水青山就是金山银山”重要思想发源地、“中国美丽乡村”精品示范村安吉县余村，参观湖州南太湖电力科技有限公司厂区和生产车间。在杭州期间，黄晓武参观杭州园林设计院股份有限公司的集团总部及设计集团、生态环境集团，实地考察其良渚遗址公园EPC总承包项目，并考察浙江悦成相湖文旅项目。

12日　“百年开渠——刘开渠与二十世纪中国美术展”在杭州中国美术学院美术馆开展。市委书记黄晓武率团参加开幕式并作为刘开渠的家乡人致辞。

17日　副省长章曦深入濉溪县刘桥镇境内的朱寨沟闸和百善镇境内的徐楼闸检查防汛工作。

是日　市委书记、市委财经委员会主任黄晓武主持召开市委财经委员会第二次会议。会议传达学习中央财经委员会第六次会议和省委财经委员会第三次会议精神，梳理分析淮北市“十三五”规划实施情况，研究谋划全面建成小康社会补短板及“十四五”发展重大问题。

18日　淮北全区北斗高精定位网络正式开通并提供服务，淮北正式迈入厘米级的精准定位时代。

19日　淮北市在全省率先推行政府采购项目十个工作日内限时办结制度，内容包括：自《政府采购项目受理通知书》发出之日起，10个工作日内限时完成政府采购项目公告的发布；政府采购项目受理后，市公共资源交易中心须在2个工作日内会同采购人确定项目需求；项目需求确定后，市公共资源交易中心在5个工作日内完成采购文件的编制工作；采购人在收到采购文件后2个工作日内完成采购文件确认；收到采购人确认后，经市公共资源交易监管局备案，1个工作日内发布采购公告。

是日　华润濉溪孙疃50兆瓦风电场工程成功并网发电，是全省首个“风电+储能”项目，风电场装机容量为50兆瓦，并配套建设10兆瓦/10兆瓦时电化学储能系统。项目位于濉溪县孙疃镇和四铺镇境内，2019年10月31日开工建设，总投资4.32亿元。

20日　副省长张曙光全程参加指导市委常委会中央脱贫攻坚专项巡视“回头看”整改暨深化“三个以案”警示教育专题民主生活会并讲话。市委书记黄晓武主持会议。会上，市委书记黄晓武代表市委常委班子作对照检查，各位常委分别作对照检查。会议还书面通报《中共淮北市委淮北市人民政府关于中央脱贫攻坚专项巡视“回头看”反馈意见整改情况的报告》。

是日　即日起，淮北火车站和全国铁路部门同步实施普速铁路电子客票，所有列车全面实施电子客票，旅客购票、进站、乘车不再提供纸质车票，可直接刷身份证或出示二维码进站检票乘车。

是日 即日起，淮北市机动车检验标志全面实现电子化，与纸质凭证具有同等效力，车辆不需再粘贴纸质标志。

是日 《光明日报》头版头条聚焦淮北，刊登文章《深改湖，浅造田，不深不浅种藕莲——安徽淮北探索资源枯竭型城市转型之路》。

24日 淮北市召开市级领导干部会议，宣布省委决定：覃卫国任中共淮北市委委员、常委、副书记，戴启远不再担任中共淮北市委副书记、常委、委员。

25日 新华社刊发题为《“智脑”释放城市新活力——资源型城市淮北的“数字智变”》新闻稿。

29日 安徽省科学技术奖励大会在合肥召开，会上发布2019年度安徽省科学技术奖获奖名单。淮北矿业（集团）有限责任公司与安徽理工大学共同完成“采煤沉陷区土地采动损伤机理与多元功能构建关键技术”获科学技术进步奖一等奖。淮北市上榜科学技术进步奖二等奖3项、科学技术进步奖三等奖7项、自然科学奖三等奖1项。

30日 安徽省庆祝建党99周年暨疫情防控中涌现的优秀共产党员和先进党组织表彰会议在合肥召开。会上宣读了《中共安徽省委关于表彰“安徽省优秀共产党员”“安徽省先进党组织”的决定》。淮北市人民医院感染病科党支部、市交通运输综合行政执法支队第六执法大队党支部被授予“安徽省先进党组织”称号；濉溪县卫生健康委员会党委委员、副主任，二级主任科员伯广宝被授予“安徽省优秀共产党员”称号；相山区渠沟镇原党委委员（挂职），土楼村党总支原书记、村委会原主任任荣被追授“安徽省优秀共产党员”称号。

是月 淮北市第八届市长质量奖揭晓，临涣焦化股份有限公司和安徽雷鸣科化有限责任公司上榜。

7月

1日 市第十六届人大常务委员会举行第二十一次会议。市委书记黄晓武出席会议并讲话。市人大常委会主任方宗泽主持会议。会议表决通过关于接受戴启远辞去市人民政府市长职务请求的决定，决定任命覃卫国为市人民政府副市长、代理市长，表决通过关于接受朱浩东辞去市人民政府副市长职务请求的决定，并向新任命的国家机关工作人员颁发任命书，组织宪法宣誓。

是日 市第十六届人民代表大会常务委员会举行第二十二次会议，决定任命周天伟为市人民政府副市长。

是日 即日起，淮北市最低生活保障标准由每人每月583元提高到每人每月641元；特困人员救助供养基本生活财政补助标准由每人每月758元提高到每人每月833元。

是日 桓谭东路（方安路至龙山路）开通，桓谭东路全线贯通。桓谭东路双向六车道，长1411.307米，方安路至龙山路段道路长790.307米。

是日 淮北市市区最后两条有人售票公交线路2路、3路改为无人售票，淮北公交彻底结束沿用58年的人工售票历史。

1—2日 省委常委、组织部部长丁向群率省委防汛工作督导组在淮北市督导防汛救灾工作。

2日 教育部确定并公示关于“基于教学改革、融合信息技术的新型教与学模式”实验区名单，安徽省仅两地入选，濉溪县名列其中。

4日 上海交通大学校务委员会专职副主任吴旦在淮北市就陶铝新材料产业发展与市委、市政府进行会商。市领导黄晓武、覃卫国、朱浩东、周天伟、高维民出席会议。

是日 由人民网和中央党校（国家行政学院）社会和生态文明部联合主办的2020年全国“创

新社会治理典型案例”征集活动结果公布，淮北市根治房地产领域“难办证”问题、推动治理现代化的先进经验上榜全国优秀案例榜单，是唯一涉及房地产领域“难办证”问题的优秀案例。

8日　淮北市与中国移动安徽公司就5G+智慧城市战略合作签署协议，淮北市正式跻身5G全面商用城市。

9日　市委全面深化改革委员会召开第九次会议，市委书记、市委全面深化改革委员会主任黄晓武主持会议并讲话。市委副书记、代市长覃卫国出席会议。会议传达学习中央全面深化改革委员会第十三次、第十四次会议和省委全面深化改革委员会第八次会议精神，审议并原则同意《贯彻落实关于进一步推动皖北地区高质量发展的若干意见工作任务分解方案》《淮北市职业教育改革实施方案》《关于建立“百姓说事点”的实施意见》《淮北市红十字会深化改革方案》《关于推动银行业和保险业高质量发展的指导意见》。

是日　“皖北人游皖北”市场联动推广采风踩线活动开启淮北之旅，采风踩线团参观隋唐运河古镇、口子文化博览园、南湖风景区等地。

10日　中共安徽省委农村工作领导小组办公室、安徽省农业农村厅、中共安徽省委组织部、中共安徽省委宣传部、安徽省民政厅、安徽省司法厅六部门联合印发《关于公布省乡村治理试点示范三级创建名单的通知》，濉溪县上榜省级乡村治理试点示范县名单，铁佛镇等4镇上榜省级乡村治理试点示范乡镇名单，淮海村等18个村上榜省级乡村治理试点示范村名单。

11日　安徽省举行加快国家儿童区域医疗中心合作共建暨全省公共卫生体系建设重点项目集中开工现场推进会，淮北分会场设在烈山区人民医院新院区项目建设现场。市委书记黄晓武在淮北分会场现场推进会上宣布项目开工。

13日　副省长何树山到平山电厂二期135万千瓦清洁燃煤机组项目、理士新能源项目、宁丰木业OSB项目现场，安徽华润金蟾药业股份有限公司和陶铝新材料产业基地，调研常态化疫情防控及汛期淮北市工业企业及项目生产运营情况，并考察烈山、卧牛山矿山生态修复区。

是日　中国宝武钢铁集团有限公司董事长陈德荣、副总经理张锦刚，上海交大校长林忠钦实地考察淮北陶铝新材料产业基地，详细了解陶铝产业发展情况。考察后，中国宝武钢铁集团有限公司、上海交通大学、淮北市陶铝新材料产业合作发展座谈会召开，三方就陶铝新材料产业合作发展签订框架协议。副省长何树山、省政府副秘书长汪春明，市领导黄晓武、覃卫国、朱浩东、周天伟、李加玉、高维民等参加调研或见证签约。

15日　省委常委、组织部部长丁向群率督导组到淮北市督导防汛工作，听取淮北市及淮北军分区、武警淮北市支队防汛工作准备情况汇报。省委组织部副部长、省委非公工委书记王炜，市委书记黄晓武，市委常委、濉溪县委书记任东，市委常委、秘书长李加玉参加督导。

15—17日　市委书记黄晓武在南京、上海两地考察招商，走访江苏中旗科技股份有限公司、上海光明食品集团和光明乳业、上海均和集团有限公司，考察太平投资控股有限公司在上海周浦建设的医养结合型健康养老项目“梧桐人家”。

17日　青年路西段（东山路至龙山北路）开通，设计长度1324.7米，道路宽45米，双向六车道。

20日　淮北市召开上半年经济运行暨重大项目调度会。市委书记黄晓武出席会议并讲话。市委副书记、代市长覃卫国主持会议。市人大常委会主任方宗泽，市政协主席谌伟，市委副书记朱浩东，市委常委，市政府、市政协有关负责人参加会议。会议听取上半年经济运行、重大项目推进、目标管理绩效考核等情况汇报，一县三区、市高新区和煤化工基地管委会负责人围绕上半年经济运行情况作发言，与会市领导结合分管工作提出具体要求。

21日　市委书记黄晓武在市人民来访接待

中心公开接访，听取来访群众关于居民区城市污水处理厂建设、企业改制遗留问题等方面的信访诉求，听取相关部门初步调查结果、前期处理情况及陪访律师意见，在此基础上对信访事项提出具体解决意见，要求有关部门按照国家政策和相关规定，切实解决群众合理诉求并做好宣传解释和帮扶救助工作。

23日 市委书记黄晓武领衔督办市政协十届三次会议重点提案，听取相关工作汇报，并走访安徽陶铝新材料研究院有限公司和安徽理士新能源发展有限公司。市政协主席谌伟，市委常委、秘书长李加玉参加督办活动。在市政协十届三次会议上，科技界别委员提出提案《关于积极融入长三角一体化加快创新发展的建议》，建议发挥淮北特色优势，突出产业转型，推动长三角区域协同创新。

27日 财富中文网发布最新的《财富》中国上市公司500强排行榜，淮北矿业（集团）有限责任公司以营业收入600.86亿元，归母净利润36.28亿元的成绩，位列榜单第173名。2020年财富中国500强分行业榜显示，煤炭行业有15家上市公司入围，淮北矿业（集团）有限责任公司排名第5位。

31日 省十三届人大常委会第二十次会议审查批准《淮北市户外广告和牌匾标识管理条例》，这是安徽省首部专门规范户外广告和牌匾标识管理工作的创制性立法，将于2021年1月1日起施行。该《条例》共六章三十七条，分为总则、规划与规范、许可与备案、管理与维护、法律责任和附则。

是月 新修订的《淮北市人民政府质量奖管理办法》正式实施。市政府质量奖包括市政府质量奖和市政府质量奖提名奖。市政府质量奖每2年评选1次，质量奖授奖每次不超过4个（中小微企业2个），提名奖每次不超过3个。其中，淮北市率先将中小微企业纳入政府质量奖评选范畴。

8月

3日 市生态环境保护委员会2020年第七次会议暨环保督察问题整改和大气污染防治攻坚战推进会议召开。市委书记、市生态环境保护委员会主任黄晓武在会上讲话。代市长、市生态环境保护委员会主任覃卫国主持会议并与副市长签订目标责任书。会议传达习近平总书记关于生态文明建设的重要讲话和指示批示精神，通报市、县、区及相关部门环保督察问题整改、大气污染防治攻坚战进展及相关工作情况。

4日 市人民医院神经内科采取血管内血栓抽吸术的新方法，成功救治一例28岁脑干基底动脉急性闭塞昏迷患者，这是淮北市首例采用血栓抽吸术救治成功的急性缺血性脑卒中病例。

6日 南开大学与理士国际技术有限公司合作共建的安徽先进能源研究院揭牌仪式在安徽理士新能源发展有限公司举行。中科院院士、南开大学副校长陈军，市委书记黄晓武，市委常委、常务副市长周天伟，理士国际技术有限公司董事局主席董李为研究院揭牌。

12—13日 市委书记黄晓武率代表团到河北省雄安新区、石家庄市考察。代表团到雄安规划展示中心、商务服务中心、安置房建设现场参观考察，并听取雄安集团城市发展公司负责人关于总体规划和建设进展情况的介绍。在石家庄高新区考察国际人力资源服务产业园、园区科技孵化器及入驻高新技术企业博海生物，在石家庄中央商务区考察建设现场及规划馆、城市馆。

13日 省委常委、组织部部长丁向群率督导组到淮北督导防汛工作。市委副书记、代市长覃卫国参加督导。督导组在百善镇黄新庄村察看水淹田地补种情况并听取相关工作汇报。

15日 梅苑东路正式通车。梅苑东路东起龙山路，西至南湖路，全长1350千米，道路宽25米，双向四车道，为城市支路。

17—18日　市委书记黄晓武，市委副书记、代市长覃卫国率代表团赴上海学习考察。代表团先后参观考察滨江公共空间、长阳创谷及“流利说”、上海财经大学国家大学科技园区等。在沪期间，覃卫国走访中国商用飞机有限责任公司、中国航发商用航空发动机有限责任公司，分别与中国工程院院士、中国商飞公司首席科学家吴光辉，中国航发商发副总经理曾海军等座谈交流。

23日　淮北市2020年科技活动周启动仪式暨大型科普活动在世纪广场举行。此次科技活动周围绕“科技战‘疫’创新强国”主题，大力弘扬科学精神，普及科学知识，全面展示淮北市科技创新成就和科技战“疫”成效，展示科学普及工作成效。

24—25日　全省退役军人事务系统“两年”活动现场推进暨重点工作调度会在淮北市召开，围绕推深做实“思想政治工作年”“基层基础基本建设年”两项活动，总结工作，分析形势，部署工作。当晚，“军号嘹亮”2020年淮北市最美退役军人、最美拥军人物、最美军嫂颁奖活动举行。其间与会人员实地观摩淮北供水“市退役军人之家”，濉溪县刘桥镇、孟口村和相山区东街道退役军人服务站，退役军人主题文化公园。

26日　市委书记黄晓武调研红色文化资源发掘利用工作。在临涣镇文昌宫展厅、淮海战役总前委旧址小李家、小李家红色博物馆，听取相关事迹介绍，了解淮海战役的具体情况，并对场馆展陈内容、红色文化资源挖掘进行指导。调研中，黄晓武还到海孜煤矿、韩村镇，就工业遗存保护开发利用、韩村文旅特色小镇建设提出具体要求。

是日　中宣部、中央文明办组织召开推进学雷锋志愿服务工作电视电话会议。会上公布了2019年度全国学雷锋志愿服务“四个100”先进典型和疫情防控最美志愿者名单。市红十字造血干细胞志愿服务队成员赵波、张秀丽夫妇获评“最美志愿者”，“春芽计划”志愿服务项目获评“最佳志愿服务项目”。

27日　2020年“江淮普法行”之“普法夜市”集中宣传活动在淮海路金鹰国际购物中心广场举行，是安徽省首场“普法夜市”。在普法展位上，既有《中华人民共和国宪法》《中华人民共和国民法典》等法律书籍，以及禁毒、反电诈、法律援助等普法宣传折页，还有普法手提袋、普法围裙、普法鼠标垫、法治折扇等普法物品。

27—28日　淮北市第十六届人民代表大会第四次会议召开。大会实到代表281人，符合法定人数。会议表决通过大会选举办法和市十六届人大法制委员会主任委员人选表决办法。市人民政府书面向大会作2020年以来工作报告。会议选举覃卫国为淮北市人民政府市长，任启峰为市第十六届人大常委会委员。大会还通过市第十六届人大法制委员会主任委员人选名单。

28日　“文旅融合点亮相城”淮北市文化惠民消费季在隋唐运河古镇举办。省文化和旅游厅厅长袁华为省“十佳夜游街区”隋唐运河古镇·隋唐草市授牌。

29日　全省推进灾后恢复重建贯彻“六稳”重大项目集中开工现场推进会淮北分会场在相山区双创信息产业园项目建设现场召开。

是月　全市法院首家物业纠纷调解中心——相山区人民法院物业纠纷南黎调解中心在南黎街道办正式成立，构建起物业纠纷法院调解、人民调解、司法调解、行政调解、律师调解的多元化调解机制。

是月　市政务服务中心卫生健康委窗口启动首批生成后的相关电子证照办理业务。通过电子化注册管理系统即可实现对医疗机构、医师、护士从准入到退出执业全周期的信息化管理。

是月　安徽省装备制造（杜集经济开发区）专业商标品牌基地通过认定，成为继相山区谷物食品、濉溪县铝基新材料、濉溪县百善农副产品、烈山区电子产品等专业商标品牌基地后的淮北市第 5 家该类基地，也填补了杜集区在省专业商标品牌基地方面的空白。

是月 首届安徽省思想政治工作创新案例推广名单发布，市总工会《新时代文明实践中心建设的“12345”模式》入选，成为全省工会入选省思想政治工作创新案例第一例。

是月 安徽省首届退役军人创业创新大赛举办，淮北市选送项目安徽建业科技有限公司退役军人张建业带领的新型铝合金弹壳项目荣获新兴产业一等奖，淮北市艾乡农业发展有限公司的艾草种植项目获现代农业三等奖，淮北市获优秀组织奖。

9 月

1 日 从是日起，凡进入淮北市公共资源交易平台（含濉溪县）的交易项目全面启用电子签章，全市公共资源交易实现全流程电子化。

3 日 以“融合·创新·共享”为主题的第二届大运河文化旅游博览会在江苏无锡召开。中国碳谷·绿金淮北馆在运博会上精彩亮相。

是日 市委农办等六部门印发《关于加强和改进乡村治理的实施方案》，确定了加强和改进乡村治理的总体要求和重点任务。该《实施方案》提出，确保到 2022 年全市创建 1 个省级乡村治理示范县，每个县（区）至少创建 1 个省级乡村治理示范镇，每个镇至少创建 1 个省级乡村治理示范村。

4 日 2020 年淮海经济区生态环境专项座谈会在淮北市召开。淮海经济区 10 个城市汇报生态环境工作开展情况，签订《淮海经济区协同发展生态环境联防联控工作机制》，讨论《协同推进淮海经济区生态文明建设课题研究报告》。

8 日 全国抗击新冠肺炎疫情表彰大会在北京人民大会堂举行。市疾控中心微生物检验科科长王敏作为“全国抗击新冠肺炎疫情先进个人”参加表彰大会。

8—9 日 工信部原材料司副司长常国武带队到淮北市开展陶铝新材料产业发展专题调研，并召开工信部办理全国人大安徽代表团关于支持陶铝新材料产业发展建议座谈会。

11—12 日 世界制造业大会江淮线上经济论坛在合肥举行。市委书记黄晓武率团参加大会并出席开幕式、云展示启动仪式、主旨论坛和签约仪式。淮北市有 22 个项目签约，总投资 96.83 亿元。大会期间，代表团还参加长三角一体化论坛、5G 工业互联网高峰论坛等大会举办的系列活动。

11—14 日 2020 安徽省青少年摔跤锦标赛在淮北市体育馆开幕。全省 16 支代表队的 500 余名教练员、运动员参赛。设置男子自由跤、女子跤、古典跤和中国式摔跤 4 个竞赛项目，每个跤种仅设甲组项目。淮北市代表队获得 4 金、4 银、15 铜。

13 日 第四届“中国创翼”创业创新大赛安徽省选拔赛暨第三届“赢在江淮”全省创业大赛省级决赛在合肥市举办。安徽建业科技有限公司的“铝合金弹壳产业化项目”获省级决赛创业组一等奖，入围全国第四届“中国创翼”创业创新大赛。淮北师范大学的“难舍难‘硫’——硫渣绿色技术首创者”项目获省级决赛创新组三等奖，入围全国第四届“中国创翼”创业创新大赛。“盘石种养殖生态农业扶贫助残”项目获省级决赛扶贫专项赛优秀奖。

15 日 “六稳六保”工作政企交流会暨省投资集团、省担保集团与市政府合作签约仪式举行。

是日 淮北市发出全省首张建筑业企业三级资质电子证书，安徽重标建筑工程有限公司领到全省首张建筑业企业三级资质电子证书。

16 日 淮北市第十四届社会科学知识普及活动月启动。市司法局、市新闻工作者协会等 22 家社科普及领导小组成员单位和社科类社会组织工作人员为广大市民提供法律、金融、保险、税务、家庭教育、心理疏导等咨询服务，积极宣讲社科普及成果、发放宣传资料。

是日 省两淮采煤沉陷区综合治理现场会在淮北市召开。会议期间，与会人员到绿金湖圆梦岛、安徽陶铝新材料研究院、淮北东山口子产业园、朔西湖，实地考察采煤沉陷区综合治理和产业转型情况。

是日 淮北至宁波港海铁联运班列首发仪式举行。首发班列满载铝制品、医疗物资等外贸出口产品驶出青龙山铁路“无水港”，通过宁波港装船运送到世界各地。

16—17日 第二届淮海经济区立法协作联席会议在淮北市召开。省人大常委会党组副书记、副主任宋国权，全国人大常委会法工委发言人、研究室主任臧铁伟，省人大常委会委员、省人大法制委员会主任委员、常委会法工委主任吴斌等参加会议。市委书记黄晓武致辞。会上，淮海经济区各市人大常委会有关负责人作交流发言，共同签署《淮海经济区立法协作淮北倡议》《关于成立淮海经济区立法研究院的协议》，并宣布下一届联席会议承办城市。

17日 中央文明办发布2—7月“中国好人榜”，淮北市2组5人上榜。分别是昼夜坚守抗疫一线的濉溪县南坪镇耿庙村党员“母子兵”张艳、任辉、任停和异地同心共战“疫”的市人民医院医护“夫妻档”孙伟、李丽。自此，全市共有158人获评“中国好人”。

是日 濉溪县医院神经内二科成功为一位右侧颈内动脉闭塞患者实施颈内动脉闭塞开通手术，填补了淮北市在脑血管介入治疗方面的技术空白。

是日 淮北市交通运输局窗口工作人员向淮北矿业（集团）有限责任公司供应链科技有限公司颁发“网络货运”道路运输经营许可证。是自2020年1月1日《网络平台道路货物运输经营管理暂行办法》以来，淮北市发出的首张“网络货运”运营牌照，淮北市道路货运行业正式迈入“互联网+货运”的新阶段。

17—18日 省政协主席张昌尔率省委督查组到淮北，督查淮北市新时代加强和改进人民政协工作情况。督查组深入部分县区，通过实地查看、座谈交流、个别访谈、查证资料等方式，全面了解淮北市相关工作情况，并看望慰问部分在淮北省政协委员。

是日 部分全国和省人大代表、政协委员及省高院特约监督员到淮北视察法院工作并座谈交流。省高级人民法院党组书记、院长董开军，党组成员、副院长王章来参加视察活动。代表、委员及监督员到市中级人民法院及濉溪县、杜集区人民法院，淮北市处理房地产领域历史遗留“难办证”问题联席会议办公室等地，视察相关工作，听取情况汇报，并走访安徽陶铝新材料研究院、淮北东山口子产业园、淮北申皖发电有限公司和安徽理士新能源发展有限公司等，了解淮北市经济社会发展情况。

19日 2020年全国科普日淮北主场活动举行。活动以“决胜全面小康、践行科技为民”为主题，结合健康义诊、科技成果展示等多项志愿服务活动，让市民感受科技助力下的“智慧新生活”。

22日 2020淮北市创新创业大赛总决赛暨颁奖会举行。大赛由市科技局、市委组织部、濉溪县人民政府主办，淮北市传媒中心承办。经过43个项目初赛路演，12个项目进入决赛。安徽建业科技有限公司获得主办方特别设立的“最具人气奖”，安徽鸿硫化工技术有限公司团队获团队组一等奖，安徽淮光智能科技有限公司的焦炉燃烧检测与智能加热控制系统的开发及其产业化项目获企业组一等奖，市生产力促进中心等8家单位获大赛优秀组织奖。

24日 中科院·淮北高新区中科健兰（淮北）生物科技“双创”项目签约，中科院重点打造的全国医学转化标杆项目正式落户淮北。项目总投资8000万元，致力于打造体外诊断试剂创新产业基地和国际医学科学创新研究平台。

26日 全省举行增强高质量发展动能贯彻“六稳”重大项目集中开工现场推进会，淮北分会场设在濉溪经济开发区安徽家园铝业铝合金材料系列产品项目现场。市委书记黄晓武在淮北分会场暨开工动员会上宣布项目开工。

27日 淮北市特种设备监督检验中心开出淮北市第一张财政电子票据，全市财政电子票据管理改革工作迈出坚实一步。

28日 全市领导干部学习贯彻习近平总书记考察安徽和在合肥主持召开扎实推进长三角一体化发展座谈会重要讲话精神专题班举办。市委书记黄晓武在开班式上作专题报告。市委副书记、市长覃卫国主持开班式并在结业式上作总结讲话。

是日 淮北市第十一届石榴文化旅游节在四季榴园景区举办。活动以“硕果累累榴园秀·幸福小康烈山美”为主题，旨在全面展现淮北市建市60周年、烈山区建区40周年经济社会发展取得的优异成绩。

29日 市委书记黄晓武主持召开庆祝中华人民共和国成立71周年暨淮北市建市60周年座谈会并讲话。市领导方宗泽、谌伟、朱浩东、周天伟、钱界殊、李加玉、张力参加会议。老干部王邦杰、郭云修，淮北师范大学、淮北矿业（集团）有限责任公司、淮海控股集团有限公司负责人，劳动模范、先进工作者和中国好人代表在会上发言，共同回顾中华人民共和国成立以来取得的伟大成就和淮北市建市60年来不平凡历程，畅叙淮北未来发展美好前景。

是月 文化和旅游部、国家发展改革委公布第二批全国乡村旅游重点村名单，淮北市榴园村位列其中。

是月 一县三区社区矫正委员会相继成立，淮北市在全省率先成立市、县（区）两级社区矫正委员会。

是月 《淮北市安宁疗护患者住院医疗保险按床日付费实施办法（试行）》出台，淮北市在全省率先将安宁疗护纳入基本医保。

是月 安徽省放心消费示范单位认定工作结果揭晓，中国邮政集团公司安徽省濉溪县分公司、中国联合网络通信有限公司淮北市分公司、淮北华润燃气有限公司3家企业获评“安徽省放心消费示范单位”，有效期从2020年7月起到2024年6月止。

10月

1日 淮北市举行庆国庆暨庆祝建市60周年群众文艺演出。

1—6日 安徽省青少年羽毛球锦标赛在马鞍山市举行，淮北市代表队获8金、5银、2铜。

10—13日 安徽省第五届全民健身运动会健美健身比赛在明光市体育馆举行。淮北市代表队获1金、1银、2铜。

11日 市委书记黄晓武会见中国绿色发展基金执行主席、蓝盾股份有限公司高级顾问桂振华，蓝盾股份有限公司总裁、中科蓝华生物科技有限公司董事长、广东省计算机信息网络安全协会副会长柯宗贵一行。

12日 中国少年先锋队淮北市第二次代表大会召开。大会选举产生中国少年先锋队淮北市第二届工作委员会，通过《关于工作报告的决议》。

13日 市委八届十二次全体会议召开。会议审议通过《中共淮北市委关于深入学习贯彻习近平总书记考察安徽重要讲话指示精神奋力在构建新发展格局中实现更大作为在加快建设中国碳谷·绿金淮北上取得新的更大进展的实施意见》《中国共产党淮北市第八届委员会第十二次全体会议决议》，批准刁书杰、王波、张红君、陈跃4人辞去市委委员职务，递补王淮海、顾俊、孙兴学、王治江4人为市委委员。市委书记黄晓武发表重要讲话，并就实施意见（讨论稿）向全会作说明。

14—15日 国家减灾委员会综合督查检查

组组长、国家发展改革委副秘书长赵辰昕率队到淮北开展自然灾害防治工作综合督查检查，并召开全国首批综合减灾示范区、全国自然灾害综合风险普查试点座谈会。

15日 淮海经济区政协系统第二届“凝心聚力携手前行——助力转型发展决胜全面小康”书画联展暨淮海经济区政协主席联席会议在淮北市举行。在淮北期间，与会人员考察南湖采煤沉陷区治理项目绿金湖圆梦岛、市城市展示馆。

是日 2020年全省住房和城乡建设系统装配式建筑“徽匠”职业技能竞赛在中煤远大淮北建筑产业化有限公司举行。全省各地市共有48支代表队128名选手参加构件制作、构件装备、灌浆3个项目的决赛。

17日 加快推进战略性新兴产业发展暨全省第十批贯彻“六稳”重大项目集中开工现场推进会在淮北主会场和各市分会场举行，省委副书记、省长李国英在主会场出席会议，讲话并宣布项目开工。省委常委、常务副省长邓向阳主持主会场会议，市领导黄晓武、覃卫国、方宗泽、谌伟等参加会议。

是日 省委副书记、省长李国英到淮北调研资源型城市转型发展工作。强调要学习贯彻习近平总书记考察安徽重要讲话指示精神，统筹推进传统产业转型升级和战略性新兴产业发展壮大，优化产业生态，提升产业链水平，加快建设皖北承接产业转移集聚区，为资源型城市转型发展提供有力支撑。

17—19日 长三角一体化发展2020海上书画名家邀请展在刘开渠纪念馆举行。此次书画名家邀请展由淮北市书法家协会、市美术家协会主办，刘开渠纪念馆、市博物馆、上海东吴美术馆、市矿山博物馆承办。主办方邀请吴一天、关标伟、陈艺、王昌启、陈建云等书画家，共展出油画、国画、书法作品60余幅，以及原创手工紫砂作品200余件。

17—29日 淮北市第十五届观赏石博览会开幕。此次博览会由中国观赏石协会、市文旅体局、市文联主办，全国各地的300余家客商为奇石爱好者带来了100多种奇石美玉。

19—24日 省第五届全民健身运动会在滁州市举办。市委副书记、市长覃卫国率团参加闭幕式，并代表淮北市接受全民健身运动会会旗，淮北市成为2024年省第六届全民健身运动会举办地。省第六届全民健身运动会的申办成功，填补了淮北市从未承办过大型综合型运动会的空白。

20日 新一届全国双拥模范城（县）命名暨双拥模范单位和个人表彰大会在北京举行。安徽省14个市、1个单位、2名个人受到表彰，淮北市继2016年后再获表彰，实现“全国双拥模范城”两连冠。

是日 淮北市首批公益遗嘱证发放仪式在中华遗嘱库淮北市公益预约服务中心举行。中华遗嘱库淮北市公益预约服务中心于8月17日正式启动，是中华遗嘱库在安徽省授权的第一家、也是唯一一家服务中心。

20—22日 创建国家节水型城市现场考核组组长、山东省住房和城乡建设厅原副厅长昝龙亮率考核组到淮北市，进行现场考核。在淮北期间，考核组分别通过实地查看和查阅台账资料等方式，深入了解淮北市创建国家节水型城市工作开展情况。

21—23日 由中国煤炭工业协会物资流通分会主办、淮北矿业（集团）有限责任公司铁路运输处承办的2020年全国煤炭行业铁路技能大赛在淮北市举行。来自全国煤炭企业27支代表队的54名职工参加比赛。淮北矿业（集团）有限责任公司铁路运输处代表队荣获全国煤炭行业铁路技能大赛“团体金奖”，并被大赛组织委员会授予“突出贡献奖”；参赛职工石磊荣获“个人综合奖金奖”及多项一等奖。

22—24日 市委书记黄晓武率队到吉林省走访中国第一汽车集团有限公司，就陶铝新材料更广泛应用于汽车领域与研发总院对接交流，随后参观考察通化、白山两市煤炭资源枯竭型城市转型情况。黄晓武一行先后考察杨靖宇干部学院、冰雪产业示范新城等在建项目、国家医药高新区及其规模最大企业修正药业集团、集安市博物馆。

23日 在纪念中国人民志愿军抗美援朝出国作战70周年之际，市委副书记、市长覃卫国走访慰问抗美援朝老战士宋良友。

是日 全市庆祝第八个“老年节”中老年文体展示活动在隋唐运河古镇举行，活动以“九九重阳、共享健康”为主题。

26—27日 省委常委、统战部部长、省政协党组副书记张西明到淮北市督导调研习近平总书记考察安徽重要讲话指示精神学习宣传贯彻工作。张西明一行到安徽陶铝新材料研究院、申能安徽平山电厂二期工程、淮北先进高分子结构材料省级重大新兴产业基地、安徽理士新能源发展有限公司、安徽英科医疗用品有限公司进行走访调研。在淮北期间，张西明一行还参观考察市城市展示馆和历史档案馆、显通寺和临涣文昌宫及市采煤沉陷区生态治理项目。

27日 申能安徽平山电厂二期工程锅炉首次点火并且一次成功，该项目机组正式进入点火冲管调试阶段，为机组“168”试运和按期投产打下了坚实基础。工程作由申能股份有限公司投资新建，淮北申能发电有限公司负责建设运营，项目总投资53.79亿元。

28日 市委书记黄晓武，市委副书记、市长覃卫国率市党政代表团赴江苏常州学习考察。代表团参观常州天合光能全球项目、中以常州创新园、天正工业、中国石墨烯科技产业展示馆和嘉泽镇跃进村。

是日 淮河生态经济带第2次省际联席会和城市合作市长会商会在蚌埠市召开。会上，淮北等29个城市达成新的合作意向，共同签署《关于加快推进沿淮高速、铁路、港口、航道提升等项目合作的工作备忘录》《淮河生态经济带文旅联盟城市旅游客源共济合作协议》。

29日 市委书记黄晓武，市委副书记、市长覃卫国率市党政代表团赴江苏无锡，考察学习先进制造业、发展“三新”经济、城市规划建设等方面先进经验。代表团走访调研无锡一棉纺织集团有限公司、华进半导体封装先导技术研发中心有限公司、无锡物联网创新促进中心、雪浪云5G“工厂大脑”展厅、锡东新城规划展示馆、锡山国家现代农业产业园和无锡先导智能装备股份有限公司。

是日 安徽省“首届长三角慈善之星”表彰大会召开，淮北市绿源商贸有限责任公司总经理陈树荣及安徽顺达商贸集团、淮北市东鑫矿业有限公司、淮北矿业（集团）有限责任公司，获首届“长三角慈善之星”称号。

30日 省市长协会二届五次理事会暨2020安徽市长高峰论坛在淮北市举行。省人大常委会原副主任臧世凯，中央党校（国家行政学院）经济学部副主任王小广，市委书记黄晓武，市委副书记、市长覃卫国出席会议。会议审议通过省市长协会工作报告、财务工作报告及有关人事任免事项。会前，与会人员考察市历史档案馆和城市展示馆、安徽陶铝新材料研究院、淮北东山口子产业园及绿金湖采煤沉陷区综合治理项目。

是日 淮北电子驾驶证在“皖事通”上线。从即日起，沪苏浙皖四省市正式实施电子驾驶证、行驶证互认。

是月 淮北市出台《关于推动工业经济高质量转型发展的意见》、《关于大力实施产业升级“个十百千”工程行动方案》及《淮北市支持工业经济高质量转型发展若干政策》。

是月 2020长三角文化和旅游融合发展总评榜仪式在浙江湖州召开。淮北市隋唐运河古镇·隋唐草市获评“长三角夜间文化和消费样板街区”，成为安徽省上榜的两个荣誉街区之一。

是月 淮北市出台《进一步支持高校毕业生等人才来淮在淮就业创业若干政策（试行）》，从鼓励毕业生到淮北应聘就业、加大优秀人才引进力度、支持毕业生在淮北创业、提升人才综合服务水平、支持人力资源服务机构发展等5个方面，出台16条措施。

是月 第三批省级服务型制造示范企业和平台名单公布，华孚时尚股份有限公司（供应链管理模式）和中勘资源勘探科技股份有限公司（总集成总承包服务模式）被认定为省级服务型制造示范企业，安徽中成检测有限公司的机械综合性能检测与用工环境监测服务平台被认定为省级服务型制造示范平台。

是月 省市场监管局公布首批省知识产权专家库专家名单，淮北市7人入选。截至10月，全市拥有取得国家专利代理资格15人，企业专利联络员271人，专利工程师53人。

是月 经前期摸排、界定，淮北市共有抗美援朝志愿军老战士306人申领纪念章，其中年龄最大的99岁。

是月 省经信厅公布2020年度安徽省专精特新冠军企业名单，安徽巨成精细化工有限公司、安徽曦强乳业集团有限公司两家企业榜上有名。

是月 全市首座环保型公厕正式启用。该座公厕位于泉山路与桓谭路的东北角，采用PCM无纳管、无排污生态公厕技术，每年节约用水4000吨左右。

是月 淮北矿业（集团）有限责任公司桃园煤矿女工刘婉春、淮北供电公司党委党建部孙燕飞获2019年度“全国三八红旗手”称号。

是月 绿金湖矿山地质环境治理PPP项目入选自然资源部社会资本参与国土空间生态修复十大典型案例。

11月

4日 由市委书记、市总河长黄晓武，市委副书记、市长、市总河长覃卫国联名签署的《淮北市总河长令（第1号）》正式下发。决定即日起，在全市范围内深入开展河湖“清四乱”行动，同步推动幸福河湖建设。

5日 市委书记黄晓武会见到淮北市考察的广东省产业发展促进会会长、广东省制造业协会名誉会长张健。

5—7日 市委副书记、市长覃卫国率队赴上海开展招商考察活动。考察团先后到绿地控股集团有限公司、上海均瑶（集团）有限公司、上海英科医疗用品有限公司、中国联合网络通信集团有限公司、光明乳业股份有限公司、上海绿谷（集团）有限公司等企业走访或座谈，并参观第三届中国国际进口博览会。

6日 2020全国U20国际式摔跤锦标赛在淮北市体育馆举行，为国家一类赛事。22个省、5个自治区、4个直辖市以及火车头体协、煤矿体协、冶金体协、北京体育大学等50多个单位，裁判员、领队、教练员、运动员约1200人参加此次赛事。

是日 杜集区全民健身活动中心十年期运营权转让项目在市公共资源交易平台以网络竞价方式成功交易。历经146轮网络报价，最终以52.56万元成交，较评估值溢价38万元，增值率达260.99%。该标的为淮北市首例经营权交易项目。

8日 副省长张红文到淮北市宣讲中共十九届五中全会精神，并召开调研座谈会，就省“十四五”规划编制征求意见建议。

9日 淮北市市域社会治理研究中心签约暨揭牌仪式举行。市委政法委与淮北师范大学现场签订全面合作框架协议。

9—10日 省人大常委会副主任沈素琍到淮北市开展专题调研，并督导包保突出环境问题整改工作、走访调研帮联企业生产经营情况。

10—11日 市委书记黄晓武率市党政代表团走访南开大学和天津大学，谋划“十四五”时期淮北市与一流高校深化合作事宜，并就加快构建政产学研用协同创新体系和机制达成共识。在天津期间，黄晓武一行还走访中国电建市政建设集团有限公司。

11日 副省长周喜安调研淮北市自然资源和住房城乡建设工作。周喜安先后到纺织三厂小区、市城市展示馆、朔西湖、长山南路下穿立交桥积水整治项目现场、仁和小区、淮北理工学院（筹）项目建设工地，了解工作开展情况。

12 日　全省扎实推进冬季大气污染综合治理攻坚行动暨生态环境突出问题整改现场会在淮北市召开，对两项工作进行再动员、再部署、再推进。副省长何树山出席会议并讲话。会议通报全省冬季大气污染防治综合治理攻坚行动暨突出环境问题整改等重点工作进展及之后工作安排。会前，与会人员实地考察绿金湖和南湖水生态治理区。副省长何树山一行参观市历史档案馆和城市展示馆。

是日　省委常委、统战部部长张西明到淮北市宣讲中共十九届五中全会精神，督导学习宣传贯彻习近平总书记考察安徽重要讲话指示精神及疫情防控工作，并主持召开“十四五”发展若干重大问题专题调研座谈会。

13 日　省十三届人大常委会第二十二次会议审查批准《淮北市燃放烟花爆竹管理条例》。该《条例》将于 2021 年 1 月 1 日起施行。

13—14 日　吉林省通化市委副书记、市长李平率党政代表团到淮北市考察。在淮北期间，李平一行先后到绿金湖、圆梦岛、安徽力幕新材料科技有限公司、淮北东山口子产业园、安徽陶铝新材料研究院、市城市展示馆和市历史档案馆等地进行参观考察。

16 日　市委书记黄晓武率队到山东省菏泽市考察。黄晓武一行参观考察天华电商产业园、鲁西南大数据中心及山东东明石化集团及步长制药中药现代化集成项目。

17 日　省“七五”普法终期评估验收第七组组长、省检察院检察长薛江武率队到淮北市实地检查验收工作。在淮北期间，评估验收组先后到濉溪县临涣镇城隍庙法治文化基地、濉溪县检察院派驻临涣检察室、朱庄煤矿、首府小学、市检察院等地，实地检查“七五”普法工作开展情况。

17—18 日　第三届淮海经济区协同发展座谈会在山东菏泽召开。市委常委、常务副市长周天伟通报 2020 年淮海经济区协同发展工作情况。市委常委、秘书长李加玉代表淮北市发言。

17—18 日　“合力赋能长三角青年担当有作为”长三角青年企业家淮北行活动举行。活动期间，长三角青年企业家先后考察圆梦岛、陶铝新材料展馆、市城市展示馆、市历史档案馆、中能安徽平山电厂二期建设工地、安徽（淮北）新型煤化工合成材料基地。

18 日　濉溪县人民法院百善法庭获“全国法院人民法庭工作先进集体”称号。

19—20 日　全省政协港澳台侨和外事委员会主任座谈会在淮北市召开。会前，省政协副主席孙丽芳一行到中能安徽平山电厂二期建设工地、安徽理士新能源发展有限公司、煤化工基地、圆梦岛、南湖采煤沉陷区综合治理项目现场、东部新城、安徽陶铝新材料研究院有限公司、市城市展示馆、市历史档案馆，实地调研淮北市经济社会发展情况。

19—22 日　淮北市组团参加在上海举办的第三届长三角国际文化产业博览会。淮北馆以淮北酒文化为主题，采用历史博物馆形式，汇聚淮北运河文化、酒乡文化、汉文化等众多元素，共计展出文化产品近百类、展品近千件，现场签约项目 2 个。市委宣传部获得长三角文博会组委会颁发的合作组织奖，淮北报业尚德文化传媒有限责任公司获得最佳展示奖。

20 日　市政府与中国铁塔股份有限公司安徽省分公司推进 5G 及信息化建设战略合作签约仪式举行。

是日　全国精神文明建设表彰大会在北京举行。淮北市经复查确认继续保留“全国文明城市”称号，实现“全国文明城市”两连冠。杜集区段园镇大庄村等 5 个村获评第六届全国文明村镇；市人民政府办公室等 6 家单位获评第六届全国文明单位；相山区东街道供电社区张秀丽家庭获评第二届全国文明家庭；古城路小学和黎苑小学获评第二届全国文明校园；相山区东山街道翰林社区获评全国未成年人思想道德建设工作先进单位。

23—24 日　省政协副主席、省委政法委书记姚玉舟调研淮北市政法综治工作，宣讲中共十九届五中全会精神、中央全面依法治国工作会议精神和习近平法治思想。在淮北期间，姚玉舟一行调研市公安局、濉溪县临涣镇和谐茶室、濉溪县信访综治中心、烈山区榴园等地；考察市城市展示馆、绿金湖圆梦岛、安徽（淮北）新型煤化工合成材料基地、乾隆湖环境综合治理项目现场。

24日 市社会科学界联合会第四次代表大会召开。会议审议通过市社科联第三届委员会工作报告，修改章程，确定之后五年工作目标和任务，选举产生新一届委员会。

26日 市第十六届人大常委会第二十六次会议决定：任命李朝晖为淮北市监察委员会副主任，代理市监察委员会主任。

26—27日 全省机关党建工作研讨会在淮北市召开。会上，市委书记黄晓武简要介绍淮北市市情以及中国碳谷·绿金淮北建设和机关党建工作情况；市直机关工委负责人作主旨发言；合肥等8市（县）直机关工委负责人作交流发言；马鞍山市直机关工委负责人就承办2021年全省机关党建工作研讨会表态发言。

27日 安徽中医药大学附属淮北中医院揭牌仪式在淮北矿业（集团）有限责任公司会议中心举行。

28日 扎实推进长三角一体化高质量发展全省第十一批贯彻“六稳”重大项目集中开工现场推进会举行，淮北分会场设在烈山经济开发区智能制造产业园项目现场。

是月 省委决定，李朝晖、单强任淮北市委常委。

是月 工信部公示第五批绿色制造名单，临涣焦化股份有限公司入选国家级绿色工厂。截至11月，全市共有4家企业被认定为国家级绿色工厂。

是月 安徽省专精特新中小企业联盟成立大会在合肥召开。安徽科宝生物工程有限公司入选联盟副理事长单位，安徽科汇钢结构工程有限公司等15家省专精特新企业成为联盟成员。

是月 省市场监督管理局发布《关于下达2020年省级服务业标准化（社会管理和公共服务综合标准化）试点项目的通知》，淮北市交通运输部门申报的“淮北市交通运输科技治超综合标准化试点”获批。该项目计划执行时间为2年，自2020年11月起至2022年10月。

是月 省股权托管交易中心“专精特新”板第四批企业集中挂牌仪式在合肥举行。安徽金环电气设备有限责任公司、安徽科汇钢结构工程有限公司、安徽方圆塑胶有限责任公司、安徽金富士食品有限公司等10家企业在“专精特新”板挂牌。

是月 淮北—宿州—蚌埠城际铁路可行性研究报告获得安徽省人民政府和中国国家铁路集团有限公司联合批复。

是月 工信部公布第五批绿色产品名单，安徽理士电源技术有限公司的起停用铅酸蓄电池、华孚时尚股份有限公司的再生涤色纺纱线/32S和全棉色纺纱线/30S、安徽力普拉斯电源技术有限公司的电动道路车辆用铅酸蓄电池等8种产品入选第五批国家绿色产品名单。

是月 中国质量协会公布2020年全国市场质量信用A等企业名单，临涣焦化股份有限公司获“用户满意标杆企业”（市场质量信用等级：AAA）称号。

是月 2020长三角三省一市企业百强榜在上海公布，淮北矿业（集团）有限责任公司成功入选，成为上榜的三家安徽省属企业之一。该榜单以2019年企业营业收入为入围标准，由长三角三省一市企业联合会共同发布。

是月 省发改委公布2020年省级服务业集聚区和集聚示范区名单，濉溪县电子商务产业园获批省级服务业集聚示范区。

是月 省经信厅、省民政厅、省财政厅联合公布第二批省级智慧养老示范工程名单，烈山区居家和社区居家养老服务三级中心、相山区养老服务指导中心入选。

12月

1—9日 2020年全国羽毛球后备人才基地羽毛球比赛总决赛在市体育馆举行。来自全国40所后备人才基地的400余名运动员、教练、领队等参加此次赛事。

3日 学习贯彻中共十九届五中全会精神省委宣讲团报告会在淮北矿业（集团）有限责任公司会议中心举行。省委宣讲团成员、省文化和旅游厅厅长袁华作宣讲报告。在淮北期间，袁华还深入相山区党群服务中心、新时代文明实践中心，面对面向基层干部群众宣讲中共十九届五中全会精神。

7日 安徽省抗击新冠肺炎疫情表彰大会在合肥举行。淮北市35名先进个人获省“抗击新冠肺炎疫情先进个人”称号，12个先进集体获省“抗击新冠肺炎疫情先进集体”称号。

10日 市委统一战线工作领导小组2020年度第二次会议召开。市委书记、市委统一战线工作领导小组组长黄晓武在会上讲话。会议传达学习中央统战部有关会议精神，审议并原则通过《淮北市贯彻落实具体实施方案》《淮北市民营经济统战工作联席会议议事规则》《淮北市关于加强新时代民营经济统战工作的实施方案》3个文件。

是日 省政协副主席李和平到淮北市走访看望省政协委员，并召开座谈会。李和平一行先后到安徽杨府锦调味食品股份有限公司、市黎苑小学，分别看望驻淮北省政协委员；考察港利教育小镇、市一中新校区、市城市展示馆和市历史档案馆。

是日 淮北市第三次归侨侨眷代表大会召开。全市各条战线的85名代表参加会议。大会审议通过市侨联第二届委员会工作报告，选举产生市侨联第三届委员会。

是日 淮北市南湖省级示范河湖建设通过省水利厅验收组验收，达到推荐国家级示范河湖标准。

11日 市环委会2020年第九次会议暨秋冬季大气污染综合治理攻坚和突出环境问题整改推进会召开，分析当前问题，部署下一步任务。市委副书记、市长覃卫国出席会议并讲话。会议通报突出生态环境问题整改情况和秋冬季大气污染防治存在问题，听取相关县区和部门工作汇报。

12日 加快实施数字经济赋能全省第十三批贯彻“六稳”重大项目集中开工现场推进会举行，淮北分会场设在濉溪经济开发区安徽中德（濉溪）国际合作铝基产业园项目现场。市委书记黄晓武宣布项目开工。此次集中开工15个重大项目，总投资103亿元，涉及园区基础设施提升改造、传统产业升级改造、新型城镇化基础设施、新能源、生态环保等多个领域。

是日 淮北市首部院线电影《征迁》首映式举行。《征迁》讲述基层党员干部落实党的棚户区改造政策，实现群众安居梦的故事。

15日 首例苏鲁豫皖四市“跨省通办”异地购房手续在淮北市办理，此业务的开展最大限度满足企业和广大群众异地办证需求。

15—18日 市委书记黄晓武主持召开座谈会，围绕谋划制定淮北市“十四五”规划和2035年远景目标，广泛听取科技工作者、企业家、老干部及“两代表一委员”、党外人士代表的意见建议。

17日 2020中国（濉溪）铝箔创新发展高层论坛在濉溪经济开发区举行。中国有色金属加工工业协会副理事长兼秘书长章吉林、副秘书长卢建，省开发区协会会长吴贻敬；市委副书记、市长覃卫国，市委常委、濉溪县委书记任东出席开幕式并见证项目签约。任东作濉溪县情推介，湖南工业大学教授范才河等12位专家作专题报告。

18—20日 以“学习贯彻党的十九届五中全会精神加快构建新发展格局”为主题的中国改革（2020）年会暨新发展阶段地方改革推进高层研讨会在浙江省绍兴市召开。《淮北市科技创新催生产业发展新动能》获评“中国改革（2020）典型案例”，市委改革办再度获评全国通联工作先进单位。

20 日　上海安徽经济文化促进会淮北分会在沪成立。市委书记黄晓武，市委副书记、市长覃卫国会见分会荣誉会长、顾问、荣誉会员及新当选负责人。市委副书记朱浩东在会上致辞并与上海安徽经济文化促进会会长刘涟清为分会成立揭牌。

21 日　市委书记黄晓武，市委副书记、市长覃卫国率淮北市党政代表团到沪走访上海交通大学，考察中国（上海）自由贸易试验区临港新片区展示中心、洋山特殊综合保税区规划展示中心、亚太分拨中心和行政服务中心。

22 日　淮北市召开全市领导干部大会，宣布省委关于淮北市委主要负责人员职务调整的决定。省委常委、组织部部长丁向群出席会议并讲话，省委组织部副部长、省委非公工委书记王炜宣布省委决定：张永任淮北市委委员、常委、书记；黄晓武不再担任淮北市委书记、常委、委员职务，另有任用。

30 日　全省重点铁路项目集中开工动员会举行，淮北市分会场设在淮北—宿州—蚌埠铁路跨宿登高速特大桥项目现场。淮宿蚌铁路线路自淮北北站引出，向南连接京沪高铁蚌埠南站，新建线路全长 164.4 千米，设计时速 350 千米，总投资 242.7 亿元。其中，淮北市境内 59.8 千米，新设淮北西站、双堆集站，投资 97.1 亿元。

31 日　淮北至连云港海铁联运首发仪式在烈山区青龙山铁路“无水港”举行。

是日　淮北市重点人群新冠病毒疫苗紧急接种工作在市妇幼保健院孟山路接种门诊启动，首批对进口冷链从业人员等重点人群开展紧急接种。

是月　淮北市签发首例“港澳居民来往内地通行证”。

是月　杜集区段园镇（葡萄）入选第十批全国“一村一品”示范镇，烈山区烈山镇榴园社区入选 2020 年全国乡村特色产业亿元村名单。

是月　工信部公布工业产品绿色设计示范企业名单（第二批），安徽理士电源技术有限公司入选国家工业产品绿色设计示范企业名单。

是月　2020 年中国脑卒中大会暨脑卒中防治工作总结会在合肥市举办。市人民医院被授予国家级“综合防治卒中中心”单位称号。

是月　由中国上市公司百强高峰论坛组委会、华顿经济研究院主办的“第二十届中国上市公司百强高峰论坛”在北京举行，淮北矿业（集团）有限责任公司获 2020 年“中国百强企业奖”“中国道德企业奖”“中国百强优秀董秘奖”三项大奖。

是月　省住房和城市建设厅发布 2020 年安徽省建设工程“黄山杯”获奖项目名单（第二批次），淮北市 8 项建设工程榜上有名，获奖数量为历年之最。此次获奖的 8 项工程分别为绿金湖矿山地质环境治理 PPP 项目、口子国际大酒店配套设施、万达广场、滨湖新城二期三标、港利·上城国际三期 8 号楼、港利·上城国际三期 11 号楼、龙山南路道路工程、濉溪二中新校区综合楼及艺体馆。

是月　省文化和旅游厅发布《关于命名我省首批特色旅游名村、省级休闲旅游示范点的通知》，烈山区烈山镇榴园村、杜集区矿山集街道南山村、濉溪县百善镇黄新庄村 4 家入选安徽省首批特色旅游名村名单；杜集区东篱山庄、杜集区山里人家、烈山区明清石榴园隐庐精品民宿、濉溪县双林雅苑、濉溪县周末果蔬种植家庭农场 5 家为首批省级休闲旅游示范点。

是月　中国博物馆协会公布第四批全国博物馆定级评估结果，淮北市博物馆升级为国家一级博物馆。

是月　在“第五届中国青年志愿服务项目大赛”全国赛中，由市供水总公司推送、“李子明供水先锋党员志愿服务队”申报的“供水便民服务与节水用水公益宣传教育”项目获得金奖。

是月　淮北市口子窖窖池群及酿酒作坊入选第四批国家工业遗产名单。

市情概览

自然地理

【位置面积】 淮北市位于安徽省北部，地理坐标北纬33° 16′ ~ 34° 14′，东经116° 23′ ~ 117° 02′之间。地处华东地区腹地，苏、豫、皖三省接壤处。北接萧县，飞地段园镇与江苏省徐州市铜山区接壤，南临蒙城，东与宿州毗邻，西连涡阳和河南永城。南北长108千米，东西宽60千米，总面积2741平方千米。市辖相山区、杜集区、烈山区、濉溪县。相山区地处淮北市东北部，是淮北市主城区。

【地形地貌】 淮北市地势由西北向东南倾斜，除东北部有少量低山地形分布外，其余为广阔平原，主要有山丘、平原、湖洼地、河流等类型。海拔15 ~ 40米，坡降为万分之十一。平原面积占土地总面积的85%。

山脉 市境内的山脉主要分布在北部及中部偏东地区，系泰山余脉。根据其展布方向及自然组合，可将其分为东部、中部、西部山脉3部分。东部山脉，东支从萧县皇藏峪桥顶山开始到宿县符离止，为低山丘陵地貌，并向北延伸出境，山脉北高南低，至符离集骤然消失。一般海拔高度200 ~ 300米，最高山峰老龙脊海拔362.9米。山势较陡峻，岩石裸露，常形成羊群地貌。中部山脉，东从闸河，西到巴河，北从青龙山，南至诸阳山，为残丘地形，山脉走向近南北断续分布，或呈孤岛状。山势低矮，海拔高度60 ~ 90米，多由灰岩组成。西部山脉，北起萧县龙城镇东北祁村，南止于淮北市渠沟，自东北向西南延伸。主要山峰有义安山、苗山、程蒋山、相山等。境内最高山峰相山，海拔342.8米。

平原 淮北市境除北部、东部有少量山脉分布外，余者皆为平原。以横贯平原中部的古隋堤（今宿永公路）为界，北部为黄泛冲积平原区，南部为古老河湖沉积平原。黄泛冲积平原包括刘桥、相山、杜集、烈山、城关、马桥、百善、四铺、铁佛等地区，为黄泛冲积物覆盖，属冲积成因的堆积地形。区内土壤肥沃，地面平整，地下水丰富。古老河湖沉积平原包括双堆、南坪、孙疃、五沟、临涣等地区，为黄土性古河流沉积物覆盖，属剥蚀堆积地形。由于沉积较早，在漫长的成土过程中，沉积之初富含的碳酸钙被淋洗到底层，加上地下水的影响，形成不同形状的砂礓。该区地势较低，地下水位较高，土壤以砂礓黑土为主，地瘦、质差，但增产潜力大。

湿地 由于煤炭的开采，地表沉陷积水而形成湿地，矿区人为地貌发生很大变化。辖区内形成大小沉陷湖泊30余个，常年积水面积7.98平方千米，占总沉陷面积的38%，多年平均蓄水量为3040万立方米，占全市平均地表蓄水量的34.4%。湿地在闸河煤田地区相对集中，从市区北部的沈庄、袁庄矿经过岱河、石台、朔里、朱庄、张庄矿至杨庄、烈山矿，呈带状分布，并伴随煤炭开采，湿地面积、深度逐年增大。在淮北矿区地下普遍有一层黏土隔水层，采煤沉陷区蓄水，对地下采煤并不造成危害。淮北市在煤矿开采形成的沉陷区上建设南湖、绿金湖、碳谷湖、朔西湖等湿地公园。

【气象与气候】 2020年，淮北市气候特点为气温偏高，降水偏多，日照偏少。四季气温均较常年同期偏高。年内相继出现了强降水、暴雨、高温、干旱、大雾、寒潮等灾害性天气，给淮北市造成了一定影响。

气温　2020年，淮北市平均气温15.9℃，比常年同期偏高0.7℃。年极端最高气温为38.9℃，出现在6月4日，年极端最低气温为-10.8℃，出现在12月30日。最长连续高温日数7天（8月13—19日）。

降水　2020年，淮北市降水量为997.1毫米，比常年偏多163.6毫米。年一日最大降水量为112.9毫米，出现在6月12日。年最长连续降水日数为5天，出现在7月11—15日，过程降水量为109.3毫米。年最长连续无降水日数为32天，出现在11月27日至12月28日。全年暴雨日数5天，出现在6月12日、6月17日、7月12日、7月22日及7月31日。

日照　年日照时数为1997.7时，比常年偏少254.8小时。

积雪和冻土　2020年，淮北市最大积雪深度3厘米，出现在12月29—30日。年最大冻土深度7厘米，出现在12月21日、12月22日和12月25日。

2020年，淮北市出现强降水、高温、暴雨、大雾、寒潮等灾害性天气，给社会经济造成一定影响。出现7次强降水天气过程，强降水主要集中在6—7月，仅6月降水量就较常年同期偏多1.8倍，突破近30年历史同期极值。强降水引发部分道路、农田积水，造成一定农业损失和家庭财产损失。大雾天气多发，主要集中在1—3月、10—12月，其中12月11—12日连续两天出现强浓雾，局地能见度小于50米，给交通运输和市民出行带来不利影响。出现3次寒潮天气过程，其中12月28—30日为年内最强寒潮过程，气温断崖式下降，并伴有大风、雨雪。最高气温、平均气温和最低气温48小时降幅分别为16.9℃、14.1℃和11.3℃；极端最低气温-10.8℃，出现在12月30日，为年内最低；最大积雪深度3厘米，极大风速16.0米/秒。出现5场暴雨，分别出现在6月12日、6月17日、7月12日、7月22日及7月31日。其中6月12日降水量112.9毫米，为历年同期第二，仅次于2006年6月29日（117.6毫米）。8月13—19日，全市连续出现7天35.0℃以上的高温天气，虽然持续时间长，但高温极端性不强。10月中旬后期开始，全市基本无降水，气象干旱发生发展，截至11月16日，全市大部分地区出现中等以上气象干旱，不利于麦菜苗期生长。11月17日至11月底多阴雨相间天气，前期旱情得到解除。

2020年淮北市各季气温、降水概况一览表

表2

项目 / 时间	气温（℃）		降水（毫米）	
	历年	2020年	历年	2020年
12月至次年2月	2.9	4.7	52.0	127.6
3—5月	15.3	16.4	143.9	75.5
6—8月	26.5	26.9	494.8	748.7
9—11月	16.2	16.8	142.7	60.2

2020 年淮北市各月气温概况一览表

表 3

单位：摄氏度

月份	1	2	3	4	5	6	7	8	9	10	11	12	年平均
2020 年平均	2.8	6.4	11.1	15.3	22.7	26.3	25.6	28.7	23.9	15.9	10.5	2.1	15.9
历年平均	1.3	4.1	9.0	15.8	21.2	25.6	27.4	26.6	22.3	16.7	9.5	3.4	15.2
2020 年平均最高	6.5	11.6	16.7	21.5	28.9	31.4	29.6	33.1	29.5	20.8	15.2	7.6	21.0
历年平均最高	6.0	9.0	14.1	21.3	26.6	30.8	31.6	30.8	27.2	22.2	14.9	8.2	20.2
2020 年平均最低	0.0	2.6	6.7	9.5	17.4	21.8	22.3	25.6	19.6	11.8	6.8	−1.7	11.9
历年平均最低	−2.9	−0.1	5.7	12.2	15.6	20.8	24.5	24.2	19.3	14.1	6.0	1.6	11.8
2020 年极端最高	12.3	19.5	28.6	31.7	36.7	38.9	37.5	37.4	34.4	27.4	22.9	14.2	38.9
历年极端最高	18.0	25.4	28.6	33.8	36.9	40.4	39.6	38.0	36.9	34.4	27.7	21.4	40.4
2020 年极端最低	−3.8	−3.1	0.0	5.1	12.4	17.4	20.6	20.6	16.3	4.2	−1.2	−10.8	−10.8
历年极端最低	−12.8	−14.0	−7.3	0.1	5.6	12.6	17.1	13.9	7.4	−0.4	−7.2	−14.0	−14.0

2020 年淮北市各月降水量、年降水量一览表

表 4

单位：毫米

月份	1	2	3	4	5	6	7	8	9	10	11	12	年合计
2020 年	75.1	30.9	28.1	16.7	30.7	304.7	375.5	68.5	10.0	8.1	42.1	6.7	997.1
历年平均	16.5	20.7	33.7	34.1	76.1	106.7	239.9	148.2	68.3	45.8	28.6	14.8	833.5

2020 年淮北市主要天气现象日数统计表

表 5

单位：天

月份 / 气象	1	2	3	4	5	6	7	8	9	10	11	12	年合计
雨	8	11	9	6	13	12	19	17	7	8	11	3	124
雪	5	3	—	—	—	—	—	—	—	—	—	1	9
霜	—	—	—	—	—	—	—	—	—	—	—	1	1
大风	—	—	—	—	2	—	—	—	—	—	—	—	2
雾	9	4	6	2	1	1	1	3		3	1	7	38

2020 年淮北市各月极大风向风速统计表

表 6　　单位：米 / 秒

月份	1	2	3	4	5	6	7	8	9	10	11	12	年平均
风向	ESE	NNW	SW	NW	N	ESE	SSE	SW	WSW	N	W	NNW	N
极大风速	13.6	14.7	14.6	14.7	19.6	13.7	13.4	15.4	9.9	11.7	11.0	16.3	19.6
出现日期（日）	5	15	19	12	11	8	22	1	3	4	18	13	5 月 11 日

2020 年淮北市各月平均相对湿度统计表

表 7　　单位：%

月份	1	2	3	4	5	6	7	8	9	10	11	12	年平均
平均相对湿度	81	74	69	61	67	73	85	84	73	72	75	69	74
最小相对湿度	38	24	19	15	17	14	41	45	25	21	19	21	14
出现日期（日）	25	22	19	23	27、28	3	6	28	18	22、23	7	14	6 月 3 日

（张永芹）

【自然资源】　*土地资源*　淮北市土地总面积 2741 平方千米。截至 2020 年底，全市实际耕地面积 167511.44 公顷，其中濉溪县 138438.98 公顷、相山区 4658.28 公顷、烈山区 16410.57 公顷、杜集区 8003.61 公顷。实际划定永久基本农田保护面积为 138835.4 公顷，其中濉溪县 120490.56 公顷、相山区 2978.46 公顷、烈山区 11755.5 公顷、杜集区 3610.88 公顷。新增耕地 315.1255 公顷。淮北市地处平原地带，土地开发利用程度较高，未利用地较少。农用地主要集中在濉溪县，占全市总农用地的 77.56%，建设用地主要集中在市辖三区，占全市总建设用地面积的 45%。

矿产资源　淮北市矿产资源丰富，境内已发现矿产 56 种，已探明储量的有 16 种，分别为煤、铁、铜、金、银、钴、镍、耐火黏土（高岭土）、石膏、水泥用灰岩、建筑石料用灰岩、制灰用灰岩、水泥配料用黏土、高岭土、地下水、天然矿泉水，其中以煤炭资源最为丰富。根据《矿产资源储量数据库管理系统》统计数据，截至 2020 年底，辖区内共探明煤炭矿产地 52 处，保有资源储量 48.52 亿吨；探明铁矿矿产地 14 处，保有资源储量矿石量 0.92 亿吨；探明铜矿矿产地 9 处；探明金矿矿产地 5 处；探明银矿矿产地 3 处；探明大中型水泥用灰岩矿产地 8 处，保有资源储量 2.36 亿吨；探明建筑石料用灰岩矿石资源储量 9027.18 万立方米；探明高岭土矿石资源储量 2068.2 万吨。另据预测，在煤系地层中与煤共生的硬质高岭土潜在资源量约 2.88 亿吨，天然焦 1.5 亿吨，煤层气 3200 亿立方米。

林业资源　淮北市有山林 57 万亩，大多为人工林，属温带落叶阔叶林和阔叶、针叶混交林，树种繁多。有树种 300 多个，分属 66 个科，147 个属，其中乔木 118 种，灌木 177 种，藤木 14 种，竹类 8 种。古稀珍贵树木有古柏、古槐、银杏等。果树有桃、梨、杏、苹果、葡萄、李、石榴、柿等树。

水资源　淮北市境内沟渠纵横，主干河道有 14 条：老濉河、新濉河、相西河、闸河、龙岱河、洪碱河、南沱河、王引河、巴河、浍河、泡河、新北沱河、澥河、北淝河。其中行洪河道有新濉河、

相西河、闸河、龙岱河、洪碱河、南沱河、王引河、包河、浍河、北淝河10条。另有大沟116条，构成5个水系：濉河水系、南沱河水系、新北沱河水系、澥河水系、北淝河水系。河流多系人工河道，河道平直，水量受季节影响，变化较大。夏季河（沟）水骤涨，水流量大，水流急，冬季因降水少，河水变浅，水流缓慢。

历史人文

【建置沿革】 夏商时期，境内属徐州。公元前21世纪，助禹治水有功而成为商部落首领契的孙子、商汤十一世祖相土为进一步向东扩张，由商丘迁徙至此，作为别都，此后山即为相山，城即为相城。商汤伐桀，灭夏建商，相城仍属徐州所辖。周武王伐纣更商分封诸侯，以纣王兄微子启代殷，立国号宋，相属宋。周定王十九年（前588年）至周简王十年（前576年）期间，宋共公瑕为避水患，曾将国都由睢阳（今河南商丘）迁至相城。战国时期，齐、楚、魏于周赧王二十九年（前286年）灭宋，相归楚国。秦始皇二十二年（前225年），设相县（今淮北市相山区）、铚县（今濉溪县临涣镇），同属泗水郡，郡治在相城。

汉高祖四年（前203年），改泗水郡为沛郡，郡治仍在相城。元狩六年（前117年），设梧县（今杜集区石台镇梧桐村闸河以西），属沛郡，改梧县为吾治。地节元年（前69年），梧县改属彭城郡，后改属楚国。王莽篡汉后，尽易天下郡县名，改相县为吾符亭，沛郡改为吾符郡。西汉黄龙元年（前49年），置竹县，县地古竹山（今淮北市烈山区孤山），属沛郡。东汉建武二十年（44年），改沛郡为沛国，国都仍在相城。梧县先后改属楚国、彭城郡国。三国时，相城属魏，相县和铚县先后属汝阴郡，归豫州。梧县仍属彭城郡国。

西晋太康二年（281年），复置沛国，建都相县。东晋皇室南渡，相县先后归赵、前燕，归属屡有更易。梧县先后属后赵、前燕、前秦的彭城郡。晋孝武帝太元八年（383年），淝水之战后，梧县无恢复。南北朝时，相县先后归属宋、北魏、北齐，属徐州沛郡。北齐天保七年（556年），废相县为相城乡，属符离县，铚县归梁时改为临涣县，北魏时改为涣北县，北齐时复称临涣县。东魏武定五年（547年），析临涣郡置白捍县（今濉溪县百善镇）和涣北县（今濉溪县柳孜秦古城村），隋大业元年（605年），白捍县并入临涣县。是年，侨置定陶县（今烈山区赵集山西村）。

隋开皇三年（583年），废竹邑县，并入符离县。唐武德四年（621年），侨置诸阳县（今淮北烈山区赵集山西村），撤销临涣县并入宿州。境内分属徐州之萧县，宿州之符离县、临涣县、蕲县。相地渐趋衰落，成为边远闭塞之地相城孜。

五代时，隶属与唐代略同。

北宋元丰五年（1082年），地属宿州之符离县、临涣县、蕲县，徐州之萧县。南宋时，长江淮河以北为金地，地属宿州之符离、临涣、蕲县，徐州之萧县。

元初，地属徐州之萧县，宿州之符离县、临涣县、蕲县。至元二年（1265年），撤临涣县，并入宿州，地属徐州之萧县和宿州领辖，直至明清。

民国元年（1912年），境内分属宿县和萧县。抗日战争时期，境内先后归属宿西县、萧宿永县、萧县。

民国37年（1948年）11月，境内解放。1949年6月，境内分属华东局皖北行政公署宿县和萧县。1953年2月，境内分属濉溪县和萧县。

【行政区划】 1958年5月5日，淮北煤矿筹备处成立。

1960年4月6日，中共安徽省委下发《关于濉溪市机构设置问题的批复》，同意建立濉溪市。市人民委员会与濉溪县人民委员会合署办公。

1961年1月，将濉溪县北端的方顶大队和渠沟大队划归濉溪市管辖；6月17日，成立濉溪市郊区，辖相山、杜集、高岳3个公社。

1961年12月15日，国务院全体会议第114次会议通过《国务院关于恢复安徽省濉溪等17个县和撤销萧砀等7个县的决定》，恢复濉溪县，以濉溪市的部分行政区域为濉溪县的行政区域。

1964年4月27日，市郊区撤销。

1965年，濉溪县的任圩公社和烈山公社之二郎庙、杨庄、洪庄、烈山、黄桥、吴山口大队划归濉溪市管辖。

1971年1月，恢复市郊区，同时成立相山区。

1976年，将萧县郭庄公社的官庄、任庄、任土楼、李洼、孙庄等6个大队90个生产队划归淮北市管辖。

1977年2月22日，宿县地区所辖濉溪县划归淮北市管辖。

1980年5月8日，设立烈山区、杜集区。

1981年4月21日，将萧县的北山、窦庄、钱楼、坡里、朔里5个整建制公社和毛庄、牛眠、吴庄、丁里4个公社的16个大队、1个生产队划归淮北矿务局领导，实行以矿带社体制。

1983年6月22日，撤销以矿带社体制，将北山、窦庄、钱楼、坡里、朔里、孟庄、毛庄、牛眠、高岳9个公社划归郊区。

1984年3月27日，郊区撤销，将其所属相山、蔬菜、任圩3个乡划归相山区；烈山乡和新增设的青龙山镇划归烈山区；杜集乡和原矿务局代管的高岳、朔里、毛庄、窦庄、北山、牛眠、坡里、钱楼、孟庄9个乡划归杜集区。淮北市遂形成市辖三区一县的区划格局。

1992年1—4月，实行撤区并乡，将濉溪县土楼乡划归相山区管辖，濉溪县宋疃乡划入烈山区，设宋疃镇，杜集区孟庄乡全部及牛眠乡部分划还萧县管辖，撤销濉溪9个区公所，全市共设23个镇，10个乡。

2004年8月20日，撤销濉溪县马桥乡、白沙乡、任集镇，分别并入新蔡镇、五沟镇和南坪镇。将新蔡镇划入烈山区，将濉溪县濉溪镇的庆相桥居委会、虎山北路居委会（铁路以北）划入相山区三堤口街道办事处管辖。

2006年3月，对乡镇行政区划进行调整，调整后全市下辖18个乡镇、14个街道办事处。2012年12月，撤销濉溪县四铺乡，设立四铺镇。截至2020年底，淮北市辖一县三区，有18个镇、15个街道办事处。

2020年淮北市县、区、镇、街道一览表

表8

县区	镇、街道数量	镇、街道名称
相山区	1个镇、8个街道	渠沟镇、任圩街道、三堤口街道、东山街道、东街道、西街道、相南街道、曲阳街道、南黎路街道
杜集区	3个镇、2个街道	段园镇、石台镇、朔里镇、高岳街道、矿山集街道
烈山区	3个镇、5个街道	烈山镇、宋疃镇、古饶镇、杨庄街道、临海童街道、百善街道、任楼街道、前岭街道
濉溪县	11个镇	濉溪镇、五沟镇、南坪镇、百善镇、铁佛镇、临涣镇、韩村镇、孙疃镇、双堆集镇、刘桥镇、四铺镇
合计	18个镇、15个街道	

【人口】 2020年末，淮北市总户数726537户，总人口2188029人，其中，城镇人口1225522人、乡村人口962507人，男性1122506人、女性1065523人。完成第七次人口普查户口整顿工作，核查疑似死亡人员数据15768条，确认死亡并注销户口数据15646条；核查18岁以上无照

片人员数据519人，其中，核查出重复户口102人、补登照片417人；核查3668名95岁以上人员信息，经核实确认死亡注销户口1916人；开展未办二代证人员信息核查5078人，死亡注销23人、重复户口注销217人。外省居民办证106人次，省内异地办证413人次。

【民族】 2020年，淮北市有回族、满族、苗族、土家族、壮族、彝族、蒙古族、布依族、侗族、黎族、瑶族、拉祜族、朝鲜族、白族、维吾尔族、哈尼族、傈僳族、傣族等37个少数民族，常住人口5426人，其中回族占65%以上，约占全市总人口的0.24%。全市流动经商户主要是来自青海、甘肃、新疆等地的回族、东乡族、保安族、维吾尔族群众，在淮北经营清真拉面馆、烧烤和水果销售共有52家、300人左右。在淮北市务工的新疆维吾尔族约300人。在淮北师范大学、淮北职业技术学院就读的维吾尔族、藏族、回族、哈萨克族等大学生约1600人。

【历史名人】 淮北自古以来人文璀璨，在漫长的历史进程中，先后诞生多位历史名人。春秋时期，有宋国四朝元老、秦国名相蹇叔；两汉时期，有西汉时位至三公的薛广德、西汉御史大夫陈万年、东汉时开三公以灾异免职先例的徐防、“两袖清风”沛郡太守王良；三国时期，有久耕合肥数年致孙权久攻不破的刘馥；西晋时，有拼死保卫惠帝的嵇绍；唐时，有为官清正的朱敬则；明时，有位至颍国公的开国元勋傅友德。

在文化艺术方面，著述宏富的经学家有被王充誉为“素丞相”的东汉唯物主义哲学家桓谭，享誉文坛的文人学者有三国时期的丁仪、丁廙兄弟，“竹林七贤”之嵇康、刘伶，文学家薛综、薛珝、薛莹，明末清初致力于相城地方文化研究的名士任文石、任柔节父子；乐坛耆宿有东晋时创作“梅花三弄”笛曲的桓伊；书画雕刻名人有在画坛具有重要地位并创造脱胎法塑造佛像的戴逵和中国现代雕塑事业、美术馆事业的奠基人刘开渠。

在科技教育方面，有春秋时期孔子十二贤之一的颛孙子张，有晋代植物学家嵇含和金代天文学家武祯、武亢父子，有南朝教育家刘瓛，有清代被道光聘为咸丰帝师的丁彦俦。

此外，还有为革命献出生命的梁文焕、朱务平、赵皖江等一批先烈，为淮北煤矿开发做出重要贡献的晚清实业家周玉山、周岐山等。

【方言】 淮北市是一座移民城市，方言分为两个系统：以淮北市为中心的市区，是新方言区；以濉溪县为中心的县区，是老方言区。新方言区，受到外来人员的影响，语言发展较快；老方言区语言比较封闭、保守，语言发展较慢。两地在语音、词汇上都有差别，尤其在语音上差别较大。淮北方言有阴平、阳平、上声、去声4个声调。没有入声，这和普通话相同，但调值不同。

【市花市树市歌】 1995年3月13日，淮北市第十一届人大常委会第16次会议决定：梅花、月季为淮北市市花，银杏、国槐为淮北市市树。2015年11月12日，淮北市第十五届人大常委会第25次会议同意将歌曲《淮北是我家》作为市歌，歌曲由贺东久和孙中明填词，刘青谱曲，著名女高音歌唱家张也演唱。《淮北是我家》展现了古老相城的盎然生机，抒写了淮北儿女深深的自豪感与幸福感。

国民经济和社会事业

【国民经济发展】 2020年，淮北市地区生产总值实现1119.1亿元、同比增长3.3%；规模以上工业增加值同比增长3.5%；固定资产投资同比增长9.3%；社会消费品零售总额同比增长1.3%；外贸进出口总额同比增长24.2%；一般公共预算收入同比增长6.1%；城镇和农村常住居民人均可支配收入分别同比增长4.9%和8.3%；城镇登记失业率2.76%，控制在省定4.5%目标以内；节能减排完成省下达目标任务。

创新动能持续增强淮北市申报将陶铝新材料纳入合肥综合性国家科学中心支持范围取得实质性进展，首期应用研发项目通过省专家评审会。12项高科技成果入驻省创新馆，陶铝新材料受到党和国家领导人高度评价，得到国家部委关注和密集调研，成为安徽创新新名片。源创客众创空间获科技部备案。相山区联手淮北师范大学共建国家大学科技园。135万千瓦高低位布置高效二次再热煤电机组技术装备、煤矿物联网平台与单兵装备入选国家第一批能源领域26项首台（套）重大技术装备。耐爆炸瞬态冲击铝合金材料关键技术获省科技进步一等奖。年内，新增高新技术企业60家、总数150家。

传统产业加快转型　淮北市出台推动工业高质量转型发展“1+2”政策体系，强化政策定向“滴灌”，市本级兑现疫情防控、新型工业化、民营经济等奖补资金3.2亿元，惠及工业项目290个。实施工业转型和技改项目167个，已竣工投产项目72个。工业投资占固定资产投资比重为33.6%。年内，新增规模以上工业企业88家，较2019年同期增长63%。新增国家专精特新“小巨人”企业2家，累计3家。省股权托管交易中心新增挂牌企业48家，其中，科创板挂牌15家、专精特新板挂牌10家。

新兴产业快速发展　淮北市战略性新兴产业产值同比增长30.7%，居全省第1位。工业用电量同比增长5.7%，居全省第5位。“三重一创”建设持续突破，陶铝新材料和铝基高端金属材料、先进高分子结构材料2个基地获批省级重大新兴产业基地，省级战略性新兴产业基地数居全省第3位；两基地产值分别增长14%和25%，税收分别同比增长22.4%和12%。举办全省加快推进战略性新兴产业发展暨全省第十批贯彻“六稳”重大项目集中开工现场推进会，年内，全市累计开工新兴产业项目69个、建成投产42个。“四基一高”产业产值占全市规模以上工业产值比重42.5%，较上2019年同期提高5.6个百分点。

增长动能加快集聚　淮北市市级重点项目完成投资581亿元，超年度计划11.2个百分点。其中，省重点项目完成投资533.05亿元，超年度计划25.6个百分点。平山电厂二期并网发电，成为全球绿色燃煤发电新标杆。50万吨焦炉煤气综合利用制甲醇核心装置神宁炉吊装成功。安徽口子酒业股份有限公司年产1.8万吨大曲酒酿造制曲车间建成使用、年产2万吨大曲酒酿造车间主体正在施工，英科医疗高端医用防护品生产基地部分建成投产，两个“百亿企业”战略加速。安徽力幕新材料科技有限公司年产18万吨高精铝板带箔项目竣工试产，安徽美信铝业股份有限公司年产7万吨铝箔项目稳步推进，铝基高端金属材料产业逐步向中高端迈进。全年累计争取中央和省预算内投资项目98个，获资金12.2亿元。争取地方政府债券项目56个，审定额度433.2亿元，发行额度28.2亿元。全市省级服务业示范区（集聚区）11家。全年服务业增加值增长3.3%，居全省第4位。新增农村电商经营主体182家，通过公共网络实现的商品零售额累计同比增长31.2%。

重点改革成效显著　淮北市深化农村集体产权制度改革、“三变改革”（资源变股权，资金变股权，农民变股民），农村集体产权制度改革、“三变改革”改革率100%。推进农村承包地“三权分置”，流转土地78.93万亩，占耕地面积的33.2%。持续优化营商环境，821项市级行政审批事项较2019年审批环节减少471个、承诺时限减少47.98%，工业项目报建审批压缩至40个工作日内，区域评估改革获全省推广。“全程网办”事项达50912项，7×24小时不打烊“随时办”事项1538项。开设“一网通办”专窗，实现长三角41个城市、88个事项异地通办。研发面向小微企业“金融超脑”，累计授信69116户、43.27亿元。纳税人满意度综合测评居全国第5位、全省第1位。深化价格改革降低用能成本，完成电力直接交易电量约32.87亿千瓦时，为企业节约用电成本约1.88亿元。

开放合作不断拓展　淮北市主动融入长三角一体化发展，青龙山“无水港”正式投入运营，淮北—宁波、淮北—连云港海铁联运航线相继开通，与上海交通大学、中国宝武钢铁集团有限公司签订陶铝新材料产业合作协议。举办世界制造业大会江淮线上经济论坛，签约31个项目，29个项目落地开工。全年对外进出口总额69.8亿元，同比增长24.2%；新增进出口备案登记企业88家。全年实际利用外资31659万美元，同比增长10%。

项目建设加速推进　平山电厂二期能耗单列、英科医疗产业园年产520亿只高端医用手套节能审查、60万吨乙醇等重大项目前期工作取得实质进展。强力推进招商引资，中北锂电产业基地、宁亿泰科技、海药集团年产50亿只医疗健康防护用品、金鹏门窗等一批大体量产业项目签约落地，合派电动车、泓泽呔哔克、完美生物等9个超5亿元重大项目即将建成投产。2020年固定资产投资同比增长9.3%，居全省第2位，民间投资增长居全省1位。新签约招商项目234个，工业项目占66.2%；143个在建招商项目，110个竣工。

基础设施加快完善　创新大道东段暨泉山隧道建成通车，梅苑东路、桓谭东路、环山东路、机厂路等市区道路全面贯通。东部新城市一中新校区主体封顶，市人民医院新院（市传染病医院）正在装修，花山公园开工建设，望湖路等骨干路网建成通车。南部次中心雁鸣大道完成部分路面沥青摊铺，综合管廊工程、搬迁安置小区等项目加快推进。高铁新区控制性详细规划加快编制完善，一纵两横骨干道路建成。一带双城、拥湖发展城市格局加快凸显。淮—宿—蚌、淮—阜高速铁路开工建设，深度融入长三角区域交通网络。徐淮阜高速公路完成设计招标，国道3京台高速淮北收费站东迁工程、国道237二期、省道235濉唐路等国省干线建成通车，省际周边路网互联互通水平显著提高。临涣船闸工程开工建设，浍河航道二期加快推进，满足千吨级船舶通航需求。

民生福祉持续改善　年度全市33项民生工程全面收官，累计拨付资金46.5亿元，完成年度目标计划。全市剩余贫困人口318户1016人全部脱贫。夏粮亩产491.8千克，居全省第1位，全市粮食总产量149.36万吨，同比增长0.14%，居全省第4位。农村厕所、垃圾、污水“三大革命”持续推进，完成户改厕29805户，竣工率100%，农村生活垃圾无害化处理率达到98%以上，18个镇政府驻地和65个省级美丽乡村中心村污水处理设施全部建成。“四好农村路”建成281千米。相山健康食品小镇入选中国特色小镇50强，全市进入省级特色小镇创建名单（含试验）累计6个。连续第16次上调企业退休人员养老金。棚户区改造新开工2534套、基本建成6384套，累计建成公租房37696套、实现分配率100%，完成年度目标任务。全市普惠性幼儿园覆盖率达到94.87%、超省定目标2个百分点。全市28家镇卫生院、354家村卫生室，全部达到基本医疗有保障的标准。累计建成村级文化服务中心434个，覆盖率98%。持续巩固文明城市建设成果，蝉联全国文明城市，群众安全感幸福感稳步提升。

（余　恒）

【社会事业】　2020年，立足淮北市基层基本公共服务现状，围绕公共教育、劳动就业创业、社会保险、医疗卫生、社会服务等八大领域，印发实施《淮北市2020年基层基本公共服务功能建设工作要点》，细化分解24项年度具体工作任务，有力有序推进基层基本公共服务功能建设，社保、住房、教育等保障水平全面提升，文化体育、医疗卫生、就业创业等服务能力增强，全市社会事业发展加快。教育事业协调发展。编制完成重点发展区域中小学布局规划，新建学校7所。完成29所乡村小规模学校和乡镇寄宿制学校建设。普惠性幼儿园覆盖率超全省平均水平。淮北市被确定为基础教育国家级优秀教学成果推广应用示范区。淮北理工学院（筹）一期工程、华东师范大学教育小镇完工。高职招生规模进入全省第一方阵。卫生健康事业发展取得积极成效。创新推进“一老一小”健康服务，持续推进全国居家和社区养老服务改革试点工作，在全省率先将安宁疗护纳入基本医保，出台32项婴幼儿照护服务支持政策清单。市级公立医院改革位列全省第一方阵，濉溪县综合医改工作连续三年获省政府通报表扬。市中医院跻身全国百强中医院。淮北市连续七次获评全国无偿献血先进市。社会保障体系不断健全，社会保险覆盖面持续扩大。大力发展文化事业，组织开展文化消费季惠民系列活动，口子窖窖池群及酿酒作坊入选国家工业遗产名单。淮北市成功申办安徽省第六届全民健身运动会。

（张　蓓）

中国共产党淮北市委员会

中国共产党淮北市第八届委员会

市委书记　黄晓武（任至2020年12月）
　　　　　张　永（2020年12月任）
市委副书记　戴启远（任至2020年6月）
　　　　　覃卫国（2020年6月任）
　　　　　李　明（任至2020年4月）
　　　　　朱浩东（2020年4月任）
市委常委　周天伟（2020年7月任）
　　　　　宰学明（任至2020年4月）
　　　　　李朝晖（2020年11月任）
　　　　　顾　文（女，任至2020年11月）
　　　　　钱界殊　任　东
　　　　　李加玉　孙　军
　　　　　单　强（2020年11月任）
　　　　　张　力
市委秘书长　李加玉

综　述

【概况】　2020年，中共淮北市委坚定实施中国碳谷·绿金淮北发展战略，认真落实"一二三四五"总体发展思路，积极应对严峻复杂的国际形势、艰巨繁重的改革发展稳定任务特别是新冠肺炎疫情的严重冲击，保持战略定力，准确判断形势，精心谋划部署，果断采取行动，聚焦聚力抓好"五件大事"。

【学习教育】　2020年，淮北市深入学习宣传贯彻中共十九届五中全会和习近平总书记考察安徽重要讲话指示精神，确保各项事业始终沿着习近平总书记指引的方向奋勇前行。传达学习贯彻习近平总书记系列重要讲话指示批示精神和党中央决策部署，特别是把深入学习宣传贯彻中共十九届五中全会和习近平总书记考察安徽重要讲话指示精神作为重要政治任务。聚焦强化"两个坚持"（坚持改革开放，坚持高质量发展）、实现"两个更大"（在构建新发展格局中实现更大作为，在加快建设美好安徽上取得新的更大进展）目标要求，研究制定市委"十四五"规划建议。

【疫情防控】　2020年，淮北市统筹推进疫情防控和经济社会发展工作，夺取抗疫情、促发展的重大战略成果。实现确诊病例零死亡、医护人员零感染，28位援鄂勇士平安凯旋。创新党组织、领导干部和在职党员社区"三报到"制度，形成联防联控、群防群治的强大合力。在全省较早列入全域低风险地区、较早实现本地病例清零，专项考核评分居全省第4位，相关做法获省委书记李锦斌批示肯定。制定落实"六稳"（稳就业、稳金融、稳外贸、稳外资、稳投资、稳预期）"六保"（保居民就业、保基本民生、保市场主体、保粮食能源安全、保产业链供应链稳定、保基层运转）11个具体工作方案以及助企抗疫政策清单40条，纵深推进“四送一服”“双千工程”（千名党员干部护航服务2000余家企业），1031名党员干部联系包保2182家企业，1—11月全市减税降费25亿元。

【精准扶贫】 2020年，淮北市以决胜信念尽锐出战精准施策，兑现“全面小康、一个不少”的庄严承诺。开展“抗补促推”专项行动，20位市级领导干部每人牵头督导一个镇（街道），实地走访解决问题289个，如期实现贫困劳动力就业、扶贫车间复工复产、农产品产销对接、贫困户子女网上教学“四个清零”目标。坚决做好问题整改工作，49个“354+7”问题全部整改到位，“两不愁三保障”及饮水安全突出问题整治全面完成。全市22个贫困村全部出列，省建档立卡贫困户全部脱贫，人均纯收入由2014年的2411元增至1.15万元，年均增长36.7%。

【战新产业提质增效】 2020年，淮北市坚持创新驱动招商带动“合力并进”，推动战略性新兴产业发展继续在“快车道”上提质增效。坚定实施工业强市战略，举办加快推进战略性新兴产业发展暨全省第十批贯彻“六稳”重大项目集中开工现场推进会，获批先进高分子结构材料、陶铝新材料和铝基高端金属材料2个省级重大新兴产业基地，战新产业持续保持高位增长态势，1—11月产值同比增长31.2%，高于全省平均水平13.6个百分点，居全省第2位。陶铝新材料产业发展备受瞩目，党和国家领导人给予高度关注、充分肯定。

【举办纪念建市60周年系列活动】 2020年，淮北市坚持热烈喜庆、务实节俭、安全适度原则，有序组织实施各类庆祝活动。开设《砥砺奋进一甲子绿金筑梦新时代》等专栏，出版《庆祝淮北建市60周年特刊——韶华》，制作“VR全景看淮北变迁”新媒体产品，编纂发行《淮北往事——寻找建市以来的“第一”》，推出《缘煤兴起能源城》等一批深度报道。召开庆祝中华人民共和国成立71周年暨淮北市建市60周年座谈会，举行庆国庆暨庆祝建市60周年群众文艺演出，建成开放市历史档案馆、城市展示馆和“不忘初心、牢记使命”主题教育馆。

重要会议

【市委八届十二次全体会议】 2020年10月13日，中国共产党淮北市第八届委员会第十二次全体会议召开。全会由市委常委会主持。市委书记黄晓武发表讲话。市委副书记、市长覃卫国，市委委员、市委候补委员出席会议。会议审议通过《中共淮北市委关于深入学习贯彻习近平总书记考察安徽重要讲话指示精神奋力在构建新发展格局中实现更大作为在加快建设中国碳谷·绿金淮北上取得新的更大进展的实施意见》《中国共产党淮北市第八届委员会第十二次全体会议决议》，批准刁书杰、王波、张红君、陈跃4人辞去市委委员职务，递补王淮海、顾俊、孙兴学、王治江4人为市委委员。黄晓武就实施意见（讨论稿）向全会作说明。

【市委常委会会议】 2020年，中共淮北市委先后召开17次常委会会议。

2月15日，市委书记黄晓武主持召开市委常委会会议，传达学习2月14日习近平总书记在中央全面深化改革委员会第十二次会议上的重要讲话精神和省委书记李锦斌在省委常委会会议上的讲话精神，听取全市疫情防控工作和企业复工复产情况的汇报，研究部署下一步工作；研究下发《关于科学防控精准施策奋力夺取疫情防控经济发展双胜利的通知》。

2月27日，市委书记黄晓武主持召开市委

常委会会议，传达学习习近平总书记在2月26日中央政治局常委会会议上的重要讲话精神和全省扫黑除恶专项斗争视频会议、全省军民融合发展工作会议、全省组织部长电视电话会议精神，研究淮北市贯彻落实工作；听取全市脱贫攻坚、安全生产和应急管理、2019年秸秆禁烧工作情况的汇报，研究下一步工作举措。会后，市委书记黄晓武，市委副书记、市长戴启远，市人大常委会主任方宗泽，市政协主席谌伟，市委副书记李明和市委常委带头为支持新冠肺炎疫情防控工作捐款。

3月6日，市委书记黄晓武主持召开市委常委会会议，传达学习习近平总书记3月4日在中央政治局常委会会议上的重要讲话精神、中央纪委有关文件精神，省委常委、省委组织部部长丁向群3月4日在淮北督导调研疫情防控和复工复产工作反馈会上的讲话精神及省纪委十届五次全会精神，研究淮北市贯彻落实工作；听取市人大常委会、市政府、市政协、市中院、市检察院党组工作汇报；审议通过《中共淮北市委关于新时代加强和改进人民政协工作的实施意见》《淮北市人大常委会2020年工作要点》《政协淮北市委员会2020年工作要点》《淮北市人大常委会2020年立法计划（草案）》。

3月7日，淮北市先后召开市委常委会会议和决战决胜脱贫攻坚工作部署会议，传达学习、贯彻落实3月6日习近平总书记在决战决胜脱贫攻坚座谈会上的重要讲话、3月7日省委常委会扩大会议暨决战决胜脱贫攻坚工作部署会议精神，研究部署淮北市决战决胜脱贫攻坚工作和“抗疫情、补短板、促攻坚、推振兴”专项行动，动员全市上下以决战决胜之势发起总攻，确保淮北市与全国、全省同步全面建成小康社会。市委书记黄晓武主持召开市委常委会会议并在决战决胜脱贫攻坚工作部署会议上讲话。市委副书记、市长戴启远主持工作部署会议。

3月27日，市委书记黄晓武主持召开市委常委会会议，传达学习中央、省委政法工作会议和全省宣传部部长会议、统战部部长会议精神，研究全市贯彻落实工作；决定追授任荣“淮北市优秀共产党员”称号；听取全市房地产领域历史遗留“难办证”问题化解工作的汇报，部署下一阶段工作。

4月24日，市委书记黄晓武主持召开市委常委会会议暨全市经济运行、疫情防控工作、“抗补促推”专项行动督导工作汇报会。市委副书记、市长戴启远，市人大常委会主任方宗泽，市政协主席谌伟及市委常委，副市长，省第九督导检查组负责人参加会议。会议传达学习4月21日省委常委会会议暨疫情防控工作领导小组会议精神，听取相关市领导、相关部门负责人关于“抗补促推”专项行动督导工作、一季度经济形势、全市疫情防控工作等情况的汇报。戴启远就全市经济运行、疫情防控、脱贫攻坚等工作提出具体要求。

5月6日，市委书记黄晓武主持召开市委常委会会议，传达学习2020年全省信访工作会议精神和2020年省委老干部局工作部署，研究淮北市贯彻落实工作；听取2019年全市老干部工作和信访工作情况、打好碧水保卫战工作开展情况的汇报；审议通过《健康淮北行动实施方案》；同意2020年淮北市全国劳动模范和先进工作者推荐人选及市级劳动模范、先进工作者和先进集体名单。

5月26日，市委书记黄晓武主持召开市委常委会会议，传达学习省委《关于持续解决形式主义突出问题为基层减负若干措施》精神，研究淮北市贯彻落实工作；审议通过《市委开展党内政治监督谈话实施方案》《2020年督查检查考核计划》和贯彻落实中央关于加强中国特色社会主义参政党建设有关文件的工作举措。

6月16日，市委书记黄晓武主持召开市委常委会会议，传达学习中央和省《关于强化防控措施坚决防止疫情反弹的紧急通知》精神，部署淮北市疫情防控工作；传达学习全省推进生态环境突出问题整改调度电视电话会议精神，听取淮北市近期意识形态重点工作和生态环境突出问题整改工作的汇报，研究下一步工作举措。

7 月 19 日，市委书记黄晓武主持召开市委常委会会议暨市防汛抗旱指挥部会议，传达学习 7 月 17 日习近平总书记在中央政治局常委会会议上的重要讲话精神、7 月 18 日省委书记李锦斌在省委常委会扩大会议上的讲话精神，听取全市防汛工作情况汇报，对下一步防汛工作进行再动员、再部署。市委副书记、代市长覃卫国及市委常委，市人大常委会和市政协主要负责人，副市长参加会议。

7 月 22 日，市委书记黄晓武主持召开市委常委会会议暨市防汛抗旱指挥部指挥长会议，分析研判当前防汛形势，部署推进下一步防汛工作。省防汛抢险技术支撑指导组组长、安徽水利水电职业技术学院副校长王强率指导组到会指导。市委副书记、代市长覃卫国及市委常委，市人大常委会和市政协主要负责人，淮北军分区负责人，副市长参加会议。会前，与会人员通过综合应急指挥平台察看水库、河道、煤矿及市区易积水路段情况，观摩工作人员对气象、水利、交通等应急指挥综合业务系统操作演示。

8 月 5 日，市委书记黄晓武主持召开市委常委会会议，传达学习 8 月 4 日省委常委会扩大会议和全省党校（行政学院）校（院）长会议精神，听取全市新冠肺炎疫情防控党内及时性表彰工作、给予市公安局张鹏程等 13 名民警及时奖励和年轻干部队伍建设有关情况的汇报，研究下一步工作举措；审议通过《深入贯彻落实中央、省委决策部署扎实做好全市“六稳”工作全面落实“六保”任务的通知》《淮北市深化基础教育改革全面提高育人质量行动方案》。

9 月 14 日，市委书记黄晓武主持召开市委常委会会议，审议通过《安徽（淮北）新型煤化工合成材料基地干部人事制度改革试行方案（2020—2022 年）》《关于进一步支持高校毕业生等人才来淮在淮就业创业的若干政策（试行）》《关于推动工业经济高质量转型发展的意见》《关于大力实施产业升级“个十百千”工程行动方案》《淮北市推进全国市域社会治理现代化第 1 期（2020 —2022 年）试点工作实施方案》，听取全市法治建设重点工作情况的汇报，研究下一步工作举措。

10 月 12 日，市委书记黄晓武主持召开市委常委会会议，传达学习习近平总书记关于推动巡视工作向纵深发展重要论述，中央政治局常委、中央纪律检查委员会书记赵乐际和中央政治局委员、中央书记处书记、中央纪律检查委员会副书记、国家监察委员会主任杨晓渡在十九届中央第六轮巡视工作动员部署会上的讲话及省委书记李锦斌在中央第五巡视组巡视安徽省工作动员会、十届省委第十轮巡视工作动员部署会暨巡视指导督导工作专题培训会上的讲话精神，研究淮北市贯彻落实工作；听取市政协关于省委督查组到淮北督查新时代加强和改进人民政协工作情况的汇报，研究下一步工作举措。

11 月 25 日，市委书记黄晓武主持召开市委常委会会议暨市委全面深化改革委员会第十次会议，传达学习习近平总书记在中共十九届五中全会上的重要讲话，李克强总理关于经济工作的讲话和省委书记李锦斌，省委副书记、省长李国英在中国（安徽）自贸试验区建设专项推进行动动员部署会议上的讲话精神，传达学习中央全面深化改革委员会第十五次、第十六次会议和省委全面深化改革委员会第九次会议、全省深入学习习近平总书记重要讲话精神贯彻落实新时代党的组织路线电视电话会议精神，研究贯彻落实工作；审议通过《关于加快推进公共法律服务体系建设的若干措施》《关于深化市纪委监委派驻机构改革的实施意见》《关于推进市属企业纪检监察体制改革的实施意见》。

12 月 17 日，市委书记黄晓武主持召开市委常委会会议。传达学习习近平总书记 2019 年 12 月以来关于巡视工作的重要讲话精神；听取扫黑除恶专项斗争、市域社会治理现代化试点以及 2020 年以来全市信访、应急管理和食品药品安全等工作情况的汇报；审议通过《落实中央和省委决策部署加强新时代公安工作的具体措施》《贯彻落实安徽省做好稳外贸工作推进贸易高质量发展若干措施的实施方案》《关于加强卫生健康行业党的建设推进医药卫生治理体系和治理能力现代化的实施意见》。会议还研究了其他事项。

12月30日，市委书记张永主持召开市委常委会会议暨市委全面深化改革委员会第十一次会议，传达学习省委人大工作会议和省委全面深化改革委员会第十次会议精神，研究淮北市贯彻落实工作；听取市委八届十三次全会和市“两会”有关工作的汇报。

【市委常委会扩大会议】 2020年，中共淮北市委先后召开6次常委会扩大会议。

2月24日，市委常委会扩大会议暨统筹推进新冠肺炎疫情防控和经济社会发展工作部署会召开。会议传达学习中央政治局会议、中央统筹推进新冠肺炎疫情防控和经济社会发展工作部署会议、省委常委会扩大会议暨统筹推进新冠肺炎疫情防控和经济社会发展工作部署会议精神，分析研判当前形势，安排部署下一步疫情防控和经济社会发展工作。市委书记、市疫情防控工作领导小组组长、市疫情防控应急综合指挥部指挥长黄晓武主持会议。省第九督导检查组相关负责人到会指导。市长、市疫情防控应急综合指挥部常务副指挥长戴启远，市人大常委会主任方宗泽，市政协主席谌伟，市委副书记李明及市委常委和市人大常委会、市政府、市政协负责人出席会议。会议听取全市疫情防控工作、复工复产和就业工作情况汇报，与会领导作发言。市疫情防控领导小组办公室、县区党委及相关部门负责人参加会议。

3月19日，市委书记黄晓武主持召开市委常委会扩大会议，对“抗疫情、补短板、促攻坚、推振兴”专项行动进行再调度、再部署。市委副书记、市长戴启远，市人大常委会主任方宗泽，市政协主席谌伟，市委副书记李明及市委常委和市政府相关负责人，省委督导组负责人参加会议。与会市领导就近期“抗补促推”专项行动督导工作开展情况进行交流。县区负责人就下一步开展专项行动作表态发言。

8月10日，市委书记黄晓武主持召开市委常委会扩大会议，总结上半年工作，部署下半年任务，动员全市上下进一步统一思想、把握形势，迎难而上、主动作为，坚决夺取疫情防控和经济社会发展“双胜利”，决战脱贫攻坚、决胜全面建成小康社会，奋力开创新时代淮北高质量转型发展新局面。

8月24日，市委书记黄晓武主持召开市委常委会扩大会议，市委副书记、代市长覃卫国传达习近平总书记视察安徽和在扎实推进长三角一体化发展座谈会上的重要讲话精神，以及8月22日省委常委会扩大会议精神，会议就贯彻落实作出部署安排。

11月2日，市委书记黄晓武主持召开市委常委会扩大会议，传达学习中共十九届五中全会和省委常委会扩大会议精神，部署安排淮北市贯彻落实工作。市委副书记、市长覃卫国传达《中国共产党第十九届中央委员会第五次全体会议公报》，市委副书记朱浩东传达省委书记李锦斌在省委常委会扩大会议上的讲话精神。

12月2日，市委书记黄晓武主持召开市委常委会扩大会议，传达省委书记李锦斌在省委十届十二次全会上的讲话精神。市委副书记、市长覃卫国传达省委书记李锦斌在省委十届十二次全会上的报告和《中共安徽省委关于制定国民经济和社会发展第十四个五年规划和二〇三五年远景目标的建议（讨论稿）》的说明及全会通过的该《建议》主要内容。

【“不忘初心、牢记使命”主题教育总结会议】 2020年1月17日，淮北市“不忘初心、牢记使命”主题教育总结会议召开。市委书记黄晓武、省委主题教育第二巡回指导组组长戴克柱出席会议并讲话。市委副书记、市长戴启远主持会议。省委主题教育第二巡回指导组成员，市人大常委会党组书记、主任方宗泽，市政协党组书记、主席谌伟，市委副书记李明及市委常委和市人大常委会、市政府、市政协相关负责人，以及市中级人民法院院长、市人民检察院检察长，正厅级老干部和近5年退出领导岗位的副厅级老干部等出席会议。会上，李明宣读优秀党员干部表彰通报，优秀党员干部代表作发言。市人大常委会、市政府、市政协秘书长，市委有关副秘书长，市直各单位党组（党委）主要负责人等参加会议。

【新冠肺炎疫情防控专题会议】 2020年1月26日，市委书记黄晓武主持召开市委常委会第108次会议，传达习近平总书记在中共中央政治局常务委员会研究新型冠状病毒感染的肺炎疫情防控工作时的重要讲话精神、省委书记李锦斌在省委常委会会议暨省委省政府疫情防控工作联席会议和在疫情防控工作调度汇报会上的讲话精神，听取市新型冠状病毒感染的肺炎疫情防控应急指挥部办公室关于淮北市疫情防控工作开展情况的汇报，研究部署淮北市疫情防控工作。

【“抗补促推”专项行动工作部署会议】 2020年3月9日，淮北市“抗疫情补短板促攻坚推振兴”专项行动工作部署会议召开，市委书记黄晓武在会上讲话。市委副书记、市长戴启远主持会议。会议宣布成立“抗疫情、补短板、促攻坚、推振兴”专项行动领导小组、宣布《淮北市“抗疫情、补短板、促攻坚、推振兴”专项行动督导工作方案》，解读专项行动督导工作指南。市人大常委会、市政府、市政协有关领导，市“抗疫情补短板促攻坚推振兴”专项行动领导小组成员，县（区）委书记参加会议。市领导方宗泽、谌伟、李明、宰学明、顾文、钱界姝、任东、李加玉、张力等参加会议。

【深化“三个以案”警示教育动员部署会】 2020年4月8日，淮北市深化“三个以案”警示教育动员部署会召开。市委书记黄晓武参加会议并讲话。市委副书记、市长戴启远主持会议。市领导方宗泽、谌伟、宰学明、钱界姝、李加玉、张力参加会议。市委常委、市纪委书记、市监委主任宰学明通报全市深化“三个以案”警示教育工作安排。市中级人民法院院长，市人民检察院检察长，县区、市直有关单位主要负责人等参会。

【市委常委会专题民主生活会】 2020年6月20日，市委常委会中央脱贫攻坚专项巡视“回头看”整改暨深化“三个以案”警示教育专题民主生活会召开。副省长张曙光全程参加指导市委常委会中央脱贫攻坚专项巡视“回头看”整改暨深化“三个以案”警示教育专题民主生活会并讲话。市委书记黄晓武主持会议。省政府副秘书长张冬云，省委第一巡视组副组长陈卫东及省纪委监委、省委组织部有关负责人，市委常委参加会议。市人大常委会主任、市政协主席列席会议。黄晓武作表态发言。会议书面通报《中共淮北市委 淮北市人民政府关于中央脱贫攻坚专项巡视“回头看”反馈意见整改情况的报告》。

重要活动

【省委书记李锦斌到濉溪县调研】 2020年3月10—11日，省委书记李锦斌深入宿州市埇桥区、淮北市濉溪县、亳州市利辛县调研督导疫情防控、脱贫攻坚和复工复产复市工作。省委常委、组织部部长丁向群在濉溪县陪同调研。李锦斌深入安徽润岳科技有限责任公司、优耐德引发剂（淮北）有限公司、欧勒奋生物科技有限公司等企业，强调产业要兴、环保先行，要把好环保关、质量关，努力引进更多工艺先进、产品领先的好项目；深入韩村镇大殷村扶贫车间，调研督导脱贫攻坚和疫情防控工作。

【省委副书记、省长李国英到淮北市调研】 2020年10月17日，省委副书记、省长李国英在淮北市调研资源型城市转型发展工作。省政府副秘书长、政研室主任叶晓明，省经信厅厅长牛弩韬，省住建厅厅长贺懋燮，省发改委一级巡视员王启康参加调研。李国英先后到淮北先进高分子结构材料省级重大新兴产业基地、焦炉煤气综合利用制甲醇项目现场、安徽陶铝新材料研究院有限公司以及淮北南部次中心起步区基础设施建设和历史档案馆、城市展示馆，考察了解淮北市城市建设情况。

【签订陶铝新材料产业合作发展框架协议】 2020年7月13日，中国宝武集团上海交通大学淮北市陶铝新材料产业合作发展座谈会召开。三方就陶铝新材料产业合作发展签订框架协议。中国宝武董事长陈德荣、副总经理张锦刚，上海交大校长林忠钦各率高管和技术团队到淮北，实地考察陶铝新材料产业基地，详细了解陶铝产业发展情况。副省长何树山，市领导黄晓武、覃卫国等参加调研或见证签约。市委书记黄晓武主持会议。

【陶铝新材料产业发展建议座谈会】 2020年9月8—9日，工信部原材料司副司长常国武带队到淮北开展陶铝新材料产业发展专题调研，并召开工信部办理全国人大安徽代表团关于支持陶铝新材料产业发展建议座谈会。省人大常委会人选工委副主任韦大伟主持会议。市领导黄晓武、方宗泽、朱浩东、张香娥、高维民等参加调研或座谈。会上，市委副书记朱浩东汇报淮北陶铝新材料产业发展情况。工信部原材料司工作人员介绍十三届全国人大三次会议安徽代表团提交的《关于支持陶铝新材料产业加快发展的建议》办理情况。在淮北期间，与会人员走访调研安徽建业科技有限公司、安徽美信铝业股份有限公司、安徽力幕新材料科技有限公司等企业及安徽省铝制品质量监督检验中心和淮北高新区陶铝基地。上海交通大学安徽陶铝新材料研究院院长王浩伟，淮北高新区管委会、市陶铝办、市经信局、市人大常委会人选工委负责人参加以上活动。

【“六稳”重大项目集中开工现场推进会在淮北举行】 2020年10月17日，加快推进战略性新兴产业发展暨全省第十批贯彻“六稳”重大项目集中开工现场推进会在淮北主会场和各市分会场举行，省委副书记、省长李国英在主会场出席会议，讲话并宣布项目开工。省委常委、常务副省长邓向阳主持主会场会议，省人大常委会副主任刘明波、省政协副主席刘莉，省直有关单位负责人；市领导黄晓武、覃卫国、方宗泽、谌伟、朱浩东、周天伟、任东、李加玉、张力、孙兴学，市政府秘书长赵德志参加会议。现场推进会开始前，市委副书记、市长覃卫国介绍淮北市集中开工项目情况。

【省市长协会二届五次理事会举行】 2020年10月30日，省市长协会二届五次理事会暨2020安徽市长高峰论坛在淮北市举行。省人大常委会原副主任臧世凯，中央党校（国家行政学院）经济学部副主任王小广，市委书记黄晓武，市委副书记、市长覃卫国出席会议。市委常委、常务副市长周天伟主持论坛。会议审议通过省市长协会工作报告、财务工作报告及有关人事任免事项。会前，与会人员考察市历史档案馆和城市展示馆、陶铝研究院、口子产业园及绿金湖采煤沉陷区综合治理项目。省辖各市、县（市、区）和开发区有关负责人参加会议。

【长三角青年企业家淮北行活动举行】 2020年

11月17—18日，“合力赋能长三角青年担当有作为”长三角青年企业家淮北行活动举行。共青团安徽省委书记杨正，共青团安徽省委二级巡视员李丹云，共青团浙江省委党组成员、组织部部长盛乐，共青团江苏省委副书记（兼职）袁方，上海市青年企业家协会副会长王红生参加活动；市委书记黄晓武、市委副书记朱浩东、副市长陈英、市政协副主席孙兴学分别陪同考察或参加座谈交流会。活动期间，长三角青年企业家先后考察圆梦岛、陶铝新材料展馆、市城市展示馆、市历史档案馆、平山电厂二期建设工地、安徽（淮北）新型煤化工合成材料基地。

2020年中共淮北市委重要文件目录一览表

表9

文号	文件名称
淮发〔2020〕1号	《中共淮北市委关于坚决贯彻落实习近平总书记重要指示精神切实加强党的领导为打赢疫情防控阻击战提供坚强政治保证的通知》
淮发〔2020〕3号	《中共淮北市委关于新时代加强和改进人民政协工作的实施意见》
淮发〔2020〕4号	《中共淮北市委　淮北市人民政府关于抓好“三农”领域重点工作确保如期实现全面小康的实施意见》
淮发〔2020〕7号	《中共淮北市委　淮北市人民政府印发〈贯彻落实《中共安徽省委、安徽省人民政府关于进一步推动皖北地区高质量发展的若干意见》任务分解方案〉的通知》
淮发〔2020〕8号	《中共淮北市委　淮北市人民政府关于印发〈淮北市深化基础教育改革全面提高育人质量行动方案〉的通知》
淮发〔2020〕9号	《中共淮北市委印发〈关于深入学习宣传贯彻习近平总书记考察安徽和在扎实推进长三角一体化发展座谈会上的重要讲话精神的总体安排方案〉的通知》
淮发〔2020〕10号	《中共淮北市委　淮北市人民政府关于推动工业经济高质量转型发展的意见》
淮发〔2020〕11号	《中共淮北市委　淮北市人民政府关于印发〈大力实施产业升级“个十百千”工程行动方案〉的通知》
淮发〔2020〕15号	《中共淮北市委　淮北市人民政府关于加强卫生健康行业党的建设推进医药卫生治理体系和治理能力现代化的实施意见》

组织建设

【概况】 2020年，中共淮北市委有基层党组织4874个，其中基层党委123个、总支531个、支部4220个；党员111583人。全市组织工作认可度持续向好，省委书记李锦斌，省委原副书记信长星，省委常委、组织部部长丁向群对淮北市“三报到”“发展壮大村级集体经济”“防疫一线‘733’考察识别干部”等做法高度肯定；党建引领信用村建设“133”工程被市委主要负责人批示肯定。2018年、2019年淮北市选人用人工作满意度连续两年位居全省前三位；年轻干部在全省相关会议上作典型发言；全省集体经济扶持村党组织书记示范培训班在淮北市举办；作为唯一一个地市级单位，受邀参加全国组织系统网络宣传第三协作片区工作座谈会。《人民日报》以《鲜花产业富了新庄村》为题，专题报道淮北市抓党建引领脱贫攻坚成效；“双千工程”相关做法被中央网信办全网推送，200多家中央和省级媒体同步报道、全国推广；“防疫一线火线提拔干部”“战略思维培养年轻干部”“一组一会五治融合”等亮点工作、特色品牌先后被《新华社专线·高管信息》、中组部《组工信息》、人民网、新华网、《中国组织人事报》等多家媒体报道。

【基层组织建设】 夯实基层基础。建立党委（党组）书记及班子成员党支部工作联系点制度，全市255名党委（党组）书记、1103名领导班子成员建立党支部工作联系点1312个；推行“基层党建创新项目”工作法，全年市、县（区）、镇（街道）三级党组织书记领办创新项目44个。巩固深化基层党组织标准化规范化建设，7个软弱涣散和122个不规范党组织均整顿到位，街道、社区等7个领域全部达标。组织召开全市基层党建重点任务推进会，市委党的建设工作领导小组成员、各（县）区委书记、市直有关单位主要负责人等实地观摩各县区基层党建工作，现场观看点评、相互交流借鉴。基层党建工作连续多年获省辖市考核“好”等次。

持续擦亮“全国城市基层党建工作示范市”品牌。实施“领航计划”，统筹推进“四级联动”体系建设，全面推行街道体制改革，厘清街道8项职能、赋予6项权力，按照“6+N”模式统一设置内设机构；全面实行社区工作事项准入制度，统一制定准入清单，并将“双10万”经费纳入财政预算，推动街道社区“减负增能”。持续加强社区书记队伍建设，首次选派15名书记到浙江杭州学习锻炼，5名表现突出的社区书记享受事业身份待遇。推进非公企业和社会组织党组织建设，开展提升“两个覆盖”专项行动，举办成果交流研讨会，实施党群共建“四大工程”，全年新组建党组织115个，淮北金龙机电有限公司等17个党组织被评为省级先进典型。统筹抓好机关、国企、学校和医院党建品牌创建工作，培育打造“南湖红船讲堂”等品牌179个。

持续推进农村基层党建工作。突出抓好村干部队伍建设，选派20名村党组织书记赴浙江安吉开展“名村挂职”；提前开展村“两委”换届专项调研，掌握一批新一届优秀村干部人选。实施党建引领信用村建设，通过创新信用金融产品、派驻金融村干部、建立农业投资公司等措施，累计授信2.36亿元、用信6171.9万元。推进党建引领村级集体经济发展，探索“十种发展模式”，组建专家服务团下村指导；承办全省集体经济扶持村党组织书记示范培训班，宿州、阜阳等地4批次400余人先后到淮北市学习考察。2020年，全市村级集体经济收入8405.05万元，同比增长27.66%。其中，50万元以上集体经济强村58个，占比18.35%。全面消除年集体经济收入5万元以下的薄弱村。

持续服务高质量发展。在全国率先打造政治引领、法治保障、德治教化、自治强基、智治支撑的“一组一会、五治融合”党建引领基层治理模式，即以城市住宅小区、农村自然村庄为单位成立“网格党组织”，在网格党组织领导下建立“村民（居民）议事会”，搭建群众参与社会治理的平台载体，113个社区已成立网格党组织552个，居民议事会461个；306个村共建立2163个党组织、组建2318个理事会，累计调处信访矛盾、群众诉求15.6万件。依托市级党员学雷锋志愿服务总队，带领3200支志愿服务队、近20万名志愿者常态化开展志愿服务。

【干部队伍建设】 2020年，市委组织部连续4年开展干部队伍建设专项调研，与一县三区及市直单位1200余名干部一对一座谈，有针对性制定改进举措，形成“调研评估—找准问题—改进提升—调研评估”工作闭环。截至年底，全市党政干部队伍（含参公人员，下同）6727人，其中，县级干部567人，科级干部2175人，科员及其他干部3985人。全市党政干部平均年龄44.45岁，其中，正县平均年龄51.73岁，副县平均年龄49.87岁，正科平均年龄47.89岁，副科平均年龄41.8岁。全市党政干部中硕士研究生学历975人，本科4825人，大专及以下927人。其中，获硕士学位的426人，获学士学位的2067人。全市男性干部4819人，女性干部1908人（男女性别比例约为2.53 ：1）。全市非中共党员干部872人，占全市干部队伍的13%；其中，男488人，女384人；县级干部28人，正科级干部28人，副科级干部54人，科员及其他干部762人。

【干部选拔任用】 2020年，市委组织部注重德才兼备，树牢“以实绩论英雄、按贡献排座次、为发展配干部、用墩苗助成长”的用人导向，结合“三案”精准管理综合分析研判，全年选拔干部69人，平级交流63人。创新防疫一线“733”考察识别干部模式，火线提拔以援鄂医疗队队长孙伟为代表的一批表现突出、堪当重任的优秀干部。相关做法被《人民日报》微信公众号、中组部《组工信息》等刊载报道。注重交流选配，突出抓好年轻干部队伍建设，连续4年结合年度考核开展专项调研，继续实施年轻干部预审制度，80后县级干部同比增长55%，35岁以下正科级、30岁以下副科级干部稳步增长30%以上，淮北市年轻干部队伍工作在全省相关会议上作典型发言。持续推进政法干部队伍交流，县（区）法检“两院”班子成员中任现职5年以上的实现交流全覆盖。打破身份制约、体制障碍，面向党政储备人才择优选调20名副科级领导干部。

【干部监督管理】 2020年，市委组织部坚持严管与厚爱结合，激励与约束并重，对14家单位干部选拔任用工作开展检查；开展干部个人有关事项专项整治工作，诫勉处理1人、批评教育3人。开展疫情防控专项考核，并作为干部选拔评优重要依据，先后提拔25名担当作为、实绩突出的干部；嘉奖破获“7·12”特大诈骗案参战有功的13名公安干警，宣传表彰一批在疫情防控中表现突出的先进个人、先进集体；继续用好年度考核优秀等次指标，用于开展招商引资“奖优促先”工作，先后奖励12家市直单位94个优秀指标。年内，市直机关20名招录计划通过省级审核。在全省率先建成档案管理中心并投入使用，以信息技术打造“数字档案”系统，800多名市管领导干部档案完成数字化建档。全年全市晋升16名一级调研员、20名二级调研员及69名三级、四级调研员；持续提升基层公务员待遇，在原有乡镇工作补贴基础上人均每月增加200元。

【干部教育培训】 2020年，市委组织部完成7114名干部中共十九届四中全会网上集中轮训工作，选调760余名领导干部参加全省、全市各个主体班次教育培训；统筹市直各部门抓好13个专题培训班培训任务，培训干部800余人。开展中共十九届五中全会和习近平总书记考察安徽重要讲话精神学习宣传，举办专题研讨班，全市160多名在职厅、处级领导干部参训；举办2期中国碳谷·绿金淮北转型崛起大讲堂，700余人参训；利用134所开放式党校和128所“e学习”远教联播平台，每天不间断播放中央权威媒体解读音视频，120多名县处级领导干部登台宣传宣讲，累计覆盖超过100万人。创新“基层书记大讲堂”，63名村（社区）党组织书记以“土话”讲党课，截至年底共举办41期，受众人数2.8万人次。择优选派3批、100名干部赴上海嘉定、闵行、普陀、杨浦4个区学习锻炼；推动40名市直单位干部与镇街道干部开展“双向互挂”，优选一批干部到中组部、省自贸区办公室等单位核心部门跟班学习。实施“双千工程”，选派1031名领导干部、党建指导员联系包保2182家规上工业企业、中小微企业，严格落实助企抗疫政策清单40条等，推动全市复工复产率在全省率先实现100%。

【人才工作】 2020年，市委组织部组织召开全市高层次人才迎春座谈会；研究制定《2020年全市人才工作要点》，建立成员单位重点工作任务台账。统筹抓好《关于实施新时代“相城英才计划”

全面夯实转型崛起人才基础的若干意见》的落实，牵头相关单位研究制定《进一步支持高校毕业生等人才来淮在淮就业创业若干政策（试行）》《淮北市“特支计划”领军人才遴选和支持办法》等系列文件。联合市科技局举办“激情创业圆梦淮北科技人才创新创业大赛”，吸引10余名高层次人才在淮北落户创新创业。组织开展市属企业单位人才需求和全市海外高层次人才情况摸排，建立淮北海外人才库，健全完善海外引才安全保护工作机制。为49名高层次人才拨付生活补贴、扶持资金共97万元，为39个创新团队拟拨付扶持资金234万元；帮助68名重点人才工程及所在企业申请“皖江英才抗疫贷”1620万元。组织开展第九批“555”产业创新团队申报评审工作，10个创新团队入选；帮助符合条件的企业和人才申报国家和省级重点人才项目，安徽建业科技有限公司、安徽华润金蟾药业股份有限公司2个创新团队入选省“115”产业创新团队，2名高层次人才入选省“百人计划”考察对象。复工复产期间，聚焦企业人才返岗难、招引难等问题，在全省率先印发《关于做好疫情防控期间企业人才工作助力复工复产的通知》，给予10条政策支持，推动9.8万名企业人才返工返岗，1.3万名新招聘人才及时入职上岗。持续开展高层次人才储备金申报考核工作，拟新入选15名高层次人才，并为2019年度考核合格的82名人才缴纳储备金414万元。

【村党组织书记示范培训班】 2020年6月21—24日，全省集体经济扶持村党组织书记示范培训班（淮北片区）在淮北市举办。淮北市、亳州市、宿州市、阜阳市部分乡镇党委书记和扶持村党组织书记共100余人参加培训，四市的市委组织部和农业农村局的分管领导应邀参加培训。培训期间，学员先后观摩烈山区的洪庄村、蒋疃村、华家湖村，杜集区的双楼村、任庄村、矬楼村，相山区桥头村、鲁楼村、油坊村，濉溪县道口村、任圩村等集体经济典型村，参加分组讨论、车厢论坛、经验交流等活动，通过“书记讲给书记听、书记干给书记看”，帮助学员进一步提高认识、开阔视野、坚定信心、拓宽思路。

（李　伟）

宣传思想工作

【概况】 2020年，淮北市宣传思想文化工作围绕学习贯彻落实习近平新时代中国特色社会主义思想，习近平总书记考察安徽重要讲话精神和中央及省委决策部署，深化“举旗帜·送理论”宣讲活动，开展各类宣讲活动970余场次。市委理论学习中心组集中学习研讨21次，示范引领作用充分发挥。开展抗疫宣传、建市60周年主题宣传等宣传活动。开展群众文艺展演、送戏进村等活动300余场，放映爱国主义电影3200余场次。省级以上媒体刊发淮北稿件4100余篇，召开新闻发布会90余场。

【意识形态工作】 2020年，全市各级党委党组强化政治责任，做到守土有责、守土尽责。强化主责主业意识，把意识形态工作纳入市委常委会和党建工作要点，纳入党建考核和市委巡察内容，推动责任制落实落细落小。召开市委意识形态工作领导小组会议，统筹谋划全市意识形态工作，印发全年意识形态工作要点。开展市委第十二、十三轮巡察意识形态专项检查，受省委宣传部委托，在省委巡视中对淮北职业技术学院意识形态工作情况进行专项检查。出台文件，进一步健全完善意识形态工作日常运转、检查考核等制度。扎实开展意识形态领域风险隐患排查、突出问题整治、阵地管理提升“三项行动”，严格落实论坛、报告会等报备制度，深入开展扫黄打非行动，做好风险防控。严格落实网络意识形态工作责任制，确保意识形态领域安全。

【理论武装工作】 2020年，市委宣传部把学习宣传贯彻习近平新时代中国特色社会主义思想作为首要政治任务，不断深化理论武装，推动党员干部增强“四个意识”、坚定“四个自信”、做到“两个维护”。发挥市委理论学习中心组示范引领作用，全年安排集中学习研讨21次；以上率下推动各级党委（党组）落实以“四个第一”（组织学习第一时间，谋划工作第一步骤，落实任务第一要求，督查考核第一内容）为重点的学习对标制度，带动各级党组织深入学习宣传贯彻习近平新时代中国特色社会主义思想和习近平总书记考察安徽重要讲话指示精神。完善落实《党委（党组）理论学习中心组学习情况督查通报制度》。对市委巡察、意识形态专项检查中发现中心组学习存在问题的单位进行“回头看”。加强宣传，紧扣一体化和高质量两个关键词，聚焦“中国碳谷·绿金淮北”建设的务实举措和具体实践，持续报道全市上下学习贯彻落实习近平总书记系列重要讲话指示精神情况，挖掘淮北市先进典型和好经验、好做法，讲好淮北故事。

【理论宣讲】 2020年，市委宣传部开展主题宣讲活动，组织协调各类宣讲团成员深入各县区和基层广泛开展对象化、分众化、互动化宣讲，全市开展各类宣讲近千场，受众7万余人次。重点围绕习近平新时代中国特色社会主义思想，习近平总书记考察安徽重要讲话指示精神，《习近平谈治国理政》第三卷，中共十九大和十九届四中、五中全会精神等主题开展宣讲活动。抽调领导干部和专家学者，组建2个市委宣讲团。同时，组建“举旗帜·送理论”宣讲团，开展示范宣讲活动。市直机关工委和各县（区）成立宣讲团，进机关、进农村、进社区、进校园，扎实推动宣讲全覆盖。

【重大主题宣传报道】 2020年，市委宣传部开展习近平总书记考察安徽重要讲话指示精神及中共十九届五中全会精神等重大主题宣传。完成中宣部“全面建成小康社会‘百城千县万村调研行’”任务，调研采访成果《创业带就业增收奔小康》《转型促发展煤城变美城》先后在《人民日报》和《思想政治工作研究》杂志刊登。围绕建市60周年，策划推出《砥砺奋进一甲子绿金筑梦新时代》《庆祝淮北建市60周年特刊——韶华》《1960—2020庆祝淮北建市60周年VR全景看淮北变迁》等专题专栏和特别节目，开展“致敬60年”系列报道、《缘煤兴起能源城》等深度报道。大力开展抗疫宣传，成立疫情防控新闻中心，播发疫情防控信息，营造了众志成城、共同抗疫的良好舆论环境，市疫情防控指挥部办公室宣传教育组获评全省疫情防控先进集体。

【媒体宣传】 2020年，市委宣传部制定“1+10”年度外宣选题，集中反映淮北市特色做法和成果，《光明日报》头版头条刊发淮北转型发展经验《深改湖，浅造田，不深不浅种藕莲》，新华社刊发《“智脑”释放城市新活力——资源型城市淮北的“数字智变”》，并被中国政府网转载；新华社刊发《淮北强化科技创新促进产业升级》；围绕脱贫攻坚和乡村振兴，人民网刊发脱贫攻坚系列报道《安徽濉溪：“茶馆+”营造贫困群众“精神家园”》《安徽淮北：“小推车”拉动“大扶贫”》等，深入学习宣传贯彻习近平总书记考察安徽和在合肥主持召开扎实推进长三角一体化发展座谈会重要讲话精神，新华社刊发《安徽淮北设立基金发展陶铝新材料产业》，央广网刊发《安徽推进皖北承接产业转移集聚区建设打造长三角一体化高质量发展新格局》等。据统计，新华社、《安徽日报》等省级以上媒体刊发淮北稿件4100余篇，召开新闻发布会90余场。

【社会主义核心价值观培育】 2020年，市委宣传部承办“第七届全国道德模范故事会基层巡演走进淮北”活动，举办“美丽家园文明有我”道德模范与身边好人巡讲，开展道德模范和抗疫英雄先进事迹专题展览，推进“好人成名人”道德实践工程。先进典型示范带动。围绕抗击疫情、脱贫攻坚等主题，推出援鄂医务工作者孙伟、脱贫头雁王海峰等20余位先进典型。组织开展第七届淮北市道德模范评选活动。发挥“30+N”支市直部门文明实践志愿服务队和25个共建点示范引领作用，组织开展志愿服务活动。全市注册志愿者31.8万人，占常住人口的14.5%。淮北市2人1项目入选全国志愿服务“四个100”先进典型，“中国好人”累计165人。

【融媒体建设】 2020年，市委宣传部在全省首个打通报纸、电视生产平台，首个建设自主可控“媒体云”，首个实施应急广播市县区一体化建设。以全媒体“中央厨房”为基础，融媒体产品实现“一次采集、多元生成、全媒体发布”，构建新型采编流程，实现内容发布一体化。自主打造“绿金淮北”客户端支持5G直播功能；深化人才薪酬机制改革，建立全员“基本工资+绩效+奖金”的薪酬考核机制，以岗位定绩效、以贡献排座次。全年职工人均收入同比增长13%；创新人才评价机制，设置工作室、企业化运作等多元化创业平台，打造一支优秀全媒体人才队伍；积极探索具有传媒特色的产业经营路子，加快发展教育培训产业，推进协同合作，与徽商银行等金融机构、国有企业开展跨界合作，加快发展文化创意产业。

【文化产业发展】 2020年，市委宣传部加强组织领导文化产业发展工作，召开专题推进会，开展专项考察。推进大运河文化带建设工作，编制完成《大运河淮北段文化保护传承利用实施规划》，全面实施柳孜运河遗址本体保护工程，加快推进大运河文化带建设工作。组织参加第三届长三角国际文化产业博览会，现场签约项目2个，投资总额6亿元。开展“春游江淮请您来”百家媒体旅游推介等活动，举办“文旅融合点亮相城”文化惠民消费季活动，发放消费券45万元。榴园村、隋唐运河古镇分别获“第二批全国乡村旅游重点村”“长三角夜间文化和消费样板街区”称号。

【文艺精品创作】 2020年，淮北市创作《共待万家团圆时》等抗疫文艺作品近60件，编创以淮北市“中国好人”为原型的现代小戏《生命因你而精彩》，现实题材小戏《我愿意》等入选2020年度安徽省戏剧创作孵化计划项目，复排大型豫剧《程婴救孤》并进行公演，本土电影《征迁》实现公映。举办庆国庆暨庆祝建市60周年群众文艺专场演出。

【公共文化服务】 2020年，淮北市兑现文化扶持资金340余万元。推进村级综合文化服务中心建设，建成覆盖率98%。面向基层广泛开展群众文艺展演30余场，优秀传统文化、红色文化讲

2020年11月19日，淮北馆亮相第三届长三角国际文化产业博览会（部锋　供图）

座40余场，送戏进村270余场，放映爱国主义电影3200余场次。强化线上宣传，网络同步直播“乡村春晚”，线上观众累计千万人次。30人入选全省首批“乡村文化带头人”。

【社科联工作】 2020年，市社科联针对统筹疫情防控和经济社会发展，筛选《如何从物理“对接”向化学“融合”迈进——关于长三角一体化发展中面临的难题及对策建议》等7项研究成果参加全省评选。围绕“决胜全面小康、决战脱贫攻坚”主题，开展“决胜全面建成小康社会、决战脱贫攻坚”理论征文活动，举办第三届“举旗帜送理论”微宣讲竞赛，参加安徽省社会科学界第十四届、第十五届学术年会和安徽省第二届淮河文化论坛，与市委党校签订科研合作协议。举办第十六届社科知识普及活动月活动，共开展讲座、报告、咨询、答疑、展览等形式社科普及活动近300场次。围绕淮北历史文化、风土人情等专题，组织举办4场淮北人文讲堂，直接受众近200人次。办好《淮北社会科学》期刊。

11月24日，市社会科学界联合会第四次代表大会召开。会议审议通过市社科联第三届委员会工作报告和章程修改草案，确定之后五年工作目标和任务，选举产生主席、副主席、秘书长，组成新一届社科联领导班子。

（张　扬）

2020年9月16日，市社科联举办第十六届全市社科普及活动月活动
（李芳　供图）

统一战线

【思想政治引领】 2020年，市委统战部通过多种形式的主题教育、专题培训等筑牢统一战线共同思想政治基础。研究制定《2020—2022年淮北市统一战线教育培训规划》，举办党外代表人士中共十九届四中、五中全会精神专题培训班和全市民主党派新成员、参政党建设“三个文件”精神、新的社会阶层人士、宗教界《宗教事务条例》等专题培训班，完成全省专题培训调学任务。指导各民主党派、党外知识分子、新的社会阶层人士开展“不忘合作初心继续携手前进”“凝聚新力量，筑梦新时代”主题教育及党外代表人士“看淮北”等活动。引导各民主党派开展优良传统教育、“读党（盟、会、社）史，学先贤”、“同心论坛讲述抗疫故事”等活动。

【民主党派和党派代表人士工作】 2020年，淮北市民主党派有市委会7个、总支18个、支部106个，民主党派成员1965人。年内，形成民主党派市级层面代表人士人选名单。摸底无党派副科级以上职务、副高级以上职称人员1100余人，建立330余人的淮北市无党派人士队伍信息库。在市政协十届三次会议上，各民主党派和无党派委员共提交提案建议50余篇，其中《优化营商环境推动民营经济持续健康发展》等8篇建议入选大会口头发言，同时获市主要领导批示。各民主党派提交社情民意135篇。疫情期间，各民主党派共提交《关于促进疫情期间中小企业发展的建议》等10余篇意见建议。

【社会服务活动】 2020年，淮北市各民主党派、市知联会开展送医、送教、送法、关爱留守儿童等社会服务活动10余次，服务群众2000余人次。民革市委、民进市委、农工党市委党员（会员）向对口帮扶的百善镇苇菠村捐款3万元。新冠疫情发生后，30余名民主党派医护人员奋战在抗疫一线，市知联会会员全员行动，每日坚守工作岗位，民主党派成员捐款合计50余万元、捐赠防疫物资价值100余万元；无党派人士捐款捐物价值30余万元。深化“民企帮村”精准扶贫行动，开展消费扶贫爱心行动，动员民营企业通过采购贫困户农产品、帮助建立销售渠道等形式参与消费扶贫，累计金额逾100万元。组织4位民营企业家赴新疆皮山县“挂牌督战村”开展结对帮扶，投入帮扶资金60万元。赴贫困村督查11个扶贫项目建设情况。截至年底，淮北市“民企帮村”精准扶贫行动累计投入资金5100万元，惠及贫困户2632户、7545人。

【非公经济领域统战】 2020年，淮北市连续第10年开展民企排序工作，召开2019年度淮北市民营企业50强发布会，表彰民营企业综合50强和社会公益突出贡献、最具成长性、科技创新等6个单项10强，利用电视、网络、新媒体等平台进行现场直播，观看人数达7.7万人。推选民营企业参与2020年安徽省民营企业百强排序评选，安徽口子酒业股份有限公司、华孚时尚股份有限公司、安徽理士电源技术有限责任公司、安徽巨成精细化工有限公司4家企业收获“营收百强”“制造业综合百强”“服务业百强”等7个百强席次。在全市工商联系统开展表彰活动，选树一批先进集体和先进个人。在《淮北日报》专刊开展《工商联、民营企业同淮北共成长》专版宣传活动。利用各类宣传阵地编发抗疫工作动态和捐款捐物事迹45条，通过《中华工商时报》《工商导报》《淮北日报》等主流媒体发布民营企业抗击疫情先进事迹相关报道11条。

【新的社会阶层人士统战工作】 2020年，市委统战部搭建新的统战工作平台，成立淮北市新的社会阶层人士联谊会，在全省率先实现市、县区新联会组织全覆盖。加强12个“淮北市新的社会阶层人士统战工作站”建设，推进创业园区、街道社区和企业楼宇等新的社会阶层人士统战工作网络体系建设。指导市新联会在濉溪县刘桥镇设立“助力乡村振兴实践基地”，依托会员企业打造5个新联会实践活动基地。召开全市网络代表人士座谈会，引导新的社会阶层人士特别是网络人士在引导社会舆论、积极建言资政、传播优秀文化、助力社会公益等方面发挥作用。

2020年9月23日，首届同心论坛举办“讲全市统一战线抗疫故事”（张婕　摄）

【民族宗教事务】 2020年，

市委统战部深化民族团结进步主题教育，开展全市中小学红色经典诵读活动，新建少数民族社区服务站2家，帮助46户少数民族贫困户脱贫。深入高校、企业调研民族工作，走访慰问少数民族学生和务工人员。淮北市博物馆（隋唐大运河博物馆）入选省民族团结进步教育基地。开展“宗教政策法规学习月”“基层宗教工作规范化建设年”活动，坚持宗教团体述职考评制度，推进“四进四有”全覆盖。开展中央、省委宗教工作督查及“回头看”反馈问题整改工作，依法取缔基督教私设聚会点，彻底治理违规宗教标志物，开展严防向未成年人传教和非法宗教出版物专项整顿。提升宗教干部依法行政能力水平，督查推动宗教工作“三级网络两级责任制”落实。

（刘　畅）

2020年淮北市民主党派参政议政情况表

表10

党派	人大					政协						
	省级		市级			省级			市级			
	代表（人）	议案建议（件）	常委（人）	代表（人）	议案建议（件）	常委（人）	委员（人）	提案建议（件）	副主席（人）	常委（人）	委员（人）	提案建议（件）
民革	1	5	1	5	11	1	1	—	1	4	19	20
民盟	1	3	1	7	11	—	2	4	—	3	25	34
民建	—	—	1	4	2	—	1	3	1	3	13	14
民进	2	12	1	4	5	—	1	1	1	2	12	12
农工党	1	3	1	2	1	—	2	4	—	3	15	7
致公党	1	6	1	5	5	—	1	4	1	2	14	17
九三学社	—	—	—	2	5	1	2	1	1	1	15	9
合计	6	29	6	29	40	2	10	17	5	18	113	113

政策研究

【概况】 2020年，市委政策研究室完成市委“十四五”规划建议稿起草工作，《淮北市科技创新催生产业发展新动能》获评中国改革（2020）典型案例，《根治“难办证”问题推动治理现代化》入选2020全国创新社会治理优秀案例，市委改革办获评全国通联工作先进单位，作为安徽省辖市唯一代表在全国新时代体制机制创新引领高质量发展高层研讨会、全国地方改革观摩研修班上作改革经验介绍。

【决策信息服务】 2020年，市委政策研究室牵头和参与起草市委有关文件、市委全会报告、决议，市委主要领导会议讲话、汇报材料、署名文章等近30篇，各类信息100余篇。其中，起草的市委主要领导署名文章《突出工作重点统筹“七个关系”乘势而上推进淮北高质量转型发展》《贯彻落实好新时代党的组织路线为加快高质量转型发展提供坚强保障》分别在《安徽工作》《安徽党的建设》上刊发，《淮北市打造全国林长制改革示范区先行区样板》在《安徽改革情况工作交流》上刊发。

【课题调研】 2020年，市委政策研究室围绕全市改革发展稳定的战略性、全局性、方向性问题以及群众反映强烈的热点难点问题开展调研，形成调研课题13项。聚焦习近平总书记考察安徽关注点，组织开展加快淮北市陶铝新材料产业发展与红色文化保护和利用专题调研。围绕医疗卫生、生态环保、交通出行等群众关心关注的重点问题，先后形成《以疫情防控倒逼医药卫生体制改革再深化——关于淮北市深化综合医改的调查与思考》《关于我市地表水质量有关情况的调研报告》《关于我市大气污染治理情况的调查报告》《关于我市主城区小学周边交通拥堵问题情况的调查报告》《关于进一步加强淮北市和上海市交流合作的调研报告》等调研成果。

【深化改革探索】 2020年，市委改革办纵深推进重点领域改革，打造一批具有淮北特色的改革品牌，淮北市全面深化改革工作连续四年蝉联全省第一。扎实推进改革试点，新型智慧城市建设等41项国家级、34项省级改革试点取得重大进展，推进62项改革任务。其中，市县媒体深入融合发展相关做法被中宣部《宣传工作》《新闻工作专报》刊发推介，入选中宣部《宣传文化思想工作案例》；房企破产和解“淮北模式”写入最高人民法院工作报告，拓展公益诉讼范围典型案例入选最高人民检察院《公益诉讼指导性案例实务指引》。加强改革督察，搭建“互联网+改革督察考核”（淮E督）平台，相关经验总结形成《淮北市智慧督察考核促进改革落实数据跑路为基层减负增效》信息，在《安徽改革情况工作交流》上刊发。

【党建工作】 2020年，市委党建办制定2019年度市管领导班子和领导干部党建考核指标16大类54项。强化对全市党的建设工作系统谋划、统筹协调、督促落实，承办市委党的建设工作领导小组会议，开展党（工）委书记抓党的建设工作述职评议会相关工作。推进2020年度党建重点课题研究成果评比活动，完成40家单位49项党建课题的修改完善工作。加强对新时代党的建设重大理论和现实问题研究，起草完成《擦亮红色名片砥砺初心使命》，并上报省委办公厅。

【财经工作】 2020年，市委财经办围绕加快淮北市“四基一高一大”战新产业发展开展调研，形成《关于安徽（淮北）新型煤化工合成材料基地建设发展情况报告》《关于我市实施产业链“链长制”的有关建议》，及时呈报省委书记李锦斌阅示。针对新冠肺炎疫情发生、企业停工停产对淮北市经济运行带来的冲击和影响，通过线上调研方式，起草《新冠肺炎疫情对全市工业经济影响的初步分析及建议》，提出做好重点企业帮扶、加快企业复工复产等举措。围绕谋划“十四五”发展，组织人员深入县区、市直部门和部分企业开展一系列调研，形成《助力“十四五”规划编制引领淮北加快转型崛起》《关于编制“十四五”时期经济高质量发展规划建议》等材料。

【党刊编印】 2020年，市委政策研究室编印发行《淮北工作》6期，刊发各类文章100余篇、图片300多张，约26万字。刊发《十九届五中全会公报要点》《从民法典观习近平眼中的“中国之治”》等文章；注重发挥党刊政治舆论引导作用，刊发《淬炼忠诚砥砺初心勇担使命凝聚推动淮北高质量转型崛起强大动力》等文章；加强党建工作典型经验宣传，刊发《临涣镇坚持党建引领“三地”并重探索乡村治理新模式》等文章。围绕全面建成小康社会，专设《专题策划》栏目，集中刊发县区全年工作思路；围绕统筹推进疫情防控和经济社会发展，设置新冠疫情专栏，刊发《我市统筹推进企业疫情防控和复工复产综述》等文章；聚焦贯彻落实习近平总书记考察安徽重要讲话指示精神，在第5期集中刊发市、县（区）贯彻落实举措。

（郑　征）

机构和人员编制管理

【机构职能体系建设】 2020年，市委机构编制委员会办公室（以下简称“市委编办”）开展机构改革工作“回头看”。3月，牵头会同组织、人社、财政等部门组成2个督查组，督查各县区和市直涉改的新组建、重新组建及职能机构调整变化较大部门的机构改革情况。完成经济发达镇申报工作。调查统计全市18个镇的常住人口、常住人口城镇化率、公共财政收入，以及历史文化名镇等特色小镇建设等情况，对照申报认定标准，梳理出综合实力较强的镇进行申报。12月，省委编办批复同意将临涣镇、双堆集镇纳入省经济发达镇行政管理体制改革范围。

【综合执法改革】 2020年，市委编办完成交通运输、文化市场、农业、生态环境和市场监管等五大领域综合行政执法改革工作，减少执法层级，实现“一个领域一支队伍”，执法机构、职能和人员全部整合到位。“淮北市深化综合行政执法改革打造基层社会治理新样板”入选市2020年基层治理创新优秀案例，并被中央编办、省委编办网站刊登报道。省委改革办《安徽改革情况》49期专刊作典型经验介绍，淮北市作为全省唯一一家规范综合执法改革试点市被省委编办推荐上报中央编办。

【清单制度体系建设】 2020年7月，市委编办制定出台《淮北市权责清单动态调整管理办法》，建立即时动态与年度集中调整相结合的权责清单动态管理体制。即时动态调整市商务局权责事项4项，市林业局1项。发布市级公共服务和行政权力中介服务清单目录（2019年本）。全市71家单位调整规范后共有公共服务事项1484项，中介服务事项187项。统一规范市和县（区）级依职权类权力事项，市级32家单位共认领2807项（行政处罚2679条，行政强制128条）。推进开发区赋权清单工作，指导市发展和改革委员会等8家单位采用委托的方式共向市高新区赋权40条。其中，行政审批15条，其他权力25条。

【事业单位改革】 2020年，市委编办按照事企分开的原则，印发《淮北市2020年经营类事业单位改革工作方案》《关于加快推进经营类事业单位改革的通知》。指导改革任务较重的濉溪县创新建立起日报、周报、月报和工作提示函的“三报一函”工作督导机制，全面完成县（区）33家经营类事业单位改革任务，改革过程平稳有序，改革经验做法获市委主要领导批示肯定。加大公益性事业单位改革力度，撤销小弱散事业单位31家，新设事业单位13家，进一步优化事业单位布局结构。健全疾病预防控制体系，在三区分别设立区级疾病预防控制中心，明确市区疾控中心职责分工，确定疾控机构编制标准，为市疾病预防控制中心增加事业编制14名，从市本级待分配事业编制总量中下划给三区事业编制14名。

【深化编制周转池制度建设】 2020年，市委编办按照“一院一策”的原则，督促指导市卫健委、县委编办加快公立医院周转池编制人员向自建池流转，完成全市5家公立医院289名周转池编制人员向自建池流动工作。报经省批复同意全市2020年度周转池编制使用计划323名，下达市直公立医院224名社会化控制员额。推动教育部门加大农村小规模学校优化整合力度，全市农村小规模学校和教学点由89所降至65所，减少24所，降幅达27%。联合印发《关于进一步挖潜创新加强中小学教职工管理的实施意见》。

（诸葛瑞莹）

市直机关党建

【概况】 2020年，市直机关工委管理直属党组织77个，包括65个机关事业单位党组织、12个国有企业党组织，共有基层党支部541个、党员12141名。

【全省机关党建工作研讨会在淮北召开】 2020年11月26—27日，全省机关党建工作研讨会在淮北市召开，全省16个市及部分县（市、区）直机关工委的负责人及省直机关工委相关处室人员共70余人参加会议。市委书记黄晓武到会致辞，省直机关工委书记朱斌出席会议并讲话，市委副书记朱浩东参加会议，会议由省直机关工委副书记李友平主持，合肥等8市、县（市）直机关工委负责人作交流发言。与会人员还实地观摩淮北市党建标准化建设示范点——淮北市中级人民法院，学习其“抓党建带队建强审判促崛起”的先进经验。

【机关党的政治和思想建设】 2020年，市直机关工委推深做实习近平新时代中国特色社会主义思想学习。开展“举旗帜、送理论”活动，举办中共十九届四中全会精神宣讲22场；成立市直机关理论宣讲团，举行中共十九届五中全会宣讲3场。围绕中央和省委、市委重大决策部署及党员普遍关心的热点问题，开展党员思想状况调研活动，形成《市直机关党员思想动态调研报告》，做深做实思想政治工作。严格落实意识形态工作责任制。加强对市直机关党建网站和微信公众号的建设和管理，严格落实机关党建网站和微信公众号信息推送制度。

【基层党组织建设】 2020年，市直机关工委从严落实党建主体责任，以市委名义组织召开市直机关党的建设工作会议，开展2019年度直属党组织书记抓基层党建述职评议。健全完善市直机关党的工作统一领导机制，指导督促各单位党组（党委）落实机关党建主体责任，班子成员履行“一岗双责”。开展“政治机关意识”教育。开展机关党建大调研活动，工委领导班子分头带队深入基层党组织调研，撰写《破解两张皮，必须化软指标为硬任务》《提升组织力，建强党支部》《加强分类指导，提高基层党建工作的精准性和有效性》。加强基层党组织换届指导，39个直属党组织、170个所属党支部完成换届改选工作。从优秀中青年干部中选拔党务干部，专职副书记平均年龄降至47岁，95%以上具有大学本科以上学历。制定《市直机关工委关于进一步激励干部“敢担当、善作为、勇进取”实施意见》。举办党务干部培训班2期、党支部书记轮训班4期。全年发展党员202名，培养入党积极分子680名；举办入党积极分子培训班4期，对516名入党积极分子进行入党前培训。落实“五个必谈”（即党员、职工工作成绩相对突出时必谈，党员、职工工作出现失误或相对落后时必谈，党员、职工工作生活有困难时必谈，党员、职工之间出现矛盾摩擦时必谈，党员、职工内部出现突发性或倾向性时必谈）制度，走访慰问党员478名，断增强党组织的向心力。持续坚持“建、管、用”相结合和“六有”（有设施、有标志、有党旗、有书报、有制度、有台账）标准，建设党员活动阵地。制定市直机关基层党组织标准化建设“任务书”“路线图”“时间表”，对直属党组织标准化建设进行验收，市直机关基层党组织合格率100%，实现“一年推广打基础，二年深化出成效、三年全面上台阶”的目标。

【机关党员队伍建设】 2020年，市直机关工委组织开展党员过“政治生日”活动，组织党员到爱国主义教育基地学习参观。开展市直机关党员干部宪法知识测试活动，近万名党员参加测试。结合建党99周年，推出“七个一”系列活动，开展“我身边的共产党员”微视频大赛、“庆七一、颂党恩”演讲比赛、“不忘初心跟党走、牢记使命争先锋”主题党日、“庆祝新中国成立71周年歌咏大会”等活动。购买《习近平谈治国理政》第三卷、《习近平新时代中国特色社会主义思想学习问答》等10920册，发到每名党员手中。推动远程教育，建成互联网终端接收站点187个。推进学习强国平台使用，在线党员干部1.3万余名。

【机关党风廉政建设】 2020年，市直机关工委开展“三个以案”警示教育，工委成立4个督导组对市直单位的专题民主生活会进行督导。市直机关党组织主动查摆问题138个，制定整改措施84条。严格落实中央八项规定及其实施细则精神。开展“党员先锋岗”“党员示范窗口”“党员先锋号”等共产党员示范活动。制定并印发《市直机关节俭开展党建活动实施意见》、《市直机关党费管理使用办法》和《市直机关工委制度汇编》。深化运用“四种形态”，严格案件审理审批，全年审理违纪案件15件，给予4人党纪处分并召开专题组织生活会。

【党建信息化建设】 2020年，市直机关工委利用微信公众号和机关党建网站开设网上党校，制作、播放党员教育专题教育片；举办党史党建和国情知识网上竞答活动1期，中国碳谷·绿金淮北市情知识有奖问答1期。打造党建微阵地，开办“党员讲党课”。每名党员都是党课主讲人，推动市直机关党员干部利用碎片化时间学习党的知识，破解部分支部党员岗位分散、难集中学习的难题。

【党建品牌培育】 2020年，市直机关各单位继续按照“一单位一品牌”要求，培育党建品牌达148个，其中，市检察院打造具有检察特色的党建品牌12个。市总工会党总支在非公企业推行支部书记、工会主席“一肩挑”“双培养”，成为省、市非公党建双优示范点。市出租车行业协会党支部“党员一带十”，成立特色车队，提升服务水平，被省委授予“全省先进基层党组织”称号。

【模范机关建设】 2020年，市直机关工委召开建设模范机关推进会，出台《市直单位“模范机关”创建举措》，聚焦“六个过硬”（政治过硬、思想过硬、组织过硬、作风过硬、能力过硬、服务过硬）目标，突出“六性”（政治性、融合性、规范性、创新性、纯洁性、积极性）要求，确保建设模范机关工作开好局、起好步。制定27条创建措施，推动建设模范机关进一步走深做实。借鉴先进城市经验，着力解决好创建模范机关考核的“考什么”“怎么考”“谁考评”、结果“怎么用”等问题，不断把创建模范机关工作推向高潮。

【志愿帮扶工作】 2020年，市直机关工委组织开展直属党组织与帮扶村、帮扶社区结对帮扶活动，推进城乡共建。统筹做好“大工委”工作，62个直属党组织与所在社区街道签署“共驻共建”协议，9000多名在职党员到居住地社区报到，利用节假日为群众办实事、办好事3000多件。融入打赢扶贫攻坚战，选拔优秀党员干部驻点扶贫，举办市直机关扶贫工作成就图片展览。开展党费助学活动，资助考上大学的生活困难党员子女11名，救助困难职工32名。组织67个党员志愿者服务队，全年不间断开展志愿服务活动。牵头培育“劳模创新工作室”6个，打造成优秀党员的“成长站”、技术人才的“孵化器”、创新工作的“发动机”，培养近百名各类优秀人才。市直机关各级党组织和广大党员全力投入到疫情防控工作中，排查电话号码2.6万余个。万余名党员干部参加“三报到”工作，全市113个城市社区、439个居民小区、8000多个楼栋、

58 万多常住人口全部纳入防控体系，构筑“全方位、全覆盖、全天候”疫情防控格局。市直机关党员干部带头捐款，累计捐款 88.09 万元；下拨专项党费 20 万元，为抗击疫情提供保障。参加全市“双抓双胜利”督导，到企业进行防疫、复工点对点指导。

（李　宸）

巡察工作

【深化政治巡察】 2020 年，市委聚焦党委（党组）职能责任特别是领导责任，围绕“三个聚焦”深化政治监督，扎实推动巡察工作高质量发展。坚持市、县（区）巡察工作一体谋划、一体部署、一体推进。市委先后 8 次召开常委会、书记专题会议、巡察工作领导小组会议听取巡察工作情况汇报。市委书记履行第一责任人责任，直接点人点事点问题 44 件。

【巡察全覆盖】 2020 年，市委对 25 家党组织开展常规巡察，对全市营商环境开展专项巡察，对淮北职业技术学院开展授权巡视，对 2 个建档立卡贫困村开展脱贫攻坚专项巡察“回头看”，实现第八届市委巡察全覆盖。结合即将开展的乡镇党委换届，启动八届市委第十四轮巡察，对 7 个乡镇开展巡察“回头看”。年内，八届市委开展 3 轮巡察，共发现问题 917 个，移交问题线索 39 件。八届市委前 12 轮巡察共发现问题 3975 个，移交问题线索 815 件。

【巡察上下联动】 2020 年，市委加强市县区巡察上下联动，做好教育和公安系统的专项巡察联动。加强对县区巡察工作指导督导，开展县区巡察工作专项检查。推进巡察监督与其他监督贯通融合，落实市委巡察机构与市纪委监委有关部门协作配合机制；加强与组织、宣传部门的协调配合，巡察时同步开展选人用人和意识形态专项检查。

【巡察成果运用】 2020 年，市委巡察工作领导小组组织负责人参加被巡察单位反馈会。出台《市委巡察整改工作成效评估实施办法》，督促被巡察党组织履行好整改主体责任。进一步规范巡察反馈、移交、公开等环节，督促被巡察党组织及时制定整改方案，建立问题和意见建议台账，全程挂单整改。建立健全日常督办、专项整治、集中督查相结合的“纪巡联动”整改机制。截至年底，市委前 12 轮巡察反馈的 3975 个问题，到期已整改完成 3890 个；移交问题线索 815 件，已办理 731 件。

【巡察队伍建设】 2020 年，淮北市每轮巡察均从组织、纪检、财政、审计等部门抽调专业骨干，全年抽调 30 名纪检监察干部、29 名组工干部、24 名熟悉财政审计业务的专业人员参加巡察。推进规范化建设，以接受中央巡视指导督导为契机，进一步细化规范巡察工作流程。加强纪律作风建设，严明纪律作风，严守职责边界，把依规依纪依法要求落实到巡察工作全过程。

（张　强）

老干部工作

【概况】 2020 年，全市有离休干部 272 名，其中机关事业单位离休干部 189 名，企业离休干部 83 名。全市退休干部 17387 名，退休地厅级干部 65 名，退休县处级干部 1015 人。

【离退休干部党建工作】 2020 年，市委老干部局建立完善专题辅导、巡回宣讲、支部学习等制度。推进离退休干部党建活动共享基地建设，社区扩大建立“社区老党员e站”，创新“党建+主题活动+志愿服务”模式。利用好“开放式党校”和巩固好“家庭党校”品牌优势。加强微信党校建设，探索运用互联网技术和信息化手段加强离退休干部党建工作。协调做好离退休干部党支部设置及离退休干部党支部书记、委员的工作补贴落实工作。开展离退休示范支部和银辉先锋选树活动。召开全市离退休干部党建工作推进会暨党支部骨干和老干部工作者业务培训班，表彰示范党支部11个和银辉先锋60名。10月，联合市委组织部、市退役军人事务局在相山公园开放式党校举办“战役”里的银辉先锋先进事迹报告会暨“不忘初心跟党　走牢记使命勇担当”主题党日活动，宣传正能量活动中涌现出的先进典型、先进事迹。推动社区成立老干部思想教育阵地，11月，全市首家“老党员驿站”在相山区南黎街道锦华苑社区揭牌创立，与市税务局联合打造离退休干部党建共享基地。

【老干部政治待遇落实】　2020年，淮北市坚持市委常委联系和走访老干部制度。春节前夕，每位常委分别登门走访慰问市级老干部和高层次专家人才，实现70余名地市级离退休干部全覆盖。市委主要领导到医院看望慰问生病住院的老干部。1月，举行全市离退休干部迎春茶话会，市委书记、市人大常委会主任黄晓武参加茶话会并致辞。5月、10月两次开展老干部“看淮北”活动，市领导陪同30多名地市级老干部实地观摩淮北市部分重点项目和企业的生产运营及建设情况。7月，举办“举旗帜、送理论”离退休干部报告会，学习贯彻全国“两会”精神。9月，举办全市离退休干部学习贯彻习近平总书记考察安徽重要讲话精神专题报告会。11月，开展离退休干部主题党日活动，举办全市离退休干部学习贯彻中共十九届五中全会精神报告会，邀请市委党校副教授廖锋解读中共十九届五中全会精神。举办全市老干部形势通报会。

【老干部生活待遇落实】　2020年，全市老干部系统巩固和完善离休干部“三个机制”（离休费保障机制、医疗费保障机制、财政支持机制），推进调整后的离休干部用药目录的落实，改进离休干部服务管理措施。完善离休干部就医绿色通道，实现离休干部就医“五有一化”（有一条就医绿色通道、有一支家庭医生签约服务团队、有一批定点签单药店、有一套医药周转费补助办法、有一套监督落实保障制度、优化离休干部医药费报销渠道）。7月、12月，分别开展“夏送清凉”“冬送温暖”活动，走访慰问离休干部。11月，看望慰问久居外地和异地（北京、上海、南京等地）安置老干部，每人发放1000元慰问金。市直和县（区）对异地安置老干部也进行普遍慰问。市委组织部、市委老干部局联合推出关心关爱“干部光荣退休”8项举措，举办新退休干部集体荣退仪式。按照“三不变”（组织关系、服务管理、待遇落实不变）的原则，引导退休干部主动融入社区，聚焦老干部作用向社区发挥，破解老干部工作“四就近”（就近学习、就近活动、就近得到关心照顾、就近发挥作用）难题。建立离退休干部服务管理系统，举办全市离退休干部服务管理系统培训班，打造“互联网+党建+服务+管理”的老干部工作信息平台。10月15日，全省老干部信息化工作现场会（北片区）在淮北市召开。

【老干部活动平台建设】　2020年，市委老干部局进一步加强活动平台建设，基础设施建设，完善服务功能，改善办学和活动条件，优化服务环境。进一步加强老年大学临时党委建设、志愿者队伍建设，以加强思想教育为先，强化教学服务管理，完善服务功能，利用好、发挥好学习活动阵地的重要作用。争创全省省级示范老年大学（学校）。市退休干部和市委老干部局联合创作的黄

2020年11月4日，淮北市首家"老党员驿站"揭牌仪式举行
（李飞燕　摄）

梅大鼓《赞淮北》参加全市春节团拜会演出。开展艺术共建、进社区、开放式党校等文艺活动。开展"携手风雨五十载，共谱军旅金婚情"军民共建活动。

【老干部优势发挥】　2020年，市委老干部局围绕庆祝建党99周年，建市60周年，开展"不忘初心跟党走　牢记使命勇担当"、"银辉创城"、"奋进新时代，逐梦新征程"、"五个一"正能量活动。活动共收到老干部征文、书画、摄影等优秀作品350余件（篇），评选出220余幅书画、摄影优秀作品。编发《转型崛起、银辉添彩》正能量书画摄影优秀作品集。全市老干部主动联系单位和所在社区，成立银辉志愿服务队，深入社区村镇参与一线疫情防控值守；积极捐款捐物，最高个人捐款捐物达6万元；深入疫情一线，拍摄抗疫镜头，记录抗疫动人影像。市委老干部局和银辉志愿者联合创作的抗疫歌曲《加油中国、加油武汉》和老干部系统多篇抗疫宣传报道登上学习强国、中国网、中国老年大学官网等媒体。其中《加油中国、加油武汉》成为点击量最高的抗疫歌曲。9月，举办"同心共建文明城、文明实践我先行"银辉志愿服务授旗仪式，百名银辉志愿者每天在全市10余个志愿服务点开展志愿服务活动。全市老干部系统组织开展"我看脱贫攻坚新成就"专题调研活动，共召开专题座谈会46场，参加座谈老干部270余名。

【关心下一代工作】　2020年，市关工委以习近平总书记系列重要讲话为重点开展集体学习10余次，召开全市关工系统学习习近平总书记考察安徽重要讲话精神报告会、学习贯彻中共十九届五中全会精神报告会。全市共有"五老"人员10535人，其中老干部1946人，老战士1673人，老教师3375人，老专家337人，老模范668人，其他类2536人。市关工委老干部发挥"五老"优势，坚持"党建带关建"，创建"红色淮海报告团"。持续开展"放飞中国梦"系列主题教育活动。结合建市60周年，与团市委、市住建局联合组织开展以"童心同行同筑梦"为主题的"庆六一看隧道游新城爱家乡"活动。开展"脱贫攻坚、关工助力"、"小手拉大手"文明创建等工作。连续10年举办"党是阳光我是苗"书画大赛，统筹推进"法治护航青春""五老网吧啄木鸟"系列品牌活动。

（李飞燕）

文明创建

【概况】　2020年，淮北市蝉联"全国文明城市"。全市获全国文明村镇、全国文明单位、全国文明家庭、全国文明校园、全国未成年人思想道德建设工作先进单位等15项"国字号"荣誉。出台淮北市精神文明建设领域法规《淮北市文明

2020年11月20日，第七届全国道德模范故事汇基层巡演走进淮北
（市文明办　供图）

行为促进条例》，以及《淮北市新时代文明单位管理办法》《淮北市礼遇和帮扶道德模范、身边好人实施意见》。首次承办中央文明办、中国文联举办的全国道德模范故事汇基层巡演活动。截至2020年底，累计有165人荣登“中国好人”榜，位居全国地市前列，当年入选“中国好人”人数位居全省第二。

【新时代文明实践中心建设】　2020年，淮北市制定《新时代文明实践标准化操作手册》，形成“开门询单、中心制单、群众点单、志愿接单、社会评单”等文明实践工作机制，推进基层所（站）“七有”（有阵地、有计划、有队伍、有制度、有教材、有记录、有成效）标准化建设，评选出40个新时代文明实践示范所（站）。淮北市被中宣部、中央文明办列为全国第二批新时代文明实践试点地区。《淮北推动新时代文明实践中心共建共享》被中宣部《宣传工作》第29期采用，入选淮北市庆祝新中国成立70周年改革创新案例。在全省首批建成市级新时代文明实践智慧云平台，形成“南有黄山、北有淮北”的示范引领格局。新时代文明实践中心、融媒体中心“两个中心”一起建的做法受到省委宣传部、省文明办的肯定，省委常委、宣传部部长陶明伦作出重要批示。

【未成年人思想道德建设】　2020年，市文明办开展“疫情期间青少年心理健康教育”进校园系列活动，先后组织多名心理咨询师走进市第三实验小学、市第二实验小学、杜集区双龙实验小学、烈山区实验小学等学校开办讲座，共3000余名学生聆听心理健康讲座。开展“中华经典我传承”主题教育活动，组织各中小学开设经典诵读课，坚持晨间诵读、每日一诵等活动。开展“扣好人生第一粒扣子”主题教育实践活动及优秀童谣征集活动，评选出50首优秀童谣作品。开展“新时代好少年”评选表彰和学习宣传活动，评出闫梓恩等10名新时代好少年。开展道德模范、身边好人巡演进校园活动，淮北市“道德模范、身边好人”先进事迹宣讲进校园，先后走进杜集区双龙实验小学、人民路学校、烈山区第一实验小学、濉溪县实验学校、相山区太阳城学校。

市教育局推动未成年人思想道德建设“家校社共育”，打造以家庭教育为基础、学校教育为主阵地、社会教育为重要补充的“三位一体”教育网络。举办淮北市首届小学校长道德与法治课堂教学展示活动，开展“学习新思想、同上一堂课”思政课同课异构教学研讨活动，成立淮北市思政课新课标新教材核心备课组。组织开展“学习新思想、做好接班人”主题活动，完善中小学“道德课堂”，定期举办中华经典诵读、“清明祭英烈”、“争做美德少年”、“向国旗敬礼”等活动，打造“爱廉说”演讲辩论赛、“成人宣誓日”、“我的价值观”等特色德育品牌。组织开展“阳光成长”心理健康教育活动，开展辅导教育40多场，参与人数达7000余人次。组织开展第二届全国文明校园创建活动，新增全国文明校园2所。

【群众性精神文明创建】 2020年，市文明办制定下发《2020年全市文明创建六大提升行动实施方案》。市文明委领导“行走淮北”督查60余次，召开文明创建工作调度会、推进会12次，开展淮北市文明创建模拟测评4次，开展复查测评2次，牵头召开全市精神文明建设联席会议4次，开展全市“全国文明城市创建业务培训会”、“2020年全国文明城市网上申报材料培训会”等“1+X”业务培训5次，指导三区、市直单位针对创建全国文明城市开展业务培训7次，督促各责任单位整改问题1533个。

文明单位创建方面。制定出台《淮北市新时代文明单位管理办法》，开展“我心中的文明单位”群众评议活动，6家单位获评第六届全国文明单位，12家单位通过全国文明单位复查，70家单位获评安徽省文明单位，277家单位获评淮北市文明单位，推荐5类10家单位为安徽省文明单位品牌，相山区东山街道翰林社区获评第四批安徽省文明单位创建品牌，培育安徽陶铝新材料研究院等24家非公企业为市级文明单位。以“十星级文明户”“好婆婆”“好媳妇”等文明评选活动带动文明村镇创建，县区级以上文明村镇占比达60.49%，5个村镇入选第六届全国文明村镇，29个村镇入选第五届安徽省文明村镇。

2020年1月12日，市文明办深入村居开展《淮北市文明行为促进条例》宣讲 （市文明办 供图）

文明家庭创建方面。联合市妇联开展寻找淮北市最美家庭、文明家庭活动。依托淮北文明网、文明淮北等媒体大力宣传好家风、好家教、好家训案例。把培育和践行社会主义核心价值观贯穿于文明家庭创建动中，1户家庭获评全国文明家庭。

【志愿服务】 2020年，市文明办建成淮北市志愿服务中心，构建市、县区、镇街和社区（村）四级志愿服务网络，推进“互联网+志愿服务”。全市注册志愿者人数达31.8万人，占常住人口比例达14.5%，提前完成中央文明办要求2020年前达到13%的目标任务。建成志愿服务站（点）397个、志愿服务组织351个，建立一支3400余人的文明实践志愿者队伍，培育好人联盟、法律援助、环保“自”造等30支志愿服务队。在全市开展两个1000志愿服务活动，分别在市辖三区举办全国文明城市问卷调查起点仪式，发布《文明与你同行创建从我做起——致全体市民的一封信》等宣传资料10万余份，倡导广大志愿服务组织和志愿者主动践行垃圾分类、一盔一带、文明劝导、保护环境等志愿服务活动，参与活动20万人次。举办淮北市第二届新时代志愿服务项目大赛，“乡村小喇叭”志愿服务项目等19个项目获奖。4.2万名志愿者、364个志愿服务组织、1200支志愿服务队积极参与疫情防控，被《人民日报》、《光明日报》、“学习强国”等媒体宣传。入选全国学雷锋志愿服务“四个100”先进典型5个，位居全省第一。“春芽”志愿服务项目获评全国最佳志愿服务项目。市人民医院千里志愿服务队、相山区幸福社区、“绿金教育”和“幸福来敲门”7个志愿服务组织或项目获评省十佳学雷锋志愿服务优秀典型。“三免的哥”志愿服务车队等被《人民日报》、《光明日报》、新华社、人民网、“学习强国”等媒体刊载报道。

【农村精神文明建设】 2020年，市文明办组织泗州戏《要彩礼》、大鼓《报母恩》、小品《拆墙》等移风易俗主题文艺节目在基层巡演60余场，推动85%以上的红白理事会发挥作用，确立王堰村等示范村、“二路四镇”示范走廊、“我是大总”移风易俗品牌，全年有3000多户家庭取消大操大办计划。在全省率先发布制止餐饮浪费行为倡议书，被安徽省文明网公众号转发。开展“光盘行动拒绝浪费”“厉行节约、反对浪费”等新时代文明主题实践活动，全方位推进制止餐饮浪费行为，典型做法被《光明日报》、中国文明网、《中国妇女报》、安徽电视台等媒体报道。开展“我们的节日”主题文化活动，春节、元宵节、清明节采取线上组织的方式，通过“绿金淮北”App进行直播，收看观众达8万余人，点赞数1.5万次。

（马　春）

目标管理与督查

【制定年度目标任务】 2020年，市委督查考核办公室制定年度全市责任单位目标任务考核体系，考核体系经报市目标管理委员会、市政府常务会、市委常委会审定，及时予以发布。组织实施2019年度目标管理绩效考核结果评定工作，规范有序、科学公正，考核结果经报市目标管理委员会、市政府常务会、市委常委会审定，及时向县区（园区）、市直党政部门和驻淮北单位公布。

【督查工作】 2020年，市委督查考核办公室聚焦省委、省政府及市委、市政府重大决策部署和《政府工作报告》确定的目标任务及年度重点工作，推进疫情防控、“六稳”（稳就业、稳金融、稳外贸、稳外资、稳投资、稳预期）“六保”（保居民就业、保基本民生、保市场主体、保粮食能源安全、保产业链供应链稳定、保基层运转）等各项重大决策部署和重点工作开展，形成督查考核通报11期；持续做好国务院第六次大督查反馈问题整改工作；报送省政府信息系统交办事项落实情况100余条。统筹规范督查检查考核工作，印发《2020年督查检查考核计划》，全市督查检查考核事项报备45项。开展招商引资、秸秆禁烧、大气污染防治、地方政府债券资金使用、第七次全国人口普查等重点工作落实情况的专项督查督办。围绕市高新区、煤化工基地、三区开发区等专题会议议定事项和市领导批示件落实情况开展督查调度。

【网友留言督办】 2020年，市委督查考核办公室做好安徽省“互联网＋督查”平台交办问题线索办理工作和人民网网民给省委书记、市委书记留言办理工作，全年办理“互联网＋督查”平台交办问题线索52件，办理留言904件，重点解决网民反映强烈的房地产延迟交房、房屋质量、小区物业管理、城市基础设施、环境污染、拆迁安置等热点难点问题。

【议案建议提案落实与办理】 2020年，市委督查考核办公室规范人大议案、建议和政协提案办理，召开年度交办工作会议，做好人大议案、建议和政协提案交办督办工作。在市十六届人大三次会议上，共收到人大代表议案3件、重点建议12件、一般建议190件，共计205件，所提议案建议办结率100%；从收到的反馈意见来看，满意或基本满意率为100%。市政协十届三次会议期间，各民主党派、团体、界别和政协委员共提出提案166件，提案办结率100%；从委员反馈

2020年12月29日，市委党校举办学习党的十九届五中全会精神宣讲报告会　（市委党校　供图）

情况看，满意率和基本满意率达到99%以上。协办省十三届人大三次会议代表建议8件。

（唐怀鼎）

党校教育

【理论宣讲】　2020年，市委党校成立党校宣讲团，组织教师围绕习近平新时代中国特色社会主义思想和中共十九大精神，准备宣讲课件，传播党和政府声音，教学专题《纪律务实担当——从决胜淮海历史中汲取奋进力量》被中宣部表彰为优秀理论宣讲报告。全年开展基层理论宣讲80余场，受众5000余人次。

【教育培训】　2020年，市委党校坚持把习近平新时代中国特色社会主义思想作为教学的中心内容和首要任务，及时将习近平总书记考察安徽重要讲话精神、《习近平谈治国理政》第三卷内容纳入教学专题。全年举办主体班13期，培训学员694人次。与市委组织部、市财政局等市直部门联合办班13期，培训党员干部1422人次。主体班理论教育和党性教育专题占88%，其中党性教育专题占45%。建立以培训需求为导向的教学专题更新机制，形成以中国特色社会主义理论体系教育为中心，加强理论基础、世界眼光、战略思维、党性修养四个方面内容的教学布局。邀请市领导和有关部门主要负责人到校作专题报告，广泛运用案例式、研讨式、模拟式、辩论式等教学方式，利用手机客户端开设“微课堂”，运用互联网技术连接学习强国平台开展线上学习，与“开放式党校”实现双向互通。“着力推进‘四个监督’全覆盖”和“新中国成立前后稳定物价的斗争及启示”两个教学专题在全省党校系统教学比赛中分别获一等奖、三等奖。

【理论研究】　2020年，市委党校发表市级以上理论文章55篇，其中1篇B类（《创新驱动发展的理论逻辑与国际经验》），7篇C类，47篇D类。课题立项27个，其中省部级课题3个，市厅级课题14个，市领导圈定校级重点课题10个。编印校刊《知行论丛》1期，“淮北市党建引领信用村建设研究”“淮北市重大疫情防控体制机制研究”“淮北市工业经济实现高质量发展问题研究”“淮北市推动产业高质量转型发展的时间与思考”“淮北市红色历史文化开发研究”5个课题得到市委领导批示，学员参与的《构建综合防控体系呵护青少年视力健康》《践行新发展理念加快淮北高质量转型发展》2篇咨政报告得到市委领导批示。

【科研资政】　2020年，市委党校加强与市委政研室、市委组织部、市委党史和地方志研究室、市政府研究室等单位科研合作，从淮北市经济社会发展实际出发，以解决淮北市发展中遇到的问题为导向，为市委、市政府决策提供参考。举办科研咨政报告会，邀请省委党校（安徽行政学院）科研处处长潘理权博士进行专题讲授。全年编写呈送《领导参考》10期，《咨政报告》2期。其中《淮北市工业经济实现高质量发展问题研究》《淮北市党建引领信用村建设研究》等2篇调研报告得到市委领导批示。

（代　月）

党史　地方志

【党史编研】　2020年，市委党史和地方志研究室编纂完成《中国共产党安徽省淮北历史（1978—2002）（第三卷）》初稿，30余万字。此书主要反映改革开放和社会主义现代化建设新时期，市委带领全市人民以经济建设为中心、富民强市的不懈奋斗史；完成《中国共产党安徽省淮北市组织史（第二卷）》初稿，30万字；《“小推车”精神研究（上下册）》由中国文史出版社出版，近40万字。收入淮北及周边地区有关淮海战役支前的研究成果、支前文献等内容；出版《淮北市改革开放新时期文献资料选编（第二辑）》，约28万字，收录1982年1月至1984年12月间的重要文献资料47篇。

撰写完成安徽省委党校课题“力量之源：淮海战役中党的群众路线的生动实践”之“淮海战役人民支前在安徽淮北的生动实践”和访谈录《淮海战役第一功——访粟裕秘书鞠开》。10月28日，在首届红色文化论坛上，淮北市作为全国唯一地级市，在大会上作《“小推车”精神的内涵与历史启示》交流发言。

【地方志工作】　2020年，市委党史和地方志研究室继续开展志书资料年报工作，收集2019年度资料约50万字。10月，下发《关于进一步推进镇村志编纂工作的通知》，推动全市镇村志编纂工作，一县三区共启动2个镇、2个村编修工作，继续加强对《临涣镇志》《柳孜村志》《土型村志》等业务指导；组建地方志人才库，吸纳更多社会力量参与地方志工作。9月，《淮北年鉴（2020）》由黄山书社出版发行，全书72万字，设类目35个、分目220个、条目1336个，随文图片100余张，图表50余幅，全面反映淮北市2019年度政治、经济、社会、文化、生态和党的建设等方面的基本情况、发展变化及主要成就。截至9月底，市本级及一县三区综合年鉴全部出版发行，在全省率先完成“一年一鉴、公开出版”工作任务，受到市委书记黄晓武的批示和省院的多次表扬；及时总结工作经验，进一步完善年鉴编纂出版管理机制，制定《淮北市综合年鉴编纂业务精准管理工作流程》。

2020年9月16日，市委党史和地方志研究室向市民赠阅史志书籍
（林琳　摄）

【地情资源开发与利用】 2020年，市委党史和地方志研究室编纂出版《淮北往事——寻找建市以来的“第一”》，全书共计10万字，是第一部反映建市60年来全市人民不断探索、不断创新的历史资料。编纂出版《淮北记录2020年大事记》，全书约8万字，插图72幅，重点整理全市抗击新型冠状病毒肺炎大事内容。《淮北风物志》《淮北柳孜遗址志》《淮北诗文集萃》由中国文史出版社出版发行。编印《淮北史志》（第3—4期），共约20万字。

【史志资政研究】 2020年，市委党史和地方志研究室围绕服务全市高质量转型崛起大局，深挖史志资源，分别聚焦淮海战役“小推车”精神、与长三角地区及淮海经济区的城市历史渊源和合作发展、城市转型发展等主题，组织编印《史志参阅》17期，市委领导共作出批示5次。在全省党史和地方志机构主要负责人会议上，淮北市作《围绕党委政府工作大局充分发挥资政职能作用》的典型交流发言。参与市档案馆、城市展示馆历史、党史部分陈列设计，在“两馆”（市档案馆、城市展示馆）建设中，1人受市委、市政府通报表扬。

【史志宣传教育】 2020年，市委党史和地方志研究室先后组建“淮北市市情宣讲团”“淮海战役人民支前宣讲团”走进机关、社区、农村、企业、学校、军营开展宣讲50余场次，受教育人数3万人次。其中，“知我淮北爱我家乡”市情宣讲志愿活动获淮北市第二届新时代文明实践志愿服务项目大赛优秀奖。利用网站、微信公众号、报纸等媒体优势，拓宽宣教渠道，全年微信公众号推送109期285条信息；在《淮北日报》开设《奋进60年·我从哪里来》《追寻“小推车”的淮北印记》专栏，发布专栏文章63篇，同步在学习强国、澎湃新闻、腾讯新闻等多家大型媒体平台全文转发，累计阅读量超过10万人次；与淮北广播电视台联合录制《淮北印象》音频8期；拍摄制作《我们的英雄》淮北党史人物系列微视频6部、建市60周年宣传片《掘煤为火筑美城》；参与拍摄纪念淮海战役系列视频《不忘“推车情”》《红色茅草屋》《鏖战双堆集》3部，其中，《掘煤为火筑美城》获淮北市第四届党员教育微视频大赛暨第二届党员教育电视片观摩评比三等奖；联合举办《红色热土辉煌历程》《砥柱中流》淮北抗日战争等图片展；以“牢记党的历史、坚守初心使命、决胜全面小康”为主题，组织开展第十一个“全市党员干部党史教育日活动”；全市100多家单位开展主题党日活动，重温入党誓词，开展市情宣讲，观看党史视频，举办知识竞赛、党史图片展等党史教育活动；开展史志“六进”（进机关、进农村、进社区、进学校、进企业、进军营）活动，全年赠送史志书籍2000余册。12月，市委党史和地方志研究室获“安徽省2020年度党史宣传教育及刊物工作先进单位”称号，1人获“先进工作者”称号。

【史志信息化建设】 2020年，市委党史和地方志研究室启动数字史志馆改造升级工作，对出版的书籍进行数据深加工，首期上线图书20余部，近1.3万页，试运行上线图书35本，近2.8万页。建成全省首家网上党史馆——淮北网上党史馆，1月正式上线，共包含文字、图片100余张，视频4个，全年访问量突破20万人次。11月16日，在“长三角一体化和方志数字化发展”为主题的第二届地方志与长三角一体化论坛上，市委党史和地方志研究室就信息化工作在论坛上作经验交流发言。

（牛婷　郜快　林琳）

档案工作

【概况】 2020年，淮北市有国家综合档案馆

5家（市、县区各1家）、专业档案馆1家（市城建档案馆）。已完工或正在建设档案新馆面积33172平方米，其中市档案馆15550平方米（已启用），濉溪县8040平方米（建设中），相山区、杜集区、烈山区新馆面积分别为4000平方米（建设中）、2782平方米（未启用）、2800平方米（已启用）。全年形成《全市档案事业发展现状与若干思考》《淮北市档案干部队伍调研材料》《关于村级档案工作服务乡村振兴情况的调研》等调研报告。印发《全市档案工作重点目标任务》。形成《淮北市档案事业发展“十三五”规划纲要执行情况报告》。《不断深化改革成果,推动新时期档案工作新发展》《精准记忆扶贫全过程》等稿件在《中国档案报》、《安徽档案》、《淮北日报》、安徽档案网站上刊发。

【依法治档】 2020年，市档案局制定年度档案执法检查计划，牵头开展疫情防控材料收集归档专项档案工作督查，组织开展机关档案、建设项目档案等档案执法检查46次，发出意见建议函27份，与市保密局联合开展综合执法检查。全面梳理权责清单3项（行政处罚类1项、行政奖励类1项、其他行政权力类1项）和政务服务事项7项，全年通过平台办理事项4件，实现档案政务服务事项全程网办。组织开展“6·9”国际档案日宣传，各级档案部门通过线上线下相结合的方式，以街头宣传、主题征文、公众号推送等形式宣传。对全市机关、企事业单位开展档案工作统计。印发《关于进一步加强档案安全工作的通知》《加强档案汛期安全工作通知》，开展档案馆安全工作抽查及“回头看”23次18家。

【档案业务指导】 2020年，市档案局、市档案馆联合印发《加强疫情防控文件材料收集归档工作的通知》，召开疫情防控收集归档工作专题会议，现场指导市卫健委、市农业农村局等单位疫情防控文件材料收集归档工作。会同市扶贫局、市档案馆，深入基层调研全市精准扶贫档案工作，实地查看濉溪县铁佛镇等3镇6村及县精准扶贫九大工程牵头单位扶贫档案工作。完成新（续）建重点建设项目档案登记备案35个，组织、参与202省道改（扩）建、泉山隧道建设及闸河治理工程、沱浍河航道整治等项目档案验收4个，常态化开展建设项目档案工作现场指导。参加省档案局组织的济祁高速利淮段、淮合段项目档案预验收观摩学习。市档案局把杜集区段园镇大庄村、相山区渠沟镇徐集村纳入全省档案工作服务农村基层社会治理省级试点单位，制定工作实施方案，市、区、镇、村四级联动，形成“市指导、区主抓、镇落实、村行动”工作推进机制。召开试点工作推进会，加强试点单位村级档案工作业务指导，探索村级档案管理新方法。

【档案征集】 2020年，市档案馆面向社会发布

2020年，市直单位组织干部职工参观淮北市档案馆主题展览
（孙薛梅　摄）

档案征集公告，征集明清、民国时期、中华人民共和国成立以后档案，重点征集关于淮北市煤矿发展档案、建市以来有关实物档案、老照片。向16位热心人士和33位艺术家征集到235件（册、枚、张）档案，涉及书籍、资料、实物、照片、书法、绘画等。配合展陈需要，面向县区和市直单位印发《关于移交市档案馆新馆展示陈列所需档案资料的通知》，收集各单位档案资料、友好城市赠送的礼品和当地特色产品、商标。对收集到的1万余件文件、手稿、照片、音频、视频、实物资料进行整理归档。

【档案利用】 2020年2月2日，市档案馆发布《淮北市档案馆关于新冠病毒肺炎防控期间对外服务事项的公告》，暂停馆藏档案资料、政府公开信息到馆查阅等对外服务。在闭馆期间开通电话和网络查档服务，接待群众咨询数10人次。全年接待档案查阅利用2000余人次，调阅档案4000余卷件。其中，接待查询退休职工档案、独生子女光荣证300余人次，复印证明材料300余页；接待查询机关单位人事任免文件40余人次、1600余卷，复印证明材料16000余页。通过档案管理软件和电子阅览室系统提高查阅利用的效率；继续做好苏浙皖沪三省一市民生档案“异地查档、便民服务”工作，逐步建立婚姻登记、独生子女、知青、退役军人等民生档案检索数据库。市档案馆召开档案编研座谈会，编纂出版《故时寻踪——档案里的故事》。

【档案新馆建设】 市档案馆新馆建设工程于2017年12月24日开工建设，2020年11月10日通过竣工验收，新馆建筑面积12897平方米，其中库房面积3273平方米，对外服务用房面积3256平方米（含布展面积1120平方米），业务技术用房面积1435平方米。新馆展示馆于2020年9月29日开馆试运行，截至2020年底，共接待个人参观和团体参观1万余人次。馆内举办淮海经济区政协系统第二届“凝心聚力携手前行——助力转型发展决胜全面小康”书画联展、淮北市“千名党员看淮北”等参观学习活动。6月12日，淮北市档案馆被命名为第一批“淮北市政协文史研习基地”。11月2日，市委办印发《中共淮北市委办公室　淮北市人民政府办公室关于对“两馆”建设中作出突出成绩的单位和个人予以表扬的通报》，对市档案馆等3家单位和市档案馆张继玲、孙薛梅等12名个人进行通报表扬。

【档案数字化建设】 2020年，市档案馆完成淮北市电子文件中心建设项目一期建设工作，项目投资200万元，建设内容包含硬件设备、档案系统建设以及档案全文扫描等，挂网招标数字档案馆系统设备购置项目，项目投资173万元，建设内容包含局域网、政务外网安全设备、信息采集系统、光盘库等。项目完成后，档案馆数字化综合管理平台初步架设，与市政府政务OA系统初步对接，馆藏50%档案完成数字化全文扫描。

（纵　茜　欧媛媛）

保密工作

【保密教育】 2020年，市委保密办向全市县级党政主要领导发放保密提醒信80余封，通过QQ、微信工作群等转发《紧急扩散！疫情期间机关单位保密须知》《疫情期间保密工作小提示》等文章，下发《关于进一步规范机关保密工作的通知》《机关干部保密十严禁》至各个党政机关。组织开展保密警示教育活动，组织参加全省保密委主任培训班，举办全市保密业务培训班、全市重点单位定密业务培训班、全市党委保密委委员专题培训班等专题培训4次，参与培训800余人次。

常态化推动保密宣传教育纳入党校、行政学院教育课程和各级党委（党组）理论中心组学习内容。

【保密宣传】 2020年，市委保密办利用市行政中心、机关企事业单位和公交车电子屏滚动播出保密公益宣传片，在淮北电视台持续播放保密提醒语，组织全市万余名党员干部、涉密人员观看《网络秘战》，推动保密“两识”（保密知识、保密意识）教育持续深入人心。市委常委、市委秘书长、保密委主任李加玉署名文章《安徽淮北：强化责任担当提升防范能力》在《保密工作》上发表，2篇工作信息在《安徽保密工作》上作情况交流。积极筹建保密红色文化馆，挖掘淮海战役中的保密故事。

【保密检查】 2020年，市委保密办与市委国安办、市档案局成立联合检查组，在全市范围内开展综合执法检查，现场不留情面、原汁原味反馈检查出的问题，暂停不合格单位密级文件收文、管理资格，直至整改完成经复查合格才予以恢复。与市邮政管理局联合开展邮政机要行业保密检查，与市自然资源和规划局联合开展涉密信息系统集成资质企业“双随机”检查、自然资源领域涉密和敏感数据安全保密排查专项行动，与市委网信办、市公安局联合开展全市党政机关网络安全保密风险隐患专项检查，与国家安全局联合开展涉密文印企业保密检查。

【保密监管】 2020年市委保密委第一次全体（扩大）会议和全市保密工作会议召开。市委保密办参与全市目标管理绩效考核和领导班子党建考核。在全市开展定密事项调查统计、涉密人员离岗离职管理调查统计、网络分类调查统计。开展国家秘密事项集中解密审核，进一步规范定密解密管理工作。发挥保密技术销毁中心作用，有效规范涉密载体销毁管理。开展互联网保密巡察，推动实现网络保密监控体系市域全覆盖。做好中高考试卷保密监管和涉密集中采购机构保密监管，督促指导市公共资源交易中心建设涉密招标场所。做好保密环境安全检查工作，指导军工科研生产企业加强保密管理，落实“三防”（技防、物防、人防）措施。

（王姣姣）

淮北市人民代表大会

淮北市第十六届人民代表大会常务委员会

主　　任　黄晓武（任至 2020 年 1 月）
　　　　　方宗泽（2020 年 1 月任）
副 主 任　李晓光　戎培阜　金　文
　　　　　张香娥（女）
秘 书 长　徐福信
副秘书长　刘　超

综　　述

【概况】　2020 年，淮北市人大常委会坚持以习近平新时代中国特色社会主义思想为指导，深入学习贯彻习近平总书记关于坚持和完善人民代表大会制度的重要思想和考察安徽重要讲话指示精神，紧跟时代步伐、紧扣实践要求、紧贴民生关切，全力助推转型崛起和疫情防控，积极回应群众所思所想所盼，切实加强和改进人大工作。全年召开常委会会议 10 次、主任会议 14 次，制定地方性法规 2 部，审议专项工作报告 29 项，发出审议意见书 8 份，组织开展专题询问 1 次、执法检查 4 次，作出决议决定 5 项，依法任免国家机关工作人员 48 人次，完成市第十六届人大第三次、第四次会议确定的目标任务。

【人事任免】　2020 年，市人大常委会严格落实人事任免工作程序，对提请的任免材料、法定程序、任职条件等进行审核把关，严格依法办事。提请常委会审议的人事材料先行提交党组会议和主任会议研究讨论。先后开展 6 次任前法律考试，组织 5 次宪法宣誓仪式，办理提请市人大常委会任免国家机关工作人员 48 人次，接受辞职 4 人次，决定代理 2 人次。开展任后监督工作，4 月份组织由市人大常委会任命的市人民政府组成人员和部分法官、检察官共 36 人向市人大常委会进行书面述职。

【信息宣传工作】　2020 年，市人大常委会编发《淮北日报》民主与法治专栏 12 期，编辑出版《淮北人大》4 期，共刊发宣传人大制度、人大工作、代表风采、人大理论研究和制度建设等文章 118 篇，39 万多字，配发照片 96 幅。编发《淮北人大 · 要情专报》8 期，定期选登市人大常委会在工作实践中的新特点新做法、人大制度理论研究的新探索新成果等。制作宣传栏 3 期，宣传常委会机关发挥人大职能、服务中心工作、推进依法治市以及自身建设的工作历程。116 篇宣传稿件在《江淮法治》等省级以上报刊刊发，112 条信息被中国人大网、《安徽人大 · 要情专报》等采用。

【人大信访】　2020 年，市人大常委会开展《安徽省信访条例》执法调研，通过实地调研、查阅资料、座谈交流等方式，梳理汇总调研情况向省人大常委会反馈，对推动《安徽省信访条例》贯彻实施提出 7 条建议。推动“网上信访”工作，开展“网上信访宣传月”活动。在市人大常委会机关信访接待场所设置“网上信访宣传栏”，通过摆放宣传图册、展板展示，人大网站滚动栏目等方式开展宣传。全年接待群众来访 15 批 20 人次，其中涉法涉诉案件已按相关政策平移至市委政法委、法院、检察院、公安局等系统处理。收到来信 22 件（其中省人大交办信件 11 件），均按相关要求转送职能单位或部门，并要求按期回复办理结果，办结 15 件，作留信处理的 5 件。

2020 年 5 月 15 日，市人大常委会举办首次预算联网监督中心“人大代表开放日”活动
（市人大办公室　供图）

【创新会议审议工作】　2020 年，市人大常委会制定《关于提高常委会会议审议质量的办法》，建立健全精选议题、精深调研、保障组成人员充分审议、规范审议意见书等工作机制，全方位提高常委会会议审议质量。创新审议意见处理工作，制定《常委会审议意见处理办法》，进一步规范审议意见办理流程。创新监督评议工作，制定《专项工作评议办法》，有计划地对市“一府两院”及所属部门专项工作开展评议。创新预算联网监督工作，制定《预算联网监督系统管理暂行办法》，建立数据信息实时监测、数据分析报告及问题处理、人大代表开放日等三项制度；针对预算联网监督系统反映的市政府新增专项债券资金使用进度慢的问题，开展专题调研，研究提出针对性整改意见。创新审计监督工作，强化对审计查出突出问题整改情况的跟踪监督，推动审计整改监督测评向部门延伸，首次同步听取和审议市政府及有关部门关于审计查出问题整改情况的报告，并进行满意度测评，促进审计成果有效转化。

重要会议

【市十六届人大第三次会议】　2020 年 1 月 6—8 日，市十六届人大三次会议召开。应到代表 303 人，因事因病请假 24 人，实到代表 279 人，出席代表符合法定人数。市委书记黄晓武作重要讲话。市长戴启远向大会作政府工作报告；常务副市长朱浩东作市十六届人大二次会议代表议案办理情况的报告；市人大常委会常务副主任方宗泽作市人大常委会工作报告；市中级人民法院院长余跃武作市中级人民法院工作报告；市人民检察院检察长唐保银作市人民检察院工作报告。大会书面听取市人大各专门委员会的工作报告、《市人民政府关于 2019 年国民经济和社会发展计划执行情况与 2020 年计划草案的报告》、《市人民政府关于 2019 年财政预算执行情况和 2020 年财政预算草案的报告》以及《市人民政府关于市第十六届人大第二次会议代表建议、批评和意见办理情况的报告》。大会表决通过关于设立市第十六届人大社会建设委员会和内务司法（民宗侨外）委员会更名的决定；采用无记名投票的方式选举方宗泽为市第十六届人大常委会主任，刘超、袁九森为市第十六届人大常委会委员。大会还以举手表决的方式，通过关于市人大常委会工作报告、市人民政府工作报告等六项工作报告的决议，以及市第十六届人大有关专门委员会组成人员名单；表彰先进代表小组、优秀人大代表。

市政协委员，市委、市人大、市政府机关和市纪委、监委及市直有关部门负责人，驻淮北有关单位和省属企事业单位的主要负责人，县区人大、"一委两院"的有关负责人，在淮北省人大代表，淮北市部分离退休正厅级老干部及市十五届人大常委会部分组成人员等列席会议。

【市十六届人大第四次会议】 2020年8月27—28日，淮北市十六届人大四次会议召开。会议应到代表300人，因事因病请假14人，实到代表286人，出席代表符合法定人数。市人民政府书面向大会作2020年以来工作报告。大会采用无记名投票的方式选举覃卫国为市人民政府市长、任启峰为市第十六届人大常委会委员。大会还以举手表决的方式，通过市第十六届人大法制委员会主任委员人选名单。市委书记黄晓武在大会上作重要讲话。

【市十六届人大常委会会议】 2020年，市十六届人大常委会共召开10次常委会议。

市十六届人大常委会第十七次会议于1月3日召开。会议审议通过代表资格审查委员会关于代表资格审查情况的报告，表决通过有关人事事项。

市十六届人大常委会第十八次会议于1月20日召开。会议传达省十三届人大三次会议精神；听取和审议代表资格审查委员会关于代表资格审查情况的报告；审议通过《淮北市人大常委会关于许可对市人大代表叶永军采取强制措施的决定》；表决通过有关人事事项，新任命人员向宪法进行宣誓。

市十六届人大常委会第十九次会议于4月23—24日召开。会议听取和审议市人民政府关于新冠病毒肺炎疫情防控工作情况的报告、关于《中华人民共和国大气污染防治法》执法检查建议整改情况的报告、关于就业促进工作情况的报告；听取和审议市人大常委会执法检查组关于《安徽省多元化解纠纷促进条例》执法检查情况的报告，书面审议市人大常委会任命的市"一府两院"人员2019年度述职情况；表决通过有关人事事项，新任命人员向宪法进行宣誓。

市十六届人大常委会第二十次会议于6月23—24日召开。会议传达学习十三届全国人大三次会议精神；听取和审议市人民政府关于科技创新工作情况的报告、市人大常委会执法检查组关于《中华人民共和国统计法》执法检查情况的报告、市人大常委会代表资格审查委员会关于个别代表资格审查情况的报告；审议《淮北市燃放烟花爆竹管理规定（草案）》，作出《淮北市人大常委会关于加强检察公益诉讼工作的决定》，表决通过《淮北市户外广告和牌匾标识管理条例》及有关人事事项。

市十六届人大常委会第二十一次会议于7月1日召开。会议表决通过关于接受戴启远辞去市人民政府市长职务请求的决定，决定任命覃卫国为市人民政府副市长、代理市长，表决通过关于接受朱浩东辞去市人民政府副市长职务请求的决定，并向新任命的国家机关工作人员颁发任命书，组织宪法宣誓。

市十六届人大常委会第二十二次会议于7月1日召开。会议听取市人民政府关于任免议案的说明，表决通过有关人事事项，决定任命周天伟为市人民政府副市长、赵德志为市人民政府秘书长；决定免去梁龙义的市人民政府秘书长职务，并向新任命的国家机关工作人员颁发任命书，组织宪法宣誓。

市十六届人大常委会第二十三次会议于8月18日召开。会议审议通过关于召开市第十六届人大第四次会议的决定、关于个别代表资格审查情况的报告。

市十六届人大常委会第二十四次会议于8月25—26日召开。会议听取和审议市人民政府关于2019年市本级预算执行及其他财政收支审计工作报告、关于2019年市本级财政决算（草案）和2020年上半年财政预算执行情况的报告、关于2020年上半年国民经济和社会发展计划执行情况的报告、关于全市工业经济发展情况的报告、关于全市疾控体系建设情况的报告、关于《安徽省多元化解纠纷促进条例》执法检查建议整改情况的报告以及市人大常委会执法检查组关于《中华人民共和国食品安全法》执法检查情况的报告，作出关于批准2019年市本级财政决算的决议和关于修改《淮北市文明行为促进条例》的决定，审议市十六届人大第四次会议议程日程草案、有关名单及表决办法，通过有关人事事项，并向新任命的国家机关工作人员颁发任命书，组织宪法宣誓。

市十六届人大常委会第二十五次会议于11月2—4日召开。会议听取和审议市人民政府关于乡村振兴战略实施情况的报告、关于全市医疗保障工作情况的报告、关于淮北市物业管理工作情况的报告、关于《中华人民共和国统计法》执法检查建议整改情况的报告、关于《市人大常委会关于促进民营经济加快发展的决定》落实情况的报告；听取和审议市人民政府关于2019年度企业国有资产管理情况的专项报告，审议市人民政府关于2019年度国有资产管理情况的综合报告（书面）；听取和审议市人大常委会执法检查组关于《中华人民共和国野生动物保护法》和《全国人大常委会关于全面禁止非法野生动物交易、革除滥食野生动物陋习、切实保障人民群众生命健康安全的决定》执法检查情况的报告；听取和审议市中级人民法院关于全市法院执行工作情况的报告、市人民检察院关于全市检察机关民事执行监督和刑事（财产刑）执行监督工作情况的报告，并开展专题询问；表决通过《淮北市燃放烟花爆竹管理条例》和有关人事事项。

市十六届人大常委会第二十六次会议于11月25—26日召开，会议传达学习习近平法治思想；听取和审议市人民政府关于全市国民经济和社会发展“十三五”规划完成和“十四五”规划编制情况的报告、关于全市加快产业转型升级情况的报告、关于脱贫攻坚工作情况的报告、关于《中华人民共和国食品安全法》执法检查建议整改情况的报告；听取和审议市人民政府及市住建局、市交通局关于审计查出问题整改情况的报告，并对市住建局、市交通局审计整改情况开展满意度测评；听取和审议市人民政府关于市第十六届人大第三次会议代表议案建议办理情况的报告，并开展满意度测评；表决通过淮北市人大常委会《关于批准2020年市本级预算调整方案的决议》《关于提高常委会会议审议质量的办法》《审议意见处理办法》《专项工作评议办法》等和有关人事事项，并向新任命的国家机关工作人员颁发任命书，组织宪法宣誓。

立法与监督

【立法工作】 2020年，市人大常委会对3部地方性法规和1项修改法规的决定进行统一审议，保障年度立法工作稳步高效推进。注重服务与管理并进，报请省人大常委会审查批准《淮北市户外广告和牌匾标识管理条例》《淮北市燃放烟花爆竹管理条例》2部加强城乡建设管理方面的地方性法规，进一步完善相关领域法律法规体系。修改《淮北市文明行为促进条例》，并按程序报请省人大常委会审查批准，是淮北市人大常委会首次对地方性法规进行修改。为进一步规范淮北市非机动车管理工作，有效减少非机动车交通事故发生，常委会注重安全与规范并重，将制定《淮北市非机动车管理条例》列入年度立法计划。助力淮海经济区立法协作，高质量承办第二届淮海经济区立法协作联席会议，倡导并签署《淮海经济区立法协作淮北倡议》，为区域旅游发展提供更加有力的法治保障；签署《关于成立淮海经济区立法研究院的协议》，探索与研究淮海经济区地方立法规律，实现区域立法资源共享、优势互补。

【法治监督】 2020年，市人大常委会专题询问法院执行工作和检察机关执行监督工作，督促市“一府两院”及有关单位总结经验、查找不足，提高案件执行到位率。落实《司法类案监督工作规定》《司法监督咨询员工作办法》两项制度，将交通事故类案作为2020年市人大常委会司法类案监督工作议题，促进此类案件公正高效审判。作出《关于加强检察公益诉讼工作的决定》，督促行政机关、监察机关、审判机关立足职能，支持和配合检察机关开展公益诉讼工作，促进淮北市检察公益诉讼工作向纵深迈进。常委会本着突出重点、注重实效的原则，先后对《中华人民共和国统计法》《中华人民共和国食品安全法》《中华人民共和国野生动物保护法》等法律法规贯彻实施情况开展执法检查，配合省人大常委会到淮北开展《中华人民共和国大气污染防治法》《安徽省大气污染防治条例》《中华人民共和国慈善法》等法律法规执法检查和立法调研工作。坚持把人大的法定职责转化为监督的硬性约束，推动规范性文件备案审查工作深入开展。推进备案审查信息化建设，有序推动市级备案审查平台建设，实现省、市、县三级人大备案审查信息平台全覆盖。全年收到市“一府两院”和县区人大常委会报送备案的规范性文件32件，向省人大常委会报送备案规范性文件7件、地方性法规2部。

开展“七五”普法宣传教育活动，制定和落实法制讲座和领导干部带头学法讲法计划，先后举办《中华人民共和国传染病防治法》《中华人民共和国统计法》等6场法制讲座，党员领导干部带头学习宣讲《中华人民共和国消费者权益法》《中华人民共和国野生动物保护法》等6部法律法规。重点宣传新出台的《淮北市绿化条例》《淮北市电梯安全条例》《淮北市文明行为促进条例》等地方性法规。严格实施《淮北市实施宪法宣誓制度细则》，先后开展6次任前法律考试，组织5次宪法宣誓仪式。

【经济监督】 2020年，市人大常委会深度参与淮北市“十四五”规划编制工作，通过专题调研、广泛征求代表意见建议等方式，从重视项目谋划储备在规划中的引领带动作用、充分吸收“十三五”时期取得的经验并正视存在的问题等方面提出建议。持续关注科技创新工作，深入理士电源、中科（淮北）产业研究院等企业院所开展调研，提出“完善科技创新机制、加大成果转化、探索政府为企业定制科技服务”等审议意见，帮助政府及有关部门找准阻碍科技创新发展的难点、堵点。开展《淮北市人大常委会关于促进民营经济加快发展的决定》（以下简称《决定》）落实情况“回头看”，督促政府部门巩固民营经济单项考核排名不断前移

2020年12月10日，市人大常委会主任方宗泽（右三）带队调研平安淮北建设（市人大办公室 供图）

的良好势头，对标落实《决定》提出的31项重点任务，努力让民营企业更有获得感。分别听取和审议市政府关于工业经济发展、加快产业转型升级情况的报告，结合省政府有关目标管理考核指标，针对“产业结构不优、转型步伐不快、龙头带动不够”等问题提出对策建议。听取全市重点项目建设情况汇报，要求政府及部门谋划、储备一批打基础、管长远的重大项目。关注新型煤化工合成材料基地重点项目建设及招商情况，支持煤化工基地招大引强、加快发展。调研全市招商引资工作，就完善招商考核机制、推进以商招商、强化要素保障提出具体建议。

【预算监督】 2020年，市人大常委会组织专业人员对2019年市本级决算及部分部门决算草案进行初审，重点抽审扶持产业发展资金、美丽乡村建设专项资金使用情况，促进政府依法、科学理财。听取审议预算执行报告、财政决算报告，审查批准市本级决算，督促政府及各部门依法理财，规范专项资金和政府性基金预算编制及执行工作。创新审计整改监督机制，强化对审计查出问题整改情况的跟踪监督，推进审计整改监督测评向部门延伸。常委会听取市政府2019年度市本级预算执行和其他财政收支审计查出问题整改情况的报告；听取市交通局、市住建局两个部门的整改情况报告，对两个部门进行满意度测评；督促解决部分单位对审计整改工作重视不够、审计整改质量有待提升、审计整改工作进展不平衡等问题。创新预算联网监督机制，实施预算联网监督，制定《预算联网监督系统管理暂行办法》，建立数据信息实时监测、数据分析报告及问题处理、人大代表开放日等3项制度，推进市县（区）人大预算联网监督系统实现全面贯通，提升监督的精准性和时效性。听取审议市政府关于全市企业国有资产管理情况报告的相关工作，推动政府进一步建立健全相关制度，促进淮北市企业国有资产管理制度化、规范化。

【城建环资监督】 2020年，市人大常委会着力强化环境保护舆论监督，围绕“守护碧水蓝天绿地，建设美好淮北”的主题，以大气污染防治、土壤污染防治、生活垃圾分类处理为主要内容，进行专题采访报道10余次。听取和审议《中华人民共和国大气污染防治法》执法检查建议整改情况的报告，促使政府进一步落实落细主体责任，推动实施工业企业、燃煤、机动车、扬尘等四大污染源专项整治行动。当年，淮北市$PM_{2.5}$平均浓度为48微克/立方米，比2019年同期下降10.4%，空气环境质量不断改善。配合省人大常委会，联动开展土壤污染防治法执法检查，推动有关部门全面开展土壤污染状况详查。定期调度全市雨污分流工程建设，主任会议专题听取雨污分流工程建后管养情况的汇报，督导相关部门有力有序实施雨污分流工程。

组织开展国土空间总体规划编制工作专题调研，建议在发展目标、重点任务、投资安排、项目谋划上实现国土空间规划“多规合一”。高度关注城乡规划编制，备案和实施情况，推动政府高标准编制规划，依法依规备案审批规划，推动规划有效实施。深入调研公共资源监督管理工作，督促出台《不良行为记录和披露暂行办法》《评标评审专家监督管理暂行办法》。专题调研淮北市新型基础设施建设工作，推动政府及时出台《淮北市加快推进5G通信网络建设发展实施方案》，编制完成《淮北城市大脑运营中心项目可研报告》。全市新建、改造5G基站702个，实现主城区5G网络全覆盖和媒体直播、医疗诊断等领域5G场景应用。聚焦破解居民小区物业管理难题，联合多部门对全市721个居民住宅小区进行明察暗访和问卷调查，查找问题752条，交办整改建议431件。

【教科文卫监督】 2020年，市人大常委会认真贯彻落实市委关于新冠肺炎疫情防控工作决策部署，紧盯“三个零”（零死亡、零传播、零感染）目标，积极主动发挥监督职能作用。听取和审议市政府关于新冠病毒肺炎疫情防控工作开展情况的报告，提出“加强对全民防疫知识的普及、继续保持高度戒备，坚持‘外防输入、内防反弹’、不断加强公共卫生体系建设”等审议意见交市政府办理，促进政府及相关职能部门落实疫情防控措施，提升疫情监测、患者救治服务能力。组织开展《中华人民共和国食品安全法》执法检查，深入检查食品安全监管机制运行情况、食品安全重点领域和薄弱环节等，重点围绕企业主体责任不强、追溯体系不完善等提出整改建议。通过跟踪问效，全市多部门联合对260家学校食堂进行全覆盖检查，全市27家批发（农贸）市场先后建立监管档案，学校食堂和集中配餐单位大宗食材追溯体系建设全面完成。调研推进基层医疗卫生服务能力提升工作，促进解决分级诊疗、医护队伍建设及医共体建设运行等问题，推进基层医疗资源高质量供给。组织开展加强疾病预防控制体系建设专题调研，针对综合防控能力急需加强、疾控专业人才缺乏等问题提出建议，推动解决疾控体系建设中存在的重点难题。调研基层医疗卫生服务能力提升工作，促进加大基层卫生院和乡村卫生室建设力度，提高医疗资源总体配置效率和利用率，切实解决群众看病难、看病贵问题。关注基层基础教育工作，建议大力发展农村基础教育，加强基层教师师德建设，促进教育从基本均衡走向优质均衡，持续加强农村教师队伍建设。专题调研并听取应急管理体系建设情况汇报，逐步健全安全管理责任体系，提升防范化解重点行业领域安全风险能力。组织开展慈善法律法规执法检查，规范慈善行为，推动慈善事业健康发展。

【民生实事监督】 2020年，市人大常委会组织开展促进就业专项工作调研，推动出台《稳就业保居民就业工作方案》等相关文件，先后为759家企业返还失业保险费6834.6万元，稳定就业岗位17.1万个，举办各类线上线下招聘会680场，累计解决企业用工需求1.1万人。听取应急管理体系建设情况汇报，并就建立健全应急管理体系建设工作提出建议。应急管理部门迅速行动，针对性开展“1+N”执法专项行动，举办实战应急演练118场次，应急处置能力有效提升。组织开展慈善法律法规执法检查，推动相关部门着力搭建全市统一的慈善信息公开平台，建立健全慈善信息共享机制；开展“9·5”中华慈善日和安徽慈善宣传周综合宣传活动2次，举办慈善项目推介会3场，吸引市内爱心企业家、省内外淮北籍知名人士63名、爱心人士270人共计捐助善款380余万元。深入调研全市医疗保障工作，推动政府部门加快医保信息平台升级改造，制定出台《淮北市按疾病诊断分组付费试点工作实施方案》，开启医保支付方式试点改革。常委会围绕预防未成年人违法犯罪、关爱残疾人等工作深入开展调查研究，努力推动民生实事落实落地。

【农业与农村工作监督】 2020年，市人大常委会组织开展野生动物保护“一法一决定”执法检查，促使林业、农业、市场监管、公安等多部门开展联合执法、野生动物保护宣传、栖息地保护等活动。组织省人大代表开展专题调研，督促政府及相关部门高质量编制“十四五”农业农村发展规划，支持农产品加工业“五个一批”工程实施和“四好农村路”建设，常委会关于“建设长三角绿色农产品生产加工供应基地”等规划意见被列入市政府有关部门2021年度重点工作。听取审议乡村振兴战略实施情况的报告，就农村产业发展质量不高、农村公共设施和公共服务依然存在短板、农民收入增长后劲不足等问题提出建议，有力推动相关工作开展。专题调研农村安全饮水工程建设与运行管理、农村人居环境整治、地下水超采修复等工作情况，促进化解相关问题。聚焦打好精准脱贫攻坚战，听取审议脱贫攻坚工作报告，从建立健全扶贫长效机制、夯实基层党组织战斗堡垒、持续扶持壮大产业、做好脱贫攻坚与乡村振兴衔接工作等方面提出建议。在决战决胜脱贫攻坚的关键时期，常委会班子成员分别带队深入包保镇（街道），开展“抗补促推”专项行动督导活动共计85次、解决问题56个。

人大代表工作

【代表选举】 2020年，市人大常委会按照《中华人民共和国选举法》和《安徽省各级人民代表大会选举实施细则》有关规定，市第十六届人民代表大会应有代表313名，三次会议召开时实有代表303名。三次会议以来，市人大代表林建峰去世；蒋鹏、李明等10名代表先后调离本行政区域；方振华、陈明迁出淮北，代表资格自行终止；董哲、周无事等4名代表因工作变动辞去代表职务；叶永军、杨乐平等3名代表因个人原因辞去代表职务。根据工作需要，濉溪、相山、杜集、烈山、军分区等选举单位先后依法补选周宗民、徐祎等16人为市人大代表。截至2020年12月底，市第十六届人民代表大会代表为299名。

【人大代表活动】 2020年，市人大常委会进一步抓好代表工作“2121”工程实施，认真开展闭会期间代表活动，充分发挥代表主体作用。开展双联工作，密切常委会同人大代表、人大代表同人民群众的联系，常委会领导走访联系代表小组和基层人大代表活动常态化开展，常委会组成人员联系代表、代表走访联系选民和接待选民等活动有序进行，通过电话、微信、邮件、约谈、座谈、参加代表小组活动等多种形式加强联系，与代表保持经常性沟通，听取代表与人民群众的意见和建议，做好有关反映问题的交办和督促反馈工作。拓宽代表知情知政渠道，扩大代表对人大常委会及专委会工作的参与范围，先后邀请省市人大代表260人次列席常委会会议，参加执法检查和专委会活动，面对面听取代表意见。支持“一府一委两院”密切与代表的联系，邀请省市人大代表320余人次参加公开听证、法院庭审、检察院开放日等活动，推荐2名市人大代表担任市监察委员会特约监督员。加强代表专题调研和集中视察工作，协调组织省、市人大代表围绕乡村振兴、脱贫攻坚、新基建项目建设、疫情防控常态化下中小企业发展、体育事业发展、基层防疫网络建设、国防动员和后备力量建设、美丽乡村建设、全民健身工程等热难点参加调研、视察、执法检查等活动，形成专题调研报告20篇，集中视察报告15篇。适时下发《关于在疫情防控、复工复产中加强代表小组活动的通知》，要求各代表小组进一步提高政治站位，积极助力防疫和复工。组织市人大代表开展学习宣传贯彻习近平总书记系列重要讲话指示精神系列活动，学习研讨并深入基层进行宣讲解读，围绕市情开展调查研究，建言献策“十四五”规划编制。

【代表建议办理】 2020年，市十六届人大三次会议期间代表共提出议案、建议200件，闭会期间接收代表建议5件。在大会期间指导协助代表对一些议案及时进行补充完善。会后对所有议案、建议进行整理、编号、完善，会同相关工委共同确定重点建议并报主任会议通过。先后3次会同市委督查考核办公室、市编办召开议案建议处理协调会，明确承办单位，适时召开交办会议，明确办理时限和目标要求。下发《市人大常委会领导领衔督办和各工委对口督办代表议案建议的通知》，落实常委会领导领衔督办、各工委对口督办的工作机制，《关于加强电动车辆管理的建议》《关于加大文明城市创建力度的建议》《关于加快出台有关企业急需人才引进政策的建议》等建议均得到很好地办理。启用人大代表议案建议处理平台，对议案建议进行网上交办。截至年底，市十六届人大三次会议以来代表提出的3件议案和202件建议均已办结。

2020年淮北市人大常委会领导领衔督办和各工委对口督办代表议案分解表

表11

序号	提案代表	议案要目	承办单位	领衔督办领导	督办部门
1	王成武	关于加快推进安徽（淮北）新型煤化工合成材料基地发展的议案	市发改委主办，煤化工基地管委会、市经信局、市自然资源和规划局、市生态环境局、濉溪县政府协办	方宗泽	财经（预算）工委
2	宋　伟	关于加快我市陶铝新材料产业发展的议案	市发改委主办，市财政局、市经信局、市科技局、市开发区协办	戎培阜	
3	赵先贺	关于启动G3京台高速出口连接线片区开发建设的议案	市自然资源和规划局主办，市住建局、烈山区政府协办	张香娥	城建工委

2020年淮北市人大常委会领导领衔督办和各工委对口督办代表重要建议分解表

表12

序号	提案代表	建议要目	承办单位	领衔督办领导	督办部门
1	连长城	关于“深化军民融合、创造产业优势”的建议	市发改委	戎培阜	财经（预算）工委
2	王昌岭	关于加大扶持中小企业力度的建议	市经信局	李晓光	
3	姜启山	关于督促解决执行难问题的建议	市中级人民法院		监司（民侨）工委
4	安　静	关于加强电动车辆管理的建议	市公安局		
5	吕　侠	关于加强城市生活小区物业规范化管理的建议	市住建局主办，县区政府协办	方宗泽	城建工委
6	王昌岭	关于医疗废物无害化处置的建议	市生态环境局主办，市卫健委、县区政府协办	张香娥	
7	江学奎	关于加强家庭教育工作的建议	市教育局	金　文	教科工委
8	段传娟	关于加快乡镇卫生院人才梯队建设的建议	市卫健委		
9	陈　峰	关于大力发展现代农业的建议	市农业农村局	徐福信	农工委
10	王　芳	关于加快产业发展，助力脱贫攻坚的建议	市扶贫开发局		
11	宋文红	关于做好居家和社区养老服务工作的建议	市民政局	张香娥	社会建设工委
12	黄思华	关于加大文明城市创建力度的建议	市文明办主办，市财政局、市住建局、县区政府协办	方宗泽	人选工委

（周全群）

淮北市人民政府

淮北市第十届人民政府

市　　长　戴启远（任至2020年6月）
　　　　　覃卫国（2020年8月任）
副 市 长　朱浩东（任至2020年7月）
　　　　　周天伟（2020年7月任）
　　　　　胡　亮　胡百平　章银发
　　　　　陈　英（女）　高维民
秘 书 长　梁龙义（任至2020年7月）
　　　　　赵德志（2020年7月任）
副秘书长　周无事（2020年7月任）
　　　　　李向阳　程荣华　邵珠光
　　　　　李玉军
　　　　　王祥顶（任至2020年7月）
　　　　　徐　军　韩圣彪
　　　　　杜曙光（2020年7月任）

综　　述

【概况】　2020年，淮北市坚定实施中国碳谷·绿金淮北发展战略和“一二三四五”总体发展思路，全面落实“六稳”“六保”任务，全市实现生产总值1119.1亿元、同比增长3.3%，一般公共预算收入80.1亿元、同比增长6.1%，规上工业增加值同比增长3.5%，固定资产投资同比增长9.3%，社会消费品零售总额460.8亿元、同比增长1.3%，进出口总额超10亿美元、同比增长24.2%，城镇、农村居民人均可支配收入分别同比增长4.9%、8.3%。

【实体经济稳步发展】　2020年，淮北市顶住经济下行压力，全面强化“六稳”“六保”举措，在全省较早出台支持中小企业共渡难关若干政策措施，向590家重点企业选派联络服务干部，常态化开展“四送一服”工作，经济增长实现二季红、半年正、三季进、全年稳，一般公共预算收入、固定资产投资、战略性新兴产业产值等多项指标增速在全省位次大幅提升。发挥财政、就业、社保、金融等政策合力，助企纾困与激发活力并重，全力支持实体经济，稳定市场信心，兜住民生底线。全年新增减税降费26.85亿元，减免国有房产租金2038万元。普惠型小微企业贷款余额同比增长32%。增量存贷比、直接融资分别居全省第2位、第5位。新增私营企业7331户，个体工商户23868户。城镇新增就业4.4万人，城镇登记失业率2.76%。粮食生产实现“十七连丰”，小麦亩产居全省首位。淮北市获“全国主要农作物生产全程机械化示范市”称号。抢抓国家发行专项债机遇，累计申报重大项目56个，获批专项债额度433.2亿元。举办加快推进战略性新兴产业发展暨全省第十批贯彻“六稳”重大项目集中开工现场推进会，累计组织14次重大项目集中开工活动，重点项目完成投资581亿元。平山电厂二期并网发电，

50 万吨焦炉煤气综合利用、安徽口子酒业股份有限公司年产 2 万吨大曲酿造等项目加快推进，淮—宿—蚌、淮—阜城际铁路同时开工建设。

【打好三大攻坚战】 2020 年，淮北市开展“抗疫情、补短板、促攻坚、推振兴”专项行动，帮扶销售各类扶贫农产品 2.45 亿元。投入 4 亿元建成 5 处农村饮水安全工程，完成 89 个行政村 31.6 万人饮水型氟超标改水任务。剩余 318 户 1016 人全部脱贫。持续打好污染防治攻坚战。$PM_{2.5}$ 平均浓度同比下降 10.4%，优良天数同比上升 12.7%，饮用水源地水质达标率 100%。8 条黑臭水体经过整治均达“初见成效”标准。城区雨污分流改造工程累计新建各类排水管网 202.6 千米，东湖存量垃圾治理项目顺利完成。推深做实林长制、河（湖）长制，开展河湖“清四乱”行动，全年营造林 8 万余亩。节能减排完成省下达任务。严密防范金融风险，全市银行业不良贷款率 0.84%，资产质量居全省第 1 位。实行政府债务限额管理、风险预警，全面清理规范政府举债融资行为，债务风险持续下降。

【产业升级持续加快】 2020 年，淮北市大力推进创新型城市建设，兑现政策资金 5063 万元。全市高新技术产业增加值同比增长 13.4%，高新技术企业总数达 150 家。市科创中心主楼正式封顶，市高新区邻里中心项目开工建设。持续深化“三重一创”建设，陶铝新材料和铝基高端金属材料、先进高分子结构材料两个基地获批省级重大新兴产业基地。安徽陶铝新材料研究院获批全省第一批产业创新中心，系列产品入驻省创新馆，陶铝航材铸锭生产线正式投产。中煤远大淮北建筑产业化有限公司、安徽中冶淮海装备式建筑有限公司分别获评国家级、省级装配式建筑产业基地。全市战略性新兴产业产值同比增长 30.7%。相山区与淮北师范大学合作共建大学科技园正在建设中，南开大学—理士国际安徽先进能源研究院挂牌成立。源创客晋升国家级科技企业孵化器。出台推动工业高质量转型发展“1+2”政策，实施规上工业企业培育三年行动计划，淮北旺能环保能源有限公司、安徽阜邦生物科技有限公司等 88 家企业纳入规上工业企业。

【统筹城乡融合发展】 2020 年，淮北市突出城市特色，编制完成绿金湖、南湖西岸和高铁片区控制性详细规划及城市设计。完善城市功能，市城市展示馆及历史档案馆建成使用。实施重点城建项目 94 个，新建改造城市道路 40 千米。G237 二期、G254 二期、G3 京台高速淮北收费站东迁、创新大道东段、泉山北路上跨铁路立交桥、环山东路东段、桓谭东路等一批城市干道和节点工程建成通车，人民西路加快建设，有效疏解老城压力，带动新城建设。新增城市绿道 10 千米，新建便民公园绿地 5 个，市区新增停车泊位 5536 个。22 个老旧小区完成改造，棚户区改造开工 2534 套、基本建成 6384 套。乾隆湖风景区正式开园，朔西湖生态修复初见成效。淮北市荣获国家节水型城市称号，实行最严格水资源管理制度，年度考核居全省首位。濉溪县电子商务产业园获批省级服务业集聚示范园区，隋唐运河古镇获评长三角夜间文化和消费样板区。大力推进新型基础设施建设，建成 5G 基站 800 座，5G 实现全面商用。积极推动城市大脑建设，完成 937 类、13 亿条数据整合归集，“安康码”注册人数超过 200 万人。加强美丽乡村建设，推进农村“三大革命”，完成户改厕 29805 户，农村卫生厕所普及率超过 85%。18 个镇政府驻地和 65 个省级美丽乡村中心村污水处理设施全部建成。完成 20 个省级森林城镇、森林村庄创建任务。杜集区蝉联全国县域数字农业农村发展先进县。段园镇、烈山镇榴园村分别获全评国“一村一品”示范村镇和“全国乡村旅游重点村”。

【深化改革扩大开发】 2020 年，淮北市持续开展创优营商环境提升行动，建成政务服务“一张网”，打造7×24小时不打烊“随时办”服务模式。开设“一网通办”专窗，实现长三角41个城市、88个事项异地通办。在全省率先实现企业开办一日办结，工业项目报建审批压缩至40个工作日内。完成综合执法改革、新型煤化工基地干部人事制度改革。青龙山无水港开通运营。全市实际利用外资3.17亿美元、同比增长10%。持续推进招商引资，创新开展“线上”招商、“云上”签约，全市新签约招商项目234个，其中工业项目155个，协议投资亿元以上项目100个。中北锂电产业基地、华孚30万锭智能纺纱产业园、英科医疗二期等一批投资超10亿元项目开工建设。

服务政府

【文稿服务】 2020年，市政府办公室起草政府工作报告、领导讲话等1000余篇，起草文件、会议纪要等360余件，完成《安徽年鉴·淮北卷》《淮北年鉴》相关内容编纂工作，编印《淮北市人民政府公报》12期、《市情月报》12期。围绕转型发展、疫情防控、项目建设、工业经济、三大攻坚战、民生保障、信访等领域，制定调研方案，服务领导开展调研活动800余次。办理各类来文6600件，办理密件475件。市政府和市政府办公室制发各类文件479件，其中，纳入统计口径的发文实现比2019年度减少5%的目标。办理市政府常务会11次，邀请公众代表列席市政府常务会议4次；办理市政府党组会12次、市政府专题会500余次、市长办公会12次，市政办党组会19次，主任办公会12次。运用文电督办系统督办落实34件。创新市政府会议议定事项和市政府主要负责人批示督办工作机制，建立重点工作月督导机制，创办《一周政务督办》，督办重点事项74项、公文700余件，督导县区、开发区重点工作7次。在新冠肺炎疫情发生后，市政府办公室整建制转入市指挥部办公室，全员参与做好综合协调、运转调度、综合文稿、办文办会、值班值守等工作，组织起草领导讲话、汇报材料、会议纪要等100余篇，办理文件1000余件，承办会议50余场次，编发简报60余期，整理信息370余条，服务领导调研180余次。实时发布“六稳”“六保”专栏信息184条。

【政务公开】 2020年，市政府办公室主动公开决策信息325条，发布疫情通报369期、疫情防控科普知识165条，制作政策简明问答39个、客观数据图解55个，组织政风行风热线247期、新闻发布会166场、“在线访谈”14期，主动回应关切303次，微信公众号推送信息346期，新浪微博推送信息578条；梳理基层政务公开事项目录5474条，办理依法申请公开36件，受理省长热线191件，接听市长热线11.7万个，按时办结率97.69%，群众满意率99.52%。探索实施首个市政府网站数据资源库场景应用，实施政府网站集群涉密涉敏专项检测，开展市政府网站云平台等保测评、代码审计和密码测评。承办第三季度全省政府网站和政务新媒体检查工作会议，受到省政府网站表扬。市政府网站跻身地方政府网站评估全国百强，位列第59位。

【简政放权】 2020年，市政府办公室建立权责清单动态调整管理机制、省级以上开发区赋权清单制度，优化行政审批流程，821项市级行政审批事项承诺时限较2019年减少47.98%。全力打造7×24小时不打烊“随时办”服务模式，在全省率先上线“一网惠企”平台。扎实开展“四送一服”专项行动3次，按期办结省委督办的11个重点问题和211个“四重一小”问题。全年累计走访调研企业和重点项目6820家次，举办要素对接会94场次，帮助企业融资25.58亿元，解决用工3429人，办结企业反映问题929个。

【政务信息】 2020年，市政府办公室健全完善信息工作制度，修订工作规则和考评办法。全年编发市《政务要情》248期、信息1400余条；上报省政府办公厅信息1240余条，采用122条，其中《信息专报》5条，获省领导批示5条、市领导批示12条。《淮北市推进工程建设项目区域评估改革工作成效、存在问题及建议》专报获省长李国英，副省长邓向阳、周喜安批示。

重要会议

【市政府常务会议】 2020年，市政府常务会议共召开12次。

市政府第34次常务会议，1月22日召开。会议听取并讨论市卫生健康委关于传达学习习近平总书记重要指示、李克强总理重要批示、国务院联防联控机制电视电话会议精神和省委、省政府主要负责人批示、部署及淮北市贯彻落实建议的汇报。经研究形成相关决议。

市政府第35次常务会议，3月19日召开。会议听取并讨论市政府办公室关于《市政府系统扫黑除恶专项斗争2020年重点任务分工方案（送审稿）》的汇报；市教育局关于淮北工业与艺术学校（安徽淮北技师学院）与上海天坤书萱教育投资管理有限公司合作办学工作情况的汇报；市农业农村局关于《淮北市养殖水域滩涂规划（2020—2030年）（送审稿）》的汇报；市自然资源和规划局关于《淮北市市辖区征地区片综合地价结果报告（送审稿）》和《濉溪县征地区片综合地价结果报告（送审稿）》的汇报；市生态环境局关于沱湖流域上下游实施横向生态补偿情况的汇报；市交通运输局《淮北市人民政府、宿州市人民政府共建徐淮阜高速公路合作框架协议（送审稿）》的汇报；市交通运输局关于《沱浍河航道李临段（李口至临涣）综合整治工程省市县共建框架协议（送审稿）》的汇报；市交通运输局关于《G3京台高速公路淮北连接线资产转让协议（送审稿）》的汇报；市发展和改革委关于淮北市2019年获省“三重一创”政策支持市级配套资金的汇报；市经济和信息化局关于兑现2019年度促进新型工业化若干政策专项资金情况的汇报；市财政局关于淮北市新冠肺炎疫情防控资金安排使用情况的汇报和完善资金拨付程序的请示。经研究形成相关决议。

市政府第36次常务会议，3月30日召开。会议听取并讨论市农业农村局《关于抓好“三农”领域重点工作确保如期实现全面小康的实施意见（送审稿）》的汇报；市教育局关于《淮北工业与艺术学校（安徽淮北技师学院）与上海天坤书萱教育投资管理有限公司合作办学协议（送审稿）》的汇报；市地方金融监管局关于《淮北市支持金融机构抵债资产处置实施方案（送审稿）》的汇报；市司法局关于《2020年市政府规章制定计划（送审稿）》的汇报；市建投集团关于拟通过认购某股份有限公司非公开发行股票收购上市公司的汇报。经研究形成相关决议。

市政府第37次常务会议，4月28日召开。会议听取并讨论市政府办公室关于2020年市政府会议文件计划安排的汇报；市政府办公室关于《淮北市政府系统重大事项决策社会稳定风险评估工作规程（试行）（送审稿）》的汇报；市公安局关于贯彻落实上级会议精神深入推进禁毒人民战争工作情况的汇报；市信访局关于2019年全市信访工作情况暨2020年全省信访工作会议精神及贯彻落实建议的汇报。市卫生健康委关于《健康淮北行动实施方案（送审稿）》的汇报；市住房城乡建设局关于《淮北市引进人才加快东部新城建设实施办法（试行）（送审稿）》的汇报；市扶贫局关于全市脱贫攻坚工作开展情况的汇报；市审计局关于《关于进一步规范政府投资审计的通知（送审稿）》的汇报；市财政局汇报2019年民生工程实施情况和2020年民生工程工作建议；市经济和信息化局关于《淮北新兴实业有限责任公司退城进区政策执行方案（送审稿）》的汇报；市生态环境局关于《淮北市镇（街道）大气环境标准站建设方案（送审稿）》的汇报。经研究形成相关决议。

市政府第38次常务会议，6月8日召开。会议听取并讨论市政府办公室关于《淮北市大规模群体性事件现场处置应急预案（简本）（送审稿）》起草情况的汇报；市公安局关于《淮北市燃放烟花爆竹管理规定（草案）（送审稿）》起草情况的汇报；市发展和改革委关于全市地方专项债及中央投资项目谋划申报情况的汇报；市财政局（国资委）关于淮北市地方政府专项债券使用情况的汇报；市民政局关于提高淮北市最低生活保障和特困人员救助供养标准的通知（送审稿）起草情况的汇报；市司法局关于公布机构改革涉及的和不符合优化营商环境的市政府规范性文件清理结果的通知（送审稿）起草情况的汇报；市市场监管局关于第八届市长质量奖评选情况的汇报；市市场监管局关于《淮北市人民政府质量奖管理办法（送审稿）》起草情况的汇报；市住房城乡建设局关于《淮北绿都园林绿化工程有限公司等2户国有企业改革方案（送审稿）》的汇报。经研究形成相关决议。

市政府第39次常务会议，7月14日召开。会议听取并讨论市教育局关于《淮北市深化基础教育改革全面提高育人质量行动方案（送审稿）》起草情况的汇报；生态环境局关于土壤污染防治工作开展情况的汇报；市住房城乡建设局关于《进一步推进装配式建筑发展的若干措施（送审稿）》起草情况的汇报；市发展和改革委关于《深入贯彻落实中央、省委决策部署扎实做好全市“六稳”工作全面落实“六保”任务的通知（送审稿）》起草情况的汇报；市财政局关于特殊转移支付和抗疫特别国债资金分配情况的汇报。经研究形成相关决议。

市政府第40次常务会议，8月7日召开。会议听取并讨论市教育局关于全市未成年人思想道德建设工作情况的汇报；市教育局关于《淮北矿业（集团）有限责任公司、皖北煤电集团所属幼儿园移交实施方案（送审稿）》起草情况的汇报；市政府办公室关于市政府系统扫黑除恶专项斗争工作开展情况的汇报；市投资促进中心关于《淮北市支持陶铝新材料产业发展若干政策（试行）（送审稿）》起草情况的汇报；市人力资源和社会保障局关于《安徽（淮北）新型煤化工合成材料基地干部人事制度改革试行方案（2020—2022年）（送审稿）》起草情况的汇报；市经济和信息化局关于《关于推动工业经济高质量转型发展的意见（送审稿）》《关于大力实施产业升级“个十百千”工程推动工业经济高质量转型发展行动方案（送审稿）》《淮北市支持工业经济高质量转型发展若干政策（送审稿）》起草情况的汇报；市商务局关于《淮北市加快现代物流业发展若干措施（送审稿）》起草情况的汇报；市司法局关于贯彻落实《法治政府建设实施纲要（2015—2020年）》工作情况的汇报；市发展和改革委关于淮北市2020年度市级“三重一创”政策支持项目资金安排方案的汇报；市发展改革委关于保留淮北至北京高铁班次的汇报。经研究形成相关决议。

市政府第41次常务会议，9月11日召开。会议听取并讨论市人力资源和社会保障局《关于进一步支持高校毕业生等人才来淮在淮就业创业的若干政策（送审稿）》起草情况的汇报；市商务局关于《新蔡等5个食品站关闭清算实施方案（送审稿）》起草情况的汇报；市经济和信息化局关于《淮北矿业（集团）有限责任公司所属部分企业退城进区政策执行方案（送审稿）》起草情况的汇报；市发展和改革委关于《淮北市2019—2020年市级服务业政策奖励兑现资金安排方案（送审稿）》起草情况的汇报；市委督查考核办公室关于2019年度目标管理绩效考核结果和《关于2020年目标管理绩效考核工作的通知（送审稿）》起草情况的汇报。经研究形成相关决议。

市政府第42次常务会议，11月4日召开。会议听取并讨论市公安局关于《淮北市非机动车管理条例（送审稿）》起草情况的汇报；市市场监管局关于《淮北市推进知识产权高质量发展若干政策（送审稿）》起草情况的汇报；市人力资源和社会保障局关于2019年度市属企业负责人薪酬审核情况的汇报；市商务局关于《淮北市海铁联运奖补资金实施细则（试用）（送审稿）》起草情况的汇报；市经济和信息化局关于兑现2020年促进新型工业化等政策项目奖补资金情况的汇报；市科技局关于《淮北市进一步加大全社会研究与试验发展经费投入实施方案（送审稿）》起草情况的汇报；市科技局关于《2020年推进创新型城市建设若干政策奖补资金安排方案（送审稿）》起草情况的汇报；市财政局关于2019年度国有资产管理和2019年度企业国有资产管理情况的汇报；市财政局关于《淮北市2020年市本级预算调整方案（草案）》起草情况的汇报；市发展和改革委关于淮北铁路有关费用的汇报。经研究形成相关决议。

市政府第43次常务会议，11月19日召开。会议听取并讨论市陶铝办关于《安徽陶铝新材料研究院有限公司股权转让和注册资本金增资方案（送审稿）》的汇报；市水务局关于《淮北市水土流失重点预防区和重点治理区复核划分成果（送审稿）》的汇报。经研究形成相关决议。

市政府第44次常务会议，12月7日召开。会议听取并讨论市卫生健康委《关于加强卫生健康行业党的建设推进医药卫生治理体系和治理能力现代化的实施意见（送审稿）》的汇报；市政府办公室关于全国、全省扫黑除恶专项斗争第三次推进会和省委常委会议相关精神及贯彻落实意见的汇报；市发展和改革委关于《淮北市城区客运出租车运价结构性调整方案（送审稿）》起草情况的汇报；市政府信访局关于2020年全市信访工作情况的汇报；市商务局关于《淮北市促进外贸高质量发展若干措施（送审稿）》的汇报；市城市管理局关于《淮北市城市生活垃圾处理费征收管理办法（送审稿）》的汇报；市委编办关于《安徽淮北高新技术产业开发区赋权清单（送审稿）》的汇报；市司法局关于淮北市“七五”普法工作情况的汇报。经研究形成相关决议。并举办学法课堂——法治政府建设要点解读。

市政府第45次常务会议，12月28日召开。会议听取并讨论市科技局关于《2020年淮北市科技重大专项拟立项项目及资金分配方案（送审稿）》的汇报；市城市管理局关于《淮北市生活垃圾管理办法（送审稿）》的汇报；市生态环境局关于《淮北市“三线一单”生态环境分区管控方案》编制情况的汇报；市自然资源和规划局《关于落实探索利用市场化方式支持采煤沉陷区综合治理的实施办法（送审稿）》的汇报；市市场监管局关于2020年全市食品药品安全工作情况的汇报；市发展和改革委关于市十六届人民代表大会第三次会议第1号议案办理情况的汇报；市发展和改革委关于市十六届人民代表大会第三次会议第2号议案办理情况的汇报；市自然资源和规划局关于市十六届人民代表大会第三次会议第3号议案办理情况的汇报；市人力资源社会保障局关于解决市直机关事业单位职业年金个人账户实账部分利息费用的汇报。经研究形成相关决议。

【市政府第三次廉政会议】 2020年9月10日，市政府召开第三次廉政工作会议，总结上年工作，安排部署下一阶段政府系统党风廉政建设和反腐败工作。市委副书记、市长覃卫国出席会议并讲话，市委常委、常务副市长周天伟主持会议，副市长胡亮、胡百平、章银发、高维民参加会议。周天伟传达省政府第三次廉政工作会议精神，并就贯彻落实市政府第三次廉政工作会议精神提出具体要求。相关部门单位作交流发言。

2020 年淮北市人民政府重要文件目录一览表

表 13

文号	文件名称
淮政〔2020〕8 号	《淮北市人民政府关于 2020 年实施 33 项民生工程的通知》
淮政〔2020〕9 号	《淮北市人民政府关于印发健康淮北行动实施方案的通知》
淮政〔2020〕12 号	《淮北市人民政府关于印发淮北市人民政府质量奖管理办法的通知》
淮政〔2020〕22 号	《淮北市人民政府关于印发支持工业经济高质量转型发展若干政策的通知》

市长热线

【市长热线受理与办理】 2020 年，市长热线进一步健全完善办理工作制度，建立接收、登记、办理、回复、回访、归档等工作流程。实行亮灯预警，对于交办工单的办理期限以绿、黄、红灯提示，实现事前提醒、事中督办、事后督查全过程监督，确保热线办理更加及时高效。主动参与疫情防控，根据疫情防控不同阶段，学习最新防控措施，第一时间为群众宣讲政策、答疑解惑。年内，热线服务中心受理省长热线平台转办 191 件，接听市长热线电话 116888 个，直办 96497 件，转办 20391 件，按时办结率 97.68%、群众满意率 99.57%，编发热线通报 12 期。

【网络问政平台建设】 2020 年，市长热线出台《淮北市人民政府办公室关于进一步加强和规范省长热线网上留言办理工作的通知》，进一步规范办理省长热线和网上留言的责任主体、办理规范、办理时限、审批流程等。丰富互动交流渠道，整合政务服务网、市长信箱、民意征集、在线调查、在线访谈、政风行风热线、政务新媒体等，提升在线互动平台的实用性。全年受理政务服务网和人民网来信 5144 件，市长信箱 1527 件。组织开展征集调查 19 期，征集意见 634 条。组织开展在线访谈 13 期，浏览量 3.7 万人次。播出政风行风热线节目 274 期。

外事工作

【概况】 2020 年，淮北市围绕提高外事管理能力、加强涉外疫情防控、服务经济社会发展和提升外事服务水平开展外事工作。与省外办签署省市外事工作结对共建协议；以视频形式向韩国抱川市等 14 个国际友好城市、友好交流城市，有友好交流关系的地区等发送市长“新年云祝福”，守望相助共渡难关；韩国驻上海总领事崔泳杉因淮北市精准对接韩资企业京信电子复工复产一事向市政府外事办发函致谢，相关工作信息被外交部“外事管理”微信公众号采用。

【外事管理与服务】 2020 年，市政府外事办切实履行涉外疫情防控职责，摸排、核查各类人员信息 3200 余条，发布各类提醒信息 10 余条，并开通 24 小时应急服务热线。充分发挥外事资源优势，联络国际友城和海外联系人，通过海外渠道采购全省首批防疫物资。全年办理邀请外国人来华业务 31 人次，7 人成功入境到淮北工作。5 月，举办领事保护专项宣传活动；7 月，召开全市“外事服务进基层”政策宣讲会；11 月，濉溪经济开发区被授予首批“全省海外领事保护基层联络处”称号；12 月，淮北市领事保护和 APEC 商务旅行卡推介会召开。

【对外友好交流】 2020 年，市政府外事办向淮北市友好城市及友好交流城市发送慰问信，就疫情防控工作开展情况进行交流。市委副书记、市长覃卫国录制祝贺视频，祝贺抱川汉滩江国家地质公园被列入联合国教科文组织世界地质公园。组织俄罗斯金吉谢普市参加全省疫情防控视频交流会议，与保加利亚斯利夫尼察市分享交流淮北市疫情防控经验。

【对外经贸交流】 2020年，市政府外事办参与2020世界制造业大会江淮线上项目签约活动。组织2家企业参加安徽与东盟国家驻沪领事机构对话会。

（张　扬）

经济发展与研究工作

【课题调研】 2020年，市政府研究室完成调研报告13篇，通过查阅资料、走访调研、电话访谈等形式，形成《口子酒生产经营情况分析》调研报告。到上海、无锡等经济发达地区考察学习，形成《关于以外联外包模式推进科技创新培育发展实体经济的建议》调研报告。深入乡镇、县区实地调研，形成《为全面实施乡村振兴战略奠定坚实基础——从产业扶贫看我市农村农业发展》调研报告。为加快淮北转型崛起，综合国家政策变化和淮北市转型发展实际，形成《关于实施城区人口倍增计划，加快新型城镇化建设，推动转型崛起的思考》调研报告，有关建议被市住建局制定文件时吸收转化，借鉴出台《淮北市引进人才加快东部新城建设实施办法（试行）》。通过对淮北市近年发展情况和周边发达地区发展方向进行分析研究，形成《淮北市“十四五”经济社会发展路径研究》报告。口子酒生产经营、产业扶贫等专题调研成果得到市政府领导批示为领导决策提供参考。

【文稿工作】 2020年，市政府研究室创办《政务参考》，编印5期，收集、分析、整理我国宏观经济走势、政策变化等综合信息，跟踪研究各地方政府经济与社会发展政策，为市领导科学决策提供参考、比较和借鉴。编发《市情月报》11期，为市领导和全市60多家单位提供经济社会发展重要数据。参与起草各类领导讲话、工作汇报等综合文稿近400篇。

（常绍凤）

政务服务

【概况】 2020年，市数据资源管理局（市政务服务管理局）持续推动政务服务改革，市县两级政务服务大厅推行综合窗口改革，设置承诺件通办综合窗口8个、主题集成服务综合窗口2个、立等可取专业综合窗口50个，变“一事跑多窗”为“一窗办多事”。新增500余项市直部门服务事项进驻市政务服务大厅，市级政务服务实行“进一扇门”比例达100%。推进用水、用电、用气服务全面进驻市县（区）政务服务中心。作为全省唯一入选政务服务评价国家标准试点城市，完成“好差评”系统研发建设，全年收到评价393万人次，满意率达99.99%。市、三区一县24小时自助服务大厅以及市高新区税务局24小时自助服务区全部建成使用，全市7×24小时自助服务体系初步形成，自助区业务办理累计超过20万件，实现“全天候、人性化、高效率”的“不掉线”政务服务。

【行政审批】 2020年，市数据资源管理局（市政务服务管理局）在全省政务大厅线下开展行政审批结果免费邮寄送达工作，安徽政务服务网淮北分厅与“EMS”物流系统实现对接，市政务服务大厅免费邮寄送超5万件，减少群众跑路次数5万多次。推进行政审批免费代办，在全省率先设立免费代理服务中心，配备专职代办人员，为群众提供企业开办等事项全程免费代办服务，建立每月考核制度，组织“代办之星”评比活动，开展代办窗口办件质量电话回访，窗口服务质量和效率持续提高，截至年底，完成代办业务2000多件，办结率、满意率均为100%。

【优化服务环境】 2020年，市数据资源管理局（市政务服务管理局）实施政务服务大厅智能化升级改造，实现总台咨询、总台登记取号、在线取号、自助填表、自助申报、多渠道评议、触摸引导、大屏幕显示和数字考勤等15项功能。依托全国一体化政务服务平台，对“皖事通办”淮北分厅进行全面升级改版。引导企业和群众注册使用安徽政务服务网和“皖事通”平台，其中个人注册用户98万人次，各类服务事项471项。大力完善7×24小时政务服务体系。市县两级建成7×24小时政务服务大厅，全市24小时自助区业务办理超过20万件。上线“7×24小时政务服务地图”，覆盖市县179家单位、49个镇（街）、439个村（居），关联555个服务场所、49360个服务事项信息、49处自助终端、1537个自助服务事项，为群众提供7×24小时“不打烊”随时办服务。

2020年9月16日，淮北市开展政务服务评价国家标准试点工作动员会召开 （范凤 摄）

【规范监督和管理体系】 2020年，市数据资源管理局（市政务服务管理局）下发《关于开展安徽省“互联网+监管”系统培训及上线运行的通知》《关于做好“互联网+监管”第三方评估准备工作的通知》《关于加快推进“互联网+监管”系统应用工作的通知》《淮北市“互联网+监管”工作完成情况通报》等文件。按照“应领尽领”和“应编尽编”的原则进行目录清单的认领和检查实施清单的编制，全市目录清单认领率和实施清单编制率均为100%。按照“应录尽录”的原则进行监管行为数据上报和审核工作，采集录入监管行为19591条，监管行为数据覆盖率为90.4%。按照“应开尽开”原则，开通“互联网+监管”系统有效注册用户数9339人，广泛收集监管动态和曝光台信息，上报监管动态信息544条、曝光台信息275条。

【政务信息资源整合共享】 2020年，市数据资源管理局（市政务服务管理局）完成政务数据100%归集，社会数据和经济数据60%归集的年度工作目标。全市政务数据目录总编制数2142项，挂载率93.9%，其中省级目录认领541项，实现100%认领和数据挂载；政务个性化目录编制数665项，数据挂载率91.2%；社会数据目录编制数512项，数据挂载率98.8%；经济数据目录编制数424项，数据挂载率96.7%。全年累计归集53个部门、937类数据，数据总量13亿条。通过数据资源共享交换平台，为市发改委、市市场监督局等14家部门提供81类数据服务，累计调用次数超513.41万次；实现与公安部门动态共享101类6131.2万条数据资源；累计治理数据超2540万条；

完成电子证照制证216类1290多万条。

【引导大数据产业发展】 2020年，市数据资源管理局（市政务服务管理局）成立淮北市加快建设“数字淮北”工作领导小组，统筹协调推进全市数字经济、数字政府、数字社会建设，设立淮北市“城市大脑”建设专项协调小组，推进城市大脑建设，夯实城市数字底座，发展智慧特色应用，推动“数字江淮”建设成果向基层延伸。印发执行《“数字淮北”建设总体规划（2021—2025年）》，完成《淮北市大数据产业发展规划（2021—2025年）》的编制。持续推动大数据产业聚合发展，将“方正智谷”“源创客”统一纳入“淮北大数据产业基地”管理运维，合并后累计入驻企业65家。以淮北城市大脑运营中心项目为牵引，对接阿里巴巴、华为、清华紫光、中电科、奇虎360等领军企业，中电科南京莱斯信息技术公司已注册本地化公司。

（王筱雯 李 磊 王宗新）

机关事务管理

【公务用房管理】 2020年，淮北市机关事务管理中心（以下简称“市管中心”）推进集中、统一管理，市办公用房权属统一登记，金方大厦8—12层（4001.9平方米）产权办至市管中心名下。有序调配办公用房，市招商大厦12层4间办公用房调配给脱贫攻坚普查领导小组临时办公使用。9月，市商务局大楼1—6层楼维修改造工作完工，1—2层调剂给市退役军人事务局，3层调剂给市扶贫局，4层调剂给市管中心，5层调剂给市委网信办，6层调剂给市委督查室。完成市直单位移交的办公用房拍租工作，将市发展和改革委移交的华侨商厦6层6间办公用房、原南湖大酒店一至二楼部分办公用房、市水务局移交的市河道管理局办公用房、原市安监局办公用房、市军供站所属6间门面房三年期经营（使用）权及相山区几处房产进行公开拍租。做好办公用房维修工作，解决市行政中心4层、5层东西会议室和机要局南侧墙面漏雨问题；完成一层楼梯间通信机房改造工程；完成电教中心消防和档案室加固改造工程；完成行政中心部分办公用房裂缝、墙体脱落问题的维修工程；完成对市招商大厦12层4间办公用房的维修工作；原市政协大楼维修改造工程于1月18日验收合格，并移交给市司法局办公用房使用。7月21日，会同市财政局下发《淮北市市直机关办公用房维修改造管理细则》，成立市直单位办公用房维修改造工作监督管理委员会，负责市直单位办公用房维修申请的审核和监督实施工作。制订《零星工程维修管理（暂行）办法》。

【公务用车管理】 2020年，市管中心全力以赴做好疫情防控用车的服务保障工作，抓好出勤车辆的防护和消毒工作，确保出勤车辆和驾乘人员的防疫安全；按照市疫情防控指挥部的要求，统筹市县区机关事务管理部门安排4辆中巴车用于徐州、合肥等地接送转运境外入淮北人员工作，全年安排疫情防控用车任务订单500余个。科学调度，合理安排，保障巡视巡察、脱攻坚贫、环保督查、秸秆禁烧、文明城市创建、大型会议接待等工作用车任务，公车平台全年完成市直单位用车订单9813个，行驶里程近180万千米。

【公务接待管理】 2020年，市管中心完成接待任务165批次、2860多人次。完成省部（军）级以上领导、外省市领导、重要客商、新闻媒体、专家学者及部分省直部门领导到淮北的接待工作，完成省政府疫情防控督导组、全国双拥模范城市考评组、省委防汛督导组、省扶贫攻坚督察组、淮海经济区立法协作联席会、全省六稳重大项目开工推进会、2020 安徽市长高峰论坛及党政代表团赴常州、无锡、商丘考察等重大接待任务。全年接待省部（军）级以上领导 45 人次，市厅级领导 240 多人次。团组任务 75 批次、1984 人次。

（来子豪）

信　访

【概况】　2020 年，全市信访系统准确把握疫情防控常态化下信访工作的特点规律，对群众反映涉及疫情的信访事项按照“第一时间处置、第一时间反馈”的要求及时转送交办，督促责任单位从快从速办理，群众满意率 100%。开展“四最”（最多投一次、最多跑一地、最多交一回、最后访一回）信访改革试点，强化“接诉即办、马上就办”的工作意识，最大限度压缩办理时间，最短时间解决投诉请求，“最多投一次”信访件平均办理周期为 10.6 天，一次性化解率为 94.63%。持续开展“三无”县乡村联建联创联评活动，“三无”乡镇（街道）、村（社区）比例不断提升。严格按照司法途径、行政法定途径、信访途径 3 个途径规范信访事项分类处理工作，促使各级信访工作机构根据投诉请求情况，做好信访投诉请求的甄别、转送、交办、督查督办等工作。推进平安建设和市域社会治理现代化，畅通和规范群众诉求表达、利益协调、权益保障通道，发挥信访制度优势，探索信访工作在多元化解纠纷中的方法路径，推广听证评议、信访代理代办等制度，实现治理方式由“闭合型”向“开放式”转变，服务体系由“零散化”向“一体化”升级。推动信访工作专业化、法治化、信息化建设，解决好群众的“急难愁盼”问题。淮北市因进京访工作成绩突出、“最多交一回”试点工作成效显著，被省信访局通报表扬。连续两年在全省信访工作责任目标考核中位列优秀等次，受到省委、省政府通报表彰。淮北市和杜集区在 2020 年度全省信访工作责任目标考核中位列优秀等次。

【领导干部接访下访】　2020 年，淮北市各级党政领导坚持开门接访，把定期接访与不定期下访有机结合起来，做到群众随到随接，合理诉求第一时间处理。落实领导包案和带案下访制度，市、县（区）两级党政领导带案约访重点信访人，属地乡镇（街道）领导和县区单位领导逐次提级登门走访信访人。各级党政领导深入基层一线，采取带案下访、领导包案等方式，访民情、办实事、解难题。全年 17 名市级党政领导、54 名县（区）领导干部，共接待群众 711 批、1605 人次，其中 159 次带案下访，接待群众 170 批、266 人次。

【信访积案化解】　2020 年，市政府信访局结合“最多交一回”试点，组织开展信访积案化解攻坚活动，实现信访积案“清仓见底”。聚焦“事

2020 年 7 月 10 日，市委党校学员到群众来访中心参加体验教学

（余鹏飞　供图）

要解决、怨要纾解”目标，开展攻坚活动。全面推行领导干部“一案双包”的包案责任。对省交办的中共十八大以来信访历史积案均采取约谈信访人、调阅信访卷宗、召开协调会议等方式办理。国家信访局交办“四重”（重点领域、重点群体、重点问题、重点人员）信访事项1件、省级“四重”信访事项4件、市级4件、县区6件，全部化解，化解率100%；国家信访局督办件30件，交办件21件，均按规定办结；中共十八大以来信访历史积案343件化解341件，化解率99.4%；中央第五巡视组移交信件345件，省委第十巡视组移交信件54件，均在第一时间转交责任单位办理。

【信访受理】 2020年，淮北市信访部门受理信访事项7544件（批）、13484人次，同比件（批）次下降14.86%，人次下降17.15%。全年办理来信和网上信访件5968件，同比下降11.5%，信访机构和责任单位及时受理率分别为99.88%和99.24%，按期办结率100%，信访机构和责任单位满意率分别为97.74%、97.85%，信访事项受理办理各项指标继续位居全省前列。

（余鹏飞）

扶贫开发

【概况】 2020年，淮北市聚焦“两不愁三保障”及饮水安全，统筹“战贫、战疫”两场硬仗，抓实“六稳”“六保”，接续发起“四季攻势”，深入推进“抗疫情、补短板、促攻坚、推振兴”专项行动。截至年底，全市22个贫困村全部出列、建档立卡贫困人口13052户35235人（不含自然脱贫人口）全部实现脱贫。濉溪县贫困发生率由2014年的3.7%降至2020年的0。

【内设机构改革】 2020年8月，原淮北市扶贫办公室更名为淮北市贫困监测信息中心。11月底，根据市委编办《关于印发市房屋征收安置中心等3家单位“三定”规定的通知》文件精神，明确淮北市贫困监测信息中心职能配置、内设机构和人员编制，规定淮北市贫困监测信息中心为隶属于淮北市扶贫开发局管理的公益一类财政全额拨款事业单位，副处级。内设监测科、信息科、社会扶贫科，设置事业编制职数9名。

【“抗补促推”专项行动】 2020年3月，淮北市在全省率先开展“抗疫情、补短板、促攻坚”专项行动，并结合当地实际，增加“推振兴”内容，成立市委书记、市长任双组长的“抗补促推”专项行动领导小组，制定出台实施方案、督导工作手册等，坚持目标导向、问题导向和结果导向，20名市级干部每人牵头督导一个镇（办），做到指挥在一线、督战在一线、问题解决在一线，累计督导调研179次，实地走访404个村（企业）375户群众，解决问题295个。

【“两不愁三保障”及饮水安全】 2020年，淮北市以“两不愁三保障”及饮水安全工作为主线，突出问题导向，严格措施标准，确保问题解决不留死角盲区。加强控辍保学，4055名义务教育阶段贫困学生秋季全部返校入学，资助建档立卡学生19647人次、1849.9万元；坚持基本医疗保障“应保尽保”，贫困人口综合医保共补偿10.59万人次。推进紧密型县域医共体建设，实施基层医疗机构能力提升工程；全面开展农村危房鉴定和质量“回头看”，及时改造维修灾害、自然受损等原因新增的危房，改造五类重点对象危房551户，发放补助资金1499万元；投入资金4.07亿元，新建2处水厂、改扩建水厂、实施水厂管网延伸和“三供一业”供水工程管网延伸及改造提升等，5处工程建成并通水，完善水质日常监测，89个行政村、31.64万人饮水型氟超标改水任务全面完成，淮北市2020年氟超标改水任务占全省计划任务的 41.6%。

【扶贫项目资金】 2020 年，淮北市实现财政扶贫资金持续增加与决战决胜脱贫攻坚任务相匹配，用于脱贫攻坚的各级扶贫资金 3.18 亿元。围绕“建成一个项目、受益一方群众、脱贫一批人口”的目标，从项目库中择优精准选择扶贫项目，科学规范实施项目，确保贫困户持续稳定增收。全年批复实施扶贫项目 154 个。健全扶贫项目资金管理制度，明确扶贫项目牵头部门、镇村主要负责人为扶贫项目资金监管第一责任人，并根据施工合同和项目实施进度，严把扶贫项目资金筹集、分配、拨付、公示和绩效“五道关口”，实行财政动态监控系统和常态化督查暗访相结合，确保扶贫资金使用安全、扶贫项目管理规范。对 2016—2020 年来累计投入的扶贫资金 10.12 亿元和 1514 个实施项目，建立县、镇、村扶贫资产项目管理台账、资产效益台账、运维管护等台账，结合 205 个村实际，建立扶贫项目收益分配方案，规范村级收益使用程序，加强收益资金分配监管。

【产业就业扶贫】 2020 年，淮北市投入财政资金 4694.44 万元，实施农业特色产业扶贫项目 67 个，5572 户贫困户达到产业发展标准，培育农村致富带头人 111 人，打造“一村一品”5 个。注重业态培育，荷塘月色荷趣园、柳江口花海、菊花小镇、黑糯玉米基地、高端品种葡萄基地等一批特色产业形成规模。22 个村级光伏电站实现收益 110.3 万元，收益的 87.41% 用于公益岗位工资和村级公益事业建设劳务费用支出，新开发光伏扶贫公益岗位 166 个。坚持贫困户、边缘户“应贷尽贷”，全年发放小额信贷 1282 户、4947 万元，未发生逾期情况。多举措解决扶贫车间和扶贫基地达产增产问题，9 家扶贫车间、3 家扶贫基地吸纳贫困劳动力 107 人。年内，新开发扶贫公益性岗位 420 个，贫困劳动者人均增收近万元。

【防范返贫】 2020 年，淮北市出台《关于防范返贫致贫加强监测预警和动态帮扶方案》，建立健全“五防”机制，抓特殊群体，防范返贫致贫。聚焦“三户一体”，核查边缘户 409 户、1010 人，脱贫监测户 180 户、458 人，建立边缘户联系人制度，因户因人实施帮扶 3013 条，保障农村低保对象 2.5 万人、特困供养对象 4362 人、临时救助对象 724 人，支出各类救助资金 1.59 亿元，特色产业扶贫保险惠及 4386 户贫困户，所有脱贫监测户、边缘户全部消除返贫致贫风险。紧盯汛情防返贫，全面排查贫困户受灾情况，实施灾后恢复重建“四启动一建设”工作，未出现因灾致贫返贫情况。

【消费扶贫】 2020 年，淮北市出台《淮北市落实〈消费扶贫助力决战决胜脱贫攻坚 2020 年行动方案〉责任分工》《淮北市消费扶贫提升行动工作方案》《淮北市“消费扶贫月”活动实施方案》

2020 年 2 月 23 日，濉溪县孙疃镇特色种植业扶贫基地贫困户喜获丰收
（濉溪县扶贫开发局　供图）

等，已认定扶贫产品123个，推进“三专一平台”（消费扶贫专柜、消费扶贫专馆、消费扶贫专区，各类电商平台）建设。推广“电商+基地+合作社+农户”模式，通过线上服务、直播代购、农超对接、农产品“八进”行动、“抗疫消费扶贫活动”等形式，累计销售各类扶贫农产品2.72亿元，受益贫困户7588户。

【就业脱贫】 2020年，市人力资源和社会保障局结合美丽乡村、人居环境整治等工作，开发保洁员、护林员、护路员等就业扶贫公共服务岗位和辅助性岗位，帮助贫困劳动者就地就近就业，截至年底，扶贫岗位在岗5359人。鼓励企业吸纳贫困劳动者就业，发放岗位补贴58.46万元；鼓励贫困劳动者通过创业实现脱贫，为31名贫困劳动者发放初次创业补贴15.5万元。9个扶贫车间带动就业231人，其中贫困劳动者占比37.23%。为建档立卡贫困劳动者发放补贴40.98万元；落实为建档立卡贫困人员、特困人员等五类特殊困难群体代缴城乡居民养老保险费政策，为3.67万人代缴保费386.25万元。组织开展各类技能脱贫培训404人，完成年度任务202%。推进人事人才扶贫，招募“三支一扶”扶贫岗位27个。

【扶贫“四个清零”行动】 2020年，淮北市坚持战“疫”战“贫”两手抓、两手硬，紧盯疫情产生的影响，聚焦就业务工“清零”、扶贫企业和扶贫车间复工复产“清零”、滞销农产品“清零”、贫困子女网上教学问题“清零”。建立健全疫情分析应对机制，开展就业“四帮四促”、复工复产“四送一服”、产销对接“八进”、网上教学精准帮扶等行动。3月底，实现“四个清零”，并持续巩固清零成果，无一例贫困户和扶贫干部感染新冠肺炎。聚焦就业务工“清零”。疫情期间，注重因企因户施策，发布就业岗位6000余个，组织33批次集中包车服务并给予交通补贴，已外出务工贫困人口14802人，返岗就业率达到113.49%，复工复产步入正轨；聚焦扶贫企业、扶贫车间复工复产“清零”。出台惠企抗疫政策清单34条，利用“四送一服”综合服务平台，解决复工复产问题206个，认定扶贫车间9家、67个农业特色产业扶贫项目和25家扶贫龙头企业全部复工复产，带动1568名贫困户就业；聚焦滞销农产品“清零”。开展“淮优”农产品进社区保供应抗疫情活动，利用直播、电商平台、定向采购、产销对接等方式，销售各类涉贫经营主体和贫困户农产品8000余吨、1.32亿元；聚焦贫困子女网上教学问题“清零”。采取赠送智能手机、定向流量费减免、宽带提速等措施，解决105名贫困学生线上学习难问题。

【精准帮扶】 2020年，淮北市严格落实“四个不摘”（摘帽不摘责任、摘帽不摘政策、摘帽不摘帮扶、摘帽不摘监管）政策，105家市直单位549名干部包保贫困户675户，针对疫情影响，优化调整“一户一方案、一人一措施”，落实帮扶措施1.4万余条，户均措施10.8条。开展“集中走访帮扶月”和“五个一”专项活动，帮助解决贫困户发展产业、务工就业、农产品滞销、兜底保障等方面问题60余个。10月16日，淮北市举办脱贫攻坚优秀青年和项目集中展示活动，开展“民企帮村”精准扶贫行动。安徽顺达商贸集团有限责任公司获2020年全国“‘万企帮万村’精准扶贫行动先进民营企业”称号。

【壮大村级集体经济】 2020年，淮北市开展“百村示范”工程，出台《淮北市发展壮大村级集体经济激励办法（试行）》，安排专项资金3100万元，重点扶持62个村实施项目66个，建立领导小组成员单位联系点制度和专家服务团，以13个党建引领乡村振兴融合发展示范园区为牵引，采取“村企合作、村村联合、组合投资”模式抱团发展，探索出资产经营型、产业带动型、物业租赁型等“十种模式”，推进“村企合作、村村联合、组合投资”等模式抱团发展，形成《案例选编》。截至年底，全市316个村集体经济经营性收入达8405万元，50万元以上集体经济强村提升至59个，其中13个是贫困村。选派35名优秀村党组织书记到浙江省安吉县跟班学习1个月，建立“一抓双促奋斗最美”村书记大讲堂制度，60余名村党组织书记走上讲堂、交流经验。出台《村党组织书记“蓝黄红”底线管理办法（试行）》，划出25种底线情况。

【中央脱贫攻坚专项巡视整改】 2020年，淮北市一体推进中央脱贫攻坚专项巡视“回头看”和国家成效考核、国家督查和省督查暗访反馈问题的全面整改。成立以市委书记、市长为双组长的中央专项巡视“回头看”市级整改工作领导小组，市纪委监委书记和分管副市长牵头负责办公室日常工作，梳理全市问题49个（中央专项巡视“回头看”3类20个问题，国家成效考核5类19个问题，“不忘初心、牢记使命”主题教育3个问题，省督查检查发现问题7个），形成“353+7”清单，制定市级整改方案，细化整改举措200条，明确8名市级领导和13家市直牵头单位的整改责任。省督查巡查反馈意见后，淮北市对照意见、举一反三，梳理出10个具体问题，制定整改方案，明确37条措施和16家单位责任，依单推进、立行立改。建立问题、任务、责任、时限“四项清单”，逐条推进整改，逐项审核把关，实行销号管理。对中央和省常态化约谈的6个方面和“两不愁三保障”及饮水安全领域，13家牵头责任单位均成立工作专班，拾遗补阙、狠抓落实、限时交账。实行“两周一调度”“一月一分析”，采取重点会商、调度暗访、抽查复核等方式推动整改。从问题梳理、措施实化、资料归档等方面，加强对市直部门和镇村两级的整改指导。组织开展整改“回头看”，成立3个督查组，对11家牵头单位整改落实情况开展专项督查，发现问题及时反馈，并限期报送整改结果和进度。市级建立长效机制10个，实行重点问题跟踪督办，定期评估整改成效，对达不到标准的立即“回炉”，保障问题整改有效。《中央脱贫攻坚专项巡视“回头看”安徽省整改工作简报》先后刊发淮北市和濉溪县整改亮点2期。

【扶贫干部教育培训】 2020年，淮北市组织举办各类扶贫培训班60期、4970人次，其中市级举办培训班19期、1412人次，县级及以下举办培训班41期、3558人次。7月7日，依托中国碳谷·绿金淮北转型崛起大讲堂，邀请省扶贫办副主任周勇作题为《再接再厉、奋勇前进，以更大决心、更强力度夺取脱贫攻坚全面胜利》的专题授课。通过安徽干部教育在线、学习强国，加强扶贫干部最新扶贫政策学习。5—8月，市扶贫局全员参加决战决胜脱贫攻坚网络视频专题学习，完成13门必修课程。市扶贫开发局官网设置全国脱贫攻坚展览入口，引导全市干部群众参观学习。组织扶贫干部赴异地开展一线考察教学，以扶贫干部走出去、“金点子”请进来的方式，学习异地扶贫好经验、好做法。5月14—16日，市委组织部就壮大贫困村、非贫困村举办村党组织书记能力示范班，组织全市60余名村党总支书记、主任赴桥头村、徐集村、油坊村等现场观摩学习村级集体经济发展项目。5月20—22日，濉溪县委组织部、县扶贫局举办“全县专职扶贫干部业务提升培训班”，组织10个镇分管领导，22个贫困村驻村工作队成员、有扶贫开发任务的205个行政村扶贫专干参与分组讨论。

【脱贫攻坚典型宣传】 2020年，市委宣传部、市扶贫局联合制定《淮北市2020年脱贫攻坚宣传工作方案》。全方位宣传脱贫攻坚经验成效、一线典型生动事例、贫困群众脱贫故事等，全年在《人民日报》（海外版）、《人民政协报》、人民网、新华网、《安徽日报》、学习强国、中安在线、安徽扶贫网等省级以上媒体刊发各类扶贫稿件1870余篇。落实“网聚美好安徽·决战脱贫攻坚”网络主题活动，编印《“网聚美好安徽·决战脱贫攻坚”网络主题活动（濉溪站）采访活动指南》。组织参加“晒晒我们的小康生活”短视频大赛活动。评选助力脱贫攻坚、决胜全面建成小康社会敬业奉献类“淮北好人”44人，获评助力脱贫攻坚类“安徽好人”1人、“中国好人”1人。制定《淮北市2020年文化扶贫演出计划表》，结合送戏进万村活动，赴濉溪县刘桥村、道口村、临南村等10个贫困村开展文化扶贫演出。

（孙祥逊）

应急管理

【防灾减灾救灾】 2020年，市应急管理局推进淮北市防灾减灾救灾体制机制改革，经市政府审定，调整市减灾救灾委员会组成人员并明确各成员单位职责。举办淮北市年度灾害信息员培训班9期，368人参加，培训班布置2020年救灾重点工作，解读自然灾害统计制度，分析市灾情报送案例，讲解自然灾害灾情管理系统使用方法，对灾情管理系统进行现场操作演练。加强救灾物资储备库管理，安装远程监控系统，实现通过手机、电脑随时随地查看物资储备库运行状况。发挥市减灾救灾委员会办公室综合协调作用，督促指导相山区实施“121”（一套应急预案、两张图纸、一张明白卡）风险监测计划。

【自然灾害和火灾防治】 2020年防汛期间，市应急管理局与市水务局、市农业农村局、市气象局、市住建局等单位沟通联系，坚持每周召开一次会商会议，及时掌握雨情、水情、工情、墒情，对一周天气情况进行研判，提出具体工作部署。抗旱期间，连续监测天气系统，为人工增雨提供支持；对包保杜集区石台镇禁烧工作实行全天候禁烧督查，累积督查39天，参与179人次，通过制定禁烧巡查表，发放禁烧工具，开展禁烧宣传、督查等工作；配合市消防支队开展城市商业综合体消防安全专项整治“回头看”工作。

【应急值守与演练】 2020年，市应急管理局执行领导在岗带班和重要岗位24小时值班制度，每天由8人分白班、夜班轮流值班。严肃值班工作纪律，杜绝脱岗、离岗、非在编人员值班等现象，确保节日期间各项工作正常运转。以危险化学品安全为重点，坚持贴近实战、注重实效原则，组织开展各类应急演练活动118场次，参与人数1万余人。

【淮北应急广播】 2020年，市应急管理局与广播电视电台签订宣传协议，落实新闻媒体常态化宣传，推进品牌宣传栏目《安全365》和《安全生产警钟长鸣》制作。8月，依托FM100.4《淮北交通广播》，打造新宣传阵地“淮北应急广播”，增加《整点呼号》《应急面对面访谈》《以痛为鉴》《安全知识有奖问答》等栏目，重点宣传应急管理方针政策、法律法规，普及防灾减灾、安全生产知识、自救互救技能。遇突发事件时，可以第一时间启动应急直播，承担起发布突发事件预警信息和应急信息重要任务。“淮北应急广播”自8月20日开播，每天整点播报呼号“应急先锋　安全之声　淮北应急广播”18次，全年播出2300余次。

（耿耿）

中国人民政治协商会议淮北市委员会

中国人民政治协商会议淮北市第十届委员会

主　　席　谌　伟

副 主 席　钱丹婴（女）　王莉莉（女）

　　　　　张保成　朱先明　刘添才

　　　　　程晋明　孙兴学

秘 书 长　陈新华

副秘书长　丁红梅（女）　王淮海

　　　　　田　锟

综　　述

【组织机构】　2020 年，淮北市有各级政协组织 5 个，其中，市级政协 1 个，县区政协 4 个。各级政协委员 1021 人，其中，市政协委员 293 人，县区级政协委员 728 人。市政协设常务委员会，由主席、副主席、秘书长和常务委员组成，内设提案委员会、经济委员会、农业和农村委员会、人口资源和环境委员会、教科卫体委员会、社会和法制委员会、民族宗教和外事委员会、文化文史和学习委员会 8 个专门委员会。第十届市政协设主席 1 人、副主席 7 人、秘书长 1 人；常务委员会组成人员 56 人，年内增补政协委员 32 人，辞去委员 25 人，撤销委员资格 1 人，增补常委 3 人，辞去常委 4 人，撤销常委资格 0 人。

【专题协商】　2020 年，市政协分别围绕“加强淮北文化资源研究促进文化旅游产业发展”“助力‘十四五’规划编制引领淮北加快转型崛起”课题任务，成立专题调研组，深入开展调研，召开专题议政性常委会会议协商建言，形成 2 篇建议案、26 篇调研报告。对委员们提出以大理念推动新转变、以大规划引领新格局、以大整合塑造新品牌、以大产业蓄积新优势、以大融合构建新业态、以大机制夯实新支撑等 30 余条意见建议，市委书记黄晓武给予高度评价。对于委员们提出的淮北市“十四五”规划编制谋划，要坚持“转型升级样板区和山水生态文明城”的战略定位，把握“转型崛起和争先进位加速推进期”的历史方位，高扬“以人民为中心和高质量转型发展”的时代主题，确立“体现高质量发展理念和要求”的指标体系，注重“规划与规划之间相互关联平衡协调”的内在联系等建议，市委副书记、市长覃卫国给予肯定。

【调研视察】　2020 年，市政协紧盯群众“急难愁盼”问题，围绕中小学生网瘾、青少年视力健康保护、加强基层法律援助等，开展视察调研 30 余次，形成“中小学生网瘾的有效引导”等调研报告 10 余篇，提出各类工作建议 50 余条，并召开对口协商和提案办理协商会，推动相关工作落实。围绕居民反映强烈的“僵尸车”清理、“空中飞线”整治等问题积极建言。围绕街道基础设施陈旧、老旧小区改造、“三供一业”移交等问题深入调研协商，提出针对性意见建议。积极反映社情民意，全年编发《社情民意》《送阅材料》《委员直通车》等各类信息56期。“关于消除相山公园火灾隐患的建议”“加强沿环山东路校园周边交通环境治理”等多条信息得到市委、市政府领导批示和有关部门办理。

2020年10月16日，淮海经济区政协系统第二届书画联展举办
（周晨 摄）

【民主监督】 2020年，市政协首次制定年度民主监督计划，谋划民主监督议题，向华东师范大学教育小镇重点项目选派民主监督小组，向市农业农村局、市住建局、市公安局、淮北海关4家部门选派特约监督员，对社会治理、提案办理、复工复产、公共卫生应急管理体系建设等工作实施会议监督。民主监督小组先后4次深入教育小镇重点项目建设现场，协调推动施工场内的城市绿化带移除、有关行政许可事项办理、供暖配套工程建设等方面的问题及时有效解决。全年向市委、市政府报送各类监督报告5篇，提出改进工作意见60余条。

【团结民主】 2020年，市政协加强同各党派团体和各族各界人士的合作共事。加强与海外侨胞等各界人士的联系，邀请淮北籍留学生座谈交流、亲见发展。深入侨资、台资企业开展走访，协调解决企业生产经营难题，协助有关部门为深化淮北台湾经贸合作交流、促进淮北台湾经济融合搭建平台。围绕商会建设与作用发挥开展调研，提出决策参考建议。召开“加强宗教教职人员队伍建设 促进社会和谐稳定”双月协商座谈会，围绕加强对宗教教职人员的组织领导、培训研修、作用发挥、选拔培育等方面提出意见建议。全年各民主党派、工商联参与政协组织的各类调研视察活动40余次，提交提案36件、调研报告24篇。

【界别工作】 2020年，市政协依托专委会联系指导界别，加强与县区政协协商联动，搭建“请你来协商”县区协商平台，围绕“建言献策促发展、服务群众惠民生、学习研讨强素质”主题，开展为期3个月的主题活动，通过走访调研、实地督查、座谈交流等多种方式，组织委员与基层干部、界别群众等共谋良策、共解难题。各界别活动组共开展协商活动33次，走访企业、单位20多家，联系群众500余人次，形成调研成果25份，提出协商建议、收集社情民意150多条，该项工作被市深改办评为全市2020年基层治理创新案例十佳。

【交流联谊】 2020年，市政协积极参与省政协“做大做强龙头企业，助推乡村产业振兴”月度专题协商会课题调研，并在淮北分会场作交流发言；为省政协领导和委员到淮北视察、调研、督查做好服务，协助做好全省政协港澳台侨和外事委员会主任座谈会筹办工作。成立市政协书画院，承办淮海经济区政协系统第二届“凝心聚力携手前行——助力转型发展决胜全面小康”书画联展暨淮海经济区政协主席联席会议。活动共征集、展出淮海经济区十市书画家 127 幅作品；活动期间，十市政协领导相聚淮北，分享经验做法、共谋政协发展。

重要会议

【政协淮北市第十届委员会第三次会议】 2020 年 1 月 5—7 日，政协淮北市第十届委员会第三次会议举行。出席会议委员 293 名，实到委员 279 名，符合规定人数。会议审议并批准主席谌伟、副主席张保成代表十届市政协常委会分别所作的工作报告和提案工作报告；与会委员列席市十六届人大三次会议，听取并讨论市人民政府工作报告和市中级人民法院、市人民检察院工作报告；通报表扬市政协十届二次会议优秀提案和先进承办单位、2019 年度“新时代履职尽责好委员”。会议补选马磊、胡家培、韩生祥为政协第十届淮北市委员会常务委员，通过市政协十届三次会议决议、市政协十届三次会议提案审查情况的报告。大会收到发言材料 8 篇，编印成《大会发言汇编》，8 位委员作大会口头发言，200 多名委员在分组讨论中发言。大会收到提案 235 件，立案 175 件，立案率为 74.47%。其中，集体提案 33 件，占 18.86%。

2020 年 1 月 5 日，政协第十届淮北市委员会第三次会议召开
（市政协　供图）

【政协常委会议】 2020 年，市政协共召开 5 次常委会议。

市政协十届十二次常委会议，1 月 7 日召开。会议听取各组关于各项报告讨论情况的汇报，审议通过市政协十届三次会议选举办法（草案），市政协常委候选人名单（草案），总监票人、监票人名单（草案），决定总计票人、计票人名单。审议通过市政协十届三次会议提案审查情况的报告（草案）和市政协十届三次会议决议（草案）。

市政协十届十三次常委会议，4 月 15 日召开。会议听取市委政法委关于创新社会治理工作情况的通报及 10 位市政协常委 2019 年工作述职情况。

市政协十届十四次常委会议，7 月 17 日召开。会议传达学习全国政协十三届三次会议精神，审议通过有关人事事项，并向有关专委会副主任、兼职副主任颁发任命书。

市政协十届十五次常委会议暨“助力‘十四五’规划编制引领淮北加快转型崛起”专题协商会议，9 月 24 日召开。市委副书记、市长覃卫国出席会议并讲话。会议传达学习习近平总书记考察安徽和在合肥主持召开扎实推进长三角一体化发展座谈会重要讲话精神、全国地方政协工作经验交流会精神，听取市政协专题调研组所作的《“助力‘十四五’规划编制引领淮北加快转型崛起”的建议》。6 名市政协委员代表分别发言，市发改委通报淮北市“十四五”规划纲要编制进展情况。此次专题协商会议全程进行网络图文直播。会议审议通过《关于“助力‘十四五’规划编制引领淮北加快转型崛起”的建议案》。

市政协十届十六次常委会议暨“加强淮北文化资源研究促进文化旅游产业发展”专题协商会议，10 月 26

日召开。市委书记黄晓武出席会议并讲话。会议听取市政协专题调研组所作的《加强淮北文化资源研究促进文化旅游产业融合发展》调研报告。4名市政协委员代表分别发言，市发改委、市文旅体局和濉溪县政府作回应性发言。此次专题协商会议全程进行网络图文直播。会议审议通过《关于“加强淮北文化资源研究促进文化旅游产业融合发展”的建议案》、《政协淮北市委员会提案工作条例》和有关人事事项，并颁发任命书。

政协各专门委员会工作

【提案委员会】 2020年，市政协提案委员会收到提案239件，立案166件。截至10月底，全部办复，办复率100%。提案所提问题已解决或基本解决的84件，占提案总数的50.6%；正在解决或纳入计划逐步解决的75件，占45.2%；因条件所限暂时无法解决，并向提案人作出说明的7件，占4.2%。经市政协“提案办理系统”测评，办理满意率和基本满意率超过99%。

【经济委员会】 2020年，市政协经济委员会聚焦淮北“十四五”时期发展，组织开展“助力‘十四五’规划编制引领淮北加快转型崛起”课题研究，形成调研报告11篇。聚焦工业强市，提出“关于推进互联网等与制造业深度融合的建议”提案，被列为重点提案。围绕疫情条件下的复工复产复市，对市经信局和市商务局工作开展民主监督；围绕民生工程实施，对市财政局预算执行以及2021年财政预算重大项目安排开展民主监督。围绕市政府关注焦点，重点对商会和青龙山“无水港”的建设与作用发挥开展深入调研，并形成调研报告。

【农业和农村委员会】 2020年，市政协农业和农村委员会参与省政协“做大做强龙头企业，助推乡村产业振兴”月度专题协商会，广泛开展市内市外考察调研，形成高质量的调研报告。举办市政协第十三次双月协商座谈会暨“关注农村饮水安全促进农村民生改善”对口协商会，做好《加快推进农村饮水安全工程建设，构建和谐美丽乡村》重点提案督办工作。向市农业农村局选派民主监督小组，形成《农产品质量安全专题民主监督报告》。

【人口资源环境委员会】 2020年，市政协人口资源环境委员会配合文化文史和学习委，围绕“加强淮北文化资源研究、促进文化旅游产业发展”主题开展调研，形成建议案。向市住建局选派特约监督小组，针对污水和废气排放治理、城市园林绿化、雨污分流等重点工作，开展民主监督。聚焦“十四五”规划编制，对标中国碳谷·绿金淮北战略实施要求，成立“全域城市化”专项课题组，研究制定实施方案，深入基层开展调研工作。

【教科卫体委员会】 2020年，市政协教科卫体委员会组织召开“青少年视力健康保护工作”双月协商座谈会。对“华东师范大学教育小镇”项目实施民主监督工作，做好“关于探索民营企业用知识产权、商标等无形资产进行融资质押的建议”重点提案督办工作。组织委员赴市凤凰国际幼儿园、市第二实验幼儿园、市直机关第一幼儿园，调研全市学前教育工作现状及存在的困难和问题。

【社会和法制委员会】 2020年，市政协社会和法制委员会组织召开市政协第十一次双月协商座谈会暨“优化我市营商环境”专题协商会。派驻市公安局特约监督员对市基层公安机关开展民主监督视察，了解收集基层公安机关的装备设施、内务管理和队伍规范化建设等情况，推动基层社会治理。通过“现场调研＋工作汇报”的形式，督办市政协十届三次会议重点提案《关于进一步优化营商环境》的系列提案。参与省政协组织的“践行新时代枫桥经验，推进市域治理现代化”协商课题大会发言工作。

【民族宗教和外事委员会】 2020年，市政协民族宗教和外事委员会围绕“加强宗教教职人员建设 促进社会主义和谐稳定”课题开展调研，形成调研成果。督办《关于加强基层法律援助的建议》重点提案。调研安徽理士新能源发展有限公司、合鸣农业装备有限公司等淮北市部分侨资、台资企业复工复产情况。向淮北海关选派民主监督小组，并赴青龙山铁路“无水港”开展民主监督活动。

【文化文史和学习委员会】 2020年，市文化文史和学习委员会围绕“加强淮北文化资源研究，促进文化旅游产业发展”议政性常委会重点协商课题，组织调研，形成主题调研报告建议案，收到大会发言12篇。督办《关于濉溪明清酿酒作坊遗址保护和开发的建议》重点提案。设立市政协文史资料阅览室，遴选25人充实完善市政协文史专家智库。完成第21期《淮北文史》和4期《淮北文史活页》编辑出版。创新建立隋唐大运河遗址博物馆（柳孜运河遗址）、淮北市博物馆（隋唐大运河博物馆）等7个文史研习基地，创新开展收藏本土作家图书活动。负责市政协十届三次会议大会发言征集工作，征集大会发言8篇。

政协日常工作

【创新协商平台】 2020年，市政协积极推动政协协商向基层延伸。出台《市政协开展“请你来协商”工作实施方案》，并以“请你来协商”平台为依托，4—7月，开展“界别主题活动月”活动，市政协29个界别加强与各区政协、驻镇（街道）委员联络机构的联系，独立或联合开展活动33次，到街道、社区联系群众300余人次。出台《关于将政协协商嵌入“一组一会”推进政协工作向基层延伸的实施意见（试行）》，成立以市委主要领导为第一组长、市政协主席为组长的领导小组。10月29日，市政协主席谌伟在全省政协工作经验交流会上，以《积极嵌入“一组一会”推动政协协商与基层协商有效衔接》为题，介绍淮北市将政协协商嵌入“一组一会”的做法和成效。

【提案工作】 2020年，市政协完善市委书记领衔督办重点提案机制，按照《市领导领衔督办市政协十届三次会议重点提案工作方案》，市委、市政府相关领导分别领衔督办8件重点提案，带动县区党政领导领衔督办重点提案办理工作，在全省率先构建市、县（区）党政领导领衔督办、政协领导协助督办的重点提案办理工作新格局。其中，市委、市政府主要领导督办重点提案工作的做法先后被《人民政协报》《江淮时报》报道。

【“智慧政协”建设】 2020年，市政协“一网一号一中心两平台”基本架构相继建成并投入使用。“一网”是指市政协门户网站，“一号”是指淮北政协微信公众号，“一中心”是指市政协履职数据中心，“两平台”是指委员履职服务平台和委员移动履职平台。2017年12月，市政协微信公众号上线运行。2019年6月，市政协远程视频会议系统建成投用。2020年6月，市政协履职数据中心、履职服务平台和移动履职平台（App）上线试运行。9月10日，市政协门户网站正式改版升级。

2020 年淮北市政协十届三次会议重点提案一览表

表 14

编号	提案人	案由	承办单位	领办市领导
1	科技界	关于积极融入长三角一体化，加快创新发展的建议	主办：市科技局 协办：市发改委、市投资促进中心	黄晓武
2	民进界、致公界、工商联、张雪梅	关于进一步优化营商环境的系列提案	主办：市政府办 协办：市数据资源管理局、市经信局、市地方金融监管局	覃卫国
3	民革界	关于探索民营企业用知识产权、商标等无形资产进行融资质押的建议	主办：市地方金融监管局 协办：市市场监督管理局、淮北银保监分局	周天伟
4	民建界	关于进一步加强废弃采石场治理的建议	主办：市自然资源和规划局 协办：市生态环境局	胡　亮
5	民革界	加快推进农村饮水安全工程建设，构建和谐美丽乡村	主办：市水务局 协办：市住建局	胡百平
6	丁　波	关于加强基层法律援助的建议	市司法局	章银发
7	张继玲	关于濉溪明清酿酒作坊遗址保护和开发的建议	主办：濉溪县政府 协办：市文旅体局	陈　英
8	工商联经济委员会	利用互联网提升制造业智能化水平	市经信局	高维民

（周　晨）

中共淮北市纪律检查委员会 淮北市监察委员会

中共淮北市纪律检查委员会

书　记　宰学明（任至2020年4月）
　　　　李朝晖（2020年11月任）
副书记　汪　琳（女）　　赵德荣
　　　　纵　昆（2020年9月任）
常　委　吴富德　刘　密　杨宏军
　　　　刘　浩　徐　虎
秘书长　杨宏军（2020年5月任）

淮北市监察委员会

主　任　宰学明（任至2020年6月）
　　　　李朝晖（代理主任，2020年11月任）
副主任　汪　琳（女）　　赵德荣
委　员　刘　密　刘　浩　葛树海

综　　述

【概况】　2020年，全市纪检监察机关共处置问题线索2620件，立案审查调查680件，党纪政务处分640人，移送检察机关29人。受理检举控告类信访举报、立案、处分数分别同比下降5.4%、24.2%、24.8%，标本兼治综合效应充分显现。运用“四种形态”处理2657人次，分别占比74.2%、19.4%、3.2%、3.2%，“红脸出汗”已成常态。构建“四位一体”网格监督体系，推进基层“小微权力”规范运行，获评2020年全市基层治理创新最佳案例。

【纪检监察体制改革】　2020年，市纪委推进基层纪检监察体制改革，建立“县（区）纪委监委＋纪检监察协作区＋镇（街道）纪检监察机构＋村级纪检委员（村务监督委员会）”四位一体网格化监督体系，全市组建11个工作协作区，29个镇（街道）监察（专员）办公室全部挂牌，418个村（居）纪检委员配备到位，其中250名村（居）纪检委员已兼任村（居）务监督委员会主任。巩固深化村（居）干部“十公开”工作成果，指导基层党组织制定村（居）小微权力清单及运行流程图，推动基层治理提质增效。深化派驻机构改革，协助市委制定《深化派驻机构改革的实施意见》，厘清派驻机构领导体制、职责定位，推动派驻监督有效覆盖。出台《推进市属企业纪检监察体制改革的实施意见》，在市建投集团设立监察专员办公室，其余市属企业纳入派驻对口主管部门纪检监察组监督，推动企业规范运营。指导县（区）完成深化派驻机构改革工作。建立完善问题线索、案件进展、审理量纪“三报备”制度，制定向省纪委监委、市委请示报告事项及责任“双清单”，推进双重领导体制具体化、程序化、制度化。协助省纪委制定《案件质量评查实施细则》，完善案件审理与审查调查、监督检查部门相互协调制约机制，着力构建案件质量责任共同体。

【纪检监察队伍建设】 2020年，市纪委常委会修订完善常委会工作规则、书记专题会议事规则，严格执行民主集中制和请示报告制度。加强纪检监察干部政治历练、实践锻炼，推动纪委、派驻机构、巡察机构24名干部轮岗交流，比选10名优秀干部进机关。制定《市纪委监委发现培养选拔优秀年轻干部实施方案》。运用上级调训、自办培训、视频讲堂、集中研讨、案件会审等平台载体，深化全员培训。全年自办综合业务培训班3期，参加省纪委专题业务培训21期。选派8人赴省纪委监委、省委巡视机构以干代训，抽调59人到市纪委机关跟案学习。完善内部监督制约机制，对涉及纪检监察干部的问题线索实行下管一级。优选聘任12名特约监察员，主动接受外部监督。严格执行禁止打听案情、说情干预等制度，对执纪违纪、执法违法行为零容忍，坚决整治“灯下黑”。全市处置纪检监察干部问题线索27件，谈话函询13人，立案查处1人，开除党籍、开除公职1人。

2020年3月31日，中国共产党淮北市第八届纪律检查委员会第五次全体会议召开 （赵文静 摄）

重要会议

【淮北市第八届纪律检查委员会第五次全会】 2020年3月31日，中共淮北市第八届纪律检查委员会第五次全体会议举行。市委书记黄晓武参加会议并讲话。市委常委、市纪委书记、市监委主任宰学明主持会议并代表市纪委常委会作工作报告。会议深入学习贯彻习近平总书记在十九届中央纪委四次全会上的重要讲话精神，全面落实省纪委十届五次全会部署要求，深刻总结中共十八大以来淮北市全面从严治党取得的成就，安排部署2020年任务，审议通过市纪委常委会工作报告和市纪委八届五次全会决议。

【淮北市营商环境专项巡察反馈整改暨项目建设调度会】 2020年6月11日，淮北市营商环境专项巡察反馈整改暨项目建设调度会召开。会议反馈市委营商环境专项巡察情况，通报淮北市优化营商环境工作相关情况及下一步工作安排，相关县区和部门作交流发言，与会市领导就抓好巡察整改和项目建设作表态发言。

党风政风监督

【“两个责任”落实】 2020年，市纪委加强同级监督和“一把手”监督，围绕贯彻《党委（党组）落实全面从严治党主体责任规定》，加强对“一岗双责”落实情况的监督检查，向600余名市管领导干部发放“红脸出汗”常态化纪实手册，组织11名市管领导班子主要负责人向市委述责述廉，压紧压实管党治党主体责任。协助市委开展党内政治监督谈话，市县两级开展谈话165人次，落实“两报一看”机制，跟踪督办问题整改，持续放大政治监督谈话综合效应。严格落实《中国共产党问责条例》，坚持失责必问、精准问责，全市开展党内问责46起，问责党组织9个，处理61人。

【政治监督】　2020年，市纪委监督保障疫情防控和经济社会发展，聚焦防疫措施落实、医疗物资生产调配、群众生活保障等强化监督检查，运用第一种形态处理94人。常态化运用“三查三问”（检查政治上是否做到“两个维护”，重点对政治巡视巡察中发现的突出问题严肃问责；检查工作上是否坚决贯彻落实党中央及省委重大决策部署，重点对落实打好“三大攻坚战”决策部署中存在的突出问题严肃问责；检查作风上是否严格落实中央八项规定精神及我省实施细则，重点对“四风”特别是形式主义、官僚主义问题，以及乱作为、不作为、慢作为等突出问题严肃问责）机制，围绕“三大攻坚战”“六稳”“六保”等决策部署跟进监督，紧扣“抗补促推”专项行动、优化营商环境等重点工作细化监督。全市纪检监察机关共开展监督检查155次，查处问题15起17人，党纪政务处分7人。制定淮北市贯彻落实习近平总书记考察安徽重要讲话指示精神监督清单，聚焦10个方面24项130条任务，强化政治监督。对农村乱占耕地建房、冒名顶替上大学、历史文化遗产保护等问题加强监督执纪执法，确保令行禁止。跟进督办房地产领域历史遗留“难办证”问题处置工作，全市176个项目办理首次登记，涉及房屋118644套，完成整改率93.5%。协助市委推动巡视整改工作，紧盯中央脱贫攻坚专项巡视“回头看”和脱贫攻坚成效考核反馈问题，召开专题推进会，实地督导检查，推动49个反馈问题全面整改到位。全力协助省委第十巡视组对相山区开展巡视“回头看”。

【作风建设】　2020年，市纪委协助市委制定《关于持续解决形式主义突出问题为基层减负工作举措》，推动“走基层、转作风、解难题”常态化。市级文件、会议数量同比减少22.6%、35.4%，督查检查考核事项较2019年减少3项。全市查处形式主义、官僚主义问题63起，处理75人，党纪政务处分36人。持之以恒落实中央八项规定精神，开展违规使用公务加油卡、“私车公养”、工会经费管理使用不规范等专项整治，深挖细查顶风违纪、隐形变异问题。坚持日常监督和专项督查相结合，坚守重要节点，防止享乐主义、奢靡之风反弹回潮。紧盯公务活动用餐、机关企事业单位食堂等，严查违规公款吃喝、餐饮浪费等重点问题。全市查处违反中央八项规定精神问题146起169人，处分99人，市纪委通报曝光6批14起典型问题。

【整治不正之风】　2020年，市纪委深化扶贫领域腐败和作风问题专项治理，完善扶贫领域信访举报和督查检查发现问题优先处置、快速办理工作机制，中央专项巡视“回头看”交办8件扶贫领域信访件在全省率先办结。聚焦扶贫政策落实、饮水安全等7个方面开展脱贫攻坚专项督查，发现并督促整改问题22个，实现对贫困村督导全覆盖。开展“两项目两资金”专项整治，严查贪污侵占、虚报冒领、优亲厚友等违纪违法问题。全市查处问题43起54人，党纪政务处分7人。深挖彻查涉黑涉恶腐败和“保护伞”，发挥市委反腐败协调小组作用，强化协作联动、凝聚工作合力，推动扫黑除恶与“打伞破网”同频共振。加大直查直办、督导调度力度，聚焦“伞网清除”全力推进“四清”攻坚战专项行动。全市共立案查处涉黑涉恶腐败和“保护伞”问题100件154人，党纪政务处分108人，移送检察机关20人。靶向整治民生领域突出问题，聚焦群众痛点难点焦点，坚决查处民生领域贪污侵占、虚报冒领、截留挪用、优亲厚友等问题。全市查处民生领域腐败和作风问题167起，处理213人，党纪政务处分114人。

【巡察监督】 2020年，淮北市组织开展八届市委第十一轮至十四轮巡察。八届市委已巡察党组织117家，实现一届任期内巡察全覆盖。完成省委授权对淮北职业技术学院党委的巡视任务。选取2个贫困村开展脱贫攻坚专项巡察“回头看”，进一步巩固脱贫攻坚成效。开展营商环境专项巡察，走访110余家企业、商会，对4个县（区）及31家市直单位落实营商环境决策部署情况开展点对点巡察，发现问题89个，立案涉嫌贷款诈骗案2起，为金融机构挽回经济损失1500余万元。出台巡察整改工作成效评估实施办法，建立日常督办、专项整治、集中督查相结合的“纪巡联动”整改机制，对67家单位巡察整改情况开展集中专项督查，推动发现问题整改见底清零。八届市委前12轮巡察发现问题3975个，已整改3890个，移交问题线索815件，办结731件，党纪政务处分161人。

【监督检查】 2020年，市纪委抓实近距离常态化监督，运用列席党委（党组）会议、民主生活会、检查抽查、约谈提醒、谈话函询等方式，把监督工作融入经常、抓在日常。全市谈话函询620件次，组织处理1239人。建立健全市管干部廉政档案，严把党风廉政意见回复关，规范出具拟提拔以及评先评优干部党风廉政意见412人次。动态开展政治生态分析研判工作，形成政治生态分析报告77份，实现县（区）和市直部门分析研判全覆盖。统筹运用党性教育、政策感召、纪法威慑，推进纪法情理贯通融合，全市共运用“四种形态”处理2657人次。

【审查调查】 2020年，市纪委严肃查处政治问题、经济问题交织的案件，深挖细查“烂尾楼”项目背后的腐败问题，果断查处市防空防震办原主任张某海严重违纪违法问题，推动关键领域、重要部位政治生态修复净化。全市纪检监察机关处置问题线索2620件，立案审查调查680件，党纪政务处分640人，移送检察机关29人。办理省监委指定管辖案件，完成交办任务。针对查办案件背后隐藏的普遍性、深层次问题，发出纪检监察建议书67份，督促案发单位加强教育、深化改革、完善制度。坚持严管与厚爱结合、激励与约束并重，常态化开展暖心回访工作，为2名蒙受不实举报的干部澄清正名。

【警示教育】 2020年，市纪委紧盯县处级以上领导干部，协助市委开展以“四联四增四不做”为主要内容的深化“三个以案”警示教育。编印《深化“以案示警、以案为戒、以案促改”警示教育读本》，拍摄警示教育片《戒鉴与警醒——昔日“身边人”今日“案中人”》，对典型案例深挖根源、点评剖析，教育警示广大党员干部知敬畏、存戒惧、守底线。召开114名新提拔重用市管干部集体廉政谈话会暨深化“三个以案”警示教育会议。全市县处级以上党组（党委）召开专题民主生活会，领导班子查摆问题833个，立行立改730个；班子成员查摆问题3086个，立行立改2747个。以整治脱贫攻坚、耕地保护等领域和各类问题整改落实中的形式主义官僚主义为重点，开展“四督四看”，推动深化“三个以案”警示教育“回头看”工作落地见效。

【宣传教育与预防】 2020年，市纪委利用“四位一体”（淮北纪检监察网、手机站、市纪委监委内部工作网、“廉洁淮北”微信公众号）平台，宣传报道纪检监察工作，全面展示正风肃纪反腐成果、“三不”一体推进工作动态、纪检监察干部队伍风采。全年向省级以上媒体投稿400余篇，近30篇稿件被人民网、光明网、《中国纪检监察报》、《安徽日报》等采用。市纪检监察网发布文章1733篇，“廉洁淮北”微信公众号发布信息712条，关注人数近2万。制定《关于加强和规范市纪委监委内部工作网信息发布工作的通知》《淮北市纪委监委内外网信息公开保密审查制度》，完善保密制度。开展市纪委监委及县（区）纪委监委门户网站回迁工作，改造升级原有信息公开栏目。提高网站建设规范化水平，发挥门户网站的宣传窗口和沟通桥梁作用。围绕涉腐涉纪事件，切实落实意识形态责任制，弘扬新风正气、倡树廉洁文化。

（刘　哲）

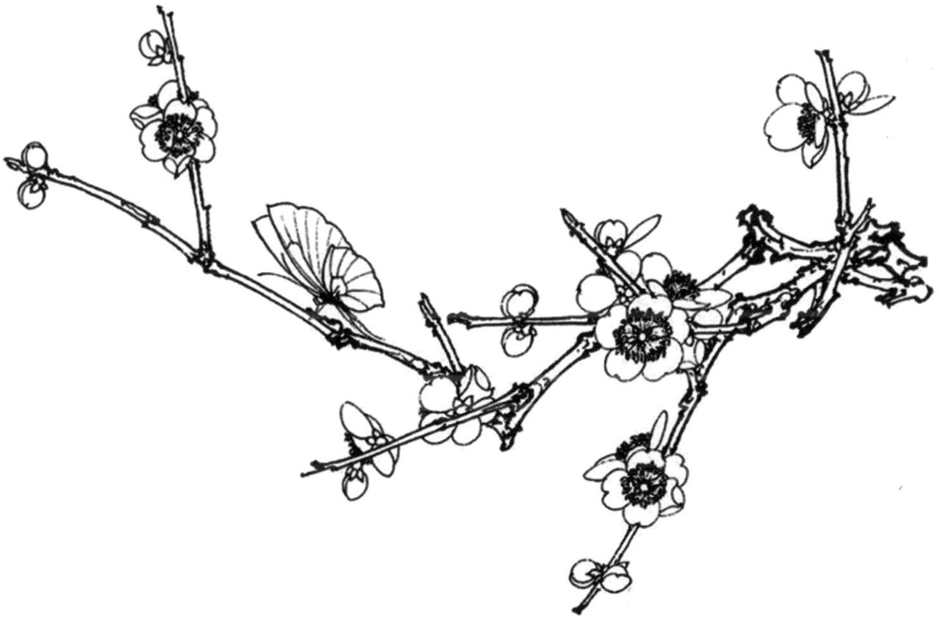

民主党派

中国国民党革命委员会淮北市委员会

【概况】 2020年，中国国民党革命委员会淮北市委员会（以下简称“民革市委”）有总支4个，支部16个。有党员461人，其中，中高级职称326人，硕士研究生37人、大学本科学历262人。新发展党员24人。民革党员中有省人大代表1人，省政协委员1人，市人大代表7人，市政协委员18人。年内，烈山总支进行了届中调整，杜集总支新增设第三支部，相山总支成立法律支部。相山总支民革“党员之家”揭牌，突出“实用性和使用率”的建设思路获民革安徽省委的肯定表扬。

【民革思想建设】 2020年，民革市委多次举行专题学习座谈会，开展“不忘合作初心，共担时代使命”主题教育活动，举办学习中共十九届五中全会精神培训班，召开2019至2020年度新党员培训工作会，举办2020年度参政议政及宣传工作培训班，组织民革淮北市企业家联谊会学习《中共中央总书记习近平在扎实推进长三角一体化发展座谈会上的讲话》等。参加“民革安徽省委会《民法典》宣传活动”；组织新党员参加省委统战部举办的“贯彻落实中央三个文件精神，推进新时代多党合作事业新发展”专题辅导讲座以及《中华人民共和国民法典》知识讲座；参加市委统战部举办的全市党外代表人士学习贯彻中共十九届四中全会精神培训班。民革市委在各类主流媒体发表宣传稿件120余篇，其中《民革淮北市杜集区总支开展“博爱·牵手”腊八送福到农家》《民革淮北市杜集区总支开展“博爱·牵手”关爱儿童》《民革淮北市杜集区总支举办第四季博爱牵手看家乡》等稿件被民革中央网站、安徽民革网站报道。民革市委做好《团结报》征订工作，并被民革安徽省委评为优秀单位。

【民革参政议政】 2020年，民革市委在淮北市“两会”期间，提交《加强森林保护管理，巩固造林绿化成果》《加强淮北地区文化遗产的开发和保护》《破解小微企业融资难的几点建议》《关于利用大数据平台提效小学生入学的建议》等12篇调研报告在市政协大会上作为口头或书面发言。副主委李红代表民革市委，在市政协大会上做《关于加强农村饮水安全工程建议》口头发言。丁波撰写的《关于加强基层法律援助普及的建议》、李红和郑华撰写的《关于加强农村饮水安全工程的建议》、王军撰写的《关于探索民营企业用知识产权、商标等无形资产进行质押等金融体系创新的建议》3篇提案被评为市政协三次会议重点提案。谢宝荣、刘勇被评为优秀人大代表，董希月、俞爱斌被评为政协好委员，《加快农村双基建设，促进脱贫攻坚和乡村建设的有效衔接》被评为优秀提案。民革界别被市政协评为优秀界别。民革市委被评为民革安徽省委社情民意和提案工作先进单位。王军、张文峰、任笑媛等被评为民革省委参政议政先进个人。全年共报送社情民意60余篇。开展“加强农村宅基地确权登记管理”“发展产业集群”“长三角司法一体化”等课题调研。

【民革社会服务】 2020年，民革市委组织党员主动投身到新冠疫情防控工作中，副主委李红为市人民医院、市传媒中心捐赠价值4万元的防疫物资；张树兵、楚效超各自捐款捐物20万余元。民革市委领导班子成员走进党员企业，调研复工复产情况。继续开展“博爱·牵手”系列活动，组织党员开展5批无偿献血活动；到杜集区石台镇梧桐村开展“腊八送福到农家”活动；到相山区曲沟镇油坊村开展“新春走基层情暖千万家”慰问活动；到杜集区李楼小学开展“关爱儿童”活动，为孩子们送去爱心文具和防疫物资；开展关爱困难、留守儿童健康成长“看家乡”活动；相山支部和市红十字旋风志愿服务队组织40多辆爱心车进行爱心送考；组织开展“植树造林共建绿色”义务植树造林活动等。

（刘皓月）

中国民主同盟淮北市委员会

【概况】 2020年，中国民主同盟淮北市委员会（以下简称“民盟市委”）下设市直总支8个，直属支部2个，基层支部32个。盟员451人，盟员中有各级人大代表政协委员108人，其中人大代表25人，政协委员83人，在任厅级领导职务1人，正处级职务2人，副处级10人。年内发展盟员19人。民盟烈山区、杜集区总支获民盟中央表彰，民盟市委以及相山区、文化、矿业总支获民盟省委表彰。矿业总支盟员金赟获2020年安徽省抗击新冠肺炎疫情先进个人、淮北市劳动模范、淮北市三八红旗手、淮北市“最美逆行者”称号；文化总支王亚的美术作品入选人民美术出版社抗击疫情美术优秀作品展，李松雷的美术作品获第三届全国小幅水彩画展优秀奖；相山总支杨蔚获省“三八红旗手”称号，朱良松获“淮北市优秀医务工作者”称号；烈山总支刘勇锋获国家电网总经理嘉奖令；矿业总支姚磊获评2020年中国煤炭工业协会“两化”融合先进个人，赵丽获“淮北好人”称号。

2020年6月1日，民革杜集区总支开展博爱牵手·关爱儿童活动

（吴伟伟　摄）

【民盟思想建设】 2020年，民盟市委继续开展“不忘合作初心，继续携手前进”主题教育活动。对两年内新发展的16位盟员进行培训，首次进行新盟员宣誓活动。选送4位盟员参加市社会主义学院培训。组织基层支部39位盟员参加全市党外代表人士学习贯彻中共十九届四中全会精神暨参政党建设三个文件精神专题培训班。继续在“喜马拉雅”网络有声

2020年底，民盟淮北市委主委陈英（左二）慰问老盟员
（民盟市委　供图）

平台开展读盟史学先贤活动，完成“民盟历史”“开渠图传”的播讲，共计146期。开展清明节祭扫民盟先贤刘开渠陵园活动。完成《中国民主同盟淮北市委员会简史》编写工作，并在《淮北文史》刊发。在淮北民盟网站发布信息295篇。召开会议表彰在盟务工作、抗击新冠疫情工作、喜马拉雅淮北民盟专栏工作、刘开渠精神宣传工作中做出突出贡献先进基层组织12个、盟员103人次。开发“盟友名片”微信小程序，317位盟员进行注册并使用，更新盟员数据290人，信息1000余条。

【民盟参政议政】 2020年，民盟市委在淮北市“两会”期间，提交各级人大建议和提案122件，其中市级50份、区县72件。在市政协十届三次会议开幕式上，做《抓住国家区域发展战略机遇力促淮北转型崛起》大会口头发言，提交界别提案4件。全年征集社情民意信息36篇，调研报告9篇。组织民盟界别政协委员开展调研2次，分别到相山区法院调研立案难、曲阳街道调研饮水困难问题。为盟省委提供省政协会专题协商稿件1篇，提交盟省委网络经济论坛论文1篇。完成市委统战部政党协商调研课题“实施乡村振兴应关注乡村的主体作用”。在市政协十届三次会议上，《加强中小学生思想品德及爱国主义教育的提案》获评优秀提案。

【民盟社会服务】 2020年，民盟市委组织14位盟员赴相山区曲阳办黄里社区，开展“市政协民盟界别主题活动月送医疗、法律咨询服务下基层活动”的社会服务活动。民盟淮北市教育委员会协办“2020乐章高考在线高中高校联盟对接会议”“乐章高考在线第八届教育改革论坛”，30所省内外高校及安徽、河南、山东三省部分地市60余所高中校长参加活动。民盟烈山区总支赴宋疃中学、蔡里小学开展“农村教育烛光行动”，杜集总支走进杜集区社区矫正中心，开展黄丝带帮教活动，杜集总支参加杜集团区委“微爱圆梦”困难儿童微心愿圆梦活动。相山总支、文化总支、濉溪县支部先后慰问抗美援朝志愿军英雄。民盟市委组织盟员参加新冠疫情防控工作。全市盟员捐款177人次，共计14万余元。在网站、微信公众号开辟“战疫情淮北盟员在行动”专题，共发布信息17篇。发动有文艺特长的盟员创作文艺作品20余篇，在网络音频平台“喜马拉雅”和“蜻蜓FM”开设“民盟盟员战疫情”专栏，搜集整理发布全国盟员为“战疫情”创作的音视频作品100余篇。

（苗东岳）

中国民主建国会淮北市委员会

【概况】 2020年，中国民主建国会淮北市委员会（以下简称“民建市委”）有总支2个，支部

11 个。党员 202 人，平均年龄 52.6 岁。其中，经济界人士以及相关专家学者 166 人，占会员总数的 82.1%；大专以上学历 189 人，占会员总数的 93.6%；中级以上职称 119 人，占会员总数的 58.9%。新发展会员 4 人。会员中任省政协委员 1 人，市人大代表 5 人，市政协委员 14 人。民建市委被民建省委评为“先进市委”“2020 年度新闻宣传工作先进集体”“2020 年度参政议政工作先进集体”“2020 年度反映社情民意工作先进集体”。民建相山区总支部、杜集区支部、濉溪县支部被评为“全省先进基层组织”，淮北市民建企业家联谊会被民建省委授予“抗击新冠肺炎疫情先进集体”称号。陈霞荣获民建中央“全国优秀会员”称号。

【民建思想建设】 2020 年，民建市委成立全面加强作风建设领导小组，制定《民建淮北市委关于加强作风建设的实施方案》。组织会员参加民建省委、市委统战部组织的集中培训。形成《发扬传帮带优良传统助力民建会作风建设》《新时代民主党派如何加强自身建设才能更好地发挥作用》《创新完善民主监督机制、助力打赢脱贫攻坚战》等多篇学研成果。开展纪念民建成立 75 周年征文和“讲多党合作故事、助力淮北高质量转型崛起”同心征文活动，推荐《传承民建优良传统奉献淮北转型崛起》《情系“三农”多贡献》《凝心聚力抗击疫情多党合作展现担当》等多篇征文参与评比。

【民建参政议政】 2020 年，民建市委在市政协十届三次会议上提交《关于加快休闲农业发展的建议》大会发言，被市委书记黄晓武和市长戴启远批示。提交《加大招商引资力度促进高质量发展》《提高企业融资能力助力高新区高质量发展》等 8 份组织提案，得到当面协商和答复落实，其中《关于进一步加强废弃采石场治理的建议》被列为重点提案。围绕“助力十四五规划编制引领淮北加快转型崛起”专题，在市政协协商会提出《夯实基础，求真务实，高质量推进淮海经济区协同发展》建议。在省级层面，围绕“做大做强龙头企业，助推乡村产业振兴”，在省政协协商会提出《培育多元融合主体，构建利益联结机制》建议；围绕“突出抓好重点群体就业”专题，在省政协协商会提出《实施就业优先政策打好战疫情保居民就业“组合拳”》。收集上报多篇社情民意信息，《加大民营小微企业信贷支持力度，助推疫情防控和企业恢复生产金融服务》《完善制度供给，畅通市场主体依法退出渠道》被省政协采用。

【民建社会服务】 2020 年，民建市委组织会员开展抗击疫情捐款捐物活动，共捐款 32.24 万元，捐赠物资价值约 15.47 万元。多位会员担任驻地小区包保组组长，15 名会员担任社区、菜市场的志愿者，配合社区工作人员做好防疫工作。3 月，民建市委监督组赴双堆集镇罗集村开展脱贫攻坚民主监督调研活动；5 月，淮北市民建企联会带

2020 年 3 月 24 日，民建淮北市委开展脱贫攻坚民主监督调研
（杨郁　供图）

领15名留守儿童开展庆“六一”活动；6月，发动会员参与民建中央部署的捐助丰宁光伏扶贫项目，捐款2914元。民建市委及各支部相继开展走访慰问老会员及困难群众活动、帮助留守儿童实现“微心愿”活动、捐资助学活动等。

（杨　郁）

中国民主促进会淮北市委员会

【概况】　2020年，中国民主促进会淮北市委员会（以下简称“民进市委”）有支部12个，有会员287名，全会平均年龄52.2岁，其中离退休会员72名，占25%；教育、文化、新闻、出版界会员占53.3%。年内发展会员16名。

【民进思想建设】　2020年，民进市委开展中共十九大、统一战线、会章、会史知识有奖竞答。参加省民主党派建设“三个文件”专题培训班、党外处级干部进修班、民主党派基层组织培训班、全市党外中青年骨干培训班、民进省委新会员培训班、参政议政培训班等。开展会员思想动态调研，对会员关注的热点问题及时交流沟通引导。组织13名会员参加市委统战部举办的《同心论坛——讲全市统一战线抗疫故事》宣讲大会。组织会员参加全市“讲多党合作故事、助力淮北高质量转型崛起”同心征文，报送征文稿6篇，海宫学校支部会员李浩获三等奖。撰写关于抗击新冠肺炎疫情、精准调研、脱贫攻坚民主监督、社会服务等宣传材料11篇被民进中央采用，其中2篇被《团结报》转载；《淮北民进会史》被《安徽民进》杂志第二期选登，被人民政协网、团结网转载。全年刊发宣传稿件36件，向会内外媒体报送稿件22件。濉溪县支部通过微信公众平台开展学习活动，宣传稿《疫情期间民进濉溪支部巧学习》被《工商导报》选登。

【民进参政议政】　2020年，民进市委制定《民进淮北市委开展“履职能力建设主题年”工作方案》，将主题年活动任务贯穿于全年各项工作中。在政协淮北市十届三次会议上，向大会提交大会口头发言《加强师资队伍建设提高教育质量》，向大会提交书面发言5份，提交集体提案《优化营商环境促进高质量发展》等15件，委员提案32件，其中张雪梅提交的《优化营商环境，促进高质量发展》被列为重点提案。民进市委向民进省委、市政协、市委统战部上报社情民意信息《预防青少年溺水的几点考虑》等26篇，会员陈志利上报社情民意信息《关于高校教育学公共必修课增添家庭教育指导专题的建议》被民进中央采用等。

【民进社会服务】　2020年，民进市委领导班子带领会员到社区、工厂、企业和农村中小学等现

2020年2月27日，民进淮北市委主委刘添才（右二）疫情期间调研企业复工复产

（民进市委　供图）

场指导抗击疫情工作，捐赠防控物资。王立言、张聪等医卫界会员申请奔赴抗疫前线；朱文果深入一线为被隔离群众开展心理健康辅导，提供24小时心理健康咨询，被授予最美志愿者和相山区三八红旗手称号；汪浩、韩春爱等心理健康咨询专家，利用新技术手段在疫情期间为孩子们做心理疏导和心理健康教育；黄文淑从国外紧急筹集防疫物资，彭瑞宁捐赠牛奶等食品5000箱，捐款捐物总价值30万余元；史万平捐款3万元，阚李丽、宋茹、王钦龙等企业家会员纷纷捐款捐物。民进市委分别向社区和复学农村中小学捐赠口罩、方便面、饮用水、消毒药及酒精等防疫用品和生活用品。杜集区支部捐赠方便面、牛奶等，烈山区支部捐赠衣物等。杜集区支部获评民进省委抗击新冠肺炎先进表彰先进集体，会员朱文果、彭瑞宁获评先进个人。年内，濉溪县支部开展送法律下乡、送科技下乡、送心理健康进课堂进学校进乡村等系列活动。杜集区支部在关爱儿童联系点开展关注复学和困难儿童帮扶工作。

（马　路）

中国农工民主党淮北市委员会

【概况】　2020年，中国农工民主党淮北市委员会（以下简称“农工党市委”）有20个基层组织，其中，3个总支委员会、17个支部委员会。党员288名，年内发展党员11人，党员平均年龄53.52岁，中高级人才占93.75%；女党员177人，占61.46%。党员中，有省人大代表1人，省政协委员2人，市人大常委1人、代表2人，市政协常委3人、委员15人。7月19日，七届农工党市委专门工作委员会成立，包括医药卫生、人口资源环境、科技教育、经济社会法治和理论研究与文化党史5个专门工作委员会。农工党市委获2018—2019全省理论研究工作先进集体二等奖，3名党员获“先进个人”称号；获2018—2019“不忘合作初心，继续携手前进”主题教育活动“先进组织”称号；杜集区支部获农工党中央颁发的庆祝农工党成立90周年参政议政先进基层组织称号，黄虹获“优秀党务工作者”称号，陈鹏获“先进个人”称号。任强获2020年度“安徽省教学名师”称号；尹娜获安徽省高等护理院校中青年教师授课比赛专科组二等奖。

【农工党思想建设】　2020年，农工党淮北市委认真学习贯彻落实中共中央总书记习近平考察安徽重要讲话精神和中共十九届四中、五中全会精神。9月12日，组织35人赴连云港市邓演达文献馆进行党史教育。12月17日，农工党市委召开以“加强组织建设，提高领导班子整体能力”为主题的民主生活会。12月27日，市委召开2020年度总结表彰大会和学习贯彻中共十九届五中全会精神宣讲会。9月底，副主委王承华赴新疆和田地区皮山县进行为期一年半的“安徽省教育厅2020

2020年10月6日，农工党市委开展重阳节活动　（张婕　摄）

年万人援疆教育人才选派计划”支教。

【农工党参政议政】 2020年，农工党市委在市政协十届三次全体会议上，提交集体提案3篇，个人提案9篇。巴军凤作《注重青少年视力保护 落实健康中国行动方案》发言。在市政协十届二次会议提交的《加强电动自行车立法管理，进一步改善城市交通秩序》被评为优秀提案。陈鹏、欧波连续两届当选市政协“新时代履职尽责好委员”。农工党界别被市政协评为2020年度优秀界别。在市政协“助力十四五规划编制引领淮北加快转型崛起”和“加强淮北文化资源研究促进文化旅游产业发展”专题协商会上做书面发言。全年共上报社情民意20篇，其中农工党省委采用9篇，省委统战部采用1篇。

【农工党社会服务】 2020年，农工党党员（非医卫界党员）累计为抗疫捐款25846元。党员个人捐赠150千克消毒水，党员企业捐赠价值7.5万元牛奶。农工党市委购买农工党省委对口帮扶的六安市金寨县包畈村老山茶，慰问抗疫一线医务工作者党员。号召党员助力湖北，购买滞销农产品价值4404.32元。5月17日，农工党市委召开慰问抗疫一线党员座谈会，发放112份电子感谢信。农工党市委9人获农工党省委“抗击新冠肺炎疫情突出贡献先进个人”称号。6月6日，农工党市委联合市委统战部到相山区洪山社区开展“2020年健康与环境宣传周”义诊活动。10月16日，组织退休老党员赴榴园村开展重阳节活动。

（张 婕）

中国致公党淮北市委员会

【概况】 2020年，中国致公党淮北市委员会（以下简称“致公党市委”）有总支1个、基层支部6个，专门委员会5个（参政议政专委会、海外联谊与留学人员专委会、妇委会、经济与社会服务委员会、文化与宣传委员会）。有致公党员102人；各级人大代表、政协委员共42人次，占党员人数41.2%；年内发展党员7人，其中中上层人士占85.7%。致公党市委获致公党安徽省委“参政议政先进集体”“机关工作先进集体”称号，有3个基层组织获评省委会先进集体，18人次获评省委会先进个人。

各级人大代表、政协委员共42人次，占党员人数41.2%；党派机关工作人员2人；2020年全年发展党员7人。

【致公党思想建设】 2020年，致公党市委在各基层组织和市委会机关中开展“书香机关”读书活动。全年编发各类宣传稿件24篇，其中在致公党中央网站发稿15篇，在安徽致公等省级媒体上发稿11篇，在淮北传媒发布、市委统战部微信公众号等市级媒体平台上发稿4篇。报送“纪念中国致公党成立95周年暨致公党安徽省委会成立30周年”主题艺术作品4件、征文4篇；报送“纪念淮北市建市60周年”主题征文活动3篇，获奖项3个。编印2种内部刊物。

【致公党参政议政】 2020年，致公党市委在淮北市“两会”期间提交提案、建议36件。其中，市政协大会口头发言《优化营商环境推动民营经济持续健康发展》获市委、市政府主要领导批示，被列为市政协重点提案，发言所提建议在后续出台的优化营商环境相关政策中得到落实。致公党市委向省政协提交《加强网络订餐的食品安全监管》提案相关内容被省政协评为建言资政提案金句，《疫情影响下推动残疾人就业工作的建议》被采用，所提建议选登在《安徽日报》一线调研栏目；向市政协提交的《关于进一步优化营商环境的建议》提案，被评为市政协优秀提案；

市政协致公党界别被评为优秀界别。致公党市委组织开展调研活动5次，完成调研报告5篇，其中在省政协召开的“做好城镇老旧小区改造”工作专题协商会上，省政协委员、市委会主要领导代表致公党安徽省委作《积极推进“四化”改造健全长效管理机制》口头发言，提出以小区改造连片化、社区建设智慧化、物业管理专业化、群众参与多元化为核心的“四化”改造建议。

2020年6月，致公党淮北市委组织党员到前畈村开展对口帮扶活动
（赵柳　摄）

【致公党社会服务】　2020年，继续开展对口帮扶工作，致公党市委主要领导带领骨干党员分别赴寿县谭套村、金寨县前畈村开展帮扶活动；继续推进“同心示范工程”，赴天堂寨初级中学开展“名师进讲堂”活动，为该校作“概念教学”专题讲座。赴含山县开展脱贫攻坚民主调研活动，撰写《统筹农业主体融合发展助推脱贫攻坚与乡村振兴有效衔接》调研报告。组织党员参与致公党中央举办的酉阳县“直播消费扶贫”活动，累计采购价值2000多元的农产品。

抗击疫情期间，党员及党员企业共捐出价值17.47万元的现金及物资，市委会领导带领党员积极参与基层、社区疫情防控工作，向市政协提交《做细防疫防控工作关爱孤寡老人》社情民意材料；开展关爱海外侨胞抗击疫情专项行动，踊跃认捐“致公爱心小包裹”。市委会编发各类先进事迹10余件次，党员制作的抗疫公益歌曲《坚强》，被学习强国平台采用，并在淮北市主要媒体循环播放。

在重阳节前夕，组织开展“重阳节敬老爱老活动”，到敬老院看望老人。依托各基层组织开展“关爱留守儿童”、社区清洁、文明劝导等社会服务活动6次。

【致公党对外联络】　2020年，致公党市委与致公党山东省济宁市委开展合作共建交流活动，双方围绕自身建设、履职工作和煤炭资源型城市转型发展、生态环境保护等方面进行探讨。与亳州支部联合开展“中医药传承创新发展”课题调研。持续推动“五侨联动”工作，加强与“五侨”部门，特别是与市侨联的联系。组织党员参加由省侨联主办的安徽省侨界同心抗疫事迹报告会；组织党员参加侨联举办的侨情调研，鼓励党员参加侨务知识网上问答活动；6名党员参加市侨联换届大会，1名党员当选市侨联副主席。响应党委、政府号召，主动联络侨资企业，推动侨资企业复工复产，积极协调解决因疫情造成的用工难、销售难等问题，发动社会各界伸出援手，侨帮侨、侨助侨，同心协力共渡难关。

（赵　柳）

九三学社淮北市委员会

【概况】　2020年，九三学社淮北市委员会（以下简称“九三学社市委”）有基层组织14个，社员174名。其中，高级职称110人，占社员总数的63.2%；中级职称60人，占社员总数的34.5%；硕士研究生以上学历的27人，占社员总数的15.5%。有省政协委员2名，市人大代表3名，市政协委员14名，区人大代表2名，区政协委员7名。九三学社市委委员9名，其中，主任委员1名，副主任委员2名，秘书长1名。年内，淮北职业技术学院支社、市直支社、科技支社、淮北师范大学支社、杜集区支社先后完成换届，新发展社员10名。

【九三学社思想建设】 2020年，九三学社市委以习近平新时代中国特色社会主义思想武装头脑，认真学习贯彻中共十九大和十九届二中、三中、四中、五中全会精神，进一步引导社员增进对中国共产党和中国特色社会主义的政治认同，着力提升“四个意识”和“五种能力”。主委陈忠新参加省委统战部举办的“三个文件”专题培训，秘书长朱占英参加省社会主义学院脱产学习，2名新社员参加市社会主义学院培训、4名新社员参加社省委新社员培训等专题学习。

【九三学社参政议政】 2020年，九三学社市委在淮北市“两会”上提交《加快发展我市生物基产业的建议》《提高垃圾分类的教育及社会管理的建议》《规划公交精品线路，兼顾休闲旅游的建议》《加大公益广告宣传淮北文化和旅游的建议》等建议、提案，其中《加快发展我市生物基产业的建议》作为市政协大会口头发言，获市委书记黄晓武、市长戴启远批示，《擦亮临涣古镇金字招牌打造绿金淮北明珠》在市政协十届三次会议上被评为优秀提案。

九三学社市委“文化旅游资源保护与开发”“生活垃圾分类”课题形成调研报告。其中，《加大临涣古镇文化保护和旅游开发的建议》由陈忠新在市政协“双月座谈会”上作专题发言。市政协九三界别社情民意信息《关于解决高岳办刘庄社区下雨易被淹问题的建议》被市政协采纳，在市政协活动总结会上作口头发言《紧盯问题显耐心多轮协商促落实》。完成政党协商课题“发挥临涣古镇优势发展文化旅游产业”。九三界别被评为市政协2020年度优秀界别，社员朱占英、张彩云被评为市政协2020年度“新时代履职尽责好委员”。

【九三学社社会服务】 2020年，九三学社市委班子成员带领社员到社区值班，执行防疫志愿者任务。九三社员、相山区卫健委副主任王传军作为区新冠状肺炎疫情防控指挥部成员，因表现突出，获社中央防疫先进个人表彰。邀请中科大支社主委王永教授为市实验高中、市一中、濉溪县中学师生作题为《月球探索与载人航空》《走近机器人的世界》等3场报告；社员吴曼等开展科普专题讲座，普及机器人知识，并带领社员及其子女到市科技馆、机器人馆等地实地参观见学。

（田　骊）

2020年8月15日，九三学社淮北社员参观淮北市科技企业
（朱占英　摄）

群众团体

淮北市总工会

【概况】 2020年，淮北市总工会辖系统工会23个、直属工会34个，各级工会组织2478个，工会会员约40.4万人。是年，市总工会获全国推进厂务公开民主管理工作先进单位、全国“安康杯”竞赛优秀组织单位、省五一劳动奖状、全省经审工作规范化建设考核第一名、省脱贫攻坚十大工程先锋等荣誉。新时代职工文明实践中心“12345”建设模式入选全省首届思想政治工作创新案例，产业工人队伍建设改革有关做法入选长三角地区深入推进产业工人队伍建设改革优秀案例，工会+集约化维权服务阵地建设被省总工会作为创新案例向全总推荐。

【工会思想引领】 2020年，市总工会依托全市52家新时代职工文明实践中心（站所），举办“举旗帜、送理论”“新时代职工说”等活动160余场。牵头安徽省北片区加强和改进职工思想政治工作调研，市政府办公室印发《关于加强和改进新时代产业工人队伍思想政治工作的若干措施》。组织劳模“五进”活动21场、全国劳模大会精神宣讲活动10场，10万名职工参与。在《工人日报》、学习强国等媒体发稿42篇，市总官微全年推送信息796条，总浏览量近200万次。市总官方抖音号吸粉4.3万人，获赞超过180万次，播放量近千万次。

【工会组织建设】 2020年，市总工会推动建会工作纳入市委党建工作体系、党群共建“四大工程”和城市基层党建内容，依托市非公企业和社会组织数据库，创新“两单六联三同步”举措，货车司机、快递员等八大群体建会入会率居全省第一，县区产业工会、商圈工会、街区工会等“三新”领域建会成果涌现。深化民主管理，规范基

2020年6月18日，安徽省暨淮北市2020年度“安康杯”职工安全生产知识竞赛总决赛举行 （徐度聪 摄）

层工会选举制度，实施省级以上开发区和产业集群专业镇工会集中组建行动，新建镇、开发区总工会6家。推行职工之家建设“4+n”功能模式，建成6个共享“司机之家”。组织最美货车司机评选，培育出全国最美货车司机谢琳等先进典型。

【劳动竞赛活动】 2020年，市总工会把职业技能竞赛纳入市技能人才队伍建设工作，联合市人力资源社会保障局出台《淮北市职业技能竞赛补助经费审核办法》，政府、工会、行业多方参与，技能竞赛体系成熟。开展“四基一高一大”、重点工程“三保一创”、脱贫攻坚“四比双争”等劳动和技能竞赛，市级各类劳动和技能竞赛达200余场，其中市级职业技能竞赛22个，涉及40多个行业，累计吸引2000多家单位、超过20万人次参与。加大劳模（工匠）创新工作室建设力度，下拨30万元支持新建11个劳模创新工作室及开展导师带徒活动，市级以上劳模（工匠）大师创新工作室增至56个，2项劳模创新工作室创新成果获长三角地区技术创新成果奖。

【劳模服务】 2020年，市总工会弘扬劳模精神、劳动精神和工匠精神，组织“跟着劳模去扶贫”活动64场次。创新开展“绿色出行　礼遇劳模”劳模公交卡发放工作，为500余名市级以上劳模办理公交卡，全国、省部级劳动模范乘车补贴200元/年，市级劳动模范乘车补贴100元/年，劳动模范持公交IC卡享受乘车5折优惠。创新开展劳模就医“绿色通道”，在全市二级以上医疗机构设置劳模优先就医标识。全年向全国和省部级困难劳模发放春节慰问金19.7万元，向全国劳动模范、102名省部级困难劳动模范、67名市级困难劳动模范发放低收入和帮扶资金174.3万元，向80岁以上省部级劳模发放高龄补贴7.8万元。在市城市展示馆设立劳动模范电子大屏展示板块，呈现102名劳模劳动风采，在《淮北日报》、淮北电视台和淮北工会网先后推出“向劳模致敬”“为劳模点赞”系列报道，在火车站设置劳模灯箱。

【职工帮扶】 2020年，市总工会制定《城市困难职工解困脱困决战决胜年实施方案》《困难职工帮扶民生工程实施办法》，开展“生活救助”、“金秋助学”和“医疗救助”活动，为1440户次困难职工家庭发放生活救助金699万元，为159户困难职工子女发放助学金101.76万元。大病救助48户，发放救助资金118万元。常态化实施送温暖资金341万元，送岗位、送培训、送助学、送创业2200余人次，完成省、市民生工程任务，在省总第三方评估中获优秀等次。采取“工会+部门”“工会+社会”“工会+互联网”等办法，集成推进市职工服务中心建设，办事、创业、培训、婚介等服务功能实现集约式整合。

【职工维权服务】 2020年，市总工会实施集体协商集中要约行动，在煤炭企业推行三级集体协商机制，推动构建疫情防控常态化下和谐劳动关系。建立工会法律监督委员组织18个。与有关单位联建劳动争议法庭，在全省率先建立“调裁诉”一体化维权服务机制，构建和谐劳动关系。

【职工劳动保护】 2020年，市总工会举办工会“劳动保护大堂”20场次，对2000名群众安全监督员（含煤矿特聘群众安全监督员1750名）开展轮训。组织实施“十万职工查隐患　警钟长鸣保安全”专项行动，发动12万名职工开展“安全隐患随手拍”等群众性安全活动，对岗位隐患实施拉网式排查，发放劳动保护“红黄白通知书”200份，设置“危险源点警示卡”3000处，排查整改安全隐患12000起。开展“送清凉”活动，各级工会筹资600万元“送清凉”资金，把重点工程、建筑施工、环卫绿化、交通运输等户外作业、脏险苦累、高温高危行业作为慰问重点，监督生产经营单位按规定向职工发放高温津贴；市领导带队深入40家企事业单位慰问5万余名职工。

【智慧工会建设】 2020年，市总工会实施数据集中采集优化行动，工会组织、工会会员信息分别增至2292条、382664条，归集率均超100%，做实基础数据。全年新办会员卡1.06万张，发展合作商户50多家、普惠项目120余个。23场普惠活动覆盖会员1万余名，吸引2.4万余名职工办卡入“惠”。稳步推进智慧工会二期建设，8个服务职工办事项上线省政务服务网，扫码入会、网上练兵等功能版块加载，集劳模特惠、爱心拍等九大功能的“工惠购”开通运行。深化好网民活动，征集正能量作品600多个，获全国和省奖项57个。承办“身边的劳动者”微电影征集活动，“丝绸之路”国际电影节展映淮北市10部作品，获评全省好网民主题活动优秀组织单位4家。

【先进表彰大会】 2020年9月15日，淮北市召开劳动模范、先进工作者和先进集体表彰大会。市委书记黄晓武出席会议并讲话，市委副书记、市长覃卫国主持会议，市委副书记朱浩东宣读表彰决定。评选表彰150名市劳动模范和先进工作者、50个市先进集体，覆盖全市各行各业、各社会阶层先进代表，展示2016—2020年经济社会发展成就。

【现场推进会】 2020年9月28—29日，全省基层工会组织建设巩固拓展年现场推进会在淮北市召开，总结交流经验，部署下一步工作任务。省总工会党组成员、副主席阮怀楼参加会议并讲话。淮北市、蚌埠市、马鞍山市等7家单位作交流发言。会议期间，与会人员到淮北传化公路物流港“司机之家”、隋唐运河古镇商圈联合工会、相山经济开发区工会联合会（市级党工建指导站）实地考察淮北市基层工会组织建设情况，并参观淮北市职工服务中心（八大群体服务中心）。

（赵莎莎）

共青团淮北市委员会

【概况】 2020年底，共青团淮北市委员会下辖县区团委4个，基层团委166个，团工委21个，团总支396个，团支部2527个。有团员55538名，专职团干部27名。少先队组织19008个，其中大队387个，中队4540个，小队14081个。有少先队员196768名，其中城市62847名，县、镇49789名，农村84132名。少先队工作者5172名，其中，总辅导员14名，大队辅导员387名，中队辅导员4542名，校外辅导员229名。

【青少年思想引领】 2020年，团市委为纪念建市60周年举办“砥砺奋进·青春逐梦”十八岁成人仪式教育文化季线上系列活动。开展“绽放战疫青春·坚定制度自信”五四运动101周年主题活动。组织广大青年学习领会习近平总书记关于疫情防控工作的系列重要讲话和指示批示精神及习近平总书记五四寄语精神。“青春淮北”微信公众号推出庆祝建国71周年“我和国旗合个影”活动，晒出团员青年与国旗的最美合照。全年约100万人次参与“青年大学习”。选拔54人组建青年讲师团，深入基层，开展宣传宣讲。全年发布微博、微信近3000篇，点击量近1300万人次，其中，“青春淮北”微信公众号影响力跃升至全国地级市28位。举办首期“青春知行学习社”——市青联委员助力复工复产银企对接会。

【基层团组织建设】 2020年，团市委提升“智慧团建”社会领域团组织覆盖面，全市社会领域团组织总数由年初737个增加至1430个，增幅位居全省第3。开展团员组织关系接转即“学社衔接”“升学衔接”工作，其中全市学社衔接完成82.3%，位居全省第三。探索“一专一站两联”

工作机制，团市委设置青年发展、学校和少先队工作2个专门委员会，建成4个县域团代表联络站，其中杜集区在全省首家挂牌成立。深化“党建带群建、群建促党建”攻坚试点项目工作，非公企业团组织由年初32家增至152家，增幅位居全省第一。

【青年创业服务】 2020年，团市委《淮北市落实〈安徽省中长期青年发展规划（2018—2025年）〉实施方案》贯彻实施，全市市县两级均建立青年工作联席会议机制，召开青年工作联席会第一次会议。加强顶层设计，制定《全市共青团系统“五个一百”服务乡村振兴、助力脱贫攻坚实施方案》。联合淮北人才网开展线上人才专题招聘会，发布职位385个，线上访问达10万多人次，帮助3100多名农村青年实现就业。落实皖北地区青年创业贷款财政贴息资金政策，为52个贷款总金额为1072万元的项目实施财政贴息，贴息资金总额达60万元。联合市农业农村局评选科技兴农青年带头人、返乡创业青年带头人、农村电商青年带头人、农业社会化服务青年带头人、发展现代农业青年带头人共计60名，在广大农村青年中掀起大众创新、万众创业的良好氛围。

【青年志愿服务】 2020年，团市委延伸“12355”青少年服务台功能，增设儿童救助保护热线服务，开展免费专业情绪疏导和心理援助辅导。完善“12355”青少年服务台“三三三”工作机制，出台《关于加强淮北市12355青年志愿服务联盟建设的通知》，组织开展中、高考心理减压活动，进行线上和线下辅导讲座12场次。探索“双零社区”创建工作方式方法，全年开展各类实用性宣传教育活动12场次。开展“快递从业人员关心关爱月”活动，加强对“快递小哥”的人文关怀和思想政治引领。开展“同心共建文明城　文明实践我先行”主题志愿服务活动，组织青年志愿服务队100人深入一线。与河北社区开展结对共建工作，成立志愿者小分队，开展“文明城市创建进社区”宣传活动。

【青年帮扶工作】 2020年，团市委举行希望工程助学金发放仪式，捐助共计1万元。开展淮北市希望工程“爱心圆梦大学”行动，募集资金164.4万元，帮助486名贫困大学生圆梦大学。创新推出“团团就业超市”综合服务平台，助力脱贫攻坚。指导岳集村成立合作社，组织安徽标王农牧有限公司与铁佛镇岳集村签署“肉鸡养殖合作”协议，首期为贫困户免费供应鸡苗2000只，并全过程提供免费养殖技术指导。

【少先队工作】 2020年，全市中小学校建立学校少工委382个，完成率100%。组织开展“传承红色基因　争做时代新人”“我和国旗合个影”“红领巾爱学习”等主题活动。组建成立市少先队总辅导员团队，将市少先队总辅导员由原1名成员扩展为5人总辅团队。联合教育部门遴选成立1个市少先队名师工作室。组织各中队开展“致敬，抗疫一线的先锋们”云队课活动，共青团中央媒体进行报道；淮北市获“全国优秀少先队员”“全国优秀辅导员”各1人，1个少先队中队获“全国优秀少先队集体”称号；2项少先队研究课题作为省级课题予以立项。

【淮北市青少年宫】 2020年，淮北市青少年宫组织开展为援鄂医务人员26名子女提供免费公益课程活动；开展“阳光爱心”公益免费培训教学；开展抗疫系列小活动及二十四节气系列活动；承办“共筑中国梦　贡献绿金城”淮北市青少年优秀文艺作品网络评选活动；开展“礼敬英雄·清明云诗会”；开展端午节活动、麦当劳体验活动、年度汇报展演活动。全年青少年宫有2000余人次参加各类文艺调演、比赛、演出，1000余名学员获各类奖项。声乐舞蹈班、器乐班、书画班、拉丁舞班、口才班近1000名学员参加全国、省级各类级别考级并通过。成立淮北市青少年宫濉溪分宫，并开设美术、舞蹈、口才、围棋、吉他等十余项课程，同时引进戏曲、儿童课本剧等新项目。

（崔玉侠）

淮北市妇女联合会

【妇女思想引领】 2020年，淮北市妇联分层次开展“巾帼送健康”“巾帼送家教”“巾帼送和谐”等大宣讲活动，共开展各类宣讲活动近400场，受益群众2万余人。发布巾帼防疫便民小贴士、举办全市家庭“宅家战疫”微视频有奖征集大赛。面向新冠肺炎疫情防控中做出突出贡献的医护人员群体，评选表彰三八红旗手10名，三八红旗集体5个，在《淮北日报》推出宣传专版，拍摄最美“抗疫人”电视专题片，利用“淮北女性”微信公众平台发布医护人员抗疫日记、女性抗疫典型事迹102篇。评选市级三八红旗手36名、三八红旗集体10个，开设典型事迹宣传专栏。评选“最美军嫂”10名，举办“军号嘹亮”淮北市最美军嫂颁奖晚会。“幸福起航”公益交友活动项目获全市志愿服务大赛银奖，淮北市妇联获评“全国文明单位”。

【巾帼建功行动】 2020年，市妇联开展“助力复工复产·巾帼暖心行”专项行动，到女性民营企业、女性领办的农业经营实体等开展走访调研，开展送物资、送政策、召开座谈会等活动，帮助企业复工复产。推进“巾帼脱贫行动”，开展巾帼家政扶贫互助活动，33户家庭上岗，人均年增收3000元，受益困难家庭66户；开展家政技能培训，开办淮北皖嫂云课堂视频教学、举办“姐妹牵手助脱贫”家政培训乡村行活动，培训妇女近千人次；扶持巾帼创业示范基地32个，选树市巾帼诚信致富带头人22名，举办各类实用技能培训班30余期，示范带动贫困妇女创业增收；在“淮北女性”微信公众号上推出“巾帼助农”专栏，农产品上线邮乐优鲜电商平台展示销售，举办巾帼助农扶贫产品展销活动，搭建农产品销售暖心桥。开展“美家美院清洁行动”，累计评出各级清洁家庭2.4万余户，美家美院示范村5个。以“树时代文明，展巾帼风采”为主题开展市巾帼文明岗创评活动，评选市巾帼文明岗20个；开展“巾帼文明岗暖心行”活动，巾帼文明岗代表走进濉溪县百善镇开展关爱困境儿童活动；开展“巾帼百岗联村·助力乡村振兴”活动，开展共建活动百余场次。

【妇女合法权益维护】 2020年，市妇联开展“两纲”指标监测评估工作。启动新“两纲”［《安徽省妇女发展纲要（2011—2020年）》《安徽省儿童发展纲要（2011—2020年）》］编制工作，开展专项调研。推进男女平等基本国策宣传，在市委党校开设男女平等基本国策的课程。启动市中小学生性别平等教育工作，在全市25所学校推广。下发《关于加强村级女干部培养选拔工作的实施意见》，形成部门联动加强村级女干部的培养的有效机制，此项做法在《中国妇女报》头条刊登报道。开展“童乐童趣”暑期儿童之家活动1000余场次。开展普法宣传，原创设计淮北女性公众号法宣人物形象——相城姐姐，在“淮北女性”微信公众号上推出普法漫画7期。录制《民法典朗读者》、“爱的护佑——妇女儿童维权知识课堂”，开展“不让毒品进我家”“春蕾成才安全课堂”“防邪知识进大集”等宣传活动。举办《疫情期间的心理调适》线上直播课程，500人互动学习，厦门大学教授在线答疑。与市司法局联合下发《关于进一步推进婚姻家庭纠纷人民调解委员会（室）建设的意见》，市县乡层层建立婚调委，村和社区建立特色婚调室，将婚调委工作延伸到最基层，调解家庭纠纷2200余件。推动市公安局对家暴告诫书进行简化，下发家暴告诫书4份，人身安全保护令5份。评选50户淮北市“平安家

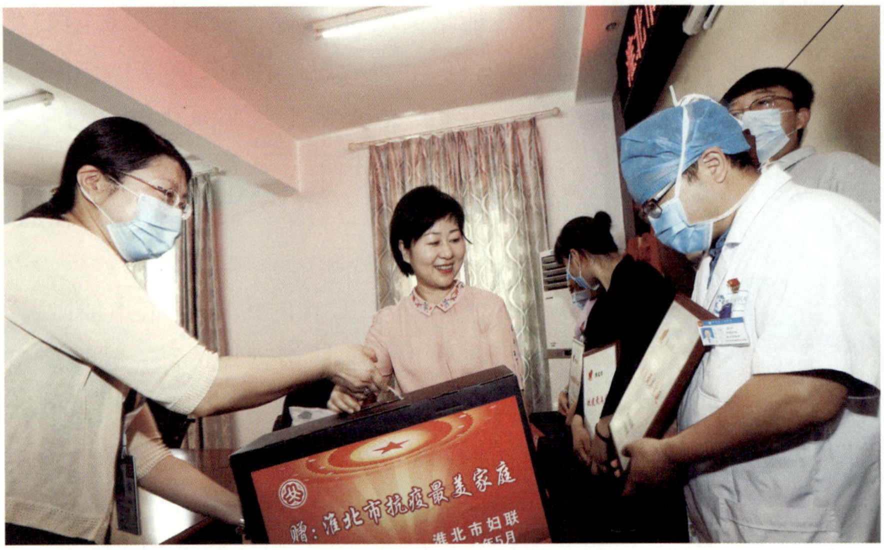

2020年5月27日，市妇联工作人员看望慰问抗疫医护工作者（张锋　摄）

庭”，以家庭的平安，促进社会和谐。畅通“12338”维权热线，全年接待来电来访205件，跟踪处理重点案件13件。

【家庭家风建设】　2020年，市妇联开展寻找市级“最美家庭”活动，5户家庭分获全国“抗疫最美家庭”、全国五好家庭及省级“抗疫最美家庭”称号，评选50户市“最美家庭”、50户市“抗疫最美家庭”、100户最美庭院（阳台）。举办“幸福起航”公益交友活动，近千名青年参与，促成建立联系600余人次，数对未婚青年步入婚姻殿堂。疫情期间，举办线上父母课堂、家教公益课程等100余场次，传播科学家教理念；利用早教机构、绘本阅读机构的专业课程，促使广大家庭参与科学实验和手工制作课程。发挥“亲子阅读基地”和“家教实践基地”作用，组织“书香飘万家”亲子阅读、亲子传爱等主题活动20余场次。六一期间，组织开展“劳动光荣”儿童微视频征集、“我爱绿金淮北”少年图文创作大赛等主题实践活动，培养少年儿童好品行、好习惯。家风家训传承开辟新平台，家风进馆所，建设淮北市家风馆，向市民免费开放，不断营造家风好、党风正、民风端的良好氛围。家风进学校，开设“传承好家风家训”课程，开展“好家风伴我成长”等活动20余场次，传播向上向善的正能量。家风进机关，印发“树立廉洁家风·倡导移风易俗”倡议书1000份，引导广大家庭树立廉洁自律意识。

【妇女儿童关爱活动】　2020年，市妇联组织开展贫困妇女儿童救助工作，全年救助贫困妇女儿童66人，发放救助资金10.58万元。开展2020年度春蕾成才助学行动，累计救助贫困大学生80名，发放助学金24万元。为5名患“两癌”建档立卡贫困母亲争取全国妇联“两癌”救助金5万元。开展“牵手贫困儿童·助力脱贫攻坚”活动，开展物质帮扶、学习指导、情感关心、生活脱贫“四项关爱”行动，41家单位参与，慰问少年儿童300多名，送去价值7万余元慰问品。开展“把爱带回家”寒假特别行动，组织2689名各类志愿者与969名留守儿童、困境儿童结对过大年，开展“把优良家风带回家”“把法治安全带回家”“把社会关爱带回家”3项活动共252场。联合市慈善协会，开展公益性关爱服务活动，搭建关爱网络，共建微暖关爱“大家庭”。实施“99公益日”行动，共筹集公益款项7万余元。

【妇联基层组织建设】　2020年，市妇联与市委非公工委联合下发《关于深化非公企业和社会组织“妇建促党建”工作的实施方案》，出台《关于进一步加强社会组织中妇女组织建设的工作方案》等，确保基层工作有章可循、有据可依。联合民政部门，对非公企业和社会组织进行全面摸底。年内，新建妇联组织73个。全市选优培树“妇建促党建”示范点11个，打造濉溪县盛泰驾校“妇建促党建 企业促发展”、杜集区石台镇开心家庭农场“妇建促党建 架起‘连心桥’”等工作品牌，入选市委组织部党群共建案例汇编集。制定《妇联推优入党实施办法》，通过成立妇联组织，摸排党员，组建党支部1个。实施“基层妇联领头雁培训计划”，举办全市妇女干部素质培训班，培训各级妇联主席、执委200余人。建立妇联与女性社会组织的合作平台，举办第三届妇女儿童公益微创投活动，扶持婚姻家庭矛盾化解、家庭教育公益服务、鸿雁成长计划等5个项目。

（高　媛）

淮北市科学技术协会

【科普宣传】　2020年，淮北市科协组织开展“科普大篷车进校园”活动、“百名专家进乡村学堂讲科普”活动，走进杜集区房武楼小学、相山区渠沟镇土楼村周神小学、烈山区任楼学校、相山区张集中学等，邀请淮北师范大学教授、淮北市中医院有关专家等开办“学生膳食营养与健康”“爱眼护眼”等科普讲座。9月19日，全国科普日主场活动在世纪广场举行，市气象局、市航模协会、市护理学会等40多家单位共百余名志愿者参与。科普日以“决胜全民小康 践行科技为民”为主题，涵盖防疫、医疗、科创、农业、公共安全、AI智能等方面。活动现场设立科普展板、科普咨询、科技体验、健康义诊等展区。科普大篷车开进广场，展出20余件科技展品和20块3D展板；医疗诊台现场为群众提供量血压、化验血型、健康咨询等服务，并使用假人现场演示心脏复苏和人工呼吸的方法；市应急管理局展出应急设备、航模协会用火箭模型演示火箭升空的过程；机器人学会展示几种先进的智能机器人等。开展科技活动周、全国科普日活动，展示淮北市科技创新成就和科技战“疫”成效。开展科普示范工作，授予濉溪县养蜂协会、现代产业发展联合会、鑫源综合协会、张庄村瓜果菜（菌）产销技术服务协会“2019—2023年度安徽省示范农村专业技术协会”称号，开展申报省级科普示范社区和示范农技协工作。

【青少年科技教育】　2020年，市科协举办淮北市青少年科技创新大赛。创新大赛实行网上申报，以网上预审、集中会审的形式开展评审工作，全市共评出青少年科技创新成果项目一等奖16项、二等奖11项、三等奖11项，推荐参加省级比赛获一等奖1名，二等奖1名，三等奖6名；青少年科学幻想绘画获市级一等奖16项、二等奖68项、三等奖161项、优秀奖16项，推荐参加省级比赛荣获二等奖6名、三等奖8名；科技辅导员项目获市级一等奖10项、二等奖4项、三等奖5项，推荐参加省级比赛获二等奖1名，三等奖5名；青少年实践活动获市级一等奖6项、二等奖4项，推荐参加省级比赛荣获三等奖2名。市科协、市教育局和市新华书店有限公司联合举办第七届皖新杯青少年科技发明大赛暨“冠军制造之旅”活动（淮北赛区）选拔赛。经过评审，99件来自各县市区的中小学生的百余件科技发明和创意作品分获一等奖、二等奖、三等奖。其中获一等奖的10幅作品，推荐参加省“皖新教育杯”青少年科技发明大赛。组织开展青少年科技交流和科技实践活动。组织淮北市青少年参加生物夏令营、全国高校科学营、青少年科学调查体验、中学生气象科普作品创作、青少年人工智能科普活动交流推介会、青少年科技创新成果交流会、“一带一路”青少年创客营与教师研讨会等活动。高校科学营活动以网络线上形式开展，淮北一中和淮北第十二中学开展营前培训。

【学术交流活动】　2020年，由淮北市科协和安徽省院士专家联谊会合作成立的淮北市首家省级学会服务站在安徽（淮北）新型煤化工合成材料基地建成。积极举荐优秀科技工作者，安徽科宝生物副总徐宾朋获“淮海科学技术奖”生物化工类一等奖；推荐安徽科宝生物工程有限公司副总徐宾朋、濉溪县科技开发中心主任纪永民、淮北市人民医院呼吸与危重症医学科行政主任孙伟、安徽长淮新材料有限公司总经理刘丽、淮北博爱口腔医院业务院长雷明光5人为安徽省“最美科技工作者”候选人。组织开展科技工作者“看淮北”活动，全市各行各业优秀科技工作者代表40余人，参观安徽理士新能源发展有限公司、淮北旺能环保能源有限公司和南湖湿地公园等高科技能源环保企业和人文生态环境，并走访慰问科技工作者。承办安徽省航模锦标赛淮北赛区赛事，由省科协、省教育局、省体育局联合主办，淮北赛区由市科协指导、市航模协会承办。市航模协会参加安徽省第五届全民健身运动会，获金牌5项、银牌2项、铜牌3项，并获团体比赛奖。淮北市消防行业协会走进烈山区淮选厂小学，宣讲消防知识，开展消防安全演练活动。

【科普阵地建设】 2020年，市科技馆在做好疫情常态化防控的基础上，每周二、四、六、日免费开放接待参观群众，接待1.5万人次，团体25个，组织开展“大手牵小手，科技乐生活”志愿服务活动，开展主题为“科普有你·共克时艰”“纪念建党99周年，展望未来科技—人工智能专题活动”“放飞梦想——火箭”等的专题科普活动。

（李苏彤）

淮北市归国华侨联合会

【淮北市第三次归侨侨眷代表大会】 2020年12月10日，淮北市第三次归侨侨眷代表大会召开，全市各条战线的85名代表参加会议。大会审议通过市侨联第二届委员会工作报告，选举产生市侨联第三届委员会。

【思想政治建设】 2020年，市侨联通过学习会、网上推送、印发放宣传材料，组织全市归侨侨眷和海外侨胞、侨联干部学习贯彻习近平新时代中国特色社会主义思想。举办宣传贯彻省第七次侨代会精神专题培训、集中宣讲，开展“侨界大讲堂”专题宣讲、参观淮北市新貌等主题教育活动，承办省侨界同心抗疫事迹报告会。

【参与疫情防控】 2020年，市侨联组织海内外侨胞开展疫情防控，向侨胞发出《关于动员全市侨胞防控疫情的倡议书》《致海外安徽籍同胞及其亲友的一封信》《致返淮侨胞、留学生的温馨提示》《致淮北籍侨胞、留学生的一封信》。筹集医用N95口罩、一次性口罩39500只，防护手套6200副，防护服2325套等医疗物资，全市侨资企业捐款捐物270余万元。向海外侨胞推荐问诊微信群，向8个国家和地区的侨胞邮寄“抗疫乡情包”。动员归侨侨眷投入疫情防控，淮北市侨资企业安徽中瑞农副产品有限责任公司、安徽曦强乳业集团有限公司积极保障供应。市侨联获“全国侨联系统抗击新冠肺炎疫情先进集体”称号。

【服务地方经济发展】 2020年，市侨联为侨资企业送去口罩、防护手套、测温仪等防疫物资，协调解决因疫情造成的用工难、销售难等问题。参加世界制造业大会“百家侨企”对接活动，淮北市投资1.2亿元的侨资现代牧场项目签约。联系牵线印尼安徽同乡会、肯尼亚中华商会，帮助口子酒、医用手套、口罩等产品出口销售。

【海外文化交流】 2020年，市侨联推荐3位淮北籍归侨侨眷担任省华侨国际文化交流促进会理事，刘开渠纪念馆获评“中国华侨国际文化交流基地”。依托“侨这一家子”微信群、网站、微信公众号，传递侨联动态。在春节、端午节等中华民族传统节日发送电子贺卡，微信问候淮北籍海外华人华侨。组织全市中学生参加第21届世界华人学生作文大赛，精选出105篇作品报送大赛组委会。

【开展慰问活动】 2020年，市侨联开展“新春访基层”调研活动。组织元旦、春节期间慰问，慰问困难归侨侨眷、留学生及侨资企业，慰问金额7.16万元。补发3名退休老归侨华侨事务经费3600元，为1名重病转院外地的侨眷送去慰问金，为4名侨胞联系解决子女就学、申请公租房等问题。为30位老归侨、空巢老侨眷送去新鲜蔬菜、口罩、消毒酒精等物资。三八妇女节前夕慰问奋战在防疫一线的市疾控中心2位女侨胞。向境外返淮北侨胞、海外留学生发放包括医用口罩、中成药、新冠肺炎防控知识手册等物资的“侨爱心健康包”。

（杜雪梅）

2020年12月10日，淮北市第三次归侨侨眷代表大会召开

（市侨联 供图）

淮北市工商业联合会（总商会）

【概况】 2020年，淮北市工商联系统有会员5618个，其中个人会员2364个，企业会员3195家，团体会员59家；新吸纳市广告协会为工商联团体会员。“聚合力打造新时代商会发展多维空间”获2020年度“创新中国”工商联（商会）工作优秀案例奖；市青年商会、杜集区段园镇商会获评2020年度全国“四好”商会；淮北市工商联信息宣传、民营企业调查点、商会人民调解等多项工作受到安徽省工商联通报表扬；杜集区工商联被评为全省工商联系统先进集体，陈宏永、范益翔被评为全省工商联系统先进个人。淮北市浙江商会、安徽杨府锦调味食品股份有限公司被全国工商联评为抗击新冠肺炎疫情先进商会组织、先进民营企业。淮北市工商联、相山区工商联被省工商联评为抗击新冠肺炎疫情先进单位，安徽口子酒业股份有限公司、安徽顺达商贸集团、安徽省中瑞农副产品有限责任公司、安徽国华投资集团有限公司、淮北兆基实业有限公司、安徽家家悦真棒超市有限公司、濉溪县东信房地产开发有限责任公司获评全省工商联系统抗击新冠肺炎疫情先进民营企业。

【思想建设】 2020年，淮北市工商业联合会（总商会）开展民营经济人士理想信念教育系列活动。举办建市60周年淮北民营企业成就展，组织民营企业家代表赴淮海战役双堆集烈士陵园接受革命传统教育，开展“爱家乡·看淮北”等活动，举办政策宣讲会、形势报告会5期。先后组织企业家党员

2020 年 4 月 29 日，举办 2019 年度淮北市民营企业 50 强发布会
［市工商业联合会（总商会） 供图］

开展“夏日送清凉”“同心共建文明城”等志愿服务活动。全年活动覆盖企业家 2500 余人次。

【民营企业排序】 2020 年，淮北市工商业联合会（总商会）继续开展民营企业排序工作。在税务、经信等部门配合下，依据纳税、营业收入、安置就业、出口创汇、科技创新、公益事业等指标，确定排序结果。举办民营企业 50 强发布会，公布 2019 年度淮北市民营企业综合 50 强榜单和纳税、科技创新、制造业、商贸业、最具成长性、社会公益突出贡献奖 6 个单项 10 强企业。安徽口子酒业股份有限公司、安徽理士电源技术有限公司和安徽界沟矿业有限公司综合排序前三。在 2020 年安徽省民营企业百强排序中，华孚时尚股份有限公司、安徽口子酒业股份有限公司、安徽理士电源技术有限公司上榜全省民企营收百强，安徽口子酒业股份有限公司、华孚时尚股份有限公司、安徽理士电源技术有限公司、安徽巨成精细化工有限公司入围全省民企制造业综合百强。

【工商联参政议政】 2020 年，淮北市工商业联合会（总商会）围绕加强青年企业家教育培养、促进民营企业复工复产、助力“十四五”规划编制等开展调研，报送《2019 年度淮北市民营企业排序 50 强分析报告》《关于促进民营企业复工达产的几点建议》《关于激发淮北民营经济发展新动能的几点建议》等调研报告。在市政协十届三次会议上作题为《加强对年轻一代非公经济人士教育培养的建议》的大会发言，《进一步优化营商环境的建议》被评为市政协十届三次会议优秀提案；在市政协十届十五次常委会议暨“助力‘十四五’规划编制引领淮北加快转型崛起”专题协商会议上作题为《支持民营企业发展激发市场主体活力》的发言。

【工商联精准扶贫】 2020 年，淮北市工商业联合会（总商会）引导民营企业围绕产业扶贫、就业扶贫、消费扶贫等开展“民企帮村”，巩固精准扶贫成果。动员民营企业积极参与消费扶贫爱心行动，全市民营企业消费扶贫金额逾 100 万元；疫情期间，采购 10 万余千克蔬菜、水果、面粉等农产品定向捐赠给湖北孝感市抗疫一线。组织民营企业与新疆皮山县 3 个“挂牌督战村”开展结对帮扶，投入帮扶资金 60 万元。自 2016 年启动淮北市“民企帮村”精准扶贫行动以来，累计投入资金 5100 万元，惠及贫困户 2632 户、7545 人。

【企业服务】 2020 年，淮北市工商业联合会（总商会）持续推进保障民企发展协作机制，先后 9 次与发改、经信、科技、税务、市场监管、生态环境等部门沟通对接，及时反映企业现实问题、推动惠企政策落地落实。开展“法律服务进企业”系列活动，联合市检察院、司法局举办“护航民企发展”“法治体检”等 21 次，在部分商协会设立检察工作站。会同建行淮北分行开辟绿色审批通道，推行线上贷款办理，为全市 1742 个中小民营企业发放贷款 7.2 亿元。开展教育培训，组织开展“云培训”6 次，举办专题培训 4 次，联合市委组织部组织 50 余位企业家代表到浙江大学举办非公企业出资人示范培训班。开展“送政策、送服务、送温暖”大走访活动，印发《“战疫情、优服务、助发展”服务指南》，引导民营企业有序做好复工复产。引导全市各商协会、外埠商会、民营企业和企业家捐款捐物、筹措物资，合计捐资 4600 余万元。

（范　伟）

淮北市文学艺术界联合会

【概况】 2020 年，淮北市文联响应市委和市政府号召，组织文艺工作者投身疫情防控阻击战，创作优秀作品，鼓舞士气，以“艺”抗疫。紧扣庆祝建市 60 周年主线，创作出一批脍炙人口的优秀文艺作品，用真情记录新时代、讴歌新时代，推动全市文艺工作和文联工作创新发展。开展“文艺进万家 健康你我他”“到人民中去”文艺志愿服务，持续推动市书协、美协、作协、音舞协、民协、摄协、古琴协会、剧协、书画艺术研究会、开渠画院、交谊舞协会等 11 家协会与洪山社区、安徽华润金蟾药业股份有限公司等基层单位结对共建，常态化开展书法夜校、美术摄影讲座、采风、诗会等志愿服务活动。

【艺术创作成果】 2020 年，市文联组织创作歌曲《爱的诺言》《坚强》《花开平安》《最强的力量》等，以及各类书法、绘画、诗词抗疫主题作品。《相城》杂志推出《战疫之歌》《辉煌岁月》《运河流韵》三部诗集特刊。12 月 11—12 日，由省文联指导、省摄协主办、《大众摄影》杂志社协办的安徽摄影理论研讨会在合肥召开，市原民间艺术家协会主席张秉政《民俗摄影特征、文化内涵及审美意蕴》和郝士宝《到场·看见·拍下·呈现——论摄影创作的完整链条》两篇论文入选。12 月 14 日，中国戏剧家协会第九次全国代表大会在北京召开，市戏剧曲艺家协会主席孙伟参加大会。年内，市书协获中书协“同心同书·祖国新春好——送万福进万家”活动先进集体称号。在全省文联系统组织开展的“三个一批”评选活动中，市文联推荐的新时代文明实践活动——洪山社区书法夜校和市音乐舞蹈家协会李鸿分别获优秀品牌活动和“最美‘深扎’文艺工作者”称号。市诗词学会原主席耿汉东与他人合著的《淮北的成语典故》获评 2020 年度安徽省社会科学知识普及优秀作品。在由安徽省文联、安徽省音协面向全省开展的“春风一路踏歌来——全面建成小康社会”主题歌曲征集活动评选活动中，由市文艺工作者吴思源作曲、市音乐舞蹈家协会创作并推送的《踏歌起舞幸福来》获全省优秀作品奖第一名。市美协副主席张树波创作的中国画《来来往往》获第二届“神圣长白”全国中国画作品展最高奖——入会（中国美术家协会）资格奖。

【文艺活动】 2020 年 1 月 1 日，市书画艺术研究会在市“两宫”广场举行“庆元旦、迎新春书画艺术精品展暨送春联进万家”活动，共展览书画作品 120 多幅。50 多位书画艺术工作者为市民书写春联 500 多幅，赠送国画、书法作品 40 多幅。6 月 29 日，由省委宣传部、省文联、省卫健委主办，省书协、省美协承办的向安徽援鄂抗疫医务工作者赠送书画作品活动在市人民医院举行，市书协、美协共捐赠书画作品 120 余幅。年内，市作家协会开设“抗击疫情　我们在行动”抗疫作品专辑。“淮北作家”公众号陆续推出“抗击疫情我们在行动”淮北作协抗疫作品专辑，在作协公众号上发布专辑22期，作品50余篇。15位会员抗疫诗歌作品在安徽省作协协会公众号上发布，4位会员抗疫诗歌作品入选《诗歌月刊》，2位会员的作品入选省作协编辑的抗疫作品集《鏖战》。8月9日，由市美协工笔画艺委会、华安证券淮北分公司联合举办“精微丹青献华诞”首届淮北市工笔画小品邀请展，展出作品18幅。8月21日，淮北市戏剧曲艺家协会成立大会暨第一次会员代表大会在市文化馆小剧场召开。相山区、烈山区、杜集区、濉溪县、淮北矿业（集团）有限责任公司、皖北煤电集团公司与会代表65人参加大会。孙伟当选协会主席。10月17日，淮北市书协、美协主席团成员书画精品展在市体育中心举行。10月23日，杨仕香国画作品展在市体育中心开幕，各界人士200余人参加开幕仪式。11月14日，由市美协油画艺术委员会主办，华安证券淮北分公司协办的“行·色”2020油画提名展举行，画展选取20位油画家的画作展出。12月3日，第四届安徽省书法大展优秀作品展举办。市文联主席兼省书协副主席、市书协主席陈辉创作纪念抗战胜利75周年主题书法作品10幅，被安徽省档案馆收藏。

【艺术交流】 2020年9月24—30日，市文联主席陈辉赴西藏山南市参加对援藏干部和边防部队慰问活动，并为山南市第二高级中学题写校名。10月15日，淮海经济区政协系统第二届书画联展在淮北市举行。10月11—21日，由市摄影家协会主办的“内心的寂静——张晨路肖像摄影作品展”开展。10月17日，中国淮北第十五届观赏石博览会在市体育中心举行。10月17—19日，长三角一体化发展2020海上书画名家邀请展在刘开渠纪念馆举行，共展出油画、国画、书法作品60余幅，以及原创手工紫砂作品200余件。11月28日，陈辉到蚌埠参加“传承红色文化　携手共迎小康——苏皖两省六市书画作品展”活动。

（张守林）

中国国际贸易促进委员会淮北市委员会

【服务企业】 2020年，中国国际贸易促进委员会淮北市委员会（以下简称“市贸促会”）为企业办理一般原产地证1000余份，涉及贸易金额近2.9亿元。签发优惠原产地证近270份，代办领事认证29份，代办国际商事证明37份，为全市进出口企业及时通关结汇，为开展国际贸易提供保障。实行24小时不间断办理认证服务。在疫情严控期间，实现外贸企业“足不出户、自主打印”，疫情防控弹性工作期间累计在线签发原产地证书50余份。推送自由贸易协定相关政策，发放宣传资料，面对面推介，推广优惠证的利用，促使企业熟知“自贸区战略”政策。及时与国家、省贸促会对接，通过微信群、电话沟通等非接触方式发布疫情防控期间“不可抗力事实性”证明工作安排，开通绿色通道，安排专人值守，解答企业困难诉求。疫情弹性工作期间收到企业咨询近80人次。

【扩大经贸合作平台】 2020年，市贸促会组织企业参加国家贸促会和省贸促会举办的疫情防控涉外法律风险防范、防疫物资出口欧美市场的法规、稳外资外贸、合规经营、国际经营能力提升等近30场次线上培训。组织企业参加中东欧网上洽谈会、中国—阿联酋经济贸易数字博览会、第三届进口博览会等活动。探索内外循环渠道，促进企业国内合作，利用异地商会、兄弟合作单位等方面的资源，推介市属企业，促进交流合作。建立贸促信息平台，强化经贸预警，安排专人搜集国际市场行情预警信息，并及时推送给企业。

利用省贸促会到淮北调研契机，宣介国家贸促会“投资中国”平台，凤凰山开发区和安徽中芬矿山机器有限公司将其意向合作项目和主导出口产品等相关信息在该平台上发布。

【对外经贸合作】 2020年，市贸促会通过在线交流，加强与“一带一路”沿线国家联系。利用互联网等创新交流媒介，主动联系印度工业联合会、德国工商会、迪拜工商会和俄罗斯工商会等境外商协会组织，探讨疫情防控常态化下，共同搭建经贸合作平台、服务双方企业经贸合作事宜，探索新形势下合作可能。2月，对接波兰、非洲等外方物资求购信息，及时推送给企业，做好工作衔接。5月，收到中非商会关于食品加工合作意向后，及时把有关提案推送给相关食品企业。利用进博会良好契机，发动组织淮北市企业参展，助力企业和产品“亮相”第三届进博会。主动对接长三角一体化，协同市会展办加入长三角会展联盟。加强与江浙沪等地兄弟贸促机构沟通、联络，进一步拓展合作机会，深化务实合作。

（赵　静）

淮北市残疾人联合会

【概况】 2020年，淮北市有残疾人123143人，约占全市总人口5.85%。持证残疾人50148人。全市有淮北市聋儿语训中心、淮北市特殊教育学校、淮北市中医院、安徽省相王医疗保健股份有限公司、淮北市长征医院、淮北市梦特儿残疾儿童拓展培训中心、濉溪县宝贝亲特殊儿童康复中心和濉溪县星梦圆特殊儿童康复中心8家残疾人定点康复机构。

【残疾人康复服务】 2020年，淮北市鼓励各县区出台支持本地残疾人康复事业发展政策，加强残疾人康复服务机构规范化建设，引导社会力量兴办康复机构，推动招商引资项目实质性启动；开展各类残疾儿童康复机构年审评估；开展康复业务人员培训和定点服务机构管理培训。提升残疾人基本康复服务水平，确保有需求残疾儿童及持证残疾人基本康复服务率达到95%以上。推进家庭医生签约服务工作，优先为残疾人提供基本医疗、公共卫生和健康管理、医疗康复等服务。实施康复民生工程，截至10月底，超额完成残疾人康复精神病药费补助和残疾儿童康复救助民生工程任务。完成精神病药费补助发放2893人，发放补助289.3万元；完成残疾儿童康复救助754人，其中，残疾儿童康复训练668人；完成残疾儿童假肢矫形器适配44例；残疾儿童辅具适配42例。

【残疾人就业扶持】 2020年，淮北市残疾人联合会（以下简称“市残联”）通过政策扶持、资金帮扶、技能培训等措施，推动残疾人创业就业工作发展。通过互联网+政务服务，首次实现网上核残工作。完成全市136家企业残疾人就业情况审核工作，将审核结果传给税务部门。残疾人培训采取申报制，结合残疾人基本需求动态更新系统，依托村（居）委会，根据残疾人不同需求，精准施策，开办不同内容残疾人培训班，让有能力残疾人掌握一门技术，实现自主就业创业。开展保健按摩、中式面点等专业，培训残疾人600余人。利用残疾人就业创业网络平台，让有劳动能力、有就业愿望残疾人注册就业创业账号，掌握残疾人用工需求，搭建就业及用人单位需求平台。出台《关于在疫情防控期间做好残疾人就业和基本生活保障工作的通知》，针对受疫情影响安置残疾人小微企业以及残疾人个人创业不同情况，细化帮扶措施，制定补贴标准并对符合条件建档立卡贫困残疾人发放补贴，全市发放稳定就业岗位、新招录残疾人、生活、房屋租赁等各项补贴54.38万元。

【残疾人教育】 2020年，淮北市完善以特殊教育学校为骨干、以随班就读和特教班为主体残疾儿童义务教育体系，为14名学前教育残疾儿童提供每人3000元救助；做好2019—2020学年残疾人教育救助自评工作；对接省特校招生办，送被录取3名考生入学报道；为63名贫困家庭残疾大学生提供助学资助；举办淮北市国家通用手语暨业务工作培训，提升基层残疾人工作者业务能力与水平。做好未入学残疾适龄儿童核查工作，统计调查全市范围内1335名残疾儿童情况，其中入学1278人，缓学34人，未入学23人，市残联协助做好未入学残疾儿童调查、登记和统计工作，向教育行政部门通报相关数据和有关情况，提出残疾儿童少年就学建议，协助动员、组织残疾儿童少年入学。

【维护残疾人合法权益】 2020年，淮北市将符合条件贫困残疾人纳入家庭无障碍改造、机动轮椅车燃油补贴等政策兜底保障范围，做到应保尽保、应救尽救。回应残疾人诉求，完善“12385”残疾人服务热线平台，推进“12385”残疾人服务热线和市长热线数据对接，畅通残疾人反映问题渠道。做好电视台“政风行风热线”上线工作，倾听残疾人呼声，为残疾人答疑解惑。回复市民心声网络咨询、市“互联网+政务服务”平台残疾人咨询。加强对残疾人法律援助供给力度，将符合条件残疾人全部纳入法律援助范围。

【残疾人文体宣传】 2020年，市残联开展惠残政策大宣讲，宣传以习近平同志为核心的党中央对残疾人事业的关心、关注和党中央、国务院及省委、省政府与市委、市政府惠残政策。开展助残和自强典型宣传，举办淮北市第五届残疾人读书达人演讲比赛，一县三区11名选手围绕“脱贫奔康”“助力抗疫”“自强不息”主题，登台讲述自己的经历、心理转折、成长故事，展现残疾人自信、自强、自立的新时代精神风貌。

（张　璇）

淮北市红十字会

【人道救助】 2020年，市红十字会组织开展“红十字博爱送万家”活动，筹集爱心款物10万多元，走访慰问城乡困难家庭，惠及1000多人；动员组织公益团队、社会组织、红十字志愿服务队参加安徽省红十字潺水公益基金众筹扶贫大赛和99公益日线上活动；筹集项目资金100多万元，助力全市脱贫攻坚；与市妇幼保健院联合发起建立红十字妇幼健康专项基金，出资70万元用于妇女儿童健康筛查、人道救助及专项宣传、筹资活动等。

【应急救护】 2020年，市红十字会启动“益路同心，红十字‘救’在身边”AED(自动体外除颤器)城市布点项目，首批2台AED安装在火车站候车大厅，结束淮北市公共场所没有AED历史；开展应急救护培训进学校、社区、企业、乡镇、机关、军营活动，连续三年开展“救护进军营，一切为打赢”应急救护培训活动；建成红十字生命安全健康体验馆，成为群众和中小学生学习体验安全知识综合性应急宣教体验平台；在市交警支队安全教育学校设立应急救护培训基地。全年培训初级救护员1200多人，普及救护培训10000多人。

【红十字精神宣传】 2020年，市红十字会在世界红十字日等重要纪念日，开展《中华人民共和国红十字会法》、防灾减灾知识等集中宣传，传播人道主义精神。通过网站、微博、微信公众号等，及时发布红十字工作动态。世界红十字日、世界献血者日等纪念日，组织开展无偿献血宣传活动。选树红十字志愿者先进典型群体，葛军、赵波获得全国无偿捐献造血干细胞奖，任明功获得全国红十字系统抗击新冠

2020 年 11 月 4 日，市红十字会开展安全应急演练活动

（陈勇　摄）

肺炎疫情优秀志愿者称号，赵波、张秀丽夫妇当选 2020“心动安徽最美人物”，红十字救援队以及梅连超、郭军等 10 余名志愿者获得省红十字会抗击新冠疫情表彰，徐钦军、赵波获得淮北市第九届见义勇为奖，赵波获得淮北市第七届道德模范奖。全年在中央、省级、行业以及市级媒体等发表新闻稿件 50 多篇。

【捐献工作】　2020 年，淮北市连续 6 次获得“全国无偿献血先进城市”称号；全年实现 8 例人体器官、3 例遗体、7 例眼角膜捐献，2 人捐献造血干细胞、118 名红十字志愿者进行造血干细胞捐献血样集中采集。

（陈　勇）

法 治

政法委及综治

【概况】 2020年，淮北市获批全国市域社会治理现代化第1期试点市。市委政法委与淮北师范大学政法学院联合成立市域社会治理研究中心。建成“雪亮工程”，建立“一中心一平台多系统”四级智能化管理体系，新建、整合各类视频监控资源2.2万余路。全市政法系统扫黑恶、保安全、护稳定，全市社会大局和谐稳定。

【平安淮北建设】 2020年，淮北市制定《关于防范化解和妥善处置群体性事件工作措施》等文件，对全市85项重大决策开展社会稳定风险评估，暂缓实施5件。开展涉法涉诉积案攻坚年活动，56件信访积案化解53件，案件化解率94.6%。推进“守护平安”系列行动，八类严重暴力犯罪案件破案率首次达100%，11起现发命案全破，破获命案积案16起。

【社会治理】 2020年，淮北市搭建“党群连心站”“党群微家”等载体1963个。化解矛盾纠纷1万余件。整合组织、公安、民政、城管等单位统一划分网格，建立“党建+四个一”社会治理模式。实施党建、网格、管理“三项服务工程”，组建“三大团队”，纳入网格管理，做到“一网清”。推进社区公共服务综合信息平台建设，完成4个智慧社区先行试点工作。开展智慧安防示范社区建设，37家学校“前哨系统”投入使用，智慧公交管控系统试点运行。

【执法监督】 2020年，淮北市印发《关于开展民事执行监督、规范执行行为专项活动实施方案》，对民事执行活动开展专项检查活动。抽查相山区人民法院归档执行案件300件。督促落实认罪认罚从宽制度，全市适用认罪认罚从宽制度审理案件720件，占同期受理案件总数60.25%。检察系统认罪认罚从宽案件适用率83.91%，提出“确定刑”建议占比60.7%，法院采纳“确定刑”量刑建议96.2%。开展案件评查互查活动，全市累计评查537件。

【扫黑除恶专项斗争】 2020年，全市政法系统推进“六清”（线索清仓、逃犯清零、案件清结、伞网清除、黑财清底、行业清源）行动、“五大会战”（破案攻坚、打伞破网、案件诉审、源头治理、宣传发动）、“六建”（建立健全源头治理的防范整治机制、建立健全智能公开的举报奖励机制、建立健全打早打小的依法惩处机制、建立健全精准有效的督导督办机制、建立健全激励约束的考核评价机制、建立健全持续推进的组织领导机制）工作，扫黑除恶专项斗争收官。全市共侦办涉黑涉恶团伙105个（其中，涉黑组织7个、涉恶犯罪集团16个、恶势力团伙82个），抓获违法犯罪嫌疑人849人，破获刑事案件379起，查封、扣押、冻结涉案资产约4.05亿元。查处涉黑涉恶腐败和“保护伞”问题121起，处理153人。发出“三书一函”（监察建议书、司法建议书、检察建议书，公安提示函）455件，整改率100%。

【政法队伍建设】　2020年，全市政法系统开展深化“三个以案”（以案示警、以案为戒、以案促改）警示教育，配齐32名镇（街道）政法委员。组织全市100余名政法干部进行政治轮训，开展平安建设（综治工作）培训班5次，参训人员400余人次；组织防邪业务培训6次，参训人员260余人次；组织维稳业务培训4次，参训人员200余人次；综治信息化平台业务培训4次，参训人员360人次。

（李　健）

法治政府建设

【全面依法治市工作】　2020年3月23日，淮北市召开全面依法治市委员会第二次会议，审议通过《中共淮北市委全面依法治市委员会2020年工作要点》《〈党政主要负责人履行推进法治建设第一责任人职责规定〉工作要求落实指引》等。淮北市在全省率先将市依法行政工作领导小组调整为市法治政府建设工作领导小组，法治建设纳入市委、市政府目标管理绩效考核。淮北市委全面依法治市委员会成立“抗击新冠肺炎法律服务志愿团”，开展“防控疫情、法治同行”专项法治宣传行动。相山区被省委依法治省办命名为全省法治政府建设示范区。市政府落实司法责任制，开展扫黑除恶专项斗争，深化法律援助制度改革，强化司法信息化建设，推进雪亮工程等社会治安防控体系建设。打造房企破产和解“淮北经验”，“一核多元”“府院联动”做法得到最高人民法院院长周强批示肯定，并被写入最高人民法院工作报告。根治“难办证”问题、推动治理现代化典型做法入选全国“创新社会治理典型案例”；“一杯茶七步调解法”特色做法形成广泛影响；五位一体“双随机一公开”监管新模式获省政府通报表扬。

【依法全面履行政府职能】　2020年，淮北市实施“证照分离”“多证合一”，推进政务服务“一网一门一次”改革，提供“7×24小时不打烊”服务，在全省率先上线“一网惠企”平台。“一张表格管检查”、五位一体“双随机一公开”监管新模式获省政府通报表扬。较2019年审批环节减少471个，申报材料减少274个。推进市场准入负面清单制度，“四送一服”专项行动推动企业复工复产。省委督办11个重点问题和211个“四重一小”问题按期办结。深化“互联网+政务服务”改革，个人事项网办率达98.81%，位居全省前列，“数字治超”申报为安徽省“城市大脑”应用场景试点，“皖事通”上线各类服务事项达471项，收到评价393万人次，满意率达99.99%。

【建设依法行政制度体系】　2020年，淮北市确定《淮北市生活垃圾管理办法》为实施类项目，《淮北市扬尘污染防治管理办法》为调研类项目，《淮北市生活垃圾管理办法（试行）》于12月31日制定并按规定报送备案。组织召开《淮北市养犬管理办法》立法后评估座谈会。各县（区）完善规范性文件制定程序，在政务公开栏目中发布并解读规范性文件，开展规范性文件清理工作。烈山区政府开展涉农领域规范性文件后评估工作，并探索委托第三方进行后评估。

【行政规范性文件合法性审查】　2020年，淮北市出台《淮北市人民政府办公室关于全面推行行政规范性文件合法性审核机制的实施意见》，全年办理市政府重大决策事项、市政府规范性文件合法性审查148件，提出法律意见建议650余条，审查县区政府、市政府各部门报送备案规范性文件50余件，对机构改革涉及和不符合优化营商环境市政府规范性文件进行清理，确认废止4件，修订9件。《中华人民共和国民法典》颁布后，清理建议修订行政法规1件。濉溪县政府合法性审查规范性文件和上会议题95件，杜集区政府合法性审查各类文件72件，市自然资源和规划局、市市场监管局、市交通运输局行政规范性文件合法性审查分别为10件、9件、3件。

【行政执法规范化建设】 2020年，淮北市通过省法制监督平台申领、注销执法证件和监督证件，开展执法证件年审。举办全市行政执法资格认证通用法律知识考试，531人应试，通过率88.82%。全市行政执法部门开展形式多样执法培训和执法宣传活动。评选出全市10卷优秀行政执法案卷。推广证明事项告知承诺制，市直28个行政单位实行证明事项告知承诺制办事项目170项，证明材料274项。市气象局等单位对95项行政处罚事项274个裁量基准进行调整。向省政府和市人大常委会分别备案市政府规范性文件40件。率先在全省完成交通、农业领域综合行政执法改革，市农业农村局被农业农村部评为全国第一批、安徽省唯一一家市级农业综合行政执法示范单位，入选安徽省2020年度行政执法十大事件。

【构建权力运行制约体系】 2020年，淮北市政府本级办理行政应诉案件28件，出庭应诉24件次；办理行政应议案件2件；办理检察监督案件25件。结案40件案件中，维持、驳回诉讼或复议请求36件，胜诉率90%。强化重点领域信息公开，主动公开三大攻坚战信息692条、“放管服”改革信息247条、重点民生领域信息2367条、财政资金信息112条、公共资源配置领域信息679条。推进政务公开，召开新闻发布会174场，组织“在线访谈”14期，“政风行风热线”节目播出277期，宣讲政策1300余条，信息公开申请35件全部按时办结。受理省长热线平台转办191件，办结率100%；接听市长热线电话115967个，群众满意率99.52%；受理网络来信5116个。深化“互联网＋政务服务”改革，推动“互联网＋监管”平台建设。公共资源交易领域行政处罚权相对集中，开展招投标领域专项整治，完善交易制度规则，加强交易主体监管。一县三区积极推进审计全覆盖，编制权责清单并网上运行，统一工程建设审批流程、信息数据平台、审批管理体系和监管方式，梳理基层政务公开事项目录5474项并按目录公开各类信息。

【化解社会矛盾纠纷】 2020年，淮北市行政复议审理方式从书面审查为主向注重“实地审、事实审”转变，全年受理复议案件46件，综合纠错率45%。成立全省首家银行业人民调解委员会，律师调解案件7654件，调解成功率59.85%。市司法局探索运用仲裁确认方式化解道路交通事故纠纷，警民联调室化解纠纷5250起。市公安局培育6个优秀派出所参与争创“枫桥式公安派出所”。市信访局组织“两代表一委员”参与矛盾纠纷调解，市场监管局“12315”有效调解消费纠纷2700件，为消费者挽回经济损失377万元。

（马　骏）

公　安

【优化法治营商环境】 2020年，淮北市公安机关扎实推进三大攻坚战、文明创建、招商引资等重大任务落实，全力保障企业复工复产，为全市经济社会发展做出了积极贡献。推动《淮北市燃放烟花爆竹管理条例》出台，《淮北市非机动车管理条例》纳入人大立法。出台《深化“放管服”

改革优化营商环境工作联席会议和联络员制度》，开展法制宣传教育，帮助解决实际困难，培训人员2650人。严打招投标领域违法犯罪，成功侦办G3京台高速淮北收费站、相山区党群服务中心串通投标案等3起案件，挽回经济损失2.3亿元；破获涉企案件19起，抓获犯罪嫌疑人15人。在全省率先恢复窗口业务，全年为新开办企业免费刻章7026套28104枚，降低企业开办成本210.78万元。取消典当业特种行业许可证，11项行政许可事项推行申请材料容缺受理、告知承诺或优化服务。组织相关警种部门对市局90项公安行政审批事项进行全面梳理，累计精简业务流程环节35个，减少承诺时限70个工作日，平均办理时限由原来的4.77个工作日压缩至3.98个工作日，公共服务事项全部承诺1个工作日办结，并对部分事项申请材料进行调整完善。

【守护社会平安】　2020年，全市公安机关开展“守护平安——春雷行动”“守护平安——秋季攻势”“守护平安——铸盾江淮”系列行动。全市40个派出所全部设立警民联调室，配备专职调解员53人。坚持和发展新时代“枫桥经验”，开展风险隐患排查，排查化解矛盾纠纷2.3万余起，其中“警民联调”化解12312起。全面加强社会面巡逻防控，36个街面屯警点常态驻警，实施网格化巡逻，全年特巡警出动警力1.09万余人次。参与信息追踪核查、重点部位安保、入淮北通道查控等工作，累计投入警力13万余人次，核查数据79批次60万余条24万余人次，19个党员突击队进驻隔离点和定点收治医院，9名党员民警奔赴援鄂一线。全年处置涉犬警情2103起，收容流浪犬435只。

【严厉惩治犯罪活动】　2020年，淮北市全破11起现发命案，连续9年实现现发命案全破。破获本地命案积案16起，协助破获外地市命案积案9起，抓获命案在逃人员24人，位列全省第二。新办涉黑案件2起，恶势力犯罪集团案件2起，破获案件115起，抓获犯罪嫌疑人154人，新增查扣冻结资产3.32亿元。破获黑恶势力案件105件，抓获违法犯罪嫌疑人849人，破获案件378起；查封、扣押、冻结涉案资产合计4.23亿元；市公安局扫黑除恶综合考评成绩进入全省第一方阵。推进电信诈骗案件打击防范，止付资金2.44亿元，拦截成功率达99.98%以上。破获毒品刑事案件21起，抓获犯罪嫌疑人30人，缴获毒品近3000克，查处吸毒人员72人，强制隔离戒毒10人，10起黄赌毒、环食药案件被部、厅挂牌督办，破获淮北市首例非法经营“笑气”案件。

【刑事案件侦破】　2020年，淮北市市立八类案件221起，破案221起，破案率首次达到100%，位列全省第一。立本地四类（传统）现案2649起，同比下降34.37%，破获本地四类（传统）现案1021起，破案率为38.54%，同比上升3.26%，刑拘四类案件犯罪嫌疑人689人。刑拘电诈类犯罪嫌疑人346人（同比上升45.99%），破案818起（同比上升63.93%），其中破现案148起（同比上升146.67%），两起案件被国务院联席办列为挂牌督办案件。全年抓获网上在逃人员1459人。

【经济案件侦破】　2020年，市公安机关受理经济犯罪案件123起，立案89起，破案62起，移送起诉98起103人，抓获犯罪嫌疑人140人，涉案总价8.09亿元，挽回经济损失2.2亿元。参与招投标领域内违法行为专项打击治理，“5·6”专案顺利诉讼，抓获犯罪嫌疑人25人，挽回经济损失1.4亿元。全市共立涉嫌非法吸收公众存款案件4起，涉案资金2.68亿元。协查外省市警方立案非法集资案件57起，涉案金额0.85亿元。全市经侦部门共立涉嫌虚开增值税专用发票案件8起，成功发起涉税“7号会战”“17号会战”集群战役，涉案总价值共计3.06亿元，挽回经济损失0.46亿元。

【社会治安管理】 2020年，淮北市“雪亮工程”建成投入使用，整合社会视频资源300余家12000余路，通过“雪亮工程”抓获网上在逃人员150余人，破案780余起。开展全市中小学幼儿园“护校安园”专项行动，全市中小学全部设立校园安全岗，37所学校“前哨”系统投入使用。“江淮义警”平台500余名义警常态助力社会治安管理。严厉打击整治黄赌、食药环、枪爆违法犯罪，黄赌警情同比下降16.8%，黄赌刑事案件立案数、破案数、采取刑事强制措施人数同比分别上升114%、84%、41%；环食药、假烟假酒刑事案件立案数、破案数、采取刑事强制措施人数同比分别上升31%、22%、50%。3起案件被打击整治枪支爆炸物品违法犯罪部际联席会议办公室挂牌督办。对1家民爆物品生产单位、28家民爆物品使用单位、60家剧毒易制爆使用单位开展全覆盖安全检查，枪危爆管理实现“三零”（零流失、零被盗、零炸响）目标。持续推进社会治安防控体系建设，建成智慧安防小区管控系统和中央花城、国购小区等4个不同类型示范小区，21个老旧小区平安改造基本完成；15类1877家机动车维修、娱乐场所等纳入系统管控。

【公安出入境管理】 2020年，全市出入境管理系统共受理、审批公民出国（境）6314人次，其中，护照3426人次，往来港澳通行证2557（含签注1678）人次，大陆居民往来台湾地区通行证331（含签注83）人次。外国人办理签证和居留许可152人次。签发外国人一次性出境证件41人次。换补发台胞证4人次、回乡证2人次。查处“三非”（非法入境、非法居留、非法就业）行政案件41起，涉案62人，其中居留审查17人、罚款12人、限制活动范围33人。遣送“三非”外国人38人。查处骗领出入境证件案2起，依法对2人分别做出行政拘留和罚款决定。侦办妨害国（边）境管理类案件5起，刑事拘留7人、取保候审2人。核查并向市防疫指挥部推送入境在淮北隔离和异地隔离结束后到淮北（回淮北）纳入管控1649人次。

【监所管理】 2020年，淮北市监所制定下发《全市监所疫情防控和监所安全管理工作方案》《全市监所疫情应急处置预案》。疫情期间，全市看守所开通远程视频提审会见系统4套，开展视频提审讯问512人次，远程开庭173人次，律师视频会见138人次。2月17日，印发《淮北市公安局监管系统警务实战化改革实施方案》，进一步推进监管警务改革，全年实现监所安全“零事故”、疫情“零感染”工作目标。

【交通秩序管理】 截至2020年底，全市机动车保有量49.59万辆，驾驶人总数58.27万人。全市受理一般以上交通事故302起，因交通事故造成57人死亡、395人受伤，直接经济损失103万元，与2019年同期相比事故起数减少10起（下降3.2%）、死亡人数减少5人（下降8.1%）、受伤人数增加33人（上升9.1%）、经济损失减少3万元（下降2.8%）。排查治理市、县挂牌道路交通隐患34处；完成3处“坡改平”治理及8处公路平交口红绿灯、300余条支路减速带安装工作。全年共建一级、二级标准警保合作劝导站19个。推广农村交通安全管理信息系统及手机App应用工作，录入工作信息26万条。处罚整改不按规定落实动态监控制度运输企业3家、驾驶人安全教育造假驾校5家、车辆检验不规范企业6家，整改危险化学品重大危险源隐患72处、校车安全隐患9处，查处危化品运输车辆违法行为796起。组织集中统一行动200余次，查处交通违法82万余起。完成城区老旧信号灯、信号灯杆件、信号控制机、电子警察等设施更新工程，复描交通标线8万平方米。严格禁区通行管控，建成22处大货车禁区智能电子抓拍卡口。现场查处大货车各类违法行为2.9

万余起，其中处罚驾驶排放不达标车辆违法行为1420起。大货车、农机车闯禁区违法行为同比下降50%。完成31个路口电警、4个卡口改造项目，安装14套巡逻警务车载视频调度系统，推广交管酒精测试仪数据4G实时传输，设置14个省际市际交通防控卡点，检查车辆登记69000余辆，劝返车辆13900余辆，实现“外防输入、内防扩散”目标。

【网络安全】 2020年，淮北市在全省率先完成大数据平台暨淮北分节点建设，整合公安业务数据1.7亿条，汇聚国土、民政等30余家单位数据6.2亿余条；获公安部、中华全国总工会联合举办的第九届“智慧公安我先行”科技创新比武基层技术革新二等奖。

【政务公开与便民服务】 2020年，淮北市成立公安政务服务管理支队，全年办理各类行政许可（服务）事项73086件，其中行政许可5352件、公共服务及其他权力26212件、交通违法非现场处罚41522件，提供延时服务127次，开展周六非工作日服务12次，为群众办件166件，上门服务20次，免费邮寄送达4987件，接待群众前台及电话咨询户籍、出入境、车驾管等公安业务1万余人次。全面推行网上办事、不见面审批，深化“皖警便民服务e网通”应用，居民身份证全程网办，临时居民身份证全省通办、全程网办，个人事项100%“全程网办”。推行“机动车禁区通行证”网上办，货运车辆不来现场即可办理，提高货运企业经营效率。配合数据资源局制作身份证、户口簿、驾驶证、行驶证等电子证照382万件，采集制作各类公安业务电子印章283枚。探索“不找警种、不分区域、一次办成”模式，推行7×24小时不打烊服务，全市各级政务服务中心均设置自助设备，在4个派出所试点设立“一站式”综合服务窗口，村（社区）设立便民服务网点、代办点。

【公安执法规范化建设】 2020年，全市公安机关持续推进执法办案精细化、智能化、专职化监督，实现执法全流程、全要素、全环节规范管理。案件质量由2017年全省第十二跃升至全省第一方阵。建立警情流转、案件办理、场所使用和涉案财物管理巡查通报制度，2019—2020年共巡查各类警情11万余件、案件7540余起，发布专题通报70期，发现整改问题800余个。年内，全市规范保管档案23万册、案卷6.8万卷。推进实施“七五”普法教育，累计组织培训122场次，受教育民警2000余人。签订停访息诉书或已办结化解28起，三级终结1起，依法导入程序6起，符合依法终结条件2起，落实化解稳控措施12起。

2020年9月19日，市交警支队开展文明交通秩序整治活动

（市公安局　供图）

（程　杨）

检 察

【刑事案件检察】 2020年，淮北市检察机关监督侦查机关立案14件22人、撤案16件21人，纠正漏捕5人、遗漏同案犯22人、遗漏罪行19件，发送书面纠正违法通知书17份。对适用法律错误、量刑不当刑事裁判，依法提出抗诉19件。提出书面纠正意见189件、检察建议35件。办理刑罚执行变更监督案件16件。与市中院会签《财产刑执行信息通报与沟通协作的实施办法（试行）》，构建长效工作机制，对存在问题提出书面纠正意见63件、检察建议14件。办理重大案件讯问合法性核查18件。办理社区矫正对象孙某锋减刑监督一案入选省检察院刑事执行检察典型案例。

【民事案件检察】 2020年，全市检察机关受理各类民事监督案件323件，同比增长129%。提出再审检察建议7件、检察建议1件。办理审判人员违法行为监督案件17件，提出检察建议13件，回复采纳12件。跟进监督案件12件，提出检察建议2件，提出抗诉5件，法院裁定再审3件。办理民事执行监督案件97件，提出检察建议70件。做好“三号检察建议”落实工作，与市公安局、市中院、市司法局会签《关于防范和查处虚假诉讼的若干意见》，受理涉虚假诉讼案件26件，移送犯罪线索8件。杜集区院办理丁某某民事执行监督和解一案入选省检察院民事检察典型案例。

【行政案件检察】 2020年，全市检察机关立案办理各类行政检察监督案件28件，其中，生效裁判监督案件8件、行政执行监督案件10件、对审判程序中审判人员违法行为监督案件3件、行政违法行为监督案件7件。提请省检察院抗诉3件，全部获得支持。提出行政执行监督检察建议7件，提出审判人员违法行为监督检察建议3件，向行政机关提出监督检察建议7件，采纳率100%。坚持执法办案与释法说理、心理疏导并重，化解行政争议案件26件。

【公益诉讼检察】 2020年，全市检察机关摸排公益诉讼案件线索438件，立案办理129件。向法院提起民事公益诉讼16件、刑事附带民事公益诉讼17件，判决案件诉讼请求全部获得法院支持。向行政机关发出诉前检察建议80件，采纳率100%。探索办理“等外”领域行政公益诉讼13件，4起公益诉讼案件入选最高检、省检察院、省高级法院优秀、典型案例。市检察院公益诉讼检察部门被省检察院授予集体二等功。

【市场经济秩序维护】 2020年，全市检察机关快捕涉“疫”案件10件10人，快诉11件11人，对2起生产销售不符合标准口罩案件依法提起民事公益诉讼。批准逮捕破坏市场经济秩序犯罪50件78人，提起公诉93件150人。批准逮捕侵犯知识产权、制售假冒伪劣商品犯罪8件15人，提起公诉32件52人。

【民营经济司法保障】 2020年，市检察机关坚持“一把手工程”，构建高位推动、部门联动、联络互动工作机制，开展“检察长办理涉民企案件集中月”活动，带头办理案件8件。实施助推民营经济健康发展“351”工程，走访企业63家，召开座谈会71次。批准逮捕侵害民企权益案件19件26人、提起公诉19件25人、立案监督4件4人。对涉案企业高管坚持“慎捕慎诉慎押”，依法不捕7件9人、不诉2件2人，开展羁押必要性审查7件7人，防止“案件办了、企业垮了”。8起案件入选全省保护民营经济典型案例，6起案件被省检察院推荐至高检院参加典型案例评选。

【检务公开】 2020年，市检察机关完善检务公开模式，5个门户网站发布信息1775条、官方微博发布信息12418条、官方微信发布信息4114条，10个新闻客户端发布信息14670条。公开案件程序性信息2976条、法律文书1535件、重要案件信息1092条。对“能听证尽听证”61起案件进行公开听证，提升司法公信力。

【智慧检务】　2020年，市检察机关推进“智慧淮检”建设，探索打造“互联网+检察”新引擎，市检察机关承办全省检察机关工作网信创版应用试点工作，形成可复制可推广试点经验。数据平台孵化、视频数据集成等信息技术广泛应用。市检察机关办理技术性证据审查88件，技术协助77件、现场勘验5件、鉴定6件，为执法办案提供技术支撑。

（徐　枫）

法　院

【概况】　2020年，全市各级法院共受理案件48528件（含诉前调案件9890件），审执结46926件，结案率96.7%，结案标的额168.2亿元。其中，市中院受理3488件，审执结3380件，结案率96.9%，结案标的额44.8亿元。市中院被评为全国文明单位、全国司法宣传工作先进单位，房企破产和解“淮北模式”写入最高人民法院工作报告，入选长三角法学论坛创新实例和淮北市基层治理创新最佳案例，百善人民法庭获评全国法院人民法庭工作先进集体。全市各级法院共有25个集体、40人次获市级以上表彰奖励。

【司法服务与司法公开】　2020年，全市各级法院创新办案模式，加强信息化应用，网上立案3493件、开庭747件、调解691件。深入社区、小区、卡点查找到248名长期下落不明被执行人信息，通过电话、短信等形式执结案件166件，执结标的额2200万元。依法惩处妨害疫情防控犯罪行为，赵某涛口罩诈骗案入选最高法院第一批依法惩处妨害疫情防控犯罪典型案件。开展“江淮风暴”助力复工复产及服务“六稳”“六保”工作，执结拖欠民营企业债务等案件1485件，执行到位5978.5万元；执结涉民生案件276件，执行到位1265.5万元。全市法院收案数同比增长10.1%，结案数同比增长8.4%，取得疫情防控和执法办案双胜利。加强民生司法保障，开展“红色调解”“乡贤调解”“一杯茶调解”等，百善人民法庭经验做法受到最高法院院长周强肯定。深化司法公开，庭审直播10286场，法律文书上网43128篇。

2020年11月4日，淮北市市级人民监督员聘任仪式举行

（韩恒　罗成龙　摄）

【护航平安淮北】　2020年，全市各级法院率先在全省实现涉黑恶案件一审、二审全部审结清零。受理涉黑恶一审案件30件、二审案件21件，判处208人。率先在全省出台涉黑恶案件财产刑执行意见；判决财产刑6644.4

万元，执行到位率 88.3%；判决追缴、没收违法财产 3421.9 万元，执行到位率 100%，位居全省第一。宽严相济惩治犯罪，共受理刑事案件 1858 件，审结 1759 件，判处 2882 人。严惩严重暴力犯罪，审结杀人、伤害、抢劫、强奸等案件 232 件，判处 347 人。依法惩处侵财犯罪，审结盗窃、诈骗等案件 373 件，判处 591 人；审结建市以来最大“7・12”跨国网络电信诈骗案，判处 79 人。审结职务犯罪案件 20 件，判处 29 人。

【民商事案件审判】 2020 年，全市各级法院共受理民商事案件 19446 件，审结 18507 件。依法审结农村土地“三权分置”等涉农案件 272 件；审结涉环境资源案件 25 件。金融法庭受理案件 3145 件，审执结 3072 件，结案率 97.7%，结案标的额 15.9 亿元。受理破产案件 14 件，清偿债权 3300 万元。出台优化营商环境司法保障意见，《人民法院报》头版刊载。审结买卖、租赁合同案件 2825 件。审结民间借贷案件 5131 件，制裁违法放贷行为。审结建设工程、房屋买卖等案件 2770 件。审结涉民营企业案件 8666 件。审结商标权、著作权等案件 283 件。

【行政案件审判】 2020 年，全市各级法院共受理行政案件 780 件，审结 740 件。濉溪县法院集中管辖以来，平均审理期限缩短 17.4 天。审结交通运输、社会治安、市场监督、劳动监察等行政案件 137 件；审结绿金湖二期治理、东部新城等重点工程建设中征收补偿、拆违拆临案件 124 件，妥善化解涉 70 余户村庄搬迁系列案。

【司法改革】 2020 年，淮北市各级法院落实《中华人民共和国人民陪审员法》，人民陪审员参与审理案件 4478 件。坚持有序放权和有效监督相结合，扎口管理，实现自动化、全留痕阳光监管。加强审判监督管理，发挥二审监督、再审纠错功能，做到有错必纠。加强对下监督指导，有的放矢提升整体办案质量。推行类案及关联案件强制检索制度，规范法官自由裁量权。在全省率先实行六类案件集中管辖，每年在基层法院之间调解案件近 3000 件，基层法院人均办案数差距从集中管辖前 176 件缩小至集中管辖后 68 件。实行类案专办，统一裁判尺度。紧跟内设机构改革，打破庭室界限，构建速裁、普通、专项等新型办案团队，优化人员组合，发挥整体合力。

（朱成伟）

司法行政

【概况】 2020 年，淮北市司法部门开展“三个以案”警示教育，创新实施“质效提升年”活动，实现党建成效和发展质效双提升。设立淮北市社区矫正委员会和市社区矫正局，县（区）社区矫正管理局获批成立，配备副科级司法所长 8 名，择优选任 18 名人民监督员。市司法行政系统开展安置帮教案卷评查活动，重点帮教对象衔接率达 100%，刑满释放人员安置率达 93%，帮教率达 99%，重新犯罪率控制在 3% 以下。全市申请远程探视 1938 次，成功探视 1303 次，慰问 60 户困难刑满释放人员家庭。指导濉溪县选任人民陪审员 112 人。梳理出领导班子成员和内设部门风险点 16 个，制作“过问案件全程留痕登记卡”。淮北市司法行政系统 8 个集体、5 名个人获得司法部表彰；另有 8 个集体、18 名个人获得省司法厅表彰。

【法治宣传】 2020 年，市法制宣传办分解“七五”普法验收指标，把“七五”普法收官和“八五”普法良好开局作为 2020 年工作主线。在全省率先实现普法责任清单全覆盖。全市司法行政系统加大对《中华人民共和国传染病防治法》等相关法律、法规宣传力度，制作抖音宣传片 20 部，推送抖音作品140部，播放150余万次，发布防疫微信、微博信息600余篇。举办3期“普法夜市”，为法宣骨干、“法律明白人”、“法治带头人”等组织集中学习辅导260余场，讲座80余场。利用“宪法宣传周”等普法节点，运用“桓桓”“谭谭”卡通人物形象，通过“线上+线下”全方位、多角度开展法治宣传教育活动。与市教育局联合主办“开学第一课”，全市426所中小学、25万余名中小学生接受法治洗礼。命名9个“青少年法治教育示范基地”。培养农村“法律明白人”1677人，法宣骨干357名。

【法律服务】　2020年，淮北市把公共法律服务体系建设纳入经济社会发展综合考核体系。全市律师参与市、县（区）各级领导接访185次，参与涉法涉诉信访接待57次，参加政府各类专题会议80余次，为各级政府出具法律审查意见80多份。全市法律援助办案达2948件，办理网络申请法律援助455件，人均法律援助经费达1.63元。为951名农民工提供援助，帮助追偿267万元。办理残疾人法律援助案件59件，为低保户、五保户办理法律援助案件157件。全年办理各类公证事项12756件，公证业务收费954万元。因新冠肺炎疫情影响，办证量与上年同比下降12.6%，收费量同比增长4.29%。全市至正、公信两家司法鉴定机构办理案件总数3263件，案件收费267.25万元。市律师协会被司法部授予全国司法行政系统抗击新冠肺炎疫情先进集体称号。

【社区矫正】　2020年8月18日，市委办公室、市政府办公室印发《关于成立淮北市社区矫正委员会的通知》，至年底，全市有市、县（区）社区矫正机构4个、司法所31个，专职工作人员29人、社会工作者46人、社会志愿者685人。全市累计接收社区矫正对象8664人，解除矫正7752人，在册社区矫正对象912人，刷证报到910人。构建“1334”（突出1条主线，创新3大手段，强化4项保障，确保实现3级目标）社区矫正工作新格局。

【人民调解】　2020年，淮北市通过政府购买服务及退伍军人安置，配备专职调解员、社区矫正协理员、安置帮教协理员194名。举办各类培训班11次，参训1005人次。培育“一杯茶”调解法、“百姓说事点”“调解夜话”“金秋助学”等典型品牌。全市人民调解组织共调解纠纷20847件，调解成功20449件。拍摄完成微电影《雨后出嫁的新娘》。全市建成“百姓说事点”338个，配备信息员339人。人民调解工作经费列入财政预算，专职人民调解员配备率不断提高，市本级和三区一县调解中心大部分建成使用。《淮北市行政调解办法》及人民调解、行政调解、司法调解衔接联动联席会议等制度接续制定。道路交通事故、婚姻家庭等人民调解组织，积极化解相关行业专业领域矛盾。

【仲裁】　2020年，淮北市民商事仲裁受理各类案件478件，同比增长15.74%；涉案标的额12.12亿元，同比增长7.86%。疫情期间推行“邮寄立案”，设立应急值班窗口，针对涉企纠纷，开辟“绿色通道”。多形式宣传仲裁法律法规，修订淮北市仲裁委章程、仲裁规则和费用支付办法。与烈山区人民法院建立财产执行协作机制，建立定期会商制度，协助烈山区人民法院执行131件仲裁裁决案件，案件标的额1.5亿余元。

（马　骏）

军　事

淮北军分区

【概况】　2020年，淮北军分区深入贯彻习近平强军思想，协调市委组织部深化专武干部队伍建设调研，强化地方党委、政府管武意识。落实党课辅导、集中学习、个人自学等6项制度，深化“不忘初心、牢记使命”主题教育成果，抓好民兵队伍延伸教育。深化“大国防”教育；组织军属“大走访”，开辟国防专栏，组织国防教育系列活动观摩。推动基层武装部规范化建设落实，夯实国防后备力量建设基础。深化民兵改革落实情况位居全省第三。完成征兵工作，“五率”考评位居省军区前列。推进双拥工作，淮北市获“全国双拥模范城”两连冠。

【思想政治建设】　2020年，淮北军分区党委抓好4个季度党委理论学习中心组学习，推动理论武装不断走深走实走心。抓好“传承红色基因、担当强军重任”“不忘初心、牢记使命”主题教育深化转化，挖掘发挥红色资源教育功能；抓好经常性思想教育和民兵思想教育，打牢官兵听党话跟党走的思想政治根基。坚持把政治纪律和政治规矩挺在前面，组织观看政治纪律教育专题录像，常态开展警示教育，把讲政治要求经常化、具体化。

【日常战备】　2020年，淮北军分区持续深化练兵备战，修订完善各类方案计划，调整完善应急行动指挥流程和应急预案；健全完善组织指挥要素，常态组织检查抽查。开展经常性应急处突演练。依据新大纲全面规范两级首长机关和民兵军事训练，常态开展军事理论学习、体能技能训练和群众性岗位练兵活动，参加省军区比武竞赛获单位总评第三名，3人取得名次；烈山区人武部被省军区表彰为“军事训练先进单位”。

【后勤保障建设】　2020年，淮北军分区成立淮北市国防动员教育训练基地，迁址新建工作领导小组及办公室，完成训练基地迁址新建区域控制性详细规划，统筹规划周边道路、防洪排涝、供电供水管线等配套设施。

【国防教育】　2020年，淮北军分区坚持把红色元素融入国防教育，发挥双堆集烈士陵园、淮海战役总前委旧址——临涣文昌宫、小李家等资源优势，丰富宣教形式。结合民兵整组拉动，组织各区县人武部将民兵分队集结到烈士陵园，缅怀革命先烈，开展点验活动。依托开放式党校、广告栏，在全市广泛播放征兵宣传片。10月，军分区领导为市委党校200多名学员上国防教育课，强化国防意识。第20个全民国防教育日期间，两级国教办以青少年学生为重点，开展以“奋进新时代，聚力强军梦”为主题的系列国防教育活动。

【学生军训】　2020年8月中旬至10月中旬，淮

2020年7月28日，淮北市第二中学的学生接受国防教育　（朱志全　摄）

北军分区完成淮北市普通高校和高中阶段新生的军训任务，完成淮北市报考军事院校的考生心理测试工作和军队高等教育自学考试考务保障工作。

【军民共建】　2020年，淮北市加强军地协调协作，加大退役军人安置力度，慰问立功受奖军人家庭、困难军人军属和退役人员及参战烈士父母。八一建军节前，在《淮北日报》分别刊登“淮北儿女军旅荣誉榜”“最美军嫂”先进典型事迹。军地联办“鱼水情深——淮北市最美退役军人、双拥模范人物、最美军嫂颁奖活动”等。全年保障淮北籍现役军人、文职人员子女就近入读优质中小学校。

（朱　雷）

武警淮北支队

【概况】　武警淮北支队坚持把“两个维护”作为核心要求，把保中心作为重中之重，把保稳定作为硬性任务，把谋发展作为主要动力，推动部队全面建设。截至2020年，支队连续36年实现“三无”（无刑事犯罪，无重大责任事故，无严重违纪现象），受到武警部队通令表彰。参加总队比武竞赛屡获佳绩，巅峰特战比武获团体第一，23人获武警安徽总队“极限训练勇士”奖章，3人被表彰为“优秀个人”。全年完成武装押解、联勤武装巡逻和抗洪抢险等临时任务。

【思想政治建设】　2020年，武警淮北支队坚持思想领先、政治引领，严密组织主题教育和“走好军旅人生路”专题教育，提升教育质效。广泛开展“强军风采”“一队一品”群众性文化活动，规划完成机关训词训令橱窗、宣传展板改造，建成查教系统，系统筹划建设机关军史长廊和基层荣誉墙，以文化人、以文育人效力显著增强。严格落实军委思想政治教育工作会议精神，开展网上斗争专项行动，严格官兵政治考核，有效防范风险隐患。

【基层建设】　2020年，武警淮北支队规范“日周月季年”工作落实。组织基层主官集训和预提士官培训，落实蹲点帮建和当兵蹲连，4次组织联合考帮建。开展“条令年”活动，常态落实安全工作“八个规范”（安全环境良好、安全制度落实、安全活动经常、安全教育深入、安全设施齐备、安全训练到位、安全责任明确、安全组织健全）。组织5项安全管理领域专项整治和暑期百日安全竞赛，抓实4个波次“管网、用网、清网”行动，清除内外网无隔离、网线无标识问题。连续5年被武警部队表彰为“暑期百日安全竞赛”优胜单位。办好暖心惠兵实事，看望慰问困难党员，救济困难官兵，官兵适龄子女顺利入学入园，1名干部家属和1名战士分别被总队表彰为“十佳军嫂”和“十佳士官”。

【后勤保障】　2020年，武警淮北支队坚持财力、物力、人力向一线投放，把部队积累经费资源转化为惠及官兵工作、生活、成长的设施保障。坚持“凡是新配发设施都一次性配发到基层，凡是基层没有达标的机关要挤出经费优先支持”，确保基层单位“四项设施”配套率均达到100%。定期对官兵进行卫生常识教育，为官兵进行新冠疫苗接种和体检。开展岗位练兵，组织6批专业兵集训。动态修订完善应急保障方案，购置4类战储物资，细化“一组三队”编携配装，规范“战勤编组”建设，后勤应急保障能力得到增强。开展后勤重点行业领域整肃治理活动，查找整改7类25个问题，后勤规范化管理水平不断提升。

【拥政爱民】 2020年，武警淮北支队继承发扬淮海战役精神，坚持把拥政爱民教育作为部队思想政治教育重要内容来抓，确保拥政爱民工作落到实处。参与植树造林、义务献血、捐资助贫、文明城市志愿服务活动等社会公益事业。与濉溪县铁佛镇黄集村结成对子，捐助扶贫资金、慰问困难群众、看望孤寡老人等，先后投入10万元进行党建文化扶贫。结合驻地特点和部队实际开展形势教育，打牢“视人民为亲人，把驻地当故乡”思想根基，营造拥政爱民良好氛围。

（梁　宇）

人民防空

【概况】 2020年，淮北市人民防空和防震办公室办（以下简称“市防空防震办”）出台《淮北市防空地下室易地建设专家论证工作管理办法（试行）》，人防重点工作规范有序。开展巡察整改工作，截至11月底，涉及淮北市六个方面整改问题全部整改到位，整改完成率、易地建设费追缴率均达100%。推进人防重点项目建设，濉溪县疏散地域项目建成投入使用。完成安徽省人民防空综合演习任务和淮北市“9·18”防空袭疏散演练。举办10期“淮北人防素质提升系列讲座”和一周准军事化训练。开展人防工程维护管理专项检查2次。疫情期间，减免各人防工事租赁企业（个体工商户）租赁费20余万元。在全省人防系统重点工作目标任务考评中，淮北市被评为先进单位。

【人防基础建设】 2020年，市防空防震办从通信保障能力建设、群众防空组织建设、军事斗争准备、人民防空专项规划编制等方面，提升人防基础建设水平。新购置6台电声警报器和1台多媒体警报器。“9·18”防空警报试鸣全市防空警报器鸣响率100%。加强基层人防工作站建设，在相山区住建局、杜集区住建局新建人防基层工作站，配置相应指挥通信设备，实现省、市、县三级人防应急通信指挥网络互联互通。

【人防应急演练】 2020年，市防空防震办坚持训练常态化机制，开展与省人防办、淮北军分区等视频会议通联70次，开展机动指挥车联调30次，开展全省短波电台呼叫与无人机飞行训练50余次，与淮北军分区开展指挥所联调联试2次，组织人防无线电志愿者专业队开展联训2次。加强“准军事化机关”建设，5月25—29日，组织开展5天“准军事化”集中训练活动。以淮北市红十字救援队、淮北市众帮救援队、蓝天应急救援队为主体建设民防志愿者队伍；6月中旬，接受省军区拉动点验，共拉动淮北人防专业队12支310人；7月中旬，省人防办委托阜阳市人防办对淮北人防专业队进行拉动点验，共拉动4支100人，完成点验任务。9月18日，在淮北市人防地面应急指挥中心召开淮北市“9·18”防空警报试鸣暨人民防空指挥部会议，同时在市第十二中学组织2000余师生参加防空袭疏散演练，全市中小学校参演师生达12万余人。

2020年9月18日，淮北市举行“9·18”防空袭疏散演练（高鑫　摄）

【人防宣传教育】 2020年，市防空防震办与《淮北日报》、淮北电视台开展人防形象宣传合作，签订合作协议，常规和重大活动宣传做到报纸有文字、电视有图像、新媒体有发声。全年向省人防网站投稿件60余篇。加强人防宣讲场所建设，濉溪县防空防震科普教育基地、淮北地震台、烈山防空防震体验中心和濉溪县龙池公园被设为人防固定教育场所；在现代花园学校、相山公园、拥军广场等21个宣传点，设立固定宣传专栏和多媒体人防警报器。派遣人防业务专员、防空防震讲师团成员先后到社区、学校举办人民防空和防护技能讲座10余场次。在陈庄社区、张院社区等10个社区所辖企事业单位、学校开展10余次防空防震知识教育活动。

（王　卓）

开发园区·招商

淮北高新技术开发区

【概况】 2020年，淮北高新技术开发区有规上工业企业77家，获批国家高新技术企业41家，战新企业30家，国家实验室1家，省级创新平台16个，全国制造业单项冠军示范企业1家，全国制造业单项冠军培育企业1家，国家绿色工厂2家，国家知识产权示范企业1家，国家知识产权优势企业3家，博士后工作站3个，院士工作站1个，中国驰名商标2个，中国名牌产品1个。全年规模以上工业增加值同比增长23.2%，增速比全市高19.7个百分点，比全省高17.2个百分点；高新技术产业增加值同比增长25.7%，增速比全市高12.3个百分点，比全省高9.3个百分点；战略性新兴产业产值同比增长26.8%，比全省高8.8个百分点；固定资产投资同比增长21.8%，增速比全市高12.5个百分点，比全省高16.7个百分点；工业投资同比增长13%，增速比全市高16.1个百分点，比全省高17.3个百分点；技改投资同比增长14.2%，增速比全市高11.4个百分点，比全省高15.1个百分点；财政一般公共预算收入同比增长61.4%，增速比全市高55.3个百分点，比全省高60.4个百分点。

【招商项目】 2020年，淮北高新技术开发区重点发展陶铝新材料及装备制造、生物医药及大健康、新能源（锂电）及电子信息三大主导产业，引进11个协议投资亿元以上规模项目。陶铝新动力等3个项目成功签约，在航天、民用领域实现应用突破。引进国轩象铝、中北润良锂电产业基地、明美新能源、汇科新材料等锂电新能源项目，全区签约、在建、投产的锂电新能源项目达19家，锂电新能源产业加速集聚。中科建兰生物科技项目成功签约，凯乐生物科技项目试生产，华润中药产业园项目加快推进。中乌航空产业园加快推进。全年新增签约项目31个，其中工业项目25个，重点在建工业项目23个，建成投产工业项目13个。

【项目建设】 2020年，淮北高新技术开发区13个工业项目签约落地，15个工业项目建成投产，12家规上工业企业完成认定，12家高新技术企业完成认定，处置盘活10家僵尸企业，盘活土地1158亩，10家平台公司、总部经济项目签约入区，11家市级以上研发创新平台、孵化创客空间通过认定，10个基础服务配套建设工程全部开工建设。

【园区基础建设】 2020年，淮北高新技术开发区内的孟庄路、朱庄路、濉河路3条道路竣工验收。鼎湖治理基本完工，龙泉湖治理已经初验，龙支河治理按要求进入监测维护期。启航广场一期主体及二次结构施工完成，室外幕墙装修中。新区消防站项目施工结束待验收。龙湖园区2个热源点实现集中供热，新区规划3个热源点，淮北国安电力有限公司热源点接入使用，淮北旺能环保能源有限公司供热管网投运。邻里中心、新区集中供热管网、110千伏梧桐变电站及配套线路工程、污水处理提质增效工程等十大基础设施项目全部开工建设。

【科技创新】 2020年，淮北高新技术开发区有战略性新兴产业企业27家，国家高新技术企业41家。陶铝研究院申报建设省技术创新中心，通过省科技厅专家组现场评审，待批复建设；推进安徽华润金蟾药业股份有限公司建设省重点实验室，逐步完善实验室软硬件设施；推进安徽芯淮电子有限公司申报省高层次人才团队，通过专家现场评审。开展服务实体经济专项帮扶行动，帮助企业争取各类扶持资金及政策补贴8487.15万元。

【营商环境】 2020年，淮北高新技术开发区推进区域评估、标准地、综合执法等关键性改革，全力打造优质营商环境。在编11项区域评估，完成10项，全面启动“标准地”改革，所有工业用地将以“标准地”形式出让。全年共处置“僵尸企业”12家，盘活土地77.21万平方米。实行环保、安全、消防、市场、城管综合执法检查。承接行政审批权力下放，优化审批流程，打造高效、高质、高速的“营商高地”。

附：入区项目及企业选介

陶铝产业园 该园区由上海交通大学、淮北市人民政府、上海均瑶（集团）有限公司、安徽相邦化工有限公司共建，先后成立陶铝新材料研究院、院士工作站、博士后工作站，设立安徽省铝基复合材料工程研究中心技术创新平台。陶铝产业园共3期，占地20万平方米，建有安徽陶铝新材料研究院有限公司、安徽相邦复合材料有限公司、安徽陶铝新动力科技有限公司、安徽相腾汽车轻量化有限公司、安徽相泰汽车底盘件有限公司等产业公司。

理士锂离子动力电池 该项目由理士国际技术有限公司（理士国际）投资建设。各种型号铅酸蓄电池广泛应用于通信、电力、广电、铁路、太阳能、UPS、电动车、汽车、摩托车、高尔夫球车、叉车、应急灯等十几个相关产业。项目总投资12亿元，占地14.67万平方米，总建筑面积约11.12万平方米，建设年产4亿瓦时锂离子动力电池生产线，项目全部达产后可实现年产值约50亿元。

宁丰OSB项目 淮北宁丰木业有限公司成立于2018年3月，固定资产投资7亿元，建设一条年产40万平方米OSB生产线。该项目引进意大利生产的筛选机、拌胶系统、铺装系统及加拿大生产的长材刨片机以及具有世界先进水平的连续平压生产线设备，采用世界领先的工艺技术生产高品质定向刨花板。

合派电动车项目 该项目由深圳玛西尔电动车股份公司投资建设。主要生产销售沙滩车、卡丁车、玩具、娱乐休闲型电动车、运动型电动车、高尔夫球车、电动二轮车、电动三轮车、观光车、低速电动车（含无人驾驶技术）等。项目总投资6亿元，占地18.67万平方米，建设年产5.5万辆电动汽车生产线。2020年，该项目试生产。

荣盛智能家居项目 荣盛智能家居一期项目拥有生产线11条，生产设备213台（套）。经营范围覆盖被动窗、智能化门窗、弱电智能化木门、橱柜等产品的加工制造、销售及安装。该项目总投资5亿元，占地约16.33万平方米，2020年5月，项目一期试生产。

锂电产业园 该产业园位于淮北高新区新区尚河路北侧，占地面积约8.33万平方米，总建筑面积约10万平方米，共13栋单体建筑，其中，有8栋三层生产用标准化厂房、2栋二层仓库、1栋六层综合楼、1栋六层职工宿舍、1栋四层实验楼等。2020年，入驻聚徽源锂电池、天力锂能、伊丰新能源等项目。

（朱　娟）

濉溪经济开发区

【概况】 2020年，濉溪经济开发区实现财政总收入13.9亿元，完成税收13.92亿元、同比增长12.4%；规模工业总产值同比增长5.3%，规模工业增加值同比增长5.0%，全社会固投同比增长4.8%，战新产值同比增长19.2%，高新产值同比增长9.6%；社会消费品零售额2.5亿元。培育形成以安徽华中天力铝业有限公司、安徽美信铝业股份有限公司、淮北富士特铝业有限公司为代表的（铝基）新材料产业，安徽广博机电制造有限公司为代表的机电装备制造产业，以濉溪县鸿源煤化有限公司等代表的精细化工产业三大主导产业。构建以国家绿色产业示范基地、国家火炬铝基特色产业基地、安徽淮北陶铝新材料和铝基高端金属材料重大新兴产业基地、淮北先进高分子结构材料重大新兴产业基地、长三角省际合作园区、皖北承接产业转移集聚区（6+2+N试验区）、南北共建合作园区、安徽中德（濉溪）国际合作铝基产业园、濉芜现代产业园双创孵化园为代表的十大开放平台。截至年底，入驻工业企业178家，其中，规模企业103家、国家级高新技术企业29家，连续两年跻身全省省级以上开发区综合考核30强的开发区，被国家发改委、科技部联合授予“绿色产业示范基地”称号；铝基高端金属材料省级特色县域产业集群（基地）建设成效位列全省第七名，国家级经济技术开发区全省考核获第六名，园区非公党建工作获评全省先进单位。

【项目建设】 2020年，濉溪经济开发区铝基高端金属材料作为省级战略性新兴产业，汇聚70余家上下游铝基企业，年加工各类铝材100万吨，全年完成税收4.1亿元、同比增长12.36%，产值同比增长16.71%，投资同比增长5%。铝基基地入选科技部火炬基地，铝基高端金属材料进入全省首批27家县域特色产业集群（基地）名单位。引进铝合金添加剂“制造业单项冠军示范企业”哈尔滨东盛集团年产5万吨铝钛硼合金添加剂、圣科铝制品、天腾机械等13个项目，协议投资额24.4亿元。对全区32个在建项目实行“一个项目、一名责任领导、一个包保人员、一站式服务到底”的项目推进机制，推进理士二期、美信二期、家园铝业、天科机电等10个重点项目加快建设。承办中国（濉溪）铝箔创新发展高层论坛。

2020年12月17日，中国（濉溪）铝箔创新发展高层论坛举办
（黄鹤鸣　摄）

【科技创新】 2020年，濉溪经济开发区“范才河人才团队”和“持环境人才团队”获批省级高层次创新团队；淮北宇鑫新型材料有限公司、安徽巨成精细化工有限公司、安徽力普拉斯电源技术有限公司3家省级工程技术研究中心完成验收，市级以上工程技术研究中心达13家；新增安徽弘昌新材料有限公司、淮北嘉吉农牧有限公司、淮

北中能矿机有限公司3家省级博士后工作站，总数达5家；新增省级企业技术中心3家，累计15家。初步建成国家级中小企业服务平台、省级工程技术研究中心、院士工作站、省级115创新团队、省级企业技术中心、博士后工作站、孵化器、众创空间、省铝制品质量监督检测中心、CNAS实验室等为代表的“十大创新平台”。

【园区发展】 2020年，濉溪经济开发区行政副中心建成使用，自然资源和规划、住房建设、市场监督管理、生态环境等部门入驻窗口办理业务，园区企业和居民不出园区即可办理营业执照登记注册、不动产登记、工程竣工备案等10多项行政审批业务，全年累计办理各类行政审批事项1590件。人力资源市场投入运营。全年举办线下线上招聘会139场，达成就业意向646人，为企业送工1166人。中德产业园建设获31亿元国家专项债券支持，控制性详细规划通过县政府审批，溪河一期、杨楼棚户区改造安置房开工建设，授牌“省际产业合作园区”，入选皖北承接产业转移集聚区（6+2+N示范区），一区三园规划环评通过专家评审，盘活低效闲置用地47.73万平方米。

附：入园项目及企业选介

安徽亚明铝业科技有限公司　公司总投资2.5亿元，三年内规划分两期建设40条电极箔设备，年产1500万平方米电极箔产品。公司是专业从事铝电解电容器用电极箔生产制造的高科技企业。产品是工业和信息化部、科技部138种重点发展的高新技术产品，被列为国家战略新型产业加以扶持。

安徽雄创铝合金新型材料有限责任公司　总投资人民币1.5亿元，注册资本金1亿元，占地面积约6.67万平方米。项目一期于2018年12月开工建设，2020年6月正式投产。年产15万吨铝合金材料，是以制造、销售汽车、电动车、家电等工业用铝合金为主导产业的集科工贸为一体的企业公司。

安徽力幕新材料科技有限公司　公司总投资12亿元，注册资本1.2亿元，占地面积13.4万平方米，建筑面积16万平方米，年生产高精度铝板带箔18万吨，年销售额28亿元，年利税近1亿元，有铝箔、冷轧、UBC三个生产分厂，职工500余人，是安徽省铝加工龙头企业。公司产品包括高精度双零箔、环保家用箔、高性能电池箔、药用包装箔、建筑用装饰箔等市场所需铝加工产品，客户群体覆盖30余个国家。先后被评为“安徽省高新技术企业”“安徽省绿色工厂”“安徽省数字化车间”。

安徽（淮北）新型煤化工合成材料基地

【概况】 2020年5月，安徽（淮北）新型煤化工合成材料基地（以下简称“煤化工基地”）获批“淮北市先进高分子结构材料省级重大新兴产业基地”；10月，煤化工基地被认定为全省首批10家化工园区之一；被中石化联合会定为“十四五”时期全国重点发展的70家化工园区之一。全年规上企业工业增加值同比增长12%，固定资产投资同比增长25.4%，工业投资同比增长24.1%，财政收入同比增长56.9%。全年新增规上企业7家，高新产业增加值同比增长12.2%，战新产业同比增长48%。

【项目建设】 2020年，煤化工基地签约招商引资项目5个，总投资44.2亿元。投资25亿元的宁亿泰项目、投资15亿元的凯泽新材料项目等重大项目相继开工建设。截至年底，煤化工基地共签约招商引资项目30个，总投资202.6亿元，初步形成以阻燃剂为代表的功能助剂产业集群。

【科技创新】 2020年，煤化工基地园区企业先后与安徽大学、淮南师范学院、安徽理工大学、淮北师范大学签订合作协议；与中科大大连化物所、天津大学等共建碳基新材料研发平台，突破碳基新材料技术瓶颈，共建碳基材料研发新高地。截至年底，基地有中高级职称以上人员480名。是年，煤化工基地企业专利拥有量同比增长33.7%，发明专利拥有量同比增长14.3%，成功创建淮北市先进高分子结构材料省级重大新兴产业基地。

【园区发展】 2020年，煤化工基地投产试运营企业有安徽润岳科技有限公司、优耐德引发剂（淮北有限公司）、安徽天成新材料有限公司、安徽瑞柏新材料有限公司、安徽江泰新材料科技有限公司、淮北绿洲新材料有限责任公司、安徽融铸新材料科技有限公司等10家，总投资35.1亿元；在建项目16个，协议总投资115.7亿元。

附：入区项目及企业选介

宁亿泰新型农药原药及相关产品项目 该项目总投资25亿元，用地27.8万平方米。投资主体为江苏中旗科技股份有限公司，是国家发改委定点专业从事新型农药等精细化工产品的研发、生产和国际国内销售的高科技现代化企业。项目主要建设3000吨氯氟吡氧乙酸甲酯、1000吨丙炔氟草胺、3000吨虱螨脲、1000吨螺虫乙酯、1000吨异噁唑草酮、3000吨噻虫胺、500吨唑草酮、1500吨精噁唑甘草胺、500吨苯唑草酮、1000吨苯嘧磺草胺及伴生产品钾盐、钠盐、有机溶剂、硫酸等生产装置，以及配套公辅、安全、环保等装置与设施。

凯泽碳四下游新材料项目 安徽凯泽新材料公司年产70万吨碳四下游新材料系列产品项目，总投资15亿元，用地28.47万平方米。项目以石化下游碳四资源为主要原料，采用公司自有成熟工艺技术，建设碳四下游新材料系列产品生产线，主要建设内容包括综合楼、控制室、生产车间、配料车间、原料产品仓库、原料储罐、尾气处理区、污水处理区、装卸区等。 （赵 娟）

濉溪芜湖现代产业园

【概况】 2020年，濉溪芜湖现代产业园财政收入完成5287万元，全社会固投完成24.32亿元，工业固投完成19.53亿元，工业总产值完成45.6亿元，工业增加值完成9.5亿元，工业技改完成6.8亿元，战新产值完成42.3亿元；外贸进出口完成1.98亿美元；完成亿元以上政府重点工程16个，其中，3亿元以上5个。完成重点项目投资31.5亿元，开工项目7个，竣工项目8个。完成高新产值8.02亿元，同比增长238.4%。新增规模工业企业4家，新增个体私营企业41家，新增个体工商户34户。

【营商环境】 2020年，园区按照“服务一个企业，招引一批项目，发展一个产业”思路，实施全程代办机制，推行“社会化安全管家服务+网格服务”双服务模式，引进人力资源服务企业，建立园区用工大数据平台，破解用工难题；拓宽银企对接平台，完善产业基金、银行贷款、股权投资等，破解企业融资瓶颈。淮北英科医疗科技股份有限公司在13.8亿元投资基础上，追加投资22.76亿元，建设医疗防护用品产业园。

【科技创新】 2020年，濉溪芜湖现代产业园新增高新技术企业4家（君意达金属科技有限责任公司、博诚包装科技有限公司、赛宇汽车有限责任公司、安徽斯瓦克汽配有限责任公司），10家企业申报实用新型、发明专利、外观设计等92个，6家企业发明专利12个。争取省级科技资金补助60000元，争取县级资金30400元。3个项目申报专精特新企业，1个项目申报市级企业技术中心。支持4家企业申报555创新团队，1家企业获得县533产业创新团队奖，1个项目获得省2020年度平台引才资金补助5万元。

【园区基础建设】 2020年，濉溪芜湖现代产业园区规划面积14.97平方千米，基本建成5.6平方千米。30千米“四横六纵”路网建成通车，水、电、气、雨污管网、绿化亮化等建成使用。21.6万平方米濉芜星城安居工程一期分配入住，19.88万平方米濉芜星城安居工程二期启动分配，配套小学和幼儿园投入使用，城乡一体化新能源电动公交换乘中心投入运营。投资6.45亿元商贸基础设施项目，其中标准化厂房建成投入使用。

附：入园项目及企业选介

濉芜双创（氢能）项目　该项目总投资31.58亿元，占地面积约1907亩。孵化产业园及配套建设：占地约127.13万平方米，建设标准化厂房约115平方米，有生产智造中心、展示交易中心、仓储中心三大功能区。建设综合服务用房及研发中心用房5万平方米。生态及交通提升建设：建设3条人工渠道连接巴河及沱河，建设提升泵站，采购20辆氢燃料电池大巴车辆进行示范运营。孵化综合服务中心：总建筑面积约12.5万平方米，配套研发中心、实验中心、检测中心。截至2020年底，综合服务配套区21栋建筑中，7栋人才公寓封顶，3栋商业配套封顶，1栋生活配套封顶。

安徽中色研达科技有限公司　公司建设占地7.33万平方米。建设4条年产1.5万吨3C铝挤压生产线，投资0.35亿元。2020年实现销售收入1.95亿元，实现利税200万元。

（王　坤）

相山经济开发区

【概况】 2020年，相山经济开发区完成财政总收入10306万元。新增13家规上工业企业，总数达63个，完成产值49.3亿元；新增5家战略性新兴产业企业，总数达12个，完成产值12.2亿元；新增高新企业5家，总数达17家，完成产值8.5亿元；完成固定资产投资15.01亿元。开发区贡献全区85.7%的战略性新兴产业产值、57.6%的高新技术产业产值。园区获评安徽省和谐劳动关系示范工业园区、第四批省级节约型公共机构示范单位、第四次全国经济普查先进集体，相山区健康食品小镇获评“全国最美小镇50强”。

【项目建设】 2020年，相山经济开发区签约项目25个，其中，电子信息15个、食品制造5个、生物科技3个、医疗卫生2个。投资额5000万元到1亿元项目8个，投资额1亿元及以上项目17个。利用省外资金认定40亿元，认定固投资金12亿元。投资10亿元的家家悦综合产业园项目从开工建设到投产运营只用127天。

【科技创新】 2020年，相山经济开发区依托中国农业大学、江南大学、淮北师范大学等高校，成立中国农业大学淮北实验站、黄淮海食品检验检测中心、国家大学科技园等科技创新平台，构建以企业为主体、市场为导向、产学研相结合的自主创新体系。源创客科技企业孵化器被认定为省级孵化器。截至年底，园区拥有省认定企业技术中心8家、高新技术企业20家、省“专精特新”企业16家，中国驰名商标7个、安徽省著名商标17个、名牌产品8个、省“工业精品”1个。

2020 年，相山经济开发区入口处　　　　　（相山经济开发区　供图）

2020 年，多成 PCB 电路板、大川 PCB 电路板等 12 家高新技术企业签约入驻双创信息产业园，总投资 34.6 亿元。

安徽三航机电科技有限公司　该项目总投资 1.2 亿元，厂房面积约 4000 平方米，建设汽车电机生产线。主要经营汽车空调电机、电子扇产品。项目建设周期为 2020 年 7 月至 2020 年 11 月，投产后年产值 2 亿元。2020 年，公司发展为法雷奥、德尔福、贝洱、豫新、协众等系统客户和上海大众、一汽大众、通用汽车、长城汽车、奇瑞、长安汽车等客户配套供应商。

【园区建设】　2020 年，相山经济开发区园区建成相凤路、凤贤路、凤竹路、鸾凤路等 3.98 千米道路，供电双电源线路项目、27 万平方米标准化厂房、684 套人才公寓。今麦郎饮品、盛美诺等重点项目竣工建成，大学科技园二期、双创信息产业园（一期）标准化厂房封顶，淮水北调供水管网、国安管道集中供热等项目开工建设，直达园区公交线路 6 条。

【营商环境】　2020 年，相山经济开发区常态化开展“四送一服”活动，走访调研企业 300 余次，召开政策集中宣讲会 3 次，帮助解决企业问题 133 个。下达责令整改指令书 68 份。落实排污单位监督性监测工作并依法进行信息公开，对园区 23 家涉水排污单位安装废水在线设施并联网。依法处置“僵尸企业”5 家，盘活土地 22.76 万平方米，加速推进“腾笼换鸟”。组织 1000 人次开展清理垃圾专项整治活动。

附：入区项目及企业选介

相山区双创信息产业园　由凤凰山实业集团有限公司投资建设，一期启动区投资 14.8 亿元，项目规划占地面积约 466.67 万平方米，其中一期占地面积 306.67 万平方米，建筑面积约 200 万平方米，项目建设周期为 2020 年 7 月至 2025 年 2 月。

山东家家悦集团有限公司　该公司是多业态的综合性零售渠道商，有直营连锁门店 800 多处。2020 年，公司在相山经济开发区建设农副产品加工及配送项目，总投资约 10 亿元，规划建设仓储设施、农产品加工、中央厨房及附属设施、职工生活设施配套及相关延伸产业、未来门店连锁网络等。

深圳双亚公司聚合物锂离子电池项目　淮北市联旭新能源科技有限公司为建设单位，总投资 1 亿元，产值 1.5 亿元，税收 500 万元，厂房 5000 平方米，办公楼 750 平方米，建设周期为 2020 年 3 月至 2025 年 3 月。

中电锂驰锂离子电池生产项目　总投资 1.2 亿元，固定资产投资 0.7 亿元，产值 1.5 亿元，税收 800 万元，厂房面积约 9000 平方米，建设周期为 2020 年 5 月至 2022 年 5 月。

福建海药科技防护用品项目　总投资 12 亿元，厂房面积 18226 平方米。建设周期为 2020 年 12 月至 2021 年 12 月。

淮北万润丰食品有限公司项目　总投资 1.5 亿元。建设小麦粉（专用粉、通用粉）加工生产线，建设周期为 2020 年 11 月至 2021 年 12 月。

杜集经济开发区

【概况】 2020年，杜集经济开发区规模以上工业企业完成产值115亿元，规模以上工业增加值28.93亿元，实现税收7.31亿元。全年新签约项目13个，协议投资金额44.98亿元；重点在谈项目13个，计划利用外资39.1亿元。全年盘活闲置资产16家，盘活低效土地855.1亩、闲置厂房16.33平方米，实现资源、资产再利用，提高土地产出率。

【园区建设】 2020年，杜集经济开发区争取23.8亿元非标专项债资金，完善道路、供电、供水、雨污管网等设施建设。其中，利用2.69亿元第一批非标专项债建设的雨污管网改造项目完工，5.8千米供水管网建设项目、供电线路改造项目、双创产业园项目加快推进。启动科创大厦规划建设，完成刘坡路、纵楼村道等20个项目建设，富强北路5.4千米供水管线等项目有序施工。完成博纳机电、开发路、创新产业园二期等11个项目33.33万平方米土地征收。

【项目建设】 2020年，杜集经济开发区持续推进13个项目建设，其中，创新产业园一期项目交付使用，二期全面开工。相山水泥磨、焕备智能装备制造、双创产业园、誉嘉标准件、宇诺机械、华源电器、乐康源、北华玻璃装饰工程制造项目加快建设。与高等院校、科研院所合作，开展高价值专利培育工作，新增高新技术企业5家。融入长三角一体化发展战略，与江苏扬州广陵经济开发区签订战略合作协议。

【营商环境】 2020年，杜集经济开发区持续深化“放管服”“互联网+政务服务”“最多跑一次”改革，帮助企业解决用工、用电等问题。完成焕备智能装备制造等6个项目16.67万平方米土地申请材料报批，并协助解决办理土地证、规划许可证等后续工作。做好北华玻璃装饰工程制造等6个项目35.33万平方米土地申请材料上报。

附：入区企业简介

淮北阳光管业科技有限公司　该公司是一家专业化研发、生产、销售和应用技术的高新技术企业。公司产品主要用于城建、水利、化工、电力等行业的给水领域，进入韩国、美国、新西兰等国际市场。截至2020年年底，实现产值约6500万元，销售收入约7500万元，实缴税收140万元。

安徽中冶淮海装配式建筑有限公司　该公司整体规划面积20万平方米，计划投资3亿元，建设年产15万立方米装配式混凝土PC构件两条自动化生产线。2020年实现产值约1.2亿元，销售收入约1.1亿元。

淮北中清环保科技有限公司　该公司拥有外

杜集经济开发区全貌　（杜集经济开发区　供图）

热式炭化转炉、外热式活化转炉、外热式炭化活化一体转炉等核心产品，有发明专利7项、实用新型专利1项。2020年被认定为安徽省高成长型中小企业，淮北市“专精特新”中小企业以及节能环保“五个一百”（100户节能环保生产企业、100项节能环保先进技术、100种节能环保装备产品、100个节能环保重点项目和100家节能环保服务公司）市级优秀企业。年实现产值约2600万元，销售收入约2020万元，利税390万元。

（孙文法）

烈山经济开发区

【概况】　2020年，烈山经济开发区新增安徽融泰机械制造有限公司、安徽中达液压机电再制造科技有限公司、中煤远大淮北建筑新材料产业化有限公司、淮北市锂动芯新能源科技有限公司、淮北合鸣光电科技有限公司、淮北旭日建材有限公司等高新技术企业7家，新增安徽蓬达食品有限公司、淮北市华宇工贸有限公司等12家“四上”企业，专利授权量30件。累计入驻企业80余家，聚集金龙机电（淮北）有限公司、安徽的可电器有限公司、淮北新骏电子科技有限公司、传化公路港物流、中煤远大淮北建筑新材料产业化有限公司、安徽康美绿筑新材料产业园有限公司、安徽科宝生物工程有限公司等一批知名企业。截至年底，固定资产投资27.19亿元，实现规模以上工业总产值95.74亿元，战新产值占工业总产值的12%，完成税收总额1.2亿元。

【园区建设】　2020年，烈山开发区重点推进锂动芯二期、强兴汽配、港利新型建材、南区标准化厂房、康适达轮毂、小牛动力科技、匠人科技等项目建设进度。年内，完成南区入口标识工程、道路导视导引牌工程提高园区辨识度。完成创业产业园高分支箱验收送电及享锂科技项目送电程序；推进孵化器二期高分支箱施工验收等手续，与重点办对接。推进入驻企业的变压器安装、验收等程序。完成青龙山产业园和南区集中供热工程并实现供热青龙山产业园宜园绿化工程、运河路南侧绿化养护工程，面积约5.6万平方米。3.3千米南唐路建成通车。推进南区建设规模4.5万平方米钢结构标准化厂房建设，以及电子信息产业园7号厂房、8号厂房、9号办公楼建设。至年底，7、8、9三栋厂房交由强兴汽配使用；完成厂区平整、主进场道路水稳层；完成1号、2号、4号、5号、6号厂房基础施工。

附：入区项目及企业选介

安徽强兴精锻有限公司　该公司由温州瑞安强兴机械有限公司投资，2019年12月启动建设，为独资项目。年产2000万件高端汽车配件项目总投资2.3亿元，租用智能制造产业园3栋厂房，建筑面积1.37万平方米，主要生产转向拉杆、调节叉、曲轴、曲柄、球销、球壳、端板、端头等汽车零部件产品，年产高端汽车配件2000万件。2020年，项目完成建设投入运营。

安徽沪江钢机有限公司　上海莱隽建筑工程有限公司投资建设的工业机器人、轻重钢自动化生产基地项目，总投资5亿元，主要建设工业机器人及装配式轻重钢结构自动化研发、生产、销售基地。项目规划用地12万平方米。项目建设周期24个月，建成达产后具备年产1万台工业机器人及6万吨装配式轻重钢结构生产能力。2020年，该项目开始厂房基础设施施工。

安徽小精灵电子科技有限公司　该公司由温州市超越电子科技有限公司投资，建设年产80万平方米单面电路板生产线项目，总投资1.2亿元，租用青龙山产业园孵化器二期3号厂房，主要建设年产80万平方米单面电路板生产线2条。项目建设周期10个月。2020年，项目进行厂房装修。

安徽麦丞新型材料科技有限公司　该公司投

资建设年产10万立方米建筑装配式板材项目，总投资1.4亿元，建筑面积约5万平方米。主要建设生产厂房、钢板仓库、办公用房以及其他配套附属设施。厂房内建设年产8万立方米陶粒空心墙板（蒸养）、年产2万立方米陶粒空心墙板（自养）等建材生产线。2020年，项目进行厂房基础设施施工。

淮北市千锂鸟新能源科技有限公司　深圳市小牛动力科技有限公司投资建设。总投资2.6亿元。一期建筑面积2.6万平方米，包括生产厂房、宿舍、办公楼以及年产1亿只锂离子电芯及电池组生产线4条；二期建筑面积2.4万平方米，包括生产厂房、辅助设施以及生产线4条。2020年，项目进行厂房装修。

淮北华状科技有限公司　公司厂房1.37万平方米，总投资5亿元。2019年11月开始建设，2020年11月进规入统。公司建设5G、3C配件等有色金属及高端精密模具加工生产线8条，购置200台数控机床设备以及制模氧化清洗喷砂等相关设备，进入订单生产。

阎拓科技安防设备生产项目　该项目由深圳宏优视讯科技有限公司投资建设，总投资1亿元，租用开发区南区创业产业园8号厂房，厂房约1万平方米。主要建设年产监控产品及成品80万只、监控尾线1800万条、专用LED灯3500万个等生产线。2020年开始生产运营。

绿色新型环保建筑材料生产线建设项目　项目总建筑面积4万平方米，建设年产60万立方米商品混凝土生产线，年产12万立方米透水混凝土生产线和年产3万立方米预制装配式混凝土结构构件（PC构件）生产线。至2020年底，项目均建成投产。

安徽小牧马电动车有限公司　公司位于烈山经开区青龙山产业园中，二期1号、2号楼，总厂房面积14100平方米。总投资2亿元，主要建设电动车自动变速箱。2020年底，项目装修完成，部分机械进场调试。

安徽艾特斯电力科技项目　项目位于烈山经济开发区，是一家集研发、生产、销售输配电设备于一体的自主创新型企业，是国家电网、南方电网的长期合作供应商，项目总投资8000万元，占地面积9000平方米。2020年，项目建成投产。

招商引资

【概况】　2020年，淮北市累计新签约项目243个，新开工项目201个，规模项目完成实际固定资产投资176.5亿元，完成实际利用省外资金567.79亿元。引进投资25亿元的中旗科技项目、投资15亿元的理士新能源电池绿色材料项目、投资10亿元的凯泽碳四项目、投资10亿元的家家悦项目、投资27.8亿元英科医疗二期项目。

【招商活动】　2020年，50多批次、150多名客商到淮北考察。市领导先后赴江苏、浙江、河北、上海、山东等地开展招商活动。组团参加在合肥举行的世界制造业大会江淮线上经济论坛，会上共签约31个项目，总投资119.06亿元，涉及战略性新兴产业和现代服务业等领域。其中，7个央企项目投资总额33.88亿元，16个民企项目投资总额64.08亿元，3个外企项目投资总额5.68亿元，2个台企项目投资额1.5亿元，1个侨企项目投资1.2亿元，港澳企签约项目2个，总投资16.7亿元。

【精准招商】　2020年，淮北市聚焦重点产业、重点区域和重点企业，深入研究铝基新材料、锂电池等主导产业发展规律和趋势，完善产业招商指南，绘制产业招商图谱。聚焦长三角、珠三角、京津冀等重点地区，开展精准招商活动。安排专人到苏州、无锡等地摸排产业转移信息，研判招商形势。对接中国商用飞机有限责任公司、中国宝武钢铁集团有限公司、光明乳业集团、郑州煤

2020年9月2日，淮北市副市长高维民（左一）带队到华润集团招商考察　　（市投资促进中心　供图）

矿机械集团股份有限公司集团、均瑶集团等大型央企和民营企业。全市累计开展16次专题推介活动，引进长三角区域企业65个，协议总投资182.2亿元。引进欧励隆特种炭黑、皇旗光电、康适达轮圈、铭鼎机械等一批与“四基一高”等主导产业具有较高契合度的产业项目，特别是淮北高新区连续新引进中北锂电产业基地、明美新能源、拓联电子等7个锂电池项目。相山区先后引进深粤、深淮等5个PCB电路板项目及5个关联配套项目，电子信息产业园初具规模。

（王秀瑛）

工 业

综 述

【概况】 2020年，淮北市规上工业增加值增速同比增长3.5%，居全省第15位，较年初回升11.4个百分点，高于2019年同期7.8个百分点；技改投资同比增长2.8%，工业投资同比下降3.1%，分居全省第9、第10位；规上工业企业利润同比增长4.7%，居全省第10位。全年新入库规模以上工业企业88家，其中新建企业69家。

【工业强市建设】 2020年，淮北市围绕规上工业增加值增长7%年度目标，压实县区、开发园区责任，分类抓好工业经济运行调度，分级包保调度服务重点工业企业稳产增产，稳住运行基本盘。坚持“抓在建、促投产”，实行领导帮联制度，一企一图、挂图作战，加快释放新建项目即期增量。加强工业行业指导和运行监测，跟踪服务新的增长点，及时分析解决运行中出现的问题，确保稳增长。“全力推进工业企业高质量转型发展”获评市改革创新十佳案例。争创国家级绿色工厂1家、绿色产品8个，国家专精特新“小巨人”企业2家。新增省级技术创新示范企业2家，“安徽工业精品”6个、省级新产品12个，企业技术中心5家、工业设计中心1家。服务型制造示范企业和平台增加3家，27个企业（技术、装备、项目、服务公司）进入省节能环保领域“五个一百”目录。认定工业领域“五个一百”市级优秀企业6家、绿色工厂5家，市级企业技术中心16家、专精特新企业23家。

【供给侧结构改革】 2020年，淮北市深入贯彻落实供给侧结构性改革，着力降低企业成本。全年全市结构性减税降费26.85亿元。推进“僵尸企业”处置，释放闲置无效土地资源，实现“腾笼换鸟”。完成处置“僵尸企业”59家，累计盘活土地185.11万平方米。

【“四基一高一大”产业推进】 2020年，淮北市“四基一高”（铝基、硅基、碳基、生物基、高端装备制造、大数据产业）产值同比增长7.2%，占全市工业产值比重42.5%，比2019年同期提高5.6个百分点。战略性新兴产业产值同比增长30.7%，占全市工业比重22.5%，较2019年同期提高4.5个百分点。制造业增加值同比增长2.6%，增速高于2019年同期9.2个百分点，占全市工业比重52.5%，较2019年同期下降0.3个百分点。全市非煤产业产值、增加值分别占全市工业比重68.7%和51.5%，较2019年同期分别提高1个和0.8个百分点。

【传统产业升级改造】 2020年，淮北市实施工业转型升级和技术改造项目167个，其中72个竣工投产。10个超10亿元项目中，口子东山产业园一期、理士电源、英科医疗一期项目边建设边生产，平山电厂二期年内并网发电，碳鑫科技50万吨甲醇、英科医疗防护用品产业园、美信铝业项目进行基础设施建设，口子东山产业园二期、濉溪理士电源项目动工。

【民营经济发展】 2020年，市经济和信息化局（以下简称“市经信局”）坚持涉企政策主动征求企业家意见，出台《关于促进民营经济加快发展实施细则》。先后印发执行市加快民营经济发展三年行动计划和年度民营经济工作要点，并将重点工作分解到相关单位，实行月调度和季汇总，动态收集落实情况。争取增设市中小企业发展促进中心，为全市民营企业中小企业提供政策咨询和精准服务。发展民营经济工作省考排名实现重大突破，前移5个位次，新增省级“专精特新”企业4家。为民营企业争取民营经济发展政策性奖补资金1420万元。安徽巨成精细化工有限公司、安徽曦强乳业集团有限公司获评首批“专精特新”冠军企业，10家企业在安徽省股权托管交易中心“专精特新板”挂牌，安徽弘昌新材料有限公司董事长肖伯文等2名民营企业家获评全省优秀民营企业家。全年新登记注册私营企业7331户、个体工商户23868户。

【企业经营环境建设】 2020年，市经信局针对缺防疫物资问题，举办防疫物资供需对接云发布会，集中发布18家生产企业信息。针对缺资金问题，组织“银保担企”政策云发布会和金融机构进园区银企对接，18家银保担企业与56家中小微企业实现对接，银企签订额度达到1.6亿元。针对订单下滑问题，帮助企业抓在手订单、促新增订单、稳“受阻”订单，实现出口转内销，开拓新市场。与淮北传媒中心合作，启动“云享生活”直播带货，帮助本土品牌拓展线上销售渠道。全年走访调研企业585家，召开要素对接会、企业座谈会15次，收集企业反映问题630个，协调解决问题618个。拖欠民营企业中小企业无分歧账款实现全部清零。

【工业化与信息化融合】 2020年，淮北市建成5G基站821座，实现市县主城区、车站、医院、大型商场等重要区5G网络全覆盖。加快淮北矿业智慧矿山、煤化工基地“移动危险源智慧监管平台”建设，推动5G在社会领域，医疗诊断、智慧教育、媒体直播等方面场景应用。安徽雷鸣科化股份有限公司、安徽金冠玻璃有限责任公司等26家企业通过工信部两化融合管理体系评定，企业总数达43家。华孚时尚股份有限公司协同制造工业互联网平台跻身安徽省优秀企业级、行业级工业互联网（云）平台。力普拉斯动力电池数字化车间、安徽矿机智能下料分拣数字化车间、中意胶带智能炼胶数字化车间、锂动芯锂电池生产数字化车间获批2020年安徽省数字化车间。全市上云企业达150家。

战略性新兴产业

【概况】 2020年，淮北市战略性新兴产业新开工项目117个、总投资605.6亿元，完成投资104.8亿元，完成年度计划的118.7%。全市有1个省级重大新兴产业工程（烈山区新型元器件）和2个省级重大新兴产业专项（陶铝新材料研制及产业化和动物副产品精深加工生物医药中间体、天然营养品产业化）。烈山区新型元器件重大工程计划投资8亿元，实际完成投资8亿元，投资完成率100%；陶铝新材料研制及产业化专项计划投资0.6亿元，实际完成投资0.97亿元，投资完成率161%；动物副产品精深加工生物医药中间体、天然营养品产业化专项计划投资0.76亿元，实际完成投资0.82亿元，投资完成率108%。淮北市战略性新兴产业产值同比增长30.7%，高于全省平均水平（18%）12.7个百分点，居全省第1位；战新产值占规上工业比重22.5%，高于2019年（18%）4.5个百分点。新增高新技术企业9家；3家企业参与国标制订、修订；新增26个国际、国内体系认证。累计获得省级引导资金7686.66万元，其中，重大新兴产业基地补助资金7146.3万元，重大新兴产业工程补助资金70.66万元，高新技术企业奖励资金156万元，创新平台奖励资金60万元，医药产业和人工智能产业单项政策奖励资金253.7万元。落实2020年市级支持资金2044.9万元。完成一年2次战略性新兴产业库调整工作，上半年上报调整26家企业，调整后有在库企业114家，下半年上报调整29家，调整后有在库企业123家。

【濉溪县铝基高端金属材料】　2020年，濉溪县铝基高端金属材料产业集聚发展，基地调整为淮北市陶铝新材料和铝基高端金属材料重大新兴产业基地。全年完成产值156.4亿元，同比增长12.4%；实现税收3.92亿元，同比增长7.4%；固定资产投资27.7亿元，同比增长10.18%。基地确立陶铝新材料、高端铝板带箔、高端铝型材、军用特种铝基复合材料、高端特种铝合金等5大产业板块，基地产业链条日臻完善。陶铝新材料项目列为拟入国家科学中心库名单，该项目是省会城市合肥之外唯一入选地市项目。

【淮北市先进高分子结构材料】　2020年，淮北市先进高分子结构材料基地获批为省重大新兴产业基地。基地在库规模以上工业企业27家，实现产值58.9亿元，同比增长33.9%，增速居全省26个基地首位。制定《先进高分子结构材料重大新兴产业基地新三年（2020—2022年）建设规划》。聚焦下游产业主链，重点打造关键化工基础原料、高端专用化学品、化工新材料三大板块。续建和新开工项目21个，全年完成投资21.7亿元，同比增长16.6%。天成新材料一期等项目建成生产，焦炉煤气综合利用、年产50万吨羧基丁腈胶乳、泓泽呔哔克等重大项目在建。组建4家省级创新平台，加速科技成果转化。一体化综合管廊、集中供热一期主管线建成运行，推进增量配电一期电网工程、生态固废处置等建设，园区配套设施进一步完善。

（刘新艺）

高端装备制造产业

【概况】　2020年，淮北市规模以上装备制造业企业243家，占规模以上工业企业数34.5%。金属制品、通用设备制造、汽车零部件制造、电池制造为装备制造业主要领域。全市有汽车零部件生产企业15家，在建汽车零部件项目5个，初步形成以汽车发动机及发动机活塞、汽车水泵、油泵、汽车减震器、刹车片、雨刮器、倒车镜、暖风电机、车用机械设备零配件等汽摩配产业集聚。电池制造业拥有安徽理士电源技术有限公司、安徽力普拉斯电源技术有限公司等一批发展势头良好企业。安徽理士电源技术有限公司被认定为省级数字化车间，安徽中捷矿山运输设备有限责任公司、淮北合众机械设备有限公司、安徽理工电源技术有限公司等4家企业煤机产品被认定为安徽省首台重大技术装备。濉溪铝基高端金属材料产业基地有涉铝企业60余家，规模以上企业34家，其中年产值超过5亿元企业4家，1亿～5亿元企业17家；基地有高新技术企业11家，新引进安徽雄创铝合金新型材料有限责任公司、安徽裕康铝业有限公司、安徽亿智新材料有限公司3个再生铝企业，设计年产能达50万吨，弥补上游产业链缺失，形成以铝型材、铝箔精深加工为主导的产业链；发展新能源、轨道交通装备、航天航空产业、汽摩配等产业集群。陶铝新材料生产能力实现由千吨向万吨级别跨越；陶铝3D打印制粉、制丝生产线完成调试，初步具备年产30吨陶铝3D打印粉生产能力、年产1000吨陶铝3D打印制丝生产能力。

安徽陶铝新动力科技有限公司具备年产50万只陶铝高性能活塞生产能力，形成“材料研发—应用开发—产业化生产”一体化陶铝新材料产业链。

【安徽山河矿业装备有限公司】 公司占地面积21.33万平方米，2010年建成投产，截至2020年底，累计投入4.8亿元。主营煤炭机械、工程机械和相关设备配套的研发、设计、生产和销售。2020年实现产值2.02亿元，销售收入2.7亿元，利税1900万元，安排就业230余人。

（刘文涛）

【安徽矿业机电装备有限责任公司】 公司拥有加工中心、切割和焊接机器人、油缸专用数控车床等高精专设备2000余台。主导产品有液压支架、刮板输送机、带式输送机、单轨吊机车、设备列车、超前支架和煤矿井下综采工作面安装拆除装置等。“擎宇”牌液压支架、“皖星”牌胶带输送机和刮板输送机均为安徽省名牌产品。建有院士工作站、博士后工作站、省级企业技术中心、省级工业设计中心、省级工程技术研究中心，拥有70余项专利技术成果，先后获省级高新技术企业、安徽省“信息化和工业化融合”示范企业称号。2020年实现主营产品收入11.07亿元。

（陈　虎）

【淮北市中芬矿山机器有限责任公司】 公司总占地面积10.67万平方米。有职工187人，设有3个研究所和5个车间，具有年产冶金、化工、矿山设备30000吨的生产能力。2020年实现产值1.33亿元，销售收入1.13亿元，利税737万元。公司研制开发由可编程序控制的GZN系列周边液压驱动、液压自动分段提耙、高效智能化浓缩（密）机和NXZ系列液压驱动、中心传动、液压自动提耙高效浓缩（密）机以及NXZS系列液压驱动高效深锥浓缩（密）机，产品远销印度、俄罗斯、澳大利亚等20多个国家和南非地区。

煤化工产业

【概况】 2020年，淮北市有规上煤化工企业2家（不含关联企业），焦炭及下游产品价格经年初大跌后多轮提价，下半年总体呈现较快回升趋势，但与2019年底相比，焦炭、甲醇、焦油、精苯跌幅分别为4.2%、17%、24.2%和23%，行业效益大幅下滑。全年焦炭产量399.8万吨，同比下降2.7%。煤化工产业增加值同比下降0.9%，占全市工业比重的3%。

【临涣焦化股份有限公司】 公司总占地1947亩，总投资55亿元，总规模为年产焦炭440万吨、联产甲醇40万吨。2020年，公司推进三期工程，延伸煤化工产业链条，加快形成项目集群，储配煤系统环境综合治理项目及一期化产新增备用脱硫装置项目竣工，160立方米/时浓盐水零排放工程项目加紧建设实施。全年生产焦炭412万吨、甲醇38万吨。

【濉溪县鸿源煤化有限公司】 公司是以煤化工为主导产业，经营范围包括选煤、洗煤、炼焦、热电、煤焦化工、焦化营销。2020年，生产冶金焦60万吨、煤气13000万立方米、焦油28000吨、粗苯7500吨、硫铵8000吨、硫黄2600吨，发电1.3亿千瓦时。

【安徽神源煤化工有限公司】 2020年，公司商品煤产量142.56万吨，掘进进尺9480米。开展破题攻关，实现7401厚煤层大倾角煤顶下安全高效掘进；创新实施7703底抽巷掘钻运一体化施工工艺，被淮北矿业集团推广应用。推进安全生产体系和安全生产标准化管理体系建设，顺利通过二级矿井考核验收。

（王　伟）

电子信息产业

【概况】　2020年，淮北市有软件和信息服务业企业30多家，新增规上电子信息制造业企业5家，有规上电子信息制造业企业43家，实现营收115亿元。全市电子信息企业多集中于储能电池、电子信息机电产品等领域，集成电路产业链等核心基础领域企业实现新突破。截至年底，全市有省级重点电子信息企业2家、省级智能硬件示范企业1家、省级电子信息产业园1个。

【电子信息制造业】　2020年，淮北市聚焦储能电池、核心电子元器件、矿用传感器、工业变频设备、电子材料等领域，培育本地专精特新中小企业，引进产业链关联的国内外知名企业。全市有规上锂电池企业16家，总产能20.97亿瓦时，营业收入13.3亿元，同比增长171.5%。安徽芯淮电子有限公司基于MEMS集成式气体传感器被国家授予发明专利；淮北市华明工业变频设备有限公司的智能稳压电源控制板被认定为省级智能硬件产品，并获省财政50万元资金支持；安徽宝创电子商务有限公司的人脸识别·人证核验软件获省支持5G发展政策50万元资金支持；淮北摩兰科技有限公司获省奖补洁净厂专项（制造强省资金项目）补助46万元；安徽正华生物仪器设备有限公司首次进入安徽省重点软件企业名单，并获得省财政50万元奖补资金支持；淮北市思苑科技有限公司的软件产品智能矿山综合监管平台入选第一批安徽省首版次软件培育名单。全市有13项产品获评省级信息消费创新产品。

【软件和信息服务业】　2020年，淮北市30多家软件和信息服务业企业中，纳统重点企业7家。思苑科技有限公司、安徽省宝创电子商务有限公司等骨干企业10余家。主要软件产品有矿山质量远程监控系统、人脸识别·人证核验系统、城市应急管理平台、井下安全监控系统等百余件。智能矿山综合监管平台V1.0入选2020年省级首版次软件产品，并获省财政92万元资金支持。全市有5种产品、2个体验中心分别获评省级信息消费创新产品、省级信息消费体验中心。

【淮北万里龙波电气有限公司】　2020年，公司拥有国家及省、市各类科技计划项目7项，省、市科技进步奖3项；拥有省级高新技术产品13项，省级新产品15项，产品全部拥有自主知识产权。拥有各类国家专利40余项，其中发明专利6项。“龙波”牌断路器、配电箱为中国驰名商标、安徽省工业精品。获国家高新技术企业、国家知识产权优势企业、国家智能制造试点示范项目企业、工信部专精特新“小巨人”企业、安徽省技术创新示范企业、安徽省专精特新（挂牌）企业称号。

【金龙机电（淮北）有限公司】　公司总投资5亿元，总建筑面积13.3万平方米。主要生产各种手机用微特电机、消费类电子产品，产品广泛应用于移动通信设备（手机）、电脑、电动牙刷、游戏手柄、医疗设备等领域；与苹果、微软、联想、华为、小米、OPPO、VIVO、HTC、中兴等手机制造商建立战略合作伙伴关系，是省内直流微特电机领域领导企业。2020年，公司研发投入占销售收入的5%左右，自动化设备改造固定资产投资近3000万元；获国家发明专利及实用新型专利50余项；生产手机用马达10亿只，实现产值21亿元，纳税总额超1亿元。

（王　云）

生物制药

【概况】 2020年，淮北市生物制药规上工业企业65家。安徽华润金蟾药业股份有限公司被认定省级技术创新示范企业，年产值达17亿元；安徽科宝生物工程有限公司精深加工生物医药中间体获批省级重大新兴产业工程，安徽康尔欣生物制药有限公司的“石之命（仙）”牌石斛系列产品荣获中国石斛行业首选知名品牌、该公司获评中国石斛行业质量过硬十佳诚信企业。总投资22.8亿元的英科医疗高端医用防护品生产基地建设稳步推进，有60条丁氰手套线、120条PVC生产线。总投资5.3亿元的完美生物科技项目、总投资3.5亿元的华智生物制药项目基本建成。

【安徽华润金蟾药业股份有限公司】 安徽华润金蟾药业股份有限公司系华润三九集团全国四大核心生产基地之一。注册资本1.7亿元，拥有药材前处理、提取、颗粒剂、片剂、口服液、注射液、口服饮片、胶囊剂8条生产线；主导产品“金蟾牌”华蟾素，华蟾素注射液、口服液、片剂均被列入国家中药保护品种。先后建立5个国家和省级研究中心，承担10余个国家级、省部级重大科研项目；获10余项国家和省级荣誉称号，20余项产品获得科技奖项，申请发明专利45件，获得授权发明专利16件。2020年实现产值20.50亿元，同比下降7.18%；营业收入5.60亿元，同比上升0.11%；利润1.3亿元，同比下降6.67%。

（朱 娟）

【安徽英科医疗用品有限公司】 公司计划总投资86.56亿元，占地约1859亩，分三期建设，分别承建年产280亿只（2800万箱）高端医用手套项目、年产210亿只高端医用手套项目和年产520亿只（5200万箱）高端医用手套项目。2020年，公司投产3个车间，有36条PVC手套生产线和20条丁腈手套生产线，实现单月产量约117万箱，收入24.7亿元，净资产16.9亿元，总资产达40.1亿元，产值同比增长3146%，带动就业2800余人。

（王 坤）

【安徽科宝生物工程有限公司】 安徽科宝生物工程有限公司生产胆酸、猪去氧胆酸、胆红素、胆固醇、胆粉、鹅去氧胆酸、熊去氧胆酸等产品，产品获得药品生产许可证，并通过药品GMP认证。2020年，公司被国家工信部列入新冠病毒感染肺炎疫情防控重点保障企业名单，年实现销售收入6505万元，利税1059.7万元。申报国家发明专利8件，授权6件。

（徐宾朋）

食品工业

【概况】 2020年，淮北市有规模以上食品企业103家。安徽口子酒业有限公司的口子产业园，总投资16亿元一期项目部分投产，总投资13.6亿元年产2万吨大曲酒酿造项目5月开工建设。今麦郎饮品（淮北）有限公司总投资5亿元软化饮品项目完成设备安装试产。全年生产小麦粉1235139吨，饲料684494吨，饮料酒24434千升。食品产业增加值同比下降8.5%。安徽贝宝食品有限公司获评省级消费品工业“三品”示范企业，安徽杨府锦调味食品股份有限公司获评省级专精特新中小企业，安徽金富士食品有限公司被评为市级企业技术中心，安徽杨府锦调味食品股份有限公司、安徽昊晨食品有限公司被评为市级绿色工厂，安徽昊佳食品饮料有限责任公司被评为市级“专精特新”中小企业。

【安徽口子酒业股份有限公司】 2020年，公司实现营业总收入40.1亿元，同比下降14.2%；实现纳税14.36亿元，同比下降17.5%；净利润12.8亿元，同比下降25.8%。口子产业园一期制曲车间投产，4栋酿酒车间投产，1栋酿酒车间部分投产，部分基酒库、包装车间及高架库主体工程完工。“口子窖”作为优秀白酒品牌代表，亮相中央广播电视总台“品牌强国工程”。

（余绍利）

【安徽曦强乳业集团有限公司】 2020年，集团实现销售收入1.8亿元，利润1000多万元，上缴税收221万元。年内，向市各级疾控部门和各防疫卡点捐赠牛奶价值40多万元。研发新产品，先后有桂花酿、轻0等多款新产品上市，集团共拥有各种专利98件。获评“大爱无疆”2020年抗疫捐赠奶业企业（中国奶业协会）、学生饮用奶奶源基地（中国奶业协会）、学生营养改善贡献企业（中国奶业协会）等。

（徐立松）

【淮北贝宝食品有限公司】 公司总投资1.1亿元，设计年产4万吨果蔬罐头及果汁等食品。实行“公司+基地+农户”的经营发展模式，建立果蔬基地。公司带动1000多人就业，直接受益农户近3万户。主要产品有芦笋、蘑菇、杏、草莓、葡萄、苹果、黄桃、梨、菠萝、什锦水果等果蔬罐头20余种，产品出口至法国、德国、西班牙、意大利、俄罗斯、美国、以色列、巴拿马等30多个国家和地区。2020年实现销售收入1.04亿元，同比提升31%；利润1290万元，同比提升7.06%。

【淮北旭源食品有限公司】 公司位于濉溪县百善镇食品工业园。成立于2011年9月，是一家集科研，存储，小麦粉、挂面及其他粮食加工于一体的高新技术企业。公司年加工面粉能力9万吨、挂面4万吨、生鲜面5000吨。拥有“天下百粮”“金然”“隋唐大运河”3个品牌、20余种系列产品，在上海、江苏、浙江、福建、湖北等省市占有一定市场份额。年内，研发上线全新刀削面产品，推出挂面用小麦粉、炒面用小麦粉、烫面用小麦粉、鲜湿面小麦粉，深受各类面食加工厂的欢迎，尤其在淮北市，烫面用小麦粉市场、“天下百粮”牌市场占有率达80%以上。2020年实现营业额9838万元，纳税22.9万元。

【思朗食品（淮北）有限公司】 2020年，公司完成产量17429吨，同比下降1.97%；销售收入19170万元，同比下降10.21%。公司拥有7条大型生产线，其中，2条饼干生产线、1条果乐果香夹心连线（嘉士利）、1条威化线（嘉士利）、1条保健饼干生产线、1条膨化食品生产线、1条夹心饼干生产设备。公司自主研发的椰子薄脆等系列薄饼，开创薄饼新品类；“纤麸”系列粗粮消化饼，深受消费者欢迎。“保健饼干”系列实现药食同补，“蒸薯坊”系列薯仔饼干以马铃薯作为重要原料，为马铃薯精深加工开辟新途径。

（刘　宏）

【淮北顺发食品有限公司】 公司位于濉溪县乾隆湖工业集中区，是一家专业从事生产销售“幸运”牌方便面和调味料的外商投资企业。有4条方便面生产线，生产9大系列30多个品种，年产4.5亿包方便面。“幸运”牌方便面获“安徽省名牌产品”“安徽省质量奖”荣誉。2020年实现销售收入1.57亿元，上缴税收1300万元。公司先后获评安徽省农业产业化龙头企业、安徽省粮食产业化龙头企业、安徽省放心粮油示范加工企业。

（朱红林）

【安徽金富士食品有限公司】 公司由广东金富

士生物科技有限公司投资兴建，2016 年 9 月投产，主要产品为饼干、糕点。2020 年实现产值 5491.2 万元，上缴税费 58.42 万元。公司为国家高新技术企业。

（刘　凯）

煤炭工业

【概况】　2020 年，淮北市有煤矿矿井 16 对，淮北矿业股份有限公司、安徽恒源煤电股份有限公司等规模以上工业企业 12 家。原煤产量累计 3779.9 万吨，同比下降 0.6%；洗精煤产量 1312 万吨，同比增长 1.5%。煤炭产业增加值同比增长 2.5%。2016—2020 年，全市共关闭矿井 9 对，完成煤炭产能退出 1109 万吨。

【科技创新】　2020 年，淮北矿业（集团）有限责任公司累计完成子课题 130 个；全力攻克煤矿“323”难题，液压锚杆钻车、掘钻运一体化成套装备等成功应用；深入推进治灾创新，建成 3 条自动化打钻作业线，顺煤层定向钻、冲煤卸压增透等技术成功推广应用；国内首套全智能机器人煤炭制样系统在朱仙庄矿建成使用；推广应用科研及“五小”实用技术成果 98 项，参与制定 2 项国家、地方标准，14 项科技成果获省部级以上奖励。2020 年，皖北煤电集团有限责任公司推动技术创新，强化研发成果管理，完成 30 多项研发技术合同网上登记备案工作；获取有效知识产权工作，已完成 35 项专利授权（其中 5 项发明专利），7 项能源行业标准的研制、审查。

电力工业

【概况】　2020 年，淮北市发电装机规模为 6752.8 兆瓦，累计发电量 206.49 亿千瓦时，同比下降 3.25%。电力产业增加值同比增长 0.4%。售电量 62.06 亿千瓦时，相比 2016 年度增长 34%；线损率 4.45%，“十三五”期间累计下降 2.15 个百分点。全市有燃煤发电、生物质发电、垃圾发电、光伏发电、煤矸石综合利用发电等规上工业企业 19 家。已建成燃煤发电项目 10 个，总装机规模 481.4 万千瓦。

【电网建设】　2020 年，国网淮北供电公司完成固定资产投资 2.46 亿元，投产 110 千伏及以上变电和电网线路 46 万千伏安、30.5 千米。新投运 220 千伏开渠变电所。申能安徽平山电厂二期工程项目总投资约 53.9 亿元，建设 1 台 135 万千瓦新型高效、洁净、低碳超超临界燃煤发电机组，为国家示范工程。10 月 23 日，机组首次点火一次成功，12 月 16 日，机组并网发电。

（吴衍峰）

2020 年 7 月 23 日，淮北供电公司在风灾倒塔现场抢修

（淮北供电公司　供图）

【用电量】　2020年，淮北市全社会用电量累计完成714669万千瓦时，同比上升5.11%。其中，第一产业累计用电量11703万千瓦时，同比上升47.88%；第二产业累计用电量473406万千瓦时，同比上5.87%；第三产业累计用电量103260万千瓦时，同比上升4.57%；城乡居民生活累计用电量126300万千瓦时，同比上升0.16%。全市工业累计用电量为463049万千瓦时，同比上升5.65%。

（郭世翔）

【助力社会节能减排】　2020年，淮北市能源消费强度、能源消费总量超额完成省下达的“十三五”能源消耗“双控”目标任务。单位GDP能耗0.656吨标准煤/万元，比省下达的强度控制目标（16%）低1.44个百分点；能源消费总量633.2万吨标准煤，比省下达总量控制目标（703万吨标准煤）低69.8万吨标准煤。

（徐　飞）

【大唐淮北发电厂】　2020年，大唐淮北发电厂完成发电量64.52亿千瓦时。1号、2号机组脱硫、除尘环保设施投运率均达100%，粉煤灰、脱硫产生石膏综合利用率均为100%。两台机组实现“零非停”。截至2020年12月31日，连续安全生产2442天。2019年12月，8号机组及老厂区资产转让由淮北市公用事业资产运营有限公司摘牌；完成老厂区不动产、动产现场实物交接工作。分别与淮北市、宿州市、阜阳市9个乡镇政府签订695兆瓦光伏项目合作框架协议。推进五沟、青谷光伏项目备案和平价申报工作，15兆瓦容量青谷光伏项目取得接入、环评等19项批复审查意见，85兆瓦容量五沟光伏项目完成备案工作。

（吕　峰）

【淮北旺能环保能源有限公司】　公司位于淮北高新技术产业开发区新区，是一家现代化垃圾焚烧发电企业。总投资10亿元，总规模日处理城市生活垃圾2250吨，配套3炉3机，分两期建设：一期投资7.65亿元，建设规模日处理城市生活垃圾1500吨，配置2台处理量为750吨/天的机械炉排焚烧炉+2台中温中压余热锅炉+2台15兆瓦抽凝式汽轮发电机组，同时配套建设烟气净化系统、废水处理系统、灰渣处理系统等环保工程。项目一期2台机组分别于2019年10月31日、2019年11月18日并网发电，2020年2月转入商业运行，投运至年底，累计处理生活垃圾74万余吨，发电约2.5亿千瓦时。

【淮北国安电力有限公司】　截至2020年底，公司累计发电21.05亿千瓦时，完成供热量31万吨。全年重大资本性投资项目3项，供热用户规模达到14家。公司完成2号炉脱销系统多点取样改造项目，单位发电量氨耗及氨逃逸率明显下降。1号、2号机组全额取得超低排放电价。组织开展安全生产集中整治工作，共发现整改问题74项；组织开展春秋检、防汛、危化品管理等安全专项集中检查，发现问题215项，整改完成率为96.7%。皖能环保督察整改督办总计25项，按期完成13项整改任务。截至2020年12月31日，实现连续安全生产5329天。公司连续七年保持全国“安康杯”竞赛优胜单位称号；获得皖能股份公司迎峰度夏二等奖；1号、2号机组循泵启停控制逻辑优化等4个攻坚项目获安徽省重大合理化建议奖。

【淮北申皖发电有限公司】　淮北申皖发电有限公司是“皖电东送”二期配套电源点项目。2020年发电量53.91亿千瓦时，上网电量51.36亿千瓦时，同比均下降10亿千瓦时左右，降幅超过15%；供电煤耗为288.61克/千瓦时，综合厂用电率为4.78%。全年营业收入17.4亿元，较2019年减收3.24亿元，降幅15.7%；净利润5755万元，同比下降1411万元，降幅达到9.7%。11月，公司获评“全国安全文化建设示范企业”。

（关亚军）

化学工业

【概况】 2020年，淮北市有规模以上化学企业12家，签约项目29个，总投资154.6亿元，其中在建项目16个，总投资52.2亿元。焦炭产量399.8万吨，煤化工产业增加值同比下降0.9%。新型煤化工合成材料基地围绕战略性新兴产业聚能发展，延展焦炉气深加工、粗苯深加工、煤焦油深加工三大产业链，构建无卤阻燃材料、电子信息和半导体芯片产业专用化学品、先进化工新材料、生物医药及中间体四大产业集群。安徽巨成精细化工有限公司JC-SI型油田用聚丙烯酰胺酸稠剂获认定省级新产品、丙烯酰氧乙基三甲基氯化铵（DAC）获认定安徽工业精品。

【安徽中意胶带有限责任公司】 公司是专业生产输送带的大型胶带高新技术企业，建有人力资源和社会保障部、全国博士后管委会联合批准设立的博士后科研工作站、省级企业技术中心、安徽省高分子材料及制品实验室、安徽省矿用输送带工程技术研究中心。整芯阻燃输送带连续多次被中国质量协会和全国用户委员会评为全国满意产品。橡胶分层、织物整芯、钢丝绳芯三大系列高强力输送带被国家质检总局评为中国名牌产品。2020年实现总产值2.14亿元，较2019年增长19%；“淮兴”牌商标被认定为“中国驰名商标”；公司被授予“中国输送带十强企业”称号。

（王　政）

【安徽琪嘉日化股份有限公司】 公司主营家用洗涤用品研发、生产与销售，形成代加工服务和自主品牌产品“研发—采购—生产—销售”两种模式。2020年2月5日恢复生产，保障周边地区消毒杀菌产品供应。全年实现销售收入8500万元，利税560余万元。与安徽大学生命科学院开展产学研合作，确立年产2000吨植物提取物项目；投资130万元加大对设备、环保设施技术改造力度，确保产品质量及环保达标排放。

（周　洋）

【安徽金冠玻璃有限责任公司】 公司是一家集设计、开发、生产、深加工为一体专业生产各种中高档玻璃瓶罐与器皿的中型民营股份制企业，安徽省专精特新挂牌企业。2020年实现销售收入1.83亿元，其中自营出口435万美元，上缴税收351万元。公司“高端定制有色玻璃器皿生产线提升项目”投资1000万元。1月，通过国家两化融合管理体系评定；8月，通过国家高新技术企业认定。

（部锦程）

纺织服装业

【概况】 2020年，淮北市有规模以上纺织服装企业46户，比2019年减少10户。其中纺织企业（主要是棉纺织）18户，服装服饰企业28户，主要生产色纺纱、机织服装等。重点企业有华孚时尚股份有限公司、淮北新兴皇苑制衣有限公司、安徽福尔足袜业有限公司、淮北今一纺织制衣有限公司等。全年生产纱4.3万吨、服装2528万件。纺织服装行业增加值下降15.5%，占全市总量2.2%，比2019年减少0.4个百分点。

【华孚时尚股份有限公司】 公司位于淮北高新技术产业开发区，总建筑面积达18.5万平方米，总投资20亿元，有新型纱锭20万枚，年产纱线2.5万吨，员工1600余人。拥有外观工艺、环保色纺、合成纤维、纤维素纤维、半精纺、功能性纤维等六大产品系列，吸湿速干棉纱线、再生环保纱线、外观工艺纱线为代表产品。2020 年实现营业收入 6.3 亿元。12 月，公司与淮北经济开发区 30 万锭智能纺纱产业园项目签约，该项目总投资 16 亿元。

【安徽福尔足袜业公司】 公司是一家专业从事各类棉袜及针纺织品研发、生产、销售的规模企业，产品远销欧美市场。国外主要客户包括沃尔玛、彪马、百利等大型连锁零售商，是国家《产业结构调整指导目录》中鼓励类的工业企业。2020 年生产各类袜子 7500 万双，出口额 2700 万美元。被认定为安徽省专精特新中小企业、安徽省消费品工业“三品”示范企业。

（王　静）

新型建材业

【概况】 2020 年，淮北市有规模以上建材企业 105 户，主要生产水泥熟料、水泥、商品混凝土、钢构、砖瓦石材、玻璃制品、金属门窗、装配式建筑材料等产品。规模以上建材企业中，水泥制造企业 7 户、石膏水泥制品企业 30 户、金属门窗企业 10 户、砖瓦石材企业 37 户。年生产水泥熟料 450 万吨、水泥 686 万吨、混凝土 479 万立方米、砖 60 万块、各种玻璃制品近 100 万平方米、金属门窗近 2 万吨、钢结构 20 万吨。建材行业增加值同比增长 1.2%，在全市总量中所占比例近 10%。规模较大建材企业有淮北矿业相山水泥有限责任公司、中煤远大淮北建筑产业化有限公司等。

【产品研发】 2020 年，濉溪县松山新型建材有限公司产品烧结煤矸石空心砖和烧结煤矸石多孔砖、淮北市科利新型材料有限公司产品蒸压粉煤灰砖、安徽南黎环保科技有限公司产品烧结煤矸石多孔砖和烧结煤矸石空心砖、淮北市金华晨新材料有限责任公司产品烧结煤矸石空心砖等产品被认定为安徽省新型墙体材料产品，淮北龙旺实业有限公司入选 2020 年安徽省预拌混凝土企业 20 强名单。

【安徽康美绿筑新材料产业园有限公司】 公司是一家专注研发生产新材料及新型绿色建材系列产品、装配式 PC 构件和山体修复综合产业园公司。园区坐落于烈山经济开发区，总投资约 11 亿元，总建筑面积 18 万平方米。2020 年度 ALC 板、系统节能门窗和陶粒板项目投入生产和试生产，实现营业收入 3440.58 万元。

【中煤远大淮北建筑产业化有限公司】 公司坐落于烈山经济开发区，注册资本 1.5 亿元。集装配式建筑研发设计、咨询服务、工业生产、工程施工为一体，配备具有国际先进水平的装配式建筑构件柔性生产线，拥有 1 条钢筋及半成品加工线、2 条固定模台线、3 条自动流水生产线，日生产预制叠合板、预制墙板、阳台等各类型 PC 构件达 400 立方米以上。2020 年营业收入同比增长 15%，净利润同比增长 438%；获得 9 项实用新型专利，2 项发明专利。

（王　静）

淮北矿业（集团）有限责任公司

【概况】 淮北矿业（集团）有限责任公司（以下简称“淮矿集团”）资产近 992.75 亿元，年销售收入近 655.23 亿元，年利税 69.45 亿元。在岗员工 5 万人；生产矿井 17 对、在建矿井 1 对；年产原煤 3000 万吨、焦炭 440 万吨、甲醇 40 万吨、聚氯乙烯 64 万吨，电力总装机规模 200 万千瓦；

连续 19 年进入中国企业 500 强，位列 2020 中国企业 500 强第 302 位、煤炭企业 50 强第 16 位、安徽百强企业榜单第 9 位。

【生产经营】 2020 年，淮矿集团累计完成产量 2730.1 万吨、掘进进尺 148232 米。综采月单产、煤巷月单进、岩巷月单进分别达到 10.3 万吨、135.9 米、84.1 米。在袁店二矿西翼轨道大巷成功应用盾构机，创造日最高单进 13 米、月最高单进 286 米的进尺纪录；全年煤炭生产、销售保持稳定，货款回笼率 100%。坚持银行融资、股市融资“双轮驱动”，强推“两降一调”（降有息负债、降负债比率、调债务结构），有息负债较年初下降 42 亿元；通过经营上市公司可转债实现收益 1.1 亿元。大力实施“一债一策”，开展百日清欠攻坚行动，盘活应收款、子公司占用资金、专项资金共 23 亿元。

【转型发展】 2020 年，淮矿集团加快推进煤矿“四化三减”（机械化、自动化、信息化、智能化；减系统、减采区、减人员）“两智一控”（智能化采煤、智能化挖进、系统集中控制），新建 10 个智能化采煤工作面、2 个智能化掘进工作面、16 条巷修机械化作业线、47 条柴油单轨吊辅助运输线，综采智能化覆盖率达到 60%、电液控覆盖率达到 100%；推进信湖矿建设，铁路专用线建成通车。临涣焦化焦炉煤气综合利用项目总体完成 70% 以上；华塑股份二期正式投产；雷鸣科化做强绿色开采、做精爆破产品、做大爆破工程，矿山石灰石产量、利润总额高于往年。物流贸易板块营业收入稳步增长。金融板块全年盈利 2.9 亿元。电力板块全年完成发电量 94 亿千瓦时，实现收入 14.3 亿元。现代服务板块稳健发展，“淮矿绿城·中湖明月”“淮矿·春江明月”等楼盘签约销售合同 15.2 亿元；安徽紫朔环境工程技术有限公司内强管理、外拓市场，实现收入 2 亿元。

【深化改革】 2020 年，淮矿集团巩固深化负面清单管理，将孙疃煤矿、祁南煤矿、淮选厂、紫朔公司纳入负面清单管理范围。做优做实快捷综合服务，全年办结业务 2100 余起，按时办结率、网络评价满意率均为 100%；在淮北选煤厂组织召开现场会，推动快捷综合服务向基层延伸。实施三项制度改革，选取许疃煤矿、杨柳煤矿、临涣焦化股份有限公司等 7 家单位进行改革试点，推进干部能上能下、职工能进能出、收入能增能减。

【安全生产】 2020 年，淮矿集团深入推进安全生产标准化管理体系建设，淮北双龙矿业有限责任公司、朱庄煤矿通过国家一级标准化验收。开展安全生产专项整治三年行动、“学法规、抓落实、强管理”活动，强化现场蹲点督导，及时开展安全提醒，风险防控有力有效。强推瓦斯抽采“四化”（现场管理标准化、安全责任岗位化、安全检查全员化、安全培训差异化），开展井下防火会战“回头看”，坚决

2020 年 10 月 10 日，举办焦炉煤气综合利用项目建设调度会暨大型设备吊装启动仪式
（淮矿集团　供图）

做好重大灾害治理。深化机电运输专项整治，狠抓“3+1”安全精准培训。组织开展“保安全、收好官、开好局”安全活动，确保特殊时段安全生产。

（朱　凯）

皖北煤电（集团）责任公司

【概况】 2020年，皖北煤电（集团）责任公司（以下简称“皖北煤电”）资产总额约450亿元。全年生产煤炭2200万吨、化工产品110万吨，实现年营业收入422亿元。拥有10对生产矿井、产能2000万吨左右。拥有煤矸石热电厂3座，总装机容量69兆瓦；瓦斯（煤层气）电站3座，总装机容量13.10兆瓦。与皖能电力均股投资设立安徽钱营孜发电有限公司，装机容量2×350兆瓦。参股中国国电集团宿州第二热电有限公司，装机容量2×350兆瓦。拥有中安联合、西北能化2家公司。煤化工项目于2020年7月正式转入商业运营，实现营业收入23.3亿元。拥有安徽省皖煤国贸有限责任公司1家子公司，拥有10艘海轮，运输能力40万吨；年交易规模200亿元以上。

【企业改革】 2020年，皖北煤电完成信息化建设总体规划方案编制，坚持成熟一个、实施一个；启动内部市场化等5个项目招标；编制实施智慧矿山建设总体规划，钱营孜煤矿被列为省级智能化矿井示范建设单位。完善内部市场化建设，巩固工分货币化、链式结算、单项工程发包等市场化机制；开展持续改进行动50项，发布持续改进成果35项，推广5家单位开源节流经验做法。实施财务及工程审计388项；开展经营评价“回头看”，健全完善问题整改跟踪督办机制；应用法务信息管理系统，不断完善内控体系。

【安全生产】 2020年，皖北煤电安全形势总体稳定。开展新安全生产标准化对标整改，恒源煤矿、朱集西煤矿通过一级标准化矿井验收；建立安全培训六项岗位责任清单。修编机关安全生产责任制，形成覆盖24个部门、311个岗位的安全生产责任体系；实施职能部室联责包保、驻点督导；严格事故追查处理、隐患责任倒查；深化“工人违章干部反省”活动，组织作风动态督查和聚焦检查。

（丁瑞瑞）

中煤矿山建设集团有限责任公司

【概况】 2020年，中煤矿山建设集团有限责任公司（以下简称“中煤矿建集团”）隶属于安徽省国资委，是一家跨行业、多元化经营大型施工企业集团，是国内乃至国际矿山建设行业领军企业，综合实力连续14年位居全国煤矿建设行业榜首。集团注册资本金10亿元，资产总额300多亿元。主要从事矿山基本建设、采煤采矿和建筑、机电、市政、公路、地铁、隧道等基础设施建设以及房地产、园林绿化等业务。

【生产经营】 2020年，中煤矿建集团实现营业收入161亿元、利润1.65亿元、新签合同额180.7亿元，其中，矿建主业实现营业收入50亿元、新签合同额59.8亿元，同比分别增长18.5%和16.7%；土建业务实现营业收入110亿元、新签合同额120.88亿元，同比分别增长3.9%和2%。回收资金161.8亿元、经营性现金流11亿元。全员劳动生产率16.6万元/人，比2019年增长10.4%。全年累计完成投资25.37亿元。

【科技创新】 2020年，中煤矿建集团依托重难点工程项目，开展技术攻关，先后获得专利35项、省部级工法15项，主持修订2项煤炭行业标准，参编2项国家标准，2项科研课题被列为省属企业首批重点创新示范项目，“智能化竖井钻井装备重大新兴产业专项”被列为全省重点技术产业支持项目。

【深化改革】 2020年，中煤矿建集团制定集团改革改制三年实施方案，推进安厦物业管理有限公司、安徽华东工程建设项目管理有限公司改制工作。统筹推进人事、薪酬、用工制度改革，编制完成人力资源部分规划初稿。全年完成9428人项目用工身份转换。

【安全生产】 2020年，中煤矿建集团开展安全生产专项整治三年行动，制定完善9项安全管理制度，组织抽查75个项目，责令2个项目停工整改，跟进整改隐患及问题526条，追责问责33人次。持续开展工程质量管理专项检查，实现矿建项目安全质量检查全覆盖；持续推进企业绿色发展，做到“文明施工、节能减排”；加快建设安全、质量标准化项目，促使工程项目安全生产现场管理、操作行为、设备设施和作业环境规范化。

（孙镇宁）

安徽淮海实业发展集团有限公司

【概况】 安徽淮海实业发展集团有限公司（以下简称“淮海实业”）是省属大型国有独资企业，2008年8月挂牌，2009年12月与淮北矿业集团分立。淮海实业下属相山水泥公司、安徽省矿业机电装备有限责任公司、中勘资源勘探科技股份有限公司等12家二级子公司及安徽星辰实业有限公司下属比照二级管理的13家三级子公司。至2020年末，集团资产总额98亿元，从业人员5591人。有高新技术企业7家、省级企业技术中心7个、专利172项（发明专利14项）、“擎宇”牌液压支架等15个省级名优品牌产品，并成立潘际銮院士工作站和建材研究院。2020年实现销售收入150.4亿元，同比增长6.9%；实现利润10.22亿元，同比增长6.1%；在岗职工人均年收入7.28万元，同比增长18%。

【转型发展】 2020年，淮海实业深化地企合作，中勘资源勘探科技有限公司、安徽淮海现代物流有限责任公司联合烈山区建投，分别合资成立淮北建勘环境工程有限责任公司、安徽盛淮物流有限责任公司，携手发展环境治理、物流运输业务。开展全市居家和社会养老服务，服务范围进一步拓展。深化与安徽海螺集团有限责任公司的战略合作，进一步提升水泥产业板块在区域市场的影响力。实施“水泥+”战略，推进绿色智能示范线项目建设，延伸产业链条。

【科技创新】 2020年，淮海实业完成正弦滚轴筛智能化监测及运行自动化控制系统、中储粮自动装车机、垛式支架运输车、本安型信息矿灯等重点研发项目27项。中国华星集团公司、淮北四兴工贸有限责任公司、新宇煤矸石砖公司通过高新技术企业认定；中勘科技建成博士后工作站，并通过省服务型制造示范企业、市“专精特新”中小企业评审。新建工程建设共享服务中心、物资管理共享平台，有效解决部分单位管理资源不足问题。

【深化改革】 2020年，淮海实业推动改革再深入、活力再释放。推进管控模式优化，制定事权关系清单，明确审批、备案事项，提高管控针对性、实效性。推进内部整合重组，由安徽省矿业机电装备有限责任公司整合安徽新园矿山设备制造有限公司、淮北盛顺达工贸有限公司皮带机业务。推进“僵尸企业”、三级以下及非主业子公司清理整合，19家单位清出工作基本达到巡视整改和省国资委要求。推进营销模式创新，获国家AAAA级物流企业资质。

淮海实业集团办公楼　　（淮海实业集团　供图）

【安全生产】　2020年，淮海实业进一步完善风险防控体系建设，构建全员、全覆盖的防控机制，梳理确定“意识形态领域、经济运行领域、社会稳定领域、安全环保领域和资金与债务领域”五个专项工作组。完成信息化系统集成平台建设，有序推进相关风险指标自动预警。开展11项环保任务攻坚，完成安徽矿机喷涂线升级改造、新园煤厂密闭大棚等环保工程。严格安全管理，开展“1+11+N”（‘1’即1个总体实施方案；‘11’即按照国家、省要求开展的11个专项实施方案；‘N’即我市重点行业领域增加的专项整治实施方案，目前包括特种设备、油气管道等10个）、有限空间、相关方管理等专项整治，全年未发生重伤以上人身事故和一级以上非人身事故。

（茅嘉兵）

农业与农村工作

综　述

【概况】　2020年，淮北市实现农林牧渔业总产值133.84亿元，同比增长1.1%。全年粮食总产量149.36万吨、增幅居全省第4位，实现“十七连丰”。蔬菜产量40.65万吨，同比增长4.8%；水产品产量2.6万吨，同比增长0.43%。年末生猪存栏76.13万头，超额完成省下达的45万头目标任务。新增高标准农田11.4万亩。农机总动力达278万千瓦；农作物耕种收综合机械化率达91%；主要农作物良种覆盖率达98%以上；全市建设省市级农业物联网示范点20个，建成益农信息社354个；段园镇、烈山镇榴园村分别获得全国“一村一品”示范村镇和全国乡村旅游重点村称号。杜集区蝉联全国县域数字农业农村发展先进县。

持续推进农村各项改革。深入推进农村承包地“三权分置”改革，全面完成土地承包经营权信息管理平台建设。耕地流转面积79.07万亩、流转率达33.2%。稳慎推进农村宅基地改革和管理，杜集区农村闲置宅基地和闲置住宅盘活利用省级试点示范扎实推进。全市316个涉农村（居）集体经营性收入8405.05万元，同比增长27.66%。全市新增家庭农场1016户，农民专业合作社85个，增幅居全省前列。

农民收入水平持续提升。全市农村常住居民人均可支配收入达15218元，同比增长8.3%，高于全省0.5个百分点。“四带一自”产业扶贫工程位列全省第一档。投入财政资金4694.44万元，实施农业特色产业扶贫项目67个，覆盖贫困户9427户，贫困户年人均增收2876元。

【实施乡村振兴战略】　2020年，淮北市继续实施农产品加工业“五个一批”工程和“158”行动计划，建设长三角绿色农产品生产加工供应基地。截至年底，全市面向苏浙沪地区农副产品和农产品加工品销售额达12.9亿元。农作物秸秆、畜禽粪污综合利用率分别达92%和95%。累计改造农户无害化卫生厕所78536户，农村卫生厕所普及率超过85%；全市已建和在建美丽乡村中心村202个，占布点规划中心村83.5%，村级综合性文化服务中心覆盖率达98%。实施乡村文化人才培养工程，选拔“村级文化带头人”74人，招募群众文化辅导员477人。开展“十星级文明户”“好婆婆”“好媳妇”等文明评选活动。深入开展文明乡风活动，大力倡导婚事新办、丧事简办、孝老敬亲等文明风尚，乡村文明程度显著提升。集中整顿7个软弱涣散村党组织。建立乡村“法治超市”等法律服务机构20个。深化乡村治理体系，全市1个县、4个镇、18个村开展安徽省乡村治理示范创建试点，其中，1个镇3个村开展国家级试点。

【农业生产提质增效】　2020年，淮北市优质小麦夏收面积84万亩，建设万亩以上单品种种植片14个、面积30.67万亩，培育种粮大户和合作组织3126家。建立小麦标准化良种生产基地45万亩，约占全省的三分之一。初步建成相山区凤凰山食品工业园、百善食品工业园等4大食品加工园区。凤凰山食品工业园获批国家首批农村产业融合发展示范园、国家农业产业化示范区、国家农业科技示范园、省农产品加工业“五个一批”重点调度园区；百善食品工业园获批国家首批农村一二三产融合发展先导区、省级农业产业化示范区、省“158”行动农产品加工重点调度园区。全市培育中国驰名商标6个、著名商标51个，安徽名牌22个、地理标志农产品7个、“三品”农产品120个。建成“智店宝”等农村电商平台20个，优化调整村级电商服务站200多个。培育市级以上农业产业化联合体40家，市级以上农业产业化龙头企业141家，农民合作社1386家，家庭农场5183家。其中市级以上新型农业经营主体示范单位达到407家。

【秸秆综合利用】 2020年，淮北市新建秸秆饲料化利用项目2个、秸秆固化成型燃料清洁生产点3个、标准化秸秆收储中心5个；曦强乳业大中型秸秆沼气工程项目完工。全市农作物秸秆收贮体系逐步健全，主要农作物秸秆可收集量258.54万吨，综合利用总量239.47万吨。全年秸秆综合利用率92.62%，产业化利用量108.51万吨，占比45.31%；能源化、原料化利用量89.35万吨，占比37.31%。

【新型农业经营主体培育】 2020年，淮北市新增省级示范社8家，省级示范家庭农场66家，新增省级示范农场8家；市级专业合作社1386户，新登记85户；在册家庭农场5183户，新登记1016户。年内，组织评定市级示范社6家，市级示范家庭农场34家，全市市级示范农民合作社达145家、市级示范农场达204家。烈山区被评为学习金寨经验培育农村产业发展带头人省级试点，确定第一批46名农村产业发展带头人。

【淮优农业品牌培育】 2020年，淮北市加快推进“淮优”农产品品牌建设工程，培育以塔山石榴、段园葡萄等一批公共品牌。依托骨干龙头企业、农民合作社、家庭农场，创建一批影响大、效益好、辐射带动强农产品品牌。建设现代农业产业园、农业科技园，创建农业高新技术产业示范区，农业标准化示范区。加强品牌市场营销，鼓励企业开展多种形式品牌展示、推介活动。成立产业协会4家，新认证“三品一标”农产品49个，新增“绿色食品”41个。

吊西瓜种植　　（岳建文　摄）

【农村人居环境整治】 2020年，淮北市抓好农村厕所改造，完成29805户无害化卫生厕所改造，行政村生活垃圾收运处置体系覆盖率100%，18个镇政府驻地和65个省级美丽乡村中心村污水处理设施全部建成。全面完成2019年度40个省市级中心村建设任务。农村卫生厕所普及率超过85.7%；

农村垃圾收集设施覆盖率100%、农村垃圾治理市场化率100%。投资10亿元建成日处理生活垃圾2250吨新型环保项目，两台机组并网发电；投资1.4亿元建设生活垃圾卫生填埋场，4个标准化填埋库区建成投入运行。全市农村生活垃圾无害化处理率达到98%，位居全省第一。完成13个非正规垃圾堆放点整治，占总任务的100%。全市317个行政村（农村社区）开展村庄清洁行动，15.7万多人次参加行动；开展清洁卫生宣传教育活动5071次，参加教育5.02万人次；清理村内沟塘1279口，清理农村生活垃圾20.8万吨，清理农业生产废弃物1.8万吨，清理乱搭乱建3890户，清理废旧广告牌4487个，清理无功能建筑2.74万平方米。

【农村集体产权制度改革】 2020年，淮北市389个涉改村（居）完成改革任务，组建新型集体经济组织391个，其中，股份经济合作社287个，经济合作社104个，集体经济组织登记赋码率达到100%。确认集体经济组织成员163.36万人，量化集体资产14.25亿元。316个村（涉农社区）完成"三变"（即资源变资金、资金变股金、农民变股东）改革，占可实施"三变"改革总村数100%，开展股份合作"三变"项目334个，村集体收益4805.18万元，农户总收益3524万元。

【发展壮大村集体经济】 2020年，淮北市确定中央和省、市、县（区）扶持村62个。投入扶持资金3165.31万元，其中，中央及省级扶持资金1170万元，市、县（区）配套资金1930万元，市级奖补资金65.31万元。全市村级集体经济年经营性收入8405.05万元，同比增长27.66%。5万～50万元村由127个提升至257个，50万元以上集体经济强村由22个提升至58个，占比18.35%。全面消除5万元以下薄弱村和空壳村。

【病虫害防治】 2020年，淮北市农作物病虫害总体中等至偏轻发生，个别病虫偏重发生。全市主要农作物病虫害发生375.72万亩次，防治1327.46万亩次。推广应用生物农药、高效低毒环境友好型药剂，推广植保无人机、自走式喷杆喷雾机等先进植保药械，全年主要农作物病虫害统防统治覆盖率58.5%，主要农作物病虫害绿色防控覆盖率43.92%。

【美丽乡村建设】 2019年，淮北市40个省市级美丽乡村中心村建设项目全面竣工，2020年度个省级中心村完成工程进度91.5%，全市已建和在建美丽乡村中心村202个，占布点规划中心村的83.5%。

濉溪县百善镇苇菠村 位于濉溪县百善镇北部，下辖21个自然庄，人口7309人，农业耕地面积15000余亩。自获批2019年度省级美丽乡村建设后，该村先后筹资700余万元，扎实推进美丽乡村中心村建设。引导群众投工投劳200余人次，村民自行集资购买文体器材，落实群众自筹资金1万余元。实施主次干道路面硬化，农民房前屋后铺修水泥路，硬化率达100%。村庄道路、水体沿岸、庭院和村庄周边分别栽植乔木、乡土树，房前屋后建设小菜园、小果园、小花园。先后拆除老旧危房及乱搭乱建30多处，拆除旱厕40多个。在拆除废墟上分别修建文化广场、议事凉亭、篮球场、国旗彩牌等休闲场地，修筑水泥场地1400平方米，安装健身器材1套。全村达到"绿、洁、畅、亮、美"标准，村容村貌和生活环境得到改善。

濉溪县韩村镇和谐村 位于濉溪县韩村镇东北部，东邻孙疃镇，西南与韩村镇区相连。下辖13个自然村，19个村民小组，人口5592人，土地11000亩。作为2019年度省级美丽乡村，2020年该村各自然庄的主次干道全面硬化，实现"户户通"。全村安装路灯26盏，栽植国槐树、紫薇树、高矮石楠、果树等，绿化覆盖率约40%。界洪新河周边种植7000棵竹子，绿化率达到95%。清除沟塘淤泥及水面杂草漂浮垃圾，还原河流清澈面貌；生活垃圾“应收尽收、日产日清”。建设村级公共服务中心，成立一站式服务大厅、农家书屋、妇女儿童活动中心、劳动就业服务室、文体活动室、村文体广场、和谐村信访调解联系站等，完善农村社区服务功能。建设农耕文化博物馆，免费对外开放。

濉溪县铁佛镇梁楼村 位于濉溪县铁佛镇西部，西距河南省永城市区20千米，紧邻国道321、国道343和县道011。辖10个自然庄，23个村民小组，人口5300余人，村域面积12782亩，耕地面积10323亩，是2019年度省级美丽乡村。2020年，梁楼村开展村庄植树造林，加强村庄生态屏障保护和修复。结合环境整治、“美家美院”“五净三规范”等工作，改造门前院，打造“小花园、小菜园、小果园、小游园”。打造休闲旅游观光产业，逐步实现产业转型，带动村民农家乐、小超市、特色农产品发展，提升村民收入水平。

濉溪县四铺镇新庄村 位于濉溪县四铺镇最东部，和宿州市西部接壤，国道343穿村而过，2019年度省级美丽乡村建设中心村。辖13个自然庄、19个村民小组，村民1314户、4871人。新庄村花卉种植由来已久，又是地方特产“宿西半夏”“八爪蝎子”“紫参草”等中药材的原产地。2020年，新庄村花卉种植面积达1500余亩，苗木温室大棚160余栋，从业人员200多人，规模以上花农近50户。该村投资1550万元，建造500平方米开放式村部和约500平方米扶贫车间，修建村内各自然庄间水泥道路25千米，安装太阳能路灯320多盏，打机井310多眼，实施安全饮水工程、光伏发电项目，增强群众幸福感和获得感。

（陈洪磊 李乐乐 张 勇 黄阿童 孙 坚 李 斌 丁 玲 李 峰 李 琳 王 强 刘 杉）

种 植 业

【概况】 2020年，淮北市粮食种植面积412.755万亩，比2019年增加0.18万亩；总产149.36万吨，比2019年增产0.21万吨，增长0.14%，实现“十七连丰”。其中小麦单产491.75千克，居全省第一位。全市培育规模种子企业17家，其中大型种子企业2家；建立主要农作物种子繁育基地50万亩，繁育小麦、大豆等作物种子2亿千克。2020年，濉溪县被认定为国家制种大县，获得农业农村部基地扶持发展资金1000万元。

【高标准农田建设】 2020年，淮北市投资18490.85万元，新增高标准农田11.4万亩，其中，濉溪县10万亩，烈山区1.4万亩（含高效节水灌溉0.6万亩）；中央财政资金11387万元，省级财政资金2280万元，市级财政资金1290万元，县级财政资金3468万元，自筹资金65.85万元。

【优质专用小麦生产】 2020年，淮北市推进种植户与面粉加工等企业合作。以自然村、种植大户、家庭农场、合作组织等为重点，推广烟宏2000、济麦44、柳麦618、伟隆169、濉1309、大地2018等主导品种。实施化肥减量增效行动，开展赤霉病等病虫害统防统治。全市夏收优质专用小麦83.43万亩，订单面积53.4万亩，对接主体36个，农民收入增加近1.2亿元。

【农药监管】 2020年，全市农药经营许可发证521家。市农业农村局指导各县区做好农药实名制购买制管理工作。制定《2020年科学安全用药培训实施方案》，市、县（区）农业农村部门通过多种形式举办“科学安全用药大讲堂”培训活动28场次，累计培训3000人次。实施农药减量增效行动，落实农药减量控害技术，全年农药使用量为2159吨，连续四年负增长，较基期（2012—2014年农药使用量3年平均值2711吨）减少552吨，下降20.36%。

设施蔬菜种植　　（市农业农村局　供图）

【蔬菜生产】　2020年，淮北市推行蔬菜规模化种植，标准化、设施化生产，加强基地建设，对蔬菜生产主体投资达800多万元。蔬菜播种面积15.40万亩，比2019年14.75万亩增长4.4%。蔬菜产量40.65万吨，比2019年38.81万吨增长4.74%。推广日光节能温室、大中棚设施蔬菜生产技术，提高精细蔬菜和反季节蔬菜生产能力。全市设施菜地面积5.1万亩，比上年增长5%。加强“菜篮子”产品质量安全监管，市农产品质量检测中心获省级双认证。截至年底，全市有效期内“三品一标”生产经营主体有89个，产品152个。开展例行监测、飞行检测、农产品质量安全抽检、快检等各种检测，农产品质量安全合格率均在99%以上。

（朱　军　刘　伟　孙益远　孙　坚）

畜　牧　业

【概况】　2020年，淮北市肉类总产12.77万吨，同比增长26%。生猪出栏101.17万头，同比增长35%；家禽出栏2097.17万只，同比下降18%。年末，生猪存栏76.13万头，同比增长104%；能繁母猪存栏12.03万头，同比增长119%。

【重大动物疫病防控】　2020年，淮北市完成春秋两季重大动物疫病强制免疫和日常补免，全年免疫高致病性禽流感2150万羽，口蹄疫免疫181万头份，羊小反刍兽疫免疫40万头份、猪瘟和蓝耳病免疫82万头份，应免畜禽密度达到100%，免疫抗体合格率保持在80%以上。落实非洲猪瘟防控I级应急响应各项防控措施，加强疫情预警。连续多年未发生区域性重大动物疫情。

【定点屠宰监管】　2020年，淮北市有生猪定点屠宰企业6家，年屠宰能力400万头；禽类屠宰企业6家，年屠宰能力1.2亿只；牛羊屠宰定点企业1家，年屠宰能力肉羊100万只、肉牛10万头。全市屠宰生猪50.5万头、家禽2500.2万只、肉羊4.5万只、肉牛1.2万头。

（胡　凯）

渔　　业

【概况】　2020年，淮北市推广水产健康养殖技术，调优生产布局和养殖结构，实现捕捞减量。全年水产品产量2.56万吨，同比增长0.43%。渔业安全生产、水产品质量安全形势稳定向好，渔业水域生态环境持续改善。

【养殖技术应用】 2020年，淮北市实施养殖证制度，水域滩涂面积超过1万亩或养殖年产量达到3000吨以上县区和市级完成养殖水域滩涂规划，经政府发布实施。推进水产养殖尾水治理示范。开展工厂化流水养殖，建设循环流水池62个。创建国家级水产健康养殖示范场2家。

【水产品质量监管】 2020年，市农业农村局发放水产品质量安全知识读本、渔业养殖生产日志、科学用药明白纸等资料2500份。完成产地检测59个样品，其中，省级例行风险检测36个，苗种放流检测13个，国家例行检测及监督抽查10个，水产品产地抽检合格率100%。

【渔业安全生产】 2020年，淮北市制定渔业船舶安全专项整治三年行动实施方案和淮北市渔业安全生产专项治理工作方案，组织开展渔业“安全生产宣传月”和“安全生产渔区行”活动，抓好渔业安全生产检查、隐患排查。全年开展渔业安全督查4次，出动人员18人次，渔业生产安全保持零事故。

（刘子梅）

农业科技

【农业科技培训】 2020年，淮北市建立新型职业农民实训基地18家，濉溪县五铺农场、天安农业和烈山区塔仙石榴专业合作社联社3家被评为省级新型职业农民培育示范基地，培育新型职业农民975人，包括专业生产型职业农民294人、技能服务型职业农民681人，学员参培率和培训合格率均达到100%。市、县均成立农业特色产业扶贫专家组，开展技术指导和帮扶服务。全年举办各类农业科技培训班69场次，培训人员7969人次。印发农业科技明白纸等技术资料24.35万份，发放农业科技书籍1700余册。

【农业科技服务】 2020年，淮北市加强基层农业技术推广体系建设，建立“专家组+示范展示基地+技术指导员+科技示范户+辐射带动户”农业科技服务通道。全市268名农业技术推广人员结对指导1358户农业科技示范户。发布21项农业主推技术及其技术操作规范、7项绿色高质高效技术推广模式，推广面积120万亩。建设农业科技示范展示基地13个，农业主推技术到位率100%。

（丁　玲）

农业机械化

【概况】 2020年，淮北市拥有农机动力278.13万千瓦。淮北市获“全国主要农作物生产全程机械化示范市”称号。全市拥有拖拉机11.47万台，配套农具35.18万部，农机配套比1∶3。联合收割机11078台，秸秆粉碎还田机7369台，秸秆捡拾打捆机2560台；机动脱粒机1.40万台，谷物烘干机43台；机引犁10.56万台，旋耕机2.26万台，深松机1198台，机引耙10.24万台，播种机9.18万台；水泵1.97万台，节水灌溉机械2.67万台；机动植保机械15980台；饲料（草）加工机械设备2813台，饲养机械14台，畜产品采集加工机械19台；增氧机2879台，投饵机1729台；植保无人机131架。全市农机户13.75万户，农机化作业服务专业户1836户；农机作业服务组织117个，全市完成机耕面积216.60千公顷，机播面积271.95千公顷，机电灌溉面积159.70千公顷，机械植保面积263.50千公顷，机收面积264.35千公顷；全市农作物机耕水平88.09%，机播水平93.49%，机收水平90.87%，农作物耕种收综合机械化水平达90.54%。

【农机购置补贴】 2020年，中央财政安排淮北市农机购置补贴资金3491.921万元（其中2019年结转资金267.921万元），使用率为100%，补贴各类机械6623台（套）。

【机械化生产】 2020年“三夏”期间，淮北市投入各类农机具超过10万台，完成小麦机收面积136.62千公顷，机收率99%以上；完成小麦秸秆机械化还田面积74.64千公顷，打捆面积61.53千公顷，机械化综合化利用率99.67%；完成机播玉米面积76.75千公顷，机播率99.73%。“三秋”期间，全市投入各类农业机械15万台（套），联合收割机3000台，完成机收玉米面积73千公顷，机收率94.85%；完成玉米秸秆机械化还田面积73千公顷，机械化综合利用率94.85%。完成机械化深耕面积24.68千公顷；完成小麦机播面积136.62千公顷，机播率99%以上。

【农机安全生产】 2020年，淮北市开展农机安全现场宣传活动26次，印发农机安全宣传单1.8万份，受益人数近8000人次；举办农机安全培训28场次，培训人数近4000人；结合秸秆综合利用工作，设置农机安全宣传服务点14个；开展安全隐患排查32次，排查安全隐患8个，整改8个；注销超期变型拖拉机1082台。

【农机人员培训】 2020年淮北市农机部门通过举办农机化实用技术演示现场会、培训班等形式，培训农机技术人员、农机手9730人次。

（邹　鹏　刘　培）

水　　利

【概况】 2020年，淮北市境内有全域河流213条、湖泊23个。市河湖长制工作连续三年位列省级考核第一方阵，并在全省河湖长制工作推进视频会上作典型发言，杜集区河长办入选省政府河湖长制真抓实干成效明显激励名单，南湖示范河湖建设通过省级验收。1人获“全国最美民间河长”、1人获“全国推行河湖长制工作先进个人”和“全国优秀河长”称号。“十三五”期间，建成22家省级节水型企业、101家市级节水型单位、2家省级中小学节水教育社会实践基地、1所省级节水型高校；新建规模水厂6处、巩固提升水厂27处、兼并单村38处，有农村供水工程88处，完成投资7.14亿元，新增集中供水人口42.78万人，实现308个行政村集中供水。

【水资源开发利用】 2020年，市水务局完成《淮北市“十四五”水利发展规划》初稿。编制完成《淮北市灾后水利建设三年行动计划》完成《淮北市河湖生态修复与地下水超采治理可行性研究报告》编审批。淮北市河湖生态修复与地下水超

2020年，杜集区双楼村推广圆形池循环水养殖模式

（市农业农村局　供图）

采治理项目已列入国家水利“十三五”发展规划。工程主要建设内容包括河湖连通、湖湖连通工程，凤栖湖引调水工程，凤栖湖雨洪利用工程，朔西湖引调水工程，朔西湖雨洪利用工程，绿金湖翻水闸站及河湖连通、湖湖连通沟渠生态修复工程，匡算总投资约5.87亿元。积极推进《包浍河工程可行性研究报告》的编制，完成可研报告编制、移民大纲批复、通航影响评价批复、地灾评估、维稳批复、项目法人组建、资金筹措、环评、招标方案等，移民规划、水保、洪评、土地预审、规划选址编制完成。

【水行政执法】 2020年，市水务局对煤炭、采石等行业，依据年度销售收入，严格按照规定标准征收水土保持补偿费；按规定征收新建一般性生产建设项目水土保持补偿费，审批一个征收一个，做到应收尽收，全年累计征收水保费835.23万元。建立执法巡查长效机制，执法工作人员每月对全市河道巡查2～4遍，对市区私采地下水情况巡查1～2遍，发现问题及时处理。全市出动执法巡查人员2989人次，出动执法车辆987次，巡查河道20284千米。立案查处水事违法案件4起，现场制止水事违法行为82起。查封自备井25口。

【中小河流治理】 2020年8月，市水务局组织对老濉河水生态环境综合整治PPP项目运营维护服务质量考核，得分90.5分（百分制）。完成新沱河（四铺闸至省界）、王引河（孟口至市界）、萧濉新河（全境）、龙岱河（张庄桥至市界）治理工程、闸河（拖山闸至河口）治理工程，累计治理长度106千米，工程投资3.62亿元。怀洪新河洼地治理工程是国家172项重大节水供水工程之一，涉及濉溪县浍河水系，疏浚23.72千米、土方44.47万立方米。新建高沟闸、帅营闸、蔡圩闸、朱口闸、邱家闸5座沟口闸，重建11座桥梁，工程总投资8870万元。该工程2019年10月28日开工，2020年10月完成全部合同内容。市政府同意由市建投集团投资、市供水有限责任公司作为项目法人组织实施后续主干供水管线工程建设。

【农村安全饮水】 2020年，淮北市提前半年完成89个行政村31.64万人的饮水型氟超标改水任务，完成率100%。改水后氟化物含量经省、市卫健委部门检测全部合格。全市农村集中供水率由2019年84%提高到2020年96%，农村集中供水水质达标率由2019年52.5%提高到2020年92%，全市农饮水水费收缴率达到92.93%，超过水利部最新提出90%的要求。先后为宋庙村建设大、中沟桥梁8座，机井125眼，对该村10个自然庄实施通“自来水”工程，建设高标准农田1.3万亩。

【防汛工作】 2020年6—8月，全市总降水量997.1毫米，较常年（833.5毫米）偏多163.6毫米。全年受灾人口72312人，农作物受灾13623.73公顷，直接经济损失3971.05万元。面对汛情灾情，市水务局科学调度水工程，及时开闸泄洪，确保浍河、澥河、龙河、王引河、闸河等14条行洪河道过境洪水水势平稳；化家湖水库、塔山村水库、小李庄水库、田窝水库水位均控制在汛限水位以下，确保安全度汛。

【抗旱工作】 2020年9—10月，全市降水持续偏少，大部分地区出现不同程度气象干旱。市水务局做好旱情（墒情）监测工作，严格落实每旬监测管理制度，并在市水务平台进行发布，为抗旱提供依据。汛前，各闸管单位进行汛前设备、设施保养维护，确保设备设施正常运行，并进行演练和推演。干旱期间，及时协调上游、左右岸进行调度，保持各河道和浅层地下水位蓄水充足，确保抗旱浅灌用水。全年市县区发布墒情信息160余次。

【节制闸查险除险】 萧濉新河黄桥闸、新沱河徐楼闸、洪碱河会楼闸、王引河仲大庄闸4座病险水闸除险加固工程列入国家规划建设范围。2020年，完成萧濉新河黄桥闸、新沱河徐楼闸除险加固工程，完成投资0.7亿元。新沱河徐楼闸除险加固工程获得淮北市历史上第一个省级质量奖“大禹奖”。

【河湖长制实施情况】 2020年，淮北市在全省率先召开市级总河长会议，推动河湖长制工作从“有实”向“有效”转变。印发《关于进一步强化河湖长履职尽责的工作方案》《关于建立淮北市河湖长制督查暗访工作机制的通知》《淮北市全面推行河湖长制工作述职制度（试行）》等。明确市、县、镇、村四级河长湖长共1287名。推进应用信息系统抓巡河，全市河湖长使用App巡河率达到100%。完成10条（个）规模以上河湖、28条（个）规模以下河湖划界工作并通过省级审核。先后开展“三护”“清四乱”、固成果、防反弹等系列专项整治行动，累计排查问题152个并全部整改到位；消除4处涉河项目施工防洪隐患点；对水利部暗访发现的2个问题，省河长办暗访发现的19个问题全部整改到位，南湖以98分成绩通过省级验收。建立“河湖长制+检察长制”，规范4河4湖“企业河长”工作职责，逐步实现河湖管护“全行业、全区域、全覆盖”。

（翟园园）

林　业

【概况】 2020年，全省林长制改革示范区先行区（皖北片）建设工作推进座谈会在淮北市召开，烈山区作为全省林长制改革示范30个先行区之一进行先行先试。11月12日《中国绿色时报》第2版全文以《淮北全面林长制，绿水青山入画来》为题刊登淮北市林长制经验做法。全年林业总产值达39亿元。

【林长制改革工作】 2020年，淮北市推进市、县（区）、镇（街道）、村（社区）四级林长制工作体系建设。截至年底，全市设立市、县、镇（办）、村（社区）四级林长711人。其中，市级总林长和副总林长4名、市级林长6名、县级林长32名、镇级林长202名、村级林长467名。全年市、县（区）林长开展督察调研85次，解决群众反映强烈问题52个。全年印发简报32期，印发林长制改革发展情况通报4期。

【全民义务植树活动】 2020年3月20日，市委、市政府主要领导带领四大班子领导、市直部门80余家单位主要领导参加义务植树活动。全年参加义务植树106万人，植树380万株，义务植树尽责率96%以上，新建义务植树基地18处。

【植树造林】 2020年，淮北市完成营造林8.0166万亩，占省下达7.1万亩任务的112.91%。其中人工造林2.41491万亩，占省下达2.2万亩任务的109.77%。成片植树新建、完善农田林网控制面积9.21万亩。完成省级退化林修复0.1万亩，完成省级封山育林0.7万亩，完成森林抚育4.80万亩。

【山场多目标经营工程】 2020年，淮北市完成森林多目标经营山场绿化覆盖面积约4000亩，挖穴约5万个，栽植侧柏、黄栌、连翘等各类苗木约15万株，完成绿化、美化、彩化任务。烈山区对泉山27113平方米采石宕口（大山头）进行生态修复，探索总结宕口生态修复经验。

【森林长廊建设】 2020年，淮北市以沱河、杨柳沟、新101线公路濉溪段等新建森林长廊为重点，按照林带连续长度达到 1 千米以上，道路两侧单侧林带建设宽度达 15 米以上，造林成活率达到 85% 以上要求，采取拍卖、租赁方式造林，落实造林主体。全年完成“四旁四边”公路、铁路、河流绿化长度 61.62 千米。

【石榴产业】 2020 年，淮北市种植石榴面积 7.5 万亩，年产石榴近 10 万吨，产值达 4 亿元，跻身全国六大石榴主产区行列。建立石榴新品种研发基地 100 亩，年培育优良品种苗木 25 万余株，试验示范面积 500 余亩，选育 6 个优良单株。“福安软籽”和“红灯笼”2 个石榴新品种通过省农作物品种评定委员会评审。

【三森创建】 2020 年，淮北市完成濉溪县铁佛镇 1 个省级森林城镇、濉溪县刘桥镇任圩村等 19 个省级森林村庄创建任务。市农业农村局印发《关于开展省级森林城镇、森林村庄和森林长廊示范段创建工作的意见》，动员县（区）、镇（街道）、村（社区）开展省级森林城市、省级森林城镇、省级森林村庄创建活动，因地制宜加强城乡接合部、小集镇、村庄、河道和道路绿化提升，建设城镇森林景观，突出乡村特色，扩大“森林进村庄、经果林进庭院”规模。全市 104 个村绿化模式各具特色。

【森林资源保护】 2020 年，淮北市开展打击非法占用林地、盗伐林木等专项行动，加强森林防火宣传，利用智慧林业一期森林防火监控系统，投资建设智慧林业二期东山防火监控系统。全年未发生重大森林火灾及因火灾造成人员伤亡。完成 2020 年度飞机施药防治美国白蛾等林业有害生物项目，防治面积约 55 万亩，林业有害生物成灾率控制在 0.61‰。

【野生动物保护管理】 2020 年，淮北市认真贯彻《全国人大常委会关于全面禁止非法野生动物交易、革除滥食野生动物陋习、切实保障人民群众生命健康安全的决定》，全市 16 家野生动物人工繁育从业机构依法依规退出，实际参与禁食补偿野生动物繁育单位 2 家，妥善处置禁食野生动物 5387 只。

【林业产业化】 2020 年，淮北市有经果林 17 万余亩，形成烈山石榴、段园葡萄、黄里笆斗杏、和村苹果等一批经果林基地和刘桥鲜切花筒木花卉基地、四铺菊花、相山区芳香小镇、杜集区双楼花海等一批民营苗木花卉基地，相山、南山、榴园等形成生态氧吧和生态林果园，呈现出以苗木花卉、特色经果林、林下经济、森林旅游为主的林业产业新格局。

（赵洪升）

住房与城乡建设

综　述

【概况】　2020年，淮北市住房和城乡建设局累计完成投资11.8亿元，占年度计划投资的103%。东部城区望湖路、花庄路、卧牛山路，创新大道东段暨隧道工程、市城市展示馆及档案馆、环山东路（淮师大段）、龙山北路、东外环污水管网、桓谭东路、泉山北路上跨铁路立交桥及辅道工程、机厂路（环山东路—淮海路）、龙湖污水处理厂二期改扩建等项目相继建成投入使用。完成146户农村危房改造任务。22个老旧小区改造项目主体工程全部完工，共完成投资5582.25万元，投资完成率140.8%。棚户区改造全市开工2534套、建成6384套，开工率和建成率分别达115.9%、105.7%。建成公租房37696套，完成省下达公租房分配率99.43%的目标任务。截至12月底，全市完成雨污分流改造小区和单位213个，完成新建小区内部管网168.3千米，完成市政道路排水管网建设37.7千米，完成新建泵站3座，改造泵站2座，新建泵站压力管网15.1千米。

【节水型城市创建】　2020年，淮北市有18家企业、单位、小区完成省级节水载体创建。10月，通过国家节水型城市现场考核。11月26日，住建部、国家发改委公示第十批（2020年度）国家节水型城市拟命名名单，全国共34个城市通过现场考核，淮北市榜上有名。

城乡规划

【城市双修工作】　2020年，淮北市组织编制《淮北绿金湖、南湖西岸片区控制性详细规划及城市设计》，结合《淮北市生态修复、城市修补专项规划》，以绿金湖、南湖西岸城市重点发展片区为研究对象，整合城市建设用地资源，优化城市空间布局，构建一带（环滨湖活力带）、一街（集中布置社区生活服务设施特色街区）、三心（商务中心、生活中心、创意中心）、六廊（6条水绿廊道，促进城湖相融）空间结构，打造淮北市拥湖发展先行区、城市门户形象区及滨水活力生活区。是年底，该规划经市自然资源和规划委员会第13次会议审议通过。

【国土空间规划编制工作】　2020年，淮北市完成现行“两规”（城市总体规划、土地利用总体规划）实施双评估、资源环境承载能力与国土空间开发适宜性双评价、城市基础资料收集和现状调研座谈、国土空间重要专题研究等工作，形成国土空间规划“一张图”评估成果和数据底图、生态保护红线评估调整成果、国审城市体检评估成果等。

【重点片区控规维护】 2020年，淮北市形成《合徐高速连接线两侧区域概念性规划》《烈山经开区青龙山产业园规划控制性详细规划》《烈山区吴山口片区控制性详细规划》《相山经开区信息产业园一期控制性详细规划》《人民东路南山片区控制性详细规划》《口子工业园二期控制性详细规划》《东部新城控制性详细规划花山片区动态维护方案》等一批规划成果。

【规划管理和服务】 2020年，淮北市依法依规办理土地利用总体规划空间布局调整审查10次，涉及调入用地总面积2789.45亩，调出用地面积2894.51亩。完成重点项目规划落图方案审查4次，项目落图调整用地面积583.40亩。完成重点项目用地规划局部修改方案审查5次，修改用地面积19.54亩。办理各类行政许可事项220件，审查修建性详细规划25个，核发建设项目用地预审与选址意见书38份、面积4162亩，建设用地规划许可证52件、面积5553亩，建设工程规划许可证105件、面积477万平方米。

【城市展示馆建设】 2020年，市自然资源和规划局完成城市展示馆8400平方米布展面积、6大主题篇章、21个展示区域布展设计、沙盘制作等工作，于10月1日开馆。展示馆以城市建设与发展为主线，分印象、历史、建设、创新、规划、愿景六大主题版块，馆内丰富的影像资料记录了淮北市的沧桑巨变，从繁华的古韵相城到如今的生态美城，全方位展示淮北的人文历史和发展成就，展现淮北发展的美好愿景。

（朱　龙）

市政建设

【概况】 2020年，淮北市做好市政设施的改造提升，开展市政设施巡查，依法管理市政设施，高标准实施市政道路设施、桥梁设施、路灯设施、排水设施日常养护维修和改造项目。全年完成市政设施建设改造投资3616万元。

【道路维修与改造】 2020年，淮北市完成开渠路（梧桐路至神龙路）改造工程，市政设施改造工程，梧桐南路、省道235修整道路，人行道净化和自行车专用道试点示范工程等四项工程。累计改造人行道1.8万平方米，沥青路面4.77万平方米。依法管理市政设施，严控道路挖掘、占用许可申请的办理，全年办结行政许可申请82件，收取城市道路占用、挖掘修复费362.98万元，各项受理申请均按期办结。实施道路日常维修养护工作，维修人行道板23700平方米，修复坑洞12432平方米，修复立石1855米，更换雨水井、检查井1800套，完好率在95%以上。

【桥梁建设与维修】 2020年，淮北市完成淮海路久兴批发市场人行天桥建设项目、桥梁伸缩缝维修工程和北外环闸河桥、北外环岱河桥、省道202岱河桥和开渠路岱河桥4座桥梁伸缩缝更换及东岗楼立交桥、长山路立交桥、开渠路岱河桥3座桥梁压浆防腐维修；对南黎路新濉河桥、淮海西路濉河桥、南黎路彩虹桥、濉溪路庆相桥、孟山路西流河桥、新东外环交叉口1号桥、人民路濉河桥、长山路跃进沟桥、相山南路跃进沟桥、新东外环南闸河桥、沱河路闸河桥、淮海东路龙河桥、淮海东路闸河桥、淮海东路景观桥、北外环闸河桥、北外环龙河桥等16座桥梁检测“体检”。

【城市照明】 2020年，淮北市完成梧桐南路、省道235完善路灯、增加亮化等任务和惠黎路、长山路（桂苑路至南黎路）、迎宾大道（相山路至高速路口）等三路段路灯改造及城区9座老化路灯变压器改造，新装133柱双挑钠灯、40柱单挑钠灯、5柱矮杆钠灯、7柱高杆灯；改造路灯549柱，更换灯具364套；安装中国结522组、绿金淮北灯箱524组。全年维修更换电缆4853米、触发器1440只、真空交流接触器30只、钠灯泡2848只、护导线6000米、铜管1000个、镇流器2326只、保险40个、空气开关385个、节能灯355个、熔断器30个、LED灯泡213个、无极灯电源120个、集束线1000米。严格督促维修公园广场亮化设维修，确保市政亮化设施完好和城市道路亮灯率99%以上。

【污水处理设施运行监管】 2020年，淮北市市、县累计完成排水管网排查检测800.43千米。每月联合市环保局、财政局对污水处理厂二期、经开区污水处理厂进行现场检查；按时办理污水处理、污泥处置运营费用拨付手续。对47.4平方千米市区按照排水区域划分4个片区，多区域全方面对市政道路、小区进行雨污分流改造。截至年底，老城区18条市政主干道路雨污分流改造全面完成。城区361个企事业单位和小区累计完成雨污分流改造178个，建设雨污水管道206千米。

公用事业

【城市绿化】 2020年，淮北市新增绿地20.78万平方米、改造提升绿地7.75万平方米，建成城市绿道10.1千米。完成盐洛高速连接线环境整治“五点一线”绿化工程；完成龙山路（青年路至开渠路）、中湖东路（梧桐路—花山路）、安民路、东湖环湖路、省道202改扩建行道树栽植以及梧桐北路改造等8条道路绿化；建成桂苑东路、凤凰山路、梧桐路、开渠东路等街头绿地（游园节点）8个；实施花山山体生态修复，完成土方约55万立方米、乔灌木种植2.9万株；实施烈山、卧牛山山体公园景观提升，新增亭、台、石刻、桥等景观节点11处以及景观道路1600米、仿古护栏1800米。完成市区绿地改造提升工作，确保绿地完好率95%以上。

【城市供水】 2020年，淮北市完成供水5070万吨，售水4200万吨。水质综合合格率达到100%，漏损率为9.76%。先后对高铁新区、东部新城区、西部城区以及市区所有新铺道路进行现场勘查，确定施工方案。市自来水公司累计铺设DN100以上管道45.6千米，全年发展新用户9000户。

【城市供气】 2020年，淮北市新增居民燃气用户38235户，较2019年同期下降3.59%；实现燃气销售总量16672万立方米，较2019年同期增长4.23%；实现营业收入66891万元，较2019年同期下降2.42%。强化安全管理，严格落实安全管理责任，全年未发生一般C级安全责任事故。

【城市供电】 淮北供电公司承担全市电网规划建设、运行管理、电力销售和103.19万户客户供电服务工作。截至2020年底，电网装机容量529.6万千瓦，全社会用电量累计完成714668万千瓦时。2020年，淮北供电公司执行阶段性降价政策，惠及7.2万余户，降低企业用电成本7054万元，以“欠费不停电、免收滞纳金”措施助力工商业复工复产。免费安装分界开关97个，节省客户投资1500万元。为小微企业落实“三零”（零审批、零上门、零投资）服务，房产联动过户由“一证受理”升级为“零证办电”。开辟光伏扶贫“绿色通道”，并网电量1012万千瓦时，结转补贴548万元，惠及贫困农户610户。完成高、中考15个考点空调外线工程，当好“保电陪考人”。截至12月31日，连续安全生产5941天。

（吴衍峰）

镇村建设

【镇村规划编制】 2020年，市自然资源和规划局实地开展“多规合一” 实用性村庄规划调研工作，全面梳理总结全市“多规合一”村庄规划工作开展情况，撰写《淮北市“多规合一”实用性村庄规划调研工作报告》。指导濉溪县县局的省级中心村建设规划的审查，其中，指导并参与完成对五沟镇魏庙行政村、丁杜周中心村等17个2020年度美丽乡村省级中心村建设规划审查工作。

【城镇建设指导】 2020年4月3日，淮北市组织全市危房改造技术人员及建筑工匠100余人参加省住建厅举办的全省农村危房改造技术人员及建筑工匠培训视频会。4月22日，4月29日、5月14日，市住建局分别到杜集区朔里镇，濉溪县四铺镇、五沟镇、临涣镇、韩村镇、双堆集镇、南坪镇，现场督促指导农房建设工作。组织市建筑设计院参与皖北片区农房设计，并将设计图集700本免费发放至行政村，指导农村房屋建设。

【农村危房改造】 2020年，省住建厅下达淮北市危房改造任务为146户（濉溪县137户、杜集区9户）。2月底，市住建局启动危房改造工作，3月份陆续开工，4月底前全部完工，5月20日前完成竣工验收，6月底前各级补助资金拨付全部到位并打卡到农户“一卡通”，提前完成146户改造任务。

（曲　中）

房地产开发与管理

【概况】 2020年，淮北市完成房地产开发投资214.2亿元，同比增长23.5%，增速比上年下降8.1个百分点。总开发面积1226.8万平方米，同比下降0.1%。新开工面积457.2万平方米，同比下降8.9%。竣工面积80.2万平方米，同比下降46.4%。全市办理新建商品房预售面积406.32万平方米，同比增长16.93%。至12月底，全市新建商品房库存面积376.70万平方米，同比上升37.75%。新建商品房、新建商品住房、非住宅商品房库存分别为376.70万平方米、321.82万平方米、54.88万平方米；库存去化周期分别为24.6个月、23.8个月、31.2个月。房地产市场库存处于合理区间，房地产市场呈现平稳发展态势。

【房地产市场运行情况】 2020年，淮北市新建商品房销售备案面积251.3万平方米，同比上升9.6%。二手房成交面积41.29万平方米，同比下降51.75%。其中，二手住房销售面积40.63万平方米，同比下降51.71%。

【房地产市场平稳健康】 2020年，淮北市及时调整房地产相关政策，调整房屋专项维修资金交存方式，提高预售监管资金比例。落实房地产开发项目建设条件意见书制度，加强项目调度，根据房地产开发企业开盘上市节点进行调控，保持新建商品住房均价稳定。以房地产领域历史遗留“难办证”为突破口，着力解决事关群众切身利益的突出问题，累计办理总产权项目143个、11.4万套，惠及34万名群众，获评2020年全国创新社会治理优秀案例，房企破产和解“淮北模式”写入最高人民法院工作报告。

【商品房销售】 2020年，淮北市新建商品房销售面积31.05万平方米，环比增长57.26%。其中，新建商品住房面积29.62万平方米，环比增长62.21%。全市新建商品房销售均价6656元/平方米，同比增长6.13%。其中，新建商品住房销售均价6505元/平方米，同比增长5.34%。二手房均价5389元/平方米，同比增长39.66%。12月份新建商品房销售均价6548元/平方米，环比下降8.1%。其中，新建商品住房销售均价6438元/平方米，环比下降9.5%。相山区新建商品住房均价7215元/平方米，环比下降8.2%；杜集区新建商品住房均价5503元/平方米，环比下降12.5%；烈山区新建商品住房均价4000元/平方米，环比增长6.7%。

【保障房建设】 2020年，省政府下达淮北市棚户区开工目标任务2187套，截至12月底，实际开工2534套，开工率115.9%；省政府下达淮北市基本建成目标任务是6037套，截至12月底，实际基本建成6384套，基本建成率105.7%。

【房屋征收】 2020年，淮北市房屋征收目标任务为26万平方米，实际完成征收面积48.29万平方米，搬迁居民1755户。全年对符合日常评估细则的14个项目进行日常评估30次。全年制作征收进度统计报表9期，开展季度性督查3次，现场指导调度30次。推进市重点项目征收补偿资金审计工作，完成民生东路、东湖环湖路、花山东路、青谷路、宁山路、青年路、东外环污水管网、东外环道路改造及防洪排涝工程共11个项目的征收补偿资金审计审核工作，合计审减资金4928.26万元，审减率16.7%。

【老旧小区整治改造】 2020年，淮北市对22个老旧小区进行改造，总建筑面积33.89万平方米，涉及居民6917户，完成投资5582.25万元。其中，相山区21个小区计划投资3597万元，完成投资5300万元，濉溪县1个小区计划投资367.2万元，完成投资282.25万元。截至年底，22个小区改造完工并通过验收，全部实施雨污分流。

【房屋鉴定】 2020年，淮北市签订白蚁预防工程合同689份，计730栋楼，建筑面积610.97万平方米，签发白蚁预防工程竣工验收报告178份，随工程进度跟进预防施工590余次，家庭单位进行走访灭治70余次。全年回访复查240余次。及时了解工程进度，防止白蚁预防漏施工现象发生。全年现场查看工地180余次，电话问询1350余次。

【中介代理】 2020年，全市进行房地产估价机构资质备案17家，房地产经纪机构备案21家，办理房地产估价报告备案3118份，备案金额20.24亿元，备案面积30.37万平方米；受理房屋租赁合同备案179起，备案面积19239.44平方米。开展房地产中介市场监管，定期不定期开展房地产中介市场巡查检查，会同城市综合执法局开展2次房地产中介机构专项联合检查，受理咨询、投诉问题61起（人次），调查处理结案率100%。

【物业管理】 2020年，淮北市有备案物业服务企业171家，实际开展物业服务企业95家。全市有住宅小区780个，实施物业管理住宅小区253个，无物业管理小区525个。实施物业管理住宅小区总建筑面积达2250.50万平方米，从业人员近1万人。安康小区、新华小区等10余个小区逐步形成以社区党组织、社区居委会、业主委员会和物业服务中心为主的“四位一体”物业管理机制。开展社区综合执法活动，对住宅小区内违章装修、噪声油烟扰民、污染环境、毁绿种菜、乱搭乱建等群众投诉进行及时处置，小区居住环境明显改善。

【房产超市管理】 2020年，淮北市在房产超市配置涉及房地产交易、房地产中介管理、住房贷款担保、住房保障申报等便民服务窗口。配合市处遗办加快推进历史遗留问题处理。优化调整窗口布局，全力支持市不动产登记中心，将市住建局25个业务服务窗口压缩为11个。

【房产信息化管理】 2020年，淮北市重点推进数据共享中间库建设工作，实现房屋交易数据（网签数据）与不动产登记部门互相推送。至年底，共接收不动产登记数据22万余条，其中所有权数据10万余条，抵押权数据4万余条，预告权数据5万余条，查封数据2万条。完成房改售房档案数字化项目建设工作，对1万余份、5万余面纸质档案进行整理、扫描、录入、挂接、调试，实现业务数据与纸质档案资料无缝衔接。

2020年淮北市房地产投资情况一览表

表15

指标名称	自年初累积	同比（%）
总施工面积（万平方米）	1226.8	–0.1
其中市区（万平方米）	910.5	–2.8
完成房地产开发投资（亿元）	214.2	23.5
其中市区（亿元）	159.3	19.0
新开工面积（万平方米）	457.2	–8.9
其中市区（万平方米）	297.1	–23.8
竣工面积（万平方米）	80.2	–46.4
其中市区（万平方米）	79.7	314.0

建 筑 业

【概况】 2020年，淮北市有建筑业企业595家，其中勘察单位6家，设计单位21家（含设计施工双资质11家），监理企业14家，施工单位554家。全市有住建部批一级以上资质建筑业企业12家、14项，住建厅批施工总承包资质建筑业企业52家、65项。审核发放安管人员资格1673人次、特种操作人员资格227人次；办理施工许可证47个、竣工备案项目83个；工改配套文件出台32项；经过审批系统办理审批工程建设项目138个，工程建设综合窗口办理各类审批事项3049件。对在淮北和拟在淮北开展施工图审查业务44家图审机构先后3次组织调审信用评价，将信用良好的12家图审机构纳入中介超市重点推荐名单，信用一般31家图审机构纳入一般推荐名单，信用较差1家图审机构列为不推荐名单。

【绿色建筑暨建筑节能】 2020年，淮北市新建民用建筑开工面积481.38万平方米，市（县、区）规划范围内全部推行新建建筑节能强制性标准，设计执行率100%，施工阶段节能执行率达到100%。南湖绿色生态示范城区逐步完善城市生态基础设施建设，建立良好城市生态环境和多样城市绿化景观。

【建筑工程质量管理】 2020年，淮北市建筑工程质量监督手续共受理88个项目，总建筑面积399.45万平方米。全市开展项目质量巡查853次，下发整改通知书358份，消除质量隐患978处。开展全市质量监督抽测工作，共监督抽测115组，重点加强对市政重点项目监督抽测。开展混凝土强度专项检查，检查项目68个。开展在建工程项目质量专项检查，检查15个项目，受检工程覆盖面积约183.68万平方米。下发5份整改意见书。全市有8项工程获得2020年度安徽省建设工程“黄山杯”奖。全年未发生重大质量事故。

【装配式建筑】 2020年，淮北市出台《淮北市人民政府办公室关于印发进一步推进装配式建筑发展的若干措施（试行）的通知》，通过政策实施推动，完成年度城镇竣工装配式建筑面积占比超过15%的目标任务。10月14—15日，2020年度安徽省住房和城乡建设系统装配式建筑“徽匠”职业技能竞赛在淮北市举办。雷山小区获批“2020年安徽省装配式示范项目”称号，并获省住建厅以奖代补资金248万元。引进上下游企业落地，加速装配式产业集群发展，2个产业基地年产混凝土预制件30万立方米，康美绿筑产业园年产20万立方米ALC板、20万平方米系统节能门窗。

【建筑安全生产】 2020年，淮北市与22家建筑施工企业签订《建筑施工安全生产目标管理责任书》，开展安全集中体验、安全知识进工地、安全警示教育、起重机械安全技术讲座等各类培训50余次，培训建筑工人1600余人、安管人员1200余人、特种作业人员170人，发放安全知识读本2000余本、《建筑工地复工疫情防控必读手册》1000余册。全市申报省级安全标准化示范工地项目10个。开展各类专项检查10余次，检查建筑工地530余次，下发限期整改通知单167份，停工整改通知单10份，停办建设行政许可手续项目1个，暂停使用起重机械25台，约谈项目33个，涉及企业74个，立案移交项目3个，不良行为记录单位10个。

【建筑市场管理】 2020年，淮北市检查市监管在建项目14个，督查县（区）监管项目4个，下发整改通知书7份；开展2020年度勘察设计“双随机 一公开”专项监督检查，检查在建项目6个，责令改正不规范行为为25条，对1个项目进行通报批评。受理工程建设领域专业技术人员职业资格“挂证”违法行为举报信息6起，约谈督促整改企业6家，注销注册各类人员6人次，移送市城市管理局2起，行政处罚2人，罚金1.2万元。加强部门执法联动，移送市城市管理局无施工许可证擅自施工案2起。及时调查核实回复省住建厅转办的涉嫌违法转包、分包、资质业绩核查等12起。严格行政执法，维护新型墙材建筑应用市场秩序，对全市（含濉溪县、三区）已取得安徽省新型墙材产品确认证书企业进行两轮新墙材产品质量抽检，31组样品检验全部合格。市住建局印发《淮北市预拌混凝土和预拌砂浆搅拌站布点规划（2019—2030）》，在总量、建设条件等方面做出规范要求，防止重复建设。开展2次施工图设计文件审查机构信用评价考核及监督检查，共抽查30家机构，完成审查合格30个项目；制定《淮北市消防专项设计技术性审核管理考评办法》《淮北市建设工程消防检测机构信用评分细则》等文件，加强建设工程消防专项设计技术性审核动态管理和规范建设工程消防检测机构管理。

（廖君总　陈　洪）

【淮北矿业（集团）工程建设有限责任公司】 公司是一家国有大型综合性施工企业，皖北地区唯一一家特级施工企业。具有建筑工程施工总承包特级，矿山工程施工总承包壹级等各类资质26项。有建造师、监理工程师各类注册人员222人，各类专业技术人员220人，各类用工2万多人。2020年，施工产值31.73亿元，占全市建筑业总产值的52.51%。公司为安徽省建筑企业50强和中国建筑企业500强，是省劳动保障管理信得过单位和国家级“守合同重信用”企业、AAA级信用企业。公司承建工程多次获煤炭行业优质工程奖、煤炭行业“太阳杯”奖、安徽省“黄山杯”奖。

【中煤特殊凿井有限责任公司】 公司为是中煤矿山建设集团有限责任公司全资子公司，专业从事矿山冻结、市政冻结、钻井法凿井、房建工程、路桥工程、桩基工程等施工建筑企业。有矿山工程和市政公用工程施工总承包一级资质，建筑工程、地基基础工程、钢结构工程等14项施工企业资质。公司拥有6个二级单位，资产总额超10亿元，职工近2000人，建造师70余人。公司施工项目遍布全国20多个省、市、自治区，屡次打破国内煤矿冻结法、钻井法凿井深度和直径全国纪录，填补国内海底冻结、水利冻结等多项业内空白。公司先后获国家级科技进步奖20余项、省部级科技进步奖60余项、省部级优质工程奖100余项，授权专利80余项。

【淮北淮海建设工程有限公司】 公司注册资本6亿元，2020年总资产15亿元，净资产3.07亿元，产值14.24亿元，纳税额2000多万元。公司拥有建筑施工资质25项，拥有地质灾害防治单位丙级资质。公司获得"NGV质量管理体系认证证书""企业信用评定等级AAA级"，2020年被省人力资源和社会保障厅认定为"安徽省劳动保障诚信示范单位"。

（刘　刚）

城市建设投资与融资

【概况】 2020年，淮北建投控股集团有限公司资产总额1295亿元，同比增长6.8%；净资产576亿元，同比增长1.3%；资产负债率55.52%。全年实现营业收入120亿元，实现利润20亿元，上缴利税3.51亿元。

【招商引资与融资】 2020年，淮北建投控股集团有限公司成立3只股权投资基金，各类股权投资基金总规模110亿元，撬动社会资本69.66亿元，对37个项目投放金额37.79亿元，同比增长62%；完成对安徽陶铝新材料研究院有限公司1.56亿元增资。引进明美新能源汽车动力锂电池项目、新乡天力锂电池项目、海宏新能源动力电池项目3家企业落户淮北市，投资总额10.7亿元。明美新能源汽车动力锂电池项目、海宏新能源动力电池项目在创业板上市审核，新乡天力锂能股份有限公司带动锂电新能源上下游产业集聚发展，助力淮北市产业链转型升级。对接多层次资本市场，新增深交所债券融资通道，新增债券批文10个，批文金额180.95亿元，同比增长108%。新拓展中国建银投资有限责任公司、天津银行股份有限公司、浙江浙银金融租赁股份有限公司等18家金融合作机构，合作机构79家。融资品种从常规流动资金贷款、项目贷款、融资租赁贷款拓展到保理、信托、隐性债务置换、疫情贷等产品，新增短期公司债、疫情专项债券2个品种，新增保理、险资、转租赁贷款3个品种，开展融资品种17个。

【产业投资与发展】 2020年，淮北建投控股集团有限公司完成投资72.24亿元。其中，固定资产及股权投资37.56亿元，同比增长27.8%；基金投资8.81亿元，同比增长22.3%；购置土地25.87亿元，同比增长53.7%；以市场化方式收购龙湖产业园8处僵尸企业1080亩土地资产，为陶铝峰千亿投资项目提供土地保障。推进高楼山二期采矿权挂牌出让，淮北通鸣矿业有限责任公司以15.1亿元价格竞拍成功，该项目开采总储量1.67亿吨，开采年限20年，年产850万吨，为淮北绿金产业投资股份有限公司在香港联交所IPO主板上市奠定基础；投资16亿元竞拍市600亩优质地块，投资1.26亿元竞拍25亩加油站用地；投资3.3亿元购置安徽矿业职业技术学院新校区、淮北市卫生学校新校区资产，投资10.5亿元收购淮北大唐电厂老厂区资产；

完成对淮北矿业（集团）有限责任公司去产能袁庄矿土地收储。投资成立淮北市颐年健康养老产业有限公司、建投管廊运营公司，实现投产即盈利开局。完成200辆新能源公交车采购项目招标工作。淮北市同创融资担保集团有限公司推进政府性融资担保体系建设，全年担保总额36.07亿元，在保余额32.1亿元，担保笔数239笔，担保户数197户；房地产公司全年销售面积5.97万平方米，销售额3.08亿元；淮北淮海建设工程有限责任公司全年开工新建项目共13个，新开工面积近70万平方米，新签订合同项目64个，合同金额26.6亿元，同比增长5.58倍。淮北市城市泊市管理有限公司新建绿金湖、碳谷湖配套停车场7座，新建新能源汽车充电桩12座，新增景区停车泊位650个，为市民提供停车服务260余万次。淮北市保障性住房运营有限公司加快东部新城集中供热项目建设，基本完成首站至绿金花园供热管道敷设工作。南湖公园加强对“三湖两馆”管理运营，承接各类政商接待400余次，接待市民及外地游客75万人次。

【重点工程项目推进】 2020年，淮北建投控股集团有限公司新开工建设邻里中心、市公交客运综合枢纽站、杜集经济开发区标准化厂房二期项目；市城市展示馆和档案馆布展完成交付使用；市开发区工业孵化加速器三期、杜集经济开发区标准化厂房一期、新型煤化工合成材料基地综合管廊二期项目和浓盐水处理厂项目如期完工；朔西湖环境综合治理项目（一期）基本完工；市人民医院新院区主体工程完成，被评为2020年安徽省建筑安全生产标准化示范工地；科创中心南区商务政务、大数据楼、双创楼主体结构封顶，被评为2020年度国家级“全国建设工程安全生产标准化工地”。绿金花园、金鼎世家项目完成主体结构封顶，绿金新城项目、绿城·诚园项目开售，盉街项目建成并投入运营。

【美丽乡村建设成效】 2020年，淮北建投控股集团有限公司加快推进乡村振兴，以古饶镇新村社区为试点，按照集约利用宅基地、复垦形成建设用地指标、将指标按照市场化方式交易给区政府、所得收益用于建设新农村方式，为古饶镇新村社区农户新建居住房屋96套，通过复垦节省建设用地85%以上，产生建设用地指标97亩，以每亩35万元价格市场化交易给烈山区人民政府，美丽乡村公司全年实现收入3395万元，实现利润790万元。

【优化债务结构】 2020年，淮北建投控股集团有限公司通过银行表内贷款置换表外高成本贷款，加快发行银行间、交易所产品置换非标准化产品，协商提前还款、降息、债务置换等方式，全年节约利息支出6400万元。合理调节中长期贷款和短期贷款比例，三年及以上中长期贷款由占比33%提高至58.8%。

【盘活闲置资产】 2020年，淮北建投控股集团有限公司开展“资产盘活年”活动，实现资产价值、经营收益、运营效率最大化，确保国有资产保值增值。将市国资委2015年划拨集团公司名下31处有产权房产，由原产权单位过户至集团公司及下属子公司名下，做到产权归属清晰。盘活10处闲置经营性房产，完成5个批次到期经营性资产租金评估、定价及拍租工作，全年房屋租赁收益1800万元。加快大唐淮北发电厂、淮北矿业（集团）有限责任公司去产能土地、金色云天等资产经营性利用。

【精细化管理】 2020年，淮北建投集团公司推进“降本增效”“管理质量提升年”“执行力提升年”三项活动，推进管理的精细化、规范化、责任化。淮北通鸣矿业有限公司节省电费9万元/月，节约生产成本约30万元。淮海建设工程有限责任公司通过自行编制施工图预算、工程结算、竣工决算等方式，节省造价咨询服务费约278.4万元。房地产公司制定下发管理制度28项、信息工作台账13个，新建管控流程17项。2020年实现盈利的子公司33家，较2019年增加4家。

（马　雷）

住房公积金管理

【住房公积金归集】　2020年，淮北市归集住房公积金37.55亿元，完成年度26.7亿元计划的140.64%。其中：市中心归集18.65亿元，完成全年11亿元目标任务的169.55%。全市新增开户企业（单位）219家，新增缴存职工12497人。其中非公企业101家，自由职业者缴存40人。

【住房公积金使用】　2020年，全市累计提取住房公积金28.25亿元，完成年度计划22.2亿元的127.25%，其中，市中心为缴存职工办理公积金提取27783笔，提取住房公积金12.42亿元，其中用于购、建住房提取5.65亿元，偿还贷款提取4.56亿元，退离休提取1.6亿元。全市发放个人住房公积金贷款22.17亿元，其中市中心发放个人住房贷款11.58亿元，共为3156户缴存职工解决住房问题，其中异地贷款51笔。全市实现增值收益2.27亿元，其中市中心实现增值收益0.85亿元。

【保障资金安全】　2020年，市住房公积金管理中心成立市住房公积金管理中心内审稽查工作领导小组，制定工作计划，明确稽查工作要点，每季度至少进行1次全面或专项内审稽查，形成内审稽查报告提交领导小组。完善归集、提取、贷款等业务管理制度，明确办理条件，规范审批操作程序，严格执行《住房公积金管理条例》《住房公积金归集业务标准》《住房公积金提取业务标准》《住房公积金个人住房贷款业务规范》等要求，加强对中心各类业务规范管理。重视电子稽查工作，及时分析结果，提升各项业务规范化水平，增强中心风险隐患排查和处置能力。加强对各类业务和资金核算监督把控，重点突出贷款回收环节风险控制，通过按时查、及时清和年末贷款零逾期目标，强化管控。全年个贷逾期率为零，未出现1笔资金风险，资产优良率为100%。

（王楚辉）

2020年9月28日，淮海经济区住房公积金事业一体化发展第二届主任联席会在淮北市召开　（王楚辉　摄）

环境·资源

环 境 保 护

【行政审批】 2020年，市生态环境局将环境影响文件报批时间由可行性研究阶段调整为开工建设前，环境影响评价审批与投资审批关系由前置“串联”改为“并联”，压缩审批时限，提高工作效率，方便企业办事。简化审批流程，将网上办理时限平均压缩至3个工作日内，办件材料精简60%以上。严格环境准入，严控“两高”行业新增产能，对重大项目坚持提前介入，做好环保服务。下放审批权限，除国家、省要求市审批项目由市局审批外，其余项目授权给各生态环境分局审批，使企业能够在项目所在地就近直接办理环保手续。项目环评审批取消选址意见、行业主管部门预审意见、水土保持批复、备案（核准）文件等前置条件。

【大气环境监测】 2020年，淮北市有国控城市空气自动监测站点3个，分别在市监测站、淮北职业技术学院、烈山区政府；省控空气自动监测站点3个，分别在杜集区检察院、濉溪县环保局、濉溪中等职业技术学校。新建1个VOC空气自动监测站，正常运行。国控点增测能见度，每天24小时连续监测，由社会环境监测机构承担日常运维。

【水质监测】 2020年，淮北市新建省控赵集水质自动站1个、市控水质自动站12个，并联网运行。全市有小王桥、李大桥闸、后常桥3个国控水质自动监测站。全年全市对辖区内濉河、沱河、浍河、澥河等主要河流6个国控、省控断面开展12次监测，8个市控断面地表水水质进行4次例行监测，21个生态补偿断面地表水水质进行12次例行监测。与宿州站开展新北沱河蔡桥闸生态补偿断面联合监测，开展地表水“采测分离”工作12次。每月监测一次淮北市九一〇厂、淮北市自来水厂（东部汇水区）、淮北市第一中学、淮北市自来水公司、淮北市财政学校、淮北市市政工程管理处汇水区水质监测，监测项目为常规39项，3月及7月开展2次全指标93项水质监测。

【环境噪声监测】 2020年，淮北市对区域环境噪声、交通噪声、功能区定点噪声等常规监测项目设置监测点进行监测。设置区域环境噪声监测点位173个、交通噪声监测路段13条、监测点位54个，按规范每年监测1次；10个功能区定点噪声每季度监测1次。

【环境监管与执法】 2020年，淮北市推进生态环境保护综合行政执法改革，惩治各类环境违法行为。先后指导、检查企事业单位2889家次、饮用水水源地312家次，发现并督促整改问题173个。全市适用《中华人民共和国环境保护法》及配套办法查处案件数为99件，实施行政处罚68件，罚款1000余万元。开展危险废物专项整治检查，生态领域“黑天鹅”“灰犀牛”风险排查整治，消耗臭氧层物质专项执法检查。开展持证监管工作，实现发证完成率100%，登记完成率100%。全市梳理排查“散乱污”企业141家，全部完成整改。全年开展秸秆禁烧工作，组建6个督导组和20个包保巡查组开展督导巡查。运用“大数据+云计算+物联网”大气网格化监测监管系统平台，排查事件5230件，存在环境问题3019件，整改完成2882件，整改完成率95.5%。全年受理环保“12369”投诉热线、来信、网络投诉等各类环境污染投诉和咨询共812件，完成办理。

【环境污染事故处置】 2020年，淮北市完成企业突发环境事件应急预案备案18件。联合市应急管理局等单位举办淮北市危险化学品事故应急救援演练。开展重点行业企业环境安全隐患排查。开展重点领域环境风险防控，预防“黑天鹅”“灰犀牛”事件发生，全年无突发环境事件。

【环境保护宣传】 2020年，淮北市运用报、网、微、屏等媒体平台，发布生态环境保护原创信息300余条；拍摄建市60周年生态环境篇视频并入选学习强国安徽平台；举办4次例行新闻发布会；组织环境监测、城市污水处理、城市生活垃圾处理、危险废物和废弃电器电子产品处理等4类设施向公众开放活动12次，参观人数500余人。完成2个环保设施线上游网上开放工作。“六五”世界环境日期间，市委书记黄晓武发表的署名文章《践行“两山”理念 打造生态文明建设淮北样板》被《中国环境报》刊发。制作播放3期“生态环保大家谈”、7期“我的环保故事”电视节目。发放宣传材料5000余份。

【环保督察】 2020年，市委常委会、市政府常务会、市环委会和专题会22次听取环保督察问题整改报告，研究解决整改存在问题。例行调度通报和开展“再体检”“回头看”等，加速整改进程。2019年度全面推进“三大一强”专项攻坚行动中，省委、省政府下达“23+N”生态环境问题8个，完成省级验收销号；省生态环保督察反馈问题68个，完成整改验收销号66个；交办信访件367件，完成验收销号364件，剩余3件涉及1个问题（濉溪县孟沟黑臭水体问题）；“回头看”督察问题（第一批）共37个，全部完成验收销号。省委、省政府下达2020年“N”类突出生态环境问题（第五批）21个，全部完成验收销号。

（陈　倩　刘旭东　陆宜杰
周　舜　周志莹　朱光玉）

环境质量

【大气环境质量】 2020年，淮北市空气质量级别优良天数占71.3%，轻度污染天数占22.6%，

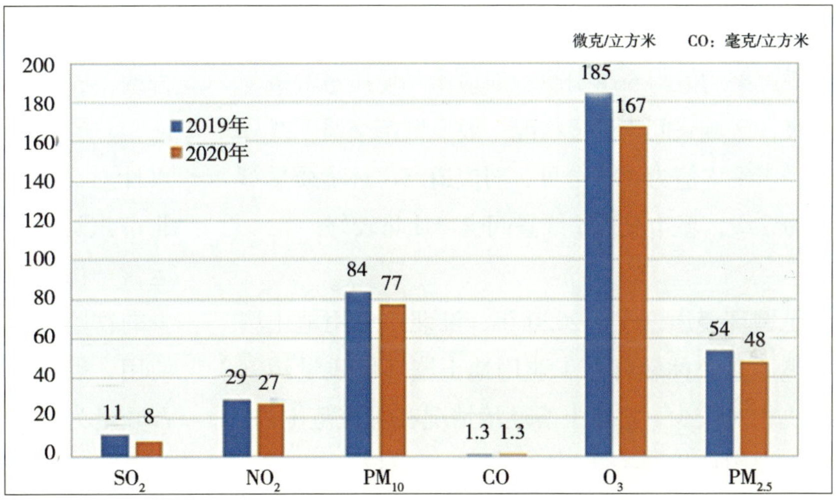

图4　淮北市2019年与2020年环境空气质量对比图

中度污染天数占3.9%，重度污染天数占2.2%，无严重污染出现。空气二氧化硫、二氧化氮、可吸入颗粒物、细颗粒物年均浓度分别为8微克/立方米、27微克/立方米、77微克/立方米、48微克/立方米，一氧化碳日均值第95百分位浓度为1.3毫克/立方米、臭氧日最大8小时平均值第90百分位浓度为167微克/立方米。全市二氧化硫、二氧化氮年平均浓度均达到《环境空气质量标准》（GB 3095—2012）二级标准要求；一氧化碳日均值第95百分位浓度达标；臭氧日最大8小时平均值第90百分位浓度超标；可吸入颗粒物、细颗粒物年均浓度均超过标准要求。全市空气环境首要污染物为细颗粒物和臭氧。

【水环境质量】 2020年，淮北市地表水主要污染物为化学需氧量、高锰酸盐指数、氟化物等。4个国控出境断面中，沱河后常桥、浍河东坪集监测指标均值达到《地表水环境质量标准》（GB 3838—2002）Ⅳ类水质；濉河符离闸断面、澥河李大桥闸断面监测指标均值达到《地表水环境质量标准》（GB 3838—2002）Ⅲ类水质，均达到国家考核目标要求。全市城市集中式饮用水源地（地下水）监测6个汇水区饮用水源地水质符合《地下水质量标准》（GB/T 14848—2017）Ⅲ类标准，饮用水源地水质达标率为100%。

【声环境质量】 2020年，淮北市城市区域环境昼间噪声平均值为56.8分贝，对应声环境质量等级为三级，区域昼间声环境状况一般。城市交通干线昼间噪声平均值为69.6分贝，对应道路声环境质量等级为二级，城市交通干线昼间噪声质量较好。

【土壤环境质量】 2020年，淮北市农用地土壤环境质量总体较好，工业用地土壤环境质量污染地块相对较少，整体土壤环境情况在可控范围内。全市农用地均为一类用地，无超标点位。

（刘旭东）

节能减排

【工业节能】 2020年，淮北市新增国家级绿色工厂1家、绿色设计产品8个、绿色设计示范企业1家、省级绿色工厂2家、市级绿色工厂5家。27家企业（产品、技术）入选省工业领域节能环保“五个一百”推介目录。截至年底，有国家级绿色工厂4家、国家级绿色产品14种、国家级绿色供应链示范企业1家、省级绿色工厂9家。临涣焦化股份有限公司被工信部认定为第五批绿色工厂，华孚时尚股份有限公司再生涤色纺纱线等8种产品申报国家绿色产品，安徽中意胶带有限责任公司、安徽弘昌新材料有限公司被认定为安徽省绿色工厂。淮北市组织编制市绿色制造项目投资导向计划；安徽金冠玻璃有限责任公司燃煤玻璃窑炉节能技术改造项目建成生产；淮矿集团对30台燃煤锅炉实施淘汰改造，实现燃煤窑炉、锅炉清洁能源替代；濉溪经济开发区供热改造项目基本完成；相山水泥有限责任公司投资6400万元，对3条熟料生产线实施超低排放改造，各类污染物排放指标达到行业先进水平。

【交通节能】 2020年，淮北市交通运输部门严把车辆燃料油消耗量核查关，对未提供检测报告或不符合限值标准的车辆不予配发“道路运输证”，严禁排放不符合标准的车辆进入营运市场，累计对2777辆车进行燃料消耗量限值核查。淮北市汽运公司采购新能源公交车18台，并投入运营。优化调整货物运输结构，尽量使用耗能较少的铁路和水路运输，推进水路运输和港口岸电使用，船舶靠港后使用耗能较少的岸电。南坪港吞吐量为150万吨，全年累计使用岸电次数63次，节电时间1017小时，用电量1062千瓦时。

（王亚东）

【公共机构节能】 2020年，淮北市开展节约型公共机构示范单位申报和创建工作，完成创建54家，其中开展公共机构节水型单位建设工作，国家级9家、省级45家。全市101家单位被命名为“市级公共机构节水型单位”，淮北师范大学被评为安徽省第一批节水型高校。开展公共机构生活垃圾分类工作督查，多次对各县、区政府及市直党政机关、事业单位等公共机构生活垃圾分类工作进展情况开展督导检查。召开全市公共机构节能培训会，指导推进公共机构节能工作。

（冯可菁）

【节能管理】 2020年，淮北市推进重点用能企业节能管理，对9家水泥企业实施水泥阶梯电价专项监察；对安徽中意胶带有限责任公司等5家企业开展能源审计，督促企业落实审计建议；对9家企业开展节能诊断服务；引导淮北矿业相山水泥有限责任公司等企业开展能效对标活动。落实大气污染防治重点任务、挥发性有机物污染综合治理实施方案、百日攻坚方案等。督促化工行业、工业涂装、包装印刷行业等工业企业实施挥发性有机物治理。重点实施安徽矿机喷漆线升级改造，安徽碳鑫科技有限公司甲醇综合利用等项目，有效减少废气排放。重点推进淮海集团新宇公司利用煤矸石生产保温砌块、煤矸石路面砖和煤矸石陶粒项目，安徽中冶淮海装配式建筑有限公司利用粉煤灰生产混凝土预制构件等一批大项目建设，推进临涣焦化股份有限公司高盐废水单质分盐项目，年节水12.8万立方米。

【节能技能技术推广应用】 2020年，淮北市推进节能环保产业“五个一批”（壮大一批节能环保优质生产企业，培育一批节能环保综合利用重点企业，推广一批节能环保新技术新产品新装备，实施一批节能环保重点改造项目，打造一批节能环保服务机构）专项行动，安徽三星环保装备制造有限公司、淮北中清环保科技有限公司等4家企业入选节能环保优质生产企业目录，安徽中意胶带有限责任公司煤矿用织物整芯阻燃输送带绿色生产技术等5项技术入选节能环保先进技术目录，淮北中能矿机有限公司NF70循环增压式水处理设备、安徽三星环保装备制造有限公司超静音布袋除尘器等14个产品入选节能环保新产品新装备目录，安徽金冠玻璃有限责任公司高端定制有色玻璃器皿生产线节能改造等3个项目入选节能环保重点改造项目目录，淮北中成检测有限公司入选节能环保服务机构目录。

（王志强）

污染防治

【主要污染物减排】 2020年，淮北市二氧化硫减排84.15吨、氮氧化物减排260.1吨、化学需氧量减排1188.23吨、氨氮减排140.83吨，四项主要污染物排放削减率分别为二氧化硫0.02%、氮氧化物0.09%、化学需氧量2.1%、氨氮2.15%。

【大气污染防治】 淮北市出台《淮北市2020年大气污染防治重点工作任务》《淮北市挥发性有机物污染综合治理方案》《淮北市2020年夏季挥发性有机物污染治理百日攻坚行动方案》《淮北市2020—2021年秋冬季大气污染防治攻坚行动实施方案》《淮北市重污染天气应急减排措施清单》，推进大气污染防治工作。细化114个大气污染防治重点项目。针对城市建设扬尘、交通运输扬尘、机动车污染、燃煤锅炉、搅拌站、餐饮油烟、“散乱污”等方面大气污染突出问题，开展“四治联动”“环境夜查”和“零点行动”等专项整治。加强空气质量监测预警，完善重污染天气应急减排清单，实施“一厂一策”及“人工增雨”，减轻重污染天气影响。

【水污染防治】 2020年，淮北市集中治理工业集聚区水污染，全市5个省级工业园区均建设集中污水处理设施或依托城镇污水处理设施处理。推进老城区雨污分流改造，实施地表水断面生态补偿机制，濉溪县产生污染赔付金1550万元，相山区获得生态补偿金550万元，杜集区获得生态补偿金为550万元，烈山区获得生态补偿金500万元。加大入河排污口源头治理，实施河湖清四乱行动。开展农村生活污水处理，完成12个镇政府驻地13个污水处理厂（站）建设，实现18个镇政府驻地污水处理设施全覆盖。开展季度绩效评价，实施政府奖补资金300万元。调度“4+39”个乡镇政府驻地和美丽乡村中心村生活污水设施排查问题整改。优化调整禁限养区，面积减少144平方千米。规范乡镇污水处理厂（站）和农村生活污水处理设施建设，加强对污水处理设施规划、建设、运维和管理指导。

【土壤污染防治】 2020年，淮北市推进农用地土壤污染状况详查及重点行业企业用地土壤污染状况调查，完成13个高风险值地块现场踏勘及采样，建立并公示建设用地土壤污染风险管控和修复名录，开展重金属重点行业企业排查整治，核定85个建设项目主要污染物新增排放容量。

【农村面源污染防治】 2020年，淮北市完成农村环境综合整治任务7个。完成五沟镇庙前村沟、界沟村塘清淤及杂草清理和垃圾桶、扫把等环卫设施采购；烈山镇青谷社区完成自来水管道及水表改造、建成水冲式公厕3座、清理河道等；朔里镇段庄村建成雨水管网420米；石台镇白顶山村建成水冲厕所1座；段园镇大庄村建成雨水管网1800米、袁庄村建成水冲厕所4座等。村庄饮用水卫生合格率、生活污水处理率、生活垃圾无害化处理率、畜禽粪便综合利用率均达到考核标准要求，有效解决当地农村“脏乱差”现象。

【建设项目环境管理】 2020年，淮北市为招商引资项目出具环保预审意见，办理环评审批手续，助推安徽口子酒业股份有限公司2万吨大曲酒酿造提质增效项目、淮北固废生态处置工程项目、淮北市雨污分流、城镇排水提质增效工程等重点项目建设。对列入建设项目环境影响评价“零审批”“正面清单”22个行业50类对环境影响较小建设项目豁免环评审批及备案手续。全市审批建设项目环评225个。

【建筑施工扬尘防治】 2020年，淮北市把扬尘防治纳入日常安全文明施工监督管理，规定新开工工地责任单位落实扬尘防治六个100%，凡不达标给予双停（停止施工、停止销售）。落实道路降尘各项工作任务，提高机械化清扫率，增加人员车辆投入，增加对国控点周边夜间冲洗降尘作业，提升城区道路清扫保洁作业质量。公路道路施工项目落实施工工地扬尘污染防治要求，对工地没有达到要求的进行停产整顿。对渣土运输企业实行量化百分制考核。

【交通噪声治理】 2020年，淮北市建立部门联动机制，加大社会生活噪声整治力度。加强道路交通乱鸣笛现象监管力度，在市区主干道设立禁鸣标识，在各学校所在路段和办公场所等敏感区域附近设禁鸣区和限速区。交管部门合理分配各交通干道车流量、车吨位，管理机动车违章、占道问题，提高城市道路通行效率。市住建、交通部门加强道路建设改造，对淮海路、相山路、濉溪路等城区主要道路、路口进行改造、修补，建设交通干线绿色声屏障，改善声环境质量。

【医疗和工业危险废物处置】 2020年，淮北市危险废物申报单位309家，其中，工业企业

121家，医疗机构142家，实验室单位2家，机动车维修保养单位41家，生活垃圾焚烧厂1家，垃圾填埋场1家，小微企业1家。2019年度危险废物结转量约600吨，2020年危险废物产生量5.8万余吨。

（黄培培　吴　森　周　斌
段志鹏　陈　倩　王　健）

水资源与水土保持

【水资源管理】　2020年，淮北市严守“三条红线”（水资源开发利用控制红线、确立用水效率控制红线、水功能区限制纳污红线）、落实“四项制度”（用水总量控制制度、用水效率控制制度、水功能区限制纳污制度、水资源责任和考核制度），推进节水型社会建设，杜集区和烈山区被水利部授予“第三批节水型社会建设达标县区”称号，淮北市成为全省第一个实现辖区县域节水型达标建设全覆盖地级市。印发《关于下达2020年度各县区取水计划的通知》，将全市用水总量控制指标分解，对年用水量1万立方米以上的工业企业60家全部下达年度用水计划。落实取水许可监督管理制度，全市保有取水许可证125个，全部完成电子证照转换，许可水量2.03亿立方米。印发《淮北市节水行动实施计划》，成立分管副市长为组长的领导小组，定期召开节水联络员会议，完成全年节水行动实施计划各项目标任务。印发《关于加强节水评价和计划用水管理有关工作的通知》，全市13个建设项目和2个规划水资源论证开展节水评价，全部建立台账，并按时上到报省水利厅。推进非常规水源利用，城市污水处理回用率为42%。推动水源置换及地下水压采，牵头制定《淮北市自备井关停工作方案》，全年压采地下水2300多万立方米。开展节水宣传，制作“韶华——圆梦60年 奋进新时代”节水宣传短视频，开展走进南湖节水教育基地大型宣传活动，全年发表节水报道30多篇，淮北申皖发电有限公司等9家企业积极创建省级节水型企业。完成对重点取用水户的监督管理、规划水资源论证、用水统计调查、取水工程核查登记等各项工作。

【水土保持】　2020年，淮北市水土流失面积比2019年减少0.1平方千米，市水土保持和水利规划室被评为全省水利系统先进集体。建立水土保持部门联席会议制度。通过定期组织召开部门联席会议，建立水土保持信息共享制度，统筹推进全市水土保持生态文明建设。推进遥感监管违法违规项目查处，水利部遥感监管105个违规项目全部在12月底前完成整改销号。严格水土保持方案审批，截至年底，共审批国道237（省道203淮六路）五里郢至青龙山段改建工程等3个生产建设项目水土保持方案。对所有部、省审批建设项目水土保持方案和市级审批建设项目水土保持方案进行全面现场检查。推进水土保持区域评估工作，先后完成对市高新区、临涣煤化工基地、濉芜产业园及濉溪、杜集、相山、烈山经济开发区水土保持区域评估报告审查，受理18件承诺制办件。

（翟园园）

资源管理

【规划编制】　2020年，淮北市进一步加强全市各重点区域的空间布局、土地利用研究，形成《淮北市重点发展区域中小学布局规划》《合徐高速连接线两侧区域概念性规划》《口子工业园二期控制性详细规划》《东部新城控制性详细规划花山片区动态维护方案》等一批规划成果。组织编制《淮北市生态网络规划》获全省优秀规划设计一等奖、全国优秀规划设计三等奖。

【要素保障】 2020年，淮北市强化土地供应管理，依法办理12宗划拨用地供地手续和8宗国有建设用地使用权转让事项。完成国有自然资源资产报告统计工作。严格国土空间用途管制，批准土地面积599.91公顷，其中使用工矿废弃地复垦计划批准土地37.65公顷，城镇批次及单独选址项目批准土地544.04公顷，使用增减挂钩计划批准土地18.22公顷。

【耕地保护】 2020年，淮北市印发《关于进一步加强和改进永久基本农田保护工作的通知》，推动耕地保护责任落到实处。加强永久基本农田保护动态巡查和监测，管好、护好208.25万亩永久基本农田，补充耕地4935.81亩，办理设施农用地手续51宗，面积1492.63亩。

【矿业权管理】 2020年，市自然资源和规划局协助矿业权人到省厅办理采矿权延续、变更、保留等手续，共出具矿业权人核查意见表11份。对全市露天矿山开展摸排整治工作，维护矿产资源开发利用秩序。公开出让淮北市烈山区高楼山矿区1.64亿吨建筑石料用灰岩采矿权，成交收益金15.1亿元。

2020年8月28日，市自然资源和规划局开展《中华人民共和国测绘法》宣传活动 （朱龙 摄）

【矿产资源保护监督】 2020年，淮北市指导矿山企业完成2019年度储量年报统计工作。开展矿产资源储量动态检测工作。开展绿色矿业发展示范区建设，淮北市2家矿山企业入围全国绿色矿山名录。完成全市33家持证矿山企业及15个勘察项目信息公示工作，信息公示率100%。

【国土空间生态修复】 2020年，淮北市完成省下达的30个废弃矿山生态修复治理任务，治理恢复面积113.36公顷，总投资9220.46万元。完成在建生产矿山治理面积3381.65亩，使用基金12843.78万元。印发《探索利用市场化方式支持采煤沉陷区综合治理实施办法》，采用市场化运作、科学化治理模式，推动全市采煤沉陷区综合治理由单一结构向多元格局转变。

【地质勘查与灾害防治】 2020年，淮北市编制《淮北市2020年地质灾害防治方案》。落实24小时值班和地质灾害日报告制度，开展地质灾害汛前、汛中、汛后“三查”工作，建立监测预警体系。

【建设用地报批】 2020年，淮北市上报各类建设用地50件，报批建设用地总面积6357.21亩，主要用于京台高速公路淮北收费站东迁工程、人民西路、符夹铁路符离集至新河段扩能工程、平山电厂二期、古城东路烈山段、绿金学校、南部次中心等项目建设。

【用地审批与服务】 2020年，淮北市合并办理建设项目规划选址和用地预审、建设用地规划许可证和用地划拨决定书事项，实施工程建设项目联合测绘。办理各类行政许可事项220件，审查修建性详细规划25个，核发建设项目用地预审与选址意见书38份，面积4162亩，建设用地规划许可证52件，面积5553亩，建设工程规划许可证105件，面积477万平方米。

【土地市场交易】　2020年，淮北市本级实施收储土地39宗，面积3823.05亩。招拍挂出让土地34宗，面积3256.12亩，成交价款40.774亿元。实现市级非税入库收入约50亿元。

【采煤塌陷村庄搬迁】　2020年，淮北市对全市11个乡镇25个安置点项目建设进度进行不定期督查，及时掌握村庄搬迁动态，组织召开协调会14次，下发督查通报、通知等3件。年内，濉溪县临涣镇后李场等3个安置点开工建设，烈山区宋庄，濉溪县临涣镇郭沟、孙疃小卜家，四铺镇雅虎张等8个新村安置点主体完工。2011—2018年度全市列入省采煤沉陷村庄搬迁计划的165个自然村中，96个新村主体工程完工，搬迁入住6.8万人。

【城市地价管理】　2020年，淮北市组织开展城市地价动态监测工作，科学划分42个监测区段、设立72个地价监测点，按季度进行动态监测，综合分析全市地价变化形势。是年，全市综合地价水平值为1418元/平方米，环比增长0.14%，同比增长0.57%。其中，商业地价水平值为3038元/平方米，环比增长0.10%；居住地价水平值为1956元/平方米，环比增长0.15%；工业地价水平值为328元/平方米，与2019年持平。7月，淮北市国有建设用地土地定级与基准地价更新成果、城区标定地价更新成果分别经市政府批准公布施行。

【不动产登记】　2020年，淮北市受理各类不动产登记业务11.74万件，发放登记证书6.06万本、证明3.79万份。实现不动产登记业务苏鲁豫皖四省“跨省通办”和“交房即领证”。市不动产登记中心与全市12家银行都建立合作关系，实现预抵押、正式抵押和抵押注销业务的“不见面办理”。推进房地产领域历史遗留“难办证”问题专项治理，解决房地产领域历史遗留问题187个，涉及房屋11.95万套。

【测绘管理】　2020年，淮北市办理测绘单位基本信息变更1项、资质升级1项、业务范围变更3项、补充修改数据6项、资质注销1项。编制淮北市标准地图，在局门户网站公布并提供下载服务。完成涉密测绘成果审批和测绘地理信息项目登记备案工作。审核合格并公示3批10家符合联合测绘资质资格条件的测绘机构，全部录入淮北市“联合测绘”测绘服务机构名录库。

【自然资源执法】　2020年，淮北市开展动态巡查2800余次，发现违法行为186次，下达责令停止违法行为通知书140件，立案查处62件，保护耕地240余亩。经整改，全市卫片执法违法问责比例降至0.77%。报送自然资源领域扫黑除恶问题线索16起。2宗违建别墅整改到位并通过省级验收。完成8045个农村乱占耕地建房图斑摸排上报工作。

【自然资源确权登记】　2020年，淮北市开展“房地一体”农村宅基地和集体建设用地使用权确权登记发证工作，全市宅基地完成发证276446宗，占应登记的91.6%；集体建设用地完成发证603宗，占应登记的100%。

【采煤塌陷区综合治理】　2020年，市自然资源和规划局提请市政府印发《探索利用市场化方式支持采煤沉陷区综合治理实施办法》，采用“市属国企引领投资、区属国企充分进入、社会资本积极参与”的方法，探索采煤沉陷区综合治理市

朔西湖湿地公园　　（黄鹤鸣　摄）

场化模式。积极申报山水林田湖草生态保护修复项目，《安徽淮北山水林田湖草生态保护修复工程实施方案》进入中央重点生态保护修复资金项目储备库。

【两淮采煤沉陷区综合治理现场会】 2020年9月16日，省发展改革委、省自然资源厅在淮北市召开两淮采煤沉陷区综合治理现场会。国家发展改革委地区振兴司副司长王冬欣出席会议并讲话。省自然资源厅等部门相关处室负责人，皖北六市以及涉及采煤沉陷区的县、区政府相关负责人及煤矿企业负责人参加现场会。与会人员参观绿金湖、安徽陶铝新材料研究院、淮北东山口子产业园、朔西湖等项目，考察采煤沉陷区综合治理和产业转型发展情况。座谈会上，与会人员观看采煤沉陷区综合治理成效专题片，市自然资源和规划局、濉溪县、杜集区负责人介绍采煤沉陷区综合治理经验。

（朱　龙）

交通·通信

交通运输

【概况】 2020年，淮北市交通运输局完成各类交通基础设施投资20亿元。全市共有货运业户14614家，其中危险品运输企业11家。有货运车辆30943辆，其中危运车辆265辆。旅客运输经营业户7家，客运车辆400辆，其中班线客运3家，旅游客运业户4家，旅游车辆190辆。出租汽车客运业户4家，出租汽车1637辆，运送乘客2065.7万人。完成公路客运量492万人，客运周转量45452万人/千米；完成公路货运量9286万吨，货运周转量1769188万吨/千米。

【基础设施建设】 2020年，淮北市国道3京台高速淮北收费站东迁工程、国道237二期、国道344一期、省道235二期、省道101青阜铁路立交桥等一批重点项目完工通车。

浍河孙疃大桥、北邵桥建成通车，通航里程增加30.5千米。临涣船闸工程、孙疃码头等一批港航项目开工建设，韩村码头建成运营。

农村公路扩面延伸工程建设计划280.99千米，项目总投资30931.1万元，其中濉溪县249.92千米，计划投资28306.1万元；杜集区31.07千米，计划投资2625万元。“四好农村路”建设提前完成。

【智慧交通建设】 2020年，淮北市交通强国试点项目建设取得阶段性成果；城市大脑助力数字治超项目入选安徽省城市大脑应用场景试点项目；智慧交通推动安全生产获评交通运输部创新案例；区块链应用技术获交通运输部项目支持。《中国交通报》头版头条刊发《淮北交通云平台监管协同更智慧》，全国400多批次人员到淮北学习考察。全市实现公转水200万吨、公转铁1200万吨，降低物流成本合计1.5亿元。推进“互联网+高效货运”建设，全市首张网络货运道路运输经营许可证落户淮北矿业集团供应链科技有限公司，全年有3家网络货运企业落户淮北市。

【道路运输安全】 2020年，淮北市排查建立交通运输安全生产风险隐患清单，严格重大安全风险报备制度。出动执法人员2320人次，组织专项活动20次，检查车辆5万余台次，查处班线客车旅游客车北斗不在线64台次，查处货运车辆北斗不在线2110台次。对全市40家道路运输企业、11家危险品运输企业负责人及100名驾驶人员进行安全业务培训。淮北华润燃气有限公司、淮北市汽车运输有限责任公司分别开展天然气运输车辆卸车环节堵漏、公交车消防反恐应急疏散等应急演练。全年开展5次专项检查，查出隐患7条，下发《质量安全综合督查通报》1份，监督整改率100%。

【行政执法工作】 2020年，淮北市率先在全省完成交通综合执法改革任务，对划转执法人员开展岗前培训。省厅专门为淮北市举行交通运输行政执法资格认证考试，并以《改革信息专报》形式专题介绍淮北市改革经验，由先行先试变成示范引领。在全省率先出台《淮北市交通运输局内部工作运行机制实施意见（试行）》，形成服务、管理、执法，既各司其职又协同配合的良好格局。累计立案各类交通违法案件7138件，罚没收入1516.81万元。全市非现场执法动态检测卡点累计检测货运车辆108.37万台次，证据确认超限22931台次，路面超限超载率控制在0.21%以下。开展交通运输领域突出问题专项整治，取缔位于市长途汽车站前和火车站前非法经营车辆聚集场所2处；对妨碍、干扰交通执法5名违法行为当事人，报公安机关依法实施行政拘留3人，刑事拘留2人。

公　　路

【公路路网建设】　2020年，全市在建国省干线4条，分别为省道235濉唐路（淮北段）改建工程、国道237（省道203淮六路）二期工程、国道344（县道016宿涡路）改建工程和京台高速淮北收费站东迁工程项目，均完工通车。新建徐淮阜高速公路完成勘察设计招标工作。

【公路养护与管理】　2020年，淮北市实施大中修路面工程1个、路域环境提升工程1个、桥梁修复养护工程5座，完成投资约2000万元。投入1700万元对红绿灯路口，穿集镇路段道路病害进行处治，同时完善附属设施及道路安全标识。全年增设、更换限载及信息标牌208块，补画道路标线3600平方米，更换涉水路段防撞护栏1600余米，更换公路安全标志39块，设置太阳能爆闪灯55套，整治安全隐患点10处。保护冬季雨雾天气道路安全通行，储备应急工业用盐20吨、融雪剂20吨、防滑碎石100吨、编织袋1000条。

【农村公路监管】　2020年，淮北市农村公路养护提升工程建设计划75.72千米，完成总投资2995.5万元。其中濉溪县43.6千米，杜集区18.05千米，相山区2.96千米，烈山区11.11千米。农村公路通行条件和路域环境得到提升，交通保障能力增强。全市有199个乡村道专管员，负责农村公路工程管理巡查、安全隐患排查、养护监督。建成县、乡镇、村三级农村公路路长制管理体系。

【公路运输安全监管】　2020年，淮北市重点加强“两客一危”行业监管，排查安全隐患125个并督促企业落实整改。推广和使用淮北市交通运输安全生产监管监察平台。开展道路运输行业两类关键人员（企业主要负责人和安全管理人员）

2020年10月14日，省道101合相路二期建成并全线通车

（市交通运输局　供图）

考核，开展交通运输部安全生产信用评价系统应用工作。全市道路危货运输管理实现企业公司化管理率、危货车辆卫星定位系统安装率、车辆标志牌和标志灯安装率、车辆技术性能检测合格率、从业人员持证上岗率、承运人责任险投保率“六个100%”。

【汽车维修行业管理】 2020年，淮北市出动执法人员466人次，检查机动车维修企业123家。全市机动车维修经营备案一类维修企业2家，二类5家。开展一、二类维修企业质量信誉考核工作，一类企业获得AA级31家、A级1家，二类企业获得A级79家，缓审5家，停业10家。推进5家M站建设工作，组织400辆4.5吨以上柴油车进行OBD（远程在线监控）设备安装。全年对3636辆车进行燃料消耗量限值核查，技术等级评定车辆19788辆，营运客车类型划分275辆。

【汽车驾驶培训管理】 2020年，淮北市有机动车驾驶培训学校28家，其中，一级驾校6家、二级驾校7家、三级驾校15家（含暂停招生整改1家）。培训学员32770人。“12328”交通运输服务热线受理驾培行业投诉举报229件，回复229件，回复率100%。定期向社会公布驾校培训质量排行榜、驾校学员三年内交通违法情况和驾校投诉举报排行榜。

【淮北市汽运公司】 2020年，淮北市汽运公司有客运班线89条，车辆190台，年客运量47.11万人；公交线路24条，公交车辆159台，年客运量420.4万人。全年实现营收7425.26万元，同比略有下降。受新冠疫情、老百姓出行多样化等因素影响，班线年客运量同比下降61.35%，公交年客运量同比下降32.35%。

铁　路

【概况】 2020年，淮北车务段管辖青阜、符夹、京沪、宿淮、淮萧客车联络线5条线路上26个车站（其中二等区段站1个，二等中间站2个，三等站9个，四等站14个），营业里程408千米，共有16个车站办理货运业务，7个车站办理客运业务。淮北车务段管内行车设备为双线自动闭塞和单线半自动闭塞，管内各条铁路线路图定列车数为：京沪线147.5对，其中客车74对；符夹线64对，其中客车27.5对；青阜线69.5对，其中客车14.5对；宿淮线3对，其中客车2对；淮萧联络线11对，其中客车10对。

【铁路运输经营】 2020年，淮北车务段卸车完成375621车，同比增幅14.3%；停时完成21.3小时，压缩2.2小时；中时完成3.2小时，压缩0.4小时。其他业务收入完成1473.7万元，比计划增加183.7万元；实现利润1602.8万元。克服疫情对客运市场影响，做好暑运、国庆黄金周等重点时期客流调查、预测工作，及时提报优化运能建议，推进普速铁路电子客票开通应用，全段客运收入完成29706.7万元，同比恢复度67.5%。发送旅客426.1万人，同比恢复度65.6%。

【安全生产】 2020年，淮北车务段以确保高铁和旅客列车安全为核心，围绕暑运、国庆中秋等运输阶段工作，组织安全联合小分队检查123次，重点时期每日对现场进行不间断检查。推进“三位一体”安防体系建设，整修搬迁天齐庙、芦岭站外勤助理房，从源头上降低职工横越线路频率。开展安全专项整治三年行动、普铁外部环境整治、主观故意违章专项整治等活动，研判安全风险81项，及时发布预警提示15期，完成隐患问题整治15件，问责安全履职不力管理人员41人。截至年底，消灭一般D类及以上责任事故，实现安全生产1136天。

【淮北至宁波港海铁联运班列首发】 2020年9月16日，青龙山铁路“无水港”启用，淮北市海铁联运班列首发。青龙山站新货场占地面积36.67万平方米，新增怕湿货物线1束2条，装卸有效长300米，线路南侧站台9750平方米，雨棚10972平方米，北侧预留站台雨棚。

（夏进步）

水　路

【沱浍河航道建设】 沱浍河航道是安徽省干线航道网“一纵、两横、五干、二十线”中“五干”之一，是连接安徽、河南境内煤炭及其他物资进出重要运输通道。临涣船闸是沱浍河航道入皖后首座船闸，位于濉溪县韩村镇境内。工程内容主要包括：船闸工程和桥梁工程，项目总投资7.0亿元，工期36个月。至2020年底，原省道203大桥施工单位完成驻地和临时场站建设；原省道203大桥拆除、路面破除，桩基施工基本完成。完成投资约2亿元。沱浍河航道（李口至临涣段）整治工程起点位于安徽浍河与河南省界李口镇，终点位于濉溪县段桥，总长约31.2千米（其中临涣船闸范围约2.5千米）。改建6座跨河公路桥梁和2座跨河铁路桥梁以及水上跨河缆线43道和水下过河管线4道，拆除省道238余大老桥1座，新建航标84座，设航道信息化系统1套。工程总投资约25亿元，工期60个月。

【港口航道管理】 2020年，淮北市港口吞吐量达到150多万吨。淮北市睿通港航运输有限公司按照企业安全生产标准化要求，规范运输生产行为。南坪港区码头生产采取湿法作业，堆场设置喷淋除尘系统，各装卸点设喷淋装置，防尘网100米长、800平方米。码头新增配置船舶生活污水和油污水接收桶各3个，移动式雾炮机3台，晒水车、雨旺全自动洗轮机各1台。安装大气监控点1处，完成建设港口岸电3套。

【船舶管理】 2020年，淮北市受理并办结海事业务269件，其中办理船舶登记业务16件、核发船舶最低安全配员证书17本、换发船员适任证书及船舶服务簿137本、船舶营业运输证99本。

浍河航道　　（市交通运输局　供图）

【水上运输安全监管】 2020年，淮北市对辖区内3家水运企业开展运输船舶逃避监管和非法挂靠专项整治行动，全年开展水上执法行动167次，出动执法人员505人次、执法艇200余艘次。查处违章船舶1艘，责令进港船舶规范停泊19艘次，行政处罚1件。

2020 年淮北市辖区内通航河流及航道一览表

表 16

河流名称	分界起讫点	航道里程（千米）	通航里程（千米）	航道规划等级
萧濉新河	黄桥闸—闸河口	23.24	23.24	四
沱河	大王庄桥—大周排灌站	44.48	7.79（36.5 区间通航）	四
浍河	黄沟—李口桥	71.22	38.4	四
合计		138.94		

注：沱河、浍河均为规划复航航道

2020 年淮北市辖区内港口码头一览表

表 17

港口名称	设计吞吐量（万吨 / 年）	码头长度（米）	泊位数（个）	最大靠泊能力（吨）
青龙山码头	100	424	10	100
南坪码头	84	200	3	500
四铺码头	30	100	3	100
合计	214	724	16	700

2020 年淮北市辖区内航运企业一览表

表 18

序号	企业名称	所在地	船舶数（艘）
1	安徽省淮北市航运公司	相山区相山中路翰林学府 5 号楼 1702	35
2	安徽新文和航运有限公司	相山区人民路北新城国际 1 幢 3 单元 2106 号	32
3	安徽省濉溪县远洋航运有限公司	濉溪县淮海南路东侧濉溪县农业综合楼二楼	38
合计			105

公 共 交 通

【概况】 2020 年，淮北市有公交企业 2 家（淮北市汽运公交、淮北市公共交通有限公司），共有员工 941 人、运营车辆 426 台、营运线路 45 条，营运线路总长度 1023.5 千米。全市有出租汽车 1637 辆，其中，淮北市驰方汽车出租有限责任公司 719 辆、淮北市万泰汽车出租有限责任公司 400 辆、淮北市大众汽车出租有限责任公司 136 辆、淮北市荣昌汽车出租有限责任公司 382 辆。

【城市公共汽车运营管理】 2020 年，淮北市购置新能源公交车 18 台，新建纯电动公交车专用充电桩 25 个。调整 4 条公交线路，9 路车延长至杜集区罗里、坡里，126 路车延长至烈山区古饶镇谷山村，3 路车延长至杜集区石台镇学田村，2 路车延长至杜集区朔里镇沈集。新开通 1 条城际公交线路（淮北至张庄寨），线路总长度 32 千米。新开通 3 条市内公交线路，123 南路（火车站南广场至渠沟镇刘楼村）、129 路（恒基首末站至杜集区朔里镇官庄村）、121 路（恒基首末站至杜集区石台镇梧桐村）。推出烈山经济开发区至宋疃镇黄营村、烈山镇南庄村、古饶镇 3 条定制公交线路。

全市766辆公交车安全防护设施全部完成。建成客运北站，公交客运综合枢纽站在建中。升级拓展公交智能调度系统，“一卡通”互联互通可在全省16个及全国280多个联网城市使用。

【城乡客运一体化建设】 2020年，淮北市调整延伸2条公交线路，优化公交线网。建制村公路通畅率达到100%，建制村通客车率100%，形成布局合理、衔接便捷、覆盖城区城市公共交通运营网络。出台《淮北市市民文明乘坐公交车倡议十条》《淮北市公交车驾驶员文明服务规范十条》，提升公交车行业服务管理水平。

【出租汽车运营】 2020年，淮北市组织全市3200余名出租车驾驶员开展教育学习，规范全市出租汽车（巡游车、网约车）市场秩序。滴滴出行、万顺叫车、帮邦行等10个网约车平台公司在淮北分别注册分公司、办事处，开展网络预约出租汽车营运。经市政府第44次常务会议研究同意，对全市城区客运出租（巡游车）运价进行调整。

【公共自行车运行】 2020年，全市公共自行车总借车数量为6202493次，还车数量为6166986次，每辆公共自行车平均使用时间0.3小时/次。截至2020年底，全市建成公共自行车服务站点360个，配备公共自行车1.24万辆（含企业投入建设），公共自行车租赁办卡数量近18万张，扫码租车日均6000多人次，累计骑行近亿人次，覆盖范围500多平方千米，服务居民100万人，为市民节约出行成本2.4亿元，减少碳排放约25万吨。全年维修锁车器5735次、锁耳1548次、其他设备28915次，维修底板408块，自行车入仓库维修11978辆。接听客服热线30942次，调度车辆973682辆次，调度巡检人员67854人次，维修车辆32165辆次。

【淮北市公共交通有限公司】 2020年，淮北市公共交通有限公司有员工769人，在册运营车辆267辆，运营线路21条，线路长度323.5千米。受疫情影响，全年营收6388.45万元，较2019年下降539.12万元，下降7.78%；客运人次2337.74万人次，较2019年下降1596.26万人次，下降40.58%。

（李　丽）

邮　　政

【概况】 2020年，淮北市邮政业务收入5.08亿元，同比增长16.92%；业务总量9.58亿元，同比增长22.42%。其中，快递业务量2784.75万件，同比增长27.37%；常规业务收入2.41亿元，同比增长28.35%。各类邮政快递运营车辆1038辆，从业人员2600余人。

【报刊发行】 2020年，全市报刊流转额2406.42万元，其中党报党刊734.25万元。《人民日报》《安徽日报》

2020年，“党员出租车一带十”主题实践活动获评全国第二届交通运输优秀文化品牌　（市交通运输局　供图）

县以上城区主要党政机关当日见报率保持100%。

【快递网点建设】 2020年，全市邮政快递企业26家，邮政营业网点56个，邮乐购（便民服务）站点602个。有快递品牌16个，许可快递分支机构135个，备案末端网点173个。

【快递网络建设】 2020年，市邮政管理局推进末端服务能力建设，建成品牌企业城区自营标准化网点88个，网点标准化率100%；建成校园快递综合服务中心3个。大力推进“快递下乡”工程，支持邮政、快递企业在乡镇设立服务网点，乡镇网点覆盖率达到100%，促进农村邮政快递合作，完善农村末端快递服务网络，全市277个行政村，邮政快递网点覆盖186个行政村，“快递进村”通达率67.15%。推进乡镇邮政局所建设，实现乡镇邮政局所全覆盖。

【快递行业管理】 2020年，市邮政行业开展末端网点备案管理工作，办理许可变更20个，完成备案网点65个。开展市场清理整顿，完成邮政普服场所检查30%、快递营业场所检查20%目标要求。开展快递市场、邮政用品用具市场、集邮市场执法检查60次，出检21天，出检128人次，发现安全隐患7处，依法取缔网点2个，下达整改通知书2件，立案处罚9起。

【快递行业安全监管】 2020年，市邮政行业与快递企业签订安全生产责任书，督导企业执行“收寄验视+实名收寄+过机安检”三项制度，确保实名率在99%以上。推进行业安全监管“绿盾”工程建设，将全市24家在营邮政快递企业和135处网点接入远程监控系统。抓好寄递渠道综合治理，实施1+11+N专项行动，开展违法寄递危险化学品、涉枪涉爆隐患专项整治，专项检查56人次，先后排查整改安全隐患7处。

【中国邮政集团公司淮北市分公司】 2020年，中国邮政集团公司淮北市分公司收入排名全省第15位；完成计划100.80%，同比增长8.69%，全省第14位；利润全省第8位。农村乡镇网点覆盖率、建制村直接通邮率、邮政营业网点运营率、个人平信条码化收寄率均达100%；条码平信在途信息中断率、平常信件丢失率为0；7处农村纯邮政营业网点全部叠加代收代缴等业务。政务图书《习近平谈治国理政》第三卷销售额绝对值全省第三；开发抗疫宣传纪念册，制作劳模纪念册；紧贴居民生活，开发“四卡”（加油卡、蛋糕卡、曦强乳业奶卡、保险卡）业务。公司代理金融业务增幅7.41%，全省第10位，完成计划101.32%；推进农村电商建设，对接“快递进村”各项工作，推动批销业务转型发展，助力扶贫及对接政府“放管服”，做优“邮政+”服务。

【中国邮政速递物流股份有限公司淮北市分公司】 2020年，中国邮政速递物流淮北市分

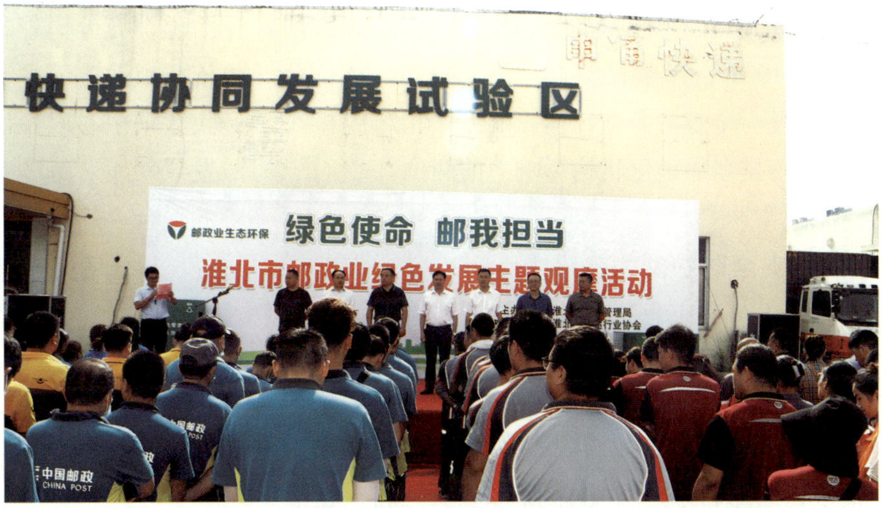

2020年8月13日，市邮政管理局开展“绿色使命、邮我担当”主题观摩活动 （马涛 摄）

公司完成业务收入同比增幅28.17%，全省排名第8位；完成全年预算计划121.15%，全省排名第13位。疫情期间，为校园配送书籍材料；与交管、医药行业联合开展为民“一站式服务”；揭标电信、烟草、极速鲜等同城配送项目。（马　涛）

网络安全和信息化管理

【概况】　2020年，淮北市委网信办先后被省委网信办授予全省网络安全宣传周先进单位、全省互联网企业党建工作先进单位等称号，李含获评全国网络安全宣传周先进个人。淮北市2次在全省网络综合治理经验交流会上作经验介绍。

【网上宣传】　2020年，淮北市开设网络专题专栏50多个，全面展示习近平总书记大国领袖风采、中国共产党光辉历程和社会主义伟大建设成就，开展习近平总书记考察安徽四周年、全国及全省“两会”、“新春走基层”、“决战决胜脱贫攻坚”等重大主题网上宣传。推出《1960—2020庆祝淮北建市60周年VR全景看淮北变迁》等一批重点报道文章。新华网、人民网、央视网等省级以上网络媒体报道淮北发稿量9800多篇，同比增长102%；市委网信办“淮北发布”微信公众号被评为全省政务新媒体影响力“市级十佳”；清博新榜排名居地区机构影响力前两位。

【网络安全防护能力建设】　2020年，淮北市成立网络安全应急指挥中心。市委网信办组织全市26家单位开展“2020年网络安全宣传周活动”，运用网络新媒体、延展宣传周期，扩大覆盖范围。开展全市网络安全工作专题培训班、网络与信息安全管理职业技能大赛、网络攻防实战演练等活动。全市143家单位220个信息系统等级保护定级备案。

【网络安全检查】　2020年，淮北市开展对一县三区和市直单位网络安全工作责任制落实情况专项督查，推动全市网络安全工作水平提升。对全市各单位持续开展网络安全远程技术检测，检查网站及重要系统130个。开展本地在线教育平台和网络游戏运营资质企业摸排检查，对全市124家重点网站和互联网在线平台进行远程监测和漏洞检测，上门检查网络安全重点单位35家。针对IE浏览器高危漏洞、邮件系统高危漏洞等安全隐患，在全市范围内发布网络与信息安全通报和网络安全预警通报。开展App违法违规收集使用个人信息专项治理，对全市7个涉疫情防控系统和数据进行摸底排查，对“健康码”“安康码”等多个重点系统平台进行安全检查。成立淮北市信息网络安全协会，建立协调联动机制，为全市网络安全“防火墙”打下坚实基础。（吴　鹏）

大　数　据

【概况】　2020年，市数据资源管理局成功谋划城市大脑运营中心建设，加快推进数据资源归集治理，充分梳理和利用现有智慧城市建设成果，依托市政务云平台和市电子政务外网，构建市级大数据中心以及市县乡村四级网络体系。组织研发“六库六策”系统、“安康码”接入和管理服务平台。运用大数据技术助力疫情防控，汇接水务、应急等7个部门、1700路视频监控系统应对夏季汛情。推进数据资源开放共享，推进智慧课堂、智慧校园、智慧城管、智慧交通、智慧平安小区等建设。“城市大脑助力数字治超”项目申报安徽省“城市大脑”应用场景试点。

【智慧城市建设】　2020年，市数据资源管理局抓住国家扩大新基建投资机遇，谋划城市大脑运营中心项目，获得省政府地方专项债10亿元资金支持。该项目集中建设市大数据中心、城市运营指挥中心、智慧城市展示中心、智慧政务服务中心，以及城市大脑计算平台、城市大脑数据资源平台、城市大脑算法服务平台、各行业系统及超级应用。

【互联网＋政务服务】 2020年，淮北市推进长三角“一网通办”，实现长三角41个城市88个事项异地通办，全程网办事项达4万多项。重点推出100个精品“一件事”高频服务事项。10月10日前，完成省局1800个“一件事”导办清单梳理任务。实现不动产登记3日办结、最少1小时办结，企业开办1日办结；工程建设项目审批从立项到竣工验收全流程时间由120天压缩至90天，工业企业项目压缩至40天。整合市场、公安、税务、人社、公积金、银行6个部门，实现一次登记、并行办理、一日办结。

【政务云平台建设】 2020年，市政务云平台机房建成30台机柜、100余台服务器、276台虚拟机以及50余台网络设备软硬件环境，集中部署市政府网站集群、电子政务数据中心、“互联网＋政务服务”运行平台、数据共享交换平台、智慧城管和智慧教育等30多个信息化平台和系统。加快网络安全设施升级，推动政务云平台安全与服务能力不断提升。

【手机App建设和应用】 2020年，全市开展“返乡居民专题服务”“中高考专题服务”“皖美田园”“在线医保缴费”等“皖事通”App系列专题活动。“皖事通”注册用户达143.84万个，个人注册140.97万个，企业法人注册2.87万户。“皖事通”上线服务事项达471项。全市个人事项网办率达98.81%，位居全省第一。

【“安康码”应用便民工程】 2020年，淮北市“安康码”登记用户总数达204.3万人，完成省下达任务188.9%。设立9590个“安康码”核验点，人均核验量、人均亮码量均大于省下达目标考核任务。实现与电子健康卡、电子社保卡、医保电子凭证等互联互通。在市、县两级政务服务大厅实现扫码出入、预约取号、扫码办事。探索安康码应用场景推广，3家医院实现发热门诊扫码登记，62家规模30人以上企业实现职工扫码考勤，171所以上高校、中学或小学校园实现健康打卡；全市247台本地公交车、1637台本地出租车以及262辆旅游大巴实现扫码核验和扫码乘车；市博物馆、图书馆、体育馆、相山公园等场所实现扫码核验、在线预约；全市范围内公共自行车实现扫码骑行；全市所有医保定点药店实现扫“安康码”购药服务。

【数据应用】 2020年，淮北市运用大数据技术助力疫情防控，协调淮北移动、联通、电信等运营商开展人员排查，组织研发小区出入管理系统、企业复工复产备案审查系统、“六库六策”系统、“安康码”接入和管理服务平台。推进“掌上医疗”，建成家庭医生签约服务管理系统，推广智医助理系统，全省首创智慧预防接种系统，推行预约诊疗，推进互联网医院建设。打造医保智能监管系统、远程视频影音实时监控系统、电子地图定位系统“三位一体”的智慧医保体系，深入推动医保电子凭证签领扩面，实现“一码通、一码办”。“12349”智慧养老服务平台投入运行。构建“一平台、一库、九应用”的淮北市教育信息化应用体系，覆盖全市所有中小学校，大力推进智慧课堂、智慧校园建设。智慧城管提档升级，“AI城管队员”正式上岗，出店经营、沿街晾晒、车辆违停等12类常见的城市管理问题将“分分钟”被自动抓拍。建设“城市安全生命线”监管平台，实时监控煤矿、非煤矿山和危化品生产等41家重点企业。在全市主要路口部署启用“黑烟车智能电子抓拍系统”，大气网格化建设助力 $PM_{2.5}$ 三连降。上线“远程视频公证平台”，解决当事人不方便见面办理公证的难题。研发面向小微企业和农企“金融超脑”，在农行淮北分行、淮北农商行、濉溪农商行 3 家银行应用，累计授信 69116 户、授信金额 43.27 亿元，用信 35117 户、贷款金额 21.29 亿元。

（王筱雯　王思远　袁昌磊）

通信服务业

【中国铁塔股份有限公司淮北市分公司】 2020 年，中国铁塔股份有限公司淮北市分公司收入完成 7655 万元，同比增长 5.4%；利润总额完成 2000 万元，同比增长 20.89%。承接 5G 订单 672 个，完成进度 95.19%。积极争取 5G 政策，市政府明确将通信设施纳入赔补范围。下发《淮北市加快 5G 通信网络建设发展实施方案》《2020 年全市 5G 建设重点任务清单》《主要楼面杆塔等公共资源开发清单》等，联合市经信局共同推进 5G 疑难站攻坚工作。全年上报攻坚库共 52 站，完成开通 50 处。覆盖市县城区及部分政府部门、市县汽车站、人民医院、濉溪县医院、相山公园、金鹰商场、万达广场、体育场等区域的 5G 基站全部开通。主城区淮海路、古城路、人民路、长山路、相山路、孟山路、鹰山路、濉溪路等地实现 5G 网络连续覆盖。12 月 24 日，通过《淮北市 5G 基站站址专项规划》。

（张明燕）

【中国电信股份有限公司淮北分公司】 2020 年，中国电信股份有限公司淮北分公司依托光网高带宽优势，持续扩容城域网出口带宽，行政村和自然村光缆通达率 100%；5G 无线建设市、县主城区基本实现连续覆盖。疫情期间，为应急防控指挥部、各级政府部门、企事业单位开通天翼云会议 1522 方，来电名片 1357 号线，为医卫系统开通应急电话 22 部，发送疫情短信 32 万条。保障市委、市政府电话会议 16 次，开通保障云会议 12 场。完成市人民医院“线上问诊”及“远程诊断”系统部署。开展“5G 全屋智能”、“云网”、“万人智慧体验官”、天翼看家等 6 项体验活动。开展扶贫攻坚，22 个贫困村通信网络全覆盖；支撑 68 家企业复工复产，通信扶贫政策惠及面 100%。参与淮北市信息化建设，一期投资 900 万元，于 2020 年初建成淮北市云计算中心。

（徐　伟）

【中国移动通信集团安徽公司淮北分公司】 2020 年，中国移动通信集团安徽公司淮北分公司完成 5G 二期工程，实现在淮北区域的 5G 建设进度、建设规模、覆盖范围“三个领先”。完成 5G SA 核心网、C-RAN 集中机房、高精度定位系统基准站等建设和开通工作，5G SA 网络已进入全面商用阶段，实现市区、县城、大学城的全覆盖。完成全量 100 兆以下用户升级到 100 兆及以上提速工作。疫情期间助力线上教学，为近万户教师、学生家庭免费提速至 200 兆。公司提供互联网电视、家庭安防、智能固话等增值服务，宽带装机、维护及时率和满意度均在 99% 以上，“即办即装、即报即修”完成率 100%。开展“倾听客户之声”、“客户接待日”、技能比赛及服务明星评选等活动，参与市政府纠风办和市广播电台联办的“政风行风热线”直播节目。2020 年手机客户满意度 87.2%。为市疫情防控指挥部和重点医疗机构搭建即时通信平台，实现疫情防控的即时通信和调度；“过境短信平台”对到淮北入境人员累计发送提醒短信 4000 万条；“社区云家园平台”为 30 余个社区、约 5 万名居民提供社区防疫和人员管理服务；为超过 30 家单位提供远程会议系统，覆盖人员超过 4000 户；为近 10 家政府和企业提供非接触式体温筛查服务。是年，公司先后获评全国文明单位、全国通信行业用户满意企业、全国企业文化建设先进单位、安徽省第九届文明单位。

（谢志奇）

2020 年 6 月，安徽移动淮北分公司保障高考网络畅通

（移动淮北分公司　供图）

【中国联通有限公司淮北分公司】 2020 年，中国联通有限公司淮北分公司主营业务收入同比增长 5.64%，全省排名第 3 位；完成营业利润同比增长 156.09%，全省排名第 2 位；劳产率同比提升 8.2%。公司开展“匠心网络、贴心服务”专项行动，5G 规划 175 站全部开通共享；4G 覆盖达标率全省排名第 4 位；移网、固网实时测评月均得分全省第 1 名；干线连续 13 个月零中断。OLT 在服率、口碑场景达标率、宽带光衰等指标大幅优化提升。客户满意度实时测评提升率，全省排名第 3 位，成为淮北市唯一被评为“安徽省放心消费示范单位”的通信企业。

（李　鹏）

商贸服务

国内贸易

【概况】 2020年，淮北市实现社会消费品零售总额460.8亿元，同比增长1.3%；实现进出口总值69.8亿元，较2019年同期增长24.2%；实际利用外资3.17亿美元，同比增长10%；实现电子商务交易额约45亿元，其中，农村电子商务交易额34.568亿元，同比增长23.64%；新增农村电商经营主体198家。

【特殊行业监管】 2020年，市商务局对全市126座加油站、34个加油点开展年度检查，合格138家，未通过年检22家，其中停歇业11家，申请注销11家。

【夜经济】 2020年，市商务局立足市情和产业优势，营造夜间经济发展的良好氛围，形成以闲聊小聚、特色餐饮、逛街购物、休闲娱乐、主题体验等为主消费业态。金鹰购物中心、万达广场、隋唐运河古镇特色街区、吾悦广场等区域成为夜间消费主阵地。隋唐运河古镇打造画舫夜游、“盛世隋唐·太平长安”古镇特色实景剧、古装音乐会等特色夜间演艺活动，吸引广大消费者前来打卡游赏。万达广场彩虹星空夜市、后备厢市集、金鹰购物中心晚间户外市集等特色夜市活动发展日趋红火。

【假日经济】 2020年5月，市商务局会同人行市中心支行开展移动支付促进消费活动，12家银行筹集资金400余万元，联动全市100多家商户，带动消费50万人次，拉动餐饮、零售行业新增销售300多万元。10月，引导重点商贸企业、主要电商平台等40多家商贸企业开展促销活动100多场次，实现销售额16000多万元。元旦、春节、国庆等法定节假日期间，引导商贸流通企业抢抓节日消费旺季，开展促销活动，金鹰购物中心、家家悦超市、大润发超市等重点商贸流通企业实现销售额11600多万元。

【农副产品市场】 2020年，中瑞农产品批发市场实现批发交易量79万吨、交易额39亿元，分别比同比增长1.3%、2.6%，保障全市80%果蔬供应。其经营规模成为皖北地区最大的农产品物流基地和淮北市最大的“菜篮子”平台。截至年底，中农联一期工程竣工并投入使用。

【拍卖业】 2020年，淮北市有拍卖企业19家，国家注册拍卖师19人，其中新增拍卖企业3家，注销拍卖企业1家。1—12月，全市19家拍卖行举办各类拍卖活动326场，成交269场，成交场数同比增长21.17%；拍卖成交额439198.53万元，同比增长3.84%；收取佣金401.64万元，同比下降5.37%。

电子商务

【概况】 2020年，淮北市实现电子商务交易额约45亿元，其中农村电子商务交易额34.57亿元，同比增长23.64%。新增农村电商经营主体198家。开展“公益助农，与爱同行”“皖美好物·云享相味”等电商直播促销30多场，销售额约400多万元。消费扶贫产品22173万元，“带贫”帮助贫困户8390人。濉溪县被评定为省级农村电商示范县，4个镇被评定为省级农村电商示范镇，10个村被评定为省级农村电商示范村。濉溪县电子商务产业园（淮海壹号）获批省级电子商务示范园区，濉溪中瑞农副产品批发市场、勿相忘电子商务公司获批省级电子商务示范企业，5家企业产品被评为2020年安徽好网货品牌。

【电商服务体系建设】 2020年，市商务局编印《淮北市电商购物配送指南》，便于市民了解使用电商平台、商城、App小程序。线上线下对接促销，对接濉溪中瑞农产品批发市场、淮北龙升商贸有限责任公司等重点商贸流通企业。下发《关于组织申报淮北市电子商务与快递物流协同发展奖补项目的通知》《淮北市商务局关于开展“情聚中秋礼赞国庆”电商消费促进节活动的通知》，濉溪县出台《濉溪县电子商务促进政策》，优化奖补方向，提高农村电商主体发展积极性。举办阿里巴巴淮北生鲜食品农产品产业带招商对接会，食品工业企业、农产品生产企业等约100家相关企业参加，推动农产品触网上行，拓展食品企业线上线下销售渠道。组织参加省首届电商直播大赛，1人获大赛三等奖。

【电商扶贫】 2020年，濉溪县帮销助销、消费购买扶贫产品22173万元，“带贫”帮助贫困户8390人。召开农超对接会，16家农村合作社、2家农产品批发市场、4家大型连锁超市建立农产品产销微信群，及时发布农产品供销信息。举办淮北市“消费扶贫月”扶贫市集暨淮北万达石榴节活动，33家扶贫企业、合作社、贫困户参与，销售额达12.4万元。濉溪县举办“10·17”扶贫产品展销活动，组织20多家商贸、电商企业开展认购扶贫产品。濉溪县各镇开展扶贫产销活动20场次。组织县区结合电商扶贫工作、贫困户种植养殖实际，开展电商直播促销活动，打造电商品牌，畅通农产品销路，促进增产增收。组织开展濉溪县“公益助农，与爱同行”、相山区渠沟镇“镇长直播带货、助力脱贫攻坚，一起为爱下单”、杜集区矿山集南山杏子、烈山区第十一届石榴文化旅游节等电商直播30多场，销售额400多万元。建设相山区消费扶贫企业馆、京东中国特产·淮北馆“淮北市消费扶贫馆”消费扶贫专区、濉溪县消费扶贫专区（中瑞批发市场）消费扶贫专区。濉溪县建成五沟益民超市线下消费扶贫专区、濉溪邮政线上扶贫馆、濉溪邮政线下扶贫专区、濉品会线上消费扶贫专区、电子商务产业园消费扶贫企业馆，搭建线上线下销售渠道。组织7家超市、电商企业采购销售扶贫产品300多万元。

【电商产业园】 淮北市有电商产业园3个。濉溪县电子商务产业园，位于濉溪县经济开发区白杨路西段。园区占地6.67万平方米，总投资1.6亿元。由淮北相王电子商务有限公司管理。至2020年，园区入驻80多家企业，带动就业1000余人。产业园荣获“安徽省电子商务示范园区”称号。

濉溪县淮海壹号电商产业园 位于濉溪县濉溪中路121号，原淮北市顺发食品厂。园区占地7.33万平方米，总投资2亿元。由淮北壹号众创空间投资管理有限公司管理。至2020年，园区入驻60多家小微初创企业和11个创业团队，带动就业860余人。产业园获“安徽省现代服务业集聚区——子商务集聚区”“安徽省电子商务示范园区”称号。

淮北智汇电商产业园　位于杜集经济开发区紫昱路。园区占地4万平方米，总投资1亿元。由安徽天朗商业运营管理有限公司管理。至2020年，园区引进大中型企业46家，带动就业300多人。

2020年淮北市省级农村电商示范县、示范镇、示范村名单

示范县：濉溪县

示范镇：濉溪县濉溪镇
濉溪县刘桥镇
相山区渠沟镇
烈山区宋疃镇
烈山区烈山镇
杜集区高岳街道

示范村：濉溪镇蒙村
濉溪镇淮海南路社区
刘桥镇前吕楼村
韩村镇大殷村
临涣镇石集村
渠沟镇张集村
渠沟镇鲁楼村
渠沟镇郭王村
高岳街道双楼村
高岳街道任庄村
宋疃镇和村
孙疃镇刘寨村
濉溪镇濉河东路居委会
濉溪镇濉河西路居委会
濉溪经济开发区溪河社区
渠沟镇大梁楼村
烈山镇榴园社区
宋疃镇黄营村
宋疃镇军王村
杜集经济开发区罗里村
矿山集街道北山村

淮北市重点电商企业名单

网销额超亿元电商企业
淮北江图文化科技有限公司
中瑞农副产品有限公司

网销额超500万元电商企业
安徽口子酒营销有限公司
濉溪县李梅食品店
淮北市煜珺家具有限公司
淮北市正腾商贸有限公司
濉溪县东信久兴商贸有限公司
安徽省贝鼠果电子商务有限公司
淮北辣魔王食品有限公司
淮北圣仁生活用品有限公司
安徽州驰科技有限公司
淮北喵星人商贸有限责任公司
淮北勿相忘电子商务有限公司
淮北锦沃网络科技有限公司
淮北心存鞋念电子商务有限公司
安徽小花褂服饰电子商务有限公司
淮北顺发食品有限公司
家家悦真棒商贸公司
淮北朗悦贸易有限公司
安徽天之恒信息科技有限公司
濉溪县城南八零后酒店用品店
淮北般若网络科技有限公司
淮北梓童农业科技有限公司

（王　猛）

对外贸易

【概况】　2020年，淮北市进出口总值69.8亿元，较2019年同期（下同）增长24.2%。其中，出口

61.5 亿元，同比增长 20.9%；进口 8.3 亿元，同比增长 55.2%。进出口、出口和进口增幅均超全省平均增幅，分别比全省平均增幅高于 10、7.4 和 40.2 个百分点。

【出口企业】 2020 年，全市发生进出口实绩企业共 134 家，实现进出口 1000 万美元以上企业 14 家。全市 90 家企业获得省、市级外经贸扶持政策支持资金累计 1011.49 万元。

【贸促活动】 2020 年，市商务局组织 50 家外贸企业、采购企业分别参加第 127 届、128 届广交会及第 30 届华交会与第三届进口博览会，累计意向成交 8610 万美元。安徽美信铝业股份有限公司实现进口 2700 万美元。

供销合作

【概况】 2020 年，全市实现销售收入同口径增长 9%，利润同比增长 8.5%，所有者权益同比增长 6%，新增村级供销社 4 家、农民专业合作社 11 家、农村综合服务社 4 家，升级改造古饶供销社、石台供销社，全年储备项目 22 个。

【新网工程建设】 2020年，淮北市供销社储备“新网工程”项目、农产品项目、农业社会化服务项目等22个。社有资产公司粮库获中央预算内资金补助 264 万元，8 月竣工并验收完成，年收益 130 余万元；古饶供销社投资近百万元对长期闲置老旧综合楼进行改造，建成 855 平方米农资服务中心；濉溪县百善为农服务中心项目完成土地审批等前期工作，用地 10 亩，建筑面积约 2000 平方米。渠沟供销社省级农民工创业园示范园改造提升项目占地 27 亩，建筑面积 5000 多平方米，其中争取省人社厅专项资金 120 万元。杜集区高岳街道为农服务中心启动建设。

【基层供销社建设】 2020 年，市供销社推进村级供销社建设，组织对 10 家村级供销社进行考核验收，将 3 万元补助资金全部拨到入股单位，依法以股权形式投入村级基层供销合作社。探索建设村级供销社途径，扩大筛选范围，引导农民实施联合合作发展，壮大集体经济，形成产业群。采取双线并行分解村级社建设任务，全年完成 4 家村级供销社建设。开展四社创建工作，毛庄供销社获评省供销社级标杆基层社，田丰农机专业合作社获评省供销社级农民示范社，8 个星级综合服务社获省供销社认定。11 家直属基层社克服房屋老化、地理位置偏远、地盘小不利因素，利用固定资产、技术力量，发展多元化经营服务。石台供销社利用资产引进幼儿园、驾校分校等；毛庄供销社引进超市；矿山集供销社经营多种农资产品，提供到田间地头的优质服务；任圩供销

2020 年 12 月 12 日，淮北市供销社参加长三角名优产品展销会
（李金玲　摄）

社配合相山区拆迁工作，既确保单位集体经济、职工切身利益，又确保拆迁工作进行。

【盘活社有资产】 2020年，市供销社按照社企分开、双线运行要求，推进联合社治理机制创新，构建高效运行行业指导体系，发挥联合社职能作用。加强社有资产使用公开、透明力度，对合同到期资产，实施公开招标方式进行，对供销大厦门面房及地下室、五小附近门面房等进行公开招标。供销大厦门面房及地下室年收入达300万元，同比增长166%。

（董蓓蓓）

粮 食 流 通

【概况】 2020年，淮北市国有粮食收储企业库存最低价收购小麦130万吨，完成市级储备粮轮换17742吨、市级储备油轮换500吨。按时完成最低收购价小麦竞价销售和移库，政策性粮食销售小麦14万吨，调出5100吨。全市有省级储备小麦2.3万吨、市级储备小麦4万吨，县级储备小麦8000吨、市级成品大豆油1000吨，完成安徽省政府核定市、县粮食储备规模4.8万吨储备任务。

【粮食收购】 2020年，淮北市小麦总产量99.8万吨，夏粮收购申报批准收储库点31个，落实收购仓容36万吨。全市收购粮食56万吨，其中以最低收购价收购小麦26万吨。

【仓储建设】 2020年，市粮食部门建设1.5万吨市军粮供应站北山粮库和濉溪县双堆中心粮站3.3万吨陈集分站仓储。申报国家发改委、粮食和物资储备局粮食安全保障调控和“补短板”等项目支持，争取上级补助资金440万元；争取地方专项债2300万元用于仓储设施建设，解决相关企业建设资金困难的问题。建设10个粮食产后服务中心，总投资4000余万元，该项目获省级补助资金1200万元。3月，该项目经市、县级验收通过，正常投入使用。申报淮北市粮食质量监测站体系建设和濉溪县安健粮油质检中心建设项目，分别获上级财政补助资金330万元和250万元，项目建成并正常投入使用。

【粮油市场运行】 2020年，全市粮食部门开展“放心粮油”“主食厨房”两项工程项目建设，新增“放心粮油”网点4个、“主食厨房”网点9个。全年实现粮油加工业总产值180亿元以上。培育“中国好粮油”示范县和示范企业，上级扶持资金1800万元，用于濉溪县“中国好粮油”示范县和示范企业建设项目，该项目已完成验收。通过政策扶持、质量测评、品牌培育和健康宣传，推进优质粮油产品及品牌建设。支持安徽昊晨食品有限公司采用“中国好粮油”系列标准开发生产营养复合面粉，支持濉溪县鲁王制粉有限责任公司研发富硒系列面粉及生产工艺更新，推动粮食精深加工和主食产业技术创新。市军粮供应站集军粮供应、应急保障、原粮储备、成品粮油储备、放心粮油经营于一体军粮供应应急配送中心（军粮供应军民融合服务中心）建成并投入使用。

（胡　巍　孙旭东）

专 项 经 营

【盐业】 2020年，淮北市销售各类盐产品8654吨，同比增加24.7吨，增幅0.3%。其中小包装盐销售4232吨，同比增加36吨，增幅0.85%；大包装盐销售3211吨，同比增加1178吨，增幅57.94%；工业盐1211吨，同比下降1189吨，降幅49.54%。截至12月底，公司各类盐品库存1965.33吨，价值

120万元，占存货总额92%，其中，食盐1632.61吨，占盐总量83.07%，工业盐333吨，占盐品总量16.93%。市盐业公司实现营业收入1039万元，利润总额23万元，同比增加13万元；费用总额393万元，同比下降185万元，降幅32%。资产负债率14.15%，同比下降11.07个百分点，常年保持在较低水平。下沉销售渠道，将盐品配送到一线餐饮门店和单位食堂。全年小包装盐销售超过专营时期平均数85%。开拓高端盐品市场，增加贴有公司高端盐品介绍专用货架37个，在原有中高端盐品基础上，预订“迎客松”牌澳洲精制海盐，并订购果蔬洗涤盐、沐浴盐等洗化类盐产业链衍生品。全年中高端盐销量同比增加近100吨，增幅8.25%，占小包装销售比重超过30%，同比增加2个百分点，其中，高端盐品同比增幅超过30%。全年大包装盐销量3211吨，同比增加超过1178吨，增幅达57.96%；软水盐销量83吨，增幅近16.27%，缓解工业盐销售萎缩。疫情期间，调运食盐418吨，保证市场食盐供应及时、价格稳定。给予淮北盐业公司20户个体工商租户一次性减免3个月租金，计89575元，确保各租户享受国家优惠政策。

（陈晓梅）

【石油】 2020年，中国石化淮北石油分公司（以下简称“市分公司”）实现成品油零售量6.97万吨。天然气销售848万立方米，其中，液化天然气直销329万立方米，同比增长25.5倍。实现非油品营业额6840万元，其中，基础品类营业额3786万元，同比增长16.88%；自有品牌营业额700万元，同比增长31.19%。安徽省公司下达网建任务3座，分别是省道101钟楼服务区东区站、濉溪马乡站和省道101钟楼服务区西区站。马乡加油站于10月14日运营；省道101钟楼服务区西区加油站竣工，具备投营条件；省道101钟楼服务区东区加油站土建、工艺、网架部分完工。市分公司完成濉溪五里郢增加加气功能项目建设和烈山站整体改造。3—4月，市分公司开展汽油App绑卡加油1元换购口罩活动，累计换购口罩1.43万个。3月下旬，开展以“支持淮北市复工复产，彰显国企担当，让利于民”为主题的加气卡充值优惠活动，优惠幅度8%～15%。活动期间实现新开加气卡344张，充值656.31万元，锁定出租车和私家车客户群体。受疫情影响，农机跨区作业减少，市分公司召开保供专题会议，组织设备巡查检修，打造2座农机手驿站。在10座加油站开通绿色通道，重点保供站及周边备保站均垫高柴油库存，重点站延长营业时间，24小时随到随加。濉溪县石油公司提前走访农机大户、农机定点维修点，在主要乡镇出入口、农田周边悬挂支农惠农宣传条幅，协调农村做好宣传，送油上门。疫情期间，截至3月2日，市分公司采购口罩12890个，配置消毒液4000瓶，发放3200瓶；配置酒精2400千克，发放1840千克；配置洗手液85瓶，发放85瓶；配置并发放手持式温度计17个；均发放到各站库和卡点。接受省公司安全督查4次，开展市公司级安全检查10次，开展设备大检查自查1次，开展泄露隐患排查1次，开展反恐督导检查1次。没收劣质油品约20吨，其中，汽油17吨、柴油3吨；拆除非法仓储点约40座，查处非法流动车约50辆，回流销量约100吨。

（卢明璐）

【烟草专卖】 2020年，淮北市查办案件620起，实物案值5万元以上案件22起，同比增幅15.79%；涉烟刑事案件9起，同比增幅50%；省公安厅、省局挂牌督办案件2起；国标网络案件2起、省标网络案件4起。查获违规卷烟497.64万支，同比增幅11.08%；实物案值1589.24万元，同比增幅263.21%；27人被拘留，10人被逮捕，同比增幅100%；直诉6人、5人获刑。市烟草专卖局（公司）加入淮北市海关打击走私综合治理领导小组；与市邮政局签订《物流寄递环节打击涉烟犯罪协作协议》；建立“互联网+

监管”联席会议制度；构建涉烟情报研判机制，推动专卖执法向社会综合治理转变。市局设立稽查支队数据研判组、行动组，支撑数据研判，指导案件侦办；县级局设立稽查大队行动组；完善所（站、中队）组织架构，强化市场监管和服务。优化重塑“申请—受理—审批—入网”流程，行政审批办结时限比法定时限缩短75%，入网订货流程从原来20天缩短至5个工作日内。全年办理政务服务事项2239件，网办率82.83%。优化现代终端评价标准和动态管理办法，全年新建现代终端160户。诚信互助小组覆盖率达98%，同比提升20%。推进文明吸烟环境建设，安装烟蒂收集器150个，建成吸烟亭5个。推进区域物流一体化，全年送货次数增加14366次、行驶里程增加8322千米。

（武　路）

财　税

财政管理

【概况】　2020年，淮北市一般公共预算收入完成80.1亿元，同比增长6.1%，上级转移支付收入82亿元、一般债务转贷收入8.9亿元、调入资金等48.1亿元，收入总计219.1亿元；全市一般公共预算支出183亿元，同比下降3.7%；一般债务还本支出10.5亿元、体制上解及补充预算稳定调节基金等支出25.5亿元，支出合计219亿元。

【财政管理改革】　2020年，市财政局加快推进财政事权和支出责任划分改革，出台《淮北市市以下财政事权和支出责任划分改革实施方案》，逐步规范市县区利益分配关系，明确各自事权责任。制定出台《淮北市市级预算绩效管理实施方案》《淮北市市直部门预算绩效管理考核办法》等制度办法，依规组织开展绩效评价，每年选择约20个重大项目进行重点绩效评价。推进医疗卫生、科技、教育、交通运输等领域改革。强化收入预期管理，加强经济运行分析和收入调度，实现财政收入均衡入库。

【支持经济转型升级】　2020年，市财政局推进创新驱动发展，统筹安排“三重一创”专项资金和产业扶持资金4.4亿元，支持“四基一高一大”战略性新兴产业等高质量发展。加快PPP项目建设，10大项目完成投资70多亿元。研究制定高新区等开发区财税扶持政策，助推园区改革创新，支持园区设施建设，提升承载能力。

【保障重点项目建设】　2020年，市财政局落实落细减税降费政策，全年新增减税约6.71亿元，降费约20.14亿元，为1524户中小微企业及个体经营户免征3个月房租2038万元，促进企业复工复产。统筹“资源、资产、资金”管理，加大一般公共预算、政府性基金和政府债券资金统筹力度，筹措资金约32.9亿元，支持中小微企业和重大项目建设。

【财政监管与治理】　2020年，市财政局强化预算执行动态监控，健全预算执行通报机制，压实预算执行主体责任，提高预算执行效率。建立完善“定期报告+重点关注”执行监控机制，加强县区“三保”预算审核和库款调度，统筹落实全市“三保”（保工资、保运转、保民生）支出保障，兜牢基层“三保”底线。组织开展绩效评价，对17个涉及资金13.8亿元重大项目进行重点绩效评价。加强直达资金监管，制定印发直达资金管理办法，及时分配下达资金，强化资金跟踪督查，确保直达资金落地见效，全年拨付直达资金22.7亿元。

（郭建平）

国有资产监督管理

【资产统计】 截至2020年底，淮北市市直行政事业单位资产总额83.3亿元，同比增长20%；负债总额14.6亿元，同比增长5.0%；净资产68.7亿元，同比增长24%。

【国有企业管理】 2020年疫情期间，市财政局（国资委）出台房屋租金减免细则，免收780户承租市县（区）国有企业经营性房产中小微企业（含个体工商户）2月、3月、4月三个月租金1386.67万元。按照“谁主管、谁负责”原则，市国资委指导所监管一级企业完成公务用车改革，取消车辆17辆。印发《淮北市市属企业违规经营投资责任追究实施办法（试行）》《关于加强淮北市属企业内部控制体系建设与监督工作的实施意见》等文件，加强国有企业监督管理。

【国有资本管理】 2020年，市财政局（国资委）按照“统一规划、分步实施”原则，建设覆盖市国资委和所监管企业国资国企在线监管系统，搭建实时在线国资监管平台，计划分三年（2020—2021年）推进系统建设，所需资金列入政府性投资信息化项目。强化国有资本经营预算管理，收益上缴比例从2017年18%提高至2020年30%，市属国有企业实现国有资本经营收益2.03亿元，国有资本经营预算支出用于企业发展711.2万元。

（郭建平）

税　　务

【概况】 2020年，淮北市税务系统抓党建促税收、战疫情促复产、抓“六保”促“六稳”、完成各项预定工作任务。全年组织税费收入170.58亿元，同比下降3.5%。其中，税收收入112.89亿元，同比下降1.9%；非税收入3.91亿元，同比下降1.4%；社保费收入50.53亿元，同比下降9.3%；其他收入3.25亿元。按财政一般预算口径，完成59.71亿元，同比增长4.1%，地方财政收入占比74.5%。坚持收入原则，依法征收，应收尽收，不收“过头税费”。深化“放管服”改革，简化流程，减少资料，压减办税时间。推进“互联网+政务服务”建设，完善政务服务“好差评”机制。开展“四送一服”，推进“双千工程”落地见效。改进服务质量，创新服务手段，打造“四最”（全国审批事项最少、办事效率最高、投资环境最优、市场主体和人民群众获得感最强）营商环境。开展基层建设攻坚年活动，濉溪县税务局被评为第六届全国文明单位。系统内获得集体和个人荣誉共99项，其中国家级1项、省部级2项。在2020年全国纳税人满意度测评中，淮北市居全省第一、全国第五。

【减税降费】 2020年，市税务局实施“非接触式”服务，网上办理缓缴、网上邮寄发票、网上退还税费。利用包保责任制防线，实行线上+线下双包保，组成39个服务团队，全年包保走访纳税人2.9万户。实施精准宣传，线上线下推送政策69万户次。实施精准辅导，组织政策业务专家团队，专题订制辅导10场次。全年减税降费27.02亿元。办理出口退税4.36亿元，同比增长207.04%，增加2.94亿元。

【税收征管】　2020 年，市税务局开展增值税发票管理等 3 个专项治理，完成增值税快速反应任务 12 批次。完成个人所得税改革首次汇算清缴。完成养老保险省级统筹，退役士兵社保费 6 项指标均居全省第一位。推广征管质量 5C 评价机制，推行税务文书电子送达。推进增值税专用发票电子化试点，实时风险应对 117 批 4706 户次。

【纳税服务】　2020 年，市税务局召开优化纳税服务暨营商环境会议。开展便民办税春风行动，推广电子税务局，“非接触式”发票领用比例达 77.7%。上线淮北市不动产税收综合管理系统，实现一窗办理、即办即取。7 项营商环境税收指标准期办结率均为 100%。利用大数据，为 53 家复工复产企业匹配供销商 2000 余家。利用银税互动，为 274 户企业贷款 5.55 亿元。建立涉税需求快速响应机制，办理小微企业涉税诉求 149 起。杜集区税务局“三心”（“简流程”更省心、“少跑路”更舒心、“优服务”更贴心）服务经验，被市领导批示在全市推广。

【税务稽查】　2020 年，市税务局重点打击“假企业”“假出口”“假申报”，提高纳税遵从度。全年查处“三假”系列案件 137 户。风险应对入库税款 8700 余万元。稽查立案检查 218 户，查补收入 8079 万元。

（谷小玉）

金融

金融运行

【存款与贷款】 截至2020年底，淮北市本外币各项存款余额为1675.91亿元，比年初增长102.00亿元，增幅6.48%；住户存款余额996.16亿元，比年初增长109.20亿元，增幅12.31%；非金融企业存款余额376.40亿元，比年初增长41.58亿元，增幅12.42%；财政性存款余额26.75亿元，比年初增长5.94亿元，增幅28.54%；机关团体存款为275.66亿元，比年初减少17.76亿元，降幅6.05%；非银行业金融机构存款余额1046.90亿元，比年初减少37.02亿元，降幅3.4%；各项贷款余额为1278.59亿元，比年初增长198.14亿元，增幅18.34%；住户贷款余额为355.17亿元，比年初增长62.34亿元，增幅21.29%；企（事）业单位贷款余额为923.40亿元，比年初增长135.80亿元，增幅17.24%。

【货币政策落实】 2020年，中国人民银行淮北市中心支行（以下简称“市中心支行”）强化宏观审慎管理，保持货币信贷总量合理增长。落实“三档两优”存款准备金率政策框架，按季开展法人银行机构宏观审慎评估，开展逆周期调节和信贷预期引导。截至12月底，淮北市各项贷款余额较年初增长198.14亿元，比年初增长18.34%。运用政策支持疫情防控、复工复产和稳企业保就业。年内，辖区相关金融机构运用再贷款再贴现资金43.24亿元，其中运用疫情防控专项再贷款发放优惠利率贷款14.45亿元。推动直达实体经济的两项货币政策工具落地，地方法人银行机构实施延期还本7.69亿元，全市金融机构办理贷款延期68.55亿元。建立政银企对接机制，将全市重点建设项目及有关企业名单推送给金融机构，联合濉溪县政府及市商务局等部门举办多场银企对接会。引导贷款利率合理下行，全市企业贷款加权平均利率4.79%，较2019年同期下降0.45个百分点。落实LPR改革措施，全市法人机构按时完成序时进度。推动企业使用债务融资工具，市非金融企业债务融资工具发行80亿元，发行量位列全省第6位。拓展跨境人民币业务，截至12月底，业务结算量为13.64亿元，同比增长2.35倍。以产业扶贫为重点引导金融机构加大信贷支持，将市“扶贫车间”入驻企业名单推送给金融机构，为符合贷款本息延期政策企业办理贷款延期。

【金融稳定措施】 2020年，市中心支行联合市地方金融监管局、市财政局，推动出台抵债资产处置奖励政策及实施细则。联合金融法庭规范银行业机构经营行为，引导银行规范合同文书法律漏洞，从业务前端降低资产劣后处置风险。督促法人银行优化股权管理，推动市政府、烈山区政府分别出资优化市、县农商行股权。以“进校园”“进社区”“进田间”“进企业”为主题，开展存款保险知识宣传，把相关知识送进“田间地头”“百姓家里”，有效防范储户挤兑，促进银行依法合规经营。

【货币流通】　2020年，市中心支行组织金融机构做好疫情期间现金调拨等工作，保障辖区现金供应。开展整治拒收现金工作，维护人民币法定地位。全年受理群众拒收现金投诉3起。做好2020版第五套5元人民币发行工作，督促金融机构建立反假货币培训新机制。指导和帮助农业银行韩村支行妥善处理一起200万元大额霉烂现金兑换业务，为客户兑换185.94万元现金。

【支付结算管理】　2020年，市中心支行配合公安机关开展涉电信网络诈骗案件账户排查，强化跨境赌博金融监管，向公安机关移送涉赌涉诈线索5条。深化移动支付便民工程建设，联合全市9部门召开推进会并制定工作方案。开展移动支付支持商贸流通企业复工复产暨促进消费专项活动，移动支付引领濉溪县创建工作在全省综合排名第三。

【国库管理】　2020年，市中心支行依规办理国库各项收支业务，做好个人所得税汇算清缴、增值税留抵退税工作。推进国库信息化建设，研发“国库现场检查辅助工具”并在执法检查中应用，升级“国库月报”编制程序并在全省推广使用。强化国库监督管理，推动“三单一卡”工作落到实处。建立全市51户重点关注企业联系制度，通过收集数据及调研提升国库分析质量。强化国债管理，开展国债巡查4次，巡查营业网点24家，辖区8家国债承销机构销售国债2.61亿元。

【反洗钱管理】　2020年，市中心支行通过监管走访、约见谈话、定向检查等方式，强化反洗钱监管。开展重点可疑交易报告分析研判，发布洗钱风险提示，组织金融机构开展非法放贷、出租出售银行账户、空壳公司风险排查。配合有关部门开展扫黑除恶专项斗争，协助公安机关开展有关案件调查76次，协助破获案件5起。

【金融风险防控】　2020年，市中心支行联合法院发送专项风险提示，就个人“易贷卡类”业务多头授信导致银行共债风险问题，联合杜集区法院对辖区商业银行进行风险提示，引导商业银行探索建立个人授信统一授信额度管理。强化央行评级结果运用，以央行金融机构评级结果为依据，对地方法人银行风险及亟待解决问题形成专报件，报送市政府并提出对策建议。开展法人银行资产质量真实性核查，摸清资产质量风险底数。制定《集中取款事件应急预案》，指导法人银行做好风险事件应对准备。

【金融消费者权益保护】　2020年，市中心支行组织金融机构落实《中国人民银行金融消费者权益保护实施办法》，强化业务培训并完善各项工作机制。与市中院、杜集区金融法庭沟通协调，协同推进金融纠纷多元化解机制建设。联合商业银行在社区建立“金融教育示范基地”，常态化开展金融知识教育活动。针对特殊群体制作手语版金融知识宣传作品，多渠道开展金融消费者权益保护知识宣传。

（王　佳）

地方金融监管

【概况】　2020年，淮北市有银行13家、财务公司1家、保险机构30家、证券机构5家、区域性金融服务平台1家、融资担保公司9家，小额贷款公司20家，典当行11家。截至年底，全市各项贷款余额1278.59亿元，较年初增加198.14亿元；新增存贷比194.26%；实现直接融资192.93亿元，其中债权融资191.07亿元、股权融资 1.86 亿元。

【深化金融创新】 2020 年，市地方金融监管局搭建税融通合作平台，扩大税融通业务范围，12 月底，全市税融通贷款余额 11.26 亿元，全年发放 15.93 亿元，缓解中小企业抵押物不足问题。深化新型政银担合作，发挥融资担保增信作用，完善政策性融资担保体系建设，缓解小微企业融资难题。全市新型政银担业务在保余额 44.32 亿元，全年新增担保 27.69 亿元。发挥续贷过桥资金作用，利用续贷过桥资金，优化审批流程，提高周转效率，为 175 户企业提供转贷资金 10.88 亿元，缓解企业短期资金周转压力。推进党建引领信用村建设，11 个选点村全部被评为信用村，信用村占比 100%。淮北农商银行评定出 7726 户信用户授信 2.36 亿元，授信户占比 100%，实现信用村评定和信用户授信“两个百分之百”目标。至年底，选点地区累计用信 6453.8 万元。

【融资规模】 2020 年，市地方金融监管局联合市经信局、科技局，推动各县区、园区深入辖区，对全市高新技术企业和市场前景好、持续盈利能力强企业进行摸底、调度和筛选，根据企业发展阶段、经营状况、行业分类等情况，完善上市（挂牌）和直接融资后备资源库建设。鼓励暂不符合首发上市条件企业在“新三板”和省区域四板市场先行挂牌。48 家企业在省区域四板挂牌，其中科创板 15 家。发挥财政资金引导和杠杆作用，淮北市探索以私募基金为载体，以优质资本为纽带，促进产业与金融深度融合，带动产业转型升级。截至 12 月，市本级（含市建投其他主体）出资设立各类子基金 11 个，总规模 109.01 亿元。到位资金 64.62 亿元，淮北市出资 21.75 亿元，投资淮北资金 10.71 亿元。鼓励符合条件大企业、大集团创新债券发行方式，巩固扩大债券融资规模。拓宽融资渠道，鼓励上市（挂牌）企业发挥好资本市场平台优势，多措并举开展再融资。累计在公开市场实现直接融资 191.07 亿元，完成额居全省第 5 位。皖北融资中心协助全市企业实现融资 4.3 亿元。

【防范化解金融风险】 2020 年，市地方金融监管局开展防范非法集资宣传活动，组织“七进”等宣传活动 127 场次，参与群众 1.4 万余人，发送短信 1.2 万条，设置海报、展板 136 份，电子显示屏 300 余个，定制传单、手册、赠品等 8 万余份。组织开展淮北市涉非涉稳风险暨地方金融领域扫黑除恶专项斗争，排查 2754 家相关机构，监测各类广告和资讯 2300 条次，出动执法人员 900 余人次、执法车辆 100 车次；组织排查各类线索 80 条，线索处置率 100%，移交市公安局线索 1 条。化解非法集资陈案积案，销案 2 起，连续 3 年按时完成省下达年度陈案处置任务目标。开展平安建设（社会治理）工作，定期对投资公司、国购广场、和协大厦等重点区域内机构进行排查，全年排查 877 家相关机构，发布风险预警 12 次，移交线索 2 条，立案查处 1 起。

（华　寒）

银行保险业监管

【概况】 中国银行保险监督管理委员会淮北监管分局（以下简称“淮北监管分局”）负责对淮北市辖内 14 家银行业金融机构、30 家市级保险公司（财产险、人身险机构各 15 家）及全部保险中介机构依法依规独立实行统一监督管理。截至 2020 年 12 月底，全市银行业存款、贷款余额分别为 1649.09 亿元、1277.03 亿元，分别较年初增加 127.95 亿元、198.09 亿元，增幅分别为 8.41%、18.36%；银行业金融机构存贷比 77.44%，增量存贷比 154.81%。原保险保费收入 40.58 亿元，同比下降 0.21%，财险公司保费收入 15.5 亿元，其中农业保险收入 0.81 亿元。寿险公司保费收入 24.99 亿元。保险业累计赔付支出 12.78 亿元，同比上升 5.83%，其中，财险公司赔付支出 8.68 亿元，寿险公司赔付支出 4.1 亿元。保险业为全市提供保险保障 26780.18 亿元，同比增长 97.94%。

【金融服务】 2020 年，淮北监管分局印发《关于进一步做好疫情防控和企业恢复生产金融服务工作的通知》，调整服务方式，确保特殊时期金融服务工作不断档、不弱化、无死角。引导辖内银行保险机构提供差异化金融服务，召开支持企业复工复产座谈会 3 次，根据实际对企业予以续贷、展期、延长还款期限。截至 12 月底，共为 668 户企业、68.55 亿元到期贷款给予延期还本付息；增加信用贷款和中长期贷款投放，推动 2 家农商行对接政务数据，开发“金农信 e 贷”线上产品，累放贷款 9.05 万笔，金额 35.94 亿元；小微企业信用贷款占比 10.13%，较年初提高 3.65 个百分点；小微企业中长期贷款占比 56.08%；指导推出防疫保险品种 38 个，开通 24 小时应急热线，建立理赔绿色通道，取消定点医院限制，为客户提供便捷全面保险服务。《淮北银保监分局督促银行机构多措并举支持企业恢复生产》送阅材料得到市委领导批示肯定。

淮北监管分局出台《淮北市扶贫小额信贷抓整改优投放防风险实施方案》，12 月底，扶贫小额信贷余额 1.27 亿元，户数 3602 户，“户贷企用”贷款全部清收完毕。推动保险机构建立三农保险服务站 915 个，将农业保险品种覆盖面由原 15 个扩大至 23 个，赔付理赔资金约 9186 万元，全年保费较同期增长 32%，提供风险保障近 14 亿元。督促单列普惠型小微企业信贷计划 21.81 亿元，12 月末，普惠型小微企业贷款余额 115.38 亿元，较年初增加 29.79 亿元；有贷款余额户数 26601 户，较年初增加 5450 户，实现“两增两控”（增贷款余额、小微企业户数的增长；控不良贷款、控制小微企业的贷款成本）目标。

【防范化解金融风险】 2020 年，淮北监管分局开展银行机构“大排查、大处置、大提升”专项行动，将“三大”专项行动嵌入年度现场检查项目。加大违规行为行政处罚力度，实施行政处罚 7 件，罚款 163.5 万元，对 4 人次警告处罚。建立法人机构“手工台账 +1104+ 特色报表”监测制度，按旬监测重要指标变动情况。印发《监管数据质量专项治理实施方案》，按季通报监管数据质量，通报批评机构 5 家，处理责任人 11 人。用好非现场监管关键指标旬监测制度和“四单”机制。出台预防银行保险从业人员金融违法犯罪工作方案，建立从业人员“黑、灰”名单数据库。做好扫黑除恶专项斗争工作，开展“套路贷”、非法网贷等重点领域风险排查。

【支持地方经济发展】 2020 年，淮北市监管分局联合淮北市地方金融监督管理局出台《淮北市银行业保险业高质量发展指导意见》。战略新兴产业贷款增长 33.8%，科技创新企业贷款增长 12%，分别高于各项贷款平均增速 15.7% 和 2.9%。推进“百行进万企”活动，组织银企对接会 3 次。截至 12 月底，制造业贷款余额 89.9 亿元，较年初增加 11.54 亿元，同比多增 14.94 亿元；个体工商户贷款 39.58 亿元，较年初增加 4.44 亿元；有贷款余额户数 20360 户，较年初增加 1772 户。

【保护金融消费者】 2020 年，淮北监管分局引导银行业建立消费者权益保护联席会议机制，落实“首诉负责制”。升级完善银行业保险业消保中心，创新建立视频投诉系统，消费者可通过上传图片、视频等方式，实现线上实时投诉、咨询、查询办理进度。在消保中心设立金融案件巡回审判点，成立淮北市银行业人民调解委员会，全年调解银行合同纠纷诉前案件 16 起。对接淮北市金融法庭网络系统，实现消保中心、法院和金融消费者网上三方调解。全年接收处理银行保险投诉、咨询等各类纠纷413件，处理22起涉及保险的举报。

（苏　鑫）

【保险业执法检查】　2020年，淮北银保监分局严厉打击违法违规行为，现场检查保险、中介机构3家，行政处罚33.5万元，对2名高管处以警告并罚款2万元；稽核调查保险机构6家，责令2家机构停业半个月，6名保险机构主要负责人作出书面检查并内部经济处罚4.3万元；重点加强车险市场和人身险业务非现场监测，发现苗头性问题及时进行约谈或下发风险提示，全年累计11次召开约谈会、专题会，下发监管意见书、风险提示函15份；严把市场准入关口，指导中介机构市场退出6家、迁出1家，清退不合规机构3家。

【保险业风险防控】　2020年，淮北银保监分局加大车险综合改革后市场行为监管力度。召开专项启动会，局领导带队赴辖内大型车险公司开展现场调研；规范从业人员管理，出台保险从业人员不良信息及有序流动管理办法，依托市保险行业协会搭建“淮北市保险从业人员综合信息管理平台”，促进行业规范化管理；针对非现场监管数据异常情况，约谈保险机构高管谈话3次，下发警告单6份；办理保险、中介机构各类行政许可116项；开展保险业高管考试20场，审核考试人员信息70人次。

（曹天琛）

银　行

【中国农业发展银行淮北市分行】　截至2020年底，中国农业发展银行淮北市分行各项贷款余额190.57亿元，较年初净增21.84亿元，增幅12.94%。累计投放各类贷款39.79亿元，同比多放9.75亿元。各项存款余额31.96亿元，较年初净增4.44亿元，增幅16.13%。日均对公存款余额27.35亿元。不良贷款持续为零，全年实现账面利润1.22亿元。疫情期间，审批应急防疫及复工复产贷款26.51亿元，投放贷款8.2亿元。向粮棉油及生猪生产企业提供资金支持，投放淮矿集团流动资金贷款用于防疫物资采购，保障全市人民供电、供暖、供气等相关资金需求。减轻企业财务负担，为企业免除结算业务手续费9.62万元。贯彻首年利率优惠政策，全年实现让利1454万元。投放各类粮食收购贷款8.91亿元，收购数量56.92万吨，支持粮食收购市场化占有率107.16%。扶贫贷款余额51.92亿元，较年初净增1.12亿元。投放棚改贷款21.23亿元，同比多投放贷款16.6亿元，棚户区改造贷款余额111.54亿元，较年初净增14.73亿元。统筹做好农村人居环境改造、生态环境保护以及与长江大保护密切相关项目营销，全年审批贷款7.4亿元，投放1.2亿元。濉芜现代产业园双创孵化园建设项目9.4亿元获批，实现首笔投放。补齐医疗卫生事业等社会发展短板，投放市人民医院新区项目后续贷款1.13亿元。首次审批PPP模式农村流通体系建设中长期贷款4.4亿元，投放贷款1.85亿元；首次审批杜集区农村土地综合整治（一期）项目贷款1.6亿元，投放0.73亿元。对生猪生产养殖全产业链企业实施有效信贷支持，发放产业化龙头企业贷款3000万元，用于企业购买生猪、饲料等物资。把支持传统粮食企业发展与支持普惠小微企业发展结合，年底普惠小微企业贷款余额2473.2万元，较年初增加660万元。加强库存监管，严格落实定期查库制度，做到问题“早发现、早处置、早化解”，全年不良贷款和不良率为零，信贷资产质量保持稳定。

（李　园）

【中国工商银行股份有限公司淮北分行】　截至2020年底，中国工商银行股份有限公司淮北分行本外币全部存款余额231.04亿元，较年初增加24.34亿元。各项贷款余额109.8亿元。实现中间业务收入1.01亿元，同比增加714万元。净增个人客户5.75万户，净增个人手机银行客户8.66万户。各项贷款增加23.92亿元，同比多增24.73亿元，剔除压降票据因素，各项贷款实际增加26.19亿元。优化信贷结构，煤电行业贷款比重较年初下降29.9个百分点，新市场和先进制造业比重上升。打造制造业贷款首选银行，制造业贷款增加3.44亿元，增幅145%，高于各项贷款平均增幅114个百分点。民营贷款较年初增加6.41亿元，增幅113%，高于各项贷款平均增幅82个百分点。普惠金融业务发展提速，人行降准和银监口径分别增加3.02亿元和2.68亿元，首贷户增加超百户，信用贷款占比提高5.76个百分点。为复工复产领域提供融资超25亿元，疫情防控重点企业贷款户数和总额均同业领先。全年清收处置不良贷款5308万元，年末不良贷款余额和占比分别较年初下降3376万元、0.47个百分点，不良率0.26%。

（赵　勇）

【中国银行股份有限公司淮北分行】　截至2020年底，中国银行股份有限公司淮北分行本外币存款余额93.38亿元，较年初新增5.89亿元。本外币贷款余额83.38亿元，较年初新增4.49亿元，同比新增1776万元。不良贷款余额3978.18万元，较年初减少5249.20万元；不良率0.48%，较年初下降0.69个百分点。1—12月份表内清收化解本金9829.86万元，表外清收化解本金1332.72万元，不良余额及不良率实现双降。全年投放公司贷款53.81亿元，小微企业贷款余额70141.67万元，较年初新增24866.08万元，小微企业贷款增速54.92%，高于各项贷款增幅（5.65%）49.27个百分点，小微企业贷款户数766户，较2019年同期增加77户，小微企业实现投放73654.99万元；民营企业贷款余额82998.82万元，较年初增加11937.21万元，民营企业贷款实现投放74642.46万元；涉农贷款余额82083.01万元，较2019年同期增加10705.61万元，涉农贷款增速15.00%，高于各项贷款增幅（5.65%）9.35个百分点。银保监口径普惠余额51433.41万元，实现新增20968.82万元，同比新增13713万元，增幅68.8%；人行口径普惠余额39825.79万元，实现新增14805.47万元，同比新增11845万元，增幅59.2%。

（邹　丹）

【中国建设银行股份有限公司淮北市分行】　截至2020年底，中国建设银行股份有限公司淮北市分行各项存款余额232.81亿元，较年初增加24.23亿元。各项贷款余额143.49亿元，较年初新增24.05亿元。实现中间业务净收入1.39

2020年，建行淮北市分行赴包保帮扶单位开展“爱心超市”捐赠仪式
（建行淮北分行　供图）

亿元。全行不良贷款额0.69亿元，不良贷款率0.48%，实现双降。对公贷款余额96.35亿元，较年初新增18.8亿元。为淮北杨柳煤业有限公司、安徽省矿业机电装备制造有限责任公司等14家企业提供非疫情贷款14.5亿元；为淮北淮海建设工程有限责任公司、安徽力幕新材料科技有限公司、临涣中利发电有限公司等13家企业提供疫情贷款3.71亿元。为2678户小微企业发放贷款45.22亿元。全年获批项目资金700多万元。“互联网+医保”项目在全省率先取得突破。推进不动产“税费一码清”系统应用，实现“百姓不跑，一窗通办”。推进智慧房产管理信息平台建设，住房租赁个人房源交易193笔，金额63.5万元，监管系统备案2391笔。新增涉农贷款2.4亿元，推广“裕农通”服务点建设，让农户不出村就能享受到基础金融服务。全年实现善融扶贫交易额1687万元。

（刘　露）

【中国农业银行股份有限公司淮北分行】　截至2020年底，中国农业银行股份有限公司淮北分行各项存款余额198.3亿元，较年初增加13.77亿元；各项贷款余额144.4亿元，较年初净增23.5亿元，贷款增幅23.5%。涉农贷款余额53.59亿元，较年初增加12.1亿元，同比增长1.28亿元，涉农贷款增速29.16%，高于全行全部贷款平均增速7.72个百分点。实现中间业务收入1.13亿元，营业收入6.22亿元，拨备后利润3.55亿元。不良贷款余额3772.92万元，比年初减少2.22亿元，不良率0.26%，较年初下降1.92个百分点，不良贷款余额与占比“双降”。保障重大项目建设资金需求，累计投放重点项目贷款20.5亿元。陆续推出“纳税e贷、抵押e贷、微捷贷”等多种线上产品，普惠型小微企业贷款新增3.5亿元，增幅73%，惠及小微企业849户。全年发放个人消费及经营类贷款13.6亿元。针对区域特色产业开发“石榴贷、葡萄贷、粮贸贷”等惠农e贷产品，支持新型农业经营主体扩大生产，全年投放农户贷款3.8亿元，惠及2204户。在乡镇实施“互联网+”工程，建设“惠农通”服务点129个，布放电子机具809台，覆盖全市12个乡镇、147个行政村；为农户办理小额金融业务12.3万笔，交易金额6400万元，占全市小额惠农服务业务量的60%。出台十项措施支持企业复工复产，为36户受困企业办理贷款延期2.5亿元，为疫情防控名单内企业发放贷款5.1亿元。批转处置天象集团2亿元大额法人不良贷款，稳妥化解重大风险。开展送金融知识进乡村、进社区、进企业、进学校等活动46次，向市民宣传普及“扫黑除恶、非法集资、反洗钱反假币、防电信诈骗”等金融常识，堵截电信网络诈骗29起，收缴假币846张。

（闫化强）

2020年4月21日，交通银行淮北分行工作人员前往桥头村捐赠防疫物资
（交通银行淮北分行　供图）

【交通银行股份有限公司淮北分行】　截至2020年底，交通银行股份有限公司淮北分行各项存款时点

余额40.34亿元，较年初增加5.34亿元，增幅15.25%。其中对公存款25.11亿元，较年初增加3.46亿元，增幅16.00%；储蓄存款15.23亿元，较年初增加1.87亿元，增幅14.00%。各项贷款时点余额45.33亿元，较年初增加5.42亿元，增幅13.58%。其中公司贷款28.38亿元，较年初增加2.03亿元，增幅7.72%；个人贷款16.96亿元，较年初增加3.38亿元，增幅24.92%。通过交银金融租赁开展3亿元资产转让业务、交银国际信托开展2.9亿元信托业务；为淮北市生产企业开立47.64万欧元国际信用证和14490万元国内信用证。

（刘　畅）

【招商银行股份有限公司淮北分行】　截至2020年底，招商银行股份有限公司淮北分行各项存款时点余额23.01亿元，较年初下降8.62亿元。其中单位存款时点余额14.84亿元，较年初下降8.58亿元；储蓄存款时点余额8.17亿元，较年初下降0.04亿元。全折人民币自营贷款时点余额为20.91亿元，较年初增长2.34亿元。其中一般性对公贷款为9.34亿元，较年初下降2.28亿元，个人贷款为8.62亿元，较年初增长2.39亿元；票据融资余额为2.95亿元，较年初增长2.23亿元。不良贷款余额158.6万元，较年初下降43.58万元，不良贷款率0.08%，较年初下降0.03个百分点。全年实现中间业务收入540.4万元，较同期增长13.63%。疫情期间，支持英科医疗科技股份有限公司、安徽高济敬贤堂药业有限责任公司、淮北市济仁药业有限公司等从事医疗生产和销售企业复工复产。提高全行反洗钱合规水平，处理反洗钱检测系统任务27498次，其中新开户划分客户风险等级25302户任务，可疑客户（账户）风险控制数据1070条，反馈尽职调查217份，处理风险控制909次，均未出现逾期情况；协助人行开展79次协查，对确实存在可疑交易客户采取调高风险等级、劝销户、录入风险证件等措施进行管控。

（侯晓晨）

【徽商银行股份有限公司淮北分行】　截至2020年底，徽商银行股份有限公司淮北分行各项贷款余额206.77亿元（含贴现），各项存款余额为290.10亿元。被安徽省人社厅授予“安徽省劳动保障诚信示范单位”称号；分行团委获评“安徽省五四红旗团委”；获2020年度执行外汇管理规定A类银行；连续6年获中国人民银行“人民币流通管理优秀单位”称号。

（张政权）

保　险

【中国人民财产保险股份有限公司淮北市分公司】　2020年，中国人民财产保险股份有限公司淮北市分公司实现保费收入5.69亿元，交纳地方各类税收总额5000余万元，理赔赔款支出、营业办公费用等公司运营综合成本率92.29%，承保利润率7.35%。为淮北地区驰援湖北疫情防护的医务人员赠送人均50万元保险保障；向濉溪县医院、县中医院全体医务人员赠送人均保额30万元保险保障；向濉溪县公安局全体警务人员捐赠总保额超4亿元疫情保险保障。对于参保安全生产责任保险企业，从企业复工之日起，免费扩展企业保险责任，扩大保障范围。参保人员因新型冠状病毒肺炎导致死亡，新增10万元/人赔付金额；因防疫工作需要停产停工企业，免费延长保险期限；对工程保险客户免费扩展工期3个月时间，对施工工程机械保险予以免费延期。推出复工企业综合保险，为复工复产企业提供防疫综合保险保障，解决疫情对企业造成隔离及误工等费用损失。开发“约定法定传染病保险产品”，保障责任涵盖12类病种，包括新型冠状病毒等感染导致乙类传染病，对企事业单位给予30%优惠。长期为淮北矿业（集团）有限责任公司、临涣中利发电有

2020 年 11 月 20 日，人保财险淮北市分公司举办“皖惠保”淮北地区首发仪式　　（人保财险淮北市分公司　供图）

限公司、安徽省皖北煤电集团有限责任公司等一批省、市重点企业提供总保额超 100 亿元保险保障。对华孚产业园、口子产业园、锂电池产业园、陶铝新材料等项目提供近 100 亿元财产一切险保险保障；为安徽紫朔环境工程技术有限公司提供 1.2 亿元首台（套）重大技术装备综合保险保障；为安徽相邦陶铝新材料有限公司、安徽弘昌新材料有限公司分别提供 4016 万元、1.45 亿元重点材料首批次应用综合保险保障；为淮北市应急局直属企业提供 7.5 亿安全生产风险保障。承办全市中央政策性养殖业保险及森林业保险业务。根据农户需求开展商业性农业补充保险，陆续开办商业性养殖险种 7 个，种植险种 2 个，期货价格类险种 3 个，累计承担风险保障金额 3.63 亿元，直接赔款 1293.42 万元，受益农户 5550 户次。商业性农业保险、扶贫保险累计承担风险保障金额 3.5 亿元，直接赔款 1903.18 万元，受益农户 4445 户次。农险业务综合成本率超过 100%。连续两年承办相山区扶贫综合保险，将农业生产、农产品价格、意外伤害等风险有机结合，为全区 497 户贫困户提供全方位保险保障。聚焦区域改革开放，对接企业“走出去”需求，为全市 9 家出口企业提供 4600 万元出口信用保险保障。

（张　超）

【中国平安人寿保险股份有限公司淮北中心支公司】 2020 年，中国平安人寿保险股份有限公司淮北中心支公司总保费收入 61826.19 万元，其中，个人代理新单保费 16528.7 万元，续期保费 44988.87 万元，银保保费收入 308.62 万元，13 月保费继续率 83.42%，25 月保费继续率 92.69%。按税收入库计算，四季度共缴纳 128.53 万元，1—12 月实际累计缴纳各种税费 627.70 万元。推出“智慧客服”项目，通过远程视频办理业务，改善传统受理模式，解决客户因路途遥远、身体不便、无法亲临办理难题。依托安 e 赔为基础，推动“闪赔”服务。在业内首推重疾先赔服务举措（40 种重大疾病可申请重疾先赔）。对累计重疾险保额最高不超过 50 万元且重疾险保单生效或最后复效满两年客户，客户在出险 3 日报案后，主动提供上门服务协助客户申请重疾理赔，在第一时间受理、审核并结案。

（孙彬彬）

【中国太平洋人寿保险股份有限公司淮北中心支公司】 2020 年，中国太平洋人寿保险股份有限公司淮北中心支公司个人代理新单保费收入 1227.48 万元、续期保费收入 6628.47 万元，银邮代理新单保费收入 14.06 万元、续期保费收入 17.92 万元，团体业务新保收入 60.9 万元、续期保费收入 10.13 万元，政保业务新保费收入 3620.5 万元，保费收入合计 11579.46 万元，同比上升 40.19%。全年理赔 135 件，给付理赔金额 114.65 万元，理赔服务时效 1.11 天。承办保单质押借款业务，向客户提供贷款，为客户解决燃眉之急。提供基于客户全生命周期风险保障解决方案，覆盖人寿保险、年金保险、健康保险、意外伤害保险等多个领域。

（周　涛）

【中国太平洋财产保险股份有限公司淮北中心支公司】　2020年，中国太平洋财产保险股份有限公司淮北中心支公司实现保费收入1.31亿元，支付赔款7889.88万元，缴纳地方各类税收1111.07万元，提供就业岗位240人次。为全市重点项目和企业提供超过40亿元保险保障；为全市2660名公安干警和66名驻村扶贫干部提供13.43亿元新冠肺炎保险保障。践行“太好赔”特色理赔服务项目，推广手机App、微信自助理赔等新技术新工具应用，推行代办车辆年检、节假日送温暖、领导探视慰问伤者客户等服务。

（李靖文）

【都邦财产保险股份有限公司淮北中心支公司】　2020年，都邦财产保险股份有限公司淮北中心支公司完成保费收入1527.20万元，保费同比正增长3.16%。全年缴纳各项税金80.89万元，累计支付保险赔款532.53万元。

（胡培培）

2020年淮北市部分人身险公司主要业务指标一览表

表19　　单位：万元

公司名称	原保险保费收入累计（万元）	同比增长	市场份额	赔付支出（万元）	同比增长	满期给付（万元）	同比增长
中国人寿淮北分公司	64975.13	5.83%	25.95%	14676.09	10.90%	9497.31	15.13%
平安人寿淮北市中支	61826.19	−0.66%	24.69%	9001.76	−6.87%	3183.77	−5.24%
太平人寿淮北市中支	16136.74	7.80%	6.45%	2045.14	−12.00%	324.6	−29.94%
新华人寿淮北市中支	13258.08	16.72%	5.30%	1937.17	−34.86%	928.09	−27.75%
泰康人寿淮北市中支	11611.39	6.75%	4.64%	3549.56	−0.06%	2321.92	14.39%
太平洋人寿淮北市中支	11572.69	40.25%	4.62%	2120.95	41.97%	962.28	76.21%

2020年淮北市部分财产险公司主要指标一览表

表20　　单位：万元

公司名称	原保险保费收入累计值（万元）	同比增长	市场份额	同期市场份额	同比变动	赔付支出（万元）	同比增长
人保财险淮北市分公司	56924.14	−5.18%	36.76%	40.21%	−3.46%	32737.04	−13.40%
平安产险淮北市中支	38352.42	2.98%	24.76%	24.95%	−0.18%	17499.87	0.10%
太平洋产险淮北市中支	13070.03	1.96%	8.44%	8.59%	−0.15%	7889.88	39.26%
国寿财险淮北市中支	13028.42	11.28%	8.41%	7.84%	0.57%	6109.4	−2.14%
国元农业淮北市中支	13019.2	64.38%	8.41%	5.30%	3.10%	13979.53	206.42%
太平产险淮北市中支	4070.37	10.76%	2.63%	2.46%	0.17%	1417.27	−15.95%

证　券

【证券交易】 2020年末，全市证券机构证券账户（沪深合计）数量16.87万户。累计证券代理交易额1991.63亿元，实现营业收入0.69亿元、各种税收0.71亿元。

【上市企业】 截至2020年末，全市累计上市企业4家、新三板挂牌企业6家、238家企业在省区域股权市场挂牌；新增省区域股权市场挂牌企业48家，其中科创板15家。

（华　寒）

2020年淮北市证券公司主要业务指标一览表

表21　　　　单位：万元、人

项目/机构名称	资产总额	负债总额	全年证券交易金额	账户数量	全年营业收入	全年累计上缴税金	从业人数
华安证券	26900.67	25378.39	6875687.65	50923	2751.69	273.26	25
国元证券	23027.79	22427.79	5425595.38	46883	2271.06	412.76	23
海通证券	24938.18	23070.06	6381916.96	64456	1779.14	6449.90	42
中金财富证券	1288.33	1288.33	433134.10	6427	118.34	9.07	5
全市合计	76154.97	72164.57	19116334.09	168689	6920.23	7144.99	95

2020年淮北市上市企业及三新企业挂牌企业一览表

表22

企业名称	主营业务	上市及挂牌时间	上市板块
安徽恒源煤电股份有限公司	从事煤炭开采、洗选、销售等业务	2004年	上交所
华孚时尚股份有限公司	纯棉纱线、混纺纱线纯棉坯布、混纺坯布等的生产和销售	2005年	深交所
安徽口子酒业股份有限公司	从事白酒生产和销售	2015年	上交所
淮北矿业股份有限公司	煤炭采掘、洗选加工、销售、存储；煤化工产品的生产销售；化工原料及制品销售	2018年	上交所
安徽广博机电制造股份有限公司	全封闭式制冷压缩机用电动机的研发、生产和销售	2015年	新三板
安徽千一智能设备股份有限公司	机械设备、智能控制装置、矿用综采设备的研发、制造和销售	2016年	新三板
安徽琪嘉日化股份有限公司	家用洗涤用品的研发、生产和销售	2016年	新三板
临涣水务股份有限公司	从事工业用水的生产和销售	2017年	新三板
安徽大自然种猪股份有限公司	从事纯种杜洛克等种猪的繁育、饲养、销售	2017年	新三板
淮北九天测绘股份有限公司	大地测量，工程测量，地理信息系统工程，测绘航空摄影，不动产测绘	2019年	新三板

综合经济管理

发展和改革

【概况】 2020年，淮北市发展改革委科学统筹新冠肺炎疫情防控和经济发展，推动各项工作有序开展。全市多项经济指标增速位居全省前列。全市战略性新兴产业产值同比增长30.7%，居全省第1位；固定资产投资同比增长9.3%，居全省第2位；民间投资同比增长7.8%，居全省第1位；服务业增加值同比增长3.3%，居全省第4位；地区生产总值实现1119.1亿元，同比增长3.3%，增速居全省第12位，较2019年前移3位。推进产业培育，陶铝新材料研究院项目纳入合肥综合性国家科学中心支持范围。陶铝新材料和铝基高端金属材料、市煤化工先进高分子结构材料2个基地获批省级重大新兴产业基地，数量居全省第3位，两基地产值分别同比增长12.4%和33.9%。全年组织重大项目集中开工14次，市级重点项目完成投资581亿元，超年度计划11.2个百分点。淮北—宿州—蚌埠、淮北—阜阳高速铁路开工建设，平山电厂二期工程并网发电，60万吨乙醇、英科医疗产业园等一批重大项目开建。争取中央和省预算内投资项目98个资金12.2亿元。争取地方政府债券项目56个，审定额度433.2亿元。8项重大战略任务和重大改革开放举措政策、11个重大工程项目列入省"十四五"规划，12个项目列入省2021年国民经济计划报告重大项目建设计划。市全域纳入省级城乡融合发展试验区，濉溪经济开发区入选全国首批绿色产业示范基地。扩大电力直接交易范围，帮助企业节约用电成本约1.67亿元。行政许可、行政处罚信用信息"双公示"考核全省第一。落实皖北集聚区建设"24"条，细化政策承接方案，打造皖北承接产业转移集聚区。建立国家和省市级价格监测站点42个，重大节日期间，对1580多个重要商品和服务价格进行监测，做好稳价惠民。增开淮北与上海、南通、合肥、芜湖之间高铁6列班次，方便市民出行。

（余　恒）

【重点项目工程建设】 2020年，淮北市安排重点项目674个，同比增长10.1%；总投资3122.93亿元，同比增长12.1%；年计划投资522.43亿元，同比增长8.5%。全市重点项目完成投资581.01亿元，较2019年同期增加27.52亿元，同比增长4.97%。相山区电子信息产业园等194个项目开工建设。安徽力幕新材料科技有限公司等144个项目竣工投产。

平山电厂二期　项目位于烈山区，由申能股份有限公司投资建设，总投资54亿元，主要建设一台单机容量为1350兆瓦新型高效、洁净、低碳超超临界燃煤发电机组，采用国际首创先进高低位布置、双轴、二次中间再热技术，发电效率可提高到50%以上，供电煤耗仅为251克/千瓦时，项目于6月开工建设，12月竣工投产。

2020 年 12 月 30 日，全省重点铁路集中开工项目动员会淮宿蚌铁路淮北会场（市发改委　供图）

年产 18 万吨高精铝板带箔及亲水箔涂层生产线　项目位于濉溪经济开发区，由安徽力幕新材料科技有限公司投资建设，总投资 7 亿元，总建筑面积 5.81 万平方米。主要建设冷轧、铸轧生产线 20 条，形成年产 18 万吨高精铝板带箔及亲水箔涂层生产能力。项目于 2019 年 7 月开工建设，2020 年 7 月竣工投产。

完美生物科技　项目位于相山经济开发区，由完美（淮北）生物科技开发有限公司投资建设，总投资 5 亿元，总建筑面积 15.75 万平方米，主要建设水果酵素等健康食品及相关配套产业。2017 年 10 月开工建设，2020 年 10 月竣工投产。

50 万吨焦炉煤气综合利用制甲醇　项目位于淮北新型煤化工基地，由安徽碳鑫科技有限公司投资建设，总投资 16.87 亿元，总建筑面积 6.38 万平方米，主要建设综合利用焦炉气制甲醇工程，包括气化工段、净化工段、合成工段及配套公用工程设施、辅助工程设施，达到年产 50 万吨甲醇生产能力。2019 年 9 月开工建设。2020 年核心装置神宁炉吊装成功。

年产 2 万吨大曲酒酿造车间　项目位于杜集区，由安徽口子酒业股份有限公司投资建成，总投资 13.6 亿元，规划建筑面积 50.4 万平方米，主要建设制曲、酿酒、储存三大车间，年产原酒 2 万吨，储存原酒 9.4 万吨。2020 年 5 月开工建设。

安徽英科医疗防护用品生产基地　项目位于濉芜产业园区，由安徽英科医疗用品有限公司投资建设，总投资 22.76 亿元，总建筑面积 15.72 万平方米。新建全封闭循环丁腈手套双模生产线 60 条，可实现年产 210 亿只高端医用丁腈手套，年销售收入 41 亿元。2020 年 4 月开工建设。

城区雨污分流工程　项目分西部片区、相阳沟片区、老城片区、东部片区 4 个区域，总投资 12 亿元，包括市政道路污水管网 39 条，长约 35 千米，需雨污分流改造小区及企事业单位 361 个，新建、改建污水泵站 5 座。2018 年 6 月开工建设。

淮北理工学院（筹）　项目位于杜集区高岳街道，由淮北科培教育投资开发有限公司投资建设，承接淮北师范大学信息学院转设。总投资 48 亿元，总建筑面积 79.2 万平方米，其中一期总建筑面积 36 万平方米。主要建筑教学楼、实训楼、体育馆、艺术中心、智能研究院、高新企业孵化器、宿舍等。2020 年 3 月开工建设。

【重点项目谋划】　2020 年，淮北市谋划储备“六稳”“六保”项目 760 个，总投资 2390.5 亿元。结合“十四五”规划编制工作，谋划“十四五”重点项目 1095 个，总投资 9629.6 亿元。继续落实《淮北市项目谋划前期工作经费使用管理办法（试行）》要求，全年拨付谋划项目前期工作经费 451.72 万元。

（汪　玮）

【信用城市建设】　2020 年，淮北市归集公共信用数据 1030 多万条，“双公示”数据 10.98 万条，部署公用事业类信息国家接口，向国家信用平台直接报送水、电、煤气和仓储物流等4类信息。推进信用承诺，对全市24家市直单位170个项目、274项材料实行告知性承诺。为港利华师城等7宗建设项目用地单位采取承诺书替代或延迟提交建筑施工图等材料，实现建设项目“拿地即开工”。为299户纳税人办理延期申报、11户纳税人办理延期缴纳税款。强化信用监管，在食品、税务和安全生产等41个领域实施信用评价，实施差异化监管措施。发布失信被执行人、食品药品和农民工工资拖欠等51个领域联合奖惩备忘录，信用惩戒失信被执行人1598个。推广“信易贷”等惠企产品，将融资受惠主体由B级以上纳税人扩大至M级企业，全年发放税融通贷款15.93亿元，惠及企业875家。全市11个行政村获评“信用村”，授信2.36亿元、用信643户6453.8万元。举办信用修复专题培训2次84家企业，为300多家失信企业重塑信用。在全省“双公示”和信用优化营商环境（政务诚信）评估中分别排名第1位和第3位。12月，市城市综合信用指数排名在全国261个地级市中位居第14位（全省第1位）。在全省“双公示”和信用优化营商环境（政务诚信）评估中排名第1和第3。

（朱婷婷）

【区域合作】　2020年，淮北市成立长三角区域合作领导小组，加强统筹协调，完善协同机制。与沪苏浙党政领导层开展互访交流，市委、市政府主要领导多次率党政代表团赴上海、常州、无锡等城市学习考察。建立与长三角部分城市常态化干部挂职锻炼机制，截至年底，全市选派3批100名干部到上海市挂职学习锻炼。9月，淮北市以正式会员身份在连云港市参加长江三角洲城市经济协调会第二十次会议；10月，在蚌埠市参加淮河生态经济带第2次省际联席会议和城市合作市长会商会；11月，在菏泽市参加淮海经济区十市第三届协同发展座谈会；12月，印发实施淮北市贯彻落实促进皖北承接产业转移集聚区建设若干政策措施分解方案，确保工作无缝对接，政策全面承接。重点围绕陶铝新材料、新型煤化工、电子信息、生物科技等主导产业开展精准招商、中介招商、基金招商等多元化招商方式捕捉长三角产业转移信息。推动5个省级开发区错位发展，完善配套服务设施，提升产业承载能力。与上海申能集团合作建设平山电厂二期国家示范工程并网发电，与上海华谊合作安徽（淮北）新型煤化工合成材料基地实现年销售收入200多亿元。聚焦对外开放推动互联互通，将交通作为融入长三角先行条件和重要支撑，加强与沪苏浙交通规划对接，完善周边区域城市间的综合交通网络，加快构建内通外联现代综合交通运输体系。开工建设淮北—宿州—蚌埠和淮北—阜阳高速铁路；加快谋划淮北—商丘—郑州高速铁路联络线项目及淮北—徐州观音机场高速公路、淮北—徐州和淮北—商丘（永城）快速通道等项目；商丘—淮北—宿州水运通道通航。举办中国（淮北）食品工业博览会、2020中国（濉溪）铝箔创新发展高层论坛、石榴文化旅游节等活动。成立上海安徽经济文化促进会淮北分会，深化淮北、上海两地经济文化发展。参加第三届长三角国际文化产业博览会，以运河文化、酒乡文化、汉文化盛装展示淮北元素。依托淮北海关，推动区域通关一体化，打通淮北对外经济走廊。建成青龙山铁路“无水港”，开通到宁波港海铁联运班列。

【创新驱动】　2020年，淮北市构建创新体系，打造创新创业新高地，吸引更多长三角科技创新资源向淮北集聚。强化科技创新能力，抓好上海交大安徽（淮北）陶铝新材料研究院等创新主平台建设，加强与上海交通大学、中科院创新孵化投资有限责任公司等科研院所及企业合作，建成大数据、物联网传感器、人工智能、水处理新技术4个研发中心；全市备案市级工程技术研究中心15家，省重点实验室2家；加快陶铝新材料在航空航天、轨道交通、汽车轻量化等领域研发和成果转化，在“墨子号”“天宫二号”“风云四号”得到应用；完成科技成果登记324项、技术合同交易21.7亿元；新认定国家高新技术企业60家，实现高新技术产业增加值增幅9.2%。搭建创新创业平台，先后引进浙江大学、中科院苏州纳米研究所、中科院上海物理所等6个长三角地区创新团队，创办或参股安徽汉芳生物科技有限公司、淮北思尔德电机有限责任公司等科技企业；打造“源创客”“梧桐树”等“双创”孵化基地，吸引来自沪苏浙等地100多个双创团队入驻、70多家风投机构参与创新创业；建成方正智谷、源创客、众帮等双创平台12家，源创客众创空间通过科技部备案，为淮北市第一家国家级双创平台；全年推荐申报省科技团队建设项目8项，引进高层次科技人才66人。加快基地+平台建设，编制《战略性新兴产业十四五发展规划》，引导企业向战新领域转型升级；陶铝新材料和铝基高端金属材料基地、先进高分子结构材料基地获批为省重大新兴产业基地；中科（淮北）产业技术研究院大数据研究中心、物联网传感器研究中心、人工智能研究中心和水处理新技术研究中心建成运营；推进陶铝新材料应用研发项目（首期）纳入合肥综合性国家科学中心项目库、省技术创新中心创建工作；“纳米陶瓷颗粒增强铝基复合配料大飞机蒙皮”被列入全省首批战略性科技重大专项；淮矿集团与江苏大学联合开展“气水射流防治采掘机运行粉尘瓦斯技术研发与示范”研究，被列入2020年省重点研发计划长三角合作专项。市高新区争创国家级高新区，科技部组织专家现场考察；濉溪经济开发区进入国家级经开区培育期，开发区考核位列全省前30名；相山经济开发区加快建设国家农业科技园区；杜集经济开发区推进高端装备制造国家火炬特色产业基地建设；烈山经济开发区打造现代硅基产业集聚区。加快建设安徽中德（濉溪）国际合作铝基产业园，谋划共建濉溪昆山合作产业园、沪皖相莘产业园等合作园区。创新海关监管制度和检验检疫制度，缩短企业通关时间，降低通关费用。

（葛　飞）

统　计

【概况】 2020年，淮北市统计局组织实施农业、工业、建筑业、批零住餐业、重点服务业等，以及投资、能源、人口、就业、文化等领域各项常规统计调查工作；做好农村社会调查、企业用工、劳动工资和常住人口变动调查等工作；加强基本单位名录库管理，及时维护更新名录库；做好“四上”企业和投资项目入库申报审核工作。为掌握新冠肺炎疫情对全市经济社会发展影响，通过统计“一套表”平台、电话、微信、走访及发放调查问卷等方式，开展4次专项调查，撰写17篇调研报告、3篇专题报告；加大重点领域统计监测和经济运行情况分析研究，及时发现经济运行中问题，找原因、提建议、发预警。全年更新微信公众号“淮北统计”130余篇，微博账号“淮北统计”60余篇。

【统计分析研究】 2020年，市统计局向市委、市政府报送统计专报、快报、预警预判等统计信息186篇，其中，统计分析报告43篇、统计快报23篇、统计专报27篇、监测预警13篇、统计信息80篇；被市“两办”采用信息68篇次，被各级新闻媒体和报刊采用信息45条；其他统计信息185条，其中102条被省统计局网站采用；每季度召开新闻发布会，向社会各界解读经济运行情况；定期发布《监测预警》《统计快报》《统计信息》《统计分析》《统计专报》《统计月报》《统计公报》《统计年鉴》等服务产品；利用数据淮北、微信公众号、微博等新媒体服务平台，向社会公众解读发布全市经济社会发展最新情况。

【畅通统计服务直通车行动】 2020年，市统计局开展统计服务千企暨畅通统计服务直通车行动，编印《企业统计服务台账卡》，一企一卡记录服务内容台账；编印并发放《淮北市统计服务直通车统计法律实务和统计业务知识读本》；制作《畅通统计服务直通车调研问卷》，了解企业统计基层基础情况、统计工作情况、经营现状和企业反馈问题及建议；全市统计系统服务企业130家，市直部门8个，基层统计站8个。

【统计基层基础建设】 2020年，市统计局印发《关于完善服务业统计工作规范的通知》，对企业五类统计资料归档做出明确要求；按照统计基层基础规范化建设验收标准，检查验收部门和企业529家，完成统计基层基础建设达标验收工作；省统计局抽查4个镇（办）、4家企业和2家部门，肯定淮北市统计基层基础建设工作；深入企业调研300余家，针对准规模企业，实地调研了解企业经营状况，指导县区和企业做好达规前各项统计工作；针对联网直报平台疑似问题企业定期抽取20%进行核查；每月网报期间各专业各抽取龙头企业、重点企业100家进行重点指导和关注，做到“关口前移”；针对207家申报纳入一套表企业实地核查指导，提前做好企业统计从业人员业务培训，按照档案盒管理内容规范企业统计基础工作。

【统计法治建设】 2020年，市统计局制定普法清单，结合全民国家安全教育日、宪法宣传日、统计法颁布纪念日、淮北普法夜市、统计服务直通车等时机，普及统计法律法规知识；组织编印《统计法律法规选编》150本、《统计法律实务知识读本》400本、统计法律法规知识宣传折页2000份，宣传统计法律法规；参与配合市人大常委会《中华人民共和国统计法》执法检查，发现问题全部整改；印发《关于进一步加强部门统计调查项目管理的通知》，组织开展对违法统计调查清理整顿工作，加强对统计调查项目的管理，落实涉外调查监管任务；濉溪县设立统计执法机构，各区均配备专（兼）职统计执法工作人员；对工业、投资、贸外和服务业等专业开展“双随机”抽查，抽查面县（区）全覆盖，全年“双随机”抽查企业和单位60家，立案查处4家；抓好国家统计督察反馈意见整改工作，18项整改任务全部完成。

【第七次全国人口普查工作】 2020年，市统计局成立淮北市第七次全国人口普查领导小组及办公室，各县（区）先后完成普查机构组建，印发《关于认真做好第七次全国人口普查的通知》；从村（居）委会干部、计生干部、退休人员、居民楼楼长等群体中选聘普查指导员2193人、普查员8019人；编制《淮北市第七次全国人口普查综合试点方案》，将试点范围扩大到一县三区；根据各县区综合情况，科学划分普查小区8994个；通过电视台全天候播放普查公益广告，发送手机短信330多万条，发放《一封信》83万张，张贴人普公告2万份、告知书10万份、宣传画1800多套等多种形式宣传；制定登记日程计划，倒排工期，开展入户登记工作；市委、市政府、县（区）委、县（区）政府领导带头参加人口普查现场登记，多次深入街道、社区调研指导普查工作开展；组建督查检查组，会同市委督查考核办，分赴各县（区）开展督查入户登记工作，督查范围覆盖全市所有镇（街），发现问题及时纠正；开展行政资料比对复查工作，逐条审核行政职业编码，确保普查数据质量，普查工作进入数据处理汇总阶段。

（陈宗月文）

审 计

【概况】 2020年，全市组织实施审计和专项审计调查项目38个，查出违规问题金额5480万元；移送纪检监察机关和相关部门处理13件，审计报告、专报等被市领导批示11件次。组织实施濉溪县2017年至2018年乡村振兴相关政策和资金（含“一卡通”惠民补贴资金）审计获全省审计机关优秀审计项目（市级审计机关）二等奖。对县区审计机关审计项目质量定期进行抽查，杜集区审计局实施审计项目获全省审计机关优秀审计项目（县级审计机关）一等奖。

【政策落实情况跟踪审计】 2020年，市审计局关注稳就业、稳投资、稳预期、保基本民生、保基层运转等方面政策落实情况，以资金保障、项目落地和任务推进为抓手，分季度向省审计厅报送政策跟踪审计情况。集中开展疫情防控资金和捐赠款物、新增财政资金直达基层惠企利民、保障性安居工程、优化营商环境、就业补助资金、社保基金等政策落实情况专项审计。

【财政预算执行审计】 2020年，市审计局以全部政府性资金为载体，重点审计市财政局四本预算执行情况，市教育局、市征收办两部门预算执行情况。利用大数据审计技术，对所有预算单位数据进行筛选，重点核查发现异常数据，实现预算单位审计全覆盖。

【经济责任审计】 2020年，市审计局落实中共中央办公厅、国务院办公厅《党政主要领导干部和国有企事业单位主要领导人员经济责任审计规定》，严格依法依规开展经济责任审计工作，建立由市纪委监委、市委组织部、市委编办等7家单位为成员的经济责任审计工作联席会议，加强相关部门协调与配合。坚持党政同责、同责同审，聚焦权力运行和责任落实，全年组织实施经济责任审计项目22个，查出违规问题金额3948万元。

【民生工程审计】 2020年，市审计局聚焦脱贫攻坚，开展财政涉农资金、健康扶贫专项审计调查，重点关注耕地地力保护补贴资金、农机购置资金、农村环境“三大革命”资金等涉农专项资金政策落实和管理使用情况、医疗卫生保障各项政策落实情况等，促进惠农政策落实到位。开展市汽运公司、市公交公司2019年财务收支情况审计，重点关注企业治理结构及内部控制制度建立和执行情况、企业资产负债损益情况等。聚焦污染防治，首次关注政府部门自然资源资产管理和生态环境保护责任落实情况，组织实施市农业农村局党组书记、局长自然资源资产任中审计，促进生态环境保护。

【政府投资建设项目审计】 2020年，市审计局代市政府起草《关于进一步规范政府投资审计的通知》，加快政府投资审计转型。加强与预算执行审计、政策跟踪审计统筹融合，开展市教育系统政府投资工程建设项目管理审计、市重点建设项目拆迁补偿安置情况审计、灾后水利薄弱环节治理建设项目跟踪审计等，完成省道203、绿金湖等重点项目审计。组织实施2个国外贷援款项目审计。

【内部审计】 2020年，淮北市审计局履行内审指导监督职责，促进构建以审计机关为主导、主管部门自审为基础、社会审计为补充审计全覆盖监督工作机制，统筹整合审计资源，形成审计监督合力。开展内部审计工作情况专项监督检查，对依法属于审计局审计监督对象的行政事业单位、社会团体、市属企业等单位内部审计机构设置、人员配备、领导机制、制度建设等情况进行再摸底、再宣传、再推动，优化内部审计发展环境。强化制度建设，印发《淮北市审计局关于将内部审计工作情况纳入审计评价内容的指导意见》，健全内部审计指导监督工作制度。强化实务指导，采取现场指导、业务交流、理论研究等方式，分层次、分行业、分类别进行内部审计业务指导。

（惠　薏）

价格监督管理

【价格管理】 2020年，市发展改革委出台《关于运用价格政策降低疫情防控期间企业生产成本促进我市经济发展的通知》，涉及降低中小微企业用水用气价格10%等12条措施；印发《关于阶段性降低涉农企业生产经营成本等有关事项的通知》，对涉农企业用水、电、气实行阶段性价格支持政策。出台落实《安徽省发展改革委 安徽省财政厅关于疫情防控期间降低部分检验检测收费标准的通知》，对按行政事业性收费管理特种设备检验检测费，复工复产企业率降低50%，媒体进行宣传，督促并跟踪政策落实。联合市农业农村局、供电公司明确对13家在建保鲜仓储企业实行农业生产电价。3个月累计用水用电等优惠约200万元。落实《安徽省发展改革委关于阶段性降低企业用电成本支持企业复工复产的通知》文件精神，协同供电部门梳理确认高耗能行业用户企业，督促落实“到户电价95折结算”政策，全年累计降低用电成本约1亿元。出台出租车运价调整政策，联合市交通运输局出台《关于调整淮北市城区客运出租车运价的通知》，对出租车运价进行结构性调整。

【收费管理】 2020年，市发展改革委动态调整市级涉企收费清单。梳理年初以来的收费政策变化情况，联合财政、经信部门动态调整并公布《淮北市涉企收费清单（2020年）》，同时进行宣传。出台《关于淮北市殡仪服务收费标准的批复》，对殡葬服务业收费项目进行清理规范，明码标价，规范收费行为。

（张 明）

【价格监测调控】 2020年，市发展改革委完成国家、省级常规及应急监测284个品种、29类监测报表相关工作，共上报62734条监测数据，上报率100%。1月份起，按照国家及省、市疫情防控工作要求，及时启动居民生活必需品、药品防护用品、批发市场蔬菜、猪肉销售量和库存量、生猪与猪肉价格应急价格监测日报，全年完成54个应急监测品种、28215条监测数据报送。每日对全市农贸市场、药店、超市等应急监测点进行价格监测巡视巡查，实时掌握价格动态，及时报送各类价格数据及动态信息。拓展民生商品信息覆盖面，在市传媒中心微信公众号“淮北传媒发布”开设“价比三家”专栏，多渠道发布重要民生商品价格，所发布信息被酒店、食堂、生鲜公司作为核算依据，组织安徽家家悦真棒超市有限公司承储市级冻（猪）肉储备750吨、安徽濉溪牧原农牧有限公司生猪活体储备10000头，做好节日期间猪肉投放工作。启动农副产品平价店，依托大型超市20个平价直销区，每天推出15个规定品种“惠民菜”，以低于市场均价15%，猪肉、鸡蛋价格低于市场价5%面向市场供应，平抑市场物价。关注物价指数变化情况，启动困难群体价格临时补贴。关注统计部门公布CPI指数，做好对优抚对象、城乡低保对象、特困人员、领取失业保险人员等特定保障对象人数统计以及补贴资金测算等与联动补贴相关前期准备工作，确保补贴资金及时发放，向特困群体发放补贴3500多万元，惠及约85万人次。

（王晓娟）

【价格认定】 2020年，市价格认证中心开展各类价格认定5361例，标的金额27.49亿元，增加地方税收近亿元，为市财政增收土地收益金1300万元。该中心获“2019—2020年度全国价格认定工作先进机构”称号。

（刘 旭）

公共资源交易管理

【概况】 2020年，淮北市完成交易项目1682个，成交219.98亿元。其中，建设工程项目757个，成交136.65亿元，节约14.70亿元；政府采购项目679个，成交12.64亿元，节约1.45亿元；产权交易项目成交0.44亿元，增值0.07亿元；土地出让项目成交70.25亿元，增值20.39亿元；徽采商城签订订单8250单，金额1.51亿元，节约77万元。

【交易管理体制改革】 2020年，市公共资源交易监管局制定《关于推进市公共资源交易管理体制调整工作任务分解方案》，成立体制调整工作领导小组，设立执纪督察、综合协调、人事财务、业务优化、党建统筹5个工作组，推进人、财、物、事权全面整合。6月22日，淮北市首批取得全省公共资源交易领域相对集中行政处罚权。11月26日，市政府办公室印发《淮北市公共资源交易领域相对集中行政处罚权工作实施方案》，正式实施。

【交易秩序监管】 2020年，市公共资源交易监管局开展打击招投标领域违法违规行为专项行动，成立市委、市政府主要领导担任组长领导机构，抽调人员集中办公，建立五项联动协作机制，利用信息化手段和大数据分析，实行违法信息共享。与市纪委监委、市公安局分别联合印发《关于建立打击公共资源交易领域违法违纪行为联动协作机制的通知》《关于建立打击公共资源交易领域违法犯罪行为联动协作机制的意见》。聚焦围标串标、违法分包转包、恶意投诉、弄虚作假等五个方面突出问题，重点抓好宣传发动、线索核查、案件查办、总结提高四个方面工作。移交问题线索19起，其中，移送市城市管理局4起，移送市公安局4起，法院刑事判决7人。7月9日，开庭审理G3高速收费站东迁项目招投标领域涉嫌犯罪案件，对当事人进行依法宣判。此案成为淮北市运用科技手段查处招投标领域违法行为成功案例，入选《安徽省招投标领域串通投标等突出问题专项整治典型案例》。《严厉打击招投标领域违法违规行为营造山清水秀的公共资源交易环境》入选《淮北市2020年基层治理创新案例名单》优秀案例。

【完善交易规则】 2020年，市公共资源交易监管局修订并公布公共资源交易目录（2020年版），逐步将林权、农村集体产权、特许经营权等纳入公共资源交易范围。组织编制招标采购文件标准文本，合理设置评标条件和加分指标。制定《淮北市公共资源交易政府采购负面清单》《淮北市公共资源交易工程建设项目负面清单》，做到清单之外无例外。在全省率先推行政府采购项目10个工作日内限时办结制度，办理时限位列全省第一，解决长期以来政府采购周期较长、效率不高等突出问题。出台《投标保证金监督管理暂行办法》，加强投标保证金监管。全年收取保证金25493笔、140903.1万元，退还保证金23356笔、123925.79万元。制定《淮北市徽采商城交易管理办法》《淮北市公共资源交易异议（质疑）及投诉处理办法》《淮北市招标代理机构信用管理办法》，对交易行为实施严格管控，依法保障各方主体合法权益。

【交易主体监管】 2020年，市公共资源交易监管局开展代理机构专项检查，清退“僵尸企业”、违规不诚信代理机构14家，清退率10.9%。建立现场评标评审专家考核台账，约谈违法违规专家12人次，对20名评标评审专家给予扣分、清退处理，并在省、市级信用信息平台公布。建立投标人诚信档案，将8家违规投标人记入不良行为记录，并限制一定时期内禁止进入淮北市公共资源交易市场。强化第三方监督，制定《市公共资源交易特邀监督员管理办法》，从人大、政协、高校等各领域新聘特邀监督员34名。研究制定《公共资源交易服务平台监督管理暂行办法》《公共资源交易服务平台工作考核暂行办法》等制度，加强监管部门与服务平台工作衔接。制定《关于对重点工程项目进行监督检查的工作方案》，开展标后履约检查40余次，办理合同备案445起，与370家中标企业进行诚信约谈。开展履约现场与招投标市场联动，将履约过程中信用评价和行政处罚结果运用到招标投标活动中29件。

【网上交易平台建设】 2020年，市公共资源交易监管局上线电子保函系统，开启“互联网＋普惠金融”便民惠企服务，实现全程线上操作，为投标企业释放沉淀资金，降低制度性交易成本和时间成本。简化市场主体登记及数字证书业务办理流程，市场主体可直接网上在线办理数字证书，快递送达，实现市场主体登记及数字证书业务办理“零跑腿”。3月至12月底，“线上新办”和“线上延期”用户分别占CA业务总量57.5%和74.6%。推进“互联网＋”公共资源电子化、智能化交易，打造智慧交易平台。完成远程异地评标室改造，搭建电子评标系统，做好技术对接，实现有限专家资源共享，与黄山、宿州、荆门、十堰等地市结成远程异地评标合作伙伴，与十堰市、沙洋县等地开展再次远程异地评标。3月“电子档案”系统上线投入使用，实现公共资源交易档案标中实时留痕、标后一键归档、交易全程可溯。重新优化投标保证金清退流程。未入围单位投标保证金由原来四级审核，改为两级审核，缩短办结时限。所有项目均由代理公司线上发起退款，全程留痕，确保资金安全。统一政府采购文件模板，对公开招标、竞争性谈判、询价、竞争性磋商4类采购文件重要条款进行固化，制定出版本格式、评分标准、规范要求“三统一”采购文件模板，减少人为因素干扰。

（孙亚秋）

市场监督管理

【概况】 2020年，淮北市市场监管系统围绕市委、市政府中心工作，抓党建、抗疫情、优环境、保安全、提质量、严监管、深合作、促发展，统筹做好市场监管各项工作，市场监管治理体系和治理能力显著增强，商事制度改革不断深化，食品药品安全、特种设备安全、产品质量安全形势稳中向好，质量提升行动逐年推进，消费维权有力有效，人民群众的获得感显著提升。先后获安徽省文明单位、安徽省工人先锋号、安徽省商事制度事中事后监管考核并列第一名、安徽省“双打”考核第二名，新闻宣传、广告、执法办案在全省会议上作交流发言，特种设备“互联网＋智慧监管”获评改革创新优秀案例，陈健等3人获省及以上表彰，电梯智慧监管、气瓶智慧监管、信息工作在全省领先。

【商事制度改革】 2020年，市市场监管局全力打造商事制度改革升级版。压缩企业开办时间，联合市公安局、市税务局、市人力资源和社会保障局、市数据资源管理局、市公积金管理中心、人行淮北市中心支行印发《淮北市加快推进企业开办“六个一”体系建设实施方案》，优化“一窗通”服务平台，在企业开办的设立登记、印章刻制、发票申领三个环节基础上增加银行预约开户、社保登记、住房公积金开户，实现一个工作日办结。全年新登记企业7785户，同比增长1.1%，新登记个体工商户23868户，同比增长13.4%。优化企业注销流程，通过优化办理环节，减少费用，依托安徽政务服务网“办好一件事”专栏，实行相关部门注销业务“信息共享、同步指引”，实现企业注销“一网”服务。通过报纸公告的程序调整为通过国家企业信用信息公示系统免费公告，注销时间由原来3个工作日调整至1个工作日。全年注销企业2446户，注销个体工商户17118户。严格企业信用监管，制定《淮北市市场监管领域统一随机抽查事项清单（第一版）》，完善“双随机、一公开”基础制度，调整执法人员和监管对象动态库，建立涉企信息归集工作机制，开展信用分类差异化监管，推进“互联网+监管”，实现“双随机、一公开”抽查常态化，全年完成双随机任务274批，检查企业2800户，食品生产销售、餐饮单位覆盖率100%，检查风险分级频次完成100%，对“互联网+监管”平台分派的风险预警信息处置100%。

【质量监督管理】 2020年，市市场监管系统坚持把食品安全、药品安全、产品质量安全、特种设备安全监管放在突出位置，严格落实地方政府、市场主体、主管部门三方责任，强化日常监管。坚持食品全链条安全监管，深入开展食品安全攻坚行动，全覆盖开展生产经营企业风险排查和监督检查，推进校园食品、农村食品、餐饮质量、特殊食品、夏季食品等系列专项整治行动，加大对食用农产品批发市场、冷链食品企业、小作坊等监管力度，督查企业主体责任落实。监督抽检食品8631批次，不合格率2.18%，不合格食品核查处置100%到位。坚持药品医疗器械清单式监管，成立药品安全委员会，建立市政府领导班子成员责任清单，制定疫苗药品安全应急救援预案。开展药品安全春风行动和特殊药品、疫苗流通环节质量、药品网络销售等专项整治行动，做到监督检查全覆盖，责令整改32家，实施行政处罚44家。坚持特种设备信息化监管，围绕重点场所、重点园区、重点企业深入开展各类专项整治和隐患排查治理。落实“一单四制”工作机制，监督检查企业903家，排查安全隐患243个，全部进行处理，下达安全监察指令书218份，立案查处25件。坚持产品质量安全风险监管，对电线电缆、危化品、儿童用品、食品相关产品等进行风险监测，对建材、农资、化工产品、日用消费品、消防产品、成品油、散煤等开展产品质量监督抽查，对防护口罩、危化品、电线电缆、防爆电气、儿童用品等产品开展专项整治，对5个批次缺陷产品实行召回。

【质量强市】 2020年，市市场监管局推行首席质量官制度，修订《淮北市人民政府质量奖管理办法》，将中小微企业纳入政府质量奖评选。淮北矿业集团杨杰获安徽省政府质量奖提名奖，安徽省矿山机电装备有限责任公司等5家企业被评为安徽省制造业高端品牌培育企业。相山区通过安徽省质量强县（区）创建预验收。开展“强检工作提升年”专项行动，重点检查214家关系国计民生强检计量器具使用单位，围绕企业和社会需求开展社会公用计量标准建设，建成10项社会公用计量标准。开展标准化提升行动，主持制定实施国家标准4项、行业标准3项、省物业地方标准1项，发布实施淮北市地方标准4项。濉溪县政务服务标准化被国务院列入全国试点。夯实认证认可基础，以机动车安检机构和检验检测机构为重点，规范检验检测行为，安检机构监督检查实现全覆盖。国家铝基材料及制品监督检验中心申请材料上报国家总局，申报立项省局科技项目5个。

【市场秩序监管】 2020年，市市场监管局围绕关系国计民生食品药品、价格、广告等重点领域开展专项执法。6月29日，市市场监管综合执法支队挂牌成立。全年立案查处各类违法案件3043件，其中各类商品商标侵权案件57件，向公安机关移交涉嫌犯罪案件43件，罚没款3487万元。查处非法经营口罩等防疫物资案、非法经营进口冷链食品案、非法经营野生动物案等一批案例被国家总局、省局列为典型案例。

严格价格违法行为查处，开展行业协会、商会、行政审批中介服务、供电、港口、铁路货物运输、商业银行等违规收费专项治理和违规教育收费重点治理，查处价格违法案件115件，受理市长热线交办、群众来电、来访和来信等价格投诉60余件，结案率100%。全年接收各类投诉举报咨询22843件，比2019年同期增长133%，为消费者挽回经济损失近400万元。在全省2020年度城市公用服务业消费环境满意度调查中，淮北市位居全省第一位。强化盐政执法，重点检查食盐购进渠道是否合法、是否查验供货者食盐定点批发资质并保存合法有效凭证、食盐质量是否符合要求、是否将工业盐作为食盐销售使用等。检查过程中，对食盐经营相关政策进行宣传，要求食盐经营者要按照国家政策严把进货关，落实索证索票、进货查验等制度，维护食盐质量安全，规范全市食盐经营秩序，保障市民食用盐安全。全年开展检查1600家次。

（孙学明）

消费者权益保护

【概况】 2020年，市市场监管部门、市消费者委员会组织围绕全市经济社会发展大局，践行“一切为了消费者，一切服务消费者”宗旨，通过完善消费维权工作机制、认真处理消费纠纷、加强消费教育引导、提升消费维权行政执法水平等举措，在消费维权的道路上迈出坚实的步伐，推动全市消费环境持续改善。全市市场监管部门、市消费者委员会组织共受理消费者咨询15034件，投诉4063件，举报1838件，并做到件件有回音、事事有着落，投诉举报处理率达100%。开展“诚信示范街区”创建活动，开展“十大诚信电商”等评选活动。全年新增市级放心消费企业39家，新申报省级放心消费单位4家，放心消费进乡村覆盖率92%，引导108家经营者参与线下无理由退换货承诺。

【维护市场秩序】 2020年疫情防控期间，市市场监管部门、市消费者委员会组织迅速建立严密的防控体系，有力维护疫情防控期间消费者的合法权益和健康稳定的市场秩序。关闭50家农贸市场活禽交易场所，打击野生动物非法交易，持续开展市场巡查，严防问题反弹；第一时间发布价格提醒告诫书，协调药品器械批发企业加大防疫用品调配；支持企业转产。淮北市的医用口罩、防护服生产企业由疫情前的零发展到3家，普通口罩生产企业达到17家。约谈食品、药品、防疫物资和民生商品经营企业，快督查办非法销售口罩等防疫物资和价格违法案件，全力维护市场秩序。牵头做好重点场所疫情防控，多次发布消费警示、消费倡议。抵制野生动物交易，拒绝“野味”消费，使用公筷公勺，培养科学饮食习惯。强化进口冷链食品监管，确保进口冷链食品始终处于受控状态。面对因疫情引发的取消订房订餐、暂停各类培训等消费纠纷，积极指导、协助经营者妥善处理消费者合理诉求，并向各县市区提出疫情防控期间消费纠纷处理指导意见，努力减少消费者和经营者之间的消费摩擦，保障消费者的合法权益。

【消费维权宣传】 2020年，市市场监管局、市消费者委员会编印《2020年淮北市消费维权白皮书》，从维权工作做法、消费维权典型案例、诚信单位风采、消费维权年主题等4个角度总结宣传全市的消费维权成果；开展现场宣传活动。利用大型商超、广场显示屏，30多家复工复产企业游走字幕宣传消费维权知识；在新城吾悦广场一楼大厅举办专题宣传活动；在南湖之声广播电台开展“3·15”消费者权益保护宣传报道；开展公开销毁假冒伪劣商品活动。多部门联合集中销毁一批假冒伪劣商品，货值金额60余万元；针对群众反映的消费热点、难点问题，开展打击非法制售口罩等防护产品、打击野生动物违规交易、红盾护农保春耕等专项整治行动。

【严厉查处违法行为】 2020年，市市场监管局、市消费者委员会以“查大案、端窝点、清市场、保品牌”为目标，组织开展知识产权执法“铁拳”行动。严厉查处商标侵权、假冒专利、专利侵权、地理标志侵权和特殊标志侵权等违法行为。查获了一批侵犯知识产权的大案要案，依法处置电商领域专利案件83件，仅2020年1月31日，在一次检查中就查获假冒“飘安”注册商标的一次性使用口罩1万多只，涉案当事人因销售不符合标准的医用器材，被判处有期徒刑8个月，并处罚金1万元。组织开展元旦春节期间打假专项行动。重点强化对名优白酒的保护，“两节”期间共查办侵权白酒案14起，查获侵权假冒“口子”“迎驾”“茅台”“五粮液”等白酒4080瓶，案值75.3万元，罚没款57.4万元，端掉制假窝点7处，查获压盖机、封口机、灌装机、打码机以及包装材料3500余套，移送公安机关拘留12人；开展农资产品专项执法行动。重点查处无证无照、生产销售不合格农资产品，虚假标注，虚假宣传等坑农害农的违法行为，整治检查农资经营户268家次，抽检农资产品30组，查办违法案件4起，有效保护农民和农村消费者的合法权益。

（祝韦韦）

海　关

【概况】 2020年，淮北海关监管进出口货运量5.62万吨，其中，进口4.67万吨、出口0.95万吨；受理检验检疫申报3181批次，其中，进口23批次、出口3158批次；出具各类检验检疫证书2585份；签发各类原产地证1813份，为企业减免进口国关税4603万元；征收关税和进口环节税706万元，其中关税133.6万元，实现新增税种零的突破。

【打击走私综合治理】 2020年，淮北海关紧盯“洋垃圾”和象牙等濒危物种及其产品非法进境，防止非洲猪瘟传入传出。承担市政府打私综合治理机制日常工作，牵头召开全市打击走私综合治理工作推进会，组织开展“国门利剑2020”、“蓝天2020”以及打击成品油、冻品走私等专项行动，配合公安、市场监管等部门开展打击非法进口牛肉行动。全年移交风险线索3起，行政立案3起，罚没收入1.8万元。

【海关监管】 2020年，淮北海关加强属地病媒生物监测、重大动物疫情防控和进出口食品、化妆品监督抽检及风险监测，截获外来有害生物1批次、5种次；监管重点敏感商品，检出危险货物包装不合格11批次；强化企业信用培育和守法规范性培育，提升辖区认证企业数量，完善进出口环节信用体系建设；科学运用稽核查手段，加强后续监管，全年收到核查作业指令10个，办结率100%。

【优化服务】 2020年，淮北海关参与市新冠肺炎疫情联防联控工作机制，开通进口防控和捐赠物资快速通关专门受理窗口和绿色通道。淮北市首批申报捐赠防疫物资抵达合肥机场，淮北海关跟进联系机场海关，全程指导报关企业，采取提前申报、登记放行、后补通关证明方式，保障捐赠防疫物资快速通关。参与打造对外开放物流平台建设，2次协调合肥海关口岸监管处对青龙山铁路无水港建设项目规划设计进行论证，提出意见建议。支持淮北矿业集团申请自营进口煤炭通关指标，安排专人跟踪对接，全年进口炼焦煤10.17万吨，保障煤焦化项目生产需要。

2020 年 8 月 19 日，淮北海关关员开展危险化学品检验
（吴孙娟　摄）

【落实贸易便利措施】　2020 年，淮北海关制定《淮北海关防疫情保民生稳外贸 12 条服务举措》，成立帮扶小组，分片走访，开展“金钥匙”发展帮扶专项行动，支持有条件企业开展加工贸易，确保海关服务进企业、送上门、落到地，帮扶企业复工复产。全年加工贸易进出口总值 10.99 亿元，同比增长 72.92%。立足淮北市外向型经济发展特点，落实进出口税收优惠政策，聚焦重点企业、重点项目，提前做好政策解读和业务指导。依托多证合一、单一窗口、即签即走等举措，压缩整体通关时间，降低进出口环节合规成本，优化营商环境。

（吴孙娟）

城 市 管 理

【市容秩序整治】　2020 年，淮北市城市管理局（以下简称“市城管局”）围绕文明城市复检、大气污染防控等中心工作，组织开展农贸市场周边环境、校园周边环境专项治理活动，开展常态长效督查，督查问题 9835 起，整改市容环境问题 8218 件；审核 12 家建筑垃圾运输公司资质，配备新型环保运输车辆 399 台，开展联合执法 3 次，查处违规运输车辆 182 台、运输企业 30 家、工地 8 处、物业公司 1 家；开展餐饮油烟专项督查，督查餐饮饭店 1518 家，整改存在问题 137 家；开展户外广告安全隐患排查，清理拆除破损、陈旧、存在安全隐患户外广告 2987.4 平方米，设计、安装 16 处城市公益小品，更换设置主题公益广告 2597 处，面积 11616 平方米；印发《淮北市摊群点管理办法》，制作便民服务地图，调整规范设置饮食、水果、早市、季节性瓜果销售、饮食特色街区、“五小”便民以及夜间百货等 7 种类型 108 处摊群点；制定印发《淮北市露天微市场试点建设工作方案》，明确市场建设好、市容环境好、经营秩序好、制度保障好、群众反响好“五好”建设标准，建成 2 处露天微市场，方便市民生活。

【依法行政管理】　2020 年，市城管局坚持动态调整审批事项，及时向社会公布取消、下放和保留行政审批事项，实现政务服务窗口统一受理，全年行政审批事项按承诺时限办结率达到 100%；完善城市管理领域信用体系建设，推进“双随机一公开”工作开展，加强行业行政监管性惩戒措施，上传行政处罚案件信息 15 件，依法开展信用修复 6 件，行政许可信息实现同步共享，同时在市政府和局网站政务公开公示；完成行政权力清单和公共服务事项清单动态调整工作，梳理市级权力清单 184 项，其中行政许可 4 项、行政处罚 174 项、行政强制 5 项、行政征收 1 项；做好事中事后监管工作，组织实施“双随机一公开”抽查工作 4 次，抽查 13 家企业，通过事中事后监管平台，将抽查结果上传录入“一企一表”

2020 年 5 月 12 日，市城管局召开《淮北市城市生活垃圾分类工作实施方案》新闻发布会（王阿金　供图）

进行公示。推进户外广告立法工作，《淮北市户外广告和牌匾标识管理条例》是安徽省首部专门规范户外广告和牌匾标识管理工作创制性立法，于 2021 年 1 月 1 日正式实施；出台《淮北市生活垃圾管理办法（试行）》，于 2021 年 6 月 1 日施行。出台首部《淮北市城市管理精细化标准（试行）》；制定印发《淮北市城市管理相关人员管理办法》，规范城市管理协管员队伍管理；印发《淮北市城市管理行政执法系统行政执法与刑事司法衔接工作制度》，加强全市城市管理行政执法系统行政执法与刑事司法衔接工作。规范行政执法行为，严格行政执法人员持证上岗和资格管理制度，组织全市各县（区）城市管理行政执法局 67 名正式在编人员，分两批参加 2020 年度全省行政执法资格考试；落实“行政执法三项制度”：推行行政执法公示制度、建立执法全过程记录制度、严格执行重大执法决定法制审核制度，严格规范执法职责、执法流程、执法决定法制审核、案卷归档、重大案件集体讨论审批等制度；加强执法监督，把好案件审查关，确保办案质量。市城管局办结行政处罚一般程序案件 23 件，组织召开重大案件集体讨论会 8 次，罚款 119.57 万元，向相山区人民法院申请行政强制执行案件 3 起，强制执行罚没款到账 563 万元；坚持和落实案卷评查制度，办理的“相山公园显通寺周边山体修复工程中标人弄虚作假投标行为案”（行政处罚）被省司法厅评为优秀案卷。

【城市生活垃圾无害化处置】 2020 年，市环卫处推进垃圾分类工作，督促各县区做好垃圾分类示范片区建设目标。相山区在相南街道建立垃圾分类示范片区；杜集区在高岳街道建示范片区；烈山区在杨庄街道建立示范片区，重点打造油库小区、淮选厂西村试点小区；濉溪县在二里社区建立示范片区，与安徽双赢集团签订协议，加大垃圾分类设备投放。做好垃圾分拣中心建设，濉溪县在县经济开发区建成垃圾分类分拣中心 1 座投入运营，杜集区改建垃圾分类分拣中心 1 座投入运营，烈山区与社会资源回收企业合作建设 1 座小型垃圾分拣中心。联合市发展改革委等部门，加大对全市公共机构监管力度，督促各单位按照时间节点开展垃圾分类工作。建立垃圾分类运营监管平台，12 月底该平台建成试运行。5 月 12 日，市城管局组织召开《淮北市城市生活垃圾分类工作实施方案》新闻发布会，与市委宣传部、市发展改革联合举办市生活垃圾分类知识电视竞赛，与市文明办联合开展生活垃圾分类广告创意征集大赛，通过广播、电视、报纸、公交车、户外广告等多种媒体宣传生活垃圾分类工作。

修订《淮北市生活垃圾焚烧处理厂监管考核办法》，完善《淮北市生活垃圾卫生填埋场垃圾无害化运行管理监督考核办法》。加强对垃圾焚烧厂和垃圾填埋场的监管力度，全年开展检查 63 次，下发整改通知 3 次。通过第三方专业检测公司，对生活垃圾焚烧厂和生活垃圾填埋场排放污染物进行检测，结果均符合国家规定标准。督促垃圾焚烧厂在厂区门口显著位置设立环保显示屏，向公众公开烟气排放实时监测数据。加强对生活垃圾处理全程监管，确保生活垃圾日产日清，严防医疗废物混入生活垃圾。全年收运处置生活垃圾49万余吨，焚烧垃圾累计发电约1.95亿千瓦时，节约标准煤近11万吨，垃圾无害化处理率100%。

市城管局出台《淮北市餐厨废弃物集中收运处置考核办法》，实现无缝监管。投资200余万元，建成餐厨废弃物收运处理数字监管平台，运用互联网+技术，对餐厨废弃物收运处理进行实时监管。在餐厨废弃物收纳桶全部安装智能芯片，随时读取餐饮单位名称、区域、路段及废弃物重量等基本信息，实行智能化监管。在市区主要道路两侧和重点区域安装监控视频，24小时对非法收运餐厨废弃物行为进行监控。引入第三方服务公司，采取派驻人员现场监管、远程在线监管及路面巡查监管相结合方式，加强对餐厨厂监督力度。会同市食监、公安、环保、农村农业等部门和各县区相关部门，开展餐厨废弃物违法收运行为联合执法专项行动，遏制各类违法收运、处置行为，源头斩断餐厨废弃物非法收运处置利益链条，确保餐厨废弃物集中收运处置工作有效开展。建立餐厨废弃物产生申报制度、收运处置联单制度、台账定期报告制度等，对各县区2044家产生餐厨废弃物单位逐一登记造册，组建翔实信息数据库，规范源头管控。10月，淮北市通过国家发展改革委、财政部、住房和城乡建设部三部委餐厨废弃物处置项目验收。全年收运处置餐厨废弃物25260.367吨，生产废弃油脂1100余吨、沼气120余万立方米，餐饮单位签约率100%。

东湖存量垃圾治理督促项目施工单位落实"加班、加点、加人、加设备"措施，保障施工进度。10月，东湖存量垃圾治理完成筛分后腐殖土外运27.1万吨、轻质物外运5.4万吨、建筑骨料外运6.6万吨、清底泥外运27.5万吨、渗滤液处理外运20万吨。

【建筑垃圾资源化利用情况】 2020年，淮北市产生建筑垃圾438.08万吨，消纳处理方式为互为调剂和用于宕口治理、山体修复、园林绿化、塌陷区回填等生态修复工程。部分工程垃圾和拆除垃圾通过淮北润金环保建材科技有限公司、濉溪县金元再生资源利用有限公司及社会零星料场制成再生建筑材料，可资源化利用工程垃圾和拆除垃圾共30.16万吨，其中23.99万吨运输至资源化利用企业进行资源化处置利用，6.17万吨用于道路铺设等工程，资源化利用率为79.54%。

【农村生活垃圾治理】 2020年，市城管局联合市环保部门对整治完成12处农村非正规垃圾堆放点进行复核，对12处堆放点实行包保制，固定专人进行定期巡查，12处农村非正规垃圾堆放点管控情况良好，恢复原土地用途，通过省住建厅验收。开展农村敞口垃圾池清零行动，下发《关于全面取消敞口垃圾收集设施的通知》，要求各县区城管局全面排查整改，全年排查出敞口垃圾池1376个，其中取缔1371个，改造5个。组织各县区开展为期2个月铁路沿线农村垃圾专项治理活动，铁路沿线生态环境得到改善。督促各县区完善监管体系，建立县（区）、镇（办）、村（居）三级联动考评机制，加大对农村环境卫生质量日常监管力度。落实第三方监管，健全绩效评价考核机制。全年农村生活垃圾无害化处理率达到98%以上，全市农村垃圾治理行政村覆盖率100%，农村垃圾治理市场化100%，农村垃圾镇级转运设施覆盖率100%。

【智慧城管平台建设】 2020年，市城管局推进平台智能升级，针对市区监控盲点，新建6路视频监控点并纳入联网使用，自建视频362路。建设视频智能分析采集系统，实现从传统人工抓拍向AI自动识别智能转变。依托智慧城管平台，整合水务、公安、住建、交通、应急、气象6个部门系统监管数据、5000多路各类视频资源，搭建全市综合应急指挥平台，实现对城市道路、街巷各类公用设施、公共秩序、环境卫生、交通设施等进行实时监控。开发应用“淮北市民城管通”小程序，升级完成微信小程序和公众号有效举报问题红包实时兑奖功能。印发《关于进一步理顺管辖交叉区域城市管理职责的通知》等文件，修订出台《淮北市智慧城管系统部件（事件）确权确责和监管案件立案处置结案规范》《淮北市城市管理考核办法》，推动各类交办问题高效落实。全年智慧城管平台受理各类问题72501件，办结71282件，其中，受理市民微信举报问题16009件，办结15636件；受理服务热线反映问题481件，办结451件，解决老百姓关心关注的一批热点难点问题。

（陈　光　赵立法　王立新
王以扬　谷化圣　吕浩勇）

安全生产监督管理

【概况】　2020年，淮北市发生一般事故24起，死亡24人，同比分别下降23%和27%，未发生较大及以上生产安全事故。煤矿、非煤矿山、危险化学品、民爆、特种设备等重点行业领域未发生生产安全事故。全市综合减灾示范社区创建全国领先。市安委办组织全市对危险化学品、煤矿、非煤矿山、道路交通、消防、建筑施工等重点行业领域安全生产隐患开展执法检查2129次，查处一般事故隐患3636项，全部完成整改。

【危险化学品安全监管】　2020年，全市有危险化学品生产企业9家，使用企业1家，经营企业179家（含加油站115家、带储存设施的经营企业1家）；易制毒无仓储经营企业64家；民爆生产企业1家，民爆经营企业1家；烟花爆竹批发企业2家，仓库2座。持续开展“铸安”专项行动和“安全生产攻坚战”行动，推进安全生产“六项机制”分级管控等工作，落实全员安全生产责任制、风险研判公告和重大危险源源长制，分阶段、有重点开展安全隐患专项排查整治和“打非治违”专项行动，督促企业加强安管人员和职工安全培训教育力度。

【非煤矿山安全生产管理】　2020年，全市有非煤矿山11家，其中，地下矿山8家（廖家铁矿处于基建状态，徐楼铁矿处于停产状态），露天矿山3家（水泥用灰岩矿2家，建筑石料用灰岩矿1家），新增淮北朔里矿业有限责任公司高岭土矿。市应急管理局每季度召开全市非煤矿山会议，对上季度工作进行总结，部署下季度工作。开展汛期防治水、机电、顶板和采空区、运输提升等专项检查，开展“四不两直”暗查暗访活动和安全质量标准化动态达标工作。

【工贸安全生产管理】　2020年，全市有涉及金属冶炼钢铁和铝加工企业33家、涉氨制冷企业7家、粉尘涉爆企业34家、有限空间作业109家、使用危险化学品工贸企业59家、重点监管企业12家。市应急管理局通过摸底排查，建立健全辖区工贸企业危险化学品使用“一企一档”台账，全市59家工贸企业建立危险化学品使用“一企一档”台账，其中，1家企业确定为3级重大危险源，2家企业开展安全设施设计或安全设计诊断。

【安全生产监察执法】　2020年，市应急管理局检查生产经营单位729个，同比上升21.9%；执法检查1395次，同比上升37.3%；行政处罚162次，罚款986.97万元，增幅93.77%，其中预防性罚款497.26万元，同比增长50.6%。出台《淮北市应急管理局关于实施安全生产“首错免罚”清单制度的通知》《淮北市应急管理局依法不予行政罚款的轻微安全生产违法行为目录清单》。

【安全宣传教育】 2020年，全市围绕“消除事故隐患筑牢安全防线”主题，发挥媒体作用，创新载体，邀请省厅铸安志愿者服务队到淮北，通过线上线下同步，微信公众平台推送案例视频，“安全大讲堂”和“老韦说安全”“安全知识有奖问答”“五进”活动，召开新闻发布会，举办应急能力培训等形式，开展系列宣传教育活动。《中国应急管理报》、人民网、新华网、《安徽经济报》等多家省级以上媒体分别宣传报道近20次。依托安徽淮北煤电技师学院等培训基地，举办应急救援能力培训班9期，培训1682人次。培训企业主要负责人、安全管理人员、特种作业人员等“三类人员”，全市培训8803人，组织考试459场，11607人参加考试，核发特种作业操作证和安全合格证7827张。

（耿　耿）

煤矿安全生产监察

【煤矿安全监管】 2020年，全市有煤矿18对（省属煤矿16对，地方煤矿2对），均为生产矿井，其中煤与瓦斯突出矿井9对，水文地质类型极复杂矿井3对，煤层自燃发火Ⅰ类矿井3对，矿区整体灾害程度较重。市应急管理局开展“1+6+N”安全生产专项行动、煤矿安全“体检”。

【监察执法力度加大】 2020年，安徽煤矿安全监察局淮北监察分局（以下简称“淮北监察分局”）完成监察109矿次，查处隐患668条；责令73个采掘工作面停止作业、106台（套）设备停止使用，同比增加115%、137%；对254项违法违规行为行政处罚673.67万元，其中监察罚款611.3万元，同比增加30%；辖区煤矿发生事故1起、死亡2人。对淮北矿业集团及其职能部门开展责任监察2次，不定期与公司职能部门召开联席会议。与地方煤矿监管部门加强沟通，联合发文2次，联合开展“一通三防”全覆盖专项监察等执法活动。用好监察执法等信息化系统；落实行政执法公示、全过程记录和法制审核三项制度。春节、国庆等节假日和全国“两会”、中共十九届五中全会召开期间，制定专项方案，对不放心矿井开展暗查暗访，制定四季度强化监察执法8条措施，保障重点时段安全生产。全年淮北市辖区煤矿实现安全生产，分局实现杜绝较大以上事故工作目标，辖区煤矿安全生产形势持续稳定。

【瓦斯综合治理】 2020年，淮北监察分局突出瓦斯治理监察重点，加大“四位一体”防突措施落实、瓦斯抽采达标评判监察力度，紧盯大倾角厚煤层沿底掘进、超前地质探查和采掘工作面供电可靠性等重点，严禁瓦斯治理不到位、顶板管理、超前地质探查不到位和供电不可靠造成瓦斯超限事故，下半年杜绝瓦斯超限事故。开展“一通三防”全覆盖专项监察21矿次，检查发现各类隐患和问题293条，责令17个采掘工作面停止作业，20台（套）设备停止使用，对88项违法违规行为罚款226.1万元。

【煤矿水害治理】 2020年，淮北监察分局执行《煤矿防治水细则》《安徽省煤矿防治水和水资源化利用管理办法》，抓住老空水，提高开采上限“头顶水”重点，打击水文条件不清、治理不到位进行开采行为，督促企业加强防治水工作，构建“七位一体”防治水工作体系。强化汛期应急值守和巡查，对辖区煤矿12条河流实行日调度，建立台账，通过微信工作群向辖区煤矿推送天气预警信息和上级通知要求35次，督促企业严格执行极端天气停产撤人规定。查处地质防治水方面隐患112条，责令10个采掘工作面停止作业、5台（套）设备停止使用，对37项违法违规行为立案调查，罚款83.9万元。

【精准监察】 2020年，淮北监察分局编制年度精准监察手册，做到矿井分类精准、监察计划精准、检查方案精准、检查方法精准、重点盯防精准、隐患追责精准，开展精准监察20矿次，确定127项重大风险点，下达重大风险预警告知书19份。坚持日查看、周调度、月分析，推行重大风险过程管控视频化管理，实现动态分析掌握煤矿重大风险管控情况，对重大风险发生变化煤矿下达重大风险预警告知书25份；严肃追究风险管控不到位责任，制定《重大风险失控核查处理暂行办法》，对重大风险管控措施失控造成瓦斯超限、大范围停风等七种情形，按照事故进行核查，按"四丢"（丢面子、丢票子、丢帽子、丢饭碗）要求追究有关人员责任，倒逼煤矿企业加强风险管控工作。

【推行"互联网+监察"】 2020年，淮北监察分局督促煤矿企业出台可视化监视系统管理等办法，实现采掘头面、生产系统、重要岗位、灾害治理全过程和检测检验环节"五个全覆盖"，实现精准推动"三违"（违章作业、违章指挥、违反劳动纪律）治理。精准突出重大风险过程管控防突预测、地质探查钻孔施工，采掘工作面瓦斯异常变化等6个关键环节，发现问题及时组织现场核查。推行视频监察，通过视频监察发现各类隐患152条、罚款169万元。《淮北监察分局利用互联网+平台实现"三个精准"》在全省煤矿安全视频监控系统管理使用座谈会上作典型发言。

【安全事故查处】 2020年，淮北监察分局推进安全基础管理和追责问责机制，推动杨柳、界沟等煤矿智能化矿井建设，推广单轨吊运输、盾构机掘进和大倾角厚煤层沿底施工"降钻锚注平"台阶法施工工艺；坚持逢查必考，督促煤矿开展"学法规、抓落实、强管理"活动。约谈煤矿7矿次、19人次，14名责任人员记入违法违规档案；下达隐患问责建议函，推动企业运用"家法"问责844人次，罚款34.8万元。严肃查处许疃"10·27"事故，给予13名责任人党纪政务处分。

（陈　富）

消防救援

【概况】 2020年，淮北市消防救援支队接警1654起，出动车辆3016辆次、指战员1.6万余人次，抢救疏散转移被困人员938人。同比2019年，火灾起数、直接财产损失均有明显下降，连续7年省政府消防工作考核位列优秀等次，全市

2020年10月10日，市消防救援支队举办第二届"火焰蓝"实战化比武竞赛
（市消防救援支队　供图）

消防安全形势持续稳定。

【消防训练】 2020年，在安徽省消防救援总队实战化训练考核比武竞赛中，市消防救援支队获全省三甲成绩，受到市委、市政府主要领导和总队首长批示肯定。5月29—30日，市消防救援支队举办第二十七届春季消防体育运动会。

【完成救援任务】 2020年，市消防救援支队完成增援合肥庐江、屯兵蚌埠保卫淮河等抗洪救援重大任务，成功处置“9·25”濉溪合拓汽车部件厂房、“11·12”高新区作科新能源锂电池厂房、“12·5”濉溪县百善镇油罐车等火灾事故。汛期，市消防救援支队增援庐江和保卫全椒等抗洪工作，共出动消防车、舟艇128辆（艘）、指战员323人次，营救疏散被困群众112人。

（程 杨）

知识产权

【知识产权保护】 2020年，淮北市推进知识产权行政执法体系建设，提升知识产权执法效能，强化重点市场、重点领域执法，查处商标、专利、地理标志侵权行为，维护公平有序市场环境。全市查处知识产权案件184件，移送案件2件，罚款106.342万元。

【知识产权创新和运用】 2020年，市市场监管局开展知识产权创造保护运用提升行动，出台《淮北市推进知识产权高质量发展若干政策》。落实“一企一策”服务制度，建立企业知识产权专员信息库和质押融资微信交流学习平台，联合市金融局举办银企推介会，扩大融资规模，全年质押融资2.63亿元，同比增长65%。强化品牌建设，推进试点示范，6家企业获安徽省第七届专利优秀奖，9家企业获评省级商标品牌示范企业，3家企业获国家知识产权示范企业考评优秀档次。

【知识产权公共服务】 2020年，淮北市在高新技术企业、知识产权示范优势企业、科技型发展企业、规模以上企业等重点企业开展发明专利消零行动，鼓励企业开展技术创新，提高企业知识产权创造能力，挖掘工业企业发明专利资源，增强企业核心竞争力，消除重点企业发明专利量零现象。全市万人发明专利拥有量5.5件，同比增长25%，完成市政府“十三五”规划任务5.2件、省政府任务5件的目标任务。

（孙学明）

教　育

综　述

【概况】 2020 年，淮北市有各级各类学校（不含高校）744 所。其中普通高中学校 21 所，初中学校 101 所，小学 284 所，幼儿园 328 所，特殊教育学校 2 所，中职学校 8 所，高校 2 所。全市各级各类学校（不含高校）在校学生总数为 386294 人，总体比 2019 年增加 9512 人。基础教育在校生总数为 361431 人，比 2019 年增加 8295 人。其中，普通高中在校生 39920 人，比 2019 年减少 50 人；初中在校生 74161 人，比 2019 年增加 3640 人；小学在校生 167201 人，比 2019 年增加 5610 人；幼儿园在园幼儿 79945 人，比 2019 年减少 910 人（其中调整到外地市办学的企业幼儿园 5 所，幼儿数减少 1259 人）；特殊教育学校在校生 204 人，比 2019 年增加 5 人。中等职业学校在校生 24863 人，比 2019 年增加 1217 人。其中，全日制（含成人中专全日制）学生数 22018 人，比 2019 年增加 3163 人；非全日制学生数 2845 人，比 2019 年减少 1946 人。全市幼儿学前三年毛入园率 94.39%，比 2019 年增加 0.06%，比省定标准高 4.39%；小学适龄人口入学率保持在 100%，小学毕业生升学率为 102.06%，比 2019 年降低 1.63%（受新的招生政策影响）；初中学龄人口入学率保持在 100%，九年义务教育巩固率为 98.01%，比 2019 年增加 0.51%，比省定标准高 3.01%；高中阶段教育毛入学率为 94.1%，比 2019 年增加 0.06%，比省定考核指标高 2.1%。

普通高中生均图书 28.95 册，比 2019 年增加 3.21 册；每百名学生拥有计算机 19.59 台，比 2019 年增加 3.12 台；生均教学仪器值 3654.06 元，比 2019 年增加 1694.54 元；生均校舍面积 21.81 平方米，比 2019 年增加 2.55 平方米。中职学校生均图书 30.02 册，比 2019 年增加 3.72 册；每百名学生拥有计算机 18.83 台，比 2019 年减少 0.54 台；生均教学仪器值 5677.03 元，比 2019 年减少 156.48 元；生均校舍面积 25.83 平方米，比 2019 年增加 1.8 平方米。普通初中生均图书 45.84 册，比 2019 年增加 11.92 册；每百名学生拥有计算机 25.46 台，比 2019 年增加 3.24 台；生均教学仪器值 2741.95 元，比 2019 年增加 560.03 元；生均校舍面积 19.67 平方米，比 2019 年增加 2.88 平方米。小学生均图书 16.84 册，比 2019 年增加 1.02 册；每百名学生拥有计算机 14.28 台，比 2019 年增加 1.08 台；生均教学仪器值 1268.10 元，比 2019 年增加 224.12 元；生均校舍面积 5.54 平方米，比 2019 年减少 0.1 平方米。以上指标均符合义务教育学校基本均衡发展要求。全市幼儿园生均图书 6.9 册，比 2019 年增加 0.76 册；幼儿园生均校舍面积 5.77 平方米，比 2019 年增加 0.28 平方米。

【中小学素质教育】 2020 年，教育系统开展理想信念、社会主义核心价值观、中华优秀传统文化、生态文明和心理健康教育，开展“向国旗敬礼”“敬廉崇洁、向德向善”等主题教育活动。开展淮北市第二届“新时代好少年”评选活动，评选表彰10名同学为淮北市第二届“新时代好少年”。淮北市一中学生在第34届中国化学奥林匹克竞赛、第29届全国中学生生物学竞赛和中国数学奥林匹克竞赛中分别获1枚金牌、1枚银牌和1枚铜牌。创建各类体育特色学校，全市新增全国青少年校园足球特色学校25所、新增全国青少年校园篮球体育传统特色学校6所、新增全国青少年校园排球体育传统特色学校3所，烈山区被教育部认定并命名为全国青少年校园足球试点区。举办淮北市中小学羽毛球、乒乓球、游泳、篮球比赛及田径运动会。组织参加2020年安徽省学生体育联赛，男女200米、400米短跑均获第一名，打破男子三级跳远赛会纪录，包揽男子跳高前三名。榴园小学开办“石榴文化节”、洪庄小学开办剪纸课等特色课程。加强学校劳动教育设施建设，指导学校制订实施年度劳动教育工作计划，开发符合校情的劳动教育课程，开展形式多样劳动教育主题活动，密切家校联系，增强学生劳动意识和劳动能力。

【教育资助】　2020年，淮北市城乡义务教育保障各项经费年度目标任务金额为24011.9万元，实际拨付25450.72万元，拨付率为105.99%。按时发放学生资助资金，全年资助学前教育幼儿2810人、资金234.175万元；发放普通高中学生国家助学金10643人、资金1410万元，普通高中学生免学杂费1632人、资金183.755万元，普通高中校内资助6953人次、资金429.7545万元；发放中职学生国家助学金2992人、资金410.2万元，中职学生免学费14664人、资金2885.2万元；发放中职国家奖学金29人、资金17.4万元，中职学生校内资助2676人次、资金50.4652万元；职业技能教育资助中职学生3816人、资金381.6万元。实现建档立卡学生资助全覆盖，为普通高中1045名建档立卡学生直接免除学杂费116.195万元，发放国家助学金231.3万元；为601名中职建档立卡学生发放国家助学金137.55万元，免除687名中职建档立卡学生学费135.94万元；资助建档立卡学前幼儿1092人、资金123.675万元。地方扶贫专项资金资助各类建档立卡学生5564人次、资金812.992万元。资助受疫情影响家庭困难学生，发放国开行拨付新冠肺炎专项资金及校内资助资金86354元，惠及学生1337人，帮助受疫情影响家庭困难学生支付学习考试、流量购买等费用。

【教育督导】　2020年，市教育局制定《关于开展新冠肺炎疫情防控督导检查工作实施方案》，以实地走访、视频督查等方式对县区教育局、市直各学校（幼儿园）及淮师大附属中小学就做好疫情防控和统筹教育教学情况进行专项督导检查。完成2019年度对县区人民政府目标管理绩效评价及党政领导干部履行教育职责考核工作，对县区政府2019年度目标管理绩效和党政领导干部履行教育职责情况进行考核和复查，形成复查报告并上报省督导办。开展责任督学挂牌督导工作，完成第一督学责任区第三届责任督学换届工作，组织淮北市督学业务素养提升培训，加强责任督学挂牌督导建设，促进经常性督导、专项督导、综合督导和协作督导工作开展。组织开展闲置校舍处置整改情况、义务教育教师工资收入落实情况、乡村智慧学校建设情况、语言文字规范化达标情况等专项督导工作。

【平安校园建设】　2020年，市教育局印发《淮北市教育局校园安全专项整治三年行动实施方案》《2020年度校园安全专项整治工作方案》《2020年淮北市中小学幼儿园“护校安园”专项工作方案》等文件，健全完善人防、物防、技防“三位一体”的制度体系。开展校园安全专项整治和“护校安园”专项行动，排查学校700多所，整改问题隐患 51 处。城镇学校安保人员配备率达 100%；全市 577 所学校视频监控接入公安平台，实现城镇学校接入率、中小学幼儿园校园全封闭率、安防器械配备率、一键式报警装置安装率“四个 100%”。成立专业校车运营公司 5 家，推进校车规范管理；对非法办学单位、非法“接送学生车辆”一律坚决取缔、严肃查处。食品安全纳入学校健康教学内容，加强食源性疾病预防和营养健康知识教育。严格落实配餐制度和陪餐制度，组织开展食品安全进校园、食品安全周活动、食品安全隐患排查和校园食品安全守护行动。全市学校健康教育率、“明厨亮灶”率达 100%，幼儿园、小学食堂“互联网 + 明厨亮灶”覆盖率达 100%。

【教育信息化建设】 2020 年，淮北市乡村中小学校智慧学校建设任务为 66 所，实际建设 73 所，投入资金 2600 余万元。截至年底，全市 196 所乡村中小学中有 106 所完成智慧学校建设任务，建设进度达 54%，超过全省乡村中小学校智慧学校实际建设进度 46% 的目标。全市中小学及教学点全部实现宽带接入，宽带接入比例 100%，大部分学校实现校园无线覆盖，校园网建有率 100%。全市共有学生终端 35088 台，每百名学生拥有终端数 12.60 台，生机比达到 7.9∶1；共有教师终端 20003 台，每十名教师拥有终端数 11.3 台，师机比达 0.89∶1。所有教学教室实现班级多媒体设备 100% 全覆盖。促进教育信息化与教育教学深度融合，2019 年立项教育信息技术研究市级课题 57 个，2020 年结题 53 个。2020 年教育信息技术研究课题省级立项 7 个，通过验收结题。做好在线课堂开课工作，全市有主讲课堂 25 个，接收课堂 42 个，开课 1631 节，主讲课堂平均开课率为 113.4%，接收课堂平均开课率为 104.3%。

【民办教育】 2020 年，淮北市有各级民办学校 239 所，在校生 78096 人。其中，中职学校 1 所，在校生 1388 人；高中 7 所，在校生 4846 人；初中 18 所，在校生 21102 人；小学 9 所，在校生 14544 人；幼儿园 204 所，在园幼儿 36216 人。全年对民办学校投入资金 6470 万元，主要用于各学段贫困学生资助资金及民办学校义务教育“两免一补”。秋季招生，实现公办民办学校同步报名、同步开展录取、同步注册学籍，规范民办义务教育学校招生行为。

学前教育

【概况】 2020 年，淮北市有幼儿园 328 所，在园幼儿数为 79945 人。其中，公办园 124 所，在园幼儿 43729 人；民办园 204 所，在园幼儿 36216 人。新建、改扩建幼儿园 9 所，提高公办园覆盖率。加大小区配建园治理，57 所配建园移交投入使用，41 所移交园办成普惠性民办园。加强无证幼儿园专项治理，整改无证园 59 所、取缔无证园 6 所。分层级有省级一类园 3 所，省级优秀民办园 1 所，市级公办一类园 19 所，市级优秀民办幼儿园 23 所。

【学前教育普及普惠发展】 2020 年，淮北市新建幼儿园 8 所，面积 23459 平方米；改扩建幼儿园 1 所，面积 2100 平方米；新增幼儿班 78 个，增加学位 2400 个；共计投入资金 5645.6 万元，年底所有工程全部完工。对普惠性民办幼儿园按照生均 200 ~ 300 元的标准进行奖补，共发放奖补资金 1072.4 万元。全市学前三年毛入园率达 94.39%，比省定标准高 4.39 %；普惠性幼儿园在园人数同比增加 11669 人，占全市在园幼儿总数 94.87%，比省定标准高 14.87%；公办幼儿园在园幼儿占全市在园幼儿总数的 54.7%，比省定标准高 4.7%。

【淮北市直机关第一幼儿园】 淮北市直机关第一幼儿园是安徽省一级一类幼儿园、安徽省语言文字规范园、安徽省绿色幼儿园。2020年，拥有3个园部，32个教学班，1300多名幼儿，120多名教职工。该园被评为全市教育系统“平安建设工作先进集体”。教师李广会获“淮北市先进工作者”称号，马婷婷被评为淮北市“诚信教师”，赵芷桦获淮北市幼儿园自主游戏优质课大赛一等奖，李琛获全市教育系统“守初心担使命，做四有好教师”演讲比赛二等奖。在淮北市中小学生机器人竞赛中，高婷婷获“优秀指导教师”奖，黄若澍等教师指导参赛作品获1等奖1项、二等奖1项、3等奖7项。在淮北市第二届人工智能优秀课例设计评选中，2人获一等奖，2人获二等奖。在市教育局生活垃圾分类知识电视竞赛比赛中，张伟伟获一等奖。李广会的视频作品在中国福利会主办的“Love Online: 把最宝贵的东西给予儿童”专项战“疫”行动中，获优秀作品奖。

义务教育

【概况】 2020年，淮北市有普通初中101所，在校生74161人，校均在校生规模734人，专任教师5796人，生师比12.8。其中，公办初中83所，在校生53059人，专任教师4576人；民办初中18所，在校生21102人，专任教师1220人；城镇初中76所，在校生64197人，专任教师4861人；乡村初中25所，在校生9964人，专任教师935人。全市共有小学284所，在校生167201人，校均在校生规模589人，专任教师8756人，生师比19.1。其中，公办小学275所，在校生152657人，专任教师7970人；民办小学9所，在校生14544人，专任教师786人；城镇小学124所，在校生128203人，专任教师6310人；乡村小学160所，在校生38998人，专任教师2446人。

【义务教育均衡发展】 2020年，淮北市统筹推进县域内城乡义务教育一体化改革发展，加强乡村小规模学校和乡镇寄宿制学校建设，对不达标的29所两类学校（不达标乡村小规模学校11所、不达标乡镇寄宿制学校18所）逐个制定整改方案，整改后全部达到安徽省基本办学标准。实施义务教育薄弱环节改善与能力提升工程项目13个，面积达54672平方米。启动新一轮义务教育阶段学校标准化建设，实施义务教育标准化项目建设11个。推动教师“无校籍管理”和“县（区）管校聘”管理体制改革，推动教师由“学校人”向“系统人”转变。全市义务教育适龄人口入学率保持在100%。持续开展双向交流，选派23名教师到市直学校挂职交流、58名市直学校教师到乡村或薄弱学校支教。

2020年12月1—2日，淮北市首届小学校长道德与法治课堂教学展示活动举行
（市教育局　供图）

【义务教育学校标准化建设】 2020年，淮北市改建义务教育学校2所、撤并15所、搬迁1所、停办1所，完成年度规划131所义务教育学校标准化建设任务。实施义务教育薄弱环节改善与能力提升工程项目14个，面积达58172平方米，规划资金5603万元。完成设施设备采购1282台（套），采购资金294万元。

【主城区教育资源合理配置】 2020年，淮北市持续推进主城区优质教育资源扩容，秋季开学前，市一实小、市三实小、市首府小学分部和市二中东校区全部完成改建并交付使用。3月，市教育局与市自然资源和规划局编制出台《淮北市重点发展区域中小学布局规划（2020—2035年）》，年底，根据重点区域学校布局规划，建成烈山区梧桐花园学校，第三实验小学梅苑学校（绿金湖）校区建设基本完工。

【淮北市第一实验小学】 2020年，淮北市第一实验小学有2个校区、56个教学班、3212名学生。在岗教师158人，其中特级教师4人、高级教师12人、国家级名师工作室首席名师1人、市名校长工作室首席名校长1人、市名班主任工作室首席名班主任1人、市少先队名师工作室首席名师1人。学校在全市中华经典诵读比赛中获一等奖，并代表淮北市参加省赛。学生李尚烨、支森森代表安徽省参加第五届全国学生“学宪法讲宪法”活动，李尚烨获知识竞赛全国亚军，支森森获演讲比赛全国二等奖。参加安徽省第二届红领巾“小喇叭”讲解员大赛获一等奖。市少先队名师工作室落户学校，学校大队部获“安徽省优秀少先队集体”称号。学校被中国教育科学研究院授予“‘中国STEM教育2029创新行动计划’种子学校”称号。校园手工坊活动被新华网、《中国教师报》、《中国教育报》等国家级媒体报道。

【淮北市第三实验小学】 2020年，淮北市第三实验小学总占地面积17807平方米，校舍总面积13578平方米。有61个教学班，在校生3500多名，130多名教职工。是年学校图书馆被评为省级“职工书屋”。学校的“女职工心灵驿站”，获安徽省女职工“阳光家园”称号。“阳光驿站”心理健康志愿服务队获第二届“淮北青年五四奖章集体”称号。教师桂大森获“淮北市先进工作者”称号，教师孟雯获“淮北市最美军嫂”称号。

【淮北市首府实验小学】 淮北市首府实验小学有2个校区，占地面积约23700平方米，建有音乐教室、舞蹈教室、图书阅览室、科学实验室等10多个专用教室。2020年有教学班52个，在校生2846名，教职工102人，其中，国家级先进个人1人、省级先进个人4人、市级先进个人11人、市级教坛新星2人、市级骨干教师4人、高级教师8人、研究生学历8人。组织教师参加各级各类教育教学比赛，获省级一等奖2人、省级三等奖3人、市级一等奖15人、市级二等奖10人、市级三等奖11人。

【淮北市濉溪路小学】 2020年，淮北市濉溪路小学有教学班33个，在校学生1798人，教职工90人。在淮北市中小学生机器人竞赛中，获一等奖2个、二等奖2个、三等奖1个。在全市中华经典诵读大赛中，分别获学生组一等奖和教师组一等奖。教师尤培培获淮北市首届少先队辅导员技能大赛一等奖，陈维维获淮北市中小学论文评比一等奖，张兰兰获淮北市中小学实验教学说课比赛二等奖，朱肖南获淮北市小学道德与法治课堂教学比赛三等奖，黄金华获淮北市小学信息技术优质课比赛三等奖，刘安杰获淮北市小学数学优质课三等奖。

【淮北市黎苑小学】 2020年，淮北市黎苑小学有33个教学班，在校学生1789人，在职教师88人，其中，中级职称教师占68%。黎苑

2020 年 10 月，淮北市黎苑小学开展“我和国旗合影”活动
（市黎苑小学　供图）

和家教经验分享等环节组成，共收到家书 3000 余封。

【淮北市泉山路学校】 淮北市泉山路学校占地面积约 27000 平方米，18 个教学班，学生 820 人，教职工 34 人。2020 年，结合重大节日开展经典诵读、六一展演、丰收节、国庆红歌赛、冬季趣味运动会、校园文化节、绘画比赛、诚信演讲、中小学生春晚、童眼看世界——小记者寻访等活动，展现学生阳光自信蓬勃发展的精神风貌。开展值日活、家务活、种植活、公益活等活动，培养学生劳动能力，劳动教育特色课堂“校园丰收节”刊发在《人民日报》和学习强国平台。在淮北市小学生机器人比赛中，1 人获一等奖、2 人获二等奖、5 人获三等奖。

小学获“全国文明校园”“全国资源节约型绿色学校”“三宽教育全国优秀实践基地”等称号。教师苏文芳获“全国先进工作者”称号，韩东获“安徽省十佳青年教师”称号，朱萧萧获安徽省小学道德与法治优质课比赛一等奖，李冬梅获安徽省中小学实验教学说课比赛三等奖，盛波获淮北市首届小学校长道德与法治课堂教学展示二等奖，刘婷婷获淮北市中小学实验教学说课比赛二等奖，朱军、毕戍分别获淮北市小学体育优质课比赛二等奖、三等奖，庄雯雯获市班主任基本功大赛三等奖，宋奕姝获市信息技术优质课比赛三等奖，田孝辉获“淮北市诚信教师”称号。

【淮北市人民路学校】 淮北市人民路学校占地 100 余亩，建筑面积 22420.72 平方米。有 60 个教学班，在校学生 3200 余人，教职工 158 人。2020 年，开展“青蓝工程”汇报展示活动，展示汇报课 30 余节，听课教师 300 人次。教师孙丽获安徽省青年教师教学竞赛一等奖，张志强获安徽省优质课比赛二等奖，丁翠英获安徽省班主任比赛二等奖。依托三宽家长学校云课堂开展培训，组织开展“一封家书”活动，活动由写家书、晒家书、读家书

【淮北市梅苑学校】 淮北市梅苑学校占地 7.33 万平方米。有班级 80 个，学生 4600 余人，教职工 223 人。2020 年，学校获“安徽省节水先进单位”“淮北市文明校园”等称号。引入国际象棋、演讲与口才、英语口语、科学特色课程，推动智慧课堂建设。学校继续应用乐教乐学，同时推广超翼教学软件试用。运用“钉钉”管理平台，开展网络教研、网络议课、网络备课活动。教师高晓茹在第二十七届全国青少年爱国主义读书教育活动中获“优秀指导教师奖”，安迎迎获安徽省义务教育“三科”国家统编教材优质课比赛二等奖，辛诚获安徽省第五届全民健身运动会“南湖红船”航行赛男子组第三名、安徽省第五届全民健身运动会遥控水上足球（团体）第四名、“安徽省青少年科技体育优秀辅导员”荣誉。在淮北市中小学班主任基本功大赛中，周文娟获初中组一等奖、安迎迎获小学组二等奖。

【淮北市实验学校】 淮北市实验学校有7个年级，41个班级，在校学生2253人，教职工111人。2020年，“劳模祝鹤扶贫志愿服务队”走进濉溪县刘桥中心学校，开展教学交流研讨活动。开展第三届骨干教师示范课活动，举办“聚焦名师，链接赋能”教学研讨会。在淮北市第四届中小学青年教师教学竞赛中淮北市实验中学获“优秀组织奖”，教师张婉娴、王利均获中学理科组一等奖和“淮北市十佳青年教师”称号。张婉娴代表淮北市参加省赛，获安徽省青年教师竞赛理科组一等奖和“安徽省十佳青年教师”称号。张鸣钰获“淮北市优秀青年教师”称号，曹静获“万叶杯”网络音乐微课教学课例展示活动全国二等奖。

2020年10月21日，淮北市第二中学举办秋季校园运动会（朱志全 摄）

【淮北市第二中学】 淮北市第二中学有2个校区，教学班53个，在校生3000余人，教职工207人。2020年，学校重“教学能手”“骨干教师”“学科带头人”“名师”的梯级培养，不断提高教师专业素养，有10余位教师在省市优质课大赛、班主任基本功大赛、校园读书创作活动中获奖。9月，东校区启用，引进骨干教师4名，优秀大学毕业生6名。2020年中考，通过淮北一中、淮北实验高中自主招生的学生数量占两校总录取人数的三分之一，省示范高中录取人数全市第一。

【淮北市海宫学校】 淮北市海宫学校有30个教学班，在校学生1600余名，有教职工115名。2020年，教师李烁获安徽省物理实验录像课比赛一等奖，6名教师在淮北市优质课大赛中获奖。16篇教研论文在省市级刊物上发表。开展“以老带新、以新促老”活动，通过“以考促教”的方式推进教学质量提升。2020年中考，2人进入全市总分前十名，2人进入淮北市一中自主招生前30名，15人被淮北市一中统招录取，294人考进省示范高中，占毕业生总人数的58%。

【淮北市西园中学】 2020年，淮北市西园中学有教职工141人。学校被认定为“全国青少年校园排球体育传统特色学校”“全国青少年人工智能活动特色单位”。在安徽省第35届科技创新大赛中，获省三等奖1项、市一等奖1项。在淮北市优质课比赛中，9名教师获一等奖；在安徽省优质课比赛中，3名教师获省一等奖。赵凌燕被评选为淮北市初中英语名师工作室主持人。多名教师教育教学论文在省市比赛中获奖，2名教师的论文在国家级核心期刊《教育》杂志上发表。学校在淮北市未来之星阳光体育大会赛事中，获一等奖第一名。

普通高中教育

【概况】 2020年，淮北市有普通高中21所，在校生39920人，校均在校生规模1901人，专任教师 2912 人，生师比 13.7%。其中，公办高中 14 所，在校生 35074 人，专任教师 2544 人；民办高中 7 所，在校生 4846 人，专任教师 358 人。高中阶段毛入学率为 94.1%，比 2019 年增长 0.06%，比省定考核指标高 2.1%。全市有省示范高中 8 所，分别是淮北市第一中学、淮北市实验高级中学、淮北市第十二中学、淮北师范大学附属中学、濉溪中学、濉溪县第二中学、濉溪县孙疃中学、濉溪县临涣中学。

【教育教学改革】　2020 年，市教育局制定实施《淮北市〈普通高中育人模式创新及学校转型的实践研究成果报告〉推广应用工作方案（2020—2023 年）》，淮北市被教育部确定为基础教育国家级优秀教学成果推广应用示范区，全省仅淮北市、马鞍山市 2 市入选。试点试行自主招生改革，探索破除“唯分取人”招生录取机制。在淮北市一中、市实验高中、市十二中、濉溪中学、濉溪二中 5 所省示范高中试点试行自主招生改革，招生名额为自主招生学校本年度招生计划的 3%。自主招生报名与资格审查、测试与面试、确定名单、公示、录取等工作均在初中学业水平测试后、中考成绩公布前完成，5 所省示范高中共自主招生 181 人，整个招生过程公开透明、平稳有序。

【普通高中教育质量提升】　2020 年，市教育局深化普通高中课程改革，出台《淮北市普通高中新课程新教材实施方案》。分学科成立新教材培训工作核心组，具体制定学科新教材培训方案，采用专家讲座和校本研修相结合、集中学习与分散学习相结合、线上研讨与线下展示相结合方式，开展普通高中新教材培训。组织普通高中新课程教学研究活动，通过组织核心组成员集体备课、优秀教师上展示课、专家点评方式，打造精品课，供高一年级教师观摩研究。推进新高考教育教学改革，组织开展形式多样课堂教学改革，打造高效课堂。

【淮北市第一中学】　淮北市第一中学有教学班 58 个，在校学生 3000 余人，教职工 264 人。2020 年高考，应届一本达线率 84.57%，较 2019 年提升近 5%；应届本科达线率 96%；学生被北京大学、清华大学录取 6 人，被 985 高校录取 188 人，被 211 大学录取 480 余人；6 名学生分别被美国加州大学伯克利分校、莱斯大学等大学录取。李昊恩、周皓然、马天宇分别摘得全国化学、生物、数学奥林匹克金牌、银牌、铜牌。20 名学生获安徽赛区一等奖，学校获中国化学奥林匹克突出贡献表彰。教师杨梦、李乐天获“安徽省十佳青年教师”“淮北市五一劳动奖章”称号，谢飞获“安徽省五四青年奖章”，杜囡囡获“淮北市十佳青年教师”称号，周坤、周光辉获淮北市优质课大赛一等奖，王银行获中国化学奥林匹克突出贡献表彰。学校被认定为全国青少年校园篮球、排球传统特色学校、教育部普通高中化学学科安徽教研基地实验校，被西安交通大学、东南大学等多所高校授予“优质生源基地”称号。组织开展“劳动美”“走进社区”“创建文明校园”等实践活动。借助三宽家长学校、家长会和“一封家书”等，打造家校社三位一体教育体系。4 名学生获“淮北市向上向善好青年”称号，1 名学生获“安徽省优秀共青团员”称号，2020 届高三（10）班获“安徽省五四红旗团支部”称号；学校获安徽省青年志愿服务项目大赛三等奖，是淮北市唯一获奖的学校。

【淮北市实验高级中学】　淮北市实验高级中学有教学班近 100 个，教职工 400 余人，学生近 5000 人。

2020 年高考本科达线人数 1150 人，一本达线人数突破 500 人。组织参加奥林匹克竞赛，2 人获数学学科省二等奖、10 人获省三等奖，2 人获物理学科省二等奖、2 人获省三等奖，8 人获化学学科省三等奖。组织参加安徽省第四届校园读书创作活动，1 人获省二等奖，5 人获省三等奖。5 名

2020 年 12 月 12 日，淮北市实验高级中学的学生在中国隋唐大运河博物馆开展美术课现场教学活动 （市教育局 供图）

教师在淮北市优质课比赛中获一等奖第一名，8 名教师代表淮北市参加安徽省优质课比赛，1 名教师参加全国中学语文教师教学基本功大赛并获一等奖。在青年教师教学技能比赛中，1 人获省一等奖，1 人获市一等奖。在实验教学说课大赛中，1 人获全国一等奖，1 人获省二等奖，1 人获省三等奖。成立生涯规划研究团队，32 名教师获得生涯规划师证书，学校被命名为“全国生涯教育实验学校”。省级课题结题 1 项，市级课题结题 8 项，市级课题立项 9 项。组织参加各类体育竞赛，获全国校园足球夏令营安徽省分营（高中男子乙组）第二名、安徽省高中足球联赛第三名、安徽省中学生篮球联赛第四名、安徽省篮球传统项目学校比赛男子第四名、市中小学生田径运动会总团体一等奖第一名、市篮球高中男（女）子组第一名等好成绩。

【淮北市第十二中学】 淮北市第十二中学有师生 3000 余人。2020 年高考本科达线 499 人，达线率为 64.72%，其中一本达线 196 人，达线率为 25.42%。理科“小班”一本达线 78%，本科达线 100%。1 人参加安徽省第五届青年教师教学竞赛获一等奖第一名。参加江淮创新教育发展联盟“同课异构”教学研讨活动，3 人获说课比赛一等奖，2 人获展示课比赛一等奖第一名。参加淮北市优质课比赛，3 人获一等奖，2 人代表淮北市参加安徽省优质课比赛。3 人代表淮北市参加安徽省中小学实验教学说课比赛，均获得二等奖。在市中小学田径运动会中，获男女团体总分一等奖。在市教育局组织的资助征文比赛中，4 人获二等奖。在市“放飞中国梦 传承红色基因”主题教育征文比赛中，5 人获二等奖，4 人获三等奖。

【淮北市第五中学】 淮北市第五中学是淮北市市直学校中唯一一所完全中学。2020 年，学校有七年级至高三年级共 6 个年级，教学班 26 个，教职工 106 人，在校生 1410 人。组织开展“主题班会评比”“试卷分析评比”“校内公开课评比”“优秀教研组评比”等教学比赛，初步形成“一六一”的课堂教学模式。在各项教育教学比赛中，15 人次获省市级奖项。举行“第三届诚信教育宣传月”、班歌比赛、文艺会演、田径运动会、校园文化节等活动，丰富校园文化生活，50 多人次在市级各项比赛中获奖。

特殊教育

【概况】 淮北市有淮北市特殊教育学校、濉溪县特殊教育学校 2 所特教学校。2020 年，全市有适龄残疾儿童少年 1335 人，实际在淮北市就读的残疾儿童少年 1388 人，适龄残疾儿童少年入学率为 103.9%，比 2019 年提高 8.2%，比省定标准提高 8.9%。在特教学校就读 204 人，在普通中小学随班就读788人，送教上门396人。其中，淮北市特殊教育学校有14个教学班、177名残疾学生、44名特教教师，濉溪县特殊教育学校有27名残疾学生、5名特教教师，逐步形成涵盖培智康复、听障语言康复、听障职业高中在内的学前教育、九年义务教育及职业教育“三位一体”特殊教育新体系。

【校际交流活动】 2020年10月，淮北市举办特殊教育（培智教育）优质课比赛，全市2所特殊教育学校的6名教师同台竞技，经过比赛角逐，推荐1名教师参加安徽省特殊教育（培智教育）优质课评选。12月11—12日，市特殊教育学校组织开展第三期教师专业素养提升培训，组织教师以线上学习形式聆听专家讲座，集中观摩杭州市杨绫子培智学校教师展示的三节课堂教学活动并进行线上研讨。

【淮北市特殊教育学校】 2020年，淮北市特殊教育学校按照“一人一案”的原则，选派教师对福利院8名适龄重度残疾儿童展开送教上门服务。全年开展10多次专题业务研修，内容涉及培智康复、教师基本功培训等多个特殊教育专业领域。探索培智教育课程模式改革，开设“感觉统合与运动保健”“生活技能”等14个特色教学班，实施走班教学。开设陶艺、烘焙、丝带工艺品制作等职业课程，让培智教育贴近生活、融入生活。学校先后获“全国特殊教育先进单位”“全国五四红旗团总支”“安徽省教科研先进单位”等称号。

职业教育

【概况】 2020年，淮北市有中等职业学校8所，在校生24863人，专任教师790人。其中，公办中职学校7所，民办中职学校1所。中职学校校舍建筑面积642173.2平方米，中职生均占有校舍建筑面积25.83平方米；图书（册）总量746388册，生均占有量30.02册；固定资产总值81190.94万元，生均固定资产32655.33元。

【职业教育管理教学改革】 2020年，淮北市探索公办中职教育与民办教育合作办学模式，推进淮北工业与艺术学校与上海天坤书萱教育投资管理有限公司合作办学。4月9日，市人社局、市教育局和上海天坤书萱教育投资管理有限公司签约。年初，淮北卫生学校正式由市卫健委划归市教育局主管，并确定卫校易地建设搬迁工作方案。市教育局出台《淮北市职业教育改革实施方案》《淮北市职业教育联席会议制度》《关于进一步加强淮北市职业教育集团（联盟）建设工作的意见》等文件。组织3所学校开展“活页式、工作手册式”教材编写和线上精品课程资源建设试点工作，卫校口腔医学技术虚拟实训系统建成使用。推进“1+X”证书制度试点，现有3所中职学校16个专业近1200名学生申报并参加教育部“1+X”证书制度试点改革。遴选培育3家市级产教融合型企业和1家省级产教融合型企业。加大中职招生政策支持力度，招收中职学校学生9428人，高中阶段招生职普比达42%，比2019年提高5%。

【教育质量提升】 2020年，淮北工业与艺术学校、濉溪职业技术学校完成B类达标示范创建工作，淮北现代职教联盟入选省级示范职教集团、2所学校被列入省级示范特色中等职业重点建设学校、10个实训基地被列入省级示范重点建设实训基地。全市中职学生参加思想品德鉴定24863人，合格率100%；参加文化课测试24761人，合格率99.7%；参加专业技能测试24780人，合格率99.7%；参加体质测评17286人，合格率99.4%。坚持以促进就业为导向，建立完善“学校领导—就业部门—班主任—教师—学生”“五位一体”就业指导工作体系。全市中职学校毕业生就业率达96.53%，对口就业率达87.63%，较2019年有较大幅度提升；毕业生创新创业率为2%，就业满意率达98%以上。

【组织参加技能大赛】 2020年，市教育局建立完善“国家级、省级、市级、校级”四级全员化技能竞赛机制。11月7—8日，中等职业院校技能大赛决赛在淮北工业与艺术学校等6个赛点同时举行，比赛为期3天，共760余名中职院校师生参加。在2020年各类技能大赛赛事中，市中职院校选手获国赛三等奖3个，省赛一等奖18个、二等奖35个、三等奖56个。

【安徽淮北技师学院·淮北工业与艺术学校】 安徽淮北技师学院·淮北工业与艺术学校校园建筑面积23.66万平方米，实习、实验、实训场所建筑面积7万平方米，图书馆藏书21万余册，在建产教融合实训基地2栋，建筑面积约1.9万平方米。2020年，招生2620人，其中，中高职全日制学生1390人、技师类全日制学生1230人，在校学生6872人。分别与金龙机电（淮北）有限公司、安徽京信电子有限公司、明特佳科技集团等企业开展工学交替合作，与北京商鲲教育控股集团有限公司合作开办“高铁订单班”，与华唐教育共建“唯聚一家”电商实训平台，与海尔集团合作开展新型学徒制试点，与淮北伯瑞特酒店共建酒店管理与服务技能人才培训基地。开展职业技能培训3347人次，在校学生职业资格提升培训915人次，普通话技能培训2401人次，成人教育学历提升423人。参加安徽省技能大赛，获一等奖2个、二等奖5个、三等奖14个。参加淮北市技能大赛，获一等奖28个、二等奖29个、三等奖21个。参加安徽省教学能力大赛，获一等奖5个、二等奖4个、三等奖5个，获奖率达100%。39件作品参加三优评选，17件作品获省级奖项，其中省级一等奖4件、省级二等奖6件、省级三等奖7件，获奖数量居全省第一。苔花文学社、VR与环境艺术社团、汽车美容社团等29个技能训练团继续开展特色活动。在安徽省第四届校园读书创作活动中，获一等奖1个、二等奖1个、三等奖9个、优秀奖9个。8名教师在省教育厅举办的校企合作典型案例和主题征文比赛中获二等奖、三等奖。

【淮北卫生学校】 淮北卫生学校开设护理、助产、药剂、康复治疗技术等十余个专业，其中，护理专业、康复治疗技术专业为“省级示范专业”，养老护理专业为国家级示范专业建设点。学校采取多层次、多类别办学模式，包括全日制五年制高职（专科）、三年制普通中专等。2020年，招入新生2595人（其中五年制高职463人、三年制中专2132人），招生总数较2019年增加507人，位居全市中职学校第一，在校师生6000余人。学校有高级职称教师53人、省级专业带头人3人、省级教坛之星4人、市级专业带头人8人、省级名师工作坊成员10人。与淮北职业技术学院、安庆医药高等专科学校开展中高职衔接办学招生261人，成人教育招生302人。完成2016级大专生及2018级中专生共1044人实习安置工作，安置实习医院30家。实习生参加东南大学附属医院技能竞赛获第一名及团体一等奖。毕业1684人，就业率达93%；106名高职毕业生参加“专升本”考试，31人被高等院校录取。参加全国“1+X”培训11人、省级培训3人、远程培训116人，全体专业技术人员参加继续教育培训。完成三个批次、五个项目全国“1+X”证书制度试点工作，获评“优秀试点院校”。参加第七届全国职业院校检验技能大赛，获一等奖；参加安徽省技能大赛，获服装模特一等奖；承办淮北市中职学校技能大赛护理、中药等四项赛事，获四项一等奖。

【安徽矿业职业技术学院】 安徽矿业职业技术学院拥有东、西、新3个校区，建筑面积11.44

万平方米，资产总值17617万元。2020年，在岗教职工239人，在校生2224人。全年开展中高级技师、安全技术、特殊工种、管理干部等各级各类培训，年均培训4万人次，完成招生577人。2020年疫情期间，安徽矿业职业技术学院编制《线上教学实施方案》等8个方案，开设183门在线课程，适时调整线下教学计划。优化专业结构，修订83个专业人才培养方案。申报“1+X证书”制度试点，学院成为安徽省第三批牵头院校。创新教学模式，推进“课程思政”与专业教学有机融合。开展“双基”标准化建设和示范创建，申报1门省级示范课程。突破人才培养实操训练，实现与现场无缝对接。加强校企合作力度，从淮北矿业集团引入工匠大师，成立工匠大师工作室，组建大师团队。

（徐　铖）

高等教育

【概况】　2020年底，全市普通高等院校中，淮北师范大学和淮北市职业技术学院当年共招生11838人，在校学生38708人，当年毕业学生8652人。

【市校共建】　2020年，淮北师范大学落实市校共建协议，签订106份横向合作协议，经费1561万元。与相山区政府、市科技局等10余家单位建立合作，与地方政府部门、企业共建8个研究机构。淮北职业技术学院获批安徽省校企合作示范校，牵头申报的“淮北市现代职业教育联盟”获批安徽省第2批示范性职业教育集团立项建议单位。与濉溪县人民政府、中煤矿山建设集团有限责任公司、中煤远大淮北建筑产业化有限公司签订政校、校企合作协议，与安徽太平矿业有限公司持续开展联合办学和订单培养，在省职业教育校企合作典型案例评选中获奖。深化协同育人模式改革，与学院合作的太平矿业获批为安徽省产教融合型企业，安徽太平矿业有限公司、中煤远大淮北建筑产业化有限公司获批为安徽省校企合作示范基地。

【淮北师范大学】　2020年，淮北师范大学有62个专业面向全国29个省、市、自治区招生，录取5170人。普通专升本录取人数761人，研究生录取730人。大学生创新创业实践基地被认定为“安徽省众创空间培育单位”，是淮北市唯一“众创空间”。大学生创新创业训练计划项目51个获国家级立项，156个获省级立项。学生获省级及以上学科竞赛奖励457项。毕业本科生初次就业率75.12%，毕业研究生初次就业率82.25%；28人考取国内知名高校和科研院所攻读博士学位。成人教育在线资源及应用位居全省第一。组织国培、省培和社会类培训2000余人。

2020年，新增1个一级学科硕士学位授权点及3个硕士专业学位授权点。化学学科入选安徽省Ⅱ类高峰学科，获资助经费5000万元。推进第五轮学科评估，获批高峰学科建设重大项目1项。获批国家基金项目9项，省部级项目181项，科研成果转化2项。成立教育部人文社科重点研究基地徽学研究中心淮北师范大学分中心、中国诗学研究中心淮北师范大学分中心。

年内引培博士33名、委培博士12名、“博士化工程”返校5名；资助10名中青年骨干教师赴国（境）外高校访学研修。实施“相山学者奖励计划”，遴选“相山学者”40名。1人获批“皖江学者”特聘教授；1人获批“煤炭行业技能大师（教科研人员）”；12人申报安徽省教育厅拔尖人才资助项目获批。

学校获评安徽省线上教学示范高校。获批省级质量工程项目109项，课程思政建设立项13项，教育部产学合作协同育人项目5项，获全国煤炭行业高等教育教学成果奖9项。与英国1所大学签署框架合作协议，与老挝1所学院签署联合培养汉语教师合作协议。至年底，与国外和中国台湾地区49所高校（机构）签订合作协议。大学生创新创业实践基地获批“安徽省众创空间培育单位”。

（褚晓萌）

2020年11月4日，淮北职业技术学院秋冬季疫情防控应急演练
（淮北职业技术学院　供图）

【淮北职业技术学院】 淮北职业技术学院是1999年7月经教育部批准成立的一所面向全国招生的公办全日制普通高校，由原淮北矿务局职工大学、淮北教育学院、淮北电大和淮北财校合并组建而成。学院有新老两个校区，占地面积1100余亩，固定资产近8亿元。2020年，学校有教授29人、副教授143人。双师型教师218人，其中，博士学位3人、硕士学位244人，省级教学名师6人，省级教坛新秀10人；省级教学团队20个，省级教师教学创新团队5个。在册学生2万人。年内完成职业培训8898人次、鉴定6682人次。

获批示范课程、示范教研室11个。申报“酿酒技术”“康复医疗”“美术教育”等新专业。实施“提质培优行动计划”，获批“1+X”证书试点项目11个，技能大赛国赛获奖3项、省赛获奖60余项。立项建设省级质量工程项目53个，省级科研重点项目7项，省级重大线上项目3项。

2020年，招生6423人，电大招生1985人，成教处招生738人。组织毕业生参加春季网络招聘，毕业生年末就业率为86.49%，其中安徽省就业率为85.19%，淮北市就业率为82.27%。

2020年，公开招聘专职辅导员和专职思政课教师12名。4名教师获批省高校优秀拔尖人才培育项目，1名教授获批淮北市高层次人才储备金。

（刘　峨）

科学技术

综　　述

【概况】　2020年，淮北市科技局新认定高新技术企业60家，全市高新技术企业总数达150家；实现高新技术产业增加值增幅13.4%，全省排名第11位。市高新区争创国家高新区方案经国务院批转科技部办理；获批陶铝产业研究院安徽省技术创新中心；源创客众创空间通过科技部备案，源创客科技企业孵化器被认定为国家科技企业孵化器。获批科技部“科技助力经济2020”重点研发项目1项，获批省科技人才团队项目3个、省科技重大专项6项、省重点研发项目10项，立项市科技重大专项16项、市疫情防控专项5项。陶铝新材料等12件高科技成果入驻安徽省创新馆。获评安徽省科技进步奖一等奖1项，二等奖2项，三等奖4项。完成科技成果登记345项，企业技术合同吸纳额22.81亿元，增幅全省第3位。

【科技政策支持】　2020年，市科技局修订《淮北市科技项目管理办法》《淮北市科技计划项目验收管理办法》，制定印发《淮北市进一步加大全社会研究与试验发展经费投入实施方案》《高新技术企业三年倍增行动方案（2020—2022年）》。利用科技活动周、“四送一服”工作开展送科技进园区入企业活动，强化《中华人民共和国科技进步法》《安徽省促进科技成果转化实施细则》《安徽省支持科技创新若干政策》等法律法规宣传，深入县区、园区举办《企业研究开发费用税前加计扣除政策》《国家高新技术企业认定管理办法》《科技型中小企业评价办法》《安徽省科技成果登记实施细则》等政策宣传解读培训活动。落实《淮北市推进创新型城市建设若干政策》，全年兑现政策补助、奖励及研发项目资金5267.07万元。

【科技成果】　2020年，市科技局完成13项市

2020年8月23日，以“科技战疫 创新强国”为主题的淮北市科技活动周活动启动
（毛凯伦　摄）

级科技重大专项验收工作，组织开展2019年度14项市科技重大专项中期评估工作，配合省科技厅做好2019年度省“卡脖子”专项中期评估工作，全年科技成果登记339项。全市设立8个技术合同登记点，技术合同交易额19.67亿余元，输出额4.47亿元。组织淮北市创新创业大赛，设立一等奖、二等奖、三等奖，奖金总额7.6万元。修订市级孵化器、众创空间认定（备案）和绩效考核办法，濉溪经开区创业服务中心和源创客众创空间在省孵化器众创空间绩效考核中获“优秀”等次，奖励150万元。助推产学研合作，市内企业与46所高校和科研院所签订产学研合作协议119项。

【科技交流与合作】 2020年，淮北市加强与上海交通大学、中科院创新孵化投资有限责任公司合作，支持安徽陶铝新材料研究院发挥技术、人才、资金、产业优势，创建获批陶铝新材料安徽省技术创新中心。支持中科（淮北）产业技术研究院，依托中科院体系资源，引进污水“萃取—热分离处理技术”“碳纳米材料技术”“高性能测试电源”等3个博士研发团队到淮北市。召开“四送一服”产学研专题对接会，组织开展“百家高企进高校”活动。邀请天津大学、上海大学、安徽大学、南开大学、江南大学、安徽农业大学、合肥工业大学等高校，到淮北市开展产学研对接活动。支持安徽理士电源技术有限公司与南开大学组建新能源研究院，临涣焦化股份有限公司与安徽大学合作联合承担省国际科技交流合作重点研发项目。全市科技型企业与上海交大等高校院所签订产学研合作项目119项。

【科技惠民服务】 淮北国家农业科技园通过2020年度科技部国家农业科技园区年度综合评估；濉溪县省级农业科技园完善落实总体规划和建设方案；杜集区双楼农业园区被认定为省级农业科技园。市科技局围绕绿色种植养殖、农产品精深加工、绿色营养保健方便食品开发等凝练农业科技研发项目，支持农业企业加强与中国农业大学、江南大学、合肥工业大学食品学院、安徽农业大学、安徽农科院等高校院所合作开展科技攻关。安徽永民种业有限公司“高产抗倒春寒小麦新品种选育与示范推广”等19项农业科技项目，获批省市科技计划立项，支持财政科技研发资金938万元。濉溪双收种业农作物研究所农业科技特派员工作站等5家工作站通过省级备案，全市省级科技特派员工作站达14家。

【高新技术产业发展】 2020年，淮北市印发《高新技术企业三年倍增行动方案（2020—2022年）》。调整充实150家高新技术企业培育库，组织开展高新技术产业发展政策解读、高新技术企业认定申报业务等专题培训会议12次。推进高新技术企业培育市、县、区联动，对65家重点培育申报企业开展一对一帮扶指导。邀请省级高新技术企业认定评审专家15人，分别对65家高企申报项目进行专家审核审查，指导企业修正完善申报资料。新认定高新技术企业60家，全市高新技术企业总数达150家，同比增长34%。加强高新技术产业发展统计工作，将高新技术产业发展纳入全市工业经济发展统一调度。全年实现高新技术产业增加值增幅13.4%，全省排名第11位。开展国家科技型中小企业备案工作，支持企业挖掘申报专利，加强科技成果登记，开展产学研协同创新，提高企业科技含量，全年登记备案国家科技型中小企业204家。

（毛凯伦）

科技资源

【安徽陶铝新材料研究院有限公司】 2020年，安徽陶铝新材料研究院有限公司深化与均瑶集团合作，追加投资 3.4 亿元，用于产业化发展。围绕汽车轻量化等产业发展，对接中国商用飞机有限责任公司、中国铝业股份有限公司等大型国企和安徽江淮汽车集团股份有限公司、安徽叉车集团、国轩高科技股份有限公司等企业，拓展陶铝新材料应用和技术合作。与中国宝武钢铁集团有限公司签订战略合作框架协议，开展具体合作领域和模式论证。加强与中国商飞、中国航发商用航空发动机有限责任公司合作。与中国航天科工集团第三研究院共性技术攻关、型号合作以及材料深度研发加强合作。推进与北方公司、北汽福田等企业合作。陶铝新材料应用研发项目纳入合肥综合性国家科学中心项目库。陶铝产业园一期建成 4 栋标准化厂房，入驻安徽陶铝新材料研究院有限公司、安徽相邦复合材料有限公司、安徽陶铝新动力科技有限公司 3 家公司，具备年产 2.3 万吨原材料、2.7 万吨半连续铸锭、500 吨制丝、100 吨 3D 打印制粉、1000 件特种铸件和 30 吨精密铸件、80 万只活塞、26 万套汽车轻量化零部件、4.5 万吨航空航天板材及型材用锭生产能力。“材料研发—应用开发—产业化生产”一体化陶铝新材料产业链形成。陶铝产业园二期建设用地 8.67 万平方米，安徽陶铝新动力科技有限公司、安徽相腾汽车科技有限公司建设 16 条年产 500 万只陶铝高性能活塞全自动活塞生产线和 2 条 150 万套汽车轻量化零部件生产线。活塞铸造生产线表面处理生产设备完成安装调试，机械加工生产线进行设备采购。

【相邦铝基复合材料产业技术研究院】 安徽相邦复合材料有限公司建有博士后科研工作站、陶铝新材料工程研究中心 2 个省级研发中心。公司与上海交通大学建立长期性产学研合作关系，与西北工业大学共建学生实习基地。公司自有发明专利 3 项，实用新型 4 项，申请国防专利 2 项，上海交通大学独家授权专利 9 项；编制国家标准 1 项，企业标准 9 项。公司先后获评国家级高新技术企业、省专精特新单位等；通过汽车等质量管理体系等生产许可认证。陶铝新材料获批省“三重一创”重大产业专项、国家新材料生产应用示范平台建设项目，连续 3 年列入《重点新材料首批次应用示范指导目录》。

【工程技术研究中心】 2020 年，市科技局组织开展市级工程技术研究中心梳理复核和绩效评价工作，38 家市级工程技术研究中心通过复核，6 家绩效评估优秀。新认定市工程技术研究中心组建备案 17 家。截至年底，市级工程以上工程技术研究中心 92 家，其中，国家级 1 家、省级 16 家、市级 75 家。

2021 年淮北市省级以上工程技术研究中心名单一览表

表 23

中心名称	依托单位	级别
国家煤矿水害防治工程技术研究中心	皖北煤电集团有限公司	国家
安徽省专用棉工程技术研究中心	淮北市黄淮海低酚棉开发研究中心	省级
安徽省煤矿深井建设工程技术研究中心	中煤特殊凿井（集团）有限责任公司	省级
安徽省爆破安全工程技术研究中心	中煤科工集团淮北爆破技术研究院有限公司	省级
安徽省软岩工程技术研究中心	淮北市平远软岩支护工程技术公司	省级
安徽省畜禽副产物综合利用工程技术研究中心	安徽宝迪肉类食品有限公司	省级
安徽省中药动物药工程技术研究中心	安徽华润金蟾药业股份有限公司	省级
安徽省矿用输送胶带工程技术研究中心	安徽中意胶带有限责任公司	省级
安徽省蓄电池清洁生产工程技术研究中心	安徽力普拉斯电源技术有限公司	省级

续表 23

中心名称	依托单位	级别
安徽省纤维增强复合材料与结构工程技术研究中心	淮北宇鑫新型材料有限公司	省级
安徽省新型金属颜料工程技术研究中心	淮北五星铝业有限公司	省级
安徽省水性高分子聚合物工程技术研究中心	安徽巨成精细化工有限公司	省级
安徽省井下辅助运输设备工程技术研究中心	淮北市众泰机电工程有限公司	省级
安徽省智能高压真空断路器工程技术研究中心	安徽龙波电气有限公司	省级
安徽省煤炭安全高效开采工程技术研究中心	淮北矿业（集团）有限责任公司	省级
安徽矿用机械工程技术研究中心	安徽矿业机电装备有限责任公司	省级
安徽高岭土工程技术研究中心	安徽金岩高岭土科技有限公司	省级

2020 年淮北市高新技术企业一览表

表 24

序号	企业名称	高新技术企业证书编号	所属县区
1	安徽溪瑞食品有限公司	GR201834000087	濉溪县
2	淮北嘉吉农牧科技有限公司	GR201834000243	濉溪县
3	安徽力普拉斯电源技术有限公司	GR201834000666	濉溪县
4	淮北银丰铝业有限公司	GR201834000995	濉溪县
5	淮北中阳矿山机械有限公司	GR201834001090	濉溪县
6	安徽富士特铝业有限公司	GR201834001507	濉溪县
7	安徽宝博新材料科技有限公司	GR201834001902	濉溪县
8	淮北市莱博特相框制造有限公司	GR201834002091	濉溪县
9	安徽中能矿机制造有限公司	GR201934000137	濉溪县
10	安徽正华生物仪器设备有限公司	GR201934000470	濉溪县
11	安徽中持环境科技有限公司	GR201934000499	濉溪县
12	安徽皖雪食品有限公司	GR201934000679	濉溪县
13	安徽雷博机车部件有限公司	GR201934000970	濉溪县
14	安徽永民种业有限责任公司	GR201934001234	濉溪县
15	安徽金力泵业科技有限公司	GR201934001355	濉溪县
16	安徽恒源煤电股份有限公司	GR201934001418	濉溪县
17	安徽新品源电池技术有限公司	GR201934001474	濉溪县
18	淮北旭源食品有限公司	GR201934001475	濉溪县
19	安徽昊晨食品有限公司	GR201934001540	濉溪县
20	安徽艾瑞库车业有限公司	GR201934001570	濉溪县
21	安徽元通水处理设备有限公司	GR201934001659	濉溪县
22	安徽金鸿盛电气有限公司	GR201934001960	濉溪县
23	淮北高罗输送装备有限公司	GR201934002159	濉溪县

续表 24

序号	企业名称	高新技术企业证书编号	所属县区
24	安徽双林生物质燃料有限公司	GR201934002239	濉溪县
25	安徽标王农牧有限公司	GR201934002555	濉溪县
26	安徽利和水务有限公司	GR201934002590	濉溪县
35	安徽力幕新材料科技有限公司	GR202034000147	濉溪县
27	安徽天凯光通信技术有限公司	GR202034000219	濉溪县
28	淮北市华明工业变频设备有限公司	GR202034000261	濉溪县
29	淮北市中安矿机设备有限公司	GR202034000902	濉溪县
30	淮北三友塑胶有限公司	GR202034000924	濉溪县
31	濉溪县博诚包装制品有限公司	GR202034001090	濉溪县
32	安徽广博机电制造股份有限公司	GR202034001511	濉溪县
33	安徽柳丰种业科技有限责任公司	GR202034001695	濉溪县
34	安徽金环电气设备有限责任公司	GR202034001826	濉溪县
36	安徽理士电源技术有限公司	GR202034001844	濉溪县
37	安徽斯瓦克汽车配件有限公司	GR202034001942	濉溪县
38	安徽赛宇汽车部件有限公司	GR202034001967	濉溪县
39	安徽相王网络信息技术有限公司	GR202034001991	濉溪县
40	淮北宇鑫新型材料有限公司	GR202034002025	濉溪县
41	安徽奥邦科技有限公司	GR202034002145	濉溪县
42	安徽弘昌新材料有限公司	GR202034002174	濉溪县
43	淮北市君意达金属科技有限责任公司	GR202034002383	濉溪县
44	安徽巨成精细化工有限公司	GR202034002516	濉溪县
45	安徽省元亨金属科技有限公司	GR202034003312	濉溪县
46	安徽中科超维信息技术股份有限公司	GR201834000358	相山区
47	淮北徽香昱原早餐工程有限责任公司	GR201834001101	相山区
48	安徽鑫乐源食品有限公司	GR201834001522	相山区
49	淮北合众机械设备有限公司	GR201834001636	相山区
50	淮北中德矿山机器有限公司	GR201834001849	相山区
51	淮北民生矿山机器有限公司	GR201834001960	相山区
52	安徽曦强乳业集团有限公司	GR201834002015	相山区
53	淮北市思朗包装印刷有限公司	GR201834002072	相山区
54	安徽省正大源饲料集团有限公司	GR201934000358	相山区
55	淮北市宇奇电子科技有限公司	GR201934000396	相山区
56	安徽杨府锦调味食品股份有限公司	GR201934000838	相山区
57	淮北科讯信息科技有限公司	GR201934001222	相山区
58	安徽果力智能科技有限公司	GR201934001399	相山区

续表 24

序号	企业名称	高新技术企业证书编号	所属县区
59	淮北矿业股份有限公司	GR201934001814	相山区
60	安徽启电自动化科技有限公司	GR201934001929	相山区
61	安徽中成检测有限公司	GR201934002477	相山区
62	淮北市建筑勘察设计研究院有限公司	GR201934002607	相山区
63	中煤科工集团淮北爆破技术研究院有限公司	GR202034000554	相山区
64	安徽通运计算机科技有限公司	GR202034000995	相山区
65	安徽省中坤元新型建材有限公司	GR202034001308	相山区
66	安徽金冠玻璃有限责任公司	GR202034001531	相山区
67	淮北工业建筑设计院有限责任公司	GR202034001853	相山区
68	安徽金富士食品有限公司	GR202034001983	相山区
69	淮北工科检测检验有限公司	GR202034002075	相山区
70	安徽相王医疗健康股份有限公司	GR202034002267	相山区
71	安徽极速时代动物营养有限公司	GR202034003222	相山区
72	淮北智信堂生物科技股份有限公司	GR202034003207	相山区
73	淮北辣魔王食品有限公司	GR202034003127	相山区
74	淮北九天测绘股份有限公司	GR202034003103	相山区
75	淮北市平祥感应炉有限公司	GR201834000120	杜集区
76	淮北康乐美生物工程有限公司	GR201834000196	杜集区
77	安徽康迪纳电力科技有限责任公司	GR201834000380	杜集区
78	安徽省矿业机电装备有限责任公司	GR201834000920	杜集区
79	淮北市思苑科技有限公司	GR201834001929	杜集区
80	安徽龙太电气科技有限公司	GR201834001979	杜集区
81	淮北华博机械制造有限公司	GR201834002069	杜集区
82	淮北宇光纺织器材有限公司	GR201934000199	杜集区
83	安徽东石软件科技有限公司	GR201934000362	杜集区
84	淮北市富一晟机电设备有限公司	GR201934000474	杜集区
85	淮北市森化碳吸附剂有限责任公司	GR201934000526	杜集区
86	安徽淮海奥可装备再制造有限公司	GR201934000551	杜集区
87	淮北扬帆有色冶金科技有限公司	GR201934000815	杜集区
88	安徽雷鸣科化有限责任公司	GR201934000998	杜集区
89	淮北市大金矿山机器有限责任公司	GR201934001220	杜集区
90	安徽瑞赛生化科技有限公司	GR201934001693	杜集区
91	安徽祺商建设工程有限责任公司	GR201934001832	杜集区
92	淮北中清环保科技有限公司	GR201934001891	杜集区
93	淮北市中芬矿山机器有限责任公司	GR201934002531	杜集区

续表 24

序号	企业名称	高新技术企业证书编号	所属县区
94	安徽中捷矿山运输设备有限责任公司	GR202034000820	杜集区
95	淮北科源矿山机器有限公司	GR202034000964	杜集区
96	淮北四兴工贸有限责任公司	GR202034002387	杜集区
97	淮北阳光管业科技有限公司	GR202034002522	杜集区
98	安徽金达节能材料发展有限公司	GR202034003084	杜集区
99	淮北华源电气设备有限公司	GR202034002883	杜集区
100	淮北林光钻探机电工程有限公司	GR202034002790	杜集区
101	安徽圣方机械制造有限公司	GR201834000679	烈山区
102	淮北市协力重型机器有限责任公司	GR201934000058	烈山区
103	安徽三山新材料科技有限公司	GR201934000255	烈山区
104	安徽北科机械有限公司	GR201934001584	烈山区
105	安徽科宝生物工程有限公司	GR201934001609	烈山区
106	金龙机电（淮北）有限公司	GR202034000260	烈山区
107	淮北合鸣农业装备有限公司	GR202034000305	烈山区
108	安徽中达液压机电再制造科技有限公司	GR202034000579	烈山区
109	淮北市锂动芯新能源科技有限公司	GR202034000969	烈山区
110	淮北旭日建材有限公司	GR202034001340	烈山区
111	安徽融泰机械制造有限公司	GR202034001609	烈山区
112	中煤远大淮北建筑产业化有限公司	GR202034002009	烈山区
113	安徽华星选矿科技有限公司	GR202034002627	烈山区
114	安徽天路航空科技股份有限公司	GR201834000510	高新区
115	华孚时尚股份有限公司	GR201834001393	高新区
116	安徽金岩高岭土科技有限公司	GR201934000038	高新区
117	安徽规矩铝模科技有限公司	GR201934000365	高新区
118	安徽方园塑胶有限责任公司	GR201934000435	高新区
119	安徽宝光特钢集团万里电力铁塔有限公司	GR201934000484	高新区
120	中勘资源勘探科技股份有限公司	GR201934000738	高新区
121	安徽华淮新材料有限公司	GR201934000752	高新区
122	淮北市众泰机电工程有限公司	GR201934000841	高新区
123	安徽相邦复合材料有限公司	GR201934000899	高新区
124	安徽中意胶带有限责任公司	GR201934000979	高新区
125	安徽瑞科玛电池有限公司	GR201934001221	高新区
126	淮北五星铝业有限公司	GR201934001247	高新区
127	淮北祥泰科技有限责任公司	GR201934001382	高新区
128	安徽科力达电气设备有限公司	GR201934001648	高新区
129	淮北津奥铝业有限公司	GR201934001844	高新区

续表 24

序号	企业名称	高新技术企业证书编号	所属县区
130	安徽相源新能源有限公司	GR201934001897	高新区
131	安徽品优电池有限公司	GR201934002458	高新区
132	安徽庆丰涂料科技有限公司	GR201934002597	高新区
133	安徽附利整体家居有限公司	GR201934002601	高新区
134	淮北万里龙波电气有限公司	GR201934002606	高新区
135	淮北新旗氨基酸有限公司	GR202034000651	高新区
136	安徽华润金蟾药业股份有限公司	GR202034000805	高新区
137	和济科技有限公司	GR202034000809	高新区
138	安徽亚凡科教设备有限公司	GR202034001268	高新区
139	淮北龙泽工矿产品制造有限责任公司	GR202034001285	高新区
140	淮北佳平工矿装备技术服务有限公司	GR202034001976	高新区
141	淮北智淮科技有限公司	GR202034002074	高新区
142	安徽四惠电缆有限公司	GR202034002407	高新区
143	安徽千一智能设备股份有限公司	GR202034002531	高新区
144	淮北元力金属制品有限公司	GR202034002537	高新区
145	安徽龙波电气有限公司	GR202034002572	高新区
146	安徽华淮澄膜科技有限公司	GR202034003054	高新区
147	安徽卓泰化工科技有限公司	GR201834000504	煤化工
148	临涣焦化股份有限公司	GR201934000017	煤化工
149	淮北强力矸石建材综合利用有限公司	GR202034001000	煤化工
150	安徽润岳科技有限责任公司	GR202034003281	煤化工

备注：按县区划分，濉溪县 45 家、相山区 29 家、杜集区 26 家、烈山区 13 家、高新区 33 家、煤化工基地 4 家

（毛凯伦）

科技活动

【科技普及】 2020 年 8 月 23 日，淮北市科技活动周启动仪式暨大型科普活动举行，活动主题为“科技战‘疫’ 创新强国”，展示市科技创新成就和科技战“疫”成效，普及科学知识，促进科技创新和科学普及协调发展，推动科技创新成果和科学普及活动惠及于民。市科技局、市卫健委、市农业农村局等 10 多家市直单位和中科淮北技术研究院、安徽陶铝新材料研究院有限公司等 20 多家抗疫医药及智能机器、新材料、生物食品等高新技术企业在启动式现场利用展板、发放宣传材料、实物展示、科技大篷车等形式，开展科技法律法规宣传，展示科技创新成果。

【科技咨询】 2020 年，市科技局联合市委宣传部、市科协、市农业农村局、市卫健委等单位开展科技活动周暨“科普惠民乡村”活动，向村民

宣传农业农村政策，提供政策咨询，推广食用菌种植、病虫防治、土肥以及气象知识，将农村实用技术通过发放科普宣传手册和现场讲解方式进村入户；医护人员现场为村民进行义诊义治，向村民发放科技宣传资料。

【科技服务】 2020年，市科技局举办“激情创业·圆梦淮北”创新创业大赛，开展“科技人员服务企业行动”活动，举办科技型中小企业管理创新培训班、专家科普讲座、大学科研机构科普基地（场馆）开放等活动，吸引众多高质量创新创业项目报名参加。引导社会资源支持创新创业，营造大众创业、万众创新浓厚氛围。

（毛凯伦）

科技成果

【科技项目和成果】 2020年，淮北市科技成果登记339项；全市设立8个技术合同登记点，技术合同交易额19.67亿余元，输出额4.47亿元；市内企业与46所高校和科研院所签订产学研合作协议119项。安徽相邦复合材料有限公司“高性能陶铝活塞产业化”申报并获批科技部“科技助力经济2020”重点研发专项，支持资金100万元；“高导电性石墨烯复合电极材料及其应用研究”等10个项目推荐申报并获批2020年安徽省重点研究与开发计划项目，支持资金390万元；“煤矸高效光电分选关键技术研究与智能干选装备开发”等6个项目推荐申报并获批2020年省科技重大专项立项，支持资金1620万元；开展新冠肺炎防疫专项科技攻关，立项“抗新型冠状病毒肺炎中药颗粒制剂研究”等科技防疫专项5项，支持资金100万元；立项2020年度市科技重大专项16项，支持资金1500万元。

【科技成果转化】 2020年，市科技局推荐7家企业8项科技成果参加长三角一体化创新成果展；支持国家农业科技园联合淮北师范大学共建大学科技园，征集发布企业技术需求30余项；与中科淮北产业研究院等筹备召开产学研合作洽谈会；安徽金蟾药业股份有限公司颗粒制剂等5件高科技防疫产品、6个网络展品入驻省“防疫”创新成果展。依托政产学研合作，建设新型研发机构，淮北市政府联合上海交通大学、均瑶集团、安徽相邦复合材料有限公司共同建成安徽陶铝新材料研究院。淮北市政府与中科院创新孵化投资有限公司签订协议，每年出资3000万元，共建中科（淮北）产业技术研究院，引入中科院所属机构建立项目公司和研究中心。17项产品短视频在网上参展，6个产品在省创新馆现场展示。

2020年度淮北市获安徽省科技进步奖获奖项目一览表

表25

序号	科技成果名称	研发单位	奖项等级
1	耐爆炸冲击铝合金材料关键技术及应用	安徽建业科技有限公司	一等奖
2	基于数据驱动的选煤智能管控系统构建及应用	淮北矿业股份有限公司	二等奖
3	综采综掘机截割煤岩致灾防治技术及装备研究	淮北矿业股份有限公司	二等奖
4	水胶炸药智能化生产技术及设备研究	安徽雷鸣科化有限责任公司	三等奖
5	高适应性掘进液压支架装备与工艺应用	淮北矿业股份有限公司	三等奖
6	高含矸多煤种难选炼焦煤高效智能化分选关键技术研究	淮北矿业股份有限公司	三等奖
7	煤矿物联网平台与单兵装备的开发与应用	淮北矿业（集团）有限责任公司	三等奖

表 26

2020 年淮北市市级以上众创空间一览表

序号	众创空间名称	地址	级别
1	源创客众创空间	相山区濉溪路 265 号	国家级
2	方正智谷众创空间	相山区首府小区 55 号 56 栋	省级
3	矿山机电众创空间	杜集经济开发区	省级
4	梧桐树众创空间	相山经济开发区	省级
5	淮海壹号众创空间	濉溪县淮海路与濉溪中路交叉口东 50 米	省级
6	淮北师范大学绘梦空间众创空间	相山区东山路 100 号	市级

【科技成果奖励】 2020 年，市科技局推荐申报省科技进步奖项目 39 项，项目 7 个获奖，其中，一等奖 1 个、二等奖 2 个、三等奖 4 个。

【“双创”平台】 2020 年，淮北市备案国家众创空间 1 家、国家科技企业孵化器 1 家。全市有市级以上“双创”12 家，其中，国家级 2 家、省级 7 家。

【源创客科技企业孵化器】 源创客科技企业孵化器 2016 年建成运营，累计孵化企业 102 家，毕业企业 23 家。孵化企业中获批国家发明专利 28 件，培育高新技术企业 1 家。2020 年，源创客科技企业孵化器在孵科技型企业 54 家，解决就业 800 多人。先后被认定为安徽省科技企业孵化器、安徽省科技服务业集聚区、安徽省小微企业创业基地，逐步形成“众创空间 + 孵化器 + 加速器 + 产业园”为一体孵化链条。11 月，源创客科技企业孵化器申报国家级孵化器通过省科技厅组织专家现场考核评估。

表 27

2020 年淮北市市级以上科技企业孵化器一览表

序号	孵化器名称	地址	级别
1	源创客科技企业孵化器	相山区濉溪路 265 号	省级
2	濉溪经济开发区创业服务中心	濉溪经济开发区玉兰大道	省级
3	淮北市矿山机电科技企业孵化器	杜集经济开发区	省级
4	凤凰山科技企业孵化器	相山经济开发区科创大厦	市级
5	方正智谷科技企业孵化器	相山区首府小区 55 号 56 栋	市级
6	国兰科技企业孵化器	濉溪经济开发区白杨路	市级

（毛凯伦）

气象观测与服务

【概况】 2020年1月1日至3月31日，淮北市气象局开展地面观测自动化试点运行，4月1日正式开始自动化观测，全年升级业务软件3次，维护国家站各类观测设备50余次。数据传输率、及时率和可用性均达到规定要求；国家自动气象站、自动土壤水分观测仪、能见度仪、天气现象仪以及区域站观测装备均达到业务运行要求；完成多温多雨项目建设，天气现象视频观测仪并投入运行；完成11个省级考核单雨站升级六要素。是年市气象局被评为“第六届全国文明单位”“优秀全国气象科普教育基地”，气象防灾减灾工作在全省名列第二。

【气象科研】 2020年，市气象局开展《淮北市汛期降水趋势预测方法研究》和《淮北大雾天气系统特征的分析》两项研究型业务；在国家级期刊发表论文5篇（核心论文3篇），区域级会议交流论文7篇。省气象局科研课题已验收1项。

【气象服务】 2020年，市气象部门加强对重大天气过程监测和预报会商，做到预报准确、气象情报传递及时、服务主动。利用广播、电视、报纸、“96121”、手机短信、电子显示屏、微博、微信等渠道做好各类气象服务工作。在做好节假日、春运、重要农事季节及转折性天气预报服务的同时，做好中高考、灾害性天气、新冠肺炎疫情期间气象保障服务。全年发布《气象信息专报》《重大气象信息专报》《气候影响评价》《周报》《气象与农情》各类气象服务材料320余期，发布预警信号204条、气象服务短信358条，服务人次131万人次。对出现在全市区域内高温、暴雨、雷雨大风等强对流天气均提前准确发布预警信息。汛期，与市应急管理局、市水务局、市农业农村局及市住房和城乡建设局等单位联合制订防汛抗旱会商制度，每周一次会商，加强部门间信息共享、沟通合作与应急联动。全年出现7次强降水天气过程，其中6次均实现精准预报。同市生态环境局联合会商，做好大气污染防治工作。承接“淮北供电公司专业气象信息服务”项目，为供电系统提供淮北市和全省短期天气预报、短期各种灾害性、转折性天气预报、天气展望等气象服务；利用智能网格化预报产品，与环保部门合作，开展空气污染气象条件预报。

【农业农村气象服务】 2020年，市气象局与市农业部门联合部署小麦赤霉病防治工作，连续20天向各级领导、专家、种植大户发布小麦赤霉病预警信息和防治措施。434名基层气象信息员、2612户新型农业经营主体全部注册安装惠农气象手机客户端，参与惠农气象互动，每月发布信息

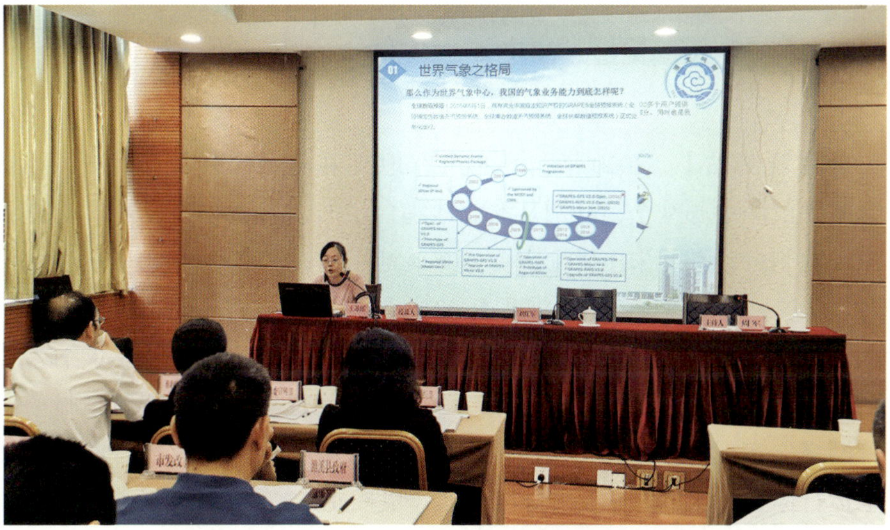

2020年7月12日，市气象局举办气象知识讲座　　（张永芹　供图）

30余条。气象信息员利用宣传栏、手机短信、微信、QQ、网络、微博等方式，及时传递气象服务信息，使广大农民朋友及新型农业主体方便快捷了解天气变化情况。

【人工影响天气】 2020年，市气象局开展人影弹药、装备终端使用培训及安全专项检查，完成全市8个作业点人影安全等级评级评定；新增化家湖人工增雨标准化作业点；常态化开展人影作业360点次，有效改善环境，降低森林火险等级，缓解农业干旱。

【气象科普宣传】 2020年，市气象局开展气象科普宣传工作，为市防汛抗旱指挥部成员单位负责人以及三区一县应急管理、水务等部门负责人和业务技术人员、气象信息员及全局人员普及气象基础知识；接待中小学生和社会群众5000余人次；利用“全国防灾减灾日”“科技活动周”“全国科普日”“安全生产月咨询日”等活动，为现场群众发放气象灾害防御指南手册、气象法律法规、气象灾害应急避险常识等宣传资料3000余份。

（张永芹）

防震减灾

【地震观测站】 2020年，淮北市有地震观测台站和监测中心9个，分别是淮北地震台、淮北流动监测台、淮北朱庄矿地震台、濉溪地震前兆台、濉溪姚湖地震前兆台、淮北皖22井观测站、淮北皖35井观测站、淮北市地震监测中心、濉溪县地震监测中心，形成“五台二站二中心”观测网络，实现区域台网全覆盖。全年开展台站安全运行巡查3次，维修仪器故障3次，更换皖35井和皖22井SZW-II型数字式温度计2台。台站仪器运行率和数据完整率平均达99.40%。在年度全省监测预报工作质量检查评比中，淮北皖22井水位观测资料获流体组水位评比第一名，朱庄地震台电磁扰动观测资料获电磁扰动观测第一名，《淮北市2021年度地震趋势研究报告》获会商报告评比第一名。

【地震监测预防】 2020年，市防空防震办印发《2020年度淮北市年度震情跟踪工作方案》《淮北市防空防震办2020年全国“两会”地震安全保障服务实施方案》，部署元旦、春节、清明、端午、五一节期间防震安全保障服务工作。与县区地震部门签订《2020年度震情跟踪及应对县区工作责任书》，落实震情跟踪和信息服务工作。核查宏微观异常2起：8月29日，濉溪姚湖台电磁扰动短时间内脉冲显著增强变化；9月28日，杜集区朔里镇王台子村梨树大面积反季节开花。核查非天然地震事件2起：3月6日，烈山区行政服务中心办公楼异常晃动；11月10日，杜集区众诚水泥公司爆破。建立健全地震群测群防宏观网点，开展网点检查，调整网点布局，新增村级防震减灾助理员暨宏观网点信息员，其中，在宿北断裂带两侧乡镇聘任村级防震减灾助理员兼群测群防宏观网点信息员属全省首创。全市群测群防宏观网点32个，乡镇防震减灾助理员32名，村级防震减灾助理员兼宏观网点信息员15名，灾情速报人员47名，灾情速报网络覆盖各乡镇。5月20日，对全市宏观网点信息员及防震减灾助理员进行培训。收集基础数据，编制淮北市地质构造及主要断裂带分布图。

【地震灾害防御】 2020年，市防空防震办将抗震设防要求纳入基建办理程序，在市行政服务中心设立地震服务窗口，并将抗震设防要求核定纳入市政府投资项目在线审批平台。地震窗口对46项工程进行抗震设防要求核定。印发《淮北市行政许可事项实施并联审批暂行办法的通知》，把地震部门纳入规划委员会。与环保、城管等部门建立联合执法机制，依法对建设工程抗震设防进行监管。7月6日，开展“双随机一公开”检查，对辖区内抗震设防要求落实情况进行随机检查。淮北市6个经济开发区区域性地震安全评价工作完成报告编写工作，市防空防震办现场监督检查各开发区区域性地震安全评价工作。部分区域性地震安全评价成果应用于开发区规划建设。7月，与住建等部门联合开展建设工程抗震设防要求检查，对检查情况进行分类归档上报。

【防震减灾宣传】 2020年，市防空防震办加强与市科技、教育、科协等单位协作配合，印发《淮北市2020年科技活动周活动方案》通知，要求各学校通过主题班会、宣传栏、科普电教等方式开展防震减灾科普宣传教育。通过新媒体平台发布信息100余条，开展防震减灾演练直播、互动活动。与市传媒中心签订合同，定期播出或刊登防震减灾科普节目。印发《淮北市2020年5·12防灾减灾日系列活动方案》，开展“5·12防灾减灾书画作品网上展览”和“7·28防震减灾文艺公益宣传”等活动。利用“5·12”全国防灾减灾日、科普日、科技活动周等重要时段，开展防震减灾宣传教育“六进”活动，发放宣传材料1万余份，解答咨询500人次，科普场馆接待社会公众参观学习4万余人。创建省级防震减灾科普示范学校7所，创建省级防震减灾科普教育基地1个。

（王　卓）

地质勘探

【地质勘查】 2020年，325地质队完成地质勘查项目36个。其中《砀山县酥梨产地土地质量地球化学调查与评价》项目成果报告审查验收质量良好；完成《安徽省萧县马山头水泥用石灰岩矿普查》野外作业，成果报告送审；《安徽省萧县前欧盘铜铅锌金矿预查》报告汇交；《安徽省淮北市程蒋山矿区南段水泥用石灰岩矿矿产资源开发利用方案》通过专家评审；《安徽太平矿业有限公司濉溪县前常铁铜矿矿山地质环境保护与土地复垦方案》完成评审。全年编制省公益性项目立项建议书6份、省地勘基金项目立项建议书2份，完成矿权年检项目4个。

【地质服务】 2020年，325地质队成立地质灾害应急专业技术领导小组，遴选5名中高级专业技术人员入选淮北市地质灾害应急防治专家库。受淮南、淮北两市自然资源和规划局委托，完成两市采煤沉陷区基本情况调查。受市自然资源和规划局委托，完成淮北市地质灾害隐患排查。协助市自然资源和规划局对全市31家矿山企业地质环境治理恢复进行监督检查。对接完成相山区住建局交办自然灾害风险公路承灾体普查，资料提交省公路中心。与市发展改革委合作，完成淮北市2020—2025年采煤沉陷区综合治理计划调查，成果报告报省发展改革委备案。协助市自然资源和规划局完成历年采煤塌陷区受损耕地处理情况调查任务。协助市自然资源和规划局完成淮北市市级发证采矿权超层越界动态监测。完成濉溪经济开发区（百善矿区）承接长三角产业转移拟选园区初评价报告。完成市公安局两项地灾评估项目。为市自然资源和规划局、市发展改革委提供日常技术咨询和数据支撑等。与市人民防空和防震办公室签订战略合作协议，在震后灾害调查、测绘地理信息等业务领域开展合作。

（陈国兵）

文化·旅游·体育·传媒

文化事业

【文艺精品创作】 2020年，淮北市文化旅游体育局(以下简称“市文旅体局”)推荐传统小戏《倔知县》参加2020年百戏（昆山）盛典；现代小戏《我愿意》申报文化和旅游部2020年度戏曲专项扶持项目。推荐现代大戏《青山梦》、戏曲电影《我的土地》申报重大节点文艺重点项目。市豫剧院以淮北市造血干细胞捐献者赵波为原型创作完成戏曲情景剧《生命因你而精彩》。小戏《新王婆骂鸡》《我愿意》2部作品入围2020年度安徽省戏剧创作孵化项目。

【文艺人才培养】 2020年初，受新冠疫情影响，全市公共文化场馆临时闭馆。各文化场馆坚持“闭馆不谢客，服务不打烊”，服务由“线下”转为“线上”，开展线上培训教学，通过直播、微信公众号等形式，培训7门课程共12个班，培训学员6000人次。市文旅体局规范群众文化辅导员队伍，招募上报477人。在全市范围内开展“村级文化带头人”选拔推荐工作，推荐上报74人。在全省少儿书画展上，淮北有27件作品获奖，其中，一等奖5个、二等奖9个、三等奖13个，市文化馆获优秀组织奖；2个节目入围第三届“安徽省群星奖”决赛。

【文化惠民活动】 2020年，淮北市村级综合文化服务中心建设覆盖率98%，面向基层开展群众文艺展演30余场，优秀传统文化、红色文化讲座40余场，送戏进村270余场，放映爱国主义电影3200余场次。强化线上宣传，网络同步直播“乡村春晚”，线上观众累计达千万人次。8月28日，由市委宣传部、市文旅体局主办“文旅融合 点亮相城”淮北市文化惠民消费季在隋唐运河古镇拉开帷幕。9月28日和10月14日，市文旅体局发放两批次“欢乐金秋　畅享淮北”淮北文化惠民消费券，总金额45万元。

【全民阅读推广活动】 2020年，淮北市开展全民阅读推广活动，采取市、县（区）、镇、村四级联动，以“多读书、读好书、爱读书”为主题，开展主体阅读、社会实践、征文书画、文化扶贫等形式多样全民阅读推广活动，全市各级公共图书馆、农家书屋以及社会公益全民阅读推广组织和机构，开展形式多样阅读推广活动。相山区图书馆开展“周末故事会”及纸戏剧表演活动，烈山区古饶镇开展“‘书香古饶’赏中华诗词之美朗读分享会”“阅读红色经典，传承红色力量”主题读书分享会，宋疃镇开展“文明乡镇，书香宋疃”读书交流会暨图书推介会、“科普读书”等活动。组织市县优秀实体书店开展“千家书店庆国庆·万种图书大联展”图书销售惠民月活动，活动历时1个多月，参与9.56万人次，销售图书折价让利40.78万元，赠送图书码洋13.25万元，惠民总额54.03万元，拉动文化消费金额225.7万元。

【群众文化艺术节】 2020年，市文旅体局打造“百人千家种文化”、群众文化艺术节等公共文化服务品牌。各级部门依托新时代文明实践站、村级综合性文化服务中心、旅游景区等阵地，开展多项“我们的节日”主题群众文化活动。春节前，举办53场“乡村春晚”、2场“非遗过大年文化进万家”等群众文化活动，演出同时实行网络同步直播，线下观众达3万余人，线上观众达千万人次，人民网、新华网等权威媒体进行宣传报道。相山区三堤口街道乡村春晚被省文旅厅评为“省优秀乡村春晚”。6月24日，在隋唐运河古镇开展“我们的节日·端午”传统手工技艺教授活动。

【公共文化服务】 2020年，各文化场馆为宅家抗“疫”的广大市民举办线上演唱会、线上演奏会。市图书馆开展线上阅读服务，举办“童心抗疫从我做起”等10余次线上文化活动。举办“淮北是我家”全市音乐、舞蹈大赛，淮北市“和谐家园”少儿百米长卷绘画暨书画展，全市少儿文艺专题调演，全市广场舞大赛和“优秀文化进万家”文化惠民展演周等活动。

【基层文化阵地建设】 截至2020年底，全市442个行政村（社区），村（社区）级综合文化服务中心建成434个，覆盖率达98%，提前完成不低于95%目标任务；有农家书屋431家（濉溪县235家、相山区89家、杜集区46家、烈山区61家），其中，纳入国家、省农家书屋专项资金补助276家，未纳入155家。新建数字农家书屋48家，累计建成数字农家书屋431家，实现全覆盖。全年农家书屋出版物更新补充图书29822册，报刊235册。督促指导各县区农家书屋先后开展“我的书屋·我的梦”农村少年儿童阅读实践活动、新时代乡村阅读季活动，活动共收到作品400余件，遴选149件作品推荐至安徽省数字农家书屋网站参评，其中，软笔书法8幅、硬笔书法15幅、绘画作品18幅、手抄报19幅、征文89篇。

文艺创作

【诗词创作】 2020年1月16日，新冠疫情突发时，淮北市诗词学会号召会员创作诗词，以文学形式发出歌颂党中央英明决策，赞颂奋战在抗击新冠疫情第一线的白衣战士、先进人物，收录古体诗词和新诗326首，于3月底结集出版《战役之歌》。4月初，市诗词学会发动会员创作歌颂建市60年辉煌成就的诗词、散文作品，收集诗文作品300多首（篇），于5月结集出版《辉煌岁月》。7月，市诗词学会联手百善镇，围绕南部次中心建设和运河遗址文化建设，组织70多名作者创作古体诗和新诗500余首，于9月结集出版《运河流韵》。

【戏曲创作】 2020年，市歌舞剧院创作《逆行者礼赞》《春天的拥抱》《坚强》等一批抗疫歌曲。市豫剧院创作完成抗击疫情小戏曲《共待万家团圆时》、对口快板《战病毒》等作品。疫情防控期间，各单位共创作各类文艺作品近60件，通过学习强国、抖音等平台进行推广宣传。

文艺作品

【美术书法创作】 2020年，市书画院组织院聘书画家创作一批抗疫主题书画作品并举办众志成城战新冠“同书共绘，康衢烟月”网络书画作品展，为皖赴湖北抗疫医务工作者创作《让世界充满爱》《战疫情》《致敬逆行者之最美印记》等作品12件并报送省文联。国画《徽乡茶语》、水彩画《厚土》、连环画《老茶馆记》入选第十三届全国美术作品展。姚志军书法作品《改革开放铸辉煌》获安徽省庆祝改革开放四十周年书法大展优秀奖，《醉翁亭记》入选第十二届国家艺术节美术摄影优秀作品展。

文化产业

【文化产业扶持】 2020年，市文旅体局推进文体产业复工复产，完成淮北市第一批文旅体产业单位疫情防控政策性贷款需求汇总，69家产业单位申请贷款金额11342万元，落实银行贷款7235万元。召开文化产业发展推进会，通报2019年全省文化产业考核淮北市分值情况。

【文旅融合发展】 省发展改革委公布2020年度省级特色小镇创建名单和试验名单，烈山区七彩和村农旅小镇入选创建名单，濉溪县韩村镇“三彩文旅”小镇、濉溪县百善镇运河文化小镇入选试验名单。7月13日，省文旅厅确认“隋唐运河古镇·隋唐夜市”为全省“十佳夜游街区”，淮北树人文化生活馆为全省“十佳夜读空间”。

文化遗产保护

【大运河文化带建设】 2020年，淮北市争取国家拨付柳孜运河遗址国家大运河文化公园建设环境整治工程资金2000万元。市文旅体局相继编制《柳孜运河遗址病害处理整治工程方案》《临涣城墙保护工程方案》《临涣淮海战役总前委旧址安防工程方案》，争取国家文物局专项经费4000余万元。组织实施柳孜运河遗址病害处理整治工程、柳孜运河遗址本体保护工程。根据大运河国家文化公园建设和文化旅游、生态建设发展需求，组织编制《柳孜运河遗址国家大运河文化公园建设环境整治方案》上报国家文物局审核，《柳孜运河遗址保护规划》通过国家文物局专家评审。

【文保单位维修管理】 2020年，市文旅体局在对文物消防安全隐患整改督查中发现存在安全隐患问题的柳孜运河遗址博物馆、淮海战役总前委旧址纪念馆、市博物馆、刘开渠纪念馆、显通寺5家单位下发整改意见；督促区县文化文物管理部门做好安全隐患整改工作，确保文物消防安全。争取省级文物保护经费，实施共姬墓视频监控工程。争取财政经费，实施第二批32处市级文物保护标志碑（牌）制作安装。开展文物单位安全巡查、检查、督查工作，在原中煤三建三十工程处淮北公司院内发现5块出土汉代和元代石刻，依法收缴，运送至市博物馆收藏。文物保护信息员李醒获评全省“最美基层文物保护员”。

【非遗项目传承与保护】 2020年春节期间，市文旅体局举办“小年送福”“非遗进万家”宣展活动。疫情期间，组织非遗传承人创作三期抗疫情作品并上报安徽省非遗中心，组织宗氏剪纸项目对烈山区美术教师的课堂教学和未成年人进行非遗免费培训。“6·13”文化和自然遗产日，在市体育中心开展“非遗传承 健康生活”为主题非遗项目展演活动。疫情期间，利用微信公众平台，开设“艺”起战“疫”专栏，线上展示淮北市的国家级、省级非遗项目6期。指导香包、泥塑等非遗项目注册抖音号并直播教授非遗传统技艺，淮北市非遗项目香包布艺抖音号粉丝达3.2万余人。2月25日，《淮北市第四批市级非物质文化遗产名录》公布，计5类19项。截至年底，市级以上非遗项目66项，其中国家级1项、省级12项。

【考古发掘】 2020年，淮北市考古发掘出土东汉“永元八年”重要画像石题刻，是安徽省继褚兰汉墓祠堂题刻、“邓掾冢祠堂”题刻后，第三次发现汉代祠堂文字题刻。烈山区港利教育小镇抢救性保护6块汉代画像石祠堂构件，经研究命名为邓山汉代石祠。绿金花园工地汉墓抢救性考古发掘清理汉代墓葬3座，其中一座东汉墓为典型汉代砖石框架结构墓，出土石灯、瓷罐、石供案以及可修复精美彩绘陶器20余件，发现明代、清代中元寺部分建筑遗址，发现清代寺庙祭祀场所“火供坛城”遗址，出土清代乾隆时期和民国时期中元寺纪事碑2块。

文化设施

【淮北市文化馆】 淮北市文化馆设有音乐教室、舞蹈教室、美术教室、文化教室、多功能厅、小排练厅和小型剧场等公共活动场地。2020年，市文化馆开办展览6场，参与8000多人次；举办文化惠民活动6次，参与2000多人次；非遗搜集、整理、保护民族民间文化艺术遗产66项；开展辅导、培训业余文艺骨干300场，参与9000多人次。加强对基层文化馆站（室）的指导，组织、辅导和研究群众文艺创作，开展群众性文艺创作活动，组织、开展群众文化理论研究；搜集、整理、保护民族民间文化艺术遗产。定期举办全市“文化惠民送戏下乡演出”“音乐歌舞大赛”“小小艺术家调演”“少儿文艺调演”“少儿现场绘画”等活动。

【淮北市图书馆】 淮北市图书馆拥有馆藏纸质图书25.23万册、电子图书60万册。全年365天开放，拥有坐席约600个，内设史志馆、少儿绘本馆、少儿图书借阅室、综合图书借阅室、期刊报纸阅览室、自修室、多媒体阅览室、多功能展厅、视障人士阅览室等多个对外开放区域。2020年，市图书馆借阅图书82320人次，借阅量186109册次；开展讲座62场，展览4次；培训33次，共培训1320多人次。

【淮北市博物馆】 淮北市博物馆馆藏文物数万件，建筑面积10670平方米，陈列面积5000平方米。设置隋唐五代陶瓷、宋金元陶瓷、运河遗韵、茶具鉴赏、运河城市摄影展、运河城市书画展、古相遗珍、淮北汉画像石、淮北历史名人9大展区，设立临时展厅2个。展陈专题有隋唐五代陶瓷、运河疑云、淮北汉画像石及淮北历史名人、宋代瓷器、古相遗珍、证券文物、淮海战役、书画等。柳孜隋唐大运河遗址出土文物占到馆藏文物70%以上，还收藏春秋战国至秦汉时期淮北出土文物。2020年，市博物馆共接待参观61385人次，开展71场社教活动，送展览、讲座走进学校16场次，文化进社区、企业、公园等16场次。

【淮北市矿山博物馆】 淮北市矿山博物馆坐落在南湖景区东部。建筑面积3642平方米，有序厅、多媒体演示厅、巷道模拟厅、综合厅、矿山安全厅、煤炭资源利用与产业链厅、企业风采厅、煤与淮北序厅、煤与淮北主展厅、城市就是公园厅、留言壁过厅12个展厅。展陈面积2800平方米，电子设备36套，矿石标本973件，实物200余件。该馆追溯探寻淮北煤炭早期开发、记述淮北矿工革命斗争历史、展示淮北矿业历史文化和地质科普知识，揭示淮北市崛起、转型和跨越之路，其核心展品由矿山建设实物设备及相关文字、图片、视频资料组成。

文化市场管理

【印刷出版市场监管】 2020年初，市文旅体局印刷管理科联系市各印刷企业做好疫情防控工作，督促停工停产，及时统计上报各项统计数据。疫情缓解后，指导各印刷企业复工复产。3月底，全市84家印刷业复工复产。市文化市场综合执法支队先后联合市扫黄办、综合执法支队开展“护苗”“清源”“秋风”“剑网”行动及校园周边出版物市场专项整治行动，以及“双随机、一公开”抽查。强化印刷市场监管，打击无证经营、超范围经营等各类印刷违法违规经营活动，依法查处各类非法出版物，加强源头整治，防范各类非法出版物发行、流通，净化市印刷发行市场环境。截至年底，全市有印刷企业84家（不包含3家正在办理注销手续其他印刷品印刷企业），其中，出版物印刷企业4家、数字印刷企业5家、包装装潢印刷企业27家、其他印刷品印刷企业48家。全年出版物发行单位销售总额为2.34亿元，其中，批发额为0.03亿元、零售额为2.31亿元，新华书店系统出版物销售额1.95亿元，占全市出版物销售总额83.33%。

【文化市场综合执法】 2020年，市文化市场综合执法支队出动执法人员8145人次，检查文化经营场所3882家次，开展网吧娱乐场所隐患排查全覆盖，排查并整改安全隐患20余处；调查办理一般行政处罚案件10起，整顿疫情防控落实不到位场所30家次；收缴各类非法出版物400余册，取缔无证摊点2家；移交1处涉嫌非法电视台（点）。

【版权保护】 2020年5月15日，全市软件正版化工作培训会议召开，邀请省版权局专家进行授课培训，布置全市70家市直机关单位进行软件正版化自查、整改工作。市软件正版化工作领导小组办公室分别印发《关于开展政府机关软件正版化使用情况摸底调查的通知》《关于做好省版权局对我市政府机关使用正版软件情况督查调研准备工作的通知》《关于印发〈淮北市2020年软件正版化工作实施方案〉的通知》，有层次、多步骤推进软件正版化工作。加强对全市政府部门、企事业使用软件情况日常监督，推进软件正版化工作，完成卫健委系统、地方金融机构、淮矿集团等机关事业单位及企业软件正版化工作。

（张　岛）

2020年6月29日，市文化市场综合执法人员开展执法检查

（市文旅体局　供图）

旅　游

【概况】 截至2020年12月底，全市接待入境游客1056人次，旅游接待国内游客1010.62万人次，国内旅游收入62.8亿元，实现旅游综合收入62.83亿元，各项旅游经济指标恢复率均

高于中国旅游研究院发布同期数据。采取政策扶持、分类指导、强化培训、宣传营销等方式推进企业复工复产，最大限度降低企业受疫情影响，旅游市场逐渐回暖。全市旅游接待国内游客恢复到2019年同期65%，国内旅游收入恢复到2019年同期63%，旅游综合收入恢复到2019年同期60%以上。全市在建文旅重点项目19个，计划投资额171980万元，实际完成投资额188347万元，完成率109.52%；列入省“512”重点旅游项目库10个，计划投资额108700万元，实际完成投资额118646.8万元，完成率109.15%。

【文明旅游宣传活动】 2020年“五一”假日期间，依托市、县（区）两级旅游志愿服务者队伍在全市开放A级旅游景区开展文明旅游志愿服务活动。活动期间，全市各景区每天志愿服务人员170余人次。6月2日，市文旅体局在康乐社区开展“旅游安全、文明旅游进社区”主题宣传活动。9月22日，组织开展以“文明旅游 节俭用餐”为主题文明旅游、旅游安全进饭店宣传活动。11月份，开展文明旅游、旅游安全走进相山公园景区、长途汽车站宣传活动，旅游监管科工作人员及文明旅游志愿者参加活动。12月3日，“文明旅游、旅游安全进校园 争做文明小主人”主题宣传活动走进淮北市第二实验小学，推动文明旅游新风在学校、家庭和社会传播。

【旅游资源开发与保护】 2020年，市文旅体局指导烈山区七彩和村创建国家AAA级旅游景区，谋划、协调、指导绿金湖旅游度假区申报省级旅游度假区，指导南山景区申报AAAA级旅游景区，指导乾隆湖、两岸田园等地开展国家AAA级旅游景区创建。全域旅游“四级联建”有序推进，2个县区、6个乡镇、9个村、9个示范点通过省文旅厅初审。与市教育局联合指导研学基地建设和提升，优选编排6大主题9条研学旅游精品线路。投入近300万元打造“决战淮海”精品红色旅游区，“东进序曲、决战淮海”入选安徽省推出的七大重点红色旅游精品线路。优化、丰富淮北8条主题精品线路产品。濉溪县五铺农场、周末果蔬种植农场获评2020年省级休闲农业和乡村旅游示范园区。烈山区七彩和村获批“农旅小镇”、濉溪县韩村镇获批“三彩文旅小镇”、濉溪县百善镇获批“运河文化小镇”。

【旅游发展规划编制】 2020年，淮北市完成《淮北市旅游发展总体规划（2020—2030）》，市文旅体局制定《淮北市文化旅游体育“十四五”发展规划》。谋划组织大运河国家文化公园——柳孜运河遗址区建设项目、黄里景区基础设施及配套设施提升工程项目等9个文旅项目申报省文旅重点项目。指导相山区黄里风景区基础设施及配套设施建设项目可研、立项、土地、环评、节能等工作。申报国家专项债10亿元，用于规划建设景区道路及配套设施、景区旅游基础设施、山体及水域环境生态治理、游客中心及周边游乐设施建设等。临涣、朔西湖、龙脊山等重点旅游项目开工，《黄里景区概念性规划》通过初审，项目开工建设。相山区、烈山区完成全域旅游发展规划。

【全市景区质量提升】 截至2020年底，全市在建文旅重点项目14个，列入省文旅重点项目6个。隋唐运河古镇项目年度完成投资1.4亿元，大观园主体建成，南市金街奠基开工；南翔云集项目2号、3号、7号、8号、12号楼主体结构封顶；濉溪老城石板街部分街铺完成主体改造；龙脊山景区提升项目加快建设；小李庄商业街区建成，二道门楼及广场完工；杜集区南山汉文化博物馆、段园葡萄博物馆进行质量提升。按照年度建设计划新建7座旅游厕所，对旅游景区原有厕所进行升级改造并完成网上补录工作；指导县区加快辖区旅游交通标识、标牌建设，烈山区更新、改造旅游标识标牌86块；相山区投资45万元的钟楼游客中心建成并投入使用；投资29万元的黄里景区健身步道照明工程施工完成，安装太阳能路灯104盏；投资42万元建成市食品博览园旅游厕所。

【旅行社管理】 2020年初，市文旅体局制定下发《淮北市旅游行业疫情防控工作要求》《新型冠状病毒肺炎疫情应急防控预案》，自1月24日起，要求全市32家旅行社全部关停，并妥善安排做好在外游客健康信息统计和退团善后事宜。4月20日，召开全市旅游监管会议，下发《关于恢复旅行社及在线旅游企业部分经营活动的通知》《淮北市旅行社及服务网点有序营业疫情防控工作指南》，全市推荐上报安徽省百佳旅行社2家、百名金牌导游3名，选拔推荐光大旅行社孙世延、刘开渠纪念馆关红2名选手参加省旅游服务质量演讲比赛。

【旅游市场整治】 2020年，市文旅体局开展文明旅游宣传咨询活动，印制《文明旅游简明读本》2000册，与《安徽省旅游条例》、文明旅游宣传折页、十大文明旅游提醒语、旅游地图等宣传资料一并发放，接受旅游咨询，宣传旅游法律法规，讲解旅游安全知识，介绍文明旅游常识。制定下发《关于在全市文化和旅游行业坚决制止餐饮浪费行为、切实培养节约习惯的通知》。加大监管力度，规范旅游市场秩序，通过开展旅游市场秩序专项整治，对旅行社及涉旅企业进行抽查，会同市市场监管场局、市文化市场综合执法支队进行旅游市场联合整治，重点检查旅游安全、经营行为等情况。

【旅游安全管理】 2020年，市文旅体局制定《淮北市旅游安全专项整治三年行动实施方案》，制定下发《淮北市旅游行业疫情防控工作要求》《新型冠状病毒肺炎疫情应急防控预案》。组织开展全市旅游行业消防安全与应急管理培训，消防安全应急演练。配合市住建局开展旅游星级饭店燃气安全专项整治。会同市应急管理、市场监管、消防等部门在"元旦""春节""五一""端午"等节假日开展旅游安全联合检查，排除安全隐患。国庆、中秋节节假日前，按照《2020年淮北市中秋国庆文化和旅游假日市场安全生产工作实施方案》要求，联合有关部门并要求各区县对旅游企业安全生产、客运交通、疫情防控等进行监督检查。

【节庆旅游活动】 2020年9月28日至10月8日，淮北市第十一届石榴文化旅游节举办，以"硕果累累榴园秀·幸福小康烈山美"为主题，开展歌曲、舞蹈、戏剧等表演形式的系列特色文艺演出。引进电商企业，搭建网络销售平台，邀请网络主播通过"直播带货"形式向消费者和客商展示淮北特色农产品，通过地方农产品展销、直播带货销售地方扶贫农产品达284万元。10月28日至11月1日，濉溪县四铺镇首届菊花文化节在新庄村花卉基地举办，文化节以"香约濉溪，菊会四铺"为主题，基地有2000余亩花海、200余种菊花，接待游客10万余人次。

【旅游市场开拓】 2020年，市文旅体局组织协调淮北日报社、淮北广播电视台、淮北发布、直播淮北、淮北人论坛等多家媒体，开展第二届"春游江淮请您来"百家媒体旅游推介线上宣传活动，组织参与"皖北人游皖北"市场营销推广活动，印制《淮北市文旅指南》2000份。"5·19"中国旅游日，市、县区上下启动，景区、酒店、旅行社、旅游服务志愿者共同参与，宣传文明旅游、安全出行、疫情防控、精品旅游线路、特色新农产品和非物质文化遗产。参加大运河文化带城市文化旅游博览会，设置淮北文旅特装展厅，展示淮北市精美景区、特色旅游商品、文创产品、精品线路、特色美食等，宣传推广淮北文旅融合发展新成就。参加徐州汉文化节、2020"美好安徽 迎客天下"、无锡和济南文旅推介会、2020安徽省自驾游大会、淮河生态经济带城市文旅联盟大会第二届年会、中国（上海）国际旅游交易会等区域文旅宣传推介活动。

【旅游营销活动】 2020年，市文旅体局投入300万元参加省“1+N”央视旅游营销宣传；参加长三角国际文化博览会、上海国际旅游商品交易会等文旅宣传营销活动。在原有官方微博、微信公众号的基础上开通市文旅体官方抖音号，形成多渠道新媒体宣传矩阵。组织旅游产业参加安徽文旅品牌创建，4个村获省“百家乡村旅游示范村”称号，3家农家乐入选省“百家农家乐”，1处民宿入选省“百家精品民宿”，3名导游被授予“百名金牌导游”称号，2家旅行社入选省“百家旅行社”，2人获“百名最美金牌旅游策划师”称号。市文旅体局组织竹笔画、微景观水景缸、炎窑茶具、蝶艺画等文创旅游商品参加乐山、义乌国家旅游商品大赛。开展北山村特色农产品“太阳杏”创品牌、促销售活动，通过“农户＋合作社＋电商”“农户＋合作社＋商超”等多种模式拓宽销路。北山村“太阳杏”通过网络直播带货，线上销售4500多千克。

（张　岛）

体　育

【概况】 2020年，淮北市建成“四个一”（1个塑胶跑道标准田径场、1个3000个坐席的体育馆、1个游泳馆或标准室内游泳池、1个3000平方米以上的全民健身中心），50%县区完成“五个一”（1个体育场、1个体育馆、1个游泳馆、1个全民健身中心、1个体育公园）建设，62.5%乡镇街道建成“三个一”（1个1000平方米以上的室内健身中心、1个2000平方米以上全民健身广场、1个多功能球类运动场或笼式足球场），完成新建改建场地49块。组队参加安徽省青少年足球、篮球、乒乓球、网球、羽毛球、射击、田径、游泳、武术套路、拳击、举重、国际式摔跤、柔道、跆拳道、中国跤、橄榄球等项目比赛。举办2020年全国U20国际摔跤赛、2020年全国羽毛球后备人才基地羽毛球比赛决赛。承接社会体育指导员培训工作，培训广场舞一级社会体育指导员55名，瑜伽、武术、柔道、健身气功二级社会体育指导员350名，各县区开展培训，培训三级社会体育指导员300余人。全市国民体质监测抽样工作完成。

【竞技体育】 2020年11月6—14日，2020年全国U20国际式摔跤锦标赛在淮北市举行，比赛由国家体育总局举重摔跤柔道运动管理中心、中国摔跤协会、安徽省体育局、淮北市人民政府主办，安徽省重竞技运动管理中心、安徽省摔跤运动协会、淮北市文化旅游体育局承办，来自全国35支代表队、1800余名运动员参加比赛。竞赛项目包括自由式摔跤、女子摔跤和古典式摔跤，每个跤种分为10个级别，共30个级别。12月1—7日，2020年全国羽毛球后备人才基地羽毛球比赛总决赛在淮北市举办，比赛由中国羽毛球协会主办，淮北市文化旅游体育局、淮北市体育文化旅游传媒有限责任公司、淮北中海恒隆体育产业发展有限公司承办，来自全国40支代表队、600余名9～11岁羽毛球少年精英运动员参加比赛。这是中国羽协2020年度首次主办全国青少年羽毛球赛事。比赛分为9岁、10岁、11岁3个年龄组，设10枚金牌。

【群众体育】 2020年，淮北市市文旅体局邀请市国家级社会体育指导员在“淮北文旅体”微信公众号里推出“宅家健身”系列共7期线上健身指导视频。2月下旬，市围棋协会发起“抗疫情”苏皖蒙八城市围棋网络团体对抗赛，4月底开始，市老年人体育协会利用“钉钉”开展广场舞、太极拳、瑜伽、健身气功·八段锦等多个项目在线直播培训；5月31日，市自行车运动协会举办2020淮北百公里骑行挑战赛，70余名淮北市单车爱好者参加比赛；6月25日，市三人行国际象棋俱乐部举办庆端午“三人行杯”国际象棋网络个人赛。指导、举办和参加足球、篮球、乒乓球、羽毛球、广场舞5个项目省市县三级联赛。指导各县区举办县区三级联赛选拔赛；组织举办市级各项三级联赛选拔赛。参加安徽省第五届全民健身运动会，组织319人参加26个大项比赛，获得一等奖18个，二等奖21个，三等奖11个，并获体育道德风尚奖和优秀组织奖。向省政府申报并获得省第六届全民健身运动会举办权。

【学校体育】 2020年，市教育局组织录制体育与健康线上教学视频，加强疫情期间线上体育教学指导。调整体育中考项目和方式，全市18784名学生参加中考体育测试。8月，举办淮北市第六届中小学生羽毛球锦标赛暨省锦标赛选拔赛，164名中小学生参赛；举办淮北市中小学生乒乓球比赛暨省锦标赛选拔赛，162名教练员和运动员参赛。9月，举办安徽省篮球传统项目学校比赛淮北市选拔赛，淮北市实验高级中学、濉溪县孙疃中学、濉溪县南坪中心校、濉溪县岳集中心校获得参加省赛资格。10月，承办安徽省航空航海模型锦标赛，在淮北市体育馆和濉溪县第一实验学校设2个赛点，全市10余所学校参赛。11月6—8日，在淮北市体育中心举办淮北市青少年“未来之星”阳光体育大会。11月20—22日，举办淮北市中小学生田径运动会，全市52支中小学代表队704名运动员参赛，10项比赛打破赛会纪录。同月，举办淮北市中小学生游泳比赛，来自全市9所中小学校200余名运动员和教练员参赛。11—12月，举办淮北市青少年校园足球联赛，全市56支中小学代表队近千名中小学生参赛。组织参加安徽省中小学田径、足球、篮球、排球、啦啦操、武术等赛事。参加安徽省青少年足球锦标赛乙组比赛，获第三名。参加全国校园足球夏令营安徽分营活动，获高中男子甲组第四名、高中男子乙组第二名，3名队员入选最佳阵容并代表安徽省参加全国校园足球夏令营总营活动，其中队员董雨博入选全国青少年足球夏令营最佳阵容并入选总营，李世杰入选全国青少年足球夏令营分营和总营最佳阵容，教师刘冰获评全国青少年校园足球夏令营优秀教练员。参加安徽省中学生田径联赛，获男子团体第四名、女子团体第七名、团体总分第七名。参加安徽省足球锦标赛甲组比赛，获第四名。参加安徽省足球传统项目学校比赛，淮北一中获第四名。参加安徽省篮球传统项目学校比赛，淮北市实验高级中学获高中男子组第四名、高中女子组第七名，濉溪县南坪中心校获初中男子组第六名、初中女子组第六名，濉溪县岳集中心校获初中男子组第七名。

【体育产业扶持与发展】 2020年，市文化旅游体育局推进文体产业复工复产，69家产业单位申请贷款金额11342万元，落实银行贷款7235万元。完成省体育局下拨体育强省资金132万元分配工作，分别为常规性工作分配70万元，基础性工作分配62万元。采取“电子商务+生产基地”模式，淮北沃盛体育用品生产有限公司投资3000万元的篮球、足球、排球、橄榄球生产项目落地。

【体校与训练基地建设】 2020年，市文旅体局加大青少年体育俱乐部工作和体育传统项目学校建设力度。加强省级以上体育传统项目学校管理和考核，对一些作用发挥不明显学校进行通报，并限期进行整改。有市国家级体育传统项目学校1所，省级体育传统项目学校12所，国家级青少年体育俱乐部2所，省级青少年体育俱乐部4所。建设以市体育中学为龙头，重点抓好基地建设，以成才率为核心，以当地实际情况为出发点，制定科学、严谨量化考核指标。11月，举办传统项目体育教师培训班，参加培训人数70余名。与市教育局配合做好青少年体育工作，制定青少年体育竞赛计划，举办羽毛球、篮球、乒乓球、游泳、田径足球等比赛。把传统项目学校与专项高水平运动队相结合，坚持课余训练，带动青少年体育锻炼，培养和发现优秀人才，构成学校体育后备人才培养基地。

【体育场所管理】 2020年，市文旅体局实施《安徽省511城市体育行动计划》，加强15分钟健身圈建设。推进3个社区体育俱乐部、15个全民健身苑申报工作及招标工作。6月，完成器材安装，建成群众身边“举步可就”体育场地设施。7月，建成49块社会足球场地。重视体育场地统计调查工作，抽调市县区体育部门业务骨干、街道乡镇社区工作人员、大学生等组成80人调查员队伍，各县区同步，于4月20日开展现场调查，对2019年新增场地系统录入工作和2018年数据进行核实修改完善。全市体育场地统计调查工作于5月31日前全部完成。

【公共体育场馆服务】 淮北市体育馆主场馆为低收费开放场馆，常年开展羽毛球项目；室外场地包括室外田径场、门球场、篮球场、健身路径和市民健身广场，全部为免费开放。淮北市体育场主场馆为免费开放场馆，常年开展全民健身活动和为竞技体育提供训练场地；室外场地包括笼式足球场、篮球场、健身步道、健身路径和市民健身广场，常年开展田径、篮球、足球、广场舞等项目。

（张　岛）

传　媒

【概况】 2020年，市传媒中心系统推进机构人员整合、平台流程再造、体制机制创新，实现组织融合、渠道融合、传播融合、机制融合、营销融合，对外拓展传播渠道，形成报、台、网、微、端全媒体矩阵。全年总运营收入5121万元，同比增长0.4%，职工人均收入同比增长13%。推动媒体融合改革经验入选中宣部2020年度《宣传思想文化工作案例》。在省级以上媒体播发稿件1522篇（条），其中中央级媒体432篇（条），同比增长20%以上。

【媒体深度融合】 2020年，市传媒中心整合“报台网微端”资源，在全省率先建设自主可控“传媒云”平台，并在此基础上建设网、端应用。把握视频化、社交化、个性化和矩阵化发展趋势，强化“客户端首发”战略，加快构建“新闻＋政务服务商务”运营模式。网络直播实现常态化，创新广播可视化、沉浸式VR、慢直播等新传播方式，打造网红热点。以全媒体“中央厨房”为基础，融媒体产品实现“一次采集、多元生成、全媒体发布”。加强与中央媒体联系对接，实现与央视网、新华客户端、腾讯视频、抖音、快手等平台互联互通，181部纪录片、微电影、短视频登录学习强国安徽平台，抖音全网浏览量达6.7亿人次，其中，单条短视频最大播放量超过1亿次。在全省首个打通报纸、电视生产平台，完成融媒体平台一期建设。推进应急广播体系和城市智屏工程建设，三区应急广播体系全部建成，城市智屏工程推进公开招标。发挥融媒体平台“策采编发评”一体化优势和“报台网微端”全媒体传播优势，突出“讲好”“传播好”两个重点，以项目制和“工作室”带动团队建设。新闻采编、纪录片拍摄、广播剧制作、直播活动等实现专业人员跨部门组合，创作文、声、音、画在报纸、广播、电视、微信公众号、客户端、室外屏以及抖音、快手、央视频、学习强国等跨平台传播。

【主题主线宣传】 2020年，市传媒中心做好中央十九届五中全会、习近平总书记考察安徽重要讲话指示精神宣传。做好“十三五”成就和“展望十四五”主题宣传。开设《砥砺奋进一甲子 绿金筑梦新时代》等专栏，出版建市60周年纪念特刊《韶华》。推出“VR全景看淮北变迁”等新媒体产品。全年开展全媒体走基层活动30余次，“三夏纪行”播发稿件35篇、图片21组、电视新闻17条，图文直播阅读量达22.7万人次。围绕“决胜全面建成小康社会、决战脱贫攻坚”“新冠肺炎疫情防控”主题，创作完成《护士茜茜的非常42天》《紧急开工》两部纪录片，获评为“皖美呈现”优秀纪录片。淮北市传媒中心获“金长城传媒奖”“中国地市融媒体最具创新传播力奖”“中国最具影响力市县融媒体中心”荣誉。

【疫情防控】 2020年1月26日，市传媒中心召开专题会议对疫情防控工作进行安排部署。《淮北日报》从休刊转为每天出版，《淮北新闻联播》由春节特别报道转为每天播出，两套广播节目每天播出时长达36小时。中心加强选题策划，及时报道市委、市政府各项防控措施及工作安排和阶段性成效。聚焦疫情防控，报道医务人员坚守一线、守护生命大爱担当，县区、部门、行业保供应、保稳定经验做法和工作成效，以及勇担重任、冲锋在前党员干部先进事迹。聚焦复工复产，报道各单位和园区企业复工复产工作举措和具体成效。淮北发布、淮北传媒发布等微信公众号、“绿金淮北”客户端和中心抖音、快手号在疫情防控中发挥重要作用。《淮北日报》刊发稿件（图片）1740多篇（幅），淮北新闻联播播发新闻510多条，各新媒体平台刊播新闻、通告、公告等6300多条次。在全省率先开设“抗击疫情在行动”全媒体直播，累计阅读量超134万人次，疫情期间微信公众号推送文章近千条，其中8条“10万+”。

【产业多元发展】 2020年，市传媒中心成立以淮北报业文化传媒集团为总公司，以淮北报业尚德文化传媒有限责任公司、淮北报业尚学教育产业有限责任公司、淮北广视文艺教育咨询有限公司为分公司组织架构，大力发展媒体融合产业，发展教育培训、文化创意、车友会等潜力产业，筹划、稳妥推进研学旅游产业。重点打造“小记者研学游”“广电艺术团”“少年星主播”等全市知名培训IP，“淮北市小记者”规模超过3000人、广视教育招收学员500多人。与徽商银行等金融机构、中国电信等运营商开展战略合作，搭建直播带货、车友惠等互惠共赢发展平台。与上海鲁克国际教育集团战略合作，促进“绘声绘色创意美术空间”落地经营。承接第二届无锡大运河文化旅游博览会、第三届长三角国际文化产业博览会、网上深圳文化产业博览会布展任务，打响“淮北蜂巢文创中心”品牌，发展集文创策划、产品设计、版权交易、人才培育、产业孵化、展会交流于一体文创平台。

【扩大对外宣传】 2020年，市传媒中心《抗击疫情党员干部冲在前》《淮北医护人员的故事：我会平安回来 我爱你》《攻坚克难护生态 山青水绿气质新》《淮北：昔日煤城变“美城”》《淮北：“四转一享”，勇闯转型新路》《志愿军老战士宋良友：无言亦是真英雄》《“有房无证”如何破解？》《抓实抓好“稳投资”，重点项目建设提速增效》等一批稿件相继在中央广播电视总台、《人民日报》、《光明日报》、《安徽日报》、安徽广播电视台刊播。市传媒中心通过制作市情宣传片、城市名片等外宣品，把关龙头企业与重点企业推介视频等，参与、谋划、配合做好世界制造业大会江淮线上经济论坛云展示相关工作，做好世界制造业大会淮北分会场对外宣传工作。刊发《安徽淮北：世界制造业大会江淮线上论坛淮北22个项目签约 总投资96.83亿元》《淮北：“三箭齐发”拓基补链》等稿件。围绕总结回顾“十三五”、谋划“十四五”，《安徽日报》刊发市委书记黄晓武专访《谋深谋实谋细“十四五”加快中国碳谷·绿金淮北建设》，《安徽新闻联播》

播出《铭记峥嵘岁月》等。

【活动品牌创建】 2020年，市传媒中心发挥策划、组织、实施各类活动方面和“云”端优势，通过创意策划和活动引流，加强营销能力建设。提升媒体创收能力，深挖广播、电视、报纸等传统媒体营收能力，调整栏目结构，推出符合市场需求、观众喜闻乐见栏目，提升媒体公信力和影响力。加大对本地汽车、商业、房地产、通信等品牌广告开发力度。搭建新平台，拓宽媒体创收渠道，统筹推进应急广播、“屏联网”播控中心建设，打造“报台网微端声屏”七位一体多媒体多业态整合传播新型媒体。同时吸纳车体户外资源，传播渠道立体化。探索新“直播+”模式，通过与其他行业融合拓展更多业态，发力布局电商、医疗、教育等多元内容生态。突出本地特色，创新实施“云享·生活”工程，包括云享·车展、云享·房展、云享·购物、云享·助农、云享·培训、云享·车友会6大项目，推进主流媒体融入经济社会发展，实现“线上动员+线下行动”有机结合，4月28日，淮北云享直播间开展首场直播带货活动，1小时实现销售额127.68万元，实施商务合作项目超过40个。在全省率先打造“云享·生活”网络消费平台，各类直播带货活动销售总额超过1000万元。

（张朝杰）

链接：2020淮北十大新闻

1. 积极应对风险挑战，经济社会取得新发展，实现了“十三五”圆满收官

“十三五”以来，淮北市以习近平新时代中国特色社会主义思想为指导，深入贯彻党的十九大和十九届二中、三中、四中、五中全会精神，积极应对各类风险挑战，经济社会发展谱写了崭新华章，相继实现了文明创城、开通高铁、拥湖发展、淮水北调、煤化工振兴、群众安居等淮北梦想。特别是2020年，全市上下众志成城，统筹推进疫情防控和经济社会发展，扎实推进“六稳”“六保”，各项工作取得新的明显成效，实现了“十三五”圆满收官。

五年的发展变化，浓缩成了一组组闪耀的数字：2016年以来全市地区生产总值连续跨过800、900、1000三个百亿元台阶，达1077.9亿元，提前实现比2010年（461.6亿元）翻一番目标。全市财政收入达140亿元，连续突破两个十亿元关口，创历史最高水平。产业结构由2016年7.7∶56.3∶36.0优化为2019年的6.8∶42.7∶50.5，第三产业比重提高14.5个百分点，首次超过50%。

2. 统筹推进疫情防控和经济社会发展夺取了抗疫情、促发展的重大战略成果

面对新冠疫情的巨大挑战，全市上下众志成城，严格落实“坚定信心、同舟共济、科学防治、精准施策”总要求，建立“三防两抓”“四同三同时”“六库六策”等机制，迅速切断疫情传播渠道。坚持人民至上、生命至上，不惜一切代价救治患者，实现确诊病例零死亡、医护人员零感染，28位逆行出征的援鄂勇士平安凯旋。淮北在全省较早列入全域低风险地区、较早实现本地病例“清零”；常态化疫情防控有力有序、局势平稳，专项考核评分居全省第4位，相关做法获省委书记李锦斌批示肯定。

坚持以“防得住”保障“放得开”，制定落实“六稳”“六保”11个具体工作方案以及助企抗疫政策清单40条，纵深推进“四送一服”“双千工程”，1031名党员干部联系包保2182家企业，2020年1—11月全市减税降费25亿元，经济社会秩序全面复苏、回归常态、稳定向好，成功实现了“二季红、半年正、三季进、全年稳”，夺取抗疫情、促发展的重大战略成果。

3. 决战决胜脱贫攻坚兑现“全面小康、一个不少”的庄严承诺

淮北市把脱贫攻坚作为重大政治任务和第一民生工程，集结最强兵力，发挥制度优势，拉紧责任链条。突出质量优先，持续开展“重精准、

补短板、促攻坚”专项行动和“七个不落、一个不少”大排查，因村因户因人精准施策，推动“九大工程”、项目资金、帮扶措施等与脱贫成效全面挂钩。不遗余力向脱贫攻坚主战场输送“真金白银”，五年来各级财政累计投入扶贫资金12.43亿元，其中市本级财政投入7.55亿元，年均增幅达39%。淮北市建立健全“单位包村、干部包户”和驻村帮扶制度，加强扶贫队伍建设，把最能打的部队放到攻坚一线，推动资源力量下沉，为战贫斗困赋能蓄力。

2020年，面对多重困难挑战，全市扶贫系统化危为机、迎难而上，振奋精神、尽锐决战，如期实现贫困劳动力就业、扶贫车间复工复产、农产品产销对接、贫困子女网上教学“四个清零”。坚决打好问题整改“歼灭战”，49个“354 + 7”问题全部整改到位，“两不愁三保障”及饮水安全突出问题整治全面完成。全市13052户35235人全部脱贫，22个贫困村全部出列，贫困户人均纯收入从2014年的2411元增长到2020年的1.15万元，年均增长36.7%，脱贫攻坚目标任务如期完成，为淮北市全面建成小康社会奠定坚实基础。

4. 陶铝新材料产业等战略性新兴产业快速发展，为淮北转型崛起提供强大动能

淮北市始终把创新作为引领高质量转型发展的第一动力，紧盯“四基三千亿”目标，围绕产业基础高级化和产业链现代化，加快发展“四基一高一大”为主导的战略性新兴产业，全年实施产业升级和技术改造项目140个。2020年1至11月份，全市战略性新兴产业产值同比增长31.2%。

其中，淮北市坚持把陶铝新材料产业作为引领产业升级的突破口，把研发摆在重要位置，引进上海交大王浩伟教授团队，同时持续深化与中国商飞、宝武集团等央企合作，加快陶铝新材料科研成果转化。陶铝研究院基础研发、原始创新、成果转化能力不断提升，高性能陶铝活塞产业化项目入选科技部重点专项，航空材料用锭、汽车轻量化等产能加速释放。陶铝新材料等10余项高科技成果入驻安徽创新馆。2020年8月19日，习近平总书记在安徽考察时，充分肯定陶铝新材料等科技创新实现并跑领跑。

淮北市还出台促进新型工业化、支持“三重一创”建设、推进创新型城市建设若干政策，配套设立陶铝产业发展、硅基新材料等8个产业扶持基金，推动工业转型升级。陶铝新材料和铝基高端金属材料基地、先进高分子结构材料基地获批省重大新兴产业基地。

5. 淮北建市60周年煤城变美城更高质量转型发展蹄疾步稳

淮北市作为新中国成立后开发建设的一座新兴能源之城，自1960年建市以来，始终与党同心、与祖国同行、与时代同步，经济社会发展取得令人瞩目成就，探索出一条资源型城市高质量转型发展新路，成功实现煤城到美城的华丽转身。

60年来，淮北经济社会发展全面进步，综合实力实现历史性重大跨越、城市转型实现历史性重大突破、改革开放取得历史性重大成就、城乡面貌发生历史性重大变化、形象品位实现历史性重大提升、民生福祉实现历史性重大改善。同时，孕育了弥足珍贵的精神财富，形成不畏艰险、克难奋进的攻坚精神，敢为人先、敢闯敢试的创新精神，久久为功、矢志不渝的追梦精神，兼收并蓄、海纳百川的开放精神，燃烧自己、温暖他人的奉献精神。

目前，淮北相继获全国文明城市、中华环境优秀奖、全国科技进步先进城市、全国绿色发展与生态文明建设优秀城市、全国绿化模范城市、国家森林城市等众多“国字号”荣誉，成为名副其实的创新创业之城、绿色低碳之城、文明之城、好人之城、诚信之城、智慧之城、平安之城。

6. 融入长三角一体化步伐加快强劲助力高质量转型发展

2020年，淮北市深入学习贯彻习近平总书记关于长三角一体化发展的重要讲话和指示批示精神，认真落实习近平总书记考察安徽重要讲话指

示精神和在扎实推进长三角一体化发展座谈会上的重要讲话精神，全面落实中央、省委决策部署，抢抓机遇，找准定位，主动作为，制定《推进长三角一体化更高质量发展淮北市行动方案》，围绕重点领域，创新方式方法，加快推动创新共建、协调共进、绿色共保、开放共赢、民生共享，着力打造创新驱动发展新高地、新兴产业集聚地、承接产业转移示范区、绿色发展样板区。

特别是坚持扬淮所长，充分发挥与沪苏浙城市之间距离较近、交通便捷优势，尤其是与长三角龙头城市上海人缘相亲、往来密切的优势，不断汲取先进理念、前沿信息、时尚气息等，在产学研、经贸、文化、旅游等方面的合作互动日益密切，在共同致力长三角一体化发展、推动淮北高质量转型发展上迈出坚实步伐，取得明显成效。

其中，淮北市与中科院合作建设中科（淮北）产业技术研究院，与上海交通大学、浙江大学、江南大学等10余所长三角高校院所共建研发机构。2020年，共签约引进长三角区域项目65个，协议总投资182.2亿元；开工建设长三角区域投资项目51个，协议投资162.5亿元；竣工投产长三角区域投资项目22个，其中亿元以上项目15个。2020年9月16日，青龙山铁路“无水港”首班海铁联运班列开通，淮北市深度融入长三角步伐进一步加快。

7. 淮北市蝉联全国文明城市荣誉称号新时代文明创建开启崭新篇章

2020年11月20日，全国精神文明建设表彰大会在北京举行。淮北市经复查确认继续保留全国文明城市荣誉称号，成功实现全国文明城市“两连冠”。

进入新一轮全国文明城市创建周期，淮北市高度重视精神文明建设，不断深化群众性精神文明创建，全面提升全域文明程度。建立健全常态化、长效化两个机制，建立“抓巩固、防反弹、促提升”督查工作机制，健全全市精神文明建设联席会议制度，确保部门创建主力军不松劲；开展文明创建“六大提升行动”，确保主攻战不掉链；相继出台《淮北市养犬管理办法》《淮北市燃放烟花爆竹管理办法》《淮北市文明行为促进条例》，将全市精神文明建设纳入法治化轨道。

同时，淮北市大力推进文明创建项目化建设，通过建立文明创建项目库，统筹推进文明创建和文明实践工作。积极贯彻落实《新时代公民道德建设实施纲要》和《新时代爱国主义教育实施纲要》，持续抓好“我推荐我评议身边好人”活动。截至目前，165人荣登“中国好人”榜，位居全国地市前列。淮北市涌现出了一批全国“最美”，无论是孙伟、王敏，还是宋良友，他们都是善良、平和、真诚的普通人。是他们，让我们在精神感召中产生共鸣，在双向互动中碰撞心灵，也在情感融入中自发点燃，在全市上下形成了“群星灿烂”的生动局面。

创建全国文明城市永远在路上。下一步，淮北市将以习近平新时代中国特色社会主义思想为指导，把以人民为中心的发展思想贯穿精神文明创建全过程，提升群众参与度和满意度，增强创建工作实效，推动新时代精神文明建设迈向更高水平。

8. 连续四年全省第一淮北市深改工作交出靓丽“成绩单”

2020年中期公布的上年度省政府目标管理绩效考核通报中，淮北市全面深化改革工作以满分成绩排名第一。这也是淮北市深改工作连续四年位居全省第一位。

2019年以来，淮北市紧跟中央、省委决策部署，继续在重要领域和关键环节推出重大改革方案，96项改革任务均完成时序进度，各方面共出台文件26项，形成初步成果70项，有力助推淮北市高质量转型发展。

在社会信用体系建设中，淮北市以综合信用指数全国第4名的成绩，荣获全国第二批社会信用体系建设示范城市。高水平建设新型智慧城市，获评中国智慧品牌创新城市称号。市传媒中心挂牌运行，濉溪县融媒体中心运转高效，新型主流媒体建设走在全省前列。供给侧结构性改革、国资国企改革、公共资源交易管理等一批重要改革取得突破，房企破产和解“淮北模式”写入最高人民法院工作报告，采煤沉陷区治理、“七步造林法”在全国推广借鉴，“一组一会、三治融合”入选《中国农村社区治理蓝皮书（2019）》，“科技治超”地方标准填补国内空白，网上信访、人民调解、金融法庭成为全省样板，紧密型县域医共体、婴幼儿照护服务深受群众欢迎，进一步打响了淮北改革品牌。

9. 淮北市按下重大交通项目建设“快进键” 一批公路铁路项目相继开工或建成通车

2020年12月30日上午，淮宿蚌城际铁路跨宿登高速特大桥项目在濉溪县四铺镇开工。这是淮北市为夺取疫情防控和经济社会发展“双胜利”，推进更高质量转型发展，在重大交通项目建设方面取得的又一突破。

2020年，淮北市按下重大交通项目建设“快进键”，全力推进各项重点项目有序复工，顺利完成年度建设目标。公路建设方面，G237（S203淮六路）二期工程主体顺利完工，S235濉唐路（淮北段）改建工程箱梁架设完成，G3京台高速收费站东迁工程建成通车，S101合相路二期上跨青阜铁路立交工程取得重大进展，“四好农村路”建设任务提前完成，完工里程达到370.173公里。为优化城区路网结构、提升城市交通承载力，淮北市把打通断头路作为改善民生“最后一公里”的实事来办，光明路、学院西路、泉山北路上跨立交桥等11条道路建成通车。6月1日，连接主城区、东部新城以及职教园区的泉山隧道建成通车，成为市民的“网红打卡地”。淮北市还加快融入长三角步伐，着力提高经济外向度，青龙山铁路“无水港”全面建成并投入使用。9月16日，淮北至宁波港海铁联运班列实现首发。

10. 市“两馆”建成开馆成为淮北城市新地标

淮北市规划展示馆及历史档案馆项目位于市广电中心东、人民路北侧，总占地面积约60亩，总建筑面积约3.3万平方米，其中规划展示馆12000平方米，历史档案馆15000平方米，地下建筑面积6000平方米。项目总投资1.8亿元，作为淮北市重要的大型综合性公共建筑、城市会客厅，“两馆”已成为淮北城市新地标。

市规划展示馆是集中展示淮北市规划建设成果，综合反映淮北历史风貌、展望城市未来前景的重要场所。作为城市整体形象展示和对外交流的重要平台，规划展示馆不仅利于市民参观了解城市的发展变化和未来规划，更有利于向国内外宾客介绍城市规划与建设情况，投资者也可直观考察城市经济社会发展情况及未来发展趋势。

从繁华的古相城到如今的生态美城，淮北市经历了历史的沧桑巨变，从一个以煤炭工业为主的工矿城市，到如今发展为“双百双宜”的绿金淮北，实现了从“煤城到美城”的华丽转身，绘就了高质量转型发展的宏伟蓝图，展现出新时代的勃勃生机。作为城市的灵魂，历史档案馆是了解淮北的一个重要窗口，记录一个城市的历史足迹，全方位展示淮北的人文历史和发展成就。

卫 生

综 述

【概况】 2020年，淮北市卫生健康委员会（以下简称“市卫健委”）全力抓好新冠肺炎疫情防控，着力建强公共卫生体系，统筹抓好卫生健康各项工作，全市卫生健康工作持续发展。省新冠肺炎疫情防控工作专项考核淮北市位居全省第四。坚持“四集中”（集中人员、集中资源、集中床位、集中办公）原则，全力救治患者；落实“四早”要求，坚决防止疫情扩散蔓延；核酸筛查范围扩大到发热门诊，“四同三同时”“一进二督三带四帮助”等工作举措全省率先开展，实现确诊病例零死亡、医护人员零感染的目标。派出28名医疗骨干驰援武汉，完成援助任务。落实“及时发现、快速处置、精准管控、有效救治”常态化防控要求，坚持“人物同防”，严格管控入境隔离期满和高中风险地区到（返）淮北人员。落实农贸市场、医疗机构等重点场所防控措施和进口冷链食品全流程闭环管控，提升核酸检测能力，加强流调溯源力量，备强备齐救治力量和物资。开展疫情防控实战演练，启动新冠病毒疫苗接种，疫情形势总体平稳可控。

全市建成三级医院6家、二级医院18家，疾控机构5家，镇卫生院28家、村卫生室354家，规范化社区卫生服务中心17家、社区卫生服务站128家，覆盖全市城乡公共卫生体系。制定市级公立医院绩效考核体系。市人民医院与相山区3家基层医院组建紧密型医联体。将安宁疗护服务费用纳入基本医保，出台《3岁以下婴幼儿照护服务工作发展的支持政策清单》。实现贫困人口“基本医疗有保障”，354家村卫生室覆盖全市每个行政村，全部达到基本医疗有保障工作标准，村医不存在空白点。“智医助理”实现基层医疗卫生机构全覆盖。打击医疗卫生违法违规行为，全年结案127件，罚没款196万余元。申报高岳街道和烈山镇为2020年度省卫生乡镇。

【医疗卫生事业发展】 2020年，淮北市各级财政对医疗卫生事业发展投入12.65亿元。至年底，全市有医疗机构903家，其中政府办医疗机构423家，非政府办医疗机构480家。建成三级甲等综合医院2家（市人民医院和淮北矿工总医院）、三级甲等中医医院1家（市中医医院）、三级专科医院1家（安徽皖北康复医院）、三级妇幼保健院1家（市妇幼保健院）、三级综合医院1家（濉溪县医院）、二级医院18家、一级医院50家。全市医院实有床位14073张，每千人床位6.2张，执业（助理）医师5513人，每千人执业（助理）医师2.43人。

【发展“互联网+医疗健康”】 2020年，淮北市医疗系统基本建成依托于电子健康档案和电子病历全民健康信息平台，支撑公共卫生、医疗服务、医疗保障、药品管理、计划生育、综合管理

6项业务应用，基本实现区域内卫生健康信息共享、互联互通和业务协同，累计抓取门诊就诊数据1288万条、住院就诊数据740万条，电子健康档案114万份。建成覆盖全市480余家基层医疗机构“智医助理”系统，使用用户800余个，书写电子病历84万份，智能外呼168万人次，AI辅诊191万人次。建成全市电子健康卡卡管系统，发放电子健康卡5.5万张。市妇幼保健院和濉溪县医院使用电子健康卡就诊40万人次。发布健康淮北App，该应用涵盖领取电子健康卡、家庭医生签约、网上预约挂号、查询本人健康档案和历史就诊记录等信息。

【医养结合】 2020年，全市医养结合机构9家，其中，养办医4家、医办养5家，医养签约32对，全市二级以上综合医院均设立老年病科。静安养亲苑获评第一批省级医养结合示范机构，虎山北路社区北养老服务站获评省级医养结合示范中心，皖北康复医院获评第二批省级医养结合社区示范中心，杜集双楼医院获评第三批省级医养结合示范项目机构。推进安宁疗护工作，出台《安宁疗护患者住院医疗保险按床日付费实施办法（试行）》，在全省率先将安宁疗护服务费用纳入基本医保。5家试点医院核定安宁疗护床位98张。

【医药卫生体制改革】 2020年，淮北市出台《关于加强卫生健康行业党的建设推进医药卫生治理体系和治理能力现代化的实施意见》，7家二级以上公立医院有4家实行党组织书记、院长分设。濉溪县2家紧密型县域医共体覆盖18家镇卫生院、254家村卫生室，有近6000万元医保基金结余，县域内住院率达86.49%。市人民医院与相山区渠沟镇卫生院、南黎和凤凰社区卫生中心，淮北矿工总医院与杜集区人民医院组建紧密型城市医联体。基本医疗保险政策范围内住院报销比例在75%以上。全市城乡居民345个病种按病种付费，城镇职工112个病种按病种付费。市卫健委印发《淮北市按疾病诊断分组（DRG）付费试点工作实施方案》，10家医院参加试点。网采“4+7”中标药品，采购品规64种，药价平均降幅为67.53%，36种谈判药、17种抗癌药和4种恶性肿瘤靶向药纳入淮北市药品目录。城乡居民门诊慢特病保障扩大到47种，农村贫困人口大病专项救治病种增加至34个。

【公立医院改革】 2020年，市卫健委调整市公立医院管理委员会，制定《2020年市级公立医院绩效考核工作方案》。财政专列200万元公立医院改革以奖代补资金，根据年度考核5个等次发放到市级公立医院。完善编制周转池制度，市直3家医院纳入编制周转池人员491名，226名周转池编制人员向自建池流转，濉溪县纳入编制周转池人员317名，63名周转池编制人员向自建池流转。市人民医院被国家卫健委认证为国家级胸痛中心，获授国家级“综合防治卒中中心”，获批国家级住院医师规范化培训基地。安徽中医药大学附属淮北市中医医院揭牌，市中医医院跻身全国百强中医院。市级2019年公立医院综合改革绩效评价位居全省市级第六。濉溪县2019年公立医院综合改革位居全省县级第一。

【卫生人才队伍建设】 2020年，市直医疗卫生机构招聘各类专业技术人员124名。盘活、用好编制周转池制度，市直3家医院226名医务人员择优向自建池流转，2家县级医院先后63名医务人员择优向自建池流转。完善“县管乡用”机制，落实镇卫生院周转池编制23名，核定47名编制周转池全部使用。拓展招聘形式，市直3家公立医院赴皖南医学院进行“校园招聘”，签订拟聘用协议26人。因疫情防控需要，紧急招聘各类公共卫生专业技术人员24人。市卫健委直属含一并管理4家单位面向社会公开招聘工作人员11人。入选淮北市高层次医疗卫生人才培育计划6人、获市级人才储备金28人。“十三五”期间，

5项学科入选省级重点特色专科，市直公立医院投入学科经费315万元，1项技术入选安徽省第五批卫生健康适宜推广技术。市人民医院入选第三批住院医师规范化培训基地，与13名学员签订免费农村订单定向协议，落实订单定向毕业生13名，选派乡村医生19名。选派住院医师规范化学员35名，54名学员进行转岗培训，31名学员通过结业考核。

【基层卫生服务能力提升】　2020年，市卫健委推进乡镇卫生院和村卫生室标准化建设，全市设置乡镇卫生院28家、村卫生室354家，全部达到基本医疗有保障工作标准；村卫生室业务用房面积均按照要求达标，村医队伍稳定。做好“优质服务基层行”活动，对2019年度未达到“基本标准”或“推荐标准”基层机构开展创建。组织专家组对全市“优质服务基层行”自评达到基本标准单位进行现场复审，孙疃镇、百善镇等11家卫生院（社区卫生服务中心）通过市级验收，濉溪镇卫生院、南坪镇中心卫生院、临涣镇中心卫生院通过省级验收，达到国家推荐标准。完成县乡村人才能力提升项目223名培训学员线上和线下培训，完成率100%。

【职业卫生健康】　2020年，市卫健委开展职业病防治项目实施工作，监督检查全市12家非医疗放射企业，全市诊断63例尘肺病。开展微型企业职业健康培训班，300多人参加培训。举办职业卫生监督执法业务培训班，县区卫生健康委有关人员、市县区卫生监督执法人员和乡镇协管人员近100人参加培训。印发《关于规范用人单位职业卫生监督工作的通知》《关于加强职业病危害项目申报工作的通知》，建立职业卫生监督协管工作机制。加强职业健康技术支撑机构建设，截至年底，全市有职业健康检查机构4家、职业病诊断机构1家、乙级资质职业卫生技术服务机构2家。

【卫生健康民生工程】　2020年，市卫健委牵头实施出生缺陷防治、智慧医疗建设（智医助理）、妇幼健康水平提升和职业病防治三项民生工程。至年底，全市孕妇建册14787人，产前筛查9622人，筛查率65.1%，咨询随访9622人，孕妇咨询随访率100%。建成覆盖全市480余家基层医疗机构“智医助理”系统。全市婚姻登记34350人，婚前健康检查31675人，婚检率92.2%。婚检疾病检出3828人，疾病检出率为12.1%。相山区、杜集区、烈山区规范化婚检门诊建设完成省级现场验收。各类各剂次国家免疫规划疫苗接种率均保持在90%以上。完成并上报煤尘（煤矽尘）、矽尘、石棉、苯、铅、噪声、布鲁氏菌、电焊烟尘、水泥尘和高温等28种职业病监测信息14528条，完成率132.07%；完成321名微型企业接触职业危害从业人员培训，完成率128.4%。

公共卫生服务

【公共卫生服务体系建设】　2020年，市卫健委安排3096万元用于公共卫生和疾控能力建设，安排市级资金5550万元保障疫情防控工作，对受到疫情影响医疗机构支持1634万元。全年人均基本公共卫生服务经费增加5元，拨付基层医疗机构，计1127万元，统筹用于社区卫生服务中心（站）、乡镇卫生院和村卫生室等基层医疗卫生机构开展疫情防控。增加并落实市、县（区）疾控机构编制，设置三区疾控中心。加快市人民医院和市传染病医院新院区建设。启动市公共卫生中心项目建设，计划投资3.5亿元。

【家庭医生签约服务】　2020年，市卫健委推行家庭医生签约服务，联合市医保局印发《关于做好家庭医生签约服务工作的通知》，全市成立家庭医生签约服务团队625个，17.2万人签订有偿服务包，完成当年签约目标任务。完善家庭医生有偿签约服务收入分配政策，指导县区建立绩效考核机制进行考核分配，将家庭医生签约服务项目细化分值，纳入“两卡制”（即医务人员通过个人身份识别码提供服务，居民通过人脸识别或身份证刷卡确认服务）考核系统，实现签约服务自主考核和资金考核分配，用考核杠杆带动签约服务履约质量提升。加强信息平台建设，上传家庭医生签约省级信息管理平台数据，质控通过率达95%以上。

【传染病防控】 2020年，市卫健委落实传染病防控措施，传染病报告覆盖率100%，乙、丙类法定传染病报告病例数比2019年下降17.15%。完善政府组织、部门配合、群众参与疟疾防治格局，加强疟疾防病知识宣传，提高早发现、早诊断、早治疗，降低疟疾发病率和病死率，连续8年无本地病例发生。市辖三区救助艾滋病患者269人，完成救助任务199.3%，发放医疗救助款64.4万元。贫困结核病人救治任务完成103.6%，发放医疗救助款17.6万元。开展新生入学体检结核病筛查，全年体检学生114041名。全年报告手足口病例同期下降73.94 %、报告腹泻病就诊病例人次同期上升26.11%。开展免费预防性健康体检38947人。

2020年1月3日，淮北市紧急医疗救援（市120）指挥中心正式启用
（周大林　供图）

妇幼保健

【出生人口】 2020年，全市出生人口20916人，其中，出生一孩7820人，出生二孩9893人，二孩出生占当年总出生比例47.30%，出生多孩3203人。

【托育服务】 2020年，市卫健委在全省率先出台《淮北市3岁以下婴幼儿照护服务工作发展的支持政策清单（试行）》，明确32项具体支持政策。淮北市《坚持四个聚焦　提升服务质量》工作经验在全省3岁以下婴幼儿照护服务工作现场推进会上交流推广。申报普惠托育服务专项行动项目，增加3岁以下婴幼儿普惠性托育服务有效供给，全市申报普惠性托育服务项目9个。截至年底，全市3岁以下婴幼儿照护服务机构31家，申请登记备案11家，备案通过10家。

【免疫规划】 2020年，全市42家规范化预防接种门诊、19家产科医疗机构智慧预防接种信息管理系统上线运行。全年免疫规划信息系统在册管理0～6周岁人口178687人，其中本地儿童175089人，流动儿童3598人。1—12月新建档儿童30255人。扩大国家免疫规划疫苗接种493860剂次，完成年度民生工程任务。一类疫苗适龄儿童接种率超90%，符合国家和省规定标准。

【妇幼健康】 2020年，

市卫健委推进母婴安全行动计划实施，重点抓好母婴安全五项制度落实，从源头加强基层医疗卫生机构妊娠风险评估。印发《全市出生缺陷防治项目工作方案》，批准淮北矿工总医院开展产前筛查技术服务。确定4家新冠肺炎常态化疫情防控应急助产机构，加强疫情防控期间孕产妇疾病救治和安全助产。利用公立医院医改补助资金，分配市妇幼保健院50万元资金专项用于全市新生儿救治中心建设。继续实施妇女常见病普查普治。

卫生应急处置

【突发公共卫生应急处置】　2020年，市卫健委加强新冠肺炎疫情等突发公共卫生事件监测预警和风险评估，完善联防联控工作机制，规范突发公共卫生事件应急处置程序和信息报告流程，推进紧急医学救援体系建设，做好突发公共卫生事件应急处置工作。全市报告和处置8起突发公共卫生事件，突发公共卫生事件报告及时率和网报率均为100%。

【应急能力建设】　2020年，市卫健委推进紧急医学救援体系建设，市紧急医疗救援（市120）指挥中心启用运行，实现院前医疗急救统一受理、统一指挥、统一调度。规范应急处置和信息报告，做好救灾防病应急准备，组建18支卫生应急小分队，其中，医疗救治小分队14支、卫生防疫小分队2支、卫生监督执法小分队2支。加强应急值守，重要节点和汛期全面落实24小时值班和领导带班制度。

【市紧急医疗救援（市120）指挥中心】　2020年，市卫健委推进紧急医疗救援中心（市120急救中心）标准化建设和规范化管理工作，完成1个指挥中心和12个急救站、26辆救护车标准化建设。按照“就近、就急、就专科救治能力、尊重病人（家属）意愿”原则，处理各类电话104799次，出车19689车次，有效出车15344车次，处置病人14712人次。组织或参与危化品事故应急救援、新冠肺炎疫情医疗救治等各类应急演练18次，完成重大活动医疗保障31次。全市首届院前急救职业技能大赛举办。组织开展全市急救中心（站）“院前急救规范管理年”活动，修订应急预案，组织桌面推演和现场演练。开展“120急救开放日”、“急救知识进校园、进单位、进社区、进机关、进企业”、“党建引领，健康百姓”急救知识“五进”科普活动22场次，3200余人次接受宣教培训。市紧急医疗救援指挥中心被省卫生健康委评为“全省卫生健康系统抗击新冠肺炎疫情表现突出集体”。

爱国卫生

【省级卫生城市创建】　2020年，市卫健委推荐申报杜集区高岳街道办、烈山区烈山镇为2020年度省级卫生乡镇。完成相山区渠沟镇省级卫生乡镇复审，并通过省专家组暗访。向省爱卫办推荐濉溪县濉溪镇黄桥村等10家单位为省级卫生村（社区），完成22家省级卫生村（社区）、28家省级卫生先进单位复审。

【医疗机构环境卫生整治】　2020年，市卫健委继续巩固医疗卫生机构“厕所革命”暨环境卫生整治成效。加强医疗机构病媒生物预防控制，开展除“四害”活动。新冠肺炎医疗废物处置督查全覆盖，对定点救治医院、民营医院、乡镇卫生院、个体诊所等全市范围内各级各类医疗机构开展拉网式全覆盖监督检查。开展医疗废物处置日常巡查、专项检查，排查全市医疗机构医疗废物产生量、类别、储存、流向等情况。在21家二级以上医疗机构设置医疗废物暂存点，按照“就近、省时、省力”原则，在县区统一规划设置47个医疗废物暂存点，集中收集医疗废物，指定淮北市龙铁医疗废物处理有限公司处置医疗废物，实现医疗废物源头管理和集中处置全覆盖。

【健康素养促进】 2020年，全市创建无烟政府机关99家，在18所学校和幼儿园开展近视等常见病和健康影响因素监测，筛查学生5729名，市人民医院等8家医院获“省级健康促进医院”称号。推进省级健康促进县（区）创建，相山区获“省级健康促进县区”称号；濉溪县连续参加4届全国“万步有约”健走大赛，连续获“全国优秀健走示范区”称号。相山区健康素养水平为32.59%、濉溪县为21.81%，达到《“健康中国2030”规划纲要》居民健康素养水平，是年达到20%目标。

【城乡环境卫生整治】 2020年，市卫健委结合新冠疫情防控，开展爱国卫生六大行动、爱国卫生宣传月、爱国卫生法制宣传周等活动。开展城乡环境卫生整治，加大对背街小巷、城中村、城乡接合部、老旧居民区等薄弱环节进行环境卫生集中清理整治，组织动员2000余人次集中清理卫生死角，降低冬春季重点传染病通过环境传播风险。清理病媒生物滋生处，组织群众清理盆罐、盘碟、泡沫箱等易积水容器，消除鼠、蟑、越冬蚊虫等病媒生物滋生环境，清除积水434处、清理病媒滋生地522处。加强农贸市场、公厕等重点场所环境卫生整治，定期对地面、排水沟、垃圾桶等公共设施进行清扫保洁和消毒，清除卫生死角。组织专家定期对重点场所环境卫生、消毒效果等情况进行督查评估，对发现问题予以指出并要求整改。利用爱国卫生月等宣传活动，加强卫生厕所知识宣传。

卫生监督

【卫生监督综合执法】 2020年，市卫健委监督检查医疗机构、公共场所、学校、生活饮用水等各类单位5000余户次。开展医疗污水和医疗废物集中处置工作，结合疫情防控工作，监督检查医疗卫生机构医疗废物处置和污水处理企业370家，立案查处12起。完成国家双随机监督检查工作，全市认领“双随机”监督检查任务480家，查处案件11件，监督完成率100%。开展农村集中式供水专项监督及农饮水检测工作，54家农村集中式供水设施监督协管巡查达到全覆盖，采集农饮水水样211份，针对不合格单位进行现场指导并要求供水单位限期整改。对全市复业的1000多家宾馆、理发等公共场所开展复业前审查。与市教育局、市市场局等部门联合开展学校复课准备工作核查，监督检查各类学校152户次。

【惩治非法行医】 2020年，市卫健委开展打击非法行医37户次，没收非法药品器械37箱（台）。开展打击非法医疗美容专项监督检查，张贴“医疗美容防欺诈风险告知书”和“生活美容服务承诺书”2000余份，检查各类单位589家。开展医疗美容专项检查，出动车辆100余台次、执法人员190余人次，检查有“医疗机构许可证”单位7家（校验期1家，歇业1家），涉嫌非法医疗生活美容场所327家，立案查处擅自开展医疗美容行为2起。打击医师挂证，查处挂证取酬等出租出借医师执业证书行为，规范医疗机构医师电子化注册，检查医疗卫生机构520家，发现问题163家，医师出租出借转让“医师执业证书”8人，无证行医5人，超出登记范围开展诊疗活动9人。

【医疗行业监管】 2020年，淮北市打击医疗卫生违法违规行为，全年结案127件，罚没款196万余元。医保、市场监管、卫生健康等14个部门连续两年开展打击欺诈骗保行动，全市1300余家定点医药机构现场检查全覆盖。

中医中药

【中医药人才培养】　2020年，全市有中医类别执业（助理）医师908人，千人口中医执业类（助理）医师0.4人。全市有国家级重点专科1个（市中医医院针灸科），省级重点中医专（病）科8个，市级重点中医专科6个，市级特色专科2个，名中医工作室7个。国家基层名中医1人，省级名老中医3人，省名中医2人，省基层名中医3人，省中青年中医学术带头人4人。中医高层次人才培育计划1人、高层次人才储备金人员7人。中医适宜技术培训基层医疗卫生机构人员744人，通过省级确有专长考核32人，通过中医专长医师考核18人。

【中医医院建设】　2020年，淮北市有公立中医医院2家。市中医医院有职工551人，其中，中医医师97人、中医药师24人。濉溪县中医医院有职工680人，其中，中医医师73人、中医药师13人。2家公立中医医院床位1254张，千人口公立中医类医院床位数0.55张。中医总诊疗人次74.28万人，占医院诊疗人次13.38%。中医医院出院人数3.5万人，占医院出院人数13.5%。

【基层中医药服务能力建设】　2020年，市卫健委实施基层中医药服务能力提升工程，全市16家社区卫生服务中心和28家镇卫生院建立中医馆，28家镇卫生院、17家社区卫生服务中心、356家村卫生室和128家社区卫生服务站等基层医疗卫生机构中医药服务率全覆盖。濉溪县创建全国基层中医药工作先进单位通过国家专家组评审。

健康养老服务

【基层老年协会规范化建设】　2020年，全市438个村居建有老年协会432个，基层老年协会组织构建达98%以上。市、县区对267个规范化老年协会进行考核验收、挂牌，建设达标率为61%，完成省、市“十三五”规划60%目标要求。

【健康产业发展】　2020，全市有各级各类政府办医疗卫生机构415家、非政府办医疗卫生机构482家，建成三级医院6家、二级医院18家，形成多元办医格局。招引安徽英科医疗公司打造高端医疗防护用品产业园。推进市人民医院新院（市传染病医院）、市公共卫生中心等16个公共卫生体系建设重点项目。相山区健康食品小镇入选中国特色小镇50强。

【敬老月活动】　2020年“敬老月”期间，市老龄委开展“九九重阳节 拳拳敬老心”走访慰问活动。开展“祝福百岁老人活动”，为每位百岁老人送去节日慰问金500元。市老龄办组织医务专家志愿者开展“爱在重阳、健康百姓”宣讲义诊活动，邀请中医院、人民医院医务专家进社区为老年人免费健康体检，开展健康咨询、义诊和宣讲。濉溪县开展“中医健康行”活动，邀请县医院志愿者团队进入养老机构和社区开展义诊活动。相山区卫健委联合淮北矿工总医院，在两宫广场举办大型义诊活动。

【老龄文体活动】　2020年10月24日，市老龄委在隋唐运河古镇广场举行淮北市第八届“老年节”中老年文体展示活动，18支老年演出队

600余人参加。组织老年书画笔会，邀请市书画协会知名人士与老人一起现场示范、现场指导多名老人完成书画作品30余件。濉溪县举办以“百善孝为先、重阳说出爱”为主题文艺演出。杜集区老年大学组织老年学员开展送戏进社区、进养老院慰问演出活动。杜集区文旅体局开展老年人门球比赛活动。相山区老年大学在万达广场举办“歌唱祖国”大型合唱活动。相山区文旅体局举办“我们的节日·重阳”老年登高活动。相山区老龄办、妇联联合举办2020年九九重阳节暨五好文明家庭表彰大会，对“五好文明家庭”“好媳妇”“好婆婆”等10个家庭和10名先进个人予以表彰。

【老龄普法宣讲】 2020年，市老龄办组织县区老龄办走进口子社区，集中开展孝老爱老主题宣传教育活动，宣传《中华人民共和国老年人权益保障法》《中华人民共和国民法典》《安徽省实施〈中华人民共和国老年人权益保障法〉办法》《安徽省人民政府办公厅关于制定和实施老年人照顾服务项目和实施意见》等法规法律和老年人防诈骗及老年人健康知识，现场咨询解答300余人次，发放宣传资料、物品400余份。相山区开展人口老龄化国情省情教育活动，烈山区向老年人普及老年健康相关政策和健康科学知识，濉溪县举办反电诈培训班，传授防范电信诈骗“三不一要”（不轻信、不透露、不转账、要及时报案）。市司法局利用“法润淮北”、“法在身边”、广场公益宣传等多种载体，开展老年人权益保障等相关法律宣传活动，免费为老年人提供涉及房产、遗嘱等方面公证知识咨询、答疑服务。市住房城乡建设局联合市司法局开展“普法夜市”老年维权法律宣传服务活动，发放宣传资料600余份，解答法律咨询100余人次。

2020年淮北市医养结合机构一览表

表28

序号	机构名称	地址
1	杜集双楼医院	杜集区高岳街道双楼行政村
2	皖北康复医院	相山区相山北路3号
3	淮北朝阳医院	相山区南湖路6号
4	相山区虎山北路社区北养老服务站	相山区虎山北路社区世顺小区2栋1–7号
5	淮北静安养亲苑	烈山区静安观澜郡C号楼
6	淮北矿工总医院集团南公寓	湖养老烈山区杨庄矿工人村
7	烈山区秦集医院	烈山区古饶镇秦楼幼儿园西100米
8	烈山区烈山镇蒋疃敬老院	烈山区烈山镇蒋疃行政村
9	烈山同济医院	烈山区迎宾大道169号国购汽车城1号楼

医政管理

【医疗质量管理】 2020年，淮北市新增濉溪县医院、市妇幼保健院2家三级医院参加三级公立医院绩效考核，新增市第四人民医院、濉溪县中医医院参加二级公立医院绩效考核。委托第三方调查机构每季度对16家医院开展患者和职工满意度调查并通报结果。将违反诊疗常规等行为纳入绩效考核，建立违规诊疗行为约谈制度，建立不良执业行为记分和信用体系。加强医疗质量控制体系建设，新增市级消毒供应质控中心和安宁疗护质控中心，全市有51个市级专业质控中心、15个县级质控中心。各质控中心组织开展现场督查120次，督查医院469家次，下发整改通知书266份。全市有8家医院开展临床路径工作，通过信息化手段拟定诊疗规范，保证医疗服务同质化。市人民医院、淮北矿工总医院获批开通互联网医院，市妇幼保健院互联网医院通过现场验收。

【医疗秩序维护】 2020年，市卫健委从医疗执业环境、医疗服务质量、医疗纠纷、医院治安防控能力等方面，健全完善平安医院建设长效机制，全市无重大医疗安全事件发生。多元化解各类医疗纠纷，全年接收电话、网络及现场投诉90余次。医疗纠纷调解委员会调解医疗纠纷134件，调解成功案114件，调解成功率85%。完善医疗风险责任分担机制，202家医院参加医疗责任保险。畅通医疗服务投诉制，引导医患双方通过医疗纠纷人民调解、医疗事故鉴定、司法途径等方式依法依规解决医疗纠纷，维护医患双方合法权益。

【血液安全与管理】 2020年，市卫健委建立健全无偿献血长效机制，强化无偿献血宣传和招募能力，推进街头固定献血和团体献血协调发展。全年采集全血31905.5单位，血小板2016治疗量。向临床供应红细胞28714单位、血浆10909单位、单采血小板1965治疗量。向湖北省驰援6批共14.58万毫升红细胞和8.5万毫升血浆，支援兄弟地市血站红细胞2575单位、血浆11126单位、单采献血小板46治疗量。开通网上便民报销途径，落实无偿献血者临床用血费用直免医院6家。全年报销用血216人次，23.51万元。献血者满意率99.21%。全年抽检血液成分259袋，关键物料57批次，抽检试剂和质控品93批次，仪器设备抽检93批次，工艺卫生检测80批次，结果全部合格。酶免检测血液标本18108份，不合格468份。淮北市连续七届获“全国无偿献血先进市”称号。

（梁 仓）

医疗单位

【淮北市人民医院】 2020年，淮北市人民医院编制床位1420张，临床科室38个，其中省级医学特色专科4个，市级重点学科10个，市级特色专科1个。在册职工1671人，副高及以上卫生专业技术人员306人，安徽省江淮名医5人，省学科带头人培养对象2人，淮北市高层次人才16人，淮北名医38人。

作为淮北市新冠肺炎收治定点医院，在抗疫100多天，市人民医院实现“救治患者零死亡、医院内部零传播、医务人员零感染”工作目标。疫情防控进入常态化阶段，医院从疫情防控和群众就医需求出发，改造发热门诊，建设城市核酸检测基地，购置方舱CT。全年门急诊接诊患者77.82万人次、住院手术1.68万台次、三、四类手术1.05万台次，出院患者4.1万人次。卒中中心、胸痛中心、房颤中心授牌。住院医师规范化培训基地正式通过国家卫健委审批验收，成为淮北市唯一一家住院医师规范化培训基地。医院获市医疗和医改工作优秀单位、最佳志愿服务组织、市窗口行业十佳文明窗口等称号。3人申报国务院及省政府特殊津贴、6人申报淮北市高层次人才储备金；2人入选“中国好人”；4人获评“全省抗击新冠肺炎疫情先进个人”；1人获“安徽省五一劳动奖章”；6人获评市级优秀共产党员；感染病科党支部被评为“全省抗击新冠肺炎疫情先进集体”“安徽省先进基层党组织”。

（李 骏）

【淮北矿工总医院】 2020年，淮北矿工总医院下辖淮北肿瘤医院、淮北市精神（心理）卫生中心和朱庄分院等13家分院，床位2700张，服务半径辐射苏、鲁、豫、皖。总院占地7.7万平方米，医用建筑面积8.5万平方米，开放床位1450张。在职职工1402人，其中高级职称204人，博士研究生1人，硕士研究生58人。医院学科门类齐全，设置45个临床科室。其中拥有11个省市级重点专科、特色专科，16个市级专业质量控制中心。全年完成三、四级手术突破1万台次，开展肥厚型梗阻型心肌病射频消融术、脑血管动脉取栓术、颈内动脉支架成形术、颈椎前路椎体骨化物复合体前移融合术、显微外科和介入治疗技术等一批区域内领先的新技术、新项目。心脏大血管外科近两年成功开展各类心脏外科手术196例。其中A型主动脉夹层、B型主动脉夹层外科治疗，微创先天性心脏病纠治，微创二尖瓣、主动脉瓣置换，不停跳冠状动脉搭桥术达到国内一流水平。医院拥有PET-CT机、3.0T核磁共振机、320排CT机（安徽省第一台）、DSA、ECT机、直线加速器等国内一流高端设备；拥有流式细胞仪、血小板聚集功能检测仪、凝胶电泳仪等较为完备检验设备，建成全自动流水线生化、免疫、分子生物等门类齐全实验室。设备总资产2.99亿元。

（全继伟）

【淮北市妇幼保健计划生育服务中心（市妇幼保健院）】 2020年，淮北市妇幼保健计划生育服务中心（市妇幼保健院）有孕产保健部、儿童保健部、妇女保健科、计划生育服务部4个保健部门，内设淮北市超声中心、淮北市病理诊断中心、淮北市产前筛查和产前诊断中心、淮北市高危孕产妇和新生儿救治中心，以及内科、外科、检验科、中医科等临床医技科室。核定床位619张，实际开放床位300张。全年门急诊265336人次，同比降低6.57%；出院13540人次，同比降低15.23%；分娩活产数4724人，同比基本持平；手术2787台次，同比增长7.19%。出院患者手术占比20.58%；住院抗菌药物使用率56.23%；门诊抗菌药物使用率17.51%；全院床位使用率为68.6%；平均住院日5.9天；收入13433.58万元，同比增长8.98%，节余395.77万元，医疗服务收入占比37.92%。

（刘　伟）

【淮北市第四人民医院】 2020年，淮北市第四人民医院是淮北市南部地区唯一集临床医疗、创伤急救、康复、健康体检、公共卫生管理为一体的二级综合性医疗机构。总用地面积18719.66平方米，建筑面积10252.98平方米，有员工162人。

医院被市卫生健康委确定为新冠肺炎监测“哨点”医院之一，发热门诊诊治发热患者1813人次。组织人员培训20次，开展疫情防控应急演练3次。年底通过省PCR实验室审核验收，7名检验人员参加核酸检测培训并取得合格证。成立化工园区急救站，加强医务人员应急知识培训，购置急救设备近30万元，对急诊、ICU室等硬件设施进行改造，初步具备专业救治能力。与8家厂矿签订工伤救治协议，支援周边5家厂矿成立保健站、服务站，保障厂矿应急需求。

（张　红）

社会民生

人力资源和社会保障

【概况】 2020年，淮北市城镇新增就业4.4万人，城镇登记失业率2.76%。城镇常住居民可支配收入36428元，同比增长4.9%。市人社局加大疫情期间援企稳岗力度，选派39名干部“点对点”联络服务企业，帮助企业解决用工1.1万人。开展跨地区劳务对接和“点对点”送工上岗，组织引导14865名贫困劳动人员外出务工就业，返岗就业率113.97%。以工代训补贴范围拓展到中小微企业吸纳离校未就业高校毕业生、就业困难人员等重点群体，开展以工代训893人次，举办各类职业技能竞赛12项。实施2019年度市级表彰奖励项目，按照省委、省政府批准的淮北市高质量转型发展先进集体、先进个人和“三大攻坚战”先进集体和先进个人2个市级表彰项目，共表彰100个先进集体、300名先进个人，发放奖金60万元。

【人才高地建设】 2020年，淮北市有博士后科研工作站18家，其中，国家级站5个、省级站13个（新增省级站3个）。安徽相邦复合材料有限公司、安徽科宝生物工程有限公司、安徽理士电源技术有限公司等博士后工作站引进12名博士后进站。2人享受国务院政府特殊津贴，5人享受省政府特殊津贴。3家企业获批第十一批省级博士后科研工作站。新增省级技能大师工作室2个、市级技能大师工作室5个。承办省级专家服务基层活动，指导培训基层专业技术人才和实用人才273人次。拨付培训补贴6462.59万元，职业技能培训5.39万人次，新增技能人才2.36万人，技工院校招生1499人。推进“互联网+职业技能提升行动”，免费开放重点课程，涉及15个行业，9295人参加线上技能培训。承办电工、矿井通风操作工2个省级高技能人才研修班。市人社局上报专业技术人员继续教育公需课课件入选全省优质公需课程之一，被列为全省专业技术人员继续教育公需课选学课程。

【事业单位人事管理】 2020年，市人社局推进淮北高新技术产业开发区人事制度改革，公开招聘14名聘用人员。全市中小学引进115名优秀骨干教师和应历届优秀毕业生任教。对66家事业单位岗位设置方案进行核准、变更，对45家单位395名人员进行岗位聘用认定。

【工资福利管理】 2020年，市人社局做好市直机关事业单位2018年度一次性工作奖励审核工作。经统计一次性奖励发放：公务员（含参公）3400人，人均31480元；事业单位工作人员和机关工勤人员7440人，人均35481元；离休人员109人，人均18043元；退休人员5632人，人均13549元。推进公立医院人事薪酬制度改革工作，由各公立医院申报，市卫健委研究同意后，按照淮北市公务员津贴补贴水平分别核定市人民医院2.8倍、市妇幼保健院2.6倍、市中医院2.0倍、市第四人民医院1.7倍2019年度绩效工资总量。核算市检察院聘用制28名书记员2020年度工资经费总量2695308元。

【就业创业】 2020年，市人社局出台《稳就业保居民就业工作方案》《关于做好疫情防控期间有关就业工作的通知》等文件。全年城镇新增就业4.4万人，完成市政府下达目标任务110.87%。为162家中小制造业、战略性新兴产业企业发放一次性稳定就业补贴4055.76万元。常态化举办“2+N”就业招聘活动，举办各类招聘会853场。开通“架职连城”网络直播，依托可视化功能，让企业和求职者进行“面对面”“点对点”交流，全年播出两期节目，观看18万人次；开设《空中招聘会》广播节目，播出节目260次，宣传各类招聘会400余次。农村劳动力新增转移就业2.33万人。开发公益性岗位2121个，托底安置1193名就业困难人员就业。帮扶离校未就业高校毕业生3878人，就业帮扶率100%，新开发就业见习岗位3143个。失业人员再就业8969人，为失业人员发放失业金3805万元，发放临时价格补贴141万元。个人创业担保贷款最高额度提高到50万元，给予期限最长3年财政全额贴息。发放创业担保贷款2310笔2.73亿元，兑付电子创业券100.64万元，完成创业培训3134人。举办第二届“我身边的创业榜样”淮北市创业大赛，推荐3个项目参加第四届“中国创翼”创业创新大赛安徽省选拔赛暨第三届“赢在江淮”全省创业大赛。

【劳动保障监察】 2020年，市人社局开展清理整顿人力资源市场专项检查，检查人力资源服务机构11家、劳务派遣机构26家，责令整改10家。落实属地管理和行业管理责任制，化解历史遗留欠薪问题，为1295名劳动者依法追回拖欠工资2930万元。劳动保障监察举报投诉案件结案率96%以上，拖欠农民工工资举报投诉案件结案率98%以上。在全省农民工工资支付工作专项考核中，淮北市连续三年被评为“A级”地区。在全省创新出台“三函二单一通报”制度，加大保障农民工工资支付工作力度。在省政府办公厅2020年上半年营商环境评价中，淮北市“劳动力市场监管”指标达到全省最优水平，为全省四个标杆城市之一。

【人事劳动调解仲裁】 2020年，市人社局深入开发区近40家企业，解读复工复产期间劳动关系领域中易发劳动争议有关政策宣传，预防劳动争议风险的发生。做好线上受理服务，调整开庭或延迟开庭时间，疫情期间推行不见面服务，采取线上办、微信办、电话办等多种服务方式，受理劳动人事争议案件54起，调解成功16起。加强劳动人事争议仲裁员队伍建设，完成10名仲裁员证统计、申领、核发工作。

【养老保险】 2020年，全市城镇在职职工基本养老保险参保人数41.35万人，城乡居民基本养老保险参（续）保缴费人数43.37万人，完成民生工程目标任务110.1%。为全市111177名企业离退休人员发放养老金312737万元；为20304名机关事业单位退休人员发放养老金129644万元；为30661人次失业人员发放失业保险金3805万元；为23376名被征地农民发放养老金4923万元；为21.58万名城乡居民发放养老金31698万元。6月，市人社局养老失业保险服务窗口被授予“安徽省工人先锋号”称号。

【工伤保险】 2020年，全市城镇在职职工工伤保险参保人数33.76万人，工伤保险基金收入15622万元（其中保费收入7916万元，上级补助收入7600万元），基金支出25850万元，受理认定申请2333件，受理劳动能力鉴定2000人次。

做好工伤预防培训工作，企事业经办人员参加业务培训400余人次。

【失业保险】 2020年，全市城镇在职职工失业保险参保人数25.91万人。累计为失业人员发放临时价格补贴141万元，发放失业补助金158万元；为2253家企业办理失业保险费返还业务，累计拨付资金6218万元；3家企业符合稳岗返还条件，发放补贴总额2103万元。

【社保基金管理】 2020年，市人社局划转2.42亿元委托全国社会保障基金理事会投资运营。通过社会保险基金监管系统，追回养老保险金145.9万元、失业保险金1.53万元、工伤保险金1.12万元，总计挽回社保基金损失148.55万元。社会保险基金预决算绩效评价获全省一等奖。

（卜孟姣）

民政事务

【社会救助】 2020年，市民政局开展社会救助兜底脱贫行动，强化农村低保与扶贫开发有效衔接，以建档立卡贫困户、重度残疾人、因病支出型贫困家庭为重点，开展困难群众摸排工作，将符合条件困难群众纳入低保范围。提升社保兜底水平，实现低保政策、标准、程序、管理城乡统筹。自7月1日起，市辖三区一县低保标准由每人每月583元提高到641元。全年保障城乡低保对象62.54万人次，支出资金3亿元。出台《关于进一步加强和完善临时救助工作的实施意见》，建立镇（街道）临时救助备用金制度，临时救助金不超过低保标准4倍时，视急难类型委托镇（街道）审批，增强救助及时性。全市开展临时救助1453人次，支出救助资金392.11万元。市民政局、市委政法委等12家部门联合印发《淮北市生活无着的流浪乞讨人员救助管理服务质量大提升行动实施方案》，共同保障流浪乞讨人员基本权益，全市救助生活无着流浪乞讨人员446人次，使用资金205.96万元。

【特困人员供养】 2020年7月1日起，全市特困人员供养基本生活财政补助标准由每人每月758元提高到833元；完全丧失生活自理能力特困人员照料护理标准由每人每月220元提高到242元；部分丧失生活自理能力特困人员照料护理标准由每人每月150元提高到165元。截至年底，全市有特困供养人员5963人，发放基本生活保障资金6016.59万元，发放照料护理补贴资金156.33万元。其中，失能、半失能特困人员703人，集中供养366人，集中供养率为52.06%。

【社会组织管理】 截至2020年底，全市有社会组织1176家，其中社会团体436家，社会服务机构738家，基金会2家。市级社会组织2019年度检查参检239家，年检合格率100%。对多年不参加年检、名存实亡社会组织，发出《督促年检通知书》31份。对28家社会组织进行集中约谈，并列入社会组织活动异常名录，按照行政处罚程序撤销社会组织23家。开展社会组织等级评估工作，符合参评条件的17家社会组织，经第三方专家评估，1家社会组织获5A等级 、3家社会组织获4A等级、8家社会组织获3A等级、5家社会组织获2A和1A等级。开展“双随机一公开”检查，随机抽取市级社会组织10家，对4家存在问题的社会组织负责人进行约谈，责令其限期整改。市社会组织培育发展中心第3期孵化成功培育社会组织14家，开展2020年初创期社会组织运营管理类培训讲座9场，发起各类参观、交流活动13次。市社会组织综合党委全年批准成立党支部3家，开展社会组织党建培训会2次，市级社会组织党建座谈会1次。引导动员社会组织脱贫攻坚，调度行业协会、商会会员企业提供工作岗位1500个。全市各行业协会、商会和慈善组织参加消费扶贫活动，消费价值约50万元。引导市级社会组织参与疫情防控，筹集善款超过72万余元，筹集口罩、酒精等防疫物品价值101万余元。

【多层次养老服务体系建设】 2020年，市民政局推进居家和社区养老服务改革试点。全市建成县（区）级养老服务指导中心4个、街道养老服务中心12个、镇养老服务中心18个、社区养老服务中心152个、村级养老服务站61个，形成全覆盖社区居家养老服务供给体系。取消养老机构设立许可，落实养老机构一次性建设补贴和运营补贴政策，引导促进民营资本进入养老市场。整合各类资金共计1亿多元（中央财政补助资金1000多万元、地方配套及其他渠道资金4000万元、社会资金6000万元）用于支持养老事业发展。新增社区和居家养老服务中心53家、养老机构2家。开展养老院服务质量提升行动，市辖三区养老机构完成消防安全设施改造，开展养老服务人员培训1700人次。建成“1+4+N”的智慧养老服务体系，逐步形成“系统＋服务＋老人＋终端＋监督”智慧养老格局。落实高龄津贴普惠养老政策，全年为54946名老人发放高龄津贴2556.73万元。落实低收入老人居家养老服务补贴，在市辖三区，通过政府购买服务方式，为4400多名特殊困难老年人开展15大类近50项涵盖精神慰藉、居家保洁、医疗协助等方面居家养老服务，全年开展近20万服务工时服务，服务金额624.5万元。

【婚姻登记】 2020年，全市4家婚姻登记机关开展婚姻登记机关行风建设行动，公布举报监督电话，邀请新闻媒体和社会组织机构作为监督员，落实行风教育、推进依法行政、打造优质服务窗口、严禁婚姻登记机关乱收费或变相收费四大任务。举办婚姻登记业务培训班，婚姻登记员持证上岗率100%。全市办理结婚登记18848对，办理离婚登记7299对。

【殡葬管理服务】 2020年，市民政局与市发改委、市公安局等7家单位联合开展殡葬领域突出问题专项整治工作。清明节期间，淮北市在全省率先开通网上祭扫平台，近3万人登陆平台，通过留言、献花等方式寄托哀思。清明节当天，全市统一安排各公墓、陵园开展一次集中免费代为祭扫服务，并通过“绿金淮北”客户端全程现场直播，约18.6万人在线观看直播，在央视新闻网和学习强国平台进行推送。全年市、县殡仪馆火化遗体9138具，发放殡葬补助1545份、72.86万元。

2020年4月1日，市民政局、市统计局联合调研淮北市智慧养老服务平台建设 （周玉荣 摄）

【困难残疾人生活和护理补贴】 2020年，全市14760名残疾人享受困难残疾人生活补贴1000.7万元；24915名残疾人享受重度残疾人护理补贴1803.1万元。

【孤儿生活保障】 2020 年，全市 416 名儿童享受孤儿基本生活保障待遇，发放 515.81 万元。12 月起，散居孤儿从每人每月 1050 元提高到 1100 元，集中供养孤儿从每人每月 1450 元提高到 1550 元。推进儿童福利机构转型升级，将市社会（儿童）福利中心打造成区域儿童福利机构，负责承担全市由民政部门担任监护责任的孤弃儿童集中养育、治疗、特教、康复、安置等工作。推进孤残儿童“明天计划”救治项目，在全省率先为事实无人抚养儿童、散居孤儿、福利机构抚养孤儿进行体检。开展“农村留守儿童和困境儿童关爱保护政策宣讲进村（居）活动”。全年开展相关政策宣讲 181 场，约 2.4 万人参与活动。

【福利彩票】 截至 2020 年底，全市有福利彩票售站点 151 家。完成福彩销售 11029 万元，其中，电脑票销售 9845 万元、即开票销售 743 万元、中福在线视频票销售 441 万元。

【城乡社区和基层政权建设】 2020 年，市民政局以“互联网 +”为引擎，开展智慧社区试点工作，搭建智慧社区治理平台、智慧社区融合平台、智慧社区应用平台和智慧社区一张图管理平台，在惠苑路、庆相桥、刘庄、新南 4 个社区开展智慧社区试点。印发《关于进一步规范基层群众自治组织履行职责的实施意见》。推进城乡社区协商试点工作，完成全省第三批城乡社区协商示范点建设单位推荐工作，杜集区高岳街道、烈山区烈山镇、相南街道中城社区、濉溪镇北关社区入选全省第三批城乡社区协商示范点。开展优秀村规民约和居民公约征集活动，四铺镇界洪村、五沟镇藕池村、百善镇龙沱村、高岳街道双楼村、渠沟镇钟楼村 5 个行政村村规民约和濉溪县经济开发区溪河社区居民公约入选省民政厅、省委组织部、省政法委等 7 部门联合命名的全省优秀村规民约和居民公约。以选树新时代社区群众工作方法标杆为指引，组织开展“优秀社区工作法”推荐活动，杜集区高岳街道双楼村“乡村振兴促发展”工作法入选安徽省优秀社区工作法，濉溪县闸西社区“五心”工作法服务居民群众“精细化”获评淮北市 2020 年基层治理创新优秀案例，杜集区被列为全省“三治融合”乡村治理试点示范创建单位。

【地名服务管理】 2020 年，市民政局组织开展市级界线淮北宿州行政区域界线联合检查，按照新界桩规格标准更换 7 棵界桩。开展县级界线相山烈山线、烈山濉溪行政区域界线联合检查，更换相山濉溪烈山三交点 1 棵界桩。更新完善 97 条国家地名数据信息库数据信息。全年命名世茂云图、时代天境公馆、铂悦府、梦幻海水世界、云湖上郡、绿金时代大厦、兰墅颐景（南区）、瑞俪花都、御龙国际、东源府、锦源府、未来里、龙源里、洪庄小区、锦绣明珠小区 15 个新建居民区。设置立杆路名牌 119 块，机关单位门牌、商业门面牌、新建居民区楼门牌 8017 块。

（李　轶）

退役军人事务

【概况】 2020 年，全市有 1 个市级和 4 个县级退役军人服务中心，34 个镇（办）、443 个村（社区）服务站（所），建成“四级五有”全覆盖工作体系，开展采集信息、悬挂光荣牌、退役军人安置就业、政策兑现、双拥工作、优抚优待、部分退役士兵社保接续等工作。疫情期间，市退役军人事务局创新“党组织 + 退役军人事务工作者 + 优秀退役军人”模式，成立淮北市退役军人抗疫突击队，发出《我请战，我是退役军人》号召，多名退役军人和退役军人事务工作者加入抗击疫情突击队，参与社区联防联控、基层志愿服务，捐款捐物、义务献血。创新开展跨省联动支援江苏徐州军供保障工作，市军用饮食供应工作经验被无锡联勤保障中心推广学习借鉴。

【退役军人安置】 2020年，淮北市完成接收军转干部及退役士兵安置工作。完成消防救援部队人员落户材料审核、军队转改文职人员落户、自主就业军转干部落户介绍信等手续办理工作。

【就业创业与培训】 2020年，市退役军人事务局会同市人社局联合主办“助力就业起航，情暖退役军人”专场招聘会，组织80家招聘单位为退役军人提供2000余个岗位。推进退役军人就业创业和培训基地建设，推荐的淮北矿业（集团）有限责任公司和淮北口子酒业股份有限公司2家企业被授予“全省退役军人就业创业园地”称号。组织退役军人就业创业指导团队，举办全市退役军人创新创业大赛，在省级复赛16个地市95个参赛项目中，安徽建业科技有限公司、淮北市艾乡农业发展有限公司分获“新兴产业”一等奖、“现代农业”三等奖。其中，建业科技代表安徽省晋级全国总决赛获优胜奖。指导县区开发退役军人帮扶就业专项公益性岗位3695个，安置下岗（失业）或自谋职业后再就业困难退役军人。

组织退役军人技能培训5088人次。在全市范围内综合评定分别授予6家企事业单位市级退役军人教育培训基地、就业创业培训基地、创业孵化基地、实训基地和就业创业示范基地称号，并签署战略合作框架协议；与工商银行淮北分行等8家银行签约，设置专门窗口，为退役军人办理低息贴息贷款等事项，鼓励退役士兵返乡就业创业。做好高职扩招宣传工作，淮北职业技术学院做好退役士兵录取工作。

【双拥工作】 2020年，全市退役军人服务“两站两中心”（市、县两级成立退役军人管理服务中心，乡、村两级成立退役军人管理服务站）达到“五有”（有编制、有机构、有人员、有经费、有保障）标准，县级中心全达标，镇级站80%以上创建，村级推荐55个站参与创建，24个中心（站）被评为“全国示范型中心（站）”，百善镇站长王志新获评“全国百名优秀服务站站长”。在碳谷湖公园建成全国第一个退役军人主题文化公园，协调市总工会、市供水公司及各大公司企业建设“退役军人之家”。在市军供站建设“军人之家”，提供免费理发、住宿一系列便军利兵专享保障服务。成立“双拥工作宣讲团”，开展“六进”活动，宣传双拥工作中好人好事。开展爱心送进光荣门品牌活动，濉溪县为失能半失能优抚对象配发轮椅60辆，为在乡复员军人发放棉被、床单等御寒物品；各县区为优抚对象提供心理咨询服务146人次，购买养老服务111人次，组织社工和志愿者参与帮扶629人次。

【优待抚恤】 2020年，市退役军人事务局为全市重点优抚对象发放抚恤补助金、优待金、物价临时补贴等。与市扶贫局联合出台《关于做好

2020年10月20日，淮北市蝉联“全国双拥模范城”
（市退役军人事务局 供图）

对包保村建档立卡贫困户中的退役军人帮扶援助工作的通知》，完善建档立卡贫困户帮扶制度。建立健全困难退役军人和其他优抚对象村级周探望、乡镇（街道）月走访、县级季联络、市级年督办工作长效机制，全年各级退役军人事务局走访退役军人，帮助解决退役军人住房、生活、医疗等问题；探望走访联络优抚对象，全市优抚对象中纳入临时性生活救助 344 人；纳入城乡低保 792 人，纳入住房补贴、公租房、危房改造 342 人。完善光荣院建设。在八一、春节等重要节日，市四大班子主要领导分别走访慰问抗日战争、抗美援朝在乡老复员军人、残疾军人，全年慰问各类优抚对象，发放慰问款物。发放春联年画 7 万余份。为现役军人发放一次性奖励金。开展 2 次市级残情鉴定，为 21 人办理补评残，为 27 名退出现役残疾军人换发残疾证，为 7 名伤残军人申请提级并申报评残材料，认定 15 名带病回乡退伍军人，对 5 名企业参试人员身份进行确认。制定《淮北市残疾等级评定专项核查换证工作实施方案》，落实《关于调整部分优抚对象等人员抚恤和生活补助标准的通知》，为重点优抚对象发放抚恤补助资金。全年发放物价临时补贴 91482 人次、457.96 万元。出台《关于做好 2020 年优待工作的通知》，征集到驻西藏部队义务兵，每人增发 1 倍优待金。服现役全日制高等学校在校生义务兵家庭优待金，按照当地义务兵入伍优待金标准 150% 发放。为生活困难重点优抚对象发放纾困解难优待金。用足用好省级革命老区农村综合保障体系建设专项资金，投入资金帮扶农村籍困难优抚对象。

【“两年”活动现场推进会】 2020 年 8 月 24—25 日，安徽省退役军人事务系统“思想政治工作年”“基层基本基础建设年”两项活动现场推进暨重点工作调度会在淮北召开。会议学习贯彻习近平总书记视察安徽重要讲话精神，总结工作，分析形势，对下一阶段重点任务再部署、再推进。安徽省退役军人事务厅党组书记、厅长林海出席会议并讲话，党组成员、副厅长孙邦平主持会议。各市、县（区）退役军人事务局局长、退役军人服务中心主任参加会议。淮北、亳州、六安、滁州、芜湖、安庆 6 个市代表在会上作交流发言。淮北市退役军人事务局局长陈再军代表淮北市作题为《筑牢思想根基 汇聚奋发力量》交流发言。会议期间，与会人员现场观摩淮北市供水公司“退役军人之家”及退役军人主题文化公园和刘桥镇、孟口村、相山区东街道 3 个服务站。

（肖 扬）

医疗保障

【城镇居民医疗保险】 2020 年，淮北市城乡居民医保实现市级统筹，市、县（区）实现覆盖范围、筹资政策、保障待遇、医保目录、定点管理、基金管理“六统一”。所有参保人员（包括在校大、中、小学生）个人缴费统一为每人每年 280 元，地方财政配套资金到位率 100%；政策范围内住院费用支付比例为 76.6%，普通门诊政策内报销比例为 57.9%，完成省局下达城乡居民基本医疗保险总体目标。城乡居民基本医疗保险参保人数 160.3 万人，其中，线上缴费 137.86 万人，线下缴费 22.44 万人。全年城乡居民基本医疗保险基金总收入 13.40 亿元，支出 11.23 亿元，截至年底，城乡居民医疗保险基金累计结余 8.92 亿元。落实城乡居民大病保险制度，全年有 18107 人次享受居民大病保险待遇，计 3847.94 万元。

【城镇职工（生育）医疗保险】 2020 年，淮北市城镇职工（生育）医疗保险参保人数 45.64 万人，全年城镇职工（生育）医疗保险基金总收入 16.26 亿元，支出 14.55 亿元，截至年底，城镇职工（生育）医疗保险基金结余 24.37 亿元。

【医保支付改革】 2020年，市医保局制定城乡居民医保按病种分组付费病种及医保支付标准，345个病种组实行按病种付费。全省率先将安宁疗护纳入医保，出台安宁疗护患者住院医疗保险按床日付费实施办法。助推分级诊疗，城乡居民医保6个病种10个病种组在全省率先实施“同病种定额支付”。提请市政府印发《淮北市按疾病诊断分组（DRG）付费试点工作实施方案》，12月全面启动DRG支付方式改革试点。

【医保基金监管】 2020年5月12日，淮北市开展医疗保险基金督察联合执法专项行动，以“两机构一账户”为重点开展自查自纠。全市签订承诺书11500余份，自查违规行为2007747例，拟退回违规金额3286.15万元。由卫生健康、市场监管、医保部门牵头成立3个联合执法驻点督察组，抽调24名业务人员开展联合执法，实施驻点督察。全年查处违规协议医药机构904家次，查处违规医药机构732家次，约谈367家次，暂停6家，限期整改137家次，处理医保医师121人，行政处罚2家、2.4万元，追回扣除医保资金377家次、7466.47万元。发挥第三方合作企业专业力量，完善以远程视频监控系统、智能审核系统、电子地图定位系统“三位一体”智能监控平台。通过电子地图定位系统预警信号提示，结合医保相关数据，重点对出院人次环比增长较快、出院人次较高等定点医疗机构开展费用数据筛查，并据此对涉嫌骗取医疗保险基金重点线索组织稽核人员实施精准查处。拨出12万元专款购置办案设备，升级监控系统，平均每24小时可对医疗机构上传数据筛查一遍，对异常数据5小时内可开展现场核查。通过移动监管设备，对现场检查发现的问题和线索，情节轻微予以协议处理，情节严重提交案审会予以行政处罚。2020年，新增医保智能审核规则5项，完成本地医疗机构费用智能审核扣除1247.71万元。

【药品和医疗服务价格管理】 2020年，市医疗保障局（以下简称“市医保局”）做好疫情期间新增医疗服务项目定调价工作与新冠肺炎治疗药品保障供应工作。调整完善新冠病毒核酸检测和抗体检测项目价格，由400元调整为220元和80元，最终调整为60元和25元，对相关支付政策进行分类管理。做好定点医疗机构药品库存预警与库存信息监测、医药配送企业采购预警和医药企业库存信息监测，做好短缺药品调剂和畅通药品市场采购供应渠道。建立日报制度，要求县区医保局、定点收治新冠病毒肺炎患者医疗机构及当地规模较大配送企业上报药品库存信息，根据疫情发展情况，及时做好药品采购，保障临床用药需求，对治疗药品采购需求48小时内原采购渠道未响应的，应报送预警信息，并立即启动应急采购。完善医疗服务价格调整和药品耗材集中招采机制，建立药品耗材集中招采机制，成立市公立医疗机构药品耗材带量采购工作领导小组、带量采购联合体和带量采购监督小组。“五确保、两考核”推动“17+13+X”种抗癌药和三批“4+7”国谈药品惠民落地。全市2批“4+7”采购金额1879.78万元，节约资金1.32亿元，药价平均降幅67.53%。完善医疗服务价格调整机制，新开展医疗服务价格项目批复51项，针对市人民医院等4家医疗机构提出新开展医疗服务项目共41项，创新开展成本监审工作，为科学调定价提供技术支持与数据依据，明确17项新开展医疗服务项目试行价格和24项放开医疗服务项目自主定价。

【优化医保经办服务】 2020年，市医保局推广城乡居民基本医疗保险线上缴费，开通微信、皖事通App2种网上参保缴费通道，全市线上缴费人数达137.86万人，线上参保率86%；对医保服务事项进行梳理，优化医保经办服务，精简审批、证明事项5项，慢性病鉴定时间由原来60个工作日缩短为20个工作日，将11项医保公共服务纳入皖事通“7×24小时”不打烊“随时办”服务。通过安徽政务服务网累计受理办结1632件网上申请医保业务，其中，异地安置申请336件，异地就医备案787件，生育保险业务40件，个人就诊台账查询455件，职工与居民医保待遇预审14件。备案小程序受理办结946件网上申请医保业务，其中，异地安置申请835件，长期驻外38件，异地就医备案73件。推进医保电子凭证申领应用工作。截至12月31日，全市医保电子凭证激活102.28万人，激活率50.25%。

（肖亚东）

人民生活

【城镇居民生活】 2020年，淮北市城镇居民人均可支配收入36428元，比2019年增加1701元，同比增长4.9%。其中，杜集区、相山区、烈山区、濉溪县城镇居民人均可支配收入分别为35246元、41295元、34102元、32966元，分别同比增长5.2%、4.7%、4.9%、5.1%。城镇居民人均工资性收入22362元，同比增长5.9%；城镇居民人均经营净收入4926元，同比增长2.0%；城镇居民人均财产净收入2317元，同比增长4.3%；城镇居民人均转移净收入6823元，同比增长4.1%。城镇居民人均消费支出21283元，同比增长4.0%，恩格尔系数为31.1%，比2019年同期增加1.9个百分点。八大类消费支出“六升两降”，其中，食品烟酒同比增长11.2%、衣着同比增长12.7%、居住同比增长2.9%、生活用品及服务同比增长20.8%、教育文化娱乐同比增长4.4%、其他用品和服务支出65.8%，交通通信、医疗保健支出同比分别下降26.8%、18.0%。

【农村居民生活】 2020年，淮北市农村居民人均可支配收入15218元，比2019年增加1166元，同比增长8.3%，高于全省平均水平0.5个百分点。其中，杜集区、相山区、烈山区、濉溪县农村居民人均可支配收入分别为16075元、15356元、15152元、15170元，分别同比增长8.2%、8.4%、8.6%、8.3%。农村居民人均工资性收入6011元，同比增长8.3%；农村居民人均经营净收入5203元，同比增长4.1%；农村居民人均财产净收入324元，同比增长10.4%；农村居民人均转移净收入3680元，同比增长14.7%。农村居民人均消费支出11611元，同比增长4.7%，恩格尔系数为30.8%，比2019年同期降低3.1个百分点。八大类消费支出“四升四降”，其中，居住同比增长6.2%、生活用品及服务同比增长6.3%、交通通信同比增长53.6%、医疗保健支出同比增长27.1%，食品烟酒同比下降4.9%、衣着同比下降2.3%、教育文化娱乐同比下降3.3%、其他用品和服务支出同比下降48.8%。

2020年淮北市农村居民人均可支配收入和消费支出构成表

表29　　单位：元

指标名称	绝对数	增速（%）
可支配收入	15218	8.3
一、工资性收入	6011	8.3
二、经营净收入	5203	4.1
三、财产净收入	324	10.4
四、转移净收入	3680	14.7
消费支出	11611	4.7

续表 29

指标名称	绝对数	增速（%）
一、食品烟酒	3572	-4.9
二、衣着	869	-2.3
三、居住	2666	6.2
四、生活用品及服务	738	6.3
五、交通通信	1336	53.6
六、教育文化娱乐	1200	-3.3
七、医疗保健	1091	27.1
八、其他用品和服务	140	-48.8

（郑　真）

民族宗教事务

【概况】　2020年，淮北市有37个少数民族，常住人口5426人；无民族乡（镇）、民族村（社区）和民族中（小）学。有宗教团体17个，市级4个，县区级13个。宗教场所218处（基督教200处、佛教10处、天主教7处、伊斯兰教1处），其中，濉溪县124处、相山区35处、杜集区25处、烈山区34处。

【民族事务管理】　2020年，市民族宗教事务局推进民族团结进步创建工作，制定《关于铸牢中华民族共同体意识，进一步做好新形势下民族团结进步创建工作的通知》。运用目标管理考核方式完善党委领导、政府负责、有关部门协同配合、全社会通力合作民族工作格局。开展全市民族关系状况调研分析，注重调研成果转化，提高民族工作前瞻性和预见性。深入高校、企业调研民族工作，走访慰问少数民族学生和务工人员。抓好城市流动少数民族管理工作，争取省民委资金8万元，新建杜集区岱河社区、濉溪镇淮海南路社区2家少数民族服务站，帮助流动少数民族群众融入城市。加快少数民族经济社会发展，争取省民委专项资金15万元，组织举办少数民族实用技术培训班，帮助贫困少数民族群众实现全部脱贫。民族部门定期走访全市拉面馆等，协调有关部门解决实际问题。

【民族团结进步工作】　2020年，市民族宗教事务局制定《2020年全市民族团结进步宣传教育工作安排》，联合市教育局组织开展全市中小学红色经典诵读活动，开展系列宣传教育活动。9月11日，市委统战部在安徽省第十五个“民族团结进步宣传月”中开展“中华民族一家亲　同心共筑中国梦”主题宣传活动，活动现场向市民发放民族政策法规宣传单，开展民族政策法规咨询，悬挂民族团结进步宣传横幅，举办民族团结进步创建图片展，播放民族团结进步微视频等。创建全国民族团结模范集体1个（淮北华孚纺织有限公司）、全国民族团结模范个人2名（马守林、沙德国）、省级“民族团结进步示范社区”2个（相山区民族宗教事务局、濉溪县濉溪镇政府）。开展“民族团结进步示范（区）单位”创建活动。

【宗教团体建设】 2020年，市民族宗教事务局加强法治宣传教育，开展“宗教政策法规学习月”系列活动，组织各县区宗教教职人员参加安徽省《宗教事务条例》知识测试，举办全市宗教教职人员政策法规培训班等。持续加强宗教团体建设，坚持宗教团体班子成员例会制度，把宗教团体工作经费纳入财政预算，支持团体实现自我管理、自主工作。通过推动宗教教职人员队伍建设工作纳入市政协双月座谈会、组织拟认定教职人员试讲评选会、推荐参加神学院进修等途径，扩大教职人员队伍。

【宗教事务管理】 2020年，市民民族宗教事务局推进落实宗教工作“三级网络两级责任制”，加大宗教领域重点问题治理力度，确保宗教领域突出问题解决在基层。提供70万元资金，维修危旧宗教活动场所。

（彭健康）

县区概况

濉 溪 县

【基本县情】 濉溪县位于淮北市南部，东临宿州市，南接蒙城县、怀远县，西连涡阳县和河南省永城市，北依相山区，全县辖11个镇，1个省级经济开发区，215个行政村（居），总面积1981.6平方千米。户籍人口114.2万人，常住人口932402人。2020年，实现地区生产总值突破480亿元，同比增长4.5%；规模以上工业增加值同比增长5%；固定资产投资同比增长8%；社会消费品零售总额141.5亿元，同比增长2%；财政收入42.2亿元，同比增长1%；一般公共预算收入20.68亿元，与2019年基本持平；城镇和农村居民人均可支配收入分别达32822元、14979元，分别同比增长4.6%、6.9%；节能减排完成省市下达约束性指标任务。

【工业】 2020年，濉溪县出台《支持中小微企业平稳健康发展若干意见》等政策，扩大“四送一服”成果。全年新增减税降费3.51亿元，解决土地指标1469.3亩，工业产值、技改投资分别同比增长4.8%、21.4%，战新产业产值同比增长38.3%，高新技术产业增加值同比增长23.3%，工业用电量增长16.5%。安徽英科医疗用品有限公司、安徽美信铝业股份有限公司等一批重大企业增资扩产，安徽力幕新材料科技有限公司、安徽雄创铝合金新型材料有限公司等一批新建企业竣工投产，安徽建业科技有限公司、淮北天澈碳基新材料科技有限公司等一批科技型企业加快建设。全年新增规模工业企业37家，15家企业通过两化融合贯标认证，安徽口子酒业股份有限公司、安徽理士电源技术有限公司稳居全省民营企业百强。

【农业】 2020年，濉溪县推进全国农村一二三产业融合发展示范县建设，加快国家区域性小麦良种繁育基地建设。百善现代农业产业园入选省级现代农业产业园建设名单；濉溪“专用小麦”入选省“一县一业（特）”全产业链示范创建名单；濉溪县获评国家级制种大县和省级农产品加工强县。完成怀洪新河洼地治理和水毁修复工程建设，建设高标准农田129.7万亩；夏粮实现“十七连丰”。实施农产品加工业“五个一批”工程，农产品加工企业120家。

【电子商贸】 2020年，濉溪县出台《濉溪县电子商务促进政策》，推动线上线下融合发展，创建4个省级电商示范村；培育3个年网销额超1000万元省级重点企业、3个年网销额超100万元省级农村电商品牌；中瑞新型农产品批发市场新型专业市场获批省级服务业集聚区；县电子商务产业园获批省级服务业集聚示范区。濉溪县再次获“安徽省农村电商示范县”称号。推进中瑞农产品物流园迁址改造项目和城北农贸市场建设，改善消费环境。

【重点项目建设】 2020年，濉溪县完成项目投资212.9亿元，完成年度计划的110.5%，连续五年实施“十大重点工程”。安徽美信铝业股份有限公司二期等一批投资超10亿元重大项目加快建设；淮—宿—蚌、淮—阜城际铁路开工，韩村港韩村码头、孙疃码头开工建设。谋划“两新一重”（新型基础设施建设，新型城镇化建设，交通、水利等重大工程建设）项目，争取中央预算内投资项目16个，总投资18.16亿元；申报专项债券项目16个，总投资192.03亿元。建设中德产业园、双创（氢能）产业园，开发区化工集中区通过评审。融入长三角一体化发展，建设皖北承接产业转移集聚区。举办铝产业发展论坛等招商活动，全年引进亿元以上项目39个，利用省外资金161.1亿元，利用外资1.56亿美元。

【城镇化建设】 2020年，濉溪县进行虎山路人行道改造、沱河西路污水泵站及管线工程竣工使用，二关路等街头游园建成开放；推进城区雨污分流、溪河治理工程，完成城区公厕提升，推广垃圾分类试点；加快老旧小区改造，数字城管运营。拓展老城区、南部次中心、双堆新城联动发展格局。实施县城环境提升三年行动，合理布局街头游园，释放城区空间，城市拥挤、交通拥堵等“城市病”得到治理。加快南部次中心“六横四纵”路网建设，实验学校、职业技术学校、县医院南区、公安局业务技术用房陆续开工；濉溪中学南校区完成招标。

【文旅融合发展】 2020年，百善黄新庄村、韩村淮海村入选首批安徽省特色旅游名村及全省百佳乡村旅游（扶贫）示范村；双林雅苑、周末果蔬种植家庭农场入选首批安徽省省级休闲旅游示范点。临涣镇入选全省十大古村镇，亮相CCTV《发现之旅》栏目；韩村镇“三彩”文旅小镇、百善镇运河文化小镇入选安徽省2020年度省级特色小镇创建和试验名单；临涣镇、双堆集镇入围安徽省特色旅游名镇创建陈述评审名单；临涣古城、淮海战役双堆集烈士陵园入选“皖北文化之旅”精品线路。实施乡村旅游扶贫重点村“八个一”提升工程，督导刘桥村使用扶贫奖补资金10万元建设旅游产业园景区大门和步道建设。推进柳孜文化园申报国家AAAA级旅游景区。10月1日，乾隆湖湿地公园开园。全年推进柳孜运河遗址病害整治、淮海战役总前委旧址纪念馆修缮等重点项目9个。争取中央预算内项目5个，到位资金3450万元；地方专项债支持项目5个，资金总额54.04亿元，到位资金额度37.7亿元，实际使用资金4亿元。与淮北师范大学合作完成“濉溪县‘十四五’文化旅游融合发展研究”课题。组织临涣茶饮参加第三届中国国际旅游景区装备博览会。举办中国农民丰收节、乡约濉溪“杏”会铁佛魅力乡村游、临涣古镇特产展销会、“菊”会四铺首届菊花文化节等节庆活动。建设红色展陈馆、“忆·茶”茶馆，举办红色文物收藏展，展出红色文物1000余件。

【创新型县建设】 2020年，濉溪县实施创新驱动战略，推进创新型县建设。1项科技成果获省科技进步一等奖，填补濉溪县空白；1项科技成果获省科技进步三等奖，7个项目获省科技创新政策支持，2个项目入选省科技重大专项；3家企业通过省级工程技术研究中心验收；中驰环境人才团队获批省高层次科技人才团队（C类），建业科技人才团队进入省高层次科技人才团队（B类）公示名单。全年新增市场主体10994个，其中，私营企业2352家。推广“皖事通”，网上事项办理率100%，“最多跑一次”事项覆盖率100%，政务服务平均办事时限缩减至1天，县政务服务标准化试点创建入选全国优秀案例。启动农村宅基地确权登记，完成市场监管领域综合执法、事业单位公车制度、事转企等重点领域改革；组建濉溪县交通投资控股有限责任公司，交通综合执法改革经验全省推广。

【社会事业】 2020年，濉溪县安排专项扶贫资金2.89亿元，发放扶贫小额信贷7714万元，实施产业扶贫项目115个，完成贫困户、边缘户等危房改造551户，全面落实健康、教育、就业等帮扶措施，农村饮水安全巩固提升和农村道路扩面延伸工程如期完工。投入资金17.68亿元，推进33项民生工程。新增就业岗位1.12万个。完成农村道路扩面延伸工程249.9千米、大中修工程43.6千米。新建幼儿园5所，维修改造校舍面积10.6万平方米。职教中心入选第二批校企合作省级示范基地，濉溪县纳入"基于教学改革、融合信息技术新型教与学模式"国家级试验区。建设河西、双堆新城等医院，家庭医生重点人群签约率达70.6%。口子窖窖池群及酿酒作坊入选国家工业遗产名单。10个社区养老服务站完成建设。

（吴晓燕）

附：濉溪县辖镇简介

濉溪镇 位于濉溪县境最北部，东邻烈山区，西北与刘桥镇接壤，南到平山及王引河南岸，北与相山区毗连，是濉溪县人民政府所在地。2020年，濉溪镇撤销城南、城北工委，辖八里、杜庙、蒙村、王冲孜、黄桥5个村民委员会，东关、南关、北关等23个居民委员会。截至年底，濉溪镇户籍人口104160人，总面积64.63平方千米。实现财政收入5.83亿元，固定资产投资41.3亿元。完成招商引资固定资产投资总额5.5亿元。利用省外资金26亿元，外贸进出口完成520万美元。社会消费品零售总额增速达8.1%。培育限额以上商贸企业9个。规模以上工业总产值完成26.9亿元，规模以上工业增加值完成5.6亿元，工业固定资产投资完成1.3亿元，工业技术改造投资完成1.1亿元。新增规模以上工业企业1家。新增个体私营企业970家、个体工商户1801户。完成农业总产值13亿元，生产粮食1.8万吨。

百善镇 位于濉溪县中部，东连四铺镇，南邻临涣镇，西接铁佛镇，北靠濉溪镇。2020年，辖百善、茶安、鲁店等村民委员会22个，现代化工业园区1个和百善现代农业综合开发示范区管理委员会。有户籍人口122443人，总面积235.27平方千米。全年实现财政收入1.92亿元，社会固定资产投资完成17.8亿元。规模以上工业总产值累计完成54.29亿元，同比增长1.2%；规模以上工业增加值同比下降22.9%。招商引资完成固定资产投资总额8.8亿元，新开工规模项目8个；利用省外资金18.56亿元，外贸进出口完成200万美元。社会消费品零售总额增速5.8%，培育限额以上商贸企业4个。有规模以上商贸流通业10家，商贸流通业零售额1.5亿元。拥有城乡集贸市场7个，年成交额2.2亿元。农业生产总值9.12亿元，较2019年下降5%。工商注册的家庭农场有323家、合作社207家。农业产业化龙头企业23家，其中，省级龙头企业11家、市级龙头企业12家。

韩村镇 位于濉溪县南部，东临孙疃，南依五沟，西与临涣接壤，北靠百善。辖祁集、双沟、桃园等村民委员会15个。2020年，有户籍人口75708人，总面积120平方千米。全年完成税收2.5亿元，固定资产投资30亿元，技术改造投资11.1亿元，完成规模以上工业总产值153.8亿元。利用省外资金3.3亿元。新增个体企业116户、个体工商户201户。农村居民人均可支配收入同比增长8.4%。夏秋两季农作物播种面积23.48万亩，总产量5.30万余吨。有规模养殖户163家。培育省级示范家庭农场1家，新增新型主体5家，完成绿色农产品认证1个，注册农产品商标4个。

临涣镇 位于濉溪县城中南部，东连韩村镇，南邻五沟镇，西与涡阳县石弓镇、青疃镇接壤，北接百善镇。辖19个行政村，户籍人口98740人，总面积168平方千米。2020年，实现固定资产投资8.39亿元，财政收入1.51亿元。实现规模以上工业总产值31.22亿元，实现社会消费品零售总额8909万元。工业企业以铸造、机械制造、食品加工、水泥建材为主，有规模以上工业企业 15 家，规模以上工业营业收入 32.17 亿元。有个体工商户 3241 户、私营企业 244 家、有限责任公司 389 家。全镇有规模超市 10 家、电商网店 13 家。

刘桥镇　位于濉溪县城西 5 千米，西与河南省永城市接壤，北接相山区渠沟镇，东连濉溪镇，南邻濉溪经济开发区、铁佛镇。辖刘桥、彭楼、陈集等村民委员会 17 个。有户籍人口 61409 人，总面积 85 平方千米。2020 年完成财政收入 1.72 亿元，工业总产值 75.8 亿元；规模以上工业增加值完成 15.9 亿元，同比增长 3.3%。新增规模以上工业企业 10 个，净增产值 2.5 亿元，总数达 39 个。工业固定资产投资 1.71 亿元，工业技术改造投资 0.51 亿元。全社会固定资产投资完成 4.1 亿元，战略性新兴产业产值 0.21 亿元。社会消费品零售总额完成 0.93 亿元，同比增长 4.12%。新增个体私营企业 86 家、个体工商户 310 户。完成发明专利申请 14 件。外贸进出口完成 361 万美元，培育限额以上商贸企业 2 个。

南坪镇　位于濉溪县城东南部，东连宿州市祁县镇、桃园镇，南邻双堆集镇、蒙城县许疃镇，西与孙疃镇、五沟镇接壤，北接宿州市。辖南坪、钱铺、庙台等 20 个村。总人口 104370 人，总面积 225.29 平方千米。2020 年完成财政收入 8037.1 万元，全社会固定资产投资 3.73 亿元，规模以上工业总产值 14.05 亿元，限额商贸 0.41 亿元。投资 1.88 亿元的南黎烧结砖项目建成投产，年产 1.88 亿块标砖，年可转化固废煤矸石 40 万吨。上海电气（濉溪）生物质发电有限公司年发电量 2.2 亿千瓦时，年消化秸秆量约 26 万吨。小麦总产 12.12 万吨。有家庭农场 88 家、规模养殖场 12 家，建立绿色增产核心示范区 2 万亩。

双堆集镇　位于濉溪县城东南部，东与宿州市埇桥区接壤，南与蚌埠市怀远县为邻，西邻亳州市蒙城县，北接南坪镇。辖曹坊、张圩、沈湖等 23 个村。户籍总人口 111487 人，总面积 253.48 平方千米。2020 年完成财税收入 1491.1 万元，全社会固定资产投资 2.1 亿元，工业固定资产投资 8528 万元。限上社会消费品零售总额 3955.9 万元，同比增长 4.1%。新增个体私营企业 98 家、个体工商户 524 户。耕地面积 30 万亩，年产粮食 29.5 万吨。蔬菜种植面积 78 公顷，有种植业大户 71 户。有个体户 3674 户、个体私营企业 367 家、农民专业合作社 131 家。有城乡集贸市场 6 个，年成交额 3.1 亿元。

孙疃镇　位于濉溪县中南部，南北分别与南坪镇、四铺镇接壤，东西分别与宿州市埇桥区和五沟镇相邻。辖孙疃、任李、秦口等 22 个村。户籍人口 111182 人，总面积 171 平方千米。2020 年完成财政收入 10007 万元，实现全社会固定资产投资 31627 万元；工业固定资产投资 18900 万元、工业技改投资完成 6600 万元；全年规模以上工业总产值 106314.8 万元，规模以上工业销售收入 104914.4 万元；战略性新兴产业产值 4800 万元；限上单位消费品零售额累计实现 10342.3 万元。耕地面积 20.7 万亩，核心示范区小麦单产 506 千克，小麦平均单产 500 千克以上。新增土地流转面积 15200 亩，新建标准化饲养小区（场）2 个。

铁佛镇　位于濉溪县城西南部约 23 千米处，西连永城市候岭乡，北连刘桥镇，东连百善镇，南连临涣镇。辖道口、周圩、铁佛等行政村 26 个。总人口 137900 人，总面积 257 平方千米。2020 年完成固定资产投资 2.5 亿元；工业投资 6908 万元，规模以上工业企业工业总产值完成 4.45 亿元。实现税收 4124.1 万元，同比增长 3.6%。社会消费品零售总额达 10105.4 万元。粮食总产量达 24 万吨，农业总产值近 10 亿元。

五沟镇　位于濉溪县西南部，东与孙疃镇、南坪镇为邻，南与蒙城县交界，西与涡阳县接壤，北接韩村镇。辖五沟、白沙、白寺等 21 个村。户籍人口 115321 人，总面积 210 平方千米。2020 年完成财政收入 24775.04 万元，固定资产投资 5 亿元；全镇农民纯收入 14979 元。工业总产值 19.86 亿元，实现工业增加值 12.95 亿元。完成限上单位社会消费品零售总额0.71亿元，增长1.9%。

四铺镇　位于濉溪县城东南部，北靠烈山区，西连百善镇，南接韩村镇、孙疃镇，东临宿州市。辖四铺村、五铺村、三铺村等20个村。总人口97199人，总面积195.8平方千米。2020年完成财政税收收入10641.6万元，全社会投资完成4.5亿元；利用省外资金1亿元。工业投资项目4个，投资3.5亿元；工业技术改造项目3个，投资1.36亿元。限上单位社会消费品零售额为2661.1万元，同比增长13%；有城乡集贸市场6个，年成交额1.58亿元。新建菊花加工厂1所，周陈村组织建设1万亩玉米全程机械化项目，五铺绿色家庭打造500亩蔬菜标准园建设项目，投资100万元在新庄村建设高效经济作物组培中心项目。全镇瓜菜种植面积3万亩，发展设施蔬菜种植3000亩、果树1000亩。

相　山　区

【基本区情】　相山区是淮北市主城区，面积141.7平方千米，常住人口51.1万人。辖1个镇、8个街道和1个省级经济开发区，有75个社区，13个行政村。2020年，实现地区生产总值380.1亿元，同比增长3.3%；固定资产投资同比增长6.3%；财政总收入同比增长11.1%；城镇、农村居民人均可支配收入分别同比增长4.7%、8.4%。实现外贸进出口额13500万美元，同比增长16.5%，位居三区第一。获批国家农村产业融合发展示范园区、国家农业科技园区、安徽省出口产品质量安全示范区、安徽省十佳开发区。

【重点项目建设】　2020年，相山区实施重点项目212个，总投资848.3亿元，年计划投资150亿元。完成投资163亿元，完成年计划108.7%。列入市级重点项目82个，总投资622.9亿元，年计划投资77.6亿元，完成投资104.4亿元，完成年计划134.5%。完美生物科技、今麦郎软化饮品等26个项目竣工；双创信息产业园、江山悦等24个新项目开工建设；世茂云图、中电锂驰新能源锂电池等13个储备项目转化。区级“四个一”（一个重大项目、一个推进专班、一张进度图、一个问题清单）重大项目47个，总投资369.9亿元，年计划投资87.1亿元。截至年底，黄里景区西山北路、城乡供水一体化等40个项目开工在建或竣工建成，完成投资87.4亿元。全区纳入市级“四个一”重大项目21个，总投资263.6亿元。南翔云集街区、相城医院等20个项目开工在建或竣工建成。交通农业和水利项目3个，完成投资5亿元；市政设施和房地产项目5个，完成投资38.2亿元；社会事业项目5个，完成投资12.7亿元；工业和园区基础设施建设项目8个，完成投资16.3亿元。

【绿色食品产业】　2020年，相山经济开发区依托中国农业大学、江南大学等高校，成立中国农业大学淮北实验站、黄淮海食品检验检测中心等科技创新平台。截至年底，开发区农产品加工及配套企业拥有省认定企业技术中心7家、高新技术企业7家、省“专精特新”企业9家，市级农业产业化龙头企业18家。拥有“相山”“贝乐得”“小草”“心润”等中国驰名商标4个、安徽省著名商标17个、名牌产品8个、省“工业精品”1个。其中，思朗饼干、曦强乳制品获评“中国好食品”，淮北徽香昱原早餐工程有限责任公司被评为“全国主食加工业示范企业”，安徽鑫乐源食品有限公司、安徽金富士食品有限公司、安徽贝宝食品有限公司等多家企业被评为省“专精特新”企业。参与“一带一路”“长三角一体化”建设，对接淮海经济区，发展外向型经济，先后引进香港嘉士利集团、马来西亚完美资源有限公司、新西兰环球贸易有限公司、河北今麦郎食品有限公司、家家悦集团股份有限公司等优质农产品加工项目。园区 63 家规模以上工业企业中，食品及配套加工企业占 42 家，实现规模以上农产品工业产值 38.5 亿元，同比增长 10.7%。相山区健康食品小镇获评“全国最美小镇 50 强”。

【工业】 2020 年，相山区 14 家战新产业企业累计完成产值 14.2 亿元，同比增长 16.1%，环比上升 1.5 个百分点，占规模以上工业产值比重 6%。淮北合众机械设备有限公司、安徽正大源集团有限公司等一批企业保持稳步增长态势。调味品企业产值增长稳定，安徽食亿鲜食品有限公司产值同比增长 6.3%；思朗食品（淮北）有限公司产值同比上升 8.3%；淮北连通市政工程有限公司因受建筑行业市场环境影响，产值同比下降 1.5%；淮北市油西环保木材有限公司新建机制砂、干混砂浆生产线、新产品陆续尝试投放市场，同比增长 5.3%；淮北尊龙环保节能建材有限公司由于环保要求标准提高，产能下降，产值同比下降 3.3%。人良生物科技（安徽）有限公司、安徽阜邦生物科技有限公司、淮北奇扬智能科技有限公司 3 家新入库纳统战新企业，全年完成产值约 1.5 亿元，拉动全区总产值约 10 个百分点。

【“两治三改”工作】 2020 年，相山区改造纺织一二三厂、无纺厂、惠黎小区等 21 个老旧小区，建筑面积约 31.44 万平方米，涉及户数 6517 户，实际投资约 5588 万元。改造内容包括破损断板路面修复、沥青路面铺设、道路划线、人行道及停车位面包砖铺设、雨污分流、污水管道及化粪池清淤、绿化修剪提升、外墙面整治、楼梯间亮化及楼梯扶手除锈刷漆、路灯及智慧安防监控系统安装、新建自行车棚、健身休闲广场提升、节能及适老化改造等零星项目。相山区城管大队查处乱搭乱建等违法建筑，出动执法人员 3000 余人次，执法车辆 600 余台次，查处拆除违法建筑 183 处约 9890 平方米、163 间房屋约 4230 平方米、54 间板房约 1580 平方米、15 间铁皮屋约 750 平方米、3 间阳光房约 50 平方米、25 间墙体约 860 平方米、1 间地基约 30 平方米、47 处棚子约 2233 平方米、7 处钢构约 142 平方米、1 间书报亭约 15 平方米，协助街道办拆除违法建筑 7000 余平方米。

（靳秀明）

附：相山区辖镇及街道简介

渠沟镇 位于市西郊，南接市人民路，北依相山，东傍濉河，西与永城市接壤。辖区面积 59.17 平方千米。辖桥头、土楼、大梁楼等 13 个行政村，人口 5.3 万人，耕地 3467 公顷。2020 年，全镇财政收入比上年增长 8%，农村居民可支配收入同比增长 8.4%，有 6 个村实现集体经济收入 50 万元以上，1 个村实现集体经济收入 100 万元以上。新增商贸企业 4 家，引进淮北市鸿济新型建材和安徽桓君耐火材料 2 个 5000 万元以上工业项目。

任圩街道 位于市区东南部，北接东山街道、杜集区高岳街道，南临濉溪县、烈山区，东与烈山区烈山镇、杜集区矿山集街道毗邻，西连南黎街道，面积 28 平方千米。辖寇湾、李桥、陈庄等 13 个社区，常住人口 16886 户、47721 人。2020 年，完成社会固定资产投资 23.5 亿元，社会消费品零售总额 23.5 亿元。新增限额以上商贸企业 5 家、规模以上服务业 3 家、省重点服务业 1 家、限额以上个体户 10 户；完成招商引资固投资金 2.1 亿元。全年利用省外资金 10.5 亿元，实际利用外商直接投资 600 万美元；区级税收收入 1986 万元。城镇居民可支配收入比 2019 年增长 8.1%。

东街道 位于市主城区，东临东山路，西到相山路，南到符夹铁路，北靠相山，面积 5 平方千米，总人口 6.3 万人，常住人口 4.12 万人。辖铁路、闸河、机厂、供电、幸福、民生 6 个社区。截至 2020 年底，完成固定资产投资完成 10.66 亿元，限额以上社会消费品零售额完成 3.01 亿元，规上其他营利性服务业完成营业收入 1.5 亿元。招商固定资产投资项目 1 亿元。

西街道　位于市区西部，东至相山路，西到大唐电厂西山脉，北靠相山，南邻惠黎路，面积6平方千米，常住人口6.9万人，流动人口0.12万人。下辖安康、新华、洪山、利民、体育、建安、鹰南、鹰山8个社区。2020年，街道限额以上消费品零售额完成24.16亿元，规上其他营利性服务业营业额比2019年下降39.2%，非营利性服务业同比增长37.89%，规模以上工业增加值完成6.95亿元，外贸进出口完成387万美元。

相南街道　位于市区中部，东起长山路，西至濉溪路，南临人民路，北接惠黎路，面积约6平方千米，人口8.5万人。辖春秋、海宫、西城、中城、桓谭、相阳、黎苑、杏林、惠苑路9个社区。2020年完成固定资产投资19.02亿元，招商引资2亿元，利用省外资金3亿元；有非营利性服务业6家，其他营利性服务业17家。有商贸业51家，完成社会消费品零售额35456.3万元。新增大个体9个、私营企业500家、个体户750家。

东山街道　位于市区东部，东邻杜集区，西至东山路，南接任圩，北到九一〇厂，面积17.6平方千米，常住人口3.07万人。下辖祥和、东山、翰林、建国、周庄、方顶、马庄7个社区。2020年完成固定资产投资20.28亿元，限上社会消费品零售总额比上年增长12.6%，招商引资固定资产投资1.4亿元，利用省外资金认定22亿元。新增限上商贸业企业1家、线上大个体4家。东山街道获全国第四次经济普查先进集体称号，翰林社区获评全国未成年人思想建设先进单位、省志愿服务十佳社区、省文明社区及省第十二届文明单位。

三堤口街道　位于相山区南部，东与南黎街道接壤，南与濉溪县城北管委会相邻，西与河南省永城市相接，西北接曲阳街道，北与相南街道相邻，面积7.7平方千米，常住人口79812人。下辖三堤口、董庄、刘桥等9个社区居委会及1个居民委员会。2020年完成限上社会消费品零售总额13845.4万元，限下单位社会消费品零售额完成33325元。辖区有5家商贸企业、17家大个体。完成上报投资9687万元，招商项目固投资金3000万元，外贸进出口额完成550万美元。新增入库企业6家、大个体6家。

南黎街道　位于市区南部，南临老濉河，东、南靠符夹铁路，东临龙山路，辖区面积约17.3平方千米，总人口14.2万人。下辖丁楼、学院、桂苑、李楼、梅苑、康乐、城里、锦华苑、曙光9个社区。2020年完成固定资产投资19.67亿元，规模以上工业增加值增速8%以上；社会消费品零售总额比上年增长13%；利用省外资金10.2亿元，外贸进出口完成760万美元。新增优质服务业纳统企业规上5家、省重点2家。新增限上商贸企业4家，个体经营户10家。

曲阳街道　位于主城区西部，东起濉溪路，西临省道202，南到老濉河，北至徐里，辖区面积18.2平方千米，总人口约6万人。下辖濉河、刘庄、渠沟、惠民、任井、滨河、前黄、下街、黄里9个社区。2020年完成固定资产投资12.1亿元，社会消费品零售总额9058.7万元。任井社区、滨河社区被评为2020年度国家级综合减灾示范社区。

杜　集　区

【基本区情】　杜集区位于淮北市东北部，辖段园、石台、朔里3个镇和高岳、矿山集2个街道，1个省级经济开发区，1个市级工业集中区，55个村（社区），总面积230.2平方千米。2020年，全区完成地区生产总值135.1亿元；一般公共预算收入5.2亿元，同比增长12.8%；固定资产投资同比增长10%；全社会消费品零售总额同比增长1.1%；实现外贸进出口总额8092万美元，实际利用外商直接投资5722万美元，跨境电商交易额约81万美元。城镇居民人均可支配收入35246元，同比增长5.2%；农村居民人均可支配收入16075元，同比增长8.2%。

【工业】 2020年，杜集区开发区获批全省装备制造专业商标品牌基地。新入规企业14家；认定国家高新技术企业8家；安徽紫朔环境工程技术有限公司等2家企业获评省专精特新企业，安徽科汇钢结构工程有限公司、安徽中联绿建钢构科技有限公司等5家企业获评全市优质小微企业；安徽中冶淮海装配式建筑有限公司入选首批省级装配式建筑产业基地；投入资金12亿元，实施安徽省矿业机电装备有限责任公司等技改项目22个；安徽雷鸣科化股份有限公司、淮北市中芬矿山机器有限责任公司通过国家两化融合管理体系标准评定，淮北市中芬矿山机器有限责任公司入选全国第二批专精特新“小巨人”企业。出清“僵尸企业”6家，盘活低效土地900余亩、闲置厂房7.8万平方米。争取非标专项债资金额度23.8亿元，智慧港规划建设启动。新增安徽楚汉医疗器械有限公司等出口备案企业14家。

【现代农业】 2020年，杜集区完成耕地保有量10.25万亩目标任务。蝉联全国县域数字农业农村发展先进县，获批农村闲置宅基地和闲置住宅盘活利用省级试点县区，段园镇上榜全国“一村一品”示范村镇。新增省示范家庭农场2家、示范合作社2家，新认定绿色食品6个。双楼蔬菜合作社获批国家农民合作社示范社，高岳现代农业示范区获评省级农业科技园区，南山村先后获批全省特色旅游名村、全省百家乡村旅游（扶贫）示范村。假日阳光升格为省级示范家庭林场，天汇农业发展有限公司挂牌成立。

【商贸服务业】 2020年，众多知名品牌入驻东湖新商圈内吾悦广场；龙溪奥莱广场、格林豪泰酒店建设稳步推进。全年电商网上交易额突破1亿元，同比增长26%，经营主体达38家。创建省级农村电商示范镇（村）3个、省级农村电商年网销额超1000万元企业1个。淮北电商产业园获批省级小型微型企业创业创新示范基地。

【重点项目建设】 2020年，安徽口子酒业股份有限公司东山产业园一期建成投产，二期开工建设。朔西湖生态环境治理成效明显；区人民政府驻地迁移稳步推进；淮徐快速通道启动实施；推进科创产业园项目建设。纳入全市“四督四保”重点项目、“四个一”重大项目分别为91个、15个，完成总投资167.8亿元。开发区二期13万平方米标准化厂房、区金融服务中心、后酒店新村、安徽华智生物制药有限公司等项目在建，龙湖输变电、中大电缆等项目投入运营。

【基础设施建设】 2020年，杜集区东岳雅苑、和谐新家园等分配入住，绿景庭院、朔湖东苑等进入收尾。投入资金2900余万元，建成雨污管网29千米。投放充电桩444组，覆盖全区80%以上社区；首批投入使用停车场3个。投入资金3175万元，建成“四好农村路”58.7千米。育才路提升改造在建，推进小东湖生态环境综合整治。科创北城控制性详细规划编制及空间规划研究通过专家评审。配合开展科创北城电力专项规划编制，优化供电线路布局，释放土地，节约成本。投入资金近6000万元，做好路面修复、背街小巷整治等。

【生态环境治理】 2020年，杜集区对中央和省环保督察及“回头看”反馈交办问题完成整改销号。完成大气污染防治三年攻坚任务，$PM_{2.5}$平均浓度比2019年同期下降12.8%，空气优良天数比例为72.1%，同比提高13个百分点。16个入河排污口全部通过核查整治验收。完成乡镇及以下饮用水水源地保护区划分调整，水质达标率100%。入列全省畜禽粪污资源化利用整县制推进单位。新增造林1005亩，创建省级森林村庄3个。完成东部山场2028亩疏林和裸露山体绿化建设。

【社会事业】 2020年，杜集区实施高岳九年一贯制学校、沈庄学校改扩建项目，新增智慧校园16所，撤并规模较小学校（教学点）13所。设立首家区级不动产分中心，累计办理分户产权证9302户。区人民医院迁建工程行政楼主体封顶。争取专项债资金5000万元，推进智慧医疗和镇体检中心建设。7家中医馆投入使用。新增泗州戏剧团等文化企业10家；高岳街道东篱山庄、山里人家获批省级休闲旅游示范点；新增体育场地2万平方米。开展第九届群众文化艺术节暨建区40周年系列活动。

（卢心怡）

附：杜集区辖镇及街道简介

朔里镇　位于杜集区北部，面积49.54平方千米，常住人口5.58万人。有行政村10个、社区3个。2020年实现规模以上企业产值49.5亿元，战略性新兴产业产值14.3亿元；规模项目固定资产投资完成3亿元；利用省外资金15.71亿元。地方财政收入3320.6万元；社会消费品零售总额7.83亿元。朔里镇先后被评为全国重点镇、安徽省矿山机械制造产业集群专业镇、安徽省特色小镇、安徽省文明村镇，葛塘村入选第六届全国文明村镇。

石台镇　位于淮北市东北部，总面积52.08平方千米，常住人口4.36万人。辖6个村、2个社区，2020年完成地方财政收入1853.30万元，固定资产投资同比增长10.4%，工业技改投资同比增长151.23%；限额以上社会消费品零售总额同比增长10.18%。城镇居民人均可支配收入3.34万元，农村居民人均可支配收入1.59万元。可耕地面积2233.33公顷，粮食总产量3.9万吨。石台镇获评第五届安徽省文明村镇，梧桐村获评安徽省美丽乡村示范村、安徽省综合减灾示范社区。

段园镇　位于苏皖两省交界处，东与徐州市相邻，西与萧县接壤，面积40.70平方千米，常住人口5.77万人。有行政村7个、企业社区4个。2020年完成地方财政收入2562万元，工业总产值30.4亿元；固定资产投资同比增长115%；限上商贸企业同比增长10%；完成省外投资项目资金20.5亿元。安徽富林环保科技有限公司、安徽省梓涵精密轴承有限公司等9家工业企业纳入规模企业。段园葡萄种植区被评为全省特色农产品优势区，段园镇获评第十批“全国‘一村一品’示范镇”，大庄村入选第六届全国文明村镇。

高岳街道　位于杜集区东部，总面积46.07平方千米，常住人口6.62万人。下辖6个村、5个社区、3个企业家属委员会。2020年招商引资固定资产投资完成9.7亿元，利用内资20亿元、外资1800万美元；村级集体经济收入379.8万元，有5个村（社区）集体经济收入50万元。现代农业产业园区入驻企业15家，培育农民专业合作社12家。高岳街道被评为“安徽省卫生县城（乡镇）”“全省民族团结进步模范集体”“安徽省第四次全国经济普查先进集体”，双楼村被评为“第五届安徽省文明村镇”，村规民约入选安徽省优秀村规民约和居民公约。

矿山集街道　位于杜集区东部，总面积44.78平方千米，常住人口6.2万人。下辖村委会3个、社区居委会6个。2020年完成固定资产投资9.9亿元；规模以上工业总产值18.8亿元，规模以上工业增加值同比增长4.5%，新增规模以上工业企业2家；社会消费品零售总额完成8590.9万元。城镇居民可支配收入3.67万元。北山村获评2020年度安徽省美丽乡村重点示范村、2020年度安徽省综合减灾示范社区、农村电商优化升级工作省级示范村；南山村获评第五届安徽省文明村；矿山集街道办退役军人服务站获评“安徽省2020年度全国示范型退役军人服务站”。

烈　山　区

【**基本区情**】　烈山区位于淮北市主城区南部，辖烈山、宋疃、古饶3个镇和杨庄、临海童、百善、任楼4个街道、1个经济开发区。总面积388平方千米，人口38万人。2020年，全区实现地区生产总值113.1亿元，同比增长5%；一般公共预算收入同比增长4.4%（剔除新增减税降费因素，同比增长15%）；财政总收入完成6.5亿元，同比增长2.8%；地方财政收入3.6亿元，同比增长4.4%；高新技术产业增加值同比下降7.8%；战略性新兴产业产值同比增长12.4%；固定资产投资同比增长8.1%；实现社会消费品零售总额59.3亿元，同比增长1.1%；城乡居民人均可支配收入分别为3.41万元和1.52万元，分别同比增长4.9%和8.6%。全年新增减税降费1.15亿元，拨付帮扶资金1.05亿元。发放创业担保贷款1932万元，新增各类市场主体6334家。新增城镇就业10503人。粮食产量13.35万吨。举办贯彻“六稳”重大项目集中开工活动3次，开工项目56个，开工率114.3%，超额完成序时进度重点项目118个，重点项目推进考核连续两年位居全省前列。8个项目纳入省非标专项债券库，获批专项债券额度55.55亿元，17个子项目实现竣工。

【产业转型升级】 2020年，烈山区新增规上工业企业14家，竣工投产强兴智造、华电森源等12个项目，开工建设千锂鸟新能源、小牧马电动车等14个项目，平山电厂二期并网试运行。新增高新企业8家，淮北市锂动芯新能源科技有限公司被评为省数字化车间，中煤远大淮北建筑产业化有限公司获批国家级装配式建筑产业基地。完工中农联一期主体工程，开通运营青龙山铁路无水港，青龙山商贸物流园晋升省级现代物流集聚示范区。建成省级农村电商示范镇2个、示范村3个，电商交易额8000万元。

【发展活力加速释放】 2020年，烈山区创新土地要素保障办法，供应土地1.1万亩。多渠道搭建政银企对接平台，助企融资22.2亿元，新增省区域性股权市场挂牌企业9家。增强开发区承载能力，赋权审批事项11项，基本建成南唐路，实现园区供热，建成投用标准化厂房5.7万平方米。淮北盛大建设投资有限公司转型发展，资产总额超50亿元，完成融资7.39亿元，实现净利润超2000万元。新签约亿元以上项目12个，利用省外资金全市排名第一，燃料乙醇、安建工建筑产业园等超5亿元项目签约落地。

【城乡协调发展】 2020年，烈山区东部新城推进市一中新校区和华师城建设，市人民医院东院区主体封顶，基本建成市汽车客运中心、人武部和消防大队业务用房，开通运行京台高速淮北收费新站，全线贯通泉山隧道，出让454亩土地。建成棚改安置房1616套，1275户征迁居民乔迁新居，完成“三供一业”改造移交。化解14个房地产领域历史遗留“难办证”问题，办理不动产总产权证551栋，涉及房屋22368套，惠及群众6.5万人。建成美丽乡村3个，推进村庄清洁战役专项行动，户改厕6947户。完成高标准农田建设1.5万亩，新增“三品一标”（无公害农产品、绿色食品、有机农产品和农产品地理标志）农产品5个。完工米粮坝、八里岗、化家湖水库引洪沟，建成投用友谊沟排涝站。

【社会事业】 2020年，烈山区民生领域支出15.6亿元，完成重点民生工程23项。新建、改扩建校舍3.4万平方米，华东师范大学淮北港利实验学校主体完工，推进望湖路学校、七中改扩建，安徽师范大学附属烈山学校项目签约落地，获评全国青少年校园足球试点县区，系全市唯一。基本医疗保险实现全民参保，提标扩面社会救助。开启智慧养老新模式，城市居家和社区养老服务中心实现全覆盖，养老服务指导中心获批省级智慧养老示范工程。

（罗光才）

附：烈山区辖镇及街道简介

烈山镇　位于淮北市东部，北接杜集区、萧县，南临宋疃镇，东与宿州市埇桥区毗邻，西连濉溪县。辖14个行政村（社区），面积79.39平方千米，人口7.9万人。2020年完成固定资产投资32亿元，工业总产值4.2亿元，商贸业收入2.1亿元，社会消费品销售品总额完成2.1亿元，财政收入1.3亿元。烈山镇获评农村电商优化升级工作省级示范镇，榴园社区被评为省级电商示范村。

古饶镇　位于烈山区东南部，面积156平方千米，人口10.6万人。辖13个村民委员会、8个社区居委会。2020年完成财政总收入6724万元，固定资产投资7.52亿元，工业投资0.69亿元，规模以上工业总产值3.87亿元，社会消费品零售总额0.84亿元。秦楼村获评安徽省2020年美丽乡村重点示范村；草庙村、谷山村获评安徽省2020年美丽乡村示范村；赵集社区获评2020年全省综合减灾示范社区；草庙村获评第五届安徽省文明村镇。

宋疃镇　位于烈山区东南部。东部、南部以山为界与宿州市毗邻，西与古饶镇隔濉河相望，北与烈山镇以合徐高速公路入口为连。面积101.8平方千米，总人口5.67万人。下辖6个行政村、7个居委会。2020年完成财政收入1.3亿元，工业总产值8亿元，固定资产投资累计完成6.95亿元，限上社会消费品零售总额0.3亿元。投资670万元建成马桥片5000亩高标准农田基本建设项目。宋疃镇获评农村电商优化升级工作省级示范镇；和村社区获批国家AAA级旅游景区、省级“农旅特色小镇”、2020年度全国综合减灾示范社区。

杨庄街道　位于烈山区西北部，为烈山主城区。面积18平方千米，总人口51213人，辖8个社区。2020年完成财政收入6000万元，固定资产投资2.58亿元，工业总产值7.46亿元，社会消费品零售额1.73亿元，高新技术产业产值4亿元。粮食总产量1076吨，实现产值258.3万元。城镇新增就业1609人，办理创业担保贷款300万元。杨庄街道退役军人服务站创建为“全国示范型退役军人服务站”，杨庄街道关心下一代工作委员会被省关工委评为“全省关心下一代工作先进集体”。

百善街道　位于烈山区西南部。面积约0.7平方千米，户籍人口10351人。辖百善社区1个企业社区居委会。2020年，百善街道筛选跟踪意向有效招商项目3项，主要是淮北智慧城市项目（腾讯）、淮北大数据产业园（中电）项目等。4月，百善街道被评为第四次全国经济普查工作市级先进集体。

临海童街道　辖临涣社区、海孜社区、童亭社区、临选社区、三十三社区5个社区，人口4.8万人。2020年6月，临海童街道办公场所由临涣矿内搬迁至临涣社区内，设有为民服务大厅、党员活动室、人大代表活动室、政协委员活动室等。街道推进“三供一业”（企业的供水、供电、供热和物业管理）接收工作，接收企业资产及职工家属区管理事权，接收居民13491户、廉租房1671套、公租房1093套、门面房435间；接收临涣社区菜市街1个、童亭社区小吃街1个、童亭社区超市1座；临涣社区、童亭社区工人俱乐部2座；童亭社区、临涣社区职工浴池2座；海孜社区、临涣社区、童亭社区粮站3座；临涣社区、海孜社区、童亭社区污水处理厂3家。

任楼街道　位于濉溪县南坪镇境内。辖西园社区居委会，总人口9923人。2020年，办理城镇居民医疗保险2280人；居民养老保险新增15人，续保196人，养老认定69人；办理就业失业登记61人，灵活就业社保补贴16人；办理失业创业证28人；技能培训人数243人。

人　物

入选“中国好人榜”的淮北人

助人为乐好人

赵波、张秀丽夫妇　赵波，男，1974年4月出生，淮北供电公司员工；张秀丽，女，1974年6月出生，淮北市交通运输局职工。二人喜结连理19年，携手参加义务献血、慰问、扶贫等公益活动，获评“安徽好人”，其家庭获评全国“最美家庭”。2013年12月24日，在安徽省立医院，张秀丽成为淮北市首位捐献造血干细胞志愿者。2019年10月18日，赵波也成为捐献造血干细胞志愿者。他们成为全国第四、全省首例实现造血干细胞捐献夫妻志愿者，先后帮助2名白血病患儿获得重生。2020年夫妇二人同时被评为“中国好人”。

张艳，任辉、任停母子　张艳，女，1964年3月出生，南坪镇耿庙村村民；任辉，男，张艳之子，1980年5月出生，南坪镇耿庙村村民；任停，男，张艳之子，1984年10月出生，南坪镇耿庙村村民。2020年初，母子三人共同参与村里防疫宣传、一线值守、后勤保障和环境整治等工作，用实际行动恪守入党誓言，以大无畏精神护卫乡梓生命，演绎“母子齐上阵，共同战疫情”动人“逆行”故事。2020年母子三人同时被评为“中国好人”。

敬业奉献好人

孙伟、李丽夫妇　孙伟，男，淮北市人民医院呼吸内科副主任医师；李丽，女，淮北市人民医院感染科护士。新型冠状病毒肺炎疫情发生后，孙伟主动请缨，向院党委申请加入安徽省援鄂抗击新型冠状病毒肺炎医疗队，赴武汉第一线投身抗疫战斗。妻子李丽坚守在淮北市疫情防控第一线。他们携手践行初心和使命，为抗疫做出了突出贡献。2020年夫妇二人同时被评为“中国好人”。

梁文龙　男，1984年10月出生，濉溪县应急管理局局长。2017年3月，梁文龙经个人申请、组织考察，成为安徽第三批援疆干部，赴新疆和田地区皮山县担任县委组织部副部长。2017年5月，帮助首批105名皮山富余劳动力走出家门，择岗就业。之后，又有560余人次实现外出务工，助力425户建档立卡贫困户脱贫。积极开展对外招商引资、联系帮扶共建工作，解决当地大量富余劳动力就业问题，为当地经济社会发展做出突出贡献，架起两地友谊的桥梁。2019年被评为“安徽好人”，2020年被评为“中国好人”。

见义勇为好人

王开朝、王守溪、黄贺贺、王笑笑　王开朝，男，1987年5月出生，濉溪县铁佛镇卫生院内科医生；

王守溪，男，1964年11月出生，濉溪县刘桥镇王堰村村民；黄贺贺，男，1995年2月出生，濉溪县铁佛镇黄集村村民；王笑笑，男，1992年10月出生，濉溪县铁佛镇周圩村村民。2019年3月29日上午，濉溪县刘桥镇王堰桥路段一辆白色轿车失控撞断护栏后翻倒在河里，车上夫妻二人生命垂危，转送病人返回的王开朝与附近群众王守溪、黄贺贺、王笑笑奋不顾身下水救人，上演一场与时间赛跑的生命救援，及时挽救落水夫妻生命。2020年四人同时被评为“中国好人”。

入选“安徽好人榜”的淮北人

（入选2020年中国好人榜的不再重复记述）

见义勇为好人

种夫文 男，1993年2月出生，濉溪县百善镇道口村人，泵车运输司机。2020年1月15日晚，浙江省桐乡市大麻镇大麻桥附近，正在运河边为泵车加水的泵车运输司机种夫文跳河勇救3名落水者。濉溪90后小伙在浙江桐乡救人义举，温暖着成千上万的网友。2020年荣登“安徽好人榜”。

助人为乐好人

葛军 男，1975年9月出生，相山区董庄社区居民，现任内蒙古伊利集团皖北片区销售经理。自2001年首次参加无偿献血以来，葛军尽己所能帮助身边需要的人，并带动身边亲友参加公益活动，结对帮扶资助贫困学子17人。2019年9月30日，在中科大第一附属医院，葛军成为淮北市第3位成功捐献造血干细胞的志愿者。当晚，帮助1名白血病患儿获得新生。2020年荣登“安徽好人榜”。

杨金锁 男，1972年5月出生，皖北煤电集团恒源股份五沟煤矿运输区员工，淮北“蓝天救援队”副队长。他是一名热心公益事业的矿工。希望工程里有他的爱，捐款赈灾中有他的情，抢险救援中有他的身影。新冠肺炎疫情警报拉响以后，淮北蓝天救援队第一时间向淮北应急管理部申请，驰援武汉。收到招募信息后，杨金锁报名成为首批赴武汉的“逆行者”。2020年荣登“安徽好人榜”。

姬中奎 男，1981年6月出生，淮北职业技术学院法学教师，淮北市公益顺风车志愿者协会副会长、淮北市心理咨询师协会副会长。2020年年初，面对新冠肺炎疫情，他带动公益顺风车志愿者协会等行业协会和公益组织，筹集价值3万多元的防疫物资送到抗疫一线；发挥心理学特长，帮助青少年克服焦虑、恐慌心理；参与社区疫情防控工作，被社区授予“战疫先锋”称号。2020年荣登“安徽好人榜”。

张沛华 男，1965年10月出生，家住相山区梅苑路帝景翰园小区。2013—2020年春节，张沛华连续8年在自己家中，自编自导，举办“华香墅家庭春节联欢晚会”，共吸引近1000个家庭踊跃参与，5000多名邻里乡亲观看演出；他设立家庭救助基金，资助6名困难大学生完成学业，资助14岁白血病少年与病魔抗争，资助邻居勇对艰难生活。2020年荣登“安徽好人榜”。

敬业奉献好人

任 荣 男，1969年出生，生前是相山区渠沟镇党委委员（挂职）、土楼村党总支书记、村委会主任。他专注镇村建设发展、村民冷暖疾苦，是大伙儿认同的“带头人”“贴心人”；疫情暴发，他带头“逆行”，不分昼夜奋战在一线。3月11日11时13分，在抗疫一线奋战47天的任荣，因过度劳累突发心脏病，经抢救无效离开人世，年仅51岁。2020年荣登“安徽好人”榜。

李　忠　男，1977年10月生，淮北市中级人民法院法官学院副院长。2018年4月被选派到濉溪县四铺镇周陈村任扶贫工作队副队长。4年来，李忠与周陈村4237名群众一起经历洪水肆虐的2018年，暴雪飞舞的2019年，疫情暴发的2020年。他不畏生死、不计报酬，带领群众一起攻坚克难脱贫致富，周陈村顺利从贫困村出列，99户301名贫困人口顺利脱贫，践行了他“小康路上一个都不落下”的初心。2020年荣登“安徽好人榜”。

李跃文　女，1973年4月出生，安徽淮北人，生前担任杜集区人民法院审判委员会专职委员、四级高级法官。2020年11月2日因病去世。在22年的审判生涯中，李跃文共审理案件2856件，无一错案，无一超审限案件。先后获“全国法院办案标兵”“安徽省人民满意的公务员”“安徽省首届百姓心中的好法官”“安徽省三八红旗手”“全省优秀法官”等称号。2020年初，李跃文被确诊为胃癌晚期，在住院治疗期间，她仍然心系工作，上半年坚持办结案件59件。2020年荣登“安徽好人榜”。

孝老爱亲好人

王克玲　女，1971年10月出生，淮北矿业集团祁南煤矿职工家属。大女儿从小就患有先天性脊髓膨出；公公因脑溢血留下后遗症，智力严重减退，长期卧病在床。王克玲20多年默默照顾着家庭中2个患病亲人。她用全身心的爱为这个不幸的家庭支撑起幸福的蓝天。2020年荣登“安徽好人榜”。

（马　春）

全国劳动模范

扣红卫　男，1975年10月出生，淮北矿业（集团）有限责任公司工匠大师工作室核心成员，高级技师。参加工作28年来，一直奋战在矿井机电维修工作一线，努力学习新技术、钻研新技能，先后进行主、副井提升防超载保护等70多项技术改造，为矿区机电领域新技术、新工艺推广做出突出贡献。享受安徽省政府特殊津贴。曾获“安徽省劳动模范”、“安徽省技能大奖”、安徽省“十大带徒名师”、安徽省五一劳动奖章、“安徽省技术能手”、全国煤炭行业“五四青年奖章”、“全国煤炭行业技能大师”、“淮北矿业技术状元”、“淮北矿业首席名师”、“淮北矿业首席技能专家”、淮北矿业“矿区首席名师”、“淮北市优秀人才”等荣誉。扣红卫技能大师工作室被评为安徽省级劳模创新工作室和国际级技能大师工作室。

刘红丽　女，1982年6月出生，中国电信股份有限公司淮北分公司政企部信息化解决方案经理。2002年参加工作，先后获“安徽电信服务明星”、中国电信集团“巾帼风采优秀店长”、“安徽省五一巾帼标兵”、“全国用户满意服务明星”、“全国五一劳动奖章”等荣誉，并当选安徽省十三届人大代表及中国工会十七大代表。

王海峰　男，1975年2月出生。淮北市驰方汽车出租有限责任公司出租车驾驶员，“三免的哥”（孕妇、老年人、残疾人乘坐出租车一律免费）、“王海峰劳模车队”队长。

近10年来，王海峰自发推出老人、孕妇、残疾人免费乘车爱心举措，被市民们亲切称为“三免的哥”。在他的影响和带动下，有10位出租车驾驶员自愿加入“三免”行列，成立以王海峰名字命名的“王海峰劳模车队”。车队成立至2020年，累计开展各类志愿服务和公益活动60余次，拾到乘客遗失物品百余件，折合人民币4万余元。免费接送老人、孕妇、残疾人8000余人，减免车费6万余元。王海峰先后获“淮北新闻人物”“淮北市改革开放40周年最具影响力劳动模范”“安徽好人”“十佳江淮志愿者”“安徽省最美农民工”“安徽省五一劳动奖章”“安徽省劳动模范”“安徽省岗位学雷锋标兵”“全国五一劳动奖章”“中国好人”等荣誉。

全国先进工作者

苏文芳 女，1974年9月出生，淮北市人民路学校教导主任，高级教师。从教二十余年，获全国模范教师、全国继续教育语文辅导老师、安徽省五一劳动奖章、安徽省优秀共产党员、安徽省教书育人时代楷模、安徽省特级教师、安徽省江淮好老师、安徽省德育首席辅导老师、淮北市“不忘初心、牢记使命”先进个人、淮北市改革开放40周年来劳模工匠标兵、淮北市巾帼建功人物、淮北市时代先锋人物、淮北市“重品行、树形象、做榜样”先进个人荣誉，是安徽省政协委员、淮北市高层次人才、苏文芳劳模创新工作室领衔人。

全国五一劳动奖章获得者

杨朋伟 男，1985年7月出生，皖北煤电集团恒源煤电股份有限公司五沟煤矿通风区监控队队长。多年来，他始终全身心投入到煤矿事业中，由于工作表现突出，多次被评为“五沟煤矿青年岗位标兵”“青年岗位能手”等。2018年11月，获“梅安森杯”第四届全国煤炭行业（智能安全监测）职工技能竞赛高级工组第一名、一等奖。2019年10月，获“河南能源杯”全国煤炭行业职业技能竞赛（安全仪器监测工）第二名、特等奖。2020年8月，获安徽省五一劳动奖章；10月，获皖北煤电集团公司第十八届青工技术比武暨第七届职工岗位技能大赛安全仪器监测工专业第二名、“集团公司青年岗位能手”荣誉。

安徽省劳动竞赛先进个人（省五一劳动奖章获得者）

程祥银 男，1970年10月出生，中煤第三建设（集团）有限责任公司二十九工程处队长。他在担任队长期间，恪尽职守，努力学习先进施工经验，秉持“安全为天，质量为本”施工理念，掘进支护、打眼钻铆、机械化施工，他都能很好地完成本职工作，为施工生产提供有力保障。先后多次被评为集团“先进工作者”，2020年，获淮北市“劳动模范”称号。

黄　辉 男，1965年4月出生，淮北市人民医院大内科主任、神经内科主任。在32年的临床工作中，爱岗敬业，任劳任怨，从不计较个人得失，处处为病人着想。业务上精益求精，积极学习新技术，不断开展新疗法，填补安徽省多项技术空白，使学科成为“十三五”省重点临床特色专科，多次获省市奖励，并在国家及省级多个专业学会担任副主委或常委。带领科室参加省劳动竞赛并获奖。在新冠肺炎防控工作中，身先士卒，圆满完成各项任务，表现突出。积极参加国家扶贫工作，不怕苦不怕累，完成结对户帮扶任务。廉洁奉公，具有良好医德医风，得到同事及患者好评。

王建忠 男，1975年6月出生，安徽相邦复合材料有限公司陶铝车间主任。他自陶铝课题确定就加入课题组，在研发初期，跟随上海交通大学研发组在上海租借破旧厂房开始实验，经过无数次反复验证，陶铝材料的最佳性能配方得以固定。自2013年公司在淮北建厂以来，跟随课题组将项目落地淮北，多年来常驻车间，一手负责组建熔炼班组、配料班组、车床班组等，并带出4名公司核心骨干员工。多年来，他刻苦钻研，有专利2项、发明1项。在保证质量前提下完成订单及时交付。陶铝车间先后获得“安徽省国防科工办优秀班组和淮北市工人先锋号”集体称号，车间员工也多次获得省国防科工办嘉奖。

张友明　男，1971年2月出生，淮北市总工会副主席。多年来他全力推进职工建功劳动竞赛，聚焦重点产业和行业，组织开展市级劳动和技能竞赛200余场，吸引2000多家单位、20多万人次参与；支持工会开展劳动竞赛，举办全市网络安全员线上职业技能竞赛；深化产业工人队伍建设改革，召开新时代产业工人队伍建设改革推进会议，下发任务清单，落实13项改革任务；开展职工技术创新活动，抓实职工“五小”活动，全年职工提出合理化建议19368条，产生职工技术创新成果965项，催生省重大合理化建议72项，数量位居全省第一；他负责承办全省能源化工产业职工“安康杯”安全生产知识竞赛，在全市开展职工安全知识竞赛200余场次。

翟　峰　男，1963年8月出生，安徽淮海现代物流有限责任公司党总支书记、董事长。该公司为淮海实业集团二级独资子公司，注册资金1亿元。2020年公司实现销售收入90.36亿元，同比增长43%，职工人均年收入达16.94万元。公司坚持组织开展各类劳动和职业技能竞赛，开展读书笔记评比活动，要求职工结合实际阅读书籍，每月撰写至少2篇读书笔记，定期开展读书心得交流，每季度开展一次读书笔记评比，充分调动职工读书学习的积极性；组织开展“战疫情、促发展”安康杯知识竞赛活动，劳动技能竞赛3次，参加人数达113人次，激发职工劳动潜能，激励职工岗位建功。

张　建　男，1980年10月出生，淮北市公安局教育训练支队政委。2017年获“安徽省教育训练先进个人”称号；2018年荣立个人三等功，被省公安厅评聘为省级教官学科组成员；2019年荣立个人三等功，9月被省公安厅评为全省公安机关优秀教官；2020年被公安部评聘为公安部实战教官。在一线工作中不断积累经验，将满腔热情投入到教育训练工作中，总结出一套基层民警喜闻乐见又易于接受的教学方法。参与编写全省公安内部发行的训练教材5本，担任主编3本；研发的“警情处置分段教学”成果，在全省推广，研发的“双约”训练模式成功化解工训矛盾；发明“2+1”训练法，解决基层民警射击脱靶难题，在全省骨干教官培训班上得到推广应用。带领淮北市局在参加全省各项比武中都获得优异成绩。

施　帅　男，1987年9月生，淮北市公安局科技信息通信中心警务技术四级主管。2009年参加公安工作，组织推动淮北公安平台建设，围绕四个环节，整合资源、手段、力量，再造警务工作流程。促使警务决策从“被动应付”向“主动应对”转变，从源头提高决策精准性、及时性。推动警务指挥从“传统经验”向“智能精准”转变，通过标准化警情处置流程，提升指挥调度智能化水平，实现警务指挥“智能化、规范化、扁平化、勤舆一体化平台通过公安执法监督和智慧勤务管理模块可精准化”。探索警务管理从“分割粗放”向“集成集约”转变，以更加高效、更大规模方式进行信息化管理，不断优化公安管理流程。深耕应急通信保障领域，扎实推进各项应急保障措施在淮北公安施落地生根。在2020年省公安厅、省总工会、共青团省委、省妇联联合组织的全省公安机关智慧皖警信息化应用技能比武竞赛参中，施帅作为淮北市局代表队负责人，即当领队又作教官，在培训中对标细则、精准发力，逐项逐条开展针对性训练培训，拓展性总结实战技巧。竞赛期间，施帅在深夜抢修通信基站途中不慎摔断锁骨负伤，他凭借顽强意志，坚持带伤参赛，并取得全省个人第一名优异成绩。先后在国家级核心科技期刊《中国新通信》等专业期刊上发表业务相关论文4篇，荣立个人三等功1次，荣获嘉奖1次。

王　璐　女，1992年7月生，国家税务总局淮北市烈山区税务局纳税服务股副股长。负责国家税务总局淮北市烈山区税务局办税服务厅窗口工作。作为办税服务厅负责人，她以执着的工作热情和任劳任怨工作精神，始终坚守在纳税服务第一线，恪尽职守，带领窗口人员刻苦钻研税收政策和业务，加大宣传辅导，为纳税人提供优质便捷服务，按照规定保质保量完成各项工作任务，赢得领导、同事及社会各界一致好评。面对突如其来的疫情，作为办税服务厅负责人，她冲在第一线，主动为纳税人缴费人提供预约服务，通过电话、微信等方式帮助其合理安排办理时间，确保“放心进大厅、事情快捷办”。

高　远　男，37岁，淮北矿业股份有限公司军事化救护大队李槽坊中队小队长、技师。2012年被选拔到淮北矿业股份有限公司军事化救护大队工作以来，认真学习，爱岗敬业，工作创新务实。作为小队长，他先从基本业务知识、基础操作技能抓起，言传身教；把优良工作作风和高尚职业道德以及安全防护经验传授给队员，对队员提出的各种疑难问题耐心解答，细致讲解，手把手教操作。2013年，被淮北矿业股份有限公司团委评为“优秀共青团员”；在2014年第五届安徽省煤矿救援技术竞赛中获个人综合全能三等奖、在淮北矿业股份有限公司举办的名师高徒大赛中获得第二名；2015—2016在淮北矿业股份有限公司军事化救护大队举办的秋季岗位练兵活动中连续两年获得个人全能第一名；2019年获淮北矿业股份有限公司救护工“首席师傅”称号；2020年在第七届安徽省煤矿救援技术竞赛中获得个人全能第一名，在淮北矿业股份有限公司第十五届职工技术比武中获得个人全能第一名，被评为“技术状元”。

许铁军　男，1985年11月出生。淮北市第十二中学教师。在教学教研方面，他相继获得省、市优质课和“青教赛”佳绩，2015年在淮北市高中历史优质课比赛中获一等奖并参加省赛，获安徽省高中历史优质课比赛三等奖，同年获安徽省中小学教育教学论文评选三等奖。2020年7月在淮北市第四届中小学青年教师教学竞赛中获一等奖（中学文科组），被授予“淮北市十佳青年教师”称号；8月获安徽省第五届中小学青年教师教学竞赛一等奖、第一名（中学文科组），被授予“安徽省十佳青年教师”称号。2016年在《中学历史教学参考》发表论文1篇；2017年参加省级课题研究，并参编相关教学著作。2016年成为淮北市高中历史名师工作室成员，2017年成为淮北市高三模拟考试命题组成员，2019年成为淮北市高中历史新教材核心备课组成员。2020年许铁军在安徽省第五届中小学青年教师教学竞赛中获中学文科组第一名。

附　录

文件辑存

中共淮北市委　淮北市人民政府
关于推动工业经济高质量转型发展的意见

淮发〔2020〕10号

各县区委、政府，市直各单位，各驻淮单位：

为深入贯彻落实习近平新时代中国特色社会主义思想，坚定不移实施中国碳谷·绿金淮北发展战略和“一二三四五”总体发展思路，加快新旧动能转换，提升产业基础能力和产业链水平，推动全市工业经济高质量转型发展，建设工业强市、制造强市，结合实际提出如下意见。

一、提升产业发展水平

（一）加快构建新型产业体系。推进覆盖科技创新、成果转化、产业发展全链条的生态体系建设，着力提升铝基、碳基、硅基、生物基、高端装备制造、大数据“四基一高一大”战略性新兴产业发展能级，引领产业升级。推进技术改造，支持科技研发，扶持重大项目，延伸产业链条，加快传统制造业改造提升。积极布局5G应用、集成电路、虚拟现实技术、智能机器人、生命健康、氢能源和能源材料等细分行业，培育未来发展动能。通过3～5年努力，全市战略性新兴产业产值占工业产值比重稳中趋升，制造业占工业增加值比重突破65%。

（二）着力优化产业发展生态。开展产业链升级行动，编制工业强基发展目录、重点领域补短板产品和关键技术攻关目录、重点领域产业链升级施工图，组织企业和研究机构联合揭榜攻关，突破产业发展“卡脖子”关键领域。聚焦产业链缺失和短板环节，大力推进“三重一创”，通过龙头带动、精准招商、项目布局，促进产业链上下游企业集中集聚、协作配套，强链、补链、延链、建链，建设链式发展产业生态体系。力争用3～5年时间，在陶铝及铝基新材料、新型煤化工及下游新材料、食品（白酒、饮料）、新能源（电池）等领域，加快形成相对完整的产业链和比较优势。

（三）积极培育壮大产业集群。实施产业升级“个十百千”工程，编制“四基三千亿”产业培育行动计划，一个产业配套一个行动方案、一个产业基金、一个专家库、一个领导班子、一个考核办法，聚焦打造陶铝及铝基、碳基、硅基和生物基3个产值超千亿元产业。支持县（区）、市高新区、安徽（淮北）新型煤化工基地〔以下简称县（区）、开发园区〕依托产业基础，重点打造1个首位(高成长)产业,培育新一代信息技术、新能源、新医药等超百亿元产业集群。

（四）优化升级产业集聚平台。推动陶铝新材料和铝基高端金属材料重大新兴产业基地、先进高分子结构材料重大新兴产业基地、白酒产业基地纳入皖北承接产业转移集聚区建设规划，推进市高新区争创国家级高新区。加大开发园区基础设施投入力度，做好供热功能规划布局，推进标准化厂房建设，完善生产性、生活性设施，提升园区整体服务功能。

二、推进项目攻坚突破

（五）实施项目攻坚“三百”工程。坚持“项目为王”，聚焦产业升级“个十百千”工程，抢抓5G基站、大数据中心、人工智能、工业互联网等新基建赋能传统产业机遇，突出规模、效益、结构、速度，每年谋划储备投资超5000万元工业项目200个以上，推动实施新建工业项目100个、技术改造项目100个左右，确保工业和技术改造投资稳定增长。

（六）实施产业招商突破工程。绘制“四基三千亿”等领域招商路线图，完善招商引资考核体系，持之以恒推进全链条精准招商、以商招商、“基金＋招商”和“基地＋招商”，重点引进龙头企业、牵引项目、高新技术、战略资本，高质量承接长三角产业组团式、链条式、集群式转移。力争每年引进落地超5000万元工业项目不少于100个，其中超5亿元项目20个以上、超10亿元项目10个。

（七）实施“抓在建、促投产”工程。探索建立区域评价制度，推进“标准地＋承诺制”改革，落实“土地要素跟着项目走、能耗指标围着项目走、严守生态红线优化路径走”“三个走”要求，保障项目早开工、快建设。严格落实“四督四保”“四个一”制度，健全项目调度推进台账和问题清单、任务清单、责任清单，挂图作战、照单施工，加强节点考核，推动项目尽快建成投产。

三、培育企业成长梯队

（八）支持企业做大做强。加强总部经济项目招引和培育，鼓励龙头骨干企业瞄准产业链关键环节和核心技术，通过兼并重组、优化产业布局等多种形式，加速产业链关键资源整合，培育一批营业收入超百亿元、五十亿元、十亿元企业和纳税过亿元企业。每年通报表扬制造业企业“十强”。

（九）促进专精特新发展。实施“领军”企业培育计划，引导优势企业专注细分产品市场，加快技术创新、质量提升和品牌培育，形成一批制造业单项冠军企业、“小巨人”企业，树立中小企业高质量转型发展标杆。建立专精特新企业培育库，开展行业对标、企业管理咨询与诊断活动，引导企业向专精特新发展。

（十）深耕规模企业培育。建立新建投产企业培育库、“小升规”企业培育库，加强跟踪辅导，实施精准帮扶，促进企业尽快进规入统、健康成长。力争每年新增规模以上工业企业80家以上，其中年产值超亿元企业20家以上。

四、加速协同创新驱动

（十一）推进各类创新平台建设。深入推进创新型城市和绿金科创大走廊建设，深化长三角创新城市联盟交流合作，大力建设上海交大安徽（淮北）陶铝新材料研究院、中科（淮北）产业技术研究院，打造综合性国家科学中心分中心，在“四基一高一大”等领域共建一批省级及以上产业创新中心、制造业创新中心、技术创新中心、工程实验室、工程研究中心、质量检测中心、孵化器等创新平台，逐步完善制造业创新体系。

（十二）突破重大关键核心技术。鼓励企业加大研发投入，支持企业直接购买科技成果和专利技术。聚焦纳米陶瓷颗粒（TiB2）增强铝基复合配料大飞机蒙皮、碳基先进高分子结构材料研究应用、5G应用、集成电路存储芯片、虚拟现实技术、电池核心材料和零部件技术升级、新药生物技术研发等领域，深化政产学研用金合作，每年择优遴选实施主体，持续推进关键核心技术、共性技术突破，推动重大技术创新成果产业化。

（十三）加强工业基础领域攻坚。支持基础研究和应用基础研究，引导企业围绕核心基础零部件（元器件）、关键基础材料、先进基础工艺、产业技术基础，以企业为主体、应用为牵引，聚焦挖掘具有一定基础和比较优势的产业、企业、产品和技术，集中各方优势力量重点突破，提升产业基础能力。

五、加快制造模式升级

（十四）推进新一轮技改。围绕“三改造、三提高、三降低”（智能化、绿色化、服务化改造，产品质量、企业效益、产业核心竞争力提高，用工、成本、能耗降低），开展传统制造业主要设备、生产工艺、生产换线调查，列出技术改造清单。建立传统制造业技术改造路线图，引导传统制造企业实施“机器换人、设备换芯、生产换线”，每年机器换人 100 台以上，力争 3 年内实现规模以上工业企业新一轮技术改造全覆盖。

（十五）推进智能制造。制定 5G 网络建设实施方案及配套政策，布局建设 5G 网络，推动场景应用。以“5G+ 工业互联网 + 人工智能应用”为重点，推进企业数字化、网络化、智能化改造，加快数字化车间、智能工厂建设步伐，发展网络化协同研发制造、大规模个性化定制、云制造等智能制造新业态新模式，积极创建省级及以上智能工厂（数字化车间）。普及推广两化融合管理体系贯标，实施“深度上云”计划，分行业打造一批两化融合标杆，探索区块链技术研究应用。支持直接为制造企业服务的公共服务云、工业大数据、工业互联网、工业物联网等平台建设，培育一批智能制造系统集成解决方案供应商。

（十六）推进精品制造。实施增品种、提品质、创品牌“三品”战略，推广先进质量管理方法，每年争创一批“安徽工业精品”和省级新产品。加大首台套重大技术装备、首批次新材料和首版次软件“三首”产品扶持政策落实力度，促进“三首”产品研发应用。开展对标达标提升专项行动，推动优势技术标准成为国际标准、国家标准、行业标准，促进产品更新换代、品牌效益提升、企业和产业升级。

（十七）推进绿色制造。坚持生态与产业和谐发展，推进绿色工厂、绿色设计产品、绿色园区、绿色供应链“四位一体”绿色制造体系建设，提升绿色发展水平。深入开展节能环保“五个一百”专项行动，大力发展节能环保产业。实施工业能效提升计划，推进工业节能降耗、清洁生产。

（十八）推进服务型制造。围绕“产品 + 服务”“制造 + 服务”，推动传统制造产业向技术研发、工业设计、采购分销、生产控制、售后服务延伸，发展全生命周期管理服务。积极培育共享制造新模式新业态，加快制造业创新设计发展，培育一批省级及以上工业设计中心、服务型制造示范企业和平台。

六、优化配置要素资源

（十九）创新金融支持方式。鼓励金融机构加大对制造业的信贷投入，推进金融创新，合理提高中长期贷款比重，抓好无还本续贷等政策落实。县（区）要逐步增加政策性融资担保机构注册资本，提升区域融资担保实力，拓展政策性担保惠及面。鼓励企业开展股份制改造，支持企业进入多层次资本市场。

（二十）加强用地用能保障。推进闲置低效用地处置工作，腾出发展空间，切实保障新建产业项目用地。支持新建项目使用标准化厂房。进一步扩大电力直接交易规模和范围，鼓励发电企业为园区企业供热。

（二十一）优化人才队伍建设。加强企业家队伍建设，通过政府购买服务等方式，重点加强制造业领域企业高管人员、新生代企业家的培训。实施制造业人才引进培养计划，加大领军型创新团队培育和引进力度，支持优质企业柔性引进高层次人才、实用性人才，重点引进关键技术研发人才、专业技术人员。实施职业技能提升行动，建立政府、学校、企业、社会联动的订单式用工培养招聘机制，推进技工队伍建设。每年通报表扬一批优秀企业家、科技创新突出贡献团队，弘扬企业家精神和创新精神。

（二十二）加大财政扶持力度。市财政每年统筹安排产业扶持资金并根据财力逐年扩大规模，支持工业项目建设、技术改造、技术创新、品牌创建、企业成长、宣传培训等，专项奖补资金每半年兑现一次。发挥政府类投资基金引导作用，重点支持实施产业升级“个十百千”工程，支持县（区）、开发园区首位（高成长）产业集群发展。在淮北市投资建设的工业项目，免收城市基础设施配套费。

（二十三）探索“亩均论英雄”改革。以“亩产效益”为核心，以市场化配置为导向，以差别化措施为手段，探索开展规模以上工业企业分类综合评价。根据评价结果，分类别对企业实施资源要素配置、产业政策兑现差别化政策，通过正向激励和反向倒逼，推动企业高质量转型发展。

七、营造良好发展环境

（二十四）持续优化营商环境。破除隐性壁垒，支持和鼓励民间资本进入更广领域。保障民营企业平等获取生产要素和政策支持，清理废除与企业性质挂钩的不合理规定。深化“放管服”改革，持续压减审批事项，全面推行政府部门权责清单制度，提升“一网通办”“异地可办”能力。打通减税降费、降本减负等各项扶企政策“最后一公里”，限期清偿政府机构拖欠民营企业中小企业账款，增强企业获得感。以公正监管维护公平竞争，依法保护企业产权和企业家合法权益。

（二十五）促进企业开拓市场。鼓励规模以上工业企业参加国家部委、省政府以及省级以上行业协会举办的展销会、博览会，支持开展产品宣传推介活动。贯彻落实国家关于政府支持创新产品的各项规定，对首台套重大技术装备、首批次新材料和首版次软件“三首”产品采用首购、订购等方式采购，鼓励其他使用国有资金的项目采购“三首”产品。

（二十六）提升服务企业能力。开通政企联系“直通车”，实行市、县（区）、开发园区领导分级联系重点企业和重大项目制度，构建亲清政商关系，促进企业加快发展、项目加速建成。常态化推进“四送一服”工作，精准帮扶企业纾困解难。

八、健全工作推进机制

（二十七）加强组织领导。加强党对工业经济工作的领导，坚持工业强市不动摇，推进制造强市。发挥市工业经济发展领导小组作用，及时研究解决相关重大问题和重要事项，推动全市工业经济高质量转型发展。压实县（区）、开发园区主体责任，各部门按照职责落实分工，各级领导干部以上率下，确保各项决策部署高质量推进落实。

（二十八）完善配套措施。编制“十四五”工业发展规划及相关产业子规划，配套制定相关政策和实施细则。构建工业经济高质量转型发展指标体系、统计体系、绩效评估和考核体系，提高工业发展指标在县（区）、开发园区年度目标管理绩效考核中的权重。各县区、开发园区和各相关部门结合实际，制定相关实施方案和支持政策。

（二十九）强化运行调度。完善工业经济运行监测调度机制，加强监测预警、分析调度和服务保障，确保全市工业经济运行保持在合理区间，对主要指标降幅较大或综合排名靠后的县（区）、开发园区进行约谈。坚持抓主抓重，加快释放即期经济增长点，全力稳定重点企业生产经营，筑牢工业“基本盘”。稳住工业运行“基本面”，加快“僵尸企业”出清，提升产能利用率。

（三十）激励开拓创新。把工业经济高质量转型发展绩效评价结果作为党政领导班子和领导干部绩效考核、干部奖惩任免的重要依据。鼓励和引导各级各部门建立新机制、出台新政策、尝试新方法，支持打造工业经济高质量转型发展样板。及时总结推广经验和成果，加大宣传力度，释放动力活力，集聚发展合力。

淮北市人民政府
关于印发健康淮北行动实施方案的通知（摘要）

淮政〔2020〕9号

一、总体目标

到2022年，建立与淮北经济社会发展水平相适应、以人民健康为中心的健康服务体系，全民健康素养水平稳步提高，健康生活方式加快推广，重大慢性病发病率上升趋势得到遏制，重点传染病、严重精神障碍、地方病、职业病得到有效防控，致残和死亡风险逐步降低，重点人群健康状况显著改善。

到2030年，形成比较完善的全民健康服务体系，健康与经济社会协调发展，全民健康素养水平大幅提升，健康生活方式基本普及，居民主要健康影响因素得到有效控制，因重大慢性病导致的过早死亡率明显降低，人均健康预期寿命得到较大提高，居民主要健康指标水平位列全省先进水平，健康公平基本实现，人人享有高质量的健康服务和高水平的健康保障。

二、重大行动

（一）全方位干预健康影响因素。

1. 实施健康知识普及行动

推进全民健康生活方式行动，实施居民健康素养提升工程。深入推进健康促进县（区）、卫生城镇、健康社区、健康家庭建设，大力宣传“健康素养66条”等健康知识。倡导每个人是自己健康的第一责任人，养成健康生活方式，掌握健康知识与技能，自觉维护和促进自身及家庭成员的健康。建立并完善市级健康科普专家库，构建健康知识传播机制。建立医疗机构和医务人员开展健康教育与健康促进的绩效考核机制。在各类宣传媒体上开办优质健康科普节目，加强对媒体健康栏目和健康医疗广告的审核和监管。到2022年和2030年，全市居民健康素养水平分别不低于22%和30%。

2. 实施合理膳食行动

在3岁以下婴幼儿照护机构、托幼机构、学校、养老机构等集体供餐单位配备营养指导员，因地制宜、有针对性地开展营养与膳食指导。开展营养与健康宣传教育，发布营养健康科学知识，鼓励全社会参与减盐、减油、减糖，引导居民减少食用高盐、高脂、高糖食品。贯彻落实《预包装食品营养标签通则》，推进食品营养标准体系建设。到2022年和2030年，成人肥胖增长率持续减缓，5岁以下儿童生长迟缓率分别低于7%和5%。

3. 实施全民健身行动

完善全民健身活动体系，推广体育健身项目，为不同人群提供针对性的运动健身方案或运动指导服务。努力打造百姓身边健身组织，推动组织网络向基层延伸。着力构建市、县（区）、镇（街道）、村（社区）四级全民健身设施网络和城市社区15分钟健身圈，完善居民身边的全民健身场地等体育设施的开放和利用，推进体医结合试点工作，形成体医结合的疾病管理和健康服务模式。到2022年和2030年，城乡居民达到《国民体质测定标准》合格以上的人数比例分别不少于90.86%和92.2%，经常参加体育锻炼人数比例达到37%以上和41%以上。

4. 实施控烟行动

加强控烟宣传教育，加强对青少年控烟的宣传引导，鼓励领导干部、医务人员和教师发挥控烟引领作用，禁止向未成年人销售烟草制品，加大违法发布烟草广告查处力度。开展无烟示范场所建设，把各级党政机关建设成无烟机关。推广12320卫生热线戒烟服务，提升规范化戒烟门诊服务能力。到2022年和2030年，全面无烟法规保护的人口比例分别达到30%以上和80%以上。

5. 实施心理健康促进行动

广泛开展心理健康科普宣传，加强心理健康促进，引导公众正确认识和应对常见精神障碍及心理行为问题，科学缓解压力。健全社会心理服务网络，搭建基层心理健康服务平台，培育社会化的心理健康服务机构。建立心理健康工作人员培养和使用制度，发展志愿者队伍和相关社会组织。健全精神卫生综合管理机制，完善精神障碍社区康复服务。到2022年和2030年，居民心理健康素养水平提升到20%和30%，心理相关疾病发生的上升趋势减缓。

6. 实施健康环境促进行动

以提高生态环境质量为核心，实施最严格的环境保护制度，打好污染防治攻坚战，持续改善大气环境质量，全面提升水环境质量，加强土壤污染防治。建立环境与健康的调查、监测和风险评估制度。采取有效措施预防控制环境污染相关疾病、道路交通伤害、消费品质量安全事故等。建立完善健康城乡监测与评价体系，推进健康城市、健康村镇建设。到2022年和2030年，居民饮用水水质达标情况明显改善，并持续改善。

（二）维护全生命周期健康。

7. 实施妇幼健康促进行动

加强妇幼卫生资源配置，提高综合医院和基层医院产科和儿科服务能力。健全出生缺陷防治网络。普及妇幼健康科学知识，提倡适龄人群主动接受婚前医学检查和孕前优生健康检查。加强危重孕产妇和新生儿救治保障能力建设。提倡自然分娩，减少非医学需要的剖宫产。倡导0～6个月婴儿纯母乳喂养。全面开展新生儿疾病筛查，逐步扩大筛查病种范围。完善3岁以下婴幼儿照护服务和残疾儿童康复救助制度。逐步扩大农村适龄妇女宫颈癌和乳腺癌检查覆盖面。促进女性生殖健康，预防乳腺疾病和宫颈癌等妇女常见疾病。到2022年和2030年，婴儿死亡率分别控制在7.5‰以下和5‰以下；孕产妇死亡率分别下降到18/10万以下和12/10万以下。

8. 实施中小学健康促进行动

动员家庭、学校、社会共同维护中小学生身心健康，引导学生从小养成健康生活习惯，强化近视防控，实施中小学生视力健康状况监测，开展儿童青少年近视综合防控试点。开展“师生健康中国健康”主题健康教育活动，推进健康校园建设。加强中小学卫生保健机构建设，按照标准和要求强化人员和设备配备。按国家标准开足开好体育与健康课程，切实保证中小学生每天1小时校园体育活动。建立赛制稳定、相互衔接、制度配套的市、县、校三级体育竞赛体系。开展常态化的《国家学生体质健康标准》监测工作。将体育纳入高中学业水平测试。到2022年，全市学生体质健康标准达标优良率达到50%以上，儿童青少年总体近视率力争每年降低1个百分点以上；到2030年，全市学生体质健康标准达标优良率达到60%以上，儿童青少年新发近视率明显下降。

9. 实施职业健康保护行动

开展职业健康宣传教育和健康促进行动，倡导健康工作方式。开展重点行业领域职业病危害专项治理。加大职业健康监督执法力度，推动用人单位落实主体责任，预防和控制职业病危害，优化产业结构，推广使用新技术、新材料和新工艺，从源头消除、减轻和控制职业病危害。鼓励用人单位开展职工健康管理，加强职业健康监护。健全职业病防治服务网络，落实尘肺病等职业病救治保障措施。推进健康企业建设。到2022年和2030年，接尘工龄不足5年的劳动者新发尘肺病报告例数占年度报告总例数的比例实现明显下降，并持续下降。

10. 实施老年健康促进行动

完善居家和社会养老政策，健全老年健康

服务体系，探索长期护理保险制度，打造老年宜居环境。加强老年医学科建设。推动医疗卫生服务延伸至社区、家庭，完善家庭病床收费和服务管理政策，引导家庭医生优先与老年家庭开展签约服务。完善医养结合政策，推进医疗卫生与养老服务融合发展，促进慢性病全程防治管理服务与居家、社区、机构养老紧密结合。到 2022 年和 2030 年，65 至 74 岁老年人失能发生率有所下降，65 岁以上人群老年期痴呆患病率增速下降。

（三）防控重大疾病。

11. 实施心脑血管疾病防治行动

依托家庭医生签约服务和健康生活方式指导员团队，对高危人群和患者开展生活方式指导。全面落实 35 岁以上人群首诊测血压制度，扩大高危人群筛查干预覆盖面。加强高血压、高血糖、血脂异常患者指导和规范管理服务。推广心脑血管疾病防治适宜技术，县级以上综合医院设立卒中中心和胸痛中心，提高脑卒中、胸痛诊疗等应急处置能力。普及全民应急救护知识，鼓励支持红十字会等社会组织和急救中心、医疗机构开展群众性应急救护培训，加强公共场所急救设备设施的配置，到 2022 年和 2030 年，心脑血管疾病死亡率分别下降到 209.7/10 万以下和 190.7/10 万以下。

12. 实施癌症防治行动

提高癌症防治知识知晓率，倡导积极预防癌症，推进早筛查、早诊断、早治疗。着眼重点癌种、高危人群，有序扩大癌症筛查范围。推广应用常见癌症诊疗规范，推进肿瘤精准治疗模式，提升基层癌症诊疗能力。加强癌症防治科技攻关。完善医保目录动态调整机制，按规定将符合条件的抗癌药物纳入医保目录，完善大病保障和社会救助体系，降低癌症患者就医负担，完善康复指导、疼痛管理长期护理，营养和心理支持，推进安宁疗护。到 2022 年和 2030 年，总体癌症 5 年生存率分别不低于 43.3% 和 46.6%。

13. 实施慢性呼吸系统疾病防治行动

预防疾病发生发展，倡导重点人群主动进行肺功能检测。探索高危人群首诊测量肺功能、40 岁以上人群体检检测肺功能。为慢阻肺高危人群和患者提供全程防治管理服务，提高基层慢阻肺的早诊早治率和规范化管理率。增加基层医疗机构相关诊治设备和长期治疗管理用药的配备，提高基层医疗卫生机构肺功能检查能力。向居民提供慢阻肺全程监控管理服务，到 2022 年和 2030 年，70 岁以下人群慢性呼吸系统疾病死亡率下降到 9/10 万以下和 8.1/10 万以下。

14. 实施糖尿病防治行动

普及糖尿病防治知识，提示居民掌握自身血糖状况，科学引导糖尿病前期人群通过饮食控制和科学运动降低发病风险。鼓励医护人员为糖尿病患者开具医疗和健康“双处方”，推进实施糖尿病患者运动干预和自我管理，指导糖尿病患者和高危人群加强健康管理，落实糖尿病分级诊疗技术规范，促进基层糖尿病及并发症筛查标准化和诊疗规范化，提高医务人员对糖尿病及其并发症的早期发现和治疗能力。到 2022 年和 2030 年，糖尿病患者规范管理率分别达到 60% 以上和 70% 以上。

15. 实施传染病及地方病防控行动

健全公共卫生应急管理体系。改革完善疾病预防控制体系，坚决贯彻预防为主的卫生与健康工作方针，健全公共卫生服务体系，推进新市疾控中心等公共卫生机构项目建设，加强公共卫生队伍建设，持续加强全科医生培养、分级诊疗等制度建设，健全防治结合、联防联控、群防群治工作机制，完善公共卫生重大风险研判、评估、决策、防控协同机制。改革完善重大疫情防控救治体系，健全重大疫情应急响应机制，完善突发重特大疫情防控规范和应急救治管理办法，健全优化重大疫情救治体系，建立健全分级、分层、分流的传染病等重大疫情救治机制。强化风险意识，完善公共卫生重大风险研判、评估、决策、防控协同机制，控制传播途径，落实监测、干预等防控措施，加大救治救助力度，控制和降低艾滋病、病毒性肝炎、结核病等重大传染病流行水平。提升如新冠肺炎等突发急性传染病鉴别、诊断和治疗水平，采取及时有效的防控措施。加大对《国家畜禽遗传资源目录》的宣传普及，倡导居民不食用来源不明的动物；引导居民遵守《中华人民共和国野生动物保护法》，落实《全国人民代表大会常务委员会关于全面禁止非法野生动物交易、革除滥食野生动物陋习、切实保障人民群众生命健康安全的决定》，全面禁止食用野生动物，及时宣传科学防范知识。强化禽流感、布鲁氏菌病、狂犬病等人畜共患病源头治理，有效降低传染病流行水平。巩固饮水型氟砷中毒、碘缺乏和水源性高碘危害等地方病防治。规范预防接种服务管理，倡导高危人群在流感流行季节前接种流感疫苗。到2022年和2030年，以镇（街道）为单位，适龄儿童免疫规划疫苗接种率保持在90%以上。

三、组织实施

（一）强化组织领导，健全推进机制。

市健康淮北推进委员会负责统筹推进健康淮北建设全局性工作，指导各县区、市直相关部门加强协作，将实施健康中国行动与推进健康淮北建设有机结合起来，强化对各级领导干部的教育培训，全面落实各项目标、指标和工作任务。各县区、各部门要把促进人民群众健康放在经济社会发展的重要位置，在制定、发布公共政策时充分考虑和评估对健康的影响，实施健康审查制度。健康淮北建设实行“一把手”负责制，各县区要高度重视此项工作，把健康淮北建设列入政府重要议事日程，要结合实际建立健全推进工作机制，将各项建设指标量化、细化、深化，研究制定具体方案并有序组织实施。市各有关部门要按照职责分工，认真研究制定具体政策措施，确定年度重点工作并抓好落实。

（二）动员各方参与，凝聚建设合力。

动员全社会力量，形成健康促进的强大合力。各县区和市各有关部门要充分认清个人、家庭和社会在健康淮北建设中的作用，广泛动员各方积极参与，逐步搭建好健康建设平台，搞好服务保障工作，提升健康促进工作人员和志愿者能力水平。各企事业单位特别是学校、社区（村）要充分挖掘和利用自身资源，创造健康支持性环境。金融、保险等机构创新健康类产品和服务。相关行业学会、协会和群团组织以及其他社会组织要充分发挥作用，指导、组织健康促进和健康科普工作。

（三）健全支撑体系，补齐短板弱项。

各县区和市各有关部门要认真研究各项建设指标，找准存在的短板、弱项和差距，加大整、改、建力度，逐步规范，有序提升。加强财政对健康淮北行动的投入。强化科技支撑，围绕影响居民健康的因素和重大疾病开展重大课题研究。加大普法执法力度，保障健康淮北行动的落实。强化信息支撑，健全监测体系，提高疾病与健康监测网络化、智能化水平，推动部门间、区域间共享健康相关信息。建立专家咨询委员会，为推进健康淮北建设提供技术支撑。巩固省级卫生城市创建成果，推进城市管理和城市建设的规范化、制度化、常态化、精细化。持续提升城市形象与环境面貌，争创国家级卫生城市，提升城市卫生保洁水平。全面强化城市道路、城市绿化、城市亮化、城市水体等建设、维护和管理，提升城市管理水平。

（四）推进医防融合，增进群众健康。

建设市级“大卫生健康中心”，集疾病预防、采供血、医疗物资储备、120指挥调度等“预防—指挥—控制—治疗”全链条公共卫生服务体系。推进县域医共体建设，落实“两包三单六贯通”，加强医疗和预防职能相融合，推进医疗机构从以治病为中心向预防为主、提供全周期健康服务转变。推广应用中医药适宜技术，发挥中医药在治未病、重大疾病和疾病康复中的重要作用，推进市名老中医传承工作室在基层建设工作站，促进优质资源下沉。开展以乡村医生为重点的基层卫生技术人员中医药知识与技能培训，重点推广中医药适宜技术和诊疗方法。加强中医药文化建设，推动中医药进校园、进社区、进乡村、进家庭，提升居民中医药健康文化素养。进一步巩固健康脱贫成果。

（五）注重宣传引导，营造建设氛围。

加强健康淮北行动的宣传推广、舆论监督、科学引导和典型报道。充分利用传统媒体和互联网、移动客户端等新媒体，开展形式多样的健康知识宣传，引导群众树立和增强健康意识，践行健康生活方式。强化舆论引导，大力宣传建设健康淮北、促进全民健康的重大意义、目标任务和重大举措，加强政策解读，及时回应群众关切，提高群众的认知度和参与度，形成全社会关心、支持、参与健康淮北建设的良好氛围。

（六）开展监测考评，强化主体责任。

监测考核评估由市推进委员会统筹领导，专家咨询委员会提供技术支撑。推进委员会办公室每年形成总体监测考核评估报告，经推进委员会同意后上报市政府并通报县区政府和各有关部门，并适时发布。2020 年开展试考核。主要健康指标纳入各级政府目标管理绩效考核内容，综合考核结果经推进委员会审定后通报。

统计资料

淮北市 2020 年国民经济和社会发展统计公报

一、综合

2020 年，全市户籍人口 218.8 万人，比上年增加 780 人，其中城镇人口 122.6 万人，乡村人口 96.3 万人，户籍人口城镇化率 56%。

表一：2020 年末全市户籍人口及构成

指标	年末数（人）	比重（%）
全市户籍人口	2188029	
其中：城镇人口	1225522	56.01
乡村人口	962507	43.98
其中：男性	1122506	51.30
女性	1065523	48.69
其中：0 ～ 17 岁	476640	21.78
18 ～ 34 岁	532415	24.33
35 ～ 59 岁	830748	37.97
60 岁以上	348226	15.92

2020 年，初步核算，全市实现地区生产总值（GDP）1119.1 亿元，按可比价格计算，比上年增长 3.3%。其中第一产业增加值 80.4 亿元，增长 0.8%；第二产业增加值 467.0 亿元，增长 3.8%；第三产业增加值 571.7 亿元，增长 3.3%。三次产业结构 7.2 ∶ 41.7 ∶ 51.1，与上年相比，第一产业比重提高 0.4 个百分点，第二产业比重下降 1 个百分点，第三产业比重提高 0.6 个百分点。

表二：2020 年全市生产总值（GDP）

指标	完成数（亿元）	比上年增长（%）
地区生产总值	1119.1	3.3
农林牧渔业	82.5	1.0
工业	422.4	3.2
建筑业	45.2	10.3
批发和零售业	97.9	3.6

指标	完成数（亿元）	比上年增长（%）
交通运输、仓储和邮政业	73.0	0.6
住宿和餐饮业	19.0	–5.8
金融业	62.2	5.7
房地产业	96.1	3.9
其他服务业	220.8	4.4
营利性服务业	83.7	9.0
非营利性服务业	137.1	1.3
第一产业	80.4	0.8
第二产业	467.0	3.8
第三产业	571.7	3.3

2020年，居民消费价格上涨3%，构成居民消费八大类商品价格“六升二降”。其中食品烟酒类价格上涨8.7%，衣着类上涨0.2%，居住类下降0.3%，生活用品及服务类上涨0.9%，教育文化和娱乐类上涨1.8%，医疗保健类上涨1.2%，其他用品和服务类上涨4.1%，交通和通信类下降2.3%。

表三：2020年价格指数（以上年为100）

指标名称	指数
居民消费价格指数（CPI）	103.0
食品烟酒	108.7
#粮食	100.4
鲜菜	109.6
畜肉	141.1
水产品	106.2
蛋	92.2
鲜果	86.6
衣着	100.2
居住	99.7
生活用品及服务	100.9
交通和通信	97.7
教育文化和娱乐	101.8
医疗保健	101.2
其他用品和服务	104.1
商品零售价格指数	102.3

2020年，新增城镇就业岗位4.4万个，8969名下岗失业人员实现再就业，城镇登记失业率控制在2.76%。全年新增私营企业7331户，新增注册资金366.3亿元；新增个体工商户2.4万户，新增个体从业人员4.8万人。年末全市实有个体工商户13.8万户，个体从业人员34.3万人；实有私营企业3.6万家，注册资金2326.5亿元。

二、农业

2020年，实现农林牧渔业总产值（现价）133.8亿元，按可比价格计算，比上年增长1.1%。全年粮食播种面积412.8万亩；粮食总产量达到149.4万吨，同比增长0.14%。其中小麦99.9万吨，玉米41.2万吨，大豆8.1万吨。油料产量0.5万吨，增长12.5%；水果产量33.9万吨（含瓜果），增长2.3%；蔬菜及食用菌产量40.7万吨，增长4.8%。全市营造林8万亩，其中人工造林2.4万亩，完成森林长廊示范段建设31.2公里，折合面积2719亩。义务植树380万株，年末林木蓄积量366万立方米，林木绿化率达到30.2%。全年出栏肉猪65.3万头，增长14.6%；出栏牛2.4万头，增长15.6%；出栏羊32.2万只，下降4%；出栏家禽1120.9万只，下降30.1%；肉类总产量8.1万吨，下降2.2%；禽蛋产量4.3吨，下降20.9%。水产品产量2.6万吨，增长0.4%。年末全市生猪存栏51.6万头、牛存栏3万头、羊存栏13.6万只、家禽存栏409万只。

年末全市农业机械总动力278.1万千瓦，比上年增长3.4%；农用拖拉机11.5万台，下降0.9%。全年完成机耕作业面积216.6千公顷，机播面积272千公顷，机收面积264.4千公顷。全年农药使用量2311吨，化肥使用量（折纯量）9.2万吨。

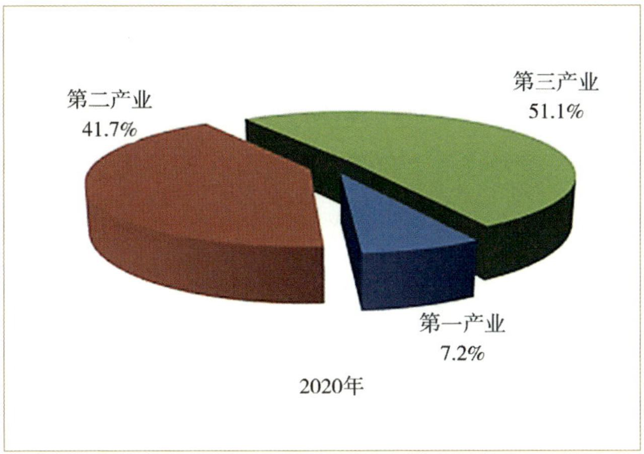

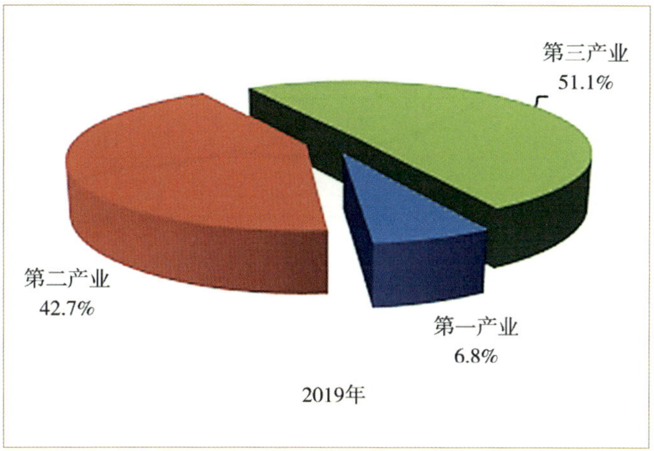

图 1　2019—2020 年三次产业结构比例

表四：2020 年主要农产品产量

产品名称	完成数（万吨）	比上年增长(%)
粮食	149.36	0.14
# 小麦	99.89	–0.1
玉米	41.15	4.1
大豆	8.1	–4.9
油料	0.51	12.5
# 花生	0.26	4.5
油菜籽	0.19	31.5
蔬菜及食用菌	40.65	4.8
水果（含瓜果）	33.93	2.3
肉类	8.13	–2.2
禽蛋	4.26	–20.9
水产品	2.56	0.4

三、工业和建筑业

2020 年，完成全部工业增加值 422.4 亿元，增长 3.2%，工业占 GDP 的比重（工业化率）为 37.7%，拉动全市 GDP 增长 1.3 个百分点。年末全市规模以上工业企业达到 660 家，规模以上工业增加值增长 3.5%；全市 35 个工业行业中有 17 个行业增加值实现增长，其中煤炭行业增长 5.2%，建材行业增加值增长 1.2%，电力行业增长 0.4%，机械制造行业下降 0.1%，煤化工行业下降 0.9%，食品工业下降 8.5%，纺织服装下降 15.5%。非煤工业占全市工业增加值比重为 51.5%，比上年提高 0.8 个百分点。全年战略性新兴产业产值同比增长 30.7%，占规模以上工业比重达到 22.5%，比上年提高 4.5 个百分点；高新技术产业增加值增长 13.4%，占规模以上工业比重达到 24.6%，比上年提高 1.4 个百分点。

表五：2020 年全市规模以上工业增加值增长速度

指标	比上年增长（%）
工业增加值	3.5
其中：煤炭行业	5.2
电力行业	0.4
煤化工业	–0.9
机械制造	–0.1
食品工业	–8.5
其中：农副食品加工	–9.8
食品制造	0.2
饮料制造业	–8.9
纺织服装	–15.5
建材行业	1.2

在重点统计的 11 种工业产品中，产品产量“2 升 9 降”。其中，发电量 206.5 亿千瓦时，下降 3.4%；小麦粉 123.5 万吨，增长 3.4%；服装 2528.5 万件，

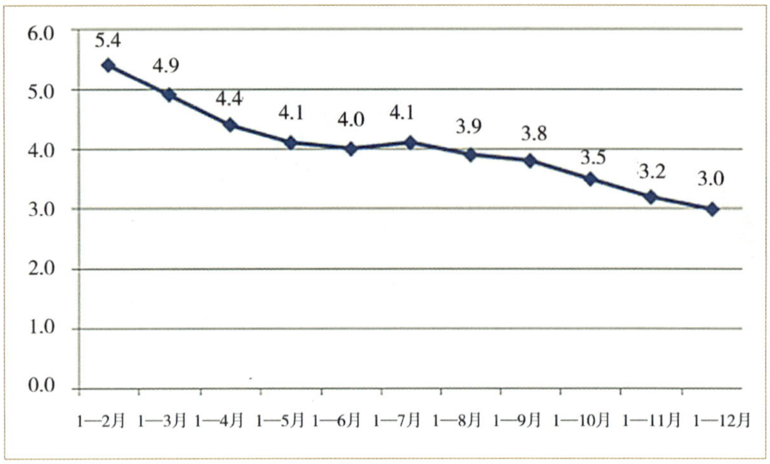

图 2　2020 全市物价月度累计上涨幅度（%）

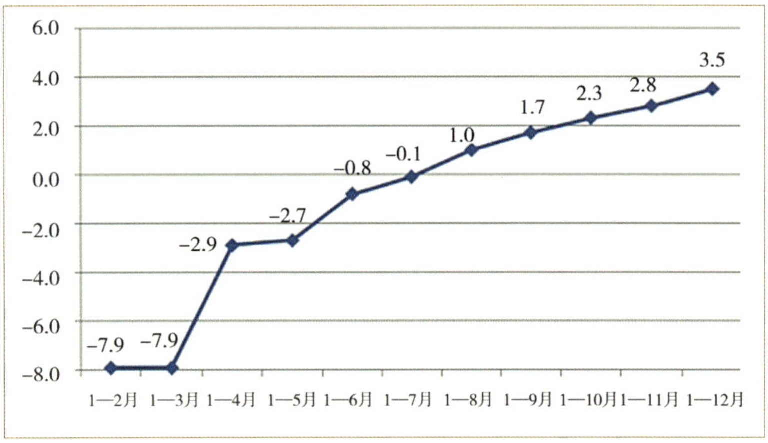

图 3　2020 年规模以上工业增加值月度累计增长速度（%）

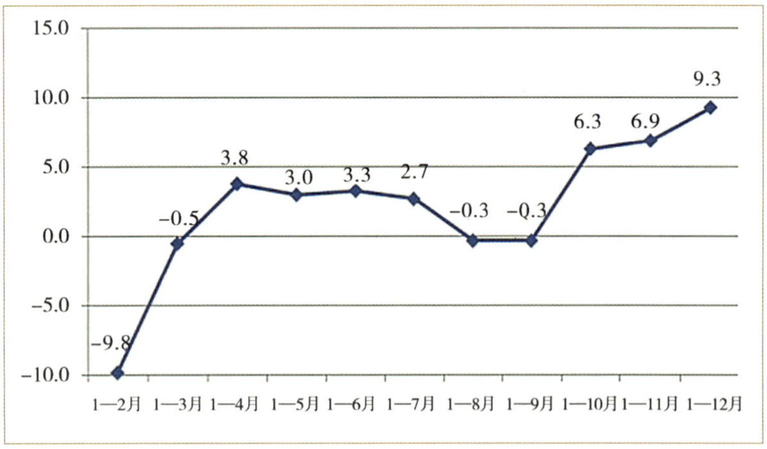

图 4　2020 年固定资产投资月度累计增长速度（%）

下降 57.3%；焦炭 399.8 万吨，下降 2.7%；白酒 24429 千升，下降 28.8%。原煤产量 3779.9 万吨，下降 0.6 %；洗精煤产量 1312 万吨，增长 1.5%；饲料 68.4 万吨，下降 0.9%；纱 4.3 万吨，下降 22%；日用玻璃制品 5 万吨，下降 0.8%；水泥 686 万吨，下降 9.1%。

全年规模以上工业企业实现营业收入 1326.5 亿元，比上年下降 2.1%；实现利润总额 125.3 亿元，增长 4.7%。产品产销率 94.3%，比上年下降 1.2 个百分点。

年末全市资质内总承包和专业承包建筑业企业 48 家；全年完成建筑业总产值 75.6 亿元，增长 15%。全年房屋建筑施工面积 433.3 万平方米，其中新开工面积 195.4 万平方米。

四、固定资产投资

2020 年，全市累计完成固定资产投资同比增长 9.3%。其中，房地产投资同比增长 23.5%；项目投资同比增长 1.3%。从三次产业看，第一产业完成投资同比增长 99.9%；第二产业完成投资同比下降 3.7%；第三产业完成投资同比增长 15.2%。从工业投资看，全市工业完成投资同比下降 3.1%。其中，采矿业投资同比增长 18.0%；电力、燃气和水的生产供应业投资同比下降 19.2%；制造业投资同比下降 1.3%。全市累计完成工业技改投资同比增长 2.8%，技改投资占工业投资比重达到 51.2%，比上年提高 2.9 个百分点。

全年房地产开发完成投资同比增长 23.5%，其中住宅投资同比增长 23.1%。商品房销售建筑面积 251.3 万平方米，增长 9.6%，其中住宅销售建筑面积 244.9 万平方米，增长 18.4%；房屋施工面积 1226.8 万平方米，下降 0.1%；房屋竣工面积 80.2 万平方米，下降 46.4%。

2020 年市级重点项目，全年开工 5000 万元以上项目 156 个，其中，5000 万元～1 亿元项目 32 个，

1亿元～3亿元项目68个，3亿元～5亿元项目10个，5亿元以上项目2个。

表六：2020年工业主要产品产量及增长速度

产品名称	计量单位	完成数	比上年增长（%）
原煤	万吨	3779.9	–0.6
洗精煤	万吨	1312.0	1.5
发电量	亿千瓦时	206.5	–3.4
小麦粉	万吨	123.5	3.4
饲料	万吨	68.4	–0.9
饮料酒	千升	24434	–30.2
白酒（折65度商品量）	千升	24429	–28.8
纱	万吨	4.3	–22.0
服装	万件	2528.5	–57.3
焦炭	万吨	399.8	–2.7
水泥	万吨	686.0	–9.1
日用玻璃制品	万吨	5.0	–0.8

表七：2020年全市分产业固定资产投资增长速度

行业	比上年增长（%）
固定资产投资	9.3
第一产业	99.9
第二产业	–3.7
第三产业	15.2

五、国内贸易

2020年，实现社会消费品零售总额460.8亿元，比上年增长1.3%。按经营地统计，城镇消费品零售额361.1亿元，增长0.8%；乡村消费品零售额99.7亿元，增长3.2%。按消费类型统计，实现商品零售440.9亿元，增长2%；餐饮收入19.9亿元，下降12.8%。从限额以上单位商品零售类值看，全市粮油、食品类商品零售额15.3亿元，增长7.8%；饮料类商品零售额2.1亿元，下降2.8%；烟酒类商品零售额5.8亿元，下降5.4%；服装鞋帽、针、纺织品类商品零售额5.0亿元，下降7.3%；日用品类商品零售额4.8亿元，增长1.2%；家用电器和音像器材类商品零售额4.3亿元，下降10.7%；中西药品类商品零售额4.1亿元，增长15.4%；石油及制品类商品零售额17.2亿元，下降0.9%；汽车类商品零售额38.1亿元，增长3%。全市纳入统计的16家开展网络零售业务的限额以上批发零售企业，实现网上零售额4.9亿元，下降31.2%。

六、对外经济和旅游业

2020年，实现外贸进出口总额69.8亿元，比上年增长24.2%。其中出口61.5亿元，增长20.9%；进口8.3亿元，增长55.2%。全年新批外商投资企业5家，实际利用外商直接投资31659万美元，增长10%。

全市有相山风景区、隋唐大运河博物馆、龙脊山风景区、南湖风景区、双堆集烈士陵园、临涣文昌宫淮海战役总前委旧址及南湖风景区16处A级以上景区。其中4A级景区3处，3A级景区11处，2A级景区2处；拥有口子国际大酒店及凌云宾馆等星级宾馆3家，其中五星级1家，3星级2家；旅行社32家；省级旅游农家乐18家；旅游商品定点企业13家；旅游从业人员4000多

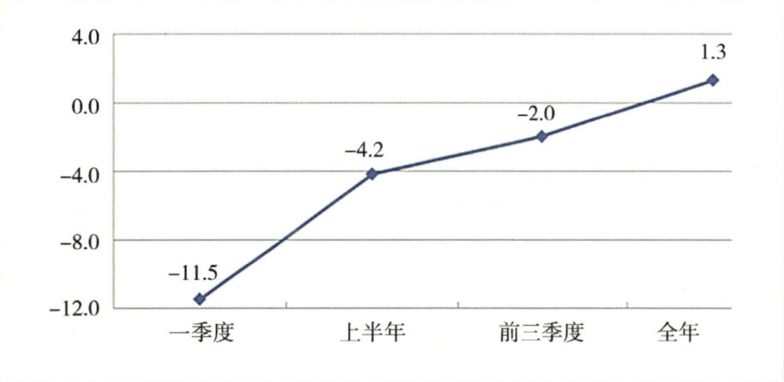

图5　2020年社会消费品零售总额季度累计增长速度（%）

人。全年共接待海外游客 1103 人次；接待国内游客 1015.8 万人次。旅游外汇收入 34.3 万美元；国内旅游收入 62.9 亿元，成功举办石榴文化旅游节等节庆活动。

七、交通邮政

2020 年，公路客运量 492 万人，旅客周转量 4.5 亿人公里，公路货运量 0.9 亿吨，货运周转量 176.9 亿吨公里。年末全市公路里程 5054 公里（包括村道）。其中国道 155 公里，省道 295.2 公里，县道 685.2 公里，乡道 1040.8 公里，村道 2877.8 公里。年末全市民用汽车拥有量 34.6 万辆，比上年增长 9.6%，其中私人汽车拥有量 31.2 万辆，增长 9.3%。全年邮政行业完成业务总量 9.6 亿元，比上年增长 22.4%；实现业务收入 5.1 亿元，比上年增长 16.9%。其中快递业务量达到 2784.8 万件，比上年增长 27.4%；快递业务收入 2.4 亿元，比上年增长 28.4%。年末全市邮政营业网点 57 个，机要通信网点 2 个，邮乐购（便民服务）站点 602 个，信箱（筒）58 处；全市共有快递企业 25 家，其中邮政速递物流公司（EMS）1 家，民营快递企业 24 家，快递网点 308 个，各类车辆 1038 辆，从业人员 2600 人。

八、财政、金融和保险业

2020 年，全年完成一般公共预算收入 80.1 亿元，增长 6.1%。其中，税收收入 57.1 亿元，增长 4.4%；非税收入 22.9 亿元，增长 10.6%。全市完成一般公共预算支出 183.8 亿元，下降 3.2%。其中一般公共服务支出 17.3 亿元，下降 5.8%；社会保障和就业支出 22.4 亿元，增长 14.8%；卫生健康支出 20.6 亿元，增长 10.8%；农林水事务支出 18.4 亿元，增长 24.8%；教育支出 35.2 亿元，增长 7.2%；节能环保支出 3.9 亿元，增长 8.3%；文化体育与传媒支出 1.8 亿元，增长 6%；交通运输支出 5.4 亿元，增长 7.9%。

表八：2020 年一般公共预算收支情况

项目	完成数（万元）	比上年增减（%）
一般公共预算收入	800695	6.1
#税收收入	571440	4.4
非税收入	229255	10.6
一般公共预算支出	1838431	-3.2
#一般公共服务支出	173322	-5.8
公共安全支出	86165	-5.3
教育支出	352243	7.2
科学技术支出	24419	193.7
文化体育与传媒支出	18216	6.0
社会保障和就业支出	224391	14.8
卫生健康支出	205952	10.8
节能环保支出	38832	8.3
城乡社区事务支出	283877	-35.7
农林水事务支出	183596	24.8
交通运输支出	54333	7.9

年末全市金融机构人民币各项存款余额 1672.1 亿元，比年初增加 101.2 亿元，比上年增长 6.4%。其中住户存款余额 994.4 亿元，比年初增加 109.2 亿元，增长 12.3%；金融机构人民币各项贷款余额 1278.5 亿元，比年初增加 198.6 亿元，增长 18.4%。金融存贷比 76.5%，比上年提高 7.8 个百分点。

表九：2020 年末全市金融机构人民币各项存贷款余额及增长速度

指标	年末数（亿元）	比年初增加（亿元）	比上年末增长（%）
金融机构人民币各项存款余额	1672.1	101.2	6.4
住户存款	994.4	109.2	12.3
非金融企业存款	374.4	40.8	12.2

指标	年末数（亿元）	比年初增加（亿元）	比上年末增长（%）
机关团体存款	275.7	−17.8	−6.1
财政性存款	26.7	5.9	28.5
非银行金融机构存款	0.1	−37.0	−99.7
金融机构人民币各项贷款余额	1278.5	198.6	18.4
住户贷款	355.2	62.4	21.3
企（事）业单位贷款	923.3	136.3	17.3
短期贷款	382.9	37.0	10.7
中长期贷款	482.1	78.3	19.4

全年保费总收入40.5亿元，比上年下降0.14%，其中财产险业务保费收入15.5亿元，增长3.7%；人身险业务保费收入25亿元，下降2.4%。全年赔付支出12.7亿元，增长5.6%，其中财产险业务赔付支出8.7亿元，增长8.5%；人身险业务赔付支出4亿元，下降0.3%。

全年全市4家证券机构证券账户（沪深合计）数量16.9万户，证券代理交易额1911.6亿元，分别比上年增长2.6%和15.7%；48家企业在省区域四板市场挂牌。

九、教育和科学技术

2020年年末全市普通高等院校中，淮北师范大学和淮北市职业技术学院共有当年招生11838人，在校学生38708人，当年毕业学生8652人。全市共有各类中等职业技术学校8所，其中普通中专学校7所，成人中专学校1所；当年招生9428人，在校学生24863人，当年毕业学生8410人。普通中学122所，当年招生38264人，在校学生114081人。其中高中21所，当年招生13036人，在校学生39920人；初中101所，当年招生25228人，在校学生74161人。小学284所，当年招生29398人，在校学生167201人；幼儿园328所，入园儿童30722人。小学适龄儿童入学率100%，初中学龄人口入学率100%；小学毕业生升学率102.06%，初中毕业生升学率96.57%。年末全市各级各类学校共有教职工25558人，其中专任教师22193人。全市普通高中生均占有校舍建筑面积21.8平方米，普通初中生均占有校舍建筑面积19.7平方米，小学生均占有校舍建筑面积5.5平方米，中职生均占有校舍建筑面积25.8平方米。

表十：2020年全市各类学校基本情况

指标	学校数（所）	招生数（人）	在校生数（人）	毕业生数（人）
普通高等教育	2	11838	38708	8652
中等职业教育	8	9428	24863	8410
高中	21	13036	39920	13037
初中	101	25228	74161	22094
小学	284	29398	167201	24720

主动对接合肥综合性国家科学中心，深入推进科创大走廊建设，加快创建淮北国家级高新技术企业培育攻坚行动，促进各类创新要素向企业聚集。全市规模以上高新技术企业达到114家，占规模以上工业企业的比重为17.2%，高新技术产业增加值同比增长13.4%。新认定国家高新技术企业60家，全市高新技术企业总数达到150家。获批省级以上科技项目17项；获省科技进步一等奖1项、二等奖2项、三等奖4项。全年共签订各类技术合同1078项，增长54%，完成技术交易额29.6亿元。全年专利申请量与授权量分别为6724件和2925件，其中发明专利申请量与授权量分别为1812件和363件，拥有有效发明专利1249件，每万人有效发明专利拥有量5.5件。

全年全市产品质量监督抽查618家企业49类101种1142个批次产品和商品；完成强制检定计量器具83679台（件、组），年末全市共有国家地理标志保护产品4个。

全市有气象台站42个，开展96121电话天气自动答询的台站1个；开展人工影响天气业务的单位2个；防雹、增雨累计收益面积2100平方公里，增雨量2.1亿立方米。全市有天气预报服务网站2个。全年降水量992.8毫米，年平均气温15.9摄氏度，无霜期216天。

十、文化、卫生和体育

2020年年末全市共有各级档案馆6个，其中国家综合档案馆5个，专业档案馆1个，馆藏档案资料140万卷（件、册），库馆总建筑面积9710平方米。年末全市有广播电视台2座，中波发射台1座，电视转播台4座，有线电视和有线数字电视户数分别13.9万户和7万户，全市广播综合人口覆盖率100%，电视综合人口覆盖率99.8%。全市共有11家数字影院，76块影幕。全市有文艺表演团体51家（其中国有艺术院团2家），国有博物馆8家，公共图书馆和文化馆各5家，歌舞娱乐场所74家，网吧72家，电子游戏11家。全年共举办大型文化活动2场，群众性文化活动3655次，专业文艺团体演出912场，各类表演团体送文化下乡530场，创作剧（节）目35个。

年末全市共有卫生机构888个（含村卫生室），床位14073张，卫生技术人员14232人。其中医院83个，床位11132张，卫生技术人员8649人，执业医师及助理医师3029人；乡镇卫生院28个，床位1646张，卫生技术人员1580人，执业医师及助理医师773人；妇幼保健院（所、站）5所，床位426张，卫生技术人员554人，执业医师及助理医师200人；疾病预防控制中心5所，卫生技术人员157人，执业医师及助理医师101人；诊所、卫生所、医务室224个，执业医师及助理医师277人；村卫生室356所，执业医师及助理医师420人。

全年举办全民健身活动52次，其中1000人以上活动36次，参加活动总人数30万人次。组织开展全市元旦长跑、庆祝“世界健身气功日”活动、《国家体育锻炼标准》达标赛、淮海经济区羽毛球友谊赛、新年登高活动、全市中老年门球赛、淮北市围棋、象棋锦标赛和桥牌邀请赛等大型群体活动。我市运动员在省级以上比赛中获金牌55枚、银牌56枚、铜牌47枚。

十一、人民生活和社会保障

2020年，居民人均可支配收入28127元，比上年增加1551元，增长5.8%。城镇居民人均可支配收入36428元，比上年增加1701元，增长4.9%。全年城镇居民人均消费支出21283元，增长4.0%。其中食品烟酒支出6630元，增长11.2%；衣着支出1786元，增长12.7%；居住支出4274元，增长2.9%；生活用品及服务支出2497元，增长20.8%；交通通信支出1784元，下降26.8%；教育文化娱乐支出2171元，增长4.4%；医疗保健支出1426元，下降18.0%。年末城镇居民人均住房建筑面积36.1平方米，比上年增加0.7平方米。每百户城镇家庭拥有家用汽车28.0部，电冰箱101.0台，洗衣机104.4台，热水器110.2台，空调172.4台，彩色电视机115.8台，计算机64.8台，移动电话247.6部。农村居民人均可支配收入15218元，比上年增加1166元，增长8.3%。全年农村居民人均消费支出11611元，增长4.7%。其中食品烟酒支出3572元，下降4.9%；衣着支出869元，下降2.3%；居住支出2666元，增长6.2%；生活用品及服务支出738元，增长6.3%；交通通信支出1336元，增长53.6%；教育文化娱乐支出1200元，下降3.3%；医疗保健支出1091元，增长27.1%。年末农村居民人均住房建筑面积52.5平方米，比上年减少0.7平方米。每百户农村家庭拥有家用汽车34.5部，电冰箱105.8台，洗衣机103.5台，热水器91.5台，空调117.3台，彩色电视机118.2台，计算机26.2台，移动电话297.5部。

表十一：人民生活和社会保障 2020 年居民人均可支配收入、消费支出及增长速度

指标名称	全体居民		城镇居民		农村居民	
	指标值（元）	比上年增长（%）	指标值（元）	比上年增长（%）	指标值（元）	比上年增长（%）
可支配收入	28127	5.8	36428	4.9	15218	8.3
工资性收入	15962	6.5	22362	5.9	6011	8.3
经营净收入	5034	2.8	4926	2.0	5203	4.1
财产净收入	1537	5.2	2317	4.3	324	10.4
转移净收入	5593	6.9	6823	4.1	3680	14.7
消费支出	17497	4.4	21283	4.0	11611	4.7
食品烟酒支出	5433	6.7	6630	11.2	3572	–4.9
衣着支出	1427	8.9	1786	12.7	869	–2.3
居住支出	3645	4.0	4274	2.9	2666	6.2
生活用品及服务支出	1809	18.5	2497	20.8	738	6.3
交通通信支出	1609	–11.6	1784	–26.8	1336	53.6
教育文化娱乐支出	1791	2.4	2171	4.4	1200	–3.3
医疗保健支出	1295	–7.0	1426	–18.0	1091	27.1
其他用品和服务支出	490	32.8	715	65.8	140	–48.8

年末全市参加城镇职工基本养老保险人数 48.7 万人，比上年末增加 9736 人。参加城乡居民基本养老保险人数 75.6 万人，增加 1252 人。参加失业保险人数 25.9 万人，增加 8820 人。年末全市领取失业保险金人数 2621 人。参加工伤保险人数 33.8 万人，增加 1.2 万人，其中参加工伤保险的农民工 6 万人，增加 3.5 万人。

全市享受城市居民最低生活保障的人数 21.7 万人，享受农村居民最低生活保障的人数 41.8 万人。发放家庭经济困难学生补助金 78.3 万元。年末各类收养性单位 3 家，床位 290 张，收养各类人员 75 人。建立各种社区服务机构 1850 个，其中社区服务中心 165 个，网点 1740 个。全年销售社会福利彩票 1.1 亿元，筹集社会福利资金 3860 万元。

推动棚户区改造与老旧小区整治、公共设施完善相结合，实施棚改项目 12 个、开工棚户区改造项目 2534 套，基本建成棚户区改造项目 6384 套。加大县区货币化安置力度，年末开工建设棚改房 2534 套为货币化安置，实物安置 3268 套。

全年培训残疾人 616 人次，358 名残疾人实现就业再就业。投入 182.3 万元，帮扶救助 109 名贫困重度残疾人和 1867 名贫困残疾学生、贫困残疾人家庭子女。为残疾人免费配发辅助器具 1694 件；4874 人次残疾人得到康复服务。

脱贫攻坚取得决定性成就。按照每人每年生活水平 2300 元（2010 年不变价）的现行农村贫困标准计算，1016 名农村贫困人口全部实现脱贫。

十二、城市建设、环境保护和安全生产

2020 年，淮北市完善城市功能，市城市展示馆及历史档案馆建成使用。G237 二期、G254 二期、G3 京台高速淮北收费站东迁、创新大道东段、泉山北路上跨铁路立交桥、环山东路东段、桓谭东路等一批城市干道和节点工程建成通车，人民西路加快建设，有效疏解老城、带动新城建设。全年新增城建绿地 21.3 公顷，改造提升绿地 1 万平

方米，新增街头绿地（游园）12个，建成城市绿道10.1公里，建成区绿化覆盖率45.25%。全年新建交通干线、城市道路12.68公里。进一步推进老城区雨污分流，完善污水主干管网20.9公里。新增供水管网72公里，燃气管网300公里。

全市PM_{10}平均浓度降至77微克/立方米，同比下降7微克/立方米，完成省控目标。新建污水管网20.9公里。全年空气质量优良天数259天，优良率71.3%；集中式饮用水源地水质达标率100%；声环境质量符合功能区划标准，昼间年平均值56.8分贝；危险废弃物安全处置率100%。全年COD减排1188.2吨、氨氮减排140.8吨、氮氧化物减排260.1吨、二氧化硫减排84.2吨，污染物排放削减率分别为化学需氧量2.1%，氨氮2.2%，氮氧化物0.09%，二氧化硫0.02%。年末全市拥有环境空气监测点6个。空气主要污染物二氧化硫、二氧化氮、PM_{10}、$PM_{2.5}$平均浓度分别为8、27、77、48微克/立方米，臭氧日最大8小时滑动平均第90百分位数为167微克/立方米，一氧化碳日均值第95百分位数为1.3毫克/立方米。

全年全市共发生各类安全生产事故24起，死亡24人，与上年相比，事故起数减少9起，下降27%，死亡人数减少11人，下降31%，发生3人以上较大事故0起。其中，工矿商贸共发生安全生产死亡事故8起，死亡8人（建筑行业发生事故7起，死亡7人，工商贸其他行业发生事故1起，死亡1人）；其他事故2起；道路交通共发生死亡事故14起，死亡14人，与上年相比，事故起数增加2起，上升16.7%。

注：

1. 本公报数据为初步统计数。

2. 生产总值及各产业增加值绝对数按现价计算，增长速度按可比价计算。

3. 国家统计局对三次产业和行业实行相对分离的划分标准，第一产业指农林牧渔业（不含农林牧渔服务业），第二产业指工业（不含开采辅助活动，金属制品、机械和设备修理业）和建筑业，第三产业指除第一产业、第二产业以外的其他行业。

4. 规模以上工业统计范围为年主营业务收入2000万元及以上的工业企业；固定资产投资统计范围为计划总投资500万元以上项目及房地产。

淮北市第七次全国人口普查公报[1]

根据淮北市第七次全国人口普查结果，现将2020年11月1日零时我市人口普查的基本情况公布如下：

一、人口总量

全市常住人口[2]为1970265人，其中：濉溪县人口为932402人，占47.32%；相山区人口为548934人，占27.86%；杜集区人口为239692人，占12.17%；烈山区人口为249237人，占12.65%。

各县区常住人口

表1　　单位：人、%

县区	常住人口数	比重[3]	
		2020年	2010年
全市	1970265	100.00	100.00
濉溪县	932402	47.32	47.34
相山区	548934	27.86	22.10
杜集区	239692	12.17	15.34
烈山区	249237	12.65	15.21

二、户别人口

全市共有家庭户[4]692071户，集体户30228户。家庭户人口为1855173人，集体户人口为115092人。平均每个家庭户的人口为2.68人，比2010年第六次全国人口普查减少0.53人。

三、人口性别构成

全市常住人口中，男性人口为986388人，占50.06%；女性人口为983877人，占49.94%。常住人口性别比（以女性为100，男性对女性的比例）由2010年第六次全国人口普查的102.57下降为100.26。

四、人口年龄构成

全市常住人口中，0～14岁[5]人口为403247人，占20.47%；15～59岁人口为1242624人，占63.07%；60岁及以上人口为324394人，占16.46%，其中65岁及以上人口为264889人，占13.44%。与2010年第六次全国人口普查相比，0～14岁人口的比重上升3.54个百分点，15～59岁人口的比重下降6.79个百分点，60岁及以上人口的比重上升3.25个百分点，65岁及以上人口的比重上升4.26个百分点。

全市常住人口年龄构成

表2　　　　单位：人、%

年龄	人口数	占常住人口比重
总计	1970265	100.00
0～14岁	403247	20.47
15～59岁	1242624	63.07
60岁及以上	324394	16.46
其中：65岁及以上	264889	13.44

五、受教育程度人口

全市常住人口中，拥有大学（指大专及以上）文化程度的人口为248181人；拥有高中（含中专）文化程度的人口为248658人；拥有初中文化程度的人口为753016人；拥有小学文化程度的人口为444162人（以上各种受教育程度的人包括各类学校的毕业生、肄业生和在校生）。与2010年第六次全国人口普查相比，每10万人中拥有大学文化程度的由6790人上升为12596人；拥有高中文化程度的由12084人上升为12621人；拥有初中文化程度的由46448人下降为38219人；拥有小学文化程度的由21098人上升为22543人。

六、平均受教育年限[6]

与2010年第六次全国人口普查相比，全市常住人口中，15岁及以上人口的平均受教育年限由8.75年提高至9.40年。

七、文盲人口

全市常住人口中，文盲人口（15岁及以上不识字的人）为109605人，与2010年第六次全国人口普查相比，文盲人口减少28755人，文盲率[7]由6.54%下降为5.56%，下降0.98个百分点。

八、城乡[8]人口

全市常住人口中，居住在城镇的人口为1264102人，占64.16%；居住在乡村的人口为706163人，占35.84%。与2010年第六次全国人口普查相比，城镇人口增加144551人，乡村人口减少288562人，城镇人口比重提高11.21个百分点。

九、流动人口[9]

全市常住人口中，人户分离人口[10]为533337人，其中，市辖区内人户分离[11]人口为180740人，流动人口为352597人。流动人口中，跨市流入人口为69725人，市内流动人口为282872人。

注释：

［1］本公报数据均为初步汇总数据。部分数据因四舍五入的原因，存在总计与分项合计不等的情况。

［2］常住人口包括：居住在本乡镇街道且户口在本乡镇街道或户口待定的人；居住在本乡镇街道且离开户口登记地所在的乡镇街道半年以上的人；户口在本乡镇街道且外出不满半年或在境外工作学习的人。

［3］指各县区常住人口占全市常住人口的比重。

［4］家庭户是指以家庭成员关系为主、居住一处共同生活的人组成的户。

［5］0～15岁人口为426067人，16～59岁人口为1219804人。

［6］平均受教育年限是将各种受教育程度折算成受教育年限计算平均数得出的，具体的折算标准是：小学=6年，初中=9年，高中=12年，大专及以上=16年。

［7］文盲率是指常住人口中15岁及以上不识字人口所占比例。

［8］城镇、乡村是按国家统计局《统计上划分城乡的规定》划分的。

［9］流动人口是指人户分离人口中扣除市辖区内人户分离的人口。

［10］人户分离人口是指居住地与户口登记地所在的乡镇街道不一致且离开户口登记地半年以上的人口。

［11］市辖区内人户分离人口是指一个地级市所辖的区内和区与区之间，居住地和户口登记地不在同一乡镇街道的人口。

淮海经济区核心区城市简介

淮北市　地处苏豫皖三省交界，下辖濉溪县、相山区、杜集区、烈山区，面积2741平方千米，全市户籍人口218.8万人，是中原经济区、淮河生态经济带、长三角城市经济协调会重要成员。2020年，获“国家节水型城市”称号，是皖北地区最稳定的城市、全省最稳定的城市之一。全年实现地区生产总值（GDP）1119.1亿元，按可比价格计算，比上年增长3.3%。其中第一产业增加值80.4亿元，增长0.8%；第二产业增加值467.0亿元，增长3.8%；第三产业增加值571.7亿元，增长3.3%。三次产业结构7.2∶41.7∶51.1，与上年相比，第一产业比重提高0.4个百分点，第二产业比重下降1个百分点，第三产业比重提高0.6个百分点。一般公共预算收入80.1亿元、增长6.1%，规上工业增加值增长3.5%，固定资产投资增长9.3%，社会消费品零售总额460.8亿元、增长1.3%，进出口总额超10亿美元、增长24.2%，城镇、农村居民人均可支配收入分别增长4.9%、8.3%。

菏泽市　中国牡丹之都，隶属于山东省，古称曹州。位于山东省西南部，鲁苏豫皖四省交界地带，东与济宁市相邻，东南与江苏省徐州市、安徽省宿州市接壤，南与河南省商丘市相连，西与河南省开封市、新乡市毗邻，北接河南省濮阳市。总面积12238.62平方千米。2020年，规模以上工业增加值增长3.4%。社会消费品零售总额增幅由负转正、实现1.2%增长、增幅居全省第2位；规上服务业营业收入增长16.6%、增幅居全省第1位。新增跨境电商企业78家，实现出口214.3亿元、增长21.9%，实际使用外资2.9亿美元、增长49.7%。内陆港保税物流中心（B型）、山东润泽公用型保税油库当年批复建设，当年验收运营，正式进入“无水港口时代”。省级重点项目完成投资729亿元、居全省第2位，鲁西南大数据中心、大唐5G微基站等39个省市重点项目竣工投产，全市固定资产投资增长7.5%、增幅居全省第3位。编制产业图谱和招商地图，新签约过亿元项目450个、计划投资2660亿元，上海公卫（菏泽）产业园、石炭纪纳米新材料等一批技术领先项目落地建设。引进高端专家186位、“双一流”高校毕业生569人。实施“工业强市”战略，“231”特色产业竞争优势持续增强。全面启动菏泽现代医药港建设，“一港四园、多点支撑”格局初步形成，生物医药产业投资额、营业收入、利润分别增长135.4%、28.7%和18.3%。赛托生物被评为国家级绿色工厂企业，步长制药等3家企业被评为山东省技术创新示范企业。东明石化财务公司获批设

2020年9月16—17日，第二届淮海经济区立法协作联席会议在淮北市召开　（市人大办公室　供图）

立，高端聚丙烯项目投产，润泽化工100万吨/年连续重整，中信国安三期等项目加快推进，高端化工产业提质增效。优势产业加速转型。启动“千企技改三年行动”，制造业技改投资增长58.2%、居全省第1位。

济宁市　位于山东省西南部，地处鲁苏豫皖四省交接地带。总面积1.1万平方千米，人口808.19万人。2020年，地区生产总值达4494.3亿元，年均增长5.5%。一般公共预算收入达到411.8亿元、年均增长3.7%，税收占比达到73.3%。三次产业比重调整为11.7 ∶ 39.2 ∶ 49.1。存贷款余额分别新增2468.3亿元、2034.1亿元。城镇、农村人均可支配收入年均分别增长6.6%、8.2%。常住人口城镇化率达60%。以全省第1、全国第5名成绩迈入全国文明城市行列，双拥模范城实现“八连冠”。实施新旧动能转换重大工程，关停散乱污企业1620家，处置僵尸企业68家，万元GDP能耗下降17.2%。改造提升传统动能，累计投入技改资金4000亿元，“两化”融合率达到81.2%、提高25个百分点，4个产业入选省首批现代优势产业集群。培育壮大新动能，“四新”经济占比由2017年15.3%提高到23.3%，“四新”投资占比达到62.2%，新增上市公司5家。邹城市获评全省高质量发展先进县，梁山县获评中国专用汽车产业基地，济宁高新区连续两年获国家新型工业化产业五星级示范基地。省级以上开发区建成产业研究所40家，在全省率先实体化运作市产业技术研究院，加快建设济宁创新谷，高新技术企业达到614家、新增337家，新增“瞪羚”企业、“单项冠军”企业78家，3家企业入选国家工业强基工程。省级以上技术创新中心、工程技术研究中心、企业技术中心等科创平台达430家、增加243家，建成院士工作站63家，高新技术产业产值占比提高10.9个百分点，获评支撑绿色发展国家级创新型城市。山推工程机械股份有限公司创建首个省级高端装备产业创新中心，太阳纸业获国家科技进步一等奖。

连云港　位于中国大陆东部沿海，长江三角洲北翼，江苏省东北部，是新亚欧大陆桥经济走廊首个节点城市、国际性港口城市、中国十大海港之一。2020年，推出“暖企22条”等系列措施，为企业减免税费61.5亿元、融资贷款1500亿元。实施惠民生促消费十项政策，投放各类消费券7282万元。一般公共预算收入剔除减税降费因素增长6.5%。限上社会消费品零售总额增幅苏北第一。工业应税销售增长5.8%，新增规上工业企业140家。国家级高新技术企业净增67家，国家级企业技术中心总量苏北第一。新增省级以上服务业重点项目8个。新增16个药品纳入国家医保目录，其中1类新药5个，居全国地级市首位。5G信号中心城区和县城实现全覆盖，国际互联网数据专用通道获批建设。在全国率先实现主要农作物生产全程机械化。建成省主题创意农园8家。自贸区建立“新政28条”“1+8”产业发展等政策体系，形成创新实践案例57项，5项案例全国首创，国家、省改革试点任务实施率达 95%。30 万吨级原油码头主体完工。港口完成吞吐量 2.52 亿吨、集装箱 480 万标箱。中哈基地物流量、国际班列实现大幅增长，中亚回程运量居全国首位。电商网络零售额激增三成，获批国家级数字商务企业 1 家，实现国家级电商示范县全覆盖。获批建设国家跨境电商零售进口试点城市和综合试验区，服务平台、体验中心投用，海外仓加快布局。实施“一带一路”境外投资项目 12 个。走进上合秘书处举办推介会，举办长三角城市协调会、农产品进出口对接会、粤港澳经贸合作交流会。实际利用外资 8 亿美元，外贸进出口保持正增长。

临沂市　位于山东省东南部，地近黄海，东连日照，西接枣庄、济宁、泰安，北靠淄博、潍坊，南邻江苏。总面积 17191.2 平方千米，是山东省面积最大的市。2020 年，全市地区生产总值增长 3.9%，一般公共预算收入增长 6%。新增建设用地增长 66%，金融机构本外币存贷款余额分别增长 15.7% 和 18.4%，居全省第 4 位、第 1 位。促进 99.2% 规模以上工业企业复产达产，工业增加值增长 7.8%。全市固定资产投资增长 4%。临港精品钢基地一期 640 万吨产能落地，钢投不锈钢一期项目投产，千亿级精钢集群蓄势崛起。实行“云招商 + 见面谈”模式，“双招双引”引建项目 1130 个，到位市外资金 1250 亿元，实际利用外资 10.8 亿美元。制定“才聚沂蒙”23 条，搭建沂蒙创新研究院、博士创业园和人才金融“1+N”服务平台，引进高层次专家团队 130 个。出台拉动消费 18 条、支持商城复市营业 9 条，开展全国家政服务“领跑者”城市试点，顺和直播电商科技产业园、临谷电商科技创新孵化园、云智谷供应链直播小镇形成规模，全市网络零售额增长 14.6%。在全省率先启动线上文旅惠民消费季，全市旅游总收入达到 426 亿元，沂水萤火虫 · 地下大峡谷获评国家 AAAAA 级旅游景区，沂南县入选国家级全域旅游示范区，郯城县被评为省级休闲农业和乡村旅游示范县，获评全国旅游标准化示范单位。全市有进出口实绩企业 3548 家，市场采购贸易方式出口增长 84.4%，进出口总额增长 39.9%。举办商博会、粮博会、体博会和首届进口展等展会 149 个，展出面积 143.6 万平方米。

商丘市　位于豫鲁苏皖四省接合部，是河南省的东大门，下辖 6 县 2 区 1 市和 1 个城乡一体化示范区，总面积 1.07 万平方千米，户籍总人口 926.17 万人。2020 年全市生产总值 2925.33 亿元，比上年下降 0.8%。其中，第一产业增加值 515.56 亿元，增长 3.0%；第二产业增加值 1106.87 亿元，下降 4.0%；第三产业增加值 1302.90 亿元，增长 1.2%。第三产业增加值占生产总值比重为 44.5%，比 2019 年提高 0.2 个百分点。全年城镇新增就业人员 6.61 万人，城镇失业人员再就业 1.98 万人，就业困难人员再就业 0.71 万人。年末城镇登记失业率为 4.36%。新增农村劳动力转移就业 7.8 万人，年末农村劳动力转移就业总量 252.4 万人。全年居民消费价格比 2019 年上涨 2.5%。商品零售价格上涨 2.0%。农业生产资料价格上涨 2.2%。

粮食产量常年稳定在 120 亿斤以上。是全国六大无烟煤基地之一，通柘煤田储量 230 亿吨，是河南省迄今发现的最大煤田。全市水泥、平板玻璃产量比 2019 年分别下降 10.8% 和 4.8%。年末商品房待售面积比 2019 年末下降 28.0%。文化、体育和娱乐业投资增长 73.7%，居民服务、修理和其他服务业投资增长 176.2%。全年规模以上工业中，医药制造业、计算机通信和其他电子设备制造业增加值比 2019 年分别增长 10.5% 和 9.2%。规模以上服务业中，软件和信息技术服务业营业收入增长 16.4%。高技术制造业投资增长 35.2%，高于全市固定资产投资增速 29.2 个百分点。年末，全市市场主体数量达 55.67 万户，增长 21%。

宿迁市　位于江苏省北部，北倚骆马湖，南临洪泽湖。宿迁自古便有“北望齐鲁、南接江淮，居两水中道、扼二京咽喉”之称。2020 年地区生产总值 3260 亿元，人均地区生产总值 6.6 万元；一般公共预算收入 221.2 亿元。县域经济整体提升，沭阳县在“全国百强县”排名升至第32位，泗洪县跻身“全国百强县”，泗阳县获全省推进高质量发展争先进位综合奖，宿豫区获全省“人民生活高质量”争先进位奖，宿城区在全省主城区高质量发展监测中升至第9位。创新“168”招商体系，打响“一节一会”招商活动品牌，五年累计引进亿元以上项目1485个，10个百亿级重大产业项目成功落户。固定资产投资年均增长6.8%。工业经济加快转型升级，启动千百亿级产业培育工程，规上工业总产值、增加值年均分别增长11%和8.7%，高新技术产业产值占比提升11.8个百分点。新增开票销售超十亿元企业37家、超百亿元企业3家、A股上市企业3家。粮食生产实现“十七连丰”，花木、果蔬、稻米产业产值突破百亿元。新增生态高效农业105.9万亩，农业机械化水平提高7.5个百分点、达87%。建成2个国家级现代农业产业园和1个省级农业高新技术产业示范区，省级以上现代农业产业园实现县区全覆盖。创立“宿有千香”农产品区域公用品牌，绿色优质农产品比重超70%。实施服务业“三大行动计划”，服务业增加值年均增长7.8%。旅游业五年接待国内外游客量、旅游总收入较“十二五”时期实现翻番；洪泽湖湿地景区创成国家5A级景区。电子商务交易额年均增长30%以上，获批中国（宿迁）跨境电子商务综合试验区。

宿州市　位于安徽省东北部，是长三角城市群、中原经济区重要节点，宿淮蚌都市圈、宿淮城市组群城市，安徽区域中心城市之一，是安徽省文明城市，国家园林城市，国家智慧城市，全国网球城市、宜居城市，安徽省重要的交通枢纽。2020年，深入推进“三重一创”建设，省级云计算战新基地加快数字化、智能化转型，智能制造、生物医药等新兴产业蓬勃发展，规上工业增加值增长5.3%。率先建成省内首个5G连片试验区，改造、新建2500个5G基站，华瑞赛维建成导航领域亚洲唯一虚拟全景测试实验室，数字城市四项指标首次跻身全国百强。“1525”重点技改行动计划接续实施。开展“融入长三角一体化重点项目建设推进年”活动，黄淮海（宿州）智慧物流产业园等开工建设，腾讯未来城市联合创新中心、宿州经开区生物医药科技园、宿马智能终端产业园等项目提速提效，阿里巴巴犀牛智造产业园等建成投产，709个省级亿元以上重点项目累计完成投资810亿元。符离大道沿线烧鸡文化产业园等项目列入国家“十四五”文旅融合提升工程支持范围，泗县大运河国家文化公园初具雏形。粮食总产449.6万吨、实现“十七连丰”，完成生猪存栏任务，农业产业化联合体发展到312家、全省第一。埇桥区国家现代农业产业园创建成功。中国农民丰收节安徽主会场活动在泗县举行。区域经济协调发展。持续实施“3111”工程，县区、园区完成首位产业产值1100亿元。埇桥区获评“中国绿色家居产业示范基地”，砀山县获称“中国梨都”，萧县蝉联全国投资潜力百强县，泗县获评“国家外贸转型升级基地”。宿马园区获批国家级“绿色工业园区”，宿州高新区数字小镇入围中国特色小镇50强。

徐州市　地处苏、鲁、豫、皖四省接壤地区，是淮海经济区中心城市，长江三角洲区域中心城市，徐州都市圈核心城市，新西兰产品中国展销中心总部驻地，国际性新能源基地。2020年，全市完成GDP 7319.77亿元，增长3.4%；实现一般公共预算收入481.8亿元，增长2.9%；工业应税销售收入增长5.83%，规上工业增加值增长6.3%；规上固定资产投资增长40%，增幅居全省前列；存贷款余额分别增长13.75%、20.33%。新签约、开工、投产产业项目分别达到715个、610个、486个。四大新兴产业产值增长21%，高新技术产业产值增长15.4%，占比46.6%、提升6.5个百分点。各类市场主体培育成效显著。新增“四上”企业2051家，其中，规上工业企业515家。高成长型企业加快培育，3家企业获批制造业单项冠军（产品），3家企业获批国家专精特新“小巨人”企业。新增市场主体22.55万户，总量达115.8万户。

枣庄市　位于山东省南部，东依沂蒙山，

西濒微山湖，南接华东门户徐州，北临济宁。枣庄因多枣树而得名，是著名的煤城。辖薛城区、市中区、峄城区、山亭区、台儿庄区、滕州市。面积4564平方千米。2020年，全市生产总值实现1733亿元，按可比价格计算“十三五”期间年均增长4.9%。一般公共预算收入完成140.8亿元，剔除消化虚收因素，“十三五”期间年均增长9.4%。社会消费品零售总额达897.8亿元，比2015年增长32.3%。城镇、农村居民人均可支配收入分别达到35098元和17690元，“十三五”期间年均增长6.4%和8%。金融机构存贷款余额分别比“十二五”末增加973.1亿元、649.1亿元，推动高质量发展迈出了坚实步伐。三次产业比例由2015年的10.4 ∶ 47.1 ∶ 42.5调整为9.6 ∶ 40.6 ∶ 49.8，第三产业占比五年间提高7.3个百分点。滕州市、山亭区入选“中国乡村振兴百佳示范县市”。

（葛　飞）

索 引

主题索引

说明：本索引采用主题分析索引方法，按标引词第一字的汉语拼音字母顺序排列。同音字按声调排序，首字相同者第二字音序排列，依次类推。标引词后阿拉伯数字为内容所在页码，数字后 a、b 分别表示该页的左右栏。

A

爱国卫生 321b
安徽（淮北）新型煤化工合成材料基地 173b
安徽福尔足袜业公司 191a
安徽华润金蟾药业股份有限公司 186a
安徽淮北技师学院·淮北工业与艺术学校 286a
安徽淮海实业发展集团有限公司 194a
安徽金富士食品有限公司 187b
安徽金冠玻璃有限责任公司 190b
安徽康美绿筑新材料产业园有限公司 191b
安徽科宝生物工程有限公司 186b
安徽口子酒业有限公司 187a
安徽矿业机电装备有限责任公司 184a
安徽矿业职业技术学院 286b
安徽琪嘉日化股份有限公司 190a
安徽山河矿业装备有限公司 184a
安徽神源煤化工有限公司 184b
安徽陶铝新材料研究院有限公司 290b
安徽曦强乳业集团有限公司 187a
安徽英科医疗用品有限公司 186a
安徽中意胶带有限责任公司 190a
安全生产 192b、193a、194a、195a、227b
安全生产监察执法 272b
安全生产监督管理 272a
安全事故查处 274b
安全宣传教育 273a

B

版权保护 306b
帮扶工作 144b
保密 94b
保密监管 95b
保密检查 95a
保密教育 94b
保密宣传 95a

保险 253b
保险业风险防控 250a
保险业执法检查 250a
保障房建设 210a
保障资金安全 215b
报刊发行 230b
编制周转池制度 81b
殡葬管理 330b
病虫害防治 198a
不动产登记 223a

C

财税 243
财经 80b
财政管理 243a
财政管理改革 243a
财政监管与治理 243b
财政预算执行审计 262a
采煤塌陷村庄搬迁 223a
采煤塌陷区综合治理 223b
参政议政 132b、134a、135a、136b、138a、138b、140a、150a
残疾人教育 154a
仓储建设 240a
测绘管理 223b
产品研发 191a
产业就业扶贫 117a
产业升级 106a
产业投资与发展 213b
产业转型升级 347a
城建环资监督 101b
城市地价管理 223a
城市公共汽车运营管理 229b
城市供电 208b
城市供气 208b
城市供水 208b
城市管理 269a
城市建设投资与融资 213a
城市绿化 208a
城市品位 22b
城市生活垃圾无害化处置 270b
城市双修工作 206b
城市展示馆建设 207a
城市照明 208a
城市转型 21b
城乡规划 206b
城乡环境卫生整治 322a
城乡客运一体化建设 230a
城乡面貌 22a
城乡融合发展 106b
城乡社区和基层政权建设 331a
城乡协调发展 347b
城镇化建设 339a
城镇建设指导 209a
城镇居民生活 335a
城镇居民医疗保险 333b
城镇职工（生育）医疗保险 333b
惩治犯罪 159a
出入境管理 160a
出生人口 320b
出租汽车运营 230a
畜牧业 200a
传媒 311a
传染病防控 320a
传统产业 181b
船舶管理 228b
创新驱动 259b
创新协商平台 125a
创新型县建设 339b
创业服务 144b
从严治党 23b
村级集体经济 118a
存款与贷款 246a

D

大气环境监测 216a
大气环境质量 217b
大气污染防治 219b
大事记 31
大数据 232b
大数据产业 114a
大唐淮北发电厂 189a
大运河文化带 304a
代表建议办理 103b
代表选举 103a
党风廉政 83a
党风政风监督 128b
党建 80a
党建品牌 83a
党刊 80b
党史编研 91a
党校 90a
档案 92b
档案利用 94a
档案新馆 94a
档案征集 93b
道路维修 207b
道路运输安全 225b
地方金融监管 247b
地方志 91b
地名服务管理 331b
地情资源 92a
地形地貌 54a
地震观测站 300a
地震监测 300b
地震灾害防御 300b
地质服务 301b
地质勘查 301a
地质勘查与灾害防治 222b
地质勘探 301a
第七次全国人口普查工作 261b
电力工业 188b
电商产业园 237b
电商扶贫 237a
电商服务体系 237a
电网建设 188b
电信淮北分公司 234a
电子商贸 338b
电子商务 237a
电子信息产业 185a
电子信息制造业 185a
定点屠宰监管 200b
都邦财险淮北中心支公司 255b
杜集经济开发区 177a
杜集区 344b
对外经贸合作 153a
对外经贸交流 112a
对外联络 139b
对外贸易 238b
对外友好交流 111b
多层次养老服务体系 330a

F

发展和改革 258a
法治 156
法律服务 165a
法院 163a
法治监督 100a
法治宣传 164b
法治营商环境 158b
法治政府建设 157a
反洗钱管理 247a
方言 60b
防范返贫 117b
防汛工作 203b

防灾减灾救灾 120a
防震减灾 300a、301a
房产超市管理 211a
房产信息化管理 211a
房地产开发与管理 209b
房地产市场 209b
房屋鉴定 210b
房屋征收 210a
纺织服装业 190b
非公经济领域统战 78a
非煤矿山安全生产管理 272b
非遗项目 304b
扶贫开发 116a
扶贫项目资金 117a
服务企业 152b
服务政府 107a
福利彩票 331a
妇幼保健 320b
妇幼健康 320b
复工复产 30a

G

改革开放 21b
干部队伍 72b
干部监督 73a
干部选拔 73a
港口航道管理 228b
高标准农田建设 199b
高等教育 287a
高端装备制造业 183b
高新技术产业 290b
耕地保护 222a
工程技术研究中心 291b
工贸安全生产管理 272b
工伤保险 328b
工行淮北分行 251a
工业 181、338a、343a、345a
工业化与信息化融合 182b
工业节能 218b
工业强市 181a
工资福利管理 327b
公安 158b
公安执法 161b
公共机构节能 219a
公共交通 229a
公共体育场馆 311a
公共卫生 319b
公共卫生服务体系 319b
公共文化 76b、303a
公共资源交易管理 264a
公共自行车运行 230a
公立医院改革 318b
公路 226a
公路路网建设 226a
公路养护与管理 226a
公路运输安全 226b
公务接待 114b
公务用车 114b
公务用房 114a
公益诉讼 162b
公用事业 208a
供给侧结构改革 181b
供销合作 239a
共青团淮北市委员会 143b
孤儿生活保障 331a
关爱活动 146b
关心下一代 86b
规范性文件 157b
规划编制 221b
规划管理和服务 207a
国防教育 166b
国库管理 247a
国民经济 60b

国民经济和社会事业 60b
国内贸易 236a
国土空间规划编制 206b
国土空间生态修复 222b
国有企业管理 244a
国有资本管理 244a
国有资产监督管理 244a

H

海关 268a
海关监管 268b
海外文化交流 148b
河湖长制 204a
红十字精神 154b
后勤保障 166b、167b
华孚时尚股份有限公司 190b
化学工业 190a
淮北贝宝食品有限公司 187a
淮北高新技术开发区 171a
淮北国安电力有限公司 189b
淮北淮海建设工程有限公司 213a
淮北军分区 166a
淮北矿工总医院 326a
淮北矿业（集团）工程建设有限责任公司 212b
淮北矿业（集团）有限责任公司 191b
淮北申皖发电有限公司 189b
淮北师范大学 287b
淮北市博物馆 305b
淮北市残疾人联合会 153a
淮北市第二中学 282a
淮北市第三实验小学 280a
淮北市第十二中学 284a
淮北市第四人民医院 326b
淮北市第五中学 284b
淮北市第一实验小学 280a
淮北市第一中学 283b
淮北市妇幼保健院 326a
淮北市工商业联合会（总商会） 149b
淮北市公共交通有限公司 230b
淮北市归国华侨联合会 148a
淮北市海宫学校 282a
淮北市监察委员会 127
淮北市科学技术协会 147a
淮北市矿山博物馆 305b
淮北市黎苑小学 280b
淮北市梅苑学校 281b
淮北市汽运公司 227a
淮北市泉山路学校 281b
淮北市人民代表大会 96
淮北市人民路学校 281a
淮北市人民医院 325b
淮北市人民政府 105
淮北市实验高级中学 283b
淮北市实验学校 282a
淮北市首府实验小学 280b
淮北市濉溪路小学 280b
淮北市特殊教育学校 285a
淮北市图书馆 305b
淮北市文化馆 305a
淮北市文学艺术界联合会 151a
淮北市西园中学 282b
淮北市先进高分子结构材料 183a
淮北市直机关第一幼儿园 279a
淮北市中芬矿山机器有限责任公司 184a
淮北顺发食品有限公司 187b
淮北万里龙波电气有限公司 185b
淮北旺能环保能源有限公司 189a
淮北卫生学校 286b
淮北旭源食品有限公司 187a
淮北职业技术学院 288a
淮北至宁波港海铁联运班列 228a
淮海经济区核心区城市简介 374

淮优农业品牌 197b
环保督察 217b
环境保护 216a
环境监管 216b
环境污染事故处置 217a
环境噪声监测 216b
环境质量 217b
患者救治 28b
徽商银行淮北分行 253b
婚姻登记 330b
货币流通 247a
货币政策落实 246a

J

建行淮北市分行 251b
基层组织建设 146b
基层中医药服务能力 323a
基层文化阵地 303a
基层卫生服务能力 319a
基层团组织建设 143b
基层老年协会 323b
基层建设 167b
基层供销社建设 239b
基层党组织 82a
机械化生产 202a
机关事务 114a
机构和人员编制 81a
基础建设 168b、171b
基础设施建设 26a、225a、345b
家庭家风 146a
家庭医生签约 319b
假日经济 236b
价格管理 263a
价格监测调控 263a
价格监督管理 263a
价格认定 263b
监察执法 273a
监督检查 130a
监所管理 160b
检察 162
检务公开 162b
减税降费 244b
简政放权 107b
建设项目环境管理 220b
建设用地报批 222b
建筑安全生产 212a
建筑工程质量管理 211b
建筑垃圾资源化利用 271b
建筑施工扬尘防治 220b
建筑市场管理 212a
建筑业 211b
健康产业发展 323b
健康素养促进 322a
健康养老服务 b323
交流联谊 122b
交通节能 218b
交通银行淮北分行 252b
交通运输 225a
交通噪声治理 220b
交通秩序管理 160b
交易管理体制改革 264a
交易秩序监管 264a
交易主体监管 264b
教育 276
教科卫体委员会 124b
教科文卫监督 101b
教育督导 277b
教育教学改革 283a
教育培训 73b、90a、119b
教育信息化建设 278a
教育质量 285b
教育资助 277a
接访下访 115b

秸秆综合利用　197a
节能管理　219a
节能技能技术　219a
节能减排　218b
节庆旅游活动　308b
节水型城市　206a
节制闸查险除险　204a
巾帼建功行动　145a
金融　246
金龙机电（淮北）有限公司　185b
金融风险防控　247b
金融服务　249a
金融稳定措施　246b
金融消费者权益保护　247b
金融运行　246a
经济案件侦破　159b
经济发展与研究　112a
经济监督　100b
经济委员会　124a
经济责任审计　262a
经贸合作平台　152b
精细化管理　214b
精准帮扶　118b
精准扶贫　65a、150b
精准监察　274a
精准招商　179b
警示教育　130b
竞技体育　309b
敬老月活动　323b
九三学社淮北市委员会　139b
就业创业　328a、332a
就业扶持　153b
就业脱贫　118a
捐献工作　155b
决策信息　79b
军事　166
军民共建　167a

K

“抗补促推”专项行动　116b
康复服务　153a
抗旱工作　203b
考古发掘　305a
科技成果　289b、297a
科技成果　297b、298a
科技创新　171a、172b、174a、174b
175b、188a、193b、194b
科技服务　a297
科技惠民服务　290a
科技活动　296a
科技交流与合作　290a
科技教育　147b
科技普及　296a
科技项目　297a
科技政策支持　289a
科技咨询　296b
科技资源　290b
科普宣传　147a
科普阵地　148a
科学技术　289
科研资政　90b
课题调研　79b、112a
快递网点建设　231a
快递行业安全监管　231a
快递行业管理　231a
矿产资源保护监督　222b
矿业权管理　222a
困难残疾人生活和护理补贴　330b

L

“两年”活动现场推进会　333a

"两治三改"工作 343a
劳动保护 142b
劳动保障监察 328a
劳动竞赛 142a
劳模服务 142a
联通淮北分公司 235a
老干部工作 84b
老旧小区整治 210a
老龄普法宣讲 324a
老龄文体活动 323b
离退休干部党建 84b
理论武装 75a
理论宣讲 75a、90a
理论研究 90b
历史名人 60a
历史人文 58a
立法工作 99b
立法与监督 99b
粮食流通 240a
粮食收购 240a
粮油市场运行 240b
两淮采煤沉陷区综合治理现场会 224
烈山经济开发区 178a
烈山区 346b
林业 204a
林业产业化 205b
林长制改革工作 204b
临涣焦化股份有限公司 184b
旅行社管理 308a
旅游 306b
旅游安全管理 308a
旅游发展规划编制 307b
旅游市场开拓 308b
旅游市场整治 308a
旅游营销活动 309a
旅游资源开发 307a
绿色建筑暨建筑节能 211b
绿色食品产业 342b

M

贸促活动 239a
媒体深度融合 311b
媒体宣传 75b
煤化工产业 184
煤矿安全监管 273a
煤矿安全生产监察 273a
煤矿水害治理 273b
煤炭工业 188
美丽乡村建设 198b、214b
美术书法创作 304a
免疫规划 320b
民办教育 278a
民革淮北市委员会 132a
民建淮北市委员会 134b
民进淮北市委员会 136a
民盟淮北市委员会 133b
民商事案件 164a
民生福祉 23a
民生工程审计 262a
民生实事监督 102a
民事案件 162a
民营经济发展 182a
民营企业 150a
民政事务 329a
民主党派 132
民主党派和党派代表人士 77b
民主法治 23b
民主监督 122a
民族 60a
民族事务管理 336a
民族团结进步工作 336b

民族宗教 78b
民族宗教和外事委员会 125a
民族宗教事务 336a
模范机关建设 83b
目标管理与督查 89a

N

农业与农村工作监督 102b
纳税服务 245a
内部审计 262b
农村安全饮水 203b
农村公路监管 226b
农村集体产权制度改革 198a
农村精神文明建设 89a
农村居民生活 335b
农村面源污染防治 220a
农村人居环境整治 197b
农村生活垃圾治理 271b
农村危房改造 209a
农发行淮北市分行 250a
农副产品市场 236b
农工党淮北市委员会 137a
农机安全生产 202a
农机购置补贴 202a
农机人员培训 202a
农行淮北分行 252a
农药监管 199b
农业 338b
农业和农村委员会 124a
农业机械化 201b
农业科技 201a
农业科技服务 201b
农业科技培训 201a
农业农村气象服务 299b
农业生产提质增效 196b
农业与农村工作 196

P

拍卖业 236b
盘活社有资产 240a
盘活闲置资产 214b
贫困群众收入 26a
平安淮北 163b
平安建设 156a
平安人寿农行淮北中心支公司 254b
平安校园建设 277b
普通高中教育 282b、283a

Q

企业服务 150b
企业改革 193a
企业经营环境建设 182a
气象服务 299a
气象观测与服务 299a
气象科普 300a
气象科研 299a
气象与气候 55a
汽车驾驶培训管理 227a
汽车维修行业管理 227a
桥梁建设与维修 207b
清单制度体系 81a
区域合作 259a
权力运行 158a
权益维护 145b
全国劳动模范 351b
全国五一劳动奖章获得者 352a
全国先进工作者 352a
全面依法治市 157a
全民阅读推广活动 302b

全民义务植树 204b
全市景区质量提升 307b
群众体育 309b
群众团体 141
群众文化艺术节 303a
群众性精神文明创建 88a

R

人物 349
人保财险淮北市分公司 253b
人才 73b
人才高地建设 327a
人大代表 103a
人道救助 154b
人工影响天气 300
人口 59a
人口资源环境委员会 124b
人力资源和社会保障 327a
人民调解 165b
人民防空 168a
人民生活 335a
人事劳动调解仲裁 328b
人事任免 96a
日常战备 166a
融媒体 76a
融资规模 248a
软件和信息服务业 185a

S

“双创”平台 298a
“四个清零”行动 118a
“四基一高一大”产业 181b
三大攻坚战 106a
三森创建 205a
扫黑除恶 156b
森林长廊建设 204b
森林资源保护 205b
山场多目标经营工程 204b
商贸服务 236
商贸服务业 345a
商品房销售 210a
商事制度改革 265b
上市企业 256b
少先队工作 144b
社保基金管理 329a
社会扶贫 26b
社会服务 78a、133a、134b、135b、136b、138a、139a、140b
社会和法制委员会 124b
社会救助 329a
社会矛盾纠纷 158b
社会民生 327
社会平安 159a
社会事业 62b、340a、345b、347b
社会治安管理 160a
社会治理 156a
社会主义核心价值观 75b
社会组织管理 329b
社科联 77a
社区矫正 165a
深化改革 80a、192b、194a、194b
深化改革扩大开发 106b
深化金融创新 248a
审查调查 130a
审计 261b
生产经营 192a
生产经营 193b
生活待遇 85b
生态环境治理 345b
生物制药 186a
声环境质量 218a
省级卫生城市创建 321b

失业保险 329a
诗词创作 303b
石榴产业 205a
石油 241a
实施乡村振兴战略 196b
实体经济 105b
食品工业 186b
史志信息化 92b
史志宣传 92a
市场监督管理 265b
市场经济秩序维护 162b
市场秩序监管 266b
市妇女联合会 145a
市红十字会 154b
市花市树市歌 60b
市紧急医疗救援（市 120）指挥中心 321a
市青少年宫 144b
市情概览 54
市容秩序整治 269a
市委常委会工作报告 1
市校共建 287a
市长热线 111a
市政建设 207b
市直机关党建 82a
市总工会 141a
事业单位改革 81b
事业单位人事管理 327b
收费管理 263a
手机 App 建设和应用 233a
蔬菜生产 200a
数据应用 233b
数字化建设 94b
双拥工作 332b
水产品质量监管 201a
水环境质量 218a
水利 202b
水路 228a
水上运输安全监管 228b
水土保持 221b
水污染防治 220a
水行政执法 203a
水质监测 216b
水资源管理 221a
水资源开发利用 202b
水资源与水土保持 221a
税收征管 245a
税务 244b
税务稽查 245
司法服务与司法公开 163b
司法改革 164a
司法行政 164b
思朗食品（淮北）有限公司 187b
思想道德建设 87b
思想建设 132a、133b、135a、136a、137b、138b、140a、149b
思想引领 141a、143b、145a
思想政治建设 148b
濉溪经济开发区 172a
濉溪芜湖现代产业园 174b
濉溪县 338a
濉溪县鸿源煤化有限公司 184b

T

太平洋财险淮北中心支公司 255a
太平洋人寿保险淮北中心支公司 254b
特困人员供养 329b
特殊教育 284b
特殊行业监管 236a
提案工作 125b
提案委员会 124a
体校与训练基地建设 310b
体育 309a
体育产业 310b

体育场所管理 311a
体制改革 127b
铁路 227b
铁路运输经营 227b
铁塔淮北市分公司 234a
通信服务业 234
统计 260b
统计法治建设 261a
统计分析研究 260b
统计基层基础建设 261a
统计资料 363
统一战线 77b
土地市场交易 223a
土壤环境质量 218a
土壤污染防治 220a
团结民主 122a
退役军人安置 332a
退役军人事务 331b
托育服务 320b
脱贫攻坚 24
沱浍河航道 228a

W

瓦斯综合治理 273b
外事工作 111b
外事管理与服务 111b
完成救援任务 275a
完善交易规则 264b
皖北煤电（集团）责任公司 193a
网络安全 161a
网络安全防护能力建设 232a
网络安全和信息化管理 232a
网络安全检查 232b
网络问政平台 111a
网上交易平台建设 265a
网上宣传 232a
网友留言督办 89b
危险化学品安全监管 272a
维护合法权益 154a
维护市场秩序 267b
维权服务 142b
卫生监督 322b
卫生监督综合执法 322b
卫生健康民生工程 319b
卫生人才队伍建设 318b
卫生应急处置 321a
文保单位维修管理 304b
文稿服务 107a
文稿工作 112a
文化产业 76a、304a
文化产业扶持 304a
文化惠民活动 302a
文化设施 305a
文化市场管理 306a
文化市场综合执法 306b
文化事业 302a
文化文史和学习委员会 125a
文化遗产保护 304a
文旅融合发展 304a、339a
文明创建 86b
文明旅游宣传活动 307a
文体宣传 154a
文艺创作 303b
文艺活动 151b
文艺精品 76b
文艺精品创作 302a
文艺人才培养 302a
污染防治 219b
污水处理设施运行监管 208a
武警淮北支队 167a
物业管理 210b

X

戏曲创作 303b
县区概况 338
现代农业 345a
乡村治理 27a
相邦铝基复合材料产业技术研究院 291b
相山经济开发区 175b
相山区 342a
项目建设 22b、171b、172b、173b、175b、177a
消防救援 274b
消防训练 275a
消费扶贫 117b
消费维权宣传 267b
消费者权益保护 267a
校际交流活动 285a
新的社会阶层人士统战 78b
新冠肺炎疫情防控 28
新时代文明实践中心 87a
新网工程建设 239a
新型建材业 191a
新型农业经营主体培育 197b
信访 96b、115a
信访积案 115b
信访受理 116a
信息化建设 83a
信息宣传 96b
信用城市建设 258b
刑事案件 159b、162a
行政案件 162a、164a
行政区划 58b
行政审批 112b、216a
行政执法 158a、225b
宣传教育 130b、168b
宣传思想 74b
学前教育 278
学生军训 166b
学术交流 147b
学校体育 310a
血液安全与管理 325a
巡察成果 84b
巡察队伍 84b
巡察工作 84a
巡察监督 130a

Y

烟草专卖 241b
盐业 240b
养老保险 328b
养殖技术应用 201a
药品和医疗服务价格管理 334b
要素保障 222a
野生动物保护管理 205b
业务指导 93b
夜经济 236a
医保基金监管 334a
医保支付改革 334a
医疗保障 333b
医疗单位 325b
医疗和工业危险废物 220b
医疗机构环境卫生 321b
医疗卫生事业 317b
医疗行业监管 322b
医疗质量管理 324a
医疗秩序维护 325a
医养结合 318a
医药卫生体制改革 318a
医政管理 324a
依法行政管理 269b

依法行政制度 157b
依法治档 93a
移动淮北分公司 234b
义务教育 279a
义务教育均衡发展 279b
义务教育学校标准化建设 280a
艺术创作成果 151a
艺术交流 152a
议案建议提案落实与办理 89b
疫情防控 64b、312a
疫情监测 28b
意识形态 74b
银行 250a
银行保险业监管 248b
印刷出版市场监管 306b
应急管理 120a
应急广播 120b
应急救护 154b
应急能力建设 321a
应急演练 168b
应急值守与演练 120b
营商环境 171a、174b、176a、177b
拥政爱民 168a
用地审批与服务 222b
用电量 189a
优待抚恤 332b
优化服务 268b
优化医保经办服务 334b
优化债务结构 214b
优质专用小麦 199b
邮政 230b
渔业 200b
预算监督 101a
园区发展 173a、174a、175a、176a、177a
园区建设 178
源创客科技企业孵化器 298a

Z

战略性新兴产业 182b
战新产业 65a
招商活动 179b
招商项目 171a
招商银行股份有限公司淮北分行 253a
招商引资 179b
招商引资与融资 213a
政协淮北市委员会 121
镇村规划编制 209a
镇村建设 209a
整治不正之风 129b
证券 256a
证券交易 256a
政策落实情况跟踪审计 262a
政策研究 79a
政法委及综治 156a
政府工作报告 9
政府投资建设项目审计 262b
政务服务 112b
政务公开 107b
政务公开与便民服务 161a
政务信息 108a
政务信息资源整合 113b
政务云平台建设 233a
政协各专门委员会 124a
政治待遇 85a
政治监督 129a
政治巡察 84a
支付结算管理 247a
知识产权 275a
知识产权保护 275a
知识产权创新和运用 275b
知识产权公共服务 275b

执法监督 156b
职工帮扶 142b
职业教育 285a
职业教育管理教学改革 285b
职业卫生健康 319a
植树造林 204b
志愿帮扶 83b
志愿服务 88b、144a
质量监督管理 266a
质量强市 266b
致公党淮北市委员会 138a
智慧城管平台 271b
智慧城市 232b
智慧工会 143a
智慧检务 163a
智慧交通 225a
中共淮北市纪律检查委员会 127
中行淮北分行 251a
中介代理 210b
中煤矿山建设集团 193b
中煤特殊凿井有限责任公司 213a
中煤远大淮北建筑产业化有限公司 191b
中小河流治理 203a
中小学素质教育 276b
中央脱贫攻坚专项巡视 119a
中医药人才培养 323a
中医医院建设 323a
中医中药 323a
种植业 199b
仲裁 165b
重大动物疫病防控 200a
重点工程项目 214a
重点领域管控 29a
重点片区控规维护 207a
重点项目工程建设 257b
重点项目建设 339a、342a、345b
重点项目谋划 258b
主城区教育资源合理配置 280a
主题宣传 75a
主题主线宣传 311b
主要污染物减排 219b
住房公积金管理 215a
住房公积金归集 215a
住房公积金使用 215a
住房与城乡建设 206
专题协商 121b
专项经营 240b
转型发展 192a、194b
装配式建筑 212a
资产统计 244a
资源管理 221b
资政研究 92a
自然地理 54a
自然灾害 120a
自然资源 57a、223b
自然资源执法 223b
宗教事务管理 337b
宗教团体建设 337a
综合经济管理 258
综合执法改革 81a
组织建设 71a、141b
作风建设 129b

审稿人员名单

（按篇目顺序排列）

徐福信	高立明	韩　强	刘　密	孙　琼	冯立贵
赵媛媛	杨永峰	张　浩	丁傲然	彭健康	朱士珍
陈永刚	钱　辉	王景华	李振球	李广莉	谢守文
周世明	吴　璇	刘　斌	孔　彬	张　红	王冬冬
荆　涛	赵　峰	龙保民	杨体忠	朱　娟	黄思敏
李登玖	颛孙新龙	徐本立	陈龙海	朱成文	周　斌
张　杰	张　瑞	谢传洪	耿　猛	丁道杰	王忠运
王　峰	曹崇君	闻　勇	王雅琳	张　健	梁敦福
杜永甜	徐　萍	程春芳	王　建	徐　彬	张　磊
王　江	任　勇	张振涛	秦　斐	何　斌	张　柯
高立明	周新鲁	李　彬	吴振禹	王亚辉	张海军
王青松	王荣景	李令安	张友明	卢子浩	荣　丽
赵永安	谢　芳	施　展	张宏雷	刘步群	唐为民
刘丽黎	张　萌	李新华	彭玉亭	黄　虹	张弘勇
陈忠新	刘　权	马致华	甘　迪	郝先焰	周允华
王　屈	孙惠萍	李金虎	何　斌	尹农纲	侯孝东
聂礼保	段素文	曹　梅	梁圣杰	王晓燕	赵爱华
密恒忻	徐晓峰	周晓春	靳小兵	张　瑞	边洁茹
吴彦刚	张庆毛	贺　红	罗　才	刘　波	任万里
朱春峰	王润泽	张大伟	吴海燕	林晓虹	孙　懿
张坤鹏	李　东	董　强	丁满乙	王传贺	乐　薇
苏　颖	王荣士	王玉凯	江高潮		

北京文化艺术年鉴

BEIJING CULTURE-ART YEARBOOK

2016

《北京文化艺术年鉴》编辑部　编

方志出版社
Publishing House of Local Records

图书在版编目（CIP）数据

北京文化艺术年鉴，2016 /《北京文化艺术年鉴》编辑部编．-- 北京：方志出版社，2017.3
ISBN 978-7-5144-2658-8

Ⅰ．①北… Ⅱ．①北… Ⅲ．①文化事业—北京—2016—年鉴 Ⅳ．① G127.1-54

中国版本图书馆 CIP 数据核字（2017）第 273590 号

北京文化艺术年鉴（2016）

著　　者：《北京文化艺术年鉴》编辑部
责任编辑：陈　菁

出 版 人：冀祥德
出 版 者：方志出版社
地址　北京市朝阳区潘家园东里 9 号（国家方志馆 4 层）
邮编　100021
网址　http：//www.fzph.org
发　　行：方志出版社图书经销中心
电话　（010）67110500
经　　销：各地新华书店
排　　版：北京纺印图文设计制作有限公司
印　　刷：北京中科印刷有限公司

开　　本：787 × 1092　　1/16
印　　张：22.75
彩插印张：6
字　　数：778 千字
版　　次：2017 年 3 月第 1 版　2017 年 3 月第 1 次印刷

ISBN 978-7-5144-2658-8　　**定价**：150.00 元

▲ 4 月 23 日，中共北京市委常委、宣传部部长李伟（左二）出席在匈牙利国家美术馆举行的齐白石艺术国际研究中心匈牙利中心的揭牌仪式

▲ 8 月 25 日，北京市文化局局长陈冬（左一）带队检查海淀区文化娱乐场所

综合

8 月 12 日，2015 第八届中国国际青年艺术周（俄罗斯主宾国）开幕式

12 月，全媒体时代的文艺价值重构：2015 · 北京文艺论坛

文化娱乐场所消防应急疏散演练

◀ 7 月 16 日，北京喜剧院开业

◀ 11 月 19 日，北京剧目排练中心揭幕

◀ 11 月 20 日，北京天桥艺术中心揭幕

▲6 月 13 日，京津冀非物质文化遗产展在中国农业展览馆举行

◀7 月 25 日 ~26 日，第四届“夏青杯”朗诵大赛（北京赛区）暨第三届“放飞梦想”北京诗歌朗诵大赛

◀大型原创冰雪秀——《冰上传奇》（北京市演出有限责任公司主办）

▲ 6 月 16 日，新疆和田地区新玉歌舞团进京文化交流演出

▶ 8 月 20 日，“放歌京津冀　欢乐进万家”活动

▶ 11 月 11 日，邯郸文化北京行惠民活动

▶ 4 月 17 日，2015 年度区县作协工作会

▶ 7 月 13 日，2015 年北京作家协会、北京师范大学第四期“文学托举梦想”专题培训班

▶ 12 月 8 日，五位作家受聘为北京第二外国语学院客座教授

◀3 月 27 日，第八届北京清明诗会

◀4 月 2 日，第三届“东方少年中国梦”新创意中小学生作文大赛启动仪式

◀9 月 29 日，“祖国礼赞”——当代名家诗歌吟咏会

6 月 30 日，2015 年北京青年剧场开幕仪式暨演出季发布会在北京青年宫举行

7 月 10 日，第五届中国儿童戏剧节开幕

8 月 27 日，2015 年北京金秋优秀剧目展演开幕式在中国评剧大剧院举行

▲11月19日，第二届当代小剧场戏曲艺术节组委会成员及嘉宾

◀话剧《司马迁》（北京人民艺术剧院演出）

◀话剧《万尼亚舅舅》（北京人民艺术剧院演出）

话剧《故园》（北京人民艺术剧院演出）

话剧《牌坊》（北京人民艺术剧院演出）

话剧《爱恋·契诃夫》（中国国家话剧院演出）

▶ 话剧《北京法源寺》(中国国家话剧院演出)

◀ 话剧《青蛙》(中国国家话剧院演出)

▶ 话剧《萨勒姆的女巫》(中国国家话剧院演出)

▶ 话剧《生死场》（中国国家话剧院演出）

▶ 话剧《战马》（中国国家话剧院演出）

▶ 话剧《中华士兵》（中国国家话剧院演出）

◀原创话剧《甄嬛传》在北京保利剧院首演（北京市演出有限责任公司制作、出品）

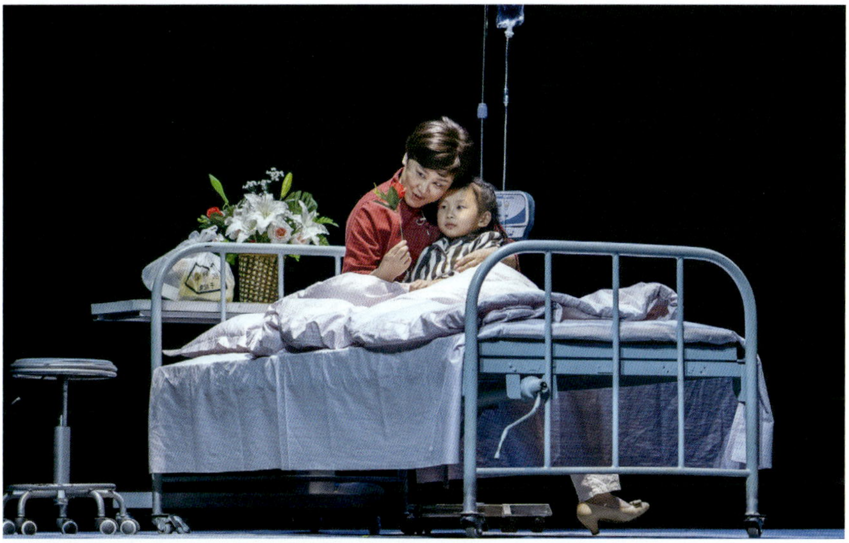

◀原创话剧《生命密码》（中国保险协会、北京市演出有限责任公司、杭州话剧艺术中心联合制作、出品）

◀小剧场话剧《深水区》（北京市演出有限责任公司制作、出品）

▲ 小剧场话剧《幸福年》（北京儿童艺术剧院股份有限公司演出）

▶ 喜剧《光影奇遇》（北京市演出有限责任公司制作、出品）

▶ 喜剧《微时代之籍人》（北京市演出有限责任公司制作、出品）

◀ 喜剧《戏班》（北京市演出有限责任公司制作、出品）

◀ 话剧《老张的哲学》（北京市曲剧团演出）

▲ 话剧《新北平市长》（西城区第一文化馆出品）

金刺猬大学生戏剧节话剧《当归》（许昌学院编剧表演教学实验班演出）

儿童剧《大吉成长记》（北京儿童艺术剧院股份有限公司演出）

儿童剧《胡同.com》（北京儿童艺术剧院股份有限公司演出）

儿童剧《梦的N次方》（北京儿童艺术剧院股份有限公司演出）

木偶剧《飞吧！丹顶鹤》（中国木偶艺术剧院有限责任公司演出）

儿童剧《东海渔人》（中国儿童艺术剧院演出）

▶ 儿童剧《国王在姆咪谷》（中国儿童艺术剧院和芬兰 ACE 演艺制作有限公司联合出品、演出）

▶ 儿童剧《红缨》（中国儿童艺术剧院演出）

▶ 儿童剧《刻舟求剑》（中国儿童艺术剧院演出）

◀ 儿童剧《另辟蹊径》(中国儿童艺术剧院演出)

◀ 儿童剧《掩耳盗铃》(中国儿童艺术剧院演出)

▲ 马兰花艺校 2015 年汇报演出

▲ 儿童剧《一份特殊作业》（中国儿童艺术剧院、东城区革新里小学联合演出）

▲ 京剧《南海子》（北京京剧院、北京戏曲艺术职业学院演出）

◀ 原创京剧《裘盛戎》（北京京剧院演出）

5月9日，北京京剧院开放日——戏迷观众观看武戏展示

5月20日，纪念裘盛戎一百周年诞辰系列活动启动仪式在前门饭店梨园剧场举行

12月20日，京剧亲子剧场系列嘉年华

戏剧

▶ 11 月 7 日，纪念荀慧生 115 周年诞辰暨荀派艺术研讨会在万方苑国际酒店举行

▶ 小剧场戏曲《三岔口 2015》（北京天艺同歌国际文化艺术有限公司出品）

▶ 京剧《钦差林则徐》（天津市青年京剧团在梅兰芳大剧院演出）

◀ 新编昆曲《图雅雷玛》（北方昆曲剧院演出）

▶ 昆曲《李清照》（北方昆曲剧院演出）

◀ 评剧《母亲》（中国评剧院演出）

▶ 评剧《野火春风斗古城》（北京京评戏曲剧团演出）

▲ 大型现代评剧《寸草春晖》（北京凌空评剧团演出）

▲ 复排传统剧目《大刀王怀女》（北京市河北梆子剧团演出）

11月2日，“第十四届中国戏剧节”优秀入选剧目河北梆子《北国佳人》在苏州人民大会堂展演（北京市河北梆子剧团演出）

5月18日，北京市河北梆子剧团建团55周年系列活动新闻发布会在国家大剧院举行

曲剧《黄叶红楼》（北京市曲剧团演出）

曲剧《方珍珠》（北京市曲剧团演出）

2015 年北京市曲剧团星火工程文艺演出

纪念北京曲剧《烟壶》创排 20 周年座谈会合影

▶ 化妆相声《北平无战事》：李伟建携青年演员表演

▶ 京韵大鼓《重整河山待后生》：赵玉明（左）、马增蕙（中）、马玉萍（右）演唱

◀ 相声《红灯记》：李金斗（右）、李建华（左）表演

◀ 西河大鼓《英雄赞歌》：绳宝珍表演

◀ 曲艺表演艺术家赵连甲在北京曲艺界纪念抗战胜利 70 周年专场演出现场向观众讲述伪“满州国”统治下的“亡国奴”的亲身经历

◀ 山东快书《打票车》：高洪胜（左）、王超（右）表演

▶ 数来宝《抗敌英雄谱》：金霏（左）、陈曦（右）表演

▶ 评书《肖飞买药》：李菁表演

▶ 单弦《什刹海的传说》：张蕴华表演

▶ 相声《汾河湾》：李金斗（右）、王文林（左）表演

▲ 京韵大鼓《草船借箭》：种玉杰表演

▲ 相声《讲三国》：苗阜（左）、王声（右）表演

◀相声《八扇屏》：杨子建（左）、沈超凡（右）表演

◀第六届北京青年相声节传统相声比赛颁奖活动

◀彩唱单弦《审战俘》：杨子春、杨倩、杨蔓、杨婷、杨苗表演

◀北京歌剧舞剧院·北京曲艺团贺岁系列演出

2015北京少儿曲艺大赛相声《两岸一家亲》：古烁汶（左）、古睿棠（右）表演（台湾选手）

快板《数唱老北京》：马星野表演

故事《当代黄香》：万宇表演

铁片大鼓《风雨同窗情》：王淑玲表演

▲ 9 月 25 日，中国杂技团建团六十五周年专题演出《第 61 块金牌》

▲ 中国杂技团《协奏·黑白狂想——男女技巧》获第 39 届摩纳哥蒙特卡洛国际马戏节金小丑奖

▲ 9 月 25 日，中国青年魔术师俱乐部成立大会

▶ 第九届中国杂技金菊奖第六次魔术比赛银奖节目《橱窗之恋》

▶ 第九届中国杂技金菊奖第六次魔术比赛银奖节目《新古彩》

▶ 第九届中国杂技金菊奖第六次魔术比赛铜奖节目《飞花点翠》

5 月 22 日，原创歌剧《北川兰辉》在北京天桥剧场首演（中央歌剧院演出）

10 月 10 日，原创歌剧《我的母亲叫太行》在世纪剧院首演（中央歌剧院演出）

原创清唱剧《屈原颂》（中央歌剧院演出）

9月22日，歌剧《众神的黄昏》在国家大剧院歌剧厅首演（中央歌剧院演出）

新版普契尼歌剧《托斯卡》（中央歌剧院演出）

中国原创歌剧《永乐》（北京市文化局出品）

◀小柯音乐剧《稳稳的幸福》

◀2015 马頔“孤鸟的歌”系列音乐会北京站工体演唱会

◀2015 北京新年音乐会

▲ 纪念抗战胜利暨世界反法西斯胜利 70 周年交响音乐会（北京交响乐团演出）

▶ 2015 第十二届北京景山合唱节

▶ 6 月 10 日，“太和正音”——纪念北京建城 3060 年传统雅乐音乐会在北京工商大学房山校区举办

▶ 2015 年民族音乐进校园音乐会

▶ “梦飞扬”——2015 年度音乐人才扶持项目推介交流音乐会

▶ 北汽绅宝 X25——2015“降噪”Ⅲ摇滚·民谣系列音乐会

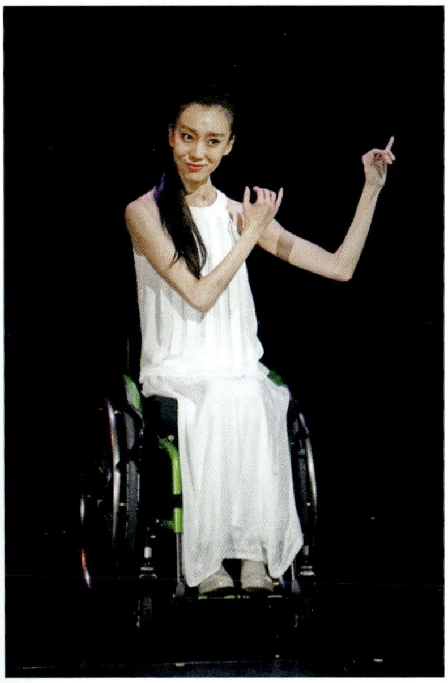

▶ 7月20日，中法原创舞剧《红线》(北京市演出有限责任公司、中国人民对外友好协会、法国红亭子公司联合制作、出品)

▲ 大型原创舞剧《夕照》(北京戏曲艺术职业学院演出)

▶ 7月，第十四届北京舞蹈大赛(专业组)金奖作品《烟雨断桥》

◀ 7月，第十四届北京舞蹈大赛(业余少儿组)金奖作品《春牛呈祥》

京津冀“非遗”舞蹈和民间传统舞蹈展演（一）

京津冀“非遗”舞蹈和民间传统舞蹈展演（二）

京津冀“非遗”舞蹈和民间传统舞蹈展演（三）

西城区第二文化馆月末百姓大舞台舞蹈专场演出

▶ 1月10日，玫瑰之名艺术节现代舞剧《慢放》（“慢放身体空间”舞团演出）

◀ 大型现代舞剧《大地·震》（北京雷动天下现代舞团演出）

▶ 3月26日，第17届CBDF“院校杯”暨第六届“怀柔杯”国际标准舞艺术节

▶ 芭蕾舞《天鹅湖》（乌克兰基辅大剧院芭蕾舞团在北京展览馆剧场演出）

纪念中国人民抗日战争暨世界反法西斯战争胜利 70 周年美术作品展在中国美术馆展出

纪念世界反法西斯战争胜利 70 周年俄罗斯美术作品展在中国美术馆展出

“中国梦 太行魂”——全国中国画作品展在中国美术馆展出

第六届中国北京国际美术双年展在中国美术馆展出

“天然之趣——北京画院藏齐白石精品展赴匈牙利国家美术馆签字仪式”在北京画院举行，匈牙利国家美术馆馆长拉斯洛·班与北京画院院长王明明代表双方签字

10月20日，生态密云绘画作品展开幕式在中国美术馆举行

北京画家赴新疆采风

画家张建豹为新疆和田地区达拉雅布依小学的学生上美术课

◀ 黄宾虹诞辰 150 周年纪念特展在中国美术馆展出

▶ 齐白石艺术系列展《可惜无声》——齐白石笔下的草虫世界之二在北京画院美术馆展出

▶ 中国国家画院年展在中国美术馆展出

◀ 周思聪、卢沉《矿工图》组画研究展在北京画院美术馆展出

中国书法公益流动大讲堂

全国第十一届书法篆刻作品展在中国美术馆展出

北京市文学艺术界联合会党组书记陈启刚（中）为返乡旅客赠送“福”字

▶ 北京市文学艺术界联合会党组书记沈强（右二）为获得第八届电视书法大赛金奖的选手颁奖

▶ 4 月 25 日，北京书协参与“墨舞冰雪助力冬奥”王次仲故里全国书法笔会

▲ 6 月 2 日，大兴区青少年书法文化节现场展示活动

▶ 2015 北京国际摄影周在中华世纪坛举行

▶ 9 月 16 日，“相遇北京”摄影展开幕式在首都图书馆举行

▶ 中国非物质文化遗产摄影展在国家典籍博物馆展出

▲ 8 月 31 日，“历史不能忘却”摄影展开幕式在中国摄影展览馆举行

▲ 侯波、邵华摄影作品展在中国妇女儿童博物馆展出

◀ “一带一路”主题摄影展在中国文艺家之家展览馆举办

◀“艳遇”科学摄影展在北京自然博物馆展出

▲第十八届中国国际照相机械影像器材与技术博览会在北京国际会议中心举办

▲北京大兴摄影名家作品展在首都图书馆举办

▶ 张家口冰雪摄影大展在王府井步行街展出

▶ “乌鲁木齐印记——庆祝新疆维吾尔自治区成立60周年”摄影图片展在首都图书馆展出

▶ 意大利记者马达罗“镜头中的中国”图片展在鲁迅博物馆展出

▲ 通州区图书馆

▲ 清华大学图书馆北馆（李文正馆）内景

▲ 中国石油大学（北京）图书馆

1月27日，文化部副部长杨志今为中国古籍保护协会揭牌

4月25日，赵元任文书资料捐赠仪式暨展览在清华大学图书馆举办

杂·书馆之新书馆

▶6月2日～4日，由北京大学医学图书馆主办的第六届CALIS全国高校医学图书馆工作会议暨2015两岸三地医学图书馆馆长论坛在哈尔滨翰林天悦大酒店举办

◀10月22日至24日，第十届全国纺织服装信息研究会馆长论坛暨2015年学术年会在北京服装学院召开

◀9月24日，“原创十年绘本原画展”在首都图书馆开幕

4 月 17 日 ~ 18 日，第五届北京换书大集在首都图书馆举办

12 月 10 日，国家图书馆首发三套大型抗日文献

版画珍珠——第二届北京市中小学生“我的藏书票”设计获奖作品展在首都图书馆举办

▶ 1 月 3 日，2015 年度首图“乡土课堂”开讲仪式

▶ 4 月 23 日，世界读书日活动在历代帝王庙举行

▶ 4 月 30 日，首都经济贸易大学图书馆向小读者开放

◀5 月 23 日，2015 年北京市红领巾读书活动青少年原创科普剧比赛在首都图书馆举行

◀8 月 1 日，“幻想，童年的朋友”——彭懿、九儿原创图画书《不要和青蛙跳绳》新书发布会在首都图书馆举行

▲8 月 19 日，“名家面对面”——走进神奇的冒险侦探世界在首都图书馆举行，来自奥地利的儿童文学作家托马斯·布热齐纳（左二）与小读者见面

◀ 第十届“舞动北京”——群众舞蹈大赛决赛在丰台区莲花池公园举办

◀ 全市戏曲票友大赛颁奖晚会

▶ 2015 年北京市百姓歌手大赛决赛

◀第 14 届“金刺猬”大学生戏剧节在北京 9 剧场举办

◀第十七届群星奖北京地区（音乐类）评奖活动

▶ 11 月 30 日，“北京大妈”广场舞决赛

▶ 2015 年“欢乐飞飏”——北京社区舞蹈大赛复赛

▶ 9 月 22 日，2015 年北京市百姓歌手大赛决赛（北京地区）声乐类颁奖

▲“弘扬民族魂，共筑中国梦”国资公司职工合唱比赛

▶ 2015 年北京厂甸庙会

◀ 第二届中华灯谜文化节

▶ 2 月 26 日，红半天女子鼓乐团赴捷克共和国表演

北京市千名基层文化组织员舞蹈培训

9 月 24 日，北京民协在小小艺术家协会分会挂牌仪式上向北京第二实验小学赠书

民间艺术家在政法大学讲解鬃人艺术

◀ 泥人张（北京支）彩塑艺术展

▶ 非物质文化遗产绢人作品展

◀ 民间艺术家在政法大学讲解剪纸技法

▶ 抗日英雄人物面塑巡展作品

北京文化艺术年鉴（2016）

主　　编　陈　冬

执行主编　徐恒进

特邀编审　赵庚奇　　陈世崇

副 主 编　（按姓氏笔画为序）

王晓燕　　王朝晖　　刘　侗　　刘启泰

张燕鹰　　陈予一　　黄珊珊　　薛晓金

编辑部主任　张燕鹰

编辑部副主任　丁　琳

编　　辑　（按姓氏笔画为序）

王凌雨　白　莲　李黎明　吴熔秀
吴赣生　张小野　徐　玲　姚怡暾

封面设计　杨宇萍

美术编辑　吴赣生

编　　务　勾文岩　刘鑫鑫　张　鑫　柴峥春
崔　渊

图片摄影及供稿者（按姓氏笔画排序）

王　琪　王雨晨　王新赛　邓又星　巩　伟　刘　凯　刘珊珊
刘　强　刘　颖　闫　珉　孙金艳　纪　鸣　张小野　张弘宇
张宇英　张连元　李春光　李树勇　杨　磊　吴洪珺　吴赣生
季武军　周子夫　周晓南　费　斌　顾伯岳　柴东新　徐有成
高雪松　郭　璐　曹立栋　梁　纲　焦爱民　谢万幸　潘月娥

图片提供单位

北京市文联　北京作家协会　北京戏剧家协会
北京美术家协会　北京书法家协会　北京摄影家协会
北京民间文艺家协　北京音乐家协会　北京舞蹈家协会
北京曲艺家协会　北京杂技家协会　北京文学月刊社
北京市文联研究部　北京文学月刊　东方少年杂志社
北京京剧院　北方昆曲剧院　北京交响乐团　北京市曲剧团
中国评剧院　中国杂技团有限公司　北京画院　首都图书馆
北京市河北梆子剧团　北京市艺术研究所
北京戏曲艺术职业学院　北京人民艺术剧院
中国木偶艺术剧院股份有限公司　北京儿童艺术剧院股份有限公司
中国儿童艺术剧院　北京市演出有限责任公司
北京市对外文化交流有限责任公司
国家图书馆　北京电影学院图书馆　首都体育学院图书馆
东城区文委　西城区文委　朝阳区文委
海淀区文委　丰台区文委　石景山区文委
通州区文委　顺义区文委　怀柔区文委
平谷区文委　昌平区文委　门头沟区文委
房山区文委　大兴区文委　密云区文委
延庆区文委　燕山文化卫生分局

前　　言

时光过得真快，我们编的第一本年鉴是记载2004年文情的《北京文化艺术年鉴（2005）》，我们现在编的是记载2015年文情的《北京文化艺术年鉴（2016）》，转眼间12年过去，整整一个生肖轮回，令人感慨。

书架上赫然并列摆放的十几本年鉴，真是一道令人心动的风景。这是时代的记忆，也是我们大家心血的结晶。应当感谢各个篇章的撰稿人和审稿人，十几年里，世事沧桑，有的岗位人员几经变动，也有人和我们长别，让我们永远怀念。也感谢我们聘请的几位专家，他们陪着我们走过这十多年的艰辛历程，付出了辛劳。特别要感谢和我们长期合作的方志出版社的朋友们，比如李江副总编辑、陈菁编辑，还有他们的总编辑和社长，他们严谨的治学态度和职业精神，让我们敬佩。

20世纪50年代，英国前首相丘吉尔写的一本《第二次世界大战回忆录》获得诺贝尔文学奖，引起举世关注。但是评奖的过程却一波三折，反对者说这本二战回忆录顶多是一本二战年鉴，没有文学性，不能授予诺贝尔文学奖；支持者认为，所谓文学，就是要发人深思，给人力量，这本书做到了，应该得奖。最后是支持者获得了胜利。后来有人指出，把它形容为二战年鉴，其实是对这本书的最高褒奖和评价。

2015年，很不平凡，文化艺术领域有许多大事称得上百花齐放，硕果累累，令人印象深刻。

这一年，习近平总书记《在文艺工作座谈会上的讲话》全文正式发表，通过了《中共中央关于繁荣发展社会主义文艺的意见》。首都广大文学工作者坚持以人民为中心的创作导向，深入生活，扎根人民，熔铸中国精神，讲述中国故事，一批优秀作品开始陆续出现。

这一年，北京地区的戏剧创作和演出十分繁荣，一批新剧目在群众中取得良好的口碑，特别是纪念抗战胜利70周年的创作和演出，引起强烈的社会反响。

这一年，纪念抗战胜利70周年的各种美术作品的展出再现了那段烽火岁月，给人们鼓舞和力量。

这一年，北京地区的音乐创作和演出生气蓬勃，一批歌颂人民、歌颂祖国、歌颂正义的音乐作品让人耳目一新。

这一年，北京地区的曲艺事业格外活跃，周末相声俱乐部、德云社、嘻哈包袱铺、星夜相声会馆、鸣乐汇等曲艺演出团体开始进入人们的生活，给人以欢乐和鼓舞。

这一年，北京市的公共文化服务体系构建取得重要突破，群众文化事业发展上了一个新台阶。

这一年，舞蹈、杂技、书法、摄影等艺术门类也都呈现蓬勃发展的态势。

随着人民生活水平提高和社会各项事业的发展，图书馆在人们的生活中起到越来越明显的作用。这一年，“一卡通”的迅速推广成了北京图书馆事业的一大亮点。

这本书出版的时候，2015 年的背影已经远去，但是我们徜徉在这本书里，还能感受到2015的心跳，给我们留下许多温暖的记忆，给我们启迪，也能给我们力量。

徐恒进

2016. 12

编辑说明

一、《北京文化艺术年鉴》是一部大型文化艺术类资料工具书和史料文献，由北京市文化局主办，北京市文学艺术界联合会支持，《北京文化艺术年鉴》编辑部组织编写。本年鉴以马克思列宁主义、毛泽东思想、邓小平理论和“三个代表”重要思想、科学发展观为指导，贯彻落实习近平总书记系列重要讲话精神和治国理政新理念新思想新战略，坚持辩证唯物主义和历史唯物主义的立场、观点、方法，存真求实，全面、客观、系统地反映北京地区文化艺术的发展和现状。

二、本年鉴采用条目和文章两种体裁，以条目体为主，直陈其事，文字力求言简意赅。

三、本年鉴从2005年开始，为配合续修《北京志·文化艺术志》，逐年编纂。2016年卷为第12本。当年出版的年鉴，记述上一年度北京地区文化艺术（按照《北京志·文化艺术志》的编写体例，目前暂不含电影、电视、文物内容，下同）各门类的发展和变化，为国内外各方面人士了解和研究北京文化艺术提供最新的翔实信息，为文化艺术发展留存宝贵资料，为领导决策提供可资参考的依据。

四、本年鉴采用“大北京”的概念，记述北京市属文化艺术企事业单位情况和中央、部队在京文化企事业单位的情况。

五、本年鉴正文内容包括：法规、规范性文件目录，大事记，综合，文学，戏剧，曲艺，杂技魔术，音乐，舞蹈，美术，书法篆刻，摄影，图书馆，群众文化和各区文情，共15个部类。

六、本年鉴所刊载的文章和条目内容，主要来源于各文化艺术单位提供的资料，均经该类目撰稿人及责任编辑核实。

七、本年鉴反映2015年1月1日~12月31日期间北京文化艺术界的情况。凡在这一时限内发生的事情，均直书月、日，不再注明年份。部分内容因跨年度前后延伸的，则写明年份。

八、本年鉴目录按上述15个部类顺序排列；索引按笔画、拼音分别排序，检索范围仅限于条目内容。

中英文对照目录

(Contents)

法规、规范性文件目录	(List of Laws Regulations and Standard Documents)
大事记	(Chronicle of Major Events)
综合	(Comprehensive)
文学	(Literature)
戏剧	(Drama)
曲艺	(Quyi)
杂技　魔术	(Acrobatics Magic)
音乐	(Music)
舞蹈	(Dance)
美术	(Art)
书法　篆刻	(Calligraphy and Seal Cutting)
摄影	(Photography)
图书馆	(Libraries)
群众文化	(Mass Culture)
各区文情	(Cultural Conditions of Districts)
索引	(Index)

目录

法规、规范性文件目录

大事记

2015 年北京文化艺术大事记 ………………（1）

综合

机构

民盟中央文化艺术研究院 …………………（21）
京津冀演艺联盟 ………………………………（21）
首都文化产业协会 ……………………………（22）
中国文艺评论家协会理论委员会 …………（22）
丝绸之路艺术研究协同创新中心 …………（22）
中国文艺评论家协会青年工作
委员会 ………………………………………（22）
百瑞缪斯·艺术信托 …………………………（22）
北京天桥艺术中心 ……………………………（22）
北京文化产权交易中心 ………………………（22）
京津冀艺术职业教育协同发展联盟 ………（22）
中国文艺评论家协会民族民间艺术
委员会 ………………………………………（23）
中国乡愁文化发展研究中心成立 …………（23）

文化建设

京津冀签署演艺领域深化合作协议 ………（23）
京津冀演艺协作平台 …………………………（23）
北京公布年度首批文化精品工程
重点项目 ……………………………………（23）
首都优秀中青年文艺人才库 ………………（23）
繁荣发展社会主义文艺推进会 ……………（23）
刘奇葆在北京调研 …………………………（24）
北京市剧院运营服务平台启动 ……………（24）
北京市 2015 年度第二批文化精品工程
重点项目（第二批）发布 ……………（24）

文化艺术市场和文化创意产业

北京市正式印发《关于促进文化消费的
意见》 ………………………………………（24）
第五届道略演艺产业年会暨 2015
“演艺北京”剧目交易会 ……………（24）
2015 北京文化创意产业项目推介会 ……（25）
第六届中国文化产业前沿论坛 ……………（25）
第四届“动漫北京”展会 ……………（25）
动漫游戏版权交易服务平台 ………………（25）
2015 文化创意产业（北京）研讨会 ……（25）
北京市公布首批“市级文化创意产业
示范区”名单 ……………………………（25）
第十届中国北京国际文化创意产业
博览会 ………………………………………（25）
2015 中国文化产业指数发布 ……………（25）

腾讯动漫行业合作大会 ……………………（26）
文化市场经营单位 ……………………………（26）

活动

2015 年全国文化厅局长会议 ……………（26）
中国文联九届七次全委会……………………（26）
“战友精品剧目”演出季 …………………（26）
中国文学艺术界 2015 春节大联欢 ………（26）
中国文艺评论家协会聘任首批特约评论员 …………………………………（26）
刘云山看望文艺界知名人士………………（27）
首都文艺家新春联谊会……………………（27）
“TA 时代”第二回展………………………（27）
第 15 届“相约北京”艺术节 ……………（27）
《2014 中国艺术发展报告》发布 …………（27）
饶宗颐百岁艺术展…………………………（27）
“中华颂”——中国民族艺术知多少民族艺术展演 ……………………………（28）
中国当代艺术国际巡展……………………（28）
《中国非物质文化遗产百科全书》首发式 …………………………………（28）
“民间的力量”大型艺术展 ………………（28）
“伟大胜利历史贡献”主题展 ……………（28）
“抗战与文艺”系列展览 …………………（28）
中国青年艺术家推介展……………………（28）
庆祝《中国艺术报》创刊 20 周年展 ……（29）
京津冀百名艺术家抗战圣地采风创作成果展 …………………………………（29）
第十届中国青少年艺术节…………………（29）
第八届中国国际青年艺术周………………（29）
纪念中国人民抗日战争暨世界反法西斯战争胜利 70 周年文艺晚会 ……………（29）
“不朽的梵高”感映艺术展 ………………（29）
常青藤计划 2015 · 中国青年艺术家年展 …………………………………（29）
“倒叙的美术史”展览 ……………………（30）
首批 22 家中国文艺评论基地授牌 ………（30）
2015 中国国际文化艺术博览会 …………（30）
第三届北京文学艺术品展示会……………（30）
“向人民汇报”文艺创作成果展演 ………（30）
2015 中国文艺志愿者公益演出季 ………（30）
学习贯彻《中共中央关于繁荣发展社会主义文艺的意见》专题研讨班……（31）
学习贯彻《中共中央关于繁荣发展社会主义文艺的意见》座谈会…………（31）
北京基层文联原创优秀文艺节目展演……（31）
顾长卫当代艺术展…………………………（31）
芒：女性艺术家五人联展…………………（31）
“花样年华”——女性艺术家艺术形态生长展 …………………………………（31）
炎黄艺术馆 2015 国际艺术周 …………（31）
“山河百战”——抗战艺术作品展 ………（31）
环球情景秀“东方之爱” …………………（32）
中国煤矿文联成立 20 周年座谈会 ………（32）
第十八届北京国际艺术博览会……………（32）

非物质文化遗产保护

京津冀非物质文化遗产展…………………（32）
北京绢人艺术成就展………………………（32）
第二届中国文化遗产保护研究生论坛……（32）
《中国非物质文化遗产保护发展报告（2015）》 ………………………………（33）

赛事与奖项

“2014 中国文化产业年度人物”揭晓 ……（33）
第十一届“德艺双馨”奖 …………………（33）
首届会林文化奖……………………………（33）
第三届“麒麟杯”北京市大学生人物造型设计大赛……………………………（33）
“第九届 AAC 艺术中国”年度艺术奖……（33）
2014 文化管理年度十大人物推选活动 ……（33）
2015 年全国职业院校艺术技能大赛 ……（33）
第六届北京中青年德艺双馨文艺工作者评选…………………………………（34）
第四届全国中青年德艺双馨文艺工作者评选…………………………………（34）

交流

加拿大艺术中人与风景的改造展览………（34）
15 至 20 世纪的波兰艺术展览 ……………（34）
欢乐春节亚欧行……………………………（34）
第十五届京味文化之旅……………………（34）
拉美当代艺术展……………………………（34）
白俄罗斯艺术展……………………………（35）
首都文艺家代表团赴南水北调水源地进行慰问…………………………………（35）
京津冀艺术家赴河北抗战圣地服务采风……………………………………（35）
首都艺术家代表团赴西藏进行文化慰问交流…………………………………（35）

尼泊尔文化艺术精品展…………………… (35)
首都文艺志愿服务联盟赴嘉兴开展
公益活动……………………………… (35)
“中华文化四海行——走进新疆”
系列活动……………………………… (35)
首都艺术家代表团赴内蒙古自治区
开展文化交流慰问活动……………… (35)
“至美乐山”书画摄影作品展 ………… (35)
亚美尼亚艺术展………………………… (36)
中英文化交流年中国文化季…………… (36)
首都艺术家代表团赴新疆维吾尔
自治区开展文化交流慰问…………… (36)
首届中国维吾尔族民间达斯坦国际
学术研讨会…………………………… (36)
“烽火妇女泪——哭慰安妇”
国际巡回展…………………………… (36)
2015 中国“俄罗斯文化节” ………… (36)

评论与研究

“十三五”时期现代公共文化服务体系
建设研讨会…………………………… (37)
《“两个重要”：文艺地位和作用的
再认识》……………………………… (37)
“文艺理论学科建设与文艺理论发展”
研讨会………………………………… (37)
第三届文化创新国际论坛……………… (37)
全媒体论坛“文艺走进新时代” ……… (37)
《坚持以人民为中心的创作导向是
新的历史条件下党的文艺政策的
立足点》……………………………… (37)
“繁荣军事文艺、打造强军文化”
研讨会………………………………… (37)
刘延东在京主持召开座谈会…………… (38)
中共中央政治局召开会议审议
《关于繁荣发展社会主义文艺的
意见》………………………………… (38)
首都文艺家座谈文艺创作……………… (38)
首届中国文艺评论年会………………… (38)
繁荣发展军事文艺推进会……………… (38)
第十一届全国艺术学年会……………… (38)
学习习近平总书记文艺工作座谈会
重要讲话学术研讨会………………… (39)
市文化局座谈习总书记讲话精神……… (39)
2015·北京文艺论坛 ………………… (39)
2015 年高层次文化人才论坛 ………… (39)

出版与传媒

《2015 文化发展统计分析报告》
出版发行……………………………… (39)
《中国文艺评论》创刊 ………………… (39)
中国文艺评论网开通…………………… (39)
《习近平总书记在文艺工作座谈会上的
重要讲话学习读本》出版发行……… (39)

文学

作品

·长篇小说·

《传世猫碗》 ………………………… (41)
《一座营盘》 ………………………… (42)
《曲终人在》 ………………………… (42)
《群山之巅》 ………………………… (42)
《黑白男女》 ………………………… (42)
《寻找鱼王》 ………………………… (42)
《别人》 ……………………………… (42)
《失焦》 ……………………………… (42)
《桃夭》 ……………………………… (42)
《极地天使》 ………………………… (42)
《女人红》 …………………………… (43)
《装台》 ……………………………… (43)
《疯狂的榛子》 ……………………… (43)
《我们的踟蹰》 ……………………… (43)
《北鸢》 ……………………………… (43)

·中篇小说·

《声音史》 …………………………… (43)
《三只虫草》 ………………………… (43)
《阅读与欣赏》 ……………………… (43)
《地球之眼》 ………………………… (43)
《奇葩奇葩处处哀》 ………………… (44)
《狐步杀》 …………………………… (44)
《三尺布》 …………………………… (44)
《收山》 ……………………………… (44)
《较量》 ……………………………… (44)
《万家亲友团》 ……………………… (44)

·短篇小说·

《忆秦娥》 …………………………… (44)
《日本佬》 …………………………… (44)

《俗世奇人新篇》 …………………………（44）
《仉仉》 …………………………………（44）
《鬼子坟》 ………………………………（44）
《纪念我的朋友金枝》 ……………………（45）
·诗歌·
《伶仃之美》 ……………………………（45）
《山河》 …………………………………（45）
《守口如瓶》 ……………………………（45）
《对生命的赞美》 …………………………（45）
·散文随笔·
《卖烟叶儿》 ……………………………（45）
《夜色起》 ………………………………（45）
《父亲的荣与辱》 …………………………（45）
《日子是一种了却》 ………………………（45）
《费家营》 ………………………………（45）
《粉墨人生》 ……………………………（45）
·纪实文学·
报告文学《生命线上的奇迹》 …………（45）
报告文学《根据地》 ……………………（46）
报告文学《拉贝先生》 …………………（46）
报告文学《“乌坎事件”调查》 ………（46）
报告文学《神圣抗战》纪念版 …………（46）
长篇纪实文学《寻找平山团》 …………（46）
长篇报告文学《北平硝烟》 ……………（46）
长篇报告文学《抗日战争》 ……………（46）
报告文学《一个村庄的抗战血书》 ……（47）
报告文学《重症监护室——
ICU 手记》 …………………………（47）
机构
中国诗歌诵读联盟 …………………………（47）
顾太清诗词研究会 …………………………（47）
光明文学遗产研究院 ………………………（47）
全国文学报刊联盟 …………………………（47）
中国作协作家法律服务团 …………………（47）
中国作协网络文学委员会 …………………（48）
活动
中国作家协会第八届主席团第七次
会议 ……………………………………（48）
中国传记文学学会第五次会员代表
大会 ……………………………………（48）
中国作协八届五次全委会 …………………（48）
《人民文学》推出法文版主题活动 ………（48）
中国现代作家珍稀手稿展 …………………（48）
“血肉筑起的长城——抗战中的文学”
展览 ……………………………………（48）
第三届中华吟诵周 …………………………（49）
中华诗词学会第四次全国会员代表
大会 ……………………………………（49）
“中国作家馆”亮相北京图博会 …………（49）
《伟大史诗　铁血长歌——中国人民
抗日战争暨世界反法西斯战争传记
文学评鉴》新书发布会 ………………（49）
《红楼梦》珍贵古籍展 ……………………（49）
第六十九次全国网络文学重点园地
工作联席会 ……………………………（49）
首部文学版“故宫通史”首发 …………（50）
中国作协八届八次主席团扩大会议 ………（50）
《蓝天白云》新书发布会举办 ……………（50）
全国文学报刊工作会议 ……………………（50）
中国作协网络文学委员会召开第一次
全体会议 ………………………………（50）
中国作协儿童文学委员会年会 ……………（50）
中国作协诗歌委员会年会 …………………（50）
评奖比赛
第十一届十月文学奖 ………………………（50）
2014 年度中国作家出版集团奖 …………（51）
“阿克塞”哈萨克族文学奖 ………………（51）
2014《民族文学》年度奖 …………………（51）
2014 年中国当代文学最新作品排行榜
揭榜 ……………………………………（51）
第四届唐弢青年文学研究奖 ………………（51）
第六届《小说选刊》奖 ……………………（51）
首届青铜葵花儿童小说奖 …………………（51）
第五届全国高校文学作品征集、
评奖、出版活动 ………………………（51）
铁凝获法国文学艺术骑士勋章 ……………（52）
第二届路遥文学奖 …………………………（52）
2015 腾讯书院文学奖 ……………………（52）
华夏星光原创文学大赛 ……………………（52）
“茅台杯”诗歌征文大赛 …………………（52）
第 26 届科幻银河奖 ………………………（52）
第九届茅盾文学奖 …………………………（52）
第三届国风文学奖颁奖 ……………………（52）
第二届现当代诗学研究奖 …………………（52）
“中国故事”征文颁奖 ……………………（53）
海峡两岸网络原创文学大赛揭晓 …………（53）

2015 年度人民文学奖颁奖 …………………（53）
2015 年度中国散文年会颁奖会 ……………（53）
第二届华语红色诗歌征稿评选揭晓………（53）

交流

五十六个民族作家红色赣州行……………（53）
铁凝会见尼泊尔作家………………………（53）
北京作家走进拉萨校园……………………（53）
俄罗斯儿童文学作家利哈诺夫作品
版权引进签约仪式………………………（54）
第三届两岸青年文学会议…………………（54）
第三届中韩日东亚文学论坛………………（54）
2015 年中外文学翻译研修班 ……………（54）

纪念

《当代》创刊 35 周年纪念活动 …………（54）
文学界纪念雷加百年诞辰…………………（54）
文学界纪念杨宪益百年诞辰………………（54）
中国现代文学馆庆祝建馆 30 周年
回顾展……………………………………（55）
汪国真逝世…………………………………（55）
冯至 110 周年诞辰纪念活动 ……………（55）
"红迷嘉年华，梦幻大观园"活动 ………（55）
严文井百年诞辰纪念座谈会………………（55）
曹雪芹 300 周年诞辰纪念大会 …………（55）

研究与评论

中华辞赋高端论坛…………………………（55）
李煦、曹寅与江南文坛学术研讨会………（55）
《民族文学》广西中青年作家专号
研讨会……………………………………（56）
首届全国微型小说（小小说）
高峰论坛…………………………………（56）
鲁迅文学院与文艺报社座谈习近平
总书记讲话………………………………（56）
首届中国青年报告文学作家论坛…………（56）
全军文艺创作座谈会………………………（56）
全国儿童文学创作出版座谈会……………（56）
抗战题材文学创作研讨会…………………（56）
首都文学界举办纪念抗战胜利
70 周年座谈会 …………………………（57）
东方少年杂志社儿童文学创作座谈会……（57）
"毛泽东诗词与中华民族伟大复兴的
中国梦"研讨会…………………………（57）
重点网络文学网站座谈会…………………（57）
《结合文学创作展开文学批评》 …………（57）
中国作协举行产（行）业团体会员
座谈会……………………………………（58）
《人民文学》德文版研讨会 ………………（58）
纪念先锋文学 30 年国际论坛 ……………（58）

培训

鲁迅文学院第二十六届中青年作家
高级研讨班………………………………（58）
鲁迅文学院举办第八届网络文学作家
培训班……………………………………（58）
全军中青年文学创作骨干培训班…………（58）
鲁迅文学院举办第十七期少数民族
文学创作培训班…………………………（58）
2015《民族文学》少数民族文字版
作家翻译家培训班………………………（59）
中国作协举办全国省级作协负责人
学习研修班………………………………（59）

捐赠收藏

王金玲向北京中山堂捐赠
《辛亥赋》 ………………………………（59）
纪弦文物捐赠中国现代文学馆……………（59）
冯牧藏书手稿捐赠仪式在京举行…………（59）

出版与传播

《中国好诗·第一季》 ……………………（59）
《文学的使命与担当》 ……………………（59）
《社会主义核心价值观优秀文学
读本》……………………………………（60）
中国诗歌网上线……………………………（60）
散文集《妈妈的擂茶》 ……………………（60）
《诗流双汇集》……………………………（60）
中国作协与《文艺报》合作创办
"抗战文学巡礼"专栏 …………………（60）

戏剧

机构

北京戏曲评论学会群众评论分会…………（61）
中国木偶剧院花乡剧场……………………（62）
海棠社………………………………………（62）
北京喜剧院…………………………………（62）
国际舞台美术联盟…………………………（62）
中国戏曲教育联盟成立……………………（62）
张火丁京剧程派艺术传承中心……………（62）

北京剧目排练中心……………………………（62）
菊隐剧场揭幕……………………………………（63）
剧目
·戏曲·
小剧场京剧《碾玉观音》 ……………………（63）
评剧《母亲》 …………………………………（63）
昆曲《李清照》 ………………………………（63）
京剧《南海子》 ………………………………（63）
国粹幽默剧《河东狮吼》 ……………………（63）
京剧《西安事变》 ……………………………（63）
京剧《裘盛戎》 ………………………………（63）
昆曲《图雅雷玛》 ……………………………（63）
自由体戏曲《如烟情仇》 ……………………（63）
京剧《正考父》 ………………………………（64）
新编历史京剧《伏生》 ………………………（64）
·话剧·
话剧《爱情的印象》 …………………………（64）
话剧《甄嬛传》 ………………………………（64）
贺岁喜剧《土豪的一千零一夜》 ……………（64）
话剧《旧爱》 …………………………………（64）
话剧《万尼亚舅舅》 …………………………（64）
话剧《爱恋·契诃夫》 ………………………（65）
话剧《只因单身在一起》 ……………………（65）
话剧《反串》 …………………………………（65）
话剧《食堂》 …………………………………（65）
话剧《恋人》 …………………………………（65）
话剧《蠢蛋》 …………………………………（65）
小剧场话剧《跳墙》 …………………………（65）
小剧场话剧《朦胧中所见的生活》 …………（65）
话剧《丽南山的美人》 ………………………（66）
话剧《枕头人》 ………………………………（66）
话剧《燃烧的疯人院》 ………………………（66）
话剧《失歌》 …………………………………（66）
话剧《那年我学开车》 ………………………（66）
话剧《太行情歌》 ……………………………（66）
话剧《不可儿戏》 ……………………………（66）
话剧《死水边的美人鱼》 ……………………（66）
讲故事剧场《雪夜》 …………………………（67）
文献剧《关于美好新世界》 …………………（67）
话剧《宛平人家》 ……………………………（67）
文献剧《有冇》 ………………………………（67）
话剧《新北平市长》 …………………………（67）
话剧《生命密码》 ……………………………（67）
话剧《戏台》 …………………………………（68）
话剧《女孩们》 ………………………………（68）
话剧《样式雷》 ………………………………（68）
舞台剧《滚蛋吧！肿瘤君》 …………………（68）
小剧场话剧《女神出嫁》 ……………………（68）
话剧《故园》 …………………………………（68）
舞台剧《战马》 ………………………………（68）
话剧《平西地下交通线》 ……………………（68）
话剧《前面就是我们的世界》 ………………（69）
小剧场话剧《画眉》 …………………………（69）
话剧《司马迁》 ………………………………（69）
先锋戏剧《飞向天空的人》 …………………（69）
话剧《我们曾是夫妻》 ………………………（69）
话剧《网子》 …………………………………（69）
话剧《危机公关》 ……………………………（69）
新浪潮戏剧《平行宇宙爱情演绎法》 ………（69）
话剧《帝国专列》 ……………………………（70）
非悬疑喜剧《人赃俱获》 ……………………（70）
黑色幽默话剧《拜金一族》 …………………（70）
话剧《毕业生之漂亮衣裳》 …………………（70）
话剧《3 个诸葛亮》 …………………………（70）
独角戏《你好，忧愁》 ………………………（70）
舞台剧《无果花》 ……………………………（70）
话剧《办公室的故事》 ………………………（70）
小剧场喜剧《幸福年》 ………………………（71）
话剧《牌坊》 …………………………………（71）
·儿童剧、木偶剧·
儿童戏剧《我和你》 …………………………（71）
儿童剧《胡同 . com》 ………………………（71）
儿童多媒体音乐游戏剧《我爱童话》 ………（71）
人偶剧《出窍》 ………………………………（71）
独角戏《木又寸》 ……………………………（71）
木偶剧《飞吧！丹顶鹤——
　丹顶鹤的故事》 ……………………………（72）
儿童剧《纯净的眼睛》 ………………………（72）
儿童剧《成语魔方二》 ………………………（72）
儿童剧《国王在姆咪谷》 ……………………（72）
活动
北京优秀青年戏曲演员展演……………………（72）
第一届迷你影戏节………………………………（72）
时尚京剧晚会……………………………………（73）
中国好京剧新春演唱会…………………………（73）
“贺新春”经典剧目展演 ……………………（73）

庆祝中国评剧院建院60周年
2015新春演出季 ……………………… (73)
新春儿童戏剧嘉年华 ……………………… (73)
国家大剧院昆曲艺术周 ……………………… (73)
2015首都剧场精品剧目邀请展演
（国内单元） ……………………… (73)
中国原创话剧邀请展 ……………………… (74)
世界经典童话周 ……………………… (74)
总政话剧团慰问驻京部队 ……………………… (74)
第三届北京国际女性戏剧节 ……………………… (74)
2015北京舞台美术设计邀请展 ……………………… (74)
京剧专场演出走进北工大 ……………………… (74)
“饰界”化装作品展 ……………………… (74)
第五届林兆华戏剧邀请展 ……………………… (74)
文化部取消多个戏剧奖 ……………………… (74)
非物质文化遗产剧种展演 ……………………… (75)
2015年京津冀精品剧目展演 ……………………… (75)
北京京剧院新编剧目展演季 ……………………… (75)
2015国家大剧院国际戏剧季 ……………………… (75)
中国戏曲学院与北京演艺集团签署
合作协议 ……………………… (75)
第五届中国儿童戏剧节 ……………………… (75)
国务院办公厅印发《关于支持戏曲
传承发展的若干政策》 ……………………… (76)
中国戏剧家协会第八次全国代表大会 …… (76)
北京京剧院“经典现代戏展演季” …… (76)
刘奇葆到北京人民艺术剧院调研 ………… (76)
2015首都剧场精品剧目邀请展演
（国际单元） ……………………… (76)
2015年北京市优秀小剧场剧目展演 …… (76)
2015年北京金秋优秀剧目展演 ………… (76)
2015北京青年戏剧节 ……………………… (77)
第四届中国少数民族戏剧会演 ………… (77)
第二届北京大学生小剧场戏剧节 ……… (77)
第二届北京当代小剧场戏曲艺术节 …… (77)
中国戏曲音乐学会第四次理事会议 …… (77)
“新力量”——十大新锐导演
作品展演 ……………………… (77)
第三届北京剧本推介会 ……………………… (78)
全国地方戏优秀中青年演员汇报演出 …… (78)
国家京剧院慰问首都外来务工人员
专场演出 ……………………… (78)
2016年新年戏曲晚会 ……………………… (78)

赛事与奖项

第五届国际戏剧“学院奖”颁奖 ……… (78)
第三届老舍青年戏剧文学奖励扶持
计划揭晓 ……………………… (78)

交流

安徽再芬黄梅艺术剧院进京演出 ………… (79)
台湾绿光剧团进京演出 ……………………… (79)
北京人艺赴新加坡演出 ……………………… (79)
振兴川剧晋京演出周 ……………………… (79)
江苏省演艺集团昆剧院进京演出 ………… (79)
天津人艺进京演出 ……………………… (79)
“中英文学戏剧连线”项目启动 ………… (79)
山东省话剧院进京演出 ……………………… (79)
喜剧《代理村官》进京演出 ……………… (79)
安徽新创精品剧目晋京展演 ……………… (79)
辽宁人民艺术剧院进京演出 ……………… (80)
河南豫剧院三团进京演出 ……………………… (80)
江苏省演艺集团话剧院进京演出 ………… (80)
林奕华舞台剧《恨嫁家族》进京演出 …… (80)
台湾无独有偶工作室剧团进京演出 ……… (80)
2015两岸小剧场艺术节·北京站 ……… (80)
意大利T. P. O. 剧团到京演出 ………… (80)
云南省话剧院进京演出 ……………………… (80)
波兰弗罗茨瓦夫剧院到京演出 …………… (80)
上海话剧艺术中心进京演出 ……………… (80)
河南省驻马店市演艺中心进京演出 ……… (80)
广东佛山粤剧传习所进京演出 …………… (80)
丁乃筝戏剧作品演出周 ……………………… (80)
太原市话剧团进京演出 ……………………… (80)
多媒体电光剧《丑小鸭》到京演出 …… (80)
丹麦儿童剧到京演出 ……………………… (80)
日本人形机器人版《变形记》
到京演出 ……………………… (81)
波兰剧院到京演出 ……………………… (81)
法国奇幻幽默舞台剧《窃窃私语的墙》
到京演出 ……………………… (81)
韩国儿童剧《库尔的宇宙大冒险》
到京演出 ……………………… (81)
京剧《最后的武士》赴芬兰演出 ……… (81)
张火丁赴北美演出 ……………………… (81)
贵州京剧院进京展演 ……………………… (81)
“一元剧场”进京展演 ……………………… (81)
吉林省戏曲剧院京剧团晋京展演 ………… (81)

李宗熹携话剧《谎言》进京演出 ……… （81）
安徽省徽京剧院进京演出 …………………… （81）
山西省优秀新创舞台剧晋京展演 ………… （81）
上海话剧艺术中心进京展演 ……………… （82）
杭州越剧院进京演出 ……………………… （82）
山西省话剧院进京演出 …………………… （82）
台湾骉舞剧场进京演出 …………………… （82）
日本导演携古希腊戏剧到京演出 ………… （82）
包头市漫瀚艺术剧院进京演出 …………… （82）
长江人民艺术剧院进京演出 ……………… （82）
台湾国光剧团进京演出 …………………… （82）
四川人艺进京演出 ………………………… （82）
江苏省淮剧团进京演出 …………………… （82）
甘肃皮影戏进京演出 ……………………… （82）
中国国家话剧院2015台北演出季 ……… （82）
2015年吉林省优秀戏曲剧目进京展演 …… （83）
河南歌舞演艺集团曲艺团进京演出 ……… （83）

纪念

国家京剧院建院60周年纪念大会 ……… （83）
纪念叶盛兰100周年诞辰活动 …………… （83）
“纪念周信芳先生诞辰120周年”
北京站系列活动 ………………………… （83）
宋凤仪逝世 ………………………………… （83）
杨薇逝世 …………………………………… （83）
马崇仁逝世 ………………………………… （84）
胡宗温逝世 ………………………………… （84）
纪念裘盛戎百年诞辰活动在京启动 ……… （84）
北京戏曲艺术职业学院少儿戏剧场
两周年庆典 ……………………………… （84）
朱琳逝世 …………………………………… （84）
花月仙逝世 ………………………………… （84）
纪念梁益鸣100周年诞辰座谈会 ………… （85）

评论与研究

第二届国际舞美大师论坛 ………………… （85）
圆明园大台宫戏抢救传习及恢复
演出项目研讨会 ………………………… （85）
有态度戏剧论坛 …………………………… （85）
纪念梅兰芳访苏演出八十周年
国际学术研讨会 ………………………… （85）
纪念方荣翔90周年诞辰京剧
艺术研讨会 ……………………………… （85）
第六届京剧学国际学术研讨会 …………… （86）
越剧艺术研讨会 …………………………… （86）
“大陆与台湾：昆曲传承和发展”
研讨会 …………………………………… （86）
谭元寿舞台生活八十周年座谈会 ………… （86）
全国戏曲工作座谈会 ……………………… （86）
《灯官油流鬼》作品座谈会 ……………… （86）
刘曾复京剧学思想研讨会 ………………… （87）
李紫贵100周年诞辰暨导演艺术
研讨会 …………………………………… （87）
多媒体儿童剧的产业创新与
市场未来文化沙龙 ……………………… （87）
《中国少数民族戏剧通史》研讨会 ……… （87）
宫廷戏曲研究论坛（2015）……………… （87）
全国非遗剧种人才培养学术研讨会 ……… （88）
纪念焦菊隐110周年诞辰学术研讨会 …… （88）
“张火丁现象”专题研讨会 ……………… （88）
中日传统戏剧交流座谈会 ………………… （88）

教育与传承

杜近芳收付佳、刘琪为徒 ………………… （88）
京剧名家在重庆收徒 ……………………… （88）
中国戏曲学院招生新增两个“非遗”
剧种 ……………………………………… （89）
张春华收靳智棋、刘佳、王浩为徒 ……… （89）
梅派艺术人才培养基地 …………………… （89）
评剧《花为媒》青年培训班 ……………… （89）
全国少数民族戏剧创作培训班 …………… （89）
京剧《杨门女将》培训班 ………………… （89）
第四届“高级剧院运营与管理
大师班” ………………………………… （89）
叶少兰收张兵为徒 ………………………… （89）
中国戏曲学院到清华附小进行
京剧艺术讲座 …………………………… （89）
国家大剧院首届舞美学员队开班 ………… （90）
“宫廷戏剧文化大观”讲座 ……………… （90）
“梅兰芳与穿越80年的老唱片”
主题讲座 ………………………………… （90）
第四届国际剧院团管理大师班 …………… （90）
张学浩、董翠娜夫妇收王晶为徒 ………… （90）
梅葆玖收王艺臻为徒 ……………………… （90）
第四届京剧专业中青年教师高级
进修班 …………………………………… （90）
叶少兰收杨楠为徒 ………………………… （91）
梅葆玖收王馨仪、王梓依为徒 …………… （91）
北京儿艺与四所小学签约艺术教育 ……… （91）

戏剧台词人才培养培训班……………………（91）

出版与传播

《谈戏说艺——百位名家口述百年京剧传承史》出版……………………（91）
《清宫节令戏》……………………（91）
《中国戏曲艺术思想史》出版……………………（91）

曲艺

机构

青春鼓曲社……………………（93）
曲艺大观苑……………………（93）
北京曲艺团复建……………………（93）

作品

快板《一块传家匾》……………………（93）
单弦《过大年》……………………（93）
相声《我有底线》……………………（93）
相声《外语漫谈》……………………（93）
舞台喜剧《我不是保镖》……………………（93）
快板《勤劳为本东北人》……………………（94）
西河大鼓《西山遗恨》……………………（94）
相声《老小孩儿》……………………（94）
相声《上下这些年》……………………（94）
单弦《英雄母亲邓玉芬》……………………（94）
相声《新药方》……………………（94）
京韵大鼓《中国高铁》……………………（94）

活动

北京曲艺团贺岁展演周……………………（94）
姜昆个人相声专场……………………（94）
十二属相大拜年演出……………………（94）
老北京民俗曲艺专场……………………（95）
王淑玲鼓曲专场……………………（95）
杨菲举办个人鼓曲演唱会……………………（95）
首都道德模范故事汇曲艺精品节目高校巡演……………………（95）
中国曲协“送欢笑”10周年系列活动……………………（95）
北京评书《鹿鼎记》改编创作、公益演出启动仪式……………………（95）
中国曲艺牡丹奖艺术团惠民演出……………………（96）
纪念抗战胜利70周年优秀曲艺节目展演……………………（96）
向人民汇报曲艺专场在京举办……………………（96）
北京曲艺团复建专场演出……………………（96）
纪念刘宝瑞100周年诞辰相声晚会……………………（96）
曲艺精品节目展演……………………（97）
第三届全国相声小品优秀节目展演……………………（97）

会议

刘兰芳听友会……………………（97）
曲协举办行风建设座谈会……………………（97）
“送欢笑到基层”活动十周年座谈会……………………（98）
原创中篇苏州评弹《徐悲鸿》文本论证座谈会……………………（98）
践行《中国曲艺工作者行为守则》座谈会……………………（98）

赛事与奖项

曲艺进校园系列活动启动……………………（98）
首届“宣南杯”京津冀鼓曲大赛……………………（98）
第六届北京青年相声节……………………（98）

交流

马贵荣受邀到台湾讲学……………………（99）
曲艺深军新力量研讨会……………………（99）
纪念陈云同志110周年诞辰评弹专场演出……………………（99）
《弦索吴语说红楼》评弹音乐会……………………（99）
京津陕鲁晋少儿曲艺培训全国巡演活动……………………（99）
中华曲艺海外行在新西兰站展演……………………（99）
大同数来宝专场汇报演出……………………（100）

纪念

袁阔成逝世……………………（100）
笑林逝世……………………（100）
白奉霖逝世……………………（100）

探索与研究

全国曲艺小剧场作品创作研讨会……………………（100）
《全国少数民族曲艺艺术》编写专题会……………………（101）
北京歌剧舞剧院召开专题研讨会……………………（101）
中国曲协赴文艺资源中心调研……………………（101）
京津冀鼓曲发展交流研讨会举行……………………（101）
第二届全国曲艺理论学术研讨会……………………（101）
曲艺版权保护研讨会……………………（101）
第四届曲艺高峰论坛在柯桥举办……………………（101）
马增蕙从艺75周年研讨会……………………（102）
侯宝林98周年诞辰纪念展……………………（102）

传承与培训

马岐收徒 ……………………………………（102）
曲艺英才培育行动启动 ……………………（102）

出版物

马静宜光碟发布助兴演唱会 ………………（102）
评书话本《血色苍穹》举办首发式 ………（102）

杂技

机构

中国青年魔术师俱乐部 ……………………（104）
中国高校魔术社团联谊会换届 ……………（104）
北京市昌平杂技家协会、北京市昌平魔术协会 ……………………………（104）

作品

语言杂技剧《北京》 ………………………（104）

活动

首都杂技艺术家赴京郊慰问演出 …………（105）
第二届北京大学生魔术交流大会 …………（105）
北京杂协四届五次理事会 …………………（105）
北京杂技魔术艺术家赴深圳慰问演出 ……（105）
马戏小丑快乐六一嘉年华 …………………（105）
传统杂技、魔术走进中国政法大学 ………（105）
口技专场演出 ………………………………（105）
“魔幻青春公益行”走进北京前锋学校 ……………………………………（106）
首都杂技家赴狼牙山慰问演出 ……………（106）
2015 年世界大学生魔术交流大会 ………（106）
中国杂技团建团 65 周年纪念演出 ………（106）
传统杂技进小学展演 ………………………（106）
第九届北京欢乐谷国际魔术节举办 ………（106）
北京昌平魔术文化创意展亮相文博会 ……（107）
中国杂协第七次全国代表大会 ……………（107）
“我的中国梦”精品杂技展演 ……………（107）
传统杂技华北电力大学专场演出 …………（107）

赛事与奖项

中国杂技团《协奏·黑白狂想——男女技巧》获“金小丑奖” ……………（107）
第二届金长城小魔星选拔赛颁奖 …………（107）
第二届魔法小巨人首都少儿魔术大赛 ……（107）
“金长城杯”世界大学生魔术争霸赛获奖名单揭晓 ……………………………（107）
第七届 CMUC 新星杯魔术比赛 …………（108）

交流

北京组织杂技（魔术）家赴意大利、瑞士交流演出 ……………………………（108）
新疆生产建设兵团杂技团进京演出 ………（108）
河南省冰之梦艺术团进京演出 ……………（108）
北京市文联组团赴台进行魔术交流 ………（108）

研究与评论

北京昌平魔术文化创意产业研讨会 ………（108）
《中国文化思维之于杂技》 ………………（108）
《崛起的中国魔术新生代——从 2015 央视春晚魔术说起》 ……………（109）
《魔术艺术形式与教育的创新发展》 ……（109）
《互联网环境下杂技（魔术）的推广与保护》 ……………………………（109）
《略谈魔术艺术的历史传承、发展现状与创新对策》 ……………………（109）
《浅谈杂技艺术与中国传统文化精神》 ……………………………………（109）
《春晚魔术的发展及新媒介对其的影响研究》 ……………………………（109）
《“杂技舞蹈化”构建杂技艺术“新常态”》 ……………………………（109）
《论现代杂技人才培养的教育理念与实践》 ………………………………（110）

培训与传承

“未来之星”魔术培训基地挂牌 …………（110）
罗秉松收丁文民为徒 ………………………（110）
班秀兰收李清华为徒 ………………………（110）
首都金奖杂技演员赴十堰举办空竹技法培训班 ………………………………（110）
田学明收杨乐、卢迅为徒 …………………（110）

出版物

《中国杂技金菊奖理论作品奖论文集》出版 ……………………………………（110）

音乐

机构

中国网络正版音乐促进联盟 ………………（112）
中央企业音乐专业委员会 …………………（112）
北京民族乐团 ………………………………（112）

作品

声乐套曲《南水北调》 …………………… (112)
国家大剧院版歌剧《玫瑰骑士》 ……… (112)
音乐剧《狂奔的拖鞋》 ………………… (112)
音乐剧《或许明天属于我》 …………… (112)
大型原创歌剧《北川兰辉》 …………… (112)
歌剧《安德烈·谢尼埃》 ……………… (113)
原创歌剧《日出》 ……………………… (113)
音乐舞台剧《栀子花开 Neverland》 …… (113)
交响清唱剧《屈原颂》 ………………… (113)
歌舞诗《丝路情歌》 …………………… (113)
民族音乐剧《又见国乐》 ……………… (113)
音乐剧《站台》 ………………………… (113)
国家大剧院版歌剧《西蒙·
波卡涅拉》 …………………………… (113)
歌剧《参孙与达丽拉》 ………………… (113)
歌剧《号角》 …………………………… (114)
声乐套曲《感悟论语》 ………………… (114)
原创歌剧《我的母亲叫太行》 ………… (114)
歌舞剧《圆梦》 ………………………… (114)
歌剧《星海》 …………………………… (114)
音乐剧《紫石街》 ……………………… (114)
原创歌剧《这里的黎明静悄悄》 ……… (114)
原创儿童歌剧《渔公与金鱼》 ………… (114)
中央歌剧院版歌剧《托斯卡》 ………… (114)
原创歌剧《方志敏》 …………………… (114)

活动

“伏尔加之声”——中国交响乐团
合唱团音乐会 ………………………… (115)
中央歌剧院赴河北慰问演出 …………… (115)
点亮星星音乐帮助计划公益演出 ……… (115)
“美妙的和谐——玫瑰之夜”演唱会 …… (115)
西单音像大世界重张开业 ……………… (115)
“红妆国乐”音乐会 …………………… (115)
北京平谷第十七届国际桃花音乐节 …… (115)
第二届太平洋地区音乐院校联盟
高峰会议 ……………………………… (115)
国家大剧院歌剧节·2015 ……………… (116)
2015 法国巴黎银行“明日之星”
钢琴音乐节 …………………………… (116)
大型古琴展览展演系列活动 …………… (116)
大型交响合唱《劳动创造幸福》 ……… (116)
2015 潮流音乐节 ……………………… (116)
国家大剧院第七届五月音乐节 ………… (116)
2015 北京合唱节 ……………………… (116)
2015 北京音乐生活展 ………………… (117)
经典“中国经典民歌”“八只眼”
专场音乐会 …………………………… (117)
十首北京申冬奥优秀音乐作品发布 …… (117)
中国乡村音乐品牌发展战略发布 ……… (117)
“剧荟——最美时光”音乐会 ………… (117)
中国音乐家协会第八次全国代表大会 …… (117)
2015 道略音乐产业大会 ……………… (117)
“抗战歌曲七十首”网络传唱
活动启动 ……………………………… (118)
第二届北京·云南孔子学院国际音乐
夏令营 ………………………………… (118)
国家大剧院与卡内基音乐厅签署
《战略合作备忘录》 ………………… (118)
网络音乐版权保护工作座谈会 ………… (118)
中国交响乐团 2014~2015 音乐季闭幕
音乐会 ………………………………… (118)
赵季平民族音乐作品音乐会 …………… (118)
大型交响场景演唱会
“血肉筑长城” ……………………… (119)
民族管弦乐音乐会“国之瑰宝” ……… (119)
2015 年音乐支教发布会 ……………… (119)
中央民族歌舞团 2015“光荣绽放”
秋季演出季 …………………………… (119)
中国爱乐乐团 2015~2016 音乐季
开启 …………………………………… (119)
中央音乐学院首届中国民族音乐节 …… (119)
2015 优酷·土豆理想音乐节 ………… (119)
2015 第十八届年北京国际音乐节 ……… (120)
2015 第十届北京九门爵士音乐周 ……… (120)
2015 国家大剧院新作品音乐会 ………… (120)
社会主义核心价值观组歌交响音乐会 …… (120)
北京民族乐团成立专场音乐会 ………… (120)
2015 北京现代国际鼓手节暨
爵士乐教育发展论坛 ………………… (120)
“东方之声”音乐会 …………………… (120)
“八音迭奏”音乐会 …………………… (120)
“传递关爱，携手屏山”义演活动 …… (121)
华夏鹤鸣笙乐团音乐会 ………………… (121)
第二届北京师范大学国际音乐周 ……… (121)
多媒体情景音乐会“五行” …………… (121)

六部作品入选青年作曲家计划 …………（121）
阎肃作品音乐会 ……………………………（121）
新版歌剧《白毛女》在京上演 …………（121）
侗族大歌新年音乐会 ……………………（121）
交流
第四届北京国际喜歌剧演出季 …………（121）
“佛跳墙”演唱会 ………………………（122）
云南德宏秘境歌舞乐集之
《德宏之舞》进京演出 ………………（122）
苏格兰“红辣椒”风笛乐队
到京演出 ………………………………（122）
多个乐团同台演奏民乐 …………………（122）
万芳“原来的地方”世界巡回
演唱会北京站 …………………………（122）
新疆昌吉艺术剧院进京演出 ……………（122）
陕西省歌舞剧院进京演出 ………………（122）
“初音未来”到京演出 …………………（122）
台湾歌手田馥甄进京举办
“如果”演唱会 ………………………（122）
美国佐治亚男童合唱团到京演出 ………（123）
姚恒璐手风琴作品在俄罗斯首演 ………（123）
原创民族歌剧《彝红》进京演出 ………（123）
圣彼得堡卡贝拉交响乐团到京演出 ……（123）
湖北省歌剧舞剧院进京演出 ……………（123）
英国原版音乐剧《人鬼情未了》
到京演出 ………………………………（123）
平安俊作品音乐会进京演出 ……………（123）
台湾先啬宫青少年国乐团进京演出 ……（123）
以色列爵士钢琴大师到京演出 …………（123）
第六届中日韩青少年音乐交流节 ………（123）
林肯公园乐队到京演唱 …………………（124）
台湾作曲家作品到京演出 ………………（124）
广东民族乐团进京演出 …………………（124）
缪斯乐队到京演唱 ………………………（124）
中国歌剧《骆驼祥子》赴意大利
巡演 ……………………………………（124）
台湾歌手周传雄到京演出 ………………（124）
东莞塘厦松雷音乐剧剧团进京演出 ……（124）
都匀市文化馆进京演出 …………………（124）
西北民族大学进京演出 …………………（124）
英国冷溪近卫军礼宾乐团到京演出 ……（124）
广西群众艺术馆进京演出 ………………（124）
山西演艺集团歌舞剧院进京演出 ………（124）
台湾阿卡贝拉人声乐团进京演出 ………（125）
百老汇经典音乐剧《剧院魅影》
到京演出 ………………………………（125）
浙江交响乐团到京演出 …………………（125）
“四面来风”音乐会 ……………………（125）
广州歌舞剧院进京演出 …………………（125）
宁夏演艺集团歌舞剧院进京演出 ………（125）
台湾歌手杨宗纬进京演唱 ………………（125）
湖北省民族歌舞团进京演出 ……………（125）
赛事与奖项
“国音杯”刘天华二胡作品演奏
邀请赛 …………………………………（125）
王传越获第15届柴科夫斯基
国际音乐比赛声乐组银奖 ……………（125）
2015年“水立方杯”海外华裔
青少年中文歌曲大赛颁奖 ……………（125）
“战火·青春”征歌活动在京揭晓 ……（126）
两名中国音乐家获2015德国
古典回声奖 ……………………………（126）
评论与研究
交响声乐套曲《南水北调》
理论研讨会 ……………………………（126）
第七届“世界歌剧院发展论坛” ………（126）
2015音乐数字化生态发展研讨会 ………（126）
中国歌剧与美声唱法学术研讨会 ………（126）
第二届中国音乐产业高端论坛 …………（126）
纪念歌剧《白毛女》70周年座谈会 ……（127）
第四届全国乐器学研讨会 ………………（127）
纪念
中国爱乐乐团成立15周年音乐会 ………（127）
罗浪逝世 …………………………………（127）
杨帆逝世 …………………………………（127）
金湘逝世 …………………………………（127）
出版与传播
“戴你唱歌”网络公开课 ………………（127）
大型网络众筹项目《黄河大合唱》 ……（128）
《抗战歌选：1931～1945》出版 ………（128）

舞蹈

作品
大型歌舞诗《丝路情歌》 ………………（130）

舞蹈诗《中华赋》 …………………………（130）
舞剧《进化论》 …………………………（130）
舞剧《花生》 …………………………（130）
舞剧《那里的花》 …………………………（130）
芭蕾舞剧《鹤魂》 …………………………（130）
舞剧《青衣》 …………………………（130）
舞剧《画皮》 …………………………（130）
现代舞剧《大地·震》 …………………………（131）
舞剧《夕照》 …………………………（131）
交响芭蕾《四季》 …………………………（131）
舞剧《仓央嘉措》 …………………………（131）

活动

歌舞诗《英雄核潜艇》在京公演 ………（131）
中央民族歌舞团 2015
“公众开放日” …………………………（131）
第六届芭蕾创意工作坊晚会 ……………（131）
北京舞蹈双周 2015 ………………………（131）
第八届“小荷风采”全国少儿
舞蹈展演 …………………………（131）
“2015 中国舞蹈十二天”舞蹈演出 ……（132）
“保卫黄河”舞蹈专场晚会 ……………（132）
2015 国家大剧院舞蹈节 …………………（132）
“深入生活、扎根人民”文艺创作
成果展演舞蹈专场 ……………………（132）
京津冀“非遗”舞蹈和民间传统
舞蹈展演 …………………………（132）
2015 北京大学生舞蹈节 …………………（132）
中国舞蹈家协会第十次全国代表大会 ……（133）
第二届中国国际芭蕾演出季 ……………（133）
颜荷作品《无间》 ………………………（133）
“两个身体”——圣诞舞蹈晚会 ………（133）

赛事与奖项

第 17 届中国国际标准舞总会（CBDF）
“院校杯”暨第 6 届“怀柔杯”
国际标准舞公开赛 ……………………（133）
第十四届北京舞蹈大赛 …………………（133）
第三届北京国际芭蕾舞暨编舞比赛 ……（134）

研究与评论

当代基础艺术教育（舞蹈）
发展研讨会 …………………………（134）
《市场稳步发展作品琳琅满目——
2014 年中国舞蹈发展述评》 …………（134）
舞剧《进化论》创作沙龙 ………………（134）
第四届国际创意舞蹈研讨会 ……………（134）

交流

德宏民间艺人进京演出 …………………（135）
古巴国家芭蕾舞团到京演出 ……………（135）
中国歌剧舞剧院赴台演出 ………………（135）
广东歌舞剧院进京演出 …………………（135）
蒙特卡洛芭蕾舞团到京演出 ……………（135）
台湾舞者黄翊进京演出 …………………（135）
通辽市民族歌舞团进京演出 ……………（135）
中美芭蕾艺术家联袂演出
《天鹅湖》 …………………………（135）
习舞孤儿中戏体会艺术之美 ……………（135）
东方演艺集团赴意大利米兰世博会
演出 …………………………（135）
第三届“拉美及加勒比艺术季”
舞蹈晚会 …………………………（135）
葡萄牙库伦芭蕾舞团到京演出 …………（135）
苗族舞蹈诗作品进京演出 ………………（136）
法国玩酷嘻哈舞团到京演出 ……………（136）
新疆生产建设兵团歌舞剧团进京演出 ……（136）
中国原创舞剧《马可·波罗》
赴意大利演出 …………………………（136）
新玉歌舞团进京演出 ……………………（136）
山西舞洲舞团进京演出 …………………（136）
拉脱维亚国家芭蕾舞团到京演出 ………（136）
新疆麦盖提县刀郎文工团进京演出 ……（136）
中国中央芭蕾舞团赴美国演出 …………（136）
太原舞蹈团进京演出 ……………………（136）
德国吉森舞蹈团到京演出 ………………（136）
大连艺术学院进京演出 …………………（136）
云南红河州歌舞团进京演出 ……………（136）
澳大利亚踢踏舞者到京演出 ……………（137）
河北大厂评剧歌舞团进京演出 …………（137）
澳大利亚国家芭蕾舞团到京演出 ………（137）
吕梁市民间艺术团进京演出 ……………（137）
圣彼得堡艾夫曼芭蕾舞团到京演出 ……（137）

教育与培训

北京引进英国皇家舞蹈学院培训课程 ……（137）
芭蕾舞剧《红色娘子军》青年演员
人才培养项目启动 ……………………（137）
舞蹈创作青年人才培养暑期舞蹈营 ……（137）

纪念

“中法文化之春”芭蕾精品荟萃

专场演出 …………………………… （137）
孙光言逝世 …………………………… （138）
曲皓逝世 …………………………… （138）
出版与传播
《舞蹈：作为艺术教育（上、下册）》 …………………………… （138）
《舞蹈——高等院校学前教育专业系列教材》 …………………………… （138）
《中国街舞艺术教育考级》系列教程 …… （138）

美术

机构
中国美术家协会策展委员会成立 ……… （140）
国家民族画院揭牌 …………………… （140）
展览
中国自然之声油画艺术研究院首届油画中国风景邀请展 …………… （140）
“人民的形象”主题展览 ……………… （140）
第二届 CAFAM 未来展 ……………… （140）
张继《中国书画千字文》诗书画印展 ………………………… （141）
袁武绘画作品展 ……………………… （141）
2014 年度北京工笔重彩画会会员艺术展 ………………………………… （141）
“百年华彩”——中国水彩艺术研究展 ………………………………… （141）
“笔墨新体”——中国国家画院美术研究院学术提名展（2015） …… （141）
老舍、胡絜青藏画展 ………………… （141）
“中国写意”——中国美术馆邀请展 …… （142）
“微观”——馆藏部分早期油画作品陈列展 ………………………………… （142）
当代中国女画家中国画展 …………… （142）
北京画院画家小幅作品展 …………… （142）
中国工笔画学会传承展 ……………… （142）
中国画学会展 ………………………… （142）
苏天赐艺术展 ………………………… （142）
滑田友雕塑展 ………………………… （142）
马常利艺术回顾展 …………………… （142）
赵望云写生作品展 …………………… （143）
纪连彬中国画展 ……………………… （143）
罗尔纯艺术展 ………………………… （143）
“时代领跑者”美术作品展 ………… （143）
故宫藏历代书画展（第一期） ……… （143）
北京女美术家联谊会成立二十周年纪念展 …………………………… （143）
2015 中央工艺美院 8090 水墨展………… （143）
“中国梦·太行魂”——全国中国画作品展 ………………………… （144）
张广中国画展 ………………………… （144）
刘商英艺术展 ………………………… （144）
中国重彩画作品展 …………………… （144）
“精研博取”——中国传统书画小品展 ………………………………… （144）
“情系西双版纳”全国白描写生作品展 ………………………………… （144）
大墨同禅·大禅艺术展 ……………… （144）
李玉双写生创作六十年艺术展 ……… （144）
乔十光漆画展 ………………………… （145）
“泥人张”（北京支）彩塑艺术展 ……… （145）
“江山多娇”主题展览 ……………… （145）
明清文人实景山水作品展 …………… （145）
周思聪卢沉《矿工图》组画研究展 …… （145）
“深入生活、扎根人民”——中国艺术研究院中国画院、中国油画院写生作品展 ………………………………… （145）
老甲作品展 …………………………… （145）
齐白石笔下的草虫世界之二展 ……… （146）
故宫博物院“石渠宝笈特展” ………… （146）
中央美术学院与中国具象油画展 …… （146）
程大利作品展 ………………………… （146）
“深入生活·表现时代”——中国艺术研究院写生创作展 ………… （146）
“向人民汇报”——当代十五位美术家作品展 ……………………… （146）
“北京意象·生态密云”绘画作品展 …… （147）
邢少臣画展 …………………………… （147）
第四届中国油画展——当代中国油画的表现性研究展 ……… （147）
“文史翰墨”——第二届中华诗书画展 ………………………………… （147）
袁运甫画展 …………………………… （148）
官布捐赠首博作品暨官布绘画艺术展 …… （148）
“丝路丹青　茶马古韵”——

舒建新中国画作品展 …………………… (148)
2015 中国国家画院丝绸之路采风写生作品展 ………………………………… (148)
第五届“大家之路”——中国画油画展 ……………………………… (148)
“水墨本色”——当代中国画邀请展 …… (148)
中国第三届舞台美术展暨首届视觉艺术双年展 ……………………………… (148)
西藏题材创作工程首期成果展 ………… (149)
靳尚谊油画语言研究展 …………………… (149)
20 世纪 50、60 年代中央美院对民族传统绘画的临摹与购藏展 ……… (149)
张祖英艺术展 ……………………………… (149)
新中国以来名家书画文牍大展 ………… (149)
“大美水墨”——当代主题作品展及古代、近现代作品文献展 ………… (149)
“写意中国”——2015 中国国家画院年展 ……………………………… (150)

活动

市美术家元宵节深入京郊送作品 ……… (150)
蔡文颖创作成就学术研讨会 …………… (150)
许鸿飞雕塑《飞花》落户北京 ………… (150)
官布百余件作品捐赠首都博物馆 ……… (150)
《中华民族一家亲》大型美术作品创作工程启动 ……………………………… (150)
张立国艺术研讨会 ……………………… (150)
中国工艺美术学会书画专业委员会换届 ……………………………… (151)
杨晓阳“大写意”理论与实践学术研讨会 ………………………………… (151)
“军魂不朽”书画笔会 …………………… (151)
“时代领跑者”美术作品捐赠仪式 …… (151)
中国画《新中国诞生》收藏暨展出仪式 ………………………………… (151)
刘勃舒作品捐赠中国国家画院 ………… (151)
市文联和北京美协迎新年下基层 ……… (152)

交流

皮埃尔·卡隆油画艺术展 ……………… (152)
南京博物院藏傅抱石写生山水展 ……… (152)
陕西省油画、水彩、水粉画作品展 …… (152)
“蒙卡奇和他的时代：世纪之交的匈牙利艺术”展 ……………………… (152)
“伏尔加河之歌”——俄罗斯油画作品展 ………………………………… (152)
肖恩·斯库利艺术展 …………………… (152)
陈建中五十年回顾展 …………………… (152)
孔奇绘画艺术展 ………………………… (153)
中国新加坡艺术交流展 ………………… (153)
计美赤列、次仁旺加、平措多布杰三人展 ………………………………… (153)
“新中国美术家系列”——四川省国画作品展 …………………………… (153)
东西方当代陶艺对话展 ………………… (153)
关良绘画艺术展 ………………………… (153)
喻慧作品展 ……………………………… (153)
山东籍书画名家学术邀请展 …………… (154)
北京画院藏齐白石精品展 ……………… (154)
“伏尔加河回响”——特列恰科夫画廊巡回画派精品展 ………………… (154)
马库斯·吕佩尔茨——西方绘画的回归·德国新表现主义大师展 ……… (154)
黄君璧书画展 …………………………… (154)
奥地利 100 年绘画展：1860 ~ 1960 …… (154)
周沧米画展 ……………………………… (154)
陈志安工笔人物画展 …………………… (155)
“生活状态”波兰当代艺术展 ………… (155)
高二适遗墨展 …………………………… (155)
刘墉艺术展 ……………………………… (155)
“新中国美术家系列”——甘肃省国画作品展 …………………………… (155)
林峰中国水墨人物画展 ………………… (155)
谭平对话卡斯特利 ……………………… (155)
聂危谷中国画展 ………………………… (155)
崔振宽画展 ……………………………… (156)
陈建坡书画篆刻展 ……………………… (156)
邹明绘画艺术展 ………………………… (156)
黄阿忠绘画作品展 ……………………… (156)
朱振南现代水墨展 ……………………… (156)
其加达瓦艺术作品巡回展 ……………… (156)
丛志远艺术展 …………………………… (156)
殷小烽作品展 …………………………… (156)
迪士尼经典动画艺术展 ………………… (157)
北京画院花鸟画作品展 ………………… (157)
“来自中国美术馆的艺术”墨西哥展 …… (157)
当代岭南中国画作品展 ………………… (157)
张喜忠油画作品展 ……………………… (157)

太和书画晋京展 …………………………… (157)
黎明从艺七十六年艺术展 ……………… (157)
第六届北京国际美术双年展 …………… (158)
何水法花鸟画展 ………………………… (158)
刘宝纯诗书画全国巡展 ………………… (158)
俄罗斯艺术大师西德罗夫油画展 ……… (158)
安娜·高美雕塑艺术展 ………………… (158)
中国惠安南派雕刻艺术展 ……………… (159)
东京新画派艺术作品展 ………………… (159)
江苏省美术馆馆藏新金陵画派精品展 …… (159)
中蒙当代美术交流展 …………………… (159)
凯绥·珂勒惠支经典作品展 …………… (159)
郑百重中国画展 ………………………… (159)
邵晓峰晋京书画展 ……………………… (159)
赵溅球尼泊尔写生中国画展 …………… (160)
董继宁山水画展 ………………………… (160)
费尔南多·博特罗作品展 ……………… (160)
洪瑞生油画展 …………………………… (160)
李义弘水墨画展 ………………………… (160)
山西画院建院30周年美术作品展 ……… (160)
潘义奎油画作品展 ……………………… (160)
“新中国美术家系列”——山西省
国画作品展 ……………………………… (161)
“新中国美术家系列”——江西省
国画作品展 ……………………………… (161)

纪念

黄宾虹150周年诞辰纪念特展 ………… (161)
白雪石百年诞辰纪念画展暨座谈会 …… (161)
袁晓岑百年诞辰纪念展 ………………… (161)
纪念徐悲鸿120周年诞辰座谈会 ……… (161)
启功艺术回顾展 ………………………… (161)
民族先锋中流砥柱美术作品展 ………… (161)
徐悲鸿及亲友、师生作品巡回大展 …… (162)
“接力”中央美院教师写生创作展 …… (162)
抗战木刻展 ……………………………… (162)
梁又铭抗战美术作品展 ………………… (162)
“太行浩气”——吕云所中国画
作品展 …………………………………… (162)
徐希逝世 ………………………………… (162)
纪念抗战胜利70周年全军美术
书法作品展 ……………………………… (163)
纪念华君武100周年诞辰座谈会 ……… (163)
华君武百年诞辰纪念特展 ……………… (163)
邹佩珠追思会 …………………………… (163)
“铸魂鉴史 珍爱和平”——纪念
抗战胜利70周年美术作品展 ………… (163)
纪念世界反法西斯战争胜利70周年
俄罗斯美术作品展 ……………………… (163)
尼泊尔艺术家访华采风作品展 ………… (163)
罗尔纯逝世 ……………………………… (164)
“太行风骨”——山西省美术书法
作品提名邀请展 ………………………… (164)
俞致贞百年诞辰作品展 ………………… (164)
纪念抗战胜利70周年第三届架上
连环画展 ………………………………… (164)
王临乙、王合内夫妇作品文献纪念展…… (164)
赖少其艺术研究展 ……………………… (164)

出版物

《流民图》册页首发 …………………… (164)
《中国美术报》创刊 …………………… (165)

书法 篆刻

展览

龙开胜书阮籍·饶宗颐咏怀诗作展 …… (166)
大美平谷·中国书法之乡——
第七届上元雅集·“友谊奖”
书法展 …………………………………… (166)
“邱振中：起点与生成”展 …………… (166)
刘艺书法脉络展 ………………………… (167)
文怀沙一百零五岁法书展 ……………… (167)
夏湘平书法艺术展 ……………………… (167)
全国正书六家展 ………………………… (167)
“中国国家博物馆典藏——甲骨文、
金文集粹”展 …………………………… (167)
王岳川书法展 …………………………… (167)
全国第十一届书法篆刻作品展 ………… (167)
第六届北京美丽乡村书法艺术展 ……… (167)
国家典籍博物馆宋元善拓暨全国
书法临摹展 ……………………………… (168)
王家新临摹历代书法经典作品展 ……… (168)
2015中国艺术研究院中国书法院
院展 ……………………………………… (168)

活动

简帛文字与书法学术研讨会 …………… (168)

丰台书协刻字研究会创作基地成立暨首届丰台书协书法刻字作品展开幕式 …… (168)
“弘道养正”书法巡展走进北京交通大学 …… (169)
书法志愿服务走进北京城建集团 …… (169)
李铎作品收藏品捐赠军博 …… (169)
《王羲之王献之书法全集》首发 …… (169)
中国书协第七次全国代表大会 …… (169)

赛事与奖项

第七届上元雅集·友谊奖 …… (169)
第八届北京电视书法大赛总决赛暨颁奖典礼 …… (170)

交流

湖北省书法院首届院展 …… (170)
何满宗书法展 …… (170)
北京天津大连三地书法交流展 …… (170)
卢甫圣书法艺术展 …… (170)
2015 中韩书法年展 …… (170)
2015 海派书法进京展 …… (170)
刘灿铭书法艺术展 …… (171)

纪念

“书写抗战”——两岸书法家作品公益展 …… (171)
纪念抗战胜利 70 周年全国征联获奖作品书法展 …… (171)

摄影

机构

北京一零一中学“青少年摄影教育基地” …… (172)
三里屯小学“青少年摄影教育基地” …… (172)

展览

首届“中国园林”摄影大展 …… (172)
郝远征肖像作品摄影展 …… (173)
东莞长安女工的故事摄影展 …… (173)
“艳·遇”科学摄影展 …… (173)
第五届“中国外交官看世界”摄影展 …… (173)
希望工程摄影展 …… (173)
“白菜的幻想”摄影展 …… (173)
青藏铁路纪实摄影展 …… (173)
中国新锐摄影师群展 …… (173)
“丝绸之路”风光摄影展 …… (173)
全国青年摄影大展 …… (174)
依法治国摄影作品展 …… (174)
“一拍即合晒大片”摄影展 …… (174)
“美丽公园·文明绽放”图片展 …… (174)
雷锋生前所在团学雷锋主题摄影展 …… (174)
2015 北京野生鸟类摄影展 …… (174)
“古都·大观”——老北京图片、绘画展 …… (174)
“红色影像之旅”刘远摄影展 …… (174)
“北京城·家国梦”主题图片展 …… (174)
青年影像传统印相展 …… (174)
故宫老照片特展 …… (175)
“谧境·幻象”摄影艺术展 …… (175)
中国非物质文化遗产摄影展 …… (175)
中国少数民族摄影师奖作品展 …… (175)
吴印咸 115 周年诞辰摄影艺术展 …… (175)
荷花摄影精品展 …… (175)
姜健、江融肖像摄影作品联展 …… (175)
华侨与抗日战争主题图片展 …… (175)
“一带一路”主题摄影展 …… (175)
中国抗日战争胜利 70 周年图片展 …… (175)
“党的领导　人民的抗战”历史图片征集展 …… (176)
宋庆龄与伟大的抗日战争图片展 …… (176)
“我是一个老兵”主题摄影展 …… (176)
“历史不容忘却”摄影展 …… (176)
“梦想西沙”摄影作品展 …… (176)
“努比亚智能手机杯”摄影展 …… (176)
“相遇·北京”摄影展 …… (176)
中国艺术摄影荟萃展 …… (177)
“铁军魂　中华情”图片摄影展 …… (177)
“向人民汇报”作品展 …… (177)
“海上丝路——过去与现在”摄影展 …… (177)
“魅力大洋”摄影展 …… (177)
“古桥追梦”摄影展 …… (177)
“深入生活、扎根人民”作品展 …… (177)
“聚焦阅读”摄影展 …… (178)
北京·张家口主题摄影作品展 …… (178)

北京国际摄影周2015 ……………………（178）
第二届世界华侨华人摄影展 ……………（178）
“世界小极了”周岚摄影个展 …………（178）
中国金融全国摄影艺术展 ………………（178）

会议与活动

少数民族摄影人才培养工程培训班 ……（178）
首都摄影家送“福”下乡 ………………（179）
林迈可纪实摄影展研讨会 ………………（179）
“2015年外国摄影师拍北京”
活动开拍仪式 …………………………（179）
全国青少年摄影教育发展研讨会 ………（179）
中国摄影著作权协会会员代表大会 ……（179）
“故乡的路”研讨会 ……………………（179）
第二届“我是小小摄影家”
夏令营活动 ……………………………（180）
摄影界贯彻落实繁荣发展社会主义
文艺的意见精神座谈会 ………………（180）
中国企业家摄影学会工作会议 …………（180）

交流

中国百年摄影艺术展 ……………………（180）
黑白艺术摄影10人展……………………（180）
赣南苏区振兴发展图片展 ………………（180）
奥林巴斯2015年名家摄影展……………（181）
泰吉轩画廊五周年特别展览 ……………（181）
湖南首届旅游摄影大展 …………………（181）
白天鹅摄影名家作品展 …………………（181）
“醉美俄罗斯”张桐胜摄影作品展 ……（181）
罗达尔·帕特里奇摄影作品展 …………（181）
中国抗战主题图片展 ……………………（181）
马达罗镜头中的中国摄影展 ……………（181）
杨越峦摄影作品展 ………………………（181）
“大师的视野”摄影展 …………………（181）
“河套风情”摄影图片展 ………………（182）
中国大自然风景摄影展 …………………（182）
“不见，不散”摄影艺术展 ……………（182）
“金色花海 魅力汉中”全国摄影
大展获奖作品展 ………………………（182）
戴继民探索摄影展 ………………………（182）
中俄举办抗战胜利图片展 ………………（182）
“大美凉山”摄影展 ……………………（182）
“大美七星关”摄影展 …………………（182）
“绝世美云”摄影展 ……………………（182）
哈里·卡拉汉原作展 ……………………（183）
“魅力大栅栏”抓拍赛摄影展 …………（183）
“美丽中国”图片展 ……………………（183）
国际摄影大师作品典藏展 ………………（183）
“海南百位百岁老人”北京图片展 ……（183）
“最后的民俗”摄影展 …………………（183）
“如梦的视界”摄影作品展 ……………（183）
侯波、邵华摄影作品展 …………………（183）
宁德市摄影作品展 ………………………（183）
全国农民工主题摄影展 …………………（184）
“临时风景”摄影展 ……………………（184）
新疆维吾尔自治区成立60周年
摄影图片展 ……………………………（184）
华人眼中的新西兰摄影主题展 …………（184）
“原乡人”李伟坤作品展 ………………（184）
中国·大丰全国摄影大展 ………………（184）
中国军队维和行动25周年图片展………（184）
下花园风光风情摄影展 …………………（184）
蔚县风情风光摄影展 ……………………（184）
戴建成摄影作品展 ………………………（184）
“深蓝之梦”摄影展 ……………………（185）
新井卓银版摄影展 ………………………（185）
文化旅游摄影作品展 ……………………（185）
衢州旅游摄影作品展 ……………………（185）
全国摄影名家看重庆摄影展 ……………（185）
镜头中的西部·最美净土摄影展 ………（185）

纪念

吕厚民逝世 ………………………………（185）
裴植逝世 …………………………………（185）
柳成行逝世 ………………………………（186）
韩学章逝世 ………………………………（186）
徐冶逝世 …………………………………（186）
陈勃逝世 …………………………………（186）

赛事与奖项

“中国好风光”全国摄影大展颁奖 ……（186）
“摄氏2014”年度摄影师大典 …………（186）
第五届全国农民摄影大赛评选 …………（186）
第28届专业报新闻摄影年赛获奖
作品揭晓 ………………………………（187）
第十届亚洲大学生摄影大赛揭晓 ………（187）
“丝路之光”国际摄影大赛揭晓 ………（187）
“外国友人眼中的和谐北京”
摄影奖颁奖 ……………………………（187）
中国航空航天影像大赛颁奖 ……………（187）

出版物

摄影画册《游牧色彩》出版 …………… (187)
《百名摄影师聚焦俄罗斯》画册出版 … (188)

图书馆

机构

“M 地铁·图书馆”成立 ……………… (189)
中国古籍保护协会成立 ………………… (190)
北大图书馆马克思主义分馆暨国际马克思主义文献中心揭牌仪式 ……… (190)
国图人民法院分馆开馆 ………………… (190)
京津冀图书馆联盟正式成立 …………… (190)
杂·书馆揭牌仪式 ……………………… (190)

活动

·会议与研讨·

中图学会专业图书馆分会 2014 年学术年会 ……………………………… (191)
北京高校图书馆领导力提升与发展培训会暨 2014 年馆长年会 ……… (191)
2015 年省级古籍保护中心工作会议 …… (191)
2014 年文化志愿服务总结交流会 ……… (191)
中图学会第九次全国会员代表大会 …… (191)
中美大学图书馆馆长研讨会 …………… (192)
2015 年“卓越联盟”高校图书馆馆长年会 ……………………………… (192)
北京市公共图书馆馆长工作会议 ……… (192)
高教学会财经分会图书资料协作委员会主任委员工作会议 …………… (192)
第三届图书馆现代技术学术研讨会 …… (192)
2015 年全国人大系统文献信息资源共建共享研讨会 …………………… (192)
2015 年中国高校图书馆研究数据管理推进工作组会议 ………………… (193)
全国通信电子类高校图书情报工作委员会 2015 年学术会议 ………… (193)
北京高校图书馆“大数据支撑下的图书馆服务创新”学术研讨会 ……… (193)
《中华古籍保护计划“十三五”时期规划纲要（征求意见稿）》专家审议会 …………………………… (193)
“中国珍贵典籍史话丛书”出版座谈会 ……………………………… (193)
2015 年全国古籍保护工作部际联席会议 ……………………………… (194)
国图公开课专家座谈会 ………………… (194)
北京高校网络图书馆“十三五”规划研讨会 …………………………… (194)
北京教育学会中小学教育文献信息研究会“2015 学术年会” …………… (194)
中法大学特藏文献暨中法文化交流学术研讨会 ………………………… (194)
北京高校网络图书馆 2015 年馆长工作交流会 ………………………… (195)

·讲座与论坛·

2015 年度“乡土课堂”正式开讲 ……… (195)
首都图书馆“法律沙龙”正式启动 …… (195)
2015 年北京中小学图书馆论坛 ………… (195)
清华大学图书馆首届年度学术论坛 …… (195)
第七届“中国图书馆馆长与国际出版社高层对话论坛” ……………… (195)
2015 年中国开放获取推介周 …………… (196)
第十届全国纺织服装信息研究会馆长论坛暨 2015 年学术年会 ………… (196)
“新型智库建设”2015 首届学术研讨会 ……………………………… (196)
2015 年 iAuthor 应用与发展研讨会……… (196)

·读者活动·

首图儿童诗歌诵读会 …………………… (196)
第五届北京换书大集 …………………… (196)
文津读书·青少年科普活动 …………… (197)
国家典籍博物馆举办青少年体验活动 ……………………………… (197)
“书香校园”雏鹰建言征集启动仪式 ……………………………… (197)
第二届“阅读之城”——市民读书计划 ………………………… (197)
中华古籍普查志愿服务行动 …………… (198)
首图少儿馆“名家面对面”——走进神奇的冒险侦探世界活动 ……… (198)
首届全国高校图书馆阅读推广案例大赛 ……………………………… (198)
全国少年儿童“我的藏书票”设计大赛 ……………………………… (198)
李茂如捐赠资料暨学术成果研究室

成立 …………………………………… (198)
首图向北京信息职业技术学院赠书 …… (199)
中法两国国家图书馆签约及数字
资源捐赠仪式 ……………………… (199)
《石渠宝笈（精选配图版）》
赠书仪式 …………………………… (199)
北大医学图书馆与六家附属医院图书馆
正式开通图书通借通还服务 ………… (199)
“世界读书日”延长文献外借
期限服务 …………………………… (199)
“国图公开课”启动 ………………… (199)
北京高校图书馆正式面向中小学
设立参观开放日 …………………… (200)
GoOA 正式上线服务……………………… (200)
·展览·
国家图书馆藏传统楹联文献展 ………… (200)
“版画珍珠”藏书票设计作品展 ……… (200)
“三山五园文化巡展”——圆明园
四十景文化展 ……………………… (200)
“册府千华”——西域文献保护
成果展 ……………………………… (200)
“炫彩童年”——中国百年童书展 …… (201)
“册府千华”——珍贵古籍雕版特展 … (201)
清华大学馆藏马克思、恩格斯文献展 … (201)
“绘有话说”——中国原创绘本
新生代力量大展 …………………… (201)
“册府千华”——民间珍贵典籍
收藏展 ……………………………… (202)
故乡·遇见——九儿绘本作品原画展 … (202)
纪念中国人民抗日战争暨世界
反法西斯战争胜利 70 周年馆
藏文献展 …………………………… (202)
北京大学图书馆藏抗战文献图片展 …… (202)
原创十年·绘本原画展 ……………… (202)
甲骨文记忆展 ………………………… (202)
“数字图书馆推广工程”科普展览 …… (203)
纪念陈垣一百三十五周年诞辰展 ……… (203)
“‘十三五’规划——十大惠民
政策与你有关”主题展览 ………… (203)
国图宋元善拓暨全国书法临摹展 ……… (203)
·表彰与奖励·
第十届文津图书奖 …………………… (203)
·交流·
中国国图副馆长李虹霖率团访问
法国、英国 ………………………… (203)
新加坡总统及夫人来访中国国家
图书馆 ……………………………… (203)
中国国图馆长韩永进率团访问
土耳其、阿塞拜疆及伊朗 ………… (204)
中国国图与韩国国立中央图书馆
进行第 18 次业务交流活动 ………… (204)
中日两国国家图书馆第 34 次
业务交流 …………………………… (204)
基础建设
·设施建设·
北京安贞医院图书馆迁入新馆 ………… (204)
北京儿童医院图书馆迁入新馆 ………… (204)
·业务建设·
高科联盟图书馆资源生态系统上线 …… (205)
中科院文献情报中心与 IOPP 签约……… (205)
中科院文献情报中心签署 Springer
电子图书长期保存合作扩展
意向书 ……………………………… (205)
百度与北大图书馆、CALIS 签署战略
合作协议 …………………………… (205)
中国古籍保护网全新改版并上线
运行 ………………………………… (205)
“东京审判资源库”发布 …………… (205)
国图启动《民国时期文献总目
（图书卷）》编纂工作 ……………… (205)
中科院文献情报中心启动“中国科
技资讯”平台建设 ………………… (206)
北京石油化工学院图书馆与北京
中国书画协会开展战略合作 ……… (206)
首经贸图书馆完成古籍整理工作
·队伍建设· …………………………… (206)
国图推出首场“馆长公开课” ……… (206)
“‘一卡通’用户使用 BALIS
原文传递系统”培训 ……………… (206)
2015 年研究数据管理国际研修班 ……… (206)
首都体育学院图书馆第二届专家
委员会成立 ………………………… (207)
北京高校文献资源建设培训班 ………… (207)
第四次北京高校网络图书馆虚拟
参考咨询项目培训会 ……………… (207)
常林任首都图书馆馆长 ……………… (207)

"穿过一个世纪的脚步"——
钱存训先生纪念展 …………………… (207)
·专题介绍·
杂·书馆 ………………………………… (208)
朝阳区图书馆（新馆） ………………… (208)
通州区图书馆（新馆） ………………… (208)
中国石油大学（北京）图书馆 ………… (208)
出版与传播
《知识管理论坛（网络版）》 …………… (209)
《清华大学图书馆藏稀见方志丛刊》 …… (209)
《数据与情报科学学报（英文）》 ……… (209)
国图集中首发三套大型抗日文献 ……… (209)
《国家图书馆古籍普查登记目录》 …… (209)

群众文化

机构
爱八角曲艺茶园 ………………………… (213)
首都文艺志愿服务联盟 ………………… (213)
北京民协小小艺术家协会北京
第二实验小学分会 …………………… (214)
作品
话剧《早安，妈妈（升级版）》 ……… (214)
古典诗词吟唱剧《诗酒李白》 ………… (214)
乡村实景歌舞剧《玫瑰情缘》 ………… (214)
百人绘制京城超长画卷涂绘 …………… (214)
活动
2015 年首都市民系列文化活动 ………… (214)
中小学生优秀传统文化技艺展演活动 …… (215)
2015 京津冀系列群众文化活动 ………… (215)
京津冀三地群艺馆签署协同发展
合作协议 ……………………………… (215)
首届北京中小学生书法节 ……………… (215)
2015 书香中国暨北京阅读季 …………… (215)
"为人民服务·为劳模造像"
大型活动 ……………………………… (215)
第十届首都职工文化艺术节 …………… (215)
"京剧电影工程进社区"系列活动 …… (216)
首届"百姓摄影家"专场采风日
活动 …………………………………… (216)
"童绘美丽家园"迎"六一"
大型公益专场活动 …………………… (216)
北京市文化馆系统参加全国
第四次文化馆评估定级 ……………… (216)
"文化关爱 梦想同行"系列
文化活动启动 ………………………… (216)
"带本书，给家乡的孩子"
大型公益活动 ………………………… (216)
第三届北京惠民文化消费季 …………… (216)
青少年艺术体验周 ……………………… (217)
2015 首都市民合唱周 …………………… (217)
国家大剧院"公众开放日艺术节" …… (217)
第二届百姓健康舞展演 ………………… (217)
演出
首届全国袖珍人公益春晚 ……………… (217)
我爱北京——市民新春联欢会 ………… (217)
"红领巾相约中国梦"音乐故事会 …… (217)
北大荒老知青纪念抗战胜利 70 周年
文艺演出 ……………………………… (217)
第七届全国大学生古琴音乐会 ………… (218)
"笑满京城、爱在重阳"——首都文艺家
社会主义核心价值观主题巡演 ……… (218)
八路军老战士文工团"英雄赞歌"
专场演出 ……………………………… (218)
北京市基层文联原创优秀文艺节目
汇报演出 ……………………………… (218)
"情暖冬季、笑在京西"——首都
曲艺家社会主义核心价值观主题
巡演 …………………………………… (218)
展览
群众摄影文化活动优秀作品展 ………… (218)
乙未新春生肖特展 ……………………… (218)
"汉字"展览及相关活动走进社区 …… (219)
"童心描绘梦想"艺术作品展 ………… (219)
中央国家机关第二届职工摄影作品展 … (219)
"和谐北京"群众摄影文化活动优秀
作品展 ………………………………… (219)
全国公安系统"卫士之光"美术、
书法摄影作品展 ……………………… (219)
2015 全国铁路摄影美术书法展 ………… (219)
北京群众艺术馆成立 60 周年书法
美术摄影作品巡展 …………………… (219)
校园文化
北京市民族艺术进校园 10 周年活动 …… (219)
北京曲剧走进方家胡同小学 …………… (220)

“百年有园”幼儿美术作品展 …………（220）
北京曲协送曲艺进校园系列活动 ………（220）
以色列中提琴家进小学普及音乐 ………（220）
北京市第二十二中学端午文化主题庙会 ……………………………（220）
“交响乐器总动员”音乐课改项目 ……（220）
北展一小举办“高参小”“城宫计划”汇报演出 ……………………………（220）
民间文化进校园 ……………………………（221）
“童声同梦”2015 年合唱节 ……………（221）
动漫曲目进校园 ……………………………（221）
“携手金帆情”合唱音乐会 ……………（221）

民俗活动

迎新胡同庙会 ………………………………（221）
天桥小年文化庙会 …………………………（221）
2015 地坛庙会 ………………………………（221）
2015 龙潭庙会 ………………………………（221）
天坛公园第十一届春节文化周 …………（222）
第二十一届红螺寺庙会 …………………（222）

赛事与奖项

中日青少年摄影大赛颁奖 ………………（222）
第三届“东方少年中国梦”新创意中小学生作文大赛 …………（222）
第十届“舞动北京”群众舞蹈大赛 ……（222）
第三届幸福年华卡广场舞大赛 …………（222）
第二届全国少年宫系统舞蹈展演 ………（222）
第 14 届“金刺猬”大学生戏剧节………（222）
第七届全国村歌大赛 ……………………（223）
中国文联职工歌咏比赛 …………………（223）
第二届社区广场舞大赛 …………………（223）
北京多个群众文化期刊获奖 ……………（223）
2015 年中国文化馆年会征文活动评选 ……………………………（223）
全市中老年合唱大赛 ……………………（223）
北京市参加家庭文化建设征文活动获奖 ……………………………（224）
2015 全国校园歌手大赛 …………………（224）

交流

地坛文化庙会曼谷之旅 …………………（224）
第九届“欢乐春节”北京文化庙会 ……（224）
2015 年北京文化庙会台北之旅 …………（224）
地坛文化庙会在柏林举办 ………………（224）
“中国书画日”体验活动 ………………（224）
广东顺德容桂青少年摄影作品赴京展 ……………………………（224）
邯郸文化京津行惠民活动 ………………（224）
舟山渔民画展 ………………………………（225）
第九届“古韵新妍”两岸青年古典诗词联吟大会 ……………………（225）
香港岭英学校师生到京进行文化交流 …（225）

培训与讲座

中国儿童艺术剧院儿童戏剧推广日 ……（225）
北京培训千名基层文化组织员 …………（225）

探索与研究

2015 年文化馆年会论文征集评选 ………（226）
2015 年中国群众文化论文征集评选 ……（226）

各区文情

东城区 ………………………………（227）
西城区 ………………………………（231）
朝阳区 ………………………………（235）
海淀区 ………………………………（239）
丰台区 ………………………………（243）
石景山区 ……………………………（246）
通州区 ………………………………（250）
顺义区 ………………………………（254）
怀柔区 ………………………………（258）
平谷区 ………………………………（262）
昌平区 ………………………………（266）
门头沟区 ……………………………（270）
房山区 ………………………………（275）
大兴区 ………………………………（279）
密云区 ………………………………（283）
延庆区 ………………………………（287）

索引

笔画索引 ……………………………（293）
拼音索引 ……………………………（312）

法规、规范性文件目录

法　规

名　　称	发布日期	实施日期
北京市人民政府关于进一步加强基层公共文化建设的意见	2015 年 5 月 29 日	2015 年 5 月 29 日

规范性文件

名　　称	发布日期	实施日期
北京市财政局　北京市文化局关于印发《北京市非物质文化遗产保护专项资金管理办法》的通知	2015 年 6 月 8 日	发布 30 日后
北京市文化局关于印发《北京市基层公共文化设施服务规范》的通知	2015 年 6 月 8 日	发布 30 日后
北京市文化局　北京市发展和改革委员会关于印发《北京市基层公共文化设施建设标准》的通知	2015 年 6 月 15 日	发布 30 日后
北京市文化局　北京市财政局关于开展首都公共文化服务示范区创建工作的通知	2015 年 6 月 23 日	2015 年 6 月 23 日
北京市文化局关于印发《北京市优秀群众文化项目扶持办法（试行）》的通知	2015 年 11 月 12 日	发布 30 日后
北京市文化局关于印发《北京市惠民低价票演出补贴项目管理办法》的通知	2015 年 12 月 9 日	发布 30 日后

大 事 记

2015年北京文化艺术大事记

2014年9月19日~2015年2月18日，中国百年（1911~2014）摄影艺术展在挪威斯塔万格艺术博物馆展出。

2014年12月12日~2015年1月12日，首届“中国园林”摄影大展在中国园林博物馆展出。

2014年12月18日~2015年1月4日，“中国梦百姓情”群众摄影文化活动优秀作品展在首都博物馆展出。

2014年12月20日~2015年1月11日，“工业·记忆”明胶银盐黑白艺术摄影10人展在798艺术区七星中街映艺术中心/映画廊展出。

2014年12月23日~2015年1月8日，第四届北京国际喜歌剧演出季在东城区第一文化馆举办。

2014年12月26日~2015年1月20日，“筑梦”——东莞长安女工的故事摄影展在中国妇女儿童博物馆中心展厅展出。

2014年12月31日~2015年1月4日，2015年北京歌剧舞剧院·北京曲艺团贺岁展演周在民族文化宫大剧院举办。

1 月

1月4日~13日，“今朝更好看”——赣南苏区振兴发展图片展在北京展览馆展出。

1月6日，话剧《爱情的印象》在北京9剧场首演。

1月7日，话剧《甄嬛传》在北京保利剧院首演。

1月9日，中国图书馆学会专业图书馆分会2014年学术年会在中国科学院文献情报中心召开。

1月9日，“高科联盟图书馆资源生态系统”上线。

1月9日~15日，“荆风楚韵”——湖北省书法院首届院展在中国文联艺术家之家展览馆举办。

1月9日~20日，“中国自然之声油画艺术研究院首届油画中国风景邀请展”在中国美术馆展出。

1月10日~25日，北京优秀青年戏曲演员展演在北京举办。

1月12日，首个“中国摄影家协会青少年摄影教育基地”在北京一零一中学挂牌成立。

1月12日，“未来之星”魔术培训基地授牌仪式在北京市丰台区首都师范大学附属云岗中学举行。

1月12日，北京首家地铁图书馆——“M地铁·图书馆”在地铁4号线国家图书馆站正式成立。

1月12日~20日，“童趣与天性”——法兰西艺术院院士皮埃尔·卡隆油画艺术展在中国美术馆举办。

1月12日~3月30日，“人民的形象”主题展览在中国美术馆举办。

1月13日~2月1日，“艳·遇”科学摄影展在北京自然博物馆展出。

1月14日，贺岁喜剧《土豪的一千零一夜》在北京9剧场首演。

1月14日，话剧《旧爱》在北京鼓楼西剧场首演。

1月14日，当代基础艺术教育（舞蹈）发展研讨会在北京师范大学艺术与传媒学院举办。

1月15日~16日，北京高校图书馆领导力提升与发展培训会暨2014年馆长年会在北京举办。

1月15日~23日，第五届“中国外交官看世界”摄影展在北京公共外交文化交流中心展出。

1月15日~3月1日，“第二届CAFAM未来展：创客创客·中国青年艺术的现实表征”在中央美术学院美术馆和798艺术工厂展出。

1月16日~18日，第一届迷你影戏节在77文创园时差空间举办。

1月16日~22日，“生命美丽”——奥林巴斯

2015 年名家摄影展在北京东方新天地展出。

1 月 17 日，“《中华辞赋》高端论坛”在中国现代文学馆举行。

1 月 18 日，中国杂技团《协奏·黑白狂想——男女技巧》获蒙特卡洛国际马戏节“金小丑奖”。

1 月 18 日 ~2 月 16 日，“共鸣”——菲利普·哈尔斯曼和萨尔瓦多·达利作品展在泰吉轩画廊展出。

1 月 19 日 ~21 日，纪念叶盛兰 100 周年诞辰活动在中国戏曲学院举办。

1 月 20 日，北京人艺版话剧《万尼亚舅舅》在首都剧场首演。

1 月 20 日 ~21 日，北京昌平魔术文化创意产业研讨会在昌平区召开。

1 月 20 日 ~30 日，“2014 年度北京工笔重彩画会会员艺术展”在李可染画院美术馆举办。

1 月 21 日 ~27 日，陕西省油画、水彩、水粉画作品展在中国文艺家之家展览馆举办。

1 月 23 日，第十一届十月文学奖在北京颁奖。

1 月 23 日，中国古籍保护协会第一次会员代表大会暨协会成立大会在国家图书馆召开。

1 月 23 日 ~2 月 3 日，“战友精品剧目”演出季在天桥剧场举办。

1 月 23 日 ~2 月 6 日，“中国梦·天路情·劳动美”——青藏铁路纪实摄影展在北京中国铁路总公司调度大厅展出。

1 月 23 日 ~2 月 8 日，“百年华彩”——中国水彩艺术研究展在中国美术馆举办。

1 月 24 日，李煦、曹寅与江南文坛学术研讨会在国家典籍博物馆举行。

1 月 24 日，“2015 年省级古籍保护中心工作会议”在国家图书馆举行。

1 月 25 日，云南德宏秘境歌舞乐集之《德宏之舞》在民族文化宫大剧院演出。

1 月 25 日 ~3 月 6 日，2014 中国新锐摄影师群展在中华世纪坛·数字艺术馆展出。

1 月 28 日，雷加百年诞辰座谈会在中国现代文学馆举行。

1 月 28 日，“伏尔加之声”——中国交响乐团合唱团音乐会在国家大剧院上演。

1 月 28 日 ~31 日，上海京剧院“纪念周信芳先生诞辰 120 周年”北京站系列活动在北京举行。

1 月 28 日 ~3 月 15 日，“丝绸之路”风光摄影展在玉渊潭公园影廊展出。

1 月 29 日，话剧《爱恋·契诃夫》在中国国家话剧院小剧场首演。

1 月 29 日，2014 年度“中国作家出版集团奖”颁奖会在北京举行。

1 月 29 日，中国网络正版音乐促进联盟在北京成立。

1 月 29 日 ~2 月 28 日，“蒙卡奇和他的时代：世纪之交的匈牙利艺术”展览在北京画院美术馆举办。

1 月 30 日，话剧《只因单身在一起》在北京东方剧院首演。

1 月 30 日，小剧场话剧《反串》在北京人艺实验剧场首演。

1 月 31 日，首届“阿克塞”哈萨克族文学奖在北京颁奖。

1 月 31 日，2014《民族文学》年度奖颁奖会在北京举行。

1 月 31 日 ~3 月 8 日，“景观之变”——加拿大艺术中人与风景的改造展览在今日美术馆举办。

1 月，中国京剧艺术基金会编辑的《谈戏说艺——百位名家口述百年京剧传承史（上、下卷）》由上海文化出版社出版。

1 月，吕艺生主编的《舞蹈——作为艺术教育（上、下册）》由上海音乐出版社出版。

2　月

2 月 1 日，2014 中国文化产业年度人物推选结果在北京揭晓。

2 月 1 日 ~4 日，“nubia 智能手机杯”第二届全国青年摄影大展首展在中华世纪坛中心展厅展出。

2 月 1 日 ~7 日，“笔墨新体”——中国国家画院美术研究院学术提名展（2015）在国家画院美术馆展出。

2 月 1 日 ~12 月 27 日，2015 年首都市民系列文化活动在北京举办。

2 月 2 日，首届全国袖珍人公益春晚在北京大红门国际会展中心举办。

2 月 2 日 ~3 月 15 日，“人民的艺术家”——老舍、胡絜青藏画展在中国美术馆举办。

2 月 3 日，民盟中央文化艺术研究院成立大会在北京召开。

2 月 3 日，中国文艺评论家协会、中国文联文艺评论中心特约评论员聘任仪式在中国文艺家之家举办。

2 月 3 日，情迷苏格兰“红辣椒”风笛演奏会在民族文化宫大剧院演出。

2 月 3 日 ~11 日，迎新胡同庙会在西城区琉璃厂铁树斜街 93 号院博物馆举办。

2 月 4 日 ~25 日，“锦绣潇湘·快乐湖南”首届旅游摄影大展在中华世纪坛东方厅展出。

2月6日~7日，姜昆从艺40周年个人相声专场演出在民族文化宫大剧院举办。

2月6日~12日，“依法治国”——中央国家机关贯彻落实党的十八届四中全会精神摄影作品展在大栅栏西街展出。

2月6日~3月6日，“国家图书馆藏传统楹联文献展”在国家典籍博物馆举行。

2月7日，首届“中小学生优秀传统文化技艺展演活动颁奖晚会暨2015年展演活动启动仪式”在北京举行。

2月7日~5月10日，“来自肖邦故乡的珍宝：15至20世纪的波兰艺术”展览在中国国家博物馆举办。

2月8日，北京戏曲评论学会群众评论分会在北京成立。

2月8日~9日，刘云山看望文化界知名人士。

2月8日~15日，“黄河三门峡·美丽天鹅城”白天鹅摄影名家作品展在北京龙顺成家具城“龙影廊”展出。

2月9日，中国诗歌诵读联盟在北京成立。

2月9日，杨宪益百年诞辰纪念座谈会在中国现代文学馆举行。

2月9日~17日，“2015我爱北京”——市民新春联欢会在国家大剧院举办。

2月11日，话剧《食堂》在首都剧场首演。

2月11日~16日，首届天桥小年文化庙会暨老舍京味文化节在天桥剧场举办。

2月12日，北京人民艺术剧院话剧演员宋凤仪在北京逝世。

2月12日~23日，“欢乐春节亚欧行”活动在土耳其、芬兰、爱沙尼亚三国举办。

2月12日~25日，“美丽公园·文明绽放”文明游园随手拍活动获奖作品图片展在北京新奥购物中心展出。

2月13日~3月8日，“中国写意”——中国美术馆邀请展在中国美术馆展出。

2月13日~5月10日，“微观”——馆藏部分早期油画作品陈列展在大都美术馆举办。

2月17日，《京津冀三省（市）群众艺术馆（中心）协同发展合作协议》在国家大剧院签署。

2月17日~11月17日，2015年京津冀系列群众文化活动在北京、天津、河北举办。

2月18日~25日，2015地坛庙会在地坛公园举办。

2月18日~25日，2015龙潭庙会在龙潭湖公园举办。

2月20日~24日，古巴国家芭蕾舞团携古巴版《天鹅湖》在国家大剧院上演。

2月20日~3月4日，“咏时代欢歌　唱人民心声”——庆祝中国评剧院建院60周年2015新春演出季在北京举办。

2月26日，北京人民艺术剧院话剧演员杨薇在北京逝世。

2月27日~3月8日，“2015年北京文化庙会台北之旅”在台北市花博园舞蝶馆举办。

2月27日~3月19日，国家大剧院昆曲艺术周在国家大剧院举办。

2月28日，青春鼓曲社在老舍茶馆正式成立。

3　月

3月2日，第四届唐弢青年文学研究奖颁奖仪式在中国现代文学馆举行。

3月2日，交响声乐套曲《南水北调》在中山公园音乐堂首演。

3月3日~22日，2015首都剧场精品剧目邀请展演（国内单元）在首都剧场举办。

3月5日，西单音像大世界重张开业。

3月5日，广东歌舞剧院携大型原创舞剧《沙湾往事》在北京保利剧院演出。

3月5日~10日，“播撒雷锋精神的种子”——雷锋生前所在团学雷锋主题摄影展在中国人民革命军事博物馆展出。

3月5日~5月17日，“伏尔加河之歌”——俄罗斯油画作品展在大都美术馆举办。

3月7日，“红妆国乐”音乐会在国家大剧院音乐厅上演。

3月7日~8月2日，“奇趣之眼”——罗达尔·帕特里奇摄影作品展在泰吉轩画廊展出。

3月8日~10日，“大美平谷·中国书法之乡”——第七届上元雅集·“友谊奖”书法展在国艺美术馆举办。

3月8日~14日，“中国梦·丽人行”——当代中国女画家中国画展在民族文化宫举办。

3月9日，北京京剧院京剧演员马崇仁在北京逝世。

3月9日，摄影家吕厚民在北京逝世。

3月9日~19日，“再见，延安!”——英国学者林迈可亲历的中国抗战（1937~1945）主题图片展在北京大学图书馆展出。

3月10日，交响声乐套曲《南水北调》理论研讨会在北京召开。

3月10日~17日，北京市文联杂技（魔术）艺术家代表团赴意大利、瑞士进行交流演出。

3月10日~18日，“咫尺天地”——北京画院画家小幅作品展在北京画院美术馆举办。

3月11日，中科院文献情报中心与英国物理学会出版社在北京签署合作备忘录。

3月11日~13日，摩纳哥蒙特卡洛芭蕾舞团携现代芭蕾《浮士德》在国家大剧院演出。

3月12日~4月23日，“随心而行——肖恩·斯库利艺术展1964~2014伦敦丨纽约”在中央美院美术馆举办。

3月14日，首届会林文化奖在北京颁奖。

3月15日，第六届“茅台杯”《小说选刊》奖颁奖典礼在北京举行。

3月15日，“首届全国微型小说（小小说）高峰论坛”在北京举行。

3月15日~6月7日，中国原创话剧邀请展在北京举办。

3月17日，中国美术家协会策展委员会成立大会在中国文联举行。

3月18日，首届青铜葵花儿童小说奖颁奖典礼在北京举行。

3月18日~28日，“丹青文脉”——中国工笔画学会传承展在中国美术馆举办。

3月19日，“圆明园大台宫戏抢救传习及恢复演出项目”研讨会在圆明园举行。

3月19日，“2015北京教育装备论坛”——中小学图书馆论坛在北京展览馆举办。

3月20日，“雅曲共赏　古韵悠长”——老北京民俗曲艺专场在西城区第一文化馆举办。

3月20日~22日，第二届北京大学生魔术交流大会在西城文化艺术中心缤纷剧场举办。

3月20日~4月18日，“1976~1979巨变前夜”——意大利记者镜头中的中国专题摄影展在鲁迅博物馆展出。

3月21日~28日，“中国画学会展”在中国美术馆举办。

3月24日，“中英文学戏剧连线”项目在北京正式启动。

3月25日，2014年文化志愿服务总结交流会在首都图书馆召开。

3月26日，话剧《恋人》在东方先锋剧场首演。

3月26日~29日，第17届CBDF“院校杯”暨第6届“怀柔杯”国际标准舞公开赛在怀柔体育馆举办。

3月26日~4月1日，“大师的视野”——露西奖大师作品暨IPA国际摄影奖最佳表现作品展览在中国艺术研究院展出。

3月27日，《京津冀演艺领域深化合作协议》在北京签署。

3月27日，中央企业音乐专业委员会成立大会在北京召开。

3月28日，万芳“原来的地方”世界巡回演唱会北京站在万事达汇源空间举办。

3月29日，爱八角曲艺茶园在石景山区八角街道开张。

3月29日，“中日青少年摄影大赛”在北京颁奖。

3月29日~31日，首届北京中小学生书法节在北京举办。

3月30日，“再见，延安!”——英国学者林迈可亲历的中国抗战晋察冀军民抗战纪实摄影展学术研讨会在中国人民大学举办。

4　月

4月1日，话剧《蠢蛋》在北京9剧场首演。

4月1日，小剧场话剧《跳墙》在北京人艺实验剧场首演。

4月1日~6日，“传承·拓展”——中国新加坡艺术交流展在清华大学美术学院美术馆举办。

4月1日~30日，“燕京飞羽”——2015北京野生鸟类摄影展在北京动物园科普馆展出。

4月2日~12日，“古都·大观”——老北京图片、绘画展览在民族文化宫展出。

4月2日~15日，第二届“中国好风光”全国摄影大展在玉渊潭公园颁奖并展出。

4月3日，中国木偶剧院花乡剧场开业。

4月3日~10日，“新中国美术家系列”——四川省国画作品展在中国国家画院美术馆举办。

4月4日~6日，“世界经典童话周”活动在北京举办。

4月4日~12日，大美杭锦后旗“河套风情”摄影图片展在民族文化宫展出。

4月4日~7月5日，“浑厚华滋本民族”——黄宾虹诞辰150周年纪念特展在中国美术馆举办。

4月6日~10日，“中国大自然风景摄影展”在日本东京展出。

4月6日~5月6日，北京平谷第十七届国际桃花音乐节在平谷区举办。

4月7日~8日，歌舞诗《英雄核潜艇》在国家大剧院公演。

4月8日，中科院文献情报中心与Springer科学与商业媒体集团正式签署Springer电子图书长期保存合作扩展意向书。

4月9日，中国图书馆学会第九次全国会员代表大会在国家图书馆召开。

4月9日，歌剧《玫瑰骑士》在国家大剧院

首演。

4月9日，摄影家裴植在北京逝世。

4月9日，小剧场京剧《碾玉观音》在繁星戏剧村首演。

4月9日~10日，第五届道略演艺产业年会暨2015“演艺北京”剧目交易会在北京举行。

4月9日~12日，第二届太平洋地区音乐院校联盟高峰会议在中央音乐学院举行。

4月9日~19日，“文明的互动与交融”——东西方当代陶艺对话展在中国美术馆举办。

4月9日~7月12日，国家大剧院歌剧节·2015在国家大剧院举办。

4月10日~11日，纪念梅兰芳1935年访苏演出八十周年国际学术研讨会在北京举行。

4月10日~11日，“简帛文字与书法学术研讨会”在清华大学召开。

4月11日~14日，“金色花海　魅力汉中”全国摄影大展获奖作品展在梅兰芳大剧院展出。

4月11日~6月18日，第三届北京国际女性戏剧节在北京举办。

4月12日~13日，首届“中国青年报告文学作家论坛”在北京举办。

4月12日~21日，“东方彩墨·山东籍书画名家学术邀请展”在中国美术美术馆举办。

4月13日，北京人民艺术剧院话剧演员胡宗温在北京逝世。

4月13日，故宫博物院青年戏剧社团——“海棠社”成立。

4月14日，话剧《早安，妈妈》（升级版）在北京大学百周年纪念讲堂首演。

4月15日，北京大学图书馆马克思主义分馆、国际马克思主义文献中心揭牌仪式在马克思主义学院举行。

4月16日~19日，“翰墨抒怀”——北京天津大连三地书法交流展在民族文化宫举办。

4月17日，北京人艺小剧场话剧《朦胧中所见的生活》在北京人艺实验剧场首演。

4月17日~18日，第五届北京换书大集在北京举办。

4月18日~5月18日，2015北京舞台美术设计邀请展国家大剧院东展厅举办。

4月18日~10月27日，“2015书香中国暨北京阅读季”在北京举办。

4月19日，内蒙古自治区通辽市民族歌舞团携大型原创蒙古族舞剧《天上的风》在国家大剧院歌剧院上演。

4月19日~26日，第二届中国北京国际魔术大会金长城小魔星选拔赛在北京举办。

4月21日，“穿过一个世纪的脚步”——钱存训先生纪念展在中国国家图书馆举办。

4月22日，音乐剧《狂奔的拖鞋》在剧空间剧场首演。

4月23日，第十届文津图书奖评选结果在北京揭晓。

4月23日，北京高校图书馆正式面向中小学设立参观开放日。

4月23日~24日，“大学图书馆的未来”——中美大学图书馆馆长研讨会在北京大学图书馆召开。

4月23日~25日，2015法国巴黎银行“明日之星”钢琴音乐节在中央音乐学院举行。

4月23日~30日，中国现代作家珍稀手稿展在人民文学出版社读者服务部举办。

4月23日~5月30日，第15届“相约北京”艺术节在北京举行。

4月23日~6月28日，“天然之趣”——北京画院藏齐白石精品展在匈牙利国家美术馆举办。

4月24日，全军文艺创作座谈会在北京召开。

4月24日，国家图书馆首场“馆长公开课”在国图艺术中心举办。

4月24日~6月30日，“版画珍珠”第二届北京市中小学生“我的藏书票”设计获奖作品展在首都图书馆展出。

4月24日~7月26日，“伏尔加河回响”——特列恰科夫画廊巡回画派精品展在中国国家博物馆举办。

4月25日，话剧《丽南山的美人》在鼓楼西剧场首演。

4月25日，话剧《枕头人》在鼓楼西剧场首演。

4月25日，“文艺理论学科建设与文艺理论发展”研讨会在北京召开。

4月25日，新浪图片“摄氏2014”年度摄影师大典在中华世纪坛举行。

4月25日~5月12日，“视觉北京”——北京城·家国梦主题图片展在西城区第一文化馆展出。

4月25日~5月24日，“马库斯·吕佩尔茨——西方绘画的回归·德国新表现主义大师展”在时代美术馆举办。

4月26日，“为人民服务·为劳模造像”大型活动在劳动人民文化宫举行。

4月26日，诗人汪国真在北京逝世。

4月27日~5月6日，“时代领跑者”——美术作品展在中国国家博物馆举办。

4月28日，中央芭蕾舞团第六届芭蕾创意工作坊晚会在天桥剧场举办。

4 月 28 日，京津冀演艺联盟成立仪式在北京青年剧场举行。

4 月 28 日，《中国国家图书馆与法国国家图书馆合作协议》在北京签署。

4 月 28 日 ~ 5 月 31 日，“古琴的故事”大型古琴展览展演系列活动在首都博物馆举办。

4 月 29 日，2015 北京文化创意产业项目推介会在北京举办。

4 月 29 日，清华大学图书馆首届年度学术论坛在人文社科图书馆举办。

4 月 29 日，丰台区书法家协会刻字研究会创作基地成立仪式暨首届丰台书协书法刻字艺术作品展开幕式在玉泉营花卉展销厅举行。

4 月 30 日 ~ 6 月 29 日，“故宫藏历代书画展”（第一期）在故宫博物院武英殿展出。

5 月

5 月 1 日，《劳动创造幸福》大型交响合唱在北京音乐厅演出。

5 月 1 日 ~ 3 日，2015 潮流音乐节在朝阳公园举办。

5 月 1 日 ~ 17 日，意大利多媒体儿童互动体验剧《魔毯梦花园》在东方梅地亚中心 M 剧场演出。

5 月 1 日 ~ 23 日，国家大剧院第七届五月音乐节在国家大剧院举办。

5 月 1 日 ~ 7 月 5 日，“奥地利 100 年绘画展：1860 ~ 1960”在中华世纪坛举办。

5 月 1 日 ~ 10 月 31 日，中国东方演艺集团携舞蹈专场《中国的脚步》在 2015 年意大利米兰世博会中国馆演出。

5 月 2 日，语言杂技剧《北京》在民族文化宫大剧院首演。

5 月 2 日 ~ 7 月 16 日，“和平颂”2015 北京合唱节在北京举办。

5 月 3 日，新疆昌吉艺术剧院携音乐剧《别失八里》在民族剧院演出。

5 月 4 日，音乐剧《或许明天属于我》在解放军歌剧院首演。

5 月 4 日 ~ 6 月 18 日，“致青春”——青年影像传统印相展在中国摄影画廊展出。

5 月 4 日 ~ 12 月 16 日，第十届首都职工文化艺术节在北京举办。

5 月 5 日 ~ 15 日，2015“相约北京”第三届拉美艺术季之“美美与共”——拉美当代艺术展在中华世纪坛举办。

5 月 6 日 ~ 7 日，波兰弗罗茨瓦夫剧院携话剧《伐木》在世纪剧院演出。

5 月 7 日，话剧《失歌》在国话先锋剧场进行国内首演。

5 月 7 日，第三届“拉美及加勒比艺术季”舞蹈晚会在民族剧院上演。

5 月 7 日 ~ 6 月 6 日，“大美凉山”摄影展在玉渊潭公园展出。

5 月 8 日，舞台剧《我不是保镖》在民族文化宫大剧院首演。

5 月 8 日，第五届全国农民摄影大赛在评选结果在北京揭晓。

5 月 8 日，文化部网站公布取消多个奖项。

5 月 8 日 ~ 10 日，2015 北京音乐生活展在北京展览馆举办。

5 月 8 日 ~ 13 日，白俄罗斯艺术展在中国妇女儿童博物馆举办。

5 月 9 日 ~ 11 日，“精彩历程”——北京女美术家联谊会成立二十周年纪念展（1995 ~ 2015）在国艺美术馆举办。

5 月 9 日 ~ 30 日，“2015 中央工艺美院 8090 水墨展”在鸟巢文化中心举办。

5 月 11 日，“中法文化之春”芭蕾精品荟萃专场在天桥剧场演出。

5 月 11 日 ~ 18 日，“多彩贵州——大美七星关”摄影展在中国摄影出版社正度视觉空间展出。

5 月 12 日，葡萄牙库伦芭蕾舞团携现代芭蕾《水舞》在国家大剧院演出。

5 月 12 日，“弘道养正”——培育和践行社会主义核心价值观书法巡展在北京交通大学校史陈列馆举办。

5 月 12 日 ~ 6 月 22 日，“生活状态”——全球环境中的波兰当代艺术展在中国美术馆举办。

5 月 15 日，古典诗词吟唱剧《诗酒李白》在北京师范大学上演。

5 月 15 日 ~ 29 日，“册府千华”——西域文献保护成果展在国家图书馆举办。

5 月 16 日，中国作家协会主席铁凝在北京获颁法国文学艺术骑士勋章。

5 月 16 日，“中国经典民歌”八只眼专场音乐会在国图艺术中心举办。

5 月 16 日 ~ 17 日，苗族舞蹈诗《巫卡调恰》在民族剧院演出。

5 月 16 日 ~ 17 日，陕西省歌舞剧院携原创歌剧《大汉苏武》在国家大剧院演出。

5 月 16 日 ~ 6 月 28 日，“表吾意 · 状物形”——摄影师哈里 · 卡拉汉原作展在草场地希帕画廊展出。

5月17日，“文津读书·2015年青少年科普活动”在国家图书馆正式启动。

5月17日~7月17日，“光影百年”——故宫老照片特展在故宫博物院神武门展厅展出。

5月18日，“《中华民族一家亲》大型美术作品创作工程启动暨国家民族画院揭牌仪式”在民族文化宫举行。

5月19日，乡村实景歌舞剧《玫瑰情缘》在密云县巨各庄镇蔡家洼村玫瑰园首次对外演出。

5月19日，王淑玲鼓曲专场在民族文化宫大剧院举办。

5月19日，“2015年外国摄影师拍北京”活动开拍仪式在怀柔区雁栖湖举行。

5月20日，话剧《太行情歌》在梅兰芳大剧院首演。

5月20日，“理想之乡 IHATOV 交响乐音乐会”在世纪剧院演出。

5月20日~28日，“新中国美术家系列——甘肃省国画作品展”在中国国家画院美术馆举办。

5月21日，俄罗斯儿童文学作家阿尔贝特·利哈诺夫图书版权引进签约仪式在北京举行。

5月21日~24日，“魅力大栅栏”抓拍赛摄影展在大栅栏西街展出。

5月22日，歌剧《北川兰辉》在天桥剧场首演。

5月22日，首届“百姓摄影家”专场采风日活动在北京举办。

5月22日~23日，新疆生产建设兵团杂技团携杂技剧《在那遥远的地方》在民族剧院演出。

5月22日~24日，第六届京剧学国际学术研讨会在北京举行。

5月23日，法国玩酷嘻哈舞团携现代舞剧《根》在解放军歌剧院演出。

5月24日，舞蹈教育家孙光言在北京逝世。

5月24日~6月8日，非物质文化遗产剧种展演及学术活动在北京举办。

5月27日，10首北京申办2022年冬奥会优秀音乐作品正式发布。

5月27日，新疆生产建设兵团歌舞剧团携大型原创舞剧《戈壁青春》在天桥剧场演出。

5月27日，首都文艺志愿服务联盟在国家大剧院成立。

5月27日~28日，美国佐治亚男童合唱团2015北京音乐会在北京演出。

5月27日~30日，“美丽中国”图片展在联合国总部大厦展出。

5月27日~7月29日，“炫彩童年”——中国百年童书展在国家典籍博物馆举办。

5月28日，国家大剧院版歌剧《安德烈·谢尼埃》在国家大剧院歌剧院首演。

5月28日，首都图书馆与 BALIS 原文传递中心共同举办了“‘一卡通’用户使用 BALIS 原文传递系统”培训。

5月28日~30日，“我与青山共百年”——白雪石百年诞辰纪念画展暨纪念座谈会在昆仑饭店举行。

5月28日~7月8日，2015年京津冀精品剧目展演在北京举办。

5月29日，中国摄影家协会与北京三里屯小学（北京儿童摄影学校）携手共建的“青少年摄影教育基地”挂牌成立。

5月29日，第二届“阅读之城”——市民读书计划在首都图书馆启动。

5月29日~30日，全国青少年摄影教育发展研讨会在北京儿童摄影学校召开。

5月29日~9月26日，第十届舞动北京群众舞蹈大赛暨“中新联创杯”广场健身舞大赛在北京举行。

5月30日，中国文化管理协会2014文化管理年度十大人物推选活动在北京揭晓。

5月30日，儿童剧《胡同. com》在民族文化宫大剧院首演。

5月30日~31日，“马戏小丑快乐六一嘉年华”在北京工人体育馆举办。

5月30日~31日，中国原创舞剧《马可·波罗》在意大利米兰世博会礼堂演出。

5月31日，“梅花大鼓”——梅花的故事杨菲个人鼓曲演唱会在广德楼举办。

5月31日~6月7日，“书写抗战”——两岸百名书法家作品公益展在中国人民革命军事博物馆举办。

5月，薛晓金、丁汝芹主编的《清宫节令戏》由新华出版社出版。

5月，张利编写的《舞蹈——高等院校学前教育专业系列教材》由清华大学出版社出版。

5月，由中国科学院文献情报中心自主开发建设的开放获取期刊采集服务体系 GoOA 正式上线为公众服务。

6 月

6月1日，儿童多媒体音乐游戏剧《我爱童话》在北京保利剧院首演。

6月2日，中国作曲家姚恒璐的手风琴作品《鼎》在俄罗斯圣彼得堡第18届“奥斯科尔科夫之友”国际艺术节首演。

6 月 3 日，人偶剧《出窍》在中央戏剧学院北兵马司剧场首演。

6 月 3 日 ~4 日，四川省凉山彝族自治州歌舞团携原创民族歌剧《彝红》在国家大剧院上演。

6 月 3 日 ~14 日，“中国梦・太行魂——全国中国画作品展”在中国美术馆举办。

6 月 4 日，话剧《不可儿戏》在繁星戏剧村首演。

6 月 4 日 ~28 日，北京京剧院 2015 年新编剧目展演季在长安大戏院举办。

6 月 6 日，中国摄影著作权协会第二届二次会员代表大会在北京召开。

6 月 6 日 ~7 日，第三届文化创新国际论坛在北京举行。

6 月 6 日 ~20 日，“正大气象”——全国正书六家展第二回巡回展在三品美术馆举办。

6 月 8 日，2015 年“卓越联盟”高校图书馆馆长年会在北京理工大学图书馆召开。

6 月 10 日，独角戏《木又寸》在假日经典小剧场首演。

6 月 10 日，百度在线网络技术（北京）与北京大学图书馆、高等教育文献保障系统管理中心在北京签署战略合作协议。

6 月 10 日 ~12 日，2015 年研究数据管理国际研修班在北京理工大学成功举办。

6 月 10 日 ~9 月 27 日，2015 国家大剧院国际戏剧季在国家大剧院举办。

6 月 12 日，《中国非物质文化遗产百科全书》首发式暨出版座谈会在北京举行。

6 月 12 日，圣彼得堡卡贝拉交响乐团与合唱团音乐会在国家大剧院音乐厅举办。

6 月 12 日 ~7 月 10 日，“中国非物质文化遗产摄影展”在国家典籍博物馆展出。

6 月 12 日 ~7 月 12 日，“册府千华”——珍贵古籍雕版特展在国家典籍博物馆举办。

6 月 13 日，“中国乡村音乐品牌发展战略”发布会在中国科学院文献情报中心举行。

6 月 13 日，北京评书《鹿鼎记》改编创作、公益演出启动仪式在宣南书馆举行。

6 月 13 日，山西舞洲舞团携现代舞作品《当我们遇到孔子》在雷动天下剧场演出。

6 月 13 日 ~16 日，京津冀非物质文化遗产展在北京举办。

6 月 14 日，“剧荟”——最美时光音乐会在北京保利剧院举行。

6 月 14 日 ~22 日，“历史的杰作”——国际摄影大师作品典藏展在 DDC 酒吧展出。

6 月 16 日，首都文化产业协会在北京成立。

6 月 16 日 ~17 日，第七届“世界歌剧院发展论坛”在北京举行。

6 月 16 日 ~17 日，拉脱维亚国家芭蕾舞团携古典芭蕾舞剧《睡美人》在国家大剧院戏剧场演出。

6 月 16 日 ~18 日，中国音乐家协会第八次全国代表大会在北京召开。

6 月 17 日，歌剧《日出》在国家大剧院歌剧院首演。

6 月 17 日，“2015 腾讯书院文学奖”颁奖典礼在北京举办。

6 月 17 日，浸没式戏剧《死水边的美人鱼》在蜂巢剧场首演。

6 月 17 日 ~21 日，“海南百位百岁老人”北京图片展在中华世纪坛展出。

6 月 17 日 ~25 日，“美丽中国”——中国重彩画作品展在中国美术馆举办。

6 月 18 日，由中国作家协会、中国作家出版集团主办的中国诗歌网正式上线。

6 月 18 日，音乐舞台剧《栀子花开 Neverland》在中央戏剧学院实验剧场首演。

6 月 19 日 ~28 日，“精研博取”——中国传统书画小品展在国子监博物馆举办。

6 月 20 日，交响清唱剧《屈原颂》在中国剧院首演。

6 月 21 日 ~7 月 4 日，尼泊尔文化艺术精品展在北京国粹苑举办。

6 月 21 日 ~7 月 20 日，“故乡的路”——中国少数民族摄影师奖作品展在映画廊展出。

6 月 22 日，舞剧《进化论》创作沙龙在北京举办。

6 月 23 日 ~24 日，新疆麦盖提刀郎艺术团携大型歌舞诗《永恒的刀郎》在民族剧院演出。

6 月 24 日，大型网络众筹项目《黄河大合唱》在北京举行。

6 月 24 日，中国文艺评论家协会理论委员会在北京成立。

6 月 25 日 ~26 日，2015 道略音乐产业大会在中华世纪坛举行。

6 月 26 日，歌舞诗《丝路情歌》在中国剧院首演。

6 月 26 日，讲故事剧场《雪夜》在蓬蒿剧场首演。

6 月 26 日，文献剧《关于美好新世界》在鼓楼西剧场首演。

6 月 26 日，“纪念徐悲鸿诞辰 120 周年座谈会”

在人民大会堂北京厅举行。

6月26日~7月5日，“最后的民俗”摄影展在中国摄影画廊展出。

6月27日~28日，湖北省歌剧舞剧院携原创民族歌剧《八月桂花遍地开》在国家大剧院演出。

6月27日~28日，“情系西双版纳”——全国白描写生作品展在民族文化宫举办。

6月27日~7月6日，“大墨同禅·大禅艺术展”在中国美术馆举办。

6月28日，话剧《宛平人家》在北京第十二中学首演。

6月28日~7月27日，清华大学馆藏马克思、恩格斯文献展在清华大学人文社科图书馆展出。

6月30日，《我们万众一心——抗战歌曲七十首》网络传唱活动在北京启动。

6月30日，国家图书馆人民法院分馆开馆。

6月30日~7月5日，英国原版音乐剧《人鬼情未了》在北京保利剧院演出。

6月30日~8月18日，“生命之绘”——迪士尼经典动画艺术展在中国国家博物馆举办。

6月，北京公布《2015年度北京市文化精品工程重点项目（第一批）》。

6月，“中国古籍保护网”新版网站上线运行。

7 月

7月1日，话剧《新北平市长》在西城区第一文化馆缤纷剧场首演。

7月1日，中央音乐学院声歌系在读研究生王传越获第15届柴科夫斯基国际音乐比赛声乐组银奖。

7月1日~2日，“民族先锋中流砥柱美术作品展”在人民大会堂举办。

7月3日，木偶剧《飞吧！丹顶鹤——丹顶鹤的故事》在国家大剧院首演。

7月3日~11日，“中国精神·中国梦”暨纪念抗战胜利70周年第十四届北京舞蹈大赛在北京举办。

7月4日，“长城润滑油杯”——第28届专业报新闻摄影年赛获奖作品在北京揭晓。

7月4日~12日，“绘有话说”——中国原创绘本新生代力量大展在首都图书馆举办。

7月4日~16日，“光影见史”——吴印咸115周年诞辰摄影艺术展在中国美术馆展出。

7月5日~15日，“永远的徐悲鸿”——徐悲鸿及亲友、师生作品巡回大展首站在北京视觉经典美术馆举办。

7月6日，评剧《母亲》在中国评剧大剧院首演。

7月6日~7日，国家级非物质文化遗产口技专场演出在天桥剧场举办。

7月6日~20日，“荷花摄影精品展”在北海公园展出。

7月7日，北京人民艺术剧院话剧演员朱琳在北京逝世。

7月7日，纪念中国人民抗日战争暨世界反法西斯战争胜利70周年主题展览“伟大胜利历史贡献”在中国人民抗日战争纪念馆开始展出。

7月7日~15日，“接力”——中央美术学院教师写生创作展在中国美术馆举办。

7月7日~8月2日，“漆语画音”——乔十光漆画展在国家大剧院东展厅举办。

7月7日~9月30日，“抗战与文艺：纪念抗日战争胜利70周年馆藏文物系列展”之“抗战木刻展”在中国国家博物馆展出。

7月7日~9月30日，“抗战与文艺：纪念抗日战争胜利70周年馆藏文物系列展”之“梁又铭抗战美术作品展”在中国国家博物馆展出。

7月7日~12月31日，“血肉筑起的长城”——抗战中的文学展览在中国现代文学馆举办。

7月8日，话剧《生命密码》在解放军歌剧院首演。

7月8日~15日，“雕形塑意汇心语”——“泥人张”（北京支）彩塑艺术展在中国美术馆举办。

7月8日~15日，“润含春蕴”——北京画院花鸟画作品展在深圳关山月美术馆举办。

7月8日~9月27日，“来自中国美术馆的艺术”展览在墨西哥哈拉帕市举办。

7月9日~10日，全国儿童文学创作出版座谈会在北京召开。

7月9日~19日，第三届“北京国际芭蕾舞暨编舞比赛”在国家大剧院举办。

7月10日，光明文学遗产研究院在北京揭牌。

7月10日，“故乡的路”——中国少数民族摄影文化的现状和未来研讨会在映画廊举行。

7月10日~8月10日，“册府千华”——民间珍贵典籍收藏展在国家图书馆举办。

7月10日~8月26日，第五届中国儿童戏剧节在北京、济南和成都举办。

7月11日~10月17日，中国国家博物馆典藏——甲骨文、金文集粹展览在中国国家博物馆展出。

7月11日，国务院办公厅印发《关于支持戏曲传承发展的若干政策》。

7月11日，作曲家、指挥家罗浪在北京逝世。

7月11日~12日，太原舞蹈团携现代舞剧《雁丘词》在天桥剧场演出。

7月11日~8月11日，第二届“我是小小摄影家”夏令营活动在北京举行。

7月12日，曲艺大观苑启动。

7月13日~8月1日，“舞蹈创作青年人才培养”暑期舞蹈营在北京举办。

7月14日，中国国家大剧院与美国卡内基音乐厅签署《战略合作备忘录》。

7月14日~16日，中国戏剧家协会第八次全国代表大会在北京举行。

7月14日~11月20日，北京市千名基层文化组织员培训在北京进行。

7月15日，话剧《女孩们》在北京人艺实验剧场首演。

7月15日，民族音乐剧《又见国乐》在北京保利剧院首演。

7月15日，网络音乐版权保护工作座谈会在北京召开。

7月15日~20日，“岭南风范”——静观闲赏·当代岭南中国画作品展在北京画院美术馆举办。

7月16日，北京喜剧院正式营业。

7月16日，话剧《戏台》在北京喜剧院首演。

7月16日，舞蹈诗《中华赋》在北京舞蹈学院上演。

7月16日~28日，北京舞蹈双周2015在北京举办。

7月18日，话剧《样式雷》在国家大剧院戏剧场首演。

7月18日~22日，2015“中韩书法年展”在中国国家画院美术馆举办。

7月18日~30日，“宾客万象”——太和书画晋京展在中国国家博物馆举办。

7月20日~27日，“中国美术馆典藏活化系列展”之“江山多娇”主题展览在中国美术馆举办。

7月21日~22日，纪念中国人民抗日战争暨世界反法西斯战争胜利70周年优秀曲艺节目展演在民族文化宫大剧院举办。

7月21日~28日，侯波、邵华摄影作品展在中国妇女儿童博物馆展出。

7月22日，“摇摆古典”——爵士钢琴大师亚伦·格特弗雷德四重奏音乐会在中山公园音乐堂演出。

7月22日~24日，“亚美尼亚艺术展”在中国妇女儿童博物馆举办

7月22日~8月30日，北京京剧院“经典现代戏展演季”在长安大戏院举办。

7月23日，刘奇葆到北京人民艺术剧院调研。

7月24日，动漫游戏版权交易服务平台在北京启动。

7月24日，舞剧《进化论》在北京保利剧院首演。

7月24日~29日，第八届“小荷风采”全国少儿舞蹈展演在北京舞蹈学院新剧场举办。

7月24日~8月2日，“闽东之光”——福建省宁德市摄影作品展在中华世纪坛展出。

7月25日，第六届中日韩青少年音乐交流节在北京举行。

7月25日~26日，第二届魔法小巨人首都少儿魔术大赛在北京举办。

7月25日~26日，第二届全国少年宫系统舞蹈展演在丰台区青少年剧场举行。

7月25日~8月18日，“唯有家山不厌看”——明清文人实景山水作品展（中国古代书画研究·南京博物院藏品）在北京画院美术馆举办。

7月25日~9月10日，“纪念中国人民抗日战争暨世界反法西斯战争胜利70周年”——全军美术书法作品展在解放军美术书法研究院展览馆举办。

7月26日，林肯公园猎捕行动2015中国巡回演唱会北京站在北京工人体育馆举办。

7月27日~29日，第十届中国青少年艺术节在北京举办。

7月28日，德国吉森舞蹈团携现代舞作品《流浪者之歌》在解放军歌剧院演出。

7月29日，全国戏曲工作座谈会在北京召开。

7月29日~8月16日，丹麦儿童剧《风·趣》在9剧场演出。

7月30日，“国风浩荡”——赵季平民族音乐作品音乐会在国家大剧院音乐厅举办。

7月30日，大型交响场景演唱会“血肉筑长城”在中国剧院上演。

7月30日，“纪念华君武诞辰100周年座谈会”在中国美术馆举行。

7月30日~8月7日，“深入生活、扎根人民”——中国艺术研究院中国画院、中国油画院写生作品展在中国美术馆举办。

7月30日~8月7日，“中国美术馆典藏活化系列展：世相——华君武百年诞辰纪念特展”在中国美术馆举办。

7月31日，音乐剧《站台》在北京华北电力大学礼堂首演。

7月31日，舞台剧《滚蛋吧！肿瘤君》在世纪剧院进行北京首演。

7月31日~8月1日，日本人形机器人版《变形记》在鼓楼西剧场上演。

7月31日~8月1日，原创现代舞剧《花生》

在国家大剧院小剧场首演。

7月31日～8月2日，波兰剧院携话剧《先人祭》在首都剧场演出。

7月31日～8月23日，2015首都剧场精品剧目邀请展演（国际单元）在首都剧场举办。

7月31日～8月29日，2015“中国舞蹈十二天”在国家大剧院小剧场举办。

7月，夏锐主编的《中国街舞艺术教育考级》系列教材由中国文联出版社出版发行。

7月，中央芭蕾舞团携芭蕾舞剧《牡丹亭》和《红色娘子军》在纽约林肯中心大卫·寇克剧院上演。

8　月

8月1日，“军魂不朽”——纪念中国人民抗日战争胜利70周年暨中国人民解放军建军88周年书画笔会在中国人民抗日战争纪念馆举行。

8月1日～16日，第14届“金刺猬”大学生戏剧节在9剧场举办。

8月1日～9月3日，2015年北京市优秀小剧场剧目展演活动在北京举办。

8月4日～10月8日，“华侨与抗日战争”——纪念抗战胜利七十年主题图片展在国家游泳中心展出。

8月6日，北京市公共图书馆馆长工作会议在首都图书馆召开。

8月7日～9日，法国奇幻幽默舞台剧《窃窃私语的墙》在梅兰芳大剧院演出。

8月7日～17日，全国农民工主题摄影展——“中国中铁四局杯”农民工·我的兄弟姐妹全国摄影大赛获奖作品展在中国徽文化艺术展示中心展出。

8月8日，2015年“水立方杯”海外华裔青少年中文歌曲大赛颁奖典礼在人民大会堂举行。

8月10日～20日，“全国第十一届书法篆刻作品展”在北京举办。

8月11日，舞剧《那里的花儿》在国家大剧院小剧场首演。

8月12日～28日，第八届中国国际青年艺术周在北京等中国9座城市举办。

8月12日，小剧场话剧《女神出嫁》在国话先锋剧场首演。

8月14日，北京市文联发布首都优秀中青年文艺人才库首批入选人员名单。

8月14日，“东京审判资源库”在国家图书馆网站发布。

8月14日～9月21日，“不朽的长城”——纪念中国人民抗日战争暨世界反法西斯战争胜利70周年馆藏文献展在国家图书馆举办。

8月15日，“战火·青春”征歌活动在北京揭晓。

8月15日～16日，韩国奇幻儿童剧《AQUA SHOW SEASON 2——库尔的宇宙大冒险》在北京保利剧院演出。

8月16日，昆曲《李清照》在梅兰芳大剧院首演。

8月17日～31日，“纪念中国人民抗日战争胜利70周年全国征联获奖作品书法展”在北京举办。

8月18日，“茅台杯”全球诗歌征文大赛颁奖典礼在北京举行。

8月18日～19日，改编自《挑华车》的京剧《最后的武士》在芬兰国家剧院参加了芬兰赫尔辛基艺术节的演出。

8月18日～23日，“中国梦·公仆情·劳动美”——中央国家机关第二届职工摄影作品展在颐和园展出。

8月19日，“刘曾复先生京剧学思想研讨会暨《刘曾复说戏剧本集》首发式”在北京举办。

8月20日，国家大剧院版歌剧《西蒙·波卡涅拉》在国家大剧院歌剧院首演。

8月20日，中华诗词学会第四次全国会员代表大会在北京举行。

8月21日～9月19日，“2015广东顺德容桂青少年摄影作品赴京展”在中国摄影家协会图片社798影廊展出。

8月22日～24日，“村落风情，乡愁声音”第七届全国村歌大赛颁奖典礼在北京星光影视园举办。

8月23日，摄影家柳成行在北京逝世。

8月23日～9月18日，“铸魂鉴史　珍爱和平”——纪念中国人民抗日战争暨世界反法西斯战争胜利70周年美术作品展在中国美术馆举办。

8月24日～30日，“穿越丝路　文化同心”——“一带一路”主题摄影展在中国文艺家之家展览馆展出。

8月25日～9月6日，“红色西城”——中国抗日战争胜利70周年图片展在西城文化活动中心展出。

8月25日～9月15日，“党的领导　人民的抗战”历史图片征集展在中国文化旅游摄影协会展示厅展出。

8月25日～9月17日，“胜利：1945～2015!”——纪念世界反法西斯战争胜利70周年俄罗斯美术作品展在中国美术馆举办。

8月27日，抗战题材文学创作研讨会在北京举行。

8月27日，第七届“中国图书馆馆长与国际出版社高层对话论坛”在北京举行。

8月27日，中国高教学会财经分会图书资料协作委员会主任委员工作会议在北京工商大学图书馆召开。

8月27～11月8日，2015年北京金秋优秀剧目展演在北京举办。

8月28日～11月27日，“中国是不可征服的”——宋庆龄与伟大的抗日战争图片展在北京宋庆龄故居展出。

8月30日～10月7日，“荣光·容颜”——我是一个老兵主题摄影展在中国国家科学图书馆展出。

8月31日，话剧《故园》在首都剧场首演。

8月31日，“纪念抗战胜利七十周年”——北京大学图书馆藏抗战文献图片展在北京大学图书馆展出。

8月31日～9月9日，“历史不容忘却”——纪念中国人民抗日战争暨世界反法西斯战争胜利70周年摄影展在中华世纪坛展出。

8月，《中国好诗·第一季》由中国青年出版社出版。

8月，李世英主编的《中国戏曲艺术思想史》由人民文学出版社出版。

8月，朱宝霞主编的《百名摄影师聚焦俄罗斯》画册由中国文联出版社出版。

8月～11月，第三届北京惠民文化消费季在北京举办。

9　月

9月2日，摄影家韩学章在北京逝世。

9月3日，纪念中国人民抗日战争暨世界反法西斯战争胜利70周年文艺晚会“胜利与和平”在人民大会堂举行。

9月4日，舞台剧《战马（中文版）》在国家话剧院首演。

9月5日，民族交响套曲《丝路粤韵》音乐会在国家大剧院演出。

9月7日，话剧《平西地下交通线》在中国人民大学如论讲堂首演。

9月8日～26日，2015北京青年戏剧节在北京举行。

9月8日～11月8日，“石渠宝笈特展”在故宫博物院举办。

9月9日，由国家大剧院与都灵皇家歌剧院联合制作的歌剧《参孙与达丽拉》在国家大剧院首演。

9月9日，民族管弦乐音乐会“国之瑰宝”在国家大剧院上演。

9月10日，北京曲艺团有限责任公司成立。

9月10日～12日，第三届图书馆现代技术学术研讨会在北京举行。

9月10日～10月7日，“梦想西沙”摄影作品展在中国摄影画廊展出。

9月10日～10月11日，“历史的温度”——中央美术学院与中国具象油画展览在太庙艺术馆举办。

9月11日，歌剧《号角》在北京保利剧院首演。

9月11日，中共中央政治局召开会议，审议通过了《关于繁荣发展社会主义文艺的意见》。

9月11日，儿童剧《纯净的眼睛》在鼓楼西剧场首演。

9月12日，话剧《前面就是我们的世界》在清华大学蒙民伟音乐厅首演。

9月12日，小剧场话剧《画眉》在北京人艺实验剧场首演。

9月13日，“保卫黄河”舞蹈专场晚会在民族剧院上演。

9月14日，《伟大史诗　铁血长歌——中国人民抗日战争暨世界反法西斯战争传记文学评鉴》新书发布会暨研讨会在中国人民抗日战争纪念馆举行。

9月15日，话剧《司马迁》在首都剧场首演。

9月15日，第十届亚洲大学生摄影大赛评选结果在北京揭晓。

9月15日～18日，“nubia（努比亚）智能手机杯”第一届中国通信摄影协会摄影艺术展在中华世纪坛展出。

9月16日，北京民族乐团成立。

9月16日，《民国时期文献总目（图书卷）》编纂工作专家座谈会在国家图书馆召开。

9月16日～22日，“相遇·北京”摄影展在首都图书馆展出。

9月16日～10月11日，中央民族歌舞团2015“光荣绽放”秋季演出季在北京举办。

9月17日，《清华大学图书馆藏稀见方志丛刊》在清华大学人文社科图书馆发布。

9月19日，“冯至先生诞辰110周年纪念座谈会”和“冯至先生诞辰110周年学术研讨会”在北京举行。

9月19日，英国缪斯乐队2015北京演唱会在北京万事达中心举办。

9月20日～25日，首届中国民族音乐节在中央音乐学院举办。

9月21日，京剧《南海子》在大兴区影剧院首演。

9月22日，“李紫贵诞辰100周年暨导演艺术研讨会”在中国戏曲学院召开。

9月22日，首都文艺家学习贯彻中共中央《关于繁荣发展社会主义文艺的意见》座谈会在北京市文联举行。

9月23日，首批中国文艺评论基地授牌仪式在北京举行。

9月23日，芭蕾舞剧《鹤魂》在天桥剧场首演。

9月23日～10月5日，国家大剧院原创歌剧《骆驼祥子》赴意大利巡演。

9月24日，2015音乐数字化生态发展研讨会在中国传媒大学举行。

9月24日，国粹幽默剧《河东狮吼》在北京喜剧院首演。

9月24日，中国青年魔术师俱乐部成立大会在北京举行。

9月24日，北京民协小小艺术家协会分会挂牌仪式在北京第二实验小学举行。

9月24日，“文艺走进新时代”——深入学习习近平总书记文艺工作座谈会重要讲话名家对话活动在北京举行。

9月24日～26日，2015年世界大学生魔术交流大会在北京举办。

9月24日～10月15日，“记忆与梦想”——2015·第六届中国北京国际美术双年展在中国美术馆举办。

9月24日～10月15日，“和光同程”——中国艺术摄影荟萃展在通州区宋庄上上国际美术馆展出。

9月24日～11月22日，“原创十年·绘本原画展”在首都图书馆展出。

9月25日，中国文艺评论家协会青年工作委员会成立大会在北京举行。

9月25日，“时代领跑者”美术作品捐赠仪式在中国国家博物馆举行。

9月25日，“乐享社区　舞动盛夏”第二届社区广场舞大赛总决赛在海淀公园举行。

9月25日～27日，2015中国国际文化艺术博览会在北京举办。

9月25日～30日，“铁军魂　中华情”——纪念中国人民抗日战争胜利七十周年图片摄影展在国家典籍博物馆展出。

9月25日～10月11日，“爱北京照北京”之“和谐北京”群众摄影文化活动优秀作品展在首都博物馆展出。

9月26日，昌平杂技家协会、昌平魔术协会成立大会在昌平区举行。

9月26日，“金长城杯”世界大学生魔术争霸赛获奖名单在北京揭晓。

9月26日～10月15日，“向人民汇报”——著名摄影家“深入生活、扎根人民”作品展在王府井商业街区、西单同时展出。

9月26日～10月17日，“临时风景”——马丁·希尔&菲莉普·琼斯摄影展在映画廊展出。

9月28日，声乐套曲《感悟论语》在北京音乐厅首演。

9月28日～29日，东莞市塘厦松雷音乐剧剧团携原创音乐剧《啊！鼓岭》在北京保利剧院演出。

9月28日～30日，“意会中国”——尼泊尔艺术家访华采风作品展在首都图书馆举办。

9月28日～10月7日，“乌鲁木齐印记”——庆祝新疆维吾尔自治区成立60周年摄影图片展在首都图书馆展出。

9月28日～10月12日，“海上丝路——过去与现在”摄影展在王府井步行街展出。

9月28日～10月11日，“2015海派书法进京展”在中国人民革命军事博物馆举办。

9月28日～10月12日，“魅力大洋”摄影展在王府井步行街展出。

9月29日，手风琴演奏家杨帆在北京逝世。

9月29日，作曲家、指挥家、音乐评论家金湘在北京逝世。

9月29日，第九届茅盾文学奖颁奖典礼在中国现代文学馆举行。

9月29日，中国杂技团建团65年纪念演出“第61块金牌·导演手记”在国家大剧院举办。

9月30日～10月3日，“静·中土”——华人眼中的新西兰摄影主题展在通州区宋庄艺术区山海美术馆展出。

9月30日～12月6日，2015国家大剧院舞蹈节在国家大剧院举办。

9月，张火丁携京剧《白蛇传》《锁麟囊》赴美国和加拿大演出。

9月，歌曲集《抗战歌选：1931～1945》由人民音乐出版社出版。

9月，中国科学院文献情报中心正式启动面向移动智能终端的“中国科技资讯”平台建设。

10　月

10月1日，儿童剧《成语魔方二》在假日经典小剧场首演。

10月1日～3日，“2015优酷·土豆理想音乐节”在北京渔阳国际滑雪场举办。

10月1日～4日，河南省演出有限责任公司冰之梦艺术团携大型原创冰雪秀《冰上传奇》项目系列之《杂技嘉年华》在水立方演出。

10月1日~7日，第九届北京欢乐谷国际魔术节在北京欢乐谷举办。

10月3日~6日，第七届全国大学生古琴音乐会在北京师范大学举行。

10月4日，舞剧《青衣》在国家大剧院首演。

10月4日~11日，第四届国际创意舞蹈研讨会在北京举行。

10月6日~10日，澳大利亚的舞者携《踢踏狗》在北京展览馆剧场演出。

10月8日~24日，第十八届北京国际音乐节在北京举办。

10月9日，大连艺术学院携交响舞蹈音诗画《和平颂》在人民大会堂演出。

10月9日~15日，第十届北京九门爵士音乐周在北京举办。

10月10日，歌剧《我的母亲叫太行》在世纪剧院首演。

10月10日，《中国少数民族戏剧通史》研讨会在北京举办。

10月10日~11日，云南省红河州歌舞团携哈尼族舞剧《诺玛阿美》在天桥剧场演出。

10月10日~21日，“在温暖的大地上”——俄罗斯艺术大师西德罗夫油画展在北京画院美术馆举办。

10月12日，京剧《西安事变》在梅兰芳大剧院首演。

10月12日~25日，“安娜·高美雕塑艺术展”在中国国家博物馆举办。

10月12日~26日，第四届中国少数民族戏剧会演在北京举办。

10月13日，舞蹈教育家曲皓在北京逝世。

10月13日，歌舞剧《圆梦》在国家大剧院首演。

10月13日，2015国家大剧院新作品音乐会在国家大剧院音乐厅演出。

10月13日~14日，2015年全国人大系统文献信息资源共建共享研讨会在北京召开。

10月13日~18日，“古桥追梦”摄影展在中华世纪坛展出。

10月14日，甲骨文记忆展在国家典籍博物馆开幕。

10月15日，北京的新青年剧团演出的先锋戏剧《飞向天空的人》在乌镇诗田广场首演。

10月15日，河北大厂评剧歌舞团携大型现代音乐舞蹈诗剧《农民工之歌》在人民大会堂举行公益演出。

10月15日~16日，2015年中国高校图书馆研究数据管理推进工作组会议在北京理工大学图书馆召开。

10月15日~23日，“向人民汇报”——“深入生活、扎根人民”文艺创作成果展演在北京举办。

10月15日~27日，2015辉丰杯“荷兰花海”中国·大丰全国摄影大展获奖作品展在北海公园展出。

10月16日，《中国文艺评论》杂志创刊，同时中国文艺评论网开通。

10月16日，中国歌剧与美声唱法学术研讨会在北京大学歌剧研究院举办。

10月16日~18日，澳大利亚国家芭蕾舞团携《精品荟萃》和《天鹅湖》两台节目在国家大剧院演出。

10月16日~29日，“学习贯彻习近平总书记在文艺工作座谈会重要讲话精神——深入生活·表现时代——中国艺术研究院写生创作展”在中国国家博物馆举办。

10月17日~26日，“心造天成”——中国惠安南派雕刻艺术展在中国国家博物馆举办。

10月18日，话剧《我们曾是夫妻》在繁星戏剧村首演。

10月18日，在2015德国古典回声奖颁奖典礼上，中国钢琴家郎朗获“年度演奏家/钢琴奖”，中国小提琴家杨天娲获“年度演奏家/小提琴奖”。

10月18日~30日，“向人民汇报”——“深入生活、扎根人民”当代十五位美术家作品展在中国美术馆举办。

10月19日，严文井百年诞辰纪念座谈会在中国现代文学馆举行。

10月19日~20日，2015年中国开放获取推介周在北京举行。

10月19日~20日，首届中国维吾尔族民间达斯坦国际学术研讨会在北京召开。

10月19日~29日，“梦从东方来”——东京新画派艺术作品展在中国美术馆举办。

10月20日，西北民族大学携歌剧《文成公主》在梅兰芳大剧院演出。

10月20日~29日，“江山多娇”——江苏省美术馆馆藏新金陵画派精品展在中国美术馆举办。

10月20日~30日，“北京意象·生态密云”绘画作品展在中国美术馆举办。

10月20日~11月1日，“数字图书馆推广工程”公益性科普展览在首都图书馆举办。

10月20日~11月3日，“草原长调”——中蒙当代美术交流展在太庙艺术馆举办。

10月21日~11月23日，“中国美术馆国际交流展系列：黑白的力量——凯绥·珂勒惠支经典作品展”在中国美术馆举办。

10月22日，歌剧《星海》在北京天桥艺术中心首演。

10月22日，音乐剧《紫石街》在世纪剧院首演。

10月22日，中国文联在北京举办深入学习贯彻习近平总书记重要讲话、学习贯彻《中共中央关于繁荣发展社会主义文艺的意见》专题研讨班。

10月22日~24日，第十届全国纺织服装信息研究会馆长论坛暨2015年学术年会在北京服装学院召开。

10月22日~25日，2015北京现代国际鼓手节暨爵士乐教育发展论坛在北京举办。

10月23日，文艺理论家评论家学习贯彻《中共中央关于繁荣发展社会主义文艺的意见》座谈会在北京举行。

10月23日~30日，“聚焦阅读”摄影展在东城区第一文化馆展出。

10月24日，话剧《危机公关》在八一剧场首演。

10月24日~25日，2015北京市区县（局）、产（行）业文联原创优秀文艺节目展演在北京举办。

10月24日~11月1日，“冬奥城市风采”——北京·张家口主题摄影作品展在中华世纪坛举办。

10月24日~11月1日，“北京国际摄影周2015”在北京举办。

10月24日~11月18日，“中国精神·第四届中国油画展·心象——当代中国油画的表现性研究展”在中国油画院举办。

10月25日，国际舞台美术联盟在中央戏剧学院成立。

10月25日，英国冷溪近卫军乐团访华音乐会在中山公园音乐堂举办。

10月25日~26日，广西群众艺术馆携原创音乐剧《幸福不等待》在民族文化宫大剧院演出。

10月25日~11月1日，“烽火妇女泪——哭慰安妇”国际巡回展在映画廊展出。

10月26日，大型环球经典音乐会《东方之声》在梅兰芳大剧院演出。

10月28日~31日，全国通信电子类高校图书馆情报工作委员会2015年学术会议于在北京邮电大学图书馆举行。

10月29日，著名油画家、原中央美院教授罗尔纯逝世。

10月29日，北京发布首批“市级文化创意产业示范园区”名单。

10月29日，山西演艺集团歌舞剧院携音乐剧《火花》在北京大学百周年纪念讲堂演出。

10月29日，“《流民图》册页首发式暨《流民图》与北京抗战文艺学术研讨会”在劳动人民文化宫举行。

10月29日，中国摄影家协会在北京举办摄影界贯彻落实繁荣发展社会主义文艺的意见精神座谈会。

10月29日~11月1日，第十届中国北京国际文化创意产业博览会在中国国际展览中心举办。

10月30日，“纪念曹雪芹诞辰300周年纪念大会”在北京召开。

10月30日，中央戏剧学院第五届国际戏剧“学院奖”颁奖礼在中央戏剧学院举行。

10月30日，京津冀“非遗”舞蹈和民间传统舞蹈展演在月坛体育馆举行。

10月30日，北京高校网络图书馆、BALIS资源协调中心与中国教育图书进出口有限公司在首都师范大学举办文献资源建设培训班。

10月30日~11月1日，日本戏剧大师铃木忠志携其导演的古希腊神话戏剧《酒神狄俄尼索斯》在北京密云古北水镇长城剧场演出。

10月31日，山西省吕梁市民间艺术团携舞剧《吕梁英雄传》在中国剧院演出。

10月31日~11月8日，“太行风骨”——山西省美术书法作品提名邀请展在中国人民抗日战争纪念馆举办。

10月，《习近平总书记在文艺工作座谈会上的重要讲话学习读本》由学习出版社出版发行。

11 月

11月1日~9日，“文史翰墨”——第二届中华诗书画展在中国美术馆举办。

11月3日，北京市剧院运营服务平台项目正式启动。

11月3日，现代舞剧《大地·震》在解放军歌剧院首演。

11月3日~4日，中国杂技家协会第七次全国代表大会在北京召开。

11月5日，舞剧《夕照》在民族剧院首演。

11月5日，歌剧《这里的黎明静悄悄》在国家大剧院首演。

11月5日，国家大剧院八重奏首场音乐会“八音迭奏”在国家大剧院小剧场举办。

11月5日~6日，北京高校图书馆“大数据支撑下的图书馆服务创新”学术研讨会在北京举行。

11月5日~12日，“第二届世界华侨华人摄影展”在中国华侨历史博物馆展出。

11月6日，第二届中国音乐产业高端论坛在中国传媒大学举办。

11月6日，重点网络文学网站座谈会在北京召开。

11月6日，新浪潮戏剧《平行宇宙爱情演绎法》在解放军歌剧院首演。

11月6日，话剧《帝国专列》在中华世纪坛首演。

11月6日，全国少年儿童“我的藏书票”设计大赛评比结果在北京揭晓。

11月6日~7日，“繁荣军事文艺、打造强军文化”研讨会在北京举行。

11月7日~8日，“放飞艺术梦想　畅游艺术殿堂”青少年艺术体验周活动在北京举办。

11月8日，2015中国文艺志愿者公益演出季“我的中国梦”精品杂技展演在天泰剧院举办。

11月8日，台湾阿卡贝拉人声乐团“时空旅人·音乐诗人”音乐会在北京77剧场举办。

11月8日，“深入生活　扎根人民　放飞艺术梦想——2015北京市基层文联原创优秀文艺节目汇报演出”在房山区窦店民族文化宫举行。

11月8日，由故宫出版社、言恭达文化基金会共同出版的《王羲之王献之书法全集》首发式暨捐赠仪式在故宫博物院举行。

11月9日~15日，“为和平而来”——中国军队参加联合国维和行动25周年图片展在联合国总部展出。

11月9日~12月27日，第二届北京大学生小剧场戏剧节在北京举办。

11月10日，非悬疑喜剧《人赃俱获》在东方先锋剧场首演。

11月10日，儿童歌剧《渔公与金鱼》在国家大剧院小剧场首演。

11月10日~11日，“宫廷戏曲研究论坛(2015)”在故宫博物院建福宫举行。

11月10日~20日，第五届全国公安系统“卫士之光”美术、书法、摄影作品展览在国家博物馆展出。

11月11日，“牵手京津冀·欢乐进万家”——邯郸文化京津行惠民活动在朝阳剧场举行。

11月11日，全国“非遗”剧种人才培养学术研讨会在北京召开。

11月11日，“新型智库建设”2015首届学术研讨会在中国科学院文献情报中心举行。

11月12日~17日，“中国国家画院丝绸之路采风写生作品展”在中国国家画院美术馆举办。

11月12日~17日，“山水花园·智慧城市”——下花园风光风情摄影展在北京王府井步行街展出。

11月12日~19日，第五届“大家之路——中国画　油画展”在中国美术馆举办。

11月13日，中文版黑色幽默话剧《拜金一族》在9剧场进行北京首演。

11月13日~15日，“中国高铁走向辉煌”——2015全国铁路摄影美术书法展在中国人民革命军事博物馆展出。

11月14日，中国戏曲教育联盟成立大会在北京举行。

11月14日，“纪念相声艺术大师刘宝瑞诞辰100周年专场相声晚会”在民族文化宫大剧院举办。

11月14日，中央歌剧院版歌剧《托斯卡》在世纪剧院首演。

11月14日~15日，中国艺术学的传统资源与当代构建理论研讨会在中国文艺家之家召开。

11月14日~11月21日，2015年北京大学生舞蹈节在北京举行。

11月14日~12月14日，“笔意凝彩　致贞清远——俞致贞百年诞辰工笔花鸟画作品展”在清华大学美术学院美术馆举办。

11月15日，“笔歌神州·第八届北京电视书法大赛”总决赛和颁奖典礼在北京市文联小剧场举行。

11月16日，“中国故事”征文颁奖典礼在北京举行。

11月16日，摄影家徐冶在北京逝世。

11月17日，“鹤鸣华夏笙声远，绝世清音品自高”笙专场音乐会在中国音乐学院国音堂音乐厅举办。

11月17日，英文原版百老汇经典音乐剧《剧院魅影》在北京天桥艺术中心演出。

11月17日，浙江交响乐团携大型吟诵交响套曲《唐诗之路》在北京音乐厅演出。

11月17日~18日，第四次北京高校网络图书馆虚拟参考咨询项目培训会在北京召开。

11月17日~19日，中国舞蹈家协会第十次全国代表大会在北京召开。

11月17日~12月14日，“北国民俗生活画卷京西休闲度假天堂”蔚县风情风光摄影展在北京展出。

11月18日，中国戏曲学院张火丁京剧程派艺术传承中心成立。

11月18日，中国作协产（行）业团体会员座谈会在北京举行。

11月18日，《中国非物质文化遗产保护发展报告（2015）》在北京发布。

11月18日～27日，第二届北京师范大学国际音乐周在北京师范大学举办。

11月19日，腾讯动漫行业合作大会在北京举行。

11月19日，评剧表演艺术家花月仙在北京逝世。

11月19日，北京剧目排练中心正式揭牌。

11月19日～12月31日，第二届北京当代小剧场戏曲艺术节在繁星戏剧村举办。

11月19日，京津冀图书馆联盟正式成立。

11月20日，北京天桥艺术中心落成并投入使用。

11月20日，“中国珍贵典籍史话丛书”出版座谈会在国家图书馆召开。

11月20日～21日，圣彼得堡艾夫曼芭蕾舞团携芭蕾舞剧《安娜·卡列尼娜》在国家大剧院演出。

11月20日～12月26日，第二届中国国际芭蕾演出季在天桥剧场举行。

2015年11月20日～2016年1月2日，“博特罗在中国”——费尔南多·博特罗作品展在中国国家博物馆举办。

11月21日～29日，“中国现代民间绘画”——舟山渔民画展在中国美术馆举办。

11月22日，2015北京曲协曲艺精品节目展演活动在民族文化宫大剧院上演。

11月22日，紫禁城室内乐团“音乐对话与合作”系列之三音乐会在北京音乐厅举办。

11月22日～25日，舞蹈作品《无间》在国家大剧院小剧场上演。

11月23日，海峡两岸网络原创文学大赛评选结果在北京揭晓。

11月23日，“丝路之光”——首届丝绸之路主题国际摄影大赛评选结果在北京揭晓。

11月23日～28日，“纪念中国人民抗日战争暨世界反法西斯战争胜利70周年第三届架上连环画展”全国巡展第六站在中国文艺家之家举办。

11月24日，“乐享50+唱我色彩”全市中老年合唱大赛颁奖盛典在国家图书馆艺术中心举行。

11月24日～12月10日，“水墨本色”——当代中国画邀请展在太庙艺术馆举办。

11月25日～12月5日，中国国家话剧院2015台北演出季在台北市举办。

11月26日，京剧《裘盛戎》在长安大戏院首演。

11月26日，“大型巨幅中国画主题创作《新中国诞生》收藏、展出仪式”在中国国家博物馆举行。

11月26日，全国古籍保护工作部际联席会议在文化部召开。

11月26日～12月1日，“中国第三届舞台美术展暨首届视觉艺术双年展”在798艺术区悦·美术馆举办。

11月27日，2015年“丝路古韵”——第九届“古韵新妍”两岸青年古典诗词联吟大会在北京市第三十五中学金帆音乐厅举行。

11月27日，杂·书馆在北京揭牌。

11月27日～12月10日，“蓝天净土·高原画派”——西藏题材创作工程首期成果展在李可染艺术基金会美术馆新馆举办。

11月28日，“追寻当代中国文艺道路”——学习习近平总书记在文艺工作座谈会上重要讲话学术研讨会在中央党校召开。

11月28日～12月10日，“唐风晋韵·笔墨河山”——山西画院建院30周年美术作品展在中国美术馆举办。

11月29日～12月28日，“远野的召唤”新井卓银版摄影展在泰吉轩画廊展出。

11月30日，“2015年iAuthor应用与发展研讨会”在中国科学院文献情报中心举办。

11月，中国杂技家协会主编的《中国杂技金菊奖理论作品奖获奖论文集》由中国戏剧出版社出版发行。

12月

12月1日，话剧《毕业生之漂亮衣裳》在国话先锋剧场首演。

12月1日～2日，全国文学报刊工作会议在北京召开。

12月1日～2日，“全媒体时代的文艺价值重构：2015·北京文艺论坛”在北京召开。

12月1日～2日，多媒体情景音乐会“五行”在民族文化宫大剧院举办。

12月2日，全国文学报刊联盟在北京成立。

12月2日，话剧《3个诸葛亮》在北京剧空间剧场首演。

12月2日～6日，“北京之声”——2015首都市民合唱周在北京举办。

12月3日，中国作协作家法律服务团成立仪式在北京举行。

12月3日，“国图公开课专家座谈会”在国家图书馆召开。

12月5日～6日，广州歌舞剧院携大型原创音乐剧《和平使者——抗战中的宋庆龄》在清华学堂演出。

12月6日～8日，“印象扎赉诺尔”文化旅游摄影作品展在大栅栏观音寺街展出。

12月7日~9日，中国书法家协会第七次全国代表大会在北京召开，

12月8日，北京文化产权交易中心正式上线。

12月9日，舞台剧《无果花》在国话先锋剧场首演。

2015年12月9日~2016年5月4日，“传统的维度”——20世纪50、60年代中央美院对民族传统绘画的临摹与购藏展览在中央美术学院美术馆举办。

12月10日，昆曲《图雅雷玛》在清华大学新清华学堂首演。

12月10日，“一片丹心向阳开”——阎肃作品音乐会在国家大剧院音乐厅举办。

12月10日，《国际检察局讯问记录》《抗日战争史料丛编：第二辑》与《中华抗战期刊》新书发布仪式在国家图书馆举行。

12月10日~18日，“新中国美术家系列”——山西省国画作品展在中国国家画院美术馆举办。

2015年12月10日~2016年1月10日，“古韵镌拓　纸墨千秋”——2015年国家典籍博物馆宋元善拓暨全国书法临摹展在国家典籍博物馆举办。

12月11日，自由体戏曲《如烟情仇》在中国戏曲学院大剧场首演。

12月11日，话剧《办公室的故事（中文版）》在北京保利剧院首演。

12月11日，北京人艺菊隐剧场揭幕。

12月11日，2015年度茅台杯人民文学奖在北京颁奖。

12月11日~13日，2015年度中国散文年会颁奖会在北京召开。

12月11日~14日，第三届全国相声小品优秀节目展演在民族文化宫大剧院举办。

12月12日，焦菊隐110周年诞辰学术研讨会在菊隐剧场举办。

12月12日，交响芭蕾《四季》在天桥剧场首演。

12月13日，“那山·那水”衢州旅游摄影作品展暨衢州旅游（北京）推介会在北京举行。

12月15日，“张火丁现象”专题研讨会在中国文艺家之家召开。

12月15日~19日，第三届北京剧本推介会在中华世纪坛举办。

12月16日，北京市教育学会中小学教育文献信息研究会“2015学术年会”在北京教育学院召开。

12月16日，2015“网易云音乐　音乐有态度”全国校园歌手大赛总决赛在北京举行。

12月17日，2015“外国友人眼中的和谐北京”颁奖仪式在北京举行。

12月17日，中国作家协会网络文学委员会在北京成立。

2015年12月17日~2016年1月19日，全国地方戏优秀中青年演员汇报演出在北京举办。

12月18日，京津冀艺术职业教育协同发展联盟成立大会在北京召开。

12月18日，京剧《正考父》在国家大剧院首演。

12月18日，京剧《伏生》在国安剧院首演。

12月18日，宁夏演艺集团歌舞剧院携大型回族舞蹈诗《九州花儿美》在民族剧院演出。

12月18日~24日，北京群众艺术馆成立60周年书法美术摄影作品巡展在西城区第二文化馆、通州文化馆、延庆文化馆同时展出。

12月18日~27日，由“翰墨华章”——新中国以来名家书画文牍大展在首都博物馆举办。

12月19日，侗族大歌新年音乐会在中央民族大学音乐厅举行。

12月19日，“中日传统戏剧交流座谈会”在日本驻华大使馆新闻文化中心举行。

12月19日~20日，第四届全国乐器学研讨会在北京举行。

12月19日~30日，“大美水墨”——当代主题作品展·古代、近现代作品文献展在北京时代美术馆举办。

12月20日，湖北省民族歌舞团携土家乡村音乐剧《黄四姐》在民族剧院演出。

12月20日，摄影家陈勃在安徽黄山市逝世

12月20日~24日，中国金融摄影家协会第三届“邮储银行杯”全国摄影艺术展在中华世纪坛展出。

12月20日~25日，“新中国美术家系列”——江西省国画作品展在中国国家画院美术馆举办。

12月21日~25日，“奉献人民　聚焦巴渝”全国摄影名家看重庆——重庆五大功能区域蹲点创作活动摄影展在中国文艺家之家展览馆展出。

12月22日，中法大学特藏文献暨中法文化交流学术研讨会在北京理工大学召开。

12月23日，话剧《幸福年》在世纪剧院小剧场首演。

12月24日，话剧《牌坊》在首都剧场首演。

12月24日，歌剧《方志敏》在国家大剧院歌剧院首演。

12月24日，“两个身体”——圣诞舞蹈晚会在民族剧院演出。

12月25日，中国文艺评论家协会民族民间艺术

委员会成立仪式在北京举行。

12 月 25 日 ~26 日，北京高校网络图书馆 2015 年馆长工作交流会在北京召开。

12 月 26 日，《中国美术报》创刊大会在人民大会堂举行。

12 月 26 日，中国企业家摄影学会（CEPS）工作会议在北京鹰正宾馆召开。

12 月 26 日，“中国精神·中国梦”第二届百姓健康舞展演在北京电子科技职业学院体育馆举办。

12 月 26 日，“中航信托杯”第四届中国航空航天摄影大赛颁奖仪式在航空航天博物馆举行。

2015 年 12 月 26 日 ~2016 年 1 月 5 日，“写意中国”——2015 中国国家画院年展在中国美术馆举办。

2015 年 12 月 26 日 ~2016 年 1 月 6 日，“大道书怀”——2015 中国艺术研究院中国书法院院展在中国国家博物馆举办。

12 月 27 日，中国乡愁文化发展研究中心成立大会在北京举行。

12 月 27 日，“纪念歌剧《白毛女》70 周年座谈会”在北京举行。

12 月 27 日，舞剧《仓央嘉措》在民族剧院首演。

12 月 27 日 ~31 日，第十八届北京国际艺术博览会在北京举办。

12 月 28 日，第三届老舍青年戏剧文学奖励扶持计划在北京揭晓。

12 月 30 日，儿童剧《国王在姆咪谷》在中国儿童剧场首演。

12 月 30 日，2016 年新年戏曲晚会在国家大剧院举行。党和国家领导人习近平、李克强、张德江、俞正声、刘云山、王岐山、张高丽等，与首都近千名群众一起观看演出。

12 月，北京公布《2015 年度北京市文化精品工程重点项目（第二批）》。

12 月，《国家图书馆古籍普查登记目录》由国家图书馆出版社正式出版。

综合

2015年，北京文化艺术界全面贯彻落实习近平总书记文艺座谈会重要讲话精神和中共中央政治局《关于繁荣发展社会主义文艺的意见》精神，推动了首都文化艺术的进一步发展；围绕纪念抗战胜利70周年，全市开展了一系列座谈、文艺演出、展览活动；为推进京津冀文化协同发展战略，北京文化系统联合天津、河北两地文化系统展开一系列的文化合作。2015年，北京出台了一些新的文化艺术政策，成立了一批新的文化艺术机构，文化艺术市场活跃，创意文化产业有了新进展，出现了一些有影响的新剧目，各种艺术活动和展览频繁举办，国内外各种与文化艺术相关的会议相继召开，非物质文化遗产的保护工作取得了新进展，各种文艺比赛花样繁多，国内外的文化交流活跃，出现了高层次的文化艺术培训，对文化艺术理论的研究和探讨更为深入。

9月11日，中共中央政治局召开会议，审议通过了《关于繁荣发展社会主义文艺的意见》（以下简称“意见”）。10月20日和10月21日，刘云山、刘奇葆先后召开繁荣发展社会主义文艺推进会，深入北京京剧院等局属文化机构进行调研，强调要深入贯彻习近平总书记重要讲话精神，多出精品力作，不断巩固文艺繁荣发展的良好局面。首都文艺界备受鼓舞，市文联、市文化局认真组织座谈会，学习习近平总书记重要讲话精神和意见精神，力争多出精品力作。市文化局为激发首都文艺院团艺术生产活力，推动优秀舞台艺术作品成功上演，采用政府购买服务的方式，建立了公共文化服务平台——北京剧目排练中心和北京市剧院运营服务平台。公共文化服务平台的投入使用，既促进了首都舞台艺术生产，又降低了演出成本和票价，有效地推动了文化惠民工程。

7月，文化部印发《关于开展全国地方戏曲剧种普查工作的通知》，部署全国地方戏曲剧种普查工作。北京戏曲艺术职业学院受北京市文化局委托承担北京地方戏剧剧种普查工作。

2015年，天桥艺术中心建成，为首都现代美术及演艺产业开辟了新的阵地；为落实《京津冀三地文化领域协同发展战略框架协议》，京津冀演艺联盟、京津冀艺术职业教育协同发展联盟相继成立，促进了三地在演艺和教育领域的交流与合作；首都文化产业协会、北京文化产权交易中心等机构的成立，促进了首都文化产业的发展；民盟中央文化艺术研究院、丝绸之路艺术研究协同创新中心、中国乡愁文化发展研究中心等新成立的机构，增强了首都在文化艺术方面的研究能力；首都文艺志愿服务联盟是继中国文艺志愿者协会成立后的地方性联盟，使首都文艺志愿工作者有了自己的组织，助推首都文艺志愿服务再上新台阶。

中国人民大学和文化部产业司联合在北京发布了2015年度中国文化消费发展指数及中国省市文化产业发展指数，北京的文化消费综合指数和文化消费能力位居全国第一。北京市发展改革委对新出台的《进一步鼓励和引导民间资本投资文化创意产业的若干政策》进行了解读，提出有针对性的16条政策，打破阻碍民间投资进入文化创意产业的壁垒，提振民间投资文创产业的意愿。在政府的积极引导下，2015年，第十届中国北京国际文化创意产业博览会、第十八届北京国际艺术博览会、第四届动漫北京展会、2015北京文化创意产业项目推介会、第五届道略演艺产业年会、第六届中国文化产业前沿论坛等一系文化产业的论坛、峰会、活动在北京举办。同时，动漫游戏版权交易平台上线，助推首都乃至全国动漫游戏产业结构的优化升级。

2015年，第十三届“相约北京”联欢活动、第十届中国青少年艺术节、第八届中国国际青年艺术周等艺术演出活动在丰富了首都舞台的同时，也推动了首都舞台演出整体水平的提高。在京津冀一体化框架下，三地文化主管部门举办了2015年京津冀精品剧目展演。10月，在习近平总书记重要讲话发表一周年之际，中国文联与中国音协、美协等6个行业协会举办了6场“向人民汇报”演出，中国文联和中国文艺志愿者协会等单位联合推出了“2015中国文艺志愿者公益演出季”，北京市文联举办了北京基层文联原创优秀文艺节目展演及汇报演出。这些汇报演出集中展示了中国文联和全国文艺家协会、中国文艺志愿者协会、市文联响应习近平总书记讲话号召，积极组织开展“深入生活、扎根人民”主题实践活动取得的成果。

2015中国国际文化艺术博览会、“不朽的梵高”感映艺术展、第十八届北京国际艺术博鉴会、北京文学艺术品展示会等展览活动在北京举办，为国内外艺术精品提供了交流、展示平台。同时，围绕抗战胜利70周年、女性艺术家、青年艺术家等一系列相关主题的展览亦相继在北京举办。

2015年，北京绢人艺术成就展以及首届京津冀“非遗”展等“非遗”保护方面的展览、活动在北京举办。在研究领域方面，文化部举办的十周年纪念展演及学术活动，传统节日文化论坛及第二届中国文化遗产保护研究生论坛的召开，首届中国维吾尔族民间达斯坦国际学术研究会的举办，为北京乃至全国的“非遗”保护工作提供了助力。

2015年，首都文艺界获奖频仍。57部作品入选北京市首批和第二批文化精品工程重点项目。多位艺术家分别获得“第十一届德艺双馨奖”、“第四届全国中青年德艺双馨文艺工作者”称号和“第六届北京中青年德艺双馨文艺工作者”称号。第九届AAC艺术中国大奖、首届“会林文化奖”、第二届“中华艺文奖”等重要奖项均在北京颁奖。

2015年，北京多次组织艺术家、文艺理论家、民间艺术家到国内外进行交流、考察，增进了与国内外同行的沟通，如“欢乐春节亚欧行”、京味文化之旅赴台、“中华文化四海行——走进新疆”系列活动等。同时，来自加拿大、波兰、拉美地区、白俄罗斯等国外当代艺术到北京展览、展出，扩大了国人的艺术视野。首届“迪拜周”、中英文化交流年中国文化季、2015中国“俄罗斯文化节”等一系列国际交流项目在北京举办，为国外文化提供了在北京展示平台。2015年，首都文艺家、文艺志愿者（部分活动参与人员扩大到京津冀）在中国文联、市文联及全国和首都文联志愿者联盟的组织下，奔赴南水北调水源地、抗战圣地、西藏自治区、新疆维吾尔自治区、内蒙古自治区等地进行文化交流慰问活动，有力地推动了当地文化的发展。

2015年，“十三五”公共文化服务体系建设研讨会、“文艺理论学科建设与文艺理论发展”研讨会、第二届全国艺术院校哲学社会科学发展论坛、首届博物学文化论坛、“追寻当代中国文艺道路”——学习习近平总书记文艺工作座谈会重要讲话学术研讨会、“北京文艺论坛”等系列论坛在北京举办，专家们围绕“十三五”时期公共文化建设、中国当代文艺理论发展现状、博物学文化知识、习近平总书记重要讲话精神等议题进行了深入探讨。

2015年，《2014中国艺术发展报告》、中国“非遗”保护年度报告、《2015文化发展统计分析报告》在北京发布，分别对2014年度各艺术门类、我国“非遗”保护发展、全国文化发展情况的总体情况，进行了客观分析，指出现存问题，提出切实可行的建议。《习近平总书记在文艺工作座谈会上的重要讲话学习读本》《中国非物质文化遗产百科全书》以及弘扬中华美学精神三大出版工程等重要文化成果出版，为首都文艺繁荣提供了精神导向和智力支持。

（白　莲）

机　　构

【民盟中央文化艺术研究院】　2月3日，民盟中央文化艺术研究院成立大会在北京召开。张宝文、陈晓光被聘为名誉院长，范曾、梁晓声为顾问，张平为院长，边发吉、吴为山、吴志实为执行院长，万捷、马三喜等16人为副院长，刁道胜、万捷、马驰等110人为理事，并设立了学术委员会和联络委员会。民盟中央文化艺术研究院以民盟在文化艺术界的代表性人士为主体，是一个主要开展文化艺术领域的研究、创作、评论及推介等工作的艺术研究机构。

（白　莲）

【京津冀演艺联盟】　4月28日，由北京市文化局、天津市文化广播影视局、河北省文化厅主办，北京市演出有限责任公司承办的京津冀演艺联盟成立仪式在北京青年剧场举行。该联盟以三地剧院、剧场、演艺机构为基础，以联盟为主导，加强联盟成员间演艺资源信息的沟通和资源共享，以期实现优势互补，塑造区域间良好发展氛围和环境。联盟为成员机构定期共同举办相关演艺项目活动，组织执行京津冀精品剧目展演，采购三地精品剧目参加北京市剧院运营服务平台和天津、河北两地政府举办的重点展演活动。联盟倡导成员共同打造京津冀演艺联盟演出品牌，发展演艺产业综合体，实现三地经济效益与社会效益的共赢。

（白　莲）

【首都文化产业协会】　6月16日，首都文化产业协会在北京举行成立大会。首都文化产业协会是在北京市国有文化资产监督管理办公室指导下，由首都文化企业自愿发起成立的非营利性社会团体组织，首批会员达到315家，包括保利文化、北广传媒、开心麻花、歌华文化等多家北京文化企业。在成立大会上，首都文化产业协会与中国工商银行北京分行、北京银行分别签署战略合作协议。此外，首都文化产业协会、天津市文化产业协会、河北省文化产业协会还签署了《京津冀三地文化产业协会框架合作协议》。根据该协议，未来三地将建立文化产业行业组织联系机制，在文化产业信息交流、开展文化企业跨区域合作、维护会员企业投资兴业的合法权益、联合进行文化产业人才培养等方面开展深度合作。

（白　莲）

【中国文艺评论家协会理论委员会】　6月24日，中国文艺评论家协会理论委员会在北京成立。该委员会是中国文艺评论家协会下属的一个专业委员会。经中国文艺评论家协会主席团决定，中国文艺评论家协会副主席王一川出任第一届理论委员会主任，白建春、张法、蒋述卓为副主任，周志强为秘书长，张金尧为副秘书长，丁帆等45人被聘任为理论委员会委员。

（王凌雨）

【丝绸之路艺术研究协同创新中心】　6月25日，中央美术学院丝绸之路艺术研究协同创新中心在北京成立。该中心旨在发扬中央美术学院的优良传统，借助学校在造型艺术、设计艺术、建筑艺术及艺术史研究领域的学科优势，整合国内外前沿学术力量，建立协同创新机制，搭建高端学术平台，聚集标志性创作与研究成果，传承和传播中国文化。同时，以文化艺术为桥梁和纽带助力政治经济互通，打造服务国家文化发展战略的高端智库。

（白　莲）

【中国文艺评论家协会青年工作委员会】　9月25日，中国文艺评论家协会青年工作委员会成立大会暨"新时期青年文艺评论家的责任与作为"研讨会在北京举行。会上宣读了《中国文艺评论家协会关于聘任青年工作委员会委员的决定》。经中国评协主席团决定，聘请梁鸿鹰担任该委员会主任，谢有顺、沈勇、李云雷为副主任，李昌菊担任秘书长，徐健为副秘书长，白锐等32人被聘任为委员会委员。

（王凌雨）

【百瑞缪斯·艺术信托】　10月8日，"让金融走进艺术"——中艺博·百瑞艺术金融高峰论坛在北京召开。论坛上发布了《艺传益久——艺术家族信托研究报告》，并正式成立由百瑞信托发起设立、中国国家画院等单位共同参与的百瑞缪斯·艺术信托。该信托以"信托＋艺术专业机构"的模式进行运作，通过公开透明的资金运作模式，持续募集、管理信托资产，用于支持和扶持中国文化艺术项目。

（白　莲）

【北京天桥艺术中心】　11月20日，北京天桥艺术中心落成并投入使用。北京天桥艺术中心位于西城区南中轴路西侧、永定门以北，是国家大剧院之后，北京第二座现代化剧场集合体。该中心是一个以音乐剧为主，包含话剧、舞蹈、儿童剧等多种演艺形式在内的综合性剧场群，有包括大、中、小和多功能厅在内的四个剧场。该中心的管理单位为北京天桥艺术中心管理有限公司。

（白　莲）

【北京文化产权交易中心】　12月8日，北京文化产权交易中心交易正式上线。国家新闻出版广电总局副局长童刚、北京市副市长王宁出席上线活动。该中心是由市文化投资发展集团控股，联合中国文化产业发展集团等国有文化企业出资成立的。它以全国文化产权共同市场为基础搭建了国有文化产权交易平台、实物收藏品交易平台、文化产业投融资平台、版权登记交易保护平台、文化权益金融合作平台5个特色服务平台。

（白　莲）

【京津冀艺术职业教育协同发展联盟】　12月18日，京津冀艺术职业教育协同发展联盟成立大会在北京召开。京津冀三地的四家艺术院校共同签署了京津冀艺术职业学院（校）协同发展框架协议。会上，石家庄市艺术学校、河北艺术职业学院、天津艺术职业学院和北京戏曲艺术职业学院就京津冀艺术职业教育合作进行了协商。三地将建立干部教师挂职和互派制度，加大开放办学力度，实现优质课程互通、互联、共享，支持在校生跨院校学习；三地还将开展招生就业合作，努力推进联合招生，积极开辟毕业生就业渠道；共同组建协同发展专家团队，全面指导教学、科研和艺术实践；建立观摩交流、比赛成果展示和学生创业平台，推进三地艺术职业教育均衡、协调发展。

（白　莲）

【中国文艺评论家协会民族民间艺术委员会】 12月25日，中国文艺评论家协会民族民间艺术委员会成立仪式暨中国民族民间艺术传承与发展现状研讨会在北京举行。经中国文艺评论家协会主席团决定，聘请中央美术学院人文学院教授、博士生导师、非物质文化遗产研究中心主任，中国文艺评论家协会理事乔晓光出任中国文艺评论家协会第一届民族民间艺术委员会主任，内蒙古大学艺术学院副院长、内蒙古文联副主席、内蒙古文艺评论家协会主席、中国文艺评论家协会理事宋生贵，广西教育学院党委书记、广西文艺理论家协会主席、中国文艺评论家协会理事容本镇2人为副主任，中国民间文艺家协会研究部主任、中国文艺评论家协会理事侯仰军为秘书长，中央美术学院非物质文化遗产研究中心主任助理董永俊为副秘书长，巴赫提亚·巴吾东等23人被聘任为第一届民族民间艺术委员会委员。

（王凌雨）

【中国乡愁文化发展研究中心】 12月27日，中国乡愁文化发展研究中心成立大会暨“风铃之约”项目启动仪式在北京举行。国家相关部委、北京市有关部门领导以及文化、教育、建筑、生态旅游及民俗研究领域的专家、学者、部分省市驻京办事处负责人、部分社会团体负责人等100余人出席了启动仪式。作为中国民俗学会的二级研究机构，中国乡愁文化发展研究中心致力于对中华传统文化的传承发展和对民众生活及民间风俗文化的挖掘、整理和研究，并为民俗文化在农村的生存、发展和传承培育土壤、搭建平台，保存和弘扬中国传统文化。

（白　莲）

文化建设

【京津冀签署演艺领域深化合作协议】 3月27日，北京市文化局、天津市文化广播影视局、河北省文化厅负责人在北京签署了《京津冀演艺领域深化合作协议》。协议规定，京津冀三地将轮流举办“京津冀精品剧目展演”活动，并统筹三地资源，合作打造品牌演出剧目。建立政府采购协作机制。在京津冀三地分别主办的各类展演活动中，相互采购演艺剧目，积极吸纳另外两地优秀舞台艺术精品。开展公益演出项目相互采购计划，每年每地采购其他两地不少于3台剧目。共享品牌项目，统筹三地资源，合作打造品牌演出剧目。通过院团合作、人才合作、共同委约创作等方式，强强联合，共享资源，共建品牌。建立演艺资讯推广平台。共建共享京津冀演艺资讯发布平台，通过媒体宣传、定期举办演艺项目推介会等方式推广三地优秀剧目。建立演艺资源统筹平台，实现剧本推介、演出营销、人才交流等线上线下双向资源统筹。成立京津冀剧院联盟，统筹三地剧场、剧院资源，实现京津冀剧院资源统筹协调。

（白　莲）

【京津冀演艺协作平台】 5月29日，在京津冀三地文化部门的支持下，京津冀演艺协作平台成立，今后三地的演出团体将实现优势互补、协作发展。北京市演出有限责任公司是京津冀演艺协作平台的首个轮值机构。该协作平台以院团为基础，以剧场为主体，以演出公司为纽带，旨在吸引更多的京津冀三地院团、剧场和相关的演出机构加入该平台，推动成员之间的互相学习交流，促进平台发展，成为涉及从剧目编排到市场运营各个环节充分交流合作的机构。

（白　莲）

【北京公布年度首批文化精品工程重点项目】 6月，北京市委宣传部组织开展了《2015年度北京市文化精品工程重点项目（第一批）》的征集评审工作。经广泛征集、部门推荐和专家评审，共有30个项目入选。作品涵盖舞台剧、电影、电视剧、纪录片、动画片、出版物6大类。其中，舞台剧包括北京人民艺术剧院的话剧《司马迁》，国家大剧院的话剧《样式雷》，北京儿童艺术剧院的儿童剧《胡同.com》，北京京剧院、国家大剧院的京剧《正考父》，北方昆曲剧院的昆曲《李清照》，北京市河北梆子剧团的河北梆子《张居正》，北京歌舞剧院有限责任公司的舞剧《丝路长城》；文学出版物有北京少年儿童出版社的儿童文学《古城墙上的圆月亮》，北京十月文艺出版社的散文集《藏北十二年》和长篇小说《少女萨吾尔登》。

（白　莲）

【首都优秀中青年文艺人才库】 8月14日，北京市文联发布首都优秀中青年文艺人才库首批入选人员名单，有551名文艺工作者成为该人才库首批入选人员。入选的文艺人才擅长的艺术种类涵盖文学、书法、美术、曲艺等15个专业类别，其中非京籍的有120余人。

（白　莲）

【繁荣发展社会主义文艺推进会】 10月20日，为贯彻《中共中央关于繁荣发展社会主义文艺的意见》，繁荣发展社会主义文艺推进会在北京京西宾馆召开。六小龄童、赵宝刚、黄晓明、孟冰等艺术家参加了会议。中共浙江省委、中共北京市委宣传部负责人和作家艺术家代表在会议中发言。中共中央政治局常委、中央书记处书记刘云山出席会议并讲话。中共中央政治局委员、中央书记处书记、中宣部部长刘奇葆作总结讲话。中共中央政治局委员，国务院副总理刘延东出席会议。

（白　莲）

【刘奇葆在北京调研】 10月21日，中共中央政治局委员、中央书记处书记、中宣部部长刘奇葆在北京调研时强调，要深入学习贯彻习近平总书记在文艺工作座谈会上的重要讲话精神，切实抓好《关于繁荣发展社会主义文艺的意见》的贯彻落实，紧紧抓住创作优秀作品这个中心任务，多出精品力作，攀登文艺高峰，为伟大时代创作一批立得住、传得开、留得下的优秀作品。刘奇葆深入北京京剧院、中国评剧院和北京紫禁城影业公司，考察戏曲和电影繁荣发展情况，并前往延庆县考察基层公共文化服务体系和美丽乡村建设情况，与基层干部群众进行交流。

（白　莲）

【北京市剧院运营服务平台启动】 11月3日，北京市文化局、北京市财政局宣布正式启动北京市剧院运营服务平台项目。中共北京市委宣传部、北京市文化局、北京市财政局以及项目运营公司负责人、剧场及艺术院团代表等出席了新闻发布会。该平台是以政府购买服务方式搭建的公益性演出平台，即由政府出资购买剧场资源，以零场租或低场租的方式提供给文艺院团，推动更多优秀舞台艺术作品进入剧场演出，并通过整体宣传营销和实行惠民票价的运营模式，降低演出成本和票价，成为一项让更多百姓走进剧院、共享文化成果的惠民工程。

（白　莲）

【北京市2015年度第二批文化精品工程重点项目（第二批）发布】 12月，北京市委宣传部组织开展了《2015年度北京市文化精品工程重点项目（第二批）》的征集评审工作。经广泛征集、部门推荐和专家评审，共5个门类、27个项目入选，作品涵盖舞台剧、电影、电视剧、纪录片、出版物5大类。其中，舞台剧包括北京京剧院的京剧《裘盛戎》、北方昆曲剧院的昆曲《孔子入卫》、北京人民艺术剧院的话剧《牌坊》、北京市曲剧团的北京曲剧《黄叶红楼》、北京曲艺团的舞台剧《我不是保镖》、国家大剧院的歌剧《长征》；文学出版物有北京十月文艺出版社的长篇小说《流年物语》《疯狂的榛子》《去年天气旧亭台》和儿童文学《感恩系列风铃》《面包男孩》。

（白　莲）

文化艺术市场和文化创意产业

【北京市正式印发《关于促进文化消费的意见》】 2月，北京市人民政府正式印发《关于促进文化消费的意见》。该意见分四个部分，共十七条。围绕“市场主导，政府推动”“需求引领，创新驱动”“融合发展，产业联动”“资源共享，辐射带动”四项原则，提出了加强文化消费供给、培育文化消费理念、引导文化消费行为、丰富文化消费业态、拓展文化消费空间五个方面的重点任务，并通过一系列有力的扶持政策和保障措施加以支撑。该意见首次提出了北京市文化消费发展的经济目标，即“到2020年，文化产品和服务更加丰富，文化消费市场体系更加健全，文化消费环境更加完善；全市文化消费总量、人均文化消费支出和消费满意度均实现大幅提升，文化消费年均增速保持在10%以上，文化消费对全市经济增长的贡献率达到8%以上”。该意见由北京市国有文化资产监督管理办公室通过问卷调查、实地调研、案例解析、政策梳理、对比分析、专家研讨等多种方式，完成了上万个数据点分析，历时两年，最终形成该意见。

（白　莲）

【第五届道略演艺产业年会暨2015“演艺北京”剧目交易会】 4月9日~10日，第五届道略演艺产业年会暨2015“演艺北京”剧目交易会在北京举行。该活动由道略演艺研究中心主办，北京市文化局、中共北京市海淀区委宣传部、中国对外文化交流协会、北京演出行业协会支持。会上，道略演艺发布了包括大剧场话剧票房十强榜、大剧场音乐剧票房五强榜、儿童剧票房十强榜、旅游演出票房十强榜等23个演艺排行榜，发布了《全国商业演出票房报告》《全国剧场发展报告》2个行业报告。自2011年起，道略演艺产业研究中心每年举办“道略演艺产业年会”。同期举行的2015“演艺北京”剧目交易会有话剧、音乐剧、儿童剧、院线、剧场等60家机构参加。交易会分为儿童剧区、剧场区、话剧区、综合区、戏剧东城区、中关村演艺大道区6个展区，展出了话剧、音乐剧等300多部优秀剧目，发放1500份《2015中国

剧目 & 剧场手册》，来自全国 20 多个省市的数千人观展、采购。

（白 莲）

【2015 北京文化创意产业项目推介会】 4 月 29 日，由北京市国有文化资产监督管理办公室主办的 2015 北京文化创意产业项目推介会在北京文化创意产业展示中心举办。京津冀三地的 66 家文化创意产业园区代表，共同发起并签署了《京津冀文创园区协同发展备忘录》，联手为三地文创企业搭建合作平台。依照备忘录，三地园区将加强对三地文化资源的协同开发、管理和利用，推进区域文化产业融合和文创资源共享；每年定期举办对接交流活动，共同培育中小企业，筑牢文创园区产业基础；更好地发挥文创园区的产业孵化功能，投入更大的力量做好初创企业的孵化培育。推介会上，三地多家企业代表还围绕“互联网时代下京津冀未来园区发展模式”“园区企业期待的未来园区管理模式”“老旧工业厂房改造带来的文创园区发展契机”“河北、天津对于北京园区的合作需求” “跨区域融资解决方案”“未来文创市场发展趋势分析及展望”等话题进行了探讨。

（白 莲）

【第六届中国文化产业前沿论坛】 7 月 18 日，“第六届中国文化产业前沿论坛”在北京大学英杰交流中心举行。论坛的核心议题是当下“互联网 +”文化产业的各类热点问题，文化部文化产业司、中共北京市海淀区委、北京大学文化产业研究院等领导、专家、企业家和媒体 500 多人出席。北京大学文化产业研究院副院长陈少峰论述了“互联网 + 文化产业 + 的 10 个趋势”，并围绕“互联网 +”，就互联网思维、互联网文化产业、互联网文化产业园等热点问题发表了演讲。论坛上发布了北京大学文化产业研究院的课题组研究成果，各报告执行主编和文化产业领域的研究专家、学者、文化企业经营管理者、艺术家、文化媒体机构嘉宾等 60 余人围绕新书发布进行讨论。

（白 莲）

【第四届“动漫北京”展会】 7 月 24 日 ~26 日，由北京市文化局主办的第四届“动漫北京”——动漫游戏博览会暨第十二届中国（北京）动漫游戏嘉年华在国家会议中心举办。该活动汇集了 30 余家一线动漫游戏企业，展览面积达 2 万平方米。活动内容包括交易、大赛、活动和互动体验 4 个板块，涵盖网络游戏互动娱乐、IP 授权商务洽谈、coser 大赛、动漫游戏嘉年华狂欢、二次元西瓜节等，观众达 15 万人次以上。开幕式上，还揭晓了动漫游戏“金翼奖”评选结果，启动了“动漫游戏版权交易服务平台”。

（白 莲）

【动漫游戏版权交易服务平台】 7 月 24 日，动漫游戏版权交易服务平台启动。该平台的设立旨在对北京乃至全国动漫游戏产业结构的优化升级，对于文化领域特别是动漫游戏产业的融合发展以及动漫游戏企业间的深度交流与合作，起到积极推动作用。

（白 莲）

【2015 文化创意产业（北京）研讨会】 8 月 18 日，由北京市文资办指导，《新京报》承办的“2015 文化创意产业（北京）研讨会”在北京举办。研讨会围绕“创业创新——提升文化消费新动力”主题展开。中国人民大学王琪延代表“北京文化消费指数研究”课题组发表了“2014 年北京文化消费指数”，从常住人口、流动人口、十六个区县等不同角度对北京市文化消费发展水平进行了数据分析。故宫博物院院长单霁翔、奇虎 360 总裁齐向东、中央财经大学文化经济研究院院长魏鹏举等发表主题演讲，分享了各自对文化消费与创业创新的理解与认知。

（徐 玲）

【北京市公布首批“市级文化创意产业示范区”名单】 10 月 29 日，在第十届中国北京国际文化创意产业博览会开幕式上，北京市委宣传部发布了北京市首批“市级文化创意产业示范园区”名单，北京出版创意产业园、清华科技园、星光影视园、莱锦文化创意产业园 4 个园区入选该名单。

（白 莲）

【第十届中国北京国际文化创意产业博览会】 10 月 29 日 ~11 月 1 日，2015 第十届中国北京国际文化创意产业博览会（以下简称北京文博会）在中国国际展览中心举办。活动期间，来自 1800 多家中外文化创意企业展示了文化演艺、动漫游戏、广播影视、体育休闲、文化科技等重点文创产业领域的新产品、新创意，并对 24 个文创项目进行集中签约，涉及金额 79.22 亿元人民币。北京文博会创办于 2006 年，是经国务院批准，由文化部、新闻出版广电总局和北京市人民政府共同主办，北京市委宣传部等 27 个委办局协办，北京市贸促会承办，每年定期在北京举行的大型国际文化创意产业盛会。

（白 莲）

【2015 中国文化产业指数发布】 10 月 31 日，由中国人民大学和文化部文化产业司联合主办的“文化中国：中国文化产业指数暨拉动城乡居民文化消费试点项目阶

段成果”在北京发布。会上发布了中国文化消费发展指数（2015）和中国省市文化产业发展指数（2015）。中国省市文化产业发展指数（2015）的结果则表明，其中，北京在影响力指数和驱动力指数上均居首位。

（白　莲）

【腾讯动漫行业合作大会】　11月19日，腾讯动漫行业合作大会在北京举行。参会者除了汇聚爱奇艺、中青龙图、阅文集团以及日本动画制作公司STUDIO Deen等国内外动漫产业链各领域核心代表外，还有100余位漫画作者。大会旨在通过论坛交流、商业洽谈、作者笔会等方式，整合国内外动漫产业资源，在中国动漫业务快速发展、行业面临拐点之时，为产业链相关环节的发展提供参考。论坛中，腾讯集团副总裁、腾讯影业CEO程武提出了行业新概念——二次元经济。

（白　莲）

【文化市场经营单位】　截至2015年年底，北京地区共有艺术表演团体640家（其中，市属12家，区县属7家，文化部及中央其他部委属17家，部队院校17家，民营社办587家）。备案的营业性演出场所135家（舞台数）。累计审批登记的演出经纪机构1478家，互联网上网营业场所1504家，互联网文化经营单位1242家，娱乐场所2131家。

（程　青）

活　动

【2015年全国文化厅局长会议】　1月5日~6日，2015年全国文化厅局长会议在北京举行。此次会议与全国宣传部长会议套开，部分与会代表列席全国宣传部长会议，聆听学习了中共中央政治局常委、中央书记处书记刘云山，中共中央政治局委员、中宣部部长刘奇葆的重要讲话。文化部党组书记、部长雒树刚在全国文化厅局长会议上作工作报告。文化部党组成员励小捷、项兆伦、王铁、董伟、单霁翔、刘玉珠，部分原部委领导，中央有关部门、单位负责同志，全国各省、自治区、直辖市和新疆生产建设兵团文化厅（局）长，计划单列市及各省会城市文化局长，文化部各司局、各直属单位主要负责人，国家文物局有关负责人，驻外使领馆文化处（组）和海外中国文化中心负责人等出席会议。

（白　莲）

【中国文联九届七次全委会】　1月23日~24日，中国文联第九届全国委员会第七次会议在北京召开。中国文联主席孙家正主持会议。中宣部常务副部长、中央文明办主任黄坤明讲话。中国文联党组书记、副主席赵实作工作报告。中国文联党组副书记、副主席李屹通报了中国文联九届七次主席团会议通过的关于调整中国文联第九届书记处书记的决定及关于更替和增补中国文联第九届全委会委员的决议。在1月22日举行的中国文联九届七次主席团会议上，通过了关于调整中国文联第九届书记处书记的决定，推举陈建文为中国文联第九届书记处书记。通过了关于更替和增补中国文联第九届全委会委员的决议，确认叶青、刘尚军、吴雪、张宇、陈炜、陈洪、陈洪武、邵明、罗斌、周丽宁、庞井君、郑希友、盖成立、韩新安、傅亦轩、廖恳16人为中国文联第九届全委会委员；马少青、马西林、王金喜、刘华、刘晓霞、刘漪滟、李春晓、沈虹光、季宇、赵长青、夏朝华11人不再担任中国文联第九届全委会委员职务；免去郭永祥中国文联第九届全委会委员职务。会议通过了关于接纳中国文艺评论家协会为中国文联团体会员的决议。会议增选陈建文、陈洪武、罗斌、韩新安为中国文联第九届主席团委员。冯双白、赵长青不再担任中国文联第九届主席团委员职务。

（王凌雨）

【“战友精品剧目”演出季】　1月23日~2月3日，北京军区政治部战友文工团的“战友精品剧目”演出季在天桥剧场举办。演出季包括舞剧《红楼梦》、话剧《红星照耀中国》、大型声乐套曲《西柏坡组歌——人间正道是沧桑》、军旅国粹“现代京剧交响演唱会”4台节目。

（白　莲）

【中国文学艺术界2015春节大联欢】　1月24日，由中国文联主办，中国文联演艺中心承办的“百花迎春”——中国文学艺术界2015春节大联欢在人民大会堂举行。该活动紧扣“中国梦”主题，分为序“百花迎春中国梦”与“好儿好女好江山”“浓墨重彩写新春”“英姿飒爽铸军魂”与“长袖丹青迎金羊”“扎根沃土为人民”“春风吹来百花开”6个篇章以及尾声“老百姓的中国梦”，共演出各类节目30多个。

（白　莲）

【中国文艺评论家协会聘任首批特约评论员】　2月3日，中国文艺评论家协会、中国文联文艺评论中心特约评论员聘任仪式及座谈会在中国文艺家之家召开。刘玉琴、彭程、白建春、田水泉、李雪慧、祁述裕、王镛、解玺璋、周星、周海宏、张先、谢柏梁、方宁、陈阳波、唐凌、戴清、慕羽、吕益都18位各艺术门类及社会各界文艺评论专家、学者获聘首批特约评论员。来自北京师范大学、中央音乐学院、中央戏剧学院、中国戏曲学院、中国传媒大学、北京舞蹈学院、解放军艺术学院、国家行政学院、中国艺术研究院、最高人民法院影视中心、北京文艺评论家协会、《人民日报》、《光明日报》、求是杂志社、《文艺研究》、《人民论坛》和《艺术评论》等单位近20位专家、学者与会，探讨特约评论员在文艺评论工作中的作用。

（白　莲）

【刘云山看望文艺界知名人士】 2月8日～9日，中共中央政治局常委、中央书记处书记刘云山代表习近平总书记和党中央看望文化界知名人士，并向他们致以诚挚问候，向广大文化工作者致以新春祝福。刘云山先后看望了中国人民大学教授、马克思主义哲学专家陈先达，中国文联荣誉委员、书法家沈鹏，中国舞协名誉主席、芭蕾舞表演艺术家白淑湘，原新闻出版署署长、出版家宋木文，中国作协名誉委员、少数民族作家玛拉沁夫。文化界知名人士对习近平总书记和党中央的亲切关怀表示感谢，对中共十八大以来党治国理政的新举措、新局面表示高度赞誉，对党和政府重视弘扬优秀传统文化、提升国家文化软实力等部署深表赞同，一致认为文化工作者赶上了好时代，文化发展展示出更加美好的前景。中共中央政治局委员、中宣部部长刘奇葆陪同看望。中宣部、教育部、文化部、新闻出版广电总局、中国文联、中国作协有关负责同志参加看望活动。

（白　莲）

【首都文艺家新春联谊会】 2月9日，由中共北京市委宣传部和北京市文联主办的首都文艺家新春联谊会在北京市文联小剧场举行。首都文学艺术界近300名文艺家代表共迎新春。北京市文联主席张和平在会上致辞，叶用才、刘铁梁等13个北京文艺家协会负责人代表为首都文艺工作者献上了节日祝福。艺术家们演出京剧、民乐、杂技等文艺节目。

（白　莲）

【“TA时代”第二回展】 3月21日～4月10日，由北京时代美术馆和中国女画家协会联合主办的“TA时代”第二回展在北京时代美术馆举办。该展览将艺术语言放在更广泛的时代境遇中，思考个人与时代之间的复杂关系。展览共展出了50余位艺术家创作的绘画、工艺品、服饰等作品。

（白　莲）

【第15届“相约北京”艺术节】 4月23日～5月30日，由文化部、国家新闻出版广电总局、北京市人民政府主办，中国对外文化集团和北京市文化局承办的第15届“相约北京”艺术节在北京举行。来自美国、法国、日本等25个国家和地区的50个艺术团体举行了近200场演出活动，吸引观众逾30万人次。美国作为第15届“相约北京”艺术节主宾国，组织了近20个艺术团体在北京上演逾30场演出。此次艺术节覆盖了音乐、舞蹈、戏剧、户外音乐节等多种艺术形式。音乐方面包括了交响乐、电子乐和流行音乐；舞蹈方面，除了开幕式演出的古典芭蕾舞外，还有法国现代舞《根》及嘻哈舞等；戏剧方面，除闭幕式的京剧演出外，还有国内话剧《驴得水》、西班牙班巴林那剧团的《唐·吉诃德》等国内外经典剧目演出。户外音乐节包括潮流音乐节、拉美及加勒比音乐节以及潮流INTRO电子音乐节。

（白　莲）

【《2014中国艺术发展报告》发布】 4月28日，由中国文联理论研究室、中国文联文艺评论中心和中国文艺评论家协会联合推出的《2014中国艺术发展报告》正式发布。中国文联所属各全国文艺家协会、机关各部室、各直属单位有关负责人，来自全国各地的专家、学者、文艺评论界人士、新闻媒体记者及在京高校艺术专业青年学生总计300余人参加首发式和新书研讨。该报告内容包括2014年中国艺术发展概观、中国戏剧发展报告、中国电影发展报告、中国音乐艺术发展报告、中国美术发展报告、中国曲艺发展报告、中国舞蹈发展报告、中国民间文艺发展报告、中国摄影发展报告、中国书法发展报告、中国杂技发展报告、中国电视发展报告12部分，全面介绍了2014年戏剧、电影、电视、音乐、舞蹈、美术、摄影、书法、曲艺、杂技和民间文艺等艺术领域内的年度发展情况，指出了各艺术领域存在的问题。

（白　莲）

【饶宗颐百岁艺术展】 4月28日～6月12日，由中国国家博物馆主办，中央人民政府驻香港特别行政区联络办公室教育科技部、香港特别行政区康乐及文化事务署、香港大学饶宗颐学术馆、饶宗颐学术馆之友协办的“学艺融通”——饶宗颐百岁艺术展在国家博物馆举办。展览涵盖了饶宗颐逾80年的学术及艺术成果，是其学术及艺术成就的全面呈现。学术方面展品包括饶宗颐历年来近百种著作、学术论文、各种形式的手稿、信札以及学者研究“饶学”的著作。艺术类展品包含饶宗颐自20世纪50年代至2015年各种形式的书画作品。此外，还有由其书画所衍生的各种艺术品，如古琴、紫砂壶、端砚、明清式家具等。

（白　莲）

【“中华颂”——中国民族艺术知多少民族艺术展演】　5月12日~17日，“中华颂——中国民族艺术知多少”大型民族艺术展演在梅兰芳大剧院举行。展演通过名家解析、艺术展演、观演互动等多种方式，由中国音乐学院、北京舞蹈学院、中国戏曲学院、北京服装学院和解放军艺术学院分别呈现了“中国民族音乐”“中国民族民间舞蹈”“中国戏曲剧种”“中国民族服饰”“中国军旅文艺”5个板块的内容。展演还推出了针对大中学生、农民工子弟小学学生、残障人士的公益性演出。

（白　莲）

【中国当代艺术国际巡展】　5月31日~6月10日，由北京电影学院、北京大学美学与美育研究中心、瑞典阿斯特利美术馆、俄罗斯戴亚基列夫现代艺术博物馆、圣之空间艺术中心联合举办的“国风”——中国当代艺术国际巡展首站在北京798圣之空间艺术中心举办。参加此次巡展的有蔡锦、丁方、范勃、冯放等28位中国艺术家，共有他们创作的包括绘画、雕塑、影像等在内的60余件作品参展。

（白　莲）

【《中国非物质文化遗产百科全书》首发式】　6月12日，由中国文联、中国民协主办的《中国非物质文化遗产百科全书》首发式暨出版座谈会在北京举行。该书由中国文学艺术基金会资助，中国民协、中国社会科学院等单位学者编纂，对当前有关非物质文化遗产研究的学术成果进行了全面系统的盘点梳理。冯骥才为该书总主编。此次首发的是该书第一批，包括《代表性项目卷》《传承人卷》《史诗卷》。

（白　莲）

【“民间的力量”大型艺术展】　6月25日~10月10日，由中国民生银行和北京民生现代美术馆共同主办的“民间的力量”大型艺术展在北京民生现代美术馆举办。“民间的力量”展览分为“征集竞赛单元”“特邀单元”“田野考察创作计划”3个部分。近200位艺术家的186件参展作品，呈现了30年间中国民间社会的变迁。

（白　莲）

【“伟大胜利历史贡献”主题展】　7月7日，纪念中国人民抗日战争暨世界反法西斯战争胜利70周年主题展览“伟大胜利历史贡献”在中国人民抗日战争纪念馆开始展出。党和国家领导人习近平、李克强、张德江、俞正声、刘云山、王岐山、张高丽等参观了主题展。展览共分“中国局部抗战”“全民族抗战”“中流砥柱”“日军暴行”“东方主战场”“得道多助”“伟大胜利”“铭记历史”8个部分，展出照片1170幅、文物2834件。展览以“铭记历史、缅怀先烈，珍爱和平、开创未来”为主题，展现了全体中华儿女冒着敌人的炮火共赴国难，英勇抵抗日本军国主义侵略的光辉历史。

（吴赣生）

【“抗战与文艺”系列展览】　7月7日~9月30日，为纪念中国人民抗日战争暨世界反法西斯战争胜利70周年，反映抗战文艺对抗战胜利的伟大贡献，中国国家博物馆举行了“抗战与文艺：纪念抗日战争胜利70周年馆藏文物系列展”。此次展览共展出历史文物、历史照片、美术和摄影作品等1109件（套），其中有近700件（套）为首次展出。此次系列展由“文艺与抗战展”“延安电影团史料展”“抗战木刻展”“抗战摄影展”“梁又铭抗战美术作品展”5个展览组成，全方位地再现了广大文艺工作者在抗战时期所发挥的齿轮和螺丝钉的作用，及其为抗战胜利做出的巨大贡献。“文艺与抗战展”展出了抗战时期有关文献、题词、绘画、歌曲与戏剧、漫画、连环画、窗花、邮票、证章、传单、墙报、锦旗、文艺图书报刊等475件（套）展品，反映了抗战文艺的各个方面，其中255件（套）展品是首次展出。“延安电影团史料展”首次展出了延安电影团拍摄的珍贵历史照片138张、相关文物17件，系统反映了延安电影团的历史发展和摄制作品；“抗战木刻展”展出了抗战时期以延安鲁艺木刻工作团为主的木刻作品及有关文献文物146件（套），其中51件（套）为首次展出；“抗战摄影展”从馆藏数万张抗战时期原版照片中精选出具有代表性的方大曾、沙飞、石少华等著名摄影家的233张摄影作品及8件相关文物；“梁又铭抗战美术作品展”展出了抗战时期国民党军旅画家梁又铭创作的反映抗战题材的水墨画作品41件、水彩画作品14件，以及梁又铭收藏的37件历史资料。

（白　莲）

【中国青年艺术家推介展】　7月11日~8月9日，由北京时代美术馆主办，中国美术家协会实验艺术委员会提供学术支持的“旋构塔·2015中国青年艺术家推介展”在时代美术馆举办。策展人吴洪亮、胡斌、刘礼宾，艺术总监王艺。此次展览共有“手心体”“聚合体”“多酶体”3个展览单元，其间，举办了3场跨界学术沙龙。自2014年始，时代美术馆在每年的7月都会以“旋构塔”作为青年项目的启动仪式，与3家艺术机构、3位策展人以及青年艺术家们齐聚在一起，共同关注青年艺术家对于艺术的不同探索方式，试图呈现时代青年艺术家群体特征。

（白 莲）

【庆祝《中国艺术报》创刊20周年展】 7月19日，“艺术家的精神家园”——庆祝《中国艺术报》创刊20周年展览在中国文艺家之家展厅举办。此次展览通过“中央领导亲切关怀”“20年创业发展”“重大文艺报道”“荣誉与风采”等板块，图文并茂地回顾了中国艺术报社20年的发展历程。书画作品板块展示了周巍峙、欧阳山尊、罗哲文、李铎、高占祥、刘大为等文化名人和知名艺术家历年来为《中国艺术报》创作的书画精品。

（白 莲）

【京津冀百名艺术家抗战圣地采风创作成果展】 7月27日，由中国文艺志愿者协会、中国文联文艺志愿服务中心、北京市文联、天津市文联、河北省文联共同主办的纪念中国人民抗日战争胜利70周年“到人民中去”京津冀百名艺术家志愿者赴抗战圣地服务采风创作成果展在北京炎黄艺术馆开幕。此次展出的240余幅美术、书法、摄影作品是从百名艺术家志愿者赴抗战圣地服务采风创作出的500余幅作品中精选而来，这些作品反映了革命老区30多年改革开放的成果、人民群众幸福和谐的生活、追忆抗战年代艰苦斗争场景、新时期追梦筑梦的伟大实践活动等。此次展期持续至7月31日，在北京首展后，还到天津、河北进行巡展。

（白 莲）

【第十届中国青少年艺术节】 7月27日～29日，“2015永远跟党走”第十届中国青少年艺术节在北京举办。来自全国各地以及韩国、新加坡、日本等国家的7000名青少年参加了此次艺术节。该艺术节以“学党史、知党情、感党恩、跟党走”为活动主题，活动内容为“心向共产党，永远跟党走”篇和“七月的花海，艺术的风采”篇两部分，包括知识竞赛、诗歌朗诵、主题绘画展等10大项目。7000名选手参加了音乐、舞蹈、美术、书法、朗诵、戏剧、器乐7大类别的决赛。艺术节还评出了全国优秀艺术教师、全国优秀家长和全国最佳组织工作奖。

（白 莲）

【第八届中国国际青年艺术周】 8月12日～28日，第八届中国国际青年艺术周在北京、上海、广州、济南、兰州、西宁、厦门、珠海、德州9座城市举行，北京为主会场，俄罗斯作为艺术周主宾国参加此次活动。活动期间，来自中国、俄罗斯、日本、美国、英国、爱尔兰、西班牙、南非、丹麦等28个国家和地区的青年艺术家共上演了157台中外优秀节目，演出总场次达550场。演出节目的艺术形式涵盖音乐会、话剧、舞蹈、戏曲综艺、舞台剧、音乐剧、歌剧等。

（白 莲）

【纪念中国人民抗日战争暨世界反法西斯战争胜利70周年文艺晚会】 9月3日，纪念中国人民抗日战争暨世界反法西斯战争胜利70周年文艺晚会“胜利与和平”在人民大会堂举行。该晚会由开场式“胜利”、第一篇章“浴血中华”、第二篇章“正义力量”、第三篇章“和平梦想”4个部分构成。整场晚会以东方主战场的重要历史节点和典型事件场景为主线，选取抗战经典歌曲，综合了合唱、领唱、重唱、交响乐、民族音乐、戏剧情境表演、舞蹈、诗朗诵、多媒体等多种舞台艺术手段，抒写了中华民族共御外侮的壮丽史诗，突出表现了中国共产党在抗战中的中流砥柱作用，反映了中国作为东方主战场为世界反法西斯战争胜利做出的不可磨灭的贡献。习近平、李克强、张德江、俞正声、刘云山、王岐山、张高丽等党和国家领导人与6000名中外人士共同观看了演出。

（白 莲）

【“不朽的梵高”感映艺术展】 9月8日～12月6日，由澳洲Grande Exhibitions出品，由中国国际文化交流中心主办，中国国际文化艺术有限公司和上海高庭文化艺术有限公司共同承办的“不朽的梵高”感映艺术展，在北京朝阳大悦城1500平方米的空间内展出。这是该展在国内巡展的第2站，展期90天，共计接待观众超15万人次。展览将多媒体画廊与展厅巧妙结合，把多屏幕投影技术和梵高的绘画艺术相结合，3000多幅高清画面以多感官体验的方式为观众带来不同寻常的感官体验。

（白 莲）

【常青藤计划2015·中国青年艺术家年展】 9月12日，“常青藤计划2015·中国青年艺术家年展”在北京今日美术馆开幕。展览由青年艺术项目“常青藤计划”联手今日美术馆共同主办，中国版画学会、天津常青藤文化传播有限公司共同承办。展览策展人是康剑飞、姜大方，盛葳任学术主持。年展从千余名青年艺术家的上万件参选作品中遴选出126名优秀青年艺术家的近300件艺术作品展出。

（白 莲）

【“倒叙的美术史”展览】　9月12日~10月13日，由亿利艺术馆主办的“倒叙的美术史：中国当代艺术的另一种线索”展览在北京举办。展览集聚方力钧、徐冰、叶永青等34位中国当代艺术家的创作。此次展览涵盖三个方面，即艺术家“作品”之前的作品、“艺术史”之前的艺术、“风格化”之外的艺术家。展出作品提倡手绘性、非制作性，力求呈现艺术家在创作时无拘无束、充分享受创作所带来快乐的状态。

（白　莲）

【首批22家中国文艺评论基地授牌】　9月23日，首批中国文艺评论基地授牌仪式在北京中国文艺家之家举行。中国文联党组书记、副主席赵实，中国文艺评论家协会主席仲呈祥出席授牌仪式，并为首批22家中国文艺评论基地授牌。北京大学艺术学院院长王一川等代表基地负责人作了发言。为加强文艺评论工作的当下性、实效性，4月，中国文艺评论家协会面向全国启动中国文艺评论基地申报工作。经过严格的资格初审、复审和实地考察等程序，经中国文联研究、批准，中国文艺评论家协会与北京大学、清华大学、北京师范大学、中国传媒大学等22个单位共建首批中国文艺评论基地。

（白　莲）

【2015中国国际文化艺术博览会】　9月25日~27日，由文化部艺术发展中心主办、北京成聚会展有限公司承办的“2015中国国际文化艺术博览会（Art China 2015）”在北京全国农业展览馆新馆举办。此次博览会展出面积近2万平方米，划分为国际艺术、当代艺术、传统艺术、“非遗”、艺术南京精品、学院之星、新媒体艺术、艺术互联网、艺术院校师生联展、新生代藏家邀请10个展区。其中新媒体艺术展区为首次出现。除中国艺术家及机构外，博览会还邀请了来自法国、德国、韩国、俄罗斯、乌克兰等10个国家的知名画廊、艺术家前来参展。博览会共有近200家知名艺术机构、500余位现当代艺术名家参展，展出涵盖雕塑、油画、版画、装置在内的8000余件作品。此外，展场还同期举办了“互联网+趋势下的艺术发展形态”“青年艺术家的时代机遇与发展”“艺术品交易拍卖”等18场主题活动。

（白　莲）

【第三届北京文学艺术品展示会】　10月14日~19日，由北京市文联主办的“第三届北京文学艺术品展示会”（以下简称艺展会）在中华世纪坛举行，共有12万名市民参观参与。相较往届，此次艺展会新增“燕京八绝”“文房四宝”等方面的内容，展示了42件燕京八绝宫廷艺术品；开辟专门区域展出天津、河北的参展作品，展出了由天津、河北地区文联推荐的73件作品；艺展会还在拓展区域展示了南水北调水源地湖北十堰和河南栾川艺术家的文艺作品，共计363件，包括茶艺表演、地方特色舞蹈等。同时，艺展会现场还举办了多场论坛，为观众讲授“扇子文化”“书法与毛笔”“美术与工具”“茶韵玄圆”等内容。

（白　莲）

【“向人民汇报”文艺创作成果展演】　10月15日~23日，中国文联与中国音协、中国美协、中国曲协、中国舞协、中国摄协、中国书协陆续举办6场“向人民汇报”——“深入生活、扎根人民”文艺创作成果展演，集中展示了中国文联和各全国文艺家协会响应习近平总书记讲话号召，积极组织开展“深入生活、扎根人民”主题实践活动取得的初步成果。这6场展演分别为：由中国文联和中国音协共同主办的“向人民汇报”——社会主义核心价值观组歌交响音乐会，由中国文联和中国书协共同主办的“向人民汇报”——“深入生活、扎根人民”文质兼美优秀基层书法家创作成果汇报展览，由中国文联和中国舞协共同主办的“向人民汇报”——“深入生活、扎根人民”文艺创作成果展演舞蹈专场演出，由中国文联和中国曲协共同主办的“向人民汇报”——“深入生活、扎根人民”文艺创作成果展演曲艺专场演出，由中国文联和中国美协共同主办的“向人民汇报”——“深入生活、扎根人民”当代十五位美术家作品展，由中国文联和中国摄协共同主办的“向人民汇报”——著名摄影家“深入生活、扎根人民”作品展览。

（白　莲）

【2015中国文艺志愿者公益演出季】　10月18日~11月8日，中国文联、中国文艺志愿者协会联合中国残联、中国杂协、中华曲艺学会、中央电视台等单位，在第二炮兵政治部文工团的支持下，共同推出“2015中国文艺志愿者公益演出季”。10月18日晚，演出季开幕式暨“到人民中去”——中国文艺志愿者原创作品演出在北京天泰剧院举办。此次公益演出季的举办旨在集中反映中国文联和中国文艺志愿者协会响应习近平总书记讲话号召，积极组织广大文艺家、文艺工作者“深入生活、扎根人民”的成果，并为艺术家搭建展示才华、服务人民的舞台，通过文艺志愿服务，让基层群众走进高雅艺术殿堂，观摩当代高水平艺术作品。演出季汇聚不同的艺术门类、不同年龄阶段、体制内外的艺术家，演出主要面向在京休养的全国劳动模范、外来务工人员及子女、残障人士、部队官兵、公安干警、社区居民、高校学生等。演出季包括“到

人民中去”中国文艺志愿者原创作品汇报演出、“姜昆说相声”相声剧专场、“我的梦”中国残疾人艺术团专场演出、“万水千山总是情”第二炮兵政治部文工团专场演出等7场公益演出活动。

（白 莲）

【学习贯彻《中共中央关于繁荣发展社会主义文艺的意见》专题研讨班】 10月22日，中国文联在北京举办深入学习贯彻习近平总书记重要讲话、学习贯彻《中共中央关于繁荣发展社会主义文艺的意见》专题研讨班。研讨班学员结合学习习近平总书记重要讲话和中央出台的重要意见原文及景俊海的辅导报告，按照领会新精神、贯彻新部署、履行新职能、推动新发展的要求，围绕“一年来文联贯彻落实习近平总书记文艺工作座谈会重要讲话，推动文艺事业和文联工作发展的新实践、新成效”“深入理解和贯彻意见所做出的新部署和新要求”“切实履行好‘团结引导、联络协调、服务管理、自律维权’的新职能”等议题进行了分组讨论。中宣部副部长景俊海出席研讨班并作专题辅导报告。中国文联主席孙家正出席研讨班。中国文联党组书记赵实主持研讨班并作总结讲话。

（王凌雨）

【学习贯彻《中共中央关于繁荣发展社会主义文艺的意见》座谈会】 10月23日，文艺理论家评论家学习贯彻《中共中央关于繁荣发展社会主义文艺的意见》座谈会在北京举行。中国文联副主席夏潮，中国文艺评论家协会名誉主席李准、主席仲呈祥，中国文联理论研究室主任庞井君及来自全国多地的文艺理论家、评论家代表与会座谈。与会者畅谈了各自学习贯彻《中共中央关于繁荣发展社会主义文艺的意见》的心得体会，并围绕会议主题，对事关当前文艺理论评论事业的问题发表意见和建议。

（王凌雨）

【北京基层文联原创优秀文艺节目展演】 10月24日～25日，由北京市文联主办的2015北京市区县（局）、产（行）业文联原创优秀文艺节目展演在朝阳区文化馆举办。整个展演活动按艺术门类分为曲艺、音乐、舞蹈和其他4大类，集中展示了北京市16个区县文联及公安、邮政、铁路等产（行）业文联自2015年以来舞台艺术创作的新成果、新人才、新风貌。其间，共有48个节目参加展演。最终，昌平区文联报送的对口快板《非诚勿扰》等7个节目获得一等奖，邮政工会文联报送的男声独唱《追梦》等9个节目获得了二等奖，密云县文联报送的京东大鼓《英雄母亲邓玉芬》等12个节目获得了三等奖，19个节目获得了优秀奖。此外，还专门设置了3个个人奖，对其中表演优秀的演唱者和编剧进行专项鼓励。

（白 莲）

【顾长卫当代艺术展】 11月22日～29日，“视介”——顾长卫当代艺术展在中国美术馆举行。此次跨界展览由中国美术馆主办，展示了电影导演、摄影师顾长卫的摄影、视频、装置、雕塑等60余件作品。自2014年以来，顾长卫通过现代影像等技术手段，以我国第五套人民币的红色百元纸币为题材创作了系列作品，在当代艺术领域进行了全新实践与探索。此次展览即以该题材创作的作品为主。展览之际，顾长卫还捐赠了自己的55件作品，包括50件摄影作品和5件视频、装置、雕塑作品，由中国美术馆永久收藏。

（白 莲）

【芒：女性艺术家五人联展】 11月28日～12月13日，由艺库网主办、大韵堂艺术机构策划的“芒：女性艺术家五人联展”在大韵堂美术馆开幕。策展人刘牧。参展的五位女性艺术家为王苗、印萍、庄海燕、邹晓雯、俞剑坤，她们从现代女性独特的视角，以坚韧有力的艺术语言来诠释自己的作品，并呈现出各自不同的艺术创作特点。此次展览展出了她们以雕塑、陶瓷、油画等艺术形式创作的作品。

（白 莲）

【“花样年华”——女性艺术家艺术形态生长展】 2015年12月5日～2016年1月15日，“花样年华”——女性艺术家艺术形态生长展在望京SOHO高更画廊开幕，参展艺术家有草间弥生、蔡锦、陈曦、陈暄、董慧萍、耿雪、高茜、吕越、姜杰、申玲、滕菲、王利敏、Summer Xia、周岚、张凡、詹禾、章燕紫。该展由高更画廊主办，董慧萍为展览总监，傅怡静为学术主持。展览以国内外女艺术家的艺术形态生长为展示核心，参展艺术家大多是高校科研机构的教学科研人员，广涉国画、油画、版画、雕塑、摄影、首饰设计、服装设计、家具设计等多种艺术形式。

（白 莲）

【炎黄艺术馆2015国际艺术周】 12月6日～13日，“爱在中国（Love in China）”炎黄艺术馆2015国际艺术周在北京举办。此次艺术周共设立三个单元：话剧《毕业生之漂亮衣裳》、“爱与毕业生”手机摄影作品展、“爱 in China”外国艺术家作品展。2015年的“In China”艺术项目由共青团北京市委、炎黄艺术馆共同主办，以“爱”为主题，向在中国工作、生活的外国友人征集作品，并由他们诠释在中国发生的“爱”。

（白 莲）

【“山河百战”——抗战艺术作品展】 12月8日～15日，由人民网书画研究院主办、博索艺术协办的“山河百战”——抗战艺术作品展在人民日报社新媒体大厦开幕。展览邀请了亲历抗战岁月、进行过抗战和革命历史题材文艺创作的老艺术家戴泽、刘焕章、李天祥、马常利、闻立鹏、杨先让、周令钊等参展。闻立鹏的作品《疾风》《血色太行》以象征性写实手法表达了历尽沧桑的祖国山河的壮美；李天祥的作品《罪证》描绘的是731部队的焚尸炉；刘焕章的雕塑作品《老兵话当年》以写实手法塑造了一个右手高高举起的老兵。

（白　莲）

【环球情景秀“东方之爱”】 12月14日～17日，由中国东方歌舞团演出、中国东方演艺集团出品的大型环球情景秀“东方之爱”在梅兰芳大剧院演出。这台节目由情景表演、世界风情舞蹈和音乐以及特色乐器表演、杂技表演等十余个节目组成。文学撰稿江东，总导演何利山，朱明瑛、郭蓉、崔京浩、曾明和“小邓丽君”朗嘎拉姆等参加演出。

（张燕鹰）

【中国煤矿文联成立20周年座谈会】 12月18日，中国煤矿文联成立20周年座谈会在北京西郊宾馆召开。中国文联、中国作协、中华全国总工会、国家安全监管总局、国家煤监局、中国煤炭工业协会等领导和中国煤矿文联历任主席、副主席，全国产（行）业文联的代表，全国各煤炭企事业文化艺术工作者及文艺创作骨干的代表，共计230人出席会议。中国文联党组成员、副主席、书记处书记左中一向煤矿文联成立20周年表示祝贺，向煤矿文化艺术工作者表达敬意。中国煤炭工业协会会长王显政对煤矿文联成立20年来取得的成绩给予高度评价。会上还对为繁荣煤矿文化艺术事业做出突出贡献的文化艺术工作者和煤矿文化艺术“乌金大奖”获得者进行了表彰，部分基层单位代表在会上介绍了各具特色的文艺活动。

（王凌雨）

【第十八届北京国际艺术博览会】 12月27日～31日，第十八届北京国际艺术博览会（以下简称艺博会）在北京展览馆举行。艺博会由全国政协教科文卫体委员会、中国国家画院、华兴经济咨询服务中心主办，正东艺术馆承办，中国收藏家协会协办。艺博会邀请海内外艺术机构、知名艺术家参展，以“弘扬中华文化艺术，促进国际文化交流”为主旨，展出国内近现代与当代名家经典作品，同时，还推出了俄罗斯油画、尼泊尔唐卡精品等海外展品。展览内容包括中国书画、国际艺术、雕塑雕刻艺术、互动体验等板块。

（白　莲）

非物质文化遗产保护

【京津冀非物质文化遗产展】 6月13日～16日，由北京市文化局、天津市文化广播影视局、河北省文化厅联合主办的京津冀非物质文化遗产展暨传统手工艺作品设计大赛在农业展览馆举办。展览分为雕錾塑作、扎绘织绣、琴棋书画、传统医药和表演竞技5个单元，包括了传统美术、传统技艺、传统医药、传统戏剧、传统体育游艺与杂技等类别的近70个项目。近130件参展作品展示了以景泰蓝制作技艺、北京玉雕、雕漆技艺等为代表的“燕京八绝”，彰显了“京作”皇家宫廷艺术的雍然天趣和富丽华贵；以杨柳青木版年画、“泥人张”彩塑、风筝魏制作技艺等为代表的天津“非遗”项目，带来了“九河下梢天津卫”的市井熙攘；以蔚县剪纸、磁州窑烧制技艺、丰宁布糊画等为代表的河北“非遗”项目，体现着燕赵之地的朴实豪放。展览期间还举办了传统手工艺作品设计大赛，48个单位和个人的77件作品通过了专家委员会初评在活动现场呈现，大赛组委会采取现场实物评审与专家评议相结合的方式选出30件作品，分别授予其“传承奖”5个金奖、10个银奖、15个铜奖。

（白　莲）

【北京绢人艺术成就展】 8月7日～19日，由北京市文联、国家大剧院联合主办，北京民间文艺家协会承办的“丝路霓裳”——北京绢人艺术成就展在国家大剧院举行。此次展览汇聚了新中国成立后北京绢人艺术家的代表性作品共120余件，展现了北京绢人的制作技艺。展览分为“绮罗雅集”“丝塑神韵”“绫波微步”“锦缎梨园”4个主题，分别展示了传说名著、神佛众仙、舞蹈艺术和戏剧人物等题材的绢人作品。

（白　莲）

【第二届中国文化遗产保护研究生论坛】 11月6日，第二届中国文化遗产保护研究生论坛在北京联合大学召开。该论坛共收到40所高校和12家科研机构的研究生论文107篇。组委会从中选出58名研究生参加论坛的论文宣读与评奖。青年学者们对大遗址、历史街区、传统村落、传统文化生态保护区、农业文化遗产地的区域综合保护和活化、可移动文物修复和科技保护、博物馆建设与公众服务等问题进行了研讨。同时，论坛评出论文一等奖4名、二等奖12名，三等奖20名。

（白　莲）

【《中国非物质文化遗产保护发展报告（2015）》】 11月18日，由中山大学中国非物质论遗产研究中心编撰出版的《中国非物质文化遗产保护发展报告（2015）》（主编宋俊华）在北京正式发布。该报告全面分析总结了2014年度我国“非遗”保护发展整体状况、特点趋势、热点难点、存在问题和发展对策等。

（白　莲）

赛事与奖项

【“2014中国文化产业年度人物”揭晓】 2月1日，由光明日报社主办的“2014中国文化产业年度人物”推选结果在北京揭晓。该活动旨在聚集文化产业标志性人物、盘点文化产业代表性事件，见证中国文化产业的发展进程。在被推选出的10名年度人物中，北京地区的有北京保利演艺经纪有限公司总裁于洋，华谊兄弟集团董事长王中军，北京歌华文化发展集团总经理李丹阳和中国出版传媒股份有限公司副总经理、三联书店原总经理樊希安。此外，中国民生银行文化产业事业部总裁万晓芳等20人获得提名奖。

（白　莲）

【第十一届“德艺双馨”奖】 2月23日~24日，由文化部中国艺术节基金会、中国艺术家协会等单位主办的第十一届德艺双馨颁奖盛典在北京举行。经过各网站公示、全民投票和评委会评审，最终丁志成、句号、吕薇、张丰毅、张礼慧、张宏光、侯勇、曹时娟获颁“全国德艺双馨艺术家”称号；六小龄童、马德华、王立平、付林、许还山、张纪中、迟重瑞、陈铎、黄婉秋、斯琴高娃、蓝天野获颁“全国德艺双馨终身成就奖”。

（白　莲）

【首届会林文化奖】 3月14日，首届会林文化奖在北京颁奖。汉学家、瑞典斯德哥尔摩大学教授罗多弼和中国艺术家韩美林获奖，美国国际数据集团创始人、董事长麦戈文获得特殊贡献奖。会林文化奖是由北京师范大学会林文化基金和中国文化国际传播研究院主办的面向国际的学院奖，旨在表彰为中国文化国际传播做出突出贡献的中外人士。

（白　莲）

【第三届“麒麟杯”北京市大学生人物造型设计大赛】 5月24日，第三届“麒麟杯”北京市大学生人物造型设计大赛在中央戏剧学院实验剧场落幕。大赛的主题为“视像”，分为服装设计组、戏剧影视人物造型设计组和数字虚拟人物造型设计组，来自中央戏剧学院、中央美术学院、北京服装学院、中国戏曲学院、北京电影学院、中国传媒大学、清华大学美术学院、北京印刷学院、北京城市学院等高等院校的近百件作品入围决赛。服装设计组一等奖由北京服装学院陈伟锋的《无明》获得，戏剧影视人物造型设计组一等奖由中央戏剧学院赵宇楠的《莎士比亚四大悲剧》获得，数字虚拟人物造型设计组一等奖空缺。另有5人获二等奖，7人获三等奖。

（白　莲）

【“第九届AAC艺术中国”年度艺术奖】 5月28日，“第九届AAC艺术中国”年度颁奖典礼在故宫建福宫花园举行，张培力获年度艺术家奖；林科摘得年度青年艺术家大奖；《激进艺术小史：八十年代上海记事》等五本出版物提名“年度出版物”奖。

（白　莲）

【2014文化管理年度十大人物推选活动】 5月30日，由中国文化管理协会主办的“中国文化管理协会2014文化管理年度十大人物推选活动”在北京举行揭晓盛典。活动于2014年12月启动，按照公共管理、文化演艺、文化产业、文化遗产4个方面设定推选标准。通过行业推荐、媒体推荐、协会各分支机构推荐、会员单位和个人会员自荐等多种方式，从300名候选人中，经过专家推选委员会评审，最终产生了“2014文化管理年度十大人物”以及5名“2014年文化管理杰出贡献人物”。十大人物中北京地区的有观复博物馆创办人及馆长马未都、国家大剧院院长陈平、中国艺术研究院中国篆刻艺术院院长骆芃芃、北京市朝阳区文化馆馆长徐伟、国家图书馆副馆长魏大威。杰出贡献人物中北京地区的有中国木偶艺术剧院股份有限公司总经理赵永庄、中国移动手机阅读基地总经理戴和忠、北京盛华唐网络科技有限公司（中华文化交流网）总裁陈庆国。

（白　莲）

【2015年全国职业院校艺术技能大赛】 6月2日~7月4日，2015年全国职业院校技能大赛在北京、天津、河北、山西等17个赛区举行，共有来自全国37个地区的10943名选手参加了中、高职组15个专业类别、98个项目的比赛。中职组北京地区获得一等奖的选手共有19人，其中文化艺术类的有张佳昕、陆嘉澍、黄子扬、陈佳丽、黄紫沐、朱晓雅（民乐）；刘孟千一、许周熠、王韧、冯小明（戏曲）；马浩、熊梦湾（动画片制作）。高职组北京地区共有7个

团体项目和英语导游个人项目获得一等奖。

（白　莲）

【第六届北京中青年德艺双馨文艺工作者评选】　7月29日，第六届北京中青年德艺双馨文艺工作者评选揭晓。评选由市委宣传部、市人力资源和社会保障局、市文联联合主办，经过推荐、初评、终评、公示等程序，最终评选出王强、王磊、冯远征、宁民庆、刘颖、刘震、余飞、张建豹、张朝（回族）、李呈修、李象群（满族）、陈晓明、赵令恬（女、满族）、赵新、郭霄（女）、曾小燕（女、布依族）、窦志强、蔡玉水、颜丙燕（女）、冀勇20位优秀北京中青年文艺工作者。

（白　莲）

【第四届全国中青年德艺双馨文艺工作者评选】　9月15日，由中宣部、人力资源和社会保障部、中国文联主办的第四届全国中青年德艺双馨文艺工作者表彰大会在人民大会堂举行。54名艺术家被授予"全国中青年德艺双馨文艺工作者"荣誉称号。其中北京地区获奖者有叶培贵、冯远征、刘之冰、杨凤一（女）、吴为山、余隆、余粟力（女）、汪子涵、陈力（女）、林泓魁、周炜、郑艺、费茂华、殷会利、陶虹（女）、黄晓明、康辉、梁鸿鹰、蔡国庆（回族）、颜丙燕（女）、霍勇、戴志诚、奚志农（白族）。

（白　莲）

交　流

【加拿大艺术中人与风景的改造展览】　1月31日～3月8日，"景观之变"——加拿大艺术中人与风景的改造展览在今日美术馆举办。此次展览邀请了加拿大艺术界具影响力的15位当代艺术家参展，他们通过绘画、摄影、影像、空间装置等多种形式，实现艺术家对景观改造的艺术表达。展览包含三部分，分别探讨经典的自然景观的线性变迁、人文风景的状态以及人与风景的关系。展览期间，主办方邀请多位加拿大参展艺术家和中国艺术界人士开展研讨，并举办当代艺术公共教育活动。

（白　莲）

【15至20世纪的波兰艺术展览】　2月7日～5月10日，由中国国家博物馆、华沙国家博物馆、密茨凯维奇学院联合主办的"来自肖邦故乡的珍宝：15至20世纪的波兰艺术"展览在中国国家博物馆举办。此次展览得到来自波兰全国17家博物馆、美术馆的支持，近350件藏品集中展出。展览按时间顺序分成6个单元："中世纪艺术"部分呈现15世纪的宗教艺术品，如祭坛绘画和雕塑等；"传统波兰艺术"部分展现16～18世纪"萨尔马提亚"时代为皇宫和贵族服务的艺术；"波兰衰落和丧失独立时期的艺术"部分展现18世纪末波兰被瓜分时期的艺术作品；"被压迫时期的'国家精神'艺术"部分展现19世纪处于政治压迫之下的波兰艺术的创造力；"'青年波兰'时期艺术"部分表现19～20世纪之交"年轻"和"新颖"的波兰艺术；"现代艺术"部分呈现20世纪以来的波兰艺术。

（白　莲）

【欢乐春节亚欧行】　2月12日～23日，由文化部、北京市人民政府主办，北京市文化局承办的组团赴土耳其、芬兰、爱沙尼亚三国举办"欢乐春节亚欧行"活动。此次"欢乐春节亚欧行"活动，以"北京之夜"综艺晚会为龙头，综合了剪纸、风筝、空竹等"非遗"项目。综艺晚会由北京市文化局组织中国杂技团、首都体育学院、北京歌剧舞剧院的演员、师生进行表演，包括武术、杂技、宫廷舞蹈、管乐联奏、太极、芭蕾、绛州鼓乐等多种表演形式。

（白　莲）

【第十五届京味文化之旅】　4月7日～21日，由北京市台办、市文联、市新闻办、朝阳区政府主办的第十五届京味文化之旅活动，邀请北京和内蒙古自治区、西藏自治区、新疆维吾尔自治区的艺术家共118人赴台湾新竹、苗栗、彰化、高雄等地，举办了6场文艺演出、6场书画笔会和6场展览。文艺演出包括京剧、河北梆子、昆曲、歌曲、舞蹈、相声、小品、民乐串烧、口技、变脸、魔术等，以及西藏、内蒙古、新疆等自治区的艺术家带来的民族歌曲、舞蹈、呼麦、长调和地方戏剧。北京和台湾两地书画艺术家共同展示了中华民族的传统文化书画艺术。展览了反映北京及朝阳区经济文化生活的图片"魅力北京，激情冬奥"等，展出了60幅关于北京皇城风骨、都市风范、自然风光、文化风韵、人文风情、京台情缘的照片。

（白　莲）

【拉美当代艺术展】　5月5日～15日，由中国文化部与哥伦比亚、委内瑞拉、古巴、厄瓜多尔、智利、秘鲁、乌拉圭、阿根廷等国驻华大使馆共同主办，中国对外文化集团公司承办的2015"相约北京"第三届拉美艺术季之"美美与共——拉美当代艺术展"在中华世纪坛举办。此次展览汇集了拉丁美洲9个国家的约140幅当代绘画和摄影作品。参展作品将拉丁美洲的自然风光、历史传统、人文情怀和多元文化全景式地呈现在中国观众面前。

（白　莲）

【白俄罗斯艺术展】　5月8日～13日，由中国文化部、白俄罗斯共和国文化部、白俄罗斯共和国驻华使馆共同主办的白俄罗斯艺术展在中国妇女儿童博物馆举办。此次艺术展展出了白俄罗斯女艺术家埃利亚舍维奇·马林娜的25件艺术作品。

（白　莲）

【首都文艺家代表团赴南水北调水源地进行慰问】　5月10日～21日，由北京市文联组织的“饮水当思源感恩进库区”首都文艺家代表团百余人分别在湖北神农架林区和十堰市，河南南阳市和洛阳市南水北调工程库区的11个区县镇，举办了7场大型文艺演出、9场书画笔会。在文艺演出期间，民间文艺家还向库区百姓赠送了剪纸、泥彩塑、雕漆、脸谱等传统民间手工艺品。

（白　莲）

【京津冀艺术家赴河北抗战圣地服务采风】　5月24日～27日，中国文联、中国文艺志愿者协会、中国文联文艺志愿服务中心与北京市文联、天津市文联、河北省文联携手召集百名京津冀艺术家奔赴河北省保定市白洋淀、冉庄地道、易县狼牙山、邢台市南宫县烈士陵园、八路军129师东进纵队总司令部、邢台前南峪抗大旧址、邯郸涉县八路军129师司令部等革命圣地服务采风，展开了多种艺术门类的创作，并举办了多场文艺志愿服务活动。

（白　莲）

【首都艺术家代表团赴西藏进行文化慰问交流】　6月15日～25日，80余位首都艺术家在市文联的组织下，奔赴雪域高原西藏，开启“共话京藏情，同筑中国梦”首都艺术家代表团赴藏文化交流慰问活动。其间，艺术家们深入拉萨的社区、农村、学校、部队进行了7场文艺演出，开展了7场书画笔会交流活动。演出的20多个节目涵盖了戏曲、舞蹈、音乐、曲艺、杂技、魔术等多个艺术门类。

（白　莲）

【尼泊尔文化艺术精品展】　6月21日～7月4日，为庆祝中尼建交60周年，由中尼两国文化部共同主办，中国艺交所、尼泊尔国家文化中心联合承办的尼泊尔文化艺术精品展在北京国粹苑举办。该展览共有近千幅涉及尼泊尔的历史、政治、文化和社会生活等诸多领域的尼泊尔唐卡艺术精品，数十件木雕艺术作品及尼泊尔佛像艺术精品参展。

（白　莲）

【首都文艺志愿服务联盟赴嘉兴开展公益活动】　6月25日，首都文艺志愿服务联盟赴浙江嘉兴开展公益活动。中央政治局原委员、中国志愿服务联合会会长刘淇，全国党建研究会会长虞云耀，中宣部副部长王世明出席活动。此次活动由一场文艺演出、一场艺术下基层演出、一场合唱大师课三大板块构成。国家大剧院、中国国家交响乐团、中央芭蕾舞团、海政歌舞团四家艺术机构携手戴玉强、莫华伦、魏松、姜昆、刘云志、吕薇等艺术家为当地观众献上艺术盛宴。

（白　莲）

【“中华文化四海行——走进新疆”系列活动】　6月25日～29日，由国务院参事室、中央文史研究馆和新疆维吾尔自治区人民政府共同主办的大型系列文化活动“中华文化四海行——走进新疆”在乌鲁木齐举办。该活动共举办了5场专题文化讲座、1场诗词吟诵文艺联谊、1场中国书画精品联展、1场书画艺术交流笔会和1场地区文化发展专题座谈会及调研采风活动。

（白　莲）

【首都艺术家代表团赴内蒙古自治区开展文化交流慰问活动】　7月12日～21日，由北京市文联主办的“共话京蒙情，同筑中国梦”首都艺术家代表团赴内蒙古自治区开展文化交流慰问活动举办。近百名首都艺术家深入到内蒙古赤峰市和乌兰察布市的社区、农村、学校、驻军部队，进行了7场文艺演出、7场书画笔会，涵盖书法、美术、音乐、舞蹈、曲艺、戏剧、杂技7大艺术门类。活动期间，艺术家们走访慰问了当地牧民群众，向他们赠送了书画作品。4位北京的音乐、舞蹈、书法老师，还为赤峰市百余名当地文艺团体中专职和兼职的音乐、舞蹈演员和50余名书法爱好者进行了专业辅导。

（白　莲）

【“至美乐山”书画摄影作品展】　7月15日～8月15日，由四川省旅游局、乐山市人民政府、北京巴蜀书画艺术院主办，中共乐山市委宣传部、乐山市文联、乐山市文化广电新闻出版局、乐山市旅游和体育发展委员会承办，乐山市美术家协会、乐山市书法家协会、乐山市摄影家协会、嘉州画院、偶得文化机构、雨枫书馆、乐山市商业银行协办的第二届四川国际旅游交易博览会“至美乐山”书画摄影作品展在北京巴蜀书画艺术院展出。展览展出了来自乐山市本土书画、摄影艺术家的100幅作品。

（吴赣生）

“至美乐山”书画摄影作品展

【亚美尼亚艺术展】 7月22日～24日，由中国文化部、亚美尼亚文化部、亚美尼亚驻华使馆共同主办，中国对外文化集团公司、中国妇女儿童博物馆承办的“亚美尼亚艺术展”在中国妇女儿童博物馆举办。此次展览展出了亚美尼亚传统民族服装、银饰、手工编织品、绣品、民族工艺毯等70余件工艺品。展品从不同角度展示了亚美尼亚民族艺术品的装饰性和艺术性。

（白 莲）

【中英文化交流年中国文化季】 7月24日，文化部在北京举行发布会，宣布启动中英文化交流年中国文化季。2015年为“中英文化交流年”，中英双方商定，上半年在华举办英国文化季，下半年在英举办中国文化季。中国文化季以“创意中国”为主题，通过戏剧、音乐、舞蹈、设计、时尚、新媒体等多种形式，向英国公众介绍当代中国文化。郎朗、王羽佳等艺术家赴英进行巡演。国家京剧院、亚彬舞影工作室在伦敦赛德勒威尔斯剧院分别上演京剧《杨门女将》、现代舞《生长》。为推动中英在文化创意产业领域的交流与合作，中国文化季还举办中英创意产业及文化贸易论坛、伦敦秋季时装周“创意中国·风尚上海”上海时装周特别活动、伦敦“百分百设计展”中国馆、深圳（爱丁堡）国际创意产业孵化中心启用仪式等一系列活动。

（白 莲）

【首都艺术家代表团赴新疆维吾尔自治区开展文化交流慰问】 8月18日～31日，由北京市文联主办的“共话京疆情·同筑中国梦”首都艺术家代表团赴新疆维吾尔自治区文化交流慰问活动在新疆维吾尔自治区阿克苏、和田等地区的社区、农村、学校、建筑工地、部队以及边防哨所进行。100余名首都艺术家奉献了15场文艺演出、20场书画笔会、2场两地艺术家联欢，并看望、慰问了维吾尔族群众、先进典型和沙海老兵家庭、援建工人、武警战士、边防公安派出所，向其赠送了电脑、打印机等，服务群众10万人。其间，来自舞蹈、音乐、摄影、民间艺术、影视编导5个艺术门类的10名首都艺术家，在和田地区文化馆、和田县、皮山县、洛浦县、墨玉县等，为500多名文化骨干、文化馆管理人员以及文艺爱好者开展了250多个课时的文艺培训。

（白 莲）

【首届中国维吾尔族民间达斯坦国际学术研讨会】 10月19日～20日，由中国社会科学院民族文学研究所和新疆维吾尔自治区文学艺术界联合会联合主办，新疆维吾尔自治区民间文艺家协会承办的“首届中国维吾尔族民间达斯坦国际学术研讨会”在北京召开。来自德国、日本、土耳其、吉尔吉斯斯坦、韩国等国家的外国学者及国内省市科研院所、大专院校的近50名代表参加了会议。新疆维吾尔自治区和田、喀什和哈密地区的3位达斯坦民间艺人在研讨会现场演唱了达斯坦。会议共宣读论文26篇，内容涉及维吾尔民间达斯坦研究的诸多方面，反映了维吾尔民间达斯坦在国内外的研究现状。

（白 莲）

【“烽火妇女泪——哭慰安妇”国际巡回展】 10月25日～11月1日，由纽约亚太事务研究中心主办的“烽火妇女泪——哭慰安妇”国际巡回展在北京798艺术区映画廊展出。巡回展的举办是为纪念“第二次世界大战”胜利70周年在纽约启动的，也是美国东部华人华侨纪念抗战胜利的重要活动之一。共有34位艺术家参与，除中国艺术家外，还有来自澳大利亚、印度、墨西哥、爱尔兰、以色列、法国、英国、美国等国的艺术家。作品包括摄影、版画、装置、影像等，巡回展的首站在纽约，北京的展览是这个巡回展的第二站。

（吴赣生）

【2015中国“俄罗斯文化节”】 11月28日晚，由中国文化部、俄罗斯联邦文化部和俄罗斯驻华大使馆共同主办的2015年中国“俄罗斯文化节”在北京大学百年讲堂举行闭幕演出。4月至11月，俄罗斯文化节先后在北京、上海、重庆、西安、深圳等地举行了51

场文化演出、交流活动，涵盖音乐、舞蹈、戏曲、大师班及舞台艺术对话等诸多内容，观众超过50000人。

（白　莲）

评论与研究

【“十三五”时期现代公共文化服务体系建设研讨会】　1月21日，“十三五”时期现代公共文化服务体系建设研讨会暨北京大学国家现代公共文化研究中心、文化部公共文化研究基地揭牌仪式在北京举行，来自政府、高校、研究机构及全国各地图书馆、文化馆等百余位专家、学者出席。此次研讨分为嘉宾主旨演讲和分组研讨两部分。在主旨演讲环节，朱兵、张卫国、范周、吴建中、杨永恒等专家、学者，分别以“公共文化立法”“我国‘十三五’时期公共文化建设的重点难点：西部贫困地区”“公共文化建设中的社会化问题的若干思考”“大数据与公共文化服务”等为题发言。分组研讨围绕“十三五”时期公共文化法律体系建设、公共数字文化发展与公共文化服务评价体系建设3个主题进行研讨。

（白　莲）

【《“两个重要”：文艺地位和作用的再认识》】　载于3月20日《人民日报》，作者李敬泽。文章认为习近平总书记在文艺工作座谈会上的重要讲话，指出了文艺事业是党和人民的重要事业，文艺战线是党和人民的重要战线，是共产党领导文艺工作历史经验和实践探索的科学总结，体现着对中国和世界发展大势的准确把握，展现着与时俱进的理论勇气和总揽全局的政治胸怀，既具有强烈的现实针对性，又具有系统性、前瞻性。认真学习习近平总书记的重要讲话，既要紧密联系实际，也要在整体上领会讲话的精神内涵，深刻理解讲话的重大理论意义。文章从强烈的现实针对性和问题意识、文化文艺的本质属性和重要作用、世界性维度和民族复兴的题中之意、“两个重要”的理论创新和高度等方面阐述了对“两个重要”的认识。

（王凌雨）

【“文艺理论学科建设与文艺理论发展”研讨会】　4月25日，由中国社会科学院文学研究所、文艺报社、北京大学中文系等联合主办的“文艺理论学科建设与文艺理论发展”研讨会在中国社会科学院召开。全国中青年文艺理论家40余人围绕“当代文艺理论发展的现状”“文艺理论界对西方当代文艺理论的重新审视”“文艺界轻视甚至忽视文艺理论的倾向”“中国当代文艺理论在当代社会转型阶段的发展”等问题展开集中讨论。

（白　莲）

【第三届文化创新国际论坛】　6月6日~7日，由北京师范大学主办、首都文化创新与文化传播工程研究院承办的“第三届文化创新国际论坛”在北京举行。来自国内外的数百位专家、学者参与讨论。论坛设有四场主题论坛，围绕“文化资源的创意转化与产业激活”“文化资源整合与内容创新”“中国文化表达与生活美学”几个议题，旨在通过探讨文化资源激活、文化产品开发和文化消费拉动等问题，探索不同地区推动特色文化产业发展的措施与方法。

（白　莲）

【全媒体论坛“文艺走进新时代”】　9月24日，由人民网、人民文学出版社主办，人民网文化频道、当代杂志社承办的全媒体论坛“文艺走进新时代——深入学习习近平总书记文艺工作座谈会重要讲话名家对话”活动在北京举行。人民日报社编委委员、秘书长王一彪，中国作协副主席李敬泽，中国出版集团副总裁潘凯雄，中宣部文艺局副局长王强出席并致辞。与会的艺术家围绕习近平总书记重要讲话精神，就“当代中国文艺的使命——举精神之旗，立精神之柱，建精神之园”“人民文艺的力量源泉——向人民学习，向生活学习”“创作无愧于民族和时代的文艺精品——为人民抒写，为人民抒情”等议题进行对话，探讨了“新时代的文艺精品创作”这一主题。

（王凌雨）

【《坚持以人民为中心的创作导向是新的历史条件下党的文艺政策的立足点》】　载于《光明日报》10月19日第13版，作者吉狄马加。文章指出2014年10月15日，习近平总书记主持召开文艺工作座谈会并发表重要讲话，强调坚持以人民为中心的创作导向，在文艺界引起了强烈反响，必将推动社会主义文艺“高峰”的出现。坚持以人民为中心的创作导向，一是把人民作为文艺表现的主体，二是把人民作为文艺审美的鉴赏家和评判者，三是把为人民服务作为文艺工作者的天职。在新的历史条件下，文艺界要将习近平总书记在文艺工作座谈会上的重要讲话真正落到实处、小处和细处，必须始终坚持以人民为中心的创作导向，在实践中磨炼和提高我们领导文艺的能力，改善并加强党对文艺的领导。

（王凌雨）

【“繁荣军事文艺、打造强军文化”研讨会】　11月6日~7日，由总政宣传部和解放军艺术学院联合举办的“繁荣军事文艺、打造强军文化”研讨会在北京举行。中央军委委员、总政治部主任张阳就开好这次研讨会提出要求，强调要以习近平总书记在文艺工作座谈会上的重要讲话为指导，把握时代要求，注重研究问题，着眼改革发展，推出高质量的研究成果。来自全军和武警部队的领导、专家和基层代表，围绕深入学习贯彻习近平总书记在文艺工作座谈会重要讲话精神，聚焦强军实践，繁荣军事文艺、打造强军文化进行了深入研讨。

（王凌雨）

【刘延东在京主持召开座谈会】 4月14日，为贯彻落实中共十八大和十八届三中、四中全会精神，深入学习习近平总书记系列重要讲话精神，中共中央政治局委员、国务院副总理刘延东在京主持召开座谈会，研究如何更好落实党的教育方针，推进艺术教育改革发展，以培养更多高素质艺术人才，创作更多有筋骨、有道德、有温度的文艺作品，提高全体学生的审美和人文素养。部分艺术院校及综合性大学、职业院校、中小学校领导，知名艺术家、专家学者代表，中宣部、中央网信办、国务院办公厅、国务院研究室、教育部、发展改革委、财政部、人社部、文化部、新闻出版广电总局、北京市有关负责同志共70余人参加了座谈会。座谈会上，教育部部长、学校负责人、专家、学者、知名艺术家共11人发言。

（白　莲）

【中共中央政治局召开会议审议《关于繁荣发展社会主义文艺的意见》】 9月11日，中共中央政治局召开会议，审议通过了《关于繁荣发展社会主义文艺的意见》。中共中央总书记习近平主持会议。会议强调，繁荣发展社会主义文艺，必须坚持社会主义先进文化前进方向，全面贯彻“二为”方向和“双百”方针，紧紧依靠广大文艺工作者，坚持以人民为中心，以社会主义核心价值观为引领，深入实践、深入生活、深入群众，推出更多无愧于民族、无愧于时代的文艺精品。会议强调，党的领导是文艺繁荣发展的根本保证。各级党委宣传部门要充分调动各方面力量做好文艺工作，形成党委统一领导，宣传部门牵头抓总，文化、教育、新闻出版广电、文联、作协等部门和团体协同推进，社会各方面积极参与的文艺工作新格局。要选优配强文艺单位领导班子，推动文艺界廉政建设，营造繁荣发展文艺的良好环境。要不断深化改革、完善体制机制，加强和改进文艺评奖管理，切实提高评奖公信力和影响力。

（白　莲）

【首都文艺家座谈文艺创作】 9月22日，首都文艺家学习贯彻中共中央《关于繁荣发展社会主义文艺的意见》座谈会在市文联举行。市文联主席张和平、市文联党组全体成员及各文艺家协会代表、首都中青年德艺双馨文艺家代表、文艺志愿者代表、非京籍文艺家及区县文艺家代表出席座谈并积极发言。与会人员认为，真正的文艺精品应该承担起必要的指导职责和对文明社会的基本责任，既要注重文艺作品的娱乐功能，同时不能忘记它最基本的引导与教育意义。

（白　莲）

【首届中国文艺评论年会】 10月16日，中国文艺评论家协会第一届理事会第二次会议在北京举行。中国文艺评论家协会理事160余人与会。当日，《中国文艺评论》杂志、中国文艺评论网正式创刊和开通。此次会议还举行了以“文艺理论与当代文艺繁荣发展”为主题的首届中国文艺评论年会。《中国文艺评论》杂志顾问张世英、知名美术评论家邵大箴出席年会并发表主旨演讲。来自全国各地的文艺评论家分别从书法、电视、音乐、舞蹈、文学等不同艺术门类的专业视角，围绕传统文化的现代转化、互联网时代的文艺评论等作主题发言。

（白　莲）

【繁荣发展军事文艺推进会】 10月25日，繁荣发展军事文艺推进会在北京召开，中央军委委员、总政治部主任张阳出席会议并讲话。他强调，要把深入学习贯彻习近平总书记在文艺工作座谈会上的重要讲话作为首要政治任务，认真贯彻落实中央《关于繁荣发展社会主义文艺的意见》，在新起点上推进军事文艺繁荣发展，为强国、强军提供强大精神文化力量。会上，8名代表结合本单位工作或个人创作实际，围绕“学习贯彻习近平总书记重要讲话精神、做好文艺工作”主题作了交流发言。总政治部副主任殷方龙主持会议。驻京各大单位政治部领导、各大单位政治部宣传部领导、解放军艺术学院和总政直属文艺单位领导等参加会议。

（白　莲）

【第十一届全国艺术学年会】 11月14日～15日，由全国艺术学学会主办的“中国艺术学的传统资源与当代构建理论研讨会暨第十届全国艺术学年会”在中国文艺家之家召开。年会旨在弘扬中华民族优秀传统文化和中华美学精神，促进高等院校、科研机构和专业媒体之间的学术交流，推动我国艺术学理论学科的建设与发展。中国文联党组成员、副主席李前光等出席会议并致辞。来自全国各高等院校的200余位艺术学理论界的专家、学者参加会议。此次年会主题为“中国艺术学的传统资源与当代构建”，并设“中华美学精神与艺术精神”“艺术评论与批评规律”“艺术学的民族学理与本土资源”“艺术学理论的回顾与前瞻”以及“艺术学的分支学科”5个分议题组展开深入讨论、交流。会议共收到论文300余篇，180篇论文、合计100余万字参会，最终20篇被评为优秀论文。

（白　莲）

【学习习近平总书记文艺工作座谈会重要讲话学术研讨会】 11月28日，由中央党校文史部、中国社会科学院文学所联合主办的“追寻当代中国文艺道路”——学习习近平总书记在文艺工作座谈会上重要讲话学术研讨会在中央党校召开。来自在京文艺研究单位的专家、学者出席此次会议。会议研讨中，与会人员就以下几方面话题做了集中阐述：一是对文艺与政治、经济关系的深入阐释；二是对讲话中文艺以“人民性”为中心的思想的解读；三是对“中国精神”“中华美学精神”和诗教传统的研讨。

（白　莲）

【市文化局座谈习总书记讲话精神】 11月，北京市文化局召开“深入贯彻习近平总书记讲话精神、繁荣发展首都文艺事业”座谈会，会议由北京市文化局党组书记、局长陈冬主持。谭利华、谭孝增、王蓉蓉等北京市文化局各直属文艺单位代表结合自身工作实际，就如何贯彻习近平总书记讲话精神，如何把文艺工作座谈会和中央出台的相关意见提出的目标任务及各项要求落到实处，创作出更多精品力作进行了交流和探讨。

（白　莲）

【2015·北京文艺论坛】 12月1日~2日，由北京市文联主办、北京市文联研究部、北京文艺评论家协会承办的“全媒体时代的文艺价值重构：2015·北京文艺论坛”在北京召开。2015·北京文艺论坛以“全媒体时代的文艺价值重构”为主题，宗旨是整合12个艺术门类的文艺资源，搭建理论交流平台，打造文联文艺评论品牌，强化桥梁纽带作用。论坛上，各艺术门类的资深专家和青年文艺评论家围绕全媒体背景下文艺价值的重构，探讨了文艺价值重构的艺术尺度、全媒体时代的写作与批评、多媒体对当代戏剧的渗入与改变、媒体时代舞蹈价值的坚守与重塑、全媒体时代的音乐生态建设等理论话题。

（白　莲）

【2015年高层次文化人才论坛】 12月17日，2015年高层次文化人才论坛在京举行，论坛主题为“新时期、新机遇、新挑战——建设德艺双馨的文化人才队伍”，主要探讨在新的时代背景下如何建设高层次文化人才队伍。文化部部长雒树刚出席论坛并讲话。来自全国文化系统的高层次文化人才代表，历届文化部优秀专家参加了论坛。中国国家博物馆副馆长陈履生等多位专家进行了发言和讨论，大家立足各自领域，阐述了人才在行业发展中的重要作用，提出了本行业人才培养的基本思路。

（白　莲）

出版与传媒

【《2015文化发展统计分析报告》出版发行】 9月，由文化部组织编写的《2015文化发展统计分析报告》出版发行。全书分综合篇、专题篇、地区篇和背景篇4个部分。综合篇从不同角度对2014年全国文化发展情况进行了宏观分析；专题篇则结合文化发展的热点问题进行专题分析；地区篇立足于各地区文化发展的特点及文化重点工作开展研究；背景篇则侧重对中国国民经济发展情况进行研究。全书运用统计数据、科学的统计方法，直观展现了中国文化发展的现状与趋势，剖析了文化发展中存在的问题，并提出相应的政策建议。

（白　莲）

【《中国文艺评论》创刊】 10月16日，《中国文艺评论》杂志创刊。《中国文艺评论》杂志是中国文联主管的学术月刊。

（王凌雨）

【中国文艺评论网开通】 10月16日，中国文艺评论网开通。中国文艺评论网是中国文联文艺评论中心、中国文艺评论家协会主办的全国性、专业性文艺评论网站。

（王凌雨）

【《习近平总书记在文艺工作座谈会上的重要讲话学习读本》出版发行】 10月，为推动深入学习贯彻习近平总书记在文艺工作座谈会上的重要讲话精神，中宣部组织编写了《习近平总书记在文艺工作座谈会上的重要讲话学习读本》。该书由学习出版社出版发行。该读本收录了习近平总书记在文艺工作座谈会上的重要讲话，分五个专题全面阐述了习近平总书记在文艺工作座谈会上的重要讲话的重大意义、科学内涵、精神实质和实践要求，阐述了讲话提出的一系列新思想、新观点、新要求，为广大党员、干部和文艺工作者学习讲话精神提供了重要参考。

（白　莲）

文学

2015年，习近平总书记《在文艺工作座谈会上的讲话》全文正式发表，中共中央通过了《关于繁荣发展社会主义文艺的意见》。首都广大文学工作者深入学习习近平总书记系列重要讲话精神，坚持以人民为中心的创作导向，深入生活、扎根人民，熔铸中国精神，讲述中国故事，首都文学日益繁荣，各项工作蓬勃发展，文学事业欣欣向荣。

2015年，北京地区小说创作硕果累累，从不同侧面反映了年度小说创作的思想高度、艺术水准，体现出首都文学繁荣发展的态势。在长篇小说方面，首都作家围绕“中国梦”主题，聚焦现实题材，推出了众多触动灵魂、震撼人心的好作品。周大新的长篇小说《曲终人在》以仿真纪实为结构塑造了一个有血有肉的官员形象，书写了大变革时代的人间万象。刘一达的长篇小说《传世猫碗》浓缩了北京城从民国到现在百余年的历史变迁和各种人物的命运。迟子建的长篇小说《群山之巅》构建了一个独特、复杂、诡异而充满魅力的中国北方世界。刘庆邦的长篇小说《黑白男女》以三个死难矿工家庭为主线，展现了普通百姓在灾难面前互相温暖、自尊、自强、自立的动人故事。须一瓜的长篇小说《别人》将当下人挣扎、逃离、迷失、无奈的生存境况表现得淋漓尽致。李禹东的长篇小说《失焦》利用多头叙事手法，塑造了小人物方显达在现实生活中挣扎的人生经历。陈彦的长篇小说《装台》以一个装台人的视角描写了西京城里的人生百态，表达了作家对人的生存境况的感受与思考。葛亮的长篇小说《北鸢》展现的是一幅民国社会的生态图景，浑然磅礴，笔触起落之间映照例如大时代的风云翻涌。此外陶纯的《一座营盘》、张者的《桃夭》、袁劲梅的《疯狂的榛子》、黄国荣的《极地天使》、龙云的《女人红》等也是年度长篇小说的力作。

中篇小说也涌现出一批高质量、高品位的优秀作品。阿来的中篇小说《三只虫草》在清朗的笔调下，用儿童的思维审视世事，作品清澈而丰饶，展现了生命的坚韧、人性的温暖与情感的深厚。石一枫的中篇小说《地球之眼》通过安小男的人生遭遇对人的精神道德境况进行了深入的勘探与质询。王蒙的中篇小说《奇葩奇葩处处哀》幽默诙谐、犀利流畅，通过各色“奇葩”人士的轮番登台生动地反映了中国进入老龄化社会后的出现的新问题以及人们的各种价值观。荆永鸣的中篇小说《较量》直面医疗体制的种种病相，并在心理层面上进行了独到的探索。张欣的中篇小说《狐步杀》将一起凶杀案的侦破故事讲述得云诡波谲、引人入胜。此外常小琥的《收山》、刘建东的《阅读与欣赏》、罗伟章的《声音史》、黄蓓佳的《万家亲友团》、徐贵祥的《三尺布》等也是年度中篇的佼佼者，为读者展现了大千世界的人间百态和作者深入生活之后的独特思考。

短篇小说描绘中国变化，讲述凡人小事，从不同侧面讲述了一个个丰富鲜活、多姿多彩的动人故事。张楚的《忆秦娥》采用故事套故事的叙述方式将美好的爱情以及美好爱情的力量讲述得感人至深、动人心魄。冯骥才的《俗世奇人新篇》用精炼韵致的文字刻画出一组生长于天津这方水土上的乡土怪客与民间英雄。叶广芩的《鬼子坟》以儿童的视角展开叙事，墓园虽小，却折射出人生大社会。麦家的《日本佬》通过一个普通百姓抗战时期的一段特殊遭际，揭示了人性在复杂社会中的坚守与裂变。

2015年，报告文学紧紧围绕中国人民抗日战争暨世界反法西斯战争胜利70周年，创作出了一批大力弘扬民族精神和时代精神的优秀作品。李延国、李庆华的报告文学《根据地》通过大量珍贵的史料展示了中国共产党领导创建的冀鲁豫革命根据地在抗日战争、解放战争中发挥的重要作用，展示了中国共产党人与人民群众的血肉联系和浴血奋战的光辉业绩。王树增的报告文学《抗日战争》以三卷的恢宏篇幅记述了发生在二十世纪三四十年代的抗日战争，全面真实地揭示了中华民族在近代历史中一次全民同仇敌忾、浴血山河所赢得的伟大的反侵略战争的胜利。孙晶岩的《北平硝烟》是第一本北京本地作家深度描写北京抗战历史的报告文学作品，作品用翔实的资料，再现了中国共产党、国民党官兵和进步爱国人士不畏强暴，率领北平人民同日本侵略者进行斗争的历史史实。铁流的《一个村庄的抗战血书》以发生在1941年山东省莒南县渊子崖村农民自发而惨烈的史诗性抗战事迹为蓝本，热情讴歌了在那个烽火连天的岁月里，一群朴实的乡民英勇杀敌保家卫国的故事。程雪莉的《寻找平山团》真实地描述了在民族危亡时刻，平山儿女前赴后继、转战南北，为全国解放和民族独立而英勇献身的感人故事。何建明的《拉贝先生》从多个角度呈现了拉贝在南京大屠杀中善举的细节，并展现了日军南京大屠杀的很多翔实史料与当时成立所谓"国际安全区"的种种真相。黄国荣的《极地天使》以侨民集中营为题材，书写了一部中国人用无私大爱拯救外国侨民的故事。此外王鸿鹏的《生命线上的奇迹》、朱晓军的《"乌坎事件"调查》、周芳的《重症监护室——ICU手记》等作品亦是作者深入生活，扎根人民，用真实之美创作出的用心之作。

散文、诗歌等作品丰富多彩，优秀作品颇丰，展现出了诗歌和散文的独特的艺术魅力与思想性。例如雷达的散文《狂热年代的青春记忆——费家营》、梁晓声的散文《父亲的荣与辱》、韩静霆的散文《粉墨人生》、刘庆邦的散文《卖烟叶儿》、沈念的散文《夜色起》、何士光的散文《日子是一种了却》、颜梅玖的诗歌《守口如瓶》、李琦的诗歌《伶仃之美》、胡松夏的长诗《山河》、李瑛的诗歌《对生命的赞美》等作品都是年度力作。

2015年，首都文学界认真学习贯彻习近平总书记系列重要讲话精神，牢牢把握文学繁荣发展的正确方向。2015年10月14日，习近平总书记《在文艺工作座谈会上的讲话》全文发表，深刻阐述了文艺和文艺工作的重大使命，科学回答了文艺繁荣发展的一系列重大问题，丰富和发展了马克思主义文艺观与社会主义文艺理论，提升了我们对新时期文艺工作的规律性认识，是当前和今后一个时期我国文艺事业发展进步的纲领性文献，是中国特色社会主义文学事业发展繁荣的行动指南。中共中央政治局会议审议通过《中共中央关于繁荣发展社会主义文艺的意见》，对落实讲话精神，繁荣发展社会主义文艺提出了6部分25条意见，成为当前和今后推动文艺工作的基本指针与切实措施。围绕习近平总书记讲话，首都文学界进行了深入学习与贯彻，持续开展了多种形式的学习和理论研究与评论活动，自觉把思想和行动统一到习近平总书记重要讲话精神上来。钱小芊的《结合文学创作展开文学批评》、吉狄马加的《坚持以人民为中心的创作导向是新的历史条件下党的文艺政策的立足点》、李敬泽的《"两个重要"：文艺地位和作用的再认识》等从不同角度论述了对于习近平总书记文艺工作座谈会讲话精神的认识和体会。由作家出版社结集出版的《文学的使命与担当》集中了文学界对于习近平总书记讲话精神的学习体会。

2015年，首都文学界持续开展"深入生活、扎根人民"主题实践活动。认真学习习近平总书记在纪念中国人民抗日战争暨世界反法西斯战争胜利70周年大会上的重要讲话，积极开展纪念中国人民抗日战争暨世界反法西斯战争胜利70周年系列活动。中国作协举办了首都文学界纪念中国人民抗日战争暨世界反法西斯战争胜利70周年座谈会等活动。

2015年，首都文学界积极开展对外文学交流，稳步提升中国文学影响力。中国作协主席铁凝率中国作家代表团成功访问哥伦比亚、秘鲁，在波哥大参加"中国—拉丁美洲人文交流研讨会"。铁凝率团访问澳大利亚、新加坡，在澳举办第三届中澳文学论坛。中国作协与文化部共同主办2015年中外文学翻译研修班座谈会。此外，第三届中韩日东亚文学论坛等文学交流活动持续推动中国文学"走出去"，促进了中国文学的对外交流。

2015年，首都文学界高举中国特色社会主义伟大旗帜，以深入学习贯彻习近平总书记在文艺工作座谈会上的重要讲话精神为主线，面对文艺发展繁荣的历史性机遇，聚焦"中国梦"，打造时代精品，创作出了一大批无愧于伟大民族、无愧于伟大时代的优秀作品，阐释了"中国梦"的内涵，彰显了民族精神和时代精神，为繁荣发展社会主义文艺事业、实现中华民族伟大复兴"中国梦"做出了新的贡献。

（王凌雨）

作　品

·长篇小说·

【《传世猫碗》】　1月，作品由北京联合出版公司出版，作者刘一达。小说以御膳房于姓和彭姓两个御厨几代人的宿怨为伏笔，以老北京的"十大美女"之一、大家闺秀白姥姥与彭三爷的旷世之恋为主线，讲述了一段感人至深的爱情故事，浓缩了北京城自民国以来百余年的历史变迁和各种人物的命运。一个普普通通的猫碗，竟然是价值两亿多元的成化斗彩。由此衍化出的觅宝故事，悬念迭出，扑朔迷离。擅长小吃的北京姥姥和痴迷古琴的北岳老人，用赤诚之心，演绎出感天动地的旷世之爱。

（王凌雨）

【《一座营盘》】 作品发表于《中国作家》2015年第2期、第3期，作者陶纯。这是一部以基层部队生活为题材的作品。作品讲述的是乡村青年布小朋，几经周折当上了解放军战士，被分配到偏远的A基地。孟广俊和布小朋同年入伍，他善于投机钻营，为人圆滑世故。两人既有深厚的友谊，更有惊心动魄的争斗。随着职务越来越高，权力越来越大，布小朋于诱惑面前坚决不伸手，孟广俊却“雄心勃勃”，不达目的不罢休。时光匆匆，孟广俊面临着牢狱之灾，而一身浩然正气的布小朋，虽坎坷不断，却最终成长为A基地司令员。

（王凌雨）

【《曲终人在》】 4月，作品由人民文学出版社出版，作者周大新。这是一部书写大变革时代人间万象和世道人心的警世作品。小说从清河省原省长欧阳万彤的死开始，以一个仿真纪实的结构，虚拟了26个被采访对象，讲述了他们与省长欧阳万彤的交往或接触过程。小说聚焦欧阳万彤面对现实压力时的困惑和突围，深入挖掘人性的深层逻辑，塑造出一个有血有肉的官员形象。小说以1个讣告、27篇采访记录、1份保险柜物品清单和1篇遗体告别仪式的报道构成整部作品。作者把对现实生活的深入思考融入其中，给人思想上的震撼。

（王凌雨）

【《群山之巅》】 4月，作品由人民文学出版社出版，作者迟子建。故事发生在中国北方苍茫的龙山之翼，一个叫龙盏的小镇中。屠夫辛七杂、能预知生死的精灵“小仙”安雪儿、击毙犯人的法警安平、殡仪馆理容师李素贞、绣娘、金素袖等，一个个身世、性情迥异的小人物，在群山之巅各自的滚滚红尘中浮沉，爱与被爱，逃亡与复仇，他们在诡异与未知的命运中努力寻找出路。他们怀揣着各自不同的伤残的心，努力活出人的尊严，觅寻爱的幽暗之火。

（王凌雨）

【《黑白男女》】 6月，作品由上海文艺出版社出版，作者刘庆邦。小说讲述了一个叫龙柏的大型煤矿，在秋后的一天夜间，井下发生了瓦斯爆炸，一次炸死了138名矿工。死者身后的孤儿寡母面临的是生活和情感的重建，小说以三个死难矿工家庭为主线，展现了普通百姓在灾难面前互相温暖、自尊、自强、自立的动人故事。

（王凌雨）

【《寻找鱼王》】作品发表于《人民文学》2015年第6期，作者张炜。作品讲述的是在宁静而美丽的深山村落里，流传着“鱼王”的传说，人们说他是鱼鹰之子，捕鱼的旷世高手，却从没有人见过他的真面目。一个八岁的孩子在父亲的陪伴下出门远游、苦苦寻找“鱼王”学艺，找到了传说中的老鱼王，也从老人的口中得知了鱼王家族一段精彩离奇、不为人知的民间传奇历史。在这段故事中，男孩经历了爱与人生的洗礼，最终成长为新的鱼王传人。

（王凌雨）

【《别人》】 作品发表于《人民文学》2015年第7期，作者须一瓜。作品的主人公庞贝是一位放荡不羁的女记者，作者把关注的目光投向民众的生存状态。食品安全的揭秘、私立医院的“生存之道”、媒体圈内的潜规则，小说将当下人挣扎、逃离、迷失、无奈的生存境况表现得淋漓尽致。

（王凌雨）

【《失焦》】 7月，作品由作家出版社出版，作者李禹东。小说围绕着小人物方显达的一生经历展开。方显达出生寒门，从小立志要改变自己的面貌，尤其是父亲意外死亡、家庭有了变故后，更加激起了他要做“人上人”的决心。然而，老天似乎总是在捉弄他，一次次地使他深陷于矛盾的漩涡之中，失去了上大学的机会、失去了爱情、失去了家产、失去了母亲。现实无情地逼迫着他“失焦”了，于是，他走上了抗争复仇之路，直至毁灭。

（王凌雨）

【《桃夭》】 7月，作品由人民文学出版社出版，作者张者。作品从中年律师邓冰的离婚说起，讲述了一群曾心怀文学热忱的法学专业大学生，30年后逐渐陷入中年危机的生活现状。20世纪80年代的浪漫诗情理想，在重返母校聚会的大学同学身上已所剩无多。如今或为律师或为法官的他们，虽都已经有所成就，却也是事业与心理的多变期，年轻时的纯真与荒唐，连通生计的打拼和生活的变故，让他们遭逢了接踵而至的荒诞与报应。

（王凌雨）

【《极地天使》】 8月，作品由作家出版社出版，作者黄国荣。小说主人公苗雨欣是一位白衣天使，她只身前往日军控制下的乐道院，并忍辱负重，在书中另一位人物许子衡的帮助下，依靠侨民自救会的中坚骨干，求得游击队配合，在集中营内展开了一场秘密大营救。

（王凌雨）

【《女人红》】 9月，作品由作家出版社出版，作者龙云。书中描写的革命历史题材故事“闹红”是中国革命斗争事业中的一段历史，作品中众多的普通人在革命斗争中成为战士，成为英雄，刘泽北所领导的红军队伍的发展历程、兰花花起伏曲折的人生以及人物之间的爱恨情仇共同构成了小说的复线结构，女主人公的所作所为，彰显出了中国劳动妇女的魅力和品格。

（王凌雨）

【《装台》】 10月，作品由作家出版社出版，作者陈彦。装台人是文艺团体以外的人，但又是这个群体不可分割的一部分。作品讲述了装台人刁顺子的三次婚姻和他的人生经历。刁顺子踏实肯干，带着几个兄弟承接各种演出装台的活计，虽然身处底层，始终贫困，但心中一直有一盏灭不掉的灯火。小说以一个装台人的视角描写了西京城里的人生百态，表达了作家对人的生存境况的感受与思考。

（王凌雨）

【《疯狂的榛子》】 作品发表于《人民文学》2015年第11期，作者袁劲梅。小说是作者在细致研读大量一手史料基础上，首次以文学的手法，对二战时期中美空军混合联队“飞虎队”的历史书写。小说以“喇叭家的《战事信札》”拉开序幕。信札出自抗战英雄范笳河之手，这位中美空军混合联队杰出的飞行员深爱着舒家二小姐舒暖，遂将军中生活用日记记录下来，但军纪要求解禁之日方能寄出。舒暖深深眷恋着范笳河，不顾一切后果与之相爱。《战事信札》既以平实的语言，翔实记录了混合联队的战争史事，同时也以柔情似水的细腻文笔，抒发了男女主人公对纯真爱情的无限向往，亦是家国情仇中爱情男女彼此思念的长卷情书。

（王凌雨）

【《我们的踟蹰》】 10月，作品由北京十月文艺出版社出版，作者弋舟。离异的女主人公李选带着小孩，重新开始工作，同时又纠缠于领导兼情人张立均和昔日小学同学、如今是画家的曾铖的情感当中。两位男士同时也在与李选的交往中，时时踟蹰，时时追问。在人生走到中段，又身处现在以速度为衡量标准的焦躁时代，人们心中是否还有爱？是否还可以相爱？该如何相爱？在踟蹰地不断探问中，作品一点点地寻找着现代相爱的方式与可能。

（王凌雨）

【《北鸢》】 作品发表于《人民文学》2015年第12期，作者葛亮。小说开端于20世纪20年代，以主人公卢文笙的成长起笔，襄城商贾世家卢氏与没落的士绅家族冯家的联姻为主线，书写了中国最为丰盛起伏的断代。笙哥儿自幼酷爱的风筝，犹如命运引线：直鲁联军煊赫未几，淡出历史；华北入寇，梨园名角命若琴弦，文化精英英风骨激扬。经历多舛人生，文笙终与冯家三小姐仁桢相遇相知，缘定于乱世。政客、军阀、寓公、文人、商人、伶人，群落交织，在葛亮笔下复活再现，灵动地勾勒出一幅民国社会的生态图景。

（王凌雨）

·中篇小说·

【《声音史》】 作品发表于《十月》2015年第1期，作者罗伟章。主人公杨浪虽小如草芥却天赋异禀，他对声音有着惊人的倾听和模仿力，他的耳朵可无限延展，将万物的声音收于心中，最后在嘴唇上“开花结果”。小说以杨浪为载体，从声音的角度叙写乡村的离散变迁。

（王凌雨）

【《三只虫草》】 作品发表于《人民文学》2015年第2期，作者阿来。聪敏懂事的藏族小学生桑吉逃学了，为了一家人的生计，他偷偷跑到积雪消融的原野上，开始了心里那个伟大的计划——挖虫草！这个品学兼优、对生活充满单纯情感的孩子，伴随着虫草的生长、采挖、收购、送礼，开始了他的虫草之旅。桑吉留下的三只珍贵的、带着他很多美好温暖的愿望的虫草，最后却落入物欲俗世。

（王凌雨）

【《阅读与欣赏》】 作品发表于《人民文学》2015年第3期，作者刘建东。20世纪80年代，“我”从大学中文系毕业，被分配到学校教书。结果，学校撤销了。“我”被分到了炼油厂车间，在那里遇到了师傅——冯茎衣，小说的一条线索描写了冯茎衣纠葛而又沉重的人生经历。作为叙述者和见证者的“我”，一直在渴望写成一篇好小说，这是小说的另一条线索。在遇见师傅之前，“我”的写作只是靠想象来支撑。随着对师傅的了解，在真实的人世悲欢之中，“我”的写作才有了根。小说中的“我”最终完成了师傅的故事，完成了“我”的写作，但是，似乎并未最终完成人生的阅读。

（王凌雨）

【《地球之眼》】 作品发表于《十月》2015年第3期，作者石一枫。小说通过安小男的人生遭遇，关注了大学生毕业后的出路问题以及社会底层的悲剧遭遇，也触及到了诸如劳资矛盾、经济贪腐、侵吞国有资产等一系列重要的社会问题，同时更在精神的层面上紧紧围绕“道德”这一关键词提出了当下中国社会道德精神严重缺位的问题，对时代的精神道德境况进行深入的勘探与质询。

（王凌雨）

【《奇葩奇葩处处哀》】　作品发表于《上海文学》2015 年第 4 期，作者王蒙。“奇葩”最初是个褒义词，后来演变成网络上的搞笑语言，带有骂人取笑的意味，但这次作者给它打上了悲情化色彩。小说描写了老年男子局级干部沈卓然及与他有缘的六位奇女子的故事，其中包括他年少时暗恋的老师那蔚阗、妻子淑珍，以及在主人公丧妻后择偶再婚而遭遇的四个奇女子——连亦怜、聂娟娟、吕媛、乐水珊。小说真实地反映了进入老龄化社会后的新问题，描写了各种价值观对人们的影响。

（王凌雨）

【《狐步杀》】　作品发表于《北京文学》2015 年第 8 期，作者张欣。小说由两起看似普通的案件着手，老干部老王因为看护的疏忽突然死亡，在医院与家属的调解中，家庭中所有暗藏的矛盾和纠缠迅速恶化；服装设计师柳三郎因为妻子外遇而离婚，而妻子的外遇对象因为私制冰毒被通缉，一夜之间人间蒸发。警察忍叔和年轻的搭档周槐序深藏在民间，密切关注着蛛丝马迹，在缓慢地进展中，真相在敬业和专注中慢慢走向清晰。

（王凌雨）

【《三尺布》】　作品发表于《人民文学》2015 年 8 期，作者徐贵祥。小说讲述了抗战时期国共摩擦中的合作、生死存亡时的民族大义、个人与国家命运转折关头的家国情怀。正如小说中所写的：“老百姓就是咱们的神！”他们为了这个“神”而战，而“神”护佑着“苍生”，让中华民族在危难关头同仇敌忾、抵御外侮。故事的线索，是由一条抗战裤引出血脉相连的中华民族的根与魂。

（王凌雨）

【《收山》】　作品发表于《上海文学》2015 年第 9 期，作者常小琥。作品讲述了青年屠国柱刚刚拜万唐居总厨杨越钧为师，就被派到烤鸭名师葛清处打杂帮手。杨师傅的目的是留下葛清的烤鸭绝学，而屠国柱以自己的诚心得到了曾遭徒弟背叛的葛清的信任，也从众师兄弟中脱颖而出当上了经理。然而日新月异的餐饮行业颠覆着古老的餐饮传统，也侵蚀着师兄弟间相互扶持的情感，几代厨人的理想和传承在时代的浪潮里载浮载沉，最终师兄弟们各奔歧路，渐行渐远。

（王凌雨）

【《较量》】　作品发表于《人民文学》第 10 期，作者荆永鸣。小说写的是一家市级医院的两个业务骨干——谈生和钟志林从友谊到交恶的故事。钟志林希望自己能够成为一个纯粹的技术知识分子，做一个专业意义上的医生。因此，在老院长即将退休的时候，他谢绝了老院长试图提升他当院长的美意，年届五十依然选择了去美国进修；谈生则顺理成章地当上了院长。矛盾从钟志林回国后逐渐发生并升级。

（王凌雨）

【《万家亲友团》】　作品发表于《北京文学》2015 年第 10 期，作者黄蓓佳。作品讲述的是陈坤和万艳是一对年轻夫妻，万艳家亲友团的微信圈招来了天南地北的亲戚们，在好不热闹的群聊中有喜事也有丧事，而最让人伤心的，是分手的事。小说揭示出通信便捷的今天人与人之间新型的人际关系现状。

（王凌雨）

·短篇小说·

【《忆秦娥》】　作品发表于《创作与评论》2015 年第 3 期，作者张楚。作者采用故事套故事的叙述方式，讲述了女主人公满树香和她周围的各色人物，将美好的爱情以及爱情的力量讲述得感人至深、动人心魄。

（王凌雨）

【《日本佬》】　作品发表于《人民文学》2015 年第 3 期，作者麦家。小说以第一人称少儿视角展开叙述，借父亲因“日本佬”的绰号而遭村人戏谑、蔑视切入，这是一个因不雅的绰号引发全家不安，甚至招致爷爷自杀悲剧的故事。

（王凌雨）

【《俗世奇人新篇》】　作品发表于《收获》2015 年第 4 期。作者冯骥才。继二十年前的“俗世奇人”系列之后，作者又用精炼韵致的文字刻画出一组生长于天津这方水土上的乡土怪客与民间英雄。

（王凌雨）

【《仉仉》】　作品发表于《人民文学》2015 年第 4 期，作者王蒙。作品讲述的是一本笔记本上的字迹突然间都消失殆尽，从而让一个人们所熟悉的当年政治风波中揭发友人的故事焕发出了思想的异彩。

（王凌雨）

【《鬼子坟》】　作品发表于《人民文学》2015 年 6 期，作者叶广芩。小说以儿童的视角展开叙事。鬼子坟是一群孩子儿时的乐园。在这群孩子里，有个给教会养牛的李冬生。李冬生做为一个品学兼优的好学生，却因为重病中的弟弟没钱抓药，一时犯糊涂，偷了教堂的银器，被关进少年劳教所。少年跌的这一脚，将阳光男孩儿彻底打垮，也使伙伴们的友谊从此解体。这个阴影，延续了半个多世纪，直到李冬生成为大学历史系教授，最终完成了关于北京东正教发展始末的学术论文，兑现了他当年在安定门城楼上的诺言，也没有彻底消失。

（王凌雨）

【《纪念我的朋友金枝》】 作品发表于《人民文》学 2015 年 9 期，作者金仁顺。作品讲述的是女主人公金枝是一位爽朗而豁达的女子，面对自己心中的男神袁哲，她一直穷追不舍，即便赴汤蹈火亦在所不惜。遗憾的是，袁哲另选他爱。为了对袁哲的爱，金枝去韩国整容，最后却竹篮打水一场空，为了自己所谓的爱情付出了生命的代价。

（王凌雨）

·诗歌·

【《伶仃之美》】 作品发表于《人民文学》2015 年第 6 期，作者李琦。作品展示了诗歌介入社会的巨大可能性，尤为可贵的是，这种介入所借助的是审美的触角和汉语的自信，其作品始终闪耀着理想主义的光辉，并弥漫着建立在公民责任之上的朴素诗意。

（王凌雨）

【《山河》】 6 月，作品由线装书局出版，作者胡松夏。本书是一首长篇诗歌，作者以纪念中国人民抗日战争暨世界反法西斯战争胜利 70 周年为出发点，描述了“九一八事变”、“七七事变”、南京大屠杀，以及共产党领导的平型关大捷、百团大战等抗击日本侵略者的重大史实，全诗共计 1000 多行，是一部充满爱国激情和忧患意识的作品。

（王凌雨）

【《守口如瓶》】 作品发表于《人民文学》2015 年第 7 期，作者颜梅玖。作品从女性独特的视角出发，在诗歌语式和词语组合上进行了别具匠心的冒险性实验，达到了新奇又不失贴切的艺术效果，在对个体之痛的抚摩中完成了对时代创伤的揭示。

（王凌雨）

【《对生命的赞美》】 作品发表于《人民文学》2015 年第 8 期，作者李瑛。诗歌抒发了作者对复杂生活的深切感知和生命艰辛的体验。诗人的生命体验不以孤零零的纯自然化的主体为价值取向，而是以丰厚的社会底蕴，以让人可触摸得到的文化心理为依托、为背景，来反衬生命自身的孤立无援状态，让读者时刻感受到个体生命背后的紧邻历史感、时代感所赋予的沉重和悠远。

（王凌雨）

·散文随笔·

【《卖烟叶儿》】 作品发表于《文汇报》2015 年 1 月 31 日，作者刘庆邦。作品记述了作者上初中一年级的时候，到集上卖烟叶儿的失败经历。

（王凌雨）

【《夜色起》】 作品发表于《十月》2015 年第 4 期，作者沈念。作品以“二妈”这一人物为牵引，带我们走进了抑郁症患者的世界，他们不懂生存的哲理，但正是点点滴滴令人窒息的生存之痛，将他们逼进了精神的死胡同。

（王凌雨）

【《父亲的荣与辱》】 作品发表于《北京文学》2015 年第 10 期，作者梁晓声。作品记述了作为新中国第一代建筑工人的父亲在东三省重工业基地建设中的人生经历。

（王凌雨）

【《日子是一种了却》】 作品发表于《人民文学》2015 年第 10 期，作者何士光。作者认为，人最能反映自己一生的因果的是他的岳母。作品讲述了一些与其岳母相关的往事。

（王凌雨）

【《费家营》】 作品发表于《作家》2015 第 11 期，作者雷达。这是在兰州安宁区费家营看见“黄河湿地公园”引发起的记忆。文章记述了 1957～1960 年那个特殊的年代发生在作者身边的真实事件：“引洮上山”跃进工程、骇人听闻的甘肃地区大饥饿、全民“除四害”、一个个被定为“右派”的教师、一个个手握“绝对真理”的权势者棍棒如雨的狰狞面目……这一切似乎就是此后“文化大革命”的预演。

（王凌雨）

【《粉墨人生》】 作品发表于《散文选刊 · 下半月》2015 年第 11 期，作者韩静霆。作品讲述的是我从小就和戏曲结缘，小小的戏园子是“摄魂夺魄”的地方。我经常趴在那个后台的小窗户往里面瞧。我幸运地找到了一把让童年复活的钥匙，这就是画戏。我把戏曲人物纠集到我的画作里，他们给我带来一种很美好的想象和追忆，调动起我对艺术和人生的这样一种爱、一种融入。或许唯有如此，我才可能回到趴戏园子小窗户的年代，回到从少年开始的粉墨人生。散文表达了作者爱戏曲、爱人生的感情。

（王凌雨）

·纪实文学·

【报告文学《生命线上的奇迹》】 1 月，作品由作家出版社出版，作者王鸿鹏。作品以开发金沙江，建设向家坝，云南绥江县6万人不得不告别家园举城搬迁为背景，直击当下中国敏感的社会神经——干群关系。亲情、利益、人性在纠结中挣扎；梦想与现实、官方与民间、政府与企业在冲突中博弈，矛盾纵横，波澜起伏，犹如一幕幕惊心动魄的现代生活剧。

（王凌雨）

【报告文学《根据地》】 作品发表于《时代报告·中国报告文学》2015年第1期，作者李延国、李庆华。作品通过大量珍贵的史料展示了中国共产党领导创建的冀鲁豫革命根据地在抗日战争、解放战争中发挥的重要作用，展示了中国共产党人与人民群众的血肉联系和浴血奋战的光辉业绩。全书呈现了近百个故事、数百个人物，最终表达了一个主题思想——坚持信仰，遵守纪律，拒绝腐败。

（王凌雨）

【报告文学《拉贝先生》】 1月，作品由作家出版社出版，作者何建明。约翰·拉贝，西门子洋行代理人、纳粹党南京小组代理人、南京安全区主席。在20世纪20年代就已经加入了纳粹党的前身德国社会工人党，在纳粹分子中属于元老级的人物。他追随希特勒，但又受到中国人的爱戴。在“南京大屠杀”期间一手组建起“国际安全区”，挽救了25万名中国百姓的生命。南京大屠杀过后，拉贝在战时的德国发表了多次演说，讲述了自己的所见所闻，并向希特勒递交了记录暴行的胶片。他被人们称呼为“洋菩萨”。约翰·拉贝被称作“中国的辛德勒”。作品从多个角度呈现了拉贝在南京大屠杀中善举的细节。并介绍了日军南京大屠杀的很多翔实史料与当时成立所谓“国际安全区”的种种真相。

（王凌雨）

【报告文学《“乌坎事件”调查》】 作品发表于《北京文学》2015年第3期，作者朱晓军。2012年3月，中国华南的一个边陲渔村——广东省陆丰市乌坎村村委会重新选举引起世界的关注。有人说，乌坎是中国基层民主选举的一个样本；有人说，乌坎的民主选举“开启了内地农村民主选举新纪元”；有人说，乌坎是又一个“小岗村”，也有人说，根本就不存在什么“乌坎模式”与“乌坎经验”，这不过是丧事当成喜事办的典型而已。乌坎到底发生了什么，我们该如何看待，该有哪些反思，腐败到底给我们的社会、我们的生活造成哪些重创，在“两个一百年”建设过程中，应该处理好哪些关系、注意哪些不可忽视的问题？为此，朱晓军数次深入乌坎，先后采访几十人，又历经三载艰苦的创作，终于将他所了解的乌坎事件来龙去脉记录下来。

（王凌雨）

【报告文学《神圣抗战》纪念版】 5月，作品由中国少年儿童出版社出版，《神圣抗战》曾于1987年，为纪念全民族抗战爆发50周年之际首次出版，邓小平为《神圣抗战》题写了书名。作品以全面、翔实的史料，客观、公允的态度，叙述了全体中华儿女历经八年血战，付出重大牺牲的代价，将日本军国主义侵略者赶出中国的历史故事。2015年是世界反法西斯战争胜利70周年，也是中国人民抗日战争胜利70周年，为了更好地铭记历史、缅怀先烈、珍视和平、警示未来，原书编者将《神圣抗战》重新修订，增加了川军抗战、中美空军联合作战等一些重要史实的文字和图片。

（王凌雨）

【长篇纪实文学《寻找平山团》】 8月，作品由作家出版社出版，作者程雪莉。全书真实地描述了在民族危亡时刻，平山儿女前赴后继、转战南北，为全国解放和民族独立而英勇献身的感人故事。作者历时5年，从平山县开始辗转寻访1万多公里，远赴日本，走访平山团老战士及其亲属和烈士后代160多人。书中的很多历史事件和故事都是首次对外公开。

（王凌雨）

【长篇报告文学《北平硝烟》】 8月，作品由北京十月文艺出版社出版，作者孙晶岩。该作品用翔实的资料，再现中国共产党、国民党官兵和进步爱国人士率领北平人民同日本侵略者进行斗争的历史史实。平西、平北、冀东、冀中抗日根据地的建立在北平郊区燃起燎原烈火，北平人民在党的领导下，全力支援抗日根据地的建设，保存发展了地下革命力量。

（王凌雨）

【长篇报告文学《抗日战争》】 9月，作品由人民文学出版社出版，作者王树增。作品站在全民族抗战的立场上，在世界反法西斯战争的大背景下，以重大战役战斗为轴，以重大历史事件及相关人物为经纬，突出反映并全景式地记叙1937～1945年抗战中的主要战役战斗。以第二次世界大战的国际视角全面、真实地揭示了中华民族在近代历史中一次全民同仇敌忾、浴血山河所赢得的伟大的反侵略战争的胜利。对敌我双方统帅部的战役意图、计划，兵力部署，作战行动和战役经过，都做了详尽的记叙，特别是对战役战斗结局及其经验教训，从军事学术的高度给以分析、总结与点评。

（王凌雨）

【报告文学《一个村庄的抗战血书》】 作品发表于《人民文学》2015年第10期，作者铁流。作品以发生在1941年山东省莒南县渊子崖村农民自发而惨烈的史诗性抗战事迹为蓝本，热情讴歌了在那个烽火连天的岁月里，一群朴实的乡民英勇杀敌、保家卫国的故事。1941年12月20日，山东省莒南县的渊子崖村，几百名手无寸铁的普通农民，在年仅19岁的村长林凡义带领下，英勇地用土枪、土炮、大刀、长矛、铁叉和铡刀，与1000多名装备精良的日军展开了整整一天的血肉拼搏，直到太阳偏西敌军才拥进围子，村民誓死不降，他们用最原始的武器与日伪军展开逐屋逐户的巷战。最后在赶来的八路军武工队的协助下，以牺牲147人的代价，歼敌112人，保卫了村庄和大量的粮食储备，创造了中华抗战史上，农民自发组织的一次激烈、悲壮的浴血保卫战。

（王凌雨）

【报告文学《重症监护室——ICU手记》】 作品发表于《北京文学》2015年第11期，作者周芳。作品以日记的方式，从不同侧面记录了重症监护室中的人物和故事。作者以义工身份在ICU工作一年，记录下一些典型病例，展现出其中的生离死别以及复杂的人性表现。

（王凌雨）

机　　构

【中国诗歌诵读联盟】 2月9日，由中国诗歌万里行组委会、“为你读诗”客户端共同发起创建的“中国诗歌诵读联盟”在北京成立。该联盟将结合新的时代条件，传承和弘扬中华优秀传统文化，努力推进全民朗诵。诗人祁人、项建新担任秘书长，王妍丁任副秘书长，朗诵艺术家曹灿、殷之光、丁建华、朱琳，诗人晓雪、吉狄马加、叶延滨等担任荣誉顾问，洪烛、胡乐民、李仓卯、焦秀梅、潇潇、海田、一舟、陆健、李犁、陈泰灸、赵智、周占林等上百名朗诵家、作家、诗人、文化学者以及各界代表人士成为第一批联盟成员。

（王凌雨）

【顾太清诗词研究会】 3月17日，顾太清诗词研究会在房山区成立。研究会由房山区文联主席史长义、房山区文委主任胡淑苹任会长。鲁迅文学院原副院长王彬，中国农业大学教授、顾太清六世孙女金适为名誉会长；中国艺术报文艺部主任邱振刚，北京市文物研究所所长宋大川，北京诗词学会名誉会长段天顺为顾问。顾太清（1799—1876），系清代著名女词人，名春，字梅仙，号太清，原姓西林觉罗氏，满洲镶蓝旗人，清乾隆帝第五子荣纯亲王爱新觉罗·永琪之孙——贝勒奕绘的侧福晋，报宗人府为“顾”姓。该诗词研究会旨在对顾太清生平及其创作进行系统研究，推出房山古代名人的研究成果，为修缮顾太清园寝提供可靠依据，增添文化素材。

（王凌雨）

【光明文学遗产研究院】 7月10日，由《光明日报》与北京语言大学联合创办的光明文学遗产研究院在北京语言大学会议中心举行揭牌仪式。该院主要职责是为《光明日报》的《文学遗产》专刊提供学术支持和编辑平台。研究院聘请国内学者轮流担任《文学遗产》专刊主编。《文学遗产》专刊创办于20世纪50年代，2015年《文学遗产》专刊复刊。该研究院是北京语言大学和光明日报社共管的教学与科研机构，以建设国内一流的中华优秀传统文化研究和传播基地为目标，面向世界、服务社会，开展中国文化的研究、传播和建设等学术活动。

（王凌雨）

【全国文学报刊联盟】 12月2日，全国文学报刊联盟在北京成立。该联盟的成立旨在推动各文学报刊之间的交流，建立起经常性联系协作制度，认真研究和努力推动解决共同面临的问题，促进文学报刊社共同发展。共有56家文学报刊机构成为该联盟理事单位，104家文学报刊机构成为会员单位。《人民文学》为联盟理事长单位，《人民文学》《十月》《当代》《收获》《花城》《诗刊》《民族文学》《文学评论》《小说月报》《文艺报》《文学报》11家文学报刊为联盟常务理事单位。

（张燕鹰）

【中国作协作家法律服务团】 12月3日，中国作协作家法律服务团成立仪式在北京中国现代文学馆举行。中国作协党组书记、副主席钱小芊，国家新闻出版广电总局副局长、国家版权局副局长阎晓宏，中国法学会副会长张文显，中国作协副主席张健、陈建功、张抗抗等出席成立仪式。中国作协书记处书记白庚胜主持仪式并宣读了作家法律服务团成员名单。中国作协作家法律服务团采取个人成员与外聘律师事务所相结合的形式，个人成员由法律专家与执业律师组成。该服务团主要以围绕中国作协个人会员为主的广大作家开展普法宣传与培训，提供法律咨询意见，选择、推荐律师代理作家诉讼，为有需要的作家提供诉讼帮助和支持。作家法律服务团由张平、李明德、许超、蒋志培、马晓刚、李德成、张雪松、邓江华等知识产权专家、律师，以及中伦律师事务所、金诚同达律师事务所等4家在京的特约律师事务所组成。

（王凌雨）

【中国作协网络文学委员会】 12月17日，中国作家协会网络文学委员会在北京成立。该委员会的宗旨是在中国作协党组书记处领导下，围绕全党全国工作大局，围绕中国作协党组书记处工作任务，围绕网络文学行业的突出问题，发挥作协助手、新型智库、行业平台的作用，探索建立中国网络文学的理论体系、评价体系和话语体系，采用多种形式和渠道团结联络服务、网络作家，搭建多种社会交流沟通平台，推动网络文学繁荣有序发展。

（王凌雨）

活　　动

【中国作家协会第八届主席团第七次会议】 3月25日，中国作家协会第八届主席团第七次会议在北京召开。中国作家协会主席铁凝主持会议。会议深入学习贯彻习近平总书记在文艺工作座谈会上的重要讲话精神和全国宣传部长会议精神，并审议了《中国作家协会2014年工作总结（审议稿）》和《中国作家协会2015年工作要点（审议稿）》，提名吉狄马加为中国作家协会第八届全国委员会副主席候选人，并推举其为中国作家协会第八届书记处书记。李冰因超过任职年龄，不再担任书记处书记职务。会议根据《中国作家协会章程》第26条规定，审议通过了部分团体委员变更事项。同意刘广迎、崔国哲分别接替贾英华、安国贤为中国作家协会第八届全国委员会委员。

（王凌雨）

【中国传记文学学会第五次会员代表大会】 3月25日，中国传记文学学会第五次会员代表大会在京举行。大会审议通过了学会工作报告、财务报告、章程修改说明以及会费标准决议，选举了新一届中国传记文学学会理事会。王丽当选为新一届会长，大会还选举了副会长和常务理事。

（王凌雨）

【中国作协八届五次全委会】 3月26日～27日，中国作家协会第八届全国委员会第五次全体会议在北京召开。会议深入学习贯彻习近平总书记在文艺工作座谈会上的重要讲话精神，回顾总结中国作协2014年工作，研究部署中国作协2015年工作。中宣部常务副部长黄坤明出席会议并讲话。中国作协主席铁凝主持会议。中国作协党组书记、副主席钱小芊作工作报告。会议增选中国作协党组成员、书记处书记吉狄马加为中国作家协会副主席。中组部、中宣部等有关部门负责人到会指导。中国作协各直属单位、机关和各部门主要负责人列席会议。

（王凌雨）

【《人民文学》推出法文版主题活动】 4月14日，人民文学杂志社在北京法国文化中心举行以“女性写作与翻译”为主题的活动，推介第一期《人民文学》法文版。中国作协书记处书记阎晶明，中国作协外联部主任张涛，《人民文学》主编施战军、副主编邱华栋等参加了此次活动。女作家徐坤、盛可以，法语翻译家燕汉生和吕华共同探讨了女性写作在题材和语言上的独特之处，以及翻译不同时代女性文学作品的体会。第一期《人民文学》法文版为女性写作专号，收录了铁凝、蒋韵、范小青、徐坤、魏微、叶弥、潘向黎、盛可以、滕肖澜、薛舒、颜歌、阿美的短篇小说，由中法两国翻译家安博兰等翻译成法文。《人民文学》法文版计划每年出版一期。

（王凌雨）

【中国现代作家珍稀手稿展】 4月23日～30日，人民文学出版社读者服务部推出中国现代作家珍稀手稿展在人民文学出版社读者服务部举办。展览展出了80多幅中国现代名人作家与人民文学出版社的往来信函、亲笔手迹。展出的这些信札均是来自于郭沫若、老舍、巴金、曹禺、叶圣陶、丰子恺、朱光潜、丁玲等现代大家亲笔书写，内容涉及人民文学出版社向这些作家约稿的往来信函的回复，以及关于书稿设计及内容询问答疑或修改的讨论。

（王凌雨）

【“血肉筑起的长城——抗战中的文学”展览】 7月7日～12月31日，由中国作家协会主办、中国现代文学馆承办的“血肉筑起的长城”——抗战中的文学展览在中国现代文学馆举办。中国作协主席铁凝出席开幕式并讲话。中国作协党组书记钱小芊，副主席吉狄马加、陈崎嵘、李敬泽，书记处书记阎晶明出席开幕式。该展览以“血肉筑起的长城——抗战中的文学”为主题，分为“我的家在东北松花江上”“起来，不愿做奴隶的人们”“风在吼，马在叫，黄河在咆哮”三部分。展览展出了大量作家肖像，抗战时期文学活动、战地采访照片及书影，此外，还展出了许多珍贵的文学作品初版本、文学期刊创刊号和作家手稿。

（王凌雨）

【第三届中华吟诵周】 7月12日～19日，由首都师范大学主办的第三届中华吟诵周在北京举办。来自世界各地的1000多位传统吟诵调传承人、吟诵理论家、吟诵推广志愿者和吟诵爱好者参加此次活动。该吟诵周主体活动由“中华吟诵学术交流会议”和“中华吟诵教育大会”组成。“中华吟诵学术交流会议”由“中华吟诵学术研讨会”“国家重大项目子课题‘吟诵教育研究’交流研讨会”“韩国吟诵研讨会” “日本吟诵研讨会”“全国吟诵社团联谊会”组成。“中华吟诵教育大会”由“中华吟诵教育交流会”“中华吟诵教育观摩研讨会”组成。此外还有“大学生社团吟诵会演”“吟诵雅集”“世界汉诗文吟诵交流展演”“吟诵图书发布仪式”等多项活动。

（王凌雨）

【中华诗词学会第四次全国会员代表大会】 8月20日，中华诗词学会第四次全国会员代表大会在京举行。大会审议通过了工作报告、学会章程等，并选举产生了由213人组成的新一届理事会、71人组成的常务理事会和学会领导班子。郑欣淼连任中华诗词学会会长，李文朝连任中华诗词学会常务副会长，代雨东等当选为副会长，副会长林峰兼任秘书长。中共中央政治局常委、中央书记处书记刘云山，中共中央政治局委员、中央书记处书记、中宣部部长刘奇葆分别对大会做出批示。中共中央政治局委员、国务院副总理马凯向大会发来贺信和贺诗。中宣部副部长王世明，中国作协党组书记、副主席钱小芊，全国人大华侨委员会副主任委员令狐安等出席大会开幕式。

（王凌雨）

【“中国作家馆”亮相北京图博会】 8月26日，由中国作家协会主办、中国作家出版集团承办的第二十二届北京国际图书博览会“中国作家馆”在中国国际展览中心新馆进行展览亮相。为纪念中国人民抗日战争暨世界反法西斯战争胜利70周年，本届图博会“中国作家馆”的主题确定为“弘扬抗战精神，讲好中国故事”，旨在借助图博会这一国际平台，展示一批抗战题材优秀作品，引导人们树立和坚持正集中展出确的历史观、民族观、国家观、文化观，弘扬抗战精神，讲好中国故事，传递中国声音，凝聚中国力量。

（王凌雨）

【《伟大史诗 铁血长歌——中国人民抗日战争暨世界反法西斯战争传记文学评鉴》新书发布会】 9月14日，《伟大史诗 铁血长歌——中国人民抗日战争暨世界反法西斯战争传记文学评鉴》新书发布会暨研讨会在中国人民抗日战争纪念馆举行。该书由学习出版社出版，是对该书编委会征集的2253种传记文学作品中300种优秀作品的点评。编者力图通过点评，引导读者对作品进行深入的阅读与研究交流。

（王凌雨）

【《红楼梦》珍贵古籍展】 10月14日～10月25日，中国书店举办的“纪念曹雪芹诞辰300周年《红楼梦》珍贵古籍展”在中国书店雁翅楼店举办。展览集中展出了《红楼梦》不同版本的珍贵古籍及相关资料。此次展览中有中国书店店藏《红楼梦》最早的刻本——清乾隆五十六年（1791年）木活字印本（程甲本）、清乾隆五十七年（1792年）木活字印本（程乙本）。学界公认程甲本是最接近原著风貌的印本，但受当时木活字印刷技术条件限制，估计仅印了100部左右。后来流行的都是程甲本的翻刻本，而真正初刻本反而逐渐湮灭，存世量极其稀少。据书目记载，程甲本公共馆存4部，目前已知国家图书馆、北京大学图书馆、中国社会科学院文学研究所、中国艺术研究院各藏一部。除了程甲本、程乙本，中国书店藏《红楼梦》不同版本的珍贵古籍也可在展览现场看到，如1961年影印本《乾隆甲戌脂砚斋重评石头记》、1955年据庚辰本影印本《脂砚斋重评石头记》、民国有正书局石印本《原本红楼梦》、1973年影印本《戚蓼生序本石头记》、1963年影印本《乾隆抄本百二十回红楼梦稿》、清光绪求不负斋石印本《增评全图足本金玉缘》、据清蟫波阁本影印本《红楼梦曲谱》和民国上海书局石印本《增评补图金玉缘》等。

（王凌雨）

【第六十九次全国网络文学重点园地工作联席会】 10月22日，第六十九次全国网络文学重点园地工作联席会议在北京举行。会议主要围绕深入学习习近平总书记在文艺工作座谈会上的重要讲话精神，贯彻落实《中共中央关于繁荣发展社会主义文艺的意见》展开。肖惊鸿、马季、刘晓闻对“2015年优秀网络原创作品推介活动”“首届中国网络文学论坛”以及“中国网络文学排行榜”第二期工作做了介绍和总结。会议还通报了中国作协网络文学工作组织机构的调整情况。中国作协副主席李敬泽出席会议并讲话。中国作协办公厅主任胡殷红、创作研究部主任何向阳出席会议。中国作家网、阅文集团、中文在线、作家在线等20余家网站相关负责人参加会议。

（王凌雨）

【首部文学版“故宫通史”首发】 10月22日，首部文学版“故宫通史”——由章建华创作的长篇纪实文学“故宫三部曲”——《变局》《承载》《守望》在故宫博物院首发。作品以近百万的文字、404幅珍贵照片的规模，记录了故宫博物院九十年沧桑，全景式地呈现了故宫博物院的前世与今生。《变局》以辛亥革命为起点，记载了北京紫禁城由明清两代皇宫变为故宫博物院的全过程，描绘了近百年前中国社会的大变局；《承载》以日本侵华战争爆发为起点，记载故宫博物院在“九一八”事变后，实施“国宝南迁”的这段鲜为人知的悲壮历史；《守望》以新中国成立为起点，记载两岸分离以后形成“一宫两院”的发展过程与现状。

（王凌雨）

【中国作协八届八次主席团扩大会议】 10月23日，中国作家协会第八届主席团第八次扩大会议在北京召开。中国作协主席铁凝主持会议。中国作协党组书记、副主席钱小芊代表书记处做工作报告。中宣部副部长景俊海出席会议并讲话。会议深入学习贯彻习近平总书记在文艺工作座谈会上的重要讲话精神，认真学习《中共中央关于繁荣发展社会主义文艺的意见》，对中国作协的工作进行了总结，对深入学习贯彻习近平总书记在文艺工作座谈会上的重要讲话精神、学习贯彻意见做出部署。

（王凌雨）

【《蓝天白云》新书发布会举办】 10月26日，新西兰前国会议员霍建强的文学著作《蓝天白云》全球首发式在北京举办。该书由中国外文出版发行事业局朝华出版社出版发行，是“新西兰中文周”活动的主题用书，旨在促进中新两国青年进一步认知中国语言文化，加深相互交流理解。

（王凌雨）

【全国文学报刊工作会议】 12月1日~2日，由中国作家协会主办的全国文学报刊工作会议在北京召开。来自全国的96家文学报纸、期刊的负责人参加会议。会议的主要任务是深入学习贯彻习近平总书记在文艺工作座谈会上的重要讲话，认真落实《中共中央关于繁荣发展社会主义文艺的意见》，就“加强文学阵地建设”听取意见和建议，分析现状、明确任务、振奋精神，共商文学报刊繁荣发展之策。会议期间，中国作家出版集团举办了“文学名刊名编”论坛，来自全国的部分知名文学报刊社负责人围绕“繁荣发展社会主义文学，文学期刊和文学编辑的责任与担当”等议题进行了研讨。

（王凌雨）

【中国作协网络文学委员会召开第一次全体会议】 12月17日，中国作协网络文学委员会第一次全体会议在京召开。中国作协党组成员、副主席李敬泽出席会议并讲话，中国作协副主席、中国作协网络文学委员会主任陈崎嵘主持会议。与会委员围绕网络文学委员会的职能和2016年工作要点展开了讨论，并为网络文学委员会如何具体开展工作献计献策。

（王凌雨）

【中国作协儿童文学委员会年会】 12月21日，中国作协儿童文学委员会2015年年会在北京举行。此次会议以“立足本土原创放飞中国梦想——学习十八届五中全会精神把握和迎接儿童文学发展新常态”为主题，总结分析了2015年儿童文学创作状况和问题，并就引导儿童阅读、促进原创作品的创作和推广等问题展开了讨论。中国作协副主席李敬泽，中国作协副主席、中国作协儿委会主任高洪波，中国作协创研部主任何向阳，中国作协儿委会副主任王泉根、张之路、曹文轩，以及部分儿童文学作家、批评家参加了年会。

（王凌雨）

【中国作协诗歌委员会年会】 12月23日，中国作协诗歌委员会2015年年会暨第一次全体会议在京举行。会议总结了2015年诗坛的各种现象和问题，明确了诗歌委员会2016年的工作重点和具体任务。中国作协副主席吉狄马加出席并讲话。

（王凌雨）

评奖比赛

【第十一届十月文学奖】 1月23日，第十一届十月文学奖在北京颁奖。该奖评奖范围为2013年~2014年在《十月》刊发的作品。马原的《纠缠》、刘庆邦的《黄泥地》、范稳的《吾血吾土》获长篇小说奖。方方的《涂自强的个人悲伤》、陈鹏的《绝杀》、尤凤伟的《中山装》、弋舟的《所有路的尽头》、石一枫的《世间已无陈金芳》、陈应松的《滚钩》获中篇小说奖。周大新的《圆月高悬》、黄咏梅的《小姨》、黎晗的《朱红与深蓝》、王威廉的《当我看不到你目光的时候》获短篇小说奖。于坚的《尚义街六号——生活、纪录片、人》、鱼禾的《驾驶的隐喻》、苏宁的《果园记》、雨蛙的《冬日札记》、张承志的《方丈眺危楼》、沈浩波的《我从哪里来，要到哪里去?》获散文奖。沈苇的《她们》、吕德安的

《吕德安的诗》、刘立云的《去年在耶路撒冷》、娜夜的《诗人之心》获诗歌奖。

（王凌雨）

【2014年度中国作家出版集团奖】 1月29日，2014年度“中国作家出版集团奖”颁奖会在北京举行。人民文学杂志社《人民文学》外文版编辑部获特别贡献奖，刘心武、曾庆瑞、关仁山、李洁非、荣荣5人获优秀作家贡献奖，顾建平、哈闻、徐则臣、徐健、彭敏、郭汉睿、张克军、翟民、姬小琴、顾超10人获优秀编辑（记者）奖。

（王凌雨）

【“阿克塞”哈萨克族文学奖】 1月31日，由中国少数民族作家学会和甘肃省阿克塞哈萨克族自治县人民政府共同主办，民族文学杂志社协办的首届“阿克塞”哈萨克族文学奖在北京颁奖。叶尔兰·努尔得汗的诗集《幻想》获得“阿克塞”哈萨克族文学奖大奖，艾克拜尔·米吉提的短篇小说集《艾克拜尔·米吉提短篇小说精选》、朱玛拜·比拉勒的中篇小说集《生存》、胡马尔别克·状汗的中篇小说《无眠的长夜》和阿排泰·木哈拉甫的纪实文学《东迁的哈萨克》获得“阿克塞”哈萨克族文学奖创作奖。卡克西·海尔江翻译的《透明的红萝卜》、阿依努尔·毛吾力提翻译的《唐加勒克诗歌集》获得“阿克塞”哈萨克族文学奖翻译奖。艾多斯·阿曼泰的长篇小说《艾多斯　舒立凡》、哈志别克·艾达尔汗的组诗《音色阳光》获得“阿克塞”哈萨克族文学奖新锐奖。

（王凌雨）

【2014《民族文学》年度奖】 1月31日，2014《民族文学》年度奖颁奖会在北京举行。该奖从汉、蒙古、藏、维吾尔、哈萨克、朝鲜6种文版中共评选出39篇（首）获奖作品，包括于怀岸的《一眼望不到头》等10篇小说、丹增的《百年梨树记》等3篇散文、曹有云的《诗歌，词语，春天》等5组诗歌、《骆驼的眼泪》（金哲作、朱霞译）等12篇（首）翻译作品和温新阶的《青蛇》等9篇“中国梦”征文作品。

（王凌雨）

【2014年中国当代文学最新作品排行榜揭榜】 2月，2014年中国当代文学最新作品排行榜揭榜，共有中篇小说、短篇小说、报告文学、散文随笔4类体裁的20篇作品入选，每类体裁各有5篇作品上榜。其中包括何建明的《南京大屠杀》，张胜友、徐锋的《百年潮·中国梦》，李零的《说鼎》，帕蒂古丽的《被语言争夺的舌头》，蒋韵的《晚祷》，毕飞宇的《虚拟》，李零的《说鼎》，帕蒂古丽的《被语言争夺的舌头》等。

（王凌雨）

【第四届唐弢青年文学研究奖】 3月2日，第四届唐弢青年文学研究奖颁奖仪式在中国现代文学馆举行。5篇获奖论文分别是贺桂梅的《1940～1960年代革命通俗小说的叙事分析》、黄平的《革命时期的虚无：王小波论》、岳雯的《抒情话语与八十年代小说家的命运》、刘大先的《从时间拯救历史——文学记忆的多样性与道德超越》、李永东的《上海模式的中国乌托邦叙事》。会上还颁发了《中国现代文学研究丛刊》2014年度优秀论文奖，李书磊的《作为异文化体验的“梁启超游美”——重读〈新大陆游记〉》等6篇论文获奖。

（王凌雨）

【第六届《小说选刊》奖】 3月15日，由《小说选刊》杂志社和中国贵州茅台酒厂（集团）有限责任公司共同主办的第六届“茅台杯”《小说选刊》奖颁奖典礼在中国作家协会办公大楼会议厅举行。叶广芩的《太阳宫》、红柯的《故乡》、王十月的《人罪》获中篇小说奖。邓一光的《我们叫作家乡的地方》、王方晨的《大马士革剃刀》、蔡骏的《北京一夜》获短篇小说奖。周李立的《八道门》获得新人奖。游睿的《父亲的证明》获新增设的微小说奖。李伶伶的《数学家的爱情》、赵明宇的《饿刑》等获提名奖。

（王凌雨）

【首届青铜葵花儿童小说奖】 3月18日，由儿童文学作家曹文轩发起，人民文学出版社、天天出版社、曹文轩儿童文学艺术中心主办的首届青铜葵花儿童小说奖颁奖典礼在北京举行。《将军胡同》（史雷著）夺得最高奖“青铜奖”。《父亲变成星星的日子》（赵菱著）获得“金葵花奖”。《泥孩子》（刘玉栋著）获得“银葵花奖”。《飞鱼座女孩》（湘女著）、《艾烟》（星子著）、《镜子里的猫》（杨翠著）获得“铜葵花奖”。

（王凌雨）

【第五届全国高校文学作品征集、评奖、出版活动】 5月2日，第五届“包商银行杯”全国高校文学作品征集、评奖、出版活动颁奖仪式在北京大学英杰交流中心举办。此次活动由作家网、人民文学杂志社、包商银行、北京大学中国新诗研究所主办，共评出117篇（首）获奖作品。山东艺术学院夏小风的诗歌《与母亲一起洗澡》、四川省乐山师范学院朱灿的散文《听椅子慢慢坏掉》、广东韶关学院吴霞霞的小说《城》获一等奖。陕西理工学院程川等9人的作品获二等奖，中国传媒大学林侧等15人的作品获三等奖。湖南省湘潭大学吴辉等90人的作品获优秀奖。《2014中国高校文学作品排行榜》同时由漓江出版社出版发行。

（王凌雨）

【铁凝获法国文学艺术骑士勋章】 5月16日，中国作家协会主席铁凝在北京获颁法国文学艺术骑士勋章。法国外长洛朗·法比尤斯代表法兰西共和国授予铁凝勋章并致辞。法国驻华大使顾山，中国作协书记处书记阎晶明、对外联络部主任张涛，作家、翻译家、编辑家徐坤、格非、树才、包兰英等参加活动。

（王凌雨）

【第二届路遥文学奖】 6月12日，第二届路遥文学奖颁奖仪式在中国人民大学如论讲堂举行。湖南作家何顿凭借长篇小说《黄埔四期》获得第二届“路遥文学奖”，陶纯的《一座营盘》、王华的《花村》、次仁罗布的《祭语风中》、陈永和的《一九七九年纪事》和周瑄璞的《多湾》为入围作品。

（王凌雨）

【2015腾讯书院文学奖】 6月17日，“2015腾讯书院文学奖”颁奖典礼在北京举办，共颁发小说、剧本、非虚构、现代诗、歌词五类奖项。刘慈欣获颁“致敬小说家”；作家猫腻凭借作品《将夜》成为“年度小说家”；邹静之获评“致敬剧作家”；刘和平因《北平无战事》被选为“年度剧作家”；“致敬非虚构作家”由陈徒手摘得；“年度非虚构作家”则颁给作家袁凌；武玮获得“年度作词人”称号；诗人西川被选为“致敬诗人”；侯马被选为“年度诗人”。

（王凌雨）

【华夏星光原创文学大赛】 6月，由人民网发起，中影股份、电影频道、中国电影制片人协会、中视传媒、中国电影基金会等单位共同主办，星光中文网承办的首届华夏星光原创文学大赛在北京落幕。《百年国器》和《这只丑小鸭，不再安徒生》获一等奖，另有二等奖三名，三等奖五名，优秀奖十四名。

（王凌雨）

【“茅台杯”诗歌征文大赛】 8月18日，由诗刊社和茅台集团主办的“茅台杯”全球诗歌征文大赛颁奖典礼在北京举行。汤养宗的长诗《举人》获一等奖，叶舟的《在丝绸之路上痛饮》、阿华的《醉酒歌》、聂鑫森的《酒香飘袅的汉字》获二等奖，另有34位诗人的作品获三等奖、优秀奖。

（王凌雨）

【第26届科幻银河奖】 9月12日，由科幻世界杂志社与微像文化共同主办的第26届科幻银河奖颁奖典礼在中国现代文学馆举行。张冉的《大饥之年》和宝树的《人人都爱查尔斯》获最佳中篇小说奖，桂公梓的《金陵十二区》、吴岩的《打造一个新地球》和陈梓钧的《卡文迪许陷阱》获最佳短篇小说奖，索何夫获最佳新人奖，王安妮获最佳美术奖，杨枫、杨国梁获最佳编辑奖，《宇宙墓碑》（上海人民出版社出版，作者韩松）获最佳科幻图书奖，《新日之书》（新星出版社出版，吉恩·沃尔夫［美］著，栾杰译）获最佳引进图书奖，《未来考古学：乌托邦欲望和其他科幻小说》（译林出版社出版，弗里德里克·詹姆逊［美］著，吴静译）获最佳相关图书奖，刘宇昆（《杀敌算法》）获最受欢迎外国作家奖，刘慈欣获特别功勋奖。

（王凌雨）

【第九届茅盾文学奖】 9月29日，第九届茅盾文学奖颁奖典礼在中国现代文学馆举行。该届茅盾文学奖的评选范围是2011年~2014年出版的长篇小说。格非的《江南三部曲》、王蒙的《这边风景》、李佩甫的《生命册》、金宇澄的《繁花》、苏童的《黄雀记》5部作品获奖。同日，还举办了第九届茅盾文学奖获奖作家座谈会，获奖作家王蒙、格非、李佩甫、金宇澄、苏童谈了获奖作品创作情况和感悟，中共中央政治局委员、中央书记处书记、中宣部部长刘奇葆出席并讲话。

（王凌雨）

【第三届国风文学奖颁奖】 10月5日，由中国萧军研究会、华语红色诗歌促进会等单位联合举办的第三届国风文学奖颁奖活动在北京举行。李金明的小说《桃花寨复仇记》、忽培元的传记作品《我想延安苍生三部曲：群山、长河、浩海》、孟青禾的散文集《昨夜的神话》、雷从俊的评论《低处的高歌》、李炳智的诗集《一方水土的爱恋》、蔡诗国的长诗《诗化节义传，秦雪梅》、何真的组诗《让风吹去多余的时光》、张金春的诗歌《黑色思考》8部作品获奖，中国萧军研究会常务副会长萧鸣获特别贡献奖。

（王凌雨）

【第二届现当代诗学研究奖】 11月2日，由江汉大学现当代诗学研究中心、《江汉学术》编辑部主办的第二届“教育部名栏·现当代诗学研究奖”颁奖仪式在北京举行。《江汉学术》“现当代诗学研究”栏目是入选教育部哲学社会科学名栏建设工程的三批数十家学术期刊中唯一的诗学研究类栏目，“现当代诗学研究奖”也是海内外首创的汉语新诗诗学研究类专项大奖。此次获奖者分别是浙江工业大学讲师颜炼军、云南大学讲师李海英、首都师范大学教授张桃州和台湾逢甲大学教授郑慧如。

（王凌雨）

【“中国故事”征文颁奖】 11月16日，由人民日报社、中国作家协会联合举办的“中国故事”征文颁奖典礼在北京举行。“中国故事”征文活动从2014年9月开始，到2015年9月结束，共收到各类稿件万余件。最终，马娜的《天路上的吐尔库》、梅洁的《为了润泽北方大地》、贺捷生的《你好，水仙花》、鲍尔吉·原野的《大地·花朵·川流》、徐禾的《炼钢工的眼睛》、苏沧桑的《阿仁的王国》、李青松的《蓝莓谷》、荆永鸣的《回家的路》、丹增的《阿妈拉巴的酥油灯》、高建国的《冰湖上的小木屋》共10篇作品获征文优秀奖。

（王凌雨）

【海峡两岸网络原创文学大赛揭晓】 11月23日，由中国出版集团主办的“海峡两岸网络原创文学大赛”在北京揭晓。该大赛于2015年2月启动，共收到有效参赛作品1086部，来自中国大陆地区作品1047部，台湾地区作品30部，香港特别行政区作品4部，澳门特别行政区作品3部，加拿大华人作品2部。最终，《我的背后是祖国》《深圳瑶》《星星亮晶晶》《百草媚》《香艾吟》《凉茶谣》《塞北塞北》《宝贝，向前冲》等50部作品获奖。

（王凌雨）

【2015年度人民文学奖颁奖】 12月11日，2015年度茅台杯人民文学奖在北京颁奖。周大新的《曲终人在》和孙慧芬的《后上塘书》获优秀长篇小说奖；荆永鸣的《较量》和刘建东的《阅读与欣赏》获优秀中篇小说奖；金仁顺的《金枝》、叶广芩的《鬼子坟》获优秀短篇小说奖；何士光的《日子是一种了却》获优秀散文奖；白描的《翡翠纪》获优秀非虚构奖；李琦的《伶仃之美》和颜梅玖的《守口如瓶》获优秀诗歌奖；何建明长篇报告文学《南京大屠杀》和黄国荣长篇小说《极地天使》获特别奖；韩斌（Nicky Harman）、程异（Jeremy Tiang）和伊萨贝尔·毕蓉（Isabelle Bijon）获翻译奖。

（王凌雨）

【2015年度中国散文年会颁奖会】 12月11日~13日，由海外文摘杂志社、散文选刊·下半月杂志社、北京市通州区文化馆主办的“2015年度中国散文年会”颁奖会在北京召开。鲍尔吉·原野《更多的光线来自黄昏》、冯积岐《女人今年二十三》、谭仲池《湘江浩荡的人文气象》、田华《西沙故事》、陆令寿《投向世界的微笑》、周亚鹰《赵不迁的藏书楼》、廖静仁《我的胞衣树》、陆萌《北京城的草原赞歌》、于兆文《云的留痕，浪的柔波》、陈耿之《井冈山的紫玉兰》、李玉胜《你是我的兄弟》、张晓峰《只鳞片爪欧罗巴》、于志学《黑犴牛逸事》、魏清潮《希望的种子》14篇散文获得一等奖。另外，单修霞《我家这本“经”》等80余篇散文，分别获得二、三等奖和最佳散文集奖；年度“精锐奖”空缺。

（王凌雨）

【第二届华语红色诗歌征稿评选揭晓】 12月19日，由中国萧军研究会、华语红色诗歌促进会、中华国魂编委会、中红网、北京鲁煤诗文研究会、贵州作家网、九州诗歌学会组织的第八届“毛泽东颂”诗歌朗诵会暨第二届华语红色诗歌征稿评奖揭晓。习近平以推介传统优秀诗词被评选为第二届华语红色诗歌年度国家振兴奖。另评出华语红色诗歌终身成就奖、年度大奖、新锐奖、杰出奖、特别贡献奖等多个奖项，并对部分诗人在诗歌写作、诗歌评论、书画创作等方面取得的成绩予以奖掖。

（王凌雨）

交　　流

【五十六个民族作家红色赣州行】 4月8日~4月13日，由中国作家出版集团、中国作协创联部联合中共赣州市委宣传部组织了“56个民族作家红色赣州行”采访活动。该活动旨在贯彻落实习近平总书记在文艺工作座谈会上的讲话精神。以何建明、白庚胜为团长的采风团，在革命根据地瑞金、宁都、兴国、赣县、会昌、寻乌、龙南等地进行了采访，行程超过1500多公里，在接受革命传统的教育和洗礼的同时，还在生活中挖掘文学创作素材。

（王凌雨）

【铁凝会见尼泊尔作家】 4月15日，中国作协主席铁凝在北京会见尼泊尔司法部长夫人、女作家沙拉达·沙玛。铁凝与沙拉达·沙玛共同回顾了中尼两国在文学领域的交流与合作，并就两国女性文学和儿童文学创作情况进行了交流。

（王凌雨）

【北京作家走进拉萨校园】 4月23日~24日，北京作家走进了拉萨的10所学校，同时在拉萨市第一小学举办了由北京市文联主办，北京作家协会、东方少年杂志社承办的北京作家进校园暨第三届"东方少年·中国梦"新创意中小学生作文大赛拉萨赛区启动仪式。北京作家星河、葛竞、李林荣、王慧艳、聂峻、柔萱等分别在拉萨市第一小学、拉萨一中、拉萨八中等学校，举办了10多次讲座。

（王凌雨）

【俄罗斯儿童文学作家利哈诺夫作品版权引进签约仪式】　5月21日，俄罗斯儿童文学作家阿尔贝特·利哈诺夫图书版权引进签约仪式在北京举行。利哈诺夫是俄罗斯儿童基金会主席、知名作家，其作品在海内外出版100多种、发行3000多万册。经由中国文字著作权协会（以下简称文著协）代理，黑龙江少儿出版社与利哈诺夫签署协议，引进该作家5部儿童文学作品，即《我的将军》《欺骗》《负疚的心》《美好的愿望》《最严厉的惩罚》。在签约仪式上，利哈诺夫还与文著协签署了其作品的中国独家版权代理协议。根据该协议，自即日起，文著协成为利哈诺夫所有作品在中国境内的唯一版权代理人，全权负责其在中国境内的所有版权事务。

（王凌雨）

【第三届两岸青年文学会议】　5月28日～31日，由中国作家协会港澳台办公室主办、台湾文学馆合办、台湾文讯杂志社和中国现代文学馆协办的第三届两岸青年文学会议在中国现代文学馆举办。来自海峡两岸的30余位青年作家和评论家与会。会议以"长篇小说"为主题词，聚焦新世纪以来两岸长篇小说最新创作动态和学术研究成果。两岸青年作家和学者围绕"文体与叙事""小说与传媒""小说与城市""小说与历史"等议题，进行了广泛的交流对话。

（王凌雨）

【第三届中韩日东亚文学论坛】　6月13日～17日，第三届中韩日东亚文学论坛在北京、青岛两地举行。出席论坛的小说家、诗人、评论家、散文家、剧作家以及翻译家等共33人。该论坛的主题是"现实生活与创作灵感"。与会者围绕"文学创作灵感"和"文学与社会"两个话题进行演讲，并回答听众的提问。论坛期间，中国现代文学馆还举办了"中韩日三国文学交流展"。

（王凌雨）

【2015年中外文学翻译研修班】　8月25日～29日，文化部和中国作家协会在北京联合举办2015年中外文学翻译研修班。此次研修班设有中国现当代文学史及作品分析、中国古典诗歌赏析、当代作品翻译工程介绍、官话方言俗语结构及风格探讨、中国现代文学名家名作等讲座，以及中外汉学家翻译家文学翻译国际研讨会、中外文学翻译与出版沙龙，并设有作品阅读和交流环节。参加该研修班的有来自阿根廷、澳大利亚、比利时、巴西、保加利亚、克罗地亚、埃及、法国、德国、匈牙利等30多个国家的中青年翻译和出版界专家50余人参加了座谈会，并交流了各自对中国文学的见解和翻译心得。格非、周大新等获得茅盾文学奖的作家和李洱、邱华栋、计文君、徐则臣、石一枫、马小淘、笛安、文珍、李宏伟等中国当代中青年作家参与了部分交流环节。

（王凌雨）

纪　　念

【《当代》创刊35周年纪念活动】　1月21日，为纪念文学杂志《当代》创刊35周年，"为时代，为人民：文学记录中国——《当代》与中国新时期现实主义文学"主题活动在北京举办。活动包括"《当代》长篇小说2014年度论坛"和"《当代》创刊35周年"两部分。铁凝、王蒙、张胜友、阎晶明、刘心武、贾平凹、张炜、周大新、施战军、白烨等数十位作家、批评家参加了活动。活动中，在《当代》发表过作品的35位作家被授予"《当代》荣誉作家"称号。创刊于1979年的《当代》共出版《当代》220期，《当代增刊》20期，《当代长篇小说选刊》66期，发表作品近6000部（篇），其中8部长篇小说获得茅盾文学奖。

（王凌雨）

【文学界纪念雷加百年诞辰】　1月28日，由中国作家协会主办的雷加百年诞辰座谈会在中国现代文学馆举行。小说家、散文家雷加（1915—2009）是"东北作家群"的代表人物之一，出版有长篇小说《我们的节日》、《潜力》三部曲和散文特写集《五月的鲜花》等。中国作协主席铁凝，中国作协党组书记、副主席钱小芊，中国作协副主席李敬泽、陈建功，北京市文联党组副书记程慧民，以及束沛德、郑伯农、周明、解玺璋、陈漱渝、崔道怡、张守仁、张同吾、李霄明、刘慧英、郭娟等专家、学者和雷加的亲属80余人出席了座谈会。与会者高度评价了雷加的创作道路及文学成就。座谈会后，雷加亲属向中国现代文学馆捐赠了雷加部分手稿。

（王凌雨）

【文学界纪念杨宪益百年诞辰】　2月9日，杨宪益百年诞辰纪念座谈会在中国现代文学馆举行。中国作协主席铁凝、中国作协副主席李敬泽和来自各地的近百位专家、学者及杨宪益亲属参加了座谈会。与会者回顾了杨宪益的生平和他在文学翻译方面取得的成就。

（王凌雨）

【中国现代文学馆庆祝建馆30周年回顾展】 3月27日~6月25日，“记忆与守望”——中国现代文学馆建馆30周年回顾展在中国现代文学馆C座二层展厅举办。该展览回顾和展示了中国现代文学馆的发展历程。

（王凌雨）

【汪国真逝世】 4月26日，诗人汪国真在北京逝世。汪国真（1956—2015），生于北京，祖籍福建厦门。1982年毕业于暨南大学中文系。第一首比较有影响的诗《我微笑着走向生活》发表于《年轻人》1984年第10期，并被《青年博览》《青年文摘》转载。曾担任《辽宁青年》《中国青年》《女友》等杂志的专栏撰稿人。2005年，担任中国艺术研究院文学艺术创作中心主任。出版有诗集《年轻的潮》《年轻的思绪》等。

（王凌雨）

【冯至110周年诞辰纪念活动】 9月19日，“冯至先生诞辰110周年纪念座谈会”和“冯至先生诞辰110周年学术研讨会”在北京举行。中国作协副主席吉狄马加、中国社会科学院原副院长汝信等领导以及屠岸等作家、翻译家、学者和亲友近百人出席座谈会，缅怀冯至为人为文的品德及其贡献。冯至的女儿冯姚平代表亲属将冯至的手稿、信札、藏书等资料捐赠给中国现代文学馆。在学术研讨会上，曾镇南的《以一生尽其天职的诗人》、叶隽的《冯至与中国德文学科的开辟》、张辉的《冯至先生的多重精神探索给我们的启示》，以及张宽、佐藤普美子等国内外学者均高度评介了冯至的文学成就和对现今文坛的启示意义。

（王凌雨）

【“红迷嘉年华，梦幻大观园”活动】 10月16日~18日，为纪念曹雪芹300周年诞辰，由北京曹雪芹学会、中共海淀区委宣传部联合主办的“红迷嘉年华，梦幻大观园”活动在北京植物园曹雪芹纪念馆举办。该活动由“红楼·游”“红楼·赏”“红楼·艺”“红楼·说”四个板块组成，包括红学演讲、琴棋书画诗酒茶花香、美服、美食体验、红楼梦精雅生活产品展示、《红楼梦》相关文艺演出等活动。

（王凌雨）

【严文井百年诞辰纪念座谈会】 10月19日，严文井百年诞辰纪念座谈会在中国现代文学馆举行。中国作家协会主席铁凝，中国作协党组书记、副主席钱小芊，中国作协副主席、党组成员、书记处书记李敬泽，中国作协副主席陈建功、高洪波、张抗抗和周明等数十位作家、专家、学者以及严文井的亲属和生前好友参加了座谈会。与会者回顾了严文井的生平和他在文学创作方面取得的成就。

（王凌雨）

【曹雪芹300周年诞辰纪念大会】 10月30日，由北京曹雪芹学会、中共海淀区委宣传部联合主办的“第六届曹雪芹文化艺术节纪念曹雪芹诞辰300周年纪念大会”在北京植物园曹雪芹纪念馆雪芹广场召开。北京市、海淀区的相关领导，“曹学”“红学”专家，以及87版《红楼梦》的导演及部分演员，河北正定荣国府、丰润曹雪芹文化园、北京大观园、曹雪芹纪念馆等曹雪芹文化发展联盟和文化产业联盟代表出席了大会。在纪念大会当天，还举办了曹雪芹300周年诞辰纪念特展揭幕式经，上演了《红楼梦音乐传奇》。

（王凌雨）

研究与评论

【中华辞赋高端论坛】 1月17日，由中华辞赋杂志社、中国作家出版集团主办的“《中华辞赋》高端论坛”在中国现代文学馆举行。中国作协副主席、中国作家出版集团管委会主任、中华辞赋杂志社社长何建明和李东东等诗人、作家、评论家参加研讨。大家围绕辞赋等传统文体在新的历史时期如何传承、创新，更好地表达人民心声，更紧密地联系时代与社会等问题进行了讨论。

（王凌雨）

【李煦、曹寅与江南文坛学术研讨会】 1月24日，由北京匡时国际拍卖有限公司主办，北京曹雪芹学会、《CANS艺术新闻》杂志共同协办的李煦、曹寅与江南文坛学术研讨会，在国家典籍博物馆举行。来自北京曹雪芹协会、中国红楼梦学会、国家图书馆、中国艺术研究院、第一历史档案馆、中国社会科学院文学研究所、中国国家博物馆、首都师范大学、北京语言大学、中央美术学院、中国美术学院、人民文学出版社、北京曹雪芹文化发展基金会、北京曹雪芹纪念馆、红楼梦研究所、《红楼梦学刊》、《曹雪芹研究》、南京博物院艺术研究所、“台湾中研院”、“台湾国立中正大学”、“台北故宫博物院”以及山东省潍坊市文物局、青州市博物馆、昌邑市博物馆、台北何创时书法基金会等二十余家专业文博研究机构的专家，针对《李煦行乐图》中的李煦、曹寅与江南文士集团的“交游与使命”和清初肖像画创作与红学研究新进展等问题展开了深入探讨，认为此件作品文不仅为李煦和曹学的研究资料提供了重要的印证依据，也对清史研究和清代文学有重要的补缺与价值。

（王凌雨）

【《民族文学》广西中青年作家专号研讨会】 2月10日，《民族文学》广西中青年作家专号研讨会在京召开。《民族文学》2015年第1期是广西中青年作家专号，共收录了7个民族的7篇小说、5篇散文和44位诗人的诗歌，集中展示了广西少数民族文学的整体实力与精神风貌。其中的大学生诗页，集中发表了33位80后和90后青年诗人的诗作，白庚胜、聂震宁、石一宁、石才夫、赵晏彪等有关方面负责人与梁鸿鹰、何向阳、雷达、范咏戈、白烨、贺绍俊、王必胜、黄宾堂、王彬、王久辛等评论家以及严风华、凡一平、张柱林、林虹等广西作家与会。大家认为，专号中的文学作品有独特的思维方式，运用的技巧体现出了少数民族作家与众不同的美学考量。

（王凌雨）

【首届全国微型小说（小小说）高峰论坛】 3月15日，由小说选刊杂志社主办，以“微型小说（小小说）发展展望：创造力，优化、普及与提高”为主题的“首届全国微型小说（小小说）高峰论坛”在北京举行。中国作协党组成员、书记处书记阎晶明，评论家雷达、白烨、何向阳、贺绍俊和来自全国各地的微小说理论研究机构代表、作家、期刊编辑代表等参加了论坛。论坛着眼于微型小说（小小说）发展现状，围绕微小说的现状和趋势，重点探讨微小说如何实现“大众化”和“精品化”同步发展；如何有效运用移动互联网推动微小说写作和阅读热情；如何建设微小说理论评论体系，将微小说纳入中国文学传统等根本性课题，并进行了研讨交流。

（王凌雨）

【鲁迅文学院与文艺报社座谈习近平总书记讲话】 3月23日，鲁迅文学院和文艺报社共同在北京举办鲁院第二十六届中青年作家高级研讨班（文学评论班）学员座谈会，围绕学习习近平总书记在文艺工作座谈会上的讲话精神，热议加强和改进文学批评。鲁迅文学院常务副院长李一鸣，《文艺报》总编辑梁鸿鹰，副总编辑徐可、胡军，中宣部文艺局办公室副主任杨玉飞，鲁迅文学院教研部主任郭艳参加座谈会。与会人员认为：“当下的文坛，文学批评日益显示出不可替代的作用。批评是创作的一面镜子、一剂良药，是引导创作、提高审美、引领风尚的重要力量”。

（王凌雨）

【首届中国青年报告文学作家论坛】 4月12日~13日，由中国报告文学学会和中国作家出版集团主办，中国报告文学学会青年创作委员会承办的首届“中国青年报告文学作家论坛”在北京举办。来自全国各地各界的青年报告文学作家近50人参加了论坛。该论坛重点探讨了“努力学习习近平总书记在文艺座谈会上的讲话，深入理解坚持为人民写作的历史传承与现实意义”“当下青年报告文学作家创作和个人素质存在的问题与分析”“当下青年报告文学创作的困境、希望和发展方向”“对青年报告文学创作委员会未来发展建设的意见建议”等问题。

（王凌雨）

【全军文艺创作座谈会】 4月24日，全军文艺创作座谈会在北京召开。全军各大单位政治部宣传部领导，解放军艺术学院、全军各文艺单位和新闻出版单位领导等参加会议。会议深入贯彻习近平总书记在文艺工作座谈会和古田全军政工会重要讲话精神，落实军队文艺工作座谈会部署要求，集中研究创作强军文艺精品力作问题。中央军委委员、总政治部主任张阳对繁荣军事文艺、打造强军文化提出要求。会上，20位代表围绕军事文艺创作作了经验交流和汇报发言。

（王凌雨）

【全国儿童文学创作出版座谈会】 7月9日~10日，由中宣部和中国作协联合举办的“全国儿童文学创作出版座谈会”在北京召开。会议由中国作家协会党组书记、副主席钱小芊主持，中国作家协会主席铁凝，中宣部副部长庹震，国家新闻出版广电总局党组成员、副局长吴尚之出席会议并讲话，中国作家协会副主席李敬泽作会议总结。共青团中央、教育部、国家新闻出版广电总局等有关部门负责人，百余位儿童文学作家、评论家和29家专业少儿出版单位主要负责人参加会议。与会代表就繁荣儿童文学创作的相关问题进行了研究和讨论，分析了儿童文学面临的新形势、新课题、新任务，探讨了新的历史条件下儿童文学创作与出版的新常态、新问题。

（王凌雨）

【抗战题材文学创作研讨会】 8月27日，由中国作家出版集团主办、长篇小说选刊杂志社承办的抗战题材文学创作研讨会在北京举行。中国作协副主席何建明出席研讨会并讲话。20余位作家、评论家在回顾抗战题材文学创作历程的同时，重点围绕《南京大屠杀》《抗日战争》《寻找平山团》《极地天使》《三尺布》《吾血吾土》《来生再见》《磷火》《大国博弈·1945》《抗战救护队》等作品展开了讨论。与会者认为，抗战题材文学创作凝结着中华民族新的精神，抗日战争的伟大胜利汇聚着全民族的牺牲和奋斗，也包含着中国作家们的激情和奉献。中国抗战题材文学创作有独特的精神气质，它们真实深刻地记述了战争带给人民的深重苦难，鲜明生动地表现出中国军民不屈不挠的伟大品格。

（王凌雨）

【首都文学界举办纪念抗战胜利70周年座谈会】 9月6日，中国作家协会在北京举办首都文学界座谈会，纪念中国人民抗日战争暨世界反法西斯战争胜利70周年，共同讨论抗战时期我国作家及其文艺作品的地位和作用以及抗战文学创作的现状与发展前景。抗战时期参加革命、积极创作的老作家，首都文学界的作家、评论家代表等出席座谈会。邓友梅、柳建伟、孟繁华等与会作家、评论家分别从不同角度表达了他们对革命先烈、文学前辈和死难者的怀念，肯定了文学的社会价值和精神力量，表示要弘扬抗战精神，推动抗战文学创作。

（王凌雨）

【东方少年杂志社儿童文学创作座谈会】 9月21日，北京东方少年杂志社在宣武门商务酒店召开儿童文学创作座谈会。樊发稼、段立欣、星河等北京的儿童文学作家与东方少年杂志社的编辑共20余人参加了座谈会。与会人员围绕如何“把握时代脉搏，写出孩子们喜闻乐见的作品”的主题进行了广泛的探讨和交流。与会作家还分别介绍了自己的创作思路及出版计划，大家一致表示，创作少年儿童喜闻乐见的作品是儿童文学作家和少儿刊物共同肩负的使命。

（张燕鹰）

东方少年杂志社儿童文学创作座谈会

【“毛泽东诗词与中华民族伟大复兴的中国梦”研讨会】 11月2日，中国毛泽东诗词研究会在京举办“毛泽东诗词与中华民族伟大复兴的中国梦”学术研讨会暨中国毛泽东诗词研究会第十五届年会。与会专家认为，毛泽东诗词是革命浪漫主义和革命现实主义的完美结合，反映了中国人民在中国共产党领导下追求民族独立、人民解放、国家富强的强烈愿望和艰辛历程，展现了中国共产党人坚定的理想信念和百折不挠的奋斗精神，成为凝聚和体现时代精神的文学精华，是社会主义先进文化的瑰宝。

（王凌雨）

【重点网络文学网站座谈会】 11月6日，国家新闻出版广电总局在京召开重点网络文学网站座谈会，学习贯彻习近平总书记在文艺工作座谈会上的重要讲话和《中共中央关于繁荣发展社会主义文艺的意见》。国家新闻出版广电总局数字出版司副司长宋建新、中宣部文艺局网络文艺处处长刘涛及国内29家网络文学网站的主要负责人与会座谈。座谈会上，来自阅文集团、大佳网、阿里巴巴文学、中文在线、百度文学、晋江文学城、掌阅科技等9家重点网络文学网站的主要负责人从自身工作实践出发，围绕如何坚持以人民为中心的创作导向、怎样践行社会主义核心价值观、如何提高网络文学作品质量等问题，探讨了当前网络文学面临的形势，对网络文学作品弘扬中华优秀传统文化、唱响爱国主义主旋律、在网络文学创作中贯穿创新精神、推动原创网络文学走向世界等提出建议。

（王凌雨）

【《结合文学创作展开文学批评》】 载于《人民日报》11月17日第14版，作者钱小芊。文章指出文学评论应在借鉴吸纳人类丰富经验的同时，更多地关注中国经验、中国传统、中国现实，防止和克服“以洋为尊”“唯洋是从”；评论家要走出书斋，深入生活，面对中国当代变革中的新鲜经验，自觉以马克思主义文艺理论为指导，从中国文学发展实际出发。中国文学应当立足本土，更好地认识中国和表达中国；在世界文学格局中，中国文学应当保持主体性，不断增强文化自觉与文化自信；坚守中华文化立场、展现中华审美风范是中国当代文学创作者的文化责任；中国文学应当在实现中华民族伟大复兴“中国梦”的进程中切实发挥精神引领和价值支撑的作用。倡导围绕重大的文学主题，展开评论和创作的互动交流，努力开创多种批评平台，以更好地研究新形势下如何团结作家，集聚文学评论力量，发挥文学评论对创作和阅读的引导作用。

（王凌雨）

【中国作协举行产（行）业团体会员座谈会】 11月18日，中国作协产（行）业团体会员座谈会在京举行，中国作协11家产（行）业团体会员单位负责人与会。各产（行）业作协负责人分别针对自身产（行）业文学特点，结合本领域文学创作及文学活动开展情况进行了沟通与交流。与会人员还围绕产（行）业作协在新形势下的存在方式、运行模式，产（行）业作协体制机制建设，新媒体环境下产（行）业职工的文学需求与文学创作，产（行）业文学及产（行）业作协在中国当代文学以及中国作协工作中的作用与地位等议题展开讨论，并对中国作协今后的工作提出了意见和建议。

（王凌雨）

【《人民文学》德文版研讨会】 11月23日，由人民文学杂志社主办、德国大使馆文化处协办的《人民文学》杂志德文版LEUCHTSPUR研讨会在京举行。中国作协书记处书记阎晶明、德国大使馆文化参赞郝志强、《人民文学》主编施战军与会并致辞。研讨会上，鲁迅文学院副院长邱华栋，LEUCHTSPUR译审韩瑞祥、编辑总监龚迎新，作家林白、李浩等就中国当代文学的德语翻译以及海外传播等问题进行了深入探讨。为了让世界读者更方便、全面地了解中国当代文学，进而提升中国文学的全球影响力，2011年，人民文学杂志社创办了英文版，至今已出版14期，反响热烈。在此基础上，又陆续出版并筹划推出其他10个语种的版本。本期LEUCHTSPUR是《人民文学》推出的第一本德文版，在2015年10月法兰克福书展上获得了广泛关注。

（王凌雨）

【纪念先锋文学30年国际论坛】 11月28日，由北京师范大学国际写作中心、北京师范大学文学院、文学评论杂志社共同主办的“通向世界性与现代性之路”——纪念先锋文学30年国际论坛在北京举行。中国作协副主席李敬泽、北京师范大学校长董奇等出席论坛并致辞。与会者共同回忆30年前的文学发展，并就先锋文学精神价值及其对当下文学发展的意义等问题展开了深入讨论。在“新时期文学”的背景下，先锋文学重新彰显了文学本身的价值以及个人本位的意义，同时为后世留下了精神遗产。

（王凌雨）

培　训

【鲁迅文学院第二十六届中青年作家高级研讨班】 3月17日~5月18日，鲁迅文学院第二十六届中青年作家高级研讨班（文学评论班）在北京举办。来自全国的50名学员参加了研修、培训。该届高研班举办了4次学院层面的研讨会，学员自发开展了10次文学沙龙。该班还组织安排了学员赴延安、西安进行了两次社会实践活动。学习期间，学员们创作了大量作品并在全国多家文学报刊上发表，不少学员的作品获得了多种奖项。

（王凌雨）

【鲁迅文学院举办第八届网络文学作家培训班】 3月19日~4月3日，鲁迅文学院举办第八届网络文学作家培训班，共有来自不同网站、不同地域的55位网络文学作家参加培训。培训班还就网络文学作家如何融入文学大家庭等问题进行了交流。

（王凌雨）

【全军中青年文学创作骨干培训班】 4月1日，全军中青年文学创作骨干培训班在解放军艺术学院开班，来自全军部队的33名学员参加培训。为搞好本次培训，承担培训任务的解放军艺术学院文学系针对学员创作情况精心编制了教学计划，调配优质教学资源，让学员们学有所获。在为期14周的培训中，学员们按计划聆听高端讲座、专业授课，组织参观见学、基层采风，进行创作交流、作品考核答辩等教学内容。

（王凌雨）

【鲁迅文学院举办第十七期少数民族文学创作培训班】 4月16日~5月13日，鲁迅文学院举办第十七期少数民族文学创作培训班。该培训班共有来自全国14个省区市、17个少数民族的56名学员参加。该培训班开展了18次课堂教学、2次文学对话、1次社会实践、1次文艺观摩。

（王凌雨）

【2015《民族文学》少数民族文字版作家翻译家培训班】 6月3日~6日，由民族文学杂志社主办，中国民族语文翻译局、中国少数民族作家学会协办的“2015《民族文学》少数民族文字版作家翻译家培训班”在北京举办。此次培训班旨在总结办刊经验，探讨文学翻译的规律方法和文学创作的技巧，特别是通过培训进一步学习和贯彻落实习近平总书记在文艺工作座谈会上的重要讲话精神和中央民族工作会议精神。来自北京、内蒙古、西藏、新疆、青海、吉林、黑龙江等省、区（自治区）的蒙古族、藏族、维吾尔族、哈萨克族、朝鲜族70多位作家翻译家参加培训班。培训期间还邀请中国作协副主席何建明，中国少数民族作家学会常务副会长叶梅，中国作协机关党委常务副书记李霄明，中国人民大学外国语学院教授朱源，中央统战部二局处长王志刚等为作家翻译家们做专题讲座。

（王凌雨）

【中国作协举办全国省级作协负责人学习研修班】 9月21日~9月24日，中国作协在北京举办全国省级作协负责人学习研修班。该研修班主题是：深入学习贯彻习近平总书记在文艺工作座谈会和中央党的群团工作会议上的重要讲话精神，研究做好新形势下作协工作的改革创新问题。中宣部副部长景俊海，中国作协党组书记、副主席钱小芊在研修班讲话。中国作协主席铁凝，中国作协党组书记处吉狄马加、何建明、李敬泽、白庚胜、阎晶明出席了研修班活动。各省、自治区、直辖市作协，新疆建设兵团作协，延边作协等中国作协团体会员主要负责人参加了学习研修班。

（王凌雨）

捐赠收藏

【王金玲向北京中山堂捐赠《辛亥赋》】 3月17日，王金铃向北京中山堂捐赠了《辛亥赋》注释本，并在中山堂内举行了捐赠仪式。《辛亥赋》是辞赋家王金铃撰写的赋体书。该书站在历史和民族的高度，全方位立体地回顾了辛亥革命发生的历史背景——即清末衰微，列强瓜分中国的危困时势；论述并彰显了一代伟人孙中山及革命党人拯世救时百折不回的革命精神和废除千年帝制建立共和的过程及历史功绩，颂扬了国共合作所进行的北伐战争和抗日救亡的全民团结浴血同仇的壮烈经历。该赋被刻于由著名雕塑家黄庆国创作的孙中山浮雕肖像的背面。

（王凌雨）

【纪弦文物捐赠中国现代文学馆】 4月15日，“诗人纪弦先生文物文献捐赠仪式”在中国现代文学馆举行。纪弦是台湾诗坛的三位元老之一，他是现代派诗歌的倡导者。这次纪弦家属给现代文学馆捐赠有近千册纪弦藏书，170多封信札及纪弦书房的陈设及其他相关资料。中国现代文学馆副馆长梁海春，原馆长周明，馆长助理李洱，文学馆研究员北塔以及纪弦的家人出席了捐赠仪式。纪弦的家人们纷纷表示“这不但是纪弦先生的文献的回归，更是他精神的回归”，希望能够把他的诗与思想，永远地留在文学馆，发挥其更大的作用。

（王凌雨）

【冯牧藏书手稿捐赠仪式在京举行】 9月12日，冯牧藏书手稿捐赠仪式在中国现代文学馆举行。冯牧的女儿程小玲、女婿任肖兵夫妇将冯牧的珍贵手稿《战地手记》等以及生前收藏的作家著作签名本1000多册、名家书法作品等捐赠给中国现代文学馆，同时雕刻家宋小鸿也将他创作的《冯牧》铜像原创青铜定稿捐赠给中国现代文学馆收藏。中国作协副主席陈建功、高洪波、李敬泽，中国现代文学馆馆长吴义勤，以及徐怀中、贺捷生、谢永旺、邵燕祥等50余人参加捐赠仪式。

（王凌雨）

出版与传播

【《中国好诗·第一季》】 8月，《中国好诗·第一季》由中国青年出版社出版。该书是一套丛书。《中国好诗·第一季》包括10位诗人的10本诗集：即陈超的《无端泪涌》、汤养宗的《去人间》、臧棣的《必要的天使》、雷平阳的《悬崖上的沉默》、路也的《山中信札》、江非的《白云铭》、刘年的《为何生命苍凉如水》、宇向的《女巫师》、杜绿绿的《我们来谈谈合适的火苗》和王单单的《山冈诗稿》。

（王凌雨）

【《文学的使命与担当》】 10月，由作家出版社出版，钱小芊，吉狄马加主编。该书集中了文学界对于习近平总书记讲话精神的学习体会。总书记文艺工作座谈会重要讲话发表后，广大作家和文学工作者为讲话精神所鼓舞、所感奋。中国作家协会及时组织文学界的学习讨论，一手抓深入学习领会精神实质，一手抓工作的贯彻落实，不断把对讲话精神的学习贯彻推向深入。各省市区作协和行业作协也以多种形式开展了学习教育活动。这本《文学的使命与担当——学习总书记文艺工作座谈会重要讲话精神的理论和实践》，是全国各地方作协学习贯彻习近平总书记重要讲话精神的理论思考和实践结晶。其中，既有对总书记重要讲话精神的努力研究，又有对具体文学地位作用和规律特点的深入把握；既有对文学生产等内部环节的探析，又有对影响文学作品发展外部因素的探究。

（王凌雨）

【《社会主义核心价值观优秀文学读本》】 2015年，《社会主义核心价值观优秀文学读本》（六卷本）由北京联合出版社出版。全书150万字，由诗歌卷《温暖心河》、散文卷《爱在爱中》、报告文学卷《金城本色》、小说卷《最美的脸》、童话卷《快乐城堡》、小小说卷《那人那事》组成，展现了北京的历史和改革开放三十多年来的新气象、新面貌、新成果。

（王凌雨）

【中国诗歌网上线】 6月18日，由中国作家协会、中国作家出版集团主办的中国诗歌网正式上线。中国诗歌网分电脑端、手机端和客户端3个端口。电脑端拥有原创诗歌写作平台，网友可以在其中以诗会友，每天可以分享数以千计的诗歌新作；手机端能够方便诗歌爱好者随时随地阅读、聆听、创作、发表诗歌；客户端可下载，推送文字、音频、视频等多种类诗歌产品。

（王凌雨）

【散文集《妈妈的擂茶》】 12月，由商务印书馆国际有限公司出版，作者王惠明。本书收录了作者38篇散文，是作者对生活中最重要人物——父母、兄弟、妻子、女儿——真情实感的表达，也是作者近30年写作经历的积累。在《妈妈的擂茶》《送别母亲》《父亲》《父亲的水碾坊》《我们家的名片》《爱要大声喊出来》等多篇散文中，作者用军人的独特情感和经历，描写了作者成长过程中家庭生活的酸甜苦辣，表达了他对家庭，对父母、兄弟、妻子的爱。

（王凌雨）

【《诗流双汇集》】 3月，由天天出版社有限责任公司出版，作者屠岸、金波。这套书由两本组成，一本是屠岸创作和翻译的诗歌集《窗里窗外》，选取了40首屠岸翻译得最为满意的经典的英语儿童诗歌和10首原创诗歌。一本是金波创作的诗歌集《花开花落》，选取了50首金波最知名的原创儿童诗歌。两位诗人互相为彼此的50首诗歌做了诗性语言的点评。插图一律手绘，作者为西班牙画家雷卡森斯。

（王凌雨）

【中国作协与《文艺报》合作创办“抗战文学巡礼”专栏】 2015年，为纪念中国人民抗日战争胜利70周年，中国作协创研部与《文艺报》合作，推出“抗战文学巡礼”专栏，系统回顾、总结和评价自1931年“九一八”事变以来的中国国抗战题材的文学创作，深入探讨其历史、社会、美学意义与价值。

（王凌雨）

戏剧

2015年，北京地区的戏剧无论在戏剧基础设施的建设方面，戏剧的创作、演出领域，戏剧的国内外交流方面，还是在戏剧的理论研究和戏剧的教育传承层面，都呈现着一种持续发展的繁荣局面。

2015年，北京地区的戏剧基础设施建设进一步增强。新增的戏剧演出、排练场地有菊隐剧场、北京喜剧院、北京剧目排练中心，这些场所为戏剧的表演提供了新的空间。张火丁京剧程派艺术传承中心和海棠社等机构的创立为戏剧教育传承及演出创造了更为有利的条件。而北京戏曲评论学会群众评论分会、国际舞台美术联盟、中国戏曲教育联盟等机构的成立，则为戏剧的教育和研究搭建了新的平台。

2015年，北京的戏剧创作取得了不菲的成绩。无论是原创剧目的生产，还是改编移植的国外剧目，或是与国外戏剧团体和戏剧艺术家的合作方面均取得了很大的进展。新创作的戏剧不仅数量可观，还出现了古典诗词吟唱剧、浸没式戏剧、讲故事剧场、文献剧、新浪潮戏剧、非悬疑喜剧、自由体戏曲等新的戏剧概念，这些戏剧概念在不同程度上为戏剧创作注入了新的形式。

2015年，北京的戏剧活动依然频繁。各种展演、各类戏剧节和演出季、各种应时的演出，从年初到年末连续不断。值得一提的是首都剧场精品剧目邀请展演首次分为国内单元和国际单元，并且在不同时段分别举办。新出现了国家大剧院国际戏剧季这一国际性的戏剧演出活动，而连续多年的北京国际戏剧舞蹈演出季并未在2015如期开展。国务院印发的《关于支持戏曲传承发展的若干政策》以及随后在北京召开的全国戏曲工作座谈会，对北京乃至全国的戏曲工作都产生了积极的推动作用。

2015年，北京作为全国的文化中心和国际文化交流中心，在与国内各省、区、市的戏剧交流和国际戏剧交流方面，依然保持着举足轻重的不可替代的作用。国内很多省区市，及港澳台地区的戏剧团体陆续不断地进京演出，国外戏剧团体也频现于北京的各大演出场所，让北京观众能够目睹到全国和全世界最新的演出戏剧剧目与样式。北京地区的戏剧表演团体赴国内其他省、区、市以及国外的演出，扩大了北京地区戏剧演出的影响。其中，张火丁赴北美的演出加深了国外对中国戏曲的认识。

2015年，是国家京剧院建院60周年，也是中国评剧院建院60周年，国家京剧院和中国评剧院都举办了纪念活动。而一些戏剧艺术家和戏曲艺术家也在这一年谢世，他们为中国的戏剧事业和戏曲事业做出的贡献以及他们塑造的一批舞台艺术形象，则会永久的铭刻在人们心中。

2015年，北京地区在戏剧的理论研究方面也进行了新的探索。由民营机构繁星戏剧村举办的“有态度戏剧论坛”讨论了中国需要什么样戏剧节的问题。纪念梅兰芳1935年访苏演出八十周年国际学术研讨会探讨了梅兰芳在京剧传播方面的贡献以及国外通过梅兰芳的国外演出对中国京剧的理解和认识。与之遥相呼应的是“张火丁现象”专题研讨会，围绕2015年成立的张火丁京剧程派艺术传承中心以及张火丁的北美演出等现象，探讨了中国京剧在继承中国传统文化及在国际文化交往中的作用问题。此外，针对一些剧种和一些艺术家艺术成就召开的研讨会，也从不同角度进行了戏剧理论层面的探索。

2015年，北京地区在戏剧的教育与传承方面主要表现为戏曲的教育与传承。包括一些著名的戏曲艺术家举办的收徒仪式和一些普及性的戏曲教育。一些戏曲书籍的出版，无疑也在不同层面推动了戏曲的传承工作。

（张燕鹰）

机　　构

【北京戏曲评论学会群众评论分会】　2月8日，北京戏曲评论学会群众评论分会在北京老舍茶馆宣告成立。首批成为该分会会员的有8个票房组织，共有戏迷、票友200多人，其中不乏“北京大学未名京剧社”等知名剧社。该分会以票房、票社为团体会员，以服务票房、票社为宗旨，其目的是帮助戏迷、票友了解戏曲发展历史、提高欣赏和评论戏曲的水平，使票房、票社的活动从自娱自乐逐步走向为社会服务，为群众服务的模式。

（张燕鹰）

【中国木偶剧院花乡剧场】　4月3日，由中国木偶剧院与北京花乡花木集团合作打造的中国木偶剧院花乡剧场开业。首演剧目为大型音乐剧《桃花仙子》。该剧场位于世界花卉大观园北门的中国插花艺术博物馆内，剧场内有现代化的舞台、灯光、音响设施以及可伸缩座椅和高清LED大屏幕，可容纳观众650人左右。

（张燕鹰）

【海棠社】　4月13日，故宫博物院在文华殿前海棠树下，宣布成立故宫博物院青年戏剧社团——“海棠社”，同时启动故宫博物院90周年院庆剧目《海棠依旧》的排演工作。该社由故宫博物院关注院史研究、热爱舞台表演的年轻人发起成立。在成立仪式上，故宫博物院院长单霁翔作为荣誉社员，与剧社成员一起在一幅绘有海棠枝叶的画卷上，按下指印作为花瓣，共同完成一幅海棠花图画，与文华殿前盛开的海棠相映成趣。故宫博物院党委书记、副院长纪天斌，副院长宋纪蓉，故宫博物院办公室、党委办公室、工会办公室、团委办公室等部门负责人共同参加了剧社的成立活动。

（张燕鹰）

【北京喜剧院】　7月16日，以喜剧为专业定位的剧场——北京喜剧院正式营业。该剧院由国家大剧院、东方国际文化艺术中心有限公司、北京大道文化节目制作有限公司三方联手打造，陈佩斯任艺术总监。《戏台》作为北京喜剧院开幕大戏首演作品，开启了为期169天的开幕演出季。9台80场国内外喜剧佳作与10场北京喜剧艺术节剧目展相继亮相。北京喜剧院的管理运营工作由国家大剧院承担，它与歌剧院、音乐厅、戏剧场、小剧场一道成为国家大剧院“剧场群”成员，堪称国家大剧院的“第五剧场”。北京喜剧院原名“东方剧院”，位于东四十条桥南。喜剧院的舞台面积为432平方米，两层楼座共设1186席座位。

（薛晓金）

【国际舞台美术联盟】　10月25日，由联合国教科文组织国际戏剧协会和中央戏剧学院共同创办的“国际舞台美术联盟”在中央戏剧学院东城校区成立。文化部副部长董伟、联合国教科文组织国际戏剧协会总干事比安柯尼·托比亚斯等出席成立仪式并致辞。国际舞台美术联盟作为非营利性国际团体，内设舞台设计与体现、人物造型、灯光、多媒体、剧场技术、音响和文化遗产等多个专家委员会，成员为世界范围内不同专业的舞台美术专家，联盟通过大型展览、工作坊、讲座、大师班、专业网站、专著出版等活动，鼓励初学者和专业人士从事舞台艺术创作。

（薛晓金）

【中国戏曲教育联盟成立】　11月14日，由中国戏曲学院发起、海内外共52家戏曲教育单位参与的中国戏曲教育联盟成立大会在京举行。中国戏曲教育联盟理事长、中国戏曲学院院长巴图介绍，联盟成立后将紧密围绕“弘扬传承戏曲”开展工作，加强校际之间的交流与互动，创新戏曲教育交流、互动、合作、共赢的渠道，并建立会商机制和人才共享机制等，建立联合艺术创作、研究机制，共同搭建戏曲艺术人才培养成果展演平台，共同建立中国戏曲艺术教育专家库、戏曲教育论坛等。

（薛晓金）

【张火丁京剧程派艺术传承中心】　11月18日，中国戏曲学院张火丁京剧程派艺术传承中心成立。传承中心的主要工作内容包括教学、实践、创作、科研四个方面，即：传承程派艺术，举办程派艺术培训班，培养程派高级人才；每年进行示范演出等，参加社会重大活动；根据张火丁艺术特点，量身定做创作、改编或移植新剧目；研究程派艺术及“张火丁现象”（表演特点、创作机制、美学风格等），申报相关科研项目。

（薛晓金）

【北京剧目排练中心】　11月19日，北京剧目排练中心在京正式揭牌。该排练中心位于东城区美术馆后街77文创园内，是一栋建筑面积逾3000平方米的三层小楼。该排练中心共有2个大排练厅（每个110平方米）、10个中排练厅（每个80平方米），6个小排练厅（每个50平方米），并配有1个130平方米的剧目彩排合成厅。该排练中心内还设有更衣室、道具间、化妆间、餐厅等辅助设施。该排练中心排练厅的经营以非盈利为原则，按照低于市场标准的价格为有需求的首都文艺团体提供服务。收费标准为大厅500元/天，中厅300元/天，小厅200元/天。不同大小排练厅的租金仅相当于市场价格的2.5折至6折。

（张燕鹰）

【菊隐剧场揭幕】 12月11日，在北京人艺创始人之一、原总导演焦菊隐110周年诞辰纪念日在北京人艺第三座剧场“菊隐剧场”揭幕。这是国内首座以戏剧导演名字命名的剧场，位于北京东四南大街143号。剧场分上下两层，整体风格与首都剧场统一，是可容纳一百余名观众的专业剧场。菊隐剧场将着重发挥群众文化及戏剧普及的公益性职能，旨在为戏剧爱好者及非职业团体提供戏剧专业的实践平台和艺术交流平台，为更多新的戏剧形式的探索提供舞台空间。

（薛晓金）

剧 目

·戏曲·

【小剧场京剧《碾玉观音》】 4月9日，北京京剧院推出的小剧场京剧《碾玉观音》在繁星戏剧村首演。该戏题材源自宋话本同名小说，是一个凄美的人鬼恋故事。编剧、导演李卓群，作曲谢振强、韩光，主演谭正岩、吴昊颐、方旭、孙世民。

（吴熔秀）

【评剧《母亲》】 7月6日，评剧《母亲》在中国评剧大剧院首演。该剧根据真实故事改编，故事发生在北京密云。抗日战争爆发让邓玉芬与丈夫、儿子们原本安定的生活被彻底打乱，也让他们沦落为日本鬼子统治下的亡国奴。为了民族大义，邓玉芬的五个儿子和丈夫毅然参军、援军，支持抗日，不幸英勇就义，铸就了一段可歌可泣的英雄事迹。编剧刘锦云，导演张曼君，音乐唱腔设计刘文田、王亚勋、赵石军、戴锡英、刘冬然，主演王平。

（吴熔秀）

【昆曲《李清照》】 8月16日，北方昆曲剧院原创大戏《李清照》在梅兰芳大剧院首演。该剧不仅表现了历来人们对李清照诗情和才华的倾慕，而且着重以“离婚案”为主要载体展现了李清照率真果决、光明磊落、敢爱敢恨的刚健性格。编剧郭启宏，导演沈斌，唱腔音乐设计周雪华，主演顾卫英、肖向平、张贝勒、徐鸣珥。

（吴熔秀）

【京剧《南海子》】 9月21日，由大兴区文化委员会和北京戏曲职业学院合作的京剧《南海子》在大兴区影剧院首演。该剧以清朝顺治皇帝和爱妃董鄂氏在大兴南海子发生的一段爱情故事为主线，展现了南海子的地域特色。编剧刘侗，总导演韩建英，作曲谢振强，主演杨少鹏、郑潇。

（吴熔秀）

【国粹幽默剧《河东狮吼》】 9月24日，国粹幽默剧《河东狮吼》在北京喜剧院首演。该剧取材于明传奇《狮吼记》，讲述的是眉山书生陈季常惧内，被悍妒的妻子柳月娥打骂，深受其苦，后在好友苏东坡、佛印等人的帮助下，与妻子重修旧好，从此恩爱和睦的故事。该剧在表演上以京剧为主，融入了豫剧、评书、河北梆子等剧种的表现手段。编剧顾伯岳，导演卢东来，主演有京剧演员王宁、索明芳、付毅、刘冰，曲艺演员王玥波等。

（张燕鹰）

【京剧《西安事变》】 10月12日，为纪念中国人民抗日战争暨世界反法西斯战争胜利70周年，由国家京剧院创排的现代京剧《西安事变》在梅兰芳大剧院首演。该剧着力塑造了在西安事变过程中的张学良、周恩来、宋美龄、蒋介石、杨虎城等历史人物。编剧孟冰，导演娄酒鸣、孙桂元，唱腔设计谢振强，主演于魁智、朱强、李胜素、王越、胡滨。伴奏由京剧传统乐队和45人编制的交响乐队组成，指挥胡炳旭。

（吴熔秀）

【京剧《裘盛戎》】 11月26日，由北京京剧院创排的原创京剧《裘盛戎》在长安大戏院首演。该剧以裘盛戎“参与创排样板戏《杜鹃山》”为线索，还原了一代京剧大师的晚年命运。在20世纪60年代中后期，北京京剧团创排现代京剧《杜鹃山》。裘盛戎倾尽热情、孜孜以求在《杜鹃山》中塑造主要角色乌豆，却由饰演A角到饰演C角，最终被换下的“三起三落”。编剧王新纪，导演陈霖苍，唱腔设计朱绍玉，主演孟广禄、王蓉蓉。

（吴熔秀）

【昆曲《图雅雷玛》】 12月10日，昆曲《图雅雷玛》在清华大学新清华学堂首演。该剧根据俄罗斯欧隆克—雅库特英雄叙事诗《美丽的图雅雷玛》改编。该剧讲述的是地狱魔王企图强行霸占草原上美丽善良的姑娘图雅雷玛，如不能得逞，便将人间化为火海。图雅雷玛为人间免于苦难，准备应允地狱魔王。此时，图雅雷玛偶遇天界勇士尤龙乌兰，两人一见钟情，尤龙乌兰决意下凡相助。最终，图雅雷玛与尤龙乌兰施展智慧，利用魔王的贪婪和魔王妹妹的好色，最终战胜了恶魔，赢得了上中下三界平安。编剧王焱，主演张媛媛、杨帆等。

（张燕鹰）

【自由体戏曲《如烟情仇》】 12月11日，由中国戏曲学院导演系

2012级戏曲导演本科班集体创排的毕业大戏——自由体戏曲《如烟情仇》在中国戏曲学院大剧场首演。该剧根据普契尼的歌剧《图兰朵》和魏明伦的川剧《中国公主图兰朵》改编。该剧讲述了一个虚构的历史故事，古代华夏乌有国被子虚国打败，乌有国国王把刚出生的太子（柳复）托付给大臣李东田（后改名柳正良），嘱托他抚养太子，将来伺机复国。柳正良携太子与柳儿（柳正良之女）杀出重围，隐居孤岛。17年后，子虚国公主张榜招赘驸马，柳正良借机向已成人的太子道明真相，望太子以招赘之名行复国之事。然而，17年的孤岛生活已让柳复与柳儿心生情愫。面对儿女私情，国仇家恨，太子内心展开了一场生死较量。总编导王永庆，编导黄依群、李小琴，中国戏曲学院2012级戏曲导演本科班的全体同学担任编导组成员并出演主要角色。

（张燕鹰）

【京剧《正考父》】　12月18日，由北京京剧院与国家大剧院联合出品、制作的京剧《正考父》在国家大剧院首演。该剧通过“筑堤”和“考鼎”两条主线，讲述孔子七世祖正考父严以修身、清廉从政、恭勤为民、忠义传家的故事。编剧蔡赴朝，导演任鸣、陈霖苍，作曲、唱腔设计朱绍玉，主演杜镇杰、李宏图、张慧芳，张建峰、杨少彭等。

（张燕鹰）

【新编历史京剧《伏生》】　12月18日，新编历史京剧《伏生》在北京国安剧院首演。该剧讲述了一代大儒伏生忍辱负重传承儒家经典《尚书》的故事，从侧面展现了秦朝“焚书坑儒”那段历史。编剧孟冰、罗周，导演王晓鹰、荀皓，唱腔设计李祖铭、邱小波，主演张建国、魏积军、张兰、吕昆山等。

（吴熔秀）

·话剧·

【话剧《爱情的印象》】　1月6日，话剧《爱情的印象》在北京9剧场切CHE·行动剧场首演。该剧改编自史铁生的长篇小说《务虚笔记》。作品以一所即将拆除的旧房子为场景，最初是女教师O、男医生F在此相遇，这房子与他们的童年、他们的人生、他们的爱情有着千丝万缕的联系。在一番抽丝剥茧的回忆后，二人相约一个月后在此再见。然而在约定的日子里出现在这里的却是男画家Z和女导演N，他们与这所房子同样有着千丝万缕的关联，他们都是替死去的爱人前来。编剧李健鸣，导演、改编张南，主演石凉、夏力薪。

（张燕鹰）

【话剧《甄嬛传》】　1月7日，由北京市演出有限责任公司制作、出品的话剧《甄嬛传》在北京保利剧院首演。作品根据同名小说、电视剧改编，全剧分为开场、入宫、幻灭、回宫、死亡盛宴、权力之巅6幕，讲述了在一个虚构的皇权社会，一群外表灿若桃花，内心极度压抑的女人的故事。尤其是其中一个叫甄嬛的女子是如何从天真烂漫到登上权力顶峰的异化人生。对于后宫这个独特的存在，作品并不关注权力争斗如何轮回，只关注女人在特定环境下的命运和成长。编剧杨涩堃、庄一，导演黄凯、王婷婷，主演马婵娟等。

（张燕鹰）

【贺岁喜剧《土豪的一千零一夜》】　1月14日，由众筹宝携手至乐汇怪咖剧团联合推出的贺岁喜剧《土豪的一千零一夜》在北京9剧场首演。该剧改编自瘦马在微信上连载的同名小说。作品讲述的是明朝万历年间，一个名不见经传的戏班菊华社机缘巧合之下卷入了神秘未知的土豪世界，一群生活在社会底层的穷苦演员与王侯将相、真假土豪一起纠缠于宿命安排的权钱交易中，一出丑态百出的人间喜剧就此登场。剧中杂糅了戏曲、歌舞、武打元素，热闹好看的同时，直指当下，令人反思社会现实。编剧满意，联合编剧赵晨东、孔庆冰，导演赵晨东，怪咖剧团演出。

（张燕鹰）

【话剧《旧爱》】　1月14日，由北京本末国际文化艺术中心和丑儿戏剧工作室联合出品的德国当代经典话剧《旧爱》在北京鼓楼西剧场首演。该剧由德国剧作家施梅芬尼创作，探讨的却是一个毫无文化及国籍隔阂的爱情命题。人到中年的弗兰克家有妻儿，生活和睦，正准备举家搬迁到另一个城市开始新的生活。然而神秘女人罗米的突然到访，却让二十四年前的一段旧爱被强行忆起，也让弗兰克安稳的家庭走向了猜忌与崩塌。该剧编剧为德国人罗兰·施梅芬尼，导演杭程，主演郭柯宇、周迅、郑铃也、秦枫、柴仲思等。

（吴熔秀）

【话剧《万尼亚舅舅》】　1月20日，北京人艺版话剧《万尼亚舅舅》在首都剧场首演。该剧讲述的是万尼亚与外甥女索尼娅经营着过世姐姐的农庄，并一直供养索尼娅住在城里当教授的父亲。教授退休后带着年轻的续弦夫人叶莲娜回到了乡下。索尼娅暗恋的乡村医生和舅舅万尼亚都倾慕叶莲娜，致使索尼娅痛苦不已。教授想变卖前妻的庄园以维持自己在城市的生活，愤怒的万尼亚向教授举起了枪，教授只得携续弦夫人回到了城里，而万尼亚继续着供养教授的劳作。原作契诃夫[俄]，翻译焦菊隐、童道明，导演李六乙，主演濮存昕、卢芳、牛飘、孔维等。

（张燕鹰）

【话剧《爱恋·契诃夫》】 1月29日，为纪念契诃夫155周年诞辰，由中国国家话剧院出品的话剧《爱恋·契诃夫》在中国国家话剧院小剧场首演。该剧以《海鸥》在1869年圣彼得堡首演失败为背景，讲述了郁郁寡欢的安东·契诃夫与丽卡·米齐诺娃在创作事业和婚姻情感之间的故事。剧中，契诃夫寻求着丽卡带来的心灵慰藉，以支撑自己继续创作。丽卡支持着契诃夫，却对其拒绝自己的婚姻请求而痛苦。对于契诃夫来说，一边是利用生活中获得的新鲜爱情感作为作品的灵魂，另一边却又渴望自由而排斥婚姻。编剧童道明，导演杨申，主演宗平、伊春德、李冰、陈诚等。

（吴熔秀）

【话剧《只因单身在一起》】 1月30日，由湖南芒果娱乐有限公司和上海上象文化发展有限公司联合出品，根据同名电视剧改编的互动话剧《只因单身在一起》在北京东方剧院首演。该剧将智能手机引进剧场，观众可以通过“摇一摇”来决定剧中主人公的爱情，看到感动处时观众脸上挂着眼泪跟着一起摇动手机。该剧和以往的传统话剧不同，演到一段，便会停下来，演员会请观众们拿出手机通过“摇一摇”的方式选择剧情的走向。大屏幕当场便会显示两个“阵营”的观众们各自“摇”出的票数以及“摇票”频率最高的前三名观众。之后剧情便根据观众们的选择继续进行。剧组为此准备了五个不同版本，演员的台词和表演完全不同。导演黄盈，主演潘粤明、戴娇倩、张予曦、黄艺馨等。

（吴熔秀）

【话剧《反串》】 1月30日，北京人艺2015年第一部原创小剧场剧目《反串》在人艺实验剧场首演。该剧通过讲述一段民国时期教书先生与绑匪之间对峙的故事，再现中国传统文人的风骨。故事虽然发生在民国，但采取了“戏中戏”的表现手法，用现代剧团排演一出戏的形式引出“绑票”的故事。编剧范伟、吴彤，导演丛林，主演罗熙、陈宣宇、郑晨。

（吴熔秀）

【话剧《食堂》】 2月11日，北京人民艺术剧院原创话剧《食堂》在首都剧场首演。该剧聚焦工业背景下的工人以及周围人的生活，以一座国营老钢厂的食堂为背景，讲述了这里三十年的变迁。熟悉的打饭窗口，身穿白大褂的师傅们，以及排队的人群，全剧散发出浓浓的生活气息和老北京的人情味儿。编剧苑彬，导演顾威，主要演员王长立、张万昆、尹伟、张福元等。

（吴熔秀）

【话剧《恋人》】 3月26日，由白光剧社制作的话剧《恋人》在东方先锋剧场首演。该剧改编自爱尔兰剧作家布莱恩·弗里尔的剧作，由《成》《败》两部主题统一但情节独立的短剧构成，围绕两对境遇截然不同但命运有所勾连的情侣，探讨了在世俗、宗教（或任何社会制度）和婚姻的拘囿之下，幸福是否存在、是否能被发现、是否属于恋人这一系列问题。编剧爱尔兰人布莱恩·弗里尔，导演谭韶远，主演张铭益、项斌、周觅、陈婧等。

（吴熔秀）

【话剧《蠢蛋》】 4月1日，由壹怡旖艺（北京）文化传播有限公司联合哲腾文化共同出品的话剧《蠢蛋》在北京9剧场TNT剧场首演。该剧讲述的是一个发生在未来的故事，三位触犯连带责任罪——《凯文法案》的囚犯站上了真人秀的舞台，为了获得减刑一争胜负。剧中四个风格不一的故事由《凯文法案》贯穿始终，同时在饶晓志与主创们精心搭建的“淡未来”与“蠢蛋”主题中制造笑料，进而引发观众思考。该剧是饶晓志继舞台剧同系列作品《咸蛋》后的第二部话剧。编剧饶晓志、刘婧、藏志、王子月，导演饶晓志，主演任素汐、董博、王戈。

（吴熔秀）

【小剧场话剧《跳墙》】 4月1日，小剧场话剧《跳墙》在北京人艺实验剧场首演。跳墙和尚的说法古而有之，一个孩子生下来八字尅父母，便会被送到寺庙挂名出家。等到十几岁时再下山回到俗世。该剧以这一说法为线索，讲述了这样一个故事。一座孤山上的小小寺庙，庙里有个老和尚，曾经有个大师兄，现在有个小和尚。小和尚即将跳墙出山回到家里，却在跳墙的前夜犹豫不已。是回家从此耕读一生，和每个山下的人一样？还是继续留在山顶的寺庙，做一个每天只知道吃斋念佛的小和尚？这是小和尚的选择题，或许也是每个人的选择题。该剧曾以27分钟的“乌镇戏剧节”竞赛剧目，在2014年乌镇戏剧节的舞台上获最佳戏剧奖“小镇奖”。后经过导演毛尔南的重新润色，升级为70分钟的小剧场话剧。编剧杨浥堃，导演毛尔南，主演刘美池、彭璐琦。

（张燕鹰）

【小剧场话剧《朦胧中所见的生活》】 4月17日，北京人艺小剧场话剧《朦胧中所见的生活》在北京人艺实验剧场首演。该剧根据高尔基短篇小说《切尔卡什》和李师江短篇小说《老人与酒》改编，题目来自墨西哥诗人帕斯的同名诗。该剧有三个主要人物：飘荡在城市边缘的小偷老梁，面对金钱诱惑的民工小白，垂暮之年横遭变故的孤独老人老邱，他们是生活搏斗的失败者，对人生几乎毫无还手之力。全剧由小白贯穿全场，演绎出两个小“对子戏”。编剧范党辉，导演班赞，主演张万昆、韩涵、魏嘉诚、班赞等。

（吴熔秀）

【话剧《丽南山的美人》】　4月25日，北京鼓楼西文化有限公司制作的话剧《丽南山的美人》在北京鼓楼西剧场首演。作品讲述了一个略显荒诞又在现实生活中有迹可循的故事：一位已过中年的女儿被自己的母亲以爱的名义束缚压抑多年，最终导致了一场家庭悲剧。编剧为英国人马丁·麦克多纳，翻译胡开奇，导演张彤，主演冯宪珍、李梅、孙立石、查查。

（张燕鹰）

【话剧《枕头人》】　4月25日，由北京鼓楼西文化有限公司出品的话剧《枕头人》在北京鼓楼西剧场首演。作品讲述了在一个小镇上，有三个儿童相继失踪。其中两人已被证实惨遭杀害，而第三个孩子至今下落不明。一连串的证据将怀疑指向了在小镇屠宰场工作的业余作家卡图兰。在审讯室中，随着警探图波斯基和埃里尔的深入调查，卡图兰所写的一个个关于“虐杀儿童”的作品也呈现在了观众面前。第三个失踪儿童的命运究竟如何？作家和作家的弱智哥哥，谁才是真正的凶手？卡图兰的小说仅仅是一个个“黑色童话”故事，还是对现实世界“精神本质”的真实记录？编剧为英国人马丁·麦克多纳，翻译胡开奇，导演周可，主演赵立新、罗巍、田蕤、李虹辰、吴嵩、徐子道等。

（张燕鹰）

【话剧《燃烧的疯人院》】　5月6日，由北京凡木戏剧工作室引进的话剧《燃烧的疯人院》在北京西区剧场首演。该剧改编自澳大利亚编剧 Louis Nowra 的同名经典作品。该剧以自传式话剧讲述了一个刚刚毕业的大学生路易斯给精神病院的病人们排演歌剧的经过。演出的“戏中戏”部分是整部话剧的一大亮点。原作 Louis Nowra，导演佟欣雨，主演赵骞、张子涵、苏娅、蒋易、李嘉龙、姜哲元、王辰昊、田甜、李松楠等。

（吴熔秀）

【话剧《失歌》】　5月7日，2014爱丁堡艺穗节获奖作品——三拓旗剧团演出的话剧《失歌》在国话先锋剧场进行了国内首演。该剧没有情节主线，全剧由九个单元组成。由“击鼓传花”的游戏作为连接形式的主轴。通过面具传递的方式将故事穿联。鼓声响起，面具开始在演员手中传递，鼓声一落，谁手中持有面具，谁就必须带上它，扮演一个老者以及与他有关的故事。于是生命的种种悖论在咚咚的鼓声中一一上演，有喜悦，有温情，有无奈，也有悲凉。编剧、导演赵淼，主演胡翰驰、张嘉文、孔令鹏、史挺、袁芷寒、杜帅强。

（吴熔秀）

【话剧《那年我学开车》】　5月15日～24日，北京鼓楼西文化有限公司推出的跨国合作项目——话剧《那年我学开车》在北京鼓楼西剧场上演。该剧曾获普利策戏剧奖。这是一部“洛丽塔”式的话题之作，以女性视角更加细腻地表现出一个女孩的隐秘青春。一个叫小贝的女孩，其成长过程中遭遇了一种说不清道不明的复杂情感，于是，她不同寻常的青春，成为一段混杂着爱情、亲情以及性的隐秘回忆。编剧为美国人玻拉·沃格尔，翻译胡开奇，导演李迈，主演李晔、张晔子等。

（吴熔秀）

【话剧《太行情歌》】　5月20日，由中国戏曲学院和黑龙江省文化厅联合出品的话剧《太行情歌》在梅兰芳大剧院首演。该戏是出品方在多年联合办学、开展研修培训教育的基础上，为纪念中国人民抗日战争暨世界反法西斯战争胜利70周年打造的剧目。该剧由邵宏超、董汶亮带领学生分别担纲编剧、导演，携手黑龙江戏剧表演高研班学员共同创作，讲述了抗战时期发生在太行山区的一段感人至深的往事，突出了爱国主义、家国情怀和反法西斯主题。

（吴熔秀）

【话剧《不可儿戏》】　6月4日，由北京聚心赢众文化传播有限公司出品的话剧《不可儿戏》在繁星戏剧村首演。该剧是英国艺术家奥斯卡·王尔德最著名的讽刺喜剧作品，讲述了两个为自己编造虚假身份的人最终却发现自己编造的一切都是事实的荒诞故事。此次演出的改编本，从台词到舞台人物的设定都进行了大量本土化的改造。剧中人物不仅有了中文名字，更大谈当下中国社会热点与网络段子。原著奥斯卡·王尔德，改编、导演周黎明，主演刘晨睿、秦震、木易、屈子龙、李心博、张敏倩、孙率兵等。

（张燕鹰）

【话剧《死水边的美人鱼》】　6月17日，浸没式戏剧《死水边的美人鱼》在蜂巢剧场首演。该剧以“浸没式”的特殊视角零距离接近演员，观众可以随意走动，身临其境地体验无法预知的剧情。观众不再被动地按规定的剧情去欣赏戏剧，而是可以主动选择跟着某个角色，既可以远观，也可以就在一尺之内贴身看表演的细节。唯一的要求就是不能说话。浸没式戏剧的概念最早起源自英国，近几年迅速成为美国纽约的文化热点，它重新定义了观众与演出空间“观看”的关系，以及演员与叙事的“表演”关系。该剧讲述的是一个关于身体出轨与感情投契的爱情悲剧。男主人公爱着妹妹，却为了利益出卖了爱情娶了姐姐，生活在同一屋檐下的夫妻两人从不照面，相互回避、相互怨恨。妻子的痛苦与日俱增，丈夫和妹妹也各揣心事，阴谋、爱欲、权利、谋杀，这些所有的矛盾在一次夜宴上全面爆发。导演孟京辉，演员张紫淇、刘畅、寇智国、钟文斌、毛雪雯、朱金棵、齐林、丁韶仪、蔡舒婕等。

（吴熔秀）

【讲故事剧场《雪夜》】 6月26日，中国与以色列联合制作的讲故事剧场《雪夜》在蓬蒿剧场首演，该剧改编自中国作家端木蕻良的同名短篇小说。讲故事剧场是一种独特的戏剧门类，讲述故事的角色与戏剧情境紧密交织。通过这种将文本转化为舞台事件的机制，文本的深层结构以及隐含的意义被彰显出来，时间与空间的不同层面被赋予形象，呈现在舞台上。词语、人声、声音、动作、物件和舞台画面以出人意料的方式连接在一起。作品讲述的是过年前的一个雪夜，地主家的李总管下乡收租。没能收上来一个现钱，他骑上毛驴，冒着大雪，星夜踏上归程。在路上，他一度陷入遐想和绝望，最终冻死在一间废弃的民居门前。原著端木蕻良，导演为以色列人露丝·康内尔，主演李腾飞、富鹏栩。

（吴熔秀）

【文献剧《关于美好新世界》】 6月26日，由北京德国文化中心·歌德学院（中国）和中央戏剧学院支持的文献剧《关于美好新世界》在北京鼓楼西剧场首演。与一般的戏剧演出不同，文献剧没有起伏跌宕的戏剧冲突，只是将现有资料和事实情况进行梳理，并呈现在舞台上，因此也被认为是“以舞台写历史”。该剧内容是由中央戏剧学院戏剧文学系2011级的学生“采访”他们各自的祖父母，收集了他们和自己一样年轻时的种种记忆及其对新世界的畅想。这些采访通过学生的叙述、多媒体影像以及录音等形式呈现在舞台上。在剧场里，观众不仅能体验到采访过程本身，同时也能感受到全景式呈现的氛围，从而激发观众对过去人们生活的全面想象。戏剧构作李亦男，导演为德国人马蒂亚斯·约赫曼，表演者为中央戏剧学院戏剧文学系戏剧构作课2011级、2012级学生。

（吴熔秀）

【话剧《宛平人家》】 6月28日，为纪念中国人民抗日战争暨世界反法西斯战争胜利70周年，由中国人民抗日战争纪念馆、北京市丰台区人民政府、中共丰台区委宣传部、丰台区教委出品，丰台区人民政府、北京市文联、丰台区教委、北京一九九八国际青年艺术剧团等联合制作，北京一九九八国际青年艺术剧团演出的大型史诗话剧《宛平人家》在北京十二中首演。该剧讲述的是1937年“七七事变”前后，宛平城内老工人岳全勇、农民牛在田、商人孟养斋三户人家以及宛平简易师范学校师生在日本侵略者围困下，与国民党二十九军将士及共产党领导下的民先队奋起抵抗的悲壮故事。编剧、导演王鹏博，主演董一兵、张阔、陈进、文博、张丹彤等。

（张燕鹰）

【文献剧《有冇》】 6月30日，文献剧《有冇》在钟鼓楼广场和蓬蒿剧场演出。该剧是中央戏剧学院的教师李亦男与奥地利萨尔斯堡莫扎特艺术大学的教师克里斯多夫·莱普奇各自带领两校学生在两地平行进行的大型文献剧项目，是两国大学生在各自国家，进行关于物品、占有、消费与贫富分化问题的访谈调研，并将最后的调研结果呈现在舞台上。此次演出是中戏戏文系史论班2012级同学们戏剧构作课为期一年的文献剧项目的汇报演出。

（吴熔秀）

【话剧《新北平市长》】 7月1日，由西城区第一文化馆出品的革命历史题材话剧《新北平市长》在西城区第一文化馆缤纷剧场首演。该剧讲述了新中国成立后，聂荣臻担任了北京市第一任市长，他以革命家的勇气和智慧，组织完成了开国大典、改造龙须沟、打击邪教、粉碎国民党特务炮轰天安门阴谋等一系列具有重大意义的事件，彻底改变了古都旧貌，使北京成了名副其实的新中国首都。该剧改编自第八届戏剧文华奖获奖作品《古都春晖》，由文化馆业务干部和部分长期活跃在西城区群众文化舞台上的文化志愿者共同创作演出。

（张燕鹰）

【话剧《生命密码》】 7月8日，由中国保险行业协会和北京市演出有限责任公司出品的原创话剧《生命密码》在北京解放军歌剧院首演。该剧根据真人真事改编，讲述的是2009年宁波某寿险公司普通员工林萍把近一半的肝脏移植给8岁女孩徐洁，这对“熟悉的陌生人”一日间成为“肝胆相照”的“亲人”的故事。林萍无偿捐肝救女童的事迹感动了宁波，她也被誉为“中国最美保险人”。编剧夏强，导演王延松，主演王小红等。

（吴熔秀）

【话剧《戏台》】　7月16日，年代喜剧《戏台》在北京喜剧院首演。该剧讲述了一段在军阀混战的民国时期，一个戏班在预备演出时发生在戏院后台的一系列接连而至的意外。送包子的伙计、到剧院视察的大帅、出逃的六姨太、黑帮刘拐子、戏班的名角儿金啸天等人的相遇，把后台搞得一塌糊涂，戏班的班主和戏院的经理浑身乏术。剧中典故、掌故迭出，并伴随着大量的谐音、调侃与幽默，营造出强烈的喜剧气氛。全剧不仅采用了白话戏剧的形式，还穿插了大量专业的地道的戏曲元素。编剧毓钺，导演陈佩斯，主演陈佩斯、杨立新。

（张燕鹰）

【话剧《女孩们》】　7月15日，由北京厚浪文化传媒有限公司、北京丽华星光影视文化有限公司、哲腾（北京）文化传播有限公司出品，李伯男导演工作室制作的话剧《女孩们》在北京人民艺术剧院实验剧场首演。该剧讲述了几个即将迎来高考的同班女同学，因为一个帅气的男校医的到来，给她们紧张压抑的生活带来的改变，女孩们之间的嫉妒和猜疑心理，微妙复杂的关系，使得一些真相被永久掩藏。该剧改编自潘小楼的小说《女孩们在那年夏天干了什么》。编剧潘小楼，导演哈智超，演员均是毕业于中央戏剧学院、北京舞蹈学院的专业演员。

（张燕鹰）

【话剧《样式雷》】　7月18日，国家大剧院原创话剧《样式雷》在国家大剧院戏剧场首演。“样式雷”是我国清代有着深厚传承基础的建筑世家，其家族共有七代人在200余年间承办皇家宫殿、园林、府邸、庙宇、陵寝等工程的设计与修造任务。中国有五分之一的世界文化遗产出自“样式雷”家族之手，由“样式雷”家族历代流传下来的珍贵图文档案也被联合国教科文组织认定为非物质文化遗产。该剧截取了“样式雷”家族第六、七代传人雷思起、雷廷昌父子二人重修圆明园的一段富有传奇色彩的故事。编剧黄维若，导演曹其敬，主演刘辉、张金元、程莉莎、李小萌。

（张燕鹰）

【舞台剧《滚蛋吧！肿瘤君》】　7月31日，由世纪华鹏、影行天下、微影时代联合出品，世纪华鹏制作的舞台剧《滚蛋吧！肿瘤君》在世纪剧院进行了北京首演（该剧于7月24日进行了上海首演）。该剧根据熊顿的同名漫画改编，讲述的是80后女漫画家熊顿查出患有非霍奇金淋巴瘤后，与病魔抗争的一段人生经历。编剧于奥，导演杨硕，主演郭家铭、蒋小涵、曲双双。

（吴熔秀）

【小剧场话剧《女神出嫁》】　8月12日，由“T.I创作体”出品的小剧场都市情感喜剧《女神出嫁》在国话先锋剧场首演。作品通过3对男女之间的恋情，试图解读女神与剩女之间面对婚姻态度的异同。原著为英国人莎士比亚，剧本改编、导演谢昱缇，主要演员柴仲思、韩亚东、李的恩、秦震、王镭、钟晗宁。

（张燕鹰）

【话剧《故园》】　8月31日，为纪念抗日战争胜利暨台湾光复70周年，北京人民艺术剧院和北京市台湾同胞联谊会合作策划的话剧《故园》在首都剧场首演。该剧讲述了1937年至1945年间，在台湾会馆生活的京、台两地中华儿女为了守护家园，传承和弘扬中华传统文化而团结一致、携手御敌的故事。剧中运用了大量的台湾元素，如用闽南语演唱台湾民歌《雨夜花》，台湾传统歌仔戏也随剧情发展而亮相。编剧王俭，导演唐烨，主演仇晓光、张万昆、邹健、高倩、白荟等。

（张燕鹰）

【舞台剧《战马》】　9月4日，由中国国家话剧院与英国国家话剧院联合制作的舞台剧《战马》（中文版）在国家话剧院首演。该剧改编自英国作家麦克·莫波格的同名小说，讲述了一个英国农场少年艾伯特和他心爱的马儿乔伊不得不分离，但他们被分离的命运又因为第一次世界大战而又重新交织在一起的非凡故事。舞台剧《战马》2007年由英国国家剧院搬上舞台，八年来已在英国、美国、澳大利亚、德国、荷兰等国家演出超过4000场，观众超过600万人，累计在全球斩获24项重要戏剧大奖。该剧是中英戏剧战略合作首部作品。原著为英国人迈克尔·莫波格，改编创作为英国人尼克·斯特福德、南非掌上乾坤木偶剧团，中国国家话剧院演出。

（吴熔秀）

【话剧《平西地下交通线》】　9月7日，由北京市海淀区委宣传部指导，微信平台“海淀·故事”编辑部出品，网舵传媒制作的4幕原创抗战话剧《平西地下交通线》在中国人民大学如论讲堂首演。该剧讲述了日本偷袭珍珠港后的第二天，燕京大学无线电专家、英国人林迈可，与威廉·班德夫妇，在林迈可夫人李效黎的鼓励下决定离开北平，奔赴延安的故事。由于北平地下交通线被破坏，他们只能寻找并不认识的贝熙业大夫带路。一行人在日军严密的管控下，既要躲避日本人和汉奸的追捕，还要用心化解互不相识的正义之士之间的不信任。最后终于到达延安。编剧张弓惊，导演程黛雄，主演张子涵、管乐、周卓、郑迪文、张曦、徐焕恺、李洋等。

（张燕鹰）

【话剧《前面就是我们的世界》】 9月11日，由中间剧场出品的话剧《前面就是我们的世界》在清华大学蒙民伟音乐厅首演。作品是一部截取真实史料的文献剧，取自曹禺的剧作《雷雨》周冲的台词，力图还原曹禺置身于《雷雨》《北京人》《日出》时代的创作背景。该剧首演地点选择在清华大学，也是意在令作品中的曹禺重回母校，重温创作时代情。编剧陈小玲，导演姬沛，主演吉璟津、李秋晨、闻诗佳、王志轩、万千惠、曾格格、白傲、欧阳雯鑫等。

（张燕鹰）

【小剧场话剧《画眉》】 9月12日，北京人民艺术剧院原创小剧场话剧《画眉》在北京人艺实验剧场首演。作品通过对战国名将吴起杀妻拜将的一段故事进行戏剧化的加工与处理，以现代的历史观点对于传统故事进行了重新编排与演绎。编剧苑彬，导演顾威，主演金汉、郝姗姗、张万昆、尹伟、闫巍、徐白晓、樊博等。

（张燕鹰）

【话剧《司马迁》】 9月15日，北京人艺年度原创历史大戏《司马迁》在首都剧场首演。该剧在讲述了司马迁因“李陵事件”获罪后，忍辱负重撰写《史记》的过程，同时融入了他与亲人间的生活场景，与汉武帝之间的思想交锋，甚至用虚实相间的方式表现了他与屈原之间跨越时空的对话。编剧熊召政，导演任鸣、冯远征，领衔主演冯远征。

（张燕鹰）

【先锋戏剧《飞向天空的人》】 10月15日，由北京的新青年剧团演出的先锋戏剧《飞向天空的人》在乌镇的诗田广场（户外）首演。该剧由数十个无法称之为故事的平民生活的片段组成。这些片段都是演员搜集素材所得，是他们去医院、公园、商场、地铁、咖啡馆、火葬场等地方采风，记录声音和影像。演出现场是视觉与声音建构的蒙太奇。该剧是导演李建军受俄罗斯裔艺术家伊利亚·卡巴科夫创作的大约50本虚拟画册启发而创作的。戏剧构作张维一，导演李建军，主演高雯珺、姜日华、李秀怡、唐珂、王睿、肖竞、杨明晨、张加怀、郑狄、王虎等。

（张燕鹰）

【话剧《我们曾是夫妻》】 10月18日，由北京大运影视文化公司制作的话剧《我们曾是夫妻》在繁星戏剧村首演。该剧根据莫莫的同名小说改编，讲述了一对夫妻的离婚会对孩子产生怎样的影响。原作莫莫，编剧李宗熹、林琳，导演李宗熹，领衔主演海洋。

（张燕鹰）

【话剧《网子》】 10月23日，由中共西城区委宣传部策划，北京风雷京剧团风入松剧社出品的京剧题材话剧《网子》在青蓝剧场上演。该剧讲述了生意亏本，要寻短见的秋子，意外捡到了一个男婴，后来他收养了男婴并进入梨园行。十余年间，秋子自己做了箱倌儿给演员勒头，男婴鸣春则从小学习武生，在秋子全心付出、悉心培养下，终于成为一名“角儿”。但日本人与国民党军吴淞口之战的一颗炮弹把鸣春炸死了。秋子听到噩耗后，悲痛欲绝，最后在想象中给自己的儿子勒了最后一次头。该剧由松岩自编、自导、自演，配角不仅有话剧演员，还有京剧演员，相声演员王玥波也加盟演出。

（张燕鹰）

【话剧《危机公关》】 10月24日，话剧《危机公关》在八一剧场首演。该剧讲述了一个因贩卖假酒致富后受到良心谴责的商人的故事。进口葡萄酒经销商许达年是一位娶了娇妻、儿女双全、身家几十亿的商业成功人士。二十多年前曾在西部贫穷地区贩卖散装白酒，在涉及一桩工业酒精勾兑的假酒致盲三位年轻人的案子时，他侥幸脱案。出于救赎意愿，致富后他尽力为残疾人做出若干善举，但疚悔和恐惧一直在咬噬他的灵魂。本以为那桩糟心的往事终究会跟随自己逐渐老去的岁月烟消云散，但他万万没想到，就读大学研究生的儿子热恋的女同学，竟然就是当年喝假酒致盲的戴望远的女儿。于是，命运之手鬼使神差地又让他回到当年卖酒的西部小城，良知拷问的煎熬和觊觎他财富的阴谋紧紧纠缠住了他。编剧周振天，导演韩杰，主要角色由中国国家话剧院、海政电视艺术中心和中戏毕业的中青年演员担任。

（张燕鹰）

【新浪潮戏剧《平行宇宙爱情演绎法》】 11月6日，薪传实验剧团的新浪潮戏剧《平行宇宙爱情演绎法》在解放军歌剧院首演。该剧讲述宇宙学家玛丽安和专业养蜂人罗兰相遇的故事。他们聊天，试图互相了解，然后坠入爱河，最后分手。然而，这只是他们在某一个时空的故事。原作为英国人尼克·佩恩，翻译、导演王翀，主演王小欢、李嘉龙。

（张燕鹰）

【话剧《帝国专列》】 11月6日，北京新蝉戏剧艺术中心演出的话剧《帝国专列》在中华世纪坛首演。作品讲述清光绪二十九年（1903年），慈禧力排众议，携光绪帝乘火车回东北祭祖。远渡重洋、语言不通的英国火车司机约翰·坎贝尔在翻译和德龄公主的左右逢源下，与清廷发生的一段妙趣横生，又让人啼笑皆非的故事。编剧过士行，导演易立明，领衔主演刘铮。

（张燕鹰）

【非悬疑喜剧《人赃俱获》】 11月10日，非悬疑喜剧《人赃俱获》在东方先锋剧场首演。故事改编自英国剧作家沃腾的经典喜剧，讲述了20世纪英国一间殡仪馆旁的一家银行发生的抢劫案件。一名探长楚斯高特乔装打扮成自来水公司的人进入嫌疑人哈尔的家里，进行潜伏办案，而本该一目了然的案件，变得扑朔迷离。原作为英国人J. 沃腾，翻译张晴滟，导演杨婷，主演房子斌、赵红薇、靳志刚、程皓枫、邢泞。

（吴熔秀）

【黑色幽默话剧《拜金一族》】 11月13日，由北京四海一家文化传播有限责任公司出品，甲乙丙丁工作室制作的中文版黑色幽默话剧《拜金一族》在9剧场进行了北京首演。作品出自美国当代著名的剧作家大卫·马梅特之手，讲述了地产销售员为了拼业绩不被淘汰的恶性竞争故事。该剧的中文版进行了本土化改编，对一些人名、地名以及专业术语均进行了巧妙的转化。原著为美国人大卫·马梅特，中文版导演胡晓庆，主演傅震华、周沐杰、孔恐、高瑞嘉、赵梓冲、林森森、伊峰。该剧在北京演出前，在上海茉莉花剧院进行了中国首演。

（张燕鹰）

【话剧《毕业生之漂亮衣裳》】 12月1日，话剧《毕业生之漂亮衣裳》在国话先锋剧场首演。该剧讲述的是大学毕业那天，马又飞提出和恋人小索分手，理由是做回“正常人”。愤怒的小索把陌生女孩夜晓推进马又飞怀中，马又飞赌气中第一次和女孩发生关系。就是这一次，让马又飞感染了HIV。夜晓是携带者，但也是受害者。那一夜之后，夜晓消失了。所有人都可以接受《滚蛋吧，肿瘤君》中那个面对癌症仍然坚强乐观的女孩儿，但并非所有人都愿意敞开双臂，拥抱感染了艾滋的人。承受过最深切的恐惧和孤独之后，马又飞想要找到夜晓，因为同样的境遇、同样的人生，把两颗本来陌生的心牵在了一起。小索决定，帮助马又飞寻找爱人。编剧张馨月，导演袁卫东，主演姚宇、王晨、曹魏、哈森、张成龙、张琛等。

（张燕鹰）

【话剧《3个诸葛亮》】 12月2日，由哲腾（北京）文化传播有限公司和台湾故事工厂联合打造的话剧《3个诸葛亮》在北京剧空间剧场首演。该剧由讲述了三位互相看不顺眼的演员，在舞台上狭路相逢，为了争取演出机会，三个人使出浑身解数，轮番上阵，施展看家本领，以一人分饰多角的设定为基底，结合相声、皮影戏、即兴演出、说唱艺术等，通过这些技艺解构中国四大爱情传说。该剧由台湾的黄致凯担任编剧、导演，大陆演员彭梓桁、史策、杨峰主演。

（张燕鹰）

【独角戏《你好，忧愁》】 12月3日，独角戏《你好，忧愁》在蜂巢剧场上演。该剧根据法国作家弗朗索瓦丝·萨冈的同名小说改编。作品讲述了一个关于青春反叛的故事。女主角生性浪漫不羁，跟同为浪荡子的父亲过着随心所欲的荒唐日子，不愿意改变自己落拓不羁的生活方式。为此，她竭力阻挠鳏居多年的父亲雷蒙和其女友安娜的婚事，并设计了一个诡计，但令她料想不到的是，最后竟导致了不可挽回的结局。编剧王好，导演孟京辉，主演黄湘丽。

（张燕鹰）

【舞台剧《无果花》】 12月9日，原创舞台剧《无果花》在国话先锋剧场首演。故事开始的设定是，一部新戏开始排演的前一天，因为一个无可奈何的理由缺失剧本。编剧、导演、制作人在24小时内，必须编出一个有笑点、有泪点、有深度、有票房号召力的剧本。勉强赴约的编剧、满腹心事的导演、左右为难的制作人，三个人各怀心事，艰难的编造、讲述、演绎。剧本越编越偏离初衷，就像他们的人生，早已偏离了最初的梦想。生活是我们谁都永远无法预料的，众多的不确定性又会让这出戏上演怎样的结局。编剧王甦，导演孙博，主演赵晓璐、缪歌、富鹏栩、李秋晨。

（张燕鹰）

【话剧《办公室的故事》】 12月11日，俄罗斯经典爱情喜剧《办公室的故事》中文版话剧在北京保利剧院首演。梁赞诺夫执导的电影《办公室的故事》，是20世纪70年代的前苏联银幕经典之作。这部由话剧剧本《同事》改编而成的爱情喜剧，讲述了莫斯科某统计局的女局长卡卢金娜和男下属诺沃谢利采夫之间的一段办公室恋情。两个性格迥异的中年单身男女，在一连串啼笑皆非的误解中慢慢靠近，情愫暗生，有情人终有欢喜结局。导演为俄国人亚历山大－库金，主演冯宪珍、韩童生。

（吴熔秀）

【小剧场喜剧《幸福年》】 12月23日，由北京儿艺青剧团打造的首部成人话剧——小剧场喜剧《幸福年》在世纪剧院小剧场首演。该剧选取了1984年、1994年、2004年、2014年这四年的除夕夜为时间节点，讲述了发生在万家老屋里两代人的情感与牵绊：结婚、生子、升职、下海……纵然主人公在汹涌的时代大潮中随波逐流，却终究在嬉笑怒骂中坚守着家庭保卫战。编剧苗九龄，导演黄凯，主演芦宏、刁成禹、龙月、李佳、周东升等。

（张燕鹰）

【话剧《牌坊》】 12月24日，北京人民艺术剧院出品的话剧《牌坊》在首都剧场首演。该剧讲述清政府为平息八国联军的怒火，答应为被义和团打死的德国公使克林德修建一座纪念碑式的汉白玉牌坊。这个屈辱的工程落到了蒯家。剧中人物的各种恩怨情仇，穿插在国家危亡、民族尊严、家族声名、家人性命、个人利益等各种矛盾中，复杂而富有戏剧性。编剧刘进元，导演杨立新，主演王刚、龚丽君、兰法庆、刘辉、周小川、周帅、何靖、张培、白荟、金汉、闫巍、黄薇、米铁增、郭奕君、王涛等。

（张燕鹰）

·儿童剧、木偶剧·

【儿童戏剧《我和你》】 2月1日，由抓马宝贝少年剧场的儿童演员独立创编的儿童戏剧《我和你》在蓬蒿剧场演出。该剧的剧情灵感来源于绘本大师安东尼·布朗的绘本《*Voices in the Park*》。该剧讲述的是一个小女孩和妈妈一起去公园发生的故事。一路上，小女孩看到任何东西都很惊讶，相反，小女孩的妈妈却一句话也没有说。在夜晚来临的时候，小女孩用她的纸钥匙打开了一扇门，一扇不知通往何处的门。该剧所有角色均由抓马宝贝少年剧场7岁至10岁的孩子们扮演，并由这些孩子自己独立研究故事、撰写台词、制作道具而完成。导师及导演陈媛。

（张燕鹰）

【儿童剧《胡同.com》】 5月30日，由北京儿艺原创的京味儿儿童剧《胡同.com》在民族文化宫大剧院首演。该剧描述了在北京胡同的一座四合院中，一个沉溺于网络世界的孙子和一个整天在院子里摆弄老物件的爷爷之间的故事。这对原本被奉为“奇葩”的爷孙俩，却在大小“事故”中慢慢消融着彼此之间的隔阂。编剧张韵仙、苗九龄，导演王炳燃，主演王茂蕾、芦宏等。

（张燕鹰）

【儿童多媒体音乐游戏剧《我爱童话》】 6月1日，儿童多媒体音乐游戏剧《我爱童话》在北京保利剧院首演。该剧以一本神奇的童话书为基础，演员们在童话与现实中进行了“穿越”，只有完成童话任务才能返回现实世界。五个童话故事的主人公们在童话世界里相遇，相互帮助体验神奇的童话之旅。在诠释童话故事的过程中，演员们通过表演、游戏、舞蹈、歌唱等方式，将亲情、爱、团结、勇敢、追求自我的精神传达给小朋友。剧本编审汪海林，导演赵永斌，主演周洲、王金建、杜悦、赵一天、刘洋、徐柳。

（张燕鹰）

【人偶剧《出窍》】 6月3日，人偶剧《出窍》在中央戏剧学院北兵马司剧场首演。该剧讲述的是一个青少年战胜毒品寻找自我的故事。剧中的主人公小婕是一个与母亲关系紧张的叛逆少女，在一次聚会中使用了过量的药物，濒临死亡。灵魂出窍的她非常兴奋，在继续寻找药物和刺激的过程中，无意识地帮助了想要冲出动物园笼子去寻找自己孩子的老鹰阿多和失去孩子的折纸艺术家老张，最终理解了她脑海里严酷的妈妈原来是深深爱着她的。为了挽救陷入火海的妈妈，小婕最终选择回到身体，并战胜了毒品。这部人偶剧以独特的视角探讨了青少年成长和寻找自我的故事，利用不同尺寸和形态的偶、面具、皮影等元素，以人偶同台、人偶转换等艺术手法，表现了毒品，特别是合成毒品的巨大危害。该剧由中央戏剧学院师生共同创作。编剧王羿，导演古月，中央戏剧学院表演系2014级专科1班学生演出。

（吴熔秀）

【独角戏《木又寸》】 6月20日，中国儿童艺术剧院原创独角戏《木又寸》在假日经典小剧场首演。故事主要讲述了一棵森林里的银杏树，因为美丽而被移植到了城市，一路颠簸，在人的世界里经历着树的全新命运。用一颗小银杏树的奇妙历程带我们走进一棵树的生命体验。“木、又、寸”暗示着这棵小树在故事里不断经历的分离：与家乡分离、与伙伴分离、与朋友分离、与自己分离。该剧由1名演员分饰12个角色。编剧冯俐，导演毛尔南，主演唐妍、刘晓明。

（张燕鹰）

独角戏《木又寸》剧照

【木偶剧《飞吧！丹顶鹤——丹顶鹤的故事》】　7月3日，由中国宋庆龄基金会，江苏盐城市委、市政府特别支持创作，北京演艺集团、北京兆华传媒和中国木偶剧院共同出品，中国木偶艺术剧院演出的大型原创木偶剧《飞吧！丹顶鹤——丹顶鹤的故事》在国家大剧院首演。该剧取材于中国观众熟悉的歌曲《丹顶鹤的故事》，分为“生命响亮地吼起来”“第一次起飞”“承诺”“有你在我就在”“水下摸鱼”“不经意的时候”“轻轻飞过”“太阳每天照常升起”八幕，再现了在江苏盐城发生的大学生娟子和丹顶鹤赖毛子之间真实的故事。全剧既有娟子和丹顶鹤赖毛子的传统杖头木偶表演，还有布袋、景偶等木偶形式，以及64个“步行偶”的表演。

（张燕鹰）

【儿童剧《纯净的眼睛》】　9月11日，由“非童一班”儿童剧团引入中国的丹麦儿童剧《纯净的眼睛》在北京鼓楼西剧场首演。该剧是一部针对6个月以上低幼儿童的剧目。作品从一个孩子不带偏见的角度作为出发点，分享孩子在初次体验白雪世界时的惊讶和好奇。在传达纯洁简单的快乐的同时，更可以让孩子们受到诗意和纯粹艺术的熏陶。原作Gazart Dance Theatre［丹麦］，编舞Tali Rázga［丹麦］，中方导演周颖。中方演员杜凯、周方、冯露。

（张燕鹰）

【儿童剧《成语魔方二》】　10月1日，中国儿艺组合式儿童剧“中国故事”之《成语魔方二》在假日经典小剧场首演。该场演出沿用《成语魔方一》的创作方式，采用组合式儿童剧的表现形式，将《刻舟求剑》《另辟蹊径》《掩耳盗铃》三则成语分别进行演绎。故事妙趣横生，或幽默诙谐，或犀利讽刺，让孩子在充满童趣的艺术享受中体会成语的深刻哲理。3个成语故事分别由杨成、吴旭、张颜执导。

（张燕鹰）

【儿童剧《国王在姆咪谷》】　12月30日，由中国儿童艺术剧院和芬兰ACE演艺制作有限公司联合打造的儿童剧《国王在姆咪谷》在中国儿童剧场首演。该剧讲述姆咪谷里的生活像往常一样风平浪静。而在远处的城堡里，国王和他的侍从卡尔松对这群与众不同的姆咪精灵们很是不满，他们希望姆咪们能够摘掉他们的大鼻子，变成有教养、懂规矩的人。于是国王便邀请姆咪一家到他的城堡做客，并想借此机会调教他们，有趣的是，国王并没有觉得姆咪们的生活有什么不妥，最后反而跟他们成了好朋友。原作是芬兰作家图苇·杨松，中方文学统筹冯俐；芬兰导演马库斯·格鲁特；中方导演张颜，中国儿童艺术剧院演出。

（张燕鹰）

活　　动

【北京优秀青年戏曲演员展演】　1月10日~25日，由北京市文联、北京戏剧家协会主办的北京优秀青年戏曲演员展演在北京举办。参加展演的团体有中国评剧院、北京市曲剧团、北京市河北梆子剧团、北方昆曲剧院，参展的有评剧《祥子与虎妞》《刘巧儿》《回杯记》《周仁献嫂》《秦香莲》《狸猫换太子》等，河北梆子《狮子楼》《时迁盗甲》《借赵云》《辛安驿》《杜十娘》《火烧余洪》《扈家庄》《芦花荡》《南北合·见娘》《王宝钏·别寒窑》《拜月记·双拜月》《李慧娘·鬼怨》等，昆曲《青冢记·出塞》《孽海记·思凡》等，北京曲剧《烟壶》《四世同堂》《骆驼祥子》等。

（张燕鹰）

【第一届迷你影戏节】　1月16日~18日，由浅色筹办的第一届迷你影戏节在77文创园里的时差空间举办。该活动特别邀请了湖南湘潭的南派纸影及“异形刀法”

第二十代传承人吴升平老人和他的班社，活动内容包括传统纸影戏演出和纸影表演、制作工作坊互动等内容。演出的节目是湖南传统纸影戏《天官赐福》《打金枝》《陈桥立帝》《龙虎斗》。除了观看演出，参加活动的人员还可以学习纸影偶人的操作和纸影偶人的制作。该活动之所以冠名“迷你”，一方面是演出空间狭小，仅有不足4平方米的演出舞台，另一方面老艺人们的演出剧目时长都很短，最长的不过二十分钟，短的只有四五分钟。

（张燕鹰）

【时尚京剧晚会】 1月22日，由亮相传媒联合娱乐工场、北京京剧院、华彬歌剧院共同推出的“亮相之夜”时尚京剧晚会在北京华彬歌剧院举办。该晚会将传统的京剧、歌剧与时尚元素——时装进行了融合。模特身着戏曲元素华服在T台上的展示与京剧演员的精彩表演相得益彰。全新创作的《霸王别姬》《明月几时有》《坐宫》等节目，将京剧艺术与时尚、现代元素嫁接，颇有新意。京剧和歌剧、芭蕾联袂表演的《*Time to Say Goodbye*》也令人耳目一新。华谊兄弟执行总裁王中磊，新东方创始人徐小平、王强，时尚集团董事长刘江，主持人马东，音乐人胡海泉，京剧谭派传人谭正岩，京剧程派传人郭玮等出席活动，总策划马瑛瑛。

（张燕鹰）

【中国好京剧新春演唱会】 2月15日，由北京梅兰芳大剧院、宁夏女企业家协会、北京太和文华餐饮管理有限公司联合主办，千百度传播机构、中国好京剧企业家联合会承办的中国好京剧新春演唱会在梅兰芳大剧院举行。该演唱会分为京胡独奏、京剧武戏风采、行云流水、红色经典、名家名段五个篇章，汇聚了老中青三代京剧表演艺术家和众多优秀演员同台演唱，演唱会有京胡独奏《信马行》，以及《九龙杯》《竹林记》《金钱豹》《闹天宫》等京剧武戏片段，也有《沙家浜》《红灯记》《蝶恋花》等红色经典唱段，还有《坐宫》《打龙袍》《霍小玉》《战太平》等名家名段。演唱会举行前，各界嘉宾围绕京剧艺术在当代的传承与创新发展、中国好京剧项目的创新性以及如何推动和引领大众走进京剧，热爱京剧和支持京剧等议题展开了深入的研讨。

（吴熔秀）

【“贺新春”经典剧目展演】 2月19日~24日，“贺新春”经典剧目展演在北京梅兰芳大剧院举办。此次演出是国家京剧院建院60周年庆祝活动的重要板块。从大年初一到初六，国家京剧院连续6天为观众演出经典剧目。此次展演包括传统京剧《龙凤呈祥》《四郎探母》《扈家庄》《遇后龙袍》《锁麟囊》《红娘》和现代京剧《红灯记》。

（吴熔秀）

【庆祝中国评剧院建院60周年2015新春演出季】 2月20日~3月4日，“咏时代欢歌唱人民心声”——庆祝中国评剧院建院60周年2015新春演出季在北京举办。该演出季分为中国评剧大剧院演出和各个区县演出两部分。在中国评剧大剧院演出的剧目有《花为媒》《向阳商店》《刘巧儿》《包公赔蝶》《良宵》《乾坤带》《白蛇传》《杨三姐告状》和评名家名段演唱会；在各个区县演出的剧目有在通州电影院演出的《刘巧儿》《包青天》《花为媒》《杨三姐告状》，有在大兴剧场演出的《花为媒》和名家名段演唱会，有在怀柔剧场演出的《李三娘》《三看御妹》，有在良乡剧场演出的《三看御妹》《李三娘》，有在顺义影剧院演出的《花为媒》《秦香莲》《包公赔蝶》《乾坤带》《朱痕记》《屠夫状元》《杨三姐告状》《李三娘》，有在门头沟影剧院演出的《李三娘》《三看御妹》，还有在河北三河文化中心剧场演出的《李三娘》。

（张燕鹰）

【新春儿童戏剧嘉年华】 2月21日~27日，中国儿童艺术剧院首次推出“新春儿童戏剧嘉年华”活动。活动期间，共有中国儿艺出品的经典童话人偶剧《白雪公主与七个小矮人》，益智趣味儿童剧《三只小猪·变变变》，以中国优秀传统文化为主题的《口袋里的中国故事》和《三个和尚》《西游记》（第一部）5台剧目呈现给观众。这些剧目分别在中国儿童剧场、假日经典小剧场、国家大剧院、天桥剧场演出了23场。

（张燕鹰）

【国家大剧院昆曲艺术周】 2月27日~3月19日，由国家大剧院与北京市文化局联合主办的国家大剧院昆曲艺术周在国家大剧院举办。全国7家昆剧院团分别在该艺术周演出了各具特色的剧目，有北方昆曲剧院的《红楼梦》，永嘉昆剧团的《张协状元》，湖南省昆剧团的天香版《牡丹亭》，江苏省苏州昆剧院的青春版《牡丹亭》，上海昆剧团的《长生殿》，浙江昆剧团的《大将军韩信》，江苏省演艺集团昆剧院的《南柯梦》。

（张燕鹰）

【2015首都剧场精品剧目邀请展演（国内单元）】 3月3日~22日，2015首都剧场精品剧目邀请展演（国内单元）在首都剧场举办。此次展演包括由聚本传媒出品的戏剧电影《十二公民》，由黑龙江齐齐哈尔市话剧团“十年磨一戏”打造的《风刮卜奎》，国家话剧院

的《伏生》以及天津人民艺术剧院原创的《红旗谱》。

（张燕鹰）

【中国原创话剧邀请展】　3月15日~6月7日，由中国国家话剧院主办的“中国原创话剧邀请展”在北京举办。此次展演活动共有来自北京、上海、天津、黑龙江、辽宁、宁夏、陕西、四川、云南、江苏、浙江、福建、广东、深圳、台湾等全国各地的20部中国原创大剧场剧目的65场演出和15部原创小剧场剧目的70场演出。演出地点分别是国家话剧院大剧场、小剧场、先锋剧场以及首都剧场。此次展演的作品题材内容和表现形式多样，但全部都是中国原创话剧。

（张燕鹰）

【世界经典童话周】　4月4日~6日，中国儿童艺术剧院在中国儿童艺术剧场和假日经典小剧场举办“世界经典童话周”活动。活动期间中国儿艺不仅演出了《小飞侠彼得·潘》和《小王子》两部儿童剧，还精心准备了与以往不同的“演后学”环节，在《小飞侠彼得·潘》演出结束后，剧中演员在现场教观众演唱了剧中主题曲《飞》。

（张燕鹰）

【总政话剧团慰问驻京部队】　4月7日~24日，总政话剧团现实军事题材话剧《兵者·国之大事》在解放军歌剧院为总部机关、驻京部队和武警官兵演出18场。该剧曾获中宣部“五个一工程”奖，中国戏剧奖·曹禺剧本奖，全军文艺会演剧目一等奖，全国戏剧文化奖话剧金狮奖。

（薛晓金）

【第三届北京国际女性戏剧节】　4月11日~6月18日，第三届（2015）北京国际女性戏剧节在北京举办。此次戏剧节以“回归女性之爱”为宗旨，以戏剧艺术为载体，以家庭文化及女性的精神世界为关注点，整合戏剧产业资源，打造女性艺术生活空间、引领家庭风尚与女性生活方式。参加该戏剧节演出的剧目有中国台湾话剧《金花囍事》，比利时舞蹈电影剧场《境外》，新加坡、马来西亚、中国联合制作单人喜剧《娘惹艾美丽》，法国形体剧《牧神》，中国形体剧《长恨歌》，中国戏曲《朱丽小姐》，中国（“花洋计划”剧目）话剧《独立节的宣判》《伊斯坦布尔之夜》。演出场所分别设在国家大剧院戏剧场、北京保利剧院和9剧场。此外，作为本届戏剧节的一部分，“女人·戏剧·城市”主题艺术展也于国家大剧院艺术沙龙展厅向公众开放。

（张燕鹰）

【2015北京舞台美术设计邀请展】　4月18日~5月18日，由国家大剧院主办，励丰文化公司承办的“2015北京舞台美术设计邀请展”在中国国家大剧院东展厅举办。此次展览共展出了25位中国设计师的代表作，涵盖歌剧、舞剧、话剧、戏曲等多种舞台形式，以及百余件设计图纸、舞台模型、演出影像。

（薛晓金）

【京剧专场演出走进北工大】　4月26日，由北京市委宣传部、北京市教委、北京市文化局主办，北京学生活动管理中心承办，中国戏曲学院和北京工业大学共同协办的“民族艺术进校园”京剧专场演出在北京工业大学校礼堂上演。演出剧目为《改容战父》《红娘》和《三盗九龙杯》，赢得了现场观众的阵阵掌声和喝彩。中国戏曲学院党委书记龚裕和北工大团委书记以及北工大的学生及一些退休多年的老教师观看了演出。

（张燕鹰）

【“饰界”化装作品展】　5月1日~30日，中央戏剧学院与国家大剧院联合承办的化装作品展“饰界”在国家大剧院艺术沙龙展厅举办。此次展览由头饰、假发、面具三个部分组成，展示了中央戏剧学院舞美系化装专业师生的优秀作品，以新材料的组合、多角度的创作理念和对人物的全新解读，诠释了当代戏剧人物造型的多元性和丰富性的特点。国家大剧院艺术品部部长刘欲晓，中央戏剧学院舞台美术系主任孙大庆、副主任田丹和赵伟月教授、王小莅教授、胡万峰副教授等出席了开幕式。

（张燕鹰）

【第五届林兆华戏剧邀请展】　5月2日~11月4日，2015年第五届林兆华戏剧邀请展北京和天津举办。此次邀请展共展演了6个作品，分别是林兆华的戏剧作品《建筑大师》和歌剧《永乐》，德国柏林邵宾纳剧院的《哈姆雷特》和《信任》，波兰戏剧大师克里斯蒂安·陆帕执导的话剧《伐木》，以及由彼得·布鲁克和玛丽－海伦娜·伊斯坦尼编导、法国巴黎北方剧院演出的话剧《惊奇的山谷》。此次活动除了戏剧演出外，还举办了“当代学者大讲堂”系列讲座之“沈林：‘我们德意志人的莎士比亚’——奥斯特玛雅与《哈姆雷特》”，德国柏林邵宾纳剧院戏剧作品《信任》《哈姆雷特》研讨会，大师工作坊——陆帕与林兆华戏剧工作坊，大师工作坊——托马斯·奥斯特玛雅戏剧工作坊等活动。

（张燕鹰）

【文化部取消多个戏剧奖】　5月8日，文化部网站公布的中共文化部党组关于巡视整改情况的通报提出：大幅压缩全国性文艺评奖，大力解决奖项过多过滥、重数量轻质量问题。在取消的奖项中，涉及多个戏剧类奖项。包括专门的评奖活动“全国戏剧文化奖”，还在“中国京剧艺术节”“中国豫剧节”中取消评奖环节，由文化部与地方政府联合主办的中国越剧艺术节、中国昆剧艺术节、中国安庆黄梅戏艺术节也商请相关地方政府取消活动评奖。

（张燕鹰）

【非物质文化遗产剧种展演】 5月24日~6月8日，由文化部主办、中国戏曲学院承办的中国文化遗产日10周年非物质文化遗产剧种展演及学术活动在北京举办。此次展演包含了京剧、昆曲、藏戏、粤剧、秦腔、豫剧、黄梅戏、越剧共8个非物质文化遗产剧种。展演期间，还举办了“全国非遗剧种——越剧艺术研讨会”。

（吴熔秀）

【2015年京津冀精品剧目展演】 5月28日~7月8日，由北京市文化局、天津市文化广播影视局、河北省文化厅共同主办的“2015年京津冀精品剧目展演”在北京举办。该活动是京津冀三地为推进文化领域协同发展、共享演艺品牌，按照《京津冀演艺领域深化合作协议》内容共同打造的品牌活动。此次展演共演出了评剧《花为媒》《从春唱到秋》，京剧《赵佗》《华子良》《钦差林则徐》《屈原》，河北梆子《钟馗》《北国佳人》，昆曲《续琵琶》，北京曲剧《茶馆》和舞剧《泥人的事》等11台优秀剧目，集中展示京津冀的优势演艺资源。

（吴熔秀）

【北京京剧院新编剧目展演季】 6月4日~28日，北京京剧院2015年新编剧目展演季在长安大戏院举办，展演活动将北京京剧院在赛场和市场上取得较好成绩的4部风格不同的新编大戏，或加工提高或重排后，集中在一起上演。这4个剧目是《下鲁城》《风雨同仁堂》《屈原》和《宋家姐妹》。

（吴熔秀）

【2015国家大剧院国际戏剧季】 6月10日~9月27日，由北京市文化局支持、国家大剧院主办的“2015国家大剧院国际戏剧季”在国家大剧院举办。此次活动演出的剧目有京剧《赤壁》，评剧《城邦恩仇》，河北梆子《忒拜城》，话剧《红色》《长夜》《战马》《样式雷》《玩偶之家》《祖传秘方》《戏台》《贵人迷》《大鼻子情圣》《哈姆雷特》《机器人魔像》《战火玫瑰》《老虎来喝下午茶》《推销员之死》《让我牵着你的手》《海鸥》《都是龙袍惹的祸》《天使桃乐西》《又见老爸》《麦克白》和《蒋公的面子》共24部作品，这些作品分别来自中国大陆、中国香港、中国台湾以及英国、法国、德国、以色列5个国家和2个地区。

（张燕鹰）

【中国戏曲学院与北京演艺集团签署合作协议】 6月18日，中国戏曲学院与北京演艺集团在中国戏曲学院签署了合作协议。根据协议，中国戏曲学院将北京演艺集团作为其创作、教学、实习基地，选拔优秀毕业生推荐到北京演艺集团就业。北京演艺集团将中国戏曲学院作为其戏曲及相关人才培养与理论研究基地。双方联合建立国际文化交流专业教学实践研究基地。中国戏曲学院党委书记龚裕、院长巴图，北京演艺集团党委书记、董事长康伟，党委副书记、总经理吴然等出席了协议签署座谈会。

（薛晓金）

【第五届中国儿童戏剧节】 7月10日~8月26日，中国儿童艺术剧院主办的第五届中国儿童戏剧节在北京、济南和成都举办。参加该艺术节的有中国儿童艺术剧院的《东海人鱼》《红缨》《木又寸》，成都市非物质文化遗产保护中心少儿艺术团的《渔夫和金鱼》，武汉人民艺术剧院有限责任公司的《尼尔斯骑鹅历险记》，兰州市儿童艺术剧团的《传统的味道》，香港明日艺术教育机构的《狐狸孵蛋》，芬兰格里姆斯格劳姆斯舞蹈剧团的《八音盒的秘密》，日本冲绳艺术文化协同机构的《冲绳灿灿》，罗马尼亚坦达利卡动画剧院的《不莱梅的音乐家》等27家艺术团体，43部国内外优秀儿童戏剧作品的194场演出。

（张燕鹰）

第五届中国儿童戏剧节

【国务院办公厅印发《关于支持戏曲传承发展的若干政策》】 7月11日，国务院办公厅以国办发〔2015〕52号印发了《关于支持戏曲传承发展的若干政策》。该政策共21条。该政策指出：戏曲是表现和传承中华优秀传统文化的重要载体，要更好地发挥戏曲艺术在建设中华民族精神家园中的独特作用。目标是力争在“十三五”期间，在戏曲艺术的人才培养体系、表演团体体制机制、从业者的保障和激励机制等方面，培育有利于戏曲活起来、传下去、出精品、出名家的环境，形成全社会重视、关心支持戏曲艺术发展的局面。该政策从加强戏曲保护与传承、支持戏曲剧本创作、支持戏曲演出、改善戏曲生产条件、支持戏曲艺术表演团体发展、完善戏曲人才培养和保障机制、加大戏曲普及及宣传和加强组织领导等方面做出了原则性规定。

（张燕鹰）

【中国戏剧家协会第八次全国代表大会】 7月14日~16日，中国戏剧家协会第八次全国代表大会在北京举行。大会审议通过了中国剧协第八次全国代表大会工作报告，修订了《中国戏剧家协会章程》，选举产生了由192人组成的中国剧协新一届理事会。濮存昕当选中国剧协第八届主席；于魁智、王晓鹰、冯玉萍、李树建、杨凤一、沈铁梅、茅威涛、罗怀臻、季国平、孟冰、孟广禄、柳萍、韩生、韩再芬当选副主席；尚长荣被推举为名誉主席；聘请方掬芬、白淑贤、刘长瑜、刘厚生、刘锦云、李世济、李维康、何孝充、胡可、钟景辉、徐晓钟、郭汉城、阎肃、董伟、裴艳玲、廖奔、薛若琳、穆凡中、魏明伦、瞿弦和为顾问；任命崔伟为中国剧协第八届秘书长，朱正明为副秘书长。

（薛晓金）

【北京京剧院“经典现代戏展演季”】 7月22日~8月30日，北京京剧院“经典现代戏展演季”在长安大戏院演出4台剧目，共计24场。剧目分别为《杜鹃山》《红灯记》《智取威虎山》《沙家浜》。

（吴熔秀）

【刘奇葆到北京人民艺术剧院调研】 7月23日，中共中央政治局委员、中宣部部长刘奇葆到北京人民艺术剧院调研，强调要深入贯彻落实习近平总书记在文艺工作座谈会上的重要讲话精神，以创作优秀作品为中心环节，在推陈出新上下功夫，在服务人民上下功夫，不断出精品、出人才，不断创新话剧艺术理论，推动中国话剧艺术传承创新。刘奇葆在参观了北京人艺戏剧博物馆后指出，北京人艺堪称中国话剧的标杆，是深受群众喜爱的国家级艺术殿堂。北京人艺要保留好、传承好经典剧目，继承北京人艺特有的表演风格和艺术特色。要坚持现实主义创作道路，关注火热生活，塑造鲜活形象，反映时代精神，推出更多久演不衰的精品力作。中国文联党组书记、副主席赵实，中宣部副部长景俊海，文化部副部长董伟，光明日报社总编辑何东平，北京市委常委、宣传部部长李伟参加调研。

（薛晓金）

【2015首都剧场精品剧目邀请展演（国际单元）】 7月31日~8月23日，2015首都剧场精品剧目邀请展演（国际单元）在首都剧场举办。此次展演包括波兰剧院的《先人祭》、俄罗斯亚历山德琳娜剧院的《钦差大臣》、塞尔维亚南斯拉夫剧院的《无病呻吟》和以色列盖谢尔剧院的《乡村》。

（张燕鹰）

【2015年北京市优秀小剧场剧目展演】 8月1日~9月3日，由北京市文化局主办的2015年北京市优秀小剧场剧目展演活动在北京举办。该活动有包含话剧、舞剧、音乐剧、北京曲剧、京剧、昆曲等多种形式的15部作品在北京8家小剧场进行了36场演出。该展演分为戏剧展演和戏曲展演两部分，其中戏剧展演共包含《等待戈多》《老张的哲学》《深水区》《蠢蛋》《曲韵钟鼓楼》《狼》《狂奔的拖鞋》《庄先生》《我不是保镖》和《圆·超速》10部作品，戏曲展演的《倾国》《程妻》《碾玉观音》《琼林宴》4部京剧作品和昆曲《一旦三梦》，均为新编作品。

（张燕鹰）

【2015年北京金秋优秀剧目展演】 8月27~11月8日，2015年北京金秋优秀剧目展演在北京举办。此次展演以“纪念中国人民抗日战争胜利暨世界反法西斯战争胜利70周年”为主题，在北京12个剧场上演23台共46场演出。演出剧目包括昆剧《李清照》，评剧《母亲》《寸草春晖》《野火春风斗古城》，河北梆子《北国佳人》，北京曲剧《四世同堂》，晋剧《红高粱》，郧剧《风语灯塔岩》，漫瀚剧《风祥楼》，歌剧《这里的黎明静悄悄》《号角》，舞剧《夜宴》《圆明园》《天边的鼓声》《画皮》《大地震》，杂技剧《嗨！北京》，话剧《故园》《红旗谱》《审判日》《求偶》《宛平人家》和“纪念反法西斯战争胜利70周年音乐会”。

（张燕鹰）

晋剧《红高粱》剧照

【2015北京青年戏剧节】 9月8日~26日，由北京市文联主办，北京剧协和北京青年戏剧工作者协会承办的2015北京青年戏剧节在北京举行。戏剧节期间，演出了巴西的《三个悲剧女性》，日本的《异形三姐妹》，波兰的《狂人与修女》瑞士的《舞台假日》法国的《灵魂归来》《自由站》6部外国剧作和中国的《花生》《十方一念》《致爱丽丝》《灵魂辞典》《拥抱麦克白》《有冇》《色弱》《夜晚》8部剧作，并在剧本朗读单元朗读了《航天器》《南方的南方》《我的罪名》《停驻的钟摆》4部作品。

（张燕鹰）

【第四届中国少数民族戏剧会演】 10月12日~26日，由全国政协京昆室、中国戏剧家协会、中国少数民族戏剧学会、中共北京市委宣传部、北京市文化局共同主办，中国评剧院承办的第四届中国少数民族戏剧会演在北京举办。会演期间演出了朝鲜族唱剧《春香传》，蒙古剧《驼乡新传》《忠勇察哈尔》，壮剧小戏《灵燕戏虎》。白剧小戏《接财神》，新编花灯剧《卓梅与阿罗》，河北梆子《定都》，雷剧《岭南圣母》，侗戏《行歌坐月》，土家阳戏《平叛招亲》，彝剧《杨善洲》，彝族古剧《撮泰吉》等。共有11个少数民族剧种的15台19个剧目在中山公园音乐堂、梅兰芳大剧院、长安大戏院、中国评剧大剧院、民族文化宫大剧院分别上演。

（张燕鹰）

【第二届北京大学生小剧场戏剧节】 11月9日~12月27日，由共青团北京市委、北京市学生联合会主办、北京青少年艺术服务中心承办的第二届北京大学生小剧场戏剧节在北京举办。该戏剧节参演剧目有《失歌》《我的祖宗十八代》《深水区》《托儿》《滚蛋吧！肿瘤君》《那次奋不顾身的爱情》《在变老之前远去》《毕业生之漂亮衣裳》《惜姣》《曾经5——爸爸哎呀》10部戏剧作品，并分别在清华大学、北京航空航天大学、北京青年宫青年剧场、繁星戏剧村、大观园戏楼、解放军歌剧院等专业剧场进行了演出。由专家和大学生代表组成的评委团评选出大学生最喜欢的最佳男演员彭子桁、最佳女演员周小玲、最佳编剧张馨月、最佳导演黄彦卓及最佳剧目《在变老之前远去》。

（张燕鹰）

【第二届北京当代小剧场戏曲艺术节】 11月19日~12月31日，第二届北京当代小剧场戏曲艺术节在繁星戏剧村举办。此次艺术节演出的剧目有繁星戏剧村原创的《三岔口2015》《小英雄梦》，京剧《荼蘼花开》《洛阳宫》《馒头山》《马前泼水》，昆曲《四声猿·翠香梦》，秦腔《清风亭》，豫剧《伤逝》，河北梆子《陈三两》，戏曲元素舞台剧《网子》和新编戏曲《倾国》，共12部作品。

（吴熔秀）

【中国戏曲音乐学会第四次理事会议】 11月22日，中国戏曲音乐学会在北京召开第四次理事会议，改选中国戏曲音乐学会第四届领导班子暨举办地方剧种作曲人才培养研讨会。来自全国各地的戏曲音乐学会领导班子成员、理事、作曲家、音乐理论家等50余人出席会议。中国戏曲音乐学会会长朱维英在会上作了第三届学会工作总结，对新一届学会领导班子人员构成、人选的酝酿情况作了说明。经过大会审议和表决，产生了第四届学会领导集体：荣誉会长朱维英，会长谢振强；副会长兼秘书长牛长虹；副会长兼常务副秘书长沈鹏飞；副会长张刚、汪人元、尹晓东、王亚勋、朱伟捷；副秘书长李胜奕、张辉。新任会长谢振强代表学会新一届领导班子作了就职发言，对学会未来的工作思路进行了简要的阐述。当天，还召开了地方剧种作曲人才培养研讨会。

（张燕鹰）

【“新力量”——十大新锐导演作品展演】 2015年11月~2016年2月，从由天桥艺术中心、北京市文联主办的“新力量”——十大新锐导演作品展演在天桥艺术中心举办。此次展演包括饶晓志的《蠢蛋》、赵淼的《失歌》、邵泽辉的《1988我想和这个世界谈谈》、黄凯的《庄先生》、台湾导演李宗熹的《预言》、徐小朋的《醉生梦死》、周申刘露的《如果，我不是我》、胡晓庆的《拜金一族》、李伯男的《老张的哲学》，王翀的《群鬼2.0》。值得一提的是，这些导演的戏剧创作均来自体制外。

（张燕鹰）

【第三届北京剧本推介会】 12月15日～19日，由中共北京市委宣传部、北京市文联联合主办的第三届北京剧本推介会在中华世纪坛举办。此次剧本推介会主要内容有剧本推介、展览展示、峰会论坛等活动。推介会期间，共有700余家影视投资制作公司，1400余名编剧在洽谈交流区进行面对面交流洽谈。此次剧本推介会集中展示了1010部剧本，其中，有7部剧本签约，15部剧本签订了合作意向书，500多部达成合作意向。2014年12月5日正式上线运行的"网上剧本超市"在此次剧本推介会期间，点击量超过35000次。此次推介会期间，主办方还开通了"北京文联剧本推介"微信公众平台，共获得菜单点击量3214次。

（张燕鹰）

【全国地方戏优秀中青年演员汇报演出】 2015年12月17日～2016年1月19日，由文化部举办，文化部艺术司、北京市文化局承办，中国评剧院协办的全国地方戏优秀中青年演员汇报演出在北京举办。此次汇报演出共有来自全国19个省区市的20名优秀中青年演员领衔主演的20台优秀剧目参加，涵盖评剧、扬剧、川剧、吕剧、豫剧、琼剧、商洛花鼓、闽剧、龙江剧、越剧、吉剧、黄梅戏、河北梆子、秦腔、祁剧、晋剧、北京曲剧、汉剧18个剧种。参演演员中，既有吴凤花、李君梅、李小雄、王平等已取得一定成绩，在本剧种挑起大梁的优秀骨干演员，也有何云、杨婷娜、肖笑波、王荔等近年在舞台上崭露头角的青年新秀。参演剧目有评剧《母亲》，晋剧《红高粱》，吉剧《站醒台》，越剧《红楼梦》《梁山伯与祝英台》，黄梅戏《小乔初嫁》，琼剧《海瑞》等一批现代戏、整理改编传统戏和新编历史剧。会演在中国评剧大剧院、梅兰芳大剧院、长安大戏院安排了20个剧目的40场演出。

（张燕鹰）

【国家京剧院慰问首都外来务工人员专场演出】 12月20日，由文化部公共文化司主办、国家京剧院承办的国家京剧院新创剧目《伏生》首演暨"文化暖心"——国家京剧院慰问首都外来务工人员专场演出在北京国安剧院举行。文化部副部长董伟与近700名首都外来务工人员共同观看了演出。

（薛晓金）

【2016年新年戏曲晚会】 12月30日，2016年新年戏曲晚会在国家大剧院举行。演出了昆曲《牡丹亭》，莆仙戏《春草闯堂》、婺剧《白蛇传》、庐剧《秦雪梅》、赣剧《荆钗记》、藏戏与京剧《文成公主》、京剧《正考父》、陇剧《苦乐村官》、龙江剧《鲜儿》、沪剧《邓世昌》、现代京剧《西安事变》等剧的片断。党和国家领导人习近平、李克强、张德江、俞正声、刘云山、王岐山、张高丽等，与首都近千名群众一起观看演出，喜迎新年的到来。在京中共中央政治局委员、中央书记处书记、全国人大常委会部分领导、国务委员、全国政协部分领导，有关部门负责同志等观看了演出。

（张燕鹰）

赛事与奖项

【第五届国际戏剧"学院奖"颁奖】 10月30日，中央戏剧学院第五届国际戏剧"学院奖"颁奖礼在中戏举行。与往届不同的是本届增设了新人奖和终身成就奖，并吸引了多家国外院团及民营院团的参与。北京人民艺术剧院话剧《理发馆》、韩国木花剧团的《暴风雨》、上海话剧艺术中心的《老大》、李伯男导演工作室的《剩女郎》、天津人民艺术剧院的《红旗谱》、中国国家话剧院的《离去》、北京世纪华鹏文化传媒有限公司的《滚蛋吧！肿瘤君》、西班牙国家戏剧中心的《潘神的迷宫》、中国煤矿文工团的《致我们终将逝去的青春》、北京央华文化公司的《冬之旅》10部剧目获得优秀剧目奖；演员班赞、周野芒、海燕、宋荣光（韩国）、帕高·奥乔亚（西班牙）获最佳主角奖；闫锐、田蕤、王虹博、尹敏英（韩国）、阿方索·托雷格罗萨获最佳配角奖；88岁的老艺术家蓝天野获终身成就奖；"最佳新人奖"由《暴风雨》里的韩国演员刘在燕，以及《潘神的迷宫》里的西班牙演员博尔哈·露那获得。

（薛晓金）

【第三届老舍青年戏剧文学奖励扶持计划揭晓】 12月28日，第三届老舍青年戏剧文学奖励扶持计划闭幕式暨优秀作品揭晓发布会在北京市文联小剧场举行，此次活动由北京戏剧家协会、《新剧本》杂志和北京老舍文艺基金会共同主办。第三届老舍青年戏剧文学奖励扶持计划从征集到评选历时6个月，共有200余人次报名参加，共收到两百多部不同风格、题材的戏剧作品，经过由18位专家组成的评委会两轮评审，揭晓了本届获得奖励扶持的12部作品。其中，周瑛的戏曲《悲喜金圣叹》和刘小波的话剧《丹书焚》获评优秀剧本，朱梦的话剧《直到黎明》等4部作品获优秀剧本提名，闫平的戏曲《长安雪》等6部作品为入围作品。

（薛晓金）

交　流

【安徽再芬黄梅艺术剧院进京演出】 1月15日~16日，由安徽省、安庆市重点扶持，安徽再芬黄梅艺术剧院出品、创作的大型原创黄梅戏《寂寞汉卿》在长安大戏院上演。

（张燕鹰）

【台湾绿光剧团进京演出】 1月22日~25日，由北京世纪华鹏文化传媒有限公司携手台湾绿光剧团话剧《台北上午零时》（大陆版）在国家大剧院演出。该剧2007年12月在台湾国立中正文化中心首演时为闽南语版本，此次进京演出改为了普通话版。导演仍为吴念真，并沿用原版主演。

（张燕鹰）

【北京人艺赴新加坡演出】 3月5日晚，北京人民艺术剧院的看家大戏《茶馆》在新加坡滨海艺术中心上演。此次演出，也开启了《茶馆》新一轮的全球巡演。

（张燕鹰）

【振兴川剧晋京演出周】 3月10日~15日，由四川省文化厅主办的“振兴川剧晋京演出周”经典川剧展演活动在长安大剧院举办。此次活动包括四川省川剧院创作演出的《巴山秀才》《卧虎令》《草民宋士杰》及《柳荫记》4台经典川剧展演和叶久明戏画展两部分内容。

（张燕鹰）

【江苏省演艺集团昆剧院进京演出】 3月14日~15日，由“台湾建国工程文化”的艺术基金会与江苏省演艺集团昆剧院合作完成传奇昆曲大戏《南柯梦》（上、下本）在国家大剧院上演。该剧改编自唐传奇《南柯太守传》，以“情”为主题，是晚明剧作家汤显祖的“临川四梦”之一，全本共44折，演出时间超过10天。为适应现代观众欣赏习惯，此版舞台演出时间压缩为2天，共6个小时。

（吴熔秀）

【天津人艺进京演出】 3月19日~22日，天津人民艺术剧院携其出品的参加首都剧场戏剧邀请展的吴京安主演的话剧《红旗谱》在首都剧场连续演出4场。2014年，该剧曾受邀参加“2014首都剧场精品剧目邀请展演”，但因主要演员吴京安遭遇严重车祸，致身体多处受伤，未能按原定计划进京参加演出。

（张燕鹰）

【“中英文学戏剧连线”项目启动】 3月24日，由新蝉戏剧艺术中心、苏格兰特隆剧院、北京歌华文化中心有限公司、英国大使馆文化教育处联合举办的“中英文学戏剧连线”项目在北京正式启动。作为首届中英文化交流年的内容之一，该项目邀请中英两国艺术家共同制作、创作话剧与歌剧作品，其合作成果包括英国特隆剧院的话剧《尤利西斯》，两位英国导演在北京与中国演员合作创作的《乔伊斯之旅》和《惊鸿一瞥贝克特》，由易立明导演的三部原创作品《竹林七贤》《帝国专列》《等待祖先》，以及由汤沐海指挥、易立明执导的英国作曲家本杰明·布里顿室内歌剧作品《螺丝在拧紧》7部剧作。这些作品在北京、上海、杭州、南京等地陆续上演了25场。

（张燕鹰）

【山东省话剧院进京演出】 4月1日~11日，由山东省话剧院出品的话剧《且爱》在青蓝剧场演出。该剧是根据尤金·尤奈斯库的经典荒诞喜剧《秃头歌女》改编而成。剧本延续了原作的荒诞派夸张与怪诞的结构与人物特点，同时对时代背景、故事情节和人物语言做了现实意义的改编与创作。

（张燕鹰）

【喜剧《代理村官》进京演出】 4月7日~8日，辽宁人民艺术剧院携其出品的农村喜剧《代理村官》在中国国家话剧院演出。该剧是辽宁人艺20余年以来的首部农村题材作品。

（张燕鹰）

【安徽新创精品剧目晋京展演】 4月10日~5月16日，由安徽省委宣传部主办，安徽省文化厅、安徽演艺集团承办的安徽新创精品剧目晋京展演活动在北京举行。参加此次展演活动的有安徽省黄梅戏剧院、安徽省歌舞剧院、安徽省话剧院、安徽省徽京剧院、安庆再芬黄梅艺术剧院、安庆市黄梅戏艺术剧院6家国有文化艺术院团。此次展演的有黄梅戏、舞剧、话剧和徽剧，共计演出14场。演出剧目有黄梅戏《小乔初嫁》《寂寞汉卿》《半个月亮》，舞剧《徽班》，话剧《徽商传奇》，徽剧《惊魂记》《徽班进京》7台新创精品剧目。

（吴熔秀）

【辽宁人民艺术剧院进京演出】 4月16日，辽宁人民艺术剧院出品的原创话剧《秘而不宣的日常生活》在中国国家话剧院小剧场演出。这是该院实行制作人制以来出品的首部话剧，编剧林蔚然和导演李伯男都是北京的戏剧工作者。

（张燕鹰）

【河南豫剧院三团进京演出】 4月17日~18日，由中央国家机关工委、中共河南省纪委、中共河南省委宣传部主办，河南豫剧院三团演出的现代廉政豫剧《全家福》在梅兰芳大剧院演出，中央国家机关的近2000名处级干部观看了演出。

（张燕鹰）

【江苏省演艺集团话剧院进京演出】 4月23日，江苏省演艺集团话剧院携其第九届中国话剧“金狮奖”获奖作品——话剧《激辩38天》在相国家大剧院小剧场演出。

（张燕鹰）

【林奕华舞台剧《恨嫁家族》进京演出】 4月24日~26日，台湾导演林奕华携其舞台剧作品《恨嫁家族》在北京保利剧院演出。该剧旨在告诉那些待嫁的女孩如何认识自己和面对自己。

（吴熔秀）

【台湾无独有偶工作室剧团进京演出】 5月7日~10日，台湾无独有偶工作室剧团携现代偶剧《剪纸人》在北京9剧场演出。

（吴熔秀）

【2015两岸小剧场艺术节·北京站】 4月25日~5月17日，由中华文化联谊会、广艺基金会主办，联合北京9剧场，由哲腾（北京）文化、心艺合一文化传播承办的2015两岸小剧场艺术节·北京站在北京9剧场举办。该艺术节在北京5个演出剧目，分别是台湾狠剧场的多媒体小品《我和我的午茶时光》，矗舞剧场的《2Men》，无独有偶工作室的《剪纸人》，北京的戏痞士剧团的《山居》和两岸合制的“偶”像剧《请听我说》。另外还放映了4个台湾剧场纪录片，举办了3场表演艺术工作坊活动和6场艺术家主题沙龙活动。该艺术节结束在北京的活动之后，又赴台北、高雄，活动一直持续到6月13日。

（张燕鹰）

【意大利T.P.O.剧团到京演出】 5月1日~17日，由意大利艺术家和工程师组成的T.P.O.剧团携多媒体儿童互动体验剧《魔毯梦花园》在东方梅地亚中心M剧场演出。

（张燕鹰）

【云南省话剧院进京演出】 5月5日，由云南省话剧院出品的话剧《鲁甸72小时》在北京国家话剧院上演。该剧以鲁甸的地震生活为素材，体现了灾难面前人与人之间的取舍。北京剧协和京演集团《新剧本》杂志联合为该剧举行了题为“话剧与现实的对话”的专题研讨会。

（吴熔秀）

【波兰弗罗茨瓦夫剧院到京演出】 5月6日~7日，波兰弗罗茨瓦夫剧院携话剧《伐木》在世纪剧院演出。该剧是参加2015年第五届林兆华戏剧邀请展的剧目之一。

（吴熔秀）

【上海话剧艺术中心进京演出】 5月8日~9日，上海话剧艺术中心携大型原创话剧《老大》在国家话剧院剧场演出。该剧是“中国原创话剧邀请展”参展剧目之一。

（吴熔秀）

【河南省驻马店市演艺中心进京演出】 5月15日~17日，应中国戏剧家协会之邀，河南省驻马店市演艺中心（原驻马店市豫剧团）推出的大型新编历史剧《陈蕃》在长安大戏院演出。5月17日，该剧研讨会在中国文艺家之家举行。

（张燕鹰）

【广东佛山粤剧传习所进京演出】 5月20日~21日，由广东佛山粤剧传习所创排的大型原创历史话剧《康有为与梁启超》在北京保利剧院上演。北京是该剧自4月6日在天津开启的2015年全国巡演的一站。

（张燕鹰）

【丁乃筝戏剧作品演出周】 5月28日~30日，由北京央华时代文化主办的“丁乃筝戏剧作品演出周”在北京保利剧院举办。此次演出周演出剧目为台湾导演丁乃筝导演的《他和他的两个老婆》与《绝不付账》。

（吴熔秀）

【太原市话剧团进京演出】 6月5日~7日，由太原市话剧团出品的抗日谍战解密题材话剧《谍杀》在首都剧场上演。该剧被列为太原市纪念中国人民抗战胜利70周年重点剧目，此次是作为第六届南锣鼓巷戏剧节的参展剧目进京演出的。

（张燕鹰）

【多媒体电光剧《丑小鸭》到京演出】 6月12日~14日，由美国电光火线剧团与哥比伊安视艺舞蹈团联合制作的多媒体电光剧《丑小鸭》在中间剧场演出。该剧演出时，运用了电光木偶，结合形体与舞蹈等表现方式。

（张燕鹰）

【丹麦儿童剧到京演出】 7月29

日～8月16日，由丹麦Theatre Madam Bach剧团出品、国际青少年戏剧协会丹麦副主席亲自出演的丹麦儿童剧《风·趣》在9剧场演出。

（张燕鹰）

【日本人形机器人版《变形记》到京演出】 7月31日～8月1日，日本青年团与机器人研究尖端高校大阪大学联袂推出的人形机器人版《变形记》在北京鼓楼西剧场上演。该剧以卡夫卡的同名小说为原型，平田织佐导演与大阪大学教授石黑浩合作推进“机器人演剧计划”，研发能表演的机器人，以独特的机器人戏剧，挑战荒诞的极限，实现科技时代的全新“变形”。该戏由大阪大学教授石黑浩研制的人形机器人和四名法国演员的共同出演。

（吴熔秀）

【波兰剧院到京演出】 7月31日～8月2日，波兰剧院携话剧《先人祭》在首都剧场演出了该剧的第一、二、四部。该剧是首都剧场精品剧目邀请展演（国际单元）的展演剧目之一。

（吴熔秀）

【法国奇幻幽默舞台剧《窃窃私语的墙》到京演出】 8月7日～9日，由卓别林之女——维多利亚·提瑞·卓别林编导的法国奇幻幽默舞台剧《窃窃私语的墙》在梅兰芳大剧院演出。

（张燕鹰）

【韩国儿童剧《库尔的宇宙大冒险》到京演出】 8月15日～16日，由韩国同感文化传播公司制作的韩国奇幻儿童剧《*AQUA SHOW SEASON* 2——库尔的宇宙大冒险》在北京保利剧院演出。

（张燕鹰）

【京剧《最后的武士》赴芬兰演出】 8月18日～19日，改编自《挑华车》的京剧《最后的武士》在芬兰国家剧院参加了芬兰赫尔辛基艺术节的演出。该剧由中国戏曲学院导演系教授吕锁森担任导演，中国戏曲学院芬兰籍留学生浩天和安迪分别饰演了金兀朮和高宠，由中国戏曲学院京剧系7名京剧器乐专业师生担任伴奏。新媒体艺术系动画专业老师马驰完成了该剧动画内容的制作。该剧演出语言为芬兰语，演员全部由芬兰籍演员构成，是首部全部由外国演员完成的京剧演出。演出结束后，吕锁森教授带领浩天和安迪与现场观众进行了长时间的交流，就演出幕后的种种细节及戏曲文化的对外传播形式等内容进行了互动讨论。

（张燕鹰）

【张火丁赴北美演出】 9月2日～3日，中国戏曲学院教授，京剧程派传人张火丁携京剧大戏《白蛇传》《锁麟囊》在美国纽约林肯艺术中心演出。在美国期间，还于8月30日由美国艺术大学举办了授予张火丁荣誉教授仪式。9月6日，张火丁又赴加拿大多伦多地区密西沙加市演艺中演出了《锁麟囊》。

（张燕鹰）

【贵州京剧院进京展演】 9月4日～6日，应北京市戏曲艺术发展基金会的邀请，贵州京剧院在长安大戏院为观众献上了三场精彩演出，内容包括经典的传统京剧《汉宫惊魂》《铁弓缘》和经典折子戏《白水滩》《改容战父》《三盗九龙杯》，从不同侧面展示了贵州京剧院人才培养的成果。

（张燕鹰）

【“一元剧场”进京展演】 9月14日～21日，由陕西省渭南市文广新局和渭南市秦腔剧团联合举办“一元剧场”进京展演。展演剧目包括传统剧目《忠保国》《赵氏孤儿》和大型秦腔现代戏《天国的百合花》以及阿宫腔《天女》4部作品。作为首批国家公共文化服务体系示范项目，渭南市周末“一元剧场”自2007年启动，每场票价1元钱。

（张燕鹰）

【吉林省戏曲剧院京剧团晋京展演】 9月18日～20日，吉林省戏曲剧院京剧团晋京展演活动在长安大戏院举办。展演剧目演出剧目包括《盗仙草》《逍遥津》《秦香莲》和《大闹天宫》。其中《逍遥津》是京剧高派（高庆奎）的代表剧目之一，《秦香莲》则是京剧张派（张君秋）早年的代表作之一。

（张燕鹰）

【李宗熹携话剧《谎言》进京演出】 9月18日～26日，由北京四海一家文化传播出品、台湾导演李宗熹执导的话剧《谎言》在北京9剧场演出。这是该剧进行全国巡演的第一站。

（张燕鹰）

【安徽省徽京剧院进京演出】 9月21日～22日，为纪念中国人民抗日战争暨世界反法西斯战争胜利70周年，由中共安徽省委宣传部、安徽演艺集团创排，安徽省徽京剧院演出的大型历史京剧《抗倭将军戚继光》在中国评剧大剧院上演。

（张燕鹰）

【山西省优秀新创舞台剧晋京展演】 10月11日～11月1日，由中共山西省委宣传部、山西省文化厅主办的山西省优秀新创舞台剧晋京展演活动在北京举行。展演的10个剧目分别是话剧《最美村官段爱平》、话剧《生命如歌》、北路梆子《云水松柏续范亭》、京剧《陈廷敬》、晋剧《红高粱》、儿童剧《红星杨》、左权花戏歌舞剧《太行奶娘》、音乐剧《火花》、晋剧《于成龙》、舞剧《吕梁英雄传》。参演院团涵盖山西省、市、县三级国有艺术表演团体及民营艺术表演团体和艺术院校。

（张燕鹰）

【上海话剧艺术中心进京展演】 10月12日~11月15日，上海话剧艺术中心受北京人民艺术剧院之邀携6部具有海派特色的小剧场话剧——《黑鸟》《仲夏》《桃姐》《你是我的孤独》《低音大提琴》《乌合之众》在北京人民艺术剧院实验剧场等剧场展演。

（张燕鹰）

【杭州越剧院进京演出】 10月15日~16日，杭州越剧院携越剧《德清嫂》《鹿鼎记》将在国家大剧院作纪念演出。《德清嫂》既是一部呼唤真情的力作，又是一部拥有“明星版”和“草根版”两个版本的作品。而《鹿鼎记》是第一部将金庸武侠小说搬上戏曲舞台的越剧大戏。

（张燕鹰）

【山西省话剧院进京演出】 10月18日晚，由中共山西省委宣传部、山西省文化厅、中共新疆生产建设兵团党委宣传部、新疆生产建设兵团第六师五家渠市联合推出的话剧《生命如歌》由山西省话剧院在国家大剧院演出。

（张燕鹰）

【台湾骉舞剧场进京演出】 10月23日~31日，台湾骉舞剧场携林奕华导演的作品《2MEN》在北京鼓楼西剧场演出。

（张燕鹰）

【日本导演携古希腊戏剧到京演出】 10月30日~11月1日，由日本戏剧大师铃木忠志导演的古希腊神话戏剧《酒神狄俄尼索斯》在北京密云古北水镇长城剧场演出。这次演出既是这是铃木忠志导演的作品在中国的首次演出，也是古北水镇长城剧场的首场演出。

（张燕鹰）

【包头市漫瀚艺术剧院进京演出】 11月6日，由包头市漫瀚艺术剧院出品的大型原创漫瀚剧《凤祥楼》在中国评剧院上演。该剧主创团队表示，此次进京演出是为纪念中国人民抗日战争暨世界反法西斯战争胜利70周年，宣传中华民族的抗战精神，激发观众的爱国热情。

（张燕鹰）

【长江人民艺术剧院进京演出】 11月13日，由中共湖北省委宣传部、湖北省台办、湖北省文化厅、湖北省文联、湖北省演艺集团联合出品，长江人民艺术剧院创作演出的大型多媒体话剧《台北新娘》在全国政协礼堂演出。

（张燕鹰）

【台湾国光剧团进京演出】 11月13日~14日，由台湾国光剧团编排，并由海峡两岸昆曲名家共同演绎的新编昆剧《梁山伯与祝英台》在国家大剧院戏剧厅上演。这是台湾国光剧团首次在国家大剧院演出。

（吴熔秀）

【四川人艺进京演出】 11月16日~17日，由四川人民艺术剧院有限责任公司制作、演出的话剧《巴交龙布》在中国剧院上演。该剧讲述了被纳西族人亲切地称他为“银行舅舅”的巴交龙布，一个人、一头骡子，小路上、群山间，近30年无悔穿梭奔走的故事。

（张燕鹰）

【江苏省淮剧团进京演出】 11月20日、22日，由江苏省淮剧团创作的淮剧《祥林嫂》和江苏盐城市淮剧团演出的淮剧《菜籽花开》分别在北京演出。这是由中国戏曲现代戏研究会和江苏省戏曲现代戏研究会共同主办的“戏曲现代戏优秀剧目南北交流展演”活动的组成部分。

（张燕鹰）

【甘肃皮影戏进京演出】 11月21日，甘肃原创皮影戏《药王孙思邈》在中国中医科学院报告厅上演。该戏用甘肃民间原生态的皮影戏的形式，演绎了我国唐代著名的医学家和药物学家孙思邈弃仕从医，成为一名“苍生大医”的故事。此次演出由国家中医药管理局、中国中医科学院支持，甘肃省卫生计生委、甘肃省文化厅主办。旨在宣传和弘扬中医药文化，促进甘肃中医药事业振兴发展，同时推进弥足珍贵的非物质文化遗产项目的保护传承，促进甘肃华夏文明保护传承示范区建设。国家卫生计生委、文化部、国家中医药管理局有关司（局）、中国中医科学院有关方面负责人、首都文艺界、医药卫生界有关专家、学者和观众一道观看了演出。

（张燕鹰）

【中国国家话剧院2015台北演出季】 11月25日~12月5日，中国国家话剧院2015台北演出季在台北市华山文创园区的Legacy举办。演出的4个剧目分别是查明哲导演的《纪念碑》、孟京辉导演的《恋爱的犀牛》、王晓鹰导演的《红色》及《霸王歌行》。该演出季是中国国家话剧院2015全国演出季的最后一站。

（张燕鹰）

【2015年吉林省优秀戏曲剧目进京展演】 12月2日~13日，由吉林省委宣传部、省文化厅主办，吉林省演出有限责任公司承办的“2015年吉林省优秀戏曲剧目进京展演”在北京举办。参加此次展演的剧目有已演出近4000场的吉剧经典保留剧目《桃李梅》，现实主义题材吉剧《吴亚琴》，还有根据莎士比亚名著改编的吉剧《温莎的风流娘儿们》，神话吉剧《狼妻》，为纪念中国人民抗日战争暨世界反法西斯战争胜利70周年，吉林省戏曲剧院京剧团创排的现代京剧《杨靖宇》和优秀吉剧选段专场。这6台节目分别在中国评剧大剧院、梅兰芳大剧院和国家大剧院进行了7场演出。展演结束后，还举办了吉林省优秀戏曲剧目研讨会和两期吉剧公益讲堂。

（张燕鹰）

【河南歌舞演艺集团曲艺团进京演出】 12月8日，河南歌舞演艺集团曲艺团在八一剧场上演了原创方言话剧《老汤》。通过轻喜剧的方式，讲述了一个关于诚信的故事。并于12月9日举办了该剧主演2015河南省艺术名家推介工程——范军艺术研讨会。

（张燕鹰）

纪　念

【国家京剧院建院60周年纪念大会】 1月10日，国家京剧院建院60周年纪念大会在梅兰芳大剧院举行。文化部部长雒树刚、副部长董伟，中国文联副主席李屹，全国政协京昆室副主任、中国文联副主席杨承志和老艺术家、老同志代表以及国家京剧院全体演职人员出席大会。雒树刚向国家京剧院建院60周年表示祝贺，并高度评价了国家京剧院为弘扬民族文化、传播京剧艺术所做出的突出贡献，并向广大京剧艺术家及工作者表示敬意和问候。国家京剧院院长张凯华在纪念大会上表示，国家京剧院将以习近平总书记系列重要讲话精神为指引，努力创作出体现中华美学精神，具有中国风格、中国特色、中国气派，无愧于伟大民族、伟大时代的优秀作品。京剧表演艺术家杜近芳代表老艺术家表达了对剧院的深厚感情，以及对京剧后辈的殷切期望。此外，还在梅兰芳大剧院举办了“难忘的记忆——国家京剧院建院60周年纪念展览”，展览展出了一批珍贵的照片资料等。

（薛晓金）

【纪念叶盛兰100周年诞辰活动】 1月19日~21日，中国戏曲学院举办了“纪念叶盛兰诞辰100周年活动”。19日、20日在梅兰芳大剧院举办两场叶派优秀剧目折子戏汇报演出，所选取叶派代表剧目、选段包括《八大锤》《借赵云》《飞虎山》《小宴》《打侄上坟》《游园惊梦》等，演出邀请叶少兰、迟金声指导。1月21日，中国戏曲学院举行了“叶派小生艺术传承学术研讨会”。来自国家京剧院、北京京剧院、北京军区政治部战友京剧团等院团的艺术家郑岩、马玉琪、张岚芳、萧润德、钮骠及叶氏后人叶蓬、叶少兰等参加了研讨会。与会专家回顾和总结了叶盛兰的艺术造诣和表演理论，探讨了京剧小生的人才培养及叶派小生艺术的传承、创作方法。

（薛晓金）

【“纪念周信芳先生诞辰120周年”北京站系列活动】 1月28日~31日，上海京剧院“纪念周信芳先生诞辰120周年”北京站系列活动在北京举行。1月28日，“纪念周信芳诞辰120周年”北京站启动仪式暨京剧明星公开课在国家图书馆举行。上海京剧院麒派名家陈少云、京剧名家杨小安，青年麒派传人于辉、郭毅、鲁肃，梅派青衣田慧等共同参与了启动仪式和京剧公开课，与观众现场交流了麒派艺术的发展、传承，并在现场教唱麒派名段。1月30日、31日，上海京剧院在国家大剧院演出了两场麒派纪念演出，一场演出是中国剧协主席尚长荣，麒派名家陈少云、裴咏杰等为观众带来的三出麒派传统折子戏《打严嵩》《坐楼杀惜》和《明末遗恨·杀宫》，另一场演出是具有当代麒派演剧精神的新编京剧《金缕曲》。

（薛晓金）

【宋凤仪逝世】 2月12日，北京人民艺术剧院话剧演员宋凤仪在北京逝世。宋凤仪（1928—2015），生于北京。宋凤仪是北京人艺元老级演员，也是人艺演员朱旭的妻子。1949年5月至1950年6月，在华北大学第三部学习。1952年加入新成立的北京人民艺术剧院，担任演员，塑造了《骆驼祥子》中的小福子，《小井胡同》中的春喜等人物形象。她编写的话剧《张灯结彩》由河北话剧院上演，并被珠江电影制片厂改编成电影。2014年，宋凤仪创作出了话剧《理发馆》，并在首都剧场上演，她丈夫朱旭担任了该剧的艺术总监。

（薛晓金）

【杨薇逝世】 2月26日，北京人民艺术剧院话剧演员杨薇在北京逝世。杨薇（1919—2015），生于北京。1937年起，杨薇先后在南京抗战剧团、香港中国旅行剧团、中国重庆电影制片厂、中国万岁剧团、国泰影片公司（香港）、香港永华影业公司任演员。抗战时期，她参加到由周恩来、郭沫若、阳翰笙等领导的抗战演剧活动中，塑造了一系列生动的舞台形象，成为重庆大后方知名的话剧演员。1947年后，她到香港投身电影事业，拍摄了多部在当时很有影响的作品。1950年，她从香港回到大陆，在中央戏剧学院话剧团任演员。1952年，杨薇随中央戏剧学院话剧团合并到了新成立的北京人民艺术剧院，塑造了众多鲜活的艺术形象。如《明朗的天》中的凌木兰，《日出》中的陈白露，《风雪夜归人》中的玉春，《伊索》中的克丽雅，《智者千虑，必有一失》中的马玛耶娃等。2009年，加入中国共产党。

（薛晓金）

【马崇仁逝世】 3月9日，北京京剧院京剧演员马崇仁在北京逝世。马崇仁（1923—2015），马连良长子，生于北京。1933年进入中华戏曲专科学校，学习净行。后参加马连良领衔的扶风社，又不断向马连良、李洪春、李洪福、雷喜福、李吉来等名家学习老生、红生艺术。因他能演的戏多，成为当时著名的“戏包袱”，李万春、李少春、叶盛兰、叶盛章等名家及名班社争相约请演出。1955年，马崇仁加入北京京剧团。1994年开始，他又参与了长达10余年的京剧“音配像”工程，作为舞台导演，指导剧目400余部，为京剧艺术的传播与弘扬倾注了大量心血。

（薛晓金）

【胡宗温逝世】 4月13日，北京人民艺术剧院话剧演员胡宗温在北京逝世。胡宗温（1922—2015），生于湖北汉口（今武汉）。1937年抗战爆发后，她在武昌参加抗敌演剧队，随队在太行、吕梁山区进行抗日宣传活动，演出过《打鬼子去》《国家至上》等剧目。新中国成立后，她进入北京人艺任演员。她戏路广，演技扎实，善于刻画人物内心世界，语言造型富有音乐感。她在《龙须沟》中饰演的程娘子、《雷雨》中饰演的四凤、《丹心谱》中饰演的吴愫心、《茶馆》中饰演的康顺子和《骆驼祥子》中饰演的虎妞，给观众留下的印象深刻。2007年，胡宗温与全国30位话剧艺术家被评为“国家有突出贡献话剧艺术家”荣誉称号。

（薛晓金）

【纪念裘盛戎百年诞辰活动在京启动】 5月20日，北京京剧院联合国家京剧院、上海京剧院、天津京剧院、天津市青年京剧团和山东京剧院共同主办的“裘韵流芳·戎耀百年”纪念裘盛戎诞辰100周年系列活动在北京启动。启动仪式上进行了题为“追忆裘盛戎”的主题演讲，裘盛戎之女裘芸、裘盛戎嫡孙裘继戎、北京京剧院演出培训中心主任富博洋等8位来自不同行业的演讲人，从不同方面追忆、讲述了裘盛戎的生平事迹。启动仪式后，纪念裘盛戎一百周年诞辰演出在北京、山东、上海、天津等地进行了巡演。为配合此次纪念活动，北京文化艺术音像出版公司出版了《纪念京剧表演艺术家裘盛戎诞辰100周年》专辑。

（薛晓金）

【北京戏曲艺术职业学院少儿戏剧场两周年庆典】 6月，北京戏曲艺术职业学院在少儿戏剧场集中举行了“职教行动在北戏”——庆祝少儿戏剧场2周年、北戏书馆1周年、系列京剧教育丛书《京剧大家绝艺录》等书籍首发式暨大型北京传统音乐会《燕落花枝》演出等艺术职业教育多个庆典活动。活动就北戏近年来进行的艺术职业教育活动进行了深入的总结，以探求艺术职业教育的发展之路。少儿戏剧场开办两年来共计演出70台193场，接待观众近7万人次。北戏京剧、地方戏曲、舞蹈、音乐、影视和舞美6个专业系逾1万人次的学生得到了舞台演出以及幕后各项工作的实际锻炼，使之成为传统文化传承实践的平台。北戏书馆作为北京评书传承基地，在开办一年的时间里坚持每周六晚进行长达两小时的评书演出，已经成为北京市有名的评书演出场所，评书演出达53场，观众数在3000人次以上。

（薛晓金）

【朱琳逝世】 7月7日，被誉为“中国话剧皇后”的北京人艺表演艺术家朱琳在北京逝世。朱琳（1923—2015），生于江苏海州（连云港）。1938年，朱琳在武昌昙华林参加了由周恩来、郭沫若、阳翰笙、田汉、洪深等领导下成立的抗敌演剧队第二队。1950年，进入中国青年艺术剧院担任演员。1952年，调入北京人民艺术剧院。1961年，加入中国共产党。在其漫长的演艺生涯中，曾出演过众多优秀的话剧和影视作品，其中，由她塑造的《雷雨》中的鲁侍萍，《蔡文姬》中的蔡文姬，《虎符》中的如姬夫人，《武则天》中的武则天，《带枪的人》中的纳佳，《洋麻将》中的芳西雅等角色都成为中国戏剧舞台上的经典艺术形象。

（薛晓金）

【花月仙逝世】 11月19日，评剧表演艺术家花月仙因病在北京逝世。花月仙（1922—2015），生于天津，本名张筠青。6岁开始拜师赵月楼、碧莲花、小杨月楼等艺人学唱评剧，长年与碧莲花、喜彩莲搭班演戏。20世纪40年代初蜚声剧坛。1948年天津解放后，花月仙同李福安、王素秋、徐文华、袁凤霞等人共同成立前进评剧剧社，并演出了《兄妹开荒》《宝山参军》《白毛女》《小女婿》《刘巧儿》等现代戏剧目。1953 年，花月仙从天津调入北京市评剧团担任主演。1958 年，花月仙随北京市评剧团进入中国评剧院。她的代表剧目有《珍珠衫》《刘云打母》《桃花庵》《杨八姐游春》《唐知县审诰命》等。1985 年，获全国戏曲观摩演出演员一等奖。2011 年，获中国戏曲表演学会联合北京振兴京昆协会与宇扬评剧苑颁发的“评剧终身成就奖”。

（薛晓金）

【纪念梁益鸣 100 周年诞辰座谈会】 12 月 18 日，“纪念梁益鸣先生诞辰 100 周年座谈会”在北京风雷京剧团召开。西城区政府领导、西城区文委领导、北京天桥盛世文化发展有限公司领导、京剧艺术家、戏曲评论家、梁益鸣弟子及家属代表、戏迷朋友和其他与梁益鸣有关的社会知名人士参加了座谈会。梁益鸣是北京风雷京剧团前身“鸣华京剧团”的创始人，1959 年拜马连良为师，悉心钻研马派艺术，曾被观众誉为“天桥马连良”。座谈会上，京剧表演艺术家王金璐、马长礼、迟金声及戏曲方面的专家、学者、梁益鸣弟子及其家属代表等分别从不同角度缅怀了这位京剧表演艺术家，追忆他生前为京剧传承和发展做出的贡献。

（薛晓金）

评论与研究

【第二届国际舞美大师论坛】 3 月 14 日 ~15 日，由中国舞美学会主办的 CISD 第二届国际舞美大师论坛在北京举行，德国舞美设计师约翰尼斯·舒茨来华主讲“戏剧中的空间艺术”，来自全国各地的设计师、学者、经理人、高校学生汇聚一堂，共同参与本次高端学术论坛。此届论坛分为两大部分，第一部分包括舒茨的讲座“戏剧中的空间艺术”国内舞美设计师与舒茨的对话。第二部分是国内舞美设计大师讲座，参加演讲的七位嘉宾分别是：上海戏剧学院院长韩生、“灯光诗人”周正平、中央戏剧学院教授章抗美、中国儿童艺术剧院一级舞台美术设计师苗培如、中国戏曲学院教授李威、国家话剧院一级灯光设计邢辛以及中央戏剧学院舞台美术系副主任田丹。

（薛晓金）

【圆明园大台宫戏抢救传习及恢复演出项目研讨会】 3 月 19 日，圆明园大台宫戏抢救传习及恢复演出项目研讨会在圆明园举行。清朝宫廷演出史研究专家丁汝芹、编剧于俊海、木偶表演艺术家侯宪政等专家、学者在一起研讨了大台宫戏当年的演出剧目、形式以及宫廷演出记录。大台宫戏是中国清朝宫廷演出的杖头木偶戏（又称“托偶”）的别称，1900 年八国联军焚毁圆明园后就再也没有演出过。

（薛晓金）

【有态度戏剧论坛】 4 月 8 日，由繁星戏剧村、网易娱乐联合主办，清心文化协办，娱乐互动平台 O！What 独家支持的有态度戏剧论坛在繁星戏剧村壹剧场举办。参加该论坛的有导演田沁鑫、黄盈、饶晓志、黄彦卓、演员陈佩斯、商子见、潘粤明、吴越、范植伟（台湾演员），网易时尚频道主编天蓝，媒体人胡赳赳等。田沁鑫、陈佩斯分别发表了主题演讲，与会者还就话剧表演人才培养、中国需要什么样的戏剧节等论题展开了讨论。

（薛晓金）

【纪念梅兰芳访苏演出八十周年国际学术研讨会】 4 月 10 日 ~11 日，由中国戏曲学院主办的纪念梅兰芳 1935 年访苏演出八十周年国际学术研讨会在北京举行。来自俄罗斯、法国、丹麦和中国的 30 多名专家、学者参加了研讨会。梅葆玖在研讨会上表示，梅兰芳访苏不仅在京剧艺术的传播上取得成功，而且使京剧艺术有了理论上的系统阐述。莫斯科大学俄罗斯国立电影艺术学院副教授库普瑟娃·欧尔加代表俄方专家发言。她表示，研讨会不仅是学术活动，更是两国戏剧之间的重要交流。她还介绍了前苏联戏剧评论界对梅兰芳评论的有关情况。俄罗斯、法国、丹麦及中国大陆、中国香港地区和中国台湾地区的专家、学者，在发言中对梅兰芳访苏演出的历史背景及真实情况进行了还原，并就前苏联民众对中国京剧的了解和理解，梅兰芳访苏前后他们对中国戏曲艺术、中国文化、对梅兰芳本人及对中国人看法的变化等进行了探讨和交流。

（薛晓金）

【纪念方荣翔 90 周年诞辰京剧艺术研讨会】 4 月 25 日，由中国产业经济促进会主办的“纪念方荣翔诞辰 90 周年京剧艺术研讨会”在梅兰芳大剧院举行。谭元寿、梅葆玖、李世济、刘秀荣、孟广禄等 30 多位京剧表演艺术家和戏曲评论家、教育家及中国产业经济促进会会长王治国、秘书长方国辉以及支持京剧事业的企业家、方荣翔的亲属好友、弟子、媒体记者近百人出席了研讨会，研讨会当天同时举行了李瑞环题写书名的大型纪念画册《方荣翔》

首发仪式。谭元寿、梅葆玖畅谈了他们与方荣翔合作演出的往事，对其艺术成就和高尚品德给予高度评价。方荣翔16岁拜裘派花脸艺术创始人裘盛戎为师，专攻花脸。代表剧目有《群英会》《杨家将》《铡美案》等。

（薛晓金）

【第六届京剧学国际学术研讨会】 5月22日~24日，由中国戏曲学院主办的第六届京剧学国际学术研讨会在北京举行。该学术研讨会的主题是“京剧的文学、音乐与表演”。参加此次研讨会的有来自中国大陆和中国港澳台地区以及美国、英国、德国、日本等国家的京剧学专家、学者、表演艺术家、京剧院团管理者、京剧研究者近200人。与会者围绕京剧的文学脉络、京剧音乐的历史演变、京剧表导演理论探讨、京剧史研究、京剧的传播、当代京剧发展等话题进行了讨论。

（薛晓金）

【越剧艺术研讨会】 5月28日，由化部主办，中国戏曲学院、中国戏曲表演学会承办的“全国非遗剧种——越剧艺术研讨会”在北京召开。文化部非遗司副巡视员张兵，中国戏曲学院党委书记龚裕、院长巴图，浙江小百花越剧院副院长刘建宽，杭州越剧院院长侯军，苏州大学教授朱栋霖，上海越剧院国家一级演员刘觉，越剧作曲家陈钧，中国艺术研究院研究员吴乾浩，中国文联国家一级编剧齐致翔，北京联合大学教授周传家，中国传媒大学教授路应昆，中国戏曲学院教授奎生、曹林、董德光、田志平、颜全毅以及京内外数十名专家、学者以及首届越剧本科班的全体同学出席研讨会。与会专家分别就“作为非遗剧种的越剧发展路径”“越剧人才培养模式探索”“越剧行当表演艺术的拓展”“越剧表演流派艺术的传承”“越剧音乐艺术的创作流变”“越剧导演艺术的发展演变”“越剧剧作风格及结构的发展”“越剧对其他艺术形式的借鉴”“沪浙闽越剧艺术风格的地域性发展”“转企形势下越剧院团的经营模式研究”等多方面论题进行了研讨。5位越剧本科班的同学也做了发言。

（薛晓金）

【“大陆与台湾：昆曲传承和发展”研讨会】 6月17日，由中国昆剧古琴研究会主办的“大陆与台湾：昆曲传承和发展”研讨会在北京召开。中国台湾和中国大陆的昆曲学者就两岸昆曲的传承、保护与发展等问题进行了深入研讨。台湾戏曲学者曾永义、洪惟助、王瑷玲、蔡欣欣、樊曼侬、陈彬、王志萍、林佳仪、黄思超等，分别从昆曲在台湾的历史传统、当代传习保护、昆曲社团发展以及两岸昆曲交流等不同角度，勾勒出台湾昆曲从无到有，从坚守传统到创意发展的变化轨迹。大陆昆曲传承人与戏曲学者蔡正仁、王安奎、周秦、顾聆森、刘静、谢柏樑、柯凡等，从不同侧面回顾了昆曲被列入联合国教科文组织“人类口述和非物质遗产代表作名录”以来，昆曲传承与发展的得与失，分析了当前昆曲良好的发展态势中新的困境与问题。两岸戏曲学者对于海峡两岸保护与发展昆曲艺术的不同思路进行了认真总结和深刻反思，以期透过彼此的镜像，为昆曲良性发展建言献策。

（薛晓金）

【谭元寿舞台生活八十周年座谈会】 6月23日，“谭元寿先生舞台生活八十周年座谈会”在北京举行。谭元寿是北京京剧院的京剧表演艺术家，是京剧生行谭派艺术的第五代传人。中共中央政治局常委、全国政协主席俞正声出席座谈会，并会见谭元寿及其亲属。谭元寿在会上回顾了谭门四代在北京京剧院的经历。中共中央政治局委员、中宣部部长刘奇葆说：“谭元寿先生从艺八十年，承前启后、奋力作为，始终不渝地致力于继承传承，致力于创新创造，致力于创演精品，致力于以德培艺，为振兴京剧艺术做出了重要贡献。谭先生的艺术实践告诉我们，创作是艺术家的中心任务，作品是艺术家的立身之本。只有坚守中华文化立场，坚定文化自信，推陈出新、转化创新，才能创作排演出更多思想精深、艺术精湛、制作精良的作品，留下属于我们这个伟大时代的光辉印迹。”全国政协副主席卢展工出席座谈会。

（薛晓金）

【全国戏曲工作座谈会】 7月29日，全国戏曲工作座谈会在北京京西宾馆召开。戏曲界人士和中宣部、文化部、财政部等部门负责人共百余位代表参加会议。与会者就当前戏曲创作的现状、演出状况、社会效益和经济效益之间的关系，国务院办公厅印发的《关于支持戏曲传承发展的若干政策》进行了讨论。中共中央政治局委员、中央书记处书记、中宣部部长刘奇葆出席座谈会并讲话。

（张燕鹰）

【《灯官油流鬼》作品座谈会】 8月14日，由北京戏剧家协会和《新剧本》杂志联合主办的“传承·创新·跨界”——京剧与皮影当代发展研讨会暨《灯官油流鬼》作品座谈会在北京市文联召开。研讨会旨在为探讨研究京剧皮影艺术创作和艺术形态未来的发展之路，加深戏曲同行之间的交流集思广益，拓展思路，对当代的戏曲发展的若干重要课题展开深入讨论。《灯官油流鬼》是一部由北京市民营剧团韩非子剧社创排的京剧与皮影跨界融合的实验剧目。北京戏剧家协会副主席、秘书长杨乾武，京剧表演艺术家孙毓敏，北京戏曲艺术职业学院院长刘侗，皮影专家、国家非遗保护专家委员魏力群，中国戏剧文学学会副会长梧桐，上海戏剧学院木偶教师王晓鑫，木偶专家谭志远，《新剧本》执行主编林蔚然，韩非子剧社出品人韩迟，《灯官油流鬼》的编剧韩非子参加了研讨会。刘侗认为，在这出戏中京剧和皮影的结合比较巧妙，二者相互烘托、互为补充，产生了极佳的艺术效果；孙毓敏认为，这出戏的主创团队创造了一种新的呈现形式，对于两项非遗的保护和传承有着积极的意义；魏力群表示，当前的皮影戏演出应该更多地借鉴这出戏的创意思路，创排出更多符合时代发展的皮影戏新剧目。

（薛晓金）

【刘曾复京剧学思想研讨会】 8月19日，由中国戏曲学院主办的“刘曾复先生京剧学思想研讨会暨《刘曾复说戏剧本集》首发式”在北京举办。刘曾复的家人、学生以及来自京津沪等多地曾向刘曾复请教、交流、学习过的京剧研究者、工作者参加了研讨会。该研讨会旨在探讨、总结刘曾复在京剧研究领域的卓著贡献。刘曾复自幼对京剧就有浓厚兴趣，饱览了杨小楼、余叔岩、梅兰芳等京剧鼎盛时期众多名家的舞台风采。此外，他还在王荣山、王凤卿等指导下系统学习过京剧老生艺术，掌握了大量的老生传统剧目，其中许多剧目现已濒临失传。他在京剧学研究领域也成绩斐然。2015年8月由华东师范大学出版社有限公司出版的《刘曾复说戏剧本集》汇集了刘曾复百余出说戏录音的文本以及由他保存的全剧剧本，并附其说戏录音，是刘曾复京剧学研究的重要成果。钟锦、姜骏、樊百乐等该书的主要整理者先后介绍了该书从说戏录音整理成文字再到出版的过程，与会专家们就刘曾复的学术思想及《刘曾复说戏剧本集》提出了各自的看法并进行了讨论。刘曾复的外孙女秦岩，代表家人做了发言。

（张燕鹰）

【李紫贵100周年诞辰暨导演艺术研讨会】 9月22日，由中国戏曲学院、中国戏曲导演学会主办，中国戏曲学院导演系、京剧系、表演系联合承办的“李紫贵诞辰100周年暨导演艺术”研讨会在中国戏曲学院召开。中国戏曲学院党委书记龚裕、院长巴图、党委副书记徐超、纪委书记李世英、副院长赵伟明、副院长张京山，中国戏曲导演学会名誉会长黄在敏、副会长赵景勃、沈斌，中国京剧院著名京剧表演艺术家刘秀荣、张春孝，中国艺术研究院研究员刘沪生、涂沛，中国戏曲学院原导演系主任金桐和教授逯兴才，表演系教授谢锐青，教务处副处长张文振，京剧系主任舒桐教授，导演系教授乔慧斌，吕锁森，副教授王永庆、李小琴，以及香港演艺学院李铭森（李紫贵长子）、李峻森（李紫贵次子）、李燕君（李紫贵女儿）出席了会议。李紫贵在其30多年的京剧演员生涯和50多年的戏曲导演生涯中，留下了大量颇有影响的作品，其京剧代表作是《白蛇传》，并著有《李紫贵戏曲表导演艺术论集》和《忆江南——李紫贵口述历史》。研讨会通过视频短片向与会人员展现了李紫贵的艺术生涯。专家、学者从不同方面论述了李紫贵的艺术成就和精神品格，并对李紫贵导演的作品进行了分析和总结。李铭森、李峻森也作了发言。

（薛晓金）

【多媒体儿童剧的产业创新与市场未来文化沙龙】 10月9日，由道略演艺产业研究中心及DT儿童剧团主办，主题为“多媒体儿童剧的产业创新与市场未来”的文化沙龙在国家图书馆举办。来自国内儿童剧制作单位、儿童剧演出剧场及业内的相关专家围绕“儿童剧的市场表现”“‘好内容+高科技’能否引领未来市场”等热点问题展开讨论，共同为国内儿童剧的发展建言献策。其中，数虎联合创始人、视觉导演刘峰与嘉宾分享了数虎旗下的DT儿童剧团利用多媒体等高科技舞台技术手段创排儿童剧的实践经验。

（薛晓金）

【《中国少数民族戏剧通史》研讨会】 10月10日，由中国剧协、中国艺术研究院戏曲研究所、中国民族摄影艺术出版社共同举办的《中国少数民族戏剧通史》（曲六乙编著）研讨会在北京举办。王文章、白庚胜、向云驹、任乌晶、崔伟、马盛德、刘桢、周育德、何玉人等有关方面领导和专家参加研讨。与会者认为该书填补了以往中国戏剧史较少涉及少数民族戏剧的空白，并且对少数民族戏剧的界说、傩戏的历史叙述、传统戏剧的溯源、现当代少数民族戏剧发展足迹的梳理等诸多方面，通过翔实的史料进行了充分的论述，是一部学术性、知识性和资料性有机统一，具有很高历史文化价值的著作。

（薛晓金）

【宫廷戏曲研究论坛（2015）】 11月10日～11日，由故宫宫廷戏曲研究所、中国人民大学国剧研究中心、北京外国语大学艺术研究院主办的“宫廷戏曲研究论坛(2015)”在故宫博物院建福宫举行。该论坛围绕“宫廷演剧发展史研究”“宫廷演剧形态研究”“宫廷戏曲文物研究”“宫廷戏曲剧目研究”“宫廷戏曲机构及人物研究”“宫廷戏曲与民间戏曲比较研究”“宫廷戏曲活态应用研究”“宫廷戏曲文化传播研究”8个议题展开研讨，海峡两岸及澳门地区的专家、艺术家参加了讨论。

（薛晓金）

【全国非遗剧种人才培养学术研讨会】 11月11日，由文化部非遗司主办、中国戏曲学院承办的全国非遗剧种人才培养学术研讨会在北京召开。研讨会旨在进一步研讨“非遗”剧种的历史沿革、名家名剧、行当流派、表导演形式、地域文化等内容，进一步总结“非遗”剧种人才培养的经验与不足，探讨对这些“非遗”剧种的保护与承传，探索与这些剧种所属地方政府文化部门的合作方式，推动“非遗”剧种及濒危剧种的挖掘、整理和抢救工作，共同推动“非遗”及戏曲事业的发展。中国戏曲学院党委书记龚裕、院长巴图，昆曲表演艺术家蔡正仁、汪世喻，晋剧表演艺术家王爱爱，京剧表演艺术家谢锐青、宋丹菊，川剧表演艺术家晓艇，河北梆子表演艺术家刘玉玲，评剧表演艺术家谷文月，戏曲理论家周育德、贯涌、奎生、陈培仲、吴乾皓、谭志湘，中国戏曲学院表演系主任王绍军、副主任董昕、李永志等以及中国戏曲学院部分师生参加了研讨会。

（张燕鹰）

【纪念焦菊隐110周年诞辰学术研讨会】 12月12日，由北京人艺主办的“纪念焦菊隐诞辰110周年学术研讨会”在菊隐剧场举办。郑榕、苏民、梁秉堃、王晓鹰、顾威等做了专题发言，就如何继承和发展焦菊隐的导演美学等诸多问题进行了探讨。

（薛晓金）

【“张火丁现象”专题研讨会】 12月15日，由中国文联文艺评论中心、中国文艺评论家协会、中国戏曲学院联合主办，中国戏曲学院中国文艺评论基地、中国文艺评论家协会戏剧戏曲专业委员会联合承办的“张火丁现象”专题研讨会在中国文艺家之家召开。来自国家京剧院、中国戏曲学院、北京电影学院、上海大学、中国对外文化集团、中国东方演艺集团、中国戏剧杂志社、北京人民艺术剧院等单位的专家学者、青年学生等100余人参加了研讨会。与会者围绕张火丁的艺术成就及“张火丁现象”进行了研讨。与会者普遍认为，举办这次会议，对于更加深刻地理解“张火丁现象”，提升对中华文化本身及其“走出去”的认识具有重要意义。张火丁不仅在京剧艺术领域取得了重要成就，而且为中国文化“走出去”做出了积极贡献。特别是张火丁领衔主演的京剧经典大戏《白蛇传》和《锁麟囊》先后在美国及加拿大的演出引起的轰动，在北美掀起了一场京剧热潮。张火丁的北美演出，不仅是中外文化交流的盛事，而且开启了中国文化“走出去”的“人格化传播”模式，让跨文化传播更为有效。中国文艺评论家协会主席仲呈祥出席会议。

（薛晓金）

【中日传统戏剧交流座谈会】 12月19日，由北京戏曲评论学会与日本驻华大使馆联合主办的“中日传统戏剧交流座谈会”在日本驻华大使馆新闻文化中心举行。座谈会上，日本大使馆文化公使山本恭司致辞，他认为中日之间以戏剧为代表的文化交流对于两国关系发挥了重要促进作用。学者谢柏梁讲述了中国戏剧对日本戏剧的影响及中日戏剧之间的交流历史。演员顾卫英示范演唱了昆曲《牡丹亭·寻梦》片段。日本能乐演员、导演梅若作了关于能乐历史及自己家族600年能乐传统的演讲，示范了能乐的表演片段。演员杨少彭、郑潇先后演唱了《三家店》《贵妃醉酒》的经典唱段。北京戏曲评论学会副会长宗春启作了关于中国戏剧尤其是京剧的简史以及京剧作为中国国粹艺术特色的演讲。

（薛晓金）

教育与传承

【杜近芳收付佳、刘琪为徒】 1月6日，杜近芳收付佳、刘琪为徒，收徒拜师仪式在国家京剧院畅和园实验剧场举行。付佳、刘琪均为国家京剧院青年演员。付佳毕业于上海戏剧学院，也是第六届“青研班”学员，荣获“青京赛”银奖。刘琪毕业于中国戏曲学院，也已初露锋芒。谭元寿、叶少兰、于魁智、郭宝昌等参加了仪式。

（薛晓金）

【京剧名家在重庆收徒】 1月16日，重庆市京剧团在重庆市国泰艺术中心举行“‘弘扬国粹·薪火相传’重庆市京剧团青年演员集体拜师暨京剧名家收徒”仪式。京剧“四大须生”马派艺术创始人马连良亲传弟子安云武收吴狄向为徒，京剧“四大名旦”尚派艺术创始人尚小云弟子沈福存收刘丹丹为徒，京剧“四小名旦”宋派艺术创始人宋德珠之女宋丹菊收林子琪、章乃方为徒，京剧老旦李派艺术创始人李多奎亲传弟子李鸣岩收何漫清为徒。

（张燕鹰）

【中国戏曲学院招生新增两个“非遗”剧种】 1月，中国戏曲学院公布2015年招生计划，将新增两个国家级“非遗”剧种（河北梆子和川剧）作为招生方向。至此，中国戏曲学院共有13个国家级“非遗”剧种招生方向，包括豫剧、晋剧、越剧、黄梅戏等；同时拥有4个世界级“非遗”剧种的招生方向，即京剧、昆曲、粤剧和藏戏。

（薛晓金）

【张春华收靳智棋、刘佳、王浩为徒】 2月6日，京剧表演艺术家张春华收徒仪式在国家京剧院畅和园剧场举行。国家京剧院的青年演员靳智棋、刘佳、王浩正式拜张春华为师，拜师仪式由京剧表演艺术家刘长瑜主持。靳智棋曾参加文化部优秀剧目展演，并获“优秀青年演员奖”。刘佳在国家京剧院建院60周年优秀剧目展演中获好评。王浩曾获戏曲“小梅花金奖”、全国青年京剧演员电视大赛“铜奖”。

（薛晓金）

【梅派艺术人才培养基地】 3月20日，梅派艺术人才培养基地在北京京剧院挂牌开班，该基地由国家艺术基金资助，委托北京京剧院实施，将为梅派艺术培养后备力量20人，建立起梅派艺术传承梯队，培养一批传承有序专兼结合的师资队伍。同时，基地将整理抢救梅派剧目，加工整理剧本，研习演出并录制影像资料，并面向社会宣传普及梅派艺术，培养梅派艺术的观众。此外，还将研究梅派艺术理论，出版梅派艺术研究专刊等。基地聘请了杜近芳、梅葆玖、李玉芙、王志怡、李炳淑等名家为学员授课，传承梅派经典剧目。

（薛晓金）

【评剧《花为媒》青年培训班】 3月25日～4月19日，中国评剧院举办评剧经典保留剧目《花为媒》青年人才培训班，该项目获得国家艺术基金资助。此次有来自全国10个评剧院团、45名具有一定专业基础和舞台实践经验的中青年演员、演奏员在中国评剧院进行学习。中国评剧院以专家授课、成熟演员现场指导排练、成果演出展示、组织观摩、专家讲评等形式进行集中培训，提高青年学员的业务水平，为经典剧目《花为媒》和新派艺术的传承储备优秀艺术人才。进行授课指导的有张玮、张德福、谷文月、刘文田、刚立民、李金铭、王丽京、王平、茹桂林、李妮、杜志刚、张剑冰、杨杰等。

（薛晓金）

【全国少数民族戏剧创作培训班】 3月28日，全国少数民族戏剧创作（编剧）培训班在中央文化管理干部学院开班，培训活动是由中国少数民族戏剧学会承担的国家艺术基金2014年度人才培养项目。参加此次培训班的30名学员来自少数民族分布较广的12个省、自治区和直辖市，包括藏族、壮族、彝族、傣族、白族、苗族、瑶族、蒙古族、朝鲜族、纳西族等多个少数民族的专业编剧。在为期1个月的培训时间里，培训班除聘请知名学者、资深编剧进行系统化授课外，还将课程培训与作品辅导、交流，戏剧精品观摩等实践结合起来，使学员在创作实践上开阔眼界，实现层次性、全面性和针对性等多方面的预期目标。

（薛晓金）

【京剧《杨门女将》培训班】 4月9日，京剧《杨门女将》表演人才培训班在中国国家京剧院开班，此为国家艺术基金资助项目。来自全国9家京剧院团的24名学员在为期近1个月的时间里，完成了《杨门女将》中9个主要角色的学习。国家京剧院特邀请原排老艺术家王晶华、冯志孝、刘琪、孙元意及剧院第二代穆桂英扮演者董圆圆，20世纪80年代复排《杨门女将》时采药老人的扮演者刘学钦，中国戏曲学院教授田冰担任此次培训班的主教老师。5月6日，全体学员在梅兰芳大剧院进行了专场汇报演出。

（薛晓金）

【第四届“高级剧院运营与管理大师班”】 4月9日，国家大剧院一年一度的“高级剧院运营与管理大师班”开班。这是大剧院面向全国、联手世界知名艺术机构打造的剧院人才培训模式。本届大师班由国家大剧院、德国柏林歌剧基金会及柏林自由大学共同举办，为期1个月。与往年一样，大师班采取了“两地开班，双城授课”的方式，学员可在北京、柏林两地学习。

（薛晓金）

【叶少兰收张兵为徒】 4月10日，京剧表演艺术家叶少兰收徒仪式在国家京剧院举行，青年演员张兵正式拜师。张兵现为国家京剧院三团的青年小生演员。谭元寿、梅葆玖、杜近芳、李维康、耿其昌等前往祝贺。

（薛晓金）

【中国戏曲学院到清华附小进行京剧艺术讲座】 4月10日，中国戏曲学院戏曲艺术教育中心一行7人应邀赴清华大学附属小学，在该校为一年级小学生们进行了一场别开生面的京剧艺术互动讲座。该讲座由中国戏曲学院青年教师胡馨元、王文端、李妍霏联袂主讲。胡馨元从京剧的历史发展、艺术特征、行当流派、文化价值等不同方面进行了通俗易懂地讲解；王文端、李妍分别以老生、花旦两类角色彩妆出场，演唱了京剧《珠帘寨》和《卖水》等剧目的唱段，并现场示范了戏曲的四功五法、服装化妆的特点等内容。现场的小学生们被博大精深的京剧艺术吸引，并提出了许多天真可爱、奇思妙想的问题。讲座结束后，学生们与讲课的老师合影留念。清华附小艺术教研组组长张叶、音乐教师李宝仓还代表学校对老师们的讲座表示感谢，双方还就清华附小引入京剧课程、组建京剧社团等事项进行了商讨。

（张燕鹰）

【国家大剧院首届舞美学员队开班】 4月29日，国家大剧院首届舞美学员队开班。参加该班学习的44名学员分别来自中央戏剧学院、北京服装学院、北京戏曲艺术职业学院、上海话剧中心等多家艺术单位。导师有国家大剧院舞美总监高广健、舞台技术总监管建波、中央歌剧院一级化妆设计师任小秋等。此次舞美学员队以参与剧目生产、提高“实战”技能为主。培训结束后，大剧院将择优聘任学员为正式员工。此次舞美学员队全部课程均以NCPA自制剧目为“第一现场”，学员则通过亲身实践与实际操作，收获舞美制作的一手经验。学员队共分为舞美制景、舞美绘景、道具、服装、化装、灯光6个专业，采取全日制脱产形式培训，学制共2年。

（薛晓金）

【“宫廷戏剧文化大观”讲座】 5月8日，“让文献、文物活起来——宫廷戏剧文化大观”主题讲座在北京故宫博物院举办。这是故宫宫廷戏曲研究所成立以来，由该所专家团队进行的首次讲座。北京外国语大学艺术研究院院长孙萍和中国传媒大学教授周华斌分别做了主题讲座。孙萍认为如何在全媒体时代和日益频繁的跨文化交流中讲好中国故事，让沉睡的传统戏剧文物、文献真正生动地“活起来”，是当下故宫人和戏剧研究者们共同面对的问题。周华斌则以“故宫的戏曲文物与中华戏曲文化”作为贯串脉络，对中国戏曲的审美意象、故宫的戏曲演出场所与文物进行了详尽的解说。

（薛晓金）

【“梅兰芳与穿越80年的老唱片”主题讲座】 5月23日，梅兰芳与穿越80年的老唱片主题讲座在国家大剧院举办。该讲座是国家大剧院与中国唱片总公司主办的中国唱片艺术周活动中“走进唱片里的世界——梅兰芳与穿越80年的老唱片”主题展的一个组成部分。该展览展出了20世纪30年代梅兰芳与唱片公司签署的合同、信件、目录等纸质文件资料，以及梅兰芳录制的京剧老唱片。梅兰芳之子梅葆玖，梅葆玖嫡传弟子胡文阁和京剧学者翁思再，通过展览、讲座、表演三位一体的形式，与现场观众分享京剧艺术的魅力，以及梅兰芳与唱片之间的渊源。

（薛晓金）

【第四届国际剧院团管理大师班】 6月12日~14日，由中国戏剧文化管理协同创新中举办的第四届国际剧院团管理大师班在中央戏剧学院北剧场举行。该大师班以“戏剧、城市与生活”为主题，邀请来自英国皇家莎士比亚剧团、日本四季剧团、意大利艾米利亚罗马涅大区剧院基金会、中国上海大剧院、法国斯特拉斯堡国家剧院、澳大利亚墨尔本艺术中心、韩国国家剧院、俄罗斯圣彼得堡国立青年剧院、中国儿童艺术剧院、乌克兰伊凡弗兰科国家剧院、芬兰瑞典语国家剧院、中国中央戏剧学院等著名剧院和戏剧教育机构的11位高级管理者和学术专家，与国内60多家院团的负责人展开演讲和交流。除专家演讲外，大师班特别为到场的国内剧院团代表及中央戏剧学院戏剧管理系的学生开设了问答环节。

（薛晓金）

【张学浩、董翠娜夫妇收王晶为徒】 6月14日，张学浩及夫人董翠娜夫妇收徒战友京剧团优秀青年演员王晶仪式在北京举行。张学浩系京剧表演艺术家张君秋之子。王晶现为北京军区政治部战友京剧团二级演员，曾获全国第六届CCTV京剧青年演员电视大赛银奖。孙毓敏、钮镖、燕守平、马小曼、薛亚萍等京剧艺术家和战友文工团团长李劲、政委黄景海等参加拜师仪式。

（薛晓金）

【梅葆玖收王艺臻为徒】 6月27日，京剧表演艺术家梅葆玖收王艺臻为徒，收徒、拜师仪式在北京举行。王艺臻先后考入天津艺术学校京剧班、天津艺术职业学院戏剧系京剧表演专业，目前就读于天津师范大学音乐与影视学院京剧表演专业。北京京剧院院长李恩杰、梅兰芳艺术基金会秘书长周铁林和部分艺术家、专家、学者以及王艺臻的师长、亲朋好友参加了仪式。

（薛晓金）

【第四届京剧专业中青年教师高级进修班】 7月20日，由中国京剧艺术基金会主办、中国戏曲学院承办的第四届京剧专业中青年教师高级进修班在中国戏曲学院开班。本次进修班在延续以往经典剧目教学、京剧身训、基本功教学的同时，新增了两项教学内容。一是京剧现代戏的教学传授，二是音乐伴奏培训课程，教授京胡、司鼓的演奏规范和方法等。进修班超过120人，并首次为宁夏回族自治区、新疆维吾尔自治区、甘肃等偏远地区京剧院团的中青年演员提供赴京学习的机会。

（薛晓金）

【叶少兰收杨楠为徒】 9月16日，杨楠拜京剧表演艺术家叶少兰为师仪式在上海天蟾逸夫舞台举行。杨楠是上海京剧院小生演员，也是中国戏曲学院第六届青研班学员。在青研班学习期间，叶少兰向杨楠教授了《吕布与貂蝉》《奇双会》《罗成》等京剧叶派代表剧目。京剧名家李蔷华、尚长荣、孙正阳、梁斌、王梦云、金锡华、梁谷音、张洵澎、萧润年、陈少云、王小砖、安平、李国静、金喜全等艺术家与中国戏曲学院青研班班主任舒桐、顾问赵景勃、张关正到场参加拜师仪式。

（张燕鹰）

【梅葆玖收王馨仪、王梓依为徒】 10月11日，京剧表演艺术家梅葆玖收徒暨青岛市京剧院优秀青年演员王馨仪、王梓依拜师仪式在北京举行。王馨仪毕业于中国戏曲学院，2010年到青岛市京剧院工作，曾获中国戏曲小梅花奖、山东省第五届戏曲红梅大赛一等奖。王梓依毕业于上海戏剧学院，2014年到青岛市京剧院工作，曾获山东省第五届戏曲红梅大赛优秀表演奖。

（薛晓金）

【北京儿艺与四所小学签约艺术教育】 10月14日，北京儿童艺术剧院股份有限公司与北京市东城区景泰小学、东四十四条小学、史家小学通州分校以及北京市通州区第一实验小学签约，将在未来的5年内开展以戏剧为核心，涵盖文学、表演、美术、音乐等多门类的艺术普及课堂，由北京儿艺编演团队走进校园传播艺术知识和前沿的艺术理念。该项目是北京市教委“高等院校、社会力量参与小学体育美育发展工作”的组成部分。

（薛晓金）

【戏剧台词人才培养培训班】 12月14日，由国家艺术基金2014年度立项资助、中国国家话剧院主办的戏剧台词人才培养培训班在北京开班。培训班面向全国青年话剧表演艺术工作者进行有针对性的个性化培养。课程以中国国家话剧院专业资源为依托，重点从戏剧台词技能和艺术审美能力两个方面提升学员的艺术水平。参加培训的40名学员均是来自全国各专业院团的青年业务骨干。该班于2016年1月22日以汇报演出的形式结业。

（薛晓金）

出版与传播

【《谈戏说艺——百位名家口述百年京剧传承史》出版】 1月，中国京剧艺术基金会编辑的《谈戏说艺——百位名家口述百年京剧传承史》（上、下卷）由上海文化出版社出版。该书是将《京剧艺术传承与保护工程——老艺术家谈戏说艺》第一、二辑中老艺术家的口述资料转为文字，选编整理成篇，集结成书的。该书收录了100余位京剧老艺术家的口述资料，包括有各行当、流派的表演艺术家，鼓师、琴师、教育家、研究家、编剧、导演、舞台美术师和后台管理者。他们以个体的京剧人生与经验，勾勒出近百年京剧发展的样貌，构成了一部鲜活的京剧传承史。1月20日，该书首发捐赠式在国家京剧院举行。

（张燕鹰）

【《清宫节令戏》】 5月，薛晓金、丁汝芹主编的《清宫节令戏》由新华出版社出版。中国戏曲从产生之日起就与传统节令密不可分，戏曲在节令中走向成熟，又以节令为主要传播通道。清宫的月令承应戏，逢时按节演出，将节令戏演出推向高潮。该书收录的94个节令戏剧本皆来自升平署藏本，包括元旦、立春、上元、燕九、花朝、寒食、浴佛、端阳、七夕、中元、中秋、重阳、颁朔、冬至、腊日、祀灶、除夕、赏雪、赏梅等节令戏。

（薛晓金）

【《中国戏曲艺术思想史》出版】 7月，李世英主编的《中国戏曲艺术思想史》由人民文学出版社出版。全书将将戏曲艺术思想史分为萌芽（先秦至唐）、形成（两宋至元末）、成熟（明初至明末）、拓展（清初至道光）、嬗变（咸丰至宣统）、冲撞（辛亥革命至新中国建立前夜）六个阶段，并在已有的戏曲史论研究的基础上，以戏曲文本、戏曲评论、戏曲评点以及与其相关的社会历史环境、文化思潮、审美风尚等作为考察和研究对象，摆脱以往仅仅通过戏曲理论资料来研究戏曲理论的研究模式，从中探讨、总结中国戏曲艺术思想和艺术观念产生、发展和演变规律。

（张燕鹰）

曲艺

2015年，北京的曲艺事业平稳向前发展，曲艺演出市场热度不减，演出场次稳定增长，为丰富北京百姓的文化生活起到了重要作用。周末相声俱乐部、德云社、嘻哈包袱铺、星夜相声会馆、鸣乐汇等曲艺演出团体常年演出，并不定时地推出特别演出，使演出市场保持了应有的热度。曲艺演出丰富多彩，北京曲艺团贺岁展演、中国曲协“送欢笑”10周年系列演出、中国曲艺牡丹奖艺术团惠民演出、纪念抗战胜利70周年优秀曲艺节目展演、向人民汇报曲艺专场、纪念相声艺术大师刘宝瑞100周年诞辰相声晚会、曲艺精品节目展演等节目异彩纷呈，姜昆、王淑玲、杨菲等曲艺名家纷纷举办个人专场演出，在展现北京曲艺实力的同时，也带给京城观众高品质的艺术享受。

2015年，曲艺表演团体在加强自身的市场竞争力、重塑自身行业规范等方面出现了一些可喜的进步。市场竞争力的增强体现在北京曲艺团有限责任公司的成立，其前身是汇聚了众多曲艺名家、有着六十年历史的北京市曲艺团。它曾在曲艺的低潮时期急剧萎缩，在文化体制改革中一度失去独立的建制，现在又以新的面貌重新起航，在首都的文化演出市场中奋力搏击，对于北京曲艺的发展有着较为重要的意义。此外还体现在青年曲艺从业者对于自身发展有了更为明晰的认识，青年鼓曲演员杨菲牵头成立了青春鼓曲社，带领来自北京、天津、河北、山东、河南、山西等地的青年曲艺演员定期演出、聘请专家进行授课、研讨，既传播了传统的鼓曲艺术，也为曲艺观众市场的培育起到了积极作用。同时青年演员也积极投身鼓曲创作，以演出为主的青春鼓曲社同时成为中国北方鼓曲艺术原创作品的生产基地，对于鼓曲的发展起到了一定的推动作用。在加快自身发展步伐的同时，北京曲艺从业者也加强了行业规范的建设，在中国曲艺家协会的带动下，出台了《中国曲艺工作者行为守则》，对曲艺与祖国和人民、曲艺与时代和生活、曲艺的目标和价值、曲艺继承创新发展、曲艺的舞台和理想、曲艺的师承和门派、曲艺的批评和引领、曲艺的道德和底线、曲艺的使命和追求进行了清晰阐释，成为新时期的曲艺行规。

本年度，曲艺节目类型逐渐丰富，鼓曲、快板、评书等其他曲艺形式的演出也逐渐升温。北京评书近两年来稳步发展，连丽如主持的宣南书馆、东城书馆和马岐主持的康龄轩书馆以及祝兆良主持的燕春社均拥有一批长期、稳定的听众群体。成立仅一年的北戏书馆业已站稳脚跟，吸引了京南众多评书爱好者，在丰富市民的业余生活、传播曲艺文化方面起到了积极作用。6月，金庸与连丽如共同携手，授权连丽如将武侠名著《鹿鼎记》改编为评书，并公开演出，为“北京评书”的创作、演出提供了一个不可多得的良机。

2015年，北京曲艺赛事有所缩减，但赛事本身的热度和精彩程度不曾打折。11月，由北京文联主办的第六届北京青年相声节在京举办，包括开幕式优秀青年专场演出、传统相声比赛、相声名家讲座、相声名家展演等活动。北京周末相声俱乐部、嘻哈包袱铺、鸣乐汇、聚乐部、宽和茶园、爱八角曲艺茶园、房山周末相声俱乐部、广笑堂、华北电力大学、天津哈哈笑相声艺术团、内蒙古相声俱乐部、成都哈哈曲艺社、杭州笑海相声会馆、青岛曲艺社等常年活跃在相声小剧场演出的青年演员共聚一堂，共同演绎精彩的传统相声作品。经过六年的积淀，北京青年相声节已经逐渐成为青年相声演员检验自己表演实力的一个标志性赛事，对于推广北京相声传统以及相声创作、相声行业发展的促进作用也日趋明显。

2015年，北京的曲艺研究进一步深入，曲艺研究者在多个研讨会上针对曲艺学科建设、曲艺接受美学与表演美学建设、优秀传统文化传承体系建设、传统曲艺与时代精神对接等重大议题进行了深入的研讨。本年度曲艺创作也有所提升，一些贴近生活、反映现实的艺术作品得以面世，但是能够有较大影响力的优秀曲艺作品依然匮乏。此外，随着白奉霖、袁阔成等老一辈曲艺表演艺术家的不断故去，曲艺艺术传承后继乏人的情况再度凸显，亟待所有曲艺从业者深思，并积极为之付出努力。

（丁　琳）

机　　构

【青春鼓曲社】　2月28日，曲艺演出社团“青春鼓曲社”在老舍茶馆正式成立并举行首演。青春鼓曲社是由青年鼓曲演员杨菲牵头成立的以北方鼓曲为主的演出团体，集合了来自北京、天津、河北、山东、河南、山西等地的青年曲艺演员，聘请曲艺名家作为艺术顾问，定期开展讲座、交流、展演等活动，不断提升青年演员业务水准。青春鼓曲社的演出，立足于传统与原创“两条腿”走路的发展模式，让观众既能欣赏到两地演员带来的传统经典，又能感受到原创曲艺蕴含的独特魅力和时代气息。此外，中国北方鼓曲艺术原创作品基地也宣布在青春鼓曲社成立，该基地致力于培养青年演员创作新曲目、表演新段子，尝试新方法，努力把传统的鼓曲艺术与时代相结合，用带有浓浓时代感的节目吸引更多青年观众。首演当天，翟静腕、何丹、陈娜娜、焦雅楠、高燕君表演了单弦联唱《北京人儿》；王树才表演了北京琴书《长寿村》；陈娜娜、宗淑玲表演了西河大鼓《花唱绕口令》；李玉萍表演了河南坠子《秋江》；杨菲、李娜表演了梅花大鼓《半屏山》；王淑玲表演了铁片大鼓《怕》；冯欣蕊表演了京韵大鼓《丑末寅初》。

（丁　琳）

【曲艺大观苑】　7月12日，由老舍茶馆和北京歌剧舞剧院共同主办，北京曲艺家协会支持指导的曲艺大观苑启动。作为一个由专业院团参与打造的鼓曲演出阵地，曲艺大观苑定于每周日下午在老舍茶馆二层艺苑演出厅推出一台以北京专业鼓曲演员为主力的鼓曲演出，同时不定期邀请来自全国各地的鼓曲名家到此献艺，遵循“低票价、高质量”的惠民演出原则，多数演出场次票价定为30元。启动仪式上，北京曲艺团中青年鼓曲艺术家们为观众演出了京韵大鼓、单弦、北京琴书、铁片大鼓、梅花大鼓、河南坠子等曲种的经典唱段。

（丁　琳）

【北京曲艺团复建】　9月10日，北京曲艺团有限责任公司注册成立，成为由北京演艺集团和北京歌舞剧院有限责任公司共同出资，直属于北京演艺集团的独立法人单位。北京曲艺团成立于1952年10月，汇集了众多曲艺名家，以其纯正的京腔京韵和浓厚的京味儿文化，深受京城百姓乃至全国人民的喜爱。1997年，北京曲艺团与北京歌舞团合并为北京歌舞曲艺中心；2004年改制后，北京曲艺团成为北京歌舞剧院有限责任公司下属的二级专业表演团。2015年8月27日，中共北京市委宣传部在《关于北京演艺集团组建北京民族乐团和北京曲艺团有限责任公司的批复》中，同意组建北京曲艺团有限责任公司。种玉杰任北京曲艺团有限责任公司副总经理（主持工作）、艺术总监。

（丁　琳）

作　　品

【快板《一块传家匾》】　作者崔琦，发表于《曲艺》杂志2015年第1期。作品讲述了伏牛山下农民吴守本利用一块刻有“勤俭”二字的传家匾教育子女要克勤克俭的故事。故事通过吴平、吴凡两兄弟将这块匾分而又合的有趣情节告诉人们，勤俭不能分家，只有二者相辅相成——辛勤劳动、节俭生活，生活才能蒸蒸日上。故事构思巧妙、生动流畅。

（丁　琳）

【单弦《过大年》】　作者罗君生、赵学声，发表于《曲艺》杂志2015年第2期。作品生动地讲述了远古时期年兽肆虐，残害百姓，仙人教百姓用贴窗花、点爆竹、燃烟火、贴春联的方法吓跑年兽的传说。

（丁　琳）

【相声《我有底线》】　作者孙晨，发表于《曲艺》杂志2015年第3期。作品塑造了一个满口有底线，实际上在物质诱惑面前，道德底线却一降再降、无耻之极的贪腐人物形象，讽刺了那些在诱惑面前说一套做一套、道貌岸然的当代官场伪君子。

（丁　琳）

【相声《外语漫谈》】　作者刘洪沂、闫佳宝、张骥，发表于《曲艺》杂志2015年第3期。作品原名《话三国》，相声将一段三国中张飞阵前杀敌的评书故事用泰语、韩语等语言进行讲述，从而体现出不同国家的特点。

（丁　琳）

【舞台喜剧《我不是保镖》】　5月8日，北京歌剧舞剧院曲艺团为李菁、何云伟定制的舞台喜剧《我不是保镖》在民族文化宫大剧院首演。该剧中李菁饰演的京剧演员李上进误打误撞当上了保镖，而何云伟饰演的何迷瞪则是一个各种犯迷糊的劫匪。他们无意中卷入一桩反贪案中，上演了一出幽默与悬疑并重的喜剧大戏。作品从一段韵味十足的岔曲开场，整部剧中戏剧与曲艺水乳交融，相声、叫卖、大鼓、评书、双簧等曲艺形式自然穿插其中。编剧刘深，导演黄凯，主演李菁、何云伟。

（张燕鹰）

【快板《勤劳为本东北人》】 作者张文甫，发表于《曲艺》杂志2015年第6期。作品描写了东北人的吃苦耐劳、心胸宽广，以及兵团官兵依靠科学种田，粮食年年丰产，逐步走向小康的情形，歌颂了新时代东北人民的勤劳淳朴、辛勤劳作。

（丁　琳）

【西河大鼓《西山遗恨》】 作者李志永、言前辙，发表于《曲艺》杂志2015年第7期。作品描述了曹雪芹家道中落之后避居北京西山，发奋写作《红楼梦》的故事。该作品既描写了曹雪芹创作的心路历程，也写出了他生计的艰难以及封建政权对他的迫害。

（丁　琳）

【相声《老小孩儿》】 作者刘有杰，发表于《曲艺》杂志2015年第8期。作品讲述了一位孝子孝顺母亲，常常陪老人打麻将，带老人外出品尝美食的故事。弘扬了中华民族“以孝为先”的传统美德，故事贴近生活，人物刻画到位，具有一定的趣味性。

（丁　琳）

【相声《上下这些年》】 作者孙晨，发表于《曲艺》杂志2015年第9期。作品从现实中的玩家“乙”入手，回顾历史，讲述乙的祖上耽于玩乐，吸食大烟最终倾家荡产的故事。通过“乙”的祖上的故事回顾了中华民族的近代史，回顾了中国从国力强大到被列强欺侮，所经历的鸦片战争、甲午战争等一系列惨痛历史，勉励当下青年人要振奋精神，不要玩物丧志。

（丁　琳）

【单弦《英雄母亲邓玉芬》】 作者崔琦，发表于《曲艺》杂志2015年第9期。作品是崔琦为纪念抗日战争胜利70周年而创作的，以抗日战争为背景，塑造了质朴、坚韧的英雄母亲邓玉芬，描绘了母子情、夫妻情、军民鱼水情，展现了战争对于人类的摧残，歌颂了中华民族坚韧、无私、英勇不屈、百折不挠的精神。

（丁　琳）

【相声《新药方》】 作者为清华大学学生吕若辰，发表于《曲艺》杂志2015年第12期。相声讽刺了目前在大学中存在的“弱智症”（跟学习有关的事都喊弱）、“迟呆症”（凡事拖拖拉拉）、“脑积水”（总喜欢在网上灌水）等情况，语言生动诙谐，作品合情入理。

（丁　琳）

【京韵大鼓《中国高铁》】 作者罗君生、灰堆辙，发表于《曲艺》杂志2015年第12期。作品形象地描绘了中国高铁快速发展的景象。

（丁　琳）

活　动

【北京曲艺团贺岁展演周】 2014年12月31日 ~2015年1月4日，“非遗今韵开泰盛元”——2015年北京歌剧舞剧院·北京曲艺团展演周在民族文化宫大剧院举办，展演包括两场相声专场和三场鼓曲演出。相声专场“笑满京城”中，青年相声演员何云伟、李菁演出了经典相声《学京剧》，其他演员也演出了《天仙配》《非常电台》《小偷遇上贼》等相声新段和《出口成章》《打灯谜》《竹声雅韵》等传统相声。京韵大鼓专场“曲韵飘香”、牡丹奖得主汇报专场“花开盛世”以及情境鼓曲“尚·韵”中，鼓曲名家种玉杰、王玉兰、王淑玲和近年来连续斩获牡丹奖的青年鼓曲演员杨菲、杨娇、李想等参加了演出。

（丁　琳）

【姜昆个人相声专场】 2月6日~7日，姜昆从艺40周年个人相声专场——姜昆“说”相声在民族文化宫大剧院举办。演出在几个年轻人精心编创表演的RAP说唱中开始，紧接着通过姜昆和李文华“说”相声，姜昆和唐杰忠“说”相声，姜昆和80后、90后“说”相声3个部分回顾了姜昆40年艺术表演创作生涯。演出节目不仅包括《如此照相》《虎口遐想》等经典相声作品，还融入了80后、90后相声新秀与姜昆共同创作表演的作品《世纪颂歌》等。舞台上，年过六旬的姜昆还与一群80后、90后表演了B－BOX。此外，姜昆还与老搭档戴志诚用现代语言风格全新演绎了相声《虎口瞎想》。

（丁　琳）

【十二属相大拜年演出】 2月11日～12日，两场“新‘声’报到”——十二属相大拜年暨北京相声小剧场优秀演员节目展演在民族文化宫大剧院举办。本次演出由著名相声演员李伟建发起、组织、策划，第七届全国电视相声大赛上崭露头角的获奖演员李寅飞、叶蓬，董建春、李丁，回想、路遥，陈印泉、侯振鹏，吉祥、如意，闫佳宝、张骥六对演员演出了精彩相声作品，李金斗、李立山、常贵田、王谦祥、李增瑞、刘洪沂、李国盛等也到场演出。

（丁　琳）

【老北京民俗曲艺专场】　3月20日，为纪念已故曲剧名家赵俊良，由西城区第一文化馆主办的“雅曲共赏　古韵悠长”——老北京民俗曲艺专场在该文化馆举办。演出展示了京味曲艺的魅力，不仅有舞台常见的单弦《猪八戒盗钵》、联珠快书《闹天宫》、京韵大鼓《汜水关》等，还挖掘了传统的拆唱八角鼓等曲艺形式。同时，北京市曲剧团还演出了由赵俊良传授的北京时调小曲、拉洋片、莲花落、叫卖等精彩节目。北京市曲剧团的许娣、张绍荣等以及青年曲艺演员何云伟、王玥波、徐德亮、应宁等参加了演出，李金斗、马增惠、赵玉明受邀观看了演出。

（丁　琳）

【王淑玲鼓曲专场】　5月19日，由北京演艺集团主办“放飞　中国梦”——王淑玲鼓曲专场在民族文化宫大剧院举办。本次演出以铁片大鼓演员王淑玲演出的新曲目《放飞中国梦》为主题，共表演了《姜太公卖面》《昭君出塞》《新平谷调》等作品。此外，相声演员李金斗、李建华等也为这次专场助演了相声《训徒》，青年评书演员王玥波以评书形式表演了铁片大鼓的来历。刘兰芳等观摩了演出。

（丁　琳）

【杨非举办个人鼓曲演唱会】　5月31日，由北京歌剧舞剧院、西城区文化委员会非遗办主办，市曲协协办，北京曲艺团承办的“梅花大鼓”——梅花的故事杨菲个人鼓曲演唱会在广德楼举办。种玉杰、马玉萍、张蕴华、韩宝利、刘慧琴、王立扬、刘洪沂、莫岐、王玉兰等人到场祝贺。演出在梅花大鼓《黛玉葬花》中拉开帷幕，除了表演梅花大鼓节目外，杨菲还演唱了京韵大鼓《花木兰》、含灯大鼓《指日高升》等节目，让观众深切感受到了鼓曲艺术蕴含的独特魅力。

（丁　琳）

【首都道德模范故事汇曲艺精品节目高校巡演】　5月~12月，由北京市文联、北京曲艺家协会主办的“宣传道德模范，歌唱最美北京”——首都道德模范故事汇曲艺精品节目高校巡演在中国人民解放军某学院、北京科技大学、北京联合大学等14所高校中举行。活动邀请了刘颖、浩楠、徐涛、郭迎欢、龚浩川、冯巍、万宇、金桐、吕嘉强、翟静婉、马小祥、鲍立等曲艺演员运用师生喜闻乐见的评书、京韵大鼓、快板、相声等曲艺形式，演出了《B超神探贾立群》《诚信无价》《梦里乾坤》《风雨同窗情》《当代黄香》《热心老人》等精彩节目，讲述了爱岗敬业的儿童医生贾立群、诚实守信的彩票店主赵书兵以及用稚嫩肩膀撑起小伙伴天空的少先队员雒梦妍等首都道德模范的感人事迹。

（丁　琳）

【中国曲协“送欢笑”10周年系列活动】　6月10日，中国曲协“送欢笑”10周年系列活动在京举行。中国文联党组书记、副主席赵实，中国文联党组成员、副主席李前光，中宣部文艺局副巡视员刘新风，中国文联国内联络部巡视员李培隽，中国文联文艺志愿服务中心副主任邵志军，中国曲协主席姜昆，中国曲协分党组书记、驻会副主席董耀鹏，中国曲协副主席王汝刚、吴文科、翁仁康、郭刚、黄宏、籍薇，中国曲协分党组成员、副秘书长曲华江、黄群，以及常贵田、李金斗、李建华、巩汉林、金珠、牛群、鞠萍、奇志、刘全和、刘全利、戴志诚、张志宽、李世儒、苗阜、王声、董建春、李丁等老中青三代曲艺家代表参加活动。活动包括在中国文艺家之家报告厅召开的中国曲协“送欢笑”10周年座谈会和专场演出活动。会前，赵实与出席会议代表合影并发表了的讲话。座谈会上，李前光、姜昆讲话，黄群介绍了“送欢笑”10周年活动基本情况，翁仁康、中国广播艺术团说唱团团长刘全利、北京曲协主席李金斗、陕西省西安青曲社相声演员苗阜、光明日报社记者李韵、中央电视台主持人鞠萍、南京大学艺术研究院教授康尔先后发言，从不同角度阐述了参加中国曲协“送欢笑”十年以来的活动心得和感受，并为活动发展建言献策。晚上，中国曲协“送欢笑”10周年文艺志愿服务团走进东城区“百姓周末大舞台”专场演出在东城区玉蜓公园举办。老中青三代艺术家登台献艺，籍薇演唱了梅花大鼓，刘全利、刘全和表演了滑稽小品，张曦文表演了京韵大鼓，姜昆、戴志诚，苗阜、王声，董建春、李丁以及李世儒、刘金霏、徐涛表演了相声和数来宝。

（丁　琳）

【北京评书《鹿鼎记》改编创作、公益演出启动仪式】　6月13日，由西城区非物质文化遗产保护中心主办，西城区文化委员会支持的金庸联手连丽如“北京评书”《鹿鼎记》改编创作、公益演出启动仪式在宣南书馆举行。金庸作为《鹿鼎记》之原著作者和授权人，授权西城区非物质文化遗产保护中心将该作品改编为评书，并公开演出。经双方一致同意，在西城非遗保护中心取得授权后，将此授权转授予连丽如及弟子王玥波、李菁、贾林、张怡、梁彦，以及再传弟子张硕。

（丁　琳）

【中国曲艺牡丹奖艺术团惠民演出】 6月23日，“中国曲艺牡丹奖艺术团送欢笑走进怀柔”惠民演出在京北职业技术学院礼堂举行，此次演出由知名曲艺家和曲艺培英行动入选者领衔，演出了多个曲种，展示了不同曲种的独特韵味。王汝刚、陈靓演出了上海滑稽《爱心》；任平演唱了四川清音《中华医药》；贾冰、傅克非、俞沙倩表演了曲艺小品《家有贝贝》；杨菲演唱了梅花大鼓《二泉映月》；夏吉平、李金斗表演了双簧《笑语欢歌》；张旭东（叮当）表演了四川谐剧《麻将人生》；庄丽芬演唱了泉州南音《枫桥夜泊》；苗阜、王声表演了相声《幸福生活》；刘芓君演唱了扬州清曲《扬州小巷》；姜昆、戴志诚表演了相声《乐在其外》。

（丁　琳）

【纪念抗战胜利70周年优秀曲艺节目展演】 7月21日～22日，由中国文联、中国曲协共同主办的“向和平致敬”——纪念中国人民抗日战争暨世界反法西斯战争胜利70周年优秀曲艺节目展演在民族文化宫大剧院举办。此次展演中国曲协特别遴选了8个抗日题材新作，精选重排了观众耳熟能详的10个抗日经典曲艺作品。参演节目的曲种多样、题材丰富，荟萃了相声、评书、快板、山东快书、苏州弹词、四川扬琴、陕北说书、河南坠子、京韵大鼓、武乡鼓书等14个特色鲜明的曲种。内容上，既有根据长篇小说《烈火金刚》《血溅津门》《铁道游击队》改编的《肖飞买药》《大闹玉清池》《打票车》，又有根据现代京剧《平原作战》改编的《飞车炸军火》；既有歌颂抗日名将杨靖宇、送子参军好妈妈李改花英雄事迹的《杨靖宇三战邵本良》《送子参军》，又有表现中国人民百折不挠、奋勇抗敌精神的《星海黄河》《重整河山待后生》；既有讽刺日军强盗嘴脸的《骂鬼子》、反映八路军发扬革命人道主义精神优待俘虏的《审战俘》，又有歌颂和平、期盼中日两国友好发展的陕北说书《和平愿景春光好》、曲艺小品《心愿》。展演中，共有来自北京、天津、山西、辽宁、江苏、山东、河南、广东、重庆、四川、陕西11个省（自治区、直辖市）的曲艺工作者登台演出，包括姜昆、戴志诚、师胜杰、石富宽、田连元、张志宽、李金斗、李建华、杨子春、种玉杰等众多曲艺名家和刘靓靓、杨菲、张楠、吴瑕等曲艺新秀参加了演出。

（丁　琳）

【向人民汇报曲艺专场在京举办】 10月17日，由中国文联、中国曲协共同主办的“向人民汇报”——“深入生活、扎根人民”文艺创作成果展演曲艺专场演出在民族文化宫大剧院举行。来自北京、天津、四川、河南、江苏的百余名曲艺演员同台献艺，集中展示了一年来曲艺工作者深入开展“深入生活、扎根人民”主题实践活动所取得的成果。整台演出突出“人民”“汇报”“曲艺”等元素，晚会在苏州弹词开篇《春来了》中拉开帷幕；来自北京、天津、四川、河南、江苏的演员们用经典曲艺片段向曲艺大师致敬；新晋曲艺英才培育行动的10位青年曲艺家共同唱响《牡丹朵朵献人民》；天津快板《夸夸我们的志愿者》独具地方特色；粤曲《星海黄河》以抗战期间“黄河大合唱”创作背景为题材；来自内蒙古乌力格尔艺术团的曲艺家以高亢、明亮、欢快、激昂的民族曲艺讴歌大地故乡和祖国母亲；姜昆、戴志诚、冯巩、孙涛等也表演了相声《新虎口遐想》、小品《东边日出西边雨》等新创的节目。

（丁　琳）

【北京曲艺团复建专场演出】 10月19日，北京曲艺团复建暨“北京记忆”专场演出在中山公园音乐堂举行。演出节目有种玉杰演唱的京韵大鼓《闹江洲》；王淑玲演唱的铁片大鼓《怕》；杨菲演唱的梅花大鼓《二泉映月》；王树才演唱的北京琴书《长寿村》；何云伟、李菁表演的相声《杂学唱》；李想、张曦文表演的双唱京韵大鼓《万里春光》；沈洋、杨惠乔表演的双唱河南坠子《借髢髢》；张硕表演的评书《战马超》；王政、吕嘉强表演的相声《有说有唱》；龚浩川、郭迎欢、于磊、付朝奎、郭天翼、张天雷表演的群口快板《续写新辉煌》；王淑玲、沈洋、杨菲、杨惠乔、李想、张曦文、王树才表演的鼓曲联唱《群星璀璨》等。

（丁　琳）

【纪念刘宝瑞100周年诞辰相声晚会】 11月14日，由中国曲协相声委员会、中国广播艺术团、北京曲协共同主办的“纪念相声艺术大师刘宝瑞100周年诞辰专场相声晚会”在民族文化宫大剧院举办。在该晚会上，王谦祥、李增瑞表演了相声《即景生情》，常贵田、王佩元表演了《铃铛谱》，李伯祥、王文林表演了相声《大戏魔》，姜昆、戴志诚表演了相声《乐在其中》，师胜杰、石富宽表演了相声《杂学唱》，唐杰忠带领年轻相声演员表演了《刘宝瑞赞》，歌手韩红演唱了歌曲《映山红》

（丁　琳）

【曲艺精品节目展演】 11月22日，由北京市文联主办，北京曲艺家协会策划并承办的“听曲艺·品京味”——2015北京曲协曲艺精品节目展演活动在民族文化宫大剧院上演。在该场演出中，青年鼓曲演员李玉萍演唱了河南坠子《宝玉探病》；鼓曲演员王玉兰表演了梅花大鼓《湘子上寿》；评书演员李菁表演了评书《哪吒闹海》；铁片大鼓演员王淑玲演唱了传统曲目《姜太公卖面》；快板演员张长来为观众表演了原创新节目《那会儿和这会儿》；李金斗、王文林表演了传统相声的经典节目《汾河湾》；青年鼓曲演员杨娇、沈洋演唱了河南坠子《走马荐诸葛》；青年评书演员张怡表演了《宝黛初见》；北京琴书演员王树才演唱了《杨八姐游春》；快板书演员王文水表演了快板书《哪吒闹海》；单弦演员张蕴华表演了单弦《什刹海的传说》；京韵大鼓演员种玉杰演唱了京韵大鼓《草船借箭》等。

（丁　琳）

快板《那会儿和这会儿》剧照

【第三届全国相声小品优秀节目展演】 12月11日～14日，第三届全国相声小品优秀节目展演在民族文化宫大剧院举办。该展演活动包括11日和12日的两场展演，13日的柴京云、柴京海大同数来宝专场和14日的姜昆“说”相声专场。包括姜昆、戴志诚、李金斗、李建华、苗阜、王声等在内的来自北京、山西、浙江、辽宁等10个省、直辖市，23个演出单位的160多位曲艺工作者参加了演出。第一场展演中，师胜杰、石富宽用老段新说的方式演绎了相声《戏剧与方言》，青年相声演员刘颖和浩楠、苗阜和王声、陈印泉和侯振鹏相继表演了相声《热心老人》《艺术人生》与《金牌调解员》，北京大逗相声社的李寅飞、叶蓬、董建春、李丁4人表演了小品《其实我想走》，孙仲秋、张硕表演了相声《疯狂电台》，浙江省曲艺杂技总团的贾冰表演了小品《真假局长》，辽宁省铁岭市民间艺术团演出了小品《爹来了》。在第二场演出中，相声有李金斗、李建华表演的《说广告》，大新、程刚表演的《天下泉城》，逗笑、逗乐表演的《谈心》，冯凤禹、张伯鑫表演的《疯狂新与旧》，小品有刘全和、刘全利表演的《街景趣事》，铁岭市民间艺术团表演的《被撞之后》、原野和周卫星表演的《我们的规定马上改》等。在大同大不同——柴京云、柴京海大同数来宝专场演出中，柴京云、柴京海携云海曲艺社的青年演员演绎《大同大不同》《婆媳之间》《你幸福吗》《工钱》《男大当婚》等代表性节目；在姜昆“说”相声专场演出中，展现了姜昆与李文华、唐杰忠、戴志诚不同搭档的时期具有特色的代表作品，以及与相声新秀合作的片段。

（丁　琳）

会　议

【刘兰芳听友会】 1月21日，由中央人民广播电台联合中国说唱文艺学会、东旭集团共同举办的“评书名家刘兰芳新春听友会”活动在京举行。活动开始，刘兰芳演出了由《岳飞传》《呼延庆打擂》《民族魂》等评书精彩片段集成的一个“评书大串烧”节目。随后，刘兰芳老师的众位弟子登台，共同演绎评书《祝您幸福安康》，刘朝、刘昭、王封臣等弟子分别表演了传统评书小段、评书脱口秀等节目。刘兰芳的爱人王印权及两个儿子也现身听友会现场，即兴表演了快板书、相声，展示了曲艺世家出类拔萃的艺术才华。

（丁　琳）

【曲协举办行风建设座谈会】 4月28日，由中国曲协举办的曲艺界行风建设调研座谈会在京举行。李金斗、宋德全、李伟建、贾伦等曲艺名家和北京相声小剧场负责人围绕曲艺工作者如何树立“担当使命、扎根人民、创新求精、健康批评、崇德尚艺”的良好风气；当前曲艺界存在哪些亟待解决的行风问题；曲协组织如何进一步发挥团结引导、联络协调、服务管理、自律维权等职能以及当前自由曲艺工作者面临哪些突出问题和困难等话题进行了座谈交流。与会者表示，当前之所以存在曲艺作品内容格调粗鄙化、浅陋化和低俗化倾向，与部分曲艺从业人员素质不高，盲目追求经济利益，行业内缺乏相应管理办法息息相关，加强曲艺界行风建设势在必行。为此，大家建议要树立行业模范典型，加强行风建设的舆论宣传引导，严格入会、退会管理等。董耀鹏在会上表示，加强曲艺界行业服务、行业管理、行业自律，树立曲艺界良好风气，是新时期、新形势下曲协发挥群团组织作用的重要体现，中国曲协会认真听取业界人士意见，适时出台《中国曲艺工作者行为守则》，进一步提升曲艺工作者道德水准和职业操守。

（丁　琳）

【“送欢笑到基层”活动十周年座谈会】　6月10日，为回顾重温“送欢笑到基层”活动的发展历程，梳理总结该活动的特色和宝贵经验，中国曲协在中国文艺家之家举行“送欢笑到基层”活动10周年座谈会。刘新风、李培隽、邵志军、王汝刚、吴文科、郭刚、黄宏、籍薇、曲华江、黄群等中宣部、中国文联、中国曲协有关部门负责人，以及数十名老中青三代曲艺家代表参加座谈会。会上，中国文联党组书记、副主席赵实，党组成员、副主席李前光以及姜昆等有关领导发表了讲话。翁仁康、刘全利、鞠萍、李金斗、苗阜以及南京大学艺术学院教授康尔等先后发言，从不同角度表达了参加中国曲协“送欢笑到基层”活动十年来的心得和感受。

（丁　琳）

【原创中篇苏州评弹《徐悲鸿》文本论证座谈会】　6月13日，原创中篇苏州评弹《徐悲鸿》文本论证座谈会在京举办，董耀鹏、黄群、常祥霖、刘钊、朱寅全、陈亦兵、钱浩良、胡磊蕾、夏吉平等领导和嘉宾出席了会议。与会人员在肯定作品立意、主题、人物塑造的基础上，以不同的视角对文本进行了分析，为文本修改提供了方向、思路和参考性意见。

（丁　琳）

【践行《中国曲艺工作者行为守则》座谈会】　11月18日，由中国曲艺家协会举办的“践行《中国曲艺工作者行为守则》座谈会”在中国文艺家之家召开。座谈会上，姜昆、崔凯、陈亦兵、叮当、李寅飞、奇志、田连元、周由强、宋德全、戴志诚、向云驹等专家、艺术家围绕守则提出的九部分内容，紧扣曲艺界行风建设主题进行了主题发言，更加清晰明确地向广大曲艺工作者发出了号召。《中国曲艺工作者行为守则》共9条72个字，对曲艺与祖国和人民、曲艺与时代和生活、曲艺的目标和价值、曲艺继承创新发展、曲艺的舞台和理想、曲艺的师承和门派、曲艺的批评和引领、曲艺的道德和底线、曲艺的使命和追求进行了清晰阐释，以言简意赅、凝练生动的表达对曲艺工作者的思想和行动进行规范与引导，为曲艺界加强行业自律提供了“新时期的行规”。

（丁　琳）

赛事与奖项

【曲艺进校园系列活动启动】　3月30日，“曲艺进校园”系列活动启动仪式在中国戏曲学院举办。之后，相声、快板、评书、单弦、北京琴书、河南坠子、京韵大鼓、梅花大鼓等曲艺形式将陆续走进多所校园。启动仪式上，相声演员李伟建、徐涛、金霏、陈曦、路遥、陈印泉、李鸣宇、应宁、王玥波等献上了《学唱数来宝》《百家讲坛》《好好说话》《代言正能量》《如何是好》等节目。相声名家李金斗和王文林则甘当绿叶，现场进行示范演出。

（丁　琳）

【首届“宣南杯”京津冀鼓曲大赛】　7月6日～10日，由西城区第二文化馆主办，北京集贤弘艺文化中心承办的，天津市南开区文化旅游局和河北省曲协协办的首届“宣南杯”京津冀鼓曲大赛决赛在西城区第二文化馆举行。本届大赛在海选的基础上，经过4场复赛，分为中老年组和青少年组，共选拔出20名选手入围决赛。这些选手分别来自京津冀的不同地区，参赛的曲种包括梅花大鼓、京韵大鼓、天津时调、乐亭大鼓以及濒临失传的曲种“联珠快书”等9个曲种。本次大赛邀请了籍薇、常祥霖、赵玉明、韩宝利、张蕴华、种玉杰等担任评委，最终决出了铜奖11名（中老年组6名、青少年组5名），银奖6名（中老年组3名、青少年组3名），金奖3名（中老年组1名、青少年组2名）。

（丁　琳）

【第六届北京青年相声节】　10月10日～27日，第六届北京青年相声节在京举办，该活动由北京市文联主办，北京曲协承办。本届相声节继续秉承“传承·创新·发展”的宗旨，特别举办了开幕式优秀青年专场演出、传统相声比赛、相声名家讲座、相声名家展演等活动。为了维护相声艺术的本真性，继承北京相声清新儒雅的艺术风格，本届青年相声节推出了“传统相声比赛”。11日~15日，来自北京周末相声俱乐部、嘻哈包袱铺、鸣乐汇、聚乐部、宽和茶园、爱八角曲艺茶园、房山周末相声俱乐部、广笑堂、华北电力大学、天津哈哈笑相声艺术团、内蒙古相声俱乐部、成都哈哈曲艺社、杭州笑海相声会馆、青岛曲艺社等常年活跃在相声小剧场演出的青年演员在北京市文联剧场展开了角逐。比赛期间，著名艺术家李伯祥、赵连甲、王谦祥、李增瑞举办了专题讲座。27日下午，第六届北京青年相声节传统相声比赛颁奖暨展演活动在民族宫大剧院举行。市文联党组副书记刘开阳，北京市委宣传部文化处处长杨建英与北京曲协主席李金斗，副主席郝金明、贾德丰、崔琦、李伟建及曲艺界的艺术家赵连甲、李绪良、姚振声、张志宽、常祥霖、高洪胜、王双福、刘洪沂、康松广、王辅庭、张文甫、宋德全共同为获奖选手颁奖。比赛共评选出一等奖5个，二等奖8个，三等奖15个，优秀组织奖11个。随后，李金斗及搭档李建华率领着青年演员与部分获奖选手刘颖、浩楠、应宁、侯冠男、冯巍、万宇、程磊、汉洪臻、杨子健、沈超凡、苗阜、王声、李伟建、武宾演出了一台精彩的相声节目。

（丁　琳）

交　流

【马贵荣受邀到台湾讲学】　2月1日~4日，相声教育专家马贵荣受台中佳育补习班主任吴惠君邀请到台中授课，为明道中学、台中市大勇国小初学相声的学生给予指导，培养他们的口语表达能力，并于4日进行了汇报演出。

（丁　琳）

【曲艺深军新力量研讨会】　2月，由中国曲艺杂志社、深圳市文联主办，深圳市曲协、深圳市文艺评论家协会承办的“曲艺深军新力量”——深圳获全国奖项曲艺家北京研讨会在京举行。董耀鹏、周由强、李立山、崔琦、常祥霖、吴金富、石钢、刘上江等出席了研讨会，与会专家从分析获奖作品入手，深刻讨论了深圳曲艺的发展趋势，积极为壮大深圳曲艺队伍、提升深圳曲艺作品、把深圳作品推广到全国等建言献策。

（丁　琳）

【纪念陈云同志110周年诞辰评弹专场演出】　6月3日，“海上吴音报春晖”大型评弹专场晚会在北京音乐厅举办。该活动是由陈云纪念馆、上海文广演艺集团主办，上海评弹团、上海话剧艺术中心、上海木偶剧团承办的纪念陈云同志诞辰110周年系列活动之一。杨洁篪、陈至立、金人庆、钱树根等领导及陈云的家属出席。晚会共分上下两个部分，以陈云同志各个时期关于评弹的讲话指示为线索，串联起了整台节目。上半场用传统书目为主打，由《玉蜻蜓》《珍珠塔》《水浒》以及《流派组合演唱》等经典片段组成，突出了评弹在当今的传承。下半场以现代书目为依托，有《赵盖山报名》《芦苇青青》和《真情假意》等精彩小段集结。此外，这次晚会还特别创作了小组唱《怀念陈云老首长》、微型评弹情景剧《评弹老听客》和对白开篇《书香》，用柔美的评弹艺术的方式表达了评弹演员对陈云老首长的怀念。

（丁　琳）

【《弦索吴语说红楼》评弹音乐会】　7月17日，上海评弹团《弦索吴语说红楼》评弹音乐会在正乙祠戏楼举办，高博文、陆锦花演唱了《晴雯·夜探》《晴雯·抄检》《宝玉夜探》《宝玉哭灵》《黛玉葬花》《黛玉焚稿》《紫鹃夜叹》《潇湘夜雨》《鸳鸯女》《王熙凤》《贾迎春》《贾探春》《巧姐》等曲目，向观众介绍了评弹之外，也展示了评弹丽调、蒋调等流派的不同艺术特色。

（丁　琳）

【京津陕鲁晋少儿曲艺培训全国巡演活动】　7月25日~31日，“竹韵斋”京津陕鲁晋少儿曲艺培训全国巡演暨陕西省少儿曲艺大赛优秀作品全国展演活动在天津、北京、淄博、临汾四地举办。该活动由“竹韵斋”李润杰快板书基地、陕西省曲艺家协会、天津市曲艺家协会主办，陕西省曲协快板书、山东快书艺术委员会、西安市曲艺家协会、北京昌平区曲艺家协会，山东淄博曲艺家协会，山西临汾曲艺家协会承办，由“竹韵斋”创始人中国快板艺术委员会委员李少杰老师带队，五省市快板小演员们通过在四地进行讲座、参观、集训、演出等多种形式的活动，交流快板书技艺，推动快板书等各种曲艺形式的交流、学习、实践，共同搭建培训少儿曲艺、快板书的平台，促进快板书及少儿曲艺事业的繁荣发展。本次活动共集中了五省市十几个少儿曲艺精品节目，其中有参加过中国第六届少儿曲艺大赛的获奖节目，有陕西省少儿曲艺大赛的获奖节目，以及各地市的优秀少儿曲艺节目。各地参演及观摩人员共90余人，积极参与此次活动。

（丁　琳）

【中华曲艺海外行在新西兰站展演】　10月2日~3日，姜昆率中国曲协艺术团一行26人，赴新西兰进行文化交流活动。此次展演由中国曲艺家协会、新西兰七彩中国文化传媒集团、中华曲艺学会共同主办，中国广播艺术团、新西兰邓里文化艺术基金会协办，分别于10月2日和3日在奥克兰市空中城剧场举办了欢庆中秋、国庆佳节相声专场和姜昆“说”相声两场演出。首场演出中周春晓、郑健表演相声《南腔北调》，应宁、迟永志表演相声《即赠物》，董建春、李丁表演相声《对座数来宝》，赵津生、周旭表演相声《舞台前后》，陈印泉、侯振鹏表演相声《旅行家》，姜昆、戴志诚表演相声《乐在其中》。除了与老合作艺术家表演相声外，表演还融入了80后、90后青年相声新秀与姜昆共同创作表演的作品，并加以声光效果和观众互动。

（丁　琳）

【大同数来宝专场汇报演出】　12月13日，由中国文联、中国曲艺家协会主办，山西省文联、山西省曲艺家协会协办，大同市委、市政府承办的“大同大不同”——柴京云、柴京海大同数来宝专场汇报演出在民族文化宫大剧院举办。演出包括柴氏兄弟大同数来宝的经典名段《大同大不同》《婆媳之间》《你幸福吗》《工钱》《男大当婚》等和云海曲艺社演出的群口段子《大同大不同》，还有歌曲《美丽大同》、民歌《桃花红杏花白》等展现大同文化的歌舞节目。

（丁　琳）

纪　　念

【袁阔成逝世】　3月2日，评书表演艺术家袁阔成在北京逝世。袁阔成（1929—2015），1929年生于天津。他自幼随父亲袁杰武学艺，后拜金杰立为师。14岁登台演出。长期在天津、河北、东北、北京等地献艺。1958年，参加营口市曲艺团。1985年，调入中央人民广播电台文艺部工作。他是当今评书界辈分最高的艺术家，与刘兰芳、单田芳、田连元并称“四大评书表演艺术家”，其评书表演具有“漂、俏、帅、脆”的特色。他的代表作《三国演义》曾是20世纪80年代最受欢迎的评书作品之一。袁阔成还是说新书的第一人，他创作的《烈火金刚》《林海雪原》《红岩》等新书都轰动一时。

【笑林逝世】　3月23日，相声表演艺术家笑林在北京逝世。笑林（1956—2015），原名赵小林，1956年2月2日出生于北京。自幼喜欢曲艺，3岁时就随曲艺表演艺术家刘司昌学习山东快书，4岁开始登台表演。后又拜马季为师，潜心学习相声艺术。2007年，任中国铁路说唱团团长、中国曲艺家协会理事、中华全国青年联合会常委、北京青年联合会副主席。在长期的表演过程中，笑林形成了以歌柳见长的相声表演风格，充分领悟了马季传授的捕捉生活的方式和全身心投入的敬业精神。因相声中独特的表演风格，被观众誉为“笑林广播电台”。代表作有《送春联》《咱也试一把》等。

（丁　琳）

【白奉霖逝世】　5月8日，曲艺音乐家、教育家白奉霖在北京逝世。白奉霖（1920—2015），原名白凤麟，艺名白连昆，1920年生于北京。白奉霖是中国曲协理事，享受国务院特殊津贴，是少白（凤岩、凤鸣）派京韵大鼓艺术的优秀继承人。他出生于曲艺世家，幼年随父学唱京韵大鼓，12岁正式登台。后拜金万昌为师学习梅花大鼓，又向荣剑尘、常澍田等学习单弦。1941年起任弦师，曾为金万昌、白云鹏、王佩臣及其兄白凤鸣等名家弹弦伴奏。1951年参加中国共产人民解放军，1965年加入中国共产党。历任总政治部文工团、北京军区战友文工团曲艺教员，中国广播艺术团说唱团顾问，中国曲艺家协会第二、三届理事。他精通三弦、四胡、琵琶等乐器，集演奏、伴奏、编曲及鼓曲理论于一身，熟悉多种北方曲艺，能编曲作词，在培养曲艺人才及艺术经验的总结等方面有很大的成绩。他编曲的京韵大鼓《一副担架》《探亲》等节目均获好评，20世纪80年代参与编纂了《中国曲艺音乐集成·北京卷》。白奉霖退休后，致力于鼓曲音乐的研究整理和教学工作，著作有《鼓曲四大派》《单弦牌子介绍》《单弦音乐欣赏漫谈》等，并参与了《京韵大鼓传统唱词大全》的编纂。他桃李满天下，收徒马增蕙、王玉兰、陈秀敏、志淑燕、关键、穆祥征、刘锡川、李岩、刘建云等。

（丁　琳）

探索与研究

【全国曲艺小剧场作品创作研讨会】　1月27日，由中国曲协、江苏省文联共同主办，中国文联曲艺艺术中心、全国曲艺小剧场艺术指导委员会、江苏省曲协、中共南通市委宣传部承办的2015年全国曲艺小剧场作品创作研讨会在南京举行。本次研讨会，中国曲协面向各省曲协、全国曲艺小剧场征集作品23篇。黄群、李金斗等为2014年全国曲艺小剧场优秀作品获奖代表颁发证书。与会的各位艺术家、作者从不同的角度就当下曲艺小剧场创作问题进行了深入的交流和理性的思考，为进一步做好全国曲艺小剧场组织建设工作提供了宝贵的意见和建议。

（丁　琳）

【《全国少数民族曲艺艺术》编写专题会】 4月9日，《全国少数民族曲艺艺术》编写专题会议在北京召开，内蒙古、新疆、西藏、宁夏、贵州等十余个省、自治区的27名与会代表出席会议。贵州省曲艺家协会副主席段春林，贵州曲艺作家、理论家杨远承，贵州戏剧、曲艺家，国家一级演员蒋步先三位同志出席了会议。会议由中国曲艺家协会副主席马小平、郭刚主持，董耀鹏作重要讲话，他强调了编写这部教材的重要性和必要性，要求各省、区人员要保质按时完成任务。与会人员经过逐本、逐章、逐节认真充分讨论，初步拟定了编写提纲，明确了各自承担的任务。

（丁　琳）

【北京歌剧舞剧院召开专题研讨会】 4月14日，北京歌剧舞剧院召开以“非遗今韵　开泰盛元”为主题的演出研讨会。会议就演出内容、经验进行了交流，并对非物质文化遗产项目的传承和保护进行了讨论。中国曲协分党组成员、副秘书长黄群以及曲艺名家赵玉明、崔琦、包澄洁、种玉杰等出席了会议。

（丁　琳）

【中国曲协赴文艺资源中心调研】 4月28日，中国曲协党组成员、副秘书长曲华江带领中国曲协办公室、曲艺杂志社、中国曲艺网工作人员一行十余人到中国文联文艺资源中心，就协会信息化建设进行考察调研。双方进行了深入座谈，了解了中国文联文艺资源中心建设的多个信息化建设项目成果及其应用功能，并特别针对曲艺资源的信息化建设对文艺资源中心数据平台的功能需求提出了部分建议。调研期间，双方就中国曲艺人才信息库建设、中国曲艺牡丹奖奖项库建设、中国曲艺活动信息库建设等工作深入交换了意见，并初步建立了工作联络机制。

（丁　琳）

【京津冀鼓曲发展交流研讨会举行】 6月23日，由北京市文化艺术活动中心、西城区文委支持、西城区第二文化馆主办，北京集贤弘艺中心承办的京津冀鼓曲发展交流研讨会在西城区第二文化馆举行。该活动是首届京津冀鼓曲爱好者“传统文化与鼓曲艺术”系列培训活动内容之一，培训活动主办方代表，天津市曲艺团鼓曲作家杨妤婕，中国艺术研究院曲艺研究所副研究员蒋慧明等嘉宾，来自河北唐山、张家口、延庆、大兴等地的学员代表以及媒体记者等参加了会议。会议就京津冀各地曲艺发展现状、曲艺在新时期背景下传播手段研究、鼓曲创作的现状等问题进行了深入探讨，并针对目前制约鼓曲艺术发展的一系列困境提供了可能的解决路径。

（丁　琳）

【第二届全国曲艺理论学术研讨会】 6月25日，由中国文联文艺评论中心、中国曲协、浙江省文联共同主办的第二届全国曲艺理论学术研讨会在杭州举办。全国曲艺理论学术研讨会是以中国曲协各艺术委员会为主体开展的学术研讨，三年举办一届。本届研讨会以“中国现代化语境下构建良好曲艺生态环境”为主题，董耀鹏、张均林等人在开幕式上致辞。研讨会上常祥霖、王连成、王红萧、岳永逸、彭俐、陆军、张祖健、崔凯等专家、学者作了主题发言，并设置了分组讨论环节。与会人员结合当前事关曲艺事业发展的全局性、战略性、前瞻性等重大问题，就曲艺学科建设、曲艺接受美学与表演美学建设、优秀传统文化传承体系建设、传统曲艺与时代精神对接等话题展开了深入研讨。

（丁　琳）

【曲艺版权保护研讨会】 9月16日，由中国曲艺家协会、中国文联权益保护部共同主办的数字化时代下曲艺版权保护研讨会暨《曲艺维权手册》发布会在京召开。董耀鹏出席并讲话。有关领导以及孙立生、高洪胜、奇志、范林元、姜庆玲等曲艺界、新闻界和法律界代表30人出席。与会专家认为，广大曲艺家和曲艺工作者长期以来时时受到各类曲艺侵权行为的侵害，曲艺版权保护由于曲艺自身特性等因素影响维权难度大、专业性强，中国曲协、中国文联权保部召开专题会议正当其时，特别是《曲艺维权手册》的发布也为曲艺界正确、及时、合法地开展维权自律奠定了坚实的基础。会上，正式发布了《曲艺维权手册》，该手册遵循“通俗易懂、简便易行、符合曲艺特点”原则编纂，由维权指南、维权案例、维权范本、政策法律和维权动态5部分组成，共计9万余字，旨在向曲艺界宣传维权知识，对中国曲协各团体会员单位、全国的曲艺家以及曲艺工作者依法维权提供切实的指导和帮助。

（丁　琳）

【第四届曲艺高峰论坛在柯桥举办】 10月21日~24日，由中国曲艺家协会主办的第四届中国曲艺高峰（柯桥）论坛在浙江柯桥举行。中国曲协各团体会员、各中直曲艺院团、总政宣传部艺术局等单位共组织推荐报送126篇论文参评，经过中国曲艺家协会组织专家认真评选，64篇论文入围，最终20篇论文被评为“第四届中国曲艺高峰（柯桥）论坛优秀曲艺理论（评论）文章”。本届论坛主题为“曲艺的责任与担当——深入学习贯彻习近平总书记在文艺工作座谈会上重要讲话精神”。中国曲协副主席、浙江省曲协主席翁仁康主持，中国曲协等领导出席，80余位专家、学者从曲艺与时代、曲艺与人民、曲艺与生活、曲艺与价值观、曲艺的传承与创新等方面展开研讨。本届论坛还包括中国曲艺牡丹奖艺术团“送欢笑到基层”走进绍兴柯桥惠民演出，以及颁发本届论坛优秀论文奖、组织奖等内容。

（丁　琳）

【马增蕙从艺75周年研讨会】 11月16日，马增蕙从艺75周年暨纪念白奉霖、石慧儒恩师研讨会在西城区文化中心举办。中国曲协黄群、中国广播艺术团陈玉玺、北京曲协李金斗以及曲艺名家赵玉明、赵炎、陈连升、包澄洁、常祥霖、刘全和、刘全利等出席活动。与会人员回忆了马增蕙从艺75周年的经历，分析探讨了其艺术特色、演出技巧。最后，马增蕙及其弟子进行了艺术展示。

（丁　琳）

【侯宝林98周年诞辰纪念展】 11月29日至12月9日，由北京天桥演艺联盟主办，北京天桥艺术中心、北京华融新媒广告有限公司协办的“为民求乐”——侯宝林大师98周年诞辰纪念展在北京天桥艺术中心三层北侧展厅举办。展览采用“图文展板、珍贵实物、视频影像”的形式，通过“一代宗师　潜心改革”“德艺双馨　为民求乐”“推动交流　培育人才”“名士本色　笑对人生”四大主题，展现了侯宝林的艺术生涯、艺术态度、艺术成就。

（丁　琳）

传承与培训

【马岐收徒】 3月9日，京味儿评书名家、评书“非遗”传承人马岐收徒仪式在老舍茶馆三层小剧场举行。此次，马岐新收的徒弟是李季、王耀宗、朱汝钊、殷钟磊、张睿、张颖、郝存友（三弦）以及一位义子赵亮。收徒仪式由刘洪沂任保师、李金斗任引师、王印权任代师。典礼上，全体来宾和众弟子首先参拜了评书祖师爷周庄王，后向师父行了叩拜大礼。礼毕后，师父向弟子们赠送了说书必备的扇子、醒木和手绢。马岐出身曲艺世家，父亲马连登是著名弦师、评书表演艺术家、西河大鼓“马派”创始人。马岐一直致力于推广京味儿评书，并在身体允许的情况下坚持在后海康龄轩书馆登台演出。

（丁　琳）

【曲艺英才培育行动启动】 6月23日，由中国曲艺家协会主办的“牡丹绽放”——曲艺英才培育行动在京启动。该活动旨在通过多种艺术实践和有针对性的跟踪指导服务，培育和推出一批有理想、有作为的中青年曲艺人才，进一步发挥中国曲艺牡丹奖的示范引领作用，切实解决制约中青年曲艺人才发展的瓶颈和问题。行动本着公正、公平、公开的原则，从常年活跃在曲艺创作表演理论评论一线、曾荣获中国曲艺牡丹奖的部分中青年曲艺人才中遴选培育对象，通过资金支持、专家指导、演出交流、研讨培训、汇报展演等多种方式，培育和打造一批曲艺艺术中坚力量，带动和促进曲艺艺术的发展与曲艺事业的繁荣。计划每两年一批，总共3批，每批10人。第一批入选者包括苗阜、暴玉喜、庄丽芬、陈靓、夏吉兵、贾冰、任平、刘芋君、张旭东（叮当）、杨菲。

（丁　琳）

出版物

【马静宜光碟发布助兴演唱会】 1月9日，曲艺演员马静宜光碟发布助兴演唱会在北京湖广会馆举行。马静宜的先生马岐、其子马小祥邀请北京老中青曲艺演员莫岐、李增瑞、崔琦、刘洪沂、宋德全、魏金栋、王玥波、何云伟、应宁、陈娜娜、赵宁、何丹、张伯鑫等助兴演出。该DVD光碟价格为人民币50元/套，内含首次公开的马静宜珍贵录音及录像，具有一定的艺术欣赏和收藏价值。

（丁　琳）

【评书话本《血色苍穹》举办首发式】 3月26日，中国社会科学出版社、北京人民广播电台文艺台和北京单田芳艺术传播有限责任公司为评书话本《血色苍穹——民国时期的中国空军》（以下简称《血色苍穹》）联合举行了新书发布会暨首发式。本书作者肖璞韬，是单田芳的入室弟子，在新书发布会上，肖璞韬为大家即兴表演了一段《血色苍穹》中的评书片段。中国社会科学出版社副总编辑王浩、北京人民广播电台文艺台副台长王为等出席并致辞，旅日作家萨苏、历史学者雷颐、旅美民国空军后人梁政均、作家贾英华等为本书进行了点评及历史的解读；李金斗、孟凡贵、常祥霖等曲艺界人士到场祝贺并发言。来自北京航空博物馆、市文物局等部门及热心读者60余人出席了发布会。

（丁　琳）

杂技

2015年，首都杂技（魔术）界深入学习贯彻习近平总书记在文艺工作座谈会上的重要讲话精神，贯彻《中共中央关于繁荣发展社会主义文艺的意见》，树立以人民为中心的工作导向，以社会主义核心价值观为引领，以创作生产优秀杂技（魔术）作品为中心任务，推动杂技（魔术）艺术更好地深入生活、扎根人民、走向世界。

2015年，北京地区杂技（魔术）演出市场繁荣发展，“我的中国梦”精品杂技展演汇聚了来自中国杂技团有限公司等全国各地的12个节目，这些节目是蒙特卡洛国际马戏节“金小丑奖”、法国巴黎“明日”世界杂技节金奖、中国杂技金菊奖金奖、中国吴桥国际杂技艺术节金狮奖、全国杂技比赛金狮奖等国际国内大赛获奖作品，堪称杂技界顶级节目的集合。中国杂技团的“第61块金牌·导演手记”，通过经典的杂技节目展现了中国杂技团建团65周年以来在艺术生产、人才培养、文化交流等方面取得的成就。第二届北京大学生魔术交流大会是北京乃至华北地区唯一的由专业协会举办的魔术交流展演活动，采用京津冀与江浙沪地区优秀的年轻魔术师对抗交流的新形式，有力地推动了南北魔术的交流融合与发展。北京大学生魔术交流大会自2012年举办以来，在业内影响逐渐加大，成为北京市文联和北京杂技家协会的品牌活动，一些年轻的优秀魔术师由此平台脱颖而出，从业余走向专业。2015年世界大学生魔术交流大会是市北京地区魔术行业的一大盛事，是目前中国规格最高、影响最大的大学生魔术活动之一。今年大会亮点众多，首次发起设立了“世界青年魔术师日”，成立了中国青年魔术师俱乐部，俱乐部的成立，打破了目前国内缺少全国性的青年魔术组织、魔术发展缺乏合作机制、发展动力不足的瓶颈，是中国青年魔术发展史上重要的里程碑。此外，“马戏小丑快乐六一嘉年华”、第九届北京欢乐谷国际魔术节等演出活动也为首都观众奉献了精彩的杂技（魔术）节目，繁荣了首都的艺术演出市场。

2015年，首都杂技（魔术）在艺术创新方面亮点颇多，中国杂技团的《北京》首次尝试将相声与杂技相结合，该剧以三个“统一”为创作理念：艺术内涵与高难技术观念的统一、民族特色和时代脉搏的统一、地方风俗和大众审美的统一，展现了北京的厚重历史和深厚的文化底蕴。

2015年，国际和国内的比赛是北京杂技（魔术）的一大亮点。在国际比赛中，北京地区选送的选手再创佳绩，中国杂技团《协奏·黑白狂想——男女技巧》节目荣膺蒙特卡洛国际马戏节最高奖“金小丑奖”。“金长城杯”世界大学生魔术争霸赛、第二届首都少儿魔术大赛、第七届CMUC新星杯魔术比赛、“金长城杯”世界大学生魔术争霸赛等赛事为北京地区杂技魔术的交流学习提供了难得的平台，通过比赛很多优秀的选手脱颖而出，为首都魔术事业发展提供了新鲜的血液。

2015年，北京地区的杂技（魔术）深入生活、扎根人民，向人民群众学习，为人民群众奉献了高品质的精神食粮。北京市文联举办了“传统艺术进校园”品牌系列活动，北京杂协响应号召，连续组织新老艺术家先后走进昌平小汤山中心小学、中国政法大学、海淀培英小学等学校，用多种形式为同学们展示杂技（魔术）的“非遗”精品，传播和弘扬了优秀的杂技（魔术）传统艺术。中国文联文艺志愿服务团赴深圳采风慰问演出、“送欢乐下基层”首都杂技家到狼牙山革命老区慰问演出，为当地群众送去了精彩的杂技（魔术节目），受到了广大基层群众的热烈欢迎。

2015年，北京地区杂技（魔术）积极拓展对外文化交流活动，2月，首都杂技家赴克罗地亚进行“欢乐春节”杂技戏曲专场演出获得了圆满成功，此次“欢乐春节”文化交流活动是按照习近平总书记文艺工作座谈会讲话精神和国家文化交流战略要求而举办的。3月，应意大利意中基金会、瑞士蒙特勒市政府邀请，北京市文联杂技（魔术）艺术家代表团前往意大利、瑞士进行了以“推广传承递友谊、交流合作共辉煌”为主题的交流演出活动。杂技（魔术）的对外交流活动充分展示了中国杂技（魔术）艺术的巨大魅力，推动了中国文化在海外的传播。

2015年，北京杂技（魔术）产业化的势头逐渐显露，成为首都文化创意产业的生力军。在这方面昌平区表现突出，昌平区的文化定位是发展魔术文化创意产业。从2012年开始，昌平举办了两届大学生魔术交流大会，成立了北京魔术学校、中国高校魔术社团联谊会、中国青年魔术师俱乐部等组织，举办了中国大学生魔术节等活动。本年度昌平区成立了杂技家协会、魔术家协会，培育了魔术后备力量。该年度昌平区还举办了2015年世界大学生魔术交流大会等、“金长城杯”世界大学生魔术争霸赛等一系列魔术交流活动，从产业、人才、市场等多个角度集聚魔术产业要素，着力发展魔术文化创意产业，全力打造“魔术之都”的文化品牌。

2015年，北京杂技（魔术）的理论研究和评论工作进一步发展。北京昌平魔术文化创意产业研讨会、第九届国际马戏论坛、“新媒体环境下魔术著作权保护”研讨会、《中国杂技金菊奖理论作品奖论文集》的出版发行等，为首都杂技（魔术）的具体实践和理论研究的提升做出了贡献。

（王凌雨）

机　　构

【中国青年魔术师俱乐部】 9月24日，中国青年魔术师俱乐部成立大会在中国政法大学昌平校区举办。会上通过了《中国青年魔术师俱乐部章程》。申请加入该俱乐部的青年魔术师年龄须为18至45岁，并在国内魔术领域具有一定影响力。俱乐部成立后，将会组织会员开展魔术演艺、魔术比赛、魔术沙龙、魔术讲座、魔术展览、魔术论坛、国际考察等魔术文化交流活动及魔术理论研究，翻译、出版、发行魔术书籍与音像制品，创新魔术表演，创作魔术道具，推广魔术行业原创知识产权与版权保护，开发魔术示范课程体系，开展公益魔术培训，培养新型魔术人才等。

（王凌雨）

【中国高校魔术社团联谊会换届】 9月25日，中国高校魔术社团联谊会换届大会在中国政法大学昌平校区召开。中国高校魔术社团联谊会是由中国青年报社、中国高校传媒联盟、昌平区人民政府联合全国高校魔术社团于2013年发起成立的，是各高校魔术社团自愿参加的大学生魔术文化交平台和非营利组织。与会人员流听取了联谊会2013年至2015年工作开展情况和下一届联谊会秘书处的主要工作。换届大会同时选举出新一届联谊会秘书处成员。

（王凌雨）

【北京市昌平杂技家协会、北京市昌平魔术协会】 9月26日，北京市昌平杂技家协会、北京市昌平魔术协会成立大会暨揭牌仪式在昌平区举行。中国文联副主席、中国杂技家协会主席边发吉，北京市文化局党组成员、北京杂技家协会主席李恩杰，中共昌平区委常委、宣传部部长余俊生，副区长刘淑华等领导以及国内外的魔术师代表、魔术企业代表、魔术爱好者代表出席活动。昌平区民政局相关负责人宣读了《关于北京市昌平杂技家协会和北京市昌平魔术协会的行政许可决定书》。昌平杂技家协会、昌平魔术协会代表胡金玲作了发言。

（王凌雨）

昌平杂技家协会、昌平魔术协会成立大会暨揭牌仪式

作　　品

【语言杂技剧《北京》】 5月2日，中国杂技团与相声演员李菁、何云伟联手推出的由杂技、相声等表演艺术形式混搭而成的创新语言杂技剧《北京》在民族文化宫大剧院首演。该剧以北京3000年建城史、850年建都史为背景，以浓郁的北京

地域特色文化为内容，以跨越古今的两个人物为贯穿，展示了北京的厚重历史、风土人情、多彩文化和当代精神。李菁、何云伟的表演轻松诙谐，既有戏曲唱段、快板等艺术形式，又有古代汉语和互联网语言。剧中的杂技有《协奏·黑白狂想——五人技巧》、十三人顶碗、地圈、俏花旦空竹等。全剧以浸入式的视觉体验，让观众们在山顶洞、长城、元大都、戏台、皇宫、太空舱和城市等不同场景中穿梭。

（王凌雨）

活　动

【首都杂技艺术家赴京郊慰问演出】 2月11日、12日、14日、15日，北京杂协、北京音协参加北京市文联为响应习近平总书记号召广泛开展“深入生活、扎根人民”的主题实践活动，走进昌平马池口镇、亦庄北京利达集团公司、海淀稻香湖上庄乡常乐村、房山苏庄三里社区等地，为当地老百姓演出杂技、魔术、歌曲等节目。杂技节目有刘全利、刘全和兄弟的《兄弟拍电影》，北京杂技团的《蹬鼓》，中国杂技团有限公司的《单手顶》《拍球》，中国铁路文工团曲艺杂技团的《晃管》；魔术节目有《牌技》《赛活驴》《变鸽》《变脸》《口技》等。北京市文联党组副书记刚杰、北京杂技家协会秘书长董蕾、北京音乐家协会副秘书长赵金波等参加本次活动。

（王凌雨）

【第二届北京大学生魔术交流大会】 3月20日～22日，由北京市文联主办，北京杂协承办，西城区文联、首都高校魔术联盟、北京魔术师俱乐部协办的第二届北京大学生魔术交流大会在西城文化艺术中心的缤纷剧场举办。大会活动包括青年魔术师孙峥的小剧场魔术秀《旅程》、京津冀和江浙沪6省市12位魔术新秀的对决、国内及境外优秀魔术师的嘉宾表演、“传承与创新——魔术回归小剧场”研讨会、希腊顶级魔术师珀尔修斯·阿克美尼斯的专业魔术讲座、走基层社区专场演出、“结对子、送文化”建立少年魔术培训基地等。

（王凌雨）

【北京杂协四届五次理事会】 4月15日，北京杂协四届五次理事会在北京召开。北京杂技家协会近40位理事出席了会议。理事会审议并通过《北京杂协2014年工作总结和2015年工作思路》的报告；增补王玉、王征、王强、申莉、李学义、李晓强、李魏林、张志敬、邸慧、胡金玲、常明、梁明、韩冰、傅琰东14人为四届五次理事会理事；会议还根据北京市文联下发的“十三五”规划纲要框架（草案），就杂协“十三五”规划向各位理事征求意见；并且通报“第六届北京中青年德艺双馨文艺工作者奖”北京杂协初评推荐人选的具体情况。

（王凌雨）

【北京杂技魔术艺术家赴深圳慰问演出】 5月3日，由中国文联、中国杂技家协会主办，广东省文联、广东省杂技家协会、深圳市文联、深圳华侨城欢乐谷旅游公司（中国魔术文化创意产业基地）承办的“深入生活、扎根人民”中国文联文艺志愿服务团赴深圳采风慰问演出在深圳欢乐谷欢乐剧场上演。在该慰问演出活动中，来自北京的李宁、傅琰东表演了魔术节目，刘全利、刘全和表演了滑稽节目。

（王凌雨）

【马戏小丑快乐六一嘉年华】 5月30日～31日，“马戏小丑快乐六一嘉年华”在北京工人体育馆进行了4场演出。该嘉年华由中国、俄罗斯、白俄罗斯、吉尔吉斯斯坦的马戏节目组成，有大象、老虎、狮子、狗熊、马、狗、猴、羊、鹦鹉等动物以及两对小丑的表演。演出节目有《熊出没》《小狗当家》《齐天大圣喜羊羊》《狮虎争霸》《大象表演》《沙皇铁骑》《滑稽小丑》《美女与野兽》《金刚学舌》。

（王凌雨）

【传统杂技、魔术走进中国政法大学】 6月8日，由北京市文联主办，北京杂技家协会、北京民间文艺家协会、中国政法大学党委宣传部、民商学院承办，北京金玲文化艺术中心协办的“传统艺术进校园暨非遗精品展示之走进中国政法大学·端午节专场”活动在中国政法大学昌平校区举行。活动中，中国杂技团、北京杂技团、金玲文化艺术中心、北京顺义元祥舞狮团等专业院团的近50位杂技、魔术类艺术家演出了北派舞狮、古彩戏法、傅氏幻术、天桥中幡、口技、空竹、“斗哏”与杂技相结合的舞蹈——《赛活驴》等节目。同时，6位民间手工艺的“非遗”传承人还现场为同学们展示了风筝、北京鬃人、毛猴、剪纸、葡萄常、中国结等具有民族和地域特色的传统技艺的制作过程。

（王凌雨）

【口技专场演出】 7月6日～7日，为纪念中国人民抗日战争胜利70周年暨世界反法西斯战争胜利70周年，中国杂技团有限公司、北京市国际艺术学校在天桥剧场举办了国家级非物质文化遗产口技专场演出。国家级口技传承人牛玉亮与其弟子们在节目中将各朝代的传统经典段子进行整理挖掘，恢复还原，让观众听到传统口技表演的声音。演出形式上将一人口技发展为多人口技表演、男女搭档口技表演等。表演题材既有热闹的威风锣鼓和战争场面，又有悠悠的深谷鸟鸣，还有意境深远的诗词朗诵等。

（王凌雨）

【“魔幻青春公益行”走进北京前锋学校】 9月11日，4位大学生魔术师来到北京昌平前锋学校为180名中学生带来2015年世界大学生魔术交流大会“魔幻青春公益行”的表演。魔术师表演了中国古彩戏法和《永恒的绳子》等魔术节目。

（王凌雨）

【首都杂技家赴狼牙山慰问演出】 9月24日，由中国文联、中国杂技家协会、中国文艺志愿者协会、中共河北省委宣传部主办，中国文联文艺志愿服务中心、中国文联杂技艺术中心、河北省文联、中共保定市委、保定市人民政府承办，中国舞蹈家协会、保定市文联、中共易县县委、易县人民政府协办的“敬礼，英雄的狼牙山”——中国文联文艺志愿服务团赴狼牙山革命老区进行“送欢乐下基层”慰问演出。演出中的杂技节目包括青年魔术师傅琰东的魔术《闪电换人》和中国杂技团曾获蒙特卡洛国际马戏节“金小丑奖”的节目《四人技巧》等。中国文联党组成员、副主席、书记处书记李前光，中国文联副主席、省政协副主席、中国杂技家协会主席、省杂技家协会主席边发吉等参加了活动。

（王凌雨）

【2015年世界大学生魔术交流大会】 9月24日~26日，由中国青年报社、北京市文化局、北京市文联、昌平区政府共同主办，北京杂技家协会、中共北京市昌平区委宣传部、昌平区文化委员会等单位承办的2015年世界大学生魔术交流大会在北京市昌平区举办。该活动有中国、美国、加拿大、意大利、韩国等17个国家和地区的魔术师的参加，共举办了“金长城杯”世界大学生魔术争霸赛、魔幻青春公益行、中国大学生魔术节、国际近景魔术沙龙、国际魔术培训班、国际魔术道具展、“魔幻青春”魔术秀等18项活动，近万余名观众参与其中。活动期间，青年魔术师李宁宣读了设立“世界青年魔术日”的倡议书。

（王凌雨）

【中国杂技团建团65周年纪念演出】 9月29日，中国杂技团建团65周年纪念演出“第61块金牌·导演手记”在国家大剧院举办。此次演出集中展现了中国杂技团建团65年中在艺术生产、人才培养、文化交流等方面取得的成就，文化体制改革的成果和划归北京演艺集团后取得的成绩。该演出不仅展示了中国杂技团自1957年金业勤、金淑勤、金汝勤的杂技《车技》在第6届世界青年联欢节上获得首枚金牌及以后获得的金牌中的部分有代表性的节目，还以独特的视角和戏剧化的表现手段，将幕后创作的画面搬上舞台。演出中还增加了向中国杂技界首位国际金奖获得者金业勤致敬的环节。

（王凌雨）

【传统杂技进小学展演】 9月30日，由北京市文联主办，北京杂技家协会、东方少年杂志社承办，海淀区培英小学协办的传统艺术进校园暨“非遗”精品展示——走进海淀区培英小学中秋节专场演出在北京市海淀区培英小学举行。演出开始前，“非遗”传承人、北京杂协顾问、中国铁路文工团的房印庭和中国杂技团有限公司的罗秉松为培英小学授予北京杂协“传统艺术辅导基地”铜牌。中国杂技团有限公司、北京杂技团、北京顺义元祥舞狮团、田学明艺术团等首都杂技院团，房印庭、罗秉松等杂技魔术艺术家为孩子们表演了狮子舞、口技、古彩戏法、空竹等节目。

（王凌雨）

【第九届北京欢乐谷国际魔术节举办】 10月1日~7日，第九届北京欢乐谷国际魔术节在北京欢乐谷举办。来自美国、德国、法国、俄罗斯、韩国、泰国及中国的7名国际魔幻大师与5大洲的200余名中外演员参加演出。在魔术节期间，举办了魔术精英挑战赛、“未来魔星”少儿魔术大赛、魔法音乐盛宴、魔法集市等活动。

（王凌雨）

中国杂技团建团65周年纪念演出剧照

【北京昌平魔术文化创意展亮相文博会】 10月29日~11月1日，由中国青年报社、北京市昌平魔术协会、中国青年魔术师俱乐部主办，中国高校魔术社团联谊会协办，清华控股有限公司、河北省张家口市怀来县人民政府提供战略支持的“魅力昌平，魔术之都”魔术文化创意展亮相第十届中国北京国际文化创意产业博览会。该展览分为魔术文化历史展、魔术名人堂、魔术未来展3个部分，并结合魔术玩具道具展、小剧场魔术秀、街头魔术秀、魔法摄影等活动让观众对魔术文化进行了全面参与体验。

（王凌雨）

【中国杂协第七次全国代表大会】 11月3日~4日，中国杂技家协会第七次全国代表大会在北京召开。来自全国各地的200余名杂技工作者参加会议。与会代表审议并通过了第六届理事会和主席团所作的工作报告，修订了《中国杂技家协会章程》，并选举产生中国杂协第七届理事会和主席团。大会选举边发吉为中国杂技家协会第七届主席。邓宝金、付继恩、刘全利、齐春生、李西宁、吴正丹、张红、阿迪力·吾休尔、邵学敏、俞亦纲、梅月洲、戴武琦为副主席。中共中央政治局委员、中央书记处书记、中宣部部长刘奇葆出席开幕式并讲话。全国政协副主席、中国文联主席孙家正，中宣部常务副部长黄坤明，中国文联党组书记、副主席赵实，中宣部副部长景俊海，文化部副部长董伟，解放军总政宣传部副部长李祯盛，中国文联党组副书记、副主席李屹，中国文联党组成员、副主席夏潮、李前光，中国文联党组成员、书记处书记郭运德、陈建文等出席了开幕式。

（王凌雨）

【“我的中国梦”精品杂技展演】 11月8日，由中国文联、中国文艺志愿者协会主办的2015中国文艺志愿者（天泰剧院）公益演出季“我的中国梦”精品杂技展演在天泰剧院举办。该展演汇聚了中国杂技团有限公司、上海杂技团有限公司、四川遂宁杂技团、江苏南通少年杂技团、中国广播艺术团说唱团、大连杂技团、江苏射阳杂技团等全国各地演艺团体的12个节目。演出的《喧歌嬉调——转碟》《舞空竹》《圣斗——地圈》《比翼——双人技巧》《放飞和平——变鸽》《指挥家与钢琴家》《大连女孩——车技》《扇舞丹青——顶技》《球技》《绸调》《协奏·黑白狂想——男女技巧》《俏花旦——空竹》等节目均为蒙特卡洛国际马戏节“金小丑奖”、法国巴黎“明日”世界杂技节金奖、中国杂技金菊奖金奖、中国吴桥国际杂技艺术节金狮奖、全国杂技比赛金狮奖等比赛获奖作品。

（王凌雨）

【传统杂技华北电力大学专场演出】 11月17日，由北京市文联主办，北京杂技家协会、北京民间文艺家协会、华北电力大学校团委承办，华北电力大学社团联合会、中国高校魔术联盟、华北电力大学魔术协会协办的“传统艺术进校园”系列活动——华北电力大学学生节专场演出在华北电力大学举办，此次活动是北京市文联本年度“传统艺术进校园”系列活动之一。演出中，既有《俏花旦——集体空竹》《男女技巧》《新古彩》等杂技节目，又有《飞花点翠》等魔术节目，还有《手影口技》《狮子舞》《快乐的厨房》以及“互动魔术”等节目。近千名华北电力大学校的师生们观看了演出。

（王凌雨）

赛事与奖项

【中国杂技团《协奏·黑白狂想——男女技巧》获“金小丑奖”】 摩洛哥当地时间1月18日，中国杂技团5名演员凭借《协奏·黑白狂想——男女技巧》节目荣获蒙特卡洛国际马戏节最高奖“金小丑奖”。

（王凌雨）

【第二届金长城小魔星选拔赛颁奖】 4月26日，“第二届中国北京国际魔术大会金长城小魔星选拔赛”落幕。该擂台赛自4月19日~26日举办，共有18名小魔术师参加了决赛，最终来自顺义区东风小学的孙乐恒摘得桂冠。

（王凌雨）

【第二届魔法小巨人首都少儿魔术大赛】 7月25日~26日，由北京杂协主办、魔法巨人魔术培训承办的“第二届魔法小巨人首都少儿魔术大赛”在北京市文联礼堂举办。活动包括少儿魔术比赛、少儿魔术讲座、嘉宾表演、颁奖典礼、道具展等。经过选拔，近30名8岁~11岁的小选手参加决赛。经过角逐，8岁的朱峰旭获得金奖，于志扬、高旭娇获银奖，康宸睿、薛新怡、周墨睿获铜奖，薛新怡获人气王奖。

（王凌雨）

【“金长城杯”世界大学生魔术争霸赛获奖名单揭晓】 9月26日，“金长城杯”世界大学生魔术争霸赛获奖名单揭晓。韩国东亚人才大学的都杞文和韩国东釜山大学的奇甫荣分别获得近景组及舞台组金奖。澳大利亚墨尔本皇家理工大学的唐·钱伯斯、中国台湾“国立高雄应用科技大学”的陈冠霖获得近景组银奖。日本明治大学的村田奈绪和日本东洋大学的马特·陈获得舞台组银奖。中国沈阳师范大学的贾天时、希腊塞萨洛尼基亚里士多德大学的詹诺斯、南非魔术大学的阿内勒·迪亚斯和乌克兰基辅市综艺学院的安娜·克里斯蒂娜、法国南锡高等商学院的阿莫里·普鲁、美国第二城市培训中心的埃利·波特拉获得了近景组及舞台组铜奖。“金长城杯”世界大学生魔术争霸赛是2015年世界大学生魔术交流大会的内容之一。

（王凌雨）

【第七届CMUC新星杯魔术比赛】 12月26日~27日，由北京杂技家协会主办、高校魔术联盟承办的第七届CMUC新星杯魔术比赛在北京文联小礼堂举办。此次比赛共有102名来自华北、东北、山东、浙江、江苏、安徽、陕西、江西、河南、贵州、四川、云南、广东、西藏等20个省、市、自治区的选手参加初评，30名选手参加现场比赛。最终，何馨和李昊分别获得舞台组与近景组金奖，梁毅虎、刘君、张得恩、陈瑜分别获得舞台组与近景组银奖，王鹏程、孙少辉、吴程飞、范宇弘、杨智强、王柱分别获得舞台组与近景组铜奖。

（王凌雨）

交　　流

【北京组织杂技（魔术）家赴意大利、瑞士交流演出】 3月10日~17日，应意大利意中基金会、瑞士蒙特勒市政府邀请，北京市文联杂技（魔术）艺术家代表团一行14人赴意大利、瑞士进行了以“推广传承递友谊、交流合作共辉煌”为主题的交流演出活动。代表团分别与意大利意中基金会、瑞士蒙特勒市政厅进行了2场交流座谈，并与已经举办了20年的蒙特勒圣诞市场活动组委会就中国传统艺术展示交流的长期合作达成初步意向。随后，代表团在罗马Scuola Nazionale Di Circo，米兰Piccola Scuola Di Circo和蒙特勒COQUINOCIRCUS进行了演出。演出的节目有中国杂技团的《激踏·球技》、北京杂技团的《炫舞空竹》以及体制外和非京籍演员表演的魔术、口技、变脸与武术节目。

（王凌雨）

【新疆生产建设兵团杂技团进京演出】 5月22日~23日，新疆生产建设兵团杂技团携杂技剧《在那遥远的地方》在民族剧院演出。该剧是参加2015相约北京艺术节的参演剧目。该剧以全国先进典型马军武夫妇为原型，讲述了兵团人为了新疆建设“献了青春献终生，献了终生献子孙”的故事。

（王凌雨）

【河南省冰之梦艺术团进京演出】 10月1日~4日，河南省演出有限责任公司冰之梦艺术团携大型原创冰雪秀《冰上传奇》项目系列之《杂技嘉年华》在水立方演出。该节目是把花样滑冰、杂技、魔术、戏曲、武术、滑稽等艺术形式与现代冰场舞台、高科技舞美手段相结合的冰上杂技作品。

（王凌雨）

【北京市文联组团赴台进行魔术交流】 10月16日~22日，北京市文联赴台文化交流团一行15人赴新北市与台湾魔术界进行交流座谈。北京杂协秘书长董蕾介绍了北京魔术的发展现状，台湾魔术细分领域的代表们为来自北京文联的艺术家们表演了腹语和近景魔术。表演、道具经营、道具创意制作、魔术教育培训等领域的台湾魔术师们向北京市文联的艺术家们进行了情况介绍。两岸魔术家还就魔术产权保护，魔术教育培训和魔术本体的发展传承进行了交流。

（王凌雨）

研究与评论

【北京昌平魔术文化创意产业研讨会】 1月20日~21日，北京昌平魔术文化创意产业研讨会在昌平区召开。中国文联副主席、中国杂协主席边发吉，北京杂协主席李恩杰，文化部艺术司音舞处调研员孙志强，上海杂协副主席、上海杂技团团长俞亦纲，辽宁杂协主席、沈阳杂技团团长安宁，浙江省杂技家协会秘书长郑蓉，北京杂协秘书长董蕾以及昌平区委常委、宣传部部长余俊生和昌平区文化委、京演魔术文化有限公司相关领导出席研讨会并分别就昌平魔术产业现状与未来的发展方向作了发言。

（王凌雨）

【《中国文化思维之于杂技》】 发表于《杂技与魔术》杂志2015年第1期，作者聂翠青。作者认为，中国文化思维，也就是中国哲学思维，是遵从“天人合一”精神的阴阳思维，这种思维方式产生艺术的最高境界是“外师造化，中得心源”，神形兼备，即表现与再现的统一。中国的杂技艺术接受了中国文化思维，竭力寻求各种方式处理解决创作中不断出现的表现与再现之间的矛盾问题。在关注杂技形而下的、物质的、客体性的展示的同时关注形而上的、精神的、主体性的追求。中国文化思维主导下的新杂技理念构架起了中国杂技可持续发展的巨大空

间。杂技要想达到剧目情景与技巧相融，需要运用更多的中国思维、中国智慧。 （王凌雨）

【《崛起的中国魔术新生代——从2015央视春晚魔术说起》】 发表于《杂技与魔术》杂志2015年第2期，作者徐秋。文章认为2015年央视春晚魔术表演者周家宏是一个名副其实的新人，《纸牌幻想》是他正式演出的首秀。近年来，亚洲地区有造诣的年轻魔术师越来越多，除了社会经济发展的原因，也和各国魔术文化的不断交流有关。作者描述了传统的魔术传承方式，并对其利与弊进行了若干解读。作者认为，现代魔术学习方式以魔术交流活动为佳，为魔术爱好者服务的比赛评奖、示范演出、名师讲座和道具市场，将原来只存在于特定师生间的魔术传授变成了的集体分享，极有效率地激活了青年人的魔术能量，为魔术的发展繁荣培养了用之不竭的人才。

（王凌雨）

【《魔术艺术形式与教育的创新发展》】 发表于《杂技与魔术》杂志2015年第2期、第3期，作者王志伟。文章认为人类艺术在不断的创新中发展，魔术表演的核心要素是奇幻变化，魔术背后的“秘密”则是赖以生存的土壤。魔术创新的本元是“机关”（俗称“门子”）和“技法”，魔术艺术形式创新则是魔术师在技法、机关之上所做的艺术加工。这种创新加工更多地体现在魔术师的声台形表与多元的艺术语言及艺术表现手法的适宜融合。魔术艺术教育创新则是在魔术艺术范式的审美性与系统性的层面所做的提炼与归纳，应将其提升至艺术哲学的范畴，进而发挥其艺术指导性的作用。

（王凌雨）

【《互联网环境下杂技（魔术）的推广与保护》】 发表于《杂技与魔术》2015年第3期，作者王彦恭。文章认为互联网对杂技（魔术）的影响主要体现在传播的速度快，范围广，互动性强，传播形式多样，现存商业变现的可能性。但传播效果不可控，易被抄袭、侵权。杂技（魔术）在互联网环境下的合法权益的保障，需要加强杂技（魔术）的版权保护意识并善于通过多种方式维权。

（王凌雨）

【《略谈魔术艺术的历史传承、发展现状与创新对策》】 发表于《杂技与魔术》杂志2015年第4期，作者杨宇全。文章描述了魔术艺术的历史传承和发展现状。作者认为要传承和发展好中国魔术艺术，首先，要对魔术艺术发展规律再认识，提升创新意识与精品意识。其次，要加强交流，打破区域界限，优势互补。再次，要加强魔术艺术理论研究队伍的建设。

（王凌雨）

【《浅谈杂技艺术与中国传统文化精神》】 发表于《杂技与魔术》杂志2015年第4期，作者葛奇峰。文章认为杂技是包含多种体能和技巧的表演艺术。中国杂技中坚毅、挑战极限的精神，是与中国传统文化精神融会贯通的。杂技形成的内在动因就是人对于自身极限的挑战与对自然力量的征服。中国杂技既参与中国传统文化精神与品质的塑造，也吸收与传承着中国传统文化精神的养分，越来越多的中国杂技作品正在有意识地弘扬中国传统文化精神。

（王凌雨）

【《春晚魔术的发展及新媒介对其的影响研究》】 发表于《杂技与魔术》杂志2015年第4期，作者柴莹。春晚中的魔术，因其艺术表现的特点、意识形态的相对淡化以及大众媒介发展带来的巨大变化，使其在春晚各个时期表现不尽相同。随着科技对文化、艺术的进一步渗透，艺术会越来越媒介化。“它表现为艺术的传播越来越受到媒介工业技术和体制的制约。借助媒介，艺术传播的速度更快，传播范围更广，传播效率更高。而且，媒介介入了艺术的创作过程，成为艺术的一部分。”电视媒介、网络媒介的强势地位和强大的渗透力，使魔术艺术必须与之合作。媒介视域中的魔术艺术怎样才能既在大众传播的强势冲击下保留自身的优势，又能巧妙操控大众媒介，使之真正与魔术艺术完美融合，共同在春晚的舞台上为大众制造神奇莫测的幻觉世界，是每位魔术师和魔术设计者必须攻克的难关。

（王凌雨）

【《“杂技舞蹈化”构建杂技艺术“新常态”》】 9月25日，发表于《中国文化报（数字报）》，作者于平。文章认为跨入新世纪的中国杂技艺术，有两个最为显著的亮点：一是对人体技能的全面超常开发向极限逼近，以不断超越的“超能力”令观众心旌摇荡、叹为观止；二是对超常开发的人体技能进行全面美化，以不断美化的“超能力”使杂技艺术技强艺高、锦上添花。在杂技界，前者往往被视为“本体”的拓展，后者往往被视为“舞蹈”的美化，因为这个“美化”涉及造型性、韵律性甚至表情性、意趣性，以至人们更直白地称其为“杂技舞蹈化”，意指对人体技能的超常开发不是杂技艺术的最终目的，目的是这些超常开发的人体技能要诱发人的美感、拨动人的情感、深化人的观感。“杂技舞蹈化”首先是对“身体运动”的体动造型加以美化。其次，“杂技舞蹈化”体现为对各单项杂技技巧基本动作的编排美化。第三，“杂技舞蹈化”还体现为对独立杂技作品的创意美化。可以说，“杂技舞蹈化”正构建着杂技艺术的“新常态”。

（王凌雨）

【《论现代杂技人才培养的教育理念与实践》】 发表于《杂技与魔术》杂志2015年第5期，作者齐志义、郗少华。文章指出，杂技教育是培养杂技艺术人才的重要手段。在发展和繁荣我国杂技事业过程中发挥着重要作用。20世纪80年代以前，杂技教育基本沿袭口传心授、师带徒、团带班的模式，依靠以家族为核心的民间形式传艺。20世纪80年代初期，政府批准创建了几所中等杂技艺术学校，杂技教育被正式纳入国民教育序列。经过几十年的探索，现代杂技教育理念正逐步走向正规。作者从我国杂技教育的现状、我国杂技教育存在的问题、树立杂技教育新理念、对未来杂技教育的设想等方面对现代杂技人才培养的教育理念进行了阐述。

（王凌雨）

培训与传承

【“未来之星”魔术培训基地挂牌】 1月12日，由北京市文联、北京杂技家协会主办的“第二届北京大学生魔术交流大会”启动仪式暨“‘未来之星’魔术培训基地”授牌仪式在北京市丰台区首都师范大学附属云岗中学举行。北京市文联党组书记、常务副主席陈启刚，北京市文联党组副书记刚杰，中国杂技家协会副主席、北京杂技家协会副主席刘全利，中国文联杂技艺术中心副主任、《杂技与魔术》杂志社副主编徐秋，北京杂协理事、魔术俱乐部副主任徐凤美，首都高校魔术联盟主席李魏林，丰台区文联主席初建华等出席了仪式。在仪式上，举行了北京市“‘未来之星’魔术培训基地”授牌仪式。刘全利为云岗中学颁授了“未来之星”魔术培训基地的铜牌。北京杂技家协会将定期组织优秀青年魔术师，为云岗中学魔术社的孩子们进行专业的魔术技能和表演技巧的指导与培训，并通过少儿魔术比赛等形式，培养孩子们欣赏魔术的能力，为孩子们提供展示的舞台。

（王凌雨）

【罗秉松收丁文民为徒】 3月28日，中国古彩戏法非物质文化遗产传承人、魔术大师罗秉松收徒画家丁文民拜师仪式在北京举行。丁文民现为职业画家，但他自幼喜爱魔术，除画画之外，全部兴趣都在魔术上。中国文联副主席、中国曲协名誉主席、著名评书表演艺术家刘兰芳等到场祝贺。

（王凌雨）

【班秀兰收李清华为徒】 4月20日，“班秀兰喜收李清华弟子仪式”在北京举行。出身杂技世家的班秀兰，自幼在天桥卖艺，以表演传统魔术“荷花美人”而得名“小荷花”。李清华曾因在王府井扮演拉着洋车大步奔走的“黑祥子”一举成名。

（王凌雨）

【首都金奖杂技演员赴十堰举办空竹技法培训班】 6月23日～27日北京市文联文艺指导和维权部与北京杂技家协会共同组织了首都金奖杂技演员赴南水北调工程库区湖北省十堰市开展空竹技法培训班。来自十堰市、区各文艺团体的文艺骨干50余人参加了培训。

（王凌雨）

【田学明收杨乐、卢迅为徒】 8月13日，中国穆派戏法第四代传人田学明收徒杨乐、卢迅拜师仪式在北京万丰大戏楼举行。牟衍铭、罗秉松及魔术界、戏法界同仁到场祝贺。（王凌雨）

出版物

【《中国杂技金菊奖理论作品奖论文集》出版】 11月，中国杂技家协会主编的《中国杂技金菊奖理论作品奖获奖论文集》由中国戏剧出版社出版发行。2011年和2014年，中国杂技家协会先后开展了第八届中国杂技金菊奖第七次理论作品奖和第九届中国杂技金菊奖第八次理论作品奖的评奖工作，最终共评选出18篇“金菊奖”获奖论文、96篇优秀论文。中国杂技家协会将上述获奖论文以及中国文联部级课题《杂技主题晚会研究》一并结集出版，以飨读者。此论文集一套两册（分上下册），共60余万字，是近年来中国杂技理论研究成果的集中展示。

（王凌雨）

音乐

2015年，北京地区无论在音乐创作、音乐活动、国内外的音乐交流方面，还是在举办音乐赛事、音乐研究和互联网音乐的发展方面，都呈现出了一种欣欣向荣的局面。

2015年，北京的音乐创作繁荣。在歌剧新作品方面，既有《日出》《方志敏》等原创歌剧，也有《玫瑰骑士》《西蒙·波卡涅拉》《托斯卡》中国版的西洋歌剧，还有《安德烈·谢尼埃》《参孙与达丽拉》等中外联合制作的歌剧。音乐剧方面则有《站台》《紫石街》《又见国乐》《狂奔的拖鞋》《或许明天属于我》等新作品问世。此外，还创作了《南水北调》《感悟论语》等声乐套曲，正式发布了10首北京申办2022年冬奥会优秀音乐作品，并复排了歌剧《白毛女》。

2015年，北京的音乐活动丰富多彩。北京平谷国际桃花音乐节、国家大剧院的歌剧节、五月音乐节、潮流音乐节、北京合唱节、北京国际音乐节等传统大型活动依旧如期举办。在纪念中国人民抗日战争暨世界反法西斯战争胜利70周年之际，除了在各种音乐会中增加了反映抗战内容的作品外，中国东方演艺集团还专门打造了第二次世界大战期间世界各地反抗法西斯的曲目的大型音乐会“东方之声”，北京市互联网界还开展了“我们万众一心——抗战歌曲七十首”网络传唱活动。同时，北京地区还举办了著名音乐家阎肃和赵季平的作品音乐会。音乐表演团体到基层进行的慰问演出，音乐界关注弱势群体的活动和慈善义演等公益性的活动也不断开展。

2015年，北京地区的国内外音乐交流频繁。中国大陆和台湾地区、香港地区的音乐表演团体及个人一如既往地频繁在北京进行演出。国外音乐表演团体和个人也在北京的音乐舞台上屡见不鲜，其中，较有影响的演出有百老汇经典音乐剧《剧院魅影》和英国原版音乐剧《人鬼情未了》，而较有特色的演出团体当属英国的冷溪近卫军乐团了，这个乐团在首次访华音乐会舞台上以礼宾军乐表演的方式进行了演奏。中国音乐在“走出去”的道路上也迈出了新的步伐。中国原创歌剧《骆驼祥子》到歌剧故乡意大利进行了为期13天的巡演，中国作曲家姚恒璐教授的手风琴作品《鼎》则在手风琴盛行的俄罗斯进行了首演。

2015年，北京地区的音乐研究十分活跃。除了套曲《南水北调》、歌剧《白毛女》等针对某一作品的微观研讨、座谈外，宏观的理论研讨则更为突出。如以“21世纪歌剧的现状分析与未来发展”为主题的第七届“世界歌剧院发展论坛”，围绕音乐数字化各种问题举办的“2015音乐数字化生态发展研讨会”，探讨乐器学学科建设及乐器文化等问题的“第四届全国乐器学研讨会”，还有关注音乐产业的“第二届中国音乐产业高端论坛”等，都把音乐研究推向了新的深度和广度。

2015年，北京地区举办了“国音杯”刘天华二胡作品演奏邀请赛、2015年“水立方杯”海外华裔青少年中文歌曲大赛、“战火·青春”征歌活动等多项音乐赛事。中国的音乐家在国际上也频繁获奖。中央音乐学院的在读研究生王传越获第15届柴科夫斯基国际音乐比赛声乐组银奖。在2015德国古典回声奖评选中，钢琴家郎朗凭借与维也纳爱乐乐团合作录制的专辑《莫扎特》，获得了的“年度演奏家/钢琴”奖；小提琴家杨天娲凭借专辑《伊萨伊：小提琴独奏奏鸣曲作品27》获得了“年度演奏家/小提琴”奖。

2015年，伴随着“互联网+”的概念日益流行，音乐与互联网的关系日益密切。戴玉强创办的“戴你唱歌”实现了网络公开课的音乐教学。网络众筹项目《黄河大合唱》借助互联网形成了新的音乐创作形式。与此同时，音乐的互联网著作权受到更多的关注。中国网络正版音乐促进联盟的成立和“网络音乐版权保护工作座谈会”的召开，都推动了网络音乐的知识产权保护工作。

（张燕鹰）

机　　构

【中国网络正版音乐促进联盟】 1月29日，中国网络正版音乐促进联盟在北京成立。联盟首批成员包括中国音乐著作权协会、腾讯公司、酷狗公司、一听音乐、福茂唱片等近30家机构和词曲作家李海鹰多名音乐从业者。该联盟旨在致力于推动中国网络音乐版权产业发展，维护版权和相关权益人的合法权益，共商中国网络音乐版权保护方案。该联盟成立当天发布的《反盗版宣言》明确表示，将通过法律等手段打击侵犯音乐作品版权的行为，依法追究盗版者的法律责任。同日发布的《自律公约》，提出建立健全企业内部自查制度，对未经授权和版权信息不清的内容，应采取下线、断开等措施。该联盟是一个开放性的平台，凡接受联盟自律公约的音乐作品权利人和音乐平台均可以申请加入，成为会员。

（张燕鹰）

【中央企业音乐专业委员会】 3月27日，中央企业音乐专业委员会成立大会在北京召开。来自74家中央企业的120余名代表参加会议。该委员会隶属于中央企业精神文明建设“五个一工程”评审委员会，每年定期组织中央企业进行音乐采风、观摩交流、作品征集和人员培训等活动。

（张燕鹰）

【北京民族乐团】 9月16日，经上级主管部门批准北京民族乐团取得工商管理部门颁发的营业执照，正式成为一个新的、独立的文艺表演团体。该团由北京演艺集团和北京歌舞剧院有限责任公司共同出资，注册资金2000万元，是直属北京演艺集团的独立法人单位。该团前身是成立于1978年的北京歌舞团民族乐队。该团旨在挖掘、发展具有北京风格的民族音乐，同时面向世界尝试不同音乐、不同艺术形式的融合，使民族音乐与北京民族乐团永葆青春的活力。

（张燕鹰）

作　　品

【声乐套曲《南水北调》】 3月2日，大型交响声乐套曲《南水北调》在中山公园音乐堂首演。套曲共分为“水调歌头”“水之缘”“水之咏”“水之爱”和“绿水青山”5个部分、13首声乐作品，包括独唱、二重唱、三重唱、领唱、小合唱、童声合唱、大合唱等多种演唱方式。该套曲是为纪念南水北调中线工程正式通水，由北京市文联、北京音协组织词曲作家、编导，多次赴南水北调中线水源地采风而创作的。总编导刘国超，音乐总监伍嘉冀，作曲张大力、尹铁良、田晓耕、陈光等，作词王持久、宋青松、苏柳等，指挥谭利华，演唱么红、丁毅、王莉、黄华丽、孙砾等，合唱部分由首都劳动模范合唱团、北京合唱团和北京第一实验小学童声合唱团演唱，北京交响乐团演奏。

（张燕鹰）

【国家大剧院版歌剧《玫瑰骑士》】 4月9日，国家大剧院自制歌剧《玫瑰骑士》在国家大剧院首演。该剧由理查·施特劳斯于1909年创作，1911年在德累斯顿宫廷剧院首演。该剧的国家大剧院版由塞巴斯蒂安·朗·莱斯指挥，吉尔伯特·德弗洛导演，首演主演为米凯拉·考妮、曼弗雷德·赫穆、凯特琳·胡勒库、雷切尔·吉尔摩。

（张燕鹰）

【音乐剧《狂奔的拖鞋》】 4月22日，由至乐汇怪咖剧团推出的原创音乐剧《狂奔的拖鞋》在剧空间剧场首演。该剧以承载着梦想和心酸的北京城为背景，讲述了一段跨越20年的爱恨纠葛。女孩李肖邦直率、活泼、不谙世事甚至是“二”的性格，以及她对梦想的坚持不懈，淡化了20年前她母亲爱情故事的悲剧氛围，最终以浓浓的亲情收场。编剧、导演、作词、作曲樊冲，主演赵梓冲、闻诗佳。

（张燕鹰）

【音乐剧《或许明天属于我》】 5月4日，由中国音乐学院独立打造的音乐剧《或许明天属于我》在解放军歌剧院首演。该剧是一部以当代大学生在读期间的创业故事为题材，以真人真事为基本原型。作品以四位学习摄影专业的同学为主人公，讲述了他们在大学期间，追求理想，用激情和勇气实现自己人生价值的故事。编剧闫拓时、赵怡轩、季洪泉，作曲禹永一、赵铭、李凤仙、禹权，导演陈蔚，中国音乐学院在读学生演出。

（张燕鹰）

【大型原创歌剧《北川兰辉》】 5月22日，由中央歌剧院倾力打造大型原创歌剧《北川兰辉》在北京天桥剧场首演。该剧以北川县副县长兰辉的真实事迹改编而成。该剧共4幕，通过展现兰辉生前的工作和生活场景，展示了他勤政务实、廉洁奉公、一心为民的崇高品格，再现了他在抗震救灾中干实事、敢担当、亲民爱民的公仆情怀，同时反映了北川人民自强不息的奋斗历程。编剧俞峰、胡绍祥，导演李丹丹，作曲张大龙，指挥俞峰，主演杨阳、田浩、莫爽、郭橙橙、王红、陈艺宝、王艺清、贾令等。

（张燕鹰）

【歌剧《安德烈·谢尼埃》】 5月28日，由国家大剧院、英国皇家歌剧院、旧金山歌剧院联合制作的歌剧《安德烈·谢尼埃》在国家大剧院歌剧院首演。该作品是意大利作曲家翁贝托·焦尔达诺于1896年创作的一部浪漫主义歌剧，它以18世纪后半叶的巴黎为背景，讲述了著名诗人、政治家安德烈·谢尼埃的生平事迹。全剧共分4幕，1896年3月28日在米兰的斯卡拉歌剧院举行首次演出。导演大卫·麦克维卡，指挥吕嘉，主演卡曼·查涅夫、莫华伦、阿玛丽莉·尼扎、孙秀苇、阿尔贝托·卡扎雷、袁晨野、朱慧玲、郭燕愉。

（张燕鹰）

【原创歌剧《日出》】 6月17日，国家大剧院原创歌剧《日出》在国家大剧院歌剧院首演。该剧改编自曹禺的同名剧作。作品以20世纪30年代当红交际花陈白露的人生际遇为主线，呈现了半殖民地时中国大都市中光怪陆离的社会生活图景。改编万方，作曲金湘，导演李六乙，主演宋元明、戴玉强。

（张燕鹰）

【音乐舞台剧《栀子花开 Neverland》】 6月18日，由北京世纪华鹏文化传媒有限公司出品的音乐舞台剧《栀子花开 Neverland》在中央戏剧学院实验剧场首演。该剧讲述一个普通的学生乐队毕业之际一夜爆红后，在名利中的迷失和挣扎。艺术总监何炅，导演张慧，主演段博文、苏妙玲、左立、虎虎。

（张燕鹰）

【交响清唱剧《屈原颂》】 6月20日，由中国文联、北京大学、中央歌剧院联手打造的大型交响清唱剧《屈原颂》在中国剧院首演。该剧由序、美政思想、高洁品格、上下求索、国殇之痛和尾声6部分组成，以屈原的《楚辞》为基本依据，遵循浪漫主义的创作原则，运用原文咏诵、原创歌曲演唱等艺术形式，借助舞台美术、灯光造型和多媒体展现等多样化的舞台手段，呈现了屈原的思想品格、上下求索的精神和爱国情怀。编剧刘世民，指挥俞峰，中央歌剧院百人合唱团、百人交响乐团、朗诵艺术家和众多歌唱家参与演出。

（张燕鹰）

【歌舞诗《丝路情歌》】 6月26日，由全国总工会文工团创作的大型歌舞诗《丝路情歌》在中国剧院首演。作品艺术地再现了800年前大唐盛世与西亚贸易交往的繁荣，展现了中西方文明交融的盛景，并穿插了维吾尔族歌舞、哈萨克“冬不拉”弹唱、塔吉克原生态歌曲、巴基斯坦手鼓舞、印度脚铃舞等表演。编剧赵大鸣，总导演赵亚玲，全总文工团本团歌舞演员演出。

（张燕鹰）

【民族音乐剧《又见国乐》】 7月15日，在特仑苏品牌创立10周年之际，由蒙牛集团携手导演王潮歌及中央民族乐团联合出品的大型民族音乐剧——特仑苏《又见国乐》在北京保利剧院首演。该剧以“致生命更好乐章”为主题，包括《高山流水》《二泉映月》《梅花三弄》在内的多首经典曲目，通过全新的场景和故事编排，糅合了电影、戏剧、雕塑等多种艺术形式，重新演绎了艺术家的台词及肢体语言，突破了人们传统印象中对国乐的“思维定式”。

（张燕鹰）

【音乐剧《站台》】 7月30日，由中国铁路文工团原创的大型音乐剧《站台》在北京华北电力大学礼堂首演。该剧以讴歌新时期铁路精神为主题，展现了当代铁路职工的精神风貌，反映了万里铁路线上列车乘务人员面对亲情、友情、爱情抉择时勇敢担当的情怀。该剧用音乐和舞蹈诠释了铁路人服务旅客安全出行、方便出行、温馨出行的人间大爱。编剧杨启舫、巩智星，作曲孟卫东，总导演杨梅，主演黄训国、吴智、牛悦敏等。

（张燕鹰）

【国家大剧院版歌剧《西蒙·波卡涅拉》】 8月20日，歌剧《西蒙·波卡涅拉》在国家大剧院歌剧院首演。该剧是作曲家威尔第在43岁时创作的第20部歌剧，改编自西班牙剧作家古第烈斯于1843年发表的同名戏剧。1856年首演于威尼斯凤凰剧院。作品简述了14世纪热那亚总督西蒙·波卡涅拉与女儿阿梅莉娅失散多年后曲折重逢的故事。该剧的国家大剧院版由郑明勋指挥，伊利亚·莫申斯基导演，“歌剧之王”多明戈携手和慧、田浩江、维托利奥·维特利、周晓琳等中外歌唱家领衔主演。

（张燕鹰）

【歌剧《参孙与达丽拉》】 9月9日，由国家大剧院与都灵皇家歌剧院联合制作的歌剧《参孙与达丽拉》在国家大剧院首演。《参孙与达丽拉》是法国作曲家卡米耶·圣-桑根据《圣经》中希伯来大力士参孙的故事创作的三幕歌剧，1877年首演于德国魏玛的大公爵歌剧院。该剧讲述了以色列勇士参孙曾被美女达丽拉诱惑失去神力，重新获得神力后的参孙同3000名敌人同归于尽的故事。该剧的国家大剧院与都灵皇家歌剧院联合制作版由让·伊芙·奥松斯指挥，乌戈·德·安纳导演，何塞·库拉领衔主演。

（张燕鹰）

【歌剧《号角》】 9月11日，由中共云南省委宣传部、文化厅和中国歌剧舞剧院合作创排的歌剧《号角》在北京保利剧院首演。该剧讲述了作曲家聂耳短暂却辉煌的一生。编剧冯柏铭、冯必烈，作曲家吴少雄，导演吴庆东，指挥周君，主演王丽达、毋攀。

（张燕鹰）

【声乐套曲《感悟论语》】 9月28日，由国家交响乐团策划推出的原创大型声乐套曲《感悟论语》在北京音乐厅首演。作品以孔子的《论语》为依据，以孝悌、齐家、修身、治国平天下的修为济世思想为脉络，整个套曲结构为序曲、尾声和四个乐章。套曲在体现先秦时期《韶乐》《雅乐》风骨的同时，借鉴西方声乐套曲的曲式结构，作品包括《立志》《问孝》《大道》《幽兰赋》《君子》《浮云》《家国》《弘毅》《尾声·先生》。音乐会的乐器还特别使用了编钟、箫、编磬、中国大鼓、中国大钹等具有中国特色的古典乐器。作词张吉义，作曲黄钟声，指挥邵恩。

（张燕鹰）

【原创歌剧《我的母亲叫太行》】 10月10日，中央歌剧院创排的原创歌剧《我的母亲叫太行》在北京世纪剧院首演。该剧讴歌了太行军民的浴血抗战，赞美了老百姓和八路军血浓于水、生死与共的鱼水深情。编剧胡绍祥、俞峰，作曲常平，导演王湖泉，中央歌剧院演出。

（张燕鹰）

【歌舞剧《圆梦》】 10月13日，由北京建藏援藏工作者协会出品、圣频伽文化有限责任公司制作的藏歌乐舞系列之歌舞剧《圆梦》在国家大剧院首演。该剧以青藏铁路通车为背景，运用西藏音乐舞蹈元素，讲述了一名援藏记者在暴风雪中被藏族同胞所救，随后他帮助这位同胞家中患病的藏女四处求医，终于在青藏铁路通车后，带着她前往内地治愈重病的故事。该剧采用“制作人”中心制进行制作。制作人张源，作曲为德国人克劳斯－巴德尔特，编舞为美国人殷梅，导演贾新民，主演白玛次仁，来自西藏班戈县的21名原生态演员参与演出。

（张燕鹰）

【歌剧《星海》】 10月22日，中国歌剧舞剧院新创歌剧《星海》在北京天桥艺术中心首演。该剧以歌剧的形式讲述了人民音乐家冼星海的故事。编剧咏之、郭雪，作曲苏聪，导演廖向红，指挥姜金一，主要演员张英席、陈小朵、王晓青、高鹏、余音、周原、冯春霞、李峰、马驹、王凤一、张蕾、管奇明等。

（张燕鹰）

【音乐剧《紫石街》】 10月22日，由北京东方赢乐文化传媒有限公司出品，徐州音乐厅联合出品原创音乐剧水浒之《紫石街》在北京世纪剧院首演。该剧以《水浒传》中发生在武松、西门庆、潘金莲之间的经典故事为背景，通过《这是谁家的女子》《茶馆》《女人不该有梦》《勾栏》等精彩原创唱段，引领观众感受爱恨纠葛的悲剧故事。编剧、作词、作曲、导演万军，主演党韫葳、左炜、齐奇等。

（张燕鹰）

【原创歌剧《这里的黎明静悄悄》】 11月5日，为纪念中国人民抗日战争暨世界反法西斯战争胜利70周年，国家大剧院原创歌剧《这里的黎明静悄悄》在国家大剧院首演。该剧改编自前苏联作家鲍里斯·瓦希里耶夫的同名小说。编剧万方，作曲唐建平，导演王晓鹰，指挥张国勇，主演刘嵩虎、徐晓英、王宏尧、张心、张卓、刘恋等。

（张燕鹰）

【原创儿童歌剧《渔公与金鱼》】 11月10日，国家大剧院首部原创儿童歌剧《渔公与金鱼》在国家大剧院小剧场首演。该剧取材于普希金童话。编剧、作曲莫凡，导演沈亮，主演孙砾、阮余群、甘露露等。

（张燕鹰）

【中央歌剧院版歌剧《托斯卡》】 11月14日，中央歌剧院版歌剧《托斯卡》在北京世纪剧院首演。歌剧《托斯卡》是意大利著名作曲家普契尼的经典之作，1900年在罗马首演。中央歌剧院版歌剧《托斯卡》由汉斯·约阿希姆·弗雷担任导演，指挥陈琳，主演孙秀苇、郝菲、王丰、徐森、王海涛、田浩、李想、苏雪冰、宋沣润、赵一峦、于海霞等。

（张燕鹰）

【原创歌剧《方志敏》】 12月24日，由国家大剧院打造的原创歌剧《方志敏》在国家大剧院歌剧院首演。作品以方志敏狱中的真实故事为蓝本，讲述了方志敏的传奇一生。编剧冯柏铭、冯必烈，作曲家孟卫东，导演廖向红，主演薛皓垠。

（张燕鹰）

活　　动

【“伏尔加之声”——中国交响乐团合唱团音乐会】 1月28日，“伏尔加之声”——中国交响乐团合唱团音乐会在国家大剧院上演。该音乐会是一场俄罗斯（包括前苏联）歌曲合唱音乐会。演唱曲目有混声合唱《天长地久》《练声曲》《晚祷》《莫斯科郊外的晚上》《冬日之路》《在森林的那一边》，男声合唱《海港之夜》《共青团员之歌》，女声三重唱《纺织姑娘》《山楂树》等经典歌曲。

（张燕鹰）

【中央歌剧院赴河北慰问演出】 1月30日，中央歌剧院赴基层慰问演出在河北省任丘市进行。中央歌剧院的艺术家们分别在史村文化广场、荣盛机械厂井控车间和任丘市艺术中心进行了演出，除了演唱《我的深情为你守候》《共和国之恋》和《打起手鼓唱起歌》等歌曲外，还演出了音乐会版的大型音乐舞蹈史诗《复兴之路》。

（张燕鹰）

【点亮星星音乐帮助计划公益演出】 2月8日，由北京音乐广播、国家大剧院、启迪文化传媒股份有限公司、中国人民大学艺术学院音乐系、北京市孤独症儿童康复协会等机构举办的面向自闭症儿童的古典音乐公益演出——“点亮星星音乐帮助计划”在国家大剧院举行。大提琴演奏家朱亦兵、国家交响乐团青年小提琴家程亚威、赵白桦夫妇以及青年中提琴演奏家邵殿龙演奏了经典的古典音乐作品，并与自闭症儿童进行了合奏。该次音乐会有10名自闭症儿童参与节目表演，表演形式主要有钢琴独奏、手语歌曲及鼓乐表演等。北京音乐广播“点亮星星音乐帮助计划”由青年志愿者轮流担任培训和服务工作，为患自闭症的儿童教授音乐课程，通过音乐、游戏等活动形式，帮助他们对周围的世界产生关注，体会到尊重、关怀、理解和支持。

（张燕鹰）

【“美妙的和谐——玫瑰之夜”演唱会】 2月13日～14日，由北京演艺集团推出的“美妙的和谐”丁毅、洛里纳“玫瑰之夜”演唱会在民族宫大剧院举办。演唱会上，旅澳男高音歌唱家丁毅和澳大利亚女高音歌唱家洛里纳·戈尔演唱了轻歌剧《风流寡妇》中的二重唱《默默倾听》。洛里纳·戈尔还在现场用中文现场演绎《甜蜜蜜》《在水一方》等歌曲。主办方还特邀中国新生代民歌代表人物龚爽、中央电视台星光大道亚军获得者张芯等参加了演唱会。演唱会演唱的曲目还有《牧羊姑娘》《思恋》《在那遥远的地方》《花儿为什么这样红》《芦花》《因为爱情》《玫瑰人生》《月亮代表我的心》和经典电影歌曲《我心永恒》《我将永远爱你》《山楂树》等歌曲。

（张燕鹰）

【西单音像大世界重张开业】 3月5日，西单音像大世界重张开业。新开张的大世界音像店依托北京演艺集团，由北京文化艺术音像出版有限责任公司经营，以实体、网络等销售方式出售各类音像制品。同时成立的大世界音像会员俱乐部，还准备组织各类会员活动，拉近与广大音像爱好者的距离。

（张燕鹰）

【“红妆国乐”音乐会】 3月7日，由中央民族乐团与江苏女子民族乐团联袂打造的“红妆国乐”音乐会在国家大剧院音乐厅上演。音乐会上，全体演职人员身着红妆，表演了多种民族音乐。曲目有民族管弦乐《序曲》、《舞之光影》、《昆虫世界》、《印象·国乐》之《大曲》，笛子协奏曲《山·乐》，箜篌与乐队作品《伎乐天》，女声独唱《梅兰芳》，京胡、二胡双协奏曲《巾帼英雄赞》等。指挥卞祖善。

（张燕鹰）

【北京平谷第十七届国际桃花音乐节】 4月6日～5月6日，北京平谷第十七届国际桃花音乐节在平谷区举办。本届桃花音乐节以“休闲平谷桃花之都”为主题，举办了国际美食小吃文化节、国际休闲论坛、国际摄影大赛、中国狮王国际争霸赛、中医药养生平谷行等活动。其中，5月1日～3日由北京渔阳集团主办，北京城市理想文化发展有限公司承办的“2015中国乐谷·北京国际流行音乐季”以“放歌花海激情北京”为主题，邀请了歌手孙楠、谭维维和黑豹乐队、杭盖乐队等40余支中外乐队及音乐人参加了活动。

（张燕鹰）

【第二届太平洋地区音乐院校联盟高峰会议】 4月9日～12日，由中央音乐学院主办的第二届太平洋地区音乐院校联盟高峰会议在中央音乐学院举行。澳大利亚、美国、日本、新加坡、新西兰以及中国大陆、中国台湾、中国香港等国家和地区的11所音乐学院院长及音乐家参加活动。本次活动以弦乐教学为主题。活动期间，各音乐院校院长作主题发言，并派出本校的优秀教师进行弦乐教学成果展演。该音乐院校联盟是由澳大利亚悉尼音乐学院院长卡尔·克雷默和中国中央音乐学院院长王次炤共同发起组建的，首次高峰会议由悉尼音乐学院作为东道主在悉尼主办。

（张燕鹰）

【国家大剧院歌剧节·2015】 4月9日~7月12日，国家大剧院歌剧节·2015在国家大剧院举办。该歌剧节共上演了国家大剧院的原创歌剧《冰山上的来客》《日出》，国家大剧院制作的歌剧《玫瑰骑士》《诺尔玛》《费加罗的婚礼》《爱之甘醇》，国家大剧院与英国皇家歌剧院、旧金山歌剧院联合制作的歌剧《安德烈·谢尼埃》，陕西省歌舞剧院歌剧团的歌剧《大汉苏武》，湖北省歌剧舞剧院的歌剧《八月桂花遍地开》，叶小钢作曲、陈钦智编剧、林兆华执导的歌剧《永乐》，以及“歌剧女皇”乔伊斯·迪多纳托与黄金苹果古乐团音乐会，弗莱堡巴洛克交响乐团音乐会歌剧《唐·璜》，中央歌剧院歌剧音乐会《托斯卡》13台节目，共演出35场。歌剧节期间，还举办了由国家大剧院主办的第七届“世界歌剧院发展论坛”。

（张燕鹰）

【2015法国巴黎银行“明日之星”钢琴音乐节】 4月23日~25日，由法国巴黎银行及旗下基金会发起，中央音乐学院、上海音乐学院联合举办的2015法国巴黎银行“明日之星”钢琴音乐节在中央音乐学院音乐厅举行。该届钢琴节除了青年钢琴家左章以外，还邀请了中央音乐学院的蒋戈威、谢天健、李悦萌和上海音乐学院的徐乾一，他们都经过了音乐界专业人士及权威教授层层筛选、综合评定，最后脱颖而出的。音乐节期间，他们演绎了贝多芬、李斯特、舒曼、肖邦、拉威尔的经典曲目。

（张燕鹰）

【大型古琴展览展演系列活动】 4月28日~5月31日，为纪念古琴成功入选世界文化遗产名录12周年，由北京博物馆学会、中国民族器乐学会、北京乐器学会联合主办的“古琴的故事”大型古琴展览展演系列活动在首都博物馆举办。展览展出了12张宋、元、明、清民间藏琴和66张漆艺古琴，同时展出了一些具有收藏价值的精品古琴及古琴附件。活动期间，还举办了面向参观者的琴筝丝竹音乐会与古琴雅集表演，以及古琴知识与演奏公益大课堂。

（张燕鹰）

【大型交响合唱《劳动创造幸福》】 5月1日，由北京市总工会主办、北京市劳动模范协会、北京职工艺术团承办的《劳动创造幸福》大型交响合唱在北京音乐厅演出。该节目以“劳动者的一天”为结构贯穿主线，分为序曲“北京晨曲”、第一乐章“劳动”、第二乐章“创造”、第三乐章“幸福”、尾声“圆梦北京”5个部分，包含14首作品，多角度、全方位地描写当今北京劳动者的生活。首都各行各业劳动模范、职工1000余人观看了演出。

（张燕鹰）

【2015潮流音乐节】 5月1日~3日，由朝阳区文化馆主办，北京凤朝阳文化发展公司、中国对外文化集团公司承办的2015潮流音乐节在朝阳公园举办。来自美国、西班牙、墨西哥等14个国家的音乐团体展示了28场风格迥异的公益演出。其中，美国牛仔威利和蛮荒西部乐队、美国波士顿流浪者乐队、美国终极号角乐队、美国麦克斯－巴卡和德州狂仔乐队等演出的“美国之夜”及墨西哥小辣椒和旅行者乐队、墨西哥狮子山乐队、哥斯达黎加咔哒陌陌乐队、阿根廷安德里亚探戈乐队、智利达克尔打击乐团、西班牙特克斯兰格乐队等演出的“拉美及加勒比之夜”等节目极具地域特色。

（张燕鹰）

【国家大剧院第七届五月音乐节】 5月1日~23日，国家大剧院第七届五月音乐节在国家大剧院举办。该届音乐节进行了萨尔茨堡室内乐团巴洛克音乐会，阿什肯纳齐父子双钢琴音乐会，祖克曼三重奏音乐会，美杰三重奏室内乐音乐会，乔伊斯·迪多纳托与意大利黄金苹果古乐团音乐会，陈萨与华沙交响乐团音乐会，汤沐海、王健和博多茨基的古典沙龙，王健、康珠美、金善煜钢琴三重奏音乐会，柯林·克里打击乐与米罗弦乐四重奏音乐会，吕思清与悉尼交响乐团室内乐音乐会，宁峰与韩国室内乐团音乐会，维也纳爱乐大提琴“5＋1”音乐会，米沙·麦斯基与德国班贝格交响乐团音乐会，古巴自由节奏爵士乐队音乐会，国家大剧院管弦乐团与首尔爱乐乐团室内乐音乐会，朱亦兵大提琴乐团音乐会，芬兰拉蒂室内乐音乐会，上海四重奏音乐会，王健与上海四重奏音乐会的演出。音乐节期间，国家大剧院还开展了高端艺术家访谈、大师课、音乐导赏，大提琴展览等一系列配套活动。

（张燕鹰）

【2015北京合唱节】 5月2日~7月16日，由北京市文联、北京音乐家协会、北京文化艺术活动中心、北京音乐台主办，北京合唱协会、北京市劳动人民文化宫承办的“和平颂”2015北京合唱节在北京举行。该合唱节共有130余支合唱团同台竞技，直接参与者超过1万人。合唱节期间，主办方组织了基层合唱展演、专业合唱讲座、合唱比赛等活动。最终，非常组合男声合唱团、北京市东城区第二文化馆华风合唱团、北京

金秋合唱团、首都老战士合唱团等获大合唱老年组金奖，清华校友合唱团、北京职工合唱团获大合唱成年组金奖，西门子室内合唱团、北京老战友合唱艺术团获小合唱组金奖。

（张燕鹰）

【2015 北京音乐生活展】 5 月 8 日 ~10 日，2015 北京音乐生活展在北京展览馆举办。该展览由国风（中国传统乐器及文化）、西韵（提琴文化）、听音（耳机、音响、智能音乐）、乐学（教育模式体验）、跨乐（电子乐器、生活时尚品牌跨界）五个主题展馆组成。该展览既有中外乐器的展陈，又有多种乐器的制作大师和乐器演奏家参与互动的大师讲座。

（张燕鹰）

【经典“中国经典民歌”“八只眼”专场音乐会】 5 月 16 日，经典“中国经典民歌”“八只眼”专场音乐会在国图艺术中心举办。音乐会演唱的曲目有：《掀起你的盖头来》《美丽的草原我的家》《谁不说俺家乡好》《浏阳河》《编花篮》《道拉吉》《彩云追月》《达坂城的姑娘》《可爱的一朵玫瑰花》《草原之夜》《凤阳花鼓》《人说山西好风光》《牧歌》等 20 余首中国经典民歌。“八只眼”演唱组成立于 1990 年，现由耿国际、松鹿、马文杰、李俊广、许乐 5 位歌唱家组成，其前身为中央乐团男声四重唱组。

（张燕鹰）

【十首北京申冬奥优秀音乐作品发布】 5 月 27 日，十首北京申办 2022 年冬奥会优秀音乐作品正式发布。作品包括评委会推选出的九首优秀音乐作品《冰雪舞动》《北京》《重逢》《呼唤爱》《心》《踏雪寻梦》《永不言败》《心愿》《请到长城来滑雪》和一首评委会特别推荐歌曲《叫醒冬天》。

（张燕鹰）

【中国乡村音乐品牌发展战略发布】 6 月 13 日，由（文化部）中国大众音乐协会、（农业部）中国合作经济学会农村社区小康建设专业委员会、全国乡风文明网、中国乡村音乐网等单位举办的“中国乡村音乐品牌发展战略”发布会在中国科学院文献情报中心举行。“中国乡村音乐品牌发展战略”将从开展中国乡村音乐启航之旅村歌万里行巡演，举办中国乡村音乐“神农情奖”盛典，举行“音爱·乡乐”中国乡村音乐沙龙，编撰《中国乡村音乐大典》，筹办中国乡村音乐学院五个方面打造中国乡村音乐的品牌。

（张燕鹰）

【“剧荟——最美时光”音乐会】 6 月 14 日，“剧荟——最美时光”音乐会在北京保利剧院举行。该音乐会将中国京剧、中国歌剧和西洋歌剧汇聚于同一舞台，主演韩延文、李胜素、么红均为中国戏剧最高奖“梅花奖”获奖者。音乐会上，韩延文演唱了歌曲《根》《父亲的草原母亲的河》《那就是我》和歌剧《白毛女》《天鹅》选段，李胜素演唱了京剧《太真外传》《杜鹃山》《贵妃醉酒》选段，么红演唱了歌曲《夜莺》和歌剧《蝙蝠》《茶花女》《图兰朵》的选段，京剧名家于魁智、青年歌唱家张英席等参与助演。

（张燕鹰）

【中国音乐家协会第八次全国代表大会】 6 月 16 日 ~18 日，中国音乐家协会第八次全国代表大会在北京召开。来自全国各省、自治区、直辖市和新疆生产建设兵团、解放军、中央国家机关等单位以及港澳台地区的 415 名音乐工作者代表参加了会议。中共中央政治局委员、中央书记处书记、中宣部部长刘奇葆出席开幕式并讲话。中国文联主席孙家正，中宣部常务副部长黄坤明，中国文联党组书记、副主席赵实，中国文联党组副书记、副主席李屹，中国文联党组成员、副主席、书记处书记左中一、夏潮、李前光，文化部副部长董伟，解放军总政治部宣传部副部长李祯盛，中国文联党组成员、书记处书记郭运德、陈建文等出席开幕式。会议审议并通过了中国音协第七届理事会工作报告，修改了《中国音乐家协会章程》，选举产生了由 214 人组成的中国音协新一届理事会。叶小钢当选中国音协第八届主席，印青、关峡、关牧村、余隆、宋飞、宋祖英、张千一、张国勇、孟卫东、赵塔里木、徐沛东、韩新安、廖昌永、谭利华当选副主席；会议推举吴祖强、傅庚辰、赵季平为名誉主席，聘请才旦卓玛、王世光、王立平、王次炤、孙慎、严良堃、李谷一、吴雁泽、谷建芬、陆在易、努斯来提·瓦吉丁、金铁霖、周小燕、鲍蕙荞为顾问。任命韩新安为中国音协第八届秘书长，王建国、王宏为副秘书长。

（张燕鹰）

【2015 道略音乐产业大会】 6 月 25 日 ~26 日，由北京市文化局、中共海淀区委宣传部、北京演出行业协会等单位支持，道略音乐产业研究中心主办的 2015“演艺北京”剧目交易会音乐分会——2015 道略音乐产业大会在中华世纪坛举行。该活动分现场音乐论坛、投融资论坛、专场对接会和资源洽商会 4 个板块，全国 20 多个省市的 600 余名行业人士参会交流、观展、投融资洽商与对接。在现场音乐论坛上，道略音乐产业研究中心现场发布了独立音乐榜（Livehouse 场馆活力榜、乐队/艺

人活力榜）、小型演唱会榜（主办机构排行榜、场馆活力榜）、大中型演唱会榜（主办机构排行榜、场馆活力榜）、音乐会演出场馆活力榜等榜单。在音乐产业投融资论坛上，华映光辉基金管理有限公司董事王维玮、中国文化产业投资基金执行董事唐肖明分别从投资人的角度讲述了音乐项目投资价值的判断标准以及他们心目中的音乐好机构、好项目和未来投资方向。道略音乐产业研究中心咨询总监康继红介绍了融资项目和创业方向，道略音乐产业研究中心还在现场发布了《2015 中国音乐产业融资项目集》和《2014 ~ 2015 中国现场音乐产业报告》。

（张燕鹰）

【“抗战歌曲七十首”网络传唱活动启动】 6 月 30 日，“我们万众一心——抗战歌曲七十首”网络传唱活动在北京启动。该活动是北京市互联网界为纪念中国人民抗日战争暨世界反法西斯战争胜利 70 周年群众性主题教育活动的一项内容，旨在通过“互联网 +”的方式推送一批有较高思想艺术水平的舞台及影视文艺作品和出版物，传承艺术精品，抒发爱国之情。《抗战歌曲七十首》由中央音乐学院出版社出版，收录了从 1931 年 ~ 1945 年曾被广泛传唱又极具艺术价值的 70 首抗战歌曲，不仅有便于大众使用的简谱版本，还重新加以编配增加了五线谱钢琴伴奏版本。

（张燕鹰）

【第二届北京·云南孔子学院国际音乐夏令营】 7 月 10 日 ~ 23 日，由孔子学院总部/国家汉办支持，中央音乐学院主办，中央音乐学院“中外音乐文化交流与体验”基地、音乐孔子学院办公室承办，美国密歇根大学孔子学院、匈牙利罗兰大学孔子学院、韩国顺天乡大学孔子学院、丹麦皇家音乐学院孔子学院、美国加州大学洛杉矶分校孔子学院和法国蒙彼利埃孔子学院共同协办参与的第二届北京·云南孔子学院国际音乐夏令营在中央音乐学院举办。来自美国、匈牙利、丹麦的 30 余名夏令营员及研修学员参与了活动。该夏令营举办了中西交流音乐会、中国乐器体验课，参观了北京戏曲艺术职业学院，以“音乐——中国与世界之间的文化对话”为主题，开展 6 场专题讲座和理论研讨。其间，还组织营员赴云南省红河自治州进行田野考察学习和交流，感受了建水小调、红河民族民间歌舞、彝族洞经音乐，并学习了吹奏葫芦丝和演唱云南民歌。

（张燕鹰）

【国家大剧院与卡内基音乐厅签署《战略合作备忘录》】 7 月 14 日，中国国家大剧院院长陈平与美国卡内基音乐厅执行总监兼艺术总监克里夫·格林逊分别代表中国国家大剧院与美国卡内基音乐厅正式签署《战略合作备忘录》。根据该备忘录，双方将在演出运营、艺术教育、艺术家培训等多个方面展开深度合作，共同推动表演艺术事业在中美两国的发展。位于美国纽约的卡内基音乐厅，是世界古典音乐的一个重要演出场所，柴科夫斯基、托斯卡尼尼等知名指挥与纽约爱乐乐团、柏林爱乐乐团等世界著名乐团都曾在这里登台演出。

（张燕鹰）

【网络音乐版权保护工作座谈会】 7 月 15 日，国家版权局在北京召开网络音乐版权保护工作座谈会，QQ 音乐、阿里音乐、酷狗音乐、酷我音乐、百度音乐、网易云音乐等主要网络音乐服务商到会。国家版权局版权管理司司长于慈珂在会上指出，规范网络音乐版权已被列为 2015 年打击网络侵权盗版“剑网行动”的首要任务。并提出 7 月 31 日是把未经授权的作品下架的最后期限。对于提早下架、及时下架的网络音乐服务商，国家版权局可以既往不咎；但到期仍未采取下架措施的网站，国家版权局将按照法律上限从严处罚。国家版权局自 7 月起，已将传播音乐作品的主要网络音乐服务商（包括网站和 APP）纳入版权重点监管范围，强化重点作品预警、调解、约谈、警示、公开通报等手段，加强网络音乐版权重点监管工作。QQ 音乐、阿里音乐等 19 家国内主要网络音乐服务商签署了《网络音乐版权保护自律宣言》，表示会严格遵守“先授权、后使用”的基本原则，不传播未经权利人授权的网络音乐；积极配合、支持国家版权局的版权重点监管工作，服从国家版权局维护网络音乐版权秩序的措施。

（张燕鹰）

【中国交响乐团 2014 ~ 2015 音乐季闭幕音乐会】 7 月 23 日，中国交响乐团 2014 ~ 2015 音乐季闭幕音乐会在北京国家大剧院音乐厅举行。音乐会上，演奏了柴可夫斯基的《第一钢琴协奏曲》和《第五交响曲》。指挥李心草，钢琴独奏薛汀哲。

（张燕鹰）

【赵季平民族音乐作品音乐会】 7 月 30 日，“国风浩荡”——赵季平民族音乐作品音乐会在国家大剧院音乐厅上演。演出曲目有民族管弦乐《澳门印象》《大宅门写意——卢沟晓月》《国风》，大提琴协奏曲《庄周梦》，管子协奏曲《丝绸之路幻想组曲》和曲《幽兰操》等。指挥家叶聪，中央民族乐团演奏。

（张燕鹰）

【大型交响场景演唱会“血肉筑长城”】 7月30日，由解放军总政治部主办的大型交响场景演唱会“血肉筑长城”在中国剧院震撼上演。演唱会由序曲、不屈山河、抗日先锋、圣地之光、铁血担当和尾声6个部分、24个节目组成。演唱歌曲有《松花江上》《毕业歌》《在太行山上》《大刀进行曲》《保卫黄河》《山丹丹开花红艳艳》《南泥湾》《到敌人后方去》《延安颂》《义勇军进行曲》等。

（张燕鹰）

【民族管弦乐音乐会“国之瑰宝”】 9月9日，中国歌剧舞剧院打造的民族管弦乐音乐会“国之瑰宝”在国家大剧院上演。该音乐会由《边塞行》《沅芷湘兰》《望明月》《雪映花红》《夜深沉》《源》《猜嬉》《打令调》《十面埋伏随想》《长坂坡》《山雄》11首曲目构成。朝鲜族长鼓演奏家陈京洙、蒙古族马头琴演奏家哈斯巴根、维吾尔族萨塔尔演奏家阿地力受邀参与演出。

（张燕鹰）

【2015年音乐支教发布会】 9月15日，由“星星点灯·关爱留守儿童公益计划”、中国流行音乐家协会以及流行音乐学会主办的2015年音乐支教在北京举办发布会。“星星点灯”在8月开展的新儿歌征集活动，从近1400首原创词曲投稿作品中甄选了12首优秀新儿歌作品，这12首作品将由支教艺人带到留守儿童驻点教唱，并最终录制成新儿歌专辑。此次支教艺人导师团队包括音乐制作人崔恕，歌手崔子格、刘雨潼、夏天Alex、刘悦等近20人组成。

（张燕鹰）

【中央民族歌舞团2015“光荣绽放”秋季演出季】 9月16日～10月11日，中央民族歌舞团2015“光荣绽放”秋季演出季在北京举办。该演出季共推出9台风格各异的少数民族歌舞晚会。其中包括：以“一带一路”为主题创作的中国少数民族精品音乐会第二季“青甘宁”，朝鲜族歌唱家蓝剑独唱音乐会“蓝能可贵”，维吾尔族艾捷克演奏家阿地力音乐会“梦幻新疆”，中国少数民族传统歌舞晚会“我们的田野”，壮族独弦琴演奏家雷滢音乐会“独一无二”，中秋团圆夜举办的音乐会“桂花开放贵人来”，少数民族青春歌舞秀“色香味全”，以及由地方优秀艺术院团带来的两场歌舞晚会“彩虹部落”和“故乡·多彩家园”。

（张燕鹰）

民族管弦音乐会“国之瑰宝”剧照

【中国爱乐乐团2015～2016音乐季开启】 9月19日，中国爱乐乐团2015～2016音乐季开幕音乐会在中山公园音乐堂举行。音乐会上，中国爱乐乐团演奏了普罗科菲耶夫的《e小调交响协奏曲》《三个橘子的爱情》组曲和柴可夫斯基的《里米尼的弗兰切斯卡》，指挥杨洋，大提琴独奏王健。

（张燕鹰）

【中央音乐学院首届中国民族音乐节】 9月20日～25日，由中央音乐学院主办、中央音乐学院民乐系承办的首届中国民族音乐节在中央音乐学院举办。该音乐节包括“民声华韵·中国民族音乐节开幕式音乐会”“品味弹拨·弹拨第一教研室专场音乐会”“弦歌四合·拉弦教研室专场音乐会”“琴瑟诗咏·弹拨第二教研室专场音乐会”“八音和鸣·民族室内乐专场音乐会”“德音师范·老教授专场音乐会”“九声谐和·九大音乐学院纪念刘天华诞辰120周年暨闭幕式音乐会”7场音乐会，“中国传统音乐的审美特征及其当代发展”“音乐终结是乡愁”“‘走向系统化’对民族音乐创作、教学及演奏之现状与发展的点滴思考”“有关音乐”“乐由心韵·尚雅国风，谈几首音乐作品的创作心得”“琴乐述作及其相关”“江南丝竹传统乐曲旋律音的功能”7场学术讲座和“民间传统鼓吹乐展演”“戏曲锣鼓展演”2场民间音乐展演。

（张燕鹰）

【2015优酷·土豆理想音乐节】 10月1日～3日，2015优酷·土

豆理想音乐节在北京渔阳国际滑雪场举办。该音乐节汇聚了许巍、李志、布衣乐队、扭曲机器、曾轶可等36组亚洲歌手及乐队，同时采取线上线下互动的模式，旨在带给观众最炫酷的视听盛宴。

（张燕鹰）

【2015第十八届年北京国际音乐节】　10月8日～24日，以“乐享浪漫”为主题的第十八届北京国际音乐节在北京举办。该音乐节有中国、美国、德国、芬兰、俄罗斯、奥地利等40个国家和地区的艺术家及艺术团体参加，演出了瓦格纳的歌剧《纽伦堡的名歌手》《特里斯坦与伊索尔德》，连续4个夜晚的“勃拉姆斯4+4”系列，马勒室内乐团的芬兰作品专场，奥地利作曲家勋伯格的晚期浪漫派杰作《古雷之歌》的中国首演等，为观众呈现了2场歌剧、9场交响乐音乐会、3场室内音乐会，1场合唱音乐会和3场跨界音乐会，共18场演出。其中包括儿童音乐会、中国作品专场和都市系列等公益音乐会，同时还推出了大师班、导赏等多项公益教育活动。

（张燕鹰）

【2015第十届北京九门爵士音乐周】　10月9日～15日，第十届北京九门爵士音乐周在北京举办。参与的乐队包括中国的詹小栎爵士小组、D. N. A. 爵士三重奏、罗宁拉丁爵士三重奏，波兰的爵士波兰乐队，美国的格莱美环球爵士三重奏，爱沙尼亚的梦想爵士大乐队，丹麦的Kuti Mangoes乐队，法国的Amazigh Kate B三重奏等爵士乐表演团体，活动既有爵士乐演奏，又有爵士乐讲座和大师班等内容。

（张燕鹰）

【2015国家大剧院新作品音乐会】　10月13日，由中共北京市委宣传部、国家大剧院主办的“2015国家大剧院新作品音乐会”在国家大剧院音乐厅演出。音乐会演出了《日出》《这里的黎明静悄悄》《方志敏》《兰花花》《长征》5部国家大剧院原创歌剧中的15个唱段，10位歌唱家与国家大剧院管弦乐团、合唱团共同演绎，指挥吕嘉。

（张燕鹰）

【社会主义核心价值观组歌交响音乐会】　10月15日，“向人民汇报”——社会主义核心价值观组歌交响音乐会在清华大学新清华学堂演出。音乐会包括开篇合唱《我们的价值观》，第一篇章《富强之路》《民主之风》《文明之花》《和谐之美》，第二篇章《自由之光》《平等之爱》《公正之心》《法治之剑》，第三篇章《爱国之恋》《敬业之德》《诚信之本》《友善之情》。印青、徐沛东、张千一、孟卫东、王黎光、戚建波、姚峰、方石、臧云飞、姚明、孟庆云、宋小明、王晓岭、屈塬、唐跃生、朱海、熊红、陈涛、何沐阳、李维福、陈道斌、戴有斌等词曲作家参与创作，廖昌永、阎维文、吕薇、王丽达、尤泓斐、徐春雨、曲丹、郑洁、薛皓垠、周澎、李龙歌唱家进行了演唱。音乐会由谭利华指挥，北京交响乐团演奏，中国人民解放军总政歌舞团合唱团担任合唱与伴唱。

（张燕鹰）

【北京民族乐团成立专场音乐会】　10月20日，北京民族乐团成立仪式暨“北京回响”专场音乐会在中山公园音乐堂举行。该场音乐会是北京民族乐团成立后的首次演出。音乐会演出了二胡协奏曲《长城随想》，合奏《庆典序曲》《春江花月夜》，打击乐《龙跃东方》等节目。乐团该场演出阵容80人左右，指挥彭家鹏，宋飞、王佳男、宋艺博、宁英杰等担任独奏或领奏。

（张燕鹰）

【2015北京现代国际鼓手节暨爵士乐教育发展论坛】　10月22日～25日，由北京现代音乐研修学院举办的“2015北京现代国际鼓手节暨爵士乐教育发展论坛”在北京举办。美国、英国、日本等国家的15位国际爵士鼓表演大师、爵士鼓教育专家奉献了13场爵士鼓大师课和3场音乐会及中国首届打击乐经理人高峰论坛。该届鼓手节还增设总奖金25万元的首届北京现代全国职业鼓手大赛，大赛由北京现代音乐研修学院联合英国Rockschool全球音乐考级机构共同举办。

（张燕鹰）

【“东方之声”音乐会】　10月26日，为纪念中国人民抗日战争暨世界反法西斯战争胜利70周年，由中国东方演艺集团出品、中国东方歌舞团打造的大型环球经典音乐会“东方之声”在梅兰芳大剧院演出。该音乐会包括《桑塔露琪亚》《夏日的最后一朵玫瑰》《卡萨布兰卡》《瓦尔特保卫萨拉热窝》《啊，朋友再见》《山楂树》《孤独的手风琴》《莫斯科郊外的晚上》《大刀进行曲》《长城谣》《毛主席的话儿记心上》《南泥湾》等第二次世界大战期间世界各地反抗法西斯的曲目。总导演郑军，歌唱演员成方圆、刘玉婉、张燕、郭蓉、崔京浩等，舞蹈演员孟庆旸等参加演出。

（张燕鹰）

【“八音迭奏”音乐会】　11月5日，新成立的国家大剧院八重奏首场音乐会“八音迭奏”在国家大剧院小剧场举办。该音乐会演出的曲目有施特劳斯的《蝙蝠序曲》《蓝色多瑙河》《皇帝圆舞曲》，萨拉萨蒂的《流浪者之歌》，米修·卡米洛的爵士作品《加勒比》，杰丁·拉里特的《宝莱坞串烧》和改编自百老汇音乐剧的《屋顶上的小提琴手》，以及国家大剧院驻院作曲家蔡东真改编的《我和我的祖国》等。

（张燕鹰）

【“传递关爱，携手屏山”义演活动】 11月8日，由男高音歌唱家李光羲组织的“传递关爱，携手屏山”义演活动在北京林业大学举行。演出现场，李光羲、于淑珍、刘秉义、姜嘉锵、耿莲凤、胡宝善、尤泓斐、宋雪等艺术家演绎了多首观众耳熟能详的歌曲。李光羲曾赴云南屏山县夏溪乡茶山参加研讨会，在山顶上遇到了一所简陋的小学和8个学生。为了让孩子们能看到大山以外的世界，李光羲自费请他们到北京，参加这场由老艺术家们特地举办的义演。

（张燕鹰）

【华夏鹤鸣笙乐团音乐会】 11月17日，中国音乐学院华夏鹤鸣笙乐团名为“鹤鸣华夏笙声远，绝世清音品自高”的笙专场音乐会在中国音乐学院国音堂音乐厅举办。该音乐会演出了笙独奏曲《飞鹤惊泉》、芦笙重奏《火车进侗乡》、群笙重奏《寒梅傲雪》、群笙交响《葡萄园的故事》等。

（张燕鹰）

【第二届北京师范大学国际音乐周】 11月18日~27日，由北京师范大学艺术与传媒学院主办，艺术与传媒学院音乐系承办的第二届北京师范大学国际音乐周在北京师范大学举办。活动内容包括研讨会、大师课、音乐会、讲座、工作坊等。本次音乐周邀请了美国曼尼斯音乐学院、美国俄克拉荷马州立大学、德国吕贝克国立音乐学院等院校的艺术家担任讲座、大师课专家。

（张燕鹰）

【多媒体情景音乐会“五行”】 12月1日~2日，北京民族乐团的多媒体情景音乐会“五行”在民族文化宫大剧院举办。该音乐剧整体结构为分序“相生”，主体板块“金”“水”“木”“火”“土”及尾声“往复”七个部分。演出融入了声乐、武术、戏曲以及自然界音效等不同艺术形式。

（张燕鹰）

【六部作品入选青年作曲家计划】 12月8日，由国家大剧院主办的第三期青年作曲家计划终评音乐会在国家大剧院音乐厅举行，六部由青年作曲家创作的作品进行了展演。青年作曲家计划是国家大剧院为培养扶持中国音乐创作新生力量、发掘优秀严肃音乐作品而创立的项目。第三期青年作曲家计划经过征稿、评选、作品展演后，最终法国里昂国立高等音乐学院李萌能的《彼岸花》、中央音乐学院商佩雷的《八仙》、中国音乐学院何巍的《夜曲》、西蒙菲沙大学杨筱琳的《漫漫山谷间》、上海音乐学院蔺锡鹏的《绿林中的杜鹃》、四川音乐学院张志亮的《云佩》六部作品进入了终评音乐会。

（张燕鹰）

【阎肃作品音乐会】 12月10日，“一片丹心向阳开”——阎肃作品音乐会在国家大剧院音乐厅举行。该音乐会分为序幕、第一篇章“心中一轮红太阳”、第二篇章“踏平坎坷成大道”、第三篇章“万里春色满家园”、第四篇章“只愿香甜满人间”。演出曲目有《我爱祖国的蓝天》《红梅赞》《绣红旗》《五洲人民齐欢笑》《军营男子汉》《雾里看花》《长城长》《故乡是北京》《前门情思大碗茶》《唱脸谱》《变脸》《五星邀五环》《我和春天有个约会》《当兵前的那晚上》《人民空军忠于党》《大地情深》等。

（张燕鹰）

【新版歌剧《白毛女》在京上演】 12月15日~17日，由文化部组织复排的新版歌剧《白毛女》在中国剧院上演。原作者贺敬之为剧本把关，郭兰英、王昆、乔佩娟担任艺术顾问，彭丽媛担任艺术指导。中国歌剧舞剧院歌剧团、交响乐团参加演出。该剧的全国巡演活动于11月6日在延安启动，历经太原、石家庄、广州、长沙、杭州、上海、济南、长春8个城市巡演后来到北京。

（张燕鹰）

【侗族大歌新年音乐会】 12月19日，由中国人类学民族学研究会博物馆文化专业委员会、中国民族博物馆文创中心、中央民族大学音乐学院联合主办的“多彩中华——蝉之歌”新年音乐会在中央民族大学音乐厅举行。音乐会分为“千年传唱”“行歌坐月”“娘家虽好不长留”“多嘎多耶”4场。上演的侗族大歌曲目有《蝉之歌》《心中想郎》《单身罗汉多快活》《十二月劳动歌》《牛王争霸之战》等。京城侗族大歌队、中国音乐学院合唱团、中央民族大学音乐学院合唱团等团体的演员参加了演出。

（张燕鹰）

交　流

【第四届北京国际喜歌剧演出季】 1月4日~8日，由北京市东城区文化委员会和法国布列塔尼歌剧节联手打造的第四届北京国际喜歌剧演出季在东城区第一文化馆举办。该演出季演出了百老汇音乐剧《我情我愿》、歌剧《波西米亚人》和喜歌剧《费加罗的婚礼》3 部作品。

（张燕鹰）

【“佛跳墙”演唱会】 1 月 15 日，“佛跳墙”演唱会在国家图书馆艺术中心举办。“佛跳墙”是台湾歌手戴佩妮于 2011 年组建并担任主唱的乐团，音乐风格以“变化多端”著称，意在以极具感染力的音乐打破人与人之间的隔阂。演唱会上，戴佩妮携“佛跳墙”乐团现场演绎了《我对自己开了一枪》《欺骗上帝》《给你看》《心里有鬼》等摇滚风格的歌曲。

（张燕鹰）

【云南德宏秘境歌舞乐集之《德宏之舞》进京演出】 1 月 25 日，京演集团 2015 春季演出季的重点剧目——云南德宏秘境歌舞乐集之《德宏之舞》在民族文化宫大剧院演出。原创秘境舞集“张银忠·云南秘境歌舞乐集之《德宏之舞》”是由民族传统歌舞文化探究者、景颇族舞蹈家张银忠挂帅，牵手云南德宏五原色少数民族歌舞实验剧团共同打造的一台以德宏秘境土著民族神秘祭祀歌舞乐为主轴，汲取国家非物质文化遗产与现代舞的精髓，力图以现代人多视觉的眼光全新诠释传统少数民族歌舞风貌的舞台新作。整场演出分为“崇拜”“食物”“因爱”“吉祥鸟”和“我们”五幕，把中国云南中缅边境五个古老秘境民族独一无二、声色俱佳的秘境土著民族的古朴歌舞乐呈现给观众，并展示了这些歌舞的原始冲动、力感、质感与美感。

（张燕鹰）

【苏格兰“红辣椒”风笛乐队到京演出】 2 月 3 日，情迷苏格兰“红辣椒”风笛演奏会在民族文化宫大剧院演出。苏格兰“红辣椒”风笛乐队在古老的苏格兰风笛的演奏当中，创立了“风笛摇滚”的独特风格。该演奏会演奏的曲目有《苏格兰勇士》《泰坦尼克歌》《摇滚到底》《友谊地久天长》《坚信》《高地教堂》等外国乐曲和《二泉映月》《茉莉花》《我是一只小小鸟》《新长征路上的摇滚》等中国乐曲。

（张燕鹰）

【多个乐团同台演奏民乐】 2 月 11 日，由中央民族乐团、广东音乐曲艺团、陕西安志顺打击乐艺术团共同演绎的一场民族音乐会在国家大剧院音乐厅上演。这是 2014 年中央民族乐团派出多支小分队赴外地采风学习所结出的成果。上半场，由中央民族乐团和陕西安志顺打击乐艺术团共同演出了节奏感极强的《黄河激浪》，具有视觉、听觉双重冲击的流星转鼓《蛟龙腾飞》，打击乐诗画《秦俑兵阵》和西安鼓乐经典之作《鸭子拌嘴》《老虎磨牙》；下半场，由中央民族乐团与广东音乐曲艺团合奏了《赛龙夺锦》《彩云追月》，五架头组合《流水行云》《走马》，并即兴合奏了《平湖秋月》。

（张燕鹰）

【万芳“原来的地方”世界巡回演唱会北京站】 3 月 28 日，万芳“原来的地方”世界巡回演唱会北京站在万事达汇源空间举办。演唱会上，台湾著名歌手万芳演唱了《新不了情》《猜心》《割爱》《试着了解》《孩子气》《拜访春天》等曲目。

（张燕鹰）

【新疆昌吉艺术剧院进京演出】 5 月 3 日，新疆昌吉艺术剧院携音乐剧《别失八里》在民族剧院演出。该剧通过生活在别失八里城的回族、汉族、维吾尔族、哈萨克族等新疆多个民族的风土人情和历史风貌展示了昌吉多民族文化的历史积淀。

（张燕鹰）

【陕西省歌舞剧院进京演出】 5 月 16 日～17 日，陕西省歌舞剧院携原创歌剧《大汉苏武》在国家大剧院进行演出。除了陕西省歌舞剧院的编创和演出人员外，北京地区参与该剧创作和演出的有中央音乐学院作曲系教授郝维亚（作曲），中国音乐学院陈蔚（总导演）和中央歌剧院女高音歌唱家幺红（饰 A 组索仁娜）。

（张燕鹰）

【“初音未来”到京演出】 5 月 20 日，由日本作曲家、电子音乐先锋艺术家，冨田勲作曲，河合尚市指挥的“理想之乡 IHATOV 交响乐音乐会”在世纪剧院演出。该音乐会的特色是虚拟人物“初音未来”与交响乐团同台演出。初音未来是由 Crypton Future Media 以 Yamaha 的 VOCALOID 系列语音合成程序为基础开发的音源库，音源数据资料采样于日本声优藤田咲。“初音未来”为听众还原了日本代表诗人、作家宫沢贤治笔下的理想之乡，现场采用全息屏幕真实还原虚拟人物。

（张燕鹰）

【台湾歌手田馥甄进京举办“如果”演唱会】 5 月 23 日，台湾歌手田馥甄在北京万事达中心举办“如果”演唱会。演唱会上，田馥甄演唱了 *My Love* 以及《你太猖狂》《寂寞寂寞就好》《魔鬼中的天使》等传唱度极高的歌曲，引发全场大合唱。演唱会中，她多次号召歌迷保护地球，舞台还打出了“忽视既是死亡”的保护动物标语。

（张燕鹰）

【美国佐治亚男童合唱团到京演出】 5月27日、28日，“童声合唱天籁之音”的美国佐治亚男童合唱团2015北京音乐会分别在中山音乐堂与北京音乐厅上演。该合唱团与奥地利的维也纳男童合唱团、英国的伊顿男童合唱团并称为世界三大男童合唱团。该音乐会演唱的曲目有《夏天到来了》《赞美歌》《如果你们爱我》《此为何物》《牧者》《交易》《嘉比尔的双簧管》《欧尼亚索》《告别的时刻》《一个声音》《太阳出来了》《未选择的路》《驶向光荣的火车》《多么美妙的世界》《当我坠入爱河》《美丽的梦神》 《火红火红的玫瑰》《忧愁河上的桥》等。

（张燕鹰）

【姚恒璐手风琴作品在俄罗斯首演】 6月2日，在俄罗斯圣彼得堡举办的第18届“奥斯科尔科夫之友”国际艺术节上，中国作曲家、中央音乐学院博士生导师姚恒璐教授的手风琴作品《鼎》（奏鸣曲一号，为自由低音手风琴创作）首演，这是该艺术节唯一被邀请的中国作曲家作品。演奏者谢尔盖·契尔科夫现任教于圣彼得堡音乐学院，是俄罗斯著名的青年手风琴演奏家，擅长演奏现代作品。他认为“这部作品是一座桥梁，它将中国民族风格、传统文化和现代作曲技法融入了手风琴这件俄罗斯的民族乐器中。”

（张燕鹰）

【原创民族歌剧《彝红》进京演出】 6月3日~4日，由四川省凉山彝族自治州歌舞团和凉山文广传媒集团联合出品的原创民族歌剧《彝红》在国家大剧院上演。该剧讲述了红军长征途中刘伯承与彝族头人小叶丹在彝海边歃血为盟，并建立第一支少数民族地方红色武装的故事。

（张燕鹰）

【圣彼得堡卡贝拉交响乐团到京演出】 6月12日，为纪念中国人民抗日战争暨世界反法西斯战争胜利70周年，圣彼得堡卡贝拉交响乐团与合唱团音乐会在国家大剧院音乐厅举办。该音乐会演出曲目有格林卡的《卡玛林斯卡亚》、里姆斯基-科萨科夫的《西班牙随想曲》、柴科夫斯基的《莫斯科康塔塔》和普罗科菲耶夫的《亚历山大·涅夫斯基》。

（张燕鹰）

【湖北省歌剧舞剧院进京演出】 6月27日~28日，湖北省歌剧舞剧院携其出品的原创民族歌剧《八月桂花遍地开》在国家大剧院演出。该剧讲述了土地革命时期，在大别山区，为了红色苏维埃政权的建立，一个名叫桂花的女人的成长与命运选择，以及一批革命志士的感人故事。

（张燕鹰）

【英国原版音乐剧《人鬼情未了》到京演出】 6月30日~7月5日，根据同名电影改编的英国原版音乐剧《人鬼情未了》在北京保利剧院演出。该剧讲述了一段阴阳两隔的恋人之间的爱情故事。这是该剧第一次到北京演出。自2011年3月在英国曼彻斯特歌剧院举行首演之后，该剧已在世界各地演出2500余场。

（张燕鹰）

【平安俊作品音乐会进京演出】 7月4日，第三届中国国际积极心理学大会主题音乐会“那片阳光”——平安俊作品音乐会在清华大学新清华学堂举行。北京交响乐团、中国国家交响乐团合唱团、中国儿童艺术团合唱团演奏、演唱了鞍山市歌舞团原团长平安俊创作的歌曲以及交响组曲、交响诗等音乐作品。

（张燕鹰）

【台湾先啬宫青少年国乐团进京演出】 7月12日，台湾先啬宫青少年国乐团在民族文化宫大剧院举办了“两岸好琴声·情系北京城”的国乐音乐会。该音乐会演奏曲目有《龙年新世纪》的第一乐章《太阳》和《茉莉花》《蓝色的思念》等两岸观众都耳熟能详的曲目，以及由中央民族乐团指挥家刘沙编曲的《北京一夜》，这是根据台湾音乐人陈升创作的歌曲改编的国乐曲目。

（张燕鹰）

【以色列爵士钢琴大师到京演出】 7月22日，“摇摆古典”——爵士钢琴大师亚伦·格特弗雷德四重奏音乐会在中山公园音乐堂演出。以色列的爵士钢琴大师亚伦·格特弗雷德带领他的爵士乐队成员——贝斯手塔尔·加姆里耶利和打击乐手亚基·列维，携手钢琴家丹尼尔·勃洛维斯基，进行了一场“爵士偶遇经典、碰撞古典”的音乐演出。艺术家们先后演奏了穆索尔斯基的《画图展览会》、肖邦《前奏曲》和巴赫《前奏曲与赋格》等10首著名钢琴曲的古典原版及其爵士改编版本，所有改编，都是由艺术总监格特弗雷德完成的。将古典钢琴和爵士融为一体，在熟悉的经典旋律中即兴衍伸变化莫测的旋律和节奏，成为这场音乐会的特色。

（张燕鹰）

【第六届中日韩青少年音乐交流节】 7月25日，由中国国际青年交流中心、日本茨城县日中友好协会、韩国仁川广域市国际交流财团联合主办，北京青年报社、北京国际青年营、首创投资发展有限公司承办的第六届中日韩青少年音乐交流节活动在北京举行。中国的BLACK LIST舞团、坡上村乐队、Random Memories乐队、AI-MAIMII乐队、BEAT SOLDIER乐队，及韩国的HESED乐队、无色的领带乐队、GIF乐队等团体进行了表演。

（张燕鹰）

【林肯公园乐队到京演唱】 7月26日，林肯公园猎捕行动2015中国巡回演唱会北京站在北京工人体育馆举办。林肯公园乐队（Linkin Park），也称为联合公园，是一组来自美国加州的摇滚乐团。这是林肯公园乐队首次来到北京开唱。演唱会上，乐队表演了*In The End*，*Burn It Down*，*What I've Done*等中国乐迷耳熟能详的经典曲目。

（张燕鹰）

【台湾作曲家作品到京演出】 8月5日，由台湾作曲家钱南章创作的大型国乐合唱作品《十二生肖》在国家大剧院音乐厅上演。《十二生肖》是作者为台北爱乐合唱团成立四十周年量身打造的作品，兼具艺术性与戏剧性，诙谐逗趣。该作品以十二生肖中的动物为主题，分成十二个乐章，巧妙融合了国乐、合唱、独唱、戏剧、游戏、口技等元素。该作品此次由台北爱乐合唱团、中国广播民族乐团和北京国家大剧院合唱团共同演出。

（张燕鹰）

【广东民族乐团进京演出】 9月5日，由广东省委宣传部、广东省文化厅策划指导，广东民族乐团委约创作的大型民族交响套曲《丝路粤韵》音乐会在国家大剧院演出。该音乐会由开海、祭海、远航、异域、乡愁、归来、新梦7个篇章组成，是以套曲形式描述海上丝绸之路的民族交响乐。

（张燕鹰）

【缪斯乐队到京演唱】 9月19日，缪斯乐队2015北京演唱会在北京万事达中心举办。演唱会上，这支英国的摇滚乐队演唱了*Hysteria*，*Stockholm*，*Mercy*，*Knights of Cydonia*等。

（张燕鹰）

【中国歌剧《骆驼祥子》赴意大利巡演】 9月23日～10月5日，国家大剧院的原创歌剧《骆驼祥子》受邀参加米兰世博会与米都音乐节，并在都灵、米兰、帕尔玛、热那亚、佛罗伦萨等城市进行了为期13天的意大利巡演。

（张燕鹰）

【台湾歌手周传雄到京演出】 9月26日，台湾歌手周传雄在北京万事达汇源空间举办“时不知归”演唱会。演唱会上，周传雄除了演绎了自己的歌曲《我的心太乱》《寂寞沙洲冷》《蓝色土耳其》《记事本》《关不上的窗》《黄昏》等，还演唱了他曾为其他歌手创作的作品，如那英的《出卖》，周华健的《有没有一首歌会让你想起我》，阿杜的《哈罗》，5566的《我难过》等。

（张燕鹰）

【东莞塘厦松雷音乐剧剧团进京演出】 9月28日～29日，东莞塘厦松雷音乐剧剧团携其音乐剧《啊！鼓岭》在北京保利剧院演出。该剧以中美人民友谊为主题，讲述了美国传教士加德纳与福州鼓岭之间的故事。

（张燕鹰）

【都匀市文化馆进京演出】 10月19日～20日，都匀市文化馆（原都匀市歌舞剧团）携贵州省黔南大型布依歌舞剧《刺藜花红》在中国评剧大剧院演出。全剧以布依族古老的传统文化为背景，以布依人生存状态的人文精神为主线，以布依情歌对唱、歌舞艺术为载体，讲述了布依人对美好生活的向往与追求。该剧是第四届中国少数民族戏剧会演参演剧目之一。

（张燕鹰）

【西北民族大学进京演出】 10月20日，由西北民族大学排演的四幕教学歌剧《文成公主》在梅兰芳大剧院演出。该剧是第四届中国少数民族戏剧会演参演剧目之一。

（张燕鹰）

【英国冷溪近卫军礼宾乐团到京演出】 10月25日，由中国国际文化交流中心主办，中国国际文化艺术有限公司、北京普罗之声文化传播有限公司、北京保利紫禁城剧院管理有限公司承办，并得到英国驻华使馆的大力支持的英国冷溪近卫军礼宾乐团首次访华音乐会在中山公园音乐堂举行。音乐会上，乐团以礼宾军乐表演方式演奏了《开场号角——进入星系》《出发——拉德茨基进行曲》《序曲——命运之力/阿尔弗雷德·里德第三交响曲》等多个国家的进行曲和声乐作品，还演奏了中国的《茉莉花》等共计25首曲目。

（张燕鹰）

【广西群众艺术馆进京演出】 10月25日～26日，广西群众艺术馆排演的原创音乐剧《幸福不等待》在北京民族文化宫大剧院演出。该剧从就业观、价值观、爱情观等几方面展开剧情，反映了当代壮族青年的理想与追求。

（张燕鹰）

【山西演艺集团歌舞剧院进京演出】 10月29日，由山西演艺集团组织策划、山西演艺集团歌舞剧院演出的音乐剧《火花》在北京大学百周年纪念讲堂演出。该剧追述了中国共产党早期领导人高君宇短暂的一生。

（张燕鹰）

【台湾阿卡贝拉人声乐团进京演出】 11月8日，由台湾南管音乐家王心心与台湾阿卡贝拉人声乐团合作的“时空旅人·音乐诗人”音乐会在北京77剧场举办。南管又称南音，是一种在福建和台湾流传的汉族古乐。阿卡贝拉即无伴奏人声合唱。该音乐会演绎了李白的《静夜思》，李清照的《声声慢》，辛弃疾的《青玉案》等经典诗词。

（张燕鹰）

【百老汇经典音乐剧《剧院魅影》到京演出】 11月17日，由北京四海一家文化传播有限责任公司引进的英文原版百老汇经典音乐剧《剧院魅影》在天桥艺术中心进行了在北京的首场演出。该剧改编自法国作家卡斯顿·勒胡的小说，讲述了一个在剧院频繁出没的“魅影”与一位女歌唱家之间的故事。该剧自1986年在伦敦西区首演以来，已经演出74000多场，曾被冠以“音乐剧之王”的头衔。此次演出是该剧第一次到北京进行演出。

（张燕鹰）

【浙江交响乐团到京演出】 11月17日，浙江交响乐团携原创“交响三部曲”《浙江组画》之二——大型吟诵交响套曲《唐诗之路》在北京音乐厅演出。该作品由序曲、终曲以及4个乐章构成，包括唐朝16位诗人的17首诗歌。

（张燕鹰）

【“四面来风”音乐会】 11月22日，由波兰驻华大使馆、波兰密茨凯维奇学院、中国音乐学院、波兰“华沙之秋”国际现代音乐节与北京音乐厅共同主办的“四面来风”——紫禁城室内乐团“音乐对话与合作”系列之三音乐会在北京音乐厅举办。演出曲目有《次普亿落土》《工业音乐》《艾索夫》《动与静》《一年以后》《彻底》等。

（张燕鹰）

【广州歌舞剧院进京演出】 12月5日~6日，由广州歌舞剧院创作演出的大型原创音乐剧《和平使者——抗战中的宋庆龄》在清华学堂演出。作品简述了宋庆龄积极投身抗日救亡运动的一系列感人故事。

（张燕鹰）

【宁夏演艺集团歌舞剧院进京演出】 12月18日，由宁夏演艺集团歌舞剧院创排的大型回族舞蹈诗《九州花儿美》在民族剧院上演。该剧由序“花萌新月”和“雪原寻芳”“天山觅秀”“洱海情长”“椰林俏影”“塞上花红”五篇及尾声“月美花香”构成，运用舞、乐、歌等多种艺术形式讲述了回族青年哈维在天南地北寻觅五彩花朵的故事。

（张燕鹰）

【台湾歌手杨宗纬进京演唱】 12月19日，台湾歌手杨宗纬“带一首诗来”演唱会在北京工人体育馆举办。演唱会分为“思念之诗”“行旅之诗”“幻想之诗”等环节，杨宗纬演唱了《空白格》《流浪记》《听说爱情回来过》《洋葱》等歌曲，还翻唱了张惠妹的《危险关系》、李宇春的《1987我不知会遇见你》、王菲的《誓言》、那英的《梦醒时分》等作品。

（张燕鹰）

【湖北省民族歌舞团进京演出】 12月20日，由湖北省文联，恩施州委、州政府出品，联合湖北省演艺集团，建始县委、县政府，湖北省音乐家协会，湖北省民族歌舞团共同打造的土家乡村音乐剧《黄四姐》在民族剧院演出。该剧讲述了土家族姑娘黄四姐与汉族货郎之间的爱情故事。

（张燕鹰）

赛事与奖项

【“国音杯”刘天华二胡作品演奏邀请赛】 6月26日，“国音杯”刘天华二胡作品演奏邀请赛落下帷幕。由中国音乐学院选送的王雅琪、黄晓晴荣获金奖；由南京艺术学院、中国音乐学院和上海音乐学院选送的章童谣、刘宇、刘卓夫、戴盛华荣获银奖；由中国音乐学院附中、中国音乐学院、上海音乐学院、上海民族乐团等单位选送的崔璨、谭欣、郑博尹、梁扬子、卢璐、邓昌等选手荣获铜奖；另外还有刘紫筠、邵禹、赵紫茵、陈韶华、张亦佳等12名选手获得优秀奖。

（张燕鹰）

【王传越获第15届柴科夫斯基国际音乐比赛声乐组银奖】 莫斯科当地时间7月1日，第15届柴科夫斯基国际音乐比赛声乐组决赛在圣彼得堡马林斯基剧院音乐厅举行。中央音乐学院声歌系在读研究生、男高音王传越获第15届柴科夫斯基国际音乐比赛声乐组银奖。王传越的指导教师为中央音乐学院声歌系教授马洪海。

（张燕鹰）

【2015年“水立方杯”海外华裔青少年中文歌曲大赛颁奖】 8月8日，2015年“水立方杯”海外华裔青少年中文歌曲大赛颁奖典礼在人民大会堂举行。阿联酋的蓝岚获得金奖，印尼的古椿晶和意大利的毛轩轩获得银奖，菲律宾的黄俊雄、美国的毛天骄、加拿大的宋乐谦获得铜奖。法国的胡嘉慧获得最佳网络人气奖。中国国务委员杨洁篪，中共北京市委副

书记、北京市市长王安顺出席颁奖典礼。

（张燕鹰）

【“战火·青春”征歌活动在京揭晓】 8月15日，由中国少先队事业发展中心、中国人民抗日战争纪念馆、中共北京市海淀区委宣传部、太平洋影音公司共同发起，以“纪念抗日战争暨世界反法西斯胜利”为主题的“战火·青春”征歌活动在北京揭晓。该征歌活动共收到来自全国的应征歌曲362首，经过评审，最终有17首作品获奖。其中，特别奖为《西山深处》（作词一方，作曲大琪），一等奖为《为青春祭奠》（作词应忆航，作曲王培林），二等奖为《黄河小米》（作词方明，作曲洪丽）、《星夜的海》（作词毛梦溪，作曲杨家昭），三等奖为《战场》（作词刘顶柱，作曲周瑛杰）、《战场》（作词李亚娟，作曲任知超）、《心愿》（作词倪永东，作曲王萍萍），还有10首作品获得了优秀作品奖。

（张燕鹰）

【两名中国音乐家获2015德国古典回声奖】 柏林当地时间10月18日，2015德国古典回声奖在柏林音乐厅举行颁奖典礼，中国钢琴家郎朗凭借2014年与指挥大师哈农库特及维也纳爱乐乐团合作录制的专辑《莫扎特》，荣获“年度演奏家/钢琴”奖。此外，今年古典回声奖还向郎朗创办的郎朗国际音乐基金会颁发“特别奖”。小提琴家杨天娲凭借专辑《伊萨伊：小提琴独奏奏鸣曲作品27》获得了“年度演奏家/小提琴”奖。2015德国古典回声奖共颁给年度男女歌唱家、年度指挥家、年度乐团等22个类别的58名德国及国际获奖者。德国回声音乐奖由德国唱片业协会颁发，是全球知名音乐奖项之一，素有“德国格莱美”之称。

（张燕鹰）

评论与研究

【交响声乐套曲《南水北调》理论研讨会】 3月10日，由北京音协、北京市文联研究部联合主办的原创大型交响声乐套曲《南水北调》理论研讨会在北京召开。研讨会上，北京音协副秘书长赵金波介绍了音乐家们深入生活、扎根人民，精心创作音乐作品的情况。金兆钧、陈乾、冯静、陈卫东、陶庆梅、史长义、颜榴、党宁等文艺评论家，以及刘国超、伍嘉冀、尹铁良、张大力、宋青松等主创人员参加研讨。与会人员认为，该作品展示了北京市文联组织文艺家深入生活、扎根人民进行文艺创作取得的成果，用音乐的形式反映了南水北调的时代壮举，体现了库区人民的奉献精神，传递了北京人民的感恩之情。北京市文联党组副书记刚杰参加研讨。

（张燕鹰）

【第七届“世界歌剧院发展论坛”】 6月16日~17日，第七届“世界歌剧院发展论坛”在北京举行。该论坛以“21世纪歌剧的现状分析与未来发展”为主题，围绕“21世纪新制作歌剧的经营与传播”“探索可持续的歌剧制作模式”“21世纪歌剧制作（创作）的现状分析”“21世纪歌剧巡演模式的探索与发展”四个方面进行了探讨与交流。在该论坛的剧目交流与推介会上，中国歌剧舞剧院推介了歌剧《原野》《伤逝》《号角》等多部剧目，美国旧金山歌剧院则重点介绍了其最新打造的中国题材歌剧《红楼梦》。英国皇家歌剧院、美国旧金山歌剧院、泰国曼谷歌剧院、拉脱维亚国家歌剧院，国家大剧院、中央歌剧院、中国歌剧舞剧院、总政歌剧团、湖北歌剧舞剧院、福建歌舞剧院、中国对外文化集团等团体和导演皮尔·路易吉·皮兹、作曲家唐建平、剧作家万方等十余位知名艺术家参加了论坛。

（张燕鹰）

【2015音乐数字化生态发展研讨会】 9月24日，由中国文联文艺资源中心、中国传媒大学艺术学部、中国文艺评论基地联合主办的“2015音乐数字化生态发展研讨会”在中国传媒大学举行。国家新闻出版广电总局、中国文联文艺资源中心、中国传媒大学艺术学部、中国音像与数字出版协会、中国音乐著作权协会、网易音乐、腾讯音乐等方面的专家、学者围绕音乐资源数字化、数字音乐传播与互联网音乐营销、数字音乐版权保护等问题展开交流讨论，共同探寻互联网语境下中国音乐数字化生态健康发展的路径、空间、面临的问题及应对措施。

（张燕鹰）

【中国歌剧与美声唱法学术研讨会】 10月16日，北京大学歌剧研究院举办了中国歌剧与美声唱法学术研讨会，探讨歌剧怎样为人民创作以及美声歌唱的民族化问题。北大歌剧研究院院长金曼在研讨会上对她所提出的“中国美声”理念进行了边讲边唱的演绎和示范。行内各方代表，集思广益，共谋新形势下的中国歌剧发展之道。

（张燕鹰）

【第二届中国音乐产业高端论坛】 11月6日，第二届中国音乐产业高端论坛在中国传媒大学举办。

该论坛就“国际音乐教育与版权保护”“音乐的数字化生态发展”“互联网+时代下的原创音乐生产与商业模式创新”“音乐产业的创新与创投”“音乐版权与产业业态发展” “音乐教育与产业人才培养”“音乐人的现状与未来”等议题进行了专题研讨。来自美国、英国、德国、法国、澳大利亚、日本、韩国等国家的10余位专家，以及来自国内行业协会、业界和高校的150余位同仁共同参与了专题研讨。论坛上还发布了《2015中国音乐产业发展报告》和《2015中国音乐人宣言》，并举行了由中国传媒大学与中音数协音乐产业促进会共建的“国家音乐产业人才培养基地”项目启动揭牌仪式。

（张燕鹰）

【纪念歌剧《白毛女》70周年座谈会】 12月27日，为纪念歌剧《白毛女》在延安首演70周年，总结新版歌剧《白毛女》和3D舞台纪录片的成功经验，由文化部组织召开的“纪念歌剧《白毛女》70周年座谈会”在北京举行。歌剧表演艺术家郭兰英、解放军艺术学院原政委乔佩娟等老一辈艺术家和新版歌剧《白毛女》的主创人员等参加了座谈会。

（张燕鹰）

【第四届全国乐器学研讨会】 12月19日~20日，由中国音乐学院主办的第四届全国乐器学研讨会在北京举行。中国音乐学院、中央音乐学院、上海音乐学院等从事乐器学理论研究的专家、学者参加会议。研讨会上，与会人员深入探讨乐器学学科建设及乐器文化等问题，一些专家还对各自关心的乐器热点问题发表了见解。

（张燕鹰）

纪　念

【中国爱乐乐团成立15周年音乐会】 5月25日，中国爱乐乐团成立15周年音乐会在北京保利剧院举办。余隆、张国勇、李心草、朱其元、张艺、林大叶、傅人长、刘鹏、杨洋、夏小汤、俞峰、吕嘉、热合曼、张洁敏等指挥家分别进行了指挥，二胡演奏家宋飞、大提琴演奏家秦立巍、小提琴家演奏吕思清和男高音歌唱家张建一、女高音歌唱家黄英等参加了演出。音乐会演奏曲目有威尔第的《命运之力》序曲、瓦格纳的《唐豪瑟》序曲、肖斯塔科维奇的《节日序曲》、柴可夫斯基的《如歌的行板》、歌剧《自由射手》用《纳布科》的序曲、莱哈尔的轻歌剧《微笑国度》中咏叹调《你是我心中的一切》的前奏和舞剧《胡桃夹子》中的《花之圆舞曲》以及弦乐四重奏《新拨弦波尔卡》、小提琴曲《引子与回旋随想曲》、民乐《二泉映月》等，演唱的曲目有《塞维利亚的理发师》《爱之甘醇》《女武神》等歌剧选段和民歌《掀起你的盖头来》等。

（张燕鹰）

【罗浪逝世】 7月11日，作曲家、指挥家罗浪在北京逝世。罗浪（1920—2015），1920年出生于福建德化，原名罗南传。曾任中央军委军乐团团长、中国人民解放军训练总监部军乐处处长、中央广播乐团团长，八一电影制片厂军教室主任、顾问等。曾为《解放军进行曲》《三大纪律八项注意》《东方红》等乐曲改编和配曲，《哀乐》是他根据北方一首民间吹打乐曲调改编而成的葬礼配乐。

（张燕鹰）

【杨帆逝世】 9月29日，手风琴表演艺术家杨帆在北京逝世。杨帆（1963—2015），1963年出生于宁夏银川。曾任宁夏歌舞团舞蹈演员，兰州军区空军文工团手风琴演奏员，北京艺海扬帆文化发展有限公司董事长兼总裁，中国演出家协会理事，北京开国元勋后代合唱团专职独奏艺术家。1989年毕业于四川音乐学院钢琴系手风琴专业的杨帆，曾录制《杨帆手风琴音乐》专辑，并于北京保利剧院举办过杨帆手风琴交响演艺会。

（张燕鹰）

【金湘逝世】 9月29日，作曲家、指挥家、音乐评论家金湘在北京逝世。金湘（1935—2015），1935年出生于浙江诸暨，1959年毕业于中央音乐学院作曲系。曾任北京歌舞团交响乐队指挥兼作曲，中国音乐学院教授，中国音乐家协会理事，中国民族管弦乐学会常务理事，中国音乐电影学会特邀理事。金湘一生共创作歌剧、交响乐、协奏曲、大合唱、室内乐、影视音乐等作品近百部，代表作有歌剧《原野》《杨贵妃》《日出》，交响大合唱《金陵祭》，交响组歌《塔西瓦依》等。

（张燕鹰）

出版与传播

【“戴你唱歌”网络公开课】 3月24日，由戴玉强发起的“戴你唱歌”超级声乐慕课首次网络公开课在国家图书馆音乐堂举办。“戴你唱歌”超级声乐慕课是由戴玉强发起并领衔的聚焦声乐技能教育、深度体验和普及推广的O2O艺术教育平台，2015年元旦正式上线。此次以示范演唱嘉宾身份参与公开课的4位网友分别来自福建厦门、辽宁朝阳、天津和北京，都是在“戴你唱歌”央视网络社区“我要范唱”活动平台提交个人演唱作品，经过全国网友自发点赞推荐和戴玉强助理团队评审之后选拔出来的，其中既有专业艺术院校的毕业生，又有中学教师、社区文化工作人员和普通声乐爱好者，他们分别演唱了《美丽家园》《北京颂歌》《海恋》《那就是我》等曲目并接受戴玉强的现场指导。中国网络电视台对此进行了全程直播。

（张燕鹰）

【大型网络众筹项目《黄河大合唱》】 6月24日，为纪念中国人民抗日战争暨世界反法西斯战争胜利70周年，由中国网络电视台主办的大型网络众筹项目《黄河大合唱》24日在北京举行。该活动面向全球华人征集合唱视频，通过3D虚拟等技术演绎全民参与的《黄河大合唱》。网友可参考艺术家示范视频，自行选择曲谱进行视频录制，并上传到项目官方网站进行展示。征集到的世界各地参与者的作品将统一交由制作团队，采用最新的3D虚拟技术制作合成，以现代科技为手段，将实地拍摄和虚拟场景相结合，形成万人大合唱的壮观视听效果，最终共同融合为12分钟的《黄河大合唱》。

（张燕鹰）

【《抗战歌选：1931～1945》出版】 9月，歌曲集《抗战歌选：1931～1945》由人民音乐出版社出版。该歌曲集由《抗战歌选：1931～1945》编写组编写，共收录了1934～1945年间创作的364首不同形式、不同地域、不同题材的抗战歌曲，具有一定的学术性和史料价值。

（张燕鹰）

舞蹈

2015年，北京舞蹈界秉承习近平总书记在文艺工作座谈会上的重要讲话精神，认真履行文艺工作者应有的“灵魂工程师”职能，扎实工作，创作出了更多、更好的文艺作品，举办的一系列舞蹈演出、研讨、比赛等活动，为舞蹈艺术家们提供了优秀的展示平台，取得了丰硕的成果。

一年来，北京舞蹈的创作走了一条尚俭、质朴、全面开花的道路。中央芭蕾舞团推出了四部原创芭蕾作品：《白蛇·人间》用现代的芭蕾语汇讲述了古老的爱情故事；《希望》演绎了年轻舞者的追梦之旅；《黑眼睛的姑娘》提出了当代青年摆脱物欲束缚要求；《梦境》描绘了理想与现实的距离。北京舞蹈学院新编原创舞蹈诗《中华赋》，选取了体现中国人“执事以敬”精神的七个题材，创作了“敬天畏地——三星堆”“诚中和乐——丝绸”“仁者有勇——兵马俑”“执事以敬——瓷器”“敬以直内——书法”“修己以敬——茶”“天地设位、行礼其中——敦煌”七个篇章，展示了中华文明民胞物与、为天地立心的礼文化传统。张傲月自编、自导、自演的首部舞剧《那里的花》探寻喧嚣和浮华背后内心真正的渴望；中央芭蕾舞团大型原创芭蕾舞剧《鹤魂》展现了人与鹤相融共处的难舍情缘；由北京雷动天下现代舞团制作演出、国家一级编导杨威执导的《大地·震》颠覆时间和空间，探寻命运走向；青年舞蹈家颜荷编舞的作品《无间》用新颖独特的舞台设计巧妙将装置艺术与现代舞结合在一起。

各类舞蹈演出活动异彩纷呈。海政文工团创作的《英雄核潜艇》用史诗般的结构，诠释了英雄的神秘部队；中华全国总工会文工团创演的大型歌舞诗《丝路情歌》，融情景表演、歌曲、舞蹈和杂技等艺术形式于一体，展现连接古今、超越地域的丝路文化；《仓央嘉措》以宏大的气象，展示了辉煌而灿烂的民族文化；纪念中国人民抗日战争暨世界反法西斯战争胜利70周年——“保卫黄河”舞蹈专场晚会，由序幕和“黄河船夫曲”“黄河颂”“黄河愤”“保卫黄河”4个篇章组成，在庄严的氛围中，抒发对民族英雄的感怀；第二届“中国国际芭蕾演出季”上，来自全球四大州十余个国家的艺术家和中国艺术家共同呈现了13台大戏、近30场演出；由京津冀文联联合主办的“非遗”舞蹈和民间传统舞蹈展演，展现了充满地方风情的民俗舞蹈。

各类赛事促进了我国舞蹈艺术的不断提高，推动了舞蹈艺术事业的发展进步。由中国文联、中国舞协共同主办的第八届“小荷风采”全国少儿舞蹈展演在北京举行，有来自全国30多个省区市，包括中直、解放军各军兵种直属幼儿园及港澳台地区的180个入围作品参加展演，参与演出的各民族小演员达5000多人。第17届CBDF“院校杯”暨第6届“怀柔杯”国际标准舞公开赛上，来自28所国标舞专业院校、18所国内著名大学、17个舞蹈培训机构，以及各地国标舞协会和各地艺校的100多个代表队的近3000位选手，共同竞争197个项目奖项。由北京市文联主办，北京舞蹈家协会承办，北京舞蹈学院协办的“中国精神·中国梦”暨纪念抗战胜利70周年第十四届北京舞蹈大赛，有来自各专业团体、部队文工团、各大专院校等129个单位的4250多名演员参加了角逐。

各类会议、论坛等活动从理论到实践，有效为舞蹈事业的繁荣发展创造了动力。中国舞蹈家协会第十次全国代表大会在北京召开，来自全国的265名代表，包括来自香港、澳门特别行政区和台湾地区的13名代表共同审议了中国舞协第九届理事会工作报告，修改了《中国舞蹈家协会章程》，选举产生了舞协的新一届领导机构。第四届国际创意舞蹈研讨会以“纯粹与变异”为主题，融合创作、教学、表演、理论四个领域，围绕纯粹、变异、跨界、融合等关键词，探讨当今艺术文化的特点与发展。

丰富的对外交流活动使中外舞蹈文化汇聚一堂，碰撞出了新的艺术火花。中央芭蕾舞团纪念“中法文化之春”十周年“芭蕾精品荟萃”演出，展现了中法艺术的独特魅力；法国玩酷嘻哈舞团的现代舞剧《根》带给观众惊喜体验；俄罗斯圣彼得堡艾夫曼芭蕾舞团在国家大剧院上演其最具国际赞誉的芭蕾舞剧《安娜·卡列尼娜》；第三届“拉美及加勒比艺术季”上，众多拉美艺术家展示了奔放热情的文化特色。中国中央芭蕾舞团的芭蕾舞剧《牡丹亭》和《红色娘子军》在纽约林肯中心上演。此次演出是在文化领域落实2015年第六轮中美人文交流高层磋商成果的重要举措之一，传播了中国文化独特的美与内涵，此行受邀参演的180余人也是近年来到访美国规模最大的中国表演艺术团体。

（姚怡暾）

作　　品

【大型歌舞诗《丝路情歌》】　6月26日，由中华全国总工会文工团（以下简称全总文工团）创演的大型歌舞诗《丝路情歌》在中国剧院首演。作品分为“长安出发”“山高水长”“千年时光”“一路乡音”“梦想无疆”5个章节，该剧讲述了发生在800年前一队商人骑着骆驼沿着丝绸之路远赴异国行商的故事。演出融入了情景表演、歌曲杂技等艺术形式，舞蹈则既有盛行于唐代的西域乐舞，也有印度舞、巴基斯坦舞、埃及舞、俄罗斯舞等。编剧赵大鸣，编舞陈兆斌等，作曲陈枫等，总导演赵亚玲，全总文工团本团歌舞演员演出。

（姚怡暾）

【舞蹈诗《中华赋》】　7月16日，由中国音乐学院、北京舞蹈学院、中国戏曲学院、北京服装学院、解放军艺术学院、文化部民族民间文艺发展中心共同组建的中国民族艺术传承与传播协同创新中心大型原创歌舞戏剧创作平台推出的原创舞蹈诗《中华赋》在北京舞蹈学院上演。作品由“敬天畏地——三星堆”“诚中和乐——丝绸”“仁者有勇——兵马俑”“执事以敬——瓷器”“敬以直内——书法”“修己以敬——茶”“天地设位、行礼其中——敦煌”七个篇章组成，展示了中华文明的礼文化传统。总导演肖苏华，副总编导刘震、张云峰，作曲阮昆申，北京舞蹈学院青年舞团演出。

（姚怡暾）

【舞剧《进化论》】　7月24日，北京9当代舞团创编的舞剧《进化论》在北京保利剧院首演。该剧分为六个段落，将人类与历史、现实、未来之间的关系用肢体语言加以勾勒。文学策划刘希彦，作曲王钰，编导杨海龙、曹沛仲，主要舞者马铭韩、唐瑜珮、赵金、韩丽娜等。

（姚怡暾）

【舞剧《花生》】　7月31日，原创现代舞剧《花生》在国家大剧院小剧场首演。该剧讲述了一个温暖和谐的家庭生活故事，舞者用生活中的自然体态拉近与观众的距离，唤起观众对生活的好奇心，让他们体会到生活的暖心点滴。舞蹈分为模仿、表现与忘我三个阶段。编导胡磊，主演苏鹏、胡磊、柴明明、秦熙、刘畅等。

（姚怡暾）

【舞剧《那里的花》】　8月11日，张傲月自编、自导、自演的舞剧《那里的花儿》在国家大剧院小剧场首演。该剧讲述了创作者在“舞林争霸”比赛夺冠后，面对各种商演，经历了喧嚣与浮华之后的思索与内心真正的渴望。该剧见证了“后舞林时代”，舞林争霸冠军的成长与蜕变。张娅姝加盟演出。

（姚怡暾）

【芭蕾舞剧《鹤魂》】　9月23日，中央芭蕾舞团大型原创芭蕾舞剧《鹤魂》在天桥剧场首演。该剧以徐秀娟保护丹顶鹤的真实故事为原型，以女主人公对丹顶鹤和大自然的热爱与保护为主线，通过芭蕾艺术化的语汇展现了一段人与鹤相融共处的难舍情缘。总导演冯英，编导马聪、张镇新，作曲沈逸文，指挥张艺、刘炬，主要演员张剑、马晓东、邱芸庭、孙瑞辰等。

（姚怡暾）

【舞剧《青衣》】　10月4日，亚彬舞影工作室制作的舞剧《青衣》在国家大剧院举行首演。作品根据毕飞宇同名小说改编，讲述的是戏剧演员筱燕秋台上台下的生活故事。舞台上的各种现代装置均用于表现女主角的生存环境和内心的矛盾与纠结。导演、编舞王亚彬，作曲郭思达、Olga Wojciechowska，主演王亚彬、黎星、单思涵、毕然。

（姚怡暾）

【舞剧《画皮》】　10月17日~18日，由北京天美晟文化艺术传播有限公司出品的第十七届中国上海国际艺术节“扶持青年艺术家计划”委约作品舞剧《画皮》在上海的马兰花剧场演出。该剧根据蒲松龄的同名小说改编，以妻陈氏为主角，将陈氏与厉鬼合而为一，并以同一个男演员饰演。厉鬼自陈氏心中所化生，陈氏一念猜忌，心中便化出厉鬼纠缠丈夫；陈氏一念善悔，亦能将丈夫起死回生。编剧刘希彦，导演杨海龙、王涛，主演杨海龙、张超、宋玉龙、牛俊杰、姜魏等。该剧于10月30在解放军歌剧院举行北京首演，并将北京首演的一半票款收入捐献给“画说孤独症”大型公益活动项目。

（张燕鹰）

【现代舞剧《大地·震》】 11月3日，由北京雷动天下现代舞团制作演出的大型现代舞剧《大地·震》在解放军歌剧院首演。该剧的“大地”指的是地球每个角落，“震”是指一切生命和生活中的颤抖、紊乱与不安。该剧营造的是古往今来的时代动荡，在灾难面前人性的叵测，人类在灾难后重建，毁灭后重生的心理状态。并运用颠覆时间和空间概念的创作手法，通过人物设置，采取简约而有力的动作语汇，以一种命运喜剧的心态，展开一场人性善恶的较量。编剧妮南，编导杨威，作曲刘彤、丁冕，主演宋婷婷、汤婷婷、龚兴兴、李可华、金晓霖等。

（姚怡暾）

【舞剧《夕照》】 11月5日，由北京戏曲艺术职业学院创编的大型原创舞剧《夕照》在民族剧院首演。该剧改编自中国经典爱情故事《白蛇传》。作品在吸取中国戏曲生、旦、净等行当的程式化元素的基础上，运用中国古典舞的表现手法，塑造了不同性格的人物。编剧、总导演邓一江，执行导演田石杰，舞蹈编导李少丹、肖燕英、李彬、辛欣，作曲王鹏，主演胡玉婷、朱晗、郭海峰、苗苗、刘凡。

（姚怡暾）

【交响芭蕾《四季》】 12月12日，中央芭蕾舞团的新创交响芭蕾作品《四季》在天桥剧场首演。该剧的创意来自于意大利作曲家维瓦尔第的小提琴协奏曲《四季》。作品描绘了写意的梅、兰、竹、菊和虚幻的春、夏、秋、冬，并以12个独立的乐章、12段自成一体的舞蹈，展现了一年的12种“颜色”。编导马聪，主演王晔、马晓东、邱芸庭、孙瑞辰等。

（姚怡暾）

【舞剧《仓央嘉措》】 12月27日，大型舞剧《仓央嘉措》在民族剧院首演。整部舞剧共分五幕，用肢体语言讲述了藏族诗人仓央嘉措从童年到20岁的人生。编剧丹珠昂奔，编舞格日南加、李莎、饶国晶，作曲李沧桑，总导演丁伟，导演费波，主演黄琛迪、王倩、苟婵婵、高立松、李雪艳、王豪一、孟子鉴。

（姚怡暾）

活　　动

【歌舞诗《英雄核潜艇》在京公演】 4月7日～8日，由海政文工团创作的反映人民海军核潜艇部队官兵先进事迹的歌舞诗《英雄核潜艇》在国家大剧院公演。作品以诗化的语言、独特的舞蹈语汇、厚实的音乐主题、史诗般的结构，深刻诠释了核潜艇官兵践行“平时核威慑、战时核反击”的使命担当。该剧由“忠诚无言”“深海铸剑”“铁血柔情”“雷霆出击”四个篇章及尾声“英雄誓言”构成，并由老政委、班长、机电长、艇嫂、艇长五个人物以旁白式朗诵形成全剧的情景串联。该剧曾于2014年参加“中国梦强军梦”主题文艺创演暨第十届全军文艺会演。

（姚怡暾）

【中央民族歌舞团2015“公众开放日”】 4月25日，主题为“请你跟我一起来”的中央民族歌舞团2015“公众开放日”活动在民族剧院举行。此次开放日活动邀请了首都各族各界市民走进民族剧院，与中央民族歌舞团亲密接触。在民族剧院大厅，陈列着中央民族歌舞团青年舞台设计师的作品和2014年演出的海报。地下小剧场分别展示了来自蒙古族、维吾尔族、藏族、壮族、回族五个少数民族的家庭生活。同时，在民族剧院不同区域，还有来自哈萨克族、藏族艺术家的歌曲和舞蹈表演。市民在民族剧院内近距离与腾格尔、曲比阿乌、蓝剑、吴彤等艺术家现场交流，一起感受少数民族的艺术魅力。观众们还深入到化妆间、更衣室，与演员们零距离接触交流，亲身感受演员们排练和准备演出的真实场景。

（姚怡暾）

【第六届芭蕾创意工作坊晚会】 4月28日，中央芭蕾舞团的第六届芭蕾创意工作坊晚会在天桥剧场举办。晚会演出了该团的四部原创芭蕾作品：《白蛇·人间》《希望》《黑眼睛的姑娘》《梦境》。晚会总导演费波。

（姚怡暾）

【北京舞蹈双周2015】 7月16日～28日，“北京舞蹈双周2015”在北京举办。该活动分为“焦点舞台”“另类平台”“青年舞展”3个部分，共有64个作品在16台演出中进行展演。节目表演者既有以色列、西班牙、德国、新加坡、新西兰等国外表演艺术团体，也有中国台湾、中国香港和北京、广州等地的国内表演团体。演出的节目均为现代舞作品。

（张燕鹰）

【第八届“小荷风采”全国少儿舞蹈展演】 7月24日～29日，由中国文联、中国舞蹈家协会共同主办的第八届“小荷风采”全国少儿舞蹈展演在北京舞蹈学院新剧场举办。顾秀莲、左中一、白淑湘、赵汝蘅、冯双白、罗斌等领导参加活动。本届“小荷风采”全国展演分初选、复选和现场展演3个部分。来自全国30多个省区市，包括中直、解放军各军兵种直属幼儿园及港澳台地区的180个入围作品参加展演，参与6场演出的各民族小演员达5000多人。最终，有88个作品获得“小荷之星”荣誉称号，82个作品获得“小荷新秀”荣誉称号。

（姚怡暾）

【“2015中国舞蹈十二天”舞蹈演出】 7月31日～8月29日，由国家大剧院策划的中国舞蹈集锦式演出“2015中国舞蹈十二天”在国家大剧院小剧场举办。演出集结了6台、12场原创舞蹈作品。它们分别是刘敏推荐的苏鹏作品《花生》，罗斌推荐的张荪作品《古城》，金星推荐的张傲月作品《那里的花》，高度推荐的古丽米娜·麦麦提作品《古丽米娜》，黎海宁推荐的邢亮作品《舞·雷雨》和赵汝蘅推荐的李俊作品《白蛇人间》。

（姚怡暾）

【“保卫黄河”舞蹈专场晚会】 9月13日，由中国文联主办、中国舞蹈家协会承办的纪念中国人民抗日战争暨世界反法西斯战争胜利70周年——“保卫黄河”舞蹈专场晚会在民族剧院上演。晚会以舞虔敬历史，以舞抒发情怀。由序幕和“黄河船夫曲”“黄河颂”“黄河愤”“保卫黄河”4个篇章组成，精选了解放军艺术学院的《彩虹桥》、空政文工团的《到战火中去》、北京军区政治部文工团的《紧握手中枪》、总政歌舞团的《壮士》、凉山彝族自治州歌舞团的《情深谊长》等历年演出的抗战题材共计12个舞蹈作品。

（姚怡暾）

【2015国家大剧院舞蹈节】 9月30日～12月6日，2015国家大剧院舞蹈节在国家大剧院举办。舞蹈节期间，共进行了19台、44场舞蹈演出，还举办了专业论坛、大师讲座、公开排练、舞蹈影像展、“走出剧院”等一系列与舞蹈相关的活动。参演的剧目有《十面埋伏》《青衣》《吉赛尔》《随想曲》等剧目。

（姚怡暾）

【“深入生活、扎根人民”文艺创作成果展演舞蹈专场】 10月16日，由中国文联、中国舞协主办的“向人民汇报”——“深入生活、扎根人民”文艺创作成果展演舞蹈专场演出在民族剧院上演。该专场展演了《你是一首歌》《觅迹》《布衣者》《尼苏新娘》《阿里路》《洛水佼人》《致青春》《诺玛阿美》《白蛇·人间》《莲花》《我等你》《我是广东人》与*plus*13部舞蹈作品。

（姚怡暾）

【京津冀“非遗”舞蹈和民间传统舞蹈展演】 10月30日，由北京市文联、天津市文联、河北省文联主办，北京舞蹈家协会、天津市舞蹈家协会、河北省舞蹈家协会承办的京津冀“非遗”舞蹈和民间传统舞蹈展演在月坛体育馆举行，共有来自北京市、天津市、河北省的16个节目参加。参加演出的有北京市西城区第二文化馆、北京市门头沟区京西太平鼓民间艺术团、天津北辰区文化馆、天津汉沽文化馆龙舞飞镲老会、河北省沧县龙凤特技舞狮团等演出单位，演出的舞蹈节目有《京竹声声》《鼓舞太平》《津门太平鼓》《汉沽飞镲》《狮舞》等。

（姚怡暾）

【2015北京大学生舞蹈节】 11月14日～11月21日，由市委教育工委、市教委主办的2015年北京大学生舞蹈节在北京舞蹈学院举行。其间，北京64所高校的100余个节目分别在清华大学、北京航空航天大学、中央民族歌舞团等高校和专业剧场上演。同时，还举办了高校美育发展论坛、艺术院校舞蹈专场演出等系列活动。此次大学生舞蹈节作品紧紧围绕社会主义核心价值观，积极弘扬主旋律，植根校园生活，并反映当代社会问题，体现了当代大学生高尚的精神追求和强烈的社会责任感。

（姚怡暾）

舞蹈《跷跷情代代传》剧照

【中国舞蹈家协会第十次全国代表大会】 11月17日~19日，中国舞蹈家协会第十次全国代表大会在北京召开。来自全国各地的265名代表出席大会。中共中央政治局委员、中央书记处书记、中宣部部长刘奇葆在大会开幕式发表了讲话。中国文联主席孙家正，中宣部常务副部长黄坤明，中宣部副部长景俊海，中国文联党组书记、副主席赵实，文化部副部长董伟，解放军总政宣传部副部长李祯盛，以及来自中国文联、中国舞协等单位的领导出席了开幕式。会议审议并通过了第九届理事会和主席团所作的《工作报告》，修订了《中国舞蹈家协会章程》，选举产生了由15人组成的舞协新一届领导机构。大会选举冯双白为中国舞蹈家协会第十届主席，选举罗斌、丁伟、山翀、王小燕、冯英、达娃拉姆、刘敏、杨丽萍、杨笑阳、陈维亚、迪丽娜尔·阿布拉、赵明、赵林平、黄豆豆为中国舞协第十届副主席，选举产生了由140人组成的中国舞协新一届理事会

（姚怡暾）

【第二届中国国际芭蕾演出季】 11月20日~12月26日，由中央芭蕾舞团主办，北京中芭演出有限公司和天桥剧场承办的“第二届中国国际芭蕾演出季”在天桥剧场举行。来自美国、法国、俄罗斯、德国、加拿大、南非、奥地利、古巴、丹麦、西班牙等国家的舞蹈家与中国舞蹈家演出了13台节目。参加此次演出季的外国表演团体有由莫斯科大剧院、马林斯基剧院组成的俄罗斯明星芭蕾舞团，美国芭蕾舞剧院芭蕾舞团、美国纽约城市芭蕾舞团、德国国家青年芭蕾舞团、德国巴伐利亚国家芭蕾舞团、法国巴黎歌剧院芭蕾舞团、奥地利维亚纳国家芭蕾舞团、南非乌雅尼舞蹈团、加拿大蒙特利尔爵士芭蕾舞团以及西班牙阿依达·戈麦斯舞蹈团和古巴国家芭蕾舞团；国内表演团体有中央芭蕾舞团、上海芭蕾舞团、广州芭蕾舞团和北京当代芭蕾舞团。演出季演出了《天鹅湖》《堂·吉诃德》《海盗》《夜莺与玫瑰》《仙女》《阿美利亚的遗言》《长恨歌》《帕基塔·精品晚会》《约翰·诺伊梅尔等作品晚会》《黄河》《梁祝》《小夜曲》《四季》《蝙蝠》和*SEVEN*等不同风格及流派的芭蕾类作品。

（姚怡暾）

【颜荷作品《无间》】 11月22日，青年舞蹈家颜荷编舞的作品《无间》在国家大剧院小剧场上演。《无间》是颜荷舞蹈剧场的第二部作品。作品受到古典文学《红楼梦》“十二金钗”的灵感启发，表现了对贯穿生命过程中“无间之道”这种东方哲学的感悟。编导颜荷，音乐 *Max Richter Nils Zoe Keating*，主演颜荷、李可华、金晓霖、龚兴兴、刘甜等。

（姚怡暾）

【“两个身体”——圣诞舞蹈晚会】 12月24日，中央民族歌舞团的“两个身体”——圣诞舞蹈晚会在民族剧院演出。晚会汇集了民族舞、芭蕾舞等多种舞蹈形式，演出的节目包括傣族双人舞《双》，国际双人舞《爱丽丝漫游仙境》《三月三》中的双人舞，现代芭蕾双人舞*PLUS*，古典芭蕾舞剧《天鹅湖》第二幕中的双人舞，舞剧《沙湾往事》第二幕中的双人舞等节目。

（张燕鹰）

赛事与奖项

【第17届中国国际标准舞总会（CBDF）“院校杯”暨第6届“怀柔杯”国际标准舞公开赛】 3月26日~29日，由中国国际标准舞总会、北京市怀柔区文委、怀柔区文联联合主办的第17届CBDF“院校杯”暨第6届“怀柔杯”国际标准舞公开赛在怀柔体育馆内举办。来自28所国标舞专业院校、18所国内大学、17个舞蹈培训机构，俄罗斯驻华使馆舞蹈学校以及各地国标舞协会和各地艺校的100多个代表队的近3000位选手，参加了197个不同奖项的激烈角逐。该赛事最高组别甲A组的拉丁舞冠军由来自北京国际标准舞学院的李玓、赵蕾获得，甲A组摩登舞冠军由来自珠海杰出舞蹈培训中心的何艟、单菁获得。

（姚怡暾）

【第十四届北京舞蹈大赛】 7月3日~11日，由北京市文联主办，北京舞蹈家协会承办，北京舞蹈学院协办的“中国精神·中国梦”暨纪念抗战胜利70周年第十四届北京舞蹈大赛在北京召开。此次舞蹈大赛共有来自各专业团体、部队文工团、各大专院校、社团、街道、文化馆、幼儿园等129个单位的4250多名演员参加了角逐。年龄最大的71岁，最小的5岁，最终有175个作品入围总决赛。大赛经过3天初选，5天决赛，7月11日在北京舞蹈学院举行颁奖仪式和演出。最终《我心飞翔》《春牛呈祥》《阿里路》《烟雨断桥》获得大赛最高奖项作品奖。业余老年组《长鼓敲起来》等5个作品获得表演一等奖，《阿穆尔赛诺》等5个作品获得创作一等奖。业余青少年组《红》同时获得表演和创作一等奖。业余少儿组《果园交响》《悦之乐舞》同时获得表演和创作一等奖。此外，《布衣者》等4部作品获得专业青年组群舞组表演一等奖，《烟雨断桥》等3部作品获得专业青年组群舞组创作一等奖，《煨桑》等5部作品获得专业青年组

单项组表演一等奖，《烙印》等3部作品获得专业青年组单项组创作一等奖。

（姚怡暾）

【第三届北京国际芭蕾舞暨编舞比赛】 7月9日～19日，由国家大剧院主办的第三届北京国际芭蕾舞暨编舞比赛在国家大剧院举办。来自24个国家的16岁到26岁之间的百余位芭蕾舞选手和来自14个国家的89名国际青年舞蹈编导参加了比赛。最终，古典芭蕾组：大奖空缺；青年组男子金奖由中国的寇祖权、梁泽成获得，女子金奖空缺；少年组男子金奖空缺，女子金奖由中国的于航获得；最佳编舞奖由中国的张晋浩、梁泽程获得；最佳双人奖由南非的杰西卡·奥弗顿和古巴的兰德尔·贝当科特获得；评委会特别奖由美国的朱丽叶·多尔蒂和中国的刘嘉文获得；国家大剧院特别奖由中国的方阿芳获得；晓星芭蕾基金特别奖由美国的田蕊妮获得；中国演员鼓励奖由卢雪岚获得。编舞组：金奖空缺，银奖由韩国的金爀振获得，作品表演奖由韩国的崔晶植获得；评委会特别奖由韩国的安坤获得；国家大剧院特别奖由中国的王圳冰获得；晓星芭蕾基金特别奖由中国的宋婷婷、龚兴兴获得；中国演员鼓励奖由巩中辉获得。

（姚怡暾）

研究与评论

【当代基础艺术教育（舞蹈）发展研讨会】 1月14日，“百年艺风蕴悠长，一朝舞韵荡流香”——当代基础艺术教育（舞蹈）发展研讨会在北京师范大学艺术与传媒学院举办。北师大艺术与传媒学院舞蹈系主任肖向荣、中国艺术研究院舞蹈研究所所长欧建平、北师大中国拉班研究中心首席专家罗秉钰、北京舞蹈学院教授刘健等参加了研讨会。该研讨会以“中小学艺术课程衔接研究与实践项目”第一阶段舞蹈素养数据分析报告为基础，分析了中小学舞蹈素养的缺失与利弊。专家提出，解决中小学舞蹈课程的缺失，标准设置的缺失，评价体系的缺失等一系列问题，势在必行。

（姚怡暾）

【《市场稳步发展作品琳琅满目——2014年中国舞蹈发展述评》】 4月14日，《中国文化报》第3版发表《市场稳步发展作品琳琅满目——2014年中国舞蹈发展述评》一文，作者欧建平，文章针对2014年中国舞蹈发展进行了总结与评述。文章指出2014年度的舞蹈比赛大量减少，但整体发展态势稳步向好。2014年只有东方卫视和浙江卫视舞蹈选秀节目以各自的方式存活下来，说明长期以“高雅艺术”自居的舞蹈，要在电视这种“雅俗共赏”的大众传媒中占有永久的地位，还需要长期的转型和培育期。2014年“新媒体舞蹈”这个新兴舞种尽管依然是以院校教学、个体创作和小型作品为主，却显示出更加旺盛的生命力。另外，中国舞蹈教育亦相当活跃，参与人数众多的少儿舞蹈教育更加活跃，中国舞蹈家协会建立的专业委员会接连在这个领域中举办了论坛、展演和比赛，推动了少儿舞蹈教育的有序发展。据不完全统计，在舞蹈评论与出版方面，2015年全国各地的作者至少出版了6大类共72本舞蹈著作。根据北京演出行业协会2015年1月9日发布的《2014年北京市演出市场统计与分析》，舞蹈虽然在演出场次和观众数量上仅排行第八，演出场次还比2013年减少了8%，票房却有所增加。

（姚怡暾）

【舞剧《进化论》创作沙龙】 6月22日，北京9当代舞团最新力作《进化论》创作沙龙在北京举办。该活动由北京朝阳区文化馆主办，旨在探究现代舞的社会作用，也是文化馆扶持青年舞蹈家的一次全新尝试。创作沙龙以“现代人的漂泊——舞剧《进化论》的舞台臆想”为主题，中国社会科学院研究员黄纪苏、中国艺术研究院研究员祝东力、北京朝阳区文化馆馆长徐伟等参与此次沙龙活动。专家、学者从社会变化、历史发展、艺术形式等多个角度对舞剧《进化论》进行了品评与分析。

（姚怡暾）

【第四届国际创意舞蹈研讨会】 10月4日～11日，由北京师范大学艺术与传媒学院舞蹈系主办的第四届国际创意舞蹈研讨会在北京举行。研讨会以“纯粹与变异”为主题，融合创作、教学、表演、理论四个领域，围绕纯粹、变异、跨界、融合等关键词，探讨当今艺术文化的特点与发展。来自美国南佛罗里达大学、加州大学和中国北京师范大学、中央民族大学、北京舞蹈学院、台北艺术大学、香港演艺学院等院校的百名师生展开了深层探讨。研讨会集舞蹈课程体验、舞台创作展演、理论学术研讨于一体，呈现不同文化、不同舞种的对话与交流，分为国际舞蹈大师班、校际联合公演、专家讲座、论文发表会、圆桌讨论会五个部分。

（姚怡暾）

交 流

【德宏民间艺人进京演出】 1月25日，云南德宏的民间艺人携德宏秘境歌舞乐集之《德宏之舞》在民族文化宫大剧院演出。该作品以德宏民族祭祀歌舞乐为创作题材，分为“崇拜”“食物”“因爱”“吉祥鸟”“我们”5幕，汇集了中缅边境5个古老秘境民族独特的歌舞乐，展现了云南少数民族传承智慧、热爱生活、与大自然和谐相处的美丽画卷。

（姚怡暾）

【古巴国家芭蕾舞团到京演出】 2月20日~24日，古巴国家芭蕾舞团在国家大剧院上演古巴版《天鹅湖》。该剧是古巴首席女芭蕾明星和编导艾丽西亚·阿隆索之女劳拉·阿隆索编导的作品。

（姚怡暾）

【中国歌剧舞剧院赴台演出】 3月1日~2日，中国歌剧舞剧院携原创民族舞剧《孔子》在台北孙中山纪念馆演出。该剧的演出是2015年“欢乐春节北京文化庙会·台北之旅”的内容之一。

（姚怡暾）

【广东歌舞剧院进京演出】 3月5日，由广东歌舞剧院编创的大型原创舞剧《沙湾往事》在北京保利剧院演出。该剧以20世纪30年代沙湾古镇为背景，以广东音乐人何柳年创作传世名曲《赛龙夺锦》的故事为主线，讲述了广东音乐人薪火相传，创作经典名曲的故事。

（姚怡暾）

【蒙特卡洛芭蕾舞团到京演出】 3月11日~13日，摩纳哥蒙特卡洛芭蕾舞团携现代芭蕾《浮士德》在国家大剧院演出。该剧改编自歌德的同名诗剧，由蒙特卡洛芭蕾舞团艺术总监让－克里斯托弗·马约创作。

（姚怡暾）

【台湾舞者黄翊进京演出】 4月17日~18日，来自台湾的舞者黄翊携其作品《黄翊与库卡》在北京77剧院演出。黄翊与他的机器人朋友库卡同台共舞。

（姚怡暾）

【通辽市民族歌舞团进京演出】 4月19日，内蒙古自治区通辽市民族歌舞团携大型原创蒙古族舞剧《天上的风》在国家大剧院歌剧院上演。该舞剧以15世纪蒙古族科尔沁部落为避免战乱迁徙至嫩江的真实历史为背景，是一部将安代文化融入民族成长历程的舞剧。

（姚怡暾）

【中美芭蕾艺术家联袂演出《天鹅湖》】 4月23日，由中国中央芭蕾舞团与美国芭蕾舞剧院联袂演绎的经典芭蕾舞剧《天鹅湖》在北京国家大剧院上演。参演的中央芭蕾舞团演员有马晓东、王晔等，美国芭蕾舞剧院演员有伊莎贝拉·波斯顿、保罗·阿拉伊斯等。

（姚怡暾）

【习舞孤儿中戏体会艺术之美】 4月25日，参加“培艺行动·一盏灯”计划的秦皇岛光明爱心孤儿院近20名热爱舞蹈的孩子们带着一年的学习成果来到中央戏剧学院昌平校区汇报。“培艺行动·一盏灯”计划，是中戏舞剧系沈培艺的培艺艺术基金项目计划，该计划每年支持北京各大高校内专业优秀、家境不丰的艺术专业学生，而作为回馈，这些受资助的学生又以自己的专业知识反哺社会。到秦皇岛光明爱心孤儿院支教，教这里热爱舞蹈的孩子们跳舞就是其中一项。活动安排在中戏最大的排练厅里，孩子们穿上培艺艺术基金专门为他们定做的芭蕾舞裙，跳起这一年来学习的芭蕾舞《玛祖卡》片断。

（姚怡暾）

【东方演艺集团赴意大利米兰世博会演出】 5月1日~10月31日，受中国国际贸易促进委员会的委托，中国东方演艺集团携舞蹈专场《中国的脚步》在2015年意大利米兰世博会中国馆演出180天。该专场演出由《谁不说俺家乡好》《噢！森吉德玛》《我们的脚步》等8个风格迥异的舞蹈作品组成，集中展现了中国汉族、藏族、蒙古族、维吾尔族、朝鲜族等民族的舞蹈和音乐精髓。

（姚怡暾）

【第三届“拉美及加勒比艺术季”舞蹈晚会】 5月7日，由中国文化部主办、中国对外文化集团公司承办的第三届“拉美及加勒比艺术季”舞蹈晚会在民族剧院上演。晚会演出通过两个女孩到加勒比自由行的经历串联起多个拉美国家的代表性艺术形式：阿根廷欲望探戈舞蹈团表演了探戈舞剧《假面舞会》；秘鲁圣佩德罗大学舞蹈团演出了《狂欢舞》；智利民间歌舞专家卡斯通·阿帕布拉萨等表演了《女园丁》；此外，还有哥伦比亚的萨尔萨舞蹈、哥斯达黎加的世界音乐、智利达科尔打击乐队的打击乐表演以及古巴传统舞蹈组合的双人舞《情迷古巴》等节目。

（姚怡暾）

【葡萄牙库伦芭蕾舞团到京演出】 5月12日，葡萄牙库伦芭蕾舞团携现代芭蕾《水舞》在国家大剧院演出。该作品原名《流动的法多》，融入了被列入世界非物质文化遗产名录的葡萄牙古老音乐“法多”，表演者则以各种舞姿与摆设在舞台上的几个硕大的方形玻璃水缸形成互动。

（姚怡暾）

【苗族舞蹈诗作品进京演出】 5月16日~17日，原创苗族舞蹈诗《巫卡调恰》在民族剧院演出。《巫卡调恰》由贵州省黔东南州中共黄平县委、黄平县人民政府和山水空间文化传播（北京）有限公司联合投资、策划、出品。“巫卡调恰”是苗语，汉语意思是“外婆的歌谣”。

（姚怡暾）

【法国玩酷嘻哈舞团到京演出】 5月23日，拉罗谢尔—普瓦图—夏朗德国立舞蹈中心、法国玩酷嘻哈舞团携现代舞剧《根》在解放军歌剧院演出。该剧由11位嘻哈舞演员出演，通过家庭唱片机播放的各种古典音乐和早期流行音乐，触发回忆与想象，从而演绎生活中的各种情景。

（姚怡暾）

【新疆生产建设兵团歌舞剧团进京演出】 5月27日，新疆生产建设兵团歌舞剧团携大型原创舞剧《戈壁青春》在天桥剧场演出。作品对新疆生产建设兵团60年的历史进行了回顾。该剧是第十五届“相约北京”联欢活动演出剧目之一。

（张燕鹰）

【中国原创舞剧《马可·波罗》赴意大利演出】 5月30日~31日，由中国国家大剧院与中国人民解放军总政治部歌舞团共同创作的中国原创舞剧《马可·波罗》在意大利米兰世博会礼堂演出。该演出是意大利米兰世博会“北京活动周”的活动内容之一。

（姚怡暾）

【新玉歌舞团进京演出】 6月10日~18日，2015年新疆和田地区赴北京市文化交流演出活动在北京举办。活动期间，新疆和田地区新玉歌舞团为北京5个区县、大约5000名观众进行了包括“于阗有梦”“和谐追梦”“感恩悟梦”三个篇章的“万方乐奏丝路圆梦”——和田人民真情感恩专场演出。

（姚怡暾）

【山西舞洲舞团进京演出】 6月13日，山西舞洲舞团携现代舞作品《当我们遇到孔子》在北京雷动天下剧场演出。作品以现代人天马行空的思维碰撞传统文化。年轻舞者用冷静的目光和炽热的胸怀，去舞动纯粹的躯体，以回应和感受孔子曾经说过的一句又一句的话。

（张燕鹰）

【拉脱维亚国家芭蕾舞团到京演出】 6月16日~17日，拉脱维亚国家芭蕾舞团携古典芭蕾舞剧《睡美人》在国家大剧院戏剧场演出。拉脱维亚国家芭蕾舞团是拉脱维亚唯一的专业芭蕾舞团，其保留剧目有《吉赛尔》《天鹅湖》《胡桃夹子》《堂·吉诃德》《葛佩莉亚》《泪泉》《明亮的小溪》等。

（姚怡暾）

【新疆麦盖提县刀郎文工团进京演出】 6月23日~24日，新疆麦盖提县刀郎文工团携大型歌舞诗《永恒的刀郎》在民族剧院演。该剧分为“远古呐喊”“生命欢歌”和“大漠礼赞”三个篇章，由“序歌”“熬鹰刀郎”“红柳刀郎”“画家刀郎”“情诗刀郎”“鞭子刀郎”“胡杨刀郎”“摇篮刀郎”和“永恒刀郎——致伟大的阿曼尼沙汗”九个部分组成。该作品是中央民族歌舞团与麦盖提县刀郎文工团进行文化合作的援疆项目。

（姚怡暾）

【中国中央芭蕾舞团赴美国演出】 7月8日~11日，受纽约林肯中心艺术节之邀，中国中央芭蕾舞团携芭蕾舞剧《牡丹亭》和《红色娘子军》先后在纽约林肯中心大卫·寇克剧院上演。中央芭蕾舞团不仅是首次登上林肯中心艺术舞台，更是“林肯中心艺术节”1996年创办以来第一个应邀参加的中国国家级表演艺术团体。

（姚怡暾）

【太原舞蹈团进京演出】 7月11日~12日，太原舞蹈团携新创现代舞剧《雁丘词》在天桥剧场演出。该剧创意源于金代诗人元好问的同名词作，以现代舞的视角诠释从古至今的永恒之爱。

（姚怡暾）

【德国吉森舞蹈团到京演出】 7月28日，德国吉森舞蹈团携现代舞作品《流浪者之歌》在解放军歌剧院演出。该作品改编自德国作家赫曼·赫塞的同名小说。

（姚怡暾）

【大连艺术学院进京演出】 10月09日，大连艺术学院近千名师生携交响舞蹈音诗画《和平颂》在人民大会堂演出。该作品把咏赞“一带一路”倡议和大国担当作为剧目的主线，展示了和平的珍贵与热爱和平的情怀。

（张燕鹰）

【云南红河州歌舞团进京演出】 10月10日~11日，由云南省委宣传部、省文化厅及红河哈尼族彝族自治州州委、州人民政府联合出品，云南红河州歌舞团出演的哈尼族舞剧《诺玛阿美》在天桥剧场演出。该剧以哈尼族迁徙的历史为背景，讲述了哈尼族群在特定历史时期的生存状态和创造哈尼梯田的故事。

（姚怡暾）

【澳大利亚踢踏舞者到京演出】 10月6日~10日，6位澳大利亚的男子踢踏舞者在北京展览馆剧场演出《踢踏狗》。作品突破了传统踢踏舞的表现形式，把平面的舞台变为立体的工厂，舞者穿梭其中，使演出弥漫着浓重的工业时代的金属气息。该舞蹈形式的原创者是出身于澳洲悉尼钢铁重镇纽卡斯尔的迪恩·派瑞。

（姚怡暾）

【河北大厂评剧歌舞团进京演出】 10月15日，由农民日报社、中国社会报社、中华文化促进会、中国诗歌学会、中华诗词学会主办，北京东方中国诗书画院、信阳万家灯火集团、中国企业经济发展联合会承办，河北大厂评剧歌舞团演出的大型现代音乐舞蹈诗剧《农民工之歌》在人民大会堂举行公益演出。该剧根据诗人刘迅甫的同名长篇纪实诗报告改编，再现了农民工群体和城市文明的博弈与融合。

（姚怡暾）

【澳大利亚国家芭蕾舞团到京演出】 10月16日~18日，澳大利亚国家芭蕾舞团携《精品荟萃》和《天鹅湖》两台节目在国家大剧院演出。其中，《精品荟萃》包含了《白色组曲》《未说出的对话》《在楼上的房间里》三部舞作。

（姚怡暾）

【吕梁市民间艺术团进京演出】 10月31日，山西省吕梁市民间艺术团携舞剧《吕梁英雄传》在中国剧院演出。作品以晋西北抗日战争的真实历史为素材，歌颂了吕梁人民不畏困难、不惧强敌、敢于牺牲的大无畏英雄主义精神。该剧是山西省优秀新创舞台剧进京展演作品之一。

（姚怡暾）

【圣彼得堡艾夫曼芭蕾舞团到京演出】 11月20日~21日，圣彼得堡艾夫曼芭蕾舞团携芭蕾舞剧《安娜·卡列尼娜》在国家大剧院演出。该剧是2015国家大剧院舞蹈节演出剧目之一。

（姚怡暾）

教育与培训

【北京引进英国皇家舞蹈学院培训课程】 3月19日，英国皇家舞蹈学院在北京宣布和北京拂晓之星艺术中心合作，把全球最具影响力的芭蕾教师培训课程引入中国北京。英国皇家舞蹈学院是世界上最大、最具影响力的舞蹈教育与认证机构。此前，由于未曾在中国内地设立落地的课程，舞者要绕道香港或出国才能完成培训。此次引入两项课程CBTS（芭蕾教学研究证书课程）和PDTD（专业舞者教学文凭课程）分别是为期两年的长期教学项目与为期十二周的强化训练课程。

（姚怡暾）

【芭蕾舞剧《红色娘子军》青年演员人才培养项目启动】 3月28日，芭蕾舞剧《红色娘子军》青年演员人才培养项目在中央芭蕾舞团正式启动。共有中央芭蕾舞团青年演员，北京舞蹈学院芭蕾舞系学生，北京舞蹈学院附中首都师范大学、中央戏剧学院的青年教师等共40位学员参加为期9个月的培训。培训班邀请蒋祖慧、杜鸣心、白淑湘、宋琛琛、王才军、徐刚等艺术家以及《红色娘子军》曾经的优秀饰演者共同担任讲座主讲人和课堂教师，采用理论授课与实际排演相结合的方式“手把手”传承，并赴《红色娘子军》故事诞生地海南琼海采风、学习。

（姚怡暾）

【舞蹈创作青年人才培养暑期舞蹈营】 7月13日~8月1日，由中国舞蹈家协会主办的2014年度国家艺术基金人才培养资助项目——舞蹈创作青年人才培养暑期舞蹈营于北京举办。该活动分小班进行有针对性的授课，开设有大师工作坊、跨界对话、艺术讲座、汇报演出等活动。接受培训者有新疆维吾尔自治区、西藏自治区、内蒙古自治区等民族地区的舞蹈艺术院团和专业高校的业务骨干，解放军艺术学院、北京舞蹈学院等院校的舞蹈专业人员以及已经拥有自己独立舞团的体制外自由舞者37人。师资包括中国、美国、葡萄牙、新西兰、以色列、法国等舞蹈团的艺术家和编导，各艺术门类的评论家、学者等。

（姚怡暾）

纪　念

【“中法文化之春”芭蕾精品荟萃专场演出】 5月11日~12日，中央芭蕾舞团为纪念“中法文化之春”十周年编排的“芭蕾精品荟萃”专场在天桥剧场演出。中央芭蕾舞团的首席主演和主要演员朱妍、张剑、王启敏、鲁娜、王晔、李俊、盛世东、马晓东、佘波、周兆晖、孙瑞辰、战薪潞、张熙、邱芸庭等演出了浪漫主义芭蕾作品和现代主义芭蕾作品。

（姚怡暾）

【孙光言逝世】 5月24日，舞蹈教育家孙光言在北京逝世。孙光言（1935—2015），北京舞蹈学院教授。1950年，毕业于华北大学三部戏剧系舞蹈科，同年任中央戏剧学院舞蹈团演员。1954年，调入北京舞蹈学校（1978年升格为北京舞蹈学院），任中国古典舞教师。孙光言是中国第一代中国古典教师及北京舞蹈学院中国古典舞系统训练的创建人之一，是中国舞考级制度的创始人，中国舞考级首席考试官。主编有《中国舞等级考试》教材。

（姚怡暾）

【曲皓逝世】 10月13日，舞蹈教育家曲皓在北京逝世。曲皓（1927—2015），山东牟平人。1950年参加工作，历任北京人民艺术剧院和中央实验歌剧院舞蹈演员、教员，北京舞蹈学校教员，北京舞蹈学院院长助理兼芭蕾舞系主任、教授。1961年加入中国共产党。著有《古典芭蕾舞基本训练教材》《中国大百科全书》音乐舞蹈卷芭蕾条目以及多篇有关芭蕾舞的论述文章。1990年，科研项目《创建具有中国特色的芭蕾舞教学体系，培养出具有国际水平的芭蕾舞演员》获国家级教学成果一等奖。

（姚怡暾）

出版与传播

【《舞蹈：作为艺术教育（上、下册）》】 1月，《舞蹈：作为艺术教育（上、下册）》由上海音乐出版社出版，主编吕艺生。该书原著为［美］布伦达·普·麦克臣，详尽地介绍了美国K-12教育型舞蹈的内容和教学方法，为中国素质教育舞蹈的发展提供了更多的借鉴。该书主要内容包括：从艺术教育的视角审视教育型舞蹈、探究国家艺术方案如何影响舞蹈、进入教学中的角色与职责、以学生为中心的学习重点等。

（姚怡暾）

【《舞蹈——高等院校学前教育专业系列教材》】 5月，《舞蹈——高等院校学前教育专业系列教材》由清华大学出版社出版，作者张利。该书根据《国务院关于当前发展学前教育的若干意见》及教育部《3~6岁儿童学习与发展指南》的精神，结合师资能力培养要求，系统介绍舞蹈的基本知识、芭蕾舞、古典舞、民族民间舞、幼儿舞蹈创编和幼儿舞蹈教学、幼儿音乐剧及排练方法等知识。通过教学案例分析、实践训练，提高幼儿舞蹈教师的应用技能与能力。

（姚怡暾）

【《中国街舞艺术教育考级》系列教程】 7月，“全国街舞艺术大众普及推广系列工作”暨《中国街舞艺术教育考级》系列教程由中国文联出版社出版发行，主编夏锐。该系列教材分为文字和视频两个部分，包含了Breaking，Popping，Locking，Hiphop，Jazz和House 6个舞种，每个舞种分为10级，每级分为10个舞段或组合。

（姚怡暾）

美术

2015 年，北京地区美术界在展览、活动、研讨、交流等方面不仅内容十分丰富，而且各具亮点和特色。

2015 年，北京地区的美术机构又增加了新的成员。在原民族文化宫民族画院基础上成立的国家民族画院，不仅设有一般画院国画、油画、书法篆刻等专业，还设有唐卡等中国少数民族特有画种专业，对传承和繁荣少数民族美术创作有着不可替代的作用。而中国美术家协会策展委员会的成立，更是在举办美术展览方面起到推动作用。

2015 年，北京地区举办的美术展览既内容丰富，又形式多样。首先是各种延续多年的展览项目依然有序开展。北京国际美术双年展已经进行了第六届，北京市文联联合各区县开展的“北京意象”绘画作品展，2015 年的主题是“生态密云”。9 年一个循环的“故宫藏历代书画展”开启了新一轮的展览。中国重彩画展、中国传统书画小品展、中国工笔画学会传承展、乔十光漆画展、“泥人张”（北京支）彩塑艺术展等不同画种的展览轮番举办。在中国画的展览中，更加注重中国画的文人与诗书画浑然一体的传统，较有代表性的是“张继《中国书画千字文》诗书画印展”和“文史翰墨”——第二届中华诗书画展、“正道沧桑”——刘宝纯诗书画全国巡展。近年来出现的研究性展览也在 2015 年度表现突出。如“百年华彩”中国水彩艺术研究展、“笔墨新体”中国国家画院美术研究院学术提名展、周思聪卢沉《矿工图》组画研究展、第四届中国油画展·当代中国油画的表现性研究展、靳尚谊油画语言研究展、赖少其艺术研究展等，都体现了画展的学术性与研究性。此外，大量的个展、特展、综合展览、专题展览也十分丰富，特别值得一提的是围绕“纪念中国人民抗日战争暨世界反法西斯战争胜利 70 周年”举办的美术展览数量繁多。如由中国中共党史学会主办的“民族先锋中流砥柱美术作品展”，由中国人民解放军总政治部宣传部、中国美术家协会和中国书法家协会联合主办的“纪念中国人民抗日战争暨世界反法西斯战争胜利 70 周年”——全军美术书法作品展，由文化部、中国文联、解放军总政治部宣传部、中国美协共同主办的“铸魂鉴史 珍爱和平”——纪念中国人民抗日战争暨世界反法西斯战争胜利 70 周年美术作品展。在这类展览中不得不提的是抗战时期国民党军旅画家梁又铭的“梁又铭抗战美术作品展”。这个展览不仅是国民党军旅画家个人的作品展，而且是以美术作品反映了国民党在正面战场的抗战场景。在抗战题材的美术作品展中还有“胜利：1945～2015！”——纪念世界反法西斯战争胜利 70 周年俄罗斯美术作品展等外国美术作品展览。

2015 年，北京地区开展了一系列以美术为主题的活动。与美术创作相关的，以“圆好团结梦、实现发展梦、共筑中国梦”为主题“《中华民族一家亲》大型美术作品创作工程”在北京启动。北京市文联和丰台区委、区政府联合主办了“军魂不朽”——纪念中国人民抗日战争胜利 70 周年暨中国人民解放军建军 88 周年书画笔会。北京市文联和北京美协在新年、春节期间多次组织艺术家下基层，组织笔会，赠送美术作品。著名人物画大师蒋兆和在 20 世纪 40 年代创作的《流民图》以册页的形式在北京首发。《中国美术报》也在北京创刊。

2015 年，北京地区还举办了多名美术家的研讨活动。其中主要有：“艺术与科学”——蔡文颖创作成就学术研讨会，是针对美籍华裔艺术家蔡文颖利用金属和玻璃纤维等材料、采用声光电控制以捕捉和再现大自然辉煌景观的电动感应雕塑的创作方法进行的研讨；“张立国艺术研讨会”，是对已故清华美院教授张立国的艺术探索、成就及其价值进行的研讨；“杨晓阳‘大写意’理论学术研讨会”，是对杨晓阳提出的“大写意”理论的逻辑体系，及其对于当代中国画创作与发展的价值和意义进行的研讨。

2015 年，北京地区的多家收藏机构收藏了著名画家的作品。

中国国家博物馆收藏了中央美术学院中国画学院院长唐勇力创作的迄今为止尺幅最大的工笔重彩画《新中国诞生》。中国国家画院收藏了中国国家画院院长刘勃舒捐赠的作品10幅、手稿类作品19幅。首都博物馆收藏了由已故蒙古族著名画家官布夫人捐赠的油画、国画、素描、速写、创作草图等156幅作品。

2015年，北京地区的国内外美术交流不断。中国大陆其他省份的美术团体和美术家个人在北京举办的美术展览种类繁多。其中省级规模的有“陕西省油画、水彩、水粉画作品展”“甘肃省国画作品展”“山西省国画作品展”“江西省国画作品展”“当代岭南中国画作品展”。此外，还有极具鲜明地域特色的“舟山渔民画展”和“中国惠安南派雕刻艺术展”。在北京举办的国外美术展览异常丰富，仅国家级的美术交流展览就有“世纪之交的匈牙利艺术”“俄罗斯油画作品展”“中国新加坡艺术交流展”“奥地利100年绘画展：1860～1960”“全球环境中的波兰当代艺术展”“中蒙当代美术交流展”等，“东西方当代陶艺对话展”“新加坡艺术家陈建坡书画篆刻展”和“迪士尼经典动画艺术展”等则与一般美术展览有所区别。在深圳举办的“北京画院花鸟画作品展”、在匈牙利举办的“北京画院藏齐白石精品展”、在墨西哥举办的“来自中国美术馆的艺术”是北京地区组织的在外地和国外展览中较有代表性的展览。

（黎　明）

机　构

【中国美术家协会策展委员会成立】 3月17日，中国美术家协会策展委员会成立大会在中国文联举行。中国美协副主席、中央美术学院院长范迪安被聘任为主任；丁宁、王衡生、皮道坚、祁海峰、许向群、吴洪亮、张晴、李旭、罗一平、高士明为副主任。

（黎　明）

【国家民族画院揭牌】 5月18日，“《中华民族一家亲》大型美术作品创作工程启动暨国家民族画院揭牌仪式”在民族文化宫举行。国家民族画院前身为民族文化宫民族画院，经国家民委批准，于2014年2月更名。第十、第十一届全国政协副主席阿不来提·阿不都热西提担任名誉院长；全国政协常委、民族文化宫正局级副主任、中央民族大学副校长王林旭任院长；5个少数民族自治区的美协主席任副院长；30余名有关省市美协主席或自治州美协主席任院委。国家民族画院与5个少数民族自治区联合办院，下设有国画院、油画院、书法篆刻院、唐卡艺术研究院等11个专业院。阿不来提·阿不都热西提，国家民委副主任陈改户，国家民委及民族文化宫相关领导，内蒙古、广西、西藏、新疆、宁夏5个少数民族自治区及有关省市美协领导，中国美协、国家画院、中国画学会、北京画院、中国艺术研究院有关人员，以及国内知名书画艺术家、理论家、批评家代表等，共80余人出席仪式。

（黎　明）

展　览

【中国自然之声油画艺术研究院首届油画中国风景邀请展】 1月9日～20日，由中国对外文化交流协会、内蒙古乌海市当代中国书法艺术馆和中国自然之声油画艺术研究院主办的“中国自然之声油画艺术研究院首届油画中国风景邀请展”在中国美术馆展出。该展邀请了中国自然之声油画艺术研究院的李天祥、赵友萍、范迪安、钱绍武、张文新等近30位老中青艺术家参展，作品绝大部分是研究院成立后艺术家们的新近创作。中国自然之声油画艺术研究院，是由著名油画家、教育家赵友萍发起并与画家胡天笑于2014年共同成立的机构，致力于风景油画的研究和实践。

（黎　明）

【“人民的形象”主题展览】 1月12日～3月11日，作为中国美术馆“典藏活化”系列展的首个展览，由中国美术馆主办的“人民的形象”主题展览在中国美术馆举办。展览展出了李平凡、董希文、刘文西、孙滋溪、周思聪、罗中立、广廷渤、张得蒂等中国美术名家不同时期创作的《我们要和平》《翻身农奴》《祖孙四代》《天安门前》《人民和总理》《父亲》《钢水·汗水》《日日夜夜》等经典名作近100件，作品涵盖国画、油画、水粉、水彩、版画、雕塑等各艺术品种。该展得到广东美术馆、浙江美术馆、中华艺术宫、江苏美术馆、中央美术学院美术馆等多家美术馆支持，整合共享了人民主题的馆藏精品。

（黎　明）

【第二届CAFAM未来展】 1月15日～3月1日，由中央美术学院美术馆策划主办，K11 ART FOUNDATION和北京798艺术工厂联合主办的“第二届CAFAM未来展：创客创客·中国青年艺术的现实表征”在中央美术学院美术馆与798艺术工厂展出。展览通过“共智场（I）”“源代码（O）”“云生产（C）”“E循环（E）”“未来方程式——第二届 CAFAM 未来展跟踪计划（F）”几大部分，展示了从 64 家艺术机构提名推荐的 232 位艺术家和艺术家团组中选出的 95 位青年艺术家的当代艺术作品，其中，83 位参加主题展，12 位“第一届 CAFAM 未来展：亚现象”的参展艺术家参加“未来方程式——第二届 CAFAM 未来展跟踪计划（F）”活动。展览期间举行了“思想与未来——首届‘大学与美术馆’论坛”“创艺术·创客工作坊”“创艺术·开口秀：开放论坛”“青年与未来·系列讲座”“青年与未来·系列对话”等一系列学术与公共活动。该展随后还将赴上海、香港等地巡回展出。

（黎　明）

【张继《中国书画千字文》诗书画印展】 1 月 17 日 ~2 月 8 日，“继古·求新·圆梦”——张继《中国书画千字文》诗书画印展在中国人民革命军事博物馆举办。该展展出了现任中国人民革命军事博物馆书画研究院副院长、中国书协理事、中国书协隶书专业委员会副主任、著名军旅书画篆刻家张继围绕其诗作《中国书画千字文》的主题而创作的跨门类、大规模作品。《中国书画千字文》借用古人千字文形式，用 1000 个不重复的汉字，作成 250 句一韵到底的四言诗，将中国 5000 年书画史的发展及其中出现的流派风格、代表人物和事件加以高度浓缩的诗意展现。此次展出的作品，包括一幅刻画了中国书画史上 200 多位代表性书画家，背景涉及人物、山水、花鸟、书法、篆刻等多种艺术形式，集诗书画印为一体，总长 75 米的《图说中国书画千字文》巨幅画卷，150 余幅表现《中国书画千字文》内容的篆、隶、楷、行、草 5 种字体和 9 种书体的书法作品，以及 300 余方表现同一内容的多种印式的印章，全面展示了作者中国书画史研究的学术成果、横跨多个艺术门类的创作成果和高深的艺术造诣。

（黎　明）

【袁武绘画作品展】 1 月 18 日 ~3 月 8 日，由北京画院和今日美术馆联合主办的“天·灯”——袁武绘画作品展在今日美术馆举办。该展展出著名画家、北京画院常务副院长袁武数度赴西藏写生之后，近两年所创作的西藏题材的水墨画作品 150 余幅。作品描绘了许多在去往西藏大昭寺朝圣路上的虔敬藏民的丰富情态，反映出艺术家受到的朝圣者精神的感动及对当下社会人文环境中信仰问题的反思，也显现出其近年来艺术创作风格的转型。

（黎　明）

【2014 年度北京工笔重彩画会会员艺术展】 1 月 20 日 ~30 日，由北京工笔重彩画会主办的“2014 年度北京工笔重彩画会会员艺术展”在李可染画院美术馆举办。展览展出了近 70 位艺术家的人物、花鸟、山水等各种题材的工笔画精品作品 130 余件。

（黎　明）

【“百年华彩”——中国水彩艺术研究展】 1 月 23 日 ~2 月 8 日，由文化部艺术司、青岛市政府、中国美术馆、中国美协、中央美院主办的“百年华彩”——中国水彩艺术研究展在中国美术馆举办。该展在中国水彩艺术发展历程研究的基础上，以学术研究展的形式，以 20 世纪以来的近百年为研究重点，梳理水彩画传入中国 300 年来的发展历史和艺术成就。展览采取历史叙事与个案分析相结合的结构，分为“大家风采”个案展区及“西学来潮”“本土自觉”“新的气象”“复兴之旅”“多维视界”5 个篇章，展出各个时期具有代表性的共 300 多位艺术家的近 700 件优秀作品，以及 100 多件珍贵文献，其中包括了一批此前从未公开展出过的作品和历史资料。此次展览同时也为筹建中的中国（青岛）水彩博物馆奠立学术基础。该展结束后还将赴青岛美术馆展出。

（黎　明）

【“笔墨新体”——中国国家画院美术研究院学术提名展（2015）】 2 月 1 日 ~7 日，由中国国家画院美术研究院主办的“笔墨新体——中国国家画院美术研究院学术提名展（2015）”在国家画院美术馆展出。展览汇聚了崔振宽、周彦生、王涛、郭全忠、龙瑞、王西京、何水法、赵建成、苗再新、范扬、张志民、赵卫、杨晓阳、林容生、李孝萱、纪连彬、张江舟、何加林、卢禹舜、贾广健等颇具实力并富有创造精神的当代著名国画家的山水、人物、花鸟等作品，旨在展现和研究三十年来中国画家在笔墨语言探索与中国画现代性建构上的成就。

（黎　明）

【老舍、胡絜青藏画展】 2 月 2 日 ~3 月 15 日，时值老舍 116 周年诞辰，由中国美术馆主办，中国现代文学馆、北京老舍纪念馆、中国嘉德国际拍卖有限公司协办的“人民的艺术家”——老舍、胡絜青藏画展在中国美术馆举办。展览以“文心雅兴：老舍、胡絜青自作书画作品”“夫子千秋：老舍、胡絜青藏齐白石书、画、印作品”“积萃藏珍：老舍、胡絜青藏历代书、画、印、砚作品”3 部分组成，展出了老舍、胡絜青以诗书画相结合创作的作品 34 幅，以及二人收藏的明清时期及近现代艺术家的作品。展览期间，老舍、胡絜青的四位子女舒济、舒乙、舒雨、舒立将父母旧藏的多幅书画作品无偿捐赠给中国美术馆，其中包括赵之谦的《手札》、翁方纲的《行书〈吴静岩传〉》、何绍基的《小楷书》等明清时期作品，以及任伯年、吴昌硕、齐白石、陈师曾、傅抱石、林风眠、陈半丁、王云等近现代艺术大师的作品。

（黎　明）

【“中国写意”——中国美术馆邀请展】 2月13日~3月8日，由中国美术馆主办的“中国写意”——中国美术馆邀请展作为迎新春跨年展在中国美术馆展出。展览分为中国画、油画、版画、雕塑四大板块，汇聚了靳尚谊、詹建俊、潘鹤、袁运生、钱绍武、吴长江、冯远、范迪安、刘小东等140余位老中青艺术家的240余件作品。这些作品，以不同的语言、方式和风格，共同展现出中国传统艺术的“写意精神”。

（黎　明）

【“微观”——馆藏部分早期油画作品陈列展】 2月13日~5月10日，由大都美术馆主办的“微观”——馆藏部分早期油画作品陈列展在大都美术馆举办。该展展出了大都美术馆馆藏部分20世纪早期留学生以及在民国时期接受国内艺术教育成长起来的油画家的作品29幅，其中包括卫天霖、冯法祀、孙宗慰、方君璧、戴泽、黄达生、李宗津、沙耆、吕斯百、罗工柳、吴作人、秦宣夫、颜文樑、吴大羽、朱德群、周碧初等的作品。这些创作于清末到20世纪中期的作品，尺幅都不大，显现出留学欧洲、日本、苏联以及在国内接受新式教育的中国早期油画家们对油画艺术的造型、空间与色彩的理解及把握上的差异和特点。

（黎　明）

【当代中国女画家中国画展】 3月8日~14日，由中国女画家协会和民族文化宫主办的“中国梦·丽人行”——当代中国女画家中国画展在民族文化宫一楼展厅举办。展览展出了何韵兰、孔紫、王绿霞、张金玲、胡宁娜、安佳、喻慧、樊萍、宫建华、姚思敏、李青稞、王仁华、宫丽、杨芳、庄道静、颜晓萍等女画家的中国画作品近90幅。该展为巡展，此次北京展是继山东淄博、潍坊展之后的第三站。

（黎　明）

【北京画院画家小幅作品展】 3月10日~18日，由北京画院主办的“咫尺天地”——北京画院画家小幅作品展在北京画院美术馆举办。展览展出了王明明、纪清远、刘旭、李雪松、卢平、彭薇、王冠军、谢永增、方政和、陈福彬、徐钢、莫晓松、蔡玉水、买鸿钧等北京画院在职画家的小幅中国画作品130余幅。这些作品着意体现中国传统的手卷、册页等小幅绘画形式“笔精墨妙”“小中见大”“咫尺乾坤”的意趣。

（黎　明）

【中国工笔画学会传承展】 3月18日~28日，由中国工笔画学会主办的“丹青文脉”——中国工笔画学会传承展在中国美术馆举办。展览展出了刘大为、张策、蒋采苹、王天胜、唐勇力、孙志钧、潘絜兹、牛克诚、刘泉义、刘金贵、林凡、李魁正、冯大中、陈孟昕、喻继高、喻慧、谢振瓯等中国工笔会学会历届领导、艺术顾问和专家委员会委员的代表性作品100余幅，其中包括中国美术馆部分馆藏精品。该展旨在梳理中国工笔画学会成立28年来工笔画艺术的传承和发展，肯定为复兴工笔画艺术做出巨大贡献的开拓者、领导者和艺术家的历史功绩。开幕式后举行了学术研讨会，邵大箴、蒋彩苹、夏硕奇、李一、王镛、林木等著名美术史论家、工笔画家出席。

（黎　明）

【中国画学会展】 3月21日~28日，由中国画学会与中国美术馆共同主办的“中国画学会展”在中国美术馆举办。该展是中国画学会自2011年成立以来首次举办的全体理事作品的大型展览。展览展出了学会理事们不同时期创作的人物、山水、花鸟等画作近240件，集中展现了该学会的艺术和学术面貌，也代表性地反映了当前中国画创作与创新的总体状况。

（黎　明）

【苏天赐艺术展】 3月26日~4月6日，由中国美术馆主办的“春风又绿”——苏天赐艺术展，作为中国美术馆“典藏活化”系列展览之一，在中国美术馆举办。展览展出了20世纪中国杰出油画家、著名美术教育家苏天赐（1922—2006）的油画作品40幅，其中绝大部分是苏天赐家人2008年捐赠给中国美术馆的馆藏作品。

（黎　明）

【滑田友雕塑展】 4月1日~6日，由中国美术馆主办、作为该馆“典藏活化”系列展之一的“塑痕心声”——滑田友雕塑展在中国美术馆举办。该展展出了中国美术馆馆藏20世纪中国现代雕塑艺术大师滑田友（1901—1986）的全部23件作品，并且首次展出艺术家当年为人民英雄纪念碑浮雕所作的构图稿2件，以及为人民英雄纪念碑浮雕《五四运动》所作浮雕头像稿17件。

（黎　明）

【马常利艺术回顾展】 4月1日~12日，由中国美术馆、中央美院、中国美协、中国油画学会共同主办的“感悟诗境”——马常利艺术回顾展在中国美术馆举办。该展以“时代风貌：主题创作”“情系山河”“直面生活”“临摹敦煌壁画与速写”4个部分，展出著名油画家、美术教育家、中央美院教授、中国油画学会理事马常利60多年来创作的油画和素描作品共160余件。马常利将参展的《高原情》《草原上》《荷韵》等10件代表作品捐赠给中国美术馆收藏。

（黎　明）

【赵望云写生作品展】 4月1日~20日，由中国美术馆主办的中国美术馆“典藏活化”系列——赵望云写生作品展在中国美术馆举办。展览展出了中国美术馆藏现代著名国画家、“长安画派”创立者与奠基人之一赵望云（1906—1977）的4套共67件精选写生作品，包括他二十世纪五六十年代赴埃及参加国际艺术会议的沿途写生，以及多次深入西北各地及黄河禹门口、三门峡水库工地、秦岭林区、祁连山脉等地的写生作品。

（黎　明）

【纪连彬中国画展】 4月15日~22日，由中国美术家协会和中国国家画院联合主办的“天地吉祥”——纪连彬中国画展在中国美术馆举办。展览展出了中国国家画院创作研究部主任、一级美术师纪连彬从艺30余年来不同时期的代表性作品90余件，全面展现了他的艺术探索和成就。展览开幕当日举行了纪连彬画展学术研讨会，邵大箴、薛永年、刘曦林等30余位理论家参加了研讨。

（黎　明）

【罗尔纯艺术展】 4月27日~5月5日，由中国美术馆、中央美院、中国美协、中国油画学会主办的“大美至朴”——罗尔纯艺术展在中国美术馆举办。展览以“何处不乡土”“知其正得其变”“生命回响”“蕴藉传统”4个部分，展出了中国当代著名油画家罗尔纯近70年间创作的油画和水墨画代表性作品近300件，全面回顾了艺术家的创作生涯与艺术成就。展览中，有罗尔纯向中国美术馆无偿捐赠其创作的39件代表作品，其中，油画30件，国画9件。

（黎　明）

【“时代领跑者”美术作品展】 4月27日~5月6日，由中国文联、中华全国总工会、中国关心下一代工作委员会主办，中国文学艺术基金会、中国五老公益工程组委会承办，中国美协、中国美术学院协办的“时代领跑者”美术作品展在中国国家博物馆举办。该展展出了为一批新中国成立后在各行各业涌现出的具有代表性、典型性、时代性的全国劳动模范描绘形象的5幅巨幅画作，其中包括2米×8米油画3幅、2米×8米国画1幅、2米×16米国画1幅。画作中所描绘的申纪兰、吴仁宝、鲁冠球、孔繁森、任长霞、邓亚萍等60名被称为“时代领跑者”的劳动模范，是2009年新中国成立60周年之际，由中华全国总工会在全国范围开展的“时代领跑者——新中国成立以来最具影响的劳动模范”评选活动评选出来的。画作以几乎与其真人同比等高、神形兼备的形象呈现于画面，再现了时代的风采。这5幅画作的巨大创作工程，作为中国文联2014年“中国梦”主题创作重点支持项目，是中国美术学院举全院之力，由许江院长领军，由副院长王赞、油画系主任杨参军、油画系副主任孙景刚、中国画系吴宪生教授、第十二届全国美展金奖获得者何红舟等老中青三代著名画家，以及学院一大批中青年创作骨干，组建5个创作团队分别创作，历时半年、数易其稿而完成。

（黎　明）

【故宫藏历代书画展（第一期）】 4月30日~6月29日，“故宫藏历代书画展（第一期）”在故宫博物院武英殿书画馆展出。故宫藏历代书画展自2008年开始举办，为故宫博物院常设展览之一，每年2期，共9期，循环展出。本次展览为再次循环后的第一期。展览展出故宫藏经典书画名作共68件，分为晋唐宋元、明、清3个部分，每个部分都以相应历史时期的书画特点、风格流变、主要流派和代表书画家为展示重点。其中，唐代书法家褚遂良临摹东晋书法家王羲之的《褚摹兰亭序卷》和五代南唐画家卫贤的《卫贤高士图卷》等书画精品，为此次展览的重要看点。

（黎　明）

【北京女美术家联谊会成立二十周年纪念展】 5月9日~11日，由北京女美术家联谊会主办，798劳特斯辰艺术空间、国艺美术馆承办的“精彩历程”——北京女美术家联谊会成立二十周年纪念展（1995~2015）在国艺美术馆举办。展览展出了安佳、陈亚莲、何韵兰、刘娟、师璠、孙绿绿、王绿霞、王迎春、韦红燕、杨芳、袁琳、曾迎春等120位女艺术家的精选作品。包括了中国画、油画、版画、水彩、水粉和雕塑等各个艺术种类的形式多样的作品，集中展现了女美术家们的创作实力和追求，是北京女美术家联谊会20年历程的回顾和总结。

（黎　明）

【2015中央工艺美院8090水墨展】 5月9日~30日，由北京东西汇文

化发展有限公司主办的“2015中央工艺美院8090水墨展”在鸟巢文化中心举办。展览展出了100多位20世纪80～90年代曾在中央工艺美院教与学的老艺术家和校友的近300件作品。其中有庞薰琹、张仃、张光宇、吴冠中、祝大年、袁运甫、常沙娜、黄国强等老一辈艺术家的作品，还有刘巨德、杜大恺等校友艺术家的作品。展现了为生活而艺术的学院精神，以及水墨与设计融合的生活美学和艺术创造。

（黎　明）

【“中国梦·太行魂”——全国中国画作品展】 6月3日～14日，值抗战胜利70周年，作为国家艺术基金2014年度资助项目，由中国美协、文化部艺术司、山西省文化厅主办，中国美协中国画艺委会为学术主持，山西省美协、山西画院、山西省艺术创作中心承办的“中国梦·太行魂”——全国中国画作品展在中国美术馆举办。展览组委会邀请中国美协主席团成员、顾问、中国画艺委会新老委员及全国著名国画家百余人参展。展览分设创作展区和写生展区，展出了山水、人物、花鸟等中国画精品200余幅，集中反映30年来全国画家写生太行、创作太行的“太行艺术现象”及丰硕成果。为筹备该展，展览组委会于2014年10月在山西举办了“中国梦·太行魂”——采风写生活动，组织画家深入太行山区采风写生。

（黎　明）

【张广中国画展】 6月16日～23日，由中国美协、中央美院、人民美术出版社共同主办的“永远的牧歌”——张广中国画展在中国美术馆举办。该展展出了国家一级美术师、蒋兆和研究会副会长、著名中国画家张广不同时期的代表作品150余幅，回顾了他在人物画、动物画及花鸟画领域50余年的创作历程和卓著的艺术成就。

（黎　明）

【刘商英艺术展】 6月16日～25日，由中央美院、中国油画学会主办的“空故纳万境”——刘商英艺术展在中国美术馆举办。展览展出了中央美院油画系副教授、副主任刘商英最近一次在西藏阿里地区现场创作的巨幅油画20余幅，以及创作现场的影像和资料，展现了置身于原始混沌生态中的艺术家将自我融入风景之中，使绘画行为与心灵体验相默契的创作方式。

（黎　明）

【中国重彩画作品展】 6月17日～25日，由中央美院、中国美协、中国重彩画研究会、中国画学会、李可染画院主办的“美丽中国”——中国重彩画作品展在中国美术馆举办。作为自2001年首届重彩画大展以来的第二届大展，该展展出了从1998年以来14届中国重彩画高级研修班的470余名师生画家的作品中精选出的150余幅作品，全面展现了中国重彩画十余年来的探索发展和创作成果。

（黎　明）

【“精研博取”——中国传统书画小品展】 6月19日～28日，由北京市文史研究馆主办的“精研博取”——中国传统书画小品展在孔庙和国子监博物馆举办。展览展出了曹国鉴、刘宗汉、夏永学、杨遇泰4位文史馆馆员传统书画小品共150余幅。参展的4位书画家均师承于京津画派名家，秉承20世纪初京津画派“精研古法，博取新知”的宗旨，笔墨功力及艺术造诣深厚；曹国鉴工写意花鸟、工笔人物、瘦金书；刘宗汉擅行楷书法；夏永学以工笔花鸟见长；杨遇泰工山水、篆刻、书法。

（黎　明）

【“情系西双版纳”全国白描写生作品展】 6月27日～28日，由现代工笔画院、西双版纳州政协、中央电视台数字·书画频道主办的“情系西双版纳”——全国白描写生作品展在民族文化宫举办。现代工笔画院近年曾先后5次组织近400名画家深入西双版纳采风写生。此次展览展出的近230幅白描作品，即以全国各地参加现代工笔画院西双版纳采风写生创作班画家的作品为主，展示西双版纳采风写生的丰硕成果；同时，又特邀了50余位工笔画名家及崭露头角的中青年画家的作品参展。开幕式后举办了该展专题研讨会。

（黎　明）

【大墨同禅·大禅艺术展】 6月27日～7月6日，由著名策展人、艺评家贾方舟策划，著名艺评家刘骁纯与陶咏白担任学术主持，金台文院主办的“大墨同禅·大禅艺术展”在中国美术馆举办。展览展出了当代诗书画僧大禅法师多年来创作的水墨作品50幅。作品将当代水墨的内在精神与禅境自然融合，内涵丰富、技法纯熟、风格独特，体现了以艺入道、“大墨同禅”的艺术观。

（黎　明）

【李玉双写生创作六十年艺术展】 6月27日～7月12日，“自然而来：探索光编码”——李玉双写生创作六十年艺术展在今日美术馆举办。该展是艺术大师李可染长子、理工出身的“业余画家”李玉双从事艺术创作60年来的首次大型个展。展览分“什么是光编码”“看见光编码”“光编码之法”3个部分，展出了李玉双以“光编码”画法创作的油画、水彩、综合材料作品40余幅，以及上百件速写作品，展现了他基于自然科学观念的描绘自然以及解读自然的独特艺术方式。

（黎　明）

【乔十光漆画展】 7月7日~8月2日，由国家大剧院主办的“名家足迹”系列艺术展之“漆语画音”——乔十光漆画展在该剧院东展厅举办。展览展出了中国现代漆艺的开拓者和漆画创始人、中国漆画研究会会长、清华美院教授乔十光的漆画作品，包括水乡题材、抽象题材和漆屏风等代表性作品，共近60件，同时还展出了还原后的乔十光工作场景等内容，展现了他在漆画这一新生画种上的创造与成就。

（黎　明）

【“泥人张”（北京支）彩塑艺术展】 7月8日~15日，由北京市文联和清华美院联合主办的“雕形塑意汇心语”——“泥人张”（北京支）彩塑艺术展在中国美术馆举办。展览展出了“泥人张”北京支创始人张景祜、其子张錩、其孙张宏岳以及他们培养的众多学生的优秀彩塑作品共计150余件，以全面回顾“泥人张”（北京支）彩塑艺术的发展和艺术成就。

（黎　明）

【“江山多娇”主题展览】 7月20日~27日，作为年初“人民的形象”主题展览的姊妹篇，由中国美术馆主办的中国美术馆“典藏活化”系列展之“江山多娇”主题展览在中国美术馆举办。展览展出了余本、沈行工、李可染、晁楣、艾中信、傅抱石等中国美术名家不同时期创作的《新丰江水电站》《五月的田园》《万山红遍　层林尽染》《北方九月》《通往乌鲁木齐》《待细把江山图画》等经典名作，展现了新中国成立以来自然山水题材美术创作的发展成就。

（黎　明）

【明清文人实景山水作品展】 7月25日~8月18日，由南京博物院、北京画院共同主办的“唯有家山不厌看”——明清文人实景山水作品展（中国古代书画研究·南京博物院藏品）在北京画院美术馆举办。展览分“遗民泪尽胡尘里”“江湖万里水云阔”“同看家山万叠屏”“信有山林在市城”4个板块，汇集了黄向坚、吴儁、吴宏、汪鼐、石涛、马曰璐、髡残、顾云、高岑、王翚、龚贤、樊圻、郭存仁等30余位明清江浙书画家的实景山水题材书画佳作，旨在为当前绘画创作中写生问题的反思提供启发。“中国古代书画研究”是北京画院继“北京画院藏齐白石作品系列”与“20世纪中国美术大家系列”之后，拟与各大博物馆合作，于2015年推出的又一专题系列展。

（黎　明）

【周思聪卢沉《矿工图》组画研究展】 7月29日~8月31日，由中国美协、中国美术馆、中央美院、北京美协、北京画院联合主办的“大爱悲歌”——周思聪卢沉《矿工图》组画研究展在北京画院美术馆举办。展览展出了著名中国画家周思聪（1939—1996）、卢沉（1935—2004）未完成的名作《矿工图》的组画、创作手稿及文献共计80余件，其中包括周思聪、卢沉伉俪家属捐赠给国家的《矿工图》组画、手稿及文献53件，北京画院自藏的创作草图、初稿，以及从中国美术馆和私人藏家借展的习作稿、变体稿、素描稿等，全面呈现这部被誉为继蒋兆和《流民图》之后又一部揭露侵略罪恶、为人民苦难而控诉的里程碑式经典之作的创作历程和艺术面貌。该展既是作为中国人民抗日战争暨世界反法西斯战争胜利70周年的纪念展，也是北京画院美术馆“二十世纪中国美术大家系列展”的重要专题之一，并入选文化部2015年全国美术馆馆藏精品展出季。

（黎　明）

【“深入生活、扎根人民”——中国艺术研究院中国画院、中国油画院写生作品展】 7月30日~8月7日，由中国艺术研究院主办的“深入生活、扎根人民”——中国艺术研究院中国画院、中国油画院写生作品展在中国美术馆举办。该展是中国艺术研究院为深入贯彻落实习近平总书记文艺工作座谈会重要讲话精神，响应文化部组织开展的“深入生活、扎根人民”主题实践活动，中国艺术研究院中国画院和油画院全体艺术家先后赴江苏无锡、甘肃庆阳，走基层开展“扎根生活、扎根人民”活动的写生成果汇报展。展览展出了田黎明《为海军战士写生》、潘金玲《太湖船民》、杨飞云《扎朵娜少年》、朱春林《陇东人家》、刘万鸣《太湖小景》、张鸿飞《小镇打工妹》等36件优秀写生作品。

（黎　明）

【老甲作品展】 7月31日~8月7日，由中国艺术研究院、中国国家画院、北京画院共同主办的“大写者——老甲”作品展在中国美术馆举办。展览展出了北京画院一级美术师、中国国家画院研究员、已届杖朝之年的著名国画家老甲（贾浩义）的代表性作品120余幅，其中包括《众志成城》《巴特尔》《草原八月》《苍生》《摩登时代》等鸿篇巨制，20世纪80年代的代表作《铁流》，90年代创作的“主流”“彩色人马”系列作品，2000年以来创作的“方笔之驹”“茫茫草原”系列、“新生”系列、“公牛”系列、“浑然天地”系列作品，以及丰富多样的小品，展现了画家极具个性的大写意水墨艺术。展览研讨会在开幕式后举行。

（黎　明）

【齐白石笔下的草虫世界之二展】 9月6日~10月7日，齐白石艺术系列展“可惜无声——齐白石笔下的草虫世界之二”在北京画院美术馆举办。展览汇聚了中国美术馆、辽宁省博物馆、湖南省博物馆、中央美术学院美术馆、广州艺术博物院、荣宝斋、朵云轩、上海龙美术馆和北京画院等多个单位收藏的齐白石草虫精品200余幅，其中包括辽宁省博物馆收藏的、目前所知齐白石现存最早的、作于1906年的《花卉蟋蟀图》团扇，收藏于中国美术馆的《草虫册页》和上海龙美术馆收藏的《可惜无声》册页。北京画院美术馆于2005年成立时，以“草间偷活——齐白石笔下的草虫世界”作为开幕首展，并由此开启“北京画院藏齐白石作品系列展”。此后十年间，陆续以齐白石的人物、山水、梅兰竹菊、水族、花卉、书法、蔬果、篆刻、手札为主题进行系列展陈。此次展览为北京画院2015年开启的、面向全国征集作品的新一轮齐白石艺术系列专题的首次展览。该展还回顾了“北京画院藏齐白石作品系列展”的十年历程，展出了从每个主题中分别挑选出的一件代表作品。

（黎　明）

【故宫博物院“石渠宝笈特展”】 9月8日~11月8日，作为故宫博物院建院90周年系列纪念展中的重量级展览，由故宫博物院主办的“石渠宝笈特展”在故宫博物院举办。展览分“典藏篇”和“编纂篇”两个部分，分两期（10月12日更换部分展品），分别在武英殿和延禧宫同时展出。该展是成书于清代乾隆和嘉庆年间、著录清廷内府所藏历代书画藏品的《石渠宝笈》著录书画的首次展览，旨在展现这部我国书画著录史上集大成之巨著的编纂及其著录书画的特点，以及清宫典藏书画的聚散和特质。“典藏篇”以《石渠宝笈》著录书画为主轴，分为皇室秘赏、重回石渠、考订辨伪3个单元，揭示书画收藏、流传、辨伪的历史；“编纂篇”以《石渠宝笈》著录的书画来源、编纂人员、编纂体例、贮藏地点以及版本与玺印5个部分，解析《石渠宝笈》诸编的内容与特征。此次展览共展出故宫书画藏品283件，其中不乏如东晋顾恺之《列女图》（宋摹本）、传为隋代展子虔的《游春图》、东晋王珣《伯远帖》传世真迹和北宋张择端《清明上河图》等传世经典。

（黎　明）

【中央美术学院与中国具象油画展】 9月10日~10月11日，由中央美院和市总工会联合主办的“历史的温度”——中央美术学院与中国具象油画展览在太庙艺术馆举办。展览分“新学启蒙”“国家叙事”“本体精研”“当代关切”“中央美术学院藏外国具象油画原作及研摹作品”5个部分，展出了中央美术学院（包括其前身国立北平艺专和延安鲁艺）几代油画艺术家在不同历史时期创作的代表性具象油画作品200余件，其中包括了从李叔同、李毅士、徐悲鸿、林风眠、吴作人、孙宗慰、艾中信、冯法祀等前辈艺术家到胡一川、董希文、靳尚谊、侯一民、詹建俊、孙滋溪等老艺术家，从陈丹青、孙景波、朝戈、杨飞云、王沂东等艺术家直至现今中央美院中青年骨干教师以及历年进修生、毕业生的作品。该展旨在全面回顾20世纪以来中国具象油画的发展历史，梳理在中国油画的研究、创作和教学上占有重要地位的中央美术学院油画家群体的艺术探索及创造的百年历程。展出作品以中央美院藏品为主，同时汇聚了中国美术馆、北京美协、大都美术馆等艺术机构及艺术家和家属、收藏家的部分藏品。该展为系列巡展，此次北京展之前已于2015年4月~8月在上海中华艺术宫首展，之后还赴南京、广东、山东、青岛、湖北、宁波、石家庄等地进行了展出。

（黎　明）

【程大利作品展】 10月10日~15日，由中国美协、中国国家画院、中国画学会、中国美术出版总社共同主办的“问墨”——程大利作品展在中国国家画院美术馆举办。展览展出了中国美术出版总社总编辑、人民美术出版社总编辑、中央文史研究馆馆员、著名画家程大利的50幅山水画精品。

（黎　明）

【“深入生活·表现时代”——中国艺术研究院写生创作展】 10月16日~29日，由中国艺术研究院主办的“学习贯彻习近平总书记在文艺工作座谈会重要讲话精神——深入生活·表现时代——中国艺术研究院写生创作展”在中国国家博物馆举办。展览展出的是中国艺术研究院中国画院、中国油画院50余位国画家、油画家一年来学习领会习近平总书记重要讲话精神，响应中宣部、文化部“深入生活、扎根人民”主题实践活动，先后赴江苏、山东、陕西、甘肃等地走基层写生创作的阶段性成果。

（黎　明）

【“向人民汇报”——当代十五位美术家作品展】 10月18日~30日，在习近平总书记主持召开文艺工作座谈会一周年之际，由中国文联、中国美协和中国美术馆共同主办的“向人民汇报”——“深入生活、扎根人民”当代十五位美术家作品展在中国美术馆举办。展览展出了李焕民、詹建俊、刘文西、徐匡、刘大为、韩书力、吴宪生、赵奇、许江、骆根兴、陈坚、郑艺、于小冬、陈树东、柳青15位当代著名美术家塑造中国人民形象的代表作品75件。收录了这15位美术家150件代表作品的同名画集同期出版。该展随后还赴天津市美术馆、重庆市美术馆、广东省美术馆、深圳关山月美术馆巡展。

（黎　明）

【“北京意象·生态密云”绘画作品展】 10月20日～30日，由市文联、密云县委、密云县政府共同主办的“北京意象·生态密云”绘画作品展在中国美术馆举办。该展是市文联主办的“北京意象”系列大型美术创作活动的第6站。自4月起，市文联、北京美协与密云县合作，邀请卓有成就的画家和艺术院校师生共240余人赴密云，分10个采风小组，沿着密云风光、历史人文景观、现代人文景观、密云民俗、典型人物5个方面的13条采风路线进行采风创作，并从他们创作的350余幅作品中评选出了108幅（其中，国画44幅，油画64幅）参加本次展览，同时出版了作品集。

（黎　明）

【邢少臣画展】 10月23日～28日，由北京画院、中国国家画院、中国画学会主办的“正道沧桑”——邢少臣画展在北京画院美术馆举办。该展展出了中国国家画院邢少臣导师高研班导师、中国艺术研究院特聘研究员、著名画家邢少臣的80余件精选作品，展示出他独具风格的大写意花鸟画艺术。

（黎　明）

【第四届中国油画展——当代中国油画的表现性研究展】 10月24日～11月18日，由中国美协、中国美术馆、中共天津市委宣传部、天津市文联共同主办的“中国精神·第四届中国油画展·心象——当代中国油画的表现性研究展”在中国油画院美术馆、陈列馆和教学展厅举办。展览展出了170余位画家的近300幅作品，其中包括由全国知名艺术家推荐后甄选出的94位画家的94幅作品，以及近80位特邀艺术家与8位个案艺术家的优秀作品。该展是中国美协第四届油画艺委会启动的以“中国精神”为主题的第四届中国油画展的第一区段展，以“中国表现性油画的整体探索历程梳理”“当代油画艺术家个案研究”与“青年一代艺术家的新探索”3个方面的展示，涵盖了现当代中国在表现性油画领域创作探索的大部分代表性艺术家，全面呈现了中国表现性油画的总体面貌。展览随后还赴天津美术馆、山东美术馆、上海美术馆、西安美术馆进行了巡展。

（黎　明）

“北京意象·生态密云”——大型美术创作工程启动仪式

【“文史翰墨”——第二届中华诗书画展】 11月1日～9日，由国务院参事室、中央文史研究馆和中国美术馆联合主办的“文史翰墨”——第二届中华诗书画展在中国美术馆举办。本届展览分“央馆风采”“名家精品”“各地佳品”“诗词吟诵”4个板块，展出了所邀请的中央文史研究馆和34个地方文史研究馆的140余位馆员的参展作品300多件。“央馆风采”包括“大家手稿”和“馆员新作”两部分，展出了孙机、程毅中、资中筠、傅熹年等9位中央文史研究馆馆员珍藏多年的文稿、诗稿、信札、手卷等数十件（幅），以及中央文史研究馆馆员的诗书画新作；“名家精品”展出了刘继瑛、侯德昌、金鸿钧、杨力舟、尼玛泽仁等8位中央文史研究馆馆员的书画精品；“各地佳品”展出了100余位各地方文史研究馆馆员的诗书画代表作。“诗词吟诵”为本届展览新设板块，邀请中央文史研究馆馆员叶嘉莹、程毅中、沈鹏、王蒙等和朗诵名家陈铎、虹云，拍摄制作了诗词吟诵和朗诵的“名家吟诵专题片”，在展览期间播放；展览开幕当天邀请名家举行了时长约40分钟的现场诗词吟诵朗诵雅会。11月2日，“文史翰墨”——第二届中华诗书画展专题讲座活动在北京会议中心举行，中央文史研究馆馆员、中国古典文学专家、92岁高龄的叶嘉莹为全国参事室、文史研究馆与会代表作了题为“从词的起源看丝绸之路上的文化交流”的讲座。

（黎　明）

【袁运甫画展】 11月3日～12月3日，由中国国家博物馆、中国美术家协会和清华大学共同主办的“袁运甫画展”在中国国家博物馆举办。该展展出了清华大学美术学院教授、著名画家和美术教育家袁运甫不同时期创作的代表性作品180余件，作品涵盖水彩、水粉、油画、水墨、彩墨及壁画和公共艺术创作手稿等各个门类，全面展现了艺术家60余年的创作探索和卓著成就。展览开幕式上，袁运甫将一批重要作品捐赠给中国国家博物馆。

（黎　明）

【官布捐赠首博作品暨官布绘画艺术展】 11月10日～12月10日，由首都博物馆主办的“草原的色彩”——官布捐赠首博作品暨官布绘画艺术展在首都博物馆举办。展览展出了蒙古族著名画家官布（1928—2013）的油画、国画作品117件，其中包括官布家属根据其遗愿捐赠给首都博物馆收藏的作品和提供参展的作品。展览分“传世杰作”“京城撷芳”“草原觅魂”“艺海拾贝”4个部分，展示了官布不同历史时期、不同类别和风格的代表性作品，其中包括了《草原小姐妹》《古北口雄姿》等经典画作，较为完整地呈现了他的艺术生涯和卓著成就。

（黎　明）

【“丝路丹青　茶马古韵”——舒建新中国画作品展】 11月11日～19日，由中国美协、中国国家画院、普洱市人民政府共同主办的“丝路丹青　茶马古韵”——舒建新中国画作品展在中国美术馆举办。展览展出了中国国家画院研究员、院美术馆馆长、国画家舒建新以云南丝绸之路——茶马古道为主题的山水画和人物画精选作品117幅。作者近8年来在云南楚雄、普洱挂职工作，沿着茶马古道作了大量考察调研，并创作了这些描绘当地历史文化、自然风景和民族风情的作品。

（黎　明）

【2015中国国家画院丝绸之路采风写生作品展】 11月12日～17日，由中国国家画院主办的“2015中国国家画院丝绸之路采风写生作品展”在中国国家画院美术馆举办。该展展出了70余位艺术家的涵盖国画、油画、版画、雕塑、公共艺术等多门类作品500余件，其中包括了大量写生和尝试性、未完成的作品，以及速写、草图、写生途中随笔和影像资料等。自2013年实施“丝绸之路美术创作工程”以来，中国国家画院的艺术家们分为不同团队，沿着沙漠丝绸之路、草原丝绸之路、海上丝绸之路和茶马古道4条线路进行采风写生，足迹遍布陕西、甘肃、青海、宁夏回族自治区、四川、新疆维吾尔自治区、西藏自治区、福建、内蒙古自治区、云南，2015年进一步扩展到伊朗、希腊、意大利、土耳其、乌兹别克斯坦等国家。此次展览即是采风写生阶段性成果的首次集中呈现，下一步即进入草图修改、定稿以至完成作品阶段。

（黎　明）

【第五届“大家之路”——中国画油画展】 11月12日～19日，由中央美院、中国国家画院、中国艺术研究院中国油画院共同主办的第五届“大家之路”——中国画油画展在中国美术馆举办。展览展出了国画家李宝林、叶毓中、范扬、田黎明、杨晓阳、卢禹舜和油画家杨飞云、朝戈、段正渠、焦小健、刘建平、谢东明12位名家的精选作品。“大家之路”画展自2011年开始每年举办一届。

（黎　明）

【“水墨本色”——当代中国画邀请展】 11月24日～12月10日，由中央美院、市总工会主办的“水墨本色”——当代中国画邀请展在太庙艺术馆举办。展览以“水墨本色”为主题，展出程大利、陈辉、初中海、蒋志鑫、刘进安、刘庆和、梁占岩、李洋、丘挺、王颖生、王赞、谢青、于光华、姚鸣京、袁武、张捷、张江舟、张志民、周京新、朱岚20位艺术家的近期水墨作品。旨在通过展示参展艺术家对水墨语言持续深入的研究探索，提倡以当代文化视野进一步观照传统，以当代文化情怀进一步探寻水墨艺术的精神属性和本体价值。

（黎　明）

【中国第三届舞台美术展暨首届视觉艺术双年展】 11月26日～29日，由中国舞台美术学会主办的“中国第三届舞台美术展暨首届视觉艺术双年展”在北京展览馆举办。该展的展区设置以戏剧舞台设计为核心，除了各个省、市、自治区舞台美术学会的独立展区之外，划分为表演设计、灯光设计、音响设计、服装化妆设计、新媒体艺术设计、剧场建筑与舞台机械、布景制作技术、舞美专业教育成果和理论研究成果等区域。展览以“创意空间与文化生态”为主题，体现当下“大舞美”观念的开放性，展出来自全国各地舞台美术学会、部队、院校、企业、科研机构的3000多位老中青代表性设计师的优秀作品两万多件，参展作品还广泛涉及影视美术、景观演出和晚会庆典等特殊演艺环境的设计。展览邀请了国际舞美组织OISTAT的主要负责人和多位具有国际影响力的舞美设计师、灯光设计师、人物造型设计师、音响艺术家和舞台技术专家参展。展览期间，举办了20余场中外专家讲座。同时，作为该展延伸的“平行展”，同为中国舞台美术学会主办的“中国第三届舞台美术展暨首届视觉艺术双年展”，于11月26日～12月1日，在798艺术区悦·美术馆举办。展览展出了100余位身兼画家、雕塑家或当代艺术家的舞美艺术家的216件作品，作品涵盖了国画、油画、版画、雕塑、装置、摄影、多媒体等诸多门类。

（黎 明）

【西藏题材创作工程首期成果展】 11月27日～12月10日，时值西藏自治区成立50周年，由中国美协、西藏文联、人民政协报社、山水文园集团和李可染艺术基金会共同主办的“蓝天净土·高原画派”——西藏题材创作工程首期成果展在李可染艺术基金会美术馆新馆举办。展览展出了水墨、油画、重彩等多种形式的西藏题材作品150余幅。参展艺术家除了西藏本土创作者，还有长期关注西藏、致力于西藏题材创作的其他艺术家，包括韩书力、李小可、袁武、余友心、丁方、林跃、计美赤列、巴玛扎西、唐天源、朗顿·德珍、阿旺扎巴、何严武、刘万年、郑山麓、边巴、拉巴次仁、次仁朗杰、次旦久美、牛朝、翟跃飞等。该展也是李可染美术馆新馆的开馆展。

（黎 明）

【靳尚谊油画语言研究展】 2015年12月4日～2016年1月3日，由中国艺术研究院中国油画院主办的“自在途程”——靳尚谊油画语言研究展在中国油画院美术馆举办。展览分为“线条与色彩的乐章：踏上现代主义之路”“造型与格调的变奏：借鉴前辈大师之法”“中西绘画交响：研习传移摹写之道”“语言与技巧的合声：拓展油画创作之径”“现实与意象的回旋：写生敲开艺术之门”5个篇章，展出了中国美术家协会名誉主席、中央美术学院老院长、著名画家靳尚谊自20世纪50年代至今创作的77件作品，以倒叙的方式呈现他在不同时期所研究的绘画基本问题，全面回顾他对于油画艺术语言的研究历程。展出作品中包括他近十年来创作的《途中》《蒙古族公主》等13幅新作，还有此前极少展出的早期写生、临摹作品。

（黎 明）

【20世纪50、60年代中央美院对民族传统绘画的临摹与购藏展】 2015年12月9日～2016年5月4日，由中央美院美术馆主办的“传统的维度”——20世纪50、60年代中央美院对民族传统绘画的临摹与购藏展在中央美术学院美术馆举办。同时作为文化部“2015年全国美术馆馆藏精品展出季”项目和“中央美术学院美术馆藏精品陈列”系列展第四回，该展分“收进来”与“走出去”两大板块，分别展出了中央美院二十世纪五六十年代购藏的宋、元、明、清各朝代的古代绘画精品，以及中央美院师生在同一时期临摹敦煌石窟、炳灵寺石窟、麦积山石窟、法海寺、永乐宫等处中国古代著名壁画的作品，共80余件。购藏作品中包括宋代《山鹊枇杷图》、元代《罗汉图》、明代林良《古木寒鸦图》、明代沈周《云水行窝图》、明代蓝瑛《白云红树图》等诸多古代绘画珍品；临摹作品中则不乏吴作人、叶浅予、刘凌沧、陆鸿年等艺术大家的手笔。

（黎 明）

【张祖英艺术展】 12月13日～22日，由中国艺术研究院、中国美术家协会、中国国家画院、中国油画学会主办的“宁静致远”——张祖英艺术展在中国美术馆举办。展览展出了中国油画学会副主席、中国艺术研究院研究员、中国国家画院油画院副院长兼秘书长、我国著名油画家张祖英数十年来创作的人物、风景等代表性作品110余幅，其中包括人物画《创业艰难百战多》《维族铁匠阿米尔》《啊！蒙古 蒙古》《维族妇女》《心灵的天空》《躺着的海》和风景画《梦故乡》《江南春早》《古道 岁月》等重要作品，展现了画家独具个性的艺术风格和深湛的艺术造诣。

（黎 明）

【新中国以来名家书画文牍大展】 12月18日～27日，由首都博物馆、中国文物保护基金会、中国收藏家协会、中国书画收藏家协会、中国人民大学徐悲鸿艺术研究院和中央电视台数字书画频道共同主办的“翰墨华章”——新中国以来名家书画文牍大展在首都博物馆举办。展览分为“大家翰墨”“悲鸿精神”“可染遗韵”“炎黄之胄”“当代名家”5部分，展出了新中国成立以来各界，尤其是文化艺术界代表人物的书画作品和文牍手稿等，共约400件（套）。展品中包括何香凝、郭沫若、齐白石、徐悲鸿、黄宾虹、赵朴初、茅盾、曹禺等名家大师的书法、绘画、信札、手稿，以及当代著名艺术家的书画作品。展览期间，李小可、徐庆平、崔晓东、张忠义还分别举办了“李可染艺术”“徐悲鸿艺术”“黄胄艺术”“翰墨怡情”专题讲座。

（黎 明）

【“大美水墨”——当代主题作品展及古代、近现代作品文献展】 12月19日～30日，由中国国家画院主办的国家项目“中国水墨国际话语权推广项目”之“大美水墨”——当代主题作品展及“古代、近现代作品文献展”在北京时代美术馆举办。“当代主题作品展”展出了韩羽、崔振宽、吴山明、杜大恺、卓鹤君、季酉辰、洪惠镇、王镛、卢甫圣、钟孺乾、何建国、田黎明、刘进安、边平山、林容生、李孝萱、陈平、何加林、刘庆和、张江舟、姜永安、雷子人、刘文洁、朱雅梅、魏青吉、杜小同26位颇具代表性的当代水墨艺术家的作品，展现艺术家们以各自不相同的角度和风格对水墨艺术之继承与发展的创造性探索。“古代、近现代作品文献展”以图文并茂的形式呈现中国水墨艺术生成与发展的历史脉络。展览现场同时播放《大美水墨》4集系列专题片，前3集与“古代、近现代作品文献展”的内容相配合，第4集展现自“85美术新潮”至今的当代水墨艺术发展状况。展览开幕式后，参展艺术家、理论家们围绕“笔墨精神与水墨问题”进行了研讨。

（黎　明）

【“写意中国”——2015中国国家画院年展】 2015年12月26日~2016年1月5日，由中国国家画院主办的“写意中国”——2015中国国家画院年展在中国美术馆举办。展览展出了中国国家画院各专业分院近300位老中青三代艺术家新近创作的国画、书法篆刻、油画、版画、雕塑、公共艺术作品共700余件。该展既是中国国家画院启动“‘一带一路’国际美术创作工程”以来创作成果的阶段性展示，也是中国国家画院建院35周年的重要展览。

（黎　明）

活　　动

【市美术家元宵节深入京郊送作品】 3月2日、3日，在中国传统的元宵节来临之际，市文联、北京美协组织张亮京、张文怀、任宝利、马建民、王雁、戴振宇、张广志、王林、焦建平、张平子、山建宁、牛力生、李耀林、贺成等首都画家，先后到门头沟区妙峰山镇水峪嘴村、房山区河北镇黄土坡村，现场挥毫泼墨，创作花鸟、山水等作品赠送给当地村民，为人们的节日增添文化色彩。

（黎　明）

【蔡文颖创作成就学术研讨会】 3月25日，为了深入梳理和研究享有国际声誉的美籍华裔艺术家蔡文颖的创作成就，“艺术与科学”——蔡文颖创作成就学术研讨会在中国美术馆举办。研讨会由美术理论家邵大箴主持，靳尚谊、范迪安、吴为山、安远远、鲁晓波、杨力舟、孙振华、张尕、王渝生、尚辉、吴洪亮等美术界学者和艺术家参加了研讨。蔡文颖（1928—2013），画家、工程师和雕塑家，出生于厦门鼓浪屿，早期在美国密西根大学攻读机械工程和艺术，20世纪60年代开创了利用金属和玻璃纤维等材料、采用声光电控制以捕捉和再现大自然辉煌景观的电动感应雕塑，其作品在世界各地的重要博物馆、美术馆展出并被收藏。

（黎　明）

【许鸿飞雕塑《飞花》落户北京】 4月6日，“许鸿飞雕塑作品收藏仪式”在北京国际雕塑公园举行，享有国际声誉的著名雕塑家、国家一级美术师、广州雕塑院院长许鸿飞的雕塑作品《飞花》落户该园。《飞花》为许鸿飞代表性的“肥女”系列雕塑作品之一，此前曾在北京、悉尼、墨尔本、西西里、都灵等地展出。

（黎　明）

【官布百余件作品捐赠首都博物馆】 5月18日，正值国际博物馆日，已故蒙古族著名画家官布（1928—2013）的夫人萨沄向首都博物馆捐赠了官布生前创作的油画、国画、素描速写、创作草图等156幅作品，其中包括《草原小姐妹》《诗人兴会更无前》等经典作品。

（黎　明）

【《中华民族一家亲》大型美术作品创作工程启动】 5月18日，《中华民族一家亲》大型美术作品创作工程启动暨国家民族画院揭牌仪式在民族文化宫举行。由国家民委支持，民族文化宫、国家民族画院主办的《中华民族一家亲》大型美术创作工程，拟邀请百余位著名画家，集中一年半时间，以“圆好团结梦、实现发展梦、共筑中国梦”为主题进行大型主题美术创作，组织专家、学者进行少数民族主题美术创作的理论研究，并开展全国巡展等系列活动。

（黎　明）

【张立国艺术研讨会】 6月17日，经文化部批准，由中国美术馆主办，中国美协和清华美院协办的“张立国艺术研讨会”在中国美术馆举行。中国美术馆馆长、中国美协副主席吴为山，清华美院副院长张敢，中央美院教授、著名艺术评论家邵大箴，北京大学视觉与图像研究中心主任朱青生教授，美国匹兹堡大学艺术史系终身教授高名潞，中国美术馆学术部主任张晴，中国国家画院《中国公共艺术年鉴》主编、著名建筑与艺术评论家王明贤，美国俄亥俄州肯尼恩文理学院美术史系教授周彦，首都师范大学教授汪民安，中国艺术研究院研究员王端廷，北京服装学院教授、著名艺术家赵云川，清华美院教授、著名艺术家陈辉，广州美院教授、著名设计师刘杰，以及国内外艺术研究和文化研究学者等出席会议，就已故清华美院教授、著名现代主义画家张立国（1939—2014）的艺术探索、卓越成就及其艺术史价值进行了深入研讨。研讨会分为“张立国艺术实践与中国绘画观念的演变”“山水主题与抽象浪漫主义”“影子主题与现代性”“张立国艺术教育实践与中国艺术学院教学的演变”4个主题、4场会议，分别由朱青生、邵大箴、高名潞、赵云川主持。

（黎　明）

【中国工艺美术学会书画专业委员会换届】 6月28日，中国工艺美术学会书画专业委员会在中国国际展览中心召开第四届全国代表大会。经中国工艺美术学会秘书处提名、与会代表表决通过，韩美林当选为名誉会长（主任委员），中国艺术研究院研究员、著名画家邓远坡当选为会长（主任委员）。大会还投票选举产生了副主任委员、秘书长和副秘书长。中国工艺美术学会书画专业委员会成立于1988年，首任会长为著名国画家黄胄，二、三届会长（主任委员）为艺术家韩美林。

（黎　明）

【杨晓阳“大写意”理论与实践学术研讨会】 7月12日，由《中国书画》杂志社主办的“杨晓阳‘大写意’理论与实践学术研讨会”在北京举行。薛永年、王镛、张晓凌、郑工、陈池瑜、丁宁、曹意强、王鲁湘、尚辉、高天民、张惠明、高千惠［美国］、毕埃塔施奈芬德［德国］、波波娃［俄罗斯］等中外专家、学者，围绕杨晓阳提出的“大写意”理论，对该理论的逻辑体系和精神内涵，对其所涉及的中国艺术的精神、写意精神的层次，中国画创作的技巧等问题，及其对于当代中国画创作与发展的价值和意义，进行了深入研讨。

（黎　明）

【“军魂不朽”书画笔会】 8月1日，由北京市文联和丰台区委、区政府联合主办的“军魂不朽”——纪念中国人民抗日战争胜利70周年暨中国人民解放军建军88周年书画笔会，在卢沟桥中国人民抗日战争纪念馆举行。中共北京市委宣传部副部长赵卫东，北京市文联党组书记、常务副主席陈启刚，丰台区区长冀岩等市区领导，丰台区双拥共建10个牵头部队首长，著名电影演员刘江，以及书画家及书画爱好者共150余人参加了笔会活动。书画家与书画爱好者现场挥毫泼墨，向为民族牺牲、为和平奉献的中国军人表达崇高敬意。书画家们现场创作了400余幅作品，全部赠送给驻区部队代表和中国人民抗日战争纪念馆。

（黎　明）

【“时代领跑者”美术作品捐赠仪式】 9月25日，“时代领跑者”美术作品捐赠仪式在中国国家博物馆举行。中国美术学院4月27日~5月6日在中国国家博物馆举办的“时代领跑者”美术作品展中展出的5幅巨作捐赠给中国国家博物馆。捐赠仪式上，中国国家博物馆副馆长黄振春表示，由中国美术学院捐赠该馆收藏的“时代领跑者”人物群像作品，将在中国国家博物馆中央展厅作永久性陈列。中国美术学院创作团队代表16人参加捐赠仪式。

（张燕鹰）

【中国画《新中国诞生》收藏暨展出仪式】 11月26日，大型巨幅中国画主题创作《新中国诞生》收藏、展出仪式在中国国家博物馆中央大厅举行。中国画《新中国诞生》高4.8米、宽17米，是迄今为止尺幅最大的工笔重彩画。这幅巨作，是中国国家博物馆专为博物馆中央大厅的展陈而约请著名画家、中央美术学院中国画学院院长、中国工笔画学会副会长唐勇力进行的专题创作。唐勇力为此历时3年，在“国家重大革命题材美术创作工程”中获奖的同名作品基础上进行了放大和再创作。该作品再现了中华人民共和国宣告成立的历史性瞬间和集体站立在天安门城楼上的、组成第一届中央人民政府的全体63位委员的风采，气势宏大，具有鲜明的中国作风、民族气派。中国文联、中国美协、中国国家博物馆、中央美院、中国美术馆、中国国家画院、清华美院、中国艺术研究院、解放军美术创作院、中央民族大学等单位的领导和相关人士出席了仪式。

（黎　明）

【刘勃舒作品捐赠中国国家画院】 12月9日，“刘勃舒先生作品捐赠仪式”在中国国家画院举行，著名画家刘勃舒将29幅作品捐赠中国国家画院。此次捐赠的作品包括刘勃舒不同时期的创作类作品10幅、手稿类作品19幅，其中包括20世纪70年代的历史题材主题创作《朱德与白求恩》，80年代以来创作的马类题材精品、鸡类题材创作精品，以及60年代以来的下乡写生、边防马场写生、战地写生等。刘勃舒，1935生于江西永新，1955年毕业于中央美院研究生班，徐悲鸿关门弟子，历任中央美院副院长，中国画研究院（现中国国家画院）副院长、院长，中国美术家协会副主席。

（黎　明）

【市文联和北京美协迎新年下基层】　12月23日，元旦临近之际，市文联、北京美协组织艺术家来到北汽集团旅游客运分公司，开展文艺下基层慰问活动。笔会现场，11位书画家创作40件作品赠予公司，表达对一线工作人员的节日祝福。本次活动是市文联2016年元旦春节期间以宣传十八届五中全会精神为主题的艺术家走基层送慰问活动的第一场，此后计划还将组织艺术家赴武警特警学院、大兴区榆垡镇、房山河北镇等地进行10场慰问活动。

（黎　明）

交　流

【皮埃尔·卡隆油画艺术展】　1月12日~20日，由中国美术馆主办、法国巴黎美爵艺术基金会协办的“童趣与天性”——法兰西艺术院院士皮埃尔·卡隆油画艺术展在中国美术馆举办。作为中国美术馆国际交流系列展之一，该展展出了法国著名油画家、雕塑家、法兰西艺术院院士皮埃尔·卡隆（Pierre Carron）的51幅油画作品。展出作品的创作时间从1990年到2013年，多为小尺幅，题材以儿童和风景为主，展现出既自然而纯真、又梦幻而神秘的风格独特的艺术美。

（黎　明）

【南京博物院藏傅抱石写生山水展】　1月20日~28日，由中国美术馆和南京博物院主办的“待细把江山图画”——南京博物院藏傅抱石写生山水大展，作为中国美术馆2015年“弘扬中国精神”系列展览的开篇展，在中国美术馆举办。展览展出了从傅抱石20世纪50年代初期南京写生、1957年东欧写生、1959年韶山写生、1960年两万三千里旅行写生、1961年东北写生、1963年浙江写生、1965年江西写生的7次写生活动的作品中选出的80件精品，展现了这位美术大家对传统笔墨形式的突破、对绘画题材的开拓以及对形式语言的探索所取得的重要成果。

（黎　明）

【陕西省油画、水彩、水粉画作品展】　1月21日~27日，由中国文联、中国文学艺术基金会、陕西省文联共同主办的“我们的中国梦”——全国优秀艺术作品展：长安精神·陕西省油画、水彩、水粉画作品展在中国文艺家之家展览馆举办。该展展出了从十二届全国美展备展优秀作品中精选出来的陕西省近百位老中青油画、水彩、水粉画家的近百幅作品，其中，油画作品70幅，水彩、水粉作品30幅，集中展现了陕西美术的油画、水彩画、水粉画的整体艺术风貌。

（黎　明）

【“蒙卡奇和他的时代：世纪之交的匈牙利艺术”展】　1月29日~2月28日，由匈牙利国家美术馆、中华艺术宫、北京画院共同主办的“蒙卡奇和他的时代：世纪之交的匈牙利艺术”展览在北京画院美术馆举办。展览以19世纪匈牙利杰出的现实主义画家蒙卡奇（1844—1900）的创作为主体，同时包括其追随者的作品，展出共51件油画精品，呈现了19世纪与20世纪之交匈牙利的绘画艺术及潮流。20世纪50年代，蒙卡奇的作品曾在北京、上海巡展，对中国现实主义及写实主义艺术创作产生了深远影响。

（黎　明）

【“伏尔加河之歌”——俄罗斯油画作品展】　3月5日~5月17日，由大都美术馆主办的“伏尔加河之歌”——俄罗斯油画作品展在大都美术馆举办。展览精选了菲钦、奥列什尼科夫、雅勃隆斯卡娅、梅尔尼科夫、库帕里耶诺夫、格里采、弗明、特卡乔夫兄弟、马克西莫夫等20世纪以来俄罗斯著名画家的代表性油画作品52幅，其中包括菲钦的《妇女肖像》，奥列什尼科夫的《画家亚历山德罗肖像》《外科医生费·阿凡尔基耶夫》《丁香》，雅勃隆斯卡娅的《第一场雪》《欢乐的冬天》，梅尔尼科夫的《雷雨》《梦》，马克西莫夫的《男人肖像》等。

（黎　明）

【肖恩·斯库利艺术展】　3月12日~4月23日，作为2015中英文化交流年艺术项目之一，由前英国ICA当代艺术协会总监菲利普·多德（Philip Dodd）策展的“随心而行——肖恩·斯库利艺术展1964—2014伦敦｜纽约”在中央美院美术馆举办。展览展出了爱尔兰裔美国著名抽象艺术大师肖恩·斯库利（Sean Scully）20世纪60年代以来各时期最重要的代表性作品100余件，包括油画、色粉笔、素描、雕塑、摄影等。该展为中国巡展，其首展已于2014年11月23日至2015年1月25日在上海喜马拉雅美术馆展出。

（黎　明）

【陈建中五十年回顾展】　3月13日~23日，由深圳市宣传文化事业发展专项基金资助，中共深圳市委宣传部、深圳市文体旅游局、深圳市文联等支持，深圳市龙岗区文体旅游局、上海市文联艺术促进中心、深圳新格传媒有限公司联合主办的“心象哲韵”——陈建中五十年回顾展在中国美术馆举办。展览展出著名旅法艺术家陈建中五十年来不同时期创作的代表性作品近百件。展出作品以素描、水粉、水彩、油画为主，题材主要有门窗构图系列和风景系列，展现了艺术家超越文化传统界域的广阔的人文情怀、极具独创性的艺术风格和深厚的艺术造诣。该展为巡展，2014 年已先后在东莞、澳门展出，此次展览为第三站。

（黎　明）

【孔奇绘画艺术展】　3 月 11 日 ~ 23 日，由中共湖北省委宣传部、中国美协艺委会、湖北省文化厅、湖北省文联、湖北省人民政府文史研究馆、世界孔子后裔联谊总会、湖北省美协共同主办的“圣裔丹青”——孔奇绘画艺术展在中国美术馆举办。展览展出了孔奇历年创作的国画、油画、水粉等多门类作品 110 余幅，体现了画家全面综合的艺术素养。孔奇，1950 年生于湖北通山，祖籍山东曲阜，孔子第七十五代孙，现任中国国家民族画院副院长、湖北中国画研究院院长、国家一级美术师。

（黎　明）

【中国新加坡艺术交流展】　4 月 1 日 ~6 日，作为庆祝中国新加坡两国建交 25 周年活动项目之一，由新加坡客艺廊主办，清华大学美术学院、清华大学张仃艺术研究中心、清华大学吴冠中艺术研究中心、新加坡艺术总会共同协办的“传承 · 拓展”——中国新加坡艺术交流展在清华大学美术学院美术馆举办。展览展出了中国和新加坡两国 14 位著名艺术家的共计 56 件作品。参展艺术家有新加坡的林子平、何和应、何家良、欧世鸿、蔡荣恩、许锡勇、罗福章，中国的袁运甫、黄国强、杜大恺、刘巨德、王玉良、简宣义、钟蜀珩。参展作品包括中国水墨画、油画和综合材料绘画等。此次北京展览之后，该展于 5 月 9 日 ~15 日在新加坡展出。

（黎　明）

【计美赤列、次仁旺加、平措多布杰三人展】　4 月 3 日 ~8 日，作为北京画院策划的“少数民族地区艺术家系列邀请展”的第四回展览，由中国美协艺委会、西藏自治区文联、北京美协、西藏美协、北京画院、西藏书画院、李可染艺术基金会共同主办的“雪域神采”——计美赤列、次仁旺加、平措多布杰三人展在北京画院美术馆举办。展览展出了藏族画家计美赤列、次仁旺加、平措多布杰近年创作的布面重彩和唐卡作品共 70 余幅。计美赤列，1958 年生于西藏拉萨，现为西藏自治区美协副主席、中国美协民族艺委会副主任、中国油画学会理事、国家一级美术师。次仁旺加，1969 年生于西藏萨迦县，现任西藏自治区美协副主席、中国美协理事、西藏日喀则美协副主席、西藏书画院特聘画师、萨迦寺画师。平措多布杰，1973 年生于西藏南木林县，现为中国美协会员、西藏自治区美协理事、西藏工艺美术大师。

（黎　明）

【“新中国美术家系列”——四川省国画作品展】　4 月 3 日 ~10 日，由中国国家画院、四川省文化厅主办，中国国家画院创作研究部、中国国家画院美术研究院、四川省诗书画院等承办的“新中国美术家系列”——四川省国画作品展在中国国家画院美术馆举办。该展展出了经推荐和评审而遴选出的秦天柱、唐允明、曹辉、叶瑞琨、姚思敏、管苠棡、梁时民、李青稞、邓枫、刘浪涛、刘刚 11 位 1949 年以后出生的四川省国画家的 110 件作品，代表性地集中展示了四川省“新中国美术家”的创作面貌和艺术成就。

（黎　明）

【东西方当代陶艺对话展】　4 月 9 日 ~19 日，由中国艺术研究院主办的“文明的互动与交融”——东西方当代陶艺对话展在中国美术馆举办。展览邀请美国阿佛雷德大学教授、法国籍原国际陶艺副主席温 · 海格比，瑞士沃韦应用艺术学院陶艺系主任、教授、国际陶艺协会主席雅克 · 考夫曼，日本京都大学造型系教授清水六兵卫八代和中国艺术研究院艺术创作院院长朱乐耕教授参展。4 位陶艺家分别代表了美国、欧洲、日本、中国这几个当代陶艺大国和地区，他们都在本国或地区的陶艺领域具有代表性，他们的创作又都是从博古架和室内陈设中解放出来，走向更大的建筑空间、公共环境空间的装置陶艺与环境空间陶艺，具有浓厚的时代气息，并兼容了东西方文化的特点。开幕式后举行了有 50 余位艺术家及学者参加的该展学术研讨会。

（黎　明）

【关良绘画艺术展】　4 月 10 日 ~ 5 月 9 日，由中国美协、北京美协、中华艺术宫、上海中国画院、北京画院共同主办的 20 世纪中国美术大家系列之“高妙传神”——关良绘画艺术展在北京画院美术馆举办。展览汇集了关良（1900—1986）二十世纪三四十年代对水墨戏曲人物画的早期探索之作、五六十年代趋于个性化的风格之作和七八十年代笔墨老到的成熟之作，以及油画风景、静物、写生和样板戏题材作品等。

（黎　明）

【喻慧作品展】　4 月 11 日 ~19 日，由中共江苏省委宣传部、江苏省文化厅、江苏省文联共同主办的“时空·流痕”——喻慧作品展在中国美术馆举办。展览分“本草芬芳”“飞石惊梦”“游心寄远”“时空掠影”4个单元，展出了国家一级美术师、江苏省国画院副院长、中国工笔画学会副会长、著名工笔画家喻慧近年来创作的作品120余幅。展出作品中包括《风中》《乘风旧游》《玉玲珑》《掠影》等主要获奖作品，以及《苍苍春秋》《石上山水》《曾经》等系列新作。该展为全国巡展，此前曾在南京、徐州、杭州等地展出。

（黎　明）

【山东籍书画名家学术邀请展】　4月12日~21日，由中共山东省委宣传部、山东省文联主办，山东省美协、山东省当代油画院、山东汉唐盛韵文化艺术研究中心承办的“东方彩墨·山东籍书画名家学术邀请展”在中国美术美术馆举办。展览展出了张重庆、王沂东、毛岱宗、刘青砚、王少伦、闫平、齐辛民、刘大为、张志民、杜大恺、南海岩等120余位山东及山东籍当代知名画家的代表性油画、国画作品共130余幅。

（黎　明）

【北京画院藏齐白石精品展】　4月23日~6月28日，由北京画院、匈牙利国家美术馆联合主办的“天然之趣”——北京画院藏齐白石精品展在匈牙利国家美术馆举办。展览展出北京画院珍藏的20世纪中国绘画大师齐白石不同时期创作的花木、禽鸟、草虫、人物等绘画精品108件。展览还同时展出了齐白石的部分画稿、画室中的桌椅和作画用具等。展览同期举行了齐白石艺术国际研究中心匈牙利中心揭牌仪式。为配合展览，北京画院编辑出版了《天然之趣——北京画院藏齐白石精品集》，该画册采用中文、匈牙利文、英文3种语言，向西方观众全面详细地介绍齐白石的艺术与人生。

（黎　明）

【“伏尔加河回响”——特列恰科夫画廊巡回画派精品展】　4月24日~7月26日，由中国国家博物馆、俄罗斯国立特列恰科夫画廊主办的“伏尔加河回响”——特列恰科夫画廊巡回画派精品展在中国国家博物馆举办。展览展出了克拉姆斯柯依、列宾、苏里科夫、彼罗夫、萨符拉索夫、希施金、列维坦、波列诺夫、马科夫斯基、谢罗夫等35位俄罗斯艺术大师的油画精品共64幅，全面展示了19世纪俄罗斯巡回展览画派的艺术成就。展出作品中，克拉姆斯柯依的《养蜂人》《列宾肖像》，列宾的《晚会》《集会》《巴维尔·米哈伊洛维奇·特列恰科夫肖像》，苏里科夫的《公主访问女修道院》，别罗夫的《溺亡的妇女》，萨符拉索夫的《霜降树林》，列维坦的《春天·大水》，谢罗夫的《在窗边》等，均为巡回画派的代表性杰作。

（黎　明）

【马库斯·吕佩尔茨——西方绘画的回归·德国新表现主义大师展】　4月25日~5月24日，由北京时代美术馆主办，中国美协实验艺委会、德国驻华大使馆、中央美院、北京大学视觉与图像研究中心、北京德国文化中心·歌德学院支持的“马库斯·吕佩尔茨——西方绘画的回归·德国新表现主义大师展”在北京时代美术馆举办。该展展出了德国新表现主义大师马库斯·吕佩尔茨近十年的新作81件，包括绘画作品56件、雕塑作品25件。此次北京展览结束后，该展又先后在广州红专厂当代艺术馆、石家庄河北博物院进行了巡展。

（黎　明）

【黄君璧书画展】　4月29日~5月23日，由中国国家博物馆和台湾黄君璧文化艺术协会共同主办的“渡海白云贯古今”——黄君璧书画展在中国国家博物馆举办。展览展出了与张大千、溥心畬并享“渡海三家”之誉的20世纪杰出的中国画大师和艺术教育家黄君璧（1898—1991）的书画作品，包括他20世纪50年代至80年代在台湾期间创作的80余件代表性作品，从未展出过的10件教学课徒稿，创作纲要手稿和写生教学图片，以及张大千等名家为黄君璧刻制的印章等作品和史料。展览结束后，台湾黄君璧文化艺术协会会长、黄君璧之女黄湘玲向国家博物馆捐赠20多件黄君璧画作和张大千等友人为其篆刻的印章。

（黎　明）

【奥地利100年绘画展：1860~1960】　5月1日~7月5日，作为中国与奥地利建交44周年纪念活动之一，由中华世纪坛世界艺术馆、中国—奥地利艺术学会和奥地利驻华使馆主办的“奥地利100年绘画展：1860~1960”在中华世纪坛世界艺术馆举办。展览汇集了奥地利19世纪至20世纪的代表性画家，包括古斯塔夫·克利姆特、埃贡·席勒、奥斯卡·柯克西卡等享誉世界的绘画大师的杰出作品。展出的90件画作来自奥地利34家个人和公共机构的收藏，包括素描、速写、油画、蜡笔及水彩等多种类型，涵盖人物、风景及静物等多样题材。

（黎　明）

【周沧米画展】　5月6日~18日，由浙江省文化厅、中国美术学院主办，浙江美术馆、中国美术学院国画系承办的“周沧米画展”在中国美术馆举办。该展展出了从浙江美术馆和中国美术馆馆藏中遴选出的中国当代著名中国画家、美术教育家、浙派人物画代表画家之一周沧米（1929—2011）各个时期的中国画和速写等代表作品共100余件，以展现他的艺术生涯和创作成就。

（黎 明）

【陈志安工笔人物画展】 5月8日~18日，由中国工笔画学会主办的“陈志安工笔人物画展”在中国美术馆举办。该展展出了原中国工笔画学会理事、辽阳市美协副主席、当代著名工笔画家陈志安（1955—2011）的代表性工笔人物画作品50余幅。开幕式后召开了“陈志安工笔人物画展”研讨会。

（黎 明）

【“生活状态”波兰当代艺术展】 5月12日~6月22日，由中国美术馆、波兰罗兹美术馆、波兰密兹凯维奇学院联合主办的“生活状态”——全球环境中的波兰当代艺术展在中国美术馆举办。展览分“现实?”“生活的环境”“可供分享的部分”“自我的生态学”“全球化的享乐”5个章节，展出了阿格涅什卡·卡琳诺夫斯卡、沃齐梅日·帕弗拉克、尤莉塔·乌伊齐科、尼古拉斯·哥斯皮尔、安盖莉卡·玛尔库尔、莫妮卡·扎瓦兹基、马雷克·赫兰达、佐菲亚·库莉克、罗伯特·马切尤克、威廉·萨斯纳尔等54位波兰艺术家创作的绘画、装置、影像等艺术作品70余件，作品大多为近25年的创作，也包括一些20世纪的重要作品。该展旨在全面展现波兰当代艺术及其对于当代生存状态、生活体验、文化认知的表达，反映1989年以来在全球化文化语境中波兰当代艺术的文化特质。

（黎 明）

【高二适遗墨展】 5月13日~17日，由中国美术馆主办的二十世纪国家捐赠与收藏系列展之“适吾所适”——高二适遗墨展在中国美术馆举办。该展展出了20世纪中国著名学者、诗人、书法家高二适（1904—1977）的书法遗作170余件。展览开幕当天举办了“适吾所适”——高二适遗墨展学术座谈会。展览期间，高二适之女高可可向中国美术馆捐赠了高二适书法《刘桢〈公燕诗〉》等重要作品。

（黎 明）

【刘墉艺术展】 5月14日~26日，由中国艺术研究院美术研究所、北京画院美术馆主办的“水云氤梦·刘墉艺术展”在北京画院美术馆举办。该展展出了以台湾畅销书作家闻名大陆，集画家、作家、电视主播、新闻记者、教育家等于一身的美籍华人艺术家刘墉的中国画作品近60件，展现其作为科班出身的专业画家的艺术造诣；同时展出了其历年出版的中英文著作数十种。此为刘墉第一次在大陆办画展。由人民美术出版社出版的大红袍系列《刘墉画集》和作家出版社出版的刘墉图文集《不疯魔，不成活》也同期推出。

（黎 明）

【“新中国美术家系列”——甘肃省国画作品展】 5月20日~28日，由中国国家画院、甘肃省文化厅主办，中国国家画院创作研究部、中国国家画院美术研究院、甘肃画院承办的“新中国美术家系列”——甘肃省国画作品展在中国国家画院美术馆举办。展览展出了李宝堂、王宏、段新明、李伟、张兴国、马刚、王万成、王骁勇、巫卫东、王梦彤10位1949年以后出生的甘肃省国画名家的80余幅作品，代表性地展现了甘肃省国画艺术家的创作实力。

（黎 明）

【林峰中国水墨人物画展】 5月20日~6月1日，由福建省文联、新疆维吾尔自治区文联、福建省美协、新疆维吾尔自治区美协共同主办的“闽疆情丝”——林峰中国水墨人物画展在中国美术馆举办。展览展出了著名画家林峰数十年间创作的表现新疆与福建风土人情的水墨人物画作品80件。林峰，祖籍福建福清，1938年生于印尼，20世纪60年代自厦门工艺美院毕业后赴新疆工作，曾任乌鲁木齐书画院副院长，90年代回归福建，现居北京，任北京东城美协副主席、清华大学吴冠中艺术研究中心研究员。

（黎 明）

【谭平对话卡斯特利】 5月21日~31日，由中央美术学院主办的“东方抽象与西方具象”——谭平对话卡斯特利展览在中国美术馆举办。展览在同一空间对比展出中国当代抽象艺术的杰出代表谭平与瑞士新表现主义艺术家卢西亚诺·卡斯特利的代表作品，旨在激发观众探讨和体会当代东西方艺术不同的语境、文化内涵、创作思维、视觉图像及呈现方式。此次展出的卡斯特利最新作品——“动力旋转系列”是在世界范围内首次亮相。展览开幕当日举行了谭平和卡斯特利艺术研讨会。该展为巡展，此次中国美术馆展览之后还将先后赴上海、苏黎世、日内瓦展出。

（黎 明）

【聂危谷中国画展】 5月21日~31日，由中国美协、南京大学、江苏省文联、江苏省文化厅、中国画学会主办，中国国家画院学术支持的“世界观”——聂危谷中国画展在中国美术馆举办。展览以“重造画境”“莲我两忘”“水墨无限”3个部分，展出了南京大学美术研究院副院长、江苏省中国画学会副会长、南京市美协副主席聂危谷教授30余年间创作的代表性作品百余幅，回顾了他对中国画表现语言革新求变可能性的执着探索。

（黎　明）

【崔振宽画展】　5月21日~6月1日，由中国美协、中国国家画院、中国美术馆、中国画学会主办，陕西国画院、西安崔振宽美术馆承办的“苍山无言”——崔振宽画展在中国美术馆举办。展览在1号圆厅和主题分别为“笔墨之变”“水墨生涯”“焦墨意象”的6、8、9号厅，展出了崔振宽各个时期创作的焦墨、水墨、写生、小品等代表性画作共150余幅，同时展出了崔振宽历年出版物、重要手稿和谈艺信件等资料，全面回顾了这位“长安画派”及当代中国山水画重要画家60余年的创作生涯和艺术成就。主题为“从黄宾虹到崔振宽——中国画的现代转型与历史意义”的学术研讨会也于5月23日举行。此次中国美术馆展览结束后，该展还将赴西安巡展。

（黎　明）

【陈建坡书画篆刻展】　5月28日~6月4日，由北京画院主办的“水月相忘”——新加坡艺术家陈建坡书画篆刻展在北京画院美术馆举办。展览展出了新加坡著名艺术家陈建坡书画作品80余幅，篆刻作品20余件，既展示了陈建坡的艺术探索与成果，也反映了新加坡地区中国传统书画艺术的发展现状。

（黎　明）

【邹明绘画艺术展】　6月3日~11日，由中国美协艺委会、中共深圳市委宣传部、江苏省文联、深圳大学联合主办的“墨彩行履”——邹明绘画艺术展在中国美术馆举办。展览分“水墨水乡”和“综合绘画”两部分，展出了深圳大学艺术设计学院副院长邹明教授的代表性作品50幅。邹明绘画艺术研讨会于展览开幕当日举行。该展随后还将赴南京江苏省现代美术馆和深圳关山月美术馆展出。

（黎　明）

【黄阿忠绘画作品展】　6月3日~15日，由上海市文联、上海市美协、上海大学、新民晚报社、刘海粟美术馆联合主办的“东韵·西语”——黄阿忠绘画作品展在中国美术馆举办。展览展出了著名画家、上海大学美术学院教授黄阿忠近30年来创作的油画、中国画作品共160余幅。毕业于上海戏剧学院舞美系的黄阿忠教授，不仅对油画、水彩、版画等有精深的研究，而且在跨界研习中国画的过程中也取得了相当的成就。

（黎　明）

【朱振南现代水墨展】　6月6日~17日，由台北科技大学、台湾中华画院主办的“艺外言中：朱振南现代水墨展”在中国国家博物馆举办。该展分“原乡画语”“无界心耕”“离相得形”“抽象乾坤”“法书传承”5个部分，展出了台湾著名画家朱振南的画作、书法和装置100余件，全面呈现了他近20年来的创作成就。

（黎　明）

【其加达瓦艺术作品巡回展】　6月6日~22日，由中国美协、深圳市文体旅游局主办，北京画院美术馆、深圳市关山月美术馆承办，深圳画院协办的“开路50年”——其加达瓦艺术作品巡回展·北京在北京画院美术馆举办。展览展出了藏族版画家其加达瓦从艺50年来各时期创作的代表性版画作品近百件。其加达瓦，1946年生于四川甘孜，历任四川省美协秘书长、常务副主席，四川省美术馆副馆长，深圳画院常务副院长，中国美协理事，中国美协版画艺委会委员等职务，是新中国成立以后成长起来的、承前启后的一代版画家中的重要代表，其《开路》《育林人》《金色的秋天》等代表性作品已成为中国现代版画史中标志性的经典作品。此次北京展之前，该展已在关山月美术馆、常熟美术馆展出，此后还将赴大连中山美术馆、成都四川美术馆等处巡展。

（黎　明）

【丛志远艺术展】　6月11日~23日，由中国美协艺委会、全美华人美术教授协会、美国威廉帕特森大学主办，美国中国文化艺术基金会、中国道达风电协办，江苏省中国画学会承办的“远行·行远”——丛志远艺术展在中国国家博物馆举办。展览展出了现任美国威廉帕特森大学版画系主任教授、全美华人美术教授协会主席、江苏省中国画学会顾问、旅美画家丛志远创作的100幅中国画和版画作品，包括永乐宫壁画、稷益庙壁画、麦积山壁画临摹作品，运用传统题材和手法表现的中国画、石版画和凹版画作品，完成于山东、浙江、四川和青藏地区的人物画作品，以及到美国后创作的多系列中国画和版画作品，展现了他在中西艺术之间所作的传承、交融、创新的探索。

（黎　明）

【殷小烽作品展】　6月28日~7月6日，由中国美术馆、中国城市雕塑家协会主办，长春城市雕塑学会、长白山现代雕塑艺术研究院承办的“殷小烽作品展”首展在中国美术馆举办。该展展出了东北师范大学美术学院教授、副院长、雕塑系主任、著名雕塑艺术家殷小烽自20世纪70年代以来创作的代表性作品近400件，包括“嬷嬷人”“行者”“女人日记”“关东魂”等多个系列，涵盖雕塑、装置、水彩、素描、速写等多种形式，展示了其30多年的创作历程和艺术成就。该展随后还将赴浙江美术馆、湖北美术馆、重庆当代美术馆、广州美术学院美术馆、长春世界雕塑公园雕塑艺术馆巡回展出。

（黎　明）

【迪士尼经典动画艺术展】 6月30日~8月18日，由美国华特迪士尼动画研究所主办的“生命之绘”——迪士尼经典动画艺术展在中国国家博物馆举办。该展展出了迪士尼90多年来创造的经典动画电影的艺术家手绘原画代表作品300余件，包括动画图、布局图、背景绘图、故事草图和单帧设置等，展现了迪士尼几代动画艺术家们以精湛的艺术技巧对友谊、家庭、勇气与爱的人类永恒主题的阐释。该展随后还将赴上海中华艺术宫展出。

（黎　明）

【北京画院花鸟画作品展】 7月8日~15日，由北京画院和关山月美术馆主办的“润含春蕴”——北京画院花鸟画作品展在深圳关山月美术馆举办。展览展出了北京画院王明明、怀一、莫晓松、姚大伍、姚震西、彭薇、李凤龙、李雪松、方政和、安华平、陈福彬11位当代画家的花鸟画精品共80余幅，集中展现了目前北京画院花鸟画的艺术创作水平。

（黎　明）

【“来自中国美术馆的艺术”墨西哥展】 7月8日~9月27日，由中国美术馆、墨西哥外交部、墨西哥维拉克鲁斯州文化局主办的中国和墨西哥两国政府文化交流项目“来自中国美术馆的艺术”在墨西哥哈拉帕市举办。“来自中国美术馆的艺术”分为2个部分共3个展览。第一个部分由“当代中国水墨与雕塑艺术展”和“当代中国版画与雕塑艺术展”2个展览构成，分别在哈拉帕市的迭戈·里维拉美术馆和哈拉帕当代艺术馆举行，展出了中国当代具有代表性的60位水墨画家、版画家、雕塑家的近年新作共100件，着意展现“写意精神”的“当代转化”。第二个部分的“中国面具艺术展”，在哈拉帕市阿哥拉文化中心举行，分为“傩仪神采”“戏韵风华”2个篇章，展出了中国美术馆收藏的涵盖中国10余个省、市、自治区，5个不同民族的面具艺术精品85件，展现出中国面具发展嬗变的轨迹以及中国传统民间艺术悠远的文化内涵和丰富的艺术表现力。

（黎　明）

【当代岭南中国画作品展】 7月15日~20日，在中共广东省委宣传部指导下，由广东省美协、广州美院、北京画院美术馆、当代岭南艺术研究院主办，广东省美协中国画艺委会、安徽美术出版社、当代岭南艺术中心、岭南画派纪念馆协办的“岭南风范”———静观闲赏·当代岭南中国画作品展在北京画院美术馆举办。该展展出了杨之光、尚涛、林丰俗、杜应强、陈政明、林墉、陈振国、肖映川、陈永锵、庄小尖、方楚雄、许钦松、方楚乔、李伟铭、李照东、王璜生、李劲堃、王永、李东伟、周湧、方土、陈映欣、周正良、何枫、郑阿湃、方向、陈迹、林蓝、许晓彬、许敦平、于理、陈朋等30多位岭南画派艺术家的小品、条屏和长卷代表作品，以展示艺术家们在这类具有悠久历史的艺术样式上的创作面貌和艺术成就。

（黎　明）

【张喜忠油画作品展】 7月18日~28日，由北京文化发展基金会主办，中央美院教授赵力担任学术主持的“我是他者的人质”——张喜忠油画作品展在中国美术馆举办。展览展出了中国当代艺术启蒙运动“85新潮”重要的先锋艺术家之一张喜忠近10年来创作的代表性油画作品20幅，展现了他深厚的古典艺术造诣、娴熟多变的表现技法以及对艺术与人生深邃的思考。此次展览也是张喜忠自“85新潮”之后30多年来的首次办展。

（黎　明）

【太和书画晋京展】 7月18日~30日，时值安徽太和县被文化部首批命名为“书画艺术之乡”20周年，由安徽省美协、安徽省书协、太和县美协、太和县书协主办，《水墨味》杂志承办的“宾客万象”——太和书画晋京展在中国国家博物馆举办。展览遴选了太和县各行业、各阶层老中青三代近70位书画家的80余幅书画精品，展示了太和县悠久深厚的书画文化传统、当代创作风貌和艺术成就。

（黎　明）

【黎明从艺七十六年艺术展】 7月31日~8月6日，由中央文史研究馆主办的“岭南墨彩”——黎明从艺七十六年艺术展在中国美术馆举办。该展展出了“岭南画派”在香港的重要领军人物、87岁高龄的著名画家黎明创作于各个时期的代表性花鸟、山水作品160余幅，以回顾他70余年的从艺生涯和艺术成就，并反映20世纪40年代以来岭南画派的发展轨迹。《中国现代名家画集·黎明》在展览开幕式上首发。

（黎　明）

【第六届北京国际美术双年展】9月24日~10月15日，由中国文联、市政府和中国美协联合主办的“记忆与梦想”——2015·第六届中国北京国际美术双年展在中国美术馆举办。该届展览汇聚了96个国家、600多位艺术家的近700件美术作品，其中，国内作品180余件、国际作品近500件。展出作品以绘画、雕塑为主，同时也包括了装置、影像以及其他综合类作品，所展作品均围绕“记忆与梦想”的主题而创作，反映了世界各国不同的历史与文化记忆，以及对幸福未来的憧憬、梦想与追求。除主题展外，该展还设有加拿大、智利、厄瓜多尔、东南亚、亚美尼亚和南非6个当代艺术特展。

（黎　明）

【何水法花鸟画展】　9月25日~10月11日，由中国文联、全国政协书画室、中国美协、中国艺术研究院、中国国家画院、中共浙江省委宣传部、浙江省文联、中国美术学院和浙江日报社联合主办的“抱华追梦”——何水法花鸟画展在中国国家博物馆举办。展览展出了著名花鸟画家何水法工笔、写意和白描写生等形式的花鸟作品150余幅，展现了这位中国当代大写意花鸟画领军人物独具风格的艺术创造。

（黎　明）

【刘宝纯诗书画全国巡展】　9月26日~10月10日，由中国文联、中国国家博物馆、中国美协、中国国家画院和中共山东省委宣传部、山东省文化厅、山东省文联联合主办，山东美术馆、山东画院、山东省美协承办的“正道沧桑”——刘宝纯诗书画全国巡展首展在中国国家博物馆举办。展览展出了著名国画家、中国“新山水画”重要代表人物之一刘宝纯数十年来创作的诗书画作品百余幅。展出作品中包括《红透山谷》《黄河写生》《海河四女寺工地》《长江写生》《穿山引水》《展宽河道》《海河之春》《塘沽新港》《泰山旭日》《泰山苍松颂》《大海荡荡水所归》等诸多经典作品，展现了艺术家深入生活描绘真山真水、满怀热情塑造时代风貌的卓越成就。刘宝纯，1932年生于山东荣成，一级美术师，山东画院院长，山东省美协名誉主席，中国国家画院院委，中国美协理事。

（黎　明）

【俄罗斯艺术大师西德罗夫油画展】　10月10日~21日，由市文化局、市人民政府外事办、中国驻俄罗斯使馆文化处、俄罗斯驻华使馆文化处、俄罗斯国际慈善文化艺术“APT”基金会联合主办的“在温暖的大地上”——俄罗斯艺术大师西德罗夫油画展在北京画院美术馆举办。该展展出了俄罗斯国宝级艺术大师西德罗夫自20世纪50年代至今各个时期所创作的油画精品82幅，作品中包括《休假回来的年轻水手》《在温暖的大地上》《附近的老棚子》《金秋》《五月的一天》《绽放的花园》《暴风雨过后》《彩虹的裙摆》等。瓦连京·米哈伊洛维奇·西德罗夫，生于1928年，俄罗斯艺术科学院院士，担任俄罗斯美协主席20余年，获“苏联人民艺术家”“俄罗斯人民艺术家”等多项荣誉称号。

（黎　明）

【安娜·高美雕塑艺术展】　10月12日~25日，由中国城市雕塑家协会主办的“安娜·高美雕塑艺术展”在中国国家博物馆举办。展览展出了欧洲著名雕塑家安娜·高美的大型雕塑、小型雕塑和绘画作品共48件，其中包括她的代表作《心灵的外衣》，以及前不久为米兰世博会中国馆创作的“丝绸之路”主题大型雕塑的创作稿。安娜·高美，生于捷克，长在奥地利，学在法国，师从艺术大师萨尔瓦多·达利。她的作品多围绕欧洲神话、音乐艺术和宗教传说取材，具有超越世俗、浪漫而富有哲理的特点。她是第一位也是

在温暖的大地上——俄罗斯艺术大师西德罗夫油画展剪彩仪式

唯一一位获得“米开朗基罗雕塑终身奖”的女性艺术家，在全球各地都安装有其雕塑作品。担任中国城市雕塑家协会国际顾问、中国艺术研究院中国雕塑院特聘雕塑家。

（黎 明）

【中国惠安南派雕刻艺术展】 10月17日～26日，由中国工艺美术协会、中国工艺美术学会和福建省惠安县人民政府联合主办的“心造天成”——中国惠安南派雕刻艺术展在中国国家博物馆举办。展览展出了福建惠安55位雕刻家的玉雕、石雕、木雕精品以及大型雕刻工程案例108件，全面展示了惠安雕艺的精湛技艺与文化传承。参展雕刻家当中，有国家级、省市级工艺美术和石雕、木雕艺术大师39位。惠安石雕已有1600多年悠久历史，是中国南派石雕的重要品种，2006年入选首批国家级非物质文化遗产名录。2003年，中国工艺美术协会授予惠安“中国石雕之都”称号。2015年，联合国教科文组织“世界手工艺理事会”授予惠安“世界石雕之都”的称号。展览期间还举行了“世界石雕之都”授牌仪式和雕艺研讨会等活动。展览结束后，10月30日，惠安石雕捐赠收藏仪式在中国国家博物馆举行，此次展览展品中的12件（套）代表惠安石雕艺术风貌和工艺水平的精品，被捐赠给中国国家博物馆收藏。

（黎 明）

【东京新画派艺术作品展】 10月19日～29日，由中国人民对外友好协会主办的“梦从东方来”——东京新画派艺术作品展在中国美术馆举办。展览展出了江屹、金醒石、里燕、宓冬莹、牛子华、沈和年、王子江、张弛、赵龙光9位东京新画派旅日华人艺术家创作的近50件作品。作品涉及岩彩、水墨、综合材料、装置等多种表现形式，既体现了艺术家们国际化的视野和艺术风格，又展现了他们对故土的深情，对中国传统文化的传承与挖掘，以及对传统文化当代化和国际化的深入探索。

（黎 明）

【江苏省美术馆馆藏新金陵画派精品展】 10月20日～29日，由江苏省美术馆主办的“江山多娇”——江苏省美术馆馆藏新金陵画派精品展在中国美术馆举办。该展从江苏省美术馆馆藏作品中精选了开创新金陵画派的傅抱石、钱松喦、亚明、宋文治、魏紫熙等艺术家的60余幅经典作品，回顾这一在中国美术史上影响深远的画派的孕育、崛起、低沉、复苏、拓展诸阶段，再现其“经典性”和“时代性”的辉煌成就。作为国家艺术基金2014年度传播交流推广资助项目，该展已于2014年8月在南京的江苏省美术馆新馆首展。

（黎 明）

【中蒙当代美术交流展】 10月20日～11月3日，由中央美院丝绸之路艺术研究协同创新中心、太庙艺术馆和蒙古国国家美术馆共同主办的“草原长调”——中蒙当代美术交流展在太庙艺术馆举办。作为中蒙两国在“一带一路”建设新征程上进行艺术交流与合作的最新成果，该展汇集了两国40位代表性艺术家以草原人民生活为主题的精选作品近200件，作品主题鲜明、形式多样，展现了两国当代美术创作的面貌。此次北京展览结束后，该展还将赴蒙古国国家美术馆展出。

（黎 明）

【凯绥·珂勒惠支经典作品展】 10月21日～11月23日，由中国美术馆主办、柏林德国历史博物馆基金会协办的“中国美术馆国际交流展系列：黑白的力量”——凯绥·珂勒惠支经典作品展在中国美术馆举办。展览汇聚了6家德国重要博物馆和艺术机构以及珂勒惠支作品重要藏家的藏品，展出凯绥·珂勒惠支（1867—1945）的经典作品120件，包括雕塑、全套版画系列、自画像系列、海报以及珂勒惠支部分手稿原件和私人信件等，全方位展现了这位在中国影响深远的20世纪德国著名艺术家的艺术风貌。展出作品中有许多为首次在中国展出。展览开幕同期还举行了珂勒惠支艺术研讨会。

（黎 明）

【郑百重中国画展】 11月1日～8日，由中国文联、中国美协、中国画学会、保利文化集团、闽江学院、福建省文联共同主办的“凝碧积锦”——郑百重中国画展在中国美术馆举办。展览展出了当代著名中国画家郑百重代表性的山水、花鸟、青铜器等题材的绘画作品以及书法作品百余件，展现了艺术家独特的艺术风格和深湛的艺术造诣。

（黎 明）

【邵晓峰晋京书画展】 11月7日～10日，由中国国家画院艺术基金主办的“近林观象”——邵晓峰教授晋京书画展在中国国家画院美术馆举办。展览展出了南京市青年美协主席、江苏省青年美协副主席、江苏省徐悲鸿研究会副会长兼秘书长、南京林业大学艺术学院美术与设计研究中心主任邵晓峰教授的百余幅书画作品，展现了他在绘画语言及表达形式上的不断探索，以及他描绘林木葱郁、云山缥缈之景的独具风格的泼彩与水墨艺术。该展是“从美国耶鲁大学到中国国家画院”——邵晓峰教授书画美中系列展的中国展，展出作品除了在耶鲁大学展出的内容外，还新增了描绘美国、德国风光的作品。邵晓峰书画研讨会于展览开幕式后举行。

（黎 明）

【赵溅球尼泊尔写生中国画展】 11月8日~20日，为庆祝中国和尼泊尔建交60周年，加强中尼文化艺术友好交流，由尼泊尔艺术委员会、湖南益阳市人民政府、浙江师范大学联合主办的“赵溅球尼泊尔写生中国画展”在中国国家博物馆举办。展览展出了湖南省中国画学会副主席、洞庭画院院长、浙江师范大学教授赵溅球的中国画作品76幅，作品均取材于中国和尼泊尔的民居建筑与自然风光，展现了赵溅球熔中国南北画风、中西绘画技巧于一炉的鲜明独特的艺术风格。该展已于10月在加德满都尼泊尔艺术委员会美术馆首展。

（黎 明）

【董继宁山水画展】 11月10日~12月10日，由中国国家博物馆、中国美协、中共湖北省委宣传部、湖北省文化厅、湖北省文联共同主办的“江山万里行”——董继宁山水画展在中国国家博物馆举办。该展展出了湖北省美术院院长、湖北省美协副主席、国画家董继宁山的水画作品百余件。展览分为“生命颂歌”“高山仰止”“云山天籁”“空山凝云”“峥嵘岁月”“江山多娇”6个篇章，展现了董继宁对中华文明、儒道释文化和民族精神渊源的探寻，以及对壮丽河山的赞美描绘。开幕式上，董继宁向中国国家博物馆捐赠了30件作品。该展研讨会也同期举行。

（黎 明）

【费尔南多·博特罗作品展】 2015年11月20日~2016年1月2日，值中华人民共和国与哥伦比亚共和国建交35周年，由中国文化部与哥伦比亚驻华大使馆联合主办、中国对外文化集团公司承办的“博特罗在中国”——费尔南多·博特罗作品展在中国国家博物馆举办。该展展出了享誉世界的哥伦比亚艺术大师费尔南多·博特罗自20世纪70年代以来创作的最具代表性的作品共96件，其中包括81件大幅油画和15件大幅画布素描。展览分为“拉丁美洲的生活”“经典再现”“静物”“斗牛”“马戏团”“素描”6个部分，全面回顾了艺术家不同时期的重要主题和整个艺术创造历程，展现了他对体积、色彩和“普世性”艺术语言的不懈探索，以及具有强烈感染力的艺术风格。

（黎 明）

【洪瑞生油画展】 11月21日~29日，由吴作人国际美术基金会、福建省文化厅、福建省美协、厦门大学艺术学院联合主办的“闽南红”——洪瑞生油画展在中国美术馆举办。展览展出曾任厦门市美协副主席、厦门大学美术系主任的油画家洪瑞生多年来创作的70余幅油画作品。展出的作品抒发了艺术家对鼓浪屿的情怀、对闽南渔民的赞美以及对家乡生活意味的体会，并以他独创的“闽南红”——丰富而深厚的色彩效果，体现了他对油画的色彩价值、色层肌理表现性数十年执着探索的成就。

（黎 明）

【李义弘水墨画展】 11月21日~12月7日，由北京画院、李可染艺术基金会主办的“金色海岸”——李义弘水墨画展在北京画院美术馆举办。该展展出了台湾水墨画大家李义弘自20世纪80年代以来创作的48幅现代水墨作品。作者常年致力于对笔墨、媒材、技法的开拓与实验，其作品呈现出传统、现代与个性自然结合，现实与浪漫、质朴与典雅融于一体的艺术风格。

（黎 明）

【山西画院建院30周年美术作品展】 11月28日~12月10日，由山西省文化厅、山西画院共同主办的“唐风晋韵·笔墨河山”——山西画院建院30周年美术作品展在中国美术馆举办。展览展出了山西画院老中青三代艺术家创作的国画、油画、版画、雕塑等多门类艺术作品共140余件，集中展示画院成立30年来的艺术创作成果，体现出画院传承历史文脉又勇于开拓创新的艺术风貌，同时也反映了画院艺术家们深入生活、扎根人民的一贯传统。

（黎 明）

【潘义奎油画作品展】 12月1日~10日，由中共甘肃省委宣传部、甘肃省文化厅、甘肃省文联、中国美协艺委会、甘肃省美协、甘肃画院等单位主办，俄罗斯艺术科学院、俄罗斯美术家协会、俄罗斯列宾美术学院等单位承办的“盛世年华 丝路同行”——潘义奎油画作品展在中国美术馆举办。该展展出了甘肃省美协副主席、甘肃画院副院长、俄罗斯华人艺术家协会主席、著名油画家潘义奎历年创作的代表性油画作品65幅，展现了作者对油画语言的深入理解及对结构和色彩的精到把握。潘义奎，1977年出生于甘肃庄浪。先后毕业于西安美术学院、俄罗斯赫尔岑国立师范大学，获美术学硕士、博士学位。其作品多以俄罗斯自然景观和中国西部地区少数民族生活为题材，并多次在中俄两国专业美展中获奖。曾荣获尼古拉·列里赫国际奖章和俄罗斯艺术科学院金质奖章。展览开幕式当日，还举行了由中俄两国艺术家参加的潘义奎作品研讨会。

（黎 明）

【“新中国美术家系列”——山西省国画作品展】 12月10日~18日，由中国国家画院、山西省文化厅主办，中国国家画院创作研究部、中国国家画院美术研究院、山西画院等承办的“新中国美术家系列”——山西省国画作品展在中国国家画院美术馆举办。展览展出了李庆福、王玉玺、孙海青、王爱衷、王学辉、贾大一、杨光汉、雷俊其、王志英9位1949年后出生的山西省国画家的百余幅精选作品，展现了山西省国画艺术的创作实力。

（黎　明）

【“新中国美术家系列”——江西省国画作品展】 12月20日~25日，由中国国家画院、江西省文化厅主办，中国国家画院创作研究部、中国国家画院美术研究院、江西画院等承办的“新中国美术家系列”——江西省国画作品展在中国国家画院美术馆举办。展览展出了方学晓、蔡群、王迎春、游新民、杨金星、王国华、帅安、方学良、方李、陈罡、王清丽11位江西省代表性国画家的80余幅精选作品，集中展现了江西省中国画创作的整体面貌和实力。

（黎　明）

纪　念

【黄宾虹150周年诞辰纪念特展】 4月4日~7月5日，时值黄宾虹（1865—1955）150周年诞辰、辞世60周年，中国美术馆主办的“浑厚华滋本民族”——黄宾虹诞辰150周年纪念特展，作为其“典藏活化”系列展之一，在该馆举办。展览分为“纪念·为大师造像”“内美·浑厚华滋”“笔墨·肇源”“造化·游悟”4个单元，汇集了中国美术馆、默斋基金会（曹氏家藏）、天津博物馆、中央美院美术馆所藏黄宾虹山水画作品和画稿近150件，以及靳尚谊、吴山明、吴为山、申凡等艺术家创作的与黄宾虹相关的油画、中国画、雕塑及装置作品，以纪念与解读这位艺术大师。

（黎　明）

【白雪石百年诞辰纪念画展暨座谈会】 5月28日，为纪念著名山水画家、美术教育家白雪石（1915—2011）百年诞辰，由清华大学美术学院、白雪石纪念馆、中国收藏家协会联合主办的“我与青山共百年”——白雪石百年诞辰纪念画展暨纪念座谈会在昆仑饭店举行。相关单位领导、专家、学者、白雪石家属和生前好友，以及艺术界、收藏界与媒体嘉宾百余人出席座谈会。与会者在发言中表达了对白雪石的深切怀念，并对他的艺术创作及卓著成就进行了研讨。持续至5月30日的纪念画展，展出了白雪石不同时期的绿树漓江、红叶漓江、红花漓江、黄山、太行、燕山等系列作品中的代表性精品力作50余件。

（黎　明）

【袁晓岑百年诞辰纪念展】 6月25日~7月2日，时值著名雕塑家、国画家袁晓岑（1915—2008）100周年诞辰，由中国美术馆、云南省委宣传部联合主办的“万物为师”——袁晓岑百年诞辰纪念展在中国美术馆举办。展览展出了袁晓岑代表性的雕塑作品50多件、国画作品20多件，以及首次公开展出的创作手稿150多件。

（黎　明）

【纪念徐悲鸿120周年诞辰座谈会】 6月26日，值我国著名艺术家、中国现代美术事业的奠基者和开拓者、中央美术学院第一任院长徐悲鸿120周年诞辰之际，由文化部、中国文联主办，中央美院、中国美协、徐悲鸿纪念馆承办的“纪念徐悲鸿诞辰120周年座谈会”在人民大会堂北京厅举行。中共中央政治局委员、国务院副总理刘延东对座谈会的召开非常重视并发来贺信。中宣部、文化部、教育部、中国文联、中国美协、中央美院、中国国家画院、中国国家博物馆、中国美术馆等相关单位领导，徐悲鸿学生代表，徐悲鸿子女，徐悲鸿研究学者，艺术家代表，中央美院领导班子成员、学术委员会委员、院系部门主要负责人，以及首都新闻媒体代表出席了座谈会。座谈会上，与会者从不同角度回忆和评价了徐悲鸿的生平事迹、高尚品格、艺术成就以及他为中国美术事业做出的巨大贡献。

（黎　明）

【启功艺术回顾展】 6月30日~7月13日，为纪念著名教育家、传统文化大家、书画家、诗人启功（1912—2005）逝世十周年，作为北京画院“二十世纪中国美术大家系列展”之一，由全国政协书画室、中央文史研究馆、中国书协、北京师范大学、北京书协、荣宝斋、北京画院、北京西城文委共同主办的“逸笔遗珍”——启功艺术回顾展在北京画院美术馆举办。展览展出了启功不同时期的绘画、自书诗及临帖作品共计80余件，全面展现了他一生的艺术成就。北京画院编辑的《逸笔遗珍——启功书画精品集》同步出版。

（黎　明）

【民族先锋中流砥柱美术作品展】 7月1日~2日，为纪念中国人民抗日战争暨世界反法西斯战争胜利70周年，由中国中共党史学会主办的“民族先锋中流砥柱美术作品展”在人民大会堂举办。展览展出了侯一民、詹建俊、全山石等数十位著名艺术家创作的油画、国画、版画作品70件。展出作品精心描绘了中国共产党领导下的八路军、新四军、东北抗联、华南游击队等英雄群体形象和以杨靖宇、赵一曼、左权、彭雪枫等为代表的众多优秀共产党人的光辉形象，热情讴歌了中国共产党在全民族抗战中发挥的中流砥柱作用。

（黎　明）

【徐悲鸿及亲友、师生作品巡回大展】 7月5日~15日，为纪念艺术大师徐悲鸿120周年诞辰，由徐悲鸿一百二十周年诞辰纪念活动组委会、徐悲鸿艺术沙龙、北京视觉经典美术馆共同主办“永远的徐悲鸿”——徐悲鸿及亲友、师生作品巡回大展首站在北京视觉经典美术馆举办。展览汇集了徐达章、徐悲鸿、齐白石、张大千、黄宾虹、廖静文、吴作人、赵少昂、李苦禅、蒋兆和、滑田友、萧淑芳、宋步云、叶浅予、孙宗慰、文金扬、冯法祀、宗其香、李斛、戴泽、关山月、赖少其、黄胄、周令钊、侯一民、詹建俊、刘勃舒、李天祥、常莎娜、钱绍武、杨先让、杨之光、骆拓、卢开祥、马常利、蔡亮、陈若菊、高潮、张乃光、王农、张汝济、周国瑾、张平良、赵友萍、徐静斐、吴休、石成峰、卫祖荫、温葆、文国璋、李燕、彭世强、徐庆平、肖和、侯晓明、萧鹏、韩学军、郑晓京、徐冀共59位艺术名家的作品。“永远的徐悲鸿”主题座谈会在展览开幕式结束后举行。

（黎　明）

【“接力”中央美院教师写生创作展】 7月7日~15日，为纪念中国人民抗日战争暨世界反法西斯战争胜利70周年，由中央美院和中国美术馆共同主办的“接力”——中央美术学院教师写生创作展在中国美术馆举办。展览以央美人在思想和学术上对优秀传统的“接力”为主题，展出以中央美院教师为主的50余位艺术家创作的油画、水墨、水彩、雕塑、公共空间设计等不同类型作品70余件（组）。展出的作品以不同的视角和形式，记录抗战历史，表现抗战精神，描绘抗战遗址，体现现代生活与历史之间的对话。

（黎　明）

【抗战木刻展】 7月7日~9月30日，由中国国家博物馆推出的“抗战与文艺：纪念抗日战争胜利70周年馆藏文物系列展”之“抗战木刻展”在中国国家博物馆展出。该展展出了抗战时期以延安“鲁艺木刻工作团”为主的木刻作品及有关文献文物146件（套），其中首次展出的文献文物达51件（套）。展出的作品中，除了胡一川、彦涵、石鲁、杨廷宾等鲁艺木刻工作团的画家们创作的经典木刻版画外，还有朱德赠送给访问延安的美国记者莫里斯·沃陶的八路军木刻宣传画，美军驻延安联络组收集的《鲁艺木刻选》，李公朴收藏的木刻印版《读书》，以及延安鲁艺召开的“敌后木刻观摩会”会议记录手稿等珍贵文物。

（黎　明）

【梁又铭抗战美术作品展】 7月7日~9月30日，由中国国家博物馆推出的“抗战与文艺：纪念抗日战争胜利70周年馆藏文物系列展”之“梁又铭抗战美术作品展”在中国国家博物馆展出。展览展出了抗战时期国民党军旅画家梁又铭（1906—1984）创作的抗战题材水墨画41件、水彩画14件，及其收藏的37件历史资料。展出的作品反映了国民党正面战场的抗战情况，其中有描绘国民党军队备战及战斗的场景的，有表现1939年5月重庆遭日军轰炸惨状的，有描绘南京沦陷后中山陵的《陵园秋色》，还有以古喻今激励全民族抗日的《木兰辞》。

（黎　明）

【“太行浩气”——吕云所中国画作品展】 7月8日~16日，为纪念天津美院教授、著名国画家吕云所（1940—2014）去世一周年，由中国美协、中国艺术研究院、中国国家画院、天津美院共同主办的“太行浩气”——吕云所中国画作品展在中国美术馆举办。展览分“漳河畔系列”“黑色太行系列”“太行风情系列”“写意太行系列”4个部分，展出了从画家一生创作的4个阶段中精选出的160余幅作品，以及画家早期的写生人物、素描、速写、连环画等教学作品，以纪念他一生的学术成就和艺术造诣。展览开幕式后举行了该展学术研讨会。

（黎　明）

【徐希逝世】 7月23日，著名画家徐希因病在北京逝世。徐希（1940—2015），曾用名徐振武，中国美术家协会会员，一级美术师，1940年生于浙江绍兴。1965年毕业于浙江美术学院版画系，多年任人民美术出版社编辑，1978年成为该社创作室专业画家，20世纪90年代移居美国，后回国定居。徐希的作品清新隽永，富有浓厚的时代、地方及生活气息，尤以笔下的江南水乡为中外人士赞赏。他融合西方水彩与中国水墨技法，创立了“徐希绘画技法”。移居美国后，创作题材扩展至描绘世界各地风光，显示出卓越的艺术才华。

（黎　明）

【纪念抗战胜利70周年全军美术书法作品展】 7月25日~8月15日，8月20日~9月10日，由中国人民解放军总政治部宣传部、中国美术家协会和中国书法家协会联合主办的“纪念中国人民抗日战争暨世界反法西斯战争胜利70周年——全军美术书法作品展”在解放军美术书法研究院展览馆举办。展出的共计484件美术和书法作品，以军旅美术书法的特有语汇，阐释了“铭记历史、缅怀先烈、珍爱和平、开创未来”的主题。展览分为两个阶段：7月25日至8月15日展出美术作品，作品涵盖了中国画、油画、版画、雕塑、水彩画、宣传画和连环画等；8月20日至9月10日展出书法作品，作品包括行、草、楷、篆、隶和篆刻等。作者中既有名家大师，也有基层官兵，具有广泛的群众性。

（黎　明）

【纪念华君武100周年诞辰座谈会】 7月30日，由文化部、中国文联、中国美协主办的“纪念华君武诞辰100周年座谈会”在中国美术馆举行。文化部、中国文联、中国美协、浙江省文联、中国美术馆等相关单位领导，侯一民、常沙娜、邵大箴、杨力舟等艺术家和学者代表，华君武亲属以及各界嘉宾出席了座谈会。与会者从各自不同的角度回忆和评价了华君武的生平事迹与艺术成就，缅怀他为中国美术事业做出的杰出贡献。

（黎　明）

【华君武百年诞辰纪念特展】 7月30日~8月7日，由文化部、中国文联、中国美协共同主办的中国美术馆“典藏活化”系列展：世相——华君武百年诞辰纪念特展在中国美术馆举办。展览展出了我国著名漫画家、新中国美术事业奠基人之一华君武（1915—2010）的漫画精品200余件，以纪念他的杰出艺术成就。展出作品全部是从华君武捐赠给中国美术馆永久收藏的2000余件作品中遴选出来。

（黎　明）

【邹佩珠追思会】 8月20日，由中国美协、中央美院、中国国家画院、北京画院、李可染艺术基金会、李可染画院共同主办的“邹佩珠先生追思会”在京伦饭店召开，以怀念5月4日去世的著名雕塑家、美术教育家、艺术活动家、李可染画院院长、李可染艺术基金会董事长、李可染夫人邹佩珠。中国国家画院院长杨晓阳，中国国家博物馆馆长陈履生，北京画院院长王明明，著名美术理论家、批评家邵大箴，李可染之子李小可，李苦禅之子李燕，著名画家范增以及李可染生前弟子好友等众多嘉宾出席了此次活动。与会者回顾了邹佩珠的艺术人生，与其对于李可染艺术以及中国美术事业发展所做出的巨大贡献进行了高度评价。

（黎　明）

【“铸魂鉴史　珍爱和平”——纪念抗战胜利70周年美术作品展】 8月23日~9月18日，由文化部、中国文联、解放军总政治部宣传部、中国美协共同主办的“铸魂鉴史　珍爱和平”——纪念中国人民抗日战争暨世界反法西斯战争胜利70周年美术作品展在中国美术馆举办。展览以“铭记历史、缅怀先烈、珍爱和平、开创未来”为主题，汇聚了以中国美术馆为主的国内部分美术馆经典藏品、在全国范围内征集并评选出的相关主题优秀作品以及特邀部分艺术家的相关主题作品300余件，作品涵盖中国画、油画、版画、雕塑、年画、连环画、综合材料等各艺术门类，形式、风格丰富多样。展览分“怒吼吧中国”“全民族抗战”“胜利与和平”3个篇章，回顾和展现了中国人民抗日战争的伟大历程。

（黎　明）

【纪念世界反法西斯战争胜利70周年俄罗斯美术作品展】 8月25日~9月17日，在中俄两国文化部支持下，由中国美术馆、俄罗斯国立博物馆与展览中心（罗西佐）、湖北省博物馆、江苏省美术馆共同主办的“胜利：1945~2015!”——纪念世界反法西斯战争胜利70周年俄罗斯美术作品展在中国美术馆举办。展览分为“战争与对抗”“胜利的日子”“峥嵘的岁月”“传奇与功勋”“缅怀与追忆”“永恒的铭记”6个篇章，展出了来自俄罗斯12家重要艺术机构收藏的反法西斯题材经典作品共计76件（组），其中油画74件、雕塑2件。所展美术作品包括拉克季昂诺夫1947年创作的《前线的来信》、格拉西莫夫1943年创作的《游击队员的母亲》、涅缅斯基1945年创作的《母亲》等诸多经典名作。展期结束后，该展还赴湖北省博物馆和江苏省美术馆进行了巡展。

（黎　明）

【尼泊尔艺术家访华采风作品展】 9月28日~30日，作为文化部“纪念中国与尼泊尔建交60周年”及“一带一路”系列文化活动的重点项目，由文化部主办，中国对外文化集团公司、中国对外艺术展览有限公司和首都图书馆承办的“意会中国”——尼泊尔艺术家访华采风作品展在首都图书馆举办。应中国文化部邀请，尼泊尔国家美术学院院长拉吉尼·乌帕德亚雅率尼泊尔艺术家代表团一行5人来华访问，并参加“意会中国”南亚艺术家在华采风创作活动。该展展出了这5位尼泊尔艺术家在四川和北京两地访问、采风后创作的20余幅作品，表达了他们对中国的感受和理解，也展现了他们独特的艺术风格。

（黎　明）

【罗尔纯逝世】　10月29日，著名油画家、原中央美院教授罗尔纯逝世。罗尔纯（1930—2015），别名罗存，生于湖南湘乡。1950年毕业于苏州美术专科学校，之后在人民美术出版社任编辑、创作干部，1959年后任教于北京艺术师范学院，1964年后任教于中央美术学院，1992年后享有法国艺术居留权，常往返于中国与欧洲之间。罗尔纯是中国第三代油画家的重要代表，他的艺术个性鲜明，其油画具有强烈的表现主义风格，在当代中国油画界独树一帜。其水墨画受李苦禅、吴作人影响，具有鲜明独特的艺术风格与韵味。

（黎　明）

【“太行风骨”——山西省美术书法作品提名邀请展】　10月31日~11月8日，为纪念中国人民抗日战争暨世界反法西斯战争胜利70周年，由中国美协、中国书协、山西文联、中国人民抗日战争纪念馆主办，山西省美协、山西省书协承办的“太行风骨”——山西省美术书法作品提名邀请展在中国人民抗日战争纪念馆举办。展览汇集了山西省内外美术家、书法家以“太行风骨”为主题的精选作品近300件，其中国画、油画、版画、漆画作品近170件，真、草、隶、篆各种书体的书法作品近130件。展出作品以不同的角度、丰富的内容、多样化的形式和风格，回顾中国人民尤其是八路军和太行儿女在抗日战争中可歌可泣的英勇事迹，同时也展示了山西省美术家和书法家近来在“深入生活、扎根人民”主题实践活动中的创作成果。该展已于7月在山西美术馆首展，此次进京展出，又对展出作品做了精选。

（黎　明）

【俞致贞百年诞辰作品展】　11月14日~12月14日，由清华大学、中国美协、江苏省文化厅、江苏省文联共同主办的“笔意凝彩　致贞清远”——俞致贞百年诞辰工笔花鸟画作品展在清华大学美术学院美术馆举办。展览展出已故著名花鸟画家、美术教育家俞致贞（1915—1995）的工笔花鸟画20余幅。展览开幕当日，纪念大会和展览学术研讨会在清华大学美术学院美术馆举行。《笔意凝彩　致贞清远——俞致贞百年诞辰工笔花鸟画作品集》和《中国现代艺术与设计学术思想丛书——俞致贞文集》同期首发。

（黎　明）

【纪念抗战胜利70周年第三届架上连环画展】　11月23日~28日，由中国美协主办、中国美协连环画艺委会等承办的“纪念中国人民抗日战争暨世界反法西斯战争胜利70周年第三届架上连环画展”全国巡展第六站在中国文联文艺家之家举办。展览展出了14位特邀作者和18位优秀作品作者展现抗战历史、弘扬民族精神的作品共246幅。展出作品涵盖几乎所有画种，代表了目前连环画创作的较高水平，也反映了架上连环画创作极具当代性的审美追求。

（黎　明）

【王临乙、王合内夫妇作品文献纪念展】　11月30日~12月21日，作为中国美术馆“捐赠与收藏”系列展之一，由中国美术馆、中央美术学院主办的“至爱之塑”——雕塑家王临乙、王合内夫妇作品文献纪念展在中国美术馆举办。该览以400余件雕塑、绘画手稿和影像文献史料，展现了20世纪中国著名雕塑家和美术教育家王临乙（1908—1997）、王合内（1912—2000，原名Renee Nikel，中国籍法国人）夫妇感人至深的伉俪之情及卓越的艺术成就。展览分为“丰碑”“身影”“造像”3个部分，呈现王临乙创作人民英雄纪念碑浮雕《五卅运动》的相关作品文献、二人的生活和爱情经历以及他们的雕塑创作。这对艺术伉俪立嘱将身后之物全部捐赠给了中央美术学院，该展展品即出自这些捐赠。

（黎　明）

【赖少其艺术研究展】　2015年12月24日~2016年2月24日，为纪念我国现代著名国画家、版画家、书法家赖少其（1915—2000）一百周年诞辰，由中国美协、安徽省美协、北京画院、安徽省书画院、合肥市文化广电新闻出版局共同主办的“木石还真”——赖少其艺术研究展在北京画院美术馆举办。该展以“刀锋情铸”“与古为徒”“法从自然”“交游宾翁”“丙寅变法”“八十后作”6个板块，全面展现赖少其近五十年的艺术生涯。展出作品包括赖少其二十世纪五六十年代精研古法的摹古之作，80年代在黄山的写生画作，古稀之后的变法之作，以及他亲手雕刻的匾额、对联、砚台、笔筒、石印等物。该展为巡展，此前已在广州、上海、合肥等地展出。

（黎　明）

出版物

【《流民图》册页首发】　10月29日，由中国美协主办、中国美协蒋兆和艺术研究会承办的“《流民图》册页首发式暨《流民图》与北京抗战文艺学术研讨会”在劳动人民文化宫太庙举行。此次活动时间、地点的选择具有特殊意义，因为1943年10月29日，《流民图》正在当时北平太庙公开展出，不及一日即遭日本侵略者禁展，并从此开始了多舛的命运。由人民美术出版社出版的《流民图》册页首发式上，出版单位向中央美术学院国画学院、语言大学艺术学院等单位赠书；并特别向北京师范大学附属实验中学赠书，这是向中小学教师捐赠活动的开始，以期激励下一代勿忘国耻。文化部、中国美协、中国美术馆、人民美术出版社、中央美院中国画学院等单位派代表出席了研讨会。与会者以《流民图》及北京沦陷区的抗战文艺为主题，就北京抗战文艺与历史语境、抗战时期北京文艺界的状况、《流民图》及其相关史实辨析、《流民图》的历史价值和思想价值等方面，展开了深入的研讨。

（黎　明）

【《中国美术报》创刊】　12月26日，《中国美术报》创刊大会在人民大会堂举行，文化部、中国文联、中国美协、国家艺术基金会、中国文化传媒集团、中国国家画院、中国美术学院、四川美术学院、中国美术馆、中华两岸艺术基金会等相关部门领导和各界嘉宾200余人出席了大会。《中国美术报》由国家新闻出版广电总局于2015年1月批准创办，于2016年1月正式出版发行。该报由文化部主管，中国国家画院主办，中国美术报社有限责任公司出版。该报将坚持“二为”方针，坚持学术立报，遵循“专业化、人文化、国际化、市场化、网络化”办报理念，以展示国内外美术创作、研究的最新成果为己任，力求服务中国美术家，推动中国当代美术发展。《中国美术报》为周报，每期40个版面，其中包括“美术新闻”“学术月刊”“美术教育”“美术家”“域外美术”“艺术财富”“艺术设计”“美术副刊”等板块。作为创刊系列活动的组成部分，由中国国家画院、中国美术报主办的“大美为真”——《中国美术报》创刊中国画学术邀请展暨研讨会同日在中国国家画院美术馆开幕，展览展出了王蒙、王琦、靳尚谊、肖峰、邵大箴、冯远等领导、专家的题词，以及周韶华、刘文西、崔振宽、姜宝林、刘大为、赵建成、田黎明、杨晓阳、卢禹舜、张江舟、曾来德、纪连彬等艺术家的作品120余幅。主题为“传媒时代的艺术”的学术研讨会在展览开幕式后举行。

（黎　明）

书法　篆刻

2015 年，北京地区的书法、篆刻在展览、活动以及国内外交流方面依然活跃，在创新的同时，向传统学习则形成了更明显的一种趋势。

2015 年，北京地区举办的书法展览形式多样。“全国第十一届书法篆刻作品展”共有入展作品 700 余件，是 2015 年在北京举办的规模最大的书法篆刻展。“2015 中国艺术研究院中国书法院院展”展示了中国书法院的最新创作成果。“中国国家博物馆典藏——甲骨文、金文集粹”展出了商代甲骨文和周代、秦代及汉代的金文。在北京举办的展览中，除了创作的新作品之外，学习传统的氛围也非常浓郁，专门展示临摹作品的展览就有“2015 年国家典籍博物馆宋元善拓暨全国书法临摹展”，以及“王家新临摹历代书法经典作品展”，展出的都是对《张迁碑》《曹全碑》《九成宫醴泉铭》等历代名帖的临摹作品。另外，还有为纪念中国人民抗日战争暨世界反法西斯战争胜利 70 周年举办的“书写抗战”——两岸百名书法家作品公益展和“纪念中国人民抗日战争胜利 70 周年全国征联获奖作品书法展”等。

2015 年，北京地区举办了多种与书法相关的活动。包括在北京召开的中国书法家协会第七次全国代表大会、第八届北京电视书法大赛、《王羲之王献之书法全集》首发式，还有中国书法志愿服务活动、“中国书法公益大讲堂”书法讲座，以及由清华大学与中国文化遗产研究院联合举办的“简帛文字与书法学术”研讨会等。

2015 年，北京地区在书法方面开展的国内外交流也比较活跃。“北京天津大连三地书法交流展”展示了三地书法家新创作的书法作品。“2015 海派书法进京展”展示了上海老中青三代书法篆刻家的整体实力和艺术成就。“刘灿铭书法艺术展”则展示了东南大学中国书法研究院常务副院长刘灿铭具有鲜明敦煌写经特点的书法作品。“湖北省书法院首届院展”展示了湖北省书法院书体齐全、风格多样的作品。2015“中韩书法年展”展出了中韩两国书法名家的中堂、条幅、对联、扇面等多种样式的书法作品。

（黎　明）

展　　览

【龙开胜书阮籍·饶宗颐咏怀诗作展】　1 月 8 日～16 日，由中国书协、中国美术馆、解放军美术书法研究院、空军政治部宣传部、北京书协联合主办的“古今咏怀”——龙开胜书阮籍·饶宗颐咏怀诗作展在中国美术馆举办。展览展出的龙开胜书法作品共 170 件，是用其擅长的行草书以及隶书、魏碑等多种书体和风格，以三国时期“建安七子”之一的阮籍的 82 首咏怀诗与当代国学大师饶宗颐和出的 82 首咏怀诗为内容所作的专题创作。由人民美术出版社出版的《古今咏怀——龙开胜书阮籍·饶宗颐咏怀诗作展》作品集同时首发。

（黎　明）

【大美平谷·中国书法之乡——第七届上元雅集·“友谊奖”书法展】　3 月 8 日～10 日，由平谷区政府主办、平谷区文联承办的“大美平谷·中国书法之乡——第七届上元雅集·‘友谊奖’书法展”在国艺美术馆举办。该展展出了从全国各地征集的 260 余件作品，其中 80% 以上为篆书作品。

（黎　明）

【“邱振中：起点与生成”展】　3 月 11 日～19 日，由中央美院、中国美术馆、中国书协联合主办的“邱振中：起点与生成”展在中国美术馆举办。该展由中央美院院长范迪安策展并担任学术主持，展出了当代著名艺术家、书法家、诗人、艺术理论家、中央美院教授邱振中的绘画、文字、书法 3 类作品共 130 余幅，展现了创作者对当代艺术创作中的“书写性”、中国传统艺术与当代艺术之间转化的广泛可能性及中国当代艺术创新途径的探索。

（黎　明）

【刘艺书法脉络展】 3月31日~4月9日，由中国文联、中国书协、中国美术馆联合举办的“秋水为神”——刘艺书法脉络展在中国美术馆举办。展览展出了著名书法家、中国书协顾问刘艺的草、行、楷、隶、篆等各体书作140余件，以及数十种文献、实物和出版著作，以梳理展示艺术家数十年来的创作探索。

（黎 明）

【文怀沙一百零五岁法书展】 4月7日~21日，“文怀沙一百零五岁法书展”在中国国家博物馆举办。展览汇集了著名国学家、书画家文怀沙老人近10余年来创作的书法作品70余幅。展出作品的内容、形式、书体丰富多样，其中，“道德经随想录”系列等重要代表作是首次公开展出；30件曾参加巴黎“东方艺术情韵大型展览”的作品，在该展结束后捐赠给中国国家博物馆收藏。

（黎 明）

【夏湘平书法艺术展】 4月28日~5月1日，由中国书协、中国美协、解放军美术书法研究院联合主办的“砚边八十年”——夏湘平书法艺术展在中国人民革命军事博物馆举办。展览展出了当代著名书法家、美术家、解放军美术书法研究院书法创作院副院长夏湘平数十年来创作的书法作品百余幅，其中既有3米高、6米宽的十二条屏巨制、巨幅碑刻拓片和7米长卷，也有斗方、扇面等，展现了艺术家的深湛造诣和卓著成就。

（黎 明）

【全国正书六家展】 6月6日~20日，由三品美术馆主办的“正大气象”——全国正书六家展第二回巡回展在三品美术馆北京馆举办。展览展出了王友谊、王学岭、刘颜涛、张继、管峻、张建会6位当代著名书法家的66幅书法作品，作品包括篆、隶、楷3种书体，参展书家各携8幅小品书作、1本册页（手卷）及2幅8尺整张大作参展。此次北京站展览结束后，该展还将陆续在三品美术馆深圳馆、贵阳馆展出。

（黎 明）

【“中国国家博物馆典藏——甲骨文、金文集粹”展】 7月11日~10月17日，“中国国家博物馆典藏——甲骨文、金文集粹”展览在中国国家博物馆展出。该展展出了商代甲骨文及两周、秦汉金文近百幅珍品，其中不乏历代书法名家心慕手追的书法珍品。

（黎 明）

【王岳川书法展】 7月18日~28日，由中国书协、北京大学书法艺术研究所共同主办的“正大气象”——王岳川书法展在中国美术馆举办。该展展出了北大中文系教授、书法艺术研究所所长王岳川的大型书法作品68幅，作品内容以经史子集为根基，形式上五体皆备，展现了这位学者型书法家追求恢宏磅礴、正大气象的书法品格。

（黎 明）

【全国第十一届书法篆刻作品展】 8月10日~20日，作为国内书法界四年一度最高规格综合性大展，由中国书法家协会、华影传媒公司联合主办的“全国第十一届书法篆刻作品展”在中国美术馆、中国国家图书馆、中国国家博物馆和故宫博物院举办。该届展览分为两个系列——当代书法展览系列和古代书法展览系列。当代书法展览系列包括“全国第十一届书法篆刻作品展”（优秀作品与入展作品）和当代书法名家邀请展；古代书法展览系列包括“中国国家博物馆典藏——甲骨文、金文集粹”展、国家图书馆典藏碑帖善拓书法特展、敦煌遗经书法特展、近现代名人手稿特展以及“石渠宝笈”——故宫博物院九十周年特展。“全国第十一届书法篆刻作品展”（优秀作品与入展作品）是该届大展的主体展览，8月10日~17日在中国美术馆举办，展出了从全国4万多件参选作品中评选出的700余件入展作品（其中，书法作品623件、篆刻作品60件、刻字作品20件），其中包括优秀作品42件（书法37人、篆刻4人、刻字1人），集中反映了当前书法创作的总体艺术风貌和审美趋势。当代书法名家邀请展，8月10日~20日在中国美术馆、中国国家图书馆同时举办，展览展出了沈鹏、欧阳中石、李铎等著名书法家的作品，以及通过学术提名、专家投票方式推举出的书法界代表性名家的作品，呈现当代老中青三代书法家的艺术创作成果。“中国国家博物馆典藏——甲骨文、金文集粹”展览，7月11日~10月17日在中国国家博物馆举办，展览展出了商代甲骨文及两周、秦汉金文珍品近百幅。国家图书馆典藏碑帖善拓书法特展、敦煌遗经书法特展、近现代名人手稿特展，8月10日~20日在中国国家图书馆举办。“石渠宝笈”——故宫博物院九十周年特展，9月8日~11月8日在故宫博物院武英殿和延禧宫举办，分两期展出故宫书画藏品283件。各展览配合安排了相关论坛和学术讲座。由书法出版社出版的《全国第十一届书法篆刻作品展览作品集》（共3册，即特邀作品集，获奖入展作品集上、下册）与大展同步发行。

（黎 明）

【第六届北京美丽乡村书法艺术展】 10月26日~11月4日，由北京市文联、北京书法家协会、中共平谷区委、平谷区人民政府等单位主办，中共平谷区委宣传部、平谷区文联、平谷区文化委员会和翰墨清韵文化发展有限公司等单位承办的“平畴墨润 谷香桃红——第六届北京美丽乡村书法艺术展”在平谷区博物馆举办。展览集中展示了京郊十个区县书法家们的作品160幅，特邀作品15幅。参展作品以歌咏家乡的诗词和自撰诗词联赋等艺术形式，从不同视角展现了京郊的新气象、新面貌。

（张燕鹰）

平谷区，市文联领导参观第六届北京美丽乡村书法艺术展

【国家典籍博物馆宋元善拓暨全国书法临摹展】 2015年12月10日~2016年1月10日，作为国家艺术基金资助项目，由国家图书馆（国家典籍博物馆）、中国书法家协会主办的“古韵镌拓　纸墨千秋”——2015年国家典籍博物馆宋元善拓暨全国书法临摹展在国家典籍博物馆举办。展览展出了从国家图书馆馆藏中选取的宋、元、明、清时期具有代表性的碑帖名品60余件，以及“全国书法临摹大赛”面向社会知名书法家征集的临摹作品。古代碑帖名品按照篆、隶、楷、行、草5种字体分类，包括了早期的石鼓文、琅琊台刻石，汉隶代表《史晨碑》《张迁碑》《曹全碑》，以及影响深远的《瘗鹤铭》《九成宫醴泉铭》《神策军碑》《三希堂法帖》等。当代知名书法家的临摹作品与所临原碑帖并置展出。展览开幕当日举行了“经典与传承”主题研讨会。展览期间，主办方还邀请传拓艺术传承人、古琴名家进行了现场传拓演示和古琴演奏。

（黎　明）

【王家新临摹历代书法经典作品展】 2015年12月10日~2016年1月10日，由中国书协、国家图书馆（国家典籍博物馆）主办的“向经典致敬”——王家新临摹历代书法经典作品展在国家典籍博物馆举办。展览展出了第六届中国书协副主席、楷书专业委员会主任、著名书法家王家新临摹的《张迁碑》《礼器碑》《曹全碑》《郑文公碑》《董美人墓志》《九成宫醴泉铭》《雁塔圣教序》《多宝塔碑》《玄秘塔碑》《胆巴碑》《兰亭序》《祭侄文稿》《玉版十三行》等历代书法经典作品30余卷册。展出的作品大多是实临、通临，忠实原作、形神毕肖，展现了作者对传统经典心摹手追用功之深。

（黎　明）

【2015中国艺术研究院中国书法院院展】 2015年12月26日~2016年1月6日，由中国艺术研究院主办的“大道书怀”——2015中国艺术研究院中国书法院院展在中国国家博物馆举办。作为中国艺术研究院开展的“学习贯彻习近平总书记在文艺工作座谈会重要讲话精神系列展”重要活动之一，该展展出了中国书法院新一届顾问、研究员及专职创作人员新近创作的140余件作品。展览开幕当日举行了该展学术研讨会。

（黎　明）

活　　动

【简帛文字与书法学术研讨会】 4月10日~11日，由清华大学与中国文化遗产研究院联合举办的“简帛文字与书法学术研讨会”在清华大学召开，中外知名专家、学者50余人参加了会议。研讨会集中了近年来国内简帛书法艺术研究学者的最新成果，内容涵盖清华简、北大简、上博简、岳麓简、里耶简、马王堆简帛、阜阳简、肩水金关简等学术界研究热门简牍。专家、学者们围绕简帛书法的特点、艺术特色、艺术风格、其在中国书法史上的地位以及对当代书法艺术创作的影响等话题展开了深入研讨。著名学者李学勤、清华大学副校长谢维和、中国文化遗产研究院副院长马清林、中国书法家协会副主席苏士澍在会上作了主题发言。

（黎　明）

【丰台书协刻字研究会创作基地成立暨首届丰台书协书法刻字作品展开幕式】 4月29日，丰台区书法家协会刻字研究会创作基地成立仪式暨首届丰台书协书法刻字艺术作品展开幕式在玉泉营花卉展销厅举行。中国书协理事、刻字研究会副主任、清华美院特聘教授王志安，中国书协理事、北京书协副主席兼秘书长田伯平，丰台区文联主席初建华，丰台区书协主席路世明等参加了活动。活动中，丰台书协副主席兼秘书长袁永齐现场演示了刻字艺术的创作过程。展览展出的刻字作品和书法作品共40件。

（黎　明）

【“弘道养正”书法巡展走进北京交通大学】　5月12日，由中国文联、中国书协主办，教育部语用司作为支持单位，北京交通大学、中国文联书法艺术中心协办的“弘道养正”——培育和践行社会主义核心价值观书法巡展在北京交通大学校史陈列馆举办。展览展出以“传承中华美德、大力弘扬社会主义核心价值观”为主题的名家书法作品60余幅。展览现场举行了由书法出版社出版的《“弘道养正”——培育和践行社会主义核心价值观书法集》的首发式及捐赠仪式，还举行了由中国艺术研究院研究员、著名书法家李一以“当代书法的评价标准”为题所作的“中国书法公益大讲堂”书法讲座。

（黎　明）

【书法志愿服务走进北京城建集团】　5月22日，由中国文联、中国书协、中国文艺志愿者协会主办的“到人民中去”——中国书法志愿服务活动暨“弘道养正”——培育和践行社会主义核心价值观书法巡展走进北京城建集团。在城建集团大厦会议室，中国书协书法家们现场挥毫，创作多幅作品赠予城建集团，并对城建集团书法爱好者的作品进行现场点评和指导。展览展出了多幅由知名书家创作的中华传统美德格言书法作品。

（黎　明）

【李铎作品收藏品捐赠军博】　11月4日，“李铎书法作品和藏品捐赠仪式”在中国人民革命军事博物馆举行。著名书法大家、中国文联荣誉委员、中国书协顾问、解放军美术书法研究院副院长兼书法创作院院长李铎，将个人书法作品、习练书法草稿、收藏书画作品、拓片、自用印章及资料等共7000余件（套），无偿捐赠给中国人民革命军事博物馆收藏。

（黎　明）

【《王羲之王献之书法全集》首发】　11月8日，由故宫出版社、言恭达文化基金会共同出版的《王羲之王献之书法全集》首发式暨捐赠仪式在故宫博物院举行。中国书协副主席言恭达、故宫博物院院长单霁翔、故宫研究院院长郑欣淼及多位书画专家出席仪式。《王羲之王献之书法全集》共18卷（册），汇集了故宫博物院、中国国家博物馆、中国国家图书馆、上海博物馆、上海图书馆、天津博物馆、开封博物馆、辽宁省博物馆、南京大学，以及“台北故宫博物院”、香港中文大学、日本京都国立博物馆、日本东京国立博物馆、美国普林斯顿大学、大英图书馆、法国国家图书馆等世界各地众多文博机构收藏的“二王”书法作品，甚至包括个人收藏，展现出“二王”书法艺术的全貌。该全集分碑刻、法书和法帖3个部分，其中不仅有唐代的摹本，还有北宋的《淳化帖》《大观帖》《汝帖》，南宋的《兰亭序帖》《澄清堂帖》《宝晋斋帖》和《鼎帖》，将宋拓真本网罗殆尽。版本上也是收录了国内外最重要、最有影响力、公认最好的版本，其中善本之多、版本之全极为罕见。首发式结束后，言恭达基金会向故宫博物院、中国国家博物馆、中国国家图书馆、上海博物馆、上海图书馆、天津博物馆、开封博物馆、辽宁省博物馆、南京大学、“台北故宫博物院”、香港中文大学、日本京都国立博物馆、日本东京国立博物馆、美国普林斯顿大学、大英图书馆、法国国家图书馆等30个单位捐赠了该套图书。

（黎　明）

【中国书协第七次全国代表大会】　12月7日~9日，中国书法家协会第七次全国代表大会在北京召开，400余位书法界代表参加了大会。中共中央政治局委员、中央书记处书记、中宣部部长刘奇葆出席大会开幕式并作了重要讲话。大会审议通过了中国书法家协会第六届主席团工作报告，修订了《中国书法家协会章程》，选举产生了中国书法家协会第七届理事会和主席团。大会选举苏士澍为中国书法家协会第七届主席，王丹、毛国典、包俊宜、刘金凯、刘洪彪、孙晓云、吴东民、何奇耶徒、宋华平、张建会、陈洪武、陈振濂、顾亚龙、翟万益为中国书协第七届副主席。闭幕式上宣布了中国书法家协会第七届主席、副主席名单；宣读了《关于任命中国书法家协会第七届秘书长、副秘书长的决定》《关于推举中国书法家协会第七届名誉主席和聘请顾问的决定》及《接受纪念证书的第六届理事代表名单》。

（黎　明）

赛事与奖项

【第七届上元雅集·友谊奖】　3月8日，中国书协副主席胡抗美在“大美平谷·中国书法之乡——第七届上元雅集·‘友谊奖’书法展”开幕式上宣读了第七届

“上元雅集·‘友谊奖’书法展”获奖名单。获得“友谊奖·篆书十佳”的作者是马乾、王连河、王墉、李建春、米刚、岳志军、贺进、倪和军、崔学顺、郭庆；获得“友谊奖·获奖提名”的五名作者是刘建丰、苏雪梅、咸蕴、韩维泉、谢飞。这15位获奖作者同时还获得了由楼兰漠玉珠宝公司提供的楼兰漠玉“书圣像”。

（黎　明）

【第八届北京电视书法大赛总决赛暨颁奖典礼】 11月15日，由市文联、北京书协和央视数字书画频道联合主办的“笔歌神州·第八届北京电视书法大赛”总决赛暨颁奖典礼在市文联小剧场举行。本届大赛共征集到来自全国各地的投稿作品6000余件，其中，成人组3000余件，青少组近3000件；投稿选手年龄最小的6岁、最大的92岁；选手中还有些是在北京生活和学习的来自肯尼亚、印尼、澳大利亚、日本等10余个国家的外国小朋友。经初评、复赛、决赛，青少组和成人组共24名选手分获金银铜奖；此外，大赛还颁发了“优秀奖”、为积极组织学生投稿的教师设立的“园丁奖”、为85岁以上老人设立的“耆英奖”、为身残志坚的书法爱好者增设的“鼓励奖”、为组织集体投稿的负责人设立的“优秀组织奖”。颁奖典礼现场举办了文艺晚会。本次大赛的青少组、成人组比赛及颁奖典礼，于12月在央视数字书画频道播出。

（黎　明）

交　流

【湖北省书法院首届院展】 1月9日～15日，由中国文联、中国文学艺术基金会、中国书协和湖北省文联主办，湖北省书协、湖北省书法院、书法报社承办的“荆风楚韵”——湖北省书法院首届院展在中国文联艺术家之家展览馆举办。作为“我们的中国梦·全国优秀艺术作品展览”的系列活动之一，同时作为湖北省书法院2013年成立后的首次集中亮相，该展展出了湖北省书法院顾问、研究员、创作员创作的书体齐全、风格多样的作品120余件，展现了湖北省书法家的整体创作实力。开幕式后举行了该展的研讨会。

（黎　明）

【何满宗书法展】 3月10日～19日，由中国书协、湖南省文联共同主办，湖南省书协、湖南省文艺创作扶助基金会等承办的“何满宗书法展”在中国美术馆举办。该展分“梦境狂草”“人间诗话”“身边哲学”3个板块，展出了在书法创作同时还研究哲学和诗词的学者型书法家何满宗的书法艺术。何满宗，1956年生于湖南，清华大学历史学硕士研究生毕业，北京大学访问学者，国家一级美术师、教授，历任湖南省文联副主席、中国书协理事、湖南省书协主席。

（黎　明）

【北京天津大连三地书法交流展】 4月16日～19日，由中国书法研究院、天津市书协、大连市书协主办的“翰墨抒怀”——北京天津大连三地书法交流展在民族文化宫举办。展览展出了北京、天津、大连三地30位书法家最新创作的90件精选作品和中国书法研究院研究员及会员的30余件作品。著名书法家欧阳中石、李铎，中国书协副主席言恭达，中国书协理事张杰、潘文海、刘恒、金运昌、唐云来、张建会、李宴清、白煦、于恩东等均有作品参展。4月17日召开了展览座谈会。该展2014年曾在天津和大连展出。

（黎　明）

【卢甫圣书法艺术展】 5月9日～18日，由卢甫圣艺术基金会、北京杏坛美术馆主办的“方圆”——卢甫圣书法艺术展在杏坛美术馆展出。该展是集画家、书法家、艺术史家、美学理论家、出版家于一身的卢甫圣的首次书法个展，展示了其被誉为“甫圣体”的书法艺术。

（黎　明）

【2015中韩书法年展】 7月18日～22日，由中国国家画院主办，中国国家画院书法篆刻院与韩国书家协会共同承办的“2015中韩书法年展”在中国国家画院美术馆举办。该展展出中韩两国120位书法名家的精选作品120件；参展书法家包括中国国家画院研究员及在中国具有代表性的书法家60位，韩国书家协会选择的在韩国具有代表性的书法家60位；参展作品包括中堂、条幅、对联、扇面等多种样式，反映了中韩两国代表性书家的整体创作实力。

（黎　明）

【2015海派书法进京展】 9月28日～10月11日，由中国书协、中共上海市委宣传部、上海市文联主办，上海市书协承办的“2015海派书法进京展”在中国人民革命军事博物馆举办。该展是在“2007海派书法进京展”基础上，经过八年厉兵秣马，上海书法精品再一次进京集中亮相。展览展出了高式熊、周慧珺、韩天衡、张森、刘小晴、童衍方、刘一闻、徐正濂、孙慰祖、徐庆华、黄连萍等老中青三代书法篆刻家的140余幅作品，展现了当今上海书法创作的整体实力和艺术成就。《海派书法进京展（2015）作品集》《上海

书法研究论文汇编》也在展览开幕式上首发。

（黎　明）

【刘灿铭书法艺术展】　12月2日~10日，由中共江苏省委宣传部、江苏省文化厅、江苏省文联、民盟江苏省委、泰州市政府、东南大学、现代快报社主办的“心无挂碍”——刘灿铭书法艺术展在中国美术馆举办。展览展出了东南大学中国书法研究院常务副院长、教授、书法家刘灿铭近年创作的作品70余件。展出作品以楷、行、草书为主，大部分为写经作品，展现了作者经数十年研究探索而形成的具有鲜明敦煌写经特点，既圆融自在、古拙自然，又具有当代精神的独特艺术风格。

（黎　明）

纪　　念

【“书写抗战”——两岸书法家作品公益展】　5月31日~6月7日，为纪念中国人民抗战胜利70周年，由中国宋庆龄基金会主办的“书写抗战”——两岸百名书法家作品公益展在中国人民革命军事博物馆举办。展览汇集了张飙、张铜彦、佟韦和台湾的刘炳南、李奇茂、张炳煌等百余位书法名家的书法作品，以笔墨艺术追忆抗战往事，展现了中华儿女同仇敌忾、保家卫国的英雄气概以及追求和平与人类大同的美好理想。该展于同年3月已在台北举办。

（黎　明）

【纪念抗战胜利70周年全国征联获奖作品书法展】　8月17日~31日，由市文联主办、北京楹联学会承办的“纪念中国人民抗日战争胜利70周年全国征联获奖作品书法展”在天通苑祥和古玩城展览大厅举办。此次征联活动面向全国，历时1个月，共收到3000余幅应征作品，最终评选出金、银、铜榜和优秀作品70幅，主办单位邀请田伯平、孟繁禧、杨广馨等10余位书法家书写了这些作品，并举办了此次展览。展出的作品内容丰富，形式多样，从不同角度回顾和表现了中国人民可歌可泣的抗日战争伟大历程。该展随后还将进行全国巡展。

（黎　明）

摄影

2015年，纪念中国人民抗日战争暨世界反法西斯战争胜利70周年活动贯穿全年，成为最受国人乃至世界瞩目的大事件之一。而摄影，在系列纪念活动中扮演着重要角色。

在这一年里，从中央到地方，举办了各种规模的综合展、主题摄影展览和摄影活动，各行各业的摄影研讨活动也更加丰富。北京摄影家协会积极响应中国摄影家协会的号召，在北京市文学艺术界联合会的统一部署下，坚持以人民为中心的创作导向，结合首都摄影工作实际，坚持重心下移，努力探索开展群众摄影文化活动长效机制，把更多资源投向基层，把更多的服务延伸到基层。在全市开展了“艺术为人民”纪念延安文艺座谈会讲话72周年的主题创作周活动。1月，由中国摄影家协会主办，中国摄影家协会教育委员会和北京摄影函授学院承办的中国摄影家协会少数民族摄影人才培养工程第二期培训班在北京开班。首个“中国摄影家协会青少年摄影教育基地”在北京一零一中学挂牌成立。2月，第二届全国青年摄影大展首展在中华世纪坛展出。3月，“播撒雷锋精神的种子”——雷锋生前所在团学雷锋主题摄影展在中国人民革命军事博物馆展出。5月，由中国摄影家协会、北京印刷学院、乐凯胶片有限公司主办的“致青春”——青年影像传统印相展在中国摄影画廊展出。6月，由文化部主办，国家图书馆（国家典籍博物馆）、中国摄影家杂志社承办的“中国非物质文化遗产摄影展”在国家典籍博物馆展出。8月，国务院侨务办公室举办了“华侨与抗日战争”——纪念抗战胜利七十年主题图片展。由中国宋庆龄基金会主办的“中国是不可征服的”——宋庆龄与伟大的抗日战争图片展在北京宋庆龄故居展出。10月，中华人民共和国文化部和北京市政府共同主办了“北京国际摄影周2015”。12月，由北京市人民对外友好协会、北京市人民政府外事办公室、北京市人民政府新闻办公室、北京市外国专家局、中国世界和平基金会等单位共同主办的2015“外国友人眼中的和谐北京”摄影作品颁奖仪式在京举行。2015年，在纪念中国人民抗日战争暨世界反法西斯战争胜利70周年的大背景下，很多学者、专家、官方团体和民间力量都积极参与抗日战争时期影像的保存与传播工作，大力推动了首都摄影事业的繁荣发展、开创了首都摄影文化发展的新局面。

（吴赣生）

机　　构

【北京一零一中学“青少年摄影教育基地”】　1月12日，在北京一零一中学，首个“中国摄影家协会青少年摄影教育基地”挂牌成立，并推出开好一门摄影选修课、办好一个主题摄影竞赛、建好一个摄影图书角的“三个一”工程，切实做好青少年的摄影普及和美育教育。中国摄影协会主席、分党组书记王瑶与北京一零一中学校长郭涵共同为“中国摄影家协会青少年摄影教育基地”授牌。授牌仪式上，中国摄影出版社向学生代表赠送了摄影图书，与北京一零一中学一起建设了“101摄影图书角”，旨在经常性地举办符合青少年特点的“影像与阅读”系列活动，开展青少年摄影教育的研究，并推动青少年摄影教育教材的编纂出版。

（吴赣生）

【三里屯小学“青少年摄影教育基地”】　5月29日，中国摄影家协会与北京三里屯小学（北京儿童摄影学校）携手共建的“中国摄影家协会青少年摄影教育基地”挂牌成立。中国摄影家协会主席、分党组书记王瑶为北京三里屯小学颁发了牌匾。王瑶、解海龙、贺延光等15位摄影家、教育家被聘请为该校的摄影顾问，指导其摄影教育活动。

（吴赣生）

展　　览

【首届“中国园林”摄影大展】
2014年12月12日～2015年1月

12日，由北京市公园管理中心、中国摄影家协会主办，中国园林博物馆筹备办公室、大众摄影杂志社承办，中国风景名胜区协会摄影专业委员会协办的首届“中国园林”摄影大展在中国园林博物馆展出。展览展出的135幅（组）摄影作品是从全国和海外各地投送的7万余幅（组）作品中精选出的。展出作品由摄影家和园林专家组成的评委会对作品进行了审定，评选出金质收藏作品5幅、银质收藏作品10幅、铜质收藏作品20幅、优秀作品100幅（组）。

（吴赣生）

【郝远征肖像作品摄影展】 2014年12月23日~2015年2月14日，由中国摄影家协会、乐凯胶片股份有限公司主办的“镜像人生”——郝远征肖像作品摄影展在中国摄影画廊展出。展览展出了郝远征近十年来创作的50幅人像摄影作品，涵盖了从普通百姓到商业精英，从文化名人到政治领袖，从体坛健将到演艺明星等拍摄对象。

（吴赣生）

【东莞长安女工的故事摄影展】 2014年12月26日~2015年1月20日，由中国女摄影家协会、中国妇女儿童博物馆主办，全国妇联宣传部、文化部公共文化司、中国人民大学新闻学院、人民网图片频道、央视网书画频道、中国摄影著作权协会、中国摄影家杂志社、中国文联摄影艺术中心志愿者大型活动部作为支持单位的“筑梦”——东莞长安女工的故事摄影展在中国妇女儿童博物馆中心展厅展出。展览展出的是东莞本土摄影者黄晓丽的作品。她以女性独特的视角，走近不同岗位的女工们的工作、生活与家庭，零距离、真实而立体地反映女工们的生存现状，展现女工们的坚忍、乐观与质朴。240多幅摄影作品聚焦在广东“珠三角”最常见却又最易被忽略的群体，展现了“50后”“60后”“70后”“80后”“90后”5位女工的故事及3家工厂的女工群像。

（吴赣生）

【“艳·遇”科学摄影展】 1月13日~2月1日，由北京自然博物馆主办的“艳·遇”科学摄影展在北京自然博物馆展出。展览展出的90余幅摄影作品以普通观众集中关注的20个科学摄影问答为主线，涉及科学摄影概念、背景、门类、技巧等相关知识介绍。

（吴赣生）

【第五届“中国外交官看世界”摄影展】 1月15日~23日，由中华人民共和国外交部工会、外交部摄影协会举办的第五届“中国外交官看世界”摄影展在北京公共外交文化交流中心展出。展览共征集作品1500幅，精选出140多幅作品展出。拍摄者既有驻外大使、参赞，也有普通工作人员。拍摄地点涵盖了五大洲近百个国家。展览图片分外交纪实、人文风情、自然风光3部分。

（吴赣生）

【希望工程摄影展】 1月17日~30日，由蓝鼎（北京）艺术中心主办的“寻梦”——解海龙的希望工程摄影展在新蓝鼎（北京）艺术中心展出。展览展出了解海龙所拍摄的作品37幅。

（吴赣生）

【“白菜的幻想”摄影展】 1月18日~3月22日，由策展人那日松策展的“白菜的幻想”摄影展在798艺术区映艺术中心/映画廊展出。展览展出的20幅摄影作品为青年艺术家桔多淇拍摄，她运用摄影手法把一颗颗普通的大白菜变成拥有着“天使脸蛋、魔鬼身材”的漂亮女孩。

（吴赣生）

【青藏铁路纪实摄影展】 1月23日~2月6日，由中华全国铁路总工会主办、中国铁路文学艺术工作者联合会承办的“中国梦、天路情、劳动美”——青藏铁路纪实摄影展在北京中国铁路总公司调度大厅展出。展览分为宏伟工程、幸福天路和青藏风情3个部分，展出的200幅摄影作品是从广泛征集的2000余幅来稿中精选出来的，其中部分图片是2014年中国铁路摄影家协会组织摄影家专程赴沿线拍摄创作的。

（吴赣生）

【中国新锐摄影师群展】 1月25日~3月6日，由色影无忌主办的2014中国新锐摄影师群展在中华世纪坛·数字艺术馆展出。展览分为奇异未果的旅程、背负情怀的重地、暧昧含混的媒介、没有相机的摄影、针对现世的控诉、坚固笃定的专注、直面原始的冲动7个单元，展出了24位摄影师的500余幅摄影作品。

（吴赣生）

【“丝绸之路”风光摄影展】 1月28日~3月15日，由中国风景名胜区协会摄影专业委员会、雅昌文化集团、北京国艺光影文化传播有限公司共同举办的“丝绸之路”风光摄影展在玉渊潭公园影廊展出。展览展出的72幅摄影作品为于云天、李少白、杨大洲、宋举浦、周梅生、谭明6位摄影家拍摄，展示了陕西省、甘肃省、宁夏回族自治区、青海省、新疆维吾尔自治区等“丝绸之路经济带”沿途的自然风光、历史古迹、民俗风貌等。

（吴赣生）

【全国青年摄影大展】 2月1日~4日，由中国摄影家协会和nubia（努比亚）智能手机共同主办，中国文学艺术基金会资助，中国摄影家协会教育委员会、北京摄影函授学院、nubia视界摄影俱乐部、深圳市努比亚公益基金会共同承办的“nubia智能手机杯”第二届全国青年摄影大展首展在中华世纪坛中心展厅展出。展览展出的137位入选作者的1200余幅图片呈现出当代青年摄影人的多元创新和才华。

（吴赣生）

【依法治国摄影作品展】 2月6日~12日，由中央国家机关工会联合会、中国摄影家协会主办，最高人民法院直属机关工会、最高人民检察院机关工会、公安部直属机关工会、司法部直属机关工会、中央国家机关摄影协会协办，中国新闻社图片网络中心承办的“依法治国”——中央国家机关贯彻落实党的十八届四中全会精神摄影作品展在前门大栅栏西街展出。展览展出的146幅（组）图片是从近40个部委选送的1500余幅（组）摄影作品中精选而来。

（吴赣生）

【“一拍即合晒大片”摄影展】 2月8日，由龙影廊主办的“一拍即合晒大片”——王文扬&康泰森摄影作品联展在永定门外大街64号龙顺成家具龙影廊展出。展览展出了二人拍摄的60幅作品。

（吴赣生）

【“美丽公园·文明绽放”图片展】 2月12日~25日，由首都精神文明办、市公园管理中心、市公园绿地协会等联合举办的“美丽公园·文明绽放”文明游园随手拍活动获奖作品图片展在北京新奥购物中心展出。文明游园随手拍活动共征集到10765幅摄影作品，最终经过专家评审小组的评选，评选出360幅（组）获奖作品，优秀作品奖10名，最佳人气奖50名，最佳瞬间奖300名。2月11日，在历代帝王庙小年庙会上举行了颁奖仪式。

（吴赣生）

【雷锋生前所在团学雷锋主题摄影展】 3月5日~10日，由中国军事文化研究会、沈阳军区政治部、中国国际文化交流中心和中国人民革命军事博物馆联合主办的“播撒雷锋精神的种子”——雷锋生前所在团学雷锋主题摄影展在中国人民革命军事博物馆展出。展览分为“接过雷锋枪”“岗位砺精兵”“大爱润无声”“种子遍天下”4个部分。展览展出的130多幅（组）作品，是从雷锋生前所在团长期积累的大量资料中精选出来的。同时，从社会各方面征集了部分作品。

（吴赣生）

【2015北京野生鸟类摄影展】 4月1日~30日，由北京市旅游发展委员会、北京市公园管理中心、北京市园林绿化局、中国野生动物保护协会、北京野生动物保护协会主办，飞羽视界文化传媒、北京动物园承办的“燕京飞羽”——2015北京野生鸟类摄影展在北京动物园科普馆展出。展览展出的73幅（种）作品出自16位北京摄影人之手。本次展览是北京市第18届生物多样性科普宣传月、北京市第33届爱鸟周暨野生动物保护宣传月和首都生态旅游展示活动的一项内容。

（吴赣生）

【“古都·大观”——老北京图片、绘画展】 4月2日~12日，由西城区文委、民族文化宫、西城区宣南文化研究会、北京戏曲评论协会、正阳书局主办的“古都·大观”——老北京图片、绘画展览在民族文化宫展出。展览分三部分：第一部分是学者靳飞珍藏的摄影集《北京大观》（日本摄影家佐藤三郎，1919年出版）的260幅图片，记录了民国初年北京的政治、外交、文化、商业、交通、建筑、风俗、社会生活等状况。第二、第三部分分别是北京风俗画家王大观和北京建筑文化画家老伍的绘画作品。

（吴赣生）

【“红色影像之旅”刘远摄影展】 4月11日~5月11日，由策展人那日松策展的“红色影像之旅”刘远摄影展在798艺术区映艺术中心/映画廊展出。展览展出了刘远在15个国家拍摄的200余幅作品。刘远自1997年开始游走世界，已走过100多个国家和地区，出版过100多本摄影画册。这期间，刘远将镜头对准曾经的“社会主义大家庭”，展现了各个成员（国家）的社会现状。

（吴赣生）

【“北京城·家国梦”主题图片展】 4月25日~5月12日，由北京文化艺术活动中心、西城区文化委员会主办，北京视觉文化遗产协会、西城区第一文化馆、第二文化馆承办的“视觉北京——北京城·家国梦”主题图片展在西城区第一文化馆展出。展览展出的790幅照片展现了北京的古代标志性建筑，以及百姓身边的胡同、四合院、历史文化街区等，作品由13位摄影师拍摄。该展览5月16日~6月1日，在西城区第二文化馆展出。

（吴赣生）

【青年影像传统印相展】 5月4日~6月18日，由中国摄影家协会、北京印刷学院、乐凯胶片有限公司主办的“致青春”——青年影像传统印相展在中国摄影画廊展出。展览展出了北京印刷学院设计艺术学院影像专业 2010 ~ 2013 级的 8 名硕士研究生的近百幅作品。此次展览是“致青春”——2014 摄影高校毕业生作品邀请展的延续，是中国摄影家协会挖掘、引导和培养青年摄影人才的战略举措之一。

（吴赣生）

【故宫老照片特展】 5 月 17 日 ~ 7 月 17 日，北京故宫博物院院庆系列展览之一的“光影百年”——故宫老照片特展在北京故宫博物院神武门展厅展出。展览展出的近 300 件展品，以清朝末年到民国初年的历史时段为主线，串联起“殿堂余晖”“群像浮光”“兴业图强”“禁宫新生”四个单元，反映了从“皇宫”到“博物院”的历史跨越，见证了百年前的建筑沿革、人事变换、王朝更替、社会变迁。

（吴赣生）

【“谧境·幻象”摄影艺术展】 5 月 23 日 ~ 6 月 6 日，由策展人解海龙、张荐林策展，龙影廊主办的“谧境·幻象”史民峰摄影艺术展在北京龙影廊展出。展览展出了北京印刷学院设计学院副院长史民峰的 36 幅摄影作品。

（吴赣生）

【中国非物质文化遗产摄影展】 6 月 12 日 ~ 7 月 29 日，为迎接中国第 10 个“文化遗产日”、促进民众对非物质文化遗产的关注和保护，由文化部主办，国家图书馆（国家典籍博物馆）、中国摄影家杂志社承办的“中国非物质文化遗产摄影展”在国家典籍博物馆展出。展览展出的 205 幅（组）照片是从文化部“非遗传承，人人参与——中国非物质文化遗产摄影”活动征集到的 3.7 万幅（组）作品中精选出来的。

（吴赣生）

【中国少数民族摄影师奖作品展】 6 月 21 日 ~ 7 月 20 日，由北京 798 艺术区映艺术中心/映画廊举办，策展人那日松策展的“故乡的路”——中国少数民族摄影师奖作品展在 798 艺术区七星中街映艺术中心/映画廊展出。展览展出的 200 多幅作品是由 20 位摄影师拍摄的，他们分别来自维吾尔族、蒙古族、回族、傣族、拉祜族、彝族、藏族、达斡尔族、哈萨克族等民族，摄影师们作为自己本民族文化的亲历者、见证者，用相机记录了家园的瞬间或变迁。

（吴赣生）

【吴印咸 115 周年诞辰摄影艺术展】 7 月 4 日 ~ 16 日，由中国美术馆主办的“光影见史”——吴印咸 115 周年诞辰摄影艺术展在中国美术馆展出。展览分为“艺术初探　影像立名（1920 ~ 1937）”“时代纪实　历史见证（1938 ~ 1946）”“光影随心　春华秋实（1947 ~ 1994）”3 个部分，展出了 230 余件摄影和影像文献史料，其中包括《白求恩大夫》《艰苦创业》《延安文艺座谈会代表合影》等作品，有 40% 的作品是首次展出。

（吴赣生）

【荷花摄影精品展】 7 月 6 日 ~ 20 日，由北海公园管理处与大众摄影杂志社、北京国艺光影文化传播有限公司联合举办的“荷花摄影精品展”在北海公园的东岸红墙影廊展出。

（吴赣生）

【姜健、江融肖像摄影作品联展】 7 月 20 日 ~ 8 月 21 日，由中国摄影画廊主办的“时代的肖像”——姜健、江融肖像摄影作品联展在中国摄影画廊展出。展览展出了姜健的“主人”“孤儿档案”“筑城者”系列，江融的“我联合国人民”“我土著人民”“我中国人民”系列共计 130 余幅作品。

（吴赣生）

【华侨与抗日战争主题图片展】 8 月 4 日 ~ 10 月 8 日，由国务院侨务办公室主办的“华侨与抗日战争”——纪念抗战胜利七十年主题图片展在国家游泳中心展出。展览分为“‘七七事变；前华侨的抗日救亡运动”“全面抗战爆发，华侨抗日救亡运动掀起高潮”“参加侨居地反法西斯斗争”“永恒的纪念”与“牢记历史、莫忘国耻”5 个部分，共展出图片 100 幅。

（吴赣生）

【“一带一路”主题摄影展】 8 月 24 日 ~ 30 日，由中国摄影家协会、人民画报社主办的“穿越丝路　文化同心”——“一带一路”主题摄影展在中国文艺家之家展览馆展出。展览分为“追寻”“相知”“交融”3 个部分，展出的 150 多幅图片，展示了古丝绸之路和当今“一带一路”上一个个重要节点城市的文化遗址、重要文物、交通要塞、民俗民生、文化交流、商贸往来等方面的情况。

（吴赣生）

【中国抗日战争胜利 70 周年图片展】 8 月 25 日 ~ 9 月 6 日，由西城区第一文化馆举办的“红色西城”——中国抗日战争胜利 70 周年图片展在西城文化活动中心一层展厅展出。展览展出的 100 余幅图片分 3 个部分：第一部分为西城区以抗战英雄名字命名的街道、学校、纪念馆，以此让人们永远铭记他们的英雄形象；第二部分记录了西城区广大百姓祭奠先烈等活动，呼唤人们铭记抗战史实；第三部分为抗战胜利70年后的美丽西城。

（吴赣生）

【“党的领导　人民的抗战”历史图片征集展】　8月25日～9月15日，由中国文化旅游摄影协会主办，北京百年印迹文化传播有限公司承办的“党的领导人民的抗战”历史图片征集展在中国文化旅游摄影协会展示厅展出。展览展出了通过向社会广泛征集，经反复挑选的100幅抗战时期的老照片。

（吴赣生）

【宋庆龄与伟大的抗日战争图片展】　8月28日～11月27日，为纪念中国人民抗日战争暨世界反法西斯战争胜利70周年，由中国宋庆龄基金会主办的“中国是不可征服的”——宋庆龄与伟大的抗日战争图片展在北京宋庆龄故居展出。展览展出的120余幅图片展现了宋庆龄在保卫世界和平、组织救亡运动、通联国共两党、建立统一战线、反对分裂倒退、争取国际援助、支援全民抗战等方面的突出贡献。

（吴赣生）

【“我是一个老兵”主题摄影展】　8月30日～10月7日，由中国科学院摄影协会、中国社会保障杂志社、京津冀关爱抗战老兵公益执行团队共同举办的“荣光·容颜”——“我是一个老兵”主题摄影展在中国国家科学图书馆一楼多功能厅展出。影展现场，10位抗战老兵成为全场的焦点，这10名抗战老兵分别是96岁的尤广才、93岁的叶于良、93岁的高银梁、94岁的张君国、89岁的张翠萍、91岁的方远、90岁的顾理昌、89岁的石兆祥，95岁的肖振华和111岁的董济民。老兵中有“抗日杀奸团”的成员，有赴缅参战的远征军，有参加洛阳保卫战的战友，有敌后抗日武装队队员……同时，由深圳越众历史影像馆提供，从美国国家档案馆藏的中国抗战影像资料中精选的部分照片展示了那些曾经烽火狼烟的岁月和令人动容的历史瞬间。

（吴赣生）

【“历史不容忘却”摄影展】　8月31日～9月9日，由中国文学艺术界联合会、中国摄影家协会主办，中国文联摄影艺术中心、中华世纪坛艺术馆承办的“历史不容忘却”——纪念中国人民抗日战争暨世界反法西斯战争胜利70周年摄影展在北京中华世纪坛展出。展览分为“中流砥柱”“再见、延安”“世界反法西斯战争”“记忆”“跨越国境的爱”“为历史作证”6个部分，展出的近300幅摄影作品内容涵盖中国战场与世界战场、正面抗战与敌后斗争等，许多作品是首次向公众展示。开幕式上，还举行了《晋察冀画报文献全集》首发式。与会领导将这套书赠送给了中国摄影家协会青少年摄影教育基地北京一零一中学、北京三里屯小学、中国摄影家协会摄影曙光学校大兴蒲公英打工子弟学校。

（吴赣生）

【“梦想西沙”摄影作品展】　9月10日～10月7日，由中国摄影画廊主办，中国摄影活动在线、麦田左岸文化发展有限公司、北京运源数码科技有限公司协办，策展人冯严策展的“梦想西沙”摄影作品展在中国摄影画廊展出。展览展出的69幅摄影作品由蔡绘、刘艳华、刘保唐、彭春水、沈锦山、佟仰华、于强、祝厚元8位摄影师拍摄，这些作品以全方位的视角展现了西沙群岛永乐环礁中的3个各具特色的小岛，即全富岛、鸭公岛、银屿岛。

（吴赣生）

【“努比亚智能手机杯”摄影展】　9月15日～18日，由中国通信摄影协会主办，中国电信、中国移动、中国联通、中国邮政、中国铁塔、中国通信企业协会、人民邮电出版社协办的“努比亚智能手机杯”第一届中国通信摄影协会摄影艺术展在中华世纪坛展出。展览展出了251幅摄影作品，影展是中国通信摄影协会成为中国摄影家协会团体会员后，首次举办的信息通信业的摄影展览。

（吴赣生）

【“相遇·北京”摄影展】　9月16日～21日，由北京市文学艺术界联合会、北京摄影家协会主办的“相遇·北京”摄影展在首都图书馆展出。展览展出的600余幅影像作品展示了北京文化在不同层面的传承与发展。“相遇·北京”摄影展通过“京尚”“京腔”“京风”“京韵”四大专题，向世界展示了北京文化在不同层面的传承、发展以及与世界文化的交流、融合。本次展览还首次应用新媒体技术，增加了微信、微博、微视频等互动环节，增加了年轻观众的关注与参与度。展览在“相遇·北京”的故事脉络之下，选取“九三胜利日阅兵”“京张申冬奥成功”“南水北调工程”“京津冀协同化发展”“援藏援疆”等“中国热词”，设置了七十个单元摄影主题，以图片叙事、文字抒情，展现了近年来发生在我们身边的热点事件。展览还展出了一批首都摄影家分赴二战期间，在莫斯科、巴黎、伦敦、华盛顿、纽约、柏林拍摄的反映六座与北京缔结友好城市的人民安宁祥和生活的摄影作品。开幕式现场还同期举办了“协同发展，携手同行”——京津冀主题摄影沙龙活动，现场评出近百幅摄影精品。

（吴赣生）

“相遇·北京”摄影展

【中国艺术摄影荟萃展】 9月24日～10月15日，由通州区宋庄镇人民政府、中国艺术摄影学会、上上国际美术馆联合主办的“和光同程”——中国艺术摄影荟萃展在通州区宋庄上上国际美术馆展出。展览展出了30余位中国艺术摄影学会会员摄影家和10多位宋庄摄影人的百余幅作品，其中摄影家杨元惺、王文澜、索久林等的作品首次走进宋庄。展览所展示的摄影作品涵盖了观念摄影、纪实摄影、人文摄影、微距画意派摄影、趣味摄影等种类。

（吴赣生）

【“铁军魂　中华情”图片摄影展】 9月25日～30日，由中共北京市委党史研究室、中国艺术节基金会、北京新四军暨华中抗日根据地研究会主办的“铁军魂　中华情”——纪念中国人民抗日战争胜利七十周年图片摄影展在国家典籍博物馆一号展厅展出。展览采用大量珍贵的历史老照片与精心遴选的新照片，运用讲故事的形式，把新四军在抗日战争时期，在华中敌后战场与日伪军浴血奋战、英勇不屈的历史史实展现给观众。展览分为“华中砥柱，奋斗牺牲”“精忠报国，血肉长城”“鱼水情深，老区新貌”“铁军精神，传承弘扬”四个部分，还特别展示了新四军相关馆藏文献。

（吴赣生）

【“向人民汇报”作品展】 9月26日～10月15日，由中国文学艺术界联合会主办，中国摄影家协会、中国文联国内联络部、中国文学艺术基金会承办的“向人民汇报”——著名摄影家“深入生活、扎根人民”作品展在商业街区王府井、西单同时展出。展览展出的200余幅摄影作品，既有记录“9·3”大阅兵、“高铁建设”、“大漠深处石油勘探”、“东北老工业基地振兴”等重大题材的作品，又有反映科学领域的泰斗，从飞行事业的空军伉俪和“城市蛙人”等多个领域人物工作、生活的真实场景。

（吴赣生）

【“海上丝路——过去与现在”摄影展】 9月28日～10月12日，由中国摄影家协会、国家海洋局宣传教育中心主办，中国海洋摄影家协会承办的“海上丝路——过去与现在”摄影展在王府井步行街展出。展览展出的200余幅图片展示了从海丝古迹、海洋经济、海洋文化、海洋风光、海底世界等方面海上丝绸之路的历史文化与成就。

（吴赣生）

【“魅力大洋”摄影展】 9月28日～10月12日，由中国大洋矿产资源研究开发协会办公室、国家海洋局宣传教育中心主办，中国海洋摄影家协会承办的“魅力大洋”摄影展在王府井步行街展出。展览展出的百余幅作品展现了大洋科学考察的成果和海上精彩瞬间，引导公众进一步认识海洋、关注海洋。

（吴赣生）

【“古桥追梦”摄影展】 10月13日～18日，由中国文物保护基金会、茅以升科技教育基金会主办，中国建筑工业出版社协办的“古桥追梦”摄影展在中华世纪坛艺术馆展出。展览展出了120幅古桥摄影作品，展出的图片展示了中国古代桥梁的风采，同时也对中国古代桥梁的保护现状提出了希望。摄影展作品由摄影家吴礼冠拍摄，他前后花费10余年时间，行程18万公里，涉足全国25个省份，共拍摄了500余座桥梁，约11000多幅照片。

（吴赣生）

【“深入生活、扎根人民”作品展】 10月23日～29日，由中国文学艺术界联合会主办，中国摄影家协会、中国文联国内联络部、中国文学艺术基金会承办的“向人民汇报”——著名摄影家“深入生活、扎根人民”作品展在中国文艺家之家展出。中国文联党组书记、副主席赵实，党组成员、副主席左中一、夏潮、李前光，党组成员、书记处书记郭运德、陈建文，以及王瑶等有关方面负责人出席展览开幕式并参观展览。

（吴赣生）

【“聚焦阅读”摄影展】　10月23日~30日，由北京市新闻出版广电局等单位主办的第五届书香中国·北京阅读季的系列活动之一——“聚焦阅读”摄影展在东城区第一文化馆展出。展览展出了近百幅摄影作品暨微视频作品。“聚焦阅读”摄影展于2015年7月启动，采取区县统一申报，北京阅读季官网申报，北京摄影爱好者协会官网申报，新浪网、千龙网等媒体申报的征集方式，同时在北京阅读季微信公众号平台上开展“随手即拍”阅读场景上传互动活动。截止到9月25日，共收集作品3000余份。经过10位摄影专家评审，评出金奖5幅，银奖10幅，铜奖20幅，优秀奖50幅。

（吴赣生）

【北京·张家口主题摄影作品展】10月24日~11月1日，由北京奥运城市发展促进会与中国摄影出版社主办的“冰雪奥运：‘冬奥城市风采’”——北京·张家口主题摄影作品展在中华世纪坛展出。展览展出的100幅作品涵盖了北京与张家口主要名胜古迹、标志性建筑和城市雪景图片，两地冰雪运动、冰雪艺术、全民健身活动的记录图片，以及全国各地进行冰雪运动和参与冰雪运动的图片。

（吴赣生）

【北京国际摄影周2015】　10月24日~11月1日，由中华人民共和国文化部和北京市政府共同主办，中国艺术摄影学会、中国摄影家协会、新华通讯社图片中心、北京歌华文化发展集团联合承办的“北京国际摄影周2015”在北京举行。摄影周由“开幕活动”“系列展览”“摄影市场”“摄影讲堂”“专题活动”5个板块组成，另有40余项展览、论坛和主题活动分布在5个城区的13个站点，同时覆盖北京重点高校和重要文化场所。“北京国际摄影周2015”以“影像·世纪”为主题，为来自国内外的摄影大师、国际权威摄影组织主席、著名策展人、各博物馆代表及摄影业内相关人士搭建起展示成果、交流理念、沟通合作的平台。中国摄影家协会主办的展览有“德国当代先锋艺术摄影展”“穿越丝路　文化同心——‘一带一路’主题摄影展”。中国摄影家协会信息资源部推出的“印度纪实摄影大师巴勃罗·巴萨罗穆作品展”、“观照”——亚洲青年摄影师五人展，中国摄影出版社推出的“触摸经典：中国当代100——靳宏伟原作收藏展：中国当代100”、“冰雪奥运：冬奥城市风采”——北京·张家口主题摄影作品展，以及在分会场中国摄影出版社正度视觉空间举办的“农耕”摄影作品展等。由中国摄影家协会信息资源部推出的印度纪实摄影大师巴勃罗·巴萨罗穆的主题讲座“我与纪实摄影30年”和“日常——观照”20位亚洲青年摄影师幻灯演示会主题讲座也在摄影周期间亮相。

（吴赣生）

【第二届世界华侨华人摄影展】11月5日~12日，由中华全国归国华侨联合会主办，中国华侨摄影学会、中国华侨国际文化交流促进会、中国华侨公益基金会、中国侨联青年委员会等承办的“第二届世界华侨华人摄影展”在北京中国华侨历史博物馆展出。展览展出的290幅（组），摄影作品选自于世界五大洲26个国家和地区华人华侨摄影家寄来的14000余幅（组）作品。展出作品按社会摄影、自然摄影、创意摄影三大主题展出。并评出金奖3幅（组），银奖6幅（组），铜奖9幅，佳作奖244幅（组）。展览还特别邀请了部分海内外侨界知名摄影家选送作品一起展出。

（吴赣生）

【“世界小极了”周岚摄影个展】11月21日~12月2日。由策展人翁乃强策展，798桥艺术空间展主办的“世界小极了”——周岚摄影个展在798桥艺术空间展出。展览展出的33幅作品为中央美术学院设计学院摄影系副教授周岚近年来于大都市视域下以日常生活视角关切平凡人物的摄影新作。

（吴赣生）

【中国金融全国摄影艺术展】　12月20日~24日，由中国金融文学艺术界联合会、中国金融摄影家协会联合举办的中国金融摄影家协会第三届“邮储银行杯”全国摄影艺术展在中华世纪坛展出。展览展出的作品是从来自全国金融系统近3000幅（组）作品中精选出来的，分为艺术、风光、金融3大类。经过评比共有58幅（组）入选，评出金奖3名、银奖5名、铜奖10名和优秀奖40名。中国金融工会党组成员、副主席杨树润，中国邮政储蓄银行副行长曲家文出席开幕式并致辞。

（吴赣生）

会议与活动

【少数民族摄影人才培养工程培训班】　1月26日，由中国摄影家协会主办，中国摄影家协会教育委员会和北京摄影函授学院承办的中国摄影家协会少数民族摄影人才培养工程第二期培训班在北京开班，进行为期10天的摄影培训。该工程为中国文学艺术基金会资助项目。在51位学员中，除了汉族学员外，有来自藏族、蒙古族、维吾尔族、壮族等近20个民族的学员，他们居住在甘肃、广西壮族自治区、贵州、湖南、内蒙古自治区、宁夏回族自治区、青海、四川、西藏自治区、新疆维吾尔自治区、云南、重庆等边疆省份和少数民族聚居地区，工作在基层摄协、教育机构、文化等单位。少数民族学员占到92%，平均年龄40岁。

（吴赣生）

【首都摄影家送“福”下乡】 2月16日，北京市文学艺术界联合会组织首都摄影家与丰台区摄影协会会员骨干成员，深入到丰台区看丹村和赵辛店村，为这里的“文明之家”“计生之家”“孝亲敬老之家”“致富之家”等60余户村民家庭免费拍摄全家福和生活照800余幅。

（吴赣生）

【林迈可纪实摄影展研讨会】 3月30日，为纪念中国人民抗日战争暨世界反法西斯战争胜利70周年，“再见，延安!”英国学者林迈可亲历的中国抗战（1937~1945）晋察冀军民抗战纪实摄影展学术研讨会在中国人民大学举办。通过为中国反法西斯事业做出贡献的国际友人林迈可的视角，展现当年敌后根据地抗日斗争的历史现实。

（吴赣生）

【“2015年外国摄影师拍北京”活动开拍仪式】 5月19日，由北京市对外文化交流协会和北京市人民政府新闻办公室主办的以“魅力北京·激情冬奥”为主题的“2015年外国摄影师拍北京”活动开拍仪式在怀柔区雁栖湖举行。来自全球18个国家的20位摄影师受邀参加为期一周的采风拍摄活动。北京市人民政府新闻办公室主任、北京2022年冬奥申委会副秘书长、新闻宣传部部长王惠宣布“2015外国摄影师拍北京”活动开拍，王惠和冬申奥大使申雪等嘉宾为摄影师们颁发了此次活动的证书。作为北京市品牌文化交流项目，外国摄影师拍北京活动创始于1999年。在过去十余年间，来自世界数十个国家和地区的百余位摄影师受邀参加此项活动。“2015年外国摄影师拍北京”活动获得了2022年冬季奥林匹克运动会申办委员会的支持。

（吴赣生）

【全国青少年摄影教育发展研讨会】 5月29日~30日，由教育部教育管理信息中心、中国摄影家协会教育委员会、全国青少年摄影教育指导委员会主办，朝阳区教育委员会、朝阳区教研中心、朝阳区三里屯小学承办的“信息技术与教育教学深度融合典型案例研究”课题活动暨深化摄影教育，落实课改精神，践行核心价值观——全国青少年摄影教育发展研讨会在北京三里屯小学暨北京儿童摄影学校召开。活动中，北京三里屯小学和贵州清塘希望小学师生将两校20年间的摄影故事通过舞台剧表演出来，反映出摄影对德育教育和对社会的积极影响。中国摄影家协会主席、分党组书记王瑶，中国摄影家协会副主席邓维、罗更前，中国文联摄影艺术中心主任刘宇，教育部教育管理信息中心处长祁伟等领导及来自全国26个省市地区的青少年摄影教育工作者出席研讨会。

（吴赣生）

【中国摄影著作权协会会员代表大会】 6月6日，中国摄影著作权协会第二届二次会员代表大会在北京召开。来自全国各地、各行业的101名中国摄影著作权协会会员代表出席大会。中国摄影著作权协会向设立在全国各地、各行业的第一批50个首席代表处颁发牌匾。大会启动了设立首席代表工程，在全国各个省、自治区、直辖市摄影家协会和全国性行业摄影协会设立首席代表处，在全国各地市级城市设立首席代表。首席代表的主要职责：一是发展会员，使广大摄影家权益得到合法保护，促其作品有序传播；二是拓展摄影作品限量鉴证服务；三是举办摄影展览、讲座，开展各种摄影活动。中国摄影著作权协会通过网站建立作品使用查询系统公布已付酬的作品、查找会员作品登记档案、依靠媒体发布信息寻找作者、查阅新华社中国图片档案馆馆藏资料、求助于老一辈资深编辑等措施努力寻找作品权益人。针对部分教科书使用作品权利人无法寻找的情况，本次会议上，全体代表一致通过采取国际通行的“一揽子许可+模糊分配法”，从积压多年的不明权利人稿酬中支出100万元，向会员摄影家分配。本次会议还审议通过了中国摄影著作权协会年度工作报告、财务报告、有关费用调整等事项，更替和增补了10名中国摄影著作权协会理事。

（吴赣生）

【“故乡的路”研讨会】 7月10日，由中国摄影家协会主办，798艺术区映艺术中心/映画廊协办，中国摄影家协会理论委员会、中国摄影家协会理论部承办的“故乡的路”——中国少数民族摄影文化的现状和未来研讨会在798艺术区映艺术中心/映画廊举行。研讨会以“中国少数民族摄影文化的现状和未来”为主题展开深入的研讨和交流，为发现更多的新人新作架桥铺路，并借首届“故乡的路”中国少数民族摄影师奖展览举办之机，邀请巴义尔、鲍昆、高波、巴力、殷德俭、陈亚强、李江树、李波、郑茜，以及中国摄协代表刘宇、陈瑾和摄影师代表库尔班江·赛买提、德戈金夫等嘉宾出席会议。研讨会由映艺术中心/映画廊艺术总监那日松主持。

（吴赣生）

【第二届“我是小小摄影家”夏令营活动】 7月11日~8月11日，由首都博物馆社教部、西城区妇联、西城区妇女儿童发展中心合作举办的第二届“我是小小摄影家”夏令营活动在北京举行。这届夏令营活动以“发现”为主题，鼓励大家拿起相机，拍摄北京地区的风光、人文类摄影作品，紧跟社会热点，加入新内容，如拍摄“我身边的抗战故事”“我眼中的最美家庭”“我看新西城的新变化”等主题作品。

（吴赣生）

【摄影界贯彻落实繁荣发展社会主义文艺的意见精神座谈会】 10月29日，中国摄影家协会在北京举办摄影界贯彻落实繁荣发展社会主义文艺的意见精神座谈会。与会专家、学者紧紧围绕会议的主题，结合各自的工作领域，针对新时期文艺工作的重要地位作用、面临的新形势、新任务，深入研究和探讨了如何用摄影讲好中国故事，如何形成为人民抒写、抒情、抒怀的高度自觉，如何承担起为民族塑魂、铸魂的文化使命，如何克服浮躁、深入生活、长期坚守，如何实现从“高原”到“高峰”的突破，如何通过改革创新激发文艺发展活力，如何开展摄影评论工作，如何培养摄影人才，如何加强对摄影家的团结引领，如何进一步创造有利于文艺繁荣发展的良好环境，如何把党对文艺工作的领导落到实处等问题，从不同角度、不同侧面对事关当前摄影界的焦点和前沿问题发表一系列真知灼见。中国摄影家协会主席、分党组书记王瑶，中国摄影家协会顾问朱宪民，中国摄影家协会副主席、《人民日报》摄影部主任李舸，《工人日报》摄影部主任于文国，《法制日报》美术摄影部主任居杨，《解放军报社》画报部主任柳军，新华社高级编辑陈小波，北京电影学院摄影学院院长宋靖，文明杂志社社长、总编辑娄晓琪，北京摄影家协会副主席、秘书长王越，中国铁路摄影家协会副主席、秘书长原瑞伦出席研讨会，中国文联摄影艺术中心主任刘宇及中国摄协各部门、直属单位负责人列席会议。

（吴赣生）

【中国企业家摄影学会工作会议】 12月26日，中国企业家摄影学会（CEPS）工作会议在北京鹰正宾馆召开。会议由学会创立主席高文林主持并作学会未来发展及2016年工作计划报告。与会代表群策群力，对学会工作提出了中肯的意见。经高文林提议，所有代表一致同意，确立了以“关爱”为主旨的学会使命，即关爱地球、关爱民生、关爱民族工业、关爱弱势群体等。以企业家的雄才大略和独特视野，创出中国企业家摄影学会（CEPS）有别于其他组织的独特品牌，并代代相传。会议还新增补了执行主席一名、副主席、副秘书长若干名。参加这次工作会议的有学会聘请的专家委员会专家朱宪民、胡颖、王玉文、李树峰、郝远征、胡金喜、李果［美国］，特邀嘉宾有中国摄影家协会副主席张桐胜、摄影家李少白，新疆代表刘宝、邓振江，贵州代表林坚、师红跃，河南代表孙建辉，辽宁代表杨家发、韩信、丘红枫，山西代表刘晓东，北京代表朱秀英、蔡元、刘玉，以及团体会员贵州省企业家摄影协会、中国鑫洋摄影协会等近百名会员。

（吴赣生）

交　　流

【中国百年摄影艺术展】 2014年9月19日~2015年2月18日，由挪威斯塔万格艺术博物馆主办的中国百年（1911~2014）摄影艺术展在挪威西南部石油重镇斯塔万格艺术博物馆展出。展览展出了380多幅拍摄于过去100多年间中国各历史时期的各类摄影作品，其中包括从新华社新闻照片档案馆选出的20世纪40年代到60年代的25幅经典老照片，还包括了京剧艺术大师梅兰芳的生活和练功照片以及演出剧照。挪威斯塔万格市长克里斯蒂娜·赫尔格在开幕式上发表讲话并参观了展览，有作品参展的部分当代摄影人出席了开幕式。

（吴赣生）

【黑白艺术摄影10人展】 2014年12月20日~2015年1月11日，由策展人宋建民策展，映艺术中心/映画廊、河北省黑白艺术摄影协会主办的“工业·记忆”明胶银盐黑白艺术摄影10人展在798艺术区七星中街映艺术中心/映画廊展出。展览展出的45幅黑白摄影作品出自黄庆云、霍志强、李小军、吕思林、王海军、王恒茂、岳立军、张秋生、张永生、张志明10位摄影师之手。

（吴赣生）

【赣南苏区振兴发展图片展】 1月4日~13日，由中共江西省赣州市委、赣州市人民政府主办的“今朝更好看”——赣南苏区振兴发展图片展在北京展览馆展出。

展览以“感恩、奋进”为主题，分为幸福故事（民生篇）、转型升级（产业篇）、挺起脊梁（基础设施篇）、绿色家园（生态篇）、薪火相传（精神风貌篇）、对口支援（倾情帮扶篇）6个篇章，共展出了173幅摄影作品。

（吴赣生）

【奥林巴斯2015年名家摄影展】 1月16日～22日，由奥林巴斯（中国）有限公司主办的“生命美丽”——奥林巴斯2015年名家摄影展在北京东方新天地展出。展览展出的40余幅摄影作品内容涵盖纪实、人文、风光、时尚艺术等多种摄影题材，作品为奥林巴斯（中国）有限公司签约的中国8名摄影家拍摄。

（吴赣生）

【泰吉轩画廊五周年特别展览】 1月18日～2月16日，由泰吉轩画廊主办的“共鸣”——菲利普·哈尔斯曼和萨尔瓦多·达利作品展在泰吉轩画廊展出。展览展出了这两位超现实主义摄影家的15幅摄影作品。该展览是泰吉轩画廊五周年特别展览。

（吴赣生）

【湖南首届旅游摄影大展】 2月4日～25日，由中共湖南省委宣传部、中国摄影家协会、湖南省旅游局、湖南省文学艺术界联合会、新华社图片中心联合主办，湖南省摄影家协会承办的“锦绣潇湘·快乐湖南”首届旅游摄影大展在中华世纪坛东方厅展出。“锦绣潇湘·快乐湖南”首届旅游摄影大展是一项摄影赛事。大赛于2014年9月启动，共收到30129件参赛作品，经过评审评选，共评出钻石及金、银、铜、品质等各级收藏作品140件。此次影展是“锦绣潇湘·快乐湖南”首届旅游摄影大展的同名线下展览。展览展出各等级获奖作品、特别推荐作品及特邀作品近200幅。展现了湖南的生态环境、人文气息、社会文明和谐、经济快速发展的形象。

（吴赣生）

【白天鹅摄影名家作品展】 2月8日～15日，由中共三门峡市委主办，中共三门峡市委宣传部和三门峡市文联联合协办，三门峡市摄影家协会、晋陕豫黄河时报社共同承办的“黄河三门峡·美丽天鹅城”白天鹅摄影名家作品展在北京龙顺成家具城龙影廊展出。展览展出了以三门峡本地代表鸟种白天鹅、红腹锦鸡为主的摄影作品102幅。

（吴赣生）

【“醉美俄罗斯”张桐胜摄影作品展】 2月13日～3月6日，为纪念中国俄罗斯文化合作协议签订65周年，在俄罗斯联邦驻华使馆、中国俄罗斯友好协会的共同支持下，“醉美俄罗斯”张桐胜摄影作品展在北京俄罗斯文化中心展出。展览展出的摄影作品是中国摄影家协会副主席张桐胜二十多年来多次访问俄罗斯拍摄的经典之作，展现了俄罗斯美丽的自然景观和人文风情。

（吴赣生）

【罗达尔·帕特里奇摄影作品展】 3月7日～8月2日，由北京泰吉轩画廊举办的“奇趣之眼”——罗达尔·帕特里奇摄影作品展在泰吉轩画廊展出。展览展出了美国摄影家罗达尔·帕特里奇拍摄的26幅摄影作品。

（吴赣生）

【中国抗战主题图片展】 3月9日～19日，为纪念中国人民抗日战争暨世界反法西斯战争胜利70周年，由上海交通大学世界反法西斯战争研究中心主办的“再见，延安!”——英国学者林迈可亲历的中国抗战（1937～1945）主题图片展在北京大学图书馆展出。展览展出的100多张珍贵历史照片为英国学者林迈可抗战期间在晋察冀抗日根据地和延安拍摄的，同时还展出了林迈可的书信手稿等文字资料。

（吴赣生）

【马达罗镜头中的中国摄影展】 3月20日～4月18日，由北京鲁迅博物馆、湖北省博物馆联合主办的“1976～1979巨变前夜”——意大利记者镜头中的中国专题摄影展在北京鲁迅博物馆展出。展览展出的80幅照片是意大利记者阿德里亚诺·马达罗走访北京、洛阳、开封、西安、太原、上海、杭州、桂林、广州等地拍摄的。他是中国改革开放前夕第一个被允许以私人身份来华采访的西方记者。近40年来共来华190次。从1976年到20世纪80年代末，拍摄了关于中国的35000多张照片，成为中国改革开放历程和社会发展巨变的宝贵见证。从青年时代至今，马达罗一直致力于中意两国的文化交流，有当代“马可·波罗”之誉。

（吴赣生）

【杨越峦摄影作品展】 3月21日～4月28日，由中国摄影家协会、河北省文联、乐凯胶片股份有限公司共同主办，策展人赵宇策展的“野长城”——杨越峦摄影作品展在北京中国摄影画廊展出。展览展出的35幅作品是杨越峦近两年创作的作品。在他的镜头中，长城既有波澜壮阔的宏大气势，更多沉寂肃穆的丰富意境。

（吴赣生）

【“大师的视野”摄影展】 3月26日～4月1日，由美国露西基金会和中国艺术研究院、中国摄影家杂志社联合主办的“大师的视野”——露西奖大师作品暨IPA国际摄影奖最佳表现作品展览在中国艺术研究院研究生楼一层展厅展出。展览展出的40幅作品是从国际摄影奖入围的数百幅照片里挑选的。展览不仅展出了6位卓越的露西奖摄影大师的作品，同时还展出露西奖的姊妹奖——IPA国际摄影奖最佳表现作品展览。

（吴赣生）

【“河套风情”摄影图片展】 4月4日~12日，由北京民族文化宫、中国文化产业促进会、巴彦淖尔市民族事务委员会、市文体广电局、杭锦后旗人民政府主办，巴彦淖尔市文化局、杭锦后旗摄影家协会、旗文化馆等承办的大美杭锦后旗“河套风情”摄影图片展在北京民族文化宫展出。展览展出的90幅摄影作品反映了杭锦后旗的风土人情、社会发展和经济建设。

（吴赣生）

【中国大自然风景摄影展】 4月6日~10日，由东京中国文化中心、中国国家旅游局日本代表处、中国摄影出版社共同主办的“中国大自然风景摄影展”在日本东京展出。展览展出了陈大志、张念鲁、任永发、李永春、冉得圣5位中国摄影家的摄影作品，这些作品展现了丝绸之路、黄山等中国世界自然及文化遗产的魅力。

（吴赣生）

【“不见，不散”摄影艺术展】 4月9日~10日，由策展人陈欢科、吴奇蔚、吴佳伦策展的莫文蔚“不见，不散”摄影艺术展在北京798艺术区悦·美术馆展出。展览分为“亲爱的你”“时间里的飞人”“一刹那的世界动物天地”“秋虫呢喃的地方”等13个主题，展出了香港歌手莫文蔚拍摄的200余幅摄影作品，是莫文蔚与丈夫游历亚他加马沙漠、大溪地、亚马逊热带雨林、伊瓜苏瀑布等地拍摄的一万多张照片中的一小部分。

（吴赣生）

【“金色花海　魅力汉中”全国摄影大展获奖作品展】 4月11日~14日，由中共陕西省汉中市委、汉中市人民政府联合中国摄影杂志社主办，中共陕西省汉中市委宣传部、市文物旅游局、市摄影家协会承办的“金色花海　魅力汉中”全国摄影大展获奖作品展在北京梅兰芳大剧院展出。展览展出的60余幅（组）作品是从全国范围征集的7000余幅优秀作品中遴选而出的。作品展以“美山、美水、金色花海”“汉人、汉语、真美汉中”为主题，反映了汉中市的自然风光、历史文化遗迹、民俗风情、城市建设和良好的生态环境。

（吴赣生）

【戴继民探索摄影展】 4月25日~5月6日，由今日美术馆、中国艺术研究院摄影艺术研究所、江苏省文学艺术界联合会、中共淮安市委宣传部、中国摄影家杂志社主办，淮安市文化广电新闻出版局、淮安市文学艺术界联合会共同承办，策展人吕小中策展的“象外”——戴继民探索摄影展在北京今日美术馆展出。展览展出的50多幅作品以黑白灰影调、物影交叠的时空错位拍摄手法展现出空灵意境。首都摄影界的专家和来自全国各地的摄影家及摄影爱好者上百人参加了展览当天的开幕仪式与研讨会。

（吴赣生）

【中俄举办抗战胜利图片展】 5月6日~6月5日，由中国人民大学、俄罗斯驻华大使馆、俄罗斯国家通讯社俄塔社联合举办的纪念世界反法西斯战争胜利70周年大型图片展在中国人民大学展出。展览展出的76张历史照片均由俄塔社提供，是俄罗斯首次在中国集中展出与二战相关的历史照片，展览分为“胜利1945：纪念70周年伟大节日的历史”“满洲里：共同胜利的历史”两个主题。

（吴赣生）

【“大美凉山”摄影展】 5月7日~6月6日，由四川省凉山彝族自治州人民政府主办，凉山州旅游局、景区管理局承办的“大美凉山”摄影展在北京玉渊潭公园影廊展出。展览展出了120幅旅游摄影作品，反映了凉山的自然风光、民俗风情和人文历史。

（吴赣生）

【“大美七星关”摄影展】 5月11日~18日，由中共贵州省毕节市七星关区委、区人民政府主办，民盟中央社会服务部、致公党中央社会服务部支持，中国摄影出版社、毕节时空广告传媒有限公司承办，七星关区文联、区摄影家协会协办的“多彩贵州——大美七星关”摄影展在北京798艺术区的中国摄影出版社正度视觉空间展出。展览展出的50幅摄影作品是从北京、上海、广东、香港等地和贵州当地摄影名家拍摄的近万幅作品中精选出来的，再现了毕节市七星关区的人文自然旅游资源和特色民俗。

（吴赣生）

【“绝世美云”摄影展】 5月14日~24日，由中国摄影出版社主办，中国肢残人协会协办的“绝世美云”摄影展在北京798艺术区尚尊画廊展出。展览展出的77张云彩摄影作品是从肢残摄影人王延滨历时18年拍摄的几万张云彩照片中精选出来的，是他对内蒙古的蓝天白云所进行的艺术式记录。中国摄影家协会副主席张桐胜，中国摄影杂志主编陈仲元，摄影家李少白、阿音等文化名人，以及盟委宣传部、盟残联肢残人协会相关负责人参加了影展开幕式。

（吴赣生）

【哈里·卡拉汉原作展】 5月16日~6月28日，由蔡萌策划的"表吾意·状物形"——摄影师哈里·卡拉汉原作展在草场地希帕画廊展出。哈里·卡拉汉（Harry Callahan）是20世纪具有影响力的一位美国摄影师。展览展出的31张照片可称为"原始照片"的作品由哈里·卡拉汉生前亲手制作，很多都是由底片直接印相，所以大都尺幅很小，但是质量很高，其中有的照片从未公开出版。

（吴赣生）

【"魅力大栅栏"抓拍赛摄影展】 5月21日~24日，由大栅栏街道、美国摄影学会（中国）、西城区文学艺术联合会、中国摄影师协会、长城摄影协会和搜狐数码公社合作举办的"魅力大栅栏"抓拍赛摄影展在西城区大栅栏西街展出。展览展出的60幅作品是从100余位摄影师报送的8000余幅照片中选出的。组委会评出一等奖2名、二等奖4名、三等奖8名和优秀奖46名。

（吴赣生）

【"美丽中国"图片展】 5月27日~30日，由国家新闻出版广电总局、求是杂志社主办，红旗出版社、中国图书进出口（集团）总公司承办，中国国家地理杂志社、中国摄影出版社协办的"美丽中国"图片展在联合国总部大厦展出。展览展出的63幅摄影作品是从大型视觉艺术画册《美丽中国》中精选出来的，分为"自然禀赋""东方智慧"和"世界遗产在中国"3个部分，内容包括美丽的中国风光和列入联合国教科文组织《世界遗产名录》的中国自然及文化遗产。"美丽中国"图片展是2015年美国书展中国主宾国的一项重要活动。

（吴赣生）

【国际摄影大师作品典藏展】 6月14日~22日，由DDC酒吧主办的"历史的杰作"——国际摄影大师作品典藏展在东城区美术馆后街山老胡同14号DDC酒吧展出。展览展出的10件作品出自摄影史上10位具有代表性的艺术家之手，其中包括法国摄影家尤金·阿杰特于1895年至1900年之间拍摄的原作《巴黎街道》，古巴摄影家阿尔伯托·寇达拍摄的《切·格瓦拉》等。

（吴赣生）

【"海南百位百岁老人"北京图片展】 6月17日~21日，由中共海南省委宣传部指导，海南广播电视总台主办，中共澄迈县委、县人民政府，中共万宁市委、市人民政府协办，国际旅游岛之声承办，中央部委老干部局、中国助老网支持的"海南百位百岁老人"北京图片展在北京中华世纪坛艺术厅展出。展览展出的100幅图片是从近2000幅图片中筛选出来的，集结而成百位百岁老人北京图片展内容。

（吴赣生）

【"最后的民俗"摄影展】 6月26日~7月5日，由中国文学艺术界联合会、中国文艺志愿者协会、中国摄影家协会主办，临沧市摄影家协会协办的"最后的民俗"摄影展在中国摄影画廊展出。展览展出了中国文艺志愿者协会理事、北京市摄影家协会副主席刘英毅和他结对子的云南摄影小分队两次深入云南临沧采风创作，历时22天，行程2000多公里，深入6个少数民族村寨，拍摄记录了临沧各民族风俗风情的摄影作品，特别是抢救性拍摄了傣族、苗族等临沧地区少数民族的传统婚俗和多项民俗活动。

（吴赣生）

【"如梦的视界"摄影作品展】 7月18日~31日，由中国摄影出版社举办的香港摄影家张晓冬"如梦的视界"个人摄影作品展在798艺术区中国摄影出版社正度艺术空间画廊展出。张晓冬从事摄影创作34年，走遍了50多个国家，拍摄了大量的摄影作品，有部分摄影作品被拉丁美洲和欧洲画廊收购或收藏。2015年，其作品《归家》入选由香港大众摄影会主办的第四十五届香港国际摄影沙龙。影展开幕式同时举行了以油画效果形式展示的《如梦的视界》画册首发式。

（吴赣生）

【侯波、邵华摄影作品展】 7月21日~28日，由中国女摄影家协会、中国妇女儿童博物馆主办，桐乡市人民政府、东莞长安影像中心协办，人民网、中新网、央视网络电视台书画频道、中国摄影家杂志社、旅游纵览杂志社作为支持单位联合举办的侯波、邵华摄影作品展在中国妇女儿童博物馆展出。展览展出了中国女摄影家协会原主席侯波、徐肖冰的摄影作品60幅，中国摄影家协会原主席邵华的舞台摄影作品85幅。

（吴赣生）

【宁德市摄影作品展】 7月24日~8月2日，由中共福建省宁德市委宣传部、大众摄影杂志社共同主办的"闽东之光"——福建省宁德市摄影作品展在中华世纪坛艺术馆展出。展览展出的200余幅摄影作品分为：黄金海岸、地质公园、名镇古村、“非遗”技艺、畲族风情、生态家园6个板块，影像题材包括以“海上仙都”太姥山、“天下绝景”白水洋和“石臼奇观”白云山组成的宁德世界地质公园，“洞天福地”支提山、“人鱼同乐”鲤鱼溪、“海上天湖”三都澳，还有联合国非物质文化遗产木拱廊桥、柘荣剪纸等。

（吴赣生）

【全国农民工主题摄影展】 8月7日~17日，由安徽省文学艺术界联合会、安徽省农民工领导工作小组办公室、中国中铁四局集团有限公司等单位联合主办，安徽省摄影家协会、中共中铁四局党委宣传部承办的全国农民工主题摄影展——“中国中铁四局杯”农民工·我的兄弟姐妹全国摄影大赛获奖作品展在北京中国徽文化艺术展示中心展出。展览展出的210余幅（组）摄影作品，反映了现代农民工的生存状态和精神面貌。

（吴赣生）

【“临时风景”摄影展】 9月26日~10月17日，由策展人那日松策展的“临时风景”——马丁·希尔&菲莉普·琼斯摄影展在798艺术区七星中街映艺术中心/映画廊展出。此次展出摄影作品中所出现的雕塑造型都取材于拍摄地周边的环境，仿佛艺术家与自然的对话，也影射着艺术家以微薄之力却顽强地尝试着影响、改变周遭世界的努力。

（吴赣生）

【新疆维吾尔自治区成立60周年摄影图片展】 9月28日~10月7日，由北京市文化局、乌鲁木齐市委宣传部及文化局（新闻出版局、版权局）联合主办的“乌鲁木齐印记”——庆祝新疆维吾尔自治区成立60周年摄影图片展在首都图书馆展出。展览展出了200余幅来自天山脚下乌鲁木齐市的摄影作品。展览是乌鲁木齐市与北京市深化文化交流合作的项目之一。

（吴赣生）

【华人眼中的新西兰摄影主题展】 9月30日~10月3日，由新西兰华人摄影学会主办的“静·中土”——华人眼中的新西兰摄影主题展在通州区宋庄艺术区山海美术馆展出。展览展出了从新西兰华人摄影学会近200名会员中征集遴选出的29位会员的111幅摄影作品，内容涵盖了风光、建筑、文化、人物和自然生态等内容。

（吴赣生）

【“原乡人”李伟坤作品展】 10月11日~11月10日，由中国摄影家协会、广东省文学艺术界联合会、广东省摄影家协会主办的“原乡人”李伟坤作品展在中国摄影画廊展出。展览展出的59张图片是李伟坤30余年来在广东、广西、贵州、云南、山西、陕西等不同地域、不同文化背景的山区、村庄等地创作的作品，图片记录下了“家乡”的社会变化和“原乡人”的生活状态。

（吴赣生）

【中国·大丰全国摄影大展】 10月15日~27日，由中国摄影报社、江苏裕丰旅游开发有限公司联合主办的2015辉丰杯“荷兰花海”中国·大丰全国摄影大展获奖作品展在北京北海公园展出。展览展出的50幅获奖作品向观众展示了荷兰花海的景色。本次影展共收到来自全国各地的2100余名作者投送的作品9700余幅。

（吴赣生）

【中国军队维和行动25周年图片展】 11月9日~15日，由中国常驻联合国代表团、国防部维和事务办公室、国防部国际传播局共同主办的“为和平而来”——中国军队参加联合国维和行动25周年图片展在联合国总部展出。展览分为“和平足迹”“忠诚使命”“人道关怀”“携手前行”4个板块，展出了64幅摄影作品和配合部分维和主题的绘画作品。开幕式由中国常驻联合国代表团军事参谋团团长周明少将主持。中国常驻联合国代表刘结一出席开幕式并致辞，联合国副秘书长加亚克、副秘书长哈雷、助理秘书长穆雷、副军事顾问福斯特少将、联合国秘书处官员、各国常驻联合国军事顾问等100余人应邀参加。

（吴赣生）

【下花园风光风情摄影展】 11月12日~17日，由中共河北省张家口市委宣传部、市委外宣局，中共下花园区委、区政府联合主办的“山水花园·智慧城市”——下花园风光风情摄影展在北京王府井步行街展出。展览展出的近300幅摄影作品展示了张家口市鸡鸣山风景区、华北第一条国家级登山步道、省级洋河湿地公园以及北魏石窟、孟家坟绣楼和下花园区丰厚的历史文化与自然风光。

（吴赣生）

【蔚县风情风光摄影展】 11月17日~12月14日，由中共张家口市委宣传部、市委外宣局，中共蔚县县委、县政府主办的“北国民俗生活画卷京西休闲度假天堂”蔚县风情风光摄影展先后在北京王府井步行街、中关村步行街、海淀区政府大楼和通州区宋庄展出。展览展出的300张摄影作品，分为山水蔚县、古韵蔚县、民俗蔚县3部分，展现了蔚县的生态风光、古堡古建、民俗风情。

（吴赣生）

【戴建成摄影作品展】 11月22日~29日，由江苏省摄影家协会、南通市摄影家协会、南通五建建设工程有限公司共同主办的“黑白南极”——戴建成摄影作品展在中国美术馆展出。展览展出的摄影作品展现了海上风暴、奇异冰山、极地动物，还有探险者足迹的南极图片。《黑白南极》大型画册同时由中国摄影出版社出版。

（吴赣生）

【“深蓝之梦”摄影展】 11月27日~12月6日，由中国摄影家协会图片社主办，万科董事会主席、深圳企业家摄影协会主席王石策展的岳鸿军“深蓝之梦”潜水系列个人摄影作品展在798艺术区中国摄影家协会图片社展出。此次海洋生态摄影作品展意在通过摄影镜头向大众显示海底世界的神秘之美，呼吁全社会共同关注海洋生态环境保护问题。

（吴赣生）

【新井卓银版摄影展】 11月29日~12月28日，由泰吉轩画廊主办的“远野的召唤：新井卓银版摄影展”在泰吉轩画廊展出。展览展出的26幅作品为日本摄影家新井卓所拍摄的，这是摄影家运用独特的古法工艺银版摄影法创作的摄影作品，他将摄影术发明之初的达盖尔银版照相法进行了技术上的提升。新井卓目前是全世界能够拍摄8×10英寸银版的少数摄影家之一。

（吴赣生）

【文化旅游摄影作品展】 12月6日~8日，由内蒙古自治区呼伦贝尔市扎赉诺尔区文学艺术界联合会和商务旅游局与北京市西城区文学艺术界联合会、区旅游发展委员会、大栅栏街道办事处联合举办的“印象扎赉诺尔”文化旅游摄影作品展在大栅栏观音寺街展出。展览展出的100余幅摄影作品分为城市文化、草原文化、矿山文化、湖泊文化、森林文化、冰雪文化、民俗文化7大类。

（吴赣生）

【衢州旅游摄影作品展】 12月13日，由中共浙江省衢州市委、市政府主办，衢州市衢江区人民政府、衢州市旅游委员会、中国摄影出版社联合承办的“那山·那水”衢州旅游摄影作品展暨衢州旅游（北京）推介会在北京举行。展览展出的80幅摄影作品为衢州市摄影家邱建华拍摄。

（吴赣生）

【全国摄影名家看重庆摄影展】 12月21日~25日，由中国摄影家协会、中共重庆市委宣传部、重庆市文学艺术界联合会共同主办，重庆市摄影家协会承办的“奉献人民　聚焦巴渝”全国摄影名家看重庆——重庆五大功能区域蹲点创作活动摄影展在中国文学艺术界联合会中国文艺家之家展览馆展出。展览展出的155幅作品分两部分，一部分是由10位摄影家深入基层拍摄的10组专题作品，另一部分是重庆本土摄影家近年来拍摄的展现重庆五大功能区域建设新成就、新面貌的图片。

（吴赣生）

【镜头中的西部·最美净土摄影展】 12月21日~27日，由新疆塔城地区文学艺术界联合会主办、北京民族文化宫承办的“大美新疆生态塔城”——贺振平镜头中的西部·最美净土摄影展在北京民族文化宫展出。展览展出的146幅摄影作品展示出塔城多元一体的文化形态和当地特有的风土人情暨塔城的蓝天、白云、花草、动物以及人和之美。

（吴赣生）

纪　念

【吕厚民逝世】 3月9日，摄影家吕厚民因病在北京逝世。吕厚民（1928—2015），出生于黑龙江省依兰县。1948年3月参加工作，翌年加入中国共产党。1949年从东北电影制片厂调到北京电影制片厂，1950年1月被派到中南海工作，主要任务是为新中国第一代领导人拍照，一直到1965年（其间曾有三四年调离）。在此期间创作出《欢送志愿军回国》《毛泽东和周恩来》《毛泽东在庐山》《毛泽东打乒乓球》《周恩来与邓小平在颐和园》《毛泽东在书房》等作品。改革开放后曾任中国摄影家协会副主席、中国文联副主席等职，是毛泽东身边工作时间最长的摄影师。

（吴赣生）

【裴植逝世】 4月9日，摄影家裴植在北京逝世。裴植（1918—2015），出生于北京。1938年6月参加革命，同年加入中国共产党。1941年，任晋察冀军区政治部印刷所所长，和沙飞、罗光达一起进行晋察冀画报社的筹建工作。1944年兼任摄影股长，1945年任摄影科长。1946年，调晋冀鲁豫军区工作，任摄影科长，和高帆、艾炎共同创办《人民画报》。解放战争时期，曾随刘邓大军在大别山进行战斗采访。1948年，创办了《中原画刊》，主编了《向江南进军》《襄樊战役》等摄影集。1950年在重庆与高帆创办《西南画报》，任社长。1955年，调国家体委，历任人民体育出版社副社长、《中国体育报》副总编辑，主编过《第一届全运会》等20余本摄影画册，著有《体育摄影》一书，任中国体育摄影学会第一、二届主席。2006年，被中国摄影家协会授予“突出贡献摄影家”称号。2012年，获第九届中国摄影金像奖终身成就奖。

（吴赣生）

【柳成行逝世】　8月23日，摄影家柳成行因病在北京逝世。柳成行（1924—2015），原名刘成珩，出生于山东沂南。1938年参加地方抗日工作，1939年参加八路军，1940年入抗大一分校学习，毕业后留校文工团做美术工作，并兼搞业余摄影活动，1943年调山东文协《儿童之友》任编辑，1945年随军到东北做部队宣传和秘书工作，兼搞摄影，在东北战场拍摄了一批反映解放军战斗、生活和后勤供应方面的史实图片。新中国成立后，参加创办《解放军画报》，历任编辑科副科长、副总编、副社长等职。1955年，授少校军衔、后晋升中校。中国摄影家协会第二、三届理事，第四届常务理事。著有《摄影创作的艺术表现》。代表作品《渔家女》《导弹方队》《炮兵在前进》，摄影画册《北京风光集》等。

（吴赣生）

【韩学章逝世】　9月2日，摄影家韩学章在北京逝世。韩学章（1929—2015），生于河北省高阳县，1949年9月参加工作。任水利电力部办公厅宣传处干部。1978年11月，调水利部展览办公室担任摄影记者，并担任中国水利电力摄影协会会长，1992年6月离休。1985年，在第三届国际摄影艺术展览会上获得银牌奖。1986年，在联合国亚太地区摄影展中获得日本航空公司奖。1986年、1987年两次在苏联拉脱维亚获铜牌奖。在国内各项摄影比赛中获金、银、铜奖40余次，摄影作品在美国、英国、中国香港等地多次展出。1986年，韩学章获得年度全国十佳新闻摄影记者提名奖，其成果、事迹被收入《中国摄影家大辞典》中。1992年，他被国务院授予有突出贡献政府特殊津贴奖（终身奖）。2001年，他的10幅摄影作品被美国萨凡那艺术设计学院作为艺术精品永久收藏。

（吴赣生）

【徐冶逝世】　11月16日，摄影家徐冶在北京逝世。徐冶（1960—2015），生于云南省昆明市。1977年在云南省富民县当知青，两年后考入云南师范大学历史系。1983年进入云南省委民族工作部工作，后调入云南省社会科学院。1992年，调入《光明日报》驻云南记者站，历任记者、副站长、站长。2002年，担任《光明日报》摄影美术部主任。

（吴赣生）

【陈勃逝世】　12月20日，摄影家陈勃在安徽黄山市逝世。陈勃（1925—2015），生于河北省阜平县。1938年参加革命，1940年进入晋察冀边区文化抗日救国会工作，1942年加入中国共产党，1945年开始从事摄影工作。曾任《晋察冀边区工人日报》《张家口日报》摄影记者和新华社张家口分社记者等职。1949年，参加新中国开国大典等一系列重大事件摄影采访，参与创办新中国第一本用多种文字向国内外发行的大型摄影画报《中国工人画刊》，任中国工人画刊社副社长。1956年，参与筹建中国摄影学会，当选常务理事，并任第一届、第二届副秘书长。1958年，担任中国摄影杂志社副主编。1959年，参与新中国成立后第一本大型画册《中国》的拍摄和编辑工作。1971年调任新华社。1972年，担任美国总统尼克松访华的中方新闻官，同年担任中国图片社总经理兼党委书记。1972年~1977年，担任全国影展办公室主任。1974年，《中国摄影》复刊，兼任主编。1984年，参与创建中国老摄影家协会，任副主席。1985年，当选中国摄影家协会第四届副主席。曾任中国摄影家协会第五、六、七、八届顾问。

（吴赣生）

赛事与奖项

【“中国好风光”全国摄影大展颁奖】　4月2日~15日，由大众摄影杂志社、中国摄影家协会艺术摄影专业委员会共同主办的第二届“中国好风光”全国摄影大展在玉渊潭公园红领巾广场举行颁奖并进行展出。本届大展自2013年12月启动征稿，历时10个月，收到全国各地共计2万余幅投稿作品，通过严格评审，420幅佳作脱颖而出，20位摄影师分别获得了第二届中国好风光优秀摄影师及提名摄影师称号。

（吴赣生）

【“摄氏2014”年度摄影师大典】　4月25日，新浪图片“摄氏2014”年度摄影师大典在中华世纪坛举行。15位入围的年度摄影师参与最后的角逐。最终，旷惠民获得年度纪实摄影师大奖，陈杰获得年度报道摄影师大奖，马鑫获得年度潜力摄影师大奖。其他获得年度摄影师提名的分别是王争平、冯方宇、黎明、贺肖华、储永志、潘永强、李隽辉、张志友、陈田秋涛、胡聪、唐俊、汪海。

（吴赣生）

【第五届全国农民摄影大赛评选】　5月8日，由中国文学艺术界联合会、中国摄影家协会联合主办，农业部农村社会事业发展中心、中国文联摄影艺术中心展览部、湖南省资兴市人民政府承办的第五届全国农民摄影大赛在中国摄影家协会6楼会议室举行了终评。大赛从全国31个省、市、自治区共征集了11850幅作品，共评选出金质收藏5件、银质收藏10件、铜质收藏30件和150件优秀作品。

（吴赣生）

【第28届专业报新闻摄影年赛获奖作品揭晓】 7月4日，由中国新闻摄影学会举办的“长城润滑油杯”第28届专业报新闻摄影年赛获奖作品揭晓并在北京举行颁奖会。全国专业报新闻摄影学会共收到来自50多家专业报社推选的3000余幅（组）作品，经过两轮选拔，评出非突发类金奖1名、银奖2名、铜奖5名，突发类金奖2名、银奖4名、铜奖9名，经济类金奖3名、银奖4名、铜奖14名，人物类金奖2名、银奖3名、铜奖6名，体育类金奖1名、银奖3名、铜奖5名，科技类金奖1名、银奖2名、铜奖6名，法制军事类金奖2名、银奖4名、铜奖5名，自然环保类金奖1名、银奖2名、铜奖5名，文化教育类金奖2名、银奖3名、铜奖5名，日常生活类金奖2名、银奖4名、铜奖11名，艺术类金奖1名、银奖3名、铜奖9名，另评出50件优秀奖。

（吴赣生）

【第十届亚洲大学生摄影大赛揭晓】 9月15日，由中国青年报社与亚洲教育北京论坛、中国高校传媒联盟共同主办，平遥国际摄影大赛组委会荣誉支持，摄影展主题为“行走中国，精彩故事”的“第十届亚洲大学生摄影大赛”结果揭晓。大赛活动从2015年2月启动，通过亚洲青年摄影网和中国青年报视觉中心微信平台“守候微光”，共征集各国大学生相机与手机摄影作品1．5万余幅。经过初评，558幅作品入围终评。经评委团讨论和投票，最终评选出获奖作品38幅，其中，一等奖相机、手机类各1幅，二等奖各3幅，三等奖各5幅，优秀奖各10幅。

（吴赣生）

【“丝路之光”国际摄影大赛揭晓】 11月23日，由新华通讯社主办、摄影世界杂志承办的“丝路之光”——首届丝绸之路主题国际摄影大赛评选揭晓。“丝路之光”国际摄影大赛是新华社联合国家多个部委、沿途主要省区及亚欧多国共同举办的“中国梦　丝路梦”大型主题活动的重要组成部分。大赛自2015年6月16日启动，共收到三类参赛作品上万张，经过专家组成的评委会评选，评出特等1名，自然风光类一等奖1名、二等奖1名、三等奖3名，风土人情类一等奖1名、二等奖1名、三等奖3名，丝路见闻类二等奖1名、三等奖3名，优秀奖20名，鼓励奖49名，共84幅获奖作品。在丝绸之路经济带创新传播研讨会暨新华社“互联互通丝路行”的成果发布会上，评委们为获奖者代表授予了奖杯、证书以及奖品。

（吴赣生）

【“外国友人眼中的和谐北京”摄影奖颁奖】 12月17日，由北京市人民对外友好协会、北京市人民政府外事办公室、北京市人民政府新闻办公室、北京市教育委员会、北京外商投资企业协会、北京市外国专家局、中国世界和平基金会等单位共同主办的2015“外国友人眼中的和谐北京”颁奖仪式暨在京外国人交流会在北京市人民对外友好协会举行。本届活动以“外国友人眼中的和谐北京”为主题共收到来自48个国家110人的近2800幅作品。经过评审委员会专家评选，选出了300幅入围作品，再从中选出了本届摄影活动的50幅优秀作品，并在此基础上评选出一等奖2名、二等奖4名、三等奖8名，优秀奖36名，获奖作者涵盖34个国家。

（吴赣生）

【中国航空航天影像大赛颁奖】 12月26日，由航空航天新闻摄影学会、中国航空报社主办，环球飞行杂志社、北航航空航天博物馆协办的“中航信托杯”第四届中国航空航天摄影大赛颁奖仪式在航空航天博物馆举行。大赛共收到来自国内外近千名参赛者关于航空摄影类、航天摄影类、无人机遥摄类的近5000幅摄影作品，内容涵盖航空航天摄影门类特有的地对空、空对地、空对空三个大的摄影视角。评委们经过4轮认真评选最终评出：空军摄影家谭超和总装摄影家黄增光获得“杰出航空航天摄影师奖”，史小刚、周敬波、周闽、薛英民、徐树华、于学术、张翼、卢刚、刘峻豪获得“优秀航空航天摄影师奖”，刘劲松、曹楠、张艺、范大维、贾振远、徐部等20位作者获得“航空航天优秀作品奖”。

（吴赣生）

出版物

【摄影画册《游牧色彩》出版】 3月，蒙古族摄影家巴义尔的大型主题摄影画册《游牧色彩》由中央民族大学出版社出版。摄影家以蒙古游牧文明为主题，以蒙古草原、蒙古五畜、蒙古人三大概念（其中蒙古人中又分为面孔、游牧、竞技、信仰、艺术五大板块）为线索，持续聚焦中、俄、蒙三国的蒙古人，记录了草原的变迁和蒙古人的生活状态。画册共采用了540幅图片，2万多字，以汉、英、蒙3种文字对照的形式出版。

（吴赣生）

【《百名摄影师聚焦俄罗斯》画册出版】 8月，朱宝霞主编的《百名摄影师聚焦俄罗斯》画册由中国文联出版社出版。画册收录了中国和俄罗斯140余位摄影师拍摄的200余幅图片，这些作品展示了俄罗斯的历史文化、民众的乐观与坚毅以及广袤国土上的旖旎风光。

（吴赣生）

图书馆

2015 年是“十二五”规划的收官之年，图书馆事业取得长足发展。

北京市大力推动文化改革发展。北京市文化局不断完善公共文化服务设施网络，协调有条件的网点加入北京市公共图书馆网络联合读者卡（以下简称“一卡通”）服务体系，全市“一卡通”服务网点达到 178 个，新增持卡读者超过 13 万人，实现通借图书 710 余万册，通还图书 688 余万册；24 小时自助图书馆办理借书证约 7700 个，图书流通约 50 万册。同时，大力推广全民阅读，开展“阅读之城——市民读书计划”“北京换书大集”等全市性公益阅读活动，发挥首都图书馆经典文化品牌“首图讲坛”“首图展览”示范带动作用，有效提升全市整体阅读水平。截至 2015 年年底，北京地区 25 个公共图书馆（含国家图书馆）总藏量 5943 万册，全年总流通人次 1652 万人。其中，北京市 24 个公共图书馆总藏量 2425 万册，全年总流通人次 1264 万人，为读者举办各种活动 2759 次，外借书刊 940 万册，新购藏量 196 万册。2015 年，北京市人均拥有藏书 1.12 册，人均购书经费 3.87 元。两项人均指标与上年同期相比，人均藏量增长了 9%，居全国第 3 位，排位比上年上升 1 位；人均购书经费增长了 16%，居全国第 2 位，排位与上年持平。全市（不含国家图书馆）平均每万人拥有公共图书馆设施面积达到 113.60 平方米，大大超过全国平均水平。北京市公共图书馆主动融入京津冀协同发展大局，京津冀图书馆联盟的成立为三地图书馆事业发展掀开历史新篇章，有效提升京津冀图书馆的综合服务能力与水平，促进三地图书馆事业协同发展，发挥合力效应为京津冀各行业协同发展提供信息支撑和智力支持。

北京地区高校图书馆在高等教育改革协同发展、资源共享、实践育人等方面发挥作用。2015 年，在保持常规业务的基础上，北京地区高校图书馆加强高校图书馆开放日和图书馆阅读推广活动，卓有成效。北京地区高校图书馆文献资源保障体系（以下简称 BALIS）原文传递请求量总体平稳，原文传递服务量 108029 条，满足量 91695 条，满足率 84.88%，读者注册量 31603 人次。其中，服务量与 2014 年相比略有提升，读者注册人数和满足率略有下降，但响应时间大幅提升，由 2.22 天降低到了 1.8 天。BALIS 馆际互借中心发展成员馆数量达到 80 家，系统注册人数 11194 人，提交请求数量 24841 条，文献满足数量 16092 条，满足率 64.78%。2015 年，BALIS 非书资料项目建设的工作重点是提高非书资料保障率。

第五届（2015）“书香燕京”——北京市中小学阅读指导活动启动，开展“我爱家乡”征文活动，举办北京、南京、成都三地中小学生诵读活动，成立中国文化读书社。从而激发中小学生阅读兴趣，培养阅读习惯，传播阅读的快乐。

中国图书馆学会专业图书馆分会在京组织一系列学术交流、专业培训和组织发展等活动，展示专业图书馆的发展理念和发展潜力，促进专业图书情报事业发展。分会继续坚持“知识服务”的工作主旨，秉承搭建平台、推进合作、服务会员、促进发展的工作思路，关注国家科技发展新形势，瞄准专业图书馆发展方向，组织专业图书馆开展未来愿景、应对挑战和发展策略的探讨与交流活动，分享变革和创新发展的经验，探索专业图书馆文献情报服务能力转型发展的途径。

（张小野）

机　构

【“M 地铁·图书馆”成立】 1 月 12 日，北京首家地铁图书馆“M 地铁·图书馆”在地铁 4 号线国家图书馆站正式成立。文化部公共文化司副司长陈彬斌、北京市交通委员会委员容军、国图馆长韩永进、北京京港地铁有限公司总经理王绍基等出席开幕式，在国图文津厅共同启动地铁图书馆项目，“M 地铁·图书馆”正式开馆，首期主题活动——“我们的文字”拉开帷幕。“M 地铁·图书馆”项目是由京港地铁和国图共同创意发起的大型公益项目，旨在依托地铁这一公众交通出行平台，尝试拓宽出新的公益文化服务渠道，推送国图的优质资源，弘扬优秀传统文化，促进全民阅读。让乘客在日常出行中多一个阅读的平台和场所。“M 地铁·图书馆”定期组织各类主题活动，传播信息、知识和文化，在新媒体环境下，长期免费提供优质的图书阅读资源，还在地铁列车车厢内定期向公众重点推荐部分可免费阅读的精品电子书籍。

（国家图书馆）

【中国古籍保护协会成立】　1 月 23 日，中国古籍保护协会第一次会员代表大会暨协会成立大会在国家图书馆召开。文化部副部长杨志今出席成立大会并为中国古籍保护协会揭牌，文化部公共文化司司长张永新，国图馆长、国家古籍保护中心主任韩永进分别致辞，国图副馆长、当选协会会长刘惠平发言，傅熹年、安平秋、李致忠等国内古籍保护专家作为特邀顾问出席活动，来自国图、副省级以上公共图书馆和部分高校图书馆代表，社会团体和相关机构以及个人会员代表百余人参加会议。大会选举中国古籍保护协会第一届理事会领导机构成员，审议通过《中国古籍保护协会章程》《协会会费标准及管理办法》和第一次会员代表大会决议。协会有会员 124 人，其中，单位会员 77 人，个人会员 47 人。大会还选举产生理事会理事 62 人，包括常务理事 21 人。中国古籍保护协会是由全国古籍收藏、保护修复、整理出版研究等有关企事业单位、社会团体和相关机构及个人自愿组成的全国性、行业性、非营利性社会组织，是加强行业自律，维护行业权益，促进行业发展的民间行业组织。

（国家图书馆）

【北大图书馆马克思主义分馆暨国际马克思主义文献中心揭牌仪式】
4 月 15 日，北京大学图书馆马克思主义分馆、国际马克思主义文献中心揭牌仪式在马克思主义学院举行。北京大学图书馆馆长朱强，党委书记萧群，副馆长肖珑和马克思主义学院党委书记孙蚌珠、副院长兼文献中心主任孙代尧、副院长程美东等出席揭牌仪式。马克思主义分馆现设在马克思主义学院，拥有超过一万册图书资料的馆藏面积和阅览室。北大图书馆总馆馆藏丰富，历史悠久，有关马克思主义和早期共产主义在中国传播的文献收藏精品荟萃。马克思主义学院和图书馆联合，既发挥了图书馆的馆藏优势和管理经验，又发挥了马克思主义学院的学科优势，旨在共同将马克思主义分馆建设成为世界领先的马克思主义文献中心。

（张小野）

【国图人民法院分馆开馆】　6 月 30 日，国图人民法院分馆在京开馆，最高人民法院党组副书记、常务副院长沈德咏，副院长贺荣，文化部党组副书记、副部长杨志今，国图党委书记、馆长韩永进出席活动并共同开通人民法院分馆平台，沈德咏、韩永进分别代表合作双方致辞，文化部公共文化司巡视员刘小琴、办公厅副主任陈发奋，国图馆长助理孙一钢以及来自最高人民法院、国图等相关部门的负责人参加活动。国家图书馆部委分馆服务模式创建于 1999 年，为拓展和深化国家图书馆为中央国家立法与决策服务发挥着重要作用。人民法院分馆是国图的第 16 家部委分馆。该平台在为最高人民法院提供服务的同时，也通过最高人民法院，实现对全国人民法院系统的垂直化服务。这是部委分馆中首个面向全国实现垂直性服务分馆，面向全国四级法院全部开放。全国法院 30 多万名干警在办公室就可以学习到国图几万册馆藏图书，浏览实时报刊，在线观看部级领导干部历史文化讲座等各类视频，研读智库报告等资料。

（国家图书馆）

【京津冀图书馆联盟正式成立】
11 月 19 日，首都图书馆、天津图书馆、河北省图书馆在石家庄签署合作协议，京津冀图书馆联盟正式成立。北京市文化局副局长庞微，天津市文化广播影视局社会文化处处长朱义海，河北省纪委驻文化厅纪检组长、河北省监察厅驻文化厅监察专员张军田出席活动并讲话。仪式之后，首都图书馆、天津图书馆、河北省图书馆及三地部分区县图书馆代表就京津冀图书馆协同发展的机制、模式，策划、对接合作项目进行了研讨座谈，考察了河北省图书馆的基础设施与业务建设、读者服务工作、京津冀协同发展专题服务项目等。京津冀图书馆联盟的成立为三地图书馆事业发展掀开了历史新篇章，有效提升京津冀图书馆的综合服务能力与水平，促进三地图书馆事业协同发展，发挥合力效应为京津冀各行业协同发展提供信息支撑和智力支持。

（张小野）

【杂·书馆揭牌仪式】　11 月 27 日，杂·书馆馆长高晓松为杂·书馆揭牌，并与嘉宾共同参观馆藏珍品书籍。杂·书馆是一家藏书近百万册的大型私立公益图书馆，免费对社会各界人士开放。在随后的座谈会上，台湾作家张大春、中国社科院学部委员方克立、清华大学国学院副院长刘东、北京大学中文系教授陈平原、北京大学中文系教授夏晓虹、北京大学历史系教授辛德勇、中国人民大学历史学院教授孙家洲、北京师范大学教授于丹、藏书家韦力等嘉宾齐聚一堂，对杂·书馆的创办与未来发展各抒己见。

（张小野）

活　　动

·会议与研讨·

【中图学会专业图书馆分会2014年学术年会】　1月9日，中国图书馆学会专业图书馆分会2014年学术年会在中国科学院文献情报中心召开，来自分会会员单位、专业图书情报机构的117家单位的386名代表参加了会议。此次年会的主题为“知识服务2014：新工具、新方法、新平台”，重点聚焦科技情报服务支持创新驱动发展战略，主要探讨了面对当前科技体制改革、“十三五”发展规划，图书情报机构未来发展战略思考，以及支持科技创新和决策咨询的情报服务实践探索。

（吕秋培）

【北京高校图书馆领导力提升与发展培训会暨2014年馆长年会】　1月15日～16日，北京高校图书馆领导力提升与发展培训会暨2014年馆长年会在京举办。会议分工作总结、学术报告和馆长交流三大部分。北京市教育委员会高等教育处副处长金红莲讲话。北京地区高等学校图书馆工作委员会副主任、北京大学图书馆馆长朱强和图工委副主任、清华大学图书馆馆长邓景康分别主持会议。图工委副主任兼秘书长、中国人民大学图书馆馆长黄朴民作图工委工作总结报告。科学院图书馆馆长张晓林、北京邮电大学出版社社长代根兴分别作题为“开放获取——图书馆的挑战与机遇”和“我国数字出版的探索与实践”的报告。北京中文在线教育科技公司总经理王邦江、智课教育董事长兼首席执行官韦晓亮，分别作题为“书香中国数字图书馆——移动社交化阅读探索”和“智课闭环在线学习生态系统”的报告。

（魏　微）

【2015年省级古籍保护中心工作会议】　1月24日，“2015年省级古籍保护中心工作会议”在国家图书馆举行。国图馆长、国家古籍保护中心主任韩永进就2014年中华古籍保护计划工作进展和2015年重点工作作主旨报告。会议由国图副馆长、国家古籍保护中心副主任张志清主持，国图副馆长、中国古籍保护协会会长刘惠平出席会议，全国省级古籍保护中心负责人、副省级公共图书馆、部分高校图书馆领导和专家七十余人参加会议。会议进行分组讨论，围绕主旨报告和中国古籍保护协会成立等内容，就2014年古籍保护工作中的问题和困难进行交流，对如何推进2015年度各项工作提出很多建设性意见和建议，并配合国家古籍保护中心和中国古籍保护协会做好各项工作。具体包括：做好中宣部《中华优秀传统文化文库》，开展中华优秀传统文化传承；做好《中华古籍保护计划“十三五”时期发展规划》预研及编制工作，进一步完善机制，规划项目，争取资金；协助国家可移动文物普查共同推进全国古籍普查工作；推进培训基地、高校、传习所三位一体培养古籍保护人才工作；进一步完善“全国古籍普查登记数据库”和“中华珍贵典籍资源库”；启动海外中华古籍调查暨数字化回归项目；开展古籍保护科研工作，促进古籍保护“产、学、研”一体；协助中国古籍保护协会开展相关工作。

（国家图书馆）

【2014年文化志愿服务总结交流会】　3月25日，2014年文化志愿服务总结交流会在首都图书馆召开。会议旨在进一步宣传志愿服务理念，推动首图志愿者队伍建设。市志愿服务联合会会员部部长郭旭、市公共文明引导行动协调指导小组协调办公室主任孙平、首图党委书记肖维平、副馆长李冠南，以及来自首都师范大学、劲松高等职业技术学校等团队代表和个人志愿者代表60余人参加会议。会上，首图对2014年优质志愿者服务团队及个人进行表彰。截至2014年，首图已组建专家志愿者、普通志愿者、青少年志愿者3类服务团队，注册服务团队32支，志愿者3000余人，总计服务时长近3万小时，服务人次约4000余人次。

（张小野）

【中图学会第九次全国会员代表大会】　4月9日，中国图书馆学会第九次全国会员代表大会在国家图书馆召开。中国科协党组成员、书记处书记徐延豪，文化部公共文化司副司长陈彬斌出席大会并讲话。大会主席团主席、第八届理事会理事长韩永进致开幕词。来自中国图书馆学会各分支机构和各省、自治区、直辖市图书馆学会代表及特邀嘉宾四百余人出席大会。大会审议通过了《继往开来　开拓创新　努力促进我国图书馆事业全面发展——中国图书馆学会第八届理事会工作报告》《中国图书馆学会第八届理事会财务收支情况报告》，修订后的《中国图书馆学会章程》和《中国图书馆学会会员会费标准及管理办法》，选举产生了第九届理事会、常务理事和学会负责人，通过了第九届理事会副秘书长名单、聘请学会顾问的决定和授予名誉理事的决定。国图馆长韩永进当选为理事长。

（国家图书馆）

【中美大学图书馆馆长研讨会】 4月23日～24日，“大学图书馆的未来——中美大学图书馆馆长研讨会”在北京大学图书馆召开。研讨会由北大图书馆和哈佛大学图书馆联合主办，来自美国哈佛大学、斯坦福大学、普林斯顿大学、加州伯克利大学、芝加哥大学、康奈尔大学、华盛顿大学，加拿大多伦多大学，以及北京大学、清华大学、上海交通大学、武汉大学、南京大学、厦门大学、中山大学等高校图书馆馆长参加研讨会。在两天的会期里，馆长们围绕本馆或所在区域大学图书馆面向未来所作的尝试或探索展开讨论，内容涉及图书馆的核心价值、使命与发展方向、资源建设、资源共建共享、服务创新、读者数据创新应用、空间变革、特藏文献的数字化建设、发展环境前瞻、跨越式发展途径探究等。在自由发言环节，馆长们还就可能的合作进行了深入的探讨。

（张小野）

【2015年“卓越联盟”高校图书馆馆长年会】 6月8日，2015年“卓越联盟”高校图书馆馆长年会在北京理工大学图书馆召开，来自同济大学、重庆大学、大连理工大学、东南大学、哈尔滨工业大学、天津大学、西北工业大学、华南理工大学“卓越联盟”高校和湖南大学图书馆等20余人参加会议。会议由北理工图书馆馆长张永发主持。年会会议主题为“图书馆创新战略与新兴服务”，“卓越联盟”的各图书馆馆长分别围绕主题重点探讨图书馆空间建设、人文环境建设、图书馆战略情报服务和特色馆藏等作专题报告，张永发汇报自主研发的自助光盘借还系统及闭架书库系统。最后，代表们就“卓越联盟”高校图书馆下一步发展进行了交流和探讨，决定继续合作建设“卓越联盟”资源共享平台。

（姚文莉）

【北京市公共图书馆馆长工作会议】 8月6日，北京市公共图书馆馆长工作会议在首都图书馆召开，市文化局领导、全市公共图书馆馆长及相关人员60余人参加会议。会议对上半年公共图书馆服务工作进行了总结。市文化局领导对落实“1+3”公共文化政策相关工作进行了部署，要求各馆重点整合基层图书馆服务资源，加强基层图书馆服务能力，建立统一的管理和服务制度，更好发挥公共文化资源在基层文化中的作用，为构建标准化、社会化、数字化、均等化的现代化公共文化服务体系做出努力。各馆就整合基层图书馆服务资源进行了讨论与经验介绍，并提出了一些意见和建议。会议对共享工程基层点与对数字文化社区服务巡查中发现的问题进行了总结与通报；向各馆介绍了ALEPH500图书馆集成管理系统进展与培训情况；对中国图书馆学会会费收费标准与管理办法进行了通报。朝阳区图书馆还向各馆介绍了本区24小时自助图书馆项目的进展情况及可行性规划。

（张小野）

【高教学会财经分会图书资料协作委员会主任委员工作会议】 8月27日，中国高教学会财经分会图书资料协作委员会主任委员工作会议在北京工商大学图书馆召开。委员会秘书长、浙江财经大学图书馆馆长张守凯，上海财经大学图书馆馆长李笑野，对外经济贸易大学图书馆馆长邱晓红，西南财经大学图书馆馆长聂富强等国内财经高校图书馆和中国经济信息网等技术领域的专家，共同研究探讨全国财经高校图书馆特色自建资源的共享共建。会议由张守凯主持。北京工商大学图书馆馆长马春晖、副馆长张长恒受邀参加研讨会。

（刘峰）

【第三届图书馆现代技术学术研讨会】 9月10日～12日，第三届图书馆现代技术学术研讨会在京举行。本届研讨会以“新时代，新思维，新挑战——‘互联网+’背景下数字图书馆的战略规划与创新发展”为主题，共商“十三五”期间数字图书馆发展研究和战略规划。文化部文化科技司副司长李蔚、国图副馆长魏大威在开幕式上致辞，国图馆长助理孙一钢主持会议开幕式。来自全国的10余位图书馆领域知名专家、40多位全国副省级以上公共图书馆信息技术部门主任及业内技术骨干等参加了会议。研讨会上，魏大威、中国科学院文献情报中心主任助理张智雄、中国高等教育文献保障系统管理中心（CALIS）总工王文清、国家科技图书文献中心（NSTL）技术服务中心主任梁冰分别作专题报告，共同探讨数字图书馆的未来发展趋势，引领和指导公共图书馆合理制定“十三五”相关规划，推动数字图书馆的创新发展。

（国家图书馆）

【2015年全国人大系统文献信息资源共建共享研讨会】 10月13

日～14 日，2015 年全国人大系统文献信息资源共建共享研讨会在京召开，会议由全人大常委会办公厅图书馆主办，北京市人大常委会承办。北京市人大常委会副主任牛有成出席会议并致辞，全国人大常委会副秘书长郭雷出席会议并讲话。会议期间，全国人大图书馆馆长张兰作了主题发言，北京市、湖北省、广州市人大常委会分别介绍了文献信息资源共建共享工作经验和做法；与会人员围绕会议主题进行了深入研讨；全国人大图书馆演示了新建成的全国人大常委会公报、全国人民代表大会和常委会会议简报数据库，并征求意见。

（张小野）

【2015 年中国高校图书馆研究数据管理推进工作组会议】 10 月 15 日～16 日，2015 年中国高校图书馆研究数据管理推进工作组会议在北京理工大学图书馆召开，来自复旦大学、上海交通大学、上海外国语大学、同济大学、浙江大学、武汉大学、北京大学、清华大学和北京理工大学 9 所高校图书馆的代表 20 余人参加会议。会议由北理工图书馆副馆长崔宇红主持。与会代表们围绕各自的研究内容、本校数据管理实践方面的进展、国际前沿等方面作了专题报告：上海外国语大学图书馆馆长任树怀介绍研究数据管理框架；复旦大学图书馆伏安娜深入调研和介绍科研数据存储系统的评估体系，殷沈琴介绍国内外研究数据管理的进展，重点介绍 Dataverse（一个用于分享、引用、存档数据的开源软件应用）平台的应用进展；清华大学图书馆副馆长窦天芳介绍科学数据引用与出版方面研究进展；同济大学图书馆副馆长何青芳分析国内外科学数据保存政策的调研结果；北大图书馆副馆长聂华探讨图书馆研究数据管理在高校的实践中的责任与困境；北理工图书馆副馆长崔宇红调研和探索研究数据管理方面的教育、培训以及馆员的职业发展方向。最后，代表们交流和探讨了中国高校图书馆研究数据管理推进工作组下一步发展计划。

（姚文莉）

【全国通信电子类高校图书情报工作委员会 2015 年学术会议】 10 月 28 日～31 日，全国通信电子类高校图书馆情报工作委员会 2015 年学术会议于在北京邮电大学图书馆举行。年会由北邮图书馆承办，北邮出版社协办。共有来自 4 所邮电大学、4 所电子科技大学及北京信息科技大学共 9 所高校图书馆的领导和馆员 40 余人参加。会议共收到论文及案例 56 篇。会上，西安电子科技大学图书馆馆长卢朝阳等 4 位专家分别就深层次信息咨询服务、文献资源建设、自动化系统建设、创新教育服务等主题发言。西安邮电大学图书馆张媛媛等 6 位馆员分别从创新服务、技术进步、文献资源建设和计量分析等方面与参会代表分享工作经验与研究成果。

（北京邮电大学图书馆）

【北京高校图书馆“大数据支撑下的图书馆服务创新”学术研讨会】 11 月 5 日～6 日，北京高校图书馆“大数据支撑下的图书馆服务创新”学术研讨会在京举行。会议由北京高教学会图书馆工作研究会数字图书馆专业委员会主办、北京科技大学图书馆承办，来自北京地区 40 多所高校的图书馆代表及部分企业代表共 150 余人参加会议。开幕式由北京科技大学图书馆馆长季淑娟主持。北京地区高校图书馆工作委员会副主任黄朴民、数字图书馆专业委员会主任姜爱蓉分别致辞，对大数据的迅速发展带来的挑战和本次会议的交流主题进行概述。学术研讨会分为主题报告以及应用案例报告两部分。来自中科院文献情报中心和北京大学、中国人民大学、清华大学、北京科技大学、北京航空航天大学、北京理工大学、北京工业大学 7 所高校的 8 位报告人作主题报告。

（魏　微）

【《中华古籍保护计划“十三五”时期规划纲要（征求意见稿）》专家审议会】 11 月 9 日，《中华古籍保护计划“十三五”时期规划纲要（征求意见稿）》（以下简称《纲要》）专家审议会在国家图书馆召开。文化部公共文化司巡视员刘小琴，国图副馆长、国家古籍保护中心副主任张志清，全国古籍保护工作专家委员会部分委员、部分省级古籍保护中心和高校图书馆负责人共 30 余人出席会议。会上，张志清介绍《纲要》的调研、起草及修订情况，并就文本内容进行全面解读。与会专家对《纲要》的全局性和实践性给予充分肯定，同时联系实际，围绕“十三五”时期工作重点、现存问题、发展方向等方面展开热烈讨论。与会人员认为，“十三五”时期应理顺体制机制，突出工作重点，创新古籍保护人才培养模式，将古籍保护工作纳入公共文化服务体系，加强地方和基层对古籍保护的重视与支持。刘小琴在听取专家意见后表示，古籍保护工作者应认真学习和贯彻中央提出的“十三五”规划建议，进一步完善古籍保护工作体系，将“十三五”时期古籍保护事业推上新台阶。

（国家图书馆）

【“中国珍贵典籍史话丛书”出版座谈会】 11 月 20 日，“中国珍贵典籍史话丛书”出版座谈会在国家图书馆召开。座谈会由国图主办。国图副馆长张志清、馆长助理汪东波出席会议，来自国图、中国社会科学院、北京大学等10余个单位的40余位专家、学者参加座谈。该丛书初步规划100种选题，邀请80余位知名专家、学者担任撰稿工作。选题涵盖《国家珍贵古籍名录》中汉文古籍经、史、子、集各部，并涉及甲骨文献、简帛文献、敦煌遗书与佛教典籍、少数民族文字文献、碑帖拓本、舆图等诸多类别，包含中国各民族文化经典。首批10种史话已经由国家图书馆出版社正式出版，其中既有为《文苑英华》《永乐大典》《史记》《皇舆全览图》《水浒传》《太平广记》《玉台新咏》等人们熟悉的一种珍贵典籍所写之史，也有为敦煌遗书、西夏文献等一类珍贵典籍所写之史。这10种史话，考证严密，学风扎实，且文字通俗易懂，全书彩印，图文并茂，装帧精美。

（国家图书馆）

【2015年全国古籍保护工作部际联席会议】　11月26日，全国古籍保护工作部际联席会议在文化部召开。文化部部长雒树刚出席会议并讲话，文化部副部长杨志今主持会议。全国古籍保护工作部际联席会议成员单位以及全国人大教科文卫委员会文化室有关负责人参会。会议审议并原则通过了第五批《国家珍贵古籍名录》和“全国古籍重点保护单位”名单。各部委参会代表分别就加强古籍普查和古籍保护人才培养，推动古籍整理、出版与利用，通过古籍数字化实现社会共享，联合开展海外存藏中华古籍调查，进一步做好中医药古籍、民族文字古籍、宗教类古籍保护，推进古籍保护法制化建设，充分利用社会力量、调动民间资本参与古籍保护，加强古籍保护宣传推广等工作提出很多建设性意见和建议，为“十三五”期间各部委联合做好古籍保护工作奠定良好基础。

（国家图书馆）

【国图公开课专家座谈会】　12月3日，“国图公开课专家座谈会”在国家图书馆召开。会议旨在总结国图公开课2015年的建设进展，探讨未来发展规划及合作共建模式，大力推进“国图公开课”建设。国图馆长韩永进，副馆长刘惠平、魏大威，以及部分公开课、图书馆界专家代表，国图相关部处负责人出席会议。魏大威汇报“国图公开课”2015年建设情况，全面阐述“国图公开课”建设的背景和意义，以及如何精心策划制作“国图公开课”，并运用互联网环境下新的技术手段、传播渠道推送资源与服务，从而提升图书馆服务效能。与会专家从内容设计、资源整合、技术开发、平台搭建、宣传推广等不同角度针对未来“国图公开课”的发展提出意见和建议。

（国家图书馆）

【北京高校网络图书馆“十三五”规划研讨会】　12月4日～5日，北京高校网络图书馆“十三五”规划研讨会在京召开。来自教育领域的专家及高校的馆长、领导约60余人参加会议。4日，会议由首都师范大学图书馆副馆长熊丽主持。北京高校网络图书馆副主任、北京工业大学图书馆馆长阮平南致辞。首都师范大学高等教育研究所的黄宇红作题为“新常态下高等教育发展的思路与改革”的报告，阮平南作题为“高校图书馆战略规划编制的思考”的报告。5日，会议由北京联合大学图书馆馆长程雨琴主持。北京航空航天大学图书馆馆长杨晓光作题为“‘十三五’规划交流”的报告，中国人民大学图书馆馆长刘春鸿作题为“高校图书馆‘十三五’规划编制探讨”的报告。

（魏　微）

【北京教育学会中小学教育文献信息研究会“2015学术年会”】　12月16日，北京市教育学会中小学教育文献信息研究会“2015学术年会”在北京教育学院召开。会议由教育学院图书馆主办，研究会理事长张卫光、常务副理事长邢素丽、北京市教育技术设备中心张涛以及来自北京市部分区县装备部门和中小学图书馆教师代表参加会议。会议邀请北京第八中学图书馆馆长周燕萍作题为“打造独特人文环境　建设信息共享空间”的专题讲座。张卫光在大会上作了题为“聊聊学校图书馆的话题”的专题讲座，指出了图书馆改革的新路径，提出创新应当跳出简单的技术层面，融入学校文化，打造更高层次的育人环境。

（杨艳萍）

【中法大学特藏文献暨中法文化交流学术研讨会】　12月22日，中法大学特藏文献暨中法文化交流学术研讨会在北京理工大学召开，来自中国科学院大学、北京大学图书馆、故宫博物院故宫学研究所、上海师范大学、国家图书馆、北京第二外国语学院法语系、北京市社会科学院历史所、北京开放大学、北京理工大学图书馆、北京理工大学校史馆及中法大学老校友30余人参加会议。会议由北理工图书馆副馆长郑焱主持。与会专家们围绕中法大学特藏文献及历史文化研究等专题分别作报告：北理工图书馆陈雁分析中法大学建成与拆分的历史因素，介绍其拆分之后在华北大学工学院的传承，以及北理工现存原中法大学藏书情况；故宫博物院故宫学研究所章宏伟对中法大学创始人李石曾作了人物研究和分析；北京市社会科学院历史所研究员陈清茹介绍吴稚晖在创建里昂中法大学时所做一些筹备工作；中国科学院大学刘晓分析中法大学镭学研究所与药学研究所的设立及意义；国家图书馆雷强介绍中法大学与中法汉学研究所；上海师范大学研究员俞可提出有关中法大学研究的几点比较教育思考；北京大学张弘扬介绍北京大学保存的原中法大学藏书、原老北大和老燕大专题藏书及近几年北大图书馆在特藏方面的拓展；北理工校史馆馆长王民介绍近五年来对中法大学相关文物史料的挖掘所做的抢救工作。

（姚文莉）

【北京高校网络图书馆 2015 年馆长工作交流会】 12 月 25 日～26 日，北京高校网络图书馆 2015 年馆长工作交流会在京召开。北京市教育委员会高等教育处处长邵文杰，市教委高教处付兴峰，北京高校网络图书馆管理委员会副主任、首都师范大学图书馆馆长方敏，北京高校网络图书馆第二届管理委员会的各位委会以及来自网图各成员馆的馆长、副馆长等领导参加会议。会议由首师大图书馆副馆长熊丽主持。方敏首先作了 2015 年北京高校网络图书馆工作总结，随后，邵文杰为会议致辞。会上，各成员馆分别作报告，交流 2015 年工作情况。

（魏　微）

·讲座与论坛·

【2015 年度“乡土课堂”正式开讲】 1 月 3 日，“乡土课堂 2015 年开讲仪式暨新闻发布会”在首都图书馆举行。北京史研究会会长李建平、北京史研究会副会长王岗、北京史研究会副秘书长张宝秀、北京市文史研究馆文史处处长刘卫东、首都图书馆副馆长邓菊英等领导嘉宾出席活动。会上，邓菊英对 2014 年度“乡土课堂”工作进行总结。李建平发布 2015 年度讲座计划。在观赏花样快板、《四世同堂》片段朗诵及歌曲《逛北京》之后，2015 年度首场讲座“前门楼子九丈九”——趣谈正阳门故事正式开讲。2015 年，“首图讲坛·乡土课堂”为读者带来“北京故事”、“博物馆之旅”——文化艺术篇、“古代生活史”等系列讲座。“首图讲坛·乡土课堂”是由首都图书馆、北京史研究会、北京市社科联联合打造的科普文化讲座品牌，它以“弘扬北京历史文化，展现首都精神风采”为宗旨，截至 2015 年年底，“乡土课堂”共连续举办 5611 期，接待读者已逾 15 万人次。

（张小野）

【首都图书馆“法律沙龙”正式启动】 3 月 5 日，一场名为“无声世界幸福晚年”的普法讲座在首图法律主题馆举行，揭开首图“法律沙龙”的序幕。本期法律沙龙由首图联合北京市司法局、北京市律师协会、北京市聋协共同举办，以“财产继承”为主题，安排专家讲座和现场咨询活动，由律师志愿者现场解答听障人士的实际法律问题。法律沙龙活动以首图法律主题馆为平台，发挥首图“市民法制宣传教育示范基地”的优势，分别为普通读者和残障读者两个群体服务，以定期举办小型座谈等方式为读者提供法律咨询，与市民共话当前与法律相关的社会热点焦点问题，弘扬法治理念，传播法治文化。

（张小野）

【2015 年北京中小学图书馆论坛】 3 月 19 日，2015 北京教育装备论坛——中小学图书馆论坛在北京展览馆召开。中小学图书馆论坛是本次教育装备论坛的重要组成部分，北京市教育委员会委员李奕、日坛中学图书馆馆长李小燕、中关村第三小学图书馆馆长王璐以及世纪超星、万方数据等企业代表，围绕中小学图书馆的功能定位、中小学图书馆软硬件建设、数字图书馆的发展等内容作了精彩阐述。其中，李奕作了以“‘消费观’引导下的广义阅读资源供给——当前基础教育深化综合改革中的几点思考”为主题的报告，围绕“基本公共服务的基础教育本质”“学生的阅读资源消费状态”“学校阅读资源治理”等基础教育改革的热点话题，深入浅出地为与会者深度剖析了教育综合改革形势下如何推广阅读，如何让阅读更有成效。

（杨艳萍）

【清华大学图书馆首届年度学术论坛】 4 月 29 日，清华大学图书馆首届年度学术论坛在人文社科图书馆格物会议室举办。本次论坛采取由话题发起人引出话题，馆员围绕话题进行互动交流的形式进行。图书馆党委书记蒋耘中、系统部主任张成昱以及信息参考部副主任王媛先后作为话题发起人，分别就“重返核心——世界一流大学建设视野下的图书馆建设与发展”“O2O：数字图书馆的降落”“阅读那么美，怎能缺了你”三个话题抛出观点，每个话题结束后是头脑风暴环节，馆员通过现场发言或微信互动的方式各抒己见，畅所欲言。本次论坛由图书馆学术委员会、图书馆工会和图书馆共青团支部联合主办，图书馆学术委员会主任林佳主持会议，来自校图书馆和分馆的 60 余位馆员参加论坛。

（张小野）

【第七届“中国图书馆馆长与国际出版社高层对话论坛”】 8 月 27 日，第七届“中国图书馆馆长与国际出版社高层对话论坛”在京举行。论坛由中国图书馆学会专业图书馆分会联合中国图书进出口（集团）总公司、中国图书馆学会高校图书馆分会共同主办。本届论坛主题为“增强出版与图书馆服务转型”，是继2009年首届举办中国图书馆馆长与国际出版社高层对话论坛后的第七次大型学术活动。230多名来自国内150多家图书馆的馆长和负责人、30多家海外出版社高层出席了本次论坛。基于内容增强的数字化学术交流已经成为科研信息交流的主要形式，并进一步提升和丰富了学术信息交流的内容，论坛就数字出版未来、新型出版模式（富内容出版、开放出版、数据出版、定制出版等）、知识化服务平台建设及开放创新信息服务等热点话题展开对话和讨论。通过对话交流，与会专家和代表形成共识，一致认为在数字出版飞速发展的大环境下，内容、服务必须依托于技术而升级，技术、内容与服务必须相互促进、共同提高。图书馆、出版商和服务商应携起手来创新服务模式，应对数字化带来的新挑战。

（张小野）

【2015年中国开放获取推介周】　10月19日～20日，2015年中国开放获取推介周（第四届）在京举行。会议共有18场专题演讲，4场交流讨论，会场展示了来自中国大陆及台湾地区的26个科研教育机构的机构知识库案例展板，参会人数423人，为历届最高。推介周由中国科学院文献情报中心主办，中国图书馆学会专业图书馆分会、中国图书馆学会高校图书馆分会和中科院自然期刊编辑研究会协办。

（吕秋培）

【第十届全国纺织服装信息研究会馆长论坛暨2015年学术年会】　10月22日～24日，第十届全国纺织服装信息研究会馆长论坛暨2015年学术年会在北京服装学院召开。论坛由北京服装学院图书馆承办。北京服装学院副校长仲丛生、北京航空航天大学图书馆馆长杨晓光应邀出席，全国纺织服装信息研究会理事长、东华大学图书馆馆长张怡，北京服装学院图书馆馆长李雪飞，以及来自全国21所纺织服装高校的50余名代表参加会议。本届研究会馆长论坛暨学术年会以“互联网+背景下图书馆的服务创新与发展”为主题，旨在引导图书馆重新思考和定位未来发展愿景，探讨在移动互联网飞速发展、读者阅读需求不断变化的情况下，如何提升服务能力和服务内涵。会议分为开幕式、主题发言、馆长论坛、资源建设以及大会讨论等几部分。

（孙金艳）

【“新型智库建设”2015首届学术研讨会】　11月11日，“新型智库建设”2015首届学术研讨会在中国科学院文献情报中心举行。会议由中科院文献情报中心和紫金传媒智库联合主办、中科院文献情报中心《智库研究》（筹）编辑部承办。会议的主题是为“智库与创新驱动发展战略”。应《智库研究》编辑部邀请，19位智库专家作大会报告。来自中宣部、中国科学院、中国社会科学院、国内多所大学、研究机构以及布鲁金斯学会、卡内基学会、美国世界资源研究所、紫金传媒智库、重庆智库、察哈尔学会等国内外智库的300多位智库管理和研究领域人士齐聚一堂，围绕新型智库建设多方面的问题进行探讨。

（吕秋培）

【2015年iAuthor应用与发展研讨会】　11月30日，“2015年iAuthor应用与发展研讨会”在中国科学院文献情报中心举办。会议由中科院文献情报中心主办、中国图书馆学会专业分会协办，共吸引来自科研一线、出版社和数据合作方、期刊编辑部、图书馆界的150多位专家、学者和相关人士参加，会议围绕“科学家标识符体系发展”和“iAuthor应用发展”等议题进行广泛深入的探讨与交流。会上还举行了中科院文献情报中心与万方数据股份有限公司、中国医学院医学信息研究所、荷兰Elsevier出版公司这三家iAuthor合作伙伴的合作协议签署仪式。iAuthor（中国科学家在线）帮助中国研究者创建一个永久的、国际通用的科研身份证号（ORCID号），用于区分同名研究者，解决作者识别问题。

（吕秋培）

·读者活动·

【首图儿童诗歌诵读会】　4月2日，“苏醒的儿童诗歌——童心诵读汇”在首都图书馆举行。活动由首图主办，人民文学出版社、天天出版社和北京劲松第四小学协办。诗人屠岸、儿童文学作家金波、儿童文学作家安武林参加活动。三人分别上台，为小读者朗诵他们各自翻译、创作的儿童诗，小读者不仅朗诵三位作家的经典作品，还朗诵自己平时创作的诗歌，并吟唱由古诗《悯农》《春晓》改编的歌曲。最后，现场400人齐诵金波的代表作《我们去看海》，掀起本次诵读会的高潮。

（张小野）

【第五届北京换书大集】　4月17日～18日，第五届北京换书大集在京举办。活动由北京市文化局主办，首都图书馆联盟、首都图书馆承办。延续“分享阅读　交换快乐”的推广口号，北京换书大集号召市民将家中闲置书刊流动起来，与其他市民交换阅读，推动全民阅读，倡导分享、绿色、快乐的阅读理念。换书大集不仅在首图主会场举办，中国科学院文献情报中心、北京大学图书馆、朝阳区图书馆、海淀区图书馆等14家图书馆，也作为分会场举办了换书活动。北京大学出版社、中国人民大学出版社、广西师范大学出版社“理想国”品牌等十余家出版机构也为大集免费提供好书用于交换。两天活动，全市共计收到交换书刊近3万册，参与市民近7000人次。

（张小野）

5月20日，少年读者在第五届换书大集活动现场

【文津读书·青少年科普活动】 5月17日，“文津读书·2015年青少年科普活动”在国家图书馆正式启动。国图馆长助理汪东波、中国友好和平发展基金会代秘书长贾伶、联合技术管理公司董事总经理蓝沛文出席启动仪式并致辞。来自中科青云等多所中学的学生、老师和家长约200多人参加首场活动。“文津读书”系列活动是国图开展的旨在推动全民阅读的公益性阅读推广活动，以初高中生为重点人群，尤其注重对青少年阅读习惯和学习兴趣的培养，让孩子们在听故事、玩科学的过程中，找到自己的兴趣，发现科学，认识自我，为未来的职业选择提供帮助。本次活动的首场讲座是由《科技日报》主任编辑、中国科普作家协会常务副秘书长尹传红主讲的“科学播撒智慧的种子”——在阅读中增长知识获得快乐。

（国家图书馆）

【国家典籍博物馆举办青少年体验活动】 5月20日，“青少年走进典籍博物馆互动体验系列活动”之“灿烂的中华文化”在国家典籍博物馆举办，来自中科院附属实验学校的青少年参加体验活动。本次活动，以“灿烂的中华文化”为主题，分为听文字故事、看甲骨文展品、书写活动、探寻活动、展示分享五个环节。活动将展厅参观讲解和动手操作结合，参与的青少年除了了解文字的起源，动手描摹书写甲骨文外，还分别携带任务单走进中国古代典籍简史展、名家手稿展、中国少数民族文字古籍展、圆明园四十景文化展参观学习优秀传统文化。整个活动让青少年通过生动的讲解了解文字的起源及文字的演变，在打磨甲骨、写书法中培养动手能力和观察能力，在探宝、小组展示分享活动中培养合作能力和协调能力，体验中华文化的博大精深、源远流长，增强青少年对中华文化的传承和保护意识。

（国家图书馆）

【“书香校园”雏鹰建言征集启动仪式】 5月21日，“书香校园”雏鹰建言征集启动仪式在国家典籍博物馆举行。本次活动由国家典籍博物馆、北京教育科学研究院主办，国家图书馆展览部、北京市青少年科技创新学院、北京一零一中学承办，160余名师生作为代表参加启动仪式。启动仪式上，国图副馆长刘惠平结合国家典籍博物馆馆藏经典文献，为学生们提供阅读推荐书单，鼓励学生从经典文献中汲取营养、增长见识，树立社会主义核心价值观。来自北京一零一中学的学生代表采用文字、图形等多种形式向全市中学生发起阅读建言。主办方还邀请了北京大学马克思主义学院党委书记、执行院长孙熙国为学生们就如何选择一本好书作专题讲座。讲座结束后，学生们在国家典籍博物馆讲解员的带领下参观了典籍博物馆展览。本次“书香校园”雏鹰建言活动旨在以发布主题建言征集的方式，激发学生阅读兴趣，倡导阅读经典著作提升学生人文素养，弘扬中华传统文化；引导学生逐步深入探究、科学表达自己对阅读的看法和建议，激发学生勇于探索的创新精神，培养学生善于解决问题的实践能力，进一步提升中小学生的自主阅读水平。

（国家图书馆）

【第二届“阅读之城”——市民读书计划】 5月29日，第二届“阅读之城”——市民读书计划在首都图书馆启动，活动广泛邀请读者参与，通过推选图书、为书投票、撰写书评等形式，倡导市民高品质阅读。活动依托首都图书馆联盟成员馆，全面掀起全民阅读的新高潮，引导、带动市民在收集整理自己阅读体验的基础上，撰写阅读书评或者为他人推荐的书评进行投票，以向其他市民诚意推荐图书。在广泛征求征集市民的推荐意见，并结合图书馆借阅排行榜、各阅读推广机构的评选书单等条件下，邀请活动专家评审团评审，最终打造一份最具民意的“2015年度请读书目”、“最美书评”50篇、“最美阅读人”10位。本活动中还设立“荐书台”和“取书台”，市民扫描二维码即可获取电子书进行阅读。11月17日，书目终评会在首图举行。北京市文化局副局长庞微，首都图书馆联盟常务副主席、首图馆长倪晓建，中国作协副主席李敬泽，学者解玺璋，文学评论家止庵，中央民族大学历史文化学院副教授蒙曼，媒体人郎永淳等20位专家，就初评书目进行研讨，并投票评选出由《中国古典文心》《中国古代物质文化》《物种起源》等30册图书组成的“2015年度请读书目”。

（张小野）

【中华古籍普查志愿服务行动】 7月20日，“中华古籍普查志愿服务行动”启动仪式在国家图书馆举行。此次志愿服务行动由中国古籍保护协会发起，国家古籍保护中心、国图古籍馆和国图出版社支持，旨在通过组织高校学生参加古籍普查，发动社会力量参与古籍保护，推动古籍普查登记工作在“十三五”时期全面完成。动员社会力量参与古籍保护工作是中国古籍保护协会行业协会的重要任务之一，古保协会与国家古籍保护中心相互支撑、优势互补，形成古籍保护工作政府主导、社会参与的合力。国图副馆长、中国古籍保护协会会长刘惠平在启动仪式上致辞，并向志愿者团队授旗。经过遴选，录取了76名志愿者，均具有古典文献学、历史学等相关专业背景，其中，本科生26名，硕士生43名，博士生7名。整体活动分为志愿者招募、志愿者培训、实施普查工作及总结表彰4个阶段。启动仪式结束后，开始为期4天的培训，之后大学生们分赴各普查点。9月12日，“2015年中华古籍普查志愿服务行动”总结表彰会在国图召开。

（国家图书馆）

【首图少儿馆“名家面对面”——走进神奇的冒险侦探世界活动】 8月19日，“名家面对面”——走进神奇的冒险侦探世界活动在首都图书馆少年儿童图书馆举行。活动由首图与童趣出版有限公司联合主办。来自奥地利的知名儿童文学作家托马斯·布热齐纳走进图书馆，与小读者们一同分享他的冒险侦探世界。在中国，由他创作的小虎队系列图书受到了无数小读者的喜爱，他也因此获得了“侦探小说大师”的称号。布热齐纳为小朋友们介绍了自己的全新作品《小虎神探队》以及在创作中发生的诸多趣事，还与小朋友们一起开展侦探游戏。

（张小野）

【首届全国高校图书馆阅读推广案例大赛】 10月15日~16日，首届全国高校图书馆阅读推广案例大赛总决赛在华中师范大学举办，来自全国180多所高校图书馆的代表参加比赛，38个阅读推广案例参加总决赛。清华大学图书馆“读有故事的人，阅会行走的书”、北京大学图书馆“书读花间人博雅”等6个案例获得一等奖，北京科技大学“‘心’阅读”等12个案例获得二等奖。首届全国高校图书馆阅读推广案例大赛由教育部高等学校图书情报工作指导委员会读者服务创新与推广工作组主办，于2014年10月启动。比赛旨在促进高校图书馆探索新媒体环境下在阅读推广理念、定位、组织形式及方法等方面的交流与分享，强化图书馆服务创新意识，提高图书馆服务水平，探索信息化环境下图书馆阅读推广模式与方法。2015年上半年，全国6个分赛区及港澳台地区组织开展了分赛区的初赛工作，共有456个案例参加初赛。北京大学医学图书馆、北京工商大学图书馆、北京邮电大学图书馆等均在北京赛区取得优异成绩。

（魏　微）

【全国少年儿童“我的藏书票”设计大赛】 11月6日，全国少年儿童“我的藏书票”设计大赛评审会在首图召开。大赛由中国图书馆学会、国家图书馆、中国图书馆学会未成年人图书馆服务专业委员会联合主办，首都图书馆承办。来自艺术界、图书馆界的5位专家，就13个省市、31家单位、362名参赛人员报送的373幅藏书票设计作品进行了评审。最终，有83名学生获奖。其中，小学组一等奖获奖10人，二等奖16人，三等奖38人；初中组一等奖3人，二等奖5人，三等奖11人。福建省少年儿童图书馆、贵州省图书馆、河南省图书馆等26家公共图书馆荣获优秀组织奖。“我的藏书票”设计大赛是“2015全国少年儿童阅读年”系列活动的重要组成部分。活动不仅在未成年人中普及了藏书票知识，也为全国爱好阅读和藏书票创作的小读者们创造了一个平台，展现青少年的艺术风采。

（张小野）

·捐赠与收藏·

【李茂如捐赠资料暨学术成果研究室成立】 3月17日，李茂如捐赠资料暨学术成果研究室在北京中医药大学图书馆成立。《大医垂范——李茂如人生实录》纪念册同时印发。李茂如是中医学家、中医文献目录学家，著有《历代史志书目著录医籍汇考》《医籍叙录集》。其子女先后两次将其毕生手稿、札记、卡片、图书、手绘图表、制作仪器等无偿捐赠给北京中医药大学图书馆。

（北京中医药大学图书馆）

【首图向北京信息职业技术学院赠书】 4月23日，“世界读书日”首都图书馆校园赠书仪式在北京信息职业技术学院举行。北京信息职业技术学院党委副书记陈小平、首图副馆长陈坚等领导、嘉宾出席活动。在第20个“世界读书日”到来之际，首图以“把文化服务带进校园”的方式，鼓励广大师生走进图书馆、亲近阅读。首图将本届换书大集剩余图书进行筛选，挑选与学校专业相关的管理、经济、信息技术等方面图书300余册，捐赠给北京信息职业技术学院，供广大师生学习使用。此外，首图还邀请北京市哲学社会科学规划办公室副主任、北京史研究会会长李建平为广大师生带来“魅力北京中轴线”主题讲座，将图书馆文化服务送进校园的同时，为广大师生普及北京历史文化知识。

（张小野）

【中法两国国家图书馆签约及数字资源捐赠仪式】 4月28日，中国国家图书馆馆长韩永进与法国国家图书馆馆长布鲁诺·拉辛分别代表两国国家图书馆签署了《中国国家图书馆与法国国家图书馆合作协议》。拉辛还代表法国国家图书馆向中国国家图书馆捐赠了该馆馆藏《圆明园四十景图》的数字版本。2015年，中国国家图书馆启动了“海外中华古籍调查暨数字化合作项目”，通过多种方式调查散落在海外的中华典籍，并通过与海外各存藏单位合作，以数字化的形式使这些珍品回归祖国，为文献利用和学术研究提供便利，实现中华优秀文化典籍的传承。此次法国国家图书馆捐赠《圆明园四十景图》的数字版本，是“海外中华古籍调查暨数字化合作项目”开展以来的第一项重要成果，拉开该计划的序幕。

（国家图书馆）

【《石渠宝笈（精选配图版）》赠书仪式】 6月13日，《石渠宝笈（精选配图版）》赠书仪式在国家图书馆举办。国图副馆长张志清，故宫出版社总编辑赵国英、副社长关琪，江西美术出版社社长汤华、副社长傅廷煦，宋平生、赵前等多位图书馆古籍版本研究领域的专家、学者以及相关人员出席仪式。由故宫出版社与江西美术出版社联袂出版的“十二五”国家重点出版规划项目、国家出版基金资助项目《石渠宝笈（精选配图版）》40卷本历时六年编撰，于2014年10月正式出版。它将乾隆至嘉庆年间清廷组织编纂的中国书画鉴藏史上的著录文献《石渠宝笈》配以作品图像，并系统编撰索引，附注大量现代书画鉴定专家和各大博物馆的鉴定意见，实现“文献”与“图像”合一。赠书仪式上，赵国英、汤华代表出版方向国图赠送该书，张志清代表国图向故宫出版社和江西美术出版社颁发捐赠证书。

（国家图书馆）

·读者服务·

【北大医学图书馆与六家附属医院图书馆正式开通图书通借通还服务】 1月1日起，北京大学医学图书馆与六家附属医院图书馆（北大医院、人民医院、第三医院、口腔医院、肿瘤医院、第六医院）图书通借通还服务正式全面开通。图书通借通还服务全面开通后，读者在医学部图书馆系统（医学部图书馆和附属医院图书馆）内的任一图书馆均可借阅到系统内其他图书馆的图书，且有专职人员送书上门，不需要再到系统内其他图书馆亲自取阅。北京大学医学图书馆系统的通借通还服务自2013年10月起试运行。

（张小野）

【“世界读书日”延长文献外借期限服务】 4月23日，第20个“世界读书日”，为了推动全民阅读，吸引广大市民走进图书馆、使用图书馆，首都图书馆联合北京市19家区县图书馆推出惠民服务项目——延长文献外借期限。凡是在4月23日当天到首图及19家区县图书馆借书的读者，其所有文献外借期限将在原有基础上进行翻倍。本次延长文献外借期限，虽然只在4月23日当天进行，但覆盖的图书馆范围多达20家。首图、东城、西城、朝阳、海淀等19家区县图书馆均参与本次服务。

（张小野）

【“国图公开课”启动】 4月23日，“国图公开课”在国家图书馆艺术中心启动。国图公开课借鉴“慕课”（MOOC）大规模、开放、在线理念，以弘扬中华优秀传统文化为核心，以国图馆藏资源为依托，与当代社会发展和民众生活紧密联系，以专题形式设置课程，推送多种形态的学习资源，采取线上线下相结合的互动模式开展。国图公开课致力于推进国民通识教育，促进全民阅读，服务学习型社会建设。国图公开课网站设立11个栏目，包括名师荐书、特别活动、文津嘉言、典籍鉴赏、“非遗”漫谈等。首批上线资源包括新录制的“汉字与中华文化”等课程，以及重新编辑剪辑的国家图书馆已有讲座视频1000场。国图公开课充分发挥图书馆馆藏优势，通过设计系统平台让读者观看课程的同时，引导读者进入国家总书库，阅读相关文献、使用相关数据库。

（国家图书馆）

【北京高校图书馆正式面向中小学设立参观开放日】 4月23日，北京高校图书馆正式面向中小学设立参观开放日，北京的中小学生们可以走进清华大学、北京大学、中国人民大学等高校的图书馆体验大学生的阅读时间。开放日分为平时开放日和主题开放日。平时开放日采取集体预约方式，在固定时间内面向中小学生开放，一般一次接待50人左右；主题开放日则是图书馆根据自身建设特色，打造适合中小学生参加的主题活动，每年会进行更新变化。高校图书馆开放日具体安排可在北京高校图书馆工作委员会网站（http：//bjgxtgw. ruc. edu. cn）查看。北京高校图书馆面向中小学设立参观开放日是北京高校服务社会、服务中小学的一项具体举措。

（魏　微）

【GoOA正式上线服务】 5月，由中国科学院文献情报中心自主开发建设的开放获取期刊采集服务体系GoOA正式上线服务。GoOA是期刊和论文“一站式”发现平台，集成知名出版社自然科学领域及部分社会科学领域的OA期刊及其论文全文，提供OA期刊和论文集成发现及免费下载、OA期刊投稿分析、关联检索、知识图谱分析、用户分享等特色功能，以支撑中科院乃至国内外用户对高质量OA期刊的发现和利用。

（吴赣生）

·展　览·

【国家图书馆藏传统楹联文献展】 2月6日~3月6日，“国家图书馆藏传统楹联文献展”在国家典籍博物馆举行，展览由国家图书馆主办，中国楹联学会支持。展览以通俗的文字介绍楹联的起源、发展、写作技巧以及分类和用途等相关知识，并从国图丰富的文献典籍中辑出100个不同风格的“福”字组成“百福墙”，向观众献上新春祝福；同时选出46种与楹联和春节相关的典籍及传统佳联墨迹、拓本，其中清代梁章钜的《楹联丛话》为中国第一部楹联研究专著，此书对楹联的发展演变以及分类体系做了系统的考证工作，影响极大；为吸引小朋友观展，展厅中设有10组3D楹联场景，大家可以通过互动方式了解民居、商铺、寺院、楼阁等不同场合对楹联的不同应用。同时展览现场还举行了“名家带你写春联”活动。

（国家图书馆）

【“版画珍珠”藏书票设计作品展】 4月24日~6月30日，“版画珍珠”第二届北京市中小学生“我的藏书票”设计获奖作品展在首都图书馆A座二层文化艺术展厅展出。展览共展出获奖作品59幅，均由中小学生设计而成，在提升孩子们艺术创作能力的同时，增加他们对藏书票的了解与认识。一枚小小的藏书票，既是书籍持有者的标志，也是书籍的美化装饰，它格调高雅、小巧精致，被人们称为“版画珍珠”。第二届活动围绕读书、爱书、藏书开展，从数量和质量上均大幅提升。经专家评审，主办方在380幅参赛作品中评选出59幅制作精美、内涵丰富的藏书票作品向大众展示。

（张小野）

【“三山五园文化巡展”——圆明园四十景文化展】 4月28日~5月31日，“三山五园文化巡展”——圆明园四十景文化展在中国国家典籍博物馆正式开幕。中国国家典籍博物馆、法国国家图书馆、北京市海淀区人民政府、上海世纪出版集团在国家图书馆联合举行此次巡展特展。在开幕式上，上海远东出版社向中国国家图书馆赠送原件再造版《圆明园四十景》，这件以原质地、原大小复制再造的《圆明园四十景图》也成为此次展览的一大亮点。《圆明园四十景图》是清乾隆元年（1736年）由宫廷画师沈源、唐岱依据圆明园实景绘制而成，现藏于法国国家图书馆。展览展品分为文献展示、艺术品展示和科技展示3个类型。其中，文献展示为法国国家图书馆借展2件乾隆年间法国传教士在圆明园绘制的《圆明园四十景图》水彩画图册，中国国家图书馆样式雷图档和故宫博物院“圆明园四十景烫样”，以及中国国家图书馆藏清代刻本圆明园典籍图书和西文相关图书。艺术品展示为法国国家图书馆授权上海远东出版社原件再造《圆明园四十景》（含大红酸枝木盒）以及铜艺大师朱炳仁熔铜兽首艺术品。科技展示为海淀区文化发展促进中心、北京奇想飞航公司设计的三山五园文化和科技融合系列展品。

（国家图书馆）

【“册府千华”——西域文献保护成果展】 5月15日~29日，“册府千华”——西域文献保护成果展在国家图书馆（国家古籍保护中心）举办。国图副馆长刘惠平，副馆长张志清，以及来自北京大学、中国人民大学、首都师范大学的专家、学者参观了展览并出席了西域文献研讨会。展览分为4个单元，系统梳理并展示了21世纪初以来国图在西域文献征集入藏、修复保护、整理研究等方面的成果。展览从材质、文种、内容等角度，精选近50件文献原件，以及其他展品50余件展出。大多数纸本展品都经过修复专家的妙手修整，得到了妥善的保护。展览期间，国图举办学术讲座、专家座谈会等活动，从多角度阐释馆藏西域文献的史料价值、学术价值。西域文献指中国新疆地区出土的古代文献。国图先后6次征集入藏和田等地出土的西域文献，数量达700余件，并建立了西域文献专藏。这些文献内容丰富，涵盖政府文书、私人信札、契约、典籍、佛经等，为丝绸之路历史文化、中国对外关系史研究领域带来了新的研究课题，提供了珍贵史料，与敦煌遗书、吐鲁番文书具有同等重要的价值。国图多年来开展修复和整理研究，目前，馆藏纸质西域文献的修复工作基本完成，保存状况得到了极大改善。国图还组织馆内外专家进行深入研究，已经取得了一批重要研究成果。

（国家图书馆）

【“炫彩童年”——中国百年童书展】 5月27日~7月29日，“炫彩童年”——中国百年童书展在国家典籍博物馆举办。展览由国家典籍博物馆主办，国家图书馆少年儿童馆、国家图书馆展览部联合承办，北京师范大学中国儿童文学研究中心协办。国图副馆长刘惠平，北京师范大学文学院教授、中国儿童文学研究中心主任王泉根，湖南省少年儿童图书馆书记杨柳先后致辞。来自全国各级公共图书馆、少年儿童图书馆的50余位馆长出席活动。本次展览的展品横跨百年，集趣味性、学术性于一身，集中展示了各个时期代表性强、艺术水平高、影响力深远的经典童书。展览将中国百年童书史按照时间脉络分为晚清时期的儿童读物、民国时期的儿童读物、新中国成立至“文化大革命”时期的儿童读物、20世纪70年代末至90年代的儿童读物以及新世纪以来的儿童读物5个单元，展现了童书发展历史中绚丽辉煌又艰难曲折的发展进程。每个展览单元既有提纲挈领的文字说明，简明扼要勾勒出该时期中国童书发展的基本状况，也有能够代表这个时期特征的、深受广大少年儿童喜爱的作家和作品说明。这些经典的童书作品涵盖了图书、期刊、报纸、音像等各种童书载体，囊括了童话、小说、诗歌、散文等多种体裁，包含了战争、科普、校园、科幻等多种题材。这些童书展品充分体现了中国儿童读物百花齐放、异彩纷呈的繁荣发展局面。主办方在国图总馆北区一层特设“画绘世界”——中国百年连环画展分展区。作为“图画书”的早期存在形式，连环画不仅在绘画艺术发展史上占有重要地位，而且以其图文并茂、通俗易懂的表现形式吸引了广大读者，是中国传统艺术形式之一。本次连环画展览上，一本本故事动人心弦、人物栩栩如生、图画引人入胜的优秀连环画献展，向社会公众系统介绍了中国连环画的发展历史。展览反响热烈，应读者要求，12月29日恢复此展览，并持续到次年。

（国家图书馆）

【“册府千华”——珍贵古籍雕版特展】 6月12日，“册府千华”——珍贵古籍雕版特展在国家典籍博物馆开幕，这是新中国成立以来第一次对珍贵古籍雕版的全面展示。此次展览由国家图书馆（国家古籍保护中心）、中国古籍保护协会主办，共展出来自全国10余家单位和个人收藏的雕版147块以及珍贵雕版印刷品，展品共计200余件。西夏文《释摩诃衍论》版片反映了西夏刻书业的发达；清代内府《柯尔坪之战图》版片集西方凹版印刷术与中国传统凸版印刷术于一体，是中西文化交融的重要实证……展览还展示了雕版印刷术在日常生活中的广泛应用，如：契约文书、广告单、年画、票据、婚书、信笺、符咒等等，涉及日常生活的很多方面。民间日用雕版印刷品多为单页或数页，一般为一次性印刷品，因此无论是版片还是其印刷品都流传甚少，弥足珍贵。展览还邀请朵云轩、金陵刻经处、北京邦普制版印刷有限公司、十竹斋、张殿英年画馆等单位及“非遗”技艺传承人到现场展示木版水印、雕版印刷等“非遗”技艺。展览持续到7月12日。

（国家图书馆）

【清华大学馆藏马克思、恩格斯文献展】 6月28日~7月27日，清华大学馆藏马克思、恩格斯文献展在清华大学人文社科图书馆展出。展览由清华大学图书馆、清华大学马克思、恩格斯文献研究中心、清华大学马克思主义学院共同举办。本次参展图书和资料均来自清华大学图书馆，分属于文科图书馆马克思、恩格斯文献特藏文库（“服部文库”），马克思、恩格斯文献研究中心，图书馆库存本三部分馆藏。这三个板块有机地汇集在一起，形成了一个完整的、真正在“经典”意义上的马克思主义文库，同时也反映了清华大学在图书馆建设上的专而精，且特色鲜明的馆藏特征。文献展得到马克思、恩格斯文献研究领域的专家、学者的广泛关注，来自中央编译局、北京大学中国道路与中国化马克思主义协同创新中心、国家图书馆、中央党校图书馆、中国社科院图书馆、北京大学图书馆、中国人民大学图书馆、北京师范大学图书馆的领导以及业界专家、学者出席开幕式。

（张小野）

【“绘有话说”——中国原创绘本新生代力量大展】 7月4日~12日，“绘有话说”——中国原创绘本新生代力量大展在首都图书馆A座二层文化艺术展厅开展。展览由首图和中央美术学院绘本工作室携手推出。展出的260幅原画，来自20本不同的原创绘本作品，绘本作者以绘本创作工作室应届毕业生及历届优秀毕业生为主。这些作品用专业的笔触画出作者心中的奇思妙想，题材各异，体现了中国年轻一代原创作者群的创作活力。

（张小野）

【“册府千华”——民间珍贵典籍收藏展】　7月10日~8月10日，“册府千华”——民间珍贵典籍收藏展在国家图书馆举办，这是新中国成立以来对海内外民间珍贵古籍藏品进行的首次集中展示。展览由国家古籍保护中心与中国古籍保护协会联合主办，邀请海内外30位私人收藏家参展，展出展品百余件。参展的私人收藏品不乏珍本佳椠，或版本稀见，或写刻美观，或流传有序，迭经宫廷、名家收藏，丰富多样，珍贵罕见。展览展出的敦煌遗书与佛经类私人藏品30余件，充分展示了“敦煌遗书”的重要文物价值。经部展出的《择要常传同名杂字》是西夏文古籍中难得一见的世俗文献，国内外仅存。史部展品30多种，宋刻元明递修本《宋书》《北齐书》等具有很高的文物、文献和观赏价值。子部藏品多为稀见品种，有众多名扬书林、为人称道的善本佳椠。集部展品体裁涵盖诗、文、词、戏曲多种文体，典籍样式有刻本、稿本、写本等。

（国家图书馆）

【故乡·遇见——九儿绘本作品原画展】　7月16日~8月2日，“故乡·遇见”——九儿绘本作品原画展在首都图书馆A座二层文化艺术展厅开展。展览由首图与蒲公英童书馆联合推出，展出绘本画家九儿自2012年至2015年的130余件原画及雕塑作品，九儿的绘本新作《回不去的故乡》《想要正好的遇见》两本书也在展览开幕之际首发。首图副馆长陈坚、北京市新闻出版广电局公共服务处处长王亦君、儿童文学作家白冰、出版人叶俭、清华大学美术学院雕塑系教授王小蕙等领导和嘉宾出席展览开幕式并致辞。九儿原名杨洪力，绘本画家、雕塑家，从事雕塑设计多年的她，回归本心，重拾画笔，2013年开始专心儿童绘本创作。

（张小野）

【纪念中国人民抗日战争暨世界反法西斯战争胜利70周年馆藏文献展】　8月14日~9月21日，“不朽的长城”——纪念中国人民抗日战争暨世界反法西斯战争胜利70周年馆藏文献展在国家图书馆举办。展览以文献为证，让历史说话，用史实发言，充分发挥文献史料在爱国主义教育和培育社会主义核心价值观中的独特作用。文化部部长雒树刚出席开幕式并宣布展览开幕，国家文物局副局长宋新潮，文化部和国家文物局机关司局、文化部直属单位有关负责人，国图馆长韩永进以及在京馆领导班子成员，专家、学者代表参加了仪式。本次展览分为“烽火连天”“血肉长城”“抗战文化”“鉴往知来”和“抗战中的国图”五个单元。国家图书馆精选馆藏抗战相关珍贵历史资料展出，展品包括新善本、日记、手稿、报刊、图书、照片、缩微胶片、影音资料等1500多件。

（国家图书馆）

【北京大学图书馆藏抗战文献图片展】　8月31日，“纪念抗战胜利七十周年”——北京大学图书馆藏抗战文献图片展在图书馆展厅展出。展览分文献和展板两部分。文献部分集中展示与抗战有关的馆藏图书、报刊精品以及部分珍贵图片，主要包括毛泽东主要抗战著作，抗战期间学生和社会各界团体主办的抗战杂志，抗战期间各报刊关于抗战的评论报道，抗战时期出版的画报，反映抗战的中外文图书，招思虹捐赠的抗战图片等。展板部分的图片主要取自北大馆藏中外文图书、报刊，主办者从收集的1000余张照片中精心挑选出300余张，按时期、主题编排，配以简练的文字，概括介绍抗战的重大历史事件。

（张小野）

【原创十年·绘本原画展】　9月24日~11月22日，“原创十年·绘本原画展”在首都图书馆A座二层展出。展览由首图与北京浦蒲兰文化发展有限公司共同策划推出，通过作者原画、多媒体、互动游戏等形式，集中展示了《荷花镇的早市》《北京的春节》《妖怪山》等十几本优秀的原创绘本，并为大家展现了诸多作品的创作历程，使小读者更容易亲近绘本、热爱阅读。展览上的大部分原画作品都是首次与观众见面，原画更为鲜艳、细腻。

（张小野）

【甲骨文记忆展】　10月14日，甲骨文记忆展在国家典籍博物馆开幕。展览由国图主办，挑选65件代表性甲骨文珍品集中展出，展出数量之多极为罕见。展览分为4个单元，即重现的文明、神奇的文字、传奇的王国、探索的旅程。展出的甲骨主题包括祭祀、农业、田猎、气象、疾病、生育等各种主题。类型上，除龟甲以外，还有牛骨、人头骨等多种类型的甲骨刻辞展示。展览从甲骨的发现为起点，将科普性和学术性完美融合，通过甲骨实物展示、场景还原、考古发掘图片资料、学者们研究成果的集锦以及器物的展示，深入浅出地探寻甲骨背后的秘密，揭开甲骨文作为文字和作为占卜之物的神秘面纱，将只能根据史书上的点滴记载进行想象的文明呈现在观众面前。展览同时甄选了50余种中外甲骨文研究中具里程碑意义的代表书籍供观众对甲骨进行深入探究。甲骨是迄今发现的商周时期最重要的文献载体，国图历来重视甲骨的收藏，现藏甲骨35651片，收藏量约占存世总量的1/4。展览持续到次年。

（国家图书馆）

【“数字图书馆推广工程”科普展览】 10月20日～11月1日，“数字图书馆推广工程”公益性科普展览在首都图书馆B座引航厅开展，引领参观者认知数字图书馆及数字图书馆推广工程。展览以数字图书馆推广工程建设精神为基础，利用近几年北京地区公共图书馆所取得的建设经验，分别从数字图书馆推广工程整体情况、建设目标、建设内容、推广规划以及近年来举办的各项活动等多方面进行介绍，并就该工程所取得的建设成果进行全方位展示。

（张小野）

【纪念陈垣一百三十五周年诞辰展】 11月6日，“傲骨立天地 史学铸丰碑”——纪念陈垣先生诞辰一百三十五周年展在国家典籍博物馆开幕。展览由国家图书馆、北京师范大学、江门市人民政府联合主办。展览分为陈垣生平展览、陈垣藏书专题、陈垣来往信札与名人评价三大板块。采用展板说明文字、老照片、实物及小故事的形式生动地再现了陈垣在史学方面的成就、在教书育人方面的贡献和炽热的爱国情怀。展览展出展品100余件，从陈垣的元史、宗教等著作，批校本、手稿本，藏书，档案等几个方面来展示其生平、藏书面貌和研究印记。展览持续到次年。

（国家图书馆）

【“‘十三五’规划——十大惠民政策与你有关”主题展览】 11月30日，“‘十三五’规划——十大惠民政策与你有关”主题展览亮相首都图书馆二层连廊。2015年10月29日，十八届五中全会在京闭幕，全会审议通过《中共中央关于制定国民经济和社会发展第十三个五年规划的建议》。“十三五”时期是全面建成小康社会的冲刺时期，展览梳理全会公报和中共中央的相关建议，摘取了“收入”“扶贫”“教育”等十条与民生密切相关的内容展示给社会大众。展览在首都图书馆连廊长期公益展出。

（张小野）

【国图宋元善拓暨全国书法临摹展】 12月10日，宋元善拓暨全国书法临摹展在国家图书馆举行。展览由国家艺术基金资助，国图、中国书法家协会主办。国图从馆藏中精选宋元明清时期具有代表性的碑帖名品60余件，包括从早期的石鼓文、琅琊台刻石到汉隶代表史晨碑、张迁碑、曹全碑，从影响深远的瘗鹤铭、九成宫醴泉铭、神策军碑到三希堂法帖等，按照篆、隶、楷、行、草五种字体分类展示，充分体现了“晋尚韵，唐尚法，宋尚意”等书法流变及其艺术魅力。展览上，社会知名书法家的临摹作品与原碑帖同时展出，古今辉映，拉近了观众与历史文化和书法艺术的距离。展览持续到次年。

（国家图书馆）

·表彰与奖励·

【第十届文津图书奖】 4月23日，第十届文津图书奖正式揭晓获奖图书：《中国古代物质文化》《沈从文的后半生：1948—1988》《耶路撒冷三千年》《瞩望新轴心时代——在新世纪的哲学思考》《是什么带来力量：乡村儿童的教育》《人类简史：从动物到上帝》《万万没想到：用理工科思维理解世界》《群体性孤独：为什么我们对科技期待更多，对彼此却不能更亲密?》《写给儿童的中国历史（全14册）》《万物运转的秘密：给青少年的物理世界入门书》十种图书获得优秀图书奖。《数据之巅：大数据革命，历史、现实与未来》等六十种图书获得推荐图书奖。

（国家图书馆）

·交　流·

【中国国图副馆长李虹霖率团访问法国、英国】 5月17日～24日，中国国家图书馆副馆长李虹霖率代表团一行5人应邀赴法国、英国访问。代表团对法国国家图书馆、英国国家图书馆和牛津大学博德利图书馆等两国主要图书馆进行了参访，参观了法国国家图书馆馆藏清代乾隆年间开始编绘的满汉文合璧的彩绘《职贡图》、英国国家图书馆馆藏世界现存最古老雕版印刷书《金刚经》及其他特色中文馆藏，并了解了这些珍贵文献的收集和保存情况、编目现状以及修复技术研究等。代表团在与各馆的业务交流中，对近年来双方在各层面的友好合作表示了肯定，并表达了希望不断延续的意愿。同时，就在线展览、古籍数字化出版和编目人才交流等方面的合作与各馆交换了意见。此外，代表团接受了牛津大学博德利图书馆特别赠送的19册《永乐大典》的高清数字化硬盘，推进“海外中华古籍调查暨数字化合作项目”取得了新成果。

（国家图书馆）

【新加坡总统及夫人来访中国国家图书馆】 6月30日，新加坡总统陈庆炎及夫人徐美娟来访中国国家图书馆，捐赠300余册新加坡图书，并参观了国家典籍博物馆展览。新加坡总理公署部部长兼环境与水资源部及外交部第二部长傅海燕，贸易及工业部兼国家发展部高级政务部部长李奕贤，驻华大使罗家良等新加坡代表团30余人一同来访并参观。中国国家图书馆馆长韩永进，中国驻新加坡大使陈晓东，中国国家图书馆副馆长刘惠平、馆长助理孙一钢等参与会见并陪同参观。此次捐赠图书包含近100册中文图书和200余册英文图书，主要是新加坡作家的著作和内容聚焦新加坡课题的书籍，以期加深中国民众对新加坡的认识。

（国家图书馆）

【中国国图馆长韩永进率团访问土耳其、阿塞拜疆及伊朗】 9月11日～9月19日，中国国家图书馆馆长韩永进率代表团一行5人应邀赴土耳其、阿塞拜疆及伊朗进行业务交流。访问土耳其期间，韩永进与土耳其国家图书馆馆长祖非·托曼就进一步加强两国图书馆界合作，特别是在文献收集、保存与利用，以及数字图书馆建设等领域合作进行深入交流，并向土耳其国家图书馆赠送4000册精选的中文电子图书。访问阿塞拜疆期间，韩永进与阿塞拜疆国家图书馆馆长凯利姆·塔希洛夫共同签署《中国国家图书馆与阿塞拜疆国家图书馆合作协议》，以推动双方在人员互访、文献交换、举办展览、文献遗产资料收集、数字化信息共享等领域开展合作。韩永进还代表中国国家图书馆向阿塞拜疆国家图书馆赠送103册精选中文图书。访问伊朗期间，韩永进会见了伊朗国家图书与档案馆馆长赛义德·阿米里，双方就数字资源建设、文献保存与保护等工作进行了探讨，并就双方共同筹划丝绸之路文化展览、共建共享数字资源、提高文化领域的多层面交流等达成共识。韩永进在访问德黑兰大学中央图书馆与阿里·波里扎特馆长会面时，双方共同签署了《中国国家图书馆与伊朗德黑兰大学中央图书馆合作谅解备忘录》。代表团还访问了伊朗议会图书馆、马莱克国家图书馆与博物馆、设拉子图书馆、伊斯法罕公共图书馆等机构，并听取了对方资源建设的规划、保存、修复及利用的详细介绍。

（国家图书馆）

【中国国图与韩国国立中央图书馆进行第18次业务交流活动】 11月10日～17日，韩国国立中央图书馆代表团一行5人由企划进修部部长柳政荣率领到访中国国家图书馆，进行两馆间第18次业务交流活动。在两场业务交流会上，双方分别就图书馆提高读者满意度方案、图书馆决策服务的实践等内容深入探讨，馆长助理孙一钢、汪东波分别出席了交流会。此次会议，主题鲜明、内容充实，通过交流研讨方式促进了两馆业务工作的了解和借鉴。会后，代表团还访问了首都图书馆、清华大学图书馆、中国科学院文献情报中心等机构。中国国家图书馆与韩国国立中央图书馆于1997年建立了定期交流机制，双方通过近20年的合作，推动了两国图书馆界的区域合作，树立了良好的合作典范。

（国家图书馆）

【中日两国国家图书馆第34次业务交流】 11月24日～12月1日，中国国家图书馆馆长助理汪东波率团赴日，开展为期8天的中日两国国家图书馆第34次业务交流活动。在此次交流中，双方就过去一年的总体工作各自发表基调报告，围绕"为视障人士提供服务""音像资料等非书资料的收集、保存与利用"两个主题，相互介绍业务开展情况，并按惯例商议"中国国家图书馆与日本国立国会图书馆关于交流协作的意向书"条款。交流期间，除东京总馆外，代表团还参观访问了日本国立国会图书馆国会分馆、国际儿童图书馆、关西馆，以及国立公文书馆、东洋文库、京都府立综合资料馆等，并就日本所藏《永乐大典》在中国出版事宜与相关藏书机构进行了沟通。此外，代表团还重点了解距东京总馆500多公里的关西馆的建设和管理经验，以供在战略储备库的建设中借鉴参考。

（国家图书馆）

基础建设

·设施建设·

【北京安贞医院图书馆迁入新馆】 4月13日，首都医科大学附属北京安贞医院图书馆完成搬迁工作，院长魏永祥、书记金春明等院领导参加图书馆竣工典礼。图书馆新馆总面积380平方米，馆内设有76个座位，包含电子阅览区36个座位，自由阅览区20个座位，户外阅览区20个座位。馆内所有区域覆盖WiFi无线网，从4月27日开始，在本地区医院图书馆中率先实行24小时开放，为院临床科研工作者提供良好的学习环境。

（李小方）

【北京儿童医院图书馆迁入新馆】 5月26日，首都医科大学附属北京儿童医院图书馆完成整体搬迁任务，开馆试运行。新馆配备42台网络检索终端机，设室内、外阅览区，总面积200平方米。新馆存放2015年中、英文现刊，中文儿科学类图书，馆藏外文图书，本院专家教授编写书籍、图谱、中英文词典等工具书等。2014 年及以前刊物装订本暂时仍存放于原馆密集库中。

（朱 颖）

·业务建设·

【高科联盟图书馆资源生态系统上线】 1 月 9 日，“高科联盟图书馆资源生态系统”上线。系统由北京高科大学联盟图书馆共同开发，联盟馆内部实现资源共享。系统拥有包括图书、报刊、论文、专利、标准、开放资源等在内的各类学术资源 4.5 亿篇，涵盖北京邮电大学、西安电子科技大学、北京科技大学、北京交通大学、北京化工大学、北京林业大学、华北电力大学、哈尔滨工程大学、中国地质大学（北京）、中国矿业大学（北京）、中国石油大学（北京）11 所高水平行业特色大学的信息资源，实行“一站式”检索并开通移动图书馆功能。

（林建华）

【中科院文献情报中心与 IOPP 签约】 3 月 11 日，中科院文献情报中心与英国物理学会出版社（IOP Publishing，以下简称“IOPP”）就支持中科院学术论文开放获取达成一致意向。中科院情报中心主任张晓林与 IOPP 全球商务总监 Olaf Ernst 代表双方在京签署合作备忘录。双方加强协同合作，建立相互协调和支持联动机制，在 2015 年内完成技术对接，并正式启动论文自动推送和开放出版资助的运行。中国科学院中国科学院文献情报中心与 IOPP 签署的开放获取合作备忘录，是 IOPP 在欧洲以外国家和地区首次实施此类开放获取合作，同时也为中科院文献情报中心继续推进支持中科院学术论文开放获取、扩大出版社合作范围奠定良好基础。

（吕秋培）

【中科院文献情报中心签署 Springer 电子图书长期保存合作扩展意向书】 4 月 8 日，中科院文献情报中心与 Springer 科学与商业媒体集团正式签署 Springer 电子图书长期保存合作扩展意向书。双方约定，中科院文献情报中心和 Springer 将共同推动 Springer 电子图书保存协议在中国大陆作为唯一保存协议的广泛认可性。在 Springer 现有服务系统出现意外失效时，由中科院文献情报中心向 Springer 的中国大陆电子图书授权用户提供本地保存服务和应急服务。该意向书的签署是双方着力深化全方位战略合作的重要标志。

（吕秋培）

【百度与北大图书馆、CALIS 签署战略合作协议】 6 月 10 日，百度在线网络技术（北京）与北京大学图书馆、高等教育文献保障系统（以下简称 CALIS）管理中心在京签署战略合作协议。百度技术副总裁王海峰、北大图书馆馆长朱强、CALIS 管理中心副主任陈凌代表三方签署协议。百度网页搜索部总监吴海峰、北大图书馆副馆长聂华等出席签字仪式。根据协议约定，三方通过资源、技术、平台和服务等多方位的合作，形成图书馆信息服务业务与百度互联网搜索引擎的深度融合及优势互补，实施和实现学术信息资源的共建、共知和共享，建立优质学术信息资源与持续、稳定的服务体系和服务机制，在学术信息资源建设、知识发现与获取、学术评价等方面进行多方位的交流与合作，旨在推进学术研究方法和手段创新，推进学术成果的开放、流动、转化与利用，为中国的高等教育、科学研究和知识经济服务，助力学术交流生态圈的演进和再造，推动开放获取机制的建立和发展，促进中国和世界科学事业共同发展。

（张小野）

【中国古籍保护网全新改版并上线运行】 6 月，“中国古籍保护网”（http：//www.nlc.gov.cn/pcab/）新版网站上线运行。新版“中国古籍保护网”在栏目内容和功能应用上进一步优化和提升，网站分类更专业、设置更人性化，网站传递的信息量也更丰富，页面设计更加美观和规范：一是优化了栏目设置，增强了网站资讯功能，将中华古籍保护计划最新资讯置于醒目位置，方便浏览；二是强化了项目成果展示与资源服务功能，新网站设置了中华古籍书目数据库和中华古籍数字资源库、在线展览、数字资源、名家讲坛等栏目，整合古籍保护相关数字资源和专家学者最新研究成果，及时发布古籍保护成果，有利于优秀传统文化资源的社会共享。优化改版后，网站在信息发布、资源揭示等方面的质量和效率明显提升，即时性、丰富性、引导性作用得到进一步增强。

（国家图书馆）

【“东京审判资源库”发布】 8 月 14 日，“东京审判资源库”在国家图书馆网站发布。下设庭审记录、证据文献、判决书、影像记录等 8 个子库，内容包括国图近年从海外征集到馆的东京审判庭审记录 4.9 万页，中英文判决书各 1200 页，证词、证据文件 4949 份，庭审现场历史照片 384 张等，对于了解真实的历史，并以史为鉴、面向未来具有重要的意义。

（国家图书馆）

【国图启动《民国时期文献总目（图书卷）》编纂工作】 9 月 16 日，《民国时期文献总目（图书卷）》编纂工作专家座谈会在国家图书馆召开。来自北京大学、北京师范大学、中国社会科学院的多位专家参加座谈会。国图副馆长陈力主持会议。会上，陈力介绍国图民国时期文献普查和保护概况，业务管理处处长毛雅君介绍《民国时期文献总目（图书卷）》实施方案。与会专家充分研讨，一致认为本项目具有重要意义，同时就编纂原则、收录范围、学科分类、目录索引等方面提出意见建议。《民国时期文献总目》是一部收集、整理民国时期文献的大型工具书。根据文献普查进度，先期编纂《民国时期文献总目（图书卷）》，拟按学科分册出版，在收书数量与收录文献种类上与已出版的同类书目相比，实现较大突破，体现了民国时期文献普查工作最新成果。

（国家图书馆）

【中科院文献情报中心启动“中国科技资讯”平台建设】 9月，中国科学院文献情报中心正式启动面向移动智能终端的“中国科技资讯”平台建设。“中国科技资讯”整合中国科学院集团引进的数字科技文献资源、集成重要科技报道以及其他知识信息服务，支持科研人员、学生、科技管理者等随时阅读科研文献、便捷获取科技资讯，打造基于移动互联网的中国科学院知识服务品牌窗口。最终实现用户数据与数字资源的有效关联，形成基于移动互联网的新型的学术生态圈。

（吴赣生）

【北京石油化工学院图书馆与北京中国书画协会开展战略合作】 11月10日，北京石油化工学院图书馆与北京中国书画协会“国学艺术进校园”战略合作意向签署仪式在图书馆举行。中国近代画家焦秉义，北京中国书画协会会长焦广盛、副会长田寒以及王墨缘、孙开桐、李巨雷、苏季群等十多位书画家应邀出席，北京石油化工学院校长郭文莉、图书馆馆长车俊铁、学校团委书记闫伟歌以及图书馆全体人员参加了仪式。仪式由图书馆直属党支部书记魏强主持。双方在合作意向签署后，优势互补、互惠互利、长期合作，共同推进国学艺术文脉承载和文化传承，提升文化育人的功能弘扬国学艺术、民族文化，培养新时代创新人才，提升高校校园文化内涵与竞争软实力。仪式结束，书画家们现场泼墨挥毫，为“国学艺术进校园”活动留下一幅幅水墨丹青。

（北京石油化工学院图书馆）

【首经贸图书馆完成古籍整理工作】 12月13日～14日，北京市古籍保护中心邀请首都图书馆历史文献中心杨之峰为首经贸善本古籍做鉴定。经鉴定，最终确定78种1413种古籍为善本。同时还为每一部善本书拍摄书影，留存一份善本古籍的图像资料。在排架方法上，将善本古籍单独集中放置，以突显其珍贵程度，其他普通古籍按照经、史、子、集、类丛、新学各部类顺序号依次排架。首经贸图书馆古籍整理工作始于2014年9月，委托北京市古籍保护中心对馆藏古籍进行普查整理并创建古籍书目数据库。

（马艳林）

·队伍建设·

【国图推出首场“馆长公开课”】 4月24日，国家图书馆首场“馆长公开课”在国图艺术中心举办。国图馆长韩永进作为首讲的主讲人，以“中国梦　国图梦——中华民族伟大复兴中的国家图书馆”为主题作了讲座。讲座由国图馆长助理孙一钢主持。在馆的馆领导以及国图各部门员工参加活动。韩永进分别从“四个全面”的新战略、经济发展的新常态、深化文化体制改革的新要求、传承和弘扬优秀传统文化的新内涵、构建现代公共文化服务体系的新部署、创新驱动战略带来的新机遇、现代信息技术的新发展和国际图书馆事业发展的新动向八个方面系统、全面地阐述了国图事业发展面临的全新形势，分享了他对当前影响国图事业发展的观察和思考，并与大家交流国图的新发展。“馆长公开课”围绕关系国图事业长远发展的重点工作展开，内容涵盖从理论学习到业务工作各个层面。馆长公开课是面向全体员工的系列培训课程，要求中层干部、副高级以上职称业务骨干须参加培训，另根据授课专题要求特定范围人员参加培训。

（国家图书馆）

【“‘一卡通’用户使用BALIS原文传递系统”培训】 5月28日，首都图书馆与BALIS原文传递中心共同举办了“‘一卡通’用户使用BALIS原文传递系统”培训，BALIS各成员馆、北京市公共图书馆联合读者卡系统各区县馆及部分读者参与了培训。为拓宽读者文献获取渠道，为读者使用文献提供更多便利，首图与BALIS原文传递中心于2014年年底正式建立合作关系。2015年，持有“一卡通”的读者可免费获取北京部分高校的文献资源。“一卡通”读者注册用户经审核通过后即可登录使用BALIS原文传递读者系统。

（张小野）

【2015年研究数据管理国际研修班】 6月10日～12日，2015年研究数据管理国际研修班在北京理工大学成功举办。培训班由北理工图书馆和美国伊利诺伊大学香槟分校图情学院共同举办。来自北京、天津、上海、重庆、陕西、江苏、湖北、广东等地区高校图书馆、中国科学院和情报研究机构总计60

余人参加。本次研讨班是国内图书情报界首次在“数据管理”前沿领域与国际研究团队开展合作进行推广普及活动，围绕当前研究数据管理的前沿应用和具体实践进行全面系统地阐述。研究班上，美国伊利诺伊大学图情学院副院长 Stephen J. Downie 介绍大型人文领域数据仓储 Hathiturst，并对其元数据应用进行深入分析；Andrea K. Thomer 和 Nicholas Weber 则以专题报告和案例研究形式作数据管理的生命周期理论、Curation Profiles Toolkit & DMP Tool、数据清洗工具 OpenRefine 使用到数据引用和 RDF 技术等一系列主题报告，伊利诺伊大学图书馆的 Dr. Heidi J. Imker 以伊利诺伊大学的研究数据服务为案例具体介绍当前美国高校图书馆的实践情况；北京理工大学图书馆副馆长崔宇红作题为 *Research Data Management Development*：*A Global Inisight* 的报告；从可持续发展视角对美国、英国、澳大利亚和中国的数据管理政策与实践案例进行比较分析；副研究馆员吕娜结合北京理工大学具体实践介绍数据可视化软件工具 Citespace 在科研数据处理中的应用。

（姚文莉）

【首都体育学院图书馆第二届专家委员会成立】 9 月 24 日，首都体育学院图书馆第二届专家委员会成立大会在学院图书馆召开，会议由图书馆馆长霍建新主持，副校长谢军到会并讲话，兄弟院校图书馆馆长及校相关二级学院（部门）、学科带头人应邀出席会议，谢军、霍建新分别为本届委员颁发了聘书。校内外专家肯定学院图书馆在以往取得的成绩，并借鉴和分享彼此的成绩和心得。对于图书馆未来的发展，全体专家组成员表示：将尽职尽责参与图书馆文献资源建设，为图书馆发展贡献力量。专家委员会为学院图书馆更规范、更专业、更科学的发展出谋划策。

（首都体育学院图书馆）

【北京高校文献资源建设培训班】 10 月 30 日，北京高校网络图书馆、BALIS 资源协调中心与中国教育图书进出口有限公司在首都师范大学举办文献资源建设培训班。来自北京各高校主管文献资源建设的馆长以及负责文献资源建设的采编部、信息部相关业务人员 140 余人参加培训。培训由北京高校网络图书馆管理委员会委员、北京第二外国语学院图书馆副馆长杨梅主持。上海交通大学图书馆副研究员黄镝作题为《资源建设的绩效评估》的报告，北京大学图书馆张美萍副作题为《高校图书馆纸质图书与电子图书的协调采访》的报告，中国人民大学图书馆胡宁作题为《数字资源评价的实践探讨》的报告，中国教育进出口公司黄祥芸作题为《学术图书核心资源（CAR）研究报告》的报告，台湾华艺数位股份有限公司郑茗襄作题为《华艺台湾学术文献数据库》的报告。

（魏　微）

【第四次北京高校网络图书馆虚拟参考咨询项目培训会】 11 月 17 日～18 日，第四次北京高校网络图书馆虚拟参考咨询项目培训会在京召开。会议旨在为北京高校市属图书馆参考咨询馆员提供一个能够有效进行传递业界信息、分享服务经验、加强人员培训和协调开展服务的业务交流平台。来自北京高校网络图书馆各成员馆相关负责馆长及业务人员近九十人参加会议。会议由首都医科大学图书馆副馆长黄芳主持。17 日，首都医科大学图书馆馆长马路作题为“回眸十二五——看数说话”的报告，清华大学图书馆馆员曾晓牧作题为“嵌入高校管理的学科分析服务”的报告，北京师范大学图书馆馆员高冉作题为“参考咨询工作的核心与嬗变”的报告，北京高校网络图书馆管理中心主任、首都师范大学副馆长熊丽总结并致辞。18 日，虚拟参考咨询系统工作量位于前列的五个成员馆的馆员对各馆参考咨询工作进行介绍与交流。

（魏　微）

【常林任首都图书馆馆长】 12 月 11 日，首都图书馆召开干部大会，宣布市文化局党组关于首图主要领导职务调整的决定。市文化局党组书记、局长陈冬出席会议并讲话。局党组副书记、副局长吕先富在会上宣读局党组决定：常林兼任首都图书馆馆长，免去倪晓建馆长职务。

（张小野）

·纪　念·

【“穿过一个世纪的脚步”——钱存训先生纪念展】 4 月 21 日，“穿过一个世纪的脚步”——钱存训先生纪念展在中国国家图书馆总馆北区稽古厅举办。中国国家图书馆副馆长张志清，美国哈佛大学哈佛燕京图书馆馆长郑炯文，芝加哥大学东亚图书馆馆长周原等国内外专家、学者出席展览活动。展览由书香人生、守护善本、学术成就、桃李芬芳、关心国图五个单元组成，展览内容包括档案史料、老照片、手稿、视频资料以及钱存训著作的不同版本，从不同角度展现了钱存训的生命历程、事业成就，尤其是对中国国家图书馆事业发展和中美文化交流的贡献。钱存训是中国国家图书馆顾问、芝加哥大学东亚图书馆名誉馆长、东亚语言与文明系名誉教授、汉学家，是中国国家图书馆的老前辈。4 月 9 日，在美国芝加哥逝世，享年 106 岁。展览为期 2

周，免费向社会公众开放。

（国家图书馆）

·专题介绍·

【杂·书馆】 杂·书馆是一家大型私立公益图书馆，也是一所免费公开借阅的藏书楼。图书馆位于北京市朝阳区崔各庄乡红厂设计创意产业园内。馆藏面积3000余平方米，馆藏图书及纸质文献资料近百万册（件），存近千架。其中线装明清古籍文献二十多万册，晚清民国期刊及图书二十多万册，西文图书五万多册，特藏新书十万多册，名人信札手稿档案等二十余万件。新书馆馆藏新书二十余万册。杂·书馆设有国学馆及新书馆两大馆区。其中，国学馆分为三层，八大分馆，一层有西文汉学馆、特藏新书馆、名人信札手稿档案一馆，二层有线装古籍馆、民族民俗古籍馆、名人信札手稿档案二馆，三层有晚清民国期刊馆、民国图书文献馆。新书馆藏有新中国成立后出版的中国古代经史子集经典、中国古典小说、中国近现代名人文集、中国近现代文学、历史、哲学著作、外国文学、史学、哲学著作、中外经济学、中外人物传记、儿童图书等各类书籍。杂·书馆开放时间为10：00～17：00，每周二闭馆休整。入馆借阅需提前预约，预约方式有网上预约（www. zashuguan. cn）和电话预约（010－84308727）两种，预约截止时限为到访前一日18：00，每日接待上限为200人，已预约的读者需凭身份证登记入馆。

（张小野）

【朝阳区图书馆（新馆）】 朝阳区图书馆成立于1958年，其前身可追溯至1913年京师学务局在朝阳门外所设立的“劝学所”。朝阳区图书馆经过重新建设改造和装修，于1990年9月20日对外开放，年均接待读者30余万人次，借阅图书50余万册次。2014年，位于广渠路66号院3号楼的朝阳区图书馆新馆正式对外开放，以满足地区百姓多层次、多样化的精神文化需求。新馆建筑面积14600平方米，自筹建之初，在传承“读者第一，服务至上”的理念基础上，适应时代发展形势，借鉴国际公共图书馆发展经验。朝阳区图书馆新馆呈现彰显“人文”特色、实现“科技”驱动、秉承“绿色”理念的特点。特色服务有：老年人借阅区、未成年人借阅区、盲人借阅区、法律资料服务中心、爱心邮局、借阅一体服务区等。开馆时间为09：00～19：00。

（张小野）

【通州区图书馆（新馆）】 通州区图书馆是区属综合性公共图书馆，始建于1958年，馆史可追溯到1916年建立的通州通俗图书馆，2003年成为北京市公共图书馆“一卡通”成员馆，2006年成为北京市全国文化信息资源共享工程通州分中心，首都图书馆特色资料分馆，2008年建成北京市少儿科普阅览通州分中心，2011年被团市委命名为社区青年阅览室，2012年成为首都图书馆联盟成员单位和图书通还馆，2013年被文化部评定为一级图书馆。通州区图书馆（新馆），位于通州区文化馆南侧。新馆总建筑面积17513平方米，藏书容量约70万册，年订期刊1365种，报纸178种。阅览座位约1000个，日接待读者约3000人次。新馆建筑分为地下两层和地上10层，建筑总高40米。全馆实现无线网络全覆盖，设有总服务台、中文图书借阅、报刊借阅、北京市通州区儿童科普阅览分中心、电子阅览、特色阅览、外文阅览、政府信息公开查阅中心、运河文库等读者服务窗口，以及多功能厅、展厅、报告厅等专业厅室，新增了视障者服务中心、少儿科普体验中心、亲子阅读中心、视听鉴赏中心，以及即将增设的大学生社会实践基地、真人图书馆，在为读者提供多种服务形式的同时，拓展了图书馆的服务功能。开馆时间：周一至周五8：30～17：00，周六至周日8：30～17：30。

（张小野）

【中国石油大学（北京）图书馆】 中国石油大学（北京）图书馆位于北京市昌平区府学路18号中国石油大学内，图书馆分为主馆和分馆。主馆建于1994年，共6层，建筑面积1.4万平方米，包括中外文图书借阅室、自习阅览室等。分馆建于2015年，建筑面积2800平方米，主要包括自习阅览室和期刊报纸阅览室，建成实行“藏、借、阅一体化”全开放管理模式，实现一周七天全天开馆，开馆时间为15.5小时，并设立教育部科技查新工作站。图书馆在充分满足各学科发展的基础上，重点收集齐全的石油专业文献资源，形成石油特色文献体系。同时，对新开设学科专业，及时补充所需的各类文献资源，初步形成了纸质文献与电子文献、馆藏实体资源与虚拟资源相互补充的比较完整的文献体系。截至2015年年底，图书馆拥有纸质图书109.8万册，电子图书314万册，中外文纸质期刊1000余种，过刊7万余册，订购数据库70种，自建数据库5种，电子期刊3.7万种，形成了纸质文献与电子文献、馆藏实体资源与虚拟资源相互补充的较为完整的文献体系。图书馆采取“藏、借、阅一体化”和自助借还的服务模式，主馆和主楼阅览室共有阅览座位1200个。全天候的提供图书自助借还、期刊阅览、新书展示、电子图书借阅、自习阅览、网上预约续借、馆藏资源查询、网上荐购图书等基础服务，全面开展了科技查新、DIALOG国际联机定题检索（DIALOG系统是目前世界上规模最大的一个联机检索系统）、学科馆员、参考咨询、原文传递、馆际互借和读者培训等信息服务。

（潘月娥）

出版与传播

【《知识管理论坛（网络版）》】 8月13日，根据国家新闻出版广电总局《关于同意出版〈知识管理论坛（网络版）〉网络连续型出版物的批复》（新广出审〔2015〕885号）："根据《出版管理条例》《互联网出版管理暂行规定》相关规定和总局开展网络连续型出版物规范管理试点的有关精神，同意互联网出版单位《图书情报工作》杂志社出版《知识管理论坛（网络版）》网络连续型出版物，新编国内统一连续出版物号CN11-6036/C，中文，双月刊，公开发行。"《图书情报工作》杂志社开始出版《知识管理论坛（网络版）》网络连续型出版物。

（吕秋培）

【《清华大学图书馆藏稀见方志丛刊》】 9月17日，《清华大学图书馆藏稀见方志丛刊》在清华大学人文社科图书馆发布。《清华大学图书馆藏稀见方志丛刊》是国家图书馆出版社"著名图书馆藏稀见方志丛刊系列"的第22种，从清华大学所藏1000余种方志中精选出20种稀见方志，其中绝大多数为抄本、稿本。所选各方志，编册排序大致依《中国地方志联合目录》，成书为精装16开，共计36册。《清华大学图书馆藏稀见方志丛刊》中最具特色的，当属一批民国时河北诸县方志志料，这批文献均为民国时河北各县应省政府通令征求志料而编纂，具有较高的文献价值。

（张小野）

【《数据与情报科学学报（英文）》】 10月14日，根据中华人民共和国国家新闻出版广电总局（新广出审〔2015〕1187号）批准，《中国文献情报（英文）》将于2016年起更名为《数据与情报科学学报（英文）》。外文刊名由*Chinese Journal of Library and Information Science*更名为*Journal of Data and Information Science*。《数据与情报科学学报（英文）》的新编国内统一连续出版物号（即CN号）为CN10－1394/G2，该刊仍为季刊，主管主办单位等登记项目不变，面向国内外公开发行。

（吕秋培）

【国图集中首发三套大型抗日文献】 12月10日，《国际检察局讯问记录》《抗日战争史料丛编（第二辑）》与《中华抗战期刊》新书发布仪式在国家图书馆举行。国图馆长记韩永进，中国社会科学院近代史研究所所长王建朗、江苏省档案局副局长张姬雯、上海交通大学东京审判研究中心主任程兆奇分别致辞。会议由国图副馆长陈力主持，国内多位近代史、中日关系、抗日战争研究专家以及"东京审判"中国法官梅汝璈的子女等40余人参加座谈会。《国际检察局讯问记录》（70册）是国图和上海交通大学合作整理出版的东京审判系列文献取得的又一重要成果，根据美国国家档案馆所藏关于远东国际军事法庭审判的国际检察局文书整理汇编而成，包括人物、事件、团体等470个案件。《抗日战争史料丛编（第二辑）》（50册），《中华抗战期刊》（67册）是经过"民国时期文献保护计划"立项的重要抗战文献出版成果。这些系列抗战珍稀文献集中披露、系统刊布大量重要的抗战史料，不仅能促进学术研究，也能让更多的民众深入了解这段波澜壮阔的抗战史。截至2015年，"民国时期文献保护计划"整理出版工作已立项81项、共6098册，已经出版了43项，共2707册，其中与抗战相关的文献出版共计26种、1090册。

（国家图书馆）

【《国家图书馆古籍普查登记目录》】 12月，《国家图书馆古籍普查登记目录》正式出版。该书是第一部收藏过百万的大馆普查登记目录，标志着全国古籍普查登记工作进入普查登记与成果出版并行的新阶段。作为全国最大的古籍收藏单位，国图收藏的古籍特藏已经达到280余万册/件。普查人员认真核校每一部古籍，力争使普查数据准确、规范，经过一年多艰苦努力，完成国家图书馆藏全部古籍普查登记工作，摸清全部133354部古籍的版本等情况，最终形成了这部《国家图书馆古籍普查登记目录》。全国古籍普查登记是中国历史上第一次由政府组织、收藏单位参与最多的全国性古籍普查登记工作，是"中华古籍保护计划"的首要任务，也是全面开展古籍抢救、保护和利用的基础。《全国古籍普查登记目录》（以下简称《目录》）是古籍普查工作的阶段性成果，旨在摸清家底、揭示馆藏、反映古籍的基本信息。随着古籍普查登记工作的深入，不仅国家图书馆完成了古籍普查登记和《目录》出版工作，全国各省、市、自治区古籍普查及《目录》出版工作也在有序进行。截至2015年12月，全国已完成170余万部、351068条古籍数据的普查登记工作，天津、重庆已完成全部普查工作，浙江省进入收尾阶段。88 家古籍收藏单位的 18 种 40 册《目录》正式出版，其中包括北京、天津、内蒙古自治区、黑龙江、湖南、陕西、青海 7 个省馆的目录。

（国家图书馆）

2015 年北京市公共图书馆统计资料表

表 1

项　目	合　计	中央属	市　属	区县属
个数(个)	25	1	1	23
从业人员(人)	2842	1579	365	898
总藏数(万册、万件)	5943	3518	771	1654
图书(万册、万件)	3397	1262	630	1505
建筑面积(万平方米)	52.4	27.8	9.4	15.2
阅览座席(个)	20772	5303	2924	12545
总流通人次(万人次)	1652	388	514	750
书刊文献外借人次(万人次)	438	44	58	336
书刊文献外借册次(万册次)	1006	66	252	688

（北京市统计局）

2015年北京市各区街道、社区图书馆（室）基本情况统计表

表2

馆名＼项目	街道图书馆（室）：图书馆（室）	藏书（册）	订报刊（种）	购书费（万元）	工作人员：专职（人）	工作人员：兼职（人）	馆舍面积（平方米）	阅览室座位（个）	累计外借证数（个）	接待读者（人次）	文献外借（册次）	社区图书馆（室）：图书馆（室）	藏书（册）	订报刊（种）	购书费（万元）	工作人员：专职（人）	工作人员：兼职（人）	馆舍面积（平方米）	阅览室座位（个）	累计外借证数（个）	接待读者（人次）	文献外借（册次）
东城（北区）	11	141236	304	46.024	13	10	1688	228	16011	80235	116452	80	273528	360	—	4	104	3862	1339	—	16587	13730
东城（南区）	7	89300	60	39.299	4	11	1350	155	2545	16167	40318	62	82278	4	0.98	—	62	1796	170	833	7135	10421
西城（北区）	14	—	565	11.952	22	26	1400	305	26277	196736	338002	36	64155	478	—	—	36	802.7	446	—	20233	25030
西城（南区）	18	188042	431	9.5	21	24	2560	698	8859	151433	73825	78	45133	197	1.13	20	79	2120	920	933	35406	10289
石景山	9	180256	355	—	4	5	818	270	181	38488	13297	111	267064	684	—	—	111	9701.4	3203	—	1580	693
朝阳	25	504270	1367	5.897	40	18	5379.4	1156	991	190939	240900	319	976112	13112	26.629	256	395	21179.2	5892	28541	949841	882119
海淀	27	1774431	189	15.9	10	15	2926.1	730	8843	163776	40650	324	318568	17235	11.16	54	54	5427	2146	9935	18848	20934
丰台	16	79677	199	6.16	3	22	1520	476	2841	10221	16324	196	618960	618	12.1	148	172	14399	14882	11372	69843	57339
顺义	6	30000	120	—	—	6	180	120	—	12000	18000	74	171029	1480	—	—	74	2220	1480	—	148000	222000
昌平	2	16218	5	—	—	2	160	40	—	—	—	44	66000	5	13.199	—	44	1700	8800	249	11028	28956
门头沟	4	20000	60	—	—	4	240	80	—	332	272	64	183962	960	—	18	46	3840	156	—	6129	4449
通州	4	26000	23	—	—	2	340	55	150	650	50	45	93453	328	10.8	—	56	2657	888	828	4351	1806
房山	3	16635	50	—	—	3	220	90	3653	4839	2576	4	13800	189	—	1	3	300	74	2955	4114	1612
（燕山）	5	69870	20	0.1	—	5	600	125	—	14223	16452	31	35000	51	0.7	1	48	1619	321	—	17340	18785
大兴	4	11640	42	—	3	3	661	50	37	1057	1358	71	14659	179	0.33	13	76	3287	1264	578	29125	23792
怀柔	2	5000	—	—	—	2	120	60	—	3720	1527	31	78600	290	8.7	31	—	480	310	—	13200	16800
平谷	2	5000	80	—	—	2	350	30	461	3985	5326	30	45000	600	—	—	30	600	450	4322	11004	23335
延庆	3	5400	11	—	—	3	270	18	15	5000	10000	37	66600	11	—	—	37	990	222	555	60000	12000
密云	3	96064	91	10	5	12	1200	140	5611	5780	2580	17	35027	122	2	—	17	455	242	—	14725	3012
合计	165	3259039	3972	144.832	125	175	21982.5	4826	76475	899581	937909	1654	3448928	36903	87.728	546	1444	77435.3	43205	61101	1438489	1377102

注：西城区北区街道图书馆（室）藏书都由区图书馆配送

（首都图书馆）

2015年北京市各区乡镇、村图书馆（室）基本情况统计表

表3

项目 / 馆名	乡镇图书馆（室）											村图书馆（室）										
	图书馆（室）	藏书（册）	订报刊（种）	购书费（万元）	工作人员 专职（人）	工作人员 兼职（人）	馆舍面积（平方米）	阅览室座位（个）	累计外借证数（个）	接待读者（人次）	文献外借（册次）	图书馆（室）	藏书（册）	订报刊（种）	购书费（万元）	工作人员 专职（人）	工作人员 兼职（人）	馆舍面积（平方米）	阅览室座位（个）	累计外借证数（个）	接待读者（人次）	文献外借（册次）
朝阳	19	267287	525	10.2	22	18	3065	655	747	96434	100885	66	198980	770	9.308	46	77	4633	1090	859	69767	80017
海淀	8	43050	13	2	1	8	1075	280	565	2140	2293	87	87084	134	3.36	19	9	1319	295	2045	38735	7548
丰台	5	66480	104	3	4	3	1230	186	790	15420	44392	66	20950	619	5.2	71	88	5948	1758	5411	48219	51428
顺义	19	202789	380	—	—	19	570	380	—	38000	57000	407	984390	8140	—	—	407	12210	8140	—	814000	1221000
昌平	15	176456	5	—	—	15	1858	385	735	15083	46659	303	545400	5	55.057	—	303	9090	7575	30000	442380	1327140
门头沟	9	27400	15	—	2	7	900	180	—	918	612	153	327566	15	—	2	151	3060	612	—	11372	9714
通州	10	165426	170	122.44	10	14	1922	400	3488	6616	6358	464	1120915	1012	145.8	270	412	280068	9557	106806	146646	148422
房山	20	77601	237	—	—	20	1264	577	5350	16223	5167	76	129038	530	—	—	76	4049	1721	3700	32955	11537
大兴	13	120241	64	0.4	18	8	1370	453	690	6519	10978	444	1070467	531	6.93	92	440	16509	6655	1803	83551	64977
怀柔	14	26200	—	—	—	14	340	75	—	1830	1974	284	700457	2840	85.2	284	—	9018	3257	—	99882	137240
平谷	16	80000	320	—	—	16	2400	480	2165	33746	53399	271	406500	5420	—	—	271	5420	4065	28704	84660	10590
延庆	15	150000	11	—	—	15	1200	90	376	4512	451200	376	676800	11	—	—	376	11280	2256	5640	680000	1360000
密云	16	171890	127	10	20	16	1115	365	3189	13900	6541	337	579189	1658	5	—	337	11219	8932	4391	85415	39443
合计	179	1574820	1971	148.04	77	173	18309	4506	18095	251341	787458	3334	6847736	21685	315.855	784	2947	373823	55913	189359	2637582	4469056

（首都图书馆）

群众文化

2015年是中国“十二五”计划收官之年，是北京市的公共文化服务体系构建和群众文化事业发展非常关键的一年。

从顶层设计层面看，2015年，国家和北京市都出台了很多重量级的公共文化政策文件。1月，中共中央办公厅、国务院办公厅联合下发了《关于加快构建现代公共文化服务体系的意见》，出台了《国家基本公共文化服务指导标准（2015～2020）》。10月，《中共中央关于繁荣发展社会主义文艺的意见》发布，国务院办公厅印发了《关于推进基层综合性文化服务中心建设的指导意见》。北京市于2015年上半年率先在全国推出了“1＋3”公共文化配套政策，把目标瞄准基层。这一系列配套政策从制度设计上为“十三五”期间首都的公共文化发展制定了蓝图。

政策指引方向，评估激发活力，交流开拓新天地，活动更具吸引力。2015年，北京的群众文化事业扎根于人民，服务于人民，枝繁叶茂，蒸蒸日上。

2015年是文化馆系统的评估年，从5月开始，文化部开展了全国第四次文化馆评估定级工作。文化馆是群众文化事业机构，是公共文化服务体系的骨干，四年一次的文化馆评估是一次对办馆条件和服务水平的大检阅。北京市高度重视文化馆评估工作，把这次评估当作“以评促建，以评促管，以评促用”的契机，通过这项历时半年多的工作摸清底数，发现问题，促进工作，为做好“十三五”时期北京市文化馆的发展规划奠定了基础。

2015年，群众文化活动更加繁荣。广场舞成为社会关注的热点，吸引社会力量参与进来，除了已成为市级品牌活动的“舞动北京”群众舞蹈大赛引入企业赞助外，多家企业、机构纷纷举办全市性质的广场舞大赛，为首都的群众舞蹈爱好者们提供了更多展示交流的平台。

2015年，北京的群众文化活动向着规模化、系列化发展。由中共北京市委宣传部、北京市文化局、23家市属委办局、北京文化艺术活动中心、北京电视台、首都图书馆以及16个区县文化委员会参与的，以“我的中国梦，欢乐新北京”为主题的2015年首都市民系列文化活动贯穿全年，充分体现了“市民是主角，社会是主体，政府是主导”的宗旨。

京津冀三地的群众文化交流互动也成为2015年群众文化事业发展的一大亮点。2月中旬，京津冀三省市群众艺术馆签订了协同发展合作协议。一年内，三家艺术馆联合策划和组织了交流、展览、演出及赛事等多项活动，为“京津冀一体化”发展做出了应有的贡献。

春节前后，以民俗活动为主的北京市对外文化交流揭开了新的一页，北京地坛庙会创办30年来首次走出国门，到泰国曼谷，为当地人民带去了节日的祝福。北京文化庙会走进台北，受到宝岛人民的欢迎。

（徐　玲）

机　　构

【爱八角曲艺茶园】　3月29日，公益曲艺茶园“爱八角曲艺茶园”在石景山区八角街道开张，社区老人在这里能免费欣赏曲艺节目。茶园开张当天，张德武、贾旭明等京城相声名嘴一一登台献艺，200余名社区居民观看演出。该茶园每月在八角北里社区举行演出，每场4～5个节目，总时长2个小时。老人持老年证可免费观看，年轻人支付10元公益金即可入场，所收公益金用于为老年观众提供茶水和干果。

（徐　玲）

【首都文艺志愿服务联盟】　5月27日，首都文艺志愿服务联盟在国家大剧院正式宣布成立。中共中央政治局原委员、中国志愿服务联合会会长刘淇向联盟授旗。首都文艺志愿服务联盟是在中国志愿服务联合会的倡议下，集结北京各大文艺团体，在全市范围建立的文艺志愿者服务大联盟。

志愿服务联盟共集结了44家文艺院团，汇聚7246名艺术工作者。其中包括专业艺术机构、艺术名家及大批基层文艺工作者。市委常委、宣传部部长李伟，市政协副主席、国家大剧院院长陈平出席成立大会。大会推选陈平出任首都文艺志愿服务联盟主席。

（白　莲）

【北京民协小小艺术家协会北京第二实验小学分会】　9月24日，北京民协小小艺术家协会分会挂牌仪式暨抗日英雄人物面塑作品巡展在北京第二实验小学举办。北京市文联相关领导向北京第二实验小学授牌，北京民协小小艺术家协会北京第二实验小学分会正式成立，该校30位在民间工艺美术方面有热情和潜力的小学生成为小小艺术家协会的会员。北京第二实验小学从2010年开始，设立了民间工艺美术相关课程，涉及面塑、风筝、剪纸、中国结、脸谱等艺术门类。挂牌之后，北京民协将继续对该校美术老师进行民间工艺美术培训，为小小艺术家进行专业辅导。抗日英雄人物面塑作品巡展同期开展，展出了12位面塑艺术家和11名小小艺术家以抗日英雄人物为主题创作的29件作品。作为“中华优秀传统文化进校园”活动的一部分，该展在北京市内多所中小学陆续举办。

（徐　玲）

作　　品

【话剧《早安，妈妈（升级版）》】　4月14日，北京大学影视戏剧研究中心制作的原创话剧《早安，妈妈（升级版）》在北京大学百周年纪念讲堂多功能厅首演。这是一部北京大学校园原创戏剧作品，讲述了一位母亲，前去疗养院探望戒毒的儿子，通过在一个暴风雨之夜从夜晚到黎明的谈话，最终寻得和解可能的故事。该剧曾作为2014年度北京大学“剧星风采大赛”总冠军，先后入选北京“非非”戏剧节开幕作品、“南锣鼓巷”戏剧节新生展演单元以及北京青年国际戏剧节。此次演出从最初版本的50分钟扩展到了近90分钟。编剧拓璐，导演祖纪妍。

（张燕鹰）

【古典诗词吟唱剧《诗酒李白》】　5月15日，古典诗词吟唱剧《诗酒李白》在北京师范大学上演。全剧分为“黄鹤留别”“牡丹梦觉”“浊世清音”和“诗风酒骨”四幕。故事讲述的是天界的太白金星醉酒后触怒玉帝，被贬下凡，化身李白，经历63年人间磨炼。而与太白金星有约的酒仙为了从李白处寻得一个酒方的谜底，一路追随，从而见证了李白黄鹤楼上的快意直言、朱门皇宫中的蔑视权贵等经历，最后二人在随江流逝的小舟中论道飞升而去。该剧由北京师范大学南山诗社制作并演出。

（张燕鹰）

【乡村实景歌舞剧《玫瑰情缘》】　5月19日，密云县巨各庄镇蔡家洼村的原创乡村实景歌舞剧《玫瑰情缘》在该村的千亩玫瑰园内首次对外演出。该剧以爱情为主线，展现了蔡家洼村的风土人情和产业升级。演出在设计上，融汇了当地的很多民俗，例如村民祭天、新娘子“跳火盆”等；很多舞台动作，也是农活儿的再现。总导演郑军，80多名演员全部是当地村民。

（姚怡暾）

【百人绘制京城超长画卷涂绘】　10月24日，由《北京晚报》主办的“百人涂绘　著色京城——绘画·家年华”大型主题落地活动在宣武门外庄胜崇光广场举办。逾百名热心读者积极参与，并用充满想象力的色彩妆点出不一样的北京城。本次所用绘画长卷总长度达20米，图案由30个代表北京的标志性建筑物共同组成，其中既有天安门、天坛、北海等知名古建，也有国家大剧院、首都博物馆、鸟巢、水立方等著名景观，旨在通过此次绘画，展现一个兼备传统时尚的国际大都市。此外，现场还穿插进行了“DIY漫画”和“你画我猜”的趣味活动，大量现场观众纷纷参与其中。

（徐　玲）

活　　动

【2015年首都市民系列文化活动】　2月1日～12月27日，由中共北京市委宣传部、北京市文化局、北京文化艺术活动中心、北京电视台、首都图书馆以及23家市属委办局、16个区县文委参与的，以“我的中国梦，欢乐新北京”为主题，以“市民是主角，社会是主体，政府是主导”为宗旨的2015年首都市民系列文化活动在北京举办。该系列文化活动包括市级文化活动、市级示范引领创新活动、传统民俗节日文化活动、现代节庆日文化活动、文化主题活动日五大系列，通过在市、区县、街乡（镇）和社区（村）四个层面全面展开，围绕“舞动北京”“歌唱北京”“艺韵北京”“戏曲北京”“影像北京”“书香北京”等专题，开展了群众舞蹈大赛、“北京之声”首都市民合唱周等文化活动。产生一批体现北京群众文化水准的成果——一批优秀群众文艺团

队、一批优秀原创作品、一批优秀文化志愿者、一批群众文艺之星、一批文化工作先进个人、一批组织工作先进单位，弘扬了社会主义核心价值观，提升了首都市民文化素质。

（徐　玲）

【中小学生优秀传统文化技艺展演活动】　2月7日，由团中央网络影视中心青少年国学教育办公室、未来网联合主办的首届“中小学生优秀传统文化技艺展演活动颁奖晚会暨2015年展演活动启动仪式”在北京举行。首届展演活动主要面向全国6～18岁的在校中小学生，设有地方海选、地方晋级和全国总决选3个流程筛选机制。全国11个省超过2万名选手参加了海选。来自北京、天津、太原、成都等地的194名小选手经过激烈比拼，最终，朱政赫获书法类金奖、程严萱获国画类金奖、李冰雅获民族舞蹈类金奖、宋昕泽获民族歌曲类金奖、雷淘宇获民族器乐类金奖、张学仕获传统文学歌咏类金奖。《大家一起喜洋洋》获民族舞蹈类团体金奖，《小羊跟我来》获民族歌曲类团体金奖。组委会还颁发了个人单项奖和组织机构奖。新启动的“2015年全国中小学生优秀传统文化技艺展演活动”，在首届活动基础上增加了更多评选类别和公益内容，范围也更加扩大，同时还建立了“技艺展演人才库”，与全国青少年网络春晚等节目展开跨平台合作，并策划开展中小学生文化技艺展演国际交流项目。

（徐　玲）

【2015京津冀系列群众文化活动】　2月17日～11月17日，由北京文化艺术活动中心（北京市群众艺术馆）、天津市群众艺术馆、河北省群众艺术馆共同策划的2015年京津冀系列群众文化活动在北京、天津、河北举办。该系列活动包括签署了《京津冀三省（市）群众艺术馆（中心）协同发展合作协议》；举办了一系列京津冀群众文化交流、展览、演出及赛事活动，如京津冀非物质文化遗产展览、“牵手渤海　欢乐歌唱”京津冀首届群众合唱节、首届京津冀经典诵读邀请赛等活动，为日后三地群文工作交流合作奠定了坚实的基础。

（徐　玲）

【京津冀三地群艺馆签署协同发展合作协议】　2月17日，北京文化艺术活动中心（北京市群艺馆）、天津市群艺馆和河北省群艺馆在国家大剧院共同签署了《京津冀三省（市）群众艺术馆（中心）协同发展合作协议》。协议旨在统筹规划区域群众文化发展布局，搭建资源共享平台，联合打造三地群众文化及“非遗”文化活动品牌。此外，协议还在三地建立人才培训交流机制，实现文化人才共享，以及联合开展群众文化、“非遗”文化理论研究等诸多方面达成共识。

（白　莲）

【首届北京中小学生书法节】　3月29日～31日，由中国书法家协会工作委员会、北京书法家协会、北京国艺美术馆共同推出的首届北京中小学生书法节在北京举办。该书法节是对北京地区书法进课堂效果的首次全面展示，也是北京市书法教育成果的集中汇报。该活动共收到77所小学，55所中学以及少年宫、国际学校等各种书法培训组织共计500多家单位的投稿2万多件。最终评审出一等奖6人，二等奖16人，提名奖和入围奖若干，275位作者的作品入选“首届北京中小学生书法节”展览。

（徐　玲）

【2015书香中国暨北京阅读季】　4月18日～10月27日，由国家新闻出版广电总局、北京市人民政府主办，国家新闻出版广电总局出版管理司、北京市委宣传部等承办的“2015书香中国暨北京阅读季”在北京举办。该阅读季举办北京大学生读书节、北京少年读书节、亲子阅读月、女性主题阅读周、公务员阅读、千场名家面对面、数字阅读体验、读书益民工程和中国童书博览会等系列活动，让民众体验阅读之美、阅读之乐。

（徐　玲）

【“为人民服务·为劳模造像”大型活动】　4月26日，由北京市总工会、中央美术学院联合主办的“为人民服务·为劳模造像”大型活动在北京劳动人民文化宫太庙享殿广场举行，来自中央美术学院的200余名师生为100余名北京的劳动模范代表造像。创作结束后，中央美术学院与北京市总工会举行了捐赠仪式，将此次创作的作品捐赠给市总工会，同时授权市总工会制作复制品赠予各位劳模代表。

（徐　玲）

【第十届首都职工文化艺术节】　5月4日～12月16日，由北京市总工会联合市委宣传部、首都精神文明办、市文化局、市国资委、市工商联、市文联等单位共同主办的第十届首都职工文化艺术节在北京举办。该艺术节以“中国梦·劳动创造幸福”为主题，开展了“五月的鲜花”职工歌咏活动、职工原创作品征集活动、职工艺术比拼活动、基层培训辅导服务、职工艺术团基层演出活动、艺术作品的深加工与推广等诸多活动。该艺术节为基层提供公益演出服务200余场，直接或间接参与职工达到百万人。组委会还颁发了“首都五一文学奖”“首都五一音乐奖”“首都五一书画奖”，并授予12位职工“职工艺术家”称号。

（徐 玲）

【“京剧电影工程进社区”系列活动】 5月13日，中国电影股份有限公司联合北京东城区东四街道办事处在青蓝剧场举办了“京剧电影工程进社区”启动仪式暨京剧电影走进东四奥林匹克社区活动，该辖区企业职工、公共文明引导员、社区居民和东四九条小学的师生与家长近400人参加活动。中国电影股份有限公司为观众们带来了最新拍摄的两部京剧电影《龙凤呈祥》《状元媒》，冯志孝、赵葆秀两位京剧名家与现场的票友、戏迷和社区居民进行互动。东四京剧团的5位票友身着京剧行头登台，向观众普及京剧小常识。“京剧电影工程进社区”系列活动将中国首批历史文化街区和北京市文联京剧传承地区——东四作为起点，以京剧票友座谈、京剧电影展映、名家互动等形式，陆续覆盖北京市城6区（海淀、朝阳、东城、西城、丰台、石景山）15个街道近180个社区，辐射近300万名居民。

（徐 玲）

【首届“百姓摄影家”专场采风日活动】 5月22日，由《北京晚报》官方网站——北晚新视觉网与北京摄影爱好者协会共同主办了首届“百姓摄影家”专场采风日活动。在首个专场采风日，近200名来自北京各区县的摄影家协会、摄影组织的摄影爱好者一同走进中华民族园，进行了一场“规定时间”“规定地点”的摄影技巧大“比武”。该项活动得到中华民族园的大力支持。

（吴赣生）

【“童绘美丽家园”迎“六一”大型公益专场活动】 5月26日，“童绘美丽家园”迎“六一”大型公益专场活动和儿童作品展览，在中国美术馆举办。中国美术馆携手阳光未来艺术教育基金会，共同邀请百余名打工子弟学校的儿童，参与现场的绘画创作活动，孩子们共同见证了中国美术馆与阳光未来艺术教育基金会的合作启动仪式，并收到了两所机构赠送的儿童节礼物。活动结束之后，嘉宾与打工子弟的孩子们一道参观了在中国美术馆艺术教育空间展出的“童真·童趣·童绘”迎“六一”少儿美术作品展，共迎儿童节的到来。

（徐 玲）

【北京市文化馆系统参加全国第四次文化馆评估定级】 5月，文化部启动了第四次全国文化馆评估定级工作。北京市文化局于5月中旬成立了北京市第四次文化馆评估领导小组，同时成立了文化馆评估专家组。评估工作办公室设在北京文化艺术活动中心，由理论调研部负责具体实施，分为自评自查（5月~6月）、现场检查（6月~7月）、反馈整改（7月~8月）、迎检总结（8月~9月）4个阶段有序展开。为了做好此次评估工作，还召开了文化馆评估工作会议，组织了全市文化馆评估的培训，并且建立了第四次文化馆评估QQ工作群。此次参加文化馆评估的共有13个区县的15个文化馆，其中，东城区第一文化馆等13个馆参评地市级一级馆，石景山区文化馆、丰台区文化馆2个馆参评地市级二级馆，北京市群众艺术馆（北京文化艺术活动中心）、西城区第二文化馆、门头沟区文化馆、平谷区文化馆、昌平区文化馆5个馆未参评，参评率为75%。

（徐 玲）

【“文化关爱 梦想同行”系列文化活动启动】 6月1日，由文化部公共文化司、北京市文化局和文化部全国公共文化发展中心联合主办，北京市延庆县文化委员会承办的“文化关爱 梦想同行”系列文化活动在延庆县夏都公园启动。该系列活动内容包括在全国组织公共文化机构、社会力量和文化志愿者为山区学校学生开展艺术培训，为农村留守儿童、打工子弟长期举办音乐、舞蹈、绘画、阅读、科普等培训班，探索加强未成年人特别是贫困家庭、外来务工人员子女和农村少年儿童等特殊群体艺术教育的方式与途径。启动仪式上，活动主办单位向延庆县八达岭小学、永宁中学、延庆三小、康庄中学的孩子们赠送了数字文化资源礼包和图书。

（徐 玲）

【“带本书，给家乡的孩子”大型公益活动】 6月17日，由北京电视台新闻节目中心、北京发行集团、北京市学生联合会、北京青少年发展基金会共同发起的“带本书，给家乡的孩子”大型公益活动启动。该活动旨在动员社会各界力量，给边远地区的孩子送书，改善贫困地区学校的图书室条件。7月7日，在北京图书大厦举行捎书信使出发仪式。7月中旬至9月中旬，面向社会招募的近百位捎书信使把在北京各大书城和许多学校、社区街道募集到的爱心图书近3万册送往21个省市区的55所小学，并在新疆维吾尔自治区、西藏自治区、云南、宁夏回族自治区、河北等地的贫困地区小学建立5间“爱心图书室”。

（徐 玲）

【第三届北京惠民文化消费季】 8月至11月，北京市文资办、北京市文化局等17个委办局和16个区县的人民政府联合主办了第三届北京惠民文化消费季。本届消费季秉承“消费文化·品味生活”

理念，以“政府引导、市场运作、节俭务实、惠及市民”为原则，坚持“惠民”主旋律，催生“消费”新动力，进一步在北京市培养文化消费理念，培育新的消费增长点，包括十大专项活动、十大展销板块、十六区县惠民文化消费专题活动，内容涵盖了文化艺术、新闻出版、广播影视、动漫网游、广告会展、艺术品交易、设计服务、旅游休闲等文化创意产业的主要门类。活动包含“京津冀一体化”“互联网+”“大众创业、万众创新”等方面的内容。本届惠民文化消费季累计消费人次4857.41万，消费金额达112.1亿元。

（徐　玲）

【青少年艺术体验周】 11月7日~8日，由北京市关心下一代工作委员会手拉手艺术团主办的“放飞艺术梦想　畅游艺术殿堂”青少年艺术体验周活动在北京人民艺术剧院、中国电影博物馆、国家大剧院和中国杂技团同时举办。活动旨在让广大青少年通过艺术体验活动了解和学习更多的艺术知识，提升自身艺术修养。东城、西城、丰台、门头沟和大兴等区的近2000名青少年参加了活动。

（徐　玲）

【2015首都市民合唱周】 12月2日~6日，由北京文化艺术活动中心、北京市音乐家协会主办，北京合唱协会、北京市海淀区文化委员会协办的“北京之声”——2015首都市民合唱周举行。该合唱周除了在国家图书馆艺术中心举办启动仪式、展演、闭幕式外，还选择优秀团队赴河北廊坊举办基层慰问演出，在海淀区文化馆举办大师讲堂等，近8000名合唱队员参加合唱周系列活动，80余支合唱团队参加展演活动。展演分为青少年儿童组、青年组、中老年组，各组别均设金、银、铜奖。展演活动还评出优秀指挥奖、优秀伴奏奖、优秀原创作品奖、优秀组织单位奖、优秀组织个人奖、优秀辅导奖，以及“百姓最喜欢的合唱团”奖。

（徐　玲）

【国家大剧院“公众开放日艺术节”】 12月22日，国家大剧院开幕八周年“公众开放日艺术节”活动举行。歌剧院内的《卡门》，音乐厅里的中外经典音乐，戏剧场中的戏曲和话剧，小剧场演出的芭蕾与公共大厅的合唱，让来自各行各业的近万名观众在国家大剧院近距离感受到丰富多彩的艺术活动。

（徐　玲）

【第二届百姓健康舞展演】 12月26日，“中国精神·中国梦”第二届百姓健康舞展演在北京电子科技职业学院体育馆举办。来自10个区、县的30个代表队，共1000余人参加展演。百姓健康舞是中国舞蹈家协会组织专业舞蹈家精心创编、推出的一套以追求身心健康为目的社区舞蹈。舞蹈以社区为基础平台，让广大中老年朋友舞出健康、舞出风采。每个代表队除了表演中国舞协推荐的百姓健康舞之外，还展示了各自创编的具有地域特色的健身舞蹈。经过激烈角逐，最终大兴和丰台代表队获得金奖。

（姚怡暾）

演　出

【首届全国袖珍人公益春晚】 2月2日，由王熙发起的首届全国袖珍人公益春晚在北京大红门国际会展中心举办。81名在北京务工，身高不足1.30厘米的袖珍演员表演了歌舞、曲艺、杂技、皮影、高跷、剪纸、糖画等22个节目，数百名袖珍人家属观看了演出。

（徐　玲）

【我爱北京——市民新春联欢会】 2月9日~17日，由首都文明办、北京市文化局和国家大剧院联合举办的2015“我爱北京——市民新春联欢会”在国家大剧院举办。演出分别于2月9日、10日、11日和17日在国家大剧院举行。参与演出的有优秀群众文艺团队、来京务工人员子女、新疆班学生，还有来自海外的华人华侨。每场都有10余个节目的展演，共有1500余名普通市民登上大剧院的舞台，与艺术家们共同献上“百姓演、百姓看、百姓乐”的春节艺术大餐。

（徐　玲）

【“红领巾相约中国梦”音乐故事会】 5月29日，由2015年首都庆祝“六一”国际儿童节组委会举办的“红领巾相约中国梦”音乐故事会在海淀少年宫举办。该音乐故事会以红领巾的历史和今天、少年儿童与红领巾的故事为脉络展开，分为“光荣的红领巾”“我和红领巾”“红领巾伴随我成长”和“红领巾相约中国梦”四个篇章，通过诗朗诵、榜样寄语、“微队课”、情景剧、歌舞等形式，全景展现了少年儿童在红领巾的引领下健康成长的故事，体现了“红领巾相约中国梦”的活动主题。

（张燕鹰）

【北大荒老知青纪念抗战胜利70周年文艺演出】 9月16日上午，由北京天桥民俗文化协会、北大荒之情有限公司主办，北京城建·琨廷赞助支持的“北大荒之情”——纪念中国人民抗日战争暨世界反法西斯战争胜利70周年大型文艺演出在房山区窦店民族文化宫举行。这是当年奔赴“北大荒”屯垦戍边一代老知青自发组织的一次纪念活动，参加演出的600多名演员都是曾经在北大荒奋战过的北京老知青们，现场观看演出的500多名观众，也都是当年知青。

（徐　玲）

【第七届全国大学生古琴音乐会】 10月3日~6日，在文化部非物质文化遗产司、中国非物质文化遗产保护中心的指导下，由中国昆剧古琴研究会与北京师范大学文学院主办，北京师范大学松风琴社承办的第七届全国大学生古琴音乐会在北京师范大学举行。该活动由“京师之春”联谊雅集、名家讲座、“逸”——第七届全国大学生古琴音乐会与第二届全国高校古琴社社长论坛4个板块组成。该届音乐会联合中国人民大学古琴社、中国政法大学正大琴社、浙江大学古琴研究会、武汉大学古琴社、厦门大学古琴社等全国30余家高校的古琴社开展活动，在展现中国传统古琴文化的同时，加强全国高校古琴社团的合作与交流，并在习琴者与古琴名家间搭建起沟通桥梁。

（张燕鹰）

【“笑满京城、爱在重阳”——首都文艺家社会主义核心价值观主题巡演】 10月15日，由中国曲艺家协会、中共北京市委宣传部、北京市文联联合主办，北京曲艺家协会、北京民间文艺家协会承办的“笑满京城、爱在重阳”——首都文艺家社会主义核心价值观主题巡演在首都医科大学礼堂举行。演出围绕“国是家”“勤为本”“俭养德”“诚立身”“孝当先”五个主题展开。李金斗、王文林、张蕴华、王立民、应宁、王玥波、杨惠乔等分别表演了相声《欢歌笑语》《我的大学》，单弦《北京小吃赞》，河南坠子《东坡与小妹》，舞蹈《幸福山歌》，魔术《吉庆有鱼》等节目。

（徐　玲）

【八路军老战士文工团“英雄赞歌”专场演出】 11月2日，为纪念中国人民抗日战争暨世界反法西斯战争胜利70周年，八路军老战士文工团建团10周年，大力弘扬爱国主义，八路军老战士文工团在北京东城区景山街道举行了“英雄赞歌”专场演出。演出节目包括舞蹈《南泥湾》、小合唱《保卫黄河》、评书《肖飞买药》、京剧《杜鹃山》选段《家住安源》、民乐组合《胜利、辉煌、光芒》、歌曲《唱支山歌给党听》《天路》，相声《祝你幸福》等。

（徐　玲）

【北京市基层文联原创优秀文艺节目汇报演出】 11月8日，北京市文联在房山区窦店民族文化宫举行“深入生活　扎根人民　放飞艺术梦想”——2015北京市基层文联原创优秀文艺节目汇报演出，包括歌伴舞《百姓托起中国梦》、男女声对唱《幸福阳光》、少儿舞蹈《花儿朵朵》、舞蹈《惜别》、小品《人生这杯酒》、男女声对唱《老夫老妻》、男声独唱《追梦》、话剧小品《全家福》、女声独唱《戏比天大》、西河大鼓《抗日英雄赞》等13个节目参演。参加汇报演出的节目是从2015北京市区县（局）、产（行）业文联优秀原创文艺节目展演的48个节目中遴选出来的。

（徐　玲）

【“情暖冬季、笑在京西”——首都曲艺家社会主义核心价值观主题巡演】 11月18日，由北京市文联、北京曲艺家协会主办的“情暖冬季、笑在京西”——首都文艺家社会主义核心价值观主题巡演在石景山区青少年活动中心举办。演出活动围绕“国是家”“勤为本”“俭养德”“诚立身”“孝当先”五个主题展开。李金斗、王文林、张蕴华、王波、王文安、陈印泉、侯振鹏、赵新、王亮、牟洋等艺术家，分别演出了相声《欢歌笑语》《金牌调解室》，单弦《北京小吃赞》，双簧《老少乐》，快板《长安街上逛花灯》，小品《小草》，歌曲《北京时间》等精彩节目。

（徐　玲）

展　　览

【群众摄影文化活动优秀作品展】 2014年12月18日~2015年1月4日，由中共北京市委宣传部、北京市政府新闻办公室主办的“中国梦　百姓情”群众摄影文化活动优秀作品展在首都博物馆展出。展览展出作品共计347幅（组）。作为第五届“爱北京照北京”群众摄影系列文化活动，本届展览主题为“北京市民全力建设新北京，为全面实现中华民族伟大复兴的中国梦而努力奋斗”，作品分为：点亮梦想、实践梦想、追寻梦想、放飞梦想、光影故事和外国友人眼中的“中国梦百姓情”六个部分。该届群众摄影文化活动从2013年启动以来，共收到摄影作品4万多件，最终评出一等奖3名、二等奖6名、三等奖10名、优秀奖300名，以及最佳光影故事奖10名。

（吴赣生）

【乙未新春生肖特展】 2月11日~3月29日，乙未新春生肖特展——“大美吉羊”在首都博物馆举办。展览以85件与“羊”相关的文物，从“羊”字衍生出的“美”“义（義）”“祥”三个主题，引导观众于中国传统文化中穿梭。特展中丰富多样的羊文化，让观众对中国的传统文化产生了立体的感知。

（徐 玲）

【“汉字”展览及相关活动走进社区】 4月18日，中国文字博物馆与北京工业经济联合会、北京博展创意产业联盟联合主办的“汉字”展览以及相关活动，在丰台区丰益花园社区举办。在该活动中，除了“汉字”展览外，还有相关的“中国文字博物馆馆藏书画精品展”、“中华国宝·青铜器展”和“汉字驿站”公益社教活动、甲骨文十二生肖木雕版印刷及文创产品展示。

（徐 玲）

【“童心描绘梦想”艺术作品展】 6月26日~7月10日，东城区艺美小学“童心描绘梦想”艺术作品展在普渡寺三品美术馆举办。展览展出了绘画、剪纸、书法、工艺品等艺术作品800余幅（件），展示了该校师生的艺术素养，描绘了孩子们心中的梦想蓝图。东城区教委、东城区美育研究会相关领导，北京市教科院基教研中心相关人员，国家书画院艺术家等参观了展览。

（徐 玲）

【中央国家机关第二届职工摄影作品展】 8月18日~23日，由中央国家机关工会联合会主办，中央国家机关摄影协会、中国新闻图片网络中心承办的“中国梦·公仆情·劳动美”——中央国家机关第二届职工摄影作品展在颐和园展出。展览分为“赛场英姿”“基层传真”“图话春节”“精彩回顾”4个篇章，共展出300余幅（组）作品。

（吴赣生）

【“和谐北京”群众摄影文化活动优秀作品展】 9月25日~10月11日，由中共北京市委宣传部和北京市人民新闻办公室联合主办的“爱北京照北京”之“和谐北京”群众摄影文化活动优秀作品展在首都博物馆展出。展览分为奋进、光阴、魅力、共享、温暖、光影故事和外国友人眼中的“和谐北京”7个部分，展出作品240余幅（组）。本届摄影文化活动共收到来稿4万余幅，作者包括广大北京市民和来自40余个国家的外籍人士。展览撷取了中国人民抗日战争暨世界反法西斯战争胜利70周年、京津冀协同发展、北京市与张家口市联合成功申办2022冬奥会等亮点，展现了北京市民、全国同胞和外籍人士共享北京的生活工作的画面。展出同时还出版了《和谐北京群众摄影比赛优秀作品》大型画册。

（吴赣生）

【全国公安系统“卫士之光”美术、书法摄影作品展】 11月10日~20日，由中华人民共和国公安部、中国文学艺术界联合会、中国美术家协会、中国书法家协会、中国摄影家协会联合主办的第五届全国公安系统“卫士之光”美术、书法、摄影作品展览在国家博物馆展出。展览展出的300余件美术、书法、摄影作品大多出自基层一线民警之手。这次活动从5月开始以来，共征集到近4000件作品，经过公安部会同中国美术家协会、中国书法家协会、中国摄影家协会组织专家严格评审，共选出获奖作品约400件，并最终遴选出300余件作品在国家博物馆展出。

（吴赣生）

【2015全国铁路摄影美术书法展】 11月13日~15日，由中国铁路文联主办，铁路文联摄影分会、铁路文联美术分会、铁路书法家协会承办的“中国高铁走向辉煌”——2015全国铁路摄影美术书法展在中国人民革命军事博物馆展出。展览展出的67幅摄影作品从全国铁路各单位及相关企业选送的2000余幅作品中精选而出，作者大多出自铁路一线职工之手。

（吴赣生）

【北京群众艺术馆成立60周年书法美术摄影作品巡展】 12月18日~24日，为纪念北京群众艺术馆成立60周年，由北京市文化局指导、北京文化艺术活动中心（北京群众艺术馆）主办、各区文化馆协办的书法美术摄影作品巡展在西城区第二文化馆、通州文化馆、延庆文化馆同时展出。文化部、北京市文化局、北京文化艺术活动中心、各区文化委员会及文化馆的领导出席开幕式并观看了展览。展览开幕式上设置了公益笔会环节，部分获奖作者在笔会现场挥毫泼墨，现场创作的几十幅作品全部赠送给了参观的群众。该展览展示了首都群众文化事业在书法、美术、摄影领域取得的成就。展览展出的作品是从各区文化馆征集的作品中评选出来的，最终有近300件作品入展，评出优秀作品90件。该展览还在北京市各区文化馆进行了巡展。

（徐 玲）

校园文化

【北京市民族艺术进校园10周年活动】 1月15日，由北京市委宣传部、北京市教委、北京市文化局共同主办的“十年培育百花红”——北京市民族艺术进校园十周年活动在北京学生活动管理中心举行。活动通过“少儿艺术”“戏曲精粹”“经典歌舞乐”3个板块展示民族艺术，15家国家级、市级优秀艺术院团参与此次演出，表演内容涉及昆曲、京剧、河北梆子、评剧等。十年来，北京市民族艺术进校园活动覆盖全市16个区县的千余所各级各类学校，演出场次近万场，观看人数近600万人次。通过“走进校园、走近艺术”“走进经典、走近大师”等形式，在活跃学校校园文化生活，丰富学生课外生活的同时，也为同学们带来了艺术的享受与熏陶。

（徐　玲）

北京市河北梆子剧团民族艺术进校园演出活动

【北京曲剧走进方家胡同小学】 4月7日，“弘扬传统文化，做追求高雅艺术的东城少年”——北京曲剧走进方家胡同小学现场会在北京方家胡同小学举行。在曲剧团老师的指导下，小学生们学唱北京曲剧《正红旗下》的唱段。方家胡同小学和北京市曲剧团共同开发了《我爱北京曲剧》教材，并在一二年级实施北京曲剧教学。同时，该校学生走进北京市曲剧团，观看排练，与演员进行交流，欣赏北京曲剧。

（徐　玲）

【“百年有园”幼儿美术作品展】 4月7日~16日，由北京师范大学实验幼儿园主办、北京师范大学艺术与传媒学院承办的“百年有园”——北京师范大学实验幼儿园100周年园庆幼儿美术作品展在北京师范大学艺术传媒学院京师美术馆开展。展览分为“家”“爸爸妈妈”“我”“朋友”“自然”“动物”“传统文化”几个部分，展出的近300件作品皆为北师大实验幼儿园日常教育的积累，见证着北师大实验幼儿园百年的教育传承与艺术传承，以及在幼儿教育、艺术培养和潜能开发方面发挥的作用。

（徐　玲）

【北京曲协送曲艺进校园系列活动】 4月17日，由北京市文联主办、北京曲艺家协会承办的北京曲艺节目展演暨曲艺进校园系列活动在北京科技大学启动2015年首场演出。演出中，孙宏超、宋伟杰的相声《学唱数来宝》，王树才的北京琴书《剃头》，应宁、何云伟的京韵大鼓《连环计》，高洪胜的山东快书《武松传》，张蕴华的单弦《北京小吃赞》，种玉杰的京韵大鼓《闹江州》，以及相声名家李金斗、李建华的《欢歌笑语》等节目，从不同侧面展示了曲艺曲种的魅力。

（徐　玲）

【以色列中提琴家进小学普及音乐】 5月27日，以色列中提琴家艾维·列维坦携手中国小提琴家何畅、大提琴家付迎娟，在中关村第一小学举办公益古典音乐会。在演出了多纳伊的《小夜曲》之后，艾维·列维坦解答了孩子们提出的各种与中提琴有关的问题。该场音乐会是“北京Musethica公益音乐周”期间举办的6场公益音乐会中的一场。

（徐　玲）

【北京市第二十二中学端午文化主题庙会】 6月18日，北京市第二十二中学举办了“师生传粽情友爱飘满园”端午文化主题庙会，全校师生在庙会中体验了端午节传统文化。庙会设置了传统文化讲座、端午文化艺术表演、端午节食俗制作体验、民间游戏传承文化、“我与端午节”绘画展示五个板块，丰富了学生对端午节文化的认识。

（徐　玲）

【“交响乐器总动员”音乐课改项目】 10月12日，北京市西城区三里河第三小学与国际爱乐联合会原创设计的“交响乐器总动员”音乐课改项目开启第一节课。根据该项目的设计，一个学期内，相继由13位国家顶级艺术院团的专家介绍交响乐团的各种乐器，并且探究名作名曲背后的故事和奥秘。

（徐　玲）

【北展一小举办“高参小”“城宫计划”汇报演出】 11月3日，展览路第一小学在北展剧场举办“鎏金六十载，树人胜百年”庆祝建校六十周年暨“高参小”（高校、社会力量参与小学体育美育发展工作）、“城宫计划”（城市学校少年宫计划）汇报演出活动。北展一小自开展“城宫计划”以来，开设的兴趣课程涵盖艺术、科技、体育、社会实践等方面。汇报演出了《让我们荡起双桨》《伏尔塔瓦河》和*BEAUTY*等歌曲，以及器乐演奏、诵读和舞蹈等节目。

（徐　玲）

【民间文化进校园】 11月16日，中国民协文艺志愿服务团在顺义区举办“民间文化进校园”活动。中国民协文艺志愿服务团与学生进行了演出互动，举办了关于传统节日科学性的专题讲座，活动中还向顺义一中、顺义五中、李桥中学、顺义一中附小、河南村小学、港馨小学、后沙峪小学七所中小学颁发了“民间文化教育示范学校”牌匾。

（徐　玲）

【“童声同梦”2015年合唱节】 11月19日，北京康乐里小学“童声同梦”2015年合唱节在中山公园音乐堂举行。学生与家长合唱团分别演唱了《心愿》《萤火虫》《母鸡叫咯咯》《Laudate Pueri Dominum》《让我们荡起双桨》等多首合唱歌曲。

（徐　玲）

【动漫曲目进校园】 12月14日~17日，中国歌剧舞剧院民族乐团在北京市顺义区牛栏山一中举办了7场民族音乐会。音乐会以“动漫”题材为主题，选择《哪吒闹海》《大闹天宫》《葫芦娃》等20首曲目，通过民族器乐协奏、独唱等形式进行了呈现。

（徐　玲）

【“携手金帆情”合唱音乐会】 12月25日，“携手金帆情”合唱音乐会暨中学合唱教学综合实践活动——北京市八一学校金帆合唱团与北京市陈经纶中学金帆合唱团联合会演活动在北京市第三十五中学“金帆音乐厅”举行。该活动还特别邀请了北京市第三十五中学志成合唱团参加演出，是北京金帆合唱团合唱教学研究与成果的一次集中展示。该活动在名师、名家的专业引领下以研究学校合唱教学策略与方法为目的，梳理、总结了北京市八一学校和北京市陈经纶中学合唱团自成为金帆团以来的合唱教学经验。两支合唱团除了演唱各自团队排练的曲目外，在演出中还采取了互换指挥演唱作品，以及由指挥名家孟大鹏指挥两支团队联合演唱作品的展示方式，在校际间的学生金帆艺术团交流与合作的方法和形式方面进行了新的探索。

（徐　玲）

民俗活动

【迎新胡同庙会】 2月3日~11日，迎新胡同庙会在西城区琉璃厂铁树斜街93号院博物馆举办。该庙会虽然规模很小，但游客能体验的京味儿却一点儿也不少，如欻羊拐、翻绳、踢毽子、抽陀螺、推铁环、放风筝等老北京人童年的玩意儿，还有剪纸、草编、堆秀、蛋雕、毛猴、烙葫芦、绘脸谱、拓年画等传统民间技艺体验活动。

（徐　玲）

【天桥小年文化庙会】 2月11日~16日，由北京市曲剧团、天桥剧场、老舍纪念馆、北京老舍文艺基金会以及方家胡同小学共同主办，天桥街道办事处、天桥演艺园区指挥部支持的首届天桥小年文化庙会暨老舍京味文化节在天桥剧场举办。在该庙会的活动中，有剪纸、年画、风筝、吹糖人等北京“非遗”项目进行展卖，还有民俗讲座、戏曲演出等内容可供游人参观、欣赏。

（徐　玲）

【2015地坛庙会】 2月18日~25日，2015地坛庙会在地坛公园举办。2015年是中国农历羊年，庙会以“羊”为造型的毛绒玩具、羊耳朵发卡、羊年庙会纪念邮票、羊肉串，甚至连玩具羊驼都搭着羊年的专车摆上了庙会的摊位。2015年地坛庙会新推出了名家名店精品展示区，云集了庆阳香包、内画、兔爷、苏绣、核雕、糖画、陶笛精品、津门贡掸、葫芦、纸雕等传统手工艺品；举办了民间花会、秦腔古风、黄梅雅韵、吉舞祥歌、欢天喜地、综艺舞台、80后脱口秀、民谣乐队等文艺演出；设立了科技动漫、竹竿舞、抬花轿、新春灯谜、记忆剪影、台湾风情、充气儿童乐园7项互动体验；还设有地坛春节文化庙会三十年回顾展。祭地表演是地坛庙会最具特色的活动，由于游客众多（8天共接待游客100余万人次），祭地表演也比往年提前了半个小时。

（徐　玲）

【2015龙潭庙会】 2月18日~25日，2015龙潭庙会在龙潭湖公园举办。花会表演仍是龙潭庙会的特色之一。该届庙会有朝鲜族象帽舞、抚顺满族秧歌等8支国家级花会队进行循环演出，展现了别具一格的民族风情。在“非遗”展示区，非物质文化遗产传承人亲临现场秀技，展现了中国传统技艺的文化魅力。多种杂技节目的表演和相声、小品、双簧等曲艺类演出，让游人近距离地感受了中国传统的表演艺术。国家体育总局的摔跤队、柔道队、跆拳道队、围棋队、象棋队、五子棋队、跳棋队和国际象棋队队员的到场，使游人有机会与国手对垒。此外，

第五届龙潭冰雪嘉年华的各种冰雪活动，也为龙潭庙会增加了新的亮点。

（徐　玲）

【天坛公园第十一届春节文化周】　2月19日～23日，天坛公园第十一届春节文化周在天坛公园举办。文化周期间，有在天坛神乐署举办的“神乐之旅”雅乐展示音乐会、祭天礼乐盛典等独具特色的文化活动。每天一场的“神乐之旅”雅乐展示音乐会分别为玉振金声——祭祀乐专场、雅韵华章——《诗经》专场、坛乐清音——清·宫廷乐专场、盛世欢歌——民乐专场、神乐之旅——综合专场。祭天乐舞表演由128名演员依次登场表演祭祀乐舞，20名歌工登坛唱诵，“皇帝”在歌声舞影中向上天敬酒，表达对风调雨顺、国泰民安的祈盼。其中，新增加的表演内容有祭天乐舞击鼓、武士队列表演、文武官员撞肩等。

（徐　玲）

【第二十一届红螺寺庙会】　2月19日～24日，2015年第二十一届红螺寺庙会在怀柔区红螺寺景区举办。该庙会将民俗文化、传统节庆、寺院文化、休闲养生等元素与旅游活动融合，并突出展示中国传统“福”文化。庙会期间，有“五福贺岁”活动，民乐演奏和传统的中幡、舞狮及杂技表演，还有请福带系福情、自制宫灯展、猜趣味灯谜、撞钟、打金钱眼等传统活动。

（徐　玲）

赛事与奖项

【中日青少年摄影大赛颁奖】　3月29日，由共青团中央网络影视中心和三菱商事株式会社共同主办，日本驻华大使馆和中国青年创业就业基金会支持的“中日青少年摄影大赛”在北京颁奖。这次摄影活动自2015年2月启动，先后收到中日小朋友拍摄的1869幅摄影作品，主要以反映中日友好交流的新闻照片，反映中日两国历史、文化和社会发展的人物照、风景照、社会生活写实照片为主。经过评选委员会的评选，中国组邱子讯的《惬意》、日本组佐藤彰马的《春节的能量》获得一等奖，大赛还评出二等奖41名、三等奖8名、优秀奖20名。并为获奖的中日两国部分小朋友代表颁奖。

（吴赣生）

【第三届“东方少年中国梦”新创意中小学生作文大赛】　4月2日，由北京市文联主办，北京作家协会、东方少年杂志社承办的第三届“东方少年中国梦”新创意中小学生作文大赛在北京四中正式启动。本届作文大赛延续“中国梦”的主题，以“身边”为题目进行征文写作，号召少年儿童用新体验、新思想、新视角去观察生活，写出富有创新意义的作品。本届大赛的一大亮点是增加了拉萨、和田、延安、南阳和十堰五个赛区。启动仪式上，陈启刚为北京作家协会小作家分会北京四中团体会员校授牌，市文联向四中赠送《作文大赛优秀作品集》《青春之歌》《北京作家》等图书。启动仪式结束后，儿童文学作家张国龙为现场的400多名学生讲解了一堂生动的文学创作课。2016年1月24日，大赛颁奖会在北京文联礼堂举行，全国166万余名中小学生参与这次大赛的征集，经过选拔、初评、复评及终评，最终诞生3290篇获奖作品。

（徐　玲）

【第十届“舞动北京”群众舞蹈大赛】　5月29日～9月26日，由北京市委宣传部、北京市文化局支持，北京市文化艺术活动中心主办的第十届“舞动北京”群众舞蹈大赛暨“中新联创杯”广场健身舞大赛在北京举行，16个区县共计约有480个作品参加初赛，80个作品进入复赛。经过3场紧张激烈的复赛选拔，从80个复赛作品中，最终精选出平谷区文化馆美之源舞蹈队的《梨花情》、延庆县文化馆的《感到幸福你就拍拍手》、怀柔区文化馆的《奔跑吧，兄弟》、东城区第二文化馆的《八月桂花遍地开》、海淀区文化馆海文舞蹈团的《天路》等16个节目进入决赛。最终有12个作品分别获得原创作品表演和推广作品表演金银铜奖。

（徐　玲）

【第三届幸福年华卡广场舞大赛】　6月28日～11月30日，“中信红·红动中国”中信银行第三届幸福年华卡广场舞大赛开展北京赛区比赛。北京赛区共组织了20场海选赛、4场晋级赛和1场总决赛，北京各个社区370余支队伍，近万名中老年广场舞爱好者报名参赛。25支队伍晋级决赛。参赛的每位队员均获赠礼品包，所有晋级总决赛的队伍还获得了专项舞蹈奖金。

（徐　玲）

【第二届全国少年宫系统舞蹈展演】　7月25日～26日，由中国教育学会少年儿童校外教育分会、全国城区少年宫工作研究会主办，北京市丰台区青少年宫承办的第二届全国少年宫系统舞蹈展演在丰台区青少年剧场举行。全国各省、市、区共有40个节目参加展演。贵州省印江县实验学校少年宫舞蹈节目《土家铜铃响叮当》获大赛金奖。

（徐　玲）

【第14届“金刺猬”大学生戏剧节】　8月1日～16日，由北京戏剧家协会、北京市朝阳区文化馆主办的第14届"金刺猬"大学生戏剧节在9剧场举办。该戏剧节共有全国60余所大专院校、72个剧社的92个剧目参与，15个剧目参加展演，共演出28场。河南许昌学院的原创话剧《当归》获"金刺猬奖"。获得各单项奖的有：云南艺术学院戏剧学院飞翔剧社原创话剧《11站台》获最佳演出奖；许昌学院的黄洋洋和中国传媒大学的林梦、夏恒获最佳表演奖；三峡大学三峡剧社的话剧《大正四谷怪谈》获最佳舞美设计奖；浙江传媒大学B&G剧社原创短剧《朝圣之水》获最佳创意奖；上海戏剧学院向日葵剧团的原创舞台剧《女兵日记》，云南艺术学院子方团的原创话剧《尾生与丘》，浙江传媒大学B&G剧社的原创短剧《朝圣之水》，北方工业大学话剧队的改编话剧《人生海海》，中国传媒大学的原创话剧《框爱》，洛阳师范学院河洛剧社的改编话剧《爱是一种病》，三峡大学三峡剧社的改编话剧《大正四谷怪谈》，华中科技大学蓝天话剧社的原创话剧《赎罪》，安文理学院芃曼剧社的原创话剧《窦娥冤·等待戈多》，泉州师范学院原野剧社的原创话剧《三颗桔子》，许昌学院的原创话剧《当归》，广州大学话剧团的原创话剧《小说家》，四川大学艺术学院表演系的改编话剧《青春禁忌游戏》，云南艺术学院戏剧学院飞翔剧社的原创话剧《11站台》，海南大学海棠剧社的原创话剧《冒充爱情》获优秀剧目奖。

（张燕鹰）

【第七届全国村歌大赛】 8月22日~24日，"村落风情，乡愁声音"第七届全国村歌大赛总决赛、颁奖典礼在北京星光影视园举办。该项赛事于2015年3月启动，共遴选、报送了479首作品，活动组委会从中评出52首优秀村歌。云南省怒江州泸水县大南茂村《傈僳然古门赖》、四川省苍溪县韩杨村《美丽韩杨我的家》、浙江省杭州市西湖区玉泉村《恋恋青芝坞》、安徽省歙县雄村乡《卖花渔村好风光》等10首歌曲获颁"中国村歌十大金曲"；云南省怒江州泸水县大南茂村、湖北省鹤峰县红岩坪村、安徽省休宁县状元村等荣获"歌中看村中国十大最美乡愁村庄"称号；猎人组合、吴晓芳等农民歌手获"中国村歌好声音金奖"。

（张燕鹰）

【中国文联职工歌咏比赛】 8月26日，为纪念中国人民抗日战争暨世界反法西斯战争胜利70周年，中国文联机关党委、机关工会联合会、机关青年联合会共同举办的"纪念抗战胜利70周年爱国歌曲大家唱"中国文联职工歌咏比赛，在中国文艺家之家进行了决赛。该比赛共有各单位选送的18个节目参赛，其中10个节目进入决赛。最终，中国舞协、中国民协获得比赛一等奖。

（徐 玲）

【第二届社区广场舞大赛】 9月25日，由光大银行北京分行举办的"乐享社区 舞动盛夏"第二届社区广场舞大赛总决赛在海淀公园举行。该项比赛共有200多支参赛队伍，经过海选赛、片区选拔赛、复活赛，入围参加总决赛的有13支队伍。最终，来自陶然亭社区的咚咚水兵艺族舞蹈队的《水兵舞》夺得大赛一等奖和网络投票"最佳人气奖"。

（徐 玲）

【北京多个群众文化期刊获奖】 10月30日，由中国文化馆协会主办，天津市群众艺术馆承办的2015年全国文化馆年会主题分论坛——全国文化（群艺）馆期刊发展专题论坛在重庆举行。论坛上，公布了首届全国群众文化期刊评选情况。此次评选活动由中国文化馆协会主办，共有各地120个群文刊物参评，最终评选出优秀期刊奖20个，优秀栏目奖16个，优秀编辑奖29个，优秀装帧奖8个，优秀主编奖13个。北京文化艺术活动中心组织北京地区的6个期刊参加评选，北京文化艺术活动中心的刊物《首都公共文化》主编陈雁军获得优秀主编奖，西城区第一文化馆刊物《蒲公英》的编辑郑昕获得优秀编辑奖，朝阳区文化馆《芳草地》获得装帧设计奖，北京文化艺术活动中心获得优秀组织奖。

（徐 玲）

【2015年中国文化馆年会征文活动评选】 10月，由文化部、重庆市人民政府主办，中国文化馆协会文化部全国公共文化发展中心，重庆市文化委员会共同承办2015年文化馆年会征文活动评选工作揭晓。北京市共征集论文60余篇，报送25篇论文参加全国评选。最终，朝阳区文化馆肖丹、徐伟的《朝阳区文化馆探索社区民主自治组织》，朝阳区文化馆张馨元的《从村落瓦解到社区认同探索"农民上楼"文化平权问题的若干思考》和北京文化艺术活动中心徐玲的《"罗伯特议事规则"与公益性文化事业单位的法人治理结构探索实践》3篇论文获得一等奖，另有3篇论文获得二等奖，6篇论文获得三等奖，7篇论文获得优秀奖。

（徐 玲）

【全市中老年合唱大赛】 11月24日，由北京合唱协会和建投享老有限责任公司联合主办的"乐享50+唱我色彩"全市中老年合唱大赛及颁奖盛典在北京国家图书馆艺术中心举行。参加本次大赛有百余支合唱团队，30支团队进入决赛，最终评出一等奖2支团队，二等奖3支团队，三等奖10支团队。北京海燕合唱团和北京秋之韵合唱团获一等奖，北京五色土合唱团凭借陕北腰鼓《东方红》的精彩表演获得

"最佳才艺奖"。获得一、二、三等奖的团队在获得奖杯的同时，还分别获得8000元、6000元、4000元的奖金。

（徐　玲）

【北京市参加家庭文化建设征文活动获奖】　12月14日~15日，由中国群众文化学会、中国家庭文化研究会、天津市河东区人民政府联合主办的"家庭文化建设"征文活动论文征集评选工作颁奖仪式在天津举行。北京市共组织报送18篇论文参加评选，有4篇论文获奖。

（徐　玲）

【2015全国校园歌手大赛】　12月16日，2015"网易云音乐　音乐有态度"全国校园歌手大赛的总决赛在北京举行。该项赛事官网线上活动参与人数近800万人次，线下覆盖大学生人数达1000万人次。最终沈阳大学的杨爽夺得冠军，华中师范大学的SPY组合获得亚军，辽宁工程技术大学的王浩获得季军和全网最高人气奖。

（张燕鹰）

交　流

【地坛文化庙会曼谷之旅】　2月11日，中国农历小年，北京地坛庙会30年来首次走出国门，来到了曼谷。"欢乐春节·地坛文化庙会全球行——曼谷之旅"设在曼谷最为繁华的世贸中心商业区，参展面积达到5000平方米，让泰国民众和来自世界各地的游客有机会抢先体验一把中国传统春节"过大年、逛庙会"的快乐。这次泰国之旅的主题是"地坛庙会在曼谷，携手祈福迎新年"，持续一周时间。

（徐　玲）

【第九届"欢乐春节"北京文化庙会】　当地时间2月18日18时（北京时间农历正月初一零时），由赫尔辛基市政府、北京市政府联合主办，北京市文化局承办的第九届"欢乐春节"北京文化庙会在芬兰首都举行，超过4万名当地民众与华人一起守岁过年。活动包括兵马俑彩灯展、"非遗"展示、"魅力北京　激情冬奥"展览、中学生文化交流等。

（徐　玲）

【2015年北京文化庙会台北之旅】　2月27日~3月8日，由市文资办联合市台办和东城区、西城区政府予以引导，北京文投集团具体承办的"2015年北京文化庙会台北之旅"在台北市花博园舞蝶馆举办。活动汇集了75家参展企业、300位手艺精湛的技师与20位非物质文化遗产传承人。该活动分为"北京传统风味小吃""民间传统工艺""中华传统老字号文创产品"和"文艺演出"4个板块。此次活动参观客流量达150万人次。2015年的庙会更强调文化交流，舞剧《孔子》、京韵大鼓、坠子、相声等具有欣赏性的演出，通过表演向台北民众展示、传递了我国传统文化。

（徐　玲）

【地坛文化庙会在柏林举办】　5月17日~29日，柏林亚太周"感知中国"系列活动在德国柏林举行。其间，北京市政府新闻办和东城区共同主办了"地坛文化庙会"活动。该活动包括"北京非物质文化遗产展示交流"和"中国美食节·北京品鉴"。在德国马灿世界公园得月园举办的北京非物质文化遗产展示交流活动中，除了有"魅力北京　激情冬奥"图片展外，12名"非遗"大师还分别向德国民众现场展示了雕漆、内画鼻烟壶、花丝镶嵌、绢花制作的技艺。在柏林海洋酒店举办的"中国美食节·北京品鉴"活动，使德国民众品鉴到地道的北京美食。

（徐　玲）

【"中国书画日"体验活动】　7月29日，北京市政协举办了海外华裔青少年"中国书画日"体验活动。来京参加"水立方杯"中文歌曲大赛的近50名海外华裔青少年参加了体验活动。北京市政协副主席沈宝昌，北京市政协港澳台侨委员会主任马玉萍、副主任杨惠时，北京市侨办副主任李长远等出席活动。书法家方放为华裔青少年们讲解书法基本知识和技巧。华裔青少年在现场进行描红模体验，沈宝昌还现场指导他们习书的坐姿、握笔角度及描摹要领。

（徐　玲）

【广东顺德容桂青少年摄影作品赴京展】　8月21日~9月19日，由中国摄影家协会图片社、广东顺德文化艺术发展中心、广东顺德容桂街道办事处宣传文体办公室、广东顺德容桂街道教育局主办的"2015广东顺德容桂青少年摄影作品赴京展"在北京798艺术区的中国摄影家协会图片社798影廊展出。展览展出了由顺德振华小学、南环小学、文华中学、容山中学4校教师指导，学生自主创作的50幅摄影作品。

（吴赣生）

【邯郸文化京津行惠民活动】　11月11日，"牵手京津冀·欢乐进万家"——邯郸文化京津行惠民活动在北京市朝阳剧场。该项活动为艺术家们用武安平调落子、永年西调、冀南四股弦、豫剧桑派、临漳坠子等河北邯郸地方戏编排的一出折子戏专场，朝阳区的1000余名观众观看了演出。与启动仪式同期举办的活动还有举办邯郸地方戏曲折子戏系列进京展演，举办邯郸市非物质文化遗产图片展览，发布30多个文化产业项目。

（徐　玲）

【舟山渔民画展】　11月21日～28日，由中共舟山市委、舟山市人民政府主办，中共舟山市委宣传部、舟山文化广电新闻出版局、舟山市文联承办的“中国现代民间绘画——舟山渔民画展”在中国美术馆举办。展览展出舟山渔民画作品80余幅。展出作品全部出自舟山当地渔民之手，内容多为描绘渔民生产劳动场景、海边风俗和海岛民间传说等，形式上构思大胆、想象力丰富、形象质朴、造型奇特、色彩强烈、表达方式自由随性，具有浓郁的地域特色和典型的民间艺术特征。舟山渔民画创作始于20世纪80年代初期，普及定海、普陀、岱山、嵊泗等地区；1987年，舟山市现代民间绘画展在北京中国美术馆展出，获得美术家们一致好评；1988年，舟山市所属的定海、普陀、岱山、嵊泗4个县（区）被文化部命名为“中国现代民间绘画画乡”。

（黎　明）

【第九届“古韵新妍”两岸青年古典诗词联吟大会】　由北京师范大学文学院、北京师范大学南山诗社主办，北京市西城教育研修学校、北京三十五中学承办的2015年“丝路古韵”——第九届“古韵新妍”两岸青年古典诗词联吟大会11月26日在北京师范大学举行开幕式，11月27日在北京市金帆音乐厅举行联吟表演。参加活动的有北京师范大学南山诗社、台湾辅仁大学东篱诗社、江苏师范大学悠然诗社、淮阴师范学院采菊诗社、陕西师范大学秦风诗社、北京师范大学珠海分校沧海诗社、西北师范大学子衿诗社、中南大学吟诵团、邯郸学院学步诗社和新疆财经大学昆仑诗社。联吟会以“丝路古韵”为主题，分送水别杨、越海横关、高歌慢曲、浅诉深衷和汉家山月5个部分，以吟诵诗词的形式重走丝绸之路，展现对悠悠古韵的追寻。该活动自2007年以来已举办过8届。

（徐　玲）

【香港岭英学校师生到京进行文化交流】　12月17日～21日，香港打鼓岭岭英公立学校的师生在朝阳区团结湖第二小学进行文化交流活动。两校师生参观了故宫博物院、北京四合院、国家博物馆、中国科技馆等展示中国传统文化的场所，并以“童年的家”为主题，一同表演了京剧、舞蹈、剪纸、武术、乐器，还用毛笔书写“家”字长卷。

（徐　玲）

培训与讲座

【中国儿童艺术剧院儿童戏剧推广日】　3月13日，中国儿童艺术剧院在东城区新中街幼儿园，开展了以“戏剧在你身边”为主题的儿童戏剧推广日活动。在幼儿园小朋友们进行了以“日常生活安全”为主题的演出后，中国儿艺青年演员杨成和马兰花艺校教学主管王堃，以“戏剧小课堂”的形式介绍了戏剧知识，还和孩子们一起进行了情景模拟训练，锻炼孩子们无实物表演的能力，诱导孩子们从身边的事物出发，仔细观察、大胆想象，让孩子们发散思维、打开想象力之窗。

（徐　玲）

【北京培训千名基层文化组织员】　7月14日～11月20日，由北京市文化局主办的千名基层文化组织员培训在北京进行。培训分两个阶段进行。第一阶段是由北京戏曲艺术职业学院承办的培训，全市16个区县、500名基层文化骨干在该校参加了音乐、戏曲和舞蹈培训。第二阶段由北京文化艺术活动中心承办，对门头沟、密云、大兴、延庆、石景山5个区县的各100名基层文化骨干进行了合唱指挥、音乐、舞蹈、戏曲、霸王鞭等培训。

（徐　玲）

2015年北京市千名基层文化组织员广场舞、霸王鞭培训班

探索与研究

【2015年文化馆年会论文征集评选】 5月，北京文化艺术活动中心启动了2015年文化馆年会论文征集评选工作。10月，在2015年文化馆年会论文征集评选中，北京市共征集论文60余篇，经评选、报送25篇论文参加全国评选。最终，北京市在全国2015年文化馆年会论文征集评选中获得论文一等奖3篇，二等奖3篇，三等奖6篇，优秀奖7篇，并获征文活动优秀组织奖的好成绩。

（徐　玲）

【2015年中国群众文化论文征集评选】 5月，由中国群众文化学会、中国家庭文化研究会、天津市河东区人民政府联合主办的“家庭文化建设”征文活动论文征集评选工作在北京开展。北京市共组织报送论文18篇参加评选。12月14日～15日，该活动在天津举行颁奖仪式和研讨会，北京市共有4篇论文在全国获奖。

（徐　玲）

各区文情

东 城 区

概　况

东城区位于北京城区东部，面积41.84平方公里，常住人口91.1万人。设17个街道办事处，182个社区居民委员会。

东城区文化委员会（以下简称区文委），机构设置10个，即党委办公室、监察科、办公室、公共文化事业科、文化市场管理科、文物管理科、综合审批科、演艺产业发展促进科、人事科、财务科。区文委行政执法队设：办公室，第一、二、三、四执法分队。有公务员编制85人，实有81人；事业单位17个，编制569人，实有319人。

2015年，东城区大力弘扬社会主义核心价值观，狠抓基层基础工作，加强公共文化建设，开展丰富多彩的群众文化活动，繁荣文艺演出，加强文化市场管理，全面推进文化工作。

2015年文化艺术发展

调研考察

李红琼到东城区调研　3月24日，文化部政策法规司副司长李红琼到东城区调研社会力量参与文化建设工作情况，副区长王晨阳陪同调研。李红琼先后走访皮卡书屋体育馆路街道少儿中英文图书馆、东城区第一图书馆东总布分馆和蓬蒿剧场，充分肯定东城区探索社会力量参与公共文化服务的成绩，希望再接再厉，开拓创新，继续加强与社会力量的合作，整合核心区文化资源，提升公共文化服务水平。

埃斯特伦古参观东四奥林匹克社区体育文化中心　3月30日，赞比亚总统夫人埃斯特伦古参观东四奥林匹克社区体育文化中心，全国妇联国际部副部长卢亚民、市妇联副主席常红岩陪同。埃斯特参观彩虹工作室和憶未来儿童之家，与社区儿童互动，学习编织技术。

陈冬到北新桥街道文体中心调研　5月14日，市文化局局长陈冬到北新桥街道文体中心调研。区委常委、宣传部部长宋甘澍参加。陈冬参观了街道新型现代综合文化活动中心（含4D影院、公共数字阅读机、电子阅览室等）。陈冬要求：一要加大宣传力度，扩大新型现代综合文化活动中心的影响力。二要广泛征求群众意见，按照百姓需求及时调整充实文化中心内容。三要以此为试点，进一步扩大推广新型综合文化中心数量。

天津河西区社区文化干部到东城区第一文化馆考察　5月15日，来自天津市河西区创建国家公共文化服务体系示范区工作培训班的40余名成员到东城区第一文化馆考察交流，参观了第一文化馆舞蹈排练厅、音乐排练厅、曲协活动室、风尚剧场以及风尚美术馆等。

李伟调研北新桥街道社区文化站点升级改造工作　5月29日，市委常委、宣传部部长李伟调研北新桥街道社区文化站点升级改造工作，市委宣传部常务副部长王海平、市文化局副局长庞微、市新闻出版广电局副局长梁成林陪同。李伟察看了社区电影院建设进展情况，听取相关工作汇报，肯定升级改造社区文化站点试点工作，并要求市文化局牵头细化工作方案，完善项目运营模式，因地制宜逐步开展试点工作，形成可复制、可推广的经验，全面铺开。

刘朝晖到区文委调研　6月3日，副区长刘朝晖到东城区文委调研文化金融融合工作，听取公共文化事业、演艺文化产业及文物保护相关情况汇报。

张家明调研东城区非物质文化遗产博物馆　7月9日，区长张家明调研东城区非物质文化遗产博物馆。张家明听取了相关情况汇报，并参观了“非遗”展品。

杨柳荫调研文化工作　8月7日，区委书记杨柳荫调研文化工作，区领导宋甘澍、毛炯、颜华参加。杨柳荫在区非物质文化遗产博物馆，察看了东城区非物质文化遗产项目及传承保护成果，听取东城区“非遗”保护工作情况汇报，并对相关工作给予充分肯定。

李伟调研77文化创意产业园区　11月17日，市委常委、宣传部部长李伟调研77文化创意产业园区，市文化局局长陈冬、区领导宋甘澍陪同。李伟参观即将开业的北京市剧目排练中心，了解排练中心改造建设现状、排练厅硬件设备、服务设施情况，听取运营规划报告，希望排练中心未来在北京乃至全国戏剧市场上发挥重要孵化作用。李伟参观77剧场，希望剧场与排练中心建立紧密联系并产生联动效应，以推动戏剧排练成果向舞台演出成果的转化。

公共文化设施建设

年内，采取新建、改扩建、租用、接收配套、整合资源等多种方式，推进街道级、社区级公共文化设施建设。17个街道文体中心建设达标率100%，社区文化室达标率94.5%，以图书馆、文化馆、街道文体中心服务半径为2.5公里的标准计算，已实现公共文化设施的全面有效覆盖；区级、街道级图书馆自动借还机已经开始施工，第一图书馆、建国门街道、北新桥街道已完成，年底完成工程的60%；完成50个社区150台电脑配置工作，全面启动“书香东城”全民阅读平台项目，通过政府购买服务的方式，为辖区居民打造数字化“私人图书馆”，面向全区免费发放30万张阅读卡，用户可通过互联网登录平台，免费享受10万种数字图书、3万种有声图书、3500种数字期刊、23万种中小学试卷等数字文化资源，实现“24小时无障碍无边界阅读”。

创建国家公共文化服务体系示范区

王伟东作创建示范区制度设计研究工作汇报　1月22日，文化部公共文化司组织召开第二批创建国家公共文化服务体系示范区制度设计工作调度会，32家第二批示范区创建城市的文化局局长和制度设计课题研究工作负责人参加会议。东城区文委党委书记王伟东代表东城区作创建示范区制度设计研究工作汇报。

创建国家公共文化服务体系示范区制度设计工作推进会　4月8日下午，东城区召开创建国家公共文化服务体系示范区制度设计工作推进会。副区长王晨阳参会。制度设计课题组成员汇报了课题研究的最新进展情况及下一步工作重点。王晨阳强调，现已进入创建国家公共文化服务体系示范区的攻坚阶段，制度设计课题研究工作作为示范区验收的前置条件，要集思广益，注重实效，保质保量按时完成，为示范区验收打好坚实基础。

构建公共文化服务体系实施意见和服务标准座谈会　6月18日，区文委组织召开《东城区关于加快构建首都功能核心区现代公共文化服务体系的实施意见（2015~2020年）》和《东城区基本公共文化服务标准（2015~2020年）》（征求意见稿）座谈会。区文委结合公共文化服务体系示范区验收标准和文化部要求，汇报了实施意见和标准制定出台的背景、工作进度与主要内容。王晨阳参加会议并作出指示。

文化部、市文化局到东城区调研　7月14日，文化部、市文化局到东城区调研现代公共文化服务体系建设，10家中央级媒体随行采访。调研人员走访东花市街道广外南里文体活动中心及皮卡书屋体育馆路街道少儿中英文图书馆，调研并采访东城区社区公共文化法人治理和居民自治模式、社会力量参与文化建设情况开展情况，听取相关先进典型、主要经验做法的介绍，深入挖掘东城区公共服务体系建设的新实践、新举措、新经验。

嘉兴市人大常委会代表团到东城区考察示范区创建工作　7月15日，浙江省嘉兴市人大常委会代表团到东城区考察示范区创建工作，东城区人大常委会副主任于静陪同。嘉兴市与东城区同为第二批国家公共文化服务体系示范区，东城区文委向嘉兴市人大代表团介绍了示范区创建工作的经验和创新做法，双方就公共文化服务体系示范区创建经验开展了座谈交流，一行人实地参观了东城区非遗博物馆、史家胡同博物馆、建国门街道文体中心。

创建国家公共文化服务体系示范区制度设计工作研讨会　7月21日上午，东城区召开创建国家公共文化服务体系示范区制度设计工作研讨会。王晨阳出席会议。制度设计组介绍了《首都功能核心区现代公共文化服务体系创新研究》主报告和子报告的主要内容，会议对两份报告进行了讨论。

东城区人大调研公共文化示范区创建规划落实情况　8月7日上午，东城区人大常委会主任赵中原带队到区文委调研公共文化示范区创建规划落实情况，区人大常委会副主任于静、副区长王晨阳等参加调研。赵中原对东城区公共文化示范区创建工作给予了充分肯定，并重点就公共文化示范区下一步的创建工作提出要求。

《关于加快构建现代公共文化服务体系的实施意（2015~2020年）》印发　9月22日，东城区委、区政府正式印发《关于加快构建现代公共文化服务体系的实施意见（2015~2020年）》。实施意见认真贯彻落实中央两办文件精神和北京市“1+3”公共文化政策文件，重点围绕首都功能核心区特点，制定东城区现代公共文化服务体系建设的总体目标。

建设现代公共文化服务体系工作推进会　9月24日上午，东城区召开建设现代公共文化服务体系工作推进会。东城区委常委、宣传部部长宋甘澍，副区长王晨阳，北京市文化局公共文化事业处处长黄海燕出席会议。区文委就北京市东城区委、区政府《关于加快构建现代公共文化服务体系的实施意见（2015～2020年）》具体内容进行了解读。东城区财政局、龙潭街道代表分别进行了发言，北京市文化局对北京市“1+3”公共文化政策进行了说明。

张家明调研国家公共文化服务体系示范区创建工作　9月29日，东城区区长张家明调研国家公共文化服务体系示范区创建工作，王晨阳陪同。张家明走访了东总布胡同社区图书馆、龙潭街道文化服务中心、东花市街道南里社区文化活动室，察看了图书馆运营情况、文化服务中心建设情况和文化活动室日常运营情况。张家明对国家公共文化服务体系示范区创建工作提出要求。

京津冀协同发展

京津冀公共文化服务示范走廊发展联盟成立　10月21日，京津冀公共文化服务示范走廊发展联盟在东城区第一文化馆成立。文化部公共文化司、北京市文化局、天津市文化广播影视局、河北省文化厅有关领导，北京市朝阳区文化委员会、东城区文化委员会、海淀区文化委员会领导，河北省秦皇岛市文化广电新闻出版局、廊坊市文化广电新闻出版局、沧州市文化广电新闻出版局、唐山市文化广电新闻出版局、天津市和平区文化和旅游局、河西区文化和旅游局、北辰区文化广播电视局、津南区文化体育局主要领导和主管领导，国家公共文化服务体系建设专家委员会有关专家、媒体记者等参加。会议由王晨阳主持。会上，来自京津冀三地的11家文化单位共同签署了京津冀公共文化服务示范走廊发展联盟战略合作协议书。

京津冀文化协同发展北京市东城区相声专场演出　10月23日，京津冀文化协同发展北京市东城区相声专场演出在唐山市燕山影剧院举办。东城区文委和唐山市文化广播电视新闻出版局共同组织李金斗、莫岐、孟凡贵等老中青著名相声表演艺术家为观众呈献了《红灯记》《说说唱唱》《笑口常开》等耳熟能详的经典段子，这也是京津冀公共文化服务示范走廊发展联盟成立之后的首场交流联动活动。河北省唐山市人大常委会主任安树彦、唐山市副市长辛志纯和现场千余名观众共同观看了演出。

戏剧建设

2015南锣鼓巷戏剧展演季　2015南锣鼓巷戏剧展演季活动于6月在东方剧院开幕，活动持续至8月，共展演60余部国内外优秀剧目，演出200余场，首都剧场、蓬蒿剧场、东方剧院等10家剧场参与演出。

“我的舞台　我的梦”群众话剧培训班　6月30日，东城区第一文化馆“我的舞台　我的梦”群众话剧培训开班授课。培训班主要针对喜爱话剧表演、渴望登台演出的普通百姓，通过形体、台词等话剧基础培训，使话剧爱好者较快入门，掌握一定技巧，丰富群众文化活动。

第五届中国儿童戏剧节　7月10日，第五届中国儿童戏剧节开幕式在中国儿童剧场举办。东城区委副书记、区长张家明，区委常委、宣传部部长宋甘澍，副区长王晨阳出席并观看了大型儿童剧《东海人鱼》。本届戏剧节由东城区人民政府和中国儿童艺术剧院联合主办，于7月10日至8月26日期间上演43部国内外优秀儿童戏剧作品，共演出194场，惠及16万名观众。

2015年北京青年戏剧节　9月8日，2015年北京青年戏剧节在东城区蜂巢剧场开幕。东城区副区长颜华和中国戏剧家协会主席、北京人民艺术剧院副院长濮存昕出席开幕式。本届青戏节为期19天，来自7个国家和地区的22部作品在北京6个剧场及艺术空间演出近百场。

“戏剧进学校”儿童剧展演季　9月22日，东城区“戏剧进基层”活动——“戏剧进学校”儿童剧展演季开幕。此次展演深入22所小学、6所中学进行演出20场，约1万名学生观看展演。

菊隐剧场揭幕　12月11日，正逢北京人艺创始人之一、曾任北京人艺总导演的焦菊隐110周年诞辰之际，菊隐剧场举办揭幕仪式。东城区委常委、宣传部部长宋甘澍应北京人民艺术剧院的邀请参加了菊隐剧场揭幕。剧场位于东四南大街143号，是历时一年多改造成的专业演出场所。

特色文化活动

“书香东城”全民阅读平台　4月17日，东城区数字图书馆暨“书香东城”全民阅读平台启动。东城区向全区30万户居民发放家庭数字阅读卡。区领导宋甘澍、于静、王晨阳参加启动仪式。

东城区第一期群众文化干部培训班　4月22日，副区长王晨阳在2015年东城区第一期群众文化干部培训班授课，对中办、国办印发的《关于加快构建现代公共文化服务体系的意见》进行解读。本次培训为期3天，来自全区17个街道、187个社区及文图4馆的近300名基层群众文化干部参加了培训。

“书香中国”北京阅读季　5月10日下午，由北京市新闻出版广电局、北京市妇女联合会主办，东城区文委承办，东城区第一图书馆、雨枫女子书馆协办的“书香中国”北京阅读季“女性主题阅读活动”启动仪式在东城区第一图书馆举行。北京市妇联副主席周志军、北京市新闻出版广电局副局长韩昱分别致辞，东城区副区长王晨阳出席活动。

“曹灿杯”全国首届青少年朗诵大赛　6月1

日，“曹灿杯”全国首届青少年朗诵大赛在东城区第一图书馆及东城区第一文化馆举办。大赛评审专家由瞿弦和、陈铎、殷之光、方明等朗诵表演艺术家组成，中央电视台播音指导虹云担任评审委员会主任。该赛事设有北京、福建、重庆、广东、香港特别行政区等多个分赛区，面向4～18岁青少年儿童，分为幼儿、少儿、青少年3个组别，可参加朗诵、演讲、播音主持3种项目竞赛。

东城区群众文化展演季　6月10日，2015年东城区群众文化展演季开幕式暨中国曲协“送欢笑”10周年·走进北京东城“百姓周末大舞台”专场文艺演出活动在北京市东城区玉蜓公园市民文化广场举办。中国曲协主席姜昆，中国曲协分党组书记、驻会副主席、秘书长董耀鹏，区领导张家明、赵中原、宋甘澍、于静、王晨阳、袁秀江与群众一同观看了演出。活动为群众呈现了相声、快板、小品、舞蹈等各类精彩节目。

中国曲协“送欢笑”10周年·走进北京东城“百姓周末大舞台”专场文艺演出

纪念建党94周年文艺演出　7月1日，区文委在崇文剧场举办以“颂歌献给党·共圆中国梦”为主题的纪念建党94周年文艺演出活动。活动包括民乐合奏《北京喜讯到边寨》，数来宝《抗日英雄谱》，舞蹈《最美的歌儿献给党》《和谐中国》，女声小合唱《共产党好共产党亲》，京剧《红梅赞》等节目。

纪念中国人民抗日战争暨世界反法西斯战争胜利70周年经典音乐会　7月7日，区文委在北京保利剧院举办“五星红旗迎风飘扬·纪念中国人民抗日战争暨世界反法西斯战争胜利70周年经典音乐会”。音乐会演出了《洪湖赤卫队》《铁道游击队》《地道战》等众多经典歌剧。

2015年钟鼓楼中秋诗会　9月26日，东城区在钟鼓楼文化广场举办“2015年钟鼓楼中秋诗会”。殷之光、朱琳、瞿弦和等朗诵艺术家表演了配乐诗朗诵《将进酒》《一直亮着的月亮》和《水调歌头·明月几时有》等作品。东城区文化志愿者、社区群众及来自东城区的中小学生同台参加演出。东城区委常委、常务副区长朴学东，东城区人大常委会副主任于静，副区长王晨阳等领导参加了本次活动。

第五届前门历史文化节　11月6日，第五届前门历史文化节暨京津冀传统文化商业亮宝会在北京台湾会馆开幕。本届前门历史文化节至11月8日结束，内容涵括京津冀传统文化商业亮宝会、鲜鱼口老字号美食节、前门文化系列图片展、走进前门“新合院”、前门社区文化节等精彩活动。

第五届中法戏剧交流公益演出　12月28日晚，为纪念世界反法西斯战争胜利70周年，第五届中法戏剧交流公益演出在东城区第一文化馆风尚剧场举行。演出推出了以世界各国经典二战歌曲为内容的音乐会“音乐回忆录”，吸引了社区群众及音乐爱好者近400人到场观看。

第七届北京快板邀请赛　12月30日，第七届北京快板邀请赛决赛暨颁奖活动在东城区第二文化馆一层崇文剧场举行。本届新苗奖获奖选手年仅5岁，此次比赛为保护和发展文化遗产，弘扬民族艺术，振兴繁荣曲艺事业，彰显快板艺术魅力和风采，传承和推出快板新人新作发挥了积极作用。

文艺演出　2015年，区文委组织了“群众文化展演季”“百姓周末大舞台”等500多场文艺演出，参与人数30万人次。围绕打造“首都戏剧文化城”的目标，区内文艺表演团体增至75个，备案营业性演出场所29家，全年演出7000余场次，观众300余万人次，营业收入3亿余元。

非物质文化遗产保护工作

年内，成立全市首家以非物质文化遗产为主题的博物馆——北京市东城区非遗博物馆，博物馆建筑面积950平方米，全面展示东城区非物质文化遗产以及东城区“非遗”传承与保护成果。召开东城区非物质文化遗产名录项目代表性传承人专家评审会，确定屈炳庆、屈永增等49人为第三批东城区级非物质文化遗产名录项目代表性传承人。编写《东城瑰宝——北京市东城区非物质文化遗产项目汇编》，将东城区“非遗”保护工作的成果进行汇总。成功举办“非遗闹元宵——新春非遗庙会”。与东城区教育学院合作开展“非遗教育概论”培训。在京津冀非物质文化遗产展暨传统手工艺作品设计大赛中，东城区选送的三件“非遗”项目作品荣获金奖，分别是文乾刚的雕漆作品《剔红居庸叠翠宝座屏风》，程淑美的花漆镶嵌作品《累丝提梁壶》，北京市珐琅厂有限责任公司的景泰蓝作品《丝路钟声》，其他十余件作品分别荣获了银奖及铜奖。

东城区非遗博物馆

文化市场管理

行政许可工作　2015年，各类文化经营企业共计670家，其中，歌舞娱乐场所123家、游艺厅35家、网吧92家、演出场所29家、出版物零售企业302家、文艺表演团体76家、电影院13家。全年共办理行政许可审批件666件，其中，新设立32件，变更47件，营业性演出587件。

行政执法检查　2015年，执法队处理各类举报43起，办结回复率100%。执法队全年共出动检查2513人次，604车次；行政处罚案件办结62起，同比增长59%，罚款45.91万元，没收非法所得865元。针对文化经营单位负责人开展了9批次的法律法规和综合素质培训，先后共有500余人次参加培训。召开各类工作动员部署会10余次。报送各类工作信息86篇。先后开展各类专项行动10余次，多部门联合执法30余次，圆满完成重要时间节点的文化市场保障任务。

获奖情况

2015年度，东城区文委系统共获得国家级奖项19项，北京市级奖项67项，东城区级奖项15项。

东城区文化委员会

书　记　王伟东

主　任　李承刚

（刘晶伟）

西 城 区

概　况

西城区历史悠久，人文底蕴深厚。辖区面积50.7平方公里。全区户籍人口144.7万人，常住人口为129.8万人。辖区设15个街道、257个社区。

西城区文化委员会（以下简称区文委）是区政府主管文化、文物、新闻出版和广播电影电视事业管理工作的职能部门。负责制定区文化事业发展规划，并组织实施；指导公共文化设施建设，构建公共文化服务体系；制定文化市场发展规划，承担文化市场、新闻出版、广播电视事业监督管理责任；负责文物保护有关事项的管理，对文物保护单位实施监督管理。设办公室、政策法规科（研究室）、公共文化科、非物质文化遗产科、文化产业科、文化市场管理科、文物科、财务审计科、党群工作办公室、人事科、监察科，行政编制45人。区文委所属区文化执法队负责区文化、文物、新闻出版和广播电影电视事业行政执法工作，设综合科、文化市场治理办公室、法制监督科、财务科、执法一分队、执法二分队、执法三分队、执法四分队、执法五分队，行政编制37人。

2015年，区文委按照“1+3”文件要求，坚持群众需求导向，着眼构建现代公共文化体系，进一步解放思想，开拓创新，文化体制改革、公共文化服务体系建设、公共文化设施网络布局、非物质文化遗产保护利用、文化产业发展、文化市场监管等工作扎实推进，文化事业影响力不断加强，区域文化繁荣发展。

2015年文化艺术发展

文化设施建设

牛街历史文化展陈室落成　12月8日，牛街历史文化展陈室正式落成，占地面积800平方米，室内通过利用图片影像资料、地区群众提供的实物、老场景复原等形式，再现了牛街的千年历史足迹。聘请6名在牛街土生土长的志愿者作为展陈室解说员，让“牛街娃讲牛街事”，使地区各族群众在“身边”感受民族共融的历史氛围。

“书香西城”建设

繁星PLAY书吧对外开放　2月9日，“书香西城”繁星PLAY书吧在繁星戏剧村向公众开放。繁星PLAY书吧是区第一图书馆与繁星戏剧村的一次创新合作，书吧以戏剧为主题，含《茶馆》《骆驼祥子》《哈姆雷特》《中国戏剧史》等与戏剧相关的剧本和著作近700册可供读者借阅，让观众在欣赏戏剧的同时能够了解戏剧背后的文化内涵。

“书香西城·阅读春天”活动　4月23日，区文委举办的“书香西城·阅读春天”大型接力诵读活动开幕。翻译家屠岸带领各界群众共同诵读春日经典篇目。“北京阅读季，就爱你阅读”大型公益活动启动仪式和“西城阅读推广人”颁奖仪式同期举行。活动当天发布2015西城阅读地图，地图涵盖全区公共图书馆、特色阅读空间和实体书店的详细信息。

“白云驿站”正式对外开放　4月23日，位于白云观北里的“白云驿站”公益阅读空间向公众开放。空间以公益为宗旨，提供科技、侦探、文学、养生等各大类图书2000余册，配置“云借阅”电子书刊借阅机1台，月均接待读者达2000余人次。

北京儿童阅读周活动　5月28日至6月1日，第五届“书香中国·北京阅读季”第二届北京儿童阅读周暨中国童书博览会在中国儿童中心举办。活动以“书香·传爱”进校园名家巡讲活动拉开序幕，高登义、安武林、安意如等10余位名家组成的讲师团走进西城20余所中小学举办名家巡讲；中国童书博览会、名家大师走进图书馆系列讲座、中国百年童书展先后开幕。中国童书博览会以创新性的主题馆分布，首次打造“儿童阅读主题公园”概念，实现了真正意义上的儿童阅读“嘉年华”。

“书香银行”——交通银行阅读空间对外开放　8月21日，区第一图书馆与交通银行西单支行共同成立的全市第一家“书香银行”——交通银行阅读空间向公众开放。交通银行阅读空间位于交通银行西单支行一层，配备金融类的书籍近500种。交通银行阅读空间还不定期地举办免费金融理财知识讲座、主题阅读等多项活动。

区级图书馆主题阅读活动　2015年，围绕“书香西城”建设，区第一图书馆举办“少儿经典诵读比赛”、“分享阅读　交换快乐”换书大会、铭记历史抗战知识竞赛、第二届中华灯谜文化节展猜等主题活动；区第二图书馆开展“书香少年　共享阅读”世界读书日主题活动、牛街回族大众读书会、畅享“悦”读时光、“读书益民杯”摄影展、红读少年历史文化体验行和红领巾读书读报系列活动；区少儿图书馆开展红领巾读书系列活动、青苹果童书会、青青草文学社系列体验活动、“共享阳光残障人读书会”、“纸戏剧”、“外来务工子女读书会”等主题活动。

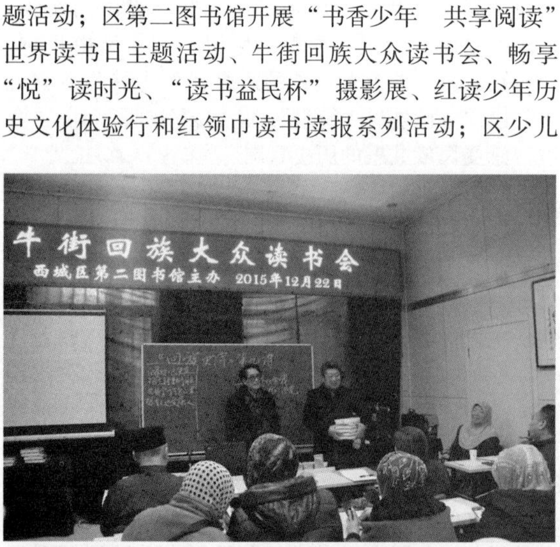

牛街回族大众读书会

传统节日文化活动

小年文化庙会　2月11日，2015年西城区迎春系列文化活动暨“乙未年”小年文化庙会在历代帝王庙举办。庙会以“华彩西城　甲午嬉春”为主题，活动包括民俗知识讲座、文化惠民演出、“非遗”项目推介等，内容涵盖花会表演、“非遗”展示、姓氏寻宗、赏花迎春、敬香纳降、曲艺专场等。

春节庙会活动　2月19日～23日，在东、西琉璃厂，陶然亭公园和北京大观园公园举办2015年北京厂甸庙会及第二十届红楼庙会。厂甸庙会共组织文化活动60场，参演演员1500余人，接待游客36万余人次，共有24家网络媒体、6家平面媒体、4家电视台对厂甸庙会进行报道。第二十届红楼庙会共组织文化演出节目80场，接待游客7.2万余人次。

清明陶然诗会　4月5日，“中国魂”2015清明陶然诗会在陶然亭公园举办。活动由西城区委宣传部、区文明办、区文委、陶然亭街道办事处支持，区第一文化馆、区第二文化馆共同主办，北京朗诵艺术团、陶然亭公园管理处承办，共500余名观众参加活动。

陶然端午文化节活动　6月20日～22日，由区文委和陶然亭公园管理处共同主办的陶然端午文化节活动在北京陶然亭公园举办。活动以“诗词歌赋中国梦，乐享陶然端午情”为主题，举办祭祀礼仪展示、龙舟水上表演赛、“非遗”手工技艺展示和传统小吃展售等特色活动。

中秋群众游园赏月活动　9月25日～27日，“皓月中秋·情聚西城”2015年西城区中秋节群众游园赏月活动在大观园和月坛公园举办。活动汇集文艺表演、“非遗”展示、猜灯谜、拜“兔儿爷”、灯彩展示、游园互动等文化活动。以“情”为主线，分“欢歌乐舞”“平安纳福”“华灯初上”“瑰宝艺术”“流光溢彩”“陶情适性”六个板块，通过多种形式诠释了中秋文化。

重阳节主题游园会　10月21日，由区文委主办的“致敬传统　大美重阳”2015年西城区重阳节主题游园会在大观园举办。

特色群众文化活动

百姓周末大舞台　4月～10月，在大观园露天剧场开展的“百姓周末大舞台”共演出49场，观众近2.5万余人次。

“中国梦·劳动美”建设者之歌声乐大赛　2015年6月9日～12日，第二届西城区“中国梦·劳动美”建设者之歌声乐大赛在区第二文化馆举办。此项赛事选手均来自西城区各工程项目从业人员，共18名选手进入决赛，产生冠军1名，二等奖3名，三等奖5名，优秀奖9名。

第12届北京景山合唱节　7月15日~19日，第12届北京景山合唱节在西城文化馆缤纷剧场举行。比赛共进行2天，西城区15个街道的30支合唱团参加合唱节的演唱。7月19日，在区第一文化馆举行合唱节优秀团队展演暨合唱节颁奖仪式。

纪念中国人民抗日战争暨世界反法西斯战争胜利70周年——中国共产党领导的抗战文艺展览　9月9日~13日，纪念中国人民抗日战争暨世界反法西斯战争胜利70周年——中国共产党领导的抗战文艺展览在北京展览馆举办。展览由中国延安精神研究会、国家档案局、中央档案馆、北京市西城区人民政府联合主办，西城区文委、重庆市图书馆承办，北京展览馆、中国红色文化研究会协办。展览集中挖掘、收集、整理抗战时期重要的爱国进步文艺作品，用先进的复制技术真实再现。从文献内容看，有抗日军民用文艺作品为抗战服务的各种艺术形式的载体，如剧本、小说、散文、戏剧、美术、文学作品，从各个角度表现了抗战对文艺的需要及文艺作品带给人民大众的精神支柱与鼓舞。

各项主题活动　2015年，各类群众文化活动丰富居民文化生活。包括五项公益类活动、夏日文化广场、文化艺术进社区、文化艺术进军营、文化艺术进环卫、首届“宣南杯”京津冀鼓曲培训及大赛、“传承雷锋精神——我奉献、我快乐”、“京腔京韵总是情”综艺专场演出、六艺大比拼、看大戏到西城、群星大舞台、月末大舞台、民工剧场、周末音乐沙龙等活动，共计3384场次，参与人数达100余万人次。

文化品牌工程建设

创排话剧《新北平市长》　7月1日~31日，在纪念世界反法西斯战争胜利70周年、庆祝中国共产党成立94周年之际，区第一文化馆创排了革命历史题材话剧《新北平市长》，并在区文化中心缤纷剧场进行了2轮共8场演出。聂荣臻元帅女儿聂力将军、女婿丁衡高将军，中央军委及市区的多位领导为话剧的创排提出了修改建议。

第二届中国国际芭蕾演出季　8月7日，第二届中国国际芭蕾演出季新闻发布会在天桥剧场召开。11月6日~12月26日，演出季系列活动在天桥剧场陆续呈现。此次演出季邀请了来自世界四大洲、10余个国家、19家国内外知名院团参加，各国艺术家为演出季奉献了13台大戏、15场公益活动、30场演出。

“2015百姓戏剧展演”系列活动　年内，由区文委主办，区第二文化馆和万方文化机构承办，中国国家话剧院支持的“2015百姓戏剧展演”系列活动举办。“百姓戏剧展演”以“政府搭台、企业参与、百姓受益”为宗旨，以“百姓演、免费看、专家帮、明星带”为特色，以“资源共享、群专结合、取之于民、还戏于民”为根本，以原创话剧、音乐剧、戏曲、情景剧等为载体，开展17项活动，展示19部剧目，呈现36场演出。

非物质文化遗产保护

非物质文化遗产代表性传承人名录建设　3月30日~31日，区文委召开第三批西城区区级非物质文化遗产代表性传承人专家评审会。包澄洁、常祥霖、高巍、李苍彦、刘满来、柳长华、吕韶钧、石振怀、周青青、王作楫等专家评审委员会成员参加，对114名申报人进行评审，其中81名申报人被推荐为第三批西城区区级非物质文化遗产代表性传承人。6月，区政府正式公布第三批西城区区级非物质文化遗产代表性传承人名录，涉及民间文学、传统音乐、传统戏剧、传统曲艺、传统体育游艺与杂技、传统美术、传统技艺、传统医药共8个类别的代表性传承人81人。至此，西城区区级非物质文化遗产代表性传承人达206人。9月24日，市文化局向社会公布第四批北京市级非物质文化遗产项目代表性传承人名录，西城区共有22人入选，至此，西城区共有77人入选北京市级代表性传承人。

“非遗”保护传承活动　年内，“非遗进社区、非遗进校园、非遗进酒店”活动在全区开展。通过开办培训班，提供特色服务，举办专场演出、讲座，深入全区15个街道、255个社区共开展各类活动200余场次。“非遗进校园活动”全年深入28所中小学，举办课程1042场次，开展曲艺、皮影、杂技等“非遗”专场演出活动20场次，专场传习展示活动5场次，共32807人次青少年受益，实现了非物质文化遗产保护和基础教育的有机结合。8月20日，“时尚非遗，爱在七夕”主题活动在开元名都大酒店举办，面塑、剪纸、绳结、年画、“兔儿爷”的传承人现场教授宾客制作“非遗”礼物。9月26日~27日，“在最美的季节相遇”中秋“非遗”体验活动在职工之家举办，木板年画和泥塑“兔儿爷”的传承人为宾客介绍中秋传统习俗、木板年画及“兔儿爷”制作技艺。6月~8月，2015年西城区非物质文化遗产演出季活动在天桥剧场、中国儿童剧场、区文化中心举办。演出季汇集了戏曲、曲艺、口技、古彩戏法、古诗词歌曲、北韵禅乐等众多优秀传统表演项目，共举办12场专场演出。

“非遗”项目参加对外文化交流活动　2月27日，区文委承接在钓鱼台国宾馆芳菲苑千人厅举办的2015年外国领事官招待会“非遗”展示活动相关工作，选派风筝、绳结、年画、剪纸、面塑以及张一元茶叶的代表性传承人进行现场展示，吸引各国领事官们的驻足观赏。

7月8日～12日，区文委选派由12名“非遗”传承人组成“非遗”文化团参加斯洛伐克皮斯塔尼民俗文化节并举办西城区“非遗”专场交流活动，宣传推荐西城区优质文化资源，加强西城区与皮斯塔尼市文化交流与合作。

10月28日～11月1日，应奥地利格拉茨市政府的邀请，区文委组织空竹、传统药香、京胡、古琴等项目传承人共12人赴奥地利格拉茨市开展文化展示交流活动。

11月3日～10日，区文委选派10位“非遗”传承人参加由市友协和区政府共同组织的“北京东盟文化之旅”代表团，并参加在文莱首都举办的“中国东盟民间友好大会”。

11月12日～13日，承办“2015北京国际民间友好论坛”之“非遗”分论坛——“文明互鉴与非遗传承”相关活动，代表性传承人杨凤一、李连元、李时亮及法、韩、美、日嘉宾进行主题发言。昆曲、口技、武术、传统药香、鬃人、传拓等10余个“非遗”项目进行了现场展演展示。

文化馆

西城区第一文化馆　一级文化馆。现有编制83人，在岗78人。内设办公室、人事部、财务部、后勤保障部、网络技术部、声乐部、器乐部、舞蹈部、戏剧曲艺部、美术部、研究创作部、剧场管理部、厅室活动部、舞美工作部共14个部门。年内，区第一文化馆继续推进“文化馆免费开放”工作，在阵地开展五项公益活动，完成公益演出48场、公益展览33场、公益讲座23场、公益电影37场、公益培训600余人；大小剧场共承接活动285场，舞蹈排练厅承接活动213场，其他厅室服务808课时。坚持举办“看大戏到西城”“周末音乐沙龙”“夏日文化广场”“六艺大比拼”等公益活动，关注弱势群体文化需求，举办“民工剧场”“盲人数字影院”活动。为隆重纪念世界反法西斯战争胜利70周年、庆祝中国共产党成立94周年创排了革命历史题材话剧《新北平市长》，共演出8场。原创情景剧《北京人家·心愿》，演出6场。

西城区第二文化馆　一级文化馆。现有编制37人，在岗33人。内设办公室、财务部、音乐舞蹈部、戏剧曲艺部、美术摄影部、文化活动部、文化志愿者服务分中心共7个部门。文化馆立足于公益性，继续推进“文化馆免费开放”工作，完成公益演出21场、公益展览27场、公益讲座63场、公益培训747次。坚持开展“艺术大讲堂”“艺术一点通”“京剧三进活动”“京津冀鼓曲大赛的培训和比赛”“先农坛的祭天活动”“月末大舞台”“西城美声音”“文化六进”“传统节目文化演出”“文化志愿者助残日活动”“合唱提高班”“主持人提高班”“舞蹈提高班”“声乐提高班培训”等活动。

首届“宣南杯”京津冀鼓曲大赛（复赛）现场

图书馆

西城区第一图书馆　全国首家获得国际图联会员资格的区县级公共图书馆，建筑面积11720.28平方米，馆内设有报刊阅览室、德国信息与德语自学中心、中瑞可持续发展信息中心、视障人阅览室、集体视听室、多媒体网络中心、旅游资料室、音乐资料室、参考资料室、古籍资料室、少儿阅览室、个人借阅部、自习室13个服务厅室。2015年，区第一图书馆以构建现代化公共文化体系为目标，以“文化兴区”为主线，以读者为中心，以创新为动力，以服务为重点，本着繁荣发展公益性文化事业为目的，努力完善“书香西城”整体战略。全年采购新书1344658.8元、11604种、43656册；办理“一卡通”读者证3762个，借阅411316人次，借书279344册次；上网浏览16364人次，视听欣赏4996人次，自习50799人次；举办读者活动245次（含培训、展览、讲座），133984人参加；流动图书车借书4464人次、40734册次；基层辅导134次，图书推荐93期，共推荐新书800种。

西城区第二图书馆　一级图书馆，建筑面积约3500平方米，馆内设外借部（报刊阅览室）、少儿部、资料阅览部、电子阅览部、采编部、宣传辅导部等业务部室。现馆藏图书65万余册，阅览座位560个，服务窗口7个，是北京市公共图书馆“一卡通”借阅成员馆之一。2015年，采购文献5.5万余册；办理“一卡通”读者证3231个；接待读者24万余人次、借阅书刊23万余册次；举办讲座报告会115场，听众达8000余人次；送书下基层101次，送书20200册；开展网上阅览活动80场，接待网上阅览读者近1.4万人次；举办“诗书画印社区行”系列活动，在大栅栏、陶然亭等街道社区举办培训班230场，4600人次；举办多种专题内容的主题展览20场，6万余人次参观。组织少儿读书俱乐部开展寓教于乐的“走进博物馆”系列文化体验行活动；开展未成年人读书活动43场，约2.4万人次参与；举办“第十四届法源寺丁香诗会暨第十一届丁香笔会”，文学界、新闻界、朗诵界与其他行业的人士300余人参加盛会，征集诗稿345首，编辑出版丁香诗会作品选《四月丁香梦》和《丁香笔会书画作品选》。2015年，荣获“全国优秀绘本馆”荣誉称号。

西城区青少年儿童图书馆　内设儿童阅览室、综合阅览室、报刊阅览室、电子阅览室、音像视听室等开放厅室，面向18岁以下青少年儿童开放。截至2015年12月，累计藏书351851册，全年流通册次356444册、流通人次139960人次、办证数量4428个，举办各种阅读推广活动253次，共134249人次参加，官方网站（www. xslib. net）总点击率369余万人次。全年围绕“共建书香西城”“弘扬民族精神　传承中华文化”两条主线，充分发挥市级爱国主义教育基地、区科普教育基地、区法制教育基地、区市民终身学习教育基地“四大教育基地”的职能作用。其中，包括以“弘扬传统文化　共筑中国梦想”为主题的红领巾读书活动，文化共享工程系列活动，以关注残障人士文化需求的“共享阳光”系列活动，以培养文学幼苗为目的“青青草文学社”系列活动等多项主题活动。

文化市场管理

行政许可工作　2015年，文化市场行政许可工作接待咨询6000余人次。办理行政许可事项审批与备案713件。其中，网吧变更5家；歌厅变更3家；电子游艺厅变更4家；文艺表演团体变更4家，设立1家；国内营业性演出许可602台，8549场次；演出场所经营单位备案1家；美术品经营单位备案1家。全区有文化市场经营单位901家。其中，网吧76家，歌厅58家，电子游艺厅23家，文艺表演团体55家，演出场所经营单位35家，从事美术品经营活动的单位54家。

文化市场执法检查　2015年，区文化执法队共出动执法人员4694人次，检查文化经营单位790家次，立案76件，结案73件，罚款457630元。

西城区文化委员会

书　记　张云裳（女）

主　任　孙劲松

（王　莹）

朝阳区

概　况

朝阳区位于北京市城区东部，区域面积470.8平方公里，下辖24个街道办事处，19个乡（地区办事处），常住人口395万人。

朝阳区文化委员会（以下简称区文委）是负责朝阳区文化、文物、新闻出版和广播电影电视工作的政府组成部门。内设办公室、文化科、文物管理科、出版发行管理科（审批管理科）、信息中心（调研室）、研究中心、组宣人事科、财务基建科和文化执法队。人员编制60人，其中，行政编制30人，行政执法专项编制27人，工勤编制3人。直属单位有文化馆、图书馆、北京民俗博物馆、朝阳剧场、紫光影城、香河园地区文化中心、劲松电影院、垡头地区文化中心、群众文化厅、朝阳京剧文化艺术中心、文物管理所、国声京剧文化艺术中心。

2015年，区文委认真把握文化发展面临的新形势、新要求，立足站位超前、视野开阔、基础夯实、服务务实、程序严谨，巩固提升国家公共文化服务体系示范区创建成果，加快构建具有朝阳特色的现代公共文化服务体系。朝阳区公共文化设施网络全面覆盖、互联互通，公共文化服务的内容和手段更加丰富，公共文化管理、运行和保障机制进一步完善，基本公共文化服务标准化均等化水平不断提高，百姓文化权益得到更好保障。

2015年文化艺术发展

文化体制机制改革创新

积极探索事业单位建立法人治理结构　年内，区文化馆成立了由文化馆平台建设负责人、体制外人员及各层面社会人员共50人的利益共同体代表构成的理事会，初步形成以决策、执行和监督为主要架构的治理结构。区图书馆整合区域文学创作资源，恢复“朝阳书友”组织，并实施理事会及相关规章制度，落实法人自主权。北京民俗博物馆探索东岳庙妈祖文化理事会建设。配合区国资委、宣传部研究制定了《朝阳剧场、紫光影城、劲松影院三家事业单位划转并转企改制工作方案》，全力推进经营性文化事业单位转企改制工作。

进一步深化垡头地区文化居委会试点工作　在条件成熟的南磨房地区百东社区和双井街道百子园社区成立文化居委会，推广基层文化自治组织运行模式。并与清华美院信息系“服务设计专题研究”小组密切合作，引入“创客”概念，推动文化居委会项目新发展。

文化设施建设

完善区图书馆新馆各项功能，扩大对外开放。改善区图书馆老馆服务环境，进一步提高服务效能。劲松地区文化中心建设竣工，加快实施香河园、常营地区文化中心装修改造工程。全区43个街乡文化中心、436个社区和行政村（不含新建社区筹备处及已拆迁行政村）公共文化设施覆盖率达100%。加强对新建、改造升级街乡文化中心建设的指导工作，三里屯街道、来广营地区文化中心全部完工，已对外开放；大屯、团结湖街道文化中心装修工程竣工，设备安装完毕，具备开放条件；三间房地区文化中心装修工程完成。

调　研

苏州市文化广电新闻出版局到朝阳区参观考察　1月5日，苏州市文化广电新闻出版局一行十余人到朝阳区参观考察，学习朝阳区公共文化服务体系建设的工作经验。参观考察中，区图书馆介绍了朝阳特色的公共图书馆四级服务体系建设及运营情况，图书馆新馆的办馆理念及相关措施；区文化馆介绍了运营模式及未来发展思路，并着重讲解了文化馆的发展定位、创新理念及融入民生等作法。

滁州市南谯区到朝阳区考察公共文化服务体系建设和文化创意产业发展　1月9日，安徽省滁州市南谯区主管文化工作的副区长邵长玲率文化广电新闻出版局、文化馆、图书馆工作人员到朝阳区，对公共文化服务体系建设和文化创意产业发展进行参观考察。朝阳区文化馆馆长徐伟介绍了文化馆运营模式及未来发展思路。

全国政协领导调研朝阳区公共文化工作　5月28日，全国政协副主席卢展工带领教科文卫体委员一行40余人，以“提高公共文化设施管理水平和服务效益，为制定‘十三五’规划议政建言”为主题在京调研座谈。考察组参观了来广营地区文化中心，随后进行座谈，分别听取了北京市现代公共文化服务体系建设情况和朝阳区基层综合性文化中心建设情况的汇报。

孙其军调研朝阳区文化馆、垡头地区文化中心　6月4日上午，朝阳区副区长孙其军调研朝阳区文化馆、垡头地区文化中心。孙其军听取了徐伟题为《“中国文化馆宪章”创想，朝阳区文化馆模式案例分析》的汇报，并到垡头地区文化中心，调研了垡头地区文化中心的软、硬件建设情况。

嘉兴市人大常委会委员考察朝阳区文化设施　7月13日，浙江省嘉兴市人大常委会副主任张志伟一行7人，在区人大常委会副主任朱春霞的陪同下，考察朝阳区朝外街道文化中心、区图书馆、区文化馆等文化设施。

通州区文委领导到朝阳区调研公共文化建设　8月19日，通州区文委主任王立生一行7人到朝阳区调研公共文化服务体系建设。朝阳区文委领导介绍了朝阳区创建国家公共文化服务体系示范区的基本情况；介绍了以示范区创建为契机，抓保障体系、抓过程管理、抓机制建设，结合区情做好顶层设计，充分利用外脑，形成区域联动，通过示范区创建工作，提升地区文化文明素质，为首都全国文化中心建设做出贡献的经验体会。

廊坊市文广新局领导到朝阳区考察学习　9月10日，廊坊市各市、区、县文广新局局长及相关工作人员一行30余人，对朝阳区公共文化服务体系建设和示范区创建过程中的做法、经验进行考察、学习。先后参观了朝阳区文化馆、垡头地区文化中心、潘家园街道图书馆，并与区文委进行了经验交流座谈。

市文化市场执法总队领导到朝阳调研　9月16日上午，北京市文化市场行政执法总队副巡视员梁祖国、宣传中心主任余应举带队，到朝阳区调研文化执法宣传工作。余应举肯定了近年来朝阳区在宣传领域的工作成果，并就宣传工作的内容、形式等听取了朝阳区文化执法队员的意见和建议。

民进中央调研组到朝阳区垡头地区文化中心调研　12月2日下午，全国人大常委会副委员长、民进中央主席严隽琪带领民进中央调研组到朝阳区垡头地区文化中心参观调研并进行座谈。区文化馆馆长徐伟向领导介绍了垡头地区文化中心运行情况及周边五乡一街群众文化工作开展情况。随后调研组参观了文化中心的室内设施，并与正在排练的文艺团队进行交流。严隽琪表示，垡头地区文化中心的公共文化服务工作充满了时代感，也切实符合当地的实际情况；通过调研，对公共文化服务有了更为深入的思考，希望今后多到朝阳区进行更为深入的调研。

群众文化队伍建设

群众文艺团队认定及培训工作　2015年，举办了合唱、戏曲、民乐、舞蹈4项认定比赛，收集整理43个街乡团队统计数据。2015年，朝阳区共拥有各类群众文艺团队2797支，参与人数6.5万人。与朝阳区京剧艺术中心合作，全年举办3期京剧艺术培训班，培训400余人次。组织农村地区文化组织员20人参加市文化局的培训。5月，启动“千场讲座下基层”基层文化辅导培训项目，共计培训473课时。12月，全区43个街乡主管领导，文委机关，区文、图、博三馆业务干部参加在浙江大学举办的第三期公共文化建设高级研修班培训。

2015 国际舞蹈训练营活动　为进一步提升朝阳区基层舞蹈队伍的水平，与国际化舞蹈接轨，自 11 月 11 日起，朝阳区基层文化辅导中心开展了“国际舞蹈训练营”培训。培训班专门邀请两位国际著名舞蹈家进行专业教学，对朝阳区各街乡舞蹈骨干进行舞蹈训练。

图书馆

“参与公共服务　促进全民阅读”研讨会　4 月 23 日，第二十个国际读书日，朝阳区图书馆举行“参与公共服务　促进全民阅读”研讨会。悠贝亲子阅读学院、老百姓国学会、朝阳文化讲堂·季我努沙龙等单位代表应邀参会。该研讨会先后举行了三场主题讲演，是区图书馆朝阳文化讲堂推出的“世界读书日”系列项目之一。

基础业务　年内共接待读者 71 万余人次，流通图书 74 万册次，新办读者证 17268 张，接待读者数量、流通图书册次比 2014 年同期分别上升 5.3%、5.6%，位列北京市区县级图书馆之首。完成订购新书 51231 种、260707 册，较 2014 年分别增长 47%、24%。完成基藏书库 636574 册次图书的整理工作。年内，自助图书馆建成总量已达 126 台，在北京市率先实现自助图书馆进军营。

“书香朝阳·全民阅读”活动　2015 年，朝阳区图书馆围绕“书香朝阳·全民阅读”活动，开展了丰富多样、别具一格的系列读书活动。全年有 6 个社会团队直接参与活动组织，共举办活动 393 场次，参与人次达 6.8 万余人次。朝阳区图书馆荣获“全国全民阅读先进单位”称号。

4 月 23 日，志愿服务人员在红领巾公园进行“24 小时自助图书馆宣传推广系列活动”

文化交流

精彩外国文艺表演登陆 798 玫瑰之名艺术中心　5 月 1 日～2 日，第十届潮流音乐节 2015“相约北京”玫瑰之名演出在 798 玫瑰之名艺术中心举办，来自美国、西班牙、墨西哥等 14 个国家的音乐团体奉献了风格迥异的 28 场公益演出。之后，区文化馆继续开展一系列国际文化交流活动，5 月 16 日由西班牙班巴林那剧团在 798 玫瑰之名艺术中心为首都观众献上了一场西班牙风味的木偶剧版《堂·吉诃德》，5 月 17 日则上演了由美国乃霓现代舞团带来的描绘美国沙漠风景的《大漠之歌》。

北京妈祖文化艺术节　5 月 11 日～13 日，北京妈祖文化艺术节暨北京妈祖文化交流协会成立揭牌仪式在北京民俗博物馆举行。北京民俗博物馆与北京妈祖文化交流协会以社团形式合作，开展 21 世纪海上丝绸之路的文化创作与文化宣传。

朝阳区与拉萨市城关区开展“春雨工程”活动　10 月 19 日～23 日，朝阳区组织文化志愿者、非物质文化遗产项目传承人以及相关专家等 15 人，赴西藏拉萨市城关区开展“春雨工程”暨朝阳区文化志愿者赴拉萨文化交流活动。其间，举行了非物质文化遗产交流展、北京市朝阳区非物质文化遗产传承人代表现场展示活动、非物质文化遗产保护与传承讲座等活动。

成立“京津冀公共文化服务示范走廊”发展联盟　朝阳区发挥国家公共文化服务体系示范区示范性、导向性和辐射作用，签订京津冀三地部分地区《文化战略合作协议书》，于 10 月 21 日成立“京津冀公共文化服务示范走廊”发展联盟，建立长期的战略合作伙伴关系，推动京津冀三地文化发展。

国际交流展示　2015 年，朝阳区高水平完成兵马俑灯笼赴澳大利亚悉尼、芬兰赫尔辛基和爱沙尼亚塔林展览，女子大鼓队赴捷克演出，“京味文化台湾之旅”等文化交流活动。朝阳区优秀“非遗”项目泥彩塑“兔儿爷”、毛猴、于氏风筝和宫廷补绣亮相美国洛杉矶，成为北京市申办 2022 年冬季奥运会的首场海外推广活动“北京非物质文化遗产展示交流”板块中的重要元素。

非物质文化遗产保护工作

朝阳非物质文化遗产项目亮相美国洛杉矶　2 月 1 日晚，作为北京市申办 2022 年冬季奥运会的首场海外推广活动之一的 2015“欢乐春节·魅力北京”中国年庆祝活动在美国洛杉矶比华利山市赛邦剧院举行。此次活动中，朝阳区选送的优秀“非遗”项目——泥彩塑兔儿爷、毛猴、于氏风筝和宫廷补绣在活动现场吸引了众多关注。四位“非遗”项目传承人双彦、于光军、杜景耀、李福强在进行“非遗”作品展示的同时，还与现场观众进行现场技艺互动和传授，展示了传统文化的无穷魅力，获得当地市民的欢迎。

朝阳区8人获评北京市级非遗代表性传承人　2015年北京市文化局公布了《关于公示第四批北京市级非物质文化遗产项目代表性传承人推荐名单的公告》，朝阳区古琴艺术（九嶷派古琴艺术）传承人邓红等8人获评第四批北京市级非物质文化遗产项目代表性传承人。朝阳区已有7个项目被列入国家级“非遗”名录，27个项目被列入北京市级“非遗”名录。

重要活动

首届五乡一街文化艺术节　为繁荣地区百姓文化生活，发挥四级文化服务网络的实际效用，展示五乡一街（南磨房乡，十八里店乡，豆各庄乡，王四营乡，黑庄户乡，垡头街道）的文艺志愿服务成果，1月，朝阳区垡头地区文化中心正式启动首届五乡一街文化艺术节，开展多项文化活动。文化艺术节上先后举办了书画展、摄影艺术大赛、象棋大赛、民俗艺术交流等丰富多彩的文化活动。通过辖区百姓的踊跃参与，各街乡文化干部的鼎力支持，整个艺术节异彩纷呈。有600余名居民、100余位文艺志愿者、20多家社会单位参与其中，充分展示了中共十八大以来文化促和谐的大好形势。

首届五乡一街文化艺术节朝阳区
群众文艺志愿团队展演

2015年文化科技卫生“三下乡”集中示范活动　2月9日，朝阳区2015年文化科技卫生“三下乡”集中示范活动在十八里店地区十里河文化馆拉开序幕。本次“三下乡”活动特别增设了与百姓互动环节，6位书法家分别向现场的幸运观众送上了春联和剪纸。来自国声京剧团和十八里店乡舞蹈队的演员们为当地百姓带来了京剧、评剧、西河大鼓、舞蹈、相声等内容丰富、形式生动的文艺演出。朝阳区春节“三下乡”活动自1997年举办以来，以宣传和落实党的各项惠民政策为宗旨，坚持贴近实际、贴近生活、贴近百姓需求，已经连续举办了18年，演出覆盖了朝阳区20个乡，受益百姓达15万余人次，深受广大人民群众欢迎。

“我们的节日·清明节”活动　4月2日，北京民俗博物馆举办了“我们的节日·清明节”活动。开展了探春游艺、击鼓戴柳、清明习俗知识竞答、北京民间“非遗”项目展示等多项活动，让游客们在春雨霏霏中体验清明的各种节俗。游客们在感受古庙风韵的同时，也通过参观“老北京传统游艺展”展出的近五百余件广泛流行于民间的老玩具，感受传统民间文化的博大精深。

“2015文化遗产日”纪念活动　6月12日，北京民俗博物馆开展了内容丰富的文化遗产日纪念活动。作为市级“非遗”保护项目——“幡鼓齐动十三档”之一的“开路会”进行了现场展演。“文化遗产日”主题知识问答吸引了观众的广泛参与，使观众了解到《中华人民共和国文物保护法》和《中华人民共和国非物质文化遗产法》的相关知识。活动还邀请到多位民间艺术家，向观众现场展示民间艺术品。

“2015社会创新周”活动　6月13日～14日，在文化馆开启“2015社会创新周”活动。来自国内外社会创新领域的顶级创变客和创客们，共同围绕“开放·共建·创变·以人为本”这一核心议题，分享国内外创新的新趋势和新方法，联结创客与创变客，推动政用“产、学、研”的跨界合作，建立学习型网络，带领参与者一起进入创意无限的世界，一起“建造”更智慧、更包容、以人为本的城市。

第14届“金刺猬大学生戏剧节”　第14届“金刺猬大学生戏剧节”从8月1日起展演至8月15日，来自全国各大高校的15部优秀戏剧作品在9剧场奉献了28场演出。“金刺猬大学生戏剧节”是由北京戏剧家协会和朝阳区文化馆联合主办，每年8月在北京举办的以自主性、开放性和原创性而闻名的全国大学生戏剧节。从2001年创办至今，已举办14届，吸引了全国高校师生的关注和参与。

文化市场管理

推进行政审批制度改革　对接国务院取消、下放及调整的行政审批事项，根据文化部、市文化局相关要求，制定了《朝阳区文化委员会关于“简政放权、放管结合、转变职能”工作的实施方案》，推进行政审批信息化、规范化建设，实现部分许可项目网上审批，简化了办事环节，提高了办事效率，收到申请单位的普遍好评。共计接到窗口及电话咨询近万余人次；办理行政审批事项共计405件，其中，许可事项233件，备案项目172件；现场核查场所82家，164人次；审核剧本、歌词等演出内容162件。

执法检查　2015年，围绕“扫黄打非”和文化市场管理开展了一系列专项整治工作：一是召开年度“扫黄打非”工作会，全面部署文化市场管理工作；二是落实“护苗2015”“净网2015”等七个专项行动，确保市场稳定有序；三是严抓安全生产工作，杜绝安全生产事故；四是提升政治意识，做好重要时间节点文化市场监管工作；五是创新监管方式，提高执法效能。执法队共出动车辆911台次，执法人员2112人次，检查出版物单位、娱乐场所、网吧、影院等各类场所26764家次，检查798艺术园区展览1097家次。受理举报119件，回复119件。立案调查52件，警告34家次，罚款13.1万元。组织各种联合检查80余次。

获奖情况

集体

区图书馆　被中央文明委授予“全国文明单位”光荣称号；被中国图书馆学会授予“2014年全民阅读先进单位”荣誉称号；荣获“首都拥军优属拥政爱民模范单位”称号。

区文化馆　荣获中央人民广播电台第四届“夏春杯”朗诵大赛（北京赛区）优秀组织奖；荣获“我爱唱歌”2015年北京市百姓歌手大赛优秀组织奖。

北京民俗博物馆　荣获朝阳区2014年未成年人思想道德建设优秀创新案例奖。

个人

李　利　被中共北京市委、北京市人民政府授予“北京市先进工作者”称号。

徐　伟　被评为“2015中国文化管理十大年度人物”。

朝阳区文化委员会

书　记　李　洋

主　任　黄晓伟（女，8月免）

高春利（8月任）

（于桢莹）

海　淀　区

概　况

海淀区位于市区和近郊区的西部和西北部，面积430.77平方公里，地形西高东低，兼有山地平原。辖7镇（地区）、22个街道、84个村、571个社区。全区常住人口369.4万人，户籍人口239.5万人。

海淀区文化委员会（以下简称区文委）是主管海淀区文化、文物、新闻出版和广播电视工作的政府职能部门。内设办公室、组织宣传科、公共文化科、文物科、审批管理科、法制督察科6个职能科室和文化行政执法队。直属事业单位有海淀文化馆、海淀图书馆、海淀区文物保护中心（海淀博物馆）。另外的3家事业单位中，海淀区电影管理处并入海淀剧院，转企改制，海淀评剧团撤销。

2015年，在区委区政府的领导下，在上级各业务部门的指导下，区文委加快构建现代公共文化服务体系，以优异成绩获得国家公共文化服务体系创建资格，创新文物行政审批方式，全面提升文物保护工作水平，着力保障文化市场安全有序，荣获“2015年度全国‘扫黄打非’先进集体”称号，海淀区在首都文化中心建设中的影响力进一步增强。

2015年文化艺术发展

公共文化服务体系建设

创建国家公共文化服务体系示范区动员大会　9月30日，海淀区召开创建国家公共文化服务体系示范区动员大会。文化部公共文化司，市文化局以及海淀区四套班子领导、部委办局、街镇主要领导和部分人大代表、政协委员出席会议。会议部署创建国家公共文化服务体系示范区目标、任务和工作重点。北下关街道、苏家坨镇、中间艺术区有关负责同志介绍建设公共文化服务体系的经验。

国家公共文化服务体系示范区创建工作　2015年，海淀区全面展开国家公共文化服务体系示范区创建工作，组织召开海淀区创建国家公共文化服务体系示范区动员大会，研究起草相关文件，印发《海淀区创建第三批国家公共文化服务体系示范区任务分解方案》，组织开展创建培训，全区上下形成齐抓共管促创建的局面。

公共文化服务体系示范项目　实施国家级公共文化服务体系示范项目，将高新技术企业纳入公共文化服务保障体系，为园区送去10场“文艺轻骑兵”演出，开启5场“午间时光”艺术教育体验之旅；惠民电影活动惠及园区近千家企业；新建企业图书流动站点50个，向上百家企业发放“书香海淀”畅读卡，设立企业文艺培训点50个，培养企业艺术骨干上千人次。

文化惠民工程

实施文化惠民工程，多元分层供给优秀文化服务产品。策划组织“到人民中去”——精品文艺演出进基层活动，举办第十二届海淀文化节、中关村国际青年艺术节及新春系列文化活动，共开展文艺演出500场次，惠及群众230余万人次。调动社会力量参与公共文化服务，海淀区开展全民阅读活动，共开展主题鲜明、形式多样的专题讲座、阅读分享、换书大集等活动230余场，有效拓展了阅读服务覆盖面，提升数字阅读、移动阅读的服务水平。创新公共文化服务方式，开通海淀公共文化微信公众账号，推动全民阅读、公益放映、“非遗”展演、艺术讲座、鉴赏体验等文化活动的普及开展。

文化体制改革

三家文化事业单位改革　2月13日，区编委下发《北京市海淀区机构编制委员会关于撤销北京市海淀区评剧团及划转编制的通知》，海淀区评剧团正式撤销，22名在编人员带编分流到海淀区文化馆。11月26日，区编办函复区文委《北京市海淀区机构编制委员会办公室关于撤销北京市海淀剧院的复函》及《北京市海淀区机构编制委员会办公室关于撤销北京市海淀区电影管理处的复函》，海淀剧院、海淀区电影管理处事业建制正式撤销，海淀区电影管理处并入海淀剧院，转制为企业。

文化设施建设

2015年，建成面积8.8万平方米的北部文化中心，明确北部文化中心文图两馆实行政府主导下的规范契约式的市场化运营模式。评剧团重新设计装修，功能定位为南部文化中心。北部文化中心、南部文化中心与文化馆、图书馆形成区级文化设施北中南的均衡布局。

北部文化中心建设　加紧推进北部文化中心开馆前期准备工作。为保障北部文化中心如期向社会公众开放，在时间紧、任务重的情况下，一年来实地现场勘察10余次，与北部办、财政局、行管处积极合作，完善新馆内部功能，明确硬件配套设施和开办资金，积极推进各项筹建工作。目前文图两馆硬件招投标工作已基本完成。同时，与财政局积极研究，到外地调查学习，探索海淀北部文化中心社会化运行方式。在区委、区政府的支持下，明确了北部文化中心文图两馆实行政府主导下的规范契约式的市场化运营模式。在全国开创了地市级馆社会化运营的先河。

基层公共文化设施标准化建设　年内，区文委争取市级资金3000余万元，推动苏家坨镇综合文化中心、上庄镇综合文化中心建设。东升镇综合文化中心、海淀镇综合文化中心进入试运行阶段，四季青镇综合文化中心招标工作上报区财政局。基层公共文化设施基本实现街镇级100%达标。

文化活动

“海之春”新春系列文化活动　2月1日~3月10日，区文委举办2015“海之春”新春系列文化活动。活动引入社会力量参与组织和管理，委托第三方公司对申报项目进行评审、过程监督和效果评估。支持第六届圆明园皇家庙会、香山登高祈福会、第四届“傲骨幽香”梅花、蜡梅迎春文化展、凤凰岭第二届新春游园会、第五届海淀三馆新春室内文化活动，各庙会共接待游客160余万人次；组织“羊春早起舞　大戏进村乡——文化下乡迎新年”活动，开展“和平鸽的祝福——为抗战老人‘送福到家’文化志愿者活动”等演出108场，惠及群众1万余人次。

“海之春”新春系列活动——
快板志愿者为群众表演

2015海淀区全民阅读活动　4月23日，北京市海淀区人民政府、生活·读书·新知三联书店在清华同方科技广场，庆祝北京三联韬奋24小时书店成立一周年暨海淀分店开业仪式，同时举办2015年海淀区全民阅读启动仪式。本届全民阅读活动以三联书店24小时分店为主会场，吸引创业者黑马会、皮卡书屋、小米多看等社会力量参与，开展主题鲜明、形式多样的专题讲座、阅读分享、换书大集等活动230余场，拓展阅读服务覆盖面，提升数字阅读、移动阅读的服务水平。开展“阅读季”“红领巾读书”“阅读之城”等各项活动共35场次，1.7万余人次参与。实施“书香家庭”、“阅读示范社区”、“金牌阅读推广人”、“聚焦阅读”摄影作品征集等各项评选活动。

第五届中关村国际青年艺术节　4月~6月，区文委举办第五届中关村国际青年艺术节。本届艺术节分为“穿越青春的航行”青年艺术之旅、“青春无敌”青年赛事活动、“青春放歌”户外文化活动、“青春有约”文化交流活动、“阅读凝固青春”青年阅读活动、“永远不能忘记”纪念抗战胜利70周年系列活动6大板块，举办各类活动100多场次，吸引不同行业、不同阶层和不同年龄段超过60万人次的青年参加。

第十二届海淀文化节　5月~12月，区文委举办第十二届海淀文化节。本届文化节以“盛世欢歌　强国圆梦”为主题，突出社会主义核心价值观文化目标引领和抗战胜利70周年的历史回顾、文化凝聚；全民参与，以城乡均等、区域均等、群体均等为重点，推进公共文化服务均等化；兼顾海淀文化的厚重性、立体性、多元性和创新性。文化节共分为4个板块，而“海上花开”——海淀基层文化集锦、“情景交融”——多彩活动绘海淀、“强国圆梦”——纪念抗战胜利70周年系列活动、竞彩飞扬——文化交流嘉年华。文化节共开展33项活动，惠及群众超过50万人次。

第一届中关村儿童演出季 6月1日~8月31日，海淀区文委、海淀区演出联盟举办以“中关村之旅”为主题的中关村儿童演出季。其间，在区内8家剧场进行28项、147场演出。由中国儿童艺术剧院制作的《罐头小人》作为儿童演出季开幕式大戏于6月22日在中间剧场上演。在本届演出季中，区文委与中国儿童艺术剧院首次联手，签订战略合作框架协议，开展多方位合作：一是通过联盟搭建的平台，中国儿艺与联盟内演出经纪机构、演出场所进行有效对接，增加到海淀演出场次，丰富海淀区儿童剧市场，提升中国儿艺在海淀的影响力；二是在中关村金秋演出季、“海之声”新年演出季期间，引进中国儿艺优秀剧目，纳入演出季项目名录，参与项目评定，给予项目补贴。在演出季中设置优秀儿童剧目展演周，扩大演出季受众人群。

第四届中关村金秋演出季 9月1日~11月30日，由海淀区文委、海淀区演出联盟主办的第四届中关村金秋演出季在海淀区内18家剧院及场馆上演160项、500余场精彩文艺演出，较第一届金秋演出季演出项目增加3倍，演出场次增加4倍。本届演出季期间共销售文化惠民票3.3万余张，惠民补贴款共计476万余元，总票房达9600余万元。

“到人民中去”——海淀区精品文艺演出进基层活动 11月24日~12月30日，开展“到人民中去”——海淀区精品文艺演出进基层活动。邀请国家大剧院、武警文工团、解放军艺术学院的优秀文艺团体送演出进社区、进企业、进农村，共演出15场，1万余人次观看。

第六届“海之声”新年演出季 12月1日~2016年2月29日在海淀区内剧场进行59项、285场国内精品文艺演出。12月31日，第六届“海之声”新年演出季开幕式在清华大学新清华学堂举行。区政协副主席刘恪及现场近千名观众观看了由北京交响乐团首席指挥家谭利华带来的2016年新年交响音乐会。

海淀剧院

2015年，海淀剧院由自收自支事业单位转变为企业。全年总计演出307场，其中，话剧202场，音乐会1场，音乐剧44场，京剧6场，曲剧6场，儿童剧39场，综合性演出9场：承接会议21场；电影放映4009场。总计接待观众55余万人次，营业收入1500余万元。海淀剧院被评为“2015年中国话剧大型演出场馆活力十强”并入选“2015年中国综合型演出场馆活力二十强入围名单”。海淀剧院引入国外优秀的剧团优秀的剧目，包括乌克兰的少儿芭蕾4场，百老汇音乐剧《一步登天》和《Q大道》44场。海淀剧院和北京京剧院共同开展京剧下基层的活动，带来6场精彩绝伦的京剧表演。年内，共演出话剧《开心麻花》、热播电影《栀子花开》的话剧版，以及话剧《分手大师》的姐妹篇《分娩大师》。2015年，海淀剧院被评为“安全生产标准化三级企业”。

文化馆

海淀区文化馆 海淀区文化馆是海淀区政府设立的从事群众文化工作的全额拨款事业单位，是海淀区群众的文化艺术活动中心。馆舍建筑面积7882平方米，设有专业琴房、练功房、13个培训教室、多功能厅和小剧场。年内，举办活动134场，其中，演出34场，免费电影40场，讲座及会议50场，展览10个。出版《海淀群文信息》12期、《红叶杂志》4期。组织文艺爱好者参加各类比赛活动25场次，在论文、摄影、器乐、朗诵、歌唱、戏曲等门类中均取得较好成绩。

文化艺术培训班 年内，区文化馆开展文化艺术培训班242个，服务人数9950人。其中，针对企业人员的培训班为87个，服务人数3550余人、14200人次；针对基层文艺骨干的培训班50个，服务人数1800余人；针对普通老百姓的免费艺术培训班105个，服务人数4600余人、班次406班、18600人次。开办舞蹈、声乐、器乐、美术、工美等艺术免费培训班354个，免费培训2028课时，培训学员7863人。低收费培训2744课时，培训学员5889人次。无偿为基层团队免费提供活动场地及音响设备602次，受益人数19000多人次。于夏季和冬季举办两次“百姓大舞台”学员汇报演出。

图书馆

第五届海淀区换书大集 4月17日~18日，以“以书为媒，以书会友”为主题的第五届海淀区换书大集活动在区图书馆举行。活动共收到市民的闲置图刊7000余册，500余名读者置换8000余册书刊，参与人数和交换图书数量均创历年新高。

海淀区图书馆 全年365天免费开放。区图书馆总藏量964782册（件），期刊617种、报纸98种，阅览座位515席。为读者提供报刊阅览、期刊外借、图书外借、地方文献资料查询、课题服务、上网、自习、培训、讲座、展览和读者活动等服务。少儿部有2万册图书及绘本。区图书馆有53个基层分馆、“一卡通”异地通借通还馆11个。图书流动车服务的流

动图书站点12个、集体外借服务企业站点120个。全年，办理读者证4124个，累积办证37271。接待读者223616人次，文献外借284873册次。分编加工本馆图书30142种、57373册，加工新馆图书42500种、145278册，基层图书分馆新书11770种、12386册。面向市民举办免费读者活动135场，海图讲坛免费公益讲座50场，展览17场，受益群众超7万余人次。地方文献网站“海淀叙录”点击率80万人次。2015年，海淀区图书馆有53个基层图书馆、35家联网基层图书馆、12个流动车服务点。

企业图书流动站点建设　年内，区图书馆累计为企业图书流动站点建设投入购书经费90余万元，新购图书3万册。区图书馆累计建成企业图书流动站点120家，流转图书近万余册。

非物质文化遗产保护工作

“非遗”项目进校园、进社区　6月9日，区文委和区教工委在北京医科大学附属小学联合举办2015年海淀区非物质文化遗产项目进校园活动启动仪式。市文化局以及海淀区委、区教委、区文委、美国西肯塔基州大中小学校长等领导出席启动仪式，并为北医大附小、北京育英中学、北京一零一中学等20所中小学颁发“非遗”传承项目基地牌匾。北医大附小、北京立新学校、西翠路小学现场为团花剪纸代表性传承人张凤琴、彩塑京剧脸谱代表性传承人杨玉栋、小灯张代表性传承人张双志颁发指导教师聘书。“非遗”进校园、进社区活动共走进36所中小学授课830学时，深入海淀街道万柳汇新家园、合建楼、中关村街道双榆树南里、万寿路街道今日家园4个社区展示190场次，受惠人数1万余人。

2015年海淀区非物质文化遗产
项目进校园活动启动仪式

“非遗”项目联展　11月12日～12月4日，区文委与河北省廊坊市文化广电新闻出版局联合，在北京工艺美术博物馆举办“匠·艺”——2015北京海淀、河北廊坊“非遗”项目联展。共有来自海淀区和廊坊市的400多件“非遗”手工作品参与展示。展览期间，多名专家、学者以及2万名群众前来参观，感受和体会燕赵大地古朴厚重、豪放大气的“非遗”文化与京味“非遗”的不同艺术魅力。

3人入选市级“非遗”代表性传承人　年内，区文化馆组织9个“非遗”项目的代表性传承人申报第四批市级项目传承人。经过专家评审，山石韩项目传承人韩雪萍、北京绢人齐聪颖、程氏针灸程凯被批准为第四批市级非物质文化遗产项目代表性传承人。北京（宏音斋）吴氏管乐社、北京市海淀区民族小学、清华大学美术学院、中央民族大学文学与新闻传播学院、北京联合大学应用文理学院、北京医科大学附属小学等“非遗”传承培训基地和生产性保护示范基地等共获得380万元市级扶持奖励资金。

文化市场管理

2015年，区文委按照全国、北京市“扫黄打非”的要求，重点开展扫黄打非“清源2015”“护苗2015”“净网2015”“秋风2015”四大专项行动，“两会”安保等重要行动。全年办案92件，年度案卷评查卷全部为优秀，其中1卷被评为“市十佳案卷”。出动执法人员2120人次，检查各类场所1750家次，收缴盗版光盘1600张，非法图书2800册。办理审批文化项目1014项。安全生产标准化达标的文化娱乐场所达到61家。

“净网2015”专项行动　3月～9月开展“净网”行动2015，继续打击网上淫秽色情信息。以整治网络文学、网络游戏、音视频网站为重点，清查本区域内上网服务场所，依法打击微博、微信、微视、微电影等“微领域”传播有害及淫秽色情信息行为和利用弹窗、搜索引擎、云存储以及移动智能终端、电视盒子等从事“色情营销”的违法行为。

文化安全“黄丝带”系列活动　6月1日～30日，区文委开展文化系统安全生产月“黄丝带”系列活动。在“联合检查周”期间，联合区安监局、消防支队等部门开展文化娱乐场所安全生产突击夜查，出动执法检查人数124人次，检查场所45家次，发现安全隐患和问题11个，立案6件。“法治宣传周”期间，在海淀剧院开展安全生产月启动仪式暨安全生产大型公开课，区文委、安监、消防等部门领导和近500家文化娱乐场所负责人参加活动，市安监局法规处处长李刚进行新《中华人民共和国安全生产法》公开课培训。“应急演练周”期间，在17.5影城今日花园店、北京东方斯卡拉餐饮娱乐有限公司、北京宇圣友乐汇娱乐有限公司等文化娱乐场所组织开展消防应急演练活动。

与贵州省黔南布依族苗族自治州结对帮扶　7月27日～8月2日，海淀区文委执法队赴黔南布依族苗族自治州开展结对帮扶交流工作，重点考察黔南布依族苗族自治州都匀、龙里、瓮安、荔波等县市的图书、网吧、歌舞等文化娱乐场所。执法队向黔南布依族苗族自治州赠送价值2万多元的执法记录仪等办公设备。8月15日~8月28日，贵州省黔南布依族苗族自治州文化市场执法骨干到海淀区交流学习，实地考察海淀区文化市场，并与海淀区文化市场执法人员开展交流座谈。

获奖情况

集体

区文委　荣获“2015年度全国‘扫黄打非’暨文化管理工作先进集体”称号。

海淀区文化委员会

书　记　刘建朝

主　任　陈　静（女）

（杨立辉）

丰　台　区

概　况

丰台区地处北京城区西南，面积305.87平方公里。常住人口230万人。区辖16个街道办事处、3个乡和2个镇。

丰台区文化委员会（简称区文委）为丰台区主管文化事业、文物保护、新闻出版和广播电视行政管理工作的政府职能部门。内设办公室、文化科、文物科、文化市场管理科（出版发行科、版权科）、组织人事科和文化行政执法队，共有行政编制45人。下辖文物管理所、图书馆、文化馆3个全额拨款事业单位。全系统有在职干部职工161人。区少儿图书馆隶属区教委。

2015年，以纪念抗战胜利70周年为主线，积极推进公共文化服务体系建设和文化体制机制创新，举办了包括周末百姓大舞台、星火工程等活动在内的“我的丰台·我的家”系列活动、“花好月圆传戏韵”主题活动以及“发现丰台之美”主题活动、第十个非物质文化遗产日等群众文化活动。全年全区组织文化活动、文艺演出、电影放映、读者报告会等各类文化惠民活动4000余场次，累计受众40万人次。以挖掘文化内涵为目标，加大文化资源保护传承发展。以落实“平安丰台”为目标，保持文化市场有序发展，为抗战胜利70周年等活动做好服务保障工作，为全区营造了安全、有序的文化市场环境。

2015年文化艺术发展

领导调研

基层公共文化服务体系建设工作调研　10月21日，为推动落实市政府“1+3”公共文化政策，全面了解和掌握丰台区基层公共文化建设情况，副区长狄涛带队，区文委主要领导陪同，分别到花乡和西罗园街道开展工作调研。调研内容主要围绕丰台区公共文化建设的现状、存在的问题以及在公共文化产品配送及服务方面的需求和建议展开。

文化交流

高雄灯会艺术节暨第四届北京特色周活动　高雄灯会艺术节暨第四届北京特色周活动3月4日在台湾高雄开幕。高雄灯会艺术节暨北京特色周是北京市对台文化商业交流品牌项目，创建于2011年，本届已是第四届。特色周活动以高雄传统的元宵节灯会为平台，通过民俗文化交流形式，弘扬老北京传统文化的精髓。丰台区非物质文化遗产保护成果米粮屯高跷、火绘葫芦、彩色剪纸、京剧表演等8个项目在活动中大放异彩。

原创作品展演　区文化馆创作的原创歌曲《四合院儿》、马家堡街道和韵京剧团创作的原创京剧现代戏《连心桥》，作为群众精品节目的代表参加2015首都市民系列文化活动群众精品节目展演。

重要会议

文化市场管理暨“扫黄打非”工作会　2月16日，2015年文化市场管理暨“扫黄打非”工作会议召开。区委常委、宣传部部长、文化市场管理（“扫黄打非”）工作领导小组组长孙军民，副区长、领导小组常务副组长狄涛等领导出席会议，39个成员单位参加会议。会议强调，全年工作要围绕全国“两会”、纪念全民族抗战爆发、反法西斯战争胜利70周年等一系列重大活动的保障工作，做好日常监管和开展专项治理。

“戏曲进社区（村）”活动工作部署会　3月19日，在区图书馆组织召开了2015年“戏曲进社区（村）”活动工作部署会。区文委相关负责人、中国戏曲学院戏教中心相关负责人、各街乡镇文教科长（文化站长）及各票房负责人等60余人参加了会议。

群众文化工作部署会　3月31日，区文委在区图书馆召开了2015年丰台区群众文化工作部署会，全区21个街乡镇主管文化工作的领导、文教科长、文化站站长及文化干部共50余人参加了此次会议。会议向各街乡镇部署了4项重要工作：一是培育弘扬社会主义核心价值观活动；二是“花好月圆传戏韵”系列品牌文化活动；三是“我的丰台我的家”

文化惠民活动；四是消费季文化活动。

文艺演出“星火工程”演需洽谈会　4月8日，2015年农村文艺演出“星火工程”演需洽谈会在区文化馆召开，全区5个乡镇的主管领导和部分行政（中心）村文化工作负责人参加了会议。会议就丰台区2015年农村文艺演出“星火工程”总体工作进行了全面部署，明确了各乡镇、行政村及演出单位的职责，对各个行政（中心）村及演出团队提出了明确的要求，并提出安全工作为演出重要保障，确保演出的质量和效果。

娱乐场所安全教育培训会　7月8日，区文委在圣地苑宾馆组织召开了2015年丰台区娱乐场所安全教育培训会。区文委、区疾控中心、北京市消防安全培训中心和全区近200家电影放映、歌舞、游艺娱乐场所的法定代表人或负责人参加了培训。会议进行了防艾滋病工作宣传，并对百日安全大检查中存在的问题进行通报，对娱乐场所的安全生产提出了要求。

主题文化活动

端午文化游园会　端午文化游园会于6月20日~22日在北京世界花卉大观园举办。活动以“魅力丰台　快乐端午”为主题，通过“文化端午”“民俗端午”“快乐端午”3大板块20余小项的主题文化活动，使百姓体会和近距离的接触民俗，并享受传统民俗文化的魅力，营造良好的社会环境。

纪念中国人民抗日战争胜利70周年群众歌会活动　7月7日，在文化馆举办纪念中国人民抗日战争胜利70周年丰台区群众歌会活动。首都各界群众代表组成的10支队伍，现场演唱抗日战争时期的经典歌曲及时代精神优秀音乐作品，表达各界群众的爱国情怀以及实现中华民族伟大复兴梦想的决心与勇气。

2015丰台戏曲文化嘉年华　2015丰台戏曲文化嘉年华于9月19日~20日在北京万芳亭公园举行。活动通过推出全市戏曲票友大赛、戏曲互动体验、戏曲专场演出及戏曲联欢会等板块，吸引广大市民、游客参与其中，进一步将丰台戏曲文化嘉年华打造成全北京的著名文化品牌。

2015“卢沟晓月”中秋赏月活动　2015年“卢沟晓月”中秋赏月会活动于9月27日在宛平城举行。活动邀请民俗专家、评书艺人、抗战英烈后代、文明家庭和各界人士等不同群体，通过讲解、评书、述说、吟诗等方式与大家分享家国精神、共享中秋喜悦与幸福。

“发现丰台之美”主题活动　年内，“发现丰台之美”主题活动依托微博、微信、豆瓣小站等平台，发现、展示、评选、传播一批在各行各业各地创造美的“丰台达人”及达人作品。全年累计推荐各类达人1336人，入选月度达人178人，文化丰台微博发布内容826条，网友转评11548次，粉丝增长至13.8万人，微信推送文章84篇，阅读分享3.6万次，豆瓣小站豆友直接来访增至94万人。打造了丰台城市名片，提升了丰台城市形象。

系列文化活动

“三下乡”活动　2月5日~11日，丰台区2015年文化、科技、卫生“三下乡”陆续开展慰问送温暖活动。区文委以“文化服务到农家”为主题，为5个乡镇各送1场高质量的文艺节目，同时向5个乡镇赠送图书、杂志、光盘等学习材料，“三下乡”活动共服务基层村民3000人次。

百姓周末大舞台　5月16日~31日，每个周六、周日在莲花池公园演出。活动汇总最受群众喜爱的表演形式及演出时间，挑选丰台区位置优越、设施完备的文化广场，邀请专业院团进行表演，真正做到按照群众实际需求提供演出服务，实现政府文化惠民项目与群众文化需求有效对接，共演出6场。

文艺演出星火工程　采取“订单式”服务方式，5月~10月在辖区68个行政（中心）村开展136场文艺演出，切实满足不同区域特点广大农民群众的文化需求。真正让百姓在家门口就能观赏到不同专业院团的精彩表演，切实保障农村群众文化均等的权益，不断丰富农村的文化生活，促进城乡文化协调发展。

“我的丰台·我的家”系列文化活动　5月~11月，开展包括“周末百姓大舞台”、“戏曲进社区（村）”、“星火工程”文艺演出等活动在内的“我的丰台·我的家”、“书香丰台”及相声乐苑等区级文化活动840场次。

文化“四进”工程　根据辖区各街道、乡镇确定的观众对象，于5月~11月分别送上不同专题的演出21场。文艺演出的内容涵盖舞蹈、歌曲、魔术、相声等，为地区群众提供最直接、最有效的文化服务，让文艺演出走进社区、农村、部队、工地，切实让广大群众共享优秀文化成果。

“我的丰台·我的家”群众舞蹈大赛　“我的丰台·我的家”群众舞蹈大赛于6月~7月在区文化馆举行。全区21个街道乡镇群众参加，共有42支业余群众舞蹈团队800余名舞蹈爱好者踊跃参赛，有18支舞蹈队进入了决赛，舞蹈类型涵盖了民族舞、古典舞、新秧歌等形式，作品50%为原创，经组委会综合评审，最终《赶圩归来阿哩哩》《剪花情》《长鼓敲起来》3支舞蹈作品脱颖而出，获得了此次大赛的一等奖。

“发现丰台之美”——“我唱”群众合唱大赛　“发现丰台之美”——“我唱”群众合唱大赛于9月在区文化馆举行。共有来自方庄、马家堡街道等22支参赛队近1000余名合唱爱好者参加复赛。经组委

会综合评审，北京爱之声合唱团、韵之声合唱团等18支优秀队伍进入决赛。最终丰台第二十八军休所金一女子合唱团、卢沟桥艺术团、东铁营合唱团获得了大赛的一等奖。

“书香丰台”阅读系列活动　通过推荐阅读书目、组织交流研讨、专题讲座、图书交换大集等各类的文化活动，大力弘扬北京精神，积极推进公民思想道德建设，全面开展社会主义核心价值体系教育，打造丰台区文化品牌新亮点。共开展各类文化活动67场次，累计参与读者1.5万余名。

“周末相声乐苑”和周末场演出　两项演出常年坚持20元~30元惠民低票价，让老百姓以低票价观看高质量的文艺演出。坚持演员阵容汇聚名家新秀和专业院团，让百姓在家门口就可以和专业演员进行零距离的接触，节目内容安排上一切从观众的需求出发，全年，为观众演出相声114场，年受众人数约4万余人次。

丰台区“周末百姓大舞台”　丰台区“周末百姓大舞台”活动安排21个街乡镇在自己的舞台上自主开展10场文艺演出，扶持培育自身文艺团队，鼓励各属地间优秀团队交流展演。同时为扶持农村地区“非遗”团队发展，特在全区安排10场“非遗”展示活动。共演出204场。

戏曲进社区（村）　围绕丰台区“建设中国戏曲文化中心”的重点工作任务，利用区域特色戏曲资源优势，通过政府购买文化服务的方式，与中国戏曲学院和中国电视戏曲委员会合作，结合群众不同需求定制课程，安排有针对性的票房指导，开展“戏曲进社区（村）”活动。戏曲学院的讲师深入到各街乡镇基层戏曲票房与戏迷朋友们中间进行有针对性的票房指导，完成“戏曲知识大课堂”10场讲座，下基层票房指导150场。

基层文化建设

街乡镇文化管理干部业务培训班　11月4日~6日，区文委举办了“丰台区2015年街乡镇文化管理干部业务培训班”。本次培训为期3天，采取脱产培训、专题讲座、理论与实践相结合、现场教学与交流研讨相结合等多种方式进行，各街乡镇主管领导、文化科长（站长）、文化干部及区文图两馆负责人共70多人参加了培训。

“六个十”示范项目　11月23日~27日，丰台区2015年基层文化建设“六个十”示范项目汇报会顺利开展。此次汇报会历时5天，经过街乡镇申报、区文委初审等环节，最终确定21个街乡镇共136个项目参加此次评选。由文化领域权威专家和21个街乡镇大众评审组成的评审团评分，最终评选出60个优秀示范项目。其中，由方庄地区申报的“紫芳园南里快乐小陶子亲子读书会”、南苑乡申报的“南苑村开耕节”等特色文化活动得到了专家和大众评审的一致好评。丰台区“六个十”示范项目即：每年在全区范围内评选出10个示范性社区（村）文化室、10个示范性基层图书馆（室）、10个示范性文化广场、10个特色文化活动、10支优秀文化团队和10个优秀传统文化项目，采取以奖代补的办法，对评选出的优秀项目进行扶持和奖励。

丰台区2015年基层文化建设
“六个十”示范项目汇报会

基层文艺骨干培训　年内，文、图两馆及相关文化设施继续实现全免开放，对各街乡镇文艺骨干队伍免费培训，共开展摄影、合唱、舞蹈、指挥等基层文化骨干培训累计受众近6000人次，公共文化服务能力有所增强。

基层文化设施建设　协助申请文化专项资金对文化服务中心和文化室项目的改造工作。为王佐镇文化服务中心、长辛店镇文化室、太平桥街道社区文化室、卢沟桥街道青塔文化服务中心、右安门街道文化室等共申请改造资金1800余万元。

“文化爱相随”文化志愿服务项目　以常态化项目“爱相随”为依托，以关爱低保家庭、残疾人、打工子弟等弱势群体为重点，文化志愿者们热情工作，积极参加各项活动。全年累计有2000余名文化志愿者参加活动。

非物质文化遗产保护工作

丰台区第六届室内新春游乐会　2月21日~24日，丰台区第六届室内新春游乐会活动在文化馆举办，进行“非遗”项目展示，4天共吸引游客10000余人。本届游乐会整合区内及友邻单位的优秀文化资源，共设置大赛、演出、展示、游艺、民间花会5大类近30个不同的项目，在新春佳节期间为辖区群众提供一个老少皆宜的娱乐休闲场所。

第十个“非物质文化遗产日”活动　6月13日，

以“保护成果，全民共享”为主题，开展全国第十个“文化遗产日”活动。活动在卢沟桥乡程庄子村文化广场举办，颁发了9个第三批区级“非遗”项目牌匾，并通过花会展演、艺术品展示互动、发放宣传品等方式，吸引更多市民自发加入到活动中来，活动共吸引了400余人参与，发放宣传品3000余件。

“爱我中华”优秀传统文化展演活动　“十一”期间，在北京园博园开展金秋文化季“爱我中华”优秀传统文化展演活动，活动包括非遗表演、优秀传统文化项目展示和传统文化体验教学3个板块。舞龙舞狮、威风锣鼓等民俗花会表演登台亮相，捏面人、绘画壶制作、画糖画、吹糖人、剪纸等优秀传统手工艺项目一一呈现，活动互动性强，使游客在游园的同时感受到传统文化的魅力，共吸引近万人次参与。

文化馆

区文化馆积极开展丰富多彩的文化活动，营造良好的文化氛围。针对辖区群众日益多元化的精神文化需求，利用小剧场长期举办摄影、合唱指挥等免费培训，提高街乡镇文艺骨干队伍的业务水平。通过开展“周末相声乐苑”“周末场演出”等高水平、低票价的演出，进一步满足不同群体多样性的文化需求，全年向全区范围提供近300场各类文艺演出，受众8万余人次。以“我的丰台·我的家”为主题，开展贯穿全年的系列文化活动。举办“文化四进”工程、农村文艺演出星火工程、广场舞蹈大赛等活动，在全区范围内掀起“舞丰台、唱丰台、爱丰台”的文化热潮。

图书馆

区图书馆1978年6月建馆，现有阅览座席570个。截至2015年年底，馆内文献总藏量730268册（件）。读者流通人数217815人次、借阅人次19364人次、书刊外借册次65921册。截至2015年年底，已建成计算机联网点118个、图书配送点35个、共享工程73个、益民书屋99个、数字文化社区2个。全年为基层服务点送书77次，配送图书56200册，开展基层辅导65人次、讲座31场，受益人群2051人次。特别针对老年朋友、残障人士免费办理图书借阅卡，对到馆特殊群体予以特别关注。举办春节、元宵、清明、端午、中秋、重阳、七夕等传统节日文化活动，开展“书香丰台”阅读系列活动，提升了全民阅读活动的层次和水平。

文化市场管理

春节期间安全检查　2月18日~24日，区文委执法人员对假日旅游重点地区、重点部位、文物保护单位、文化娱乐场所进行巡视、检查。春节期间共出动执法人员26人次，执法车辆9台，检查重点地区36个次；检查歌厅17家次、网吧31家次、电子游艺厅3家次、影剧院5家次。

在丰台区图书馆举办的图书交换大集

文化市场安全监管　年内，加大文化市场的监督管理力度。建立行政许可联动机制，规范娱乐场所管理。组织“平安丰台”法律法规、安全培训、消防演练8次，总人数超过2800人次。

文化娱乐场所安全生产工作　年内，与全区娱乐场所签订《安全生产责任书》，开展“4·26”知识产权日、“12·4”宪法日、安全生产月等宣传活动，发放安全标语、宣传手册等各类宣传材料近万份，确保全区娱乐场所未发生重大安全事故。

文化市场管理暨“扫黄打非”　相继开展了春节、两会、纪念反法西斯战争胜利70周年保障等重点时期的安全保障工作，以及“清源2015”“秋风2015”“净网2015”“护苗2015”等多项文化市场专项整治行动，强化执法措施，创新管理机制，推进队伍建设，努力提升行业监管水平，取得了良好的文化市场整治效果。

行政执法　全年检查各类文化场所2100余家次，对61家违规文化经营场所处以行政处罚，主动查处1起重特大案件，全年行政许可准确率、承诺件按时办结率、举报查处回复率和群众满意率均达到100%。

丰台区文化委员会

书　记　史文彬
主　任　王　虹（女）

（王　蕊）

石景山区

概　述

石景山区位于北京市区西部，最东端距天安门

16 公里，全区总面积 84.38 平方公里，常住人口 64 万人，全区下辖 8 个街道办事处、1 个社区行政事务管理中心。

石景山区文化委员会（以下简称区文委），是负责全区文化艺术、文物、博物馆、文化娱乐、新闻出版和广播电影电视行业管理工作的区政府工作部门。内设办公室、组织人事科、文化科、文物科、文化市场管理科和监察科 5 科 1 室。下属行政执法队、文化馆、图书馆、少儿图书馆、古城电影院、法海寺文保所、慈善寺文保所、承恩寺文保所、冰川馆、文物研究所、会计管理中心 11 个单位，在职员工 192 人。

2015 年，石景山区文化事业建设在区委区政府的领导下，紧密围绕北京建设全国文化中心的定位、石景山区“全面深度转型、高端绿色发展”战略和构建高端普惠的文化生活体系的重要任务，秉承“传承发展、特色创新、开放融合、博采天下”的理念，先后举办了多项主题文化活动；坚持将文化作为高端民生追求，在深入服务群众中奏响主旋律，引领新风尚；进一步完善服务体系，全面启动国家公共文化服务体系示范项目和首都公共文化服务示范区创建工作；深入推进文化惠民工程，大力培育文化品牌，全力推进文化再振兴。

2015 年文化艺术发展

领导调研

区人大常委会考察　7 月 16 日上午，石景山区人大常委会主任岳德顺、常务副主任石玉贵、副主任李艳以及部分常委会委员、代表等一行 14 人，就创建国家公共文化服务体系示范区（项目）工作的推进情况进行了考察调研。区委常委、副区长田利跃，区政府办、区文委、八宝山街道等相关部门的负责同志陪同考察。考察组到八宝山街道参观了石景山区创建国家公共文化服务体系示范项目的工作情况展览，体验了“戏聚石景山”国粹艺术进社区讲座活动，到区图书馆考察了图书馆惠民服务情况并听取了区文委、八宝山街道和中国华录集团的工作汇报。考察组对公共文化服务体系建设工作取得的成效给予了高度评价，并就社会文化资源整合、基层文化设施建设、文化团队辅导、文艺创作等问题提出了建议。

创建工作

取得第三批国家公共文化服务体系示范项目创建资格　一是聘请国家公共文化服务体系专家库专家多次开展专题研讨，确定以“公共文化服务目录制”（以下简称目录制）为示范项目创建课题。二是通过走访交流、基层调研等多种方式不断完善创建材料。高效组织完成了示范区、示范项目创建规划，制度设计研究方案，创建工作报告等申报文本的撰写工作以及申报电视片的拍摄制作工作。三是于 4 月 1 日向市文化局正式递交创建示范项目申报材料。其中，目录制项目作为北京市推荐示范项目已通过文化部答辩，取得了第三批国家公共文化服务体系示范项目的创建资格。

全面启动创建首都公共文化服务示范区　年初，石景山区作为各区代表在全市“1＋3”公共文化政策工作会上进行表态发言，表示积极争创首都公共文化服务示范区。石景山区于下半年全面启动首都公共文化服务示范区创建工作。邀请市文化局主要领导到石景山区调研指导工作。区人大常委会就示范区创建工作进行专题考察。区文委到各街道实地调研，与发改委、财政局、社工委等单位进行专题工作对接，组织全区文化干部开展示范区创建专题培训。按照创建要求，研究起草了石景山区《关于进一步加强基层公共文化建设的意见》《石景山区创建首都公共文化服务示范区工作方案》以及《石景山区非物质文化遗产保护传承专项资金管理暂行办法》三个政策文件，制定了相关经费安排方案，明确指导思想、基本原则和工作目标，统筹推进全区创建工作。主管区长组织召开了全区层面的政策文件研讨会，并在第二十六次区长办公会对政策文件进行了审议，形成了意见、方案、办法（审议稿）及相关经费安排方案，报区委常委会议审议。

群众文化活动

2015 年新春交响音乐会　2 月 11 日，由区委宣传部、区文明办、区文委、区文联主办，区文化馆承办的“石景山区 2015 年新春交响音乐会”在区文化馆百姓剧场举办。全区各行业群众欢聚一堂，一同欣赏管弦乐带来的艺术盛宴，感受 2015 春的气息。

丰富多彩的新春文化活动　2015 年春节期间，由区委宣传部主办，区文委等多家单位联合承办的“诗词歌赋迎新春”诵读活动，送进了八角街道和鲁谷社区。区文化馆举办了“正月十五唱大戏，百姓戏聚石景山”演出活动；区图书馆、区少儿图书馆分别举办了“送福到家”、“喜迎新春”读者创作楹联展、“快乐奔跑——阅！悦！跃！——图书馆里戏年夜”等活动。各街道办事处纷纷举办各种花会走街、评剧演出、居民大联欢等活动。

第八届“北京清明诗会”　3 月 27 日，由首都文明办、石景山区委区政府共同主办，区委宣传部、区文明办、区文委、北京军区政治部战友文工团、区广电中心联合承办的“情系英烈，春暖清明”第八届“北京清明诗会”在北京军区联勤部礼堂成功举办。市委宣传部巡视员崔耀中、首都文明办副主任卜秀均、市文化局副局长庞微等市相关单位领导，北京军区联勤部部长海力斯、北京军区联勤部司令部副参谋长徐志宏、北京军区联勤部政治部副主任蒋新泽等军区领导和石景山区委书记牛青山等区领导出席了活动。2015 年的“北京清明诗会”紧紧围绕纪念抗战胜利 70 周年的主题，突出军民共建的特点，分为 3 个篇章进行，通过 20 余首经典或原创诗歌朗诵，分别表达了追忆历史、缅怀先烈和展望未来的主题。石景山区干部、驻区官兵、各界群众等 1000 多人参加了活动。

第八届北京清明诗会

第 32 届“古城之春”艺术节　第 32 届“古城之春”艺术节于 5 月中旬至 7 月上旬在全区范围内举办。活动以“红色基因、绿色发展、金色梦想”为主题，以纪念中国人民抗日战争暨世界反法西斯战争胜利 70 周年为主线，在全区范围内组织开展艺术类比赛、展演评比、惠民演出、艺术培训等各类文化活动近 300 场次，吸引了百余支群众艺术团队，惠及群众近 10 万人次。

第四届“夏青杯”朗诵大赛（北京赛区）暨第三届“放飞梦想”北京诗歌朗诵大赛　由北京文化艺术活动中心、区委宣传部联合主办，区文委、区文联、区广电中心共同承办的中央人民广播电台第四届“夏青杯”朗诵大赛（北京赛区）暨第三届“放飞梦想”北京诗歌朗诵大赛决赛，于 7 月 25 日 ~26 日在石景山区广电中心举行。此次活动自 3 月启动，历时 4 个月在全市范围内火热开展。大赛在全市 16 个区县设立分赛点，共有来自各区县及网络赛区的 1. 8 万余名诗歌朗诵爱好者参与，收集原创作品近400 件，是上一届的4 倍。曹灿、雅坤、瞿弦和等著名朗诵表演艺术家出席颁奖晚会，并与获奖选手共同表演了精彩节目。市文化局、市新闻出版广电局、石景山区以及各区文化部门领导参加活动，并为获奖选手和单位颁奖。

纪念抗日战争胜利 70 周年群众合唱文艺会演　8 月 13 日，由区委宣传部、文明办和文委联合主办的纪念中国人民抗日战争暨世界反法西斯战争胜利 70 周年石景山区群众合唱文艺会演在首钢古城影剧院举行。活动围绕“红色基因、绿色发展、金色梦想”的主题，分为“铭记历史，重温红色经典抗战旋律”“缅怀先烈，唱我最爱唱抗战歌曲”以及“珍爱和平，开创美好未来”3 个部分。区委常委、副区长田利跃，区人大常委会副主任高洪雁，区政协副主席司尚国等出席活动。

石景山区 2015 年群众舞蹈大赛　6 月 12 日，由区委宣传部、区文委主办，区文化馆承办的主题为“红色基因　绿色发展　金色梦想”石景山区群众舞蹈大赛在北京国际雕塑公园西湖心小岛精彩上演。比赛汇集了全区各街道、大中小学校 27 支业余群众舞蹈团队参赛，邀请市级、国家级专家担任评委，现场 700 余名群众观看了比赛。通过评比，18 支团队脱颖而出，荣获一、二、三等奖和优秀奖。

重阳诗歌会　10 月 19 日，由石景山区委宣传部、区文委、八大处公园管理处主办的“诗意北京　欢乐金秋”2015 重阳诗歌会在八大处公园举行。区委常委、宣传部部长刘颖，区人大常委会副主任李艳，副区长陈婷婷等与近千名群众观看了演出。本次活动以诗朗诵为特色，围绕“红色基因　绿色发展　金色梦想”的主题，结合戏曲、舞蹈、小品等多种艺术形式，为观众呈现了一场精彩纷呈的文化盛宴。著名艺术家朱琳、刘纪宏、杜宁林等参加演出。

培训、获奖

全区文化干部培训　为进一步加快推进创建首都公共文化服务示范区工作，提高区内文化系统管理干部综合素质，区文委于 12 月 1 日 ~3 日在北工大培训中心举办创建首都公共文化服务示范区文化干部培训活动。培训人员包括文委机关、文图三馆文化行政管理人员、街道文化骨干及文化专业人员，共计 80 人。培训内容包括公共文化政策解读、社区文化创新模式探索、“非遗”保护面临的问题及对策等。此次培训由区文委与战略合作企业华录文化产业有限公司合作开展，这也是文委推动公共文化服务社会化的有效尝试。

石景山区在北京市优秀群众文化项目评选活动中荣获佳绩　在北京市文化局主办的北京市优秀群众文化项目评选活动中，石景山区报送的“北京清明诗会”、“古城之春”艺术节分别荣获“北京市优秀品牌文化活动”一、二等奖；舞蹈作品《最美时光》荣获“北京市优秀群众文化原创作品奖”；区文化馆鸣越社越剧团、金枫舞蹈团、金声合唱团等 7 支区级文艺团队荣获“北京市优秀群众文化团队”荣誉称号；区少儿图书馆拍摄的微电影《天空中最亮的星》荣获“四九城里那点事——北京市群众微视频制作大赛”金奖。

区文化中心建设工程有序推进

2015年，区文化中心建设是攻坚克难的一年。一是在区发改委等相关部门的大力协助下，取得市发改委可行性研究报告批复。二是2015年4月起报批征地手续，目前已通过市国土局内部上会研究，报市政府待主管市长批示。三是完成工程整体施工、监理招投标工作。四是针对地铁M6线从文化中心西北侧地下穿过的情况，会同相关科研机构，研究确定铺设橡胶减震垫的解决方案并组织实施。五是完成工程规划复函、交评、环评、市政资讯、人防审查、绿化审查、绿色审批通道确认以及施工图编制等施工前期准备工作，年底前实现全面开工。

基层文化设施建设

年内，积极争取落实市财政公共文化基础设施建设专项资金3179.7万元用于文图三馆、街道社区基础文化设施建设改造工程，以及群众文化活动的策划实施。在弱势群体、外来人群、街道社区、企事业单位等场所，挂牌成立25个公共文化服务基层服务点，由点及面，不断巩固发展，大力提升公共文化服务能力。深入推进基层文化设施改造工程，推进八角街道、广宁街道、苹果园街道西里社区、八宝山街道沁南社区等一批文化站、文化室、文化广场设施设备更新改造等工程建设。

非物质文化遗产保护工作

研究起草《石景山区关于加强非物质文化遗产保护传承的扶持办法》，编辑出版“非遗”系列丛书《八大处传说》《磨石口传说》《京西民谣》《范制葫芦》《靳式葫芦》等区非物质文化遗产丛书第二辑丛书。举办文化遗产主题宣传月活动。推荐黄庄职业高中，成为市文化局评选的十个北京市非物质文化遗产传承示范校之一。举办主题为“保护成果，全民共享”石景山区2015年“中国文化遗产日”主题活动。举办了古城村“秉心圣会”“非遗”项目展演，北京燕京八绝宫廷艺术精品展，图书馆中华传统知识讲座和端午节主题宣传等文化遗产主题活动。

文艺创作

结合石景山区太平鼓、京西民谣等“非遗”资源创编歌舞《鼓舞太平》《麻丫头》《吉祥葫芦》，创编反映区域转型发展成果的文艺作品《赞劳模》和《美丽家园》。在第十届“舞动北京”群众舞蹈大赛中，获得团体金奖、创作一等奖等荣誉称号，其中舞蹈《健身美美哒》荣获北京市决赛银奖。文化馆创作的舞蹈作品《最美时光》《健身美美哒》《梨花情》《悠悠兰花香》在区、市级比赛中获得一等奖，其中《最美时光》还在北京市文化局主办的北京市优秀群众文化项目评选活动中，荣获“北京市优秀群众文化原创作品奖”。编印《公共文化服务实践与创新——石景山区文化馆论文集》和《翠微艺苑》及“戏聚石景山”经典国粹艺术赏析名家讲座等品牌活动的书籍和画册。

文化馆

基础业务工作　参与各类演出及服务保障活动共240余场次，百余支群众艺术团体参与，惠及群众10万余人次。创新文化服务方式，多渠道延伸文化慰问演出、文艺培训辅导进基层。组织全区不同领域、不同年龄、不同层面的基层文化组织员、艺术骨干、社区百姓，进行舞蹈、合唱指挥、声乐、美术、诗歌朗诵、模特表演、戏曲知识、曲艺、化妆、灯光音响操作及音乐基础知识、大型群众文化活动组织策划等10余个门类、300余课时的培训辅导，有2000余人听课，辅导对象达万余人次。周末剧场演出，引进中国评剧院、北京歌剧舞剧院、北京儿童艺术剧院、北京曲剧团等数十家优秀文艺院团、40余部优秀剧目演出，为群众提供了低票价观看高水平文艺演出的平台。

区文化馆参加全国文化馆第四次评估工作　按照文化部和北京市文化局的通知精神，在文委领导的高度关注和文化馆全体馆员的精心筹备下，圆满完成了第四次全国文化馆评估定级的自查、自评工作，并于6月24日接受了北京市评估组的评估检查验收，得到了市评估组的好评。

图书馆

全年，区图书馆和区少儿图书馆共办理借阅证7852个，接待读者56万余人次，外借图书49万余册，送书下基层203次、51万余册次，开展讲座、演出、征文、比赛、展览等读者活动339场次，参与人数达5万余人次。全年代检索课题3项，编制二次文献6种，解答咨询2500条。

第五届北京换书大集　4月世界读书日期间，区图书馆、区少儿图书馆首次联合承办了第五届北京换书大集石景山分会场活动。两天的换书活动共计有600余人参加，交换图书1862册，期刊477册。倡导了“分享、绿色、快乐”的阅读理念，营造了良好的全民阅读氛围。

弘扬传统文化系列讲座　区图书馆全年举办“名家讲坛”——弘扬传统文化系列讲座共19讲。邀请首都师范大学教授张同印、卜希旸、冯广贺、王军等进行了行书、隶书、唐诗等专题讲座，向大众普及了书法、绘画、古诗词知识。每次讲座都吸引上百名读者热情参与，累计参加人次1500余人，受到广大读者的热烈欢迎。

第五届北京换书大集活动
石景山区图书馆分会场的读者在选书

少年儿童阅读年系列活动　开展“弘扬民族精神　传承中华文化”红领巾读书系列活动，包括“身边的榜样”红领巾讲故事比赛、“法制铭记心　科普伴我行”青少年科普剧比赛、第三届“我的藏书票”设计比赛、“我的读书故事”第十六届“读书小状元”评比等6大项活动，全区3万多名中小学生参与到活动中。开展以“传诵经典，弘扬优秀传统文化”为主题的全国阅读年活动，组织全区近600名小读者参与了14个分项的比赛。获得“2015全民阅读案例征集与评选”三等奖，“2015年全国少年儿童阅读年——亲子绘本阅读推广月”活动荣获案例征集二等奖，获“中国传统节日”图书馆未成年人服务案例三等奖。石景山少儿图书馆专题绘本馆获得“全国十佳绘本馆”称号，馆长被评为“最具创新精神馆主”。

少儿图书馆原创微电影作品获奖　2015年，由少儿图书馆职工自编、自导、自演，以青春励志为主题的微电影《夜空中最亮的星》，荣获第五届“书香中国·北京阅读季”“聚焦阅读”摄影大赛微视频作品金奖和“四九城里那点事儿……”北京市群众文化生活微视频创意大赛金奖。少儿图书馆还开通了官方微信平台，实现了活动信息实时推送和读者互动，开通不久即有近1000人关注。

文化市场管理

文化市场行政审批系统上线运行　5月18日，石景山区文化市场行政审批系统正式上线运行。上线应用后，所有新增业务必须通过审批系统办理，所有证照、文书经审批系统打印后方可生效，审批过程和结果公示，市区两级审批结果自动报送，提高了文化市场行政审批工作水平和效率，实现了审批工作的统一化、规范化、信息化。

行政许可　年内，文委驻厅窗口共受理各类行政许可32件，其中，出版物发行单位27家，文艺表演团体2家，歌舞娱乐场所2家，上网服务营业场所1家；各类变更20件，其中，歌厅变更1件，网吧变更3件，出版物发行单位变更12件，文艺表演团体变更2件，图书展销备案2件，全部按时办结。完成了网吧、出版物发行单位、印刷企业、有线电视设计安装单位及文艺表演团体共计197家场所年检换证和统计年报工作。

执法检查　共出动执法人员2000余人次，出动执法车辆300余台次；检查文化经营单位2300余家次；立案查处文化市场违规行为37起，罚款76400元，没收违法所得1690元；联合取缔游商13人次；落实群众举报39起。有效规范了市场经营秩序，大力净化了文化市场环境。

开展对贵州省铜仁市对口帮扶工作　年内，根据北京市文化行政执法总队工作要求石景山区文委执法队前往贵州省铜仁市进行了对口帮扶工作。6月29日下午，两地文化执法部门在贵州省铜仁市召开了“北京石景山与贵州铜仁文化执法帮扶工作座谈会”。会议强调：一是通过对口帮扶工作的开展促进两地执法工作经验交流；二是不断探索、创新文化市场管理模式，提高文化执法服务与管理水平；三是采取搭建网络交流平台、建立和完善工作机制和方法，将对口帮扶工作落到实处。石景山区文委执法队与铜仁市文化市场综合执法支队签订了战略合作框架协议，并向铜仁市执法支队赠送了电脑等2万多元执法办公设备。

石景山区文化委员会

书　记　翟培新（3月免）
王亚迅（3月至9月代）
杨文钢（9月任）
主　任　王亚迅

（刘　婕）

通　州　区

概　况

通州区位于北京市东南部，京杭大运河北端，面积905.95平方公里。全区辖10个镇、1个乡、4个街道。2015年，户籍人口717571人，其中，非农人口439488人，农业人口278083人。

通州区文化委员会（以下简称区文委）是通州区人民政府主管文化、文物、新闻出版、广播电影电视、文化产业、文化行政执法等工作的职能部门，受市文化局、市文物局、市新闻出版广电局、市文资办、市文化行政执法总队业务指导。区文委下设1个文化行政执法队（执法队），6个职能科室（办公室、政工科、公共文化科、产业促进及文化市场管理科、文物保护科、规划科），7家事业单位（区文化馆、区图书馆、区博物馆、区文物管理所、区文化产业促进中心、区电影管理中心、区电影院）和1家企业（新华书店）。区文委系统现有在职人员195人。

2015年，在区委、区政府的领导下，全区文化工作以建设北京城市副中心和创建全国文明城区为中心，认真落实学习习近平总书记视察北京和市委书记郭金龙调研通州重要讲话精神，团结一心、奋发进取，圆满完成了全年各项工作任务。

2015年文化艺术发展

调研

庞微到通州区调研公共文化服务体系建设情况　4月4日，市文化局副局长庞微、市文化局公共文化处处长黄海燕到通州区调研公共文化服务体系建设情况。市文化局调研组一行在通州区文委主任王立生的陪同下，实地调研了通州区文化中心（图书馆、文化馆），并听取了文图两馆馆长的工作汇报。最后，一行人参观了宋庄艺术区。

付晓辉到通州区图书馆考察调研　8月26日，通州区委常委、组织部部长付晓辉到通州区图书馆考察调研，区文委主任王立生陪同调研。付晓辉一行参观了图书馆5个功能区，听取图书馆馆长杨兰英汇报。付晓辉对图书馆工作给予充分肯定，并要求图书馆继续在做好免费开放工作，丰富馆藏资源，在探索创新服务模式等业务工作的同时，要抓好基层支部的党建工作，要以党员模范岗为抓手，做好文化服务，开拓业务工作，发挥图书馆在北京城市副中心建设和通州区文化发展中的重要作用。

肖志刚到通州区图书馆考察调研　11月3日，区委常委、宣传部部长肖志刚到通州区图书馆考察调研，区文委党委书记、主任王立生陪同调研。肖志刚一行参观了图书馆5个功能区，听取图书馆馆长杨兰英汇报。肖志刚对图书馆的硬件设施、读者服务、全民阅读推广等方面工作给予充分肯定，并强调图书馆在做好服务读者的同时，要做好本地特色文献的收集、整理工作，既要发挥图书馆在北京城市副中心建设中的重要作用，也要做好通州传统的文化传承。

群众文化活动

通州区2015新春团拜会文艺演出　2月15日“运河之春”——通州区2015慰问各界人士新春团拜会举行。团拜会由区委、区人大、区政府、区政协主办，区委宣传部、区文委、区广播电视中心承办。文艺演出以“运河之春”为主题，分为“春之声”“水之韵”“情之梦”3个篇章，将各类文艺元素表演整合在一起加以整编，突出“通州味儿”。

通州区全民阅读活动　2015通州区全民阅读活动，4月18日开始，活动历时7个月。在第五届“书香中国·北京阅读季”期间，深入开展了8项系列活动，12项子活动，受众达10万余人次，促进了通州地区崇文重教、读书传家的优良传统的继承和发扬，在全市掀起了新一轮读书热潮，提升了地区民众素质，并为运河文化的延伸、城市副中心建设以及京津冀一体化的形成起到了积极的推动作用。

齐辛民师生作品展　7月28日，为庆祝中国大运河申遗成功一周年，更好地保护运河文化遗产，更好地弘扬运河文化，由北京市通州区文化委员会、山东省淄博市文化广电新闻出版局共同主办，北京市通州区图书馆、山东省淄博市书画院承办，北京齐辛民艺术馆、北京德深源远文化传媒有限公司协办的“我的通州味　我的运河情”——探寻大运河文化齐辛民师生作品展在通州区图书馆举行。通州区副区长李亚兰，通州区文委主任王立生，山东省淄博市文化广电新闻出版局党委副书记张振香，山东省淄博市书画院院长耿鹏，著名画家胡正伟、靳文艺出席活动，来自全国各地的书画界、艺术界专家、学者，通州区老年书画研究会会员及书画爱好者百余人出席开幕式。现场，齐辛民代表参展师生向通州区图书馆捐赠了此次展览的14幅原创作品及35册画册。

8月2日，齐辛民艺术讲座在通州区图书馆八层多功能厅举办

通州区纪念中国人民抗日战争暨世界反法西斯战争胜利70周年系列文化活动　“和平的颂歌”——通州区纪念中国人民抗日战争暨世界反法西斯战争胜利70周年系列文化活动，自5月10日开

始，历时6个月，相继开展了专场演出、诗歌征集、大型合唱音乐会等6大项活动。覆盖全区11个乡镇4个街道，吸引群众5000余人。

"通州味"群众文艺之星选拔活动　举办"通州味"群众文艺之星选拔活动，首次将挖掘、传承具有"通州味"的文化素材，选拔新人，推出原创作品，整合在同一个活动中，成为首个以"通州味"为主题的群众文艺人才选拔活动。活动自6月30日启动，历时4个月，覆盖全区11个乡镇、4个街道，征集参赛作品90余个，经过评委会认真评选，15个优秀原创作品进入决赛，形成了一台以反映文化通州和市副中心特点，并具有浓浓"通州味"的文艺演出，直接参与群众达6000余人。

2015北京·通州运河艺术节　9月28日，2015北京·通州运河艺术节开幕。活动由中共北京市通州区委员会、北京市通州区人民政府主办，中共北京市通州区委宣传部、通州区文委共同承办。以"同品通州味，共抒运河情"为主题，现出了"通州味"文化内涵贯穿始终、京津冀一脉文化形成联动、基层分会场辐射全区的3大亮点。活动历时18天，囊括4个篇章，13项活动，覆盖11个乡镇、4个街道办事处，直接参与群众达6万余人。

"纪录、寻找通州味道"摄影展和"行政副中心里的梦"主题儿童画作品展　9月29日，由通州区委、区政府主办，区委宣传部、区文委承办的"传递运河记忆"——"纪录、寻找通州味道"摄影展和"行政副中心里的梦"主题儿童画作品展在区图书馆8层举行了开幕仪式。通州区摄影家协会主席安继连及通州区文委公共文化科科长王君分别就2项活动的筹备过程做了介绍，区摄影家协会主席安继连、区教委副主任袁静华分别为2项活动的获奖代表进行颁奖。区文委主任王立生出席活动并讲话。仪式结束后，获奖代表、通州区摄影家协会部分会员、北京小学分校师生、通州区图书馆读者近百人参观了展览。

"星火工程"公益惠民演出　2015年"星火工程"公益惠民演出完成1500场，吸引观众81000人，丰富了农村群众精神文化生活。

公共文化服务建设

召开通州区公共文化服务对接座谈会　3月16日、30日，区文委组织各乡、镇、街道文化站负责人、各社区（村）党组织书记分两批召开通州区公共文化服务对接座谈会。区文委副主任王绮茜主持会议。区图书馆馆长、区文化馆馆长分别介绍了两馆情况，针对构建城乡公共文化服务体系建设，全面整合盘活全区各级各类公共文化服务资源，与到会人员进行面对面的讨论，通过菜单式服务实现供需有效对接。

公共文化服务设施网络建设　区文委召开通州区贯彻落实北京市"1+3"公共文化政策文件专题辅导会，邀请北京市文化局公共文化处处长黄海燕到通州详细解读北京市"1+3"公共文化政策文件。通州区于家务回族乡村级文化中心改扩建、玉桥街道办事处潞阳桥社区综合文化服务中心升级改造装修等5项工程投资2336万元，目前主体完工，进入内装阶段及文化设备安装阶段。为北京市文化局、区财政局提供"基层综合性文化服务中心建设情况调查表""通州区基层文化站统计表"。结合通州区域实际情况，制定与公共文化设施服务相关的公共文化政策。9月中旬，深入11个乡镇、4个街道逐一察看文化设施达标情况。10月初，已向区财政局评审中心送交18家单位材料，已进入资金项目评审阶段。

公共文化服务制度建设　区文委全面梳理现行公共文化政策、制度，12月底前出台《通州区人民政府关于进一步加强基层公共文化建设的实施意见》《通州区优秀文艺团队管理办法》《通州区优秀"群众文化品牌活动"奖励办法》《通州区精品创作扶持办法》《通州区基层公共文化设施建设管理办法》《通州区非物质文化遗产扶持办法》《通州区文化志愿服务管理办法》。

争创首都公共文化服务示范区　成立创建示范区组织机构、建立指标台账；起草《通州区创建国家公共文化服务体系示范区工作领导小组成员单位责任分工》文件；对指标任务进行分解，向相关单位、部门征求意见；起草了《创建实施方案》，包括7个部分，40项91个指标，涉及文、图、博、影院、11个乡镇、4个街道和体育局、工会、共青团、妇联等委办局。

文化馆

春节期间文化活动　2月11日春节前夕，举办"通州区慰问各界新春团拜会"，区委书记杨斌在区文化馆活动演出前致辞，向全区人民拜年，社会各界六百余名代表观看了演出。3月5日，举办"正月十五戏迷乐"戏曲演唱会。

"我的舞台"系列群众文艺演出　区文化馆于2015年6月底~10月初，共举办演出十二场，五个乡镇组织了专场演出，演员达上千人，观众达两万余人。

群众系列文化活动　2月10日，佳音女子合唱团受北京市文化局推荐，参加国家大剧院市民合唱音乐会演出，这是通州区业余群众团体首次登上国家级的艺术殿堂。7月11日、16日举办"和平的颂歌"庆祝中国人民抗日战争及世界反法西斯战争胜

"金羊献瑞"2015 年通州区文化馆送福下基层活动

利 70 周年文艺演出及合唱音乐会。8 月 29 日，组织通州区运河之声合唱团及佳音女子合唱团赴泰国曼谷参加庆祝泰中建交四十周年、纪念世界反法西斯战争胜利 70 周年慈善演唱会，演唱全套《黄河大合唱》。此次演出为通州区业余文艺团体首次走出国门进行展演，演出取得了圆满成功。9 月，组织区文艺骨干参加"舞动北京"群众舞蹈大赛，获得金奖。9 月，组织运河之声男声合唱，演唱《运河号子》参加天津市北辰区首届"运河艺术节"开幕式演出，并取得圆满成功。12 月 4 日，组织运河之声、佳音女子、飞翔三支合唱团参加第二节首都市民合唱周比赛，其中运河之声获得金奖，佳音女子及飞翔合唱团获得银奖。2 月 31 日，举办运河之声新年合唱音乐会，佳音女子、飞翔、晨声、欣悦等十余支合唱团参加了演出，该活动已持续举办七年。11 月 29 日，区文化馆联合荣宝斋画院举办"荣宝斋画院名家工作室走进通州区文化馆"画展活动在文化馆展厅举行，共展出 13 位画家、52 幅作品。

图书馆

区图书馆组织星级书屋管理员采购新书　2 月 6 日，区图书馆组织区内 12 个街道、乡镇的益民书屋星级书屋管理员到北京国际图书城（台湖）采购新书。参加本次活动的四星级书屋有 6 个，三星级书屋有 26 个，管理员共 60 人。每个四星级书屋的采购经费是 18000 元，三星级书屋经费 12000 元。

区图书馆儿童故事会项目　通州区图书馆儿童故事会项目自 2014 年 10 月 25 日启动。其项目的宗旨是：推广亲子阅读，让孩子在快乐中阅读，在阅读中成长。项目每三个月为一期，每周固定时间安排为孩子们讲故事。项目第一期志愿者共 20 名，经培训后上岗服务，至 2 月 7 日已经举办 16 场故事会，服务读者 1000 多人次，受益家庭 400 多个。2 月 7 日，通州区图书馆儿童故事会项目第二期志愿者招新见面会在三层少儿活动区举行。

2015 年喜迎新春送春联活动　2 月 12 日，由通州区图书馆主办的 2015 年喜迎新春送春联活动在图书馆举行，吸引了近很多读者前来参与。活动现场，来自通州区书法家协会的 6 位书法家挥毫泼墨，义务书写春联，免费赠送给读者。

消防知识教育和消防演习活动　7 月 29 日，区图书馆开展了消防知识教育和消防演习活动。由来自消防中心的同志向图书馆全体职工介绍了消防知识，强调日常工作中的消防安全重点注意事项。随后，组织全体职工学习掌握消防报警、灭火、疏散逃生等程序，并进行了逃生演练。

征集潞城拆迁村图片　8 月 25 日，为留住历史记忆，更好地展现通州的昨天、今天和明天，通州区图书馆通过网络、邮寄、现场征集等形式，在全区范围内面向广大媒体人、摄影爱好者、村民百姓征集潞城拆迁村的图片。图片内容包括见证潞城镇历史的交通、教育、文化、通信、医疗、环境卫生六方面十余种。

"童子百家讲坛"活动　8 月 28 日，通州区图书馆的两场"童子百家讲坛"活动，吸引了很多学生和家长的关注。不光是通州区小学校的学生们，还有来此西城、海淀、朝阳等十余名小学生走上了讲坛，一展风采。他们的年龄最小的 7 岁，最大的 10 岁，演讲的题目涵盖了读书写作、环保科普、纪念抗战胜利等各个方面。"童子百家讲坛"活动是北京市中小学社会大课堂资源联盟建设活动之一，由北京学生活动管理中心中小学生社会大课堂管理办公室主办，通州区图书馆承办，旨在推动学生广泛阅读，深入阅读，并通过演讲活动，转化阅读成果，反馈社会。

区图书馆支部委员会被授予"思想政治工作优秀单位"称号　9 月 9 日，北京市委作出关于表彰市第十二届思想政治工作优秀单位、优秀思想政治工作者的决定，授予 100 个单位"思想政治工作优秀单位"称号和 99 名同志"优秀思想政治工作者"称号，其中，中共通州区图书馆支部委员会被授予"思想政治工作优秀单位"称号。

益民书屋补充更新设备　12 月，通州区益民书屋补充更新设备工作已全面完成。此次工作由通州区文委招标，通州区新华书店中标，为全区 11 个乡镇 4 个街道益民书屋配送报纸、期刊 514 份、书架 514 件、光盘 12850 张、图书 51400 册，所有设备补充更新已到位。

非物质文化遗产保护工作

举办"文化遗产日"活动　5 月 9 日，在"文化遗产日"来临之际，通州区文化馆和海淀区文促中心合作在通州区大运河森林公园漕运码头举办“纳兰时代的唯美饰品——走进国家级非物质物质文化遗产花丝镶嵌”主题沙龙活动。由花丝镶嵌传承人为来宾讲解纳兰时代花丝镶嵌的首饰工艺的历史文化和工艺特点，并由通州著名民俗专家、大运河专家周良，与来宾畅谈兰文化，共话大运河。

举办端午节主题活动　6月18日，“浓情运河粽香飘”端午节主题活动在西集镇举行。区文化馆组织策划了诗朗诵《漂给屈原》、舞蹈《红红的中国结》以及由“非遗”项目改编的《运河号子》等丰富多彩的节目。

参加天津“非遗”交流活动　6月26日~28日，“运河记忆”非物质文化遗产宣传展示系列活动在天津市西青区古镇杨柳青举行。活动以“运河记忆　活态传承”为主题，将运河沿岸“非遗”项目制作技艺及作品展示相结合。“面人汤”面塑技艺、花丝镶嵌制作技艺、通州骨雕等六项非物质文化遗产项目应邀参加了此次活动。

参加运河艺术节　9月30日~10月8日，在运河艺术节期间，在宋庄镇伯揆美术馆举办了主题为“应运而生”的展览。大辛庄剪纸、通州骨雕、“面人汤”面塑等“非遗”项目代表通州传统文化的民间工艺作品与宋庄的当代艺术家作品以融合的形式展出。

队伍建设

通州区有基层业余文化团队681支，文化组织员（兼职）650人，文艺骨干2200余人、注册文化志愿者2000余名，团体会员40个。

文化产业

第三届北京惠民文化消费季　9月15日~11月15日，共遴选3个消费项目纳入通州板块，实现人流量5.6万人次，刺激消费249.74万元。通州区参与的第三届北京惠民文化消费季消费项目得到北京市文资办充分认可。

参加2015第十届中国北京国际文化创意产业博览会　10月29日~11月1日，第十届中国北京国际文化创意产业博览会在中国国际展览中心（老馆）举办。通州区参加展览并取得圆满成功。通州展台15家企业共实现交易2.8万余元，形成5个意向合作，拟为通州区争取文创投资400余万元。展览期间“文化通州”微信粉丝关注量从316人提高至652人，实现了“文化通州”微信关注人数翻一番。

文化市场管理

文化企业安全生产工作部署会　1月14日下午，在通州区北发大酒店召开了全区文化企业安全生产工作会。对通州区2014年安全生产形势进行了通告，同时，向各与会企业发放了国家安全生产监督管理总局《致全国企业的一封信》等材料。通州区文化委主管副主任林长春在会上对2015年全区印刷复制企业的安全生产工作进行了要求和部署，要求各企业法人一定要切实落实好本单位的安全生产工作，认真自查排查工作，并与企业代表签订了《文化企业安全生产责任书》400余份。通州区文化委行政执法队将在近期内对各文化企业开展不定期的检查。

文化娱乐场所安全生产标准化三级达标工作会召开　4月29日下午，区文委联合区安监局召开文化娱乐场所安全生产标准化三级达标工作会召开。区文委和区安监局在会上对文化娱乐场所的标准化三级达标工作做了具体部署，全区77家娱乐场所的负责人参加了会议。

行政审批　共新审批设立文化企业255家次，其中，娱乐场所1家，出版物零售企业252家，表演团体1家，大型商业演出1次（放放的森林亲子音乐节），变更文化企业88家。

通州区文化委员会

书　记　王立生

主　任　王立生

（王　君）

顺　义　区

概　况

顺义区位于北京东北方向，距市区30公里，总面积1021平方公里，其中平原面积占95.7%。全区户籍人口60.1万人，常住人口100.4万人，下辖12个镇、7个地区办事处（加挂镇牌）和6个街道办事处，共426个村民委员会、85个居民委员会。

顺义区文化委员会（以下简称区文委）是负责本区文化、文物、新闻出版、广播电影电视等工作的政府工作部门。内设办公室、政工科、计划财务科、文化文物管理科、文化市场管理科及著作权管理科6个职能科室和文化行政执法队（副处级）（顺义区文化创意产业促进办公室已于2015年10月撤销，同时顺义区文化创意产业服务中心划归区委宣传部）。直属单位有文化馆、图书馆、新华书店、影剧院、电影放映服务中心、焦庄户地道战遗址纪念馆和文物管理所。

2015年，区文委按照区委、区政府工作部署，围绕中心、服务大局，面向基层、服务群众。全区各项文化事业保持了蓬勃发展的良好势头，完成了预期目标，较好地满足了人民群众日益增长的精神文化需求，为推动社会主义文化大发展大繁荣做出了新的贡献。

2015 年文化艺术发展

文化企事业

顺义区现有文化设施：文化馆 1 个，图书馆 1 个，影剧院 1 个，镇和街道文化中心 25 个，国有新华书店 1 家，焦庄户地道战遗址纪念馆 1 个和 19 个镇级文化站，426 个行政村级文化大院，85 个居委会文化室。现已建成镇（街道）级文化中心达标单位 6 个。19 个镇文化站和 6 个街道办事处有专兼职文化干部 25 人，此外，镇（街道）设有专兼职文化工作人员 46 名，村（社区）级专兼职文化组织员 536 名。

公共文化服务体系建设

区级文化中心建设进展顺利　截至 12 月，区文化中心（区影剧院、区文化馆、区图书馆、区博物馆）主体已经全部完工，为文化中心提供电力保障的开闭站项目已完成施工设计方案，区影剧院的内部装修施工方案已完成，三个馆的内部装修设计方案正在制定中。

基层文化设施建设不断完善　区文委争取市级资金 1264.81 万元，为各村、社区配发移动音响设备 511 台，为 80 个村级文化广场安装了灯光音响设备，为 11 个镇、村级剧场安装了室内灯光音响设备。

持续开展公益惠民演出活动　50 余支文艺表演团队在全区 425 个行政村进行公益演出 850 场；“周末场演出计划”在区影剧院低票价演出 64 场；春节期间开展评剧慰问演出 14 场；在北京国际鲜花港开展“周末百姓大舞台”文艺演出活动 6 场。

群众文化活动

举办第二十二届“二月新春”“五月的鲜花”“十月金秋”三大活动　2015 年，“二月新春”“五月的鲜花”“十月金秋”三大系列品牌活动，围绕“弘扬中国梦、打造魅力新顺义”主题，举办了 1200 余场文化活动。举办了第 22 届“二月新春”群众文化活动启动仪式、第十一届“高丽营杯”戏曲票友大赛、顺义区首届职工春节联欢晚会、“五月的鲜花”活动启动仪式、北京市第九届“天竺杯”文艺会演及颁奖典礼、第四届“夏青杯”朗诵大赛暨第三届“放飞梦想”北京诗歌朗诵大赛、“观优秀影片　唱经典歌曲”卡拉 OK 大赛、“十月金秋”活动启动仪式及 33 个基层书画摄影作品展等。共计参与人数有 12 万人次，观众达 100 多万人次。

顺义区第二十二届“二月新春”活动　顺义区第二十二届“二月新春”活动，从 2015 年元旦到正月十二，在广泛开展基层群众文化活动基础上，举办了百场歌舞庆新春、千场电影献基层、万册图书送下乡、万幅春联迎佳节、顺义区 2015 年第二十二届“二月新春”群众文化活动启动仪式、第十一届“高丽营杯”戏曲票友大赛、顺义区第十六届电视春联征集大赛、杨各庄“药王节”庙会、民间花会进社区活动、孙月海师生书画展、顺义区首届职工春节联欢晚会等重点品牌活动。“二月新春”活动期间，全区共举办各类文化活动 700 余场次，室内活动 320 场次，室外活动 390 余场次，共有 4 万人次参与演出，观众达到 49 万人次。

第十一届“高丽营杯”戏曲票友大赛　顺义区第十一届“高丽营杯”戏曲票友大赛于 2 月 9 日在高丽营镇文化营村剧场举办，来自全区 32 个单位选送的戏曲爱好者粉墨登场，各展艺能。顺义区有关方面领导出席并与现场 400 余名群众观看了本次大赛。大赛结束后，主办单位领导为获奖者颁发了有关奖项。

第十一届北京“高丽营杯”
戏曲票友邀请赛

第十三届“赵全营杯”民间花会大赛暨 2015 年首都市民系列文化活动启动仪式　3 月 2 日下午，第十三届“赵全营杯”民间花会大赛暨 2015 年首都市民系列文化活动启动仪式在赵全营小学举行。区有关方面领导与现场 1000 余名群众观看了大赛。本次大赛汇集了全区 24 支花会队伍 900 名群众演员，大赛内容涵盖了舞龙、舞狮、抖空竹、高跷秧歌、跑旱船、中幡等 10 余种花会类型。为了使本次比赛更加的公正、公平、公开，组委会特邀北京市有关方面专家担任评委。本次活动也标志着顺义区“我的中国梦，欢乐新顺义”——2015 年首都市民系列文化活动正式启动。

《箭杆河边的新故事之“十不闲传奇”》在顺义

首演成功 4月15日晚，由顺义区文委与北京市曲剧团联合出品的现代曲剧《箭杆河边的新故事之“十不闲传奇”》在顺义区影剧院演出成功，赢得了观众的热烈掌声和好评。区委、区人大、区政府、区政协四套班子领导及理论中心组全体成员来到剧场观看了此剧。该剧由北京市曲剧团刘敏庚编剧，立足于顺义的风土人情，以大龙湾、无梁阁、舞彩浅山为主要内容，用“十不闲”这一非物质文化遗产中的一个曲种串联起来。

第二十二届“五月的鲜花”群众文化活动 4月16日下午，顺义区2015年第二十二届“五月的鲜花”群众文化活动启动仪式在天竺镇文化广场举行。区委常委、宣传部部长霍光峰，区政府副区长李向英等领导及来自全区各镇、街道、工委、部分大型企业负责人、社会各界群众500人参加了本次活动。本次活动时间为4月下旬至6月底。全区各单位、各系统广泛发动群众参与，按照“突出主题、突出本地区本行业特色、突出艺术品位”的要求，结合“五一”国际劳动节、“五四”青年节、“六一”儿童节、纪念中国人民抗日战争胜利70周年和“七一”庆祝中国共产党成立94周年等重大节日，大力开展以群众合唱、卡拉OK大赛、青少年艺术节、职工艺术节等为主要形式的基层群众文化活动。6月26日下午，“五月的鲜花”群众文化活动颁奖演出在工人文化宫剧场举行，区委常委、区委宣传部部长霍光峰等领导及来自全区各镇、街道、工委、部分大型企业负责人、社会各界群众400余人参加了颁奖演出活动。“五月的鲜花”活动期间，全区共组织基层文艺比赛和演出495场，演出文艺节目5900个，参与活动人数达到5万人次，吸引观众15万人次。

举行纪念抗日战争胜利70周年活动 8月17日上午，顺义区举办了纪念抗日战争胜利70周年活动。区级主要领导、各单位代表以及周边村民共计500余人共同观看了纪念抗战胜利70周年群众文艺会演，随后区级主要领导参观了北京焦庄户地道战遗址纪念馆。本次会演由区委宣传部、区文委、区广电中心、区文联主办，以“勿忘国耻 圆梦中华”为主题，以焦庄户地道战遗址为背景。特色节目包括舞蹈《地道战》、合唱《第一堡垒美名扬》等4首地道战组歌，以及山东快书《赴宴斗鸠山》、京剧《打虎上山》等精彩节目。整场演出环环相扣、宏大庄重、慷慨激昂，再现了中国人民抗日战争，尤其是利用地道与侵略者英勇作战的历史情节，弘扬了抗战胜利的爱国主义民族精神和强烈的爱国主义情怀。

顺义区第二十二届“十月金秋”群众书法美术摄影活动正式启动 9月18日，第二十二届“十月金秋”群众书法美术摄影活动在顺义区文化馆正式启动。区委常委、宣传部部长霍光峰，副区长李向英出席启动仪式。本届活动以“我的中国梦、魅力新顺义”为主题，由区委宣传部、区文化委、文明办、广电中心、文联共同主办，时间为9月~10月底。全区各单位、各系统以广泛发动群众参与为基础，以群众书法、美术、摄影作品展览等为主要形式，将举办全区33个基层书法、美术、摄影作品展览以及第二十二届“十月金秋”群众书法美术摄影作品区级优秀作品展、网络展览、电视展播等一系列群众文化活动。通过举办丰富多彩、形式多样的群众文化活动，创作更多承载中国梦想、弘扬北京精神、顺义精神的优秀文艺作品，用“中国梦”进一步凝聚全区广大干部群众团结奋进的正能量，为“建设绿色国际港、打造航空中心核心区、共筑和谐宜居新家园”做出更大的贡献。启动仪式上，“践行核心价值观 弘扬传统文化”木林镇中心小学楹联书法展拉开了本次活动的序幕，展览共展出师生作品40余件，这些作品主题鲜明、内容广泛，深入挖掘中华传统文化，弘扬社会主义核心价值观，受到了领导和现场社会各界群众的好评。

举办“纪念抗日战争胜利七十周年”优秀剧目展演活动 9月21日，在顺义影剧院顺义区举办“纪念抗日战争胜利七十周年”优秀剧目展演活动。由区文委策划出品、北京评剧艺术发展促进会制作的抗日题材现代评剧《焦庄户》从9月21日开始首演三天，每天两场，10月9日~12日，区影剧院展演现代评剧《寸草春晖》和《抗战岁月》。

非物质文化遗产保护工作

积极开展“非遗”挖掘整理与保护工作，组织各镇完成全区158项“非遗”资源项目的清查工作，新申报高丽营剪纸、张镇景泰蓝制作技艺2个区级“非遗”项目，新增“非遗”培训学校5家。通过展示展销推进非物质文化遗产传承发展、表演等文化活动，举办了第六届北京市端午文化节、大胡营高跷秧歌花会走街等10余场“非遗”项目等活动，参与人数逾2000人。春节期间，组织北小营镇大胡营高跷秧歌花会走街、药王节庙会“非遗”产品展示、第十三届“赵全营杯”民间花会大赛等活动。并积极组织清明节、“非遗”日、端午节、中秋节、重阳节等传统民族节日期间的“非遗”项目的展演、展示及展销活动。

文化创意产业

产业总体发展平稳有序 加大产业促进和服务力度，调整机构设置，完善综合服务平台。2015年，顺义区文化创意产业规模以上法人单位（年收入500万元及以上）107家，从业人员12078人，实现营业

收入87.5亿元，实现利润总额4.8亿元，产业发展平稳有序。

开展区级文化创意产业重点项目公开征集扶持工作　全区共申报项目36个，经项目初审、实地踏勘、专家评审、财政评审及领导小组会议审议，16个项目为2015年公开征集项目专项资金重点支持对象，支持资金共计2206.6万元。

组织开展第三届顺义区惠民文化消费季　本届惠民文化消费季活动开展“文化惠民金秋演出”“文化惠民电影节”“文化惠民娱乐消费”“文化惠民阅读”“文化惠民休闲旅游”“中式文化生活”6大主题共200余项惠民文化活动。整个文化惠民消费季期间，全区共有63万余人次参与文化消费，现场消费总额1764万元，产品交易额达1300多万元，门票销售437万余元，实际签约近千万元，意向签约近2000万元，签约交易合同数量近300个，各项活动指数较2014年大幅增长。

加强舞彩浅山文化建设　组织艺术家精心创作370余幅艺术作品，送至舞彩浅山龙湾屯镇110个民俗户（旅游接待等单位）和北郎中村，提升民俗旅游点的文化品位。第二届薛庄木雕文化艺术节不仅挖掘了浅山地区的文化底蕴，而且增强了舞彩浅山的人文魅力，助力浅山发展。

文化馆

创作　为纪念抗战胜利70周年，胡广星创作了现代抗战评剧《寸草春晖》。高国镜在《四川文学》等杂志发表《徘徊的鸽子》等文学作品4篇。周胜兵摄影作品被《文化大观》《摄影》等媒体刊发。李秀阳演唱的原创歌曲《美丽的三家店》受北京电视台之邀拍摄MV，本人受北京财经频道采访并录制播出专题片。

获奖　胡广星创作的现代抗战评剧《寸草春晖》获第四届“宝坻杯”环渤海评剧艺术节剧本创作金奖，该剧并被评为北京纪念抗战胜利70周年优秀剧目在北京巡演。高国镜散文《石头与人生》获得全国孙犁散文奖二等奖。周胜兵摄影作品《魅力》获北京市聚焦阅读摄影展银奖。

培训辅导　全年，文化馆业务干部深入基层辅导700余次，辅导单位50余家，辅导学员达8000余人次。上半开办了舞蹈、音响、美术、文化志愿者带头人培训班，培训基层骨干140余人，下半年开办摄影、舞蹈、文学创作培训班，培训基层骨干150余人。

积极推进文化馆设施的免费开放工作　依托文化馆的专业优势，先后开办了美术、文学、器乐、舞蹈、演唱等多种门类的讲座，开设了美术彩墨、美术写生、文艺创作、戏曲等19门课程。

文化志愿者活动　目前顺义共有文化志愿者3500余人，其中专业文化志愿者80余人；共有文艺志愿团队52个，并建立健全了四级文化志愿服务体系。2015年，在顺义区25个服务站全面开办了“文化公益大讲堂”。文化志愿者以艺术讲座和培训班的形式，为居民免费提供合唱、舞蹈、美术、书法等辅导内容，并开展数字化书法辅导教学课程，利用先进的科学手段进一步提高社区群众的学习效率。通过前期调研考察工作，于2014年8月～10月在全区选定的8个试点单位安装整套书法教学系统，2015年在各试点单位如期开展，成为各试点单位常态化活动，该项目共使用文化志愿者560人次，全年被服务人数达27300人次，全年服务时长共3000小时。

图书馆

全年，图书馆共接待读者350440人次，借阅图书317205册次；新办读者证4193个，累计书证61706个；入藏新书10851种，71019册，2310559.3元，订购报刊577种。举办各种读书活动136次，3.3万余人参加。编辑出版《书海拾贝》《科技信息》《保健常识》共12期，印发放3500余份；送书下乡162次，送书101804册。进一步推进基层文化建设，图书馆在全区建立了482家益民书屋、428家共享工程基层服务点、149家公共电子阅览室以及学校、部队、机关单位图书室98家。2015年，针对全区共享工程服务点的现状提出了具体的整改措施进行整改，并取得了初步的成果。“益民书屋”工作稳步推进，区24家书屋被评为星级书屋，其中，五星级2家、三星级22家。对471家符合补充更新条件的益民书屋给予了图书的补充，全区总计补充图书55000余册、总价值1684800元。满足读者需求，加强数字图书馆建设，推出微信公众号服务平台，除了向读者发送图书馆最新动态外，还为读者提供了好书推荐、杂志精选、新闻订阅、视频课程等栏目，为读者提供了海量手机阅读资源，使读者可以通过手机利用网络在线浏览报纸和杂志，以及相关讲座视频等资源。

顺义区文学艺术界联合会

杨镇小学成立北京作家协会小作家分会　1月8日，区文联在杨镇小学举行北京作协小作家分会颁牌仪式。北京作协副主席兼秘书长王升山、小作家协会秘书长周敏等相关人员出席了活动。

《渔阳乐舞》获特别奖　顺义区舞蹈家协会选送的广场舞蹈《渔阳乐舞》在中国首届广场歌舞节中荣获特别奖。6月5日～8日，在中央电视台梅地亚影视拍摄基地，由中华全国艺术家协会、中国互联网新闻中心、《中国乐坛》杂志社等单位联合举办的2015中国首届广场歌舞活动中，顺义明德小学100名小学生表演的广场舞蹈《渔阳乐舞》荣获特别奖、优秀编导奖。王玉玺、杨华撰写的论文《腾飞华夏的北京中幡》入选《文化大视野——全国群众文化、图书、博物论文集》，并荣获优秀作品奖。

顺义区作家协会三名会员荣获全国孙犁散文奖　9月24日，顺义区作协三位作者获得天津市第二十四届"东丽杯"全国孙犁散文奖。其中，顺义区作协主席高国镜创作的《石头与人生》获得二等奖，副主席赵德印、张福臣创作的《乡村记忆》《穿越历史与山河》获得三等奖。

积极参加北京市文联有关文化活动　2015年10月25日，区文联在北京市文联举办的"深入生活、扎根人民、放飞艺术梦想"区（县）局、产（行）业文联原创优秀节目展演活动中，话剧小品《全家福》、女声独唱《看不够的五彩浅山》、模特走秀表演《江山》分别荣获二等奖、三等奖及优秀奖。

文化市场管理

"扫黄打非"　积极组织自查自治，全力维护辖区文化环境健康稳定。以"清源2015""净网2015""秋风2015""护苗2015"四个专项行动为切入点，结合辖区实际情况，狠抓"源头"治理和"传播"屏蔽，严格管控市场安全。在此基础上，按照"行刑衔接"相关制度和要求，区"扫黄打非"办积极协调公安机关、检察院以及人民法院，加大涉及文化市场领域刑事犯罪的侦办以及审查起诉力度，切实"快侦快办"，有效打击犯罪。

2015年文化生产经营单位
消防安全知识培训

执法检查　全年共出动执法人员2212人次，执法车辆813台次，检查各类文化经营单位851家次。受理市级举报5件，回复5件。办理文化市场违规经营案件36件，罚款4.78万元。取缔无证照摊点、擅自从事经营类违规行为13起。督促整改消防通道不畅通、消防设施配备不齐全等安全隐患34处。

顺义区文化委员会

书　记　王　颖（4月免）
　　　　　马朝龙（4月任）
主　任　王　颖（4月免）
　　　　　马朝龙（4月任）

（关东明　秦　月）

怀　柔　区

概　况

怀柔区位于北京市的最北端，面积2122.6平方公里，其中山区占89%。辖12个镇、2个满族乡、2个街道办事处，284个行政村。常住人口37.1万人，户籍人口27.7万人。在户籍人口中，农业人口15.5万人，非农业人口12.2万人。有31个少数民族，其中人数最多的为满族，全区有喇嘛沟门、长哨营2个满族乡，22个满族村。

怀柔区文化委员会（以下简称区文委）是负责全区文化工作的政府部门。内设办公室、政工科（监察科）、文化科、演艺活动服务中心、行政许可和服务科、行政执法队（副处级）、群众演员协会7个部门。直属企事业基层单位（科级）6个：文化馆、图书馆、博物馆、电影发行放映服务中心、文物管理所和新华书店。全系统在职干部职工171人，离退休人员95人。

2015年，区文委以培育和践行社会主义核心价值观为主线，加固以服务和创新为动力的文化支撑，加强以安全稳定规范透明为常规的文化基础建设，加快以繁荣发展为目标的文化主体建设。以不断开创怀柔文化新区建设新局面为指导思想，重点实施大力推进公共文化服务基础设施建设、广泛开展群众性文化活动、依法保护合理利用文化资源、严格文化市场监管和全面加强文化队伍建设五项工作任务。

2015 年文化艺术发展

重要会议 调研

潘临珠到文委调研 3月3日，区委常委、常务副区长潘临珠到文委调研关于第五届北京国际电影节筹备情况和区图书、电影、文物保护等文化工作开展情况。潘临珠强调，在开展日常文化工作时，要统筹协调使用各方资源，积极调动工作积极性，全力促进文化工作取得更大发展。

任武军到区文委调研 3月10日，副区长任武军到文委对区文化事业各项工作开展情况进行调研。任武军指出，2015 年文委要严格落实好重点工作，要下功夫、花力气、强化执行力，完成好区委、区政府和上级部门交办的各项工作任务，为文化科技高端产业新区建设提供文化支撑力。在开展日常文化工作时，要增加创新意识，进一步提升文化品位，提供个性化强的文化服务，全力促进全区文化事业繁荣和发展。

召开2015 年镇乡、街道文化工作座谈会 3月20日，怀柔区组织召开2015 年镇乡、街道文化工作座谈会。会上，区文委各主管领导分别就 2015 年群众文化活动开展、文化培训、文化基础设施建设、第五届北京国际电影节氛围营造、文物保护和传承等工作进行重点部署。任武军对下一步文化事业、文化活动、文化阵地、文化队伍建设提出了明确要求。区委常委、宣传部部长胡东要求各部门从认识论和方法论两方面理解文化工作与其他领域的关系，促进文化事业各项工作蓬勃发展。

区文委召开文化系统工作会 3月20日，区文委组织召开文化系统工作会。会议全面部署 2015 年文化工作。会上，宣读了《北京市怀柔区文化委员会2015 年度工作要点》和《怀柔区文化委员会机关科室队和基层单位考核办法》。区文委主任从为什么要做文化、怎么做好文化工作、怀柔文化发展追求目标和文化工作者的基本要求四个方面结合 2015 年文化工作要点内容和考核办法进行重点阐述。

区文委召开思想政治暨党风廉政建设工作会 3月30日，区文委组织召开思想政治暨党风廉政建设工作会，会议对文委 2015 年思想政治和党风廉政建设工作进行了全面部署，宣读了文委 2015 年思想政治和党风廉政建设工作要点，签订了 2015 年党风廉政建设责任书。

李伟到怀柔调研文化工作 4月2日，市委常委、宣传部部长李伟到怀柔区调研基层文化工作。市新闻出版广电局党组书记、局长李春良，区领导常卫、胡东一同调研。李伟一行到渤海镇北沟村，实地察看了数字放映厅、益民书屋等文化设施，详细了解文化设施建设运营、管理和使用情况以及文化活动组织开展情况。李伟对怀柔区近年来在公共文化服务、基层文化设施建设等方面所做的工作给予充分肯定。他指出，怀柔区要积极整合资源，探索出更多、更有效的方法和途径，不断完善公共文化服务体系建设，进一步丰富百姓精神文化生活。

武克到区文委调研 7月3日，区委常委、区纪委书记武克一行到区文委调研党风廉政建设工作。武克提出四点意见：一是抓好责任制落实，二是要认真抓好各项制度的执行，三是要抓好廉政文化建设，四是抓好项目、资金的管理和使用。

怀柔区召开历史文化遗产保护与利用情况专项评议工作总结会 9月24日上午，怀柔区召开“关于我区历史文化遗产保护与利用情况”专项评议工作总结会。副区长任武军指出，要认真总结评议工作成果，强化协作意识；要充分运用评议工作成果，强化创新意识；要适度定位评议工作成果，强化转型意识。政协主席武占刚强调，历史文化遗产保护与利用是一次渗透到全民、全社会生活中的重要工作，可谓机会、机遇与危机并存，对历史文化遗产保护与利用工作要做到专业研究与大众文化结合起来，既要满足社会发展与人民群众生活水平提高的需要，又要做到历史文化遗产的有效保护。

基础建设

怀柔区级公共文化基础设施建有 1 个图书馆，1 个文化馆，1 个博物馆，2 个电影院。镇乡（街道）级建有 5 个文化活动中心，总建筑面积 9431.6 平方米。共 316 个行政村和社区，其中已建成文化室的 301 个，图书室 313 个，数字影厅 284 个。全区共建有户外文化活动广场 230 个，其中，镇级 9 个，村级 221 个。共有群众业余团队 342 支，镇乡（街道）级演出团队 25 支，演员 613 人。积极争取市级资金支持，制定了《怀柔区基层文化室建设专项补助资金管理办法》，完成了 40 个基层文化室完成达标建设，对 25 个基层文化室设备设施进行了提级改造。

重要活动

第 25 届群众艺术节 2月11日，“展示国际会都形象，争创全国文明城区”第 25 届群众艺术节暨市民系列文化活动在渤海镇渤海所村开幕。艺术节以传统戏曲演出、传统民间花会展示、走街的表演形式拉开了序幕。2月21日~23日（正月初三至初五），在雁栖镇举办“魅力雁栖展风采 燕城巡游送吉祥”系列迎新春活动，通过“太后出游送吉祥”“家庭齐聚逛庙会”等多个活动环节，与游客进行互动，将百戏名曲、民间花会、天桥绝活、祈福礼仪、时装服饰、茶艺书画等不同文化系列汇于一场。3月6日~7日（正月十六日至十七日），在琉璃庙镇举

办了2015怀柔杨树底下“敛巧饭”民俗风情节。与此同时，怀柔剧场上演了精彩的杂技魔术、儿童剧和传统大戏。小年至除夕，怀柔电影院也为影迷放映经典贺岁电影，丰富广大城乡居民的文化生活。此外，怀柔镇、杨宋镇、琉璃庙镇、龙山街道和泉河街道等镇乡、街道结合区域文化特点举办了不同形式和内容的特色文化活动。艺术节期间累计接待观众50000余人次.

怀柔区第25届群众艺术节开幕式

2015第17届CBDF“院校杯”暨第六届“怀柔杯”国际标准舞公开赛　3月26日~29日，由中国国际标准舞总会、北京市怀柔区文委、怀柔区文联联合主办的2015第17届CBDF“院校杯”暨第六届“怀柔杯”国际标准舞公开赛在北京怀柔体育馆举行。全国各地100多个代表队近3000个参赛组别的选手参加了197个不同项目的激烈角逐。选手来自北京舞蹈学院、上海戏剧学院舞蹈学院、广东舞蹈戏剧职业学院等28所国标舞专业院校，北京大学、清华大学等18所国内著名大学，港龙舞蹈、上海超逸等17个舞蹈培训机构，以及各地国标舞协会和各地艺校。本届“院校杯”“怀柔杯”公开赛邀请了英国、德国、意大利和中国的国标舞界知名人士艾担任评审，评委阵容强大。

2015年群众歌咏大赛和纪念抗日战争暨世界反法西斯战争胜利70周年歌曲演唱会　4月~5月，怀柔区文委与区总工会联合举办怀柔区2015年群众歌咏大赛。参赛范围包括全区各镇乡、街道、各区直部门、企业单位及各社会团体。比赛分为独唱和合唱2个类别，设山区组、平原组和区直组3个组别。来自全区各镇乡、街道、区直单位、部门、企业及各社会团体的64支代表队共500余位选手同台竞赛。5月27日，在怀柔剧场举行了“文化凝聚力量　唱响美丽会都”2015年怀柔区群众歌咏大赛颁奖典礼和纪念抗日战争暨世界反法西斯战争胜利70周年歌曲演唱会。

2015怀柔汤河川满族民俗风情节　6月19日~22日，2015怀柔汤河川满族民俗风情节在喇叭沟门、长哨营和汤河口三镇举行。本届民俗风情节以“浓情碧水迎宾客　满韵清风醉游人”为主题。主会场喇叭沟门满族乡推出了“浓情寄山水、诗意写满乡”书画笔会、滨水沙滩摩托车欢乐季、“白桦林之声”演唱会、“悠然满乡韵、拂面白桦情”端午诗会、满族体育运动会等活动，让游客在欢乐、刺激中体验满族风情。长哨营满族乡推出了满族民俗美食节、满族撞拐王争霸赛、“中国梦”满族歌会等项目，游客可以通过赶满族大集、游汤河栈道、制作美食、登南山祈福、品火锅盛宴等感受满族文化。汤河口镇推出了八旗龙舟大赛，以及水岸龙舟表演、健身讲座、瑜伽现场秀等养生汤河体验游活动，开展“一沟一洞一农家”汤河民俗体验活动。活动期间，累计吸引游客3.5万余人次。

第五届中国儿童戏剧节　第五届中国儿童戏剧节于7月10日~8月26日举办。8月25日~26日，第五届中国儿童戏剧节研讨会及闭幕式在怀柔区举办。戏剧节期间，在北京主会场，济南、成都分会场以及上海、重庆、山东、安徽、江苏等15个省、直辖市和日本冲绳巡演，涵盖了大型儿童剧、独角戏、益智趣味儿童剧、木偶剧、互动游戏剧、大型原创裸眼3D音乐剧等多种表现形式。同时，开展了儿童戏剧工作坊、国际儿童戏剧沙龙、儿童戏剧夏令营、国际儿童戏剧周等15项系列活动。其间，共有7个国家和地区的27家儿童戏剧团体、43台剧目、194场精彩演出，近16万人次的青少年儿童在“进剧场过暑假”活动中受益。

怀柔区第八届全民阅读活动　8月28日，怀柔区“历史不能忘记”——怀柔区纪念抗日战争胜利70周年诵读活动在区图书馆举办，并为在怀柔区第八届全民阅读活动中获奖的单位和个人颁发证书，怀柔区第八届全民阅读活动圆满结束。本届读书活动自3月启动，以“阅读文学经典追忆抗战岁月”为主题，在全区14个镇乡、2个街道、14个区直工委组织开展了征文、摄影、“市民大讲堂”、“读书家庭”、“读书状元”评选、换书大集等11项活动。活动期间，共收集征文作品242篇、摄影作品492幅、评选出年度读书人物11名、读书家庭10个、读书状元10名、读书之星56名，举办纪念抗日战争胜利暨世界反法西斯胜利70周年图片展等展览5次。

夏日文化广场活动　2015年怀柔区“放歌新怀柔”夏日文化广场以“建设文化怀柔　展示会都风采”为主题，6月26日开幕，9月25日闭幕，共历时3个月，以中心广场与基层活动并重为原则，组织全区14个镇乡和2个街道以及部分区直部门、企业和群团组织，创作并演出区级专场22场，演出文艺节目近400个，吸引观众近8万人次。各镇乡、街道举办基层夏日文化广场演出300余场，观众达16万人次，让百姓在家门口就欣赏到了高水平的文艺演出。

“放歌新怀柔”夏日文化广场文艺演出

文艺演出星火工程 全年共有21支国家级、市级专业团体和区内25支非专业团队参与演出，共计演出900场（含奖励场次48场），其中，一类团队演出332场，二类团队演出568场，吸引观众18万余人次。演出节目涉及综艺、歌舞、曲艺和戏曲等多种类。

周末场演出 全年演出66场，剧目包括国家级、市级专业演出院团演出的京剧、评剧、河北梆子、儿童剧、综艺节目等。观众近3.5万人次，平均上座率为80%，最高上座率达90%。

文化交流

东城区怀柔区文化“手拉手”专场演出 8月6日晚，东城区怀柔区文化“手拉手”专场演出在怀柔区滨湖公园景观剧场精彩上演。东城区政府副区长王晨阳、怀柔区政府副区长任武军出席演出活动，东城区文委、怀柔区文委等有关部门领导与现场热情观众共同观看演出。此次演出是怀柔区文委和东城区文委进行文化交流的重点项目之一。演出现场，评剧新派艺术家、国家一级演员戴月琴表演的评剧《刘巧儿》《杨三姐告状》选段，青年相声演员李菁和张天雷合作演出的相声《相声精粹》，东城区第二文化馆民乐队表演的民乐合奏《北京喜讯到边寨》《胜利秧歌》和东城区第一文化馆舞蹈队、总政歌舞团、中国杂技团带来的精彩表演，将演出一次次推向高潮。最后，在歌舞节目《共和国之恋》的热烈氛围中结束了整场文化交流演出。

怀柔区西城区文化交流专场演出 9月16日，怀柔区西城区手拉手文化交流专场演出在滨湖公园景观剧场举办。此次演出是西城区第三年参加怀柔区的夏日文化广场活动，也是怀柔区和西城区文化交流的重点项目之一。西城区文委对此次演出高度重视，精心编排了一场内容丰富的综艺晚会，当晚演出了舞蹈《盛世欢歌》、评剧清唱《花为媒》选段《报花名》，北京琴书《长寿村》，魔术、男声独唱《卓玛》《天路》，器乐演奏等10余个节目。

文艺创作

2015年，区文化馆共创作歌曲《老夫老妻》《到人民中去》《为人民服务》《桃花吟》《稻花飘香》《新年快乐》《我愿意》《英雄》及对口快板《会都建设者》等10余个文艺作品。原创期刊《怀柔文艺》共出版4期。

非物质文化遗产保护工作

申报3项区级非物质文化遗名录项目，正在进行申报材料的前期准备工作。北京果脯制作技艺经批准被列为市级非物质文化遗产名录项目。积极参与北京市第二届“非遗大观园”端午游园会活动。完成第四批、第五批北京市级非物质文化遗产项目代表性传承人申报工作。完成2013～2015年度北京市级非物质文化遗产代表性项目扶持经费申报工作。

文化馆

免费开放工作 从3月开始，每周一到周五全天对外开放。开设了曲艺、器乐、乐理知识讲座、戏曲活动、电钢琴、声乐、国画、书法、交谊舞、老年模特等多项课程。全年参与活动达28960人次。

培训工作 2015年，全年开展了基层培训、阵地培训、“让艺术走进校园活动”、市农广校怀柔分校文艺培训班等活动。培训项目包括声乐、器乐演奏、舞蹈、时装模特、戏曲演唱、曲艺、书画等。全年开展各类文艺培训1900余期，培训学员近7.9万人次。

文化志愿者义务辅导站 新增设文化志愿者义务辅导站10个，总量达40个。完成了2015年怀柔区文化志愿者考核活动。文化志愿者参与各类培训100多期，演出200多场，编创的舞蹈作品32个，声乐作品5首，曲艺作品13个，1个大型河北梆子剧本《庙上火种》。春节前夕组织书画、摄影志愿者到宝山镇道德坑村开展“送福到家”活动。在神堂峪举办了怀柔区、门头沟、宣武区三馆文化志愿者大型农民肖像摄影作品赠送活动。坚持文化志愿者合唱团、舞蹈团日常训练工作。组织4名摄影文化志愿者深入山区为当地老百姓拍摄幸福照200余副。

图书馆

2015年，全年净办理读者卡3300张，接待读者48万人次，外借图书35万册次；解答读者咨询5300

条；开展网上阅览、知识讲座等读者活动72次，参与人数达5万人次；举办“悦读阅美”等展览8次；文献入藏6万余册，总藏量达99.7万册。为12个镇乡、103个行政村、9所学校配送图书6.42万册，新建地税、旅游委、茶坞铁路中学等送书服务点19个，为部队、机关、农村、社区送书112次、2.3万册。

全民读书活动　活动以“阅读文学经典，追忆抗战岁月”为主题，开展了征文、摄影、经典名著改编影视作品诵读会等11项活动，共收集征文作品242篇、摄影作品492幅、评选出年度读书人物11名、读书家庭10个、读书状元10名、“读书之星”56名，举办纪念抗日战争胜利70周年图片展等展览5次，组织开展诵读培训班活动40余期，为基层配送活动用书3400册、抗战题材影视光盘4700张。基层组织开展“市民大课堂”知识讲座110场。评选出多名“读书状元”和多个“读书家庭”与11位“读物人物”。

数字图书馆、数字文化社区建设　图书馆将2014年更换的计算机调拨至基层，对符合建设标准的8个镇乡的8个行政村进行农村公共电子阅览室建设。7月，对全区公共电子阅览室和数字文化社区管理员进行了集中培训，为今后的工作的开展奠定了基础。区建成农村公共电子阅览室11个、数字文化社区11个，均已正常开放接待村民。望怀社区数字文化社区根据系统统计数据和实地暗访，被北京市文化局和北京市分中心确定为全市27家奖励对象之一。

益民书屋建设工作　顺利通过了2014年度星级书屋评星考核和五星级书屋复检工作，益民办拨付奖励资金合计46万元。区星级益民书屋总数达到78个，占全区益民书屋总量的25%，实现了年初预定目标。11月初，完成了对全区313家益民书屋进行的补充更新工作，累计配送图书3.13万册、音像制品7825张，有效丰富了基层图书室图书资源，缓解了书屋图书的更新问题。

红领巾读书活动　在全区3万名中小学生中组织开展了“红领巾”读书活动，组织完成了科普剧、讲故事比赛和读书小状元评选活动。2015年的活动打破往年活动场地的限制，将比赛地点选在了学校进行，让更多的孩子了解并参与到活动中。每月在馆内组织开展少儿英语读书会活动，从9月开始每周接待实验小学到馆内进行学科实践。

文化市场管理

行政审批　压缩审批时限，对32项告知内容、事项名称、法定依据、申报材料、办理程序、承诺时限及审批流程的环节进行修改、补充、完善。新批、变更、注销、审核换证文化市场经营项目390余家。咨询服务1000余人次。勘察场地328余次。收到群众表扬感谢信11封。3人次被评为“综合行政许可办服务之星”。工作中实现了零投诉的工作目标。群众满意度测评非常满意度达到100%。

文化市场执法检查　开展了专项行动10次，联合执法8次，共出动执法检查力量3296人次，执法车辆1023台次，检查文化经营单位800余家次。新增网站备案70家，后台布置关键词200个，发现并清除有害信息2000余条，警告处罚22家未及时备案网站。

怀柔区文化委员会

书　记　陈宝明

主　任　夏占利

（李艳婷）

平　谷　区

概　况

平谷区位于北京市东北部，面积950.13平方公里，其中山区面积占59.7%。辖14镇2乡2个街道办事处。共有273个行政村（含东长峪）和36个居委会，户籍总人口40.1万人。

平谷区文化委员会（以下简称区文化委）为主管全区文化工作的职能部门。区文化委机关公务员16人（其中2名行政工勤人员），其中处级干部7人。设办公室、政工科、文化文物科、市场科（2015年9月23日更名为审批科）。下辖9个基层单位，其中副处级行政单位1个：文化行政执法队；全额拨款事业单位6个：图书馆、文化馆、文物管理所、平谷区博物馆、上宅文化陈列馆、电影发行服务中心（2015年11月更名为文化发展服务中心）；自收自支事业单位1个：影剧院；企业1个：新华书店。

2015年，区文委以“快乐幸福平谷建设”为主线，不断扩大文化资源总量，提升文化产品的供给能力和文化服务的创新能力，构建了布局合理、设施完备、供给多元、特色鲜明、运转高效、服务普惠的公共文化服务体系，切实保障和实现了城乡广大群众的文化权益，开创了平谷区和谐文化建设的崭新局面。

2015 年文化艺术发展

重要会议、调研

第五届中国乐谷欢乐节暨2015年秋歌花会进城大拜年活动部署会　第五届中国乐谷欢乐节暨2015年秋歌花会进城大拜年活动部署会于1月23日举行，全区40余个相关单位主管领导参加了会议。会议由区文委主任王振国主持，各部门对方案提出意见或建议，副区长徐素芝出席会议并讲话。

市文化局领导到平谷调研　6月5日，市文化局党组书记、局长陈冬，党组成员、副局长庞微一行实地考察了区文化馆艺术展厅等地。

姜帆到区文委执法队调研指导工作　6月24日，区长姜帆到区文委执法队调研指导工作。区文委、文委执法队负责人向姜帆介绍执法队工作职责、办公条件、人员编制、科室设置，汇报了辖区文化市场管理工作情况，包括文化执法涉及领域、文化市场基本情况以及行业监管、规范市场经营行为、行政处罚案件情况等。

北京市“1+3”公共文化政策培训会　7月31日，召开全区公共文化政策培训会。培训会邀请市文化局公共文化处处长黄海燕解读北京市“1+3”公共文化政策。区委办、政府办等二十几家单位和十八个乡镇（街道）主管文化工作的领导参加了培训。副区长徐素芝到会并讲话。

2015年基层文化工作大会　11月26日上午，召开平谷区基层文化工作大会。会议就文艺中专班工作、大拜年工作、图书馆工作、年底业务考核和财政审计等工作对各乡镇、街道进行部署。文委主任王文忠、副主任逯艳敏、区财政局局长屈连江等参加会议并讲话。

公共文化服务体系建设

桃花大舞台全面升级视觉一新　世纪广场的桃花大舞台占地面积1200平方米，舞台面积800平方米。2014年投资1000万元，2015年年初完成升级改造工程，升级后的桃花大舞台功能更加完善，设备更加先进，大大提高了演出的视听效果。

乡镇街道文化中心建设稳步推进　5月，组织召开由主管区长和文化、财政、发改、规划、国土、相关乡镇街道等参加的乡镇街道文化中心建设协调会，积极推进工作进程。平谷镇、大兴庄已完成主体建设；金海湖、峪口、兴谷街道、南独乐河4个文化中心完成选址，已在建设中。

村级文化活动室和大舞台分批次改善　积极争取财政资金1700余万元，改善区基层公共文化设施。2015年起，通过整体包装项目的方式，对村级文化活动室和大舞台进行分期分批改造，14个文化活动室和30个大舞台正在建设当中，第二批、第三批改善项目已经列入计划。

基层图书服务网点不断拓延　新建北京铱浓置业、平谷驾校、温暖之家老年公寓、雨硕房地产公司等基层分馆5家，配送图书2万册，书架40组。新建平谷区东高村派出所、陈列馆、国珍养生馆、刘店行宫村、儿童福利院、中国人民解放军某部等基层流动送书点10个。

文化活动

爱在平谷——2015新春团拜会　2月12日，“爱在平谷”——2015新春团拜会在区影剧院举办。区委书记张吉福为全区人民献上了新春祝福。团拜会文艺演出精彩纷呈，创意快板秀《爱在平谷》、小品《爱满“潘”桃园》、杂技《快乐草帽》等十个节目各有特色，贴近观众并汇聚了本土文化元素，引得观众席掌声不断。团拜会所有的节目都由平谷的百姓自编自演，突出了原创、原汁、原味，充分展示了平谷区人民积极向上的精神风貌与温暖和谐的幸福生活。

第五届中国乐谷欢乐节暨2015年秧歌花会进城大拜年活动　3月5日，第五届中国乐谷欢乐节暨2015年秧歌花会进城大拜年活动红火热烈。本届欢乐节由“三阳开泰、万民同庆”“京津冀一体化、和谐共发展”“胸怀梦想、放飞希望”“美丽平谷、幸福明天”4个板块组成，充分体现了“节俭办节会、群众当主角、万民齐欢舞”的特色。巡游线路长1.5公里，来自区内的32支表演队伍、3090余名演职人员展示了舞龙、舞狮、小车会、小驴舞等传统民间文艺以及现代秧歌和健身舞蹈，吸引了区内外5万余名观众到场观看。区领导张吉福、姜帆、刘军、闫维洪等出席活动。

3月5日，秧歌花会进城大拜年
府前街走会现场

平谷区第七届大众读书工程启动仪式　4月1日，“同读·同悦·同逐梦”平谷区第七届大众读书工程启动仪式在区世纪广场大舞台举行。副区长徐素芝宣布活动启动，北京市新闻出版广电局公共服务处处长王亦君、区文委主任王文忠、区教委副主任崔会明等领导为荣获2014年大众读书工程优秀组织奖的单位颁发荣誉证书。

“舞动平谷　幸福生活”广场舞大赛　5月15日，区文委主办的“舞动平谷　幸福生活”广场舞蹈大赛在世纪广场举行。来自全区的300多名舞蹈爱好者在《小苹果》《最炫民族风》《小鸡小鸡》等节奏明快、动感激越的音乐声中，尽情抒发着对幸福新生活的向往。此次广场舞蹈大赛是一次精品的展示，是平谷区群众文化丰富多彩的真实写照。

“文化乐享生活”第三届惠民文化消费季　8月～11月初，“文化乐享生活”第三届惠民文化消费季掀起文化消费高潮。新华书店推出让利促销活动：举办开学季第一期、第二期巨惠周优惠，活动过程中消费人次达15519人，现场销售金额达到299082.63元，受到广大市民的广泛好评。文化馆在活动期间开展6次文化惠民公益艺术大讲堂系列讲座，邀请专家和老师为广大文艺爱好者进行知识讲座和专业技能培训，受众人次达1000人。图书馆多次在馆内举办文化消费知识宣传展览和有关书籍的推荐活动。

“桃源镜界”摄影艺术品牌活动　平谷区文联8月启动“桃源镜界”摄影艺术品牌活动。此项活动主要以培训、月赛、展览的形式开展，9月25日～11月30日作为培训月，其中10月16日、17日、18日为集中培训日，邀请国家级摄影专家进行讲座，通过大量外拍实践让学员迅速牢固掌握摄影基本功，从而拍出高质量的照片。培训期间还举办了摄影比赛、展览等活动。

“美丽平谷我的家”平谷区原创作品大赛　10月29日，“美丽平谷我的家”平谷区原创作品大赛在区文化馆小剧场举行。大赛历时2个月，先后征集包括小品、快板、歌曲、评书、双簧、平谷调等在内的30多个作品，经过最终决赛，评出一等奖2名、二等奖5名、三等奖7名。大兴区文化馆馆长魏书亮、顺义区音乐家协会副主席王凤珍以及顺义区曲艺家协会副主席葛维达等担任此次比赛的评委。整个赛事呈现出影响范围广，演员素质高，参与的单位多的特点。

非物质文化遗产保护工作

长升居“缸炉糕点制作技艺”列入区级非物质文化遗产　7月27日上午，平谷区文化馆组织专家对长升居“缸炉糕点制作技艺”申请区级非物质文化遗产项目进行评审。长升居缸炉糕点制作技艺源于中华老字号聚庆斋。马换荣从聚庆斋第十七代传人索风义手里接过第十八代传承人的证书。她延续了聚庆斋严格和创新的特点，以传统的“缸炉”工艺，保证了食材有效营养成分，赢得了顾客的信赖。8月28日，区政府批准“缸炉糕点制作技艺”项目被列入平谷区第二批区级非物质文化遗产名录。

调研新项目，收集资料　2015年继续调研近些年疏漏的新项目、收集整理文字资料、建档资料照片等工作。包括区级项目23项，传承人及民俗及空间分布、基础设施、“非遗”保护工作计划等19个类别。配合北京电视台开展对市级项目的采访录像等工作，同时补充4个市级项目新照片400余副，录像3小时。

培训

“放飞艺术梦想”公益大讲堂系列培训　从5月开始，举办“放飞艺术梦想”公益大讲堂系列培训。培训立足基层，面向社会，针对不同群体的需要，以系列讲座的形式，聘请各艺术门类的知名专家讲课，提升文化干部的鉴赏、创作能力以及全区老百姓的文化艺术修养。培训突出三个特点：涵盖门类众多（音乐舞蹈书法美术等7个门类）、师资力量强（为各自专业中的名师名家）、群众受众面大。培训到10月底结束，累计培训人数达到3500人。

开展“文化大讲堂”文化培训　6月23日，在碧海山庄举行了“北京大学·平谷区文化大讲堂”开学典礼。中央民族大学哲学与宗教学系教授、博士生导师赵士林进行了首讲“国学六法通俗谈”，区委常委、宣传部部长王红艳出席活动并作了讲话。

文艺创作

歌曲创作　文化馆组织创作的《幸福家园》《桃园情歌》等歌曲，散发着平谷的乡土气息，在新春团拜会上一亮相，就得到大家的认可和好评。在“舞动北京”——群众舞蹈大赛上，《桃花时节》荣获优秀奖，《北京泥人》荣获最佳表演奖和创作奖。

绘画创作出版　《韩玉良原创油画作品集》9月出版发行，《付东升画集》于12月出版发行。

展览

“固本行歌”书画展　6月24日下午，平谷区委副书记、区长江帆一行在平谷区文化馆观看“固本行歌”书画摄影展。此次书画展由平谷区文化委员会主办、平谷区文化馆承办，共展出各类书画作品50余件，旨在借助寓意深刻的书画作品，充分展示区文化馆文化发展所取得的丰硕成果。本次展览7月10日闭幕，其间免费向市民开放。

“平畴墨润　谷香桃红”——第六届北京美丽乡村书法艺术展　10月26日，由北京市文联、北京书法家协会、中共平谷区委、平谷区人民政府等单位主办，中共平谷区委宣传部、平谷区文联、平谷区文化委员会和翰墨清韵文化发展有限公司等单位承

办的“平畴墨润　谷香桃红”——第六届北京美丽乡村书法艺术展在平谷区博物馆拉开序幕，展览持续至11月4日。共甄选出180余幅作品参展。所有参展作品均以歌咏家乡诗词及自撰诗词联赋等艺术形式从各个不同视角反映“三农”新气象、展现京郊新面貌，集中展示了京郊十个区县书法家们的风采。

幽燕翰墨情书画联展　12月17日，“放歌京津冀，欢乐进万家”文化交流活动——幽燕翰墨情书画联展在三河文化馆拉开帷幕。展览由平谷区文化馆与河北三河市文化馆、天津蓟县文化馆共同发起，共展出120件书法、美术优秀作品。作品基本囊括了平谷区、三河市、蓟县、兴隆等区、县、市书画精英的作品，内容丰富，主题鲜明，全面展示了在党的领导下京津冀取得的辉煌成就和走过的光辉历程。展览持续2个月。

文化馆

积极组织文化活动　2015年，共策划、组织各类文化活动100个，举办艺术展览18个，辅导培训基层队伍12000余人次，培养文艺骨干2000余人，创作文艺作品43篇（件），受益群众35万人。

12月7日，乡村大舞台文艺演出在平谷区文化馆小剧场举行

全面落实免费开放计划　根据设施实际情况，文化馆继续推进文化场所免费开放。活动厅室，每周对公众开放不少于60个小时。其中，舞蹈教室有9个艺术团（队）固定活动，每周活动7天，每天8个小时。多功能小剧场为多家相关单位和乡镇街道提供文艺演出与培训场地，同时每月为普通百姓开办公益大讲堂。培训教室每年为各乡镇、街道及单位提供免费艺术培训40多次。文化馆展厅常年免费举办摄影、美术、绘画、民间手工艺作品展。世纪广场展架每年免费举办相关展览10余个。免费开放的实施，保证公民的基本文化权益，推动业余艺术团队的快速发展，有效的发挥文化馆公益事业单位的职能作用。

志愿者工作规范化常态化　推进志愿服务体系建设、引导志愿者自主开展志愿服务活动。1月，延续开展第七届“送福下乡”活动，先后走入4个乡镇书写春联、福字4000余份，受众人数5万余人。6月，联系北京市文化志愿者服务中心的老师，为全区各乡镇推荐的54名文化志愿者团队带头人进行了志愿者服务礼仪和团队合作相关内容的培训。在重阳节到来之际，以抗战胜利70周年为契机，开展为全区抗战老兵拍照活动。7名专业摄影师组成3个摄影团队，奔赴全区各个乡镇或村庄，共计拍摄照片80余幅。组织社会志愿者16人，每周日对西鹿角村脑瘫患儿贾云帆进行帮扶支教活动，这些志愿者不求回报，风雨无阻坚持了近两年。12月5日志愿者日，利用文化馆外的宣传栏开展志愿宣传活动，以此表彰常年默默无闻，只讲奉献不谈回报的文化志愿者。继续组织专家型志愿者加大示范项目“书法润绿谷”项目的培训力度。老师从书法的形、神以及具体书写章法等方面为学员们做了绘声绘色的讲解与现场示范，让学员领略中国汉字的造字之美、书写变化之美、韵味之美，更让他们感受中华文化的博大精深，满足广大书法爱好者学习书法的热切期望，项目服务对象遍及乡镇、社区和学校。

图书馆

坚持“读者第一”的服务理念，创新服务方式、扩展服务内容，不断扩大读者队伍，全年共接待读者208092人次；外借图书164966册次；各基层分馆接待读者39万人次，外借图书52万册次；举办各类讲座、培训、展览等多种形式的阅读活动221次。

大众读书工程　结合“第五届北京阅读季活动方案”“北京市红领巾读书活动方案”“北京市全民阅读活动方案”，开展主题为“同读·同悦·同逐梦”的第七届大众读书工程。全年举办各类讲座、培训、展览等多种形式的阅读活动百余次。

益民书屋建设　完成2015年星级书屋奖励发放，带领各星级书屋管理员参与自采奖励图书工作。

共享工程工作　采取集中培训、网络培训形式，开展业务培训辅导工作。对全区18家数字文化社区管理员开展业务培训1次；组织基层网络培训8场次。充分利用资源优势，举办假日影音20场次；“自主学习　突破课堂”精品课程推荐活动26场次；“网上惊喜”数字阅读推广活动6场次；录制第二届“大年小戏闹新春”节目5场，参与全国评比荣获全国优秀作品入围奖。

数字图书馆建设　数字图书馆建设取得新进展，开通微信公众平台，建设全新版数字图书馆门户，完成馆内地方文献、冰心图书馆2大特色馆藏所有文献共计1万种的数字化加工工作。

文化市场管理

行政执法工作　2015年，平谷区文化市场管理暨“扫黄打非”工作领导小组办公室按照市安排部署，以确保辖区内文化市场平安有序为重点，突出开展“净网2015”“清源2015”“秋风2015”和“护苗2015”等专项行动。加大对市场的检查监管力度，共出动执法人员1160余人次，检查场所970多家次，共办结案15起，行政罚款2.09万元。实现了无行政监管责任事故、无安全生产责任事故、无行政复议和行政诉讼败诉案件发生的“三无”工作目标。

行政审批工作　区文委市场科于2015年9月23日正式更名为审批科。作为进驻区综合服务中心的服务窗口，职能除了负责全区文化类企业的审批和服务工作，又增加了固定资产投资审批相关业务。现共有行政许可17项（其中，文化市场行政审批11项，固定资产投资审批6项），非行政许可7项，服务类6项。2015年，文化委窗口全面完成年初既定的工作任务，完成率100%。共办理行政审批和服务事项300余件，服务600余件，接待群众咨询1000余人次，接到锦旗8面，表扬信3封，实现了案卷零积压、零差错、零投诉，在中心每月的考核评比中都名列前茅，被综合行政服务中心评为“优秀单位”和“优秀首席代表”。

获奖情况

集体

区文委　市文化局根据《北京市优秀群众文化项目扶持办法（试行）》，对群众原创作品、群众文化团队、群众品牌文化活动进行了专家评审，平谷区选送的小品《书屋飞来欢笑声》获“优秀群众原创作品奖”，洳河湾艺术团获“优秀群众文化团队”称号；被市文化局评为“北京市优秀文化项目——优秀群众文化团队”；被平谷区综合服务中心评为2015年度驻厅单位行政效能综合考评优秀服务单位；在第四届中国乐谷欢乐节暨2014年秧歌花会进城大拜年活动中获“优秀品牌文化活动二等奖”。

区文化馆　被评为2014年“文化志愿服务推进年”系列活动示范项目；荣获得北京市第25届农民艺术节“乡村大舞台”节目二等奖；在第十届舞动北京群众舞蹈大赛暨“中新联创杯”广场健身舞大赛获得组织奖，《梨花情》荣获推广作品铜奖；在首都市民系列文化活动优秀品牌文化活动中被评为“二等奖”。

区图书馆　在中共中央宣传部、文化部、国家新闻出版广电总局组织的第六届全国服务农民服务基层文化建设活动中荣获“先进集体”称号；在中国少年先锋队北京市工作委员会等机构组织的北京市红领巾读书活动中荣获优秀组织奖；在中国图书馆学会组织的“2015全国少年儿童阅读年”——全国少年儿童“我的藏书票”设计大赛中，荣获优秀组织奖

个人

李慧颖　在津、京、沪、渝四直辖市“都市风采”主持人大赛中，荣获“铜奖”；在北京市孝星命名活动中，被命名为孝星。

郭晓辉　被评为《首都公共文化》2014～2015年度优秀特约记者。

王小兵　布面油画美术作品《影像记忆》入展“幽燕丹青——2015赞华杯京津冀美术精品展”，获优秀奖。

梁彩川　国画作品《大壑松泉图》荣获第十届首都职工文化艺术节“祖国颂”翰墨情怀书画展“三等奖”。

田海香　在中国少年先锋队北京市工作委员会组织的2015年北京市红领巾读书活动中荣获“优秀辅导员”称号。

刘秋勇　在中国少年先锋队北京市工作委员会等组织的2015年北京市红领巾读书活动中荣获“优秀辅导员”称号。

平谷区文化委员会

书　记　王振国（2月免）
　　　　　胡九军（2月任）
主　任　王振国（2月免）
　　　　　王文忠（2月任）

（张　蕊）

昌　平　区

概况

昌平区位于北京市的西北部，面积1343.5平方公里。辖15个镇、5个街道办事处和1个以企代镇行政单位（北企公司）。行政村303个，社区居委会192个。全区户籍人口57.27万人，常住人口190.8万人。

昌平区文化委员会（以下简称区文委），是负责全区文化、文物、新闻出版和广播电影电视事业管理工作的区政府工作部门。区文化委机关内设办公室、政工科、文化科、文物科、市场科和区纪委监察局派驻监察科。直属单位共5个，其中行政单位1

个（副处级）：文化行政执法队；全额拨款事业单位3个（正科级）：区文化馆、区图书馆、区文物管理所（博物馆）；企业1个：昌平区新华书店。

2015年，全区文化工作深入贯彻中共十八大和十八届三中、四中、五中全会精神，围绕加快推进全区经济社会深度转型和建设国际一流科教新区目标，大力弘扬社会主义核心价值观，狠抓基层基础工作，加大文化市场监管力度，深入推进文化惠民工作，文化建设取得了新进展。

2015年文化艺术发展

重要会议

召开区文委2015年重点工作部署会 4月3日，在区文委召开了区文委2015年重点工作部署会。2015年文化工作突出“三个创新”和“三个加强”：一是创新文化市场监管模式；二是创新文化管理运营方式；三是创新现代化公共文化服务形式；四是加强首都公共文化服务示范区建设；五是加强基础设施建设；六是加强基层文化人才队伍建设。

文化设施建设

文化设施建设 昌平区级公共文化服务设施有1个文化馆，1个博物馆，1个图书馆，13个区图书分馆，1个新华书店，5个新华书店分店，21个镇级文化服务中心，303个村级文化活动室，“益民书屋”实现村村全覆盖，192个社区文化室，144个社区图书室。其中，年内新建“益民书屋”14家，共有社区“益民书屋”24家。2015年，按照“一心五团多支撑”的总体思路，加快推进镇街、村和社区三级文化设施网络建设。完成了沙河、崔村、南邵、天通苑南4个镇级文化中心达标改造工程，改建和扩建了南口镇檀峪村文化室、沙河镇北街社区等43个农村与社区文化活动室。同时，坚持每年为30个社区和村进行音响、乐器等设备的更新。

队伍建设

全区有区级业余文艺团队1支，镇级50支，村级264支，社区496支，市场注册文艺团体22家。

公共文化示范区建设

2015年，深入贯彻北京市公共文化“1+3”政策要求，全面启动首都公共文化服务示范区创建工作。研究起草了《昌平区创建首都公共文化服务示范区方案》《昌平区基层文化组织员管理暂行办法》《鼓励社会力量参与公共文化服务的奖励办法》和《昌平区公共文化服务绩效考核暂行办法》，形成了昌平区公共文化服务“1+3”政策体系。

文化活动

第二届北京曲剧艺术节在昌平开幕 1月23日上午，由昌平区文委与北京市曲剧团联合举办的“第二届北京曲剧艺术节”在中国政法大学礼堂拉开帷幕。市文化局副巡视员马文，区委宣传部部长余俊生，区文委主任刘全新、副主任刘庆华，区广电中心主任刘晓梅，精神文明办副主任于庆柱及区文委班子成员、各镇街主管领导和文化中心主任等与近千名观众共同观看了演出。艺术节在春节期间举行，北京市曲剧团选择了3部经典剧目，分为2个阶段共16场展现给昌平区百姓。曲剧《四世同堂》《骆驼祥子》《烟壶》为昌平各大院校师生、驻扎部队官兵和当地百姓奉献上丰盛的文化大餐。本届艺术节惠及观众上万人。

慰问农村儿童公益演出活动 1月28日，由文化部公共文化司与中国儿童艺术剧院联合主办、区文委协办的“温暖童心　放飞梦想”——慰问农村儿童公益演出活动在区流村中心小学举办。这是农村的孩子们首次在家门口免费欣赏到国家剧院的高雅艺术，文化部公共文化司副司长周广莲、中国儿童艺术剧院党委书记雷喜宁以及区文化委主任刘全新、副主任刘庆华等领导出席，并与山区的孩子们共同观看了中国儿童艺术剧院趣味益智儿童剧《小吉普变变》的精彩演出。

2015年昌平区“迎新春团拜会”文艺演出

2015年昌平区“迎新春团拜会”文艺演出 2月9日，由中共昌平区委、昌平区人民政府主办，中共昌平区委宣传部、昌平区文委承办的2015年昌平区“迎新春团拜会”在区广播电视中心二楼演播厅举行。区委书记侯君舒、区长张燕友、区四套班子领导、各大工委、各镇街主要领导、部分区人大代表、政协委员以及2014年度全区各条战线的先进个人、先进集体代表等共计200余人出席了团拜会。整场演出以原创节目为主，所有演职人员均来自全区各镇街及中小学校。歌曲《走昌平》《心中的美丽》充满了温情与梦想，围绕“最美北京人”这一主题，传递人间真情，讴歌了在全区甄选出践行社

会主义价值观的先进模范及先进代表的典型事迹。群口快板《我爱昌平》，赞美了昌平物华天宝、人杰地灵、风景优美、科技领先、人民富裕的美好前程。曾在2014年参加“首都市民群众文化活动”获奖的舞蹈《云裙水袖》以及获2014年第二届“艺韵北京”北京市群众曲艺大赛一等奖、文化部第17届群星奖入围作品的铁片大鼓《真心》，将本次文艺演出推向了高潮，营造了欢乐、祥和、热烈喜庆的氛围。最后，团拜会在歌伴舞《我的梦、中国梦》的音乐声中落下帷幕，鼓舞着全区人们紧抓机遇、昂首进取，共同打造昌平人的“中国梦”。

“美丽昌平走基层文艺演出”——走进农业嘉年华　由区文委主办的“美丽昌平走基层文艺演出”——走进农业嘉年华于3月14日至5月3日举行。该活动在草莓博览园东区广场和西区金玉粮缘展馆内，相继安排20场以杂技、戏曲、歌舞、曲艺类等丰富多彩、百姓喜闻乐见的专场文艺演出活动。

2015年“美丽昌平”走基层系列文化活动　2015年“美丽昌平”走基层系列文化活动于5月20日在流村镇西峰山村文化广场正式启动。“美丽昌平走基层”系列文化活动系2015年首都市民系列文化活动之一，于5月~11月举行，由区文委、区广播电视中心联合主办，各镇（街）人民政府承办。系列文化活动走进农村、学校、部队、社区等百姓中间，进一步唱响“美丽昌平”进行曲，把欢乐送进千家万户，让文化“种”在田间地头，不断丰富基层百姓的精神文化生活，全年共演出60场，参与演职人员千余人，观众达十万余人次。

2015年世界大学生魔术交流大会　2015年世界大学生魔术交流大会分为主体活动和配套活动两大部分，主体活动于9月24日~26日在中国政法大学（昌平校区）举办。举办了中国青年魔术师俱乐部成立大会、交流大会入场式、开幕式暨国际魔术大师魔幻秀、“金长城杯”世界大学生魔术争霸赛、国际魔术大师媒体见面会、中国高校魔术社团联谊会换届大会、国际近景魔术沙龙、国际魔术培训班、国际魔术道具展、颁奖盛典暨“魔幻青春”魔术秀10大项内容。共有来自美国、日本、韩国、加拿大、意大利、中国香港、中国台湾及中国大陆等17个国家和地区的选手、评委、表演嘉宾、中国青年魔术师代表、中国高校魔术社团联谊会代表、魔术爱好者参会。大会参与人数1万人次，直接影响人群逾8万人次，通过电视、广播、报纸、视频、微博、外媒、校园媒体等渠道影响受众超过8300万人次。本届大会组委会以世界大学生魔术交流大会的举办为契机，发出倡议将每年9月第4个周六设为“世界青年魔术日”，得到了国际魔术界广泛认可。配套活动共有四大项，从年初开始举办，直至大会主体活动开始，目的是在全国掀起魔术热潮为交流大会主体活动预热。3月~5月，在第四届北京农业嘉年华期间，举办了第二届金长城杯小魔星擂台赛；8月5日，在居庸关长城举办了交流大会新闻发布会，开展了中国首个长城高空脱险魔术表演。8月~9月，在青岛、南京、无锡、武汉举办了4场公益魔术讲座，在北京、天津、河北的学校、敬老院、商业街、火车站等地开展了5场“魔幻青春公益行”魔术演出；从8月开始，“中国大学生魔术节”活动陆续在全国开展，在北京、广州、成都开展了3场。配套活动直接参与人数超过30万人次。

“公益惠民”演出　全年共组织“文艺演出星火工程”演出953场，其中，“星火工程”专业团队演出304场、非专业团队演出608场、“百姓周末大舞台”29场、“周末场演出”12场，现场观众达25万人。

历史文脉梳理工程　2015年，昌平区历史文脉工程编辑部完成《明定陵》《昌平清代园寝》《银山塔林》《昌平考古发现》《昌平史话》五本丛书的出版工作。

文化馆

非物质文化遗产保护工作　1月，文化馆接受了昌平电视台《古今昌平》栏目关于非物质文化遗产保护的专访，通过电视台向群众开展“非遗”保护普及。3月，文化馆对昌平区非物质文化遗产项目五虎棍调研，于10月，进行了“献陵村五虎棍”区级项目的申报。6月13日，是我国第十个文化遗产日，文化馆以“保护成果，全民共享”为主题，通过展板展示、发放宣传册、报刊等形式，向群众介绍昌平区非物质文化遗产保护工作，普及相关知识，达到了很好的宣传效果。6月20日，文化馆组织“花钹大鼓”“涧头村高跷”“王麻子剪刀”等“非遗”保护项目参加了北京第二届“非遗大观园”端午游园会。7月，文化馆完成了第五批国家级、第四批北京市级代表性传承人申报工作；7月底，市级非物质文化遗产项目“漆园村龙鼓传承基地”于昌平流村镇漆园村揭版建成。

组织文艺演出及比赛　2015年，文化馆组织、策划了大型演出“2015年昌平区迎新春团拜会”。举办了2场2015年新年音乐会。参加了区政协“走进延寿镇上庄村，文化、科技、卫生、法律、四下乡”文艺演出。组织了“美丽昌平”系列演出12场，“星火工程”演出100场。8月，文化馆成功承办了2015“美丽昌平”业余歌手大赛，比赛分为中老年组和青年组，比赛评委均是国内享有盛誉的声乐专家，经过激烈的角逐，根据评委们的评分，比赛分别评出中老年组美声、民族和通俗唱法的一、

二、三等奖，以及青年组民族、通俗唱法的一、二、三等奖。

文化交流　1月20日，区文化馆参加第二十五届农民艺术节“乡村大舞台”，选送节目有快板《小区热点三人聊》等。1月，组织作者参加第五届来京创业者原创作品征集大赛，最后选送黑龙江省来京人员孙忠诠的诗作《竞风流》《家书》参加此次才艺大赛。9月，文化馆选送优秀歌手参加了由北京文化艺术活动中心、密云县文化委员会主办，密云县文化馆承办的“我爱唱歌”——2015年北京市百姓歌手大赛暨文化部第十七届群星奖（北京地区）声乐类选拔活动。9月19日，文化馆参加了第十届“舞动北京”群众广场健身舞蹈大赛，取得了优异的成绩。

文艺创作　2015年，文化馆完成《军都文苑》共六期的组稿、编辑、印刷、发行工作。《军都文苑》收录了昌平区新、老作者的小说、散文、诗歌、曲艺等280余篇（首），共计68万余字，印刷、发行16000余册。其中，邮寄2800多册，发放13000余册；编辑《军都文苑》60期精华丛书，小说、散文、诗歌，共3本，70万字左右，并于2015年年底出版发行。挖掘并培养文学作者及文学爱好者，扩大创作队伍，使昌平的业余文学创作具有更广泛的群众基础。

文化志愿者服务　2015年，文化馆与山区群众、敬老院、打工子弟小学进行结对子、手拉手、互帮互助等活动，组织文化志愿者498人参加服务，被服务人次17716人，累计服务时长8678小时。送演出到敬老院20场。常年组织文化志愿者协助温馨家园举办各类助残文化宣传活动，还为怡心园老年会所的老年人开办各类文化兴趣班，并全年参与举办各种类型的文艺节目演出。为打工子弟小学组建合唱队，开设手风琴、陶笛、美术、舞蹈班，并开展图书阅读活动。

艺术教育　2015年，文化馆通过认真调研，广泛听取群众意见，在深入了解基层群众文化需求的基础上，聘请国家级、市级专家，组织馆内优秀辅导老师，深入到农村、社区、学校、企事业单位，先后举办了舞蹈、评剧、摄影、工笔画、书法、朗诵主持、声乐、器乐（葫芦丝）等各类培训班，参加学员达1250人。

艺术品展览　1月，文化馆在昌平图博大楼举办全区迎新春老干部书画展，展出400余幅作品，参观人数2万余人。为了给全区书画创作者搭建平台，促进书画创作交流，文化馆在2015年每月都举办个人书画展，分别为胡剑彪、邸建礼、米志寰、张碧天、胡振刚、富民旺、万宝江、宋成国、郑家佑、聂玉峰、蔡利国、王维生、王勇、张云等举办个人书画作品展，共展出作品1000余幅，参观人数达7万余人。

昌平区摄影培训班

获奖情况　1月，文化馆选送的快板《小区热点三人聊》在北京市第二十五届农民艺术节“乡村大舞台”决赛中荣获优秀奖。5月，文化馆编排的舞蹈《妞妞戏雪》荣获北京市第十八届中小学生艺术节比赛金奖。9月19日，文化馆选送的作品《张灯结彩》在第十届“舞动北京”群众广场健身舞蹈大赛获得银奖。9月22日，文化馆选送优秀歌手参加“我爱唱歌”——2015年北京市百姓歌手大赛暨文化部第十七届群星奖（北京地区）声乐类选拔活动，选手李秋红演唱的歌曲《芦花》获得二等奖，选手毛国臣演唱的歌曲《山里的妈妈》获得三等奖，昌平文化馆获得此次大赛的优秀组织奖。

图书馆

基本情况　2015年，昌平区图书馆入藏图书39488册，报刊808种，馆藏资源649990册（件），接待读者35万人次，借阅40万册次，解答读者咨询2000余条，开发二次文献16期，接收政府信息公开纸质文件840份，新办图书证5005张，累计有效持证读者达到47700人；依托馆藏资源，举办各类读书活动132次，2万余人次参加；组织专题讲座和报告会40场，2311人次参加；举办展览活动6场，5000人次，举办培训33次，4730人参加。完成182个益民书屋的补充更新工作，培训图书管理员440人次。

送书下乡　区图书馆在全区共设立图书点20个，送书100次，图书24800册。每次送书都根据当地村民、部队战士的不同需求，精心挑选，受到了广大村民、官兵的欢迎。

红领巾读书活动　2015年，区图书馆举办红领巾读书系列活动40场，其中7场为覆盖全区46所直属中心小学的大型青少年读书活动。活动包括青少年原创科普剧比赛、“身边的榜样”讲故事比赛、“我的校园生活”电子书制作比赛、“我的藏书票”设计比赛、读书小状元评选活动、“阅润昌平”经典诗文诵读等内容，有8万余名小学生积极参与活动。

活动在全市荣获多个奖项，其中回龙观中心小学的科普剧《我的童星梦》荣获市级二等奖。区图书馆还利用阵地图书资源开展丰富多彩的少儿绘画比赛、少儿读书会、国学课、英语课、棋艺课等活动33场，共1000余名小读者参加。

全民阅读活动　成功举办第五届昌平阅读季系列活动。在阅读季期间，开展“好书好人生·昌平读书汇”公益大讲堂、“八进八创”、百姓读书大讲堂等50场，参加活动人数超过6000人；举办了“阅润昌平——聚焦阅读”摄影作品征集活动，借助“镜头”独特的传播方式和唯美的表现手段，定格美丽瞬间，展现阅读之美，共收集了来自全区摄影爱好者作品113幅。开展了“书香家庭”阅读示范社区、“金牌阅读推广人”评选活动，评选出9个“书香家庭”，5个“阅读示范社区”，5名“金牌阅读推广人”。参加市级评选，最终兴寿镇的徐继新家庭被评为书香家庭，十三陵镇胡庄社区被评为阅读示范社区，雪绒花社区儿童中心被评为金牌阅读推广人。组织百姓读书大讲堂活动32余场，参与人数1893余人次。此外，还在崔村镇、南口镇开展了“送书下大集”活动2次，共送书1500余册。组织开展“换书大集”，收集图书250余册，并送至首图。积极参与区政协到延寿开展的“四下乡”活动，区图书馆共发放图书期刊2000余册，环保宣传袋、文具等500件，奖品200份。

基层馆舍建设　着力推动基层馆室（借书点）建设，完成308个村、社区益民书屋图书补充更新，每个村、社区配送书架1个，图书不少于60种、100册，光盘25张，报纸、期刊10种。新建社区益民书屋20家，每家书屋都按照图书数量不少于1600种、音像制品60种、报纸5种、期刊25种的配备，并每个书屋配发6个书架和1块铜质名牌。举办益民书屋管理员培训班2期，培训基层管理员445人次。

挂牌图书室（分馆）　挂牌成立区人大、区委党校、未来科技城、昌平派出所、雪绒花社区活动中心图书室（分馆），根据这些单位的实际需求，为五家馆室配送书架和藏书。

“好书好人生，昌平读书汇”公益大讲堂　“好书好人生，昌平读书汇”公益大讲堂全年共举办12期，邀请到著名评剧表演艺术家谷文月、首都劳动模范王凤进、著名诗人阿紫、文玩专家曹获明、著名表演艺术家曹灿、著名歌唱家李光曦等知名文化人士作为出席嘉宾，参加活动的书友超过3500名。同时，“好书好人生·昌平读书汇”也成为昌平区处级干部继续教育学习平台，每期都有十几位至几十位处级领导干部参加，进一步扩大了活动影响力。

“阅润昌平——《弟子规》公益亲子课堂”　该活动旨在以《弟子规》优秀文化的影响下引导孩子养成良好的学习和生活习惯，将优秀的传统文化融入生活，促进家庭与社区的和谐。完成了第一期共10讲的全部课程。

“阅润昌平——童学会”系列少儿读书活动　利用丰富的少儿馆藏资源，每月举办至少两次不同活动主题的少儿活动，丰富孩子们课外生活，培养他们养成从小阅读的好习惯。共举办“阅润昌平——童学会”系列读书活动33场，超过1000名小读者参加，内容丰富，形式多样，深受孩子和家长的喜欢。

文化市场管理

行政审批　2015年共接待咨询办理3000余项。共办理行政许可事项108项。新设企业54项，其中，文艺表演团体1项，演出单位1项；变更企业54项，其中，网吧企业变更9项，娱乐场所变更16项。现场审核场地50家。2015年，共核验企业595家，其中，年审文化类民办非企业5家，通过审核3家，注销2家。

获奖情况

集体

区图书馆　获“北京市红领巾读书活动”优秀组织奖；获“北京市红领巾读书活动——同伴读荐”优秀组织奖。

昌平区文化委员会

书　记　李志武（5月退休）
　　　　　刘全新（7月任）
主　任　刘全新

（艾俊北）

门头沟区

概　况

门头沟区位于北京城区正西偏南，总面积1455平方公里，山区面积占98.5%，2015年年末常住人口30.8万人。门头沟区辖9个镇、4个街道办事处、177个行政村、99个居委会。

门头沟区文化委员会（以下简称区文委）是门头沟区人民政府主管文化、文物、新闻出版、版权、广播电视、扫黄打非、文化综合执法工作的职能部门，内设7个职能科室及1个文化行政执法队，即办公室、文化科、文物科、文化市场科、计划财务科、政策法规科、纪检监察科、文化行政执法队（含信息举报中心、行政执法一分队、行政执法二分队、行政执法三分队）。下属7个基层事业单位，即文化馆、博物馆、图书馆、影剧院、电影发行放映服务中心、文物事业管理所、文化创意产业促进中心。文委系统共有在职职工121人。

2015年，区文委在区委、区政府的领导下，认真抓好基层公共文化服务建设和基层公共文化设施达标建设，加大文化执法检查力度，确保文化市场和文物保护单位的安全，完成了区委、区政府交办的各项任务。

2015年文化艺术发展

重要会议

2014年公益演出总结会 1月19日，区文委召开2014年星火工程文艺演出及周末场演出工作总结会，13个镇街文化中心负责人、36支区内业余团队负责人参加了会议。会议对2014年的星火工程文艺演出、周末场演出情况及监督工作进行了总结，对2015年星火工程文艺演出、周末场演出安排进行了说明。

“1+3”公共文化政策解读会 6月26日，区文委组织财政局、民政局、社会办、农委领导及13个镇街主管领导、文化中心主任50余人召开了半年文化工作会。会议邀请市文化局公共文化处处长黄海燕对“1+3”公共文化政策的制定背景、实施意义、公共文化设施建设标准及服务规范的重点内容进行了解读。北京市6月初正式出台了“1+3”公共文化政策文件，即《北京市人民政府关于进一步加强基层公共文化建设的意见》和《首都公共文化服务示范区创建方案》《北京市基层公共文化设施建设标准》《北京市基层公共文化设施服务规范》3个支撑文件。

基层群众文化工作总结会 12月18日，区文委召开了2015年门头沟区公共文化总结会。区财政局、农委、社会办、文化馆、图书馆、电影放映中心，以及13个镇街、石门营五区、柏峪村的文化工作者参加了会议。北京邮电大学作为第三方服务机构梳理了2015年基层公共文化调研情况。文委提出了2016年文化工作的四个支持方向：为文化设施的达标率和利用率提供支持；为发挥文化组织员队伍战斗力提供支持；为探索社会化试点运营管理提供支持；为数字化建设对接百姓新需求提供支持。

文化设施建设

门头沟区公共文化设施有148个文化广场、181个数字影厅、52个流通图书服务点、179个益民书屋，37个社区图书室。年内，新建了东龙门数字文化社区、10个村级室外戏楼等一批文化阵地、文化空间，以及第一个“文化旅游”主题剧场——斋堂柏峪村剧场，该剧场为融戏曲、综艺演出、排练为一体的综合文化场所。

文化队伍建设

文化馆与镇街开展以下基层辅导带演出的形式，提高基层队伍文艺水平。建立培训上岗制度，针对基层文化需求，组织基层文化团队及协会开展广场舞、电声乐队、音响师、京西太平鼓、“非遗”申报保护、图书管理、电影放映、六型社区文化组织员、市级文化组织员等各类文化技能培训，全年培训1000余人次。

重要文化活动

首都市民系列文化活动之门头沟区“群众大民星”系列活动 春节期间组织开展“门头沟区迎新年群众文化大联欢”活动，以“欢乐羊年·温暖新春”为主题，在社区、村开展演出40余场，参演的团队50支。文化志愿者为抗战老区送楹联300余对，福字400余幅。3月5日~6日（正月十五、十六），大台地区开展了千军台、庄户幡会活动。开展了2015年“群众大民星”系列文化活动之“戏韵门头沟”戏曲演出周、“歌唱门头沟”群众歌咏比赛、“舞动门头沟”舞蹈大赛以及“健康门头沟”健身操大赛活动，共举办比赛、演出10余场，参与的百姓达到2000余人，吸引观众近万人。

“不应忘却的纪念”——纪念中国人民抗日战争暨世界反法西斯战争胜利70周年系列文化活动 活动从4月启动历时6个月，以“铭记历史、缅怀先烈、珍爱和平、共创未来”为主题，面向全国公开征集了涵盖抗战主题的诗歌、书法、绘画、歌曲、舞蹈、摄影6类文艺作品共2000余件文艺作品，并将278幅优秀书画、摄影征集作品搭配百日展览展示活动在永定河文化博物馆集中呈现。百日展览展示活动将展览、演出同互动活动相结合，展览展示

“不应忘却的纪念”——纪念中国人民抗日战争暨世界反法西斯战争胜利70周年系列文化活动启动仪式

了近百幅图片，打造交互立体式展览效果，共有来自全区的50多个单位以及近万名群众参观了展览。根据门头沟区真实的抗战故事，改编和推出了原创抗战情景剧《英雄树》、原创短剧《平西抗战“红蓝箍”》，演出近70场。“历史情怀·红色记忆”原创优秀作品音乐会邀请东方交响乐团、北京节日合唱团、门头沟区文化馆和谐之声合唱团、北京现代音乐研修学院音乐教育学院合唱团参加演出，由著名音乐家傅庚辰担纲顾问，刘小娜、孙丽英、明子琪、霍勇等艺术家献声。

“戏韵门头沟”戏曲演出周　6月21日，由中共门头沟区委宣传部、门头沟区文委共同主办的2015年首都市民系列文化活动暨门头沟区“群众大民星”系列活动之“戏韵门头沟”戏曲演出周的戏曲票友名家名角演唱会在影剧院举办。北京文化艺术活动中心等相关单位领导出席了活动。演出持续6天，演唱会安排了黑山小学“唱京剧　扬国粹　展风采　促和谐”少儿京剧专场、国家京剧院《故事城堡历险记》、“弘扬中国传统美德故事”少儿京剧等节目，共5000余人观看了演出。

庆祝抗战胜利70周年慰问演出　7月12日，区文化馆联合顺义区戏曲家协会走进斋堂镇马栏村，为革命老区的乡亲们演出原创评剧《抗战岁月》。该剧讲述了潮白河地区人民在抗战时期与鬼子、汉奸斗智斗勇，成功转移和护送伤员的故事。

第九届中国·北京永定河文化节　“情定永定河”——第九届中国·北京永定河文化节自7月开始举行，为期3个月。文化节依托本土戏曲音乐资源，汇聚京津冀三地河北梆子名家，开展了永定河文化节展演周，“击节声声·唱响三地”京津冀特色梆子戏巡演，京津冀河北梆子名家名段演唱会，门头沟本土原创话剧《古道客栈》《一面太平鼓》演出，原创声乐作品《永定河组歌》演出，“追梦赤子心，新声演唱会”摇滚音乐专场，西城区文化馆歌舞综艺等19场专业化、高水准的精品演出。观众达到1.5万余人。

“情定永定河”——第九届中国·北京永定河文化节启动仪式

“百姓周末大舞台”文艺会演　10月2日～4日，在葡山公园举办了河北梆子、传统京剧、歌舞、杂技等6场专业演出，会演邀请了北京市河北梆子剧团、北京歌舞团、北京节日合唱团等6支市属专业院团进行演出。观众2500人次，演出将文化惠民切实送到了百姓身边。

第26届文化艺术节乡村大舞台原创节目展演　11月27日，第26届文化艺术节乡村大舞台原创节目展演在区影剧院举办。16支队伍共演出歌曲、戏曲、河北梆子、相声等23个原创节目。原创节目中，有突出门头沟历史文化、山水风景的快板《璀璨明珠门头沟》，也有根据门头沟传统文化艺术京西太平鼓改编的舞蹈《门头沟的花儿红了》，以及根据门头沟斋堂镇灵水村秋粥节历史文化编创的京剧《乡情》。展演活动依托首都市民系列文化活动平台，将农村文艺演出星火工程与乡村大舞台紧密结合。展演活动还由13个镇街嘉宾评委和100名大众评委从星火演出团队23个原创作品中评选出群众心中最喜爱的10个原创节目。

文化惠民演出

高雅艺术进社区　10月16日，由首都师范大学音乐学院青年民族乐团、青年合唱团打造的《追梦红楼》大型组曲音乐会在区影剧院举办。演出了87版电视连续剧《红楼梦》配乐改编的15首作品，包括《序曲》《紫菱洲歌》《红豆曲》《晴雯歌》《大出殡》《刘姥姥》《题帕诗》《枉凝眉》《宝黛情》《上元节》《秋窗风雨夕》《葬花吟》等。

公益演出　全年共开展星火工程文艺演出、周末场演出、百姓周末大舞台等不同形式的公益演出604场，受众10万余人。下乡、下基层辅导演出70余场，为镇街、村居、机关、学校、部队、敬老院工地更新、配送图书10000余册，放映数字电影10000场。

文化馆下基层辅导演出　年内，区文化馆下基层辅导演出70场，其中在斋堂、雁翅、清水等深山区，演出21场次。文化馆的同志下到基层进行现场手把手地实践授课，与百姓演员同台合作演出。“五一”劳动节期间，文化馆下基层辅导演出走进永定镇梧桐苑建筑工地，为建筑工人表演了舞蹈《开心的跳》，快板《北京欢迎你》，诗朗诵《致敬最可爱的人》，歌曲《百花山圆舞曲》《红红的日子》等节目。

文化志愿服务

区内现有基层文化志愿者1300余人，志愿者团队42支，文化艺站30个。开展“一湖多园”文化艺站常态志愿服务项目，主要以唱歌、广场舞、秧歌、交谊舞、健身操为主的中老年群众文化活动。

固定的文化志愿服务分为两个时段，即早8：30至10：00、晚19：30至21：00，每个艺站均安排3支文化团队进行志愿服务。春节前夕，开展北京市第七届文化志愿者“送福到家”活动，17名区内书法、楹联的志愿者，现场为村民书写“福”字和春联；重阳节开展以“最美夕阳红”为主题的敬老文化志愿服务活动，组织了12支志愿者团队，共200多人进行广场舞技艺交流和展演。

文化创意产业

文化创意产业培训班　区文化创意产业领导小组于5月25日、10月30日举办文化创意产业培训班。参训学员为区文化创意产业领导小组成员单位的主管领导以及业务骨干、区重点文创企业的负责人、区青年联合会的代表以及长期关注“创意门头沟”微信公众服务平台的社会人士等120余人次。培训邀请中央财经大学文化创意产业研究院院长魏鹏举教授和北京大学文化产业研究院副院长向勇教授讲授中国文化产业投融资的现状与趋势、区域文化产业发展的战略与模式等内容，还带领与会学员参观了北京市文化创意产业展示中心、第十届北京国际文化创意产业博览会。

“文化惠民　乐享京西”2015年门头沟惠民文化消费月活动　9月15日～10月15日举办，活动由区政府主办、21个成员单位协办、区文促中心承办。活动以惠民为主旋律，文化为主阵地，消费为主动力，通过“乐途”——编制《“文化惠民　乐享京西”2015门头沟区惠民文化消费攻略》、“乐观”——“10元进影院”、“乐购”——文化创意集市、“乐读”——“书香到家”书市、“乐拍”——微信线上专栏、“乐讯”——互动抽奖得爱奇艺网站与区文促中心联名会员卡6大项活动，吸引近50万人次参与。

“文创企业人才门头沟行”　于10月23日举行，该活动由区委组织部主办，区文化委员会、区文化创意产业促进中心组织承办。相关单位领导与来自文化艺术、艺术品交易、旅游休闲娱乐、广播电视电影、设计服务、软件网络及计算机服务等行业和金融机构的10余名北京市文化创意企业家一起座谈交流。通过交流使企业家们对门头沟区的资源优势、文化创意产业定位、创新创业政策及投资导向有了更全面的了解。

亮相第十届北京市文博会　10月29日，门头沟区以“集艺术瑰宝　架艺术桥梁”——打造门头沟文化艺术品交易功能区为主题，亮相第十届中国北京国际文化创意产业博览会。活动设置了艺术品展示、艺术品拍卖会、艺术品制作表演、项目洽谈4个部分。展示内容设置了5个板块：“夺宝”——中融鼎立金秋宝玉石拍卖会与12场竞买活动，普及拍卖相关知识；“五光十色”——彩色宝石展，集中展示240件珍贵彩色宝石作品；“艺术画廊”——国画油画展，积聚众多国内外知名画家的画作；“紫砚之光”——潭柘紫石砚展；“仿古溯今”——工艺品制作及体验互动，拉近参观者与艺术品之间的距离。展示为北京中融鼎立国际艺术博览有限公司、北京潭柘紫石砚有限公司等10余家文创企业搭建了文化创意成果的展示平台。现场发放《创意门头沟》《音乐大师课》等5种10000多份宣传资料，扩大了门头沟文化创意产业的影响力。

《门头沟区文化创意产业发展规划（2015～2020年）》编制工作　规划编制工作已完成，并向34个区文化创意产业领导小组成员单位及相关单位征求意见，配合做好规划对文化创意产业的指导落实到切实可行的措施和手段上，编制了《关于促进门头沟区文化创意产业发展的实施意见》。

优化文创产业发展布局　年内，将斋堂古村落古道文化旅游产业集聚区（整个斋堂镇行政区域，392.4平方公里）纳入北京市历史文化和生态旅游功能区；将永定镇区域内的13号街区，14、15号部分街区（范围2.8平方公里）纳入文化艺术品交易功能区范围，编入《北京市文化创意产业功能区建设规划（2014年至2020年）》，为区域发展争取市级层面政策与资金扶持。

非物质文化遗产保护工作

国家级非遗项目京西太平鼓培训　4月20日～24日，基层文化工作者太平鼓培训班在北斗星酒店举办。共有来自4个街道办事处、7个乡镇的86名基层文艺骨干参加培训。

文化遗产日主题活动　6月12日～14日组织开展了以“保护成果　全民共享”为主题的“非遗宣传体验游”“非遗宣传进村居”“非遗宣传开放日”等系列活动。通过京西门头沟微信平台召集50余名群众参与体验游，到琉璃渠琉璃博物馆、国华琉璃瓦厂、龙泉务辽瓷窑展馆体验参观，观看“非遗”展览、龙泉务地秧歌、童子大鼓会展演，了解琉璃文化。邀请市级民俗专家包世轩为琉璃渠村50名党员、群众开展非物质文化遗产讲座。在梨园社区、琉璃渠村、龙泉务社区举办端午节非物质文化遗产巡回展览，历时一个月。妙峰山香会博物馆和紫石砚博物馆在6月13日～14日对群众免费开放。

完善非遗名录体系建设　千军台、庄户幡会新入选国家级非物质文化遗产代表性项目名录。《潭柘寺传说》成功入选第四批北京市级非物质文化遗产代表性项目名录，成为门头沟区首个民间文学类市级“非遗”项目。入选市级“非遗”代表性名录项目的柏峪燕歌戏传承人陈永禄已通过北京市级“非遗”代表性传承人公示。大台地区文化遗产保护协会荣获了第七届“薪火相传——寻找文化遗产守护者”年度杰出团队称号。大峪二小被市文化局批准为2015年北京市非物质文化遗产培训基地。

扶植“非遗”项目　年内，区文委梳理项目资料，扶植“非遗”项目，组织开展了区级项目《三家店万禄同善高跷地秧歌老会图谱》《燕家台山梆子戏》《柏峪燕歌戏》的整理、编辑工作，并进行了视频录制；出版了书籍《潭柘紫石砚》；编印了门头沟区非物质文化遗产普查项目《永定河方言》。为柏峪燕歌戏团和三家店万禄同善高跷地秧歌老会配置了服装、乐器、道具。

文化交流

京西太平鼓参加第十届全国少数民族传统体育运动会　8月，京西太平鼓到内蒙古鄂尔多斯市参加第十届全国少数民族传统体育运动会。区文化馆京西太平鼓民间艺术团作为北京代表团唯一一支参加表演项目比赛的队伍参加了比赛，表演的《鼓舞太平》获得一等奖。

专业院团结对共建　年内，区文委与6家市属专业文艺院团结对共建，引进多方资源共同推进文化共建共享。国家大剧院第七届五月音乐节在柏峪村主题剧场举行，将“古典乐”带进了古村落；北京市河北梆子剧团开展“结对子，种文化”，为斋堂镇业余剧团提供专业指导、剧目创排；与致公党门头沟支部合作开展以“情系北京之巅·爱在绿海家园”为主题的文化下基层慰问演出，提升群众文化活动的专业性和普及性。

图书馆

第五届门头沟区阅读季暨纪念中国人民抗日战争和世界反法西斯战争胜利70周年系列文化活动正式启动　4月17日，第五届门头沟区阅读季暨纪念中国人民抗日战争和世界反法西斯战争胜利70周年系列文化活动启动仪式在门头沟区体育馆举办。活动由著名朗诵表演艺术家、北京朗诵艺术研究会副秘书长詹泽主持，瞿弦和、曹灿、虹云、薛飞、杨柳等著名表演朗诵家、主持人朗诵了习近平总书记的《念奴娇·追思焦裕禄》、京西诗篇《百分之九十八点五的概念》等经典诗篇。曾经参加过《我是演说家》的盲女主播董丽娜用亲身经历鼓励青少年学习先烈精神，奋发读书实现理想。由解放军武警官兵、医护人员、工人、教师、学生等行业代表组成的千人合诵团朗诵《我们的中国梦》，表达了京西人民对这片热土的美好祝愿。

服务基层扩大服务范围　6月2日，区图书馆把100多种适合幼儿的读物送到区儿童福利院，图书馆馆员有针对性地引导孩子读书，培养孩子们的爱读书意识。6月12日，区图书馆流动图书车开进长安街西沿S1线施工工地，为农民工挑选了200多种适合的读物。区图书馆把读书活动延伸到农民工、残疾人等特殊群体中，扩大服务范围，并定期为残联图书馆、工地图书室更换新书。

文化市场管理

行政审批工作　全年共完成行政审批22项，其中，行政许可类6项，变更类15项，备案类1项。

行政执法工作　全年共出动执法人员800人次，车辆1265台次，检查网吧178家次，歌舞娱乐场所104家次，游艺厅67家次，各类市场86处，重点地区69处。纠正违规5次。共立案7起，办结5起，罚款35000元。

专项整治　组织开展了“扫黄打非”“秋风2015”“清源2015”“护苗2015”以及“绿书签行动”等专项整治行动。开展2015年“安全生产年”活动，每个月定期召开文化经营场所安全工作会议，签订2015年全年及各重要节点的文化娱乐场所安全生产责任书，在元旦、春节、两会期间，对人员密集的娱乐场所日查夜查穿插，做到24小时无缝执法。

获奖情况

集体

区文委　被评为2014、2015年度北京市文化市场暨“扫黄打非”先进单位；荣获2015年度安全生产工作先进单位称号。

区图书馆　被北京市精神文明建设委员会评为“首都文明单位”；被北京市未成年保护委员会评为“2013～2014年度北京市未成年人保护工作先进集体”；荣获首都图书馆颁发的“红读活动”优秀组织奖。

区电影发行放映服务中心　被中宣部、文化部、国家新闻出版广电总局三部委联合授予“‘全国服务农民、服务基层文化建设’全国先进集体”称号。

区文化馆　荣获“我爱唱歌”2015年百姓歌手大赛最佳组织奖；荣获第十届“舞动北京群众舞蹈大赛”最佳组织奖，选派的队伍荣获广场健身舞大赛银奖；京西太平鼓民间艺术团表演的《鼓舞太平》荣获第十届全国少数民族传统体育运动会一等奖。

个人

张翼　荣获“我爱唱歌”2015年百姓歌手大赛民族唱法（青年组）3等奖。

门头沟区文化委员会

书　记　闫洪亮（9月免）
　　　　　常　蓉（女，9月任）
主　任　闫洪亮（9月免）
　　　　　常　蓉（女，9月任）

（张　晨）

房山区

概况

房山区地处京郊西南，总面积2019平方公里，山区、丘陵和平原各占1/3。下辖28个乡镇、街道、地区办事处，459个行政村，132个社区居委会。全区常住人口101万人。

房山区文化委员会（以下简称区文委）是房山区政府管理文化工作的职能部门，下设办公室、文化科、文物科、市场科、行政执法队5个职能科、室、队，管理的文化事业单位有房山区文化活动中心（房山区文化馆、房山区图书馆）、房山区文物保护所。

2015年，区文委以中共十八大，十八届三中、四中、五中全会和习近平总书记系列讲话精神为指导，按照中央和市委关于加快构建现代公共文化服务体系的政策部署及区委七届五次全会精神，解放思想、大胆开拓、聚焦基层、扎实工作，努力推动房山从文化大区向文化强区迈进。

2015年文化艺术发展

文化设施建设

区级建设项目　区群众文化活动中心项目文化馆、图书馆主体结构封顶。房山电影放映中心建设项目规划控规方案已经审核完毕，并在城关街道办事处进行公示。房山区《基层公共文化资源整合的“房山模式”》获得第三批国家公共文化服务体系示范项目创建资格。出台了《北京市房山区人民政府关于进一步加强基层公共文化建设的意见》。房山区文化馆圆满完成第四次全国文化馆评估定级初评工作。南窖中心校被专家评审认定为“北京市非物质文化遗产培训基地”。

基层文化设施建设　完成了16个乡镇街道文化服务中心新建、改建任务。5个重点乡镇文化中心建设稳步推进，韩村河镇文化服务中心已完工，窦店镇文化服务中心已交付使用，琉璃河镇文化服务中心已经开工，其他2个乡镇正在办理相关手续。新建水务工程建设服务中心、驻区某部队、云居寺文物管理处、河北水务中心站、房山区节约用水办公室、北京市房山区水务局房山排水所、碧鑫水务公司、粮油贸易总公司、北京金针指经穴研究院9家单位基层图书室。

文化活动

“服务三农送书下乡”活动举行　1月27日，区文委与房山区新华书店联合开展了“服务三农送书下乡”活动。在送书仪式上，房山区新华书店向城关街道顾册村赠送书籍1000余册。

首届房山区十大知名花会评比活动　1月28日，房山区十大知名花会评比活动在房山体育场举办。来自房山区10个乡镇的20余支花会队伍参加了评比。长阳镇葫芦堡村高跷会等10支队伍被评选为“房山区十大知名花会”，周口店镇跑驴队等队伍获得“房山区优秀民间花会”称号。

走进特殊群体文艺会演　2月4日，“好梦在房山”2015年文化惠民公益行——走进特殊群体文艺会演在城关敬老院拉开帷幕。来自房山区的50余位文化志愿者为敬老院的老人们带去了歌曲、舞蹈、评剧等精彩的文艺节目，为房山区敬老院的老人们共计演出10场。

房山区百姓文艺大联欢　2月11日，“好梦在房山”——首都市民系列文化活动2015房山区百姓文艺大联欢活动在良乡体育活动中心举行。来自房山区基层单位、乡镇、街道、学校、社区的文艺爱好者和文艺团队共642人参加了活动。演出在童声合唱《礼福》中拉开帷幕，联欢活动表演了歌曲、快板、相声、合唱以及戏曲、广场舞和民族民间舞蹈等节目。

房山区精品“非遗”节目展演　3月5日，房山区精品“非遗”节目展演暨“知名花会”授牌仪式在良乡体育活动中心举行。来自北京真视美舞蹈团、霞云岭乡霸王鞭舞蹈队、龙腾杂技艺术团、佛子庄乡北窖村狮子会、拱辰街道送变电艺术团、燕山街道舞蹈协会的参加队伍表演了以房山区“非遗”项目为主要内容的精品节目。区领导向被评选出的十支队伍颁发了“房山区十大知名民间花会”会牌。

房山区2015年正月十五系列民俗文化展演　正月十五系列民俗文化展演于3月5日、6日举办共举行了5场民俗文化展演，其中包括房山区精品“非遗”节目展演、房山区“知名花会”专场展演、房山区京评梆票友专场展演、中国评剧院名家名段专场展演、北京京剧院折子戏专场展演。

第五届房山换书大集　4月17日，以“分享阅读　交换快乐”为主题的第五届换书大集在房山区良乡中心校举行。活动由区文委、西潞街道办事处主办，房山区图书馆等单位承办，共举办两天，内容包括换书大集、房山作家书目推荐和图书免费发放等。

世界读书日群众诗歌朗诵会　4月19日，兰香中国——房山区第二十个世界读书日群众诗歌朗诵会暨“传承文化　品味经典”全民阅读活动启动仪式在北京理工大学良乡校区举行。诵读兰花诗文经典，以兰花诗文、兰花舞蹈、兰花音乐等为舞台艺术表现形式，共计3500人参加诵读会。

关爱外来务工子弟青年先锋行系列活动　5月25日，“梦想起航”——关爱外来务工子弟青年先锋行系列活动在房山区外来务工人员子弟学校民仁学校举行。此次活动由文化部直属机关团委、首都图书馆、中共房山区委宣传部、房山区文委主办。活动中，各承办单位为房山区民仁小学的同学们开展了送文艺表演、送文化信息资源、送文具用品、国博流动展览等活动。

庆祝第四届中国兰花大会倒计时100天群众广场舞蹈大赛　6月12日，“舞动兰香”——2015年房山区庆祝第四届中国兰花大会倒计时100天群众广场舞蹈大赛分别在良乡四中和良乡影剧院2个赛场举行。此次大赛，按部门划分为区直机关组、区教育系统组、企业组、驻区高校组、乡镇平原组和山区组，舞蹈类型分为广场舞蹈和舞台舞蹈2种形式。比赛按照组别评选出一、二、三等奖和优秀奖。

房山区第三届戏剧节系列文化活动开幕　8月11日，以“兰香中国　好梦房山”为主题的北京市文化惠民消费季——房山区第三届戏剧节系列文化活动开幕式在良乡影剧院举行。开幕式上，北京丑小鸭卡通艺术团演出了剧目《丑小鸭之危险我不怕》。戏剧节以儿童剧、经典戏曲、原创剧目、京津冀文化交流演出为亮点，综艺周末场、兰花大会传统文化展演、文化下乡等活动为支撑，于8月～10月，分别在良乡影剧院、燕山影剧院、窦店民族文化宫以及23个乡镇、街道办事处同时开展。

第四届中国兰花大会开幕　9月29日，第四届中国兰花大会在房山区长阳镇兰花文化休闲公园开幕。区文委在兰花大会开幕式舞台举办了“兰花小使者”才艺展示、“兰炫民族风”民族舞蹈演出、“兰竹传雅韵”良宵竹乐团专场演出以及兰文化服饰走秀等文化活动。兰花大会于10月10日结束。

房山区文化活动中心成立　10月12日，房山区文化活动中心中层干部人事安排工作会举行。会上，区文委宣布了房山区文化活动中心正式成立，并宣读了活动中心中层干部人事安排。区文化活动中心由文化馆、图书馆、电影发行放映中心组成，设置6个内设机构，即办公室、文化活动部、培训创研部、图书服务部、信息服务部、文化遗产保护部。

房山区大中小学生十项才艺系列大赛　10月31日、11月1日，“青春志　兰韵情”——房山区大中小学生十项才艺系列大赛决赛举行。来自全区的162位（组）选手为大家奉献了精彩的表演。自2015年9月20日启动报名以来，歌手大赛、讲故事大赛、器乐大赛、舞蹈大赛等6项舞台表演类赛事共计收到来自36所学校的350位（组）选手的报名。此外，还开展了摄影、书法、绘画、征文4项非舞台表演类赛事。

国家图书馆向房山区图书馆文博分馆捐赠图书　11月5日，国家图书馆捐赠图书仪式在区图书馆文博分馆——贾公祠举行，此次共捐赠图书2000册。

2015“唱响房涞涿”赴房山文艺展演　11月5日，由房山文委、涿州市文广新局、涞水县文广新局联合举办的2015年“唱响房涞涿”文艺展演在房山区窦店镇民族文化宫举办。演出了舞蹈《舞动中国》《美丽的草原我的家》，男声独唱《欢聚一堂》《西部放歌》等16个节目。与此同时，还开展了戏曲专场演出河北梆子《辕门斩子》。

房山区50个村级文化活动室设备发放仪式　11月10日，房山区50个村级文化活动室设备发放仪式在区文委举行，各乡镇、街道相关领导参加。仪式上，区文委为受赠村代表发放音响设备。

区益民书屋补充更新工作顺利完成　11月16日～18日，区文委分别在石楼镇的区图书馆文博分馆、张坊镇的文化活动中心为全区25个乡镇、街道的466个村及50个社区的益民书屋发放书架516组，图书51600册，光盘12900件。

房山区全民阅读系列活动　12月4日，“传承文化　品味经典”2015年房山区全民阅读系列活动举行。来自房山朗诵协会、书画协会以及各乡镇的诗词朗诵爱好者在区文博分馆贾岛图书馆开展了贾岛诗词诵读欣赏交流会。来自全区23个乡镇、街道推荐的演讲朗诵爱好者在区图书馆会议室参加了读书演讲培训班。

房山区2016年新年音乐会　12月30日，房山区2016年新年音乐会在窦店民族文化宫举行。活动

12月30日，房山区2016年新年音乐会在窦店民族文化宫举行

邀请北京交响乐团演奏。音乐会在《春节序曲》中拉开序幕，音乐会展演了《二泉映月》《瑶族舞曲》《溜冰圆舞曲》等经典曲目。

队伍建设

2015年，成立了房山区朗诵协会。开展益民书屋管理员业务辅导与培训工作，以乡镇为单位，以现场实操的方式，共培训9次，培训人数133人；以统一培训的方式，对全区25个乡镇及社区432名书屋管理员进行了统一集中培训。举办“舞动兰香”2015年房山区群众舞蹈文艺骨干培训班，来自全区各个乡镇、街道、机关、企业的130余名文艺骨干参加了培训学习。举办了2次文化娱乐场所经营者培训班和乡镇文体中心主任、文化市场监督员培训班，参加受训人员600余人次。开展了以案释法暨法律进机关公开课活动，区文委机关全体人员参加。

文化惠民演出

全年，组织“北京市农村文艺演出星火工程”1468场，其中，专业团队演出470场，非专业团队演出998场，参演演员达到4.4万多人次，观众人数51万多人次。组织“文化下乡”演出1100场，其中，区级演出团队演出452场，镇级演出团队演出462场，村级演出团队演出196场。组织“专业团队周末场演出”76场。开展“好梦在房山”——房山区2015年“送文化、送计生、送卫生”文艺演出活动，共演出99场，观众50000余人次。举办“百姓周末大舞台”，共演出6场，观众近3万余人。举办第三届房山区戏剧节，共演出992场，其中，剧场演出72场，惠民下乡演出920场。

文化志愿者服务

2015年，民仁学校的声乐、绘画、舞蹈3个艺术培训项目共培训60次，服务时长达72小时，被服务人次达1200人次。坚持每月为泊华托老所和城关敬老院的老人们奉献2场文艺演出，共服务48次，累计服务时长48小时，被服务人次达1800余人次。针对关爱残疾群体和特殊儿童开展“良乡二小特教班”舞蹈培训，共服务28次，服务时长29小时，被服务人次达210人次。此外，派遣文化志愿者参与区内各类文化活动，全年，房山分中心共派出志愿者110余人，累计服务时长达727小时，被服务人次达2300余人次。

文化馆

2015年，圆满完成春节系列文化活动。举办房山区第十个文化遗产日专场演出。成功举办房山区第二十个世界读书日群众诗歌朗诵会暨“传承文化 品味经典”全民阅读活动启动仪式。开展“干部月月读”、“百姓读书大讲堂”、“红领巾读书”、“阅读点亮中国梦”益民杯诵读比赛、“争当学习型职工读书行动”，“书香家庭”、“阅读示范社区”、“金牌阅读推广人”、“最美阅读空间”评选等活动。举行“舞动兰香”2015年房山区庆祝第四届中国兰花大会倒计时100天群众广场舞蹈大赛及展示活动。中国兰花大会举办期间，举办“兰花与传统文化”系列演出。编创古典舞、时尚舞20个作品，竹乐演奏11个作品，并参与兰花大会闭幕式的表演。举办“兰花小使者”少儿才艺大赛活动。举办“剑胆兰心”——纪念世界反法西斯战争和中国人民抗日战争胜利70周年原创作品主题诗会。与涿州市文广新局、海淀文化创意产业协会联合举办共和国老将军书画笔会以及革命烈士家书展延伸活动。举办周末大舞台系列文化活动，新增2个乡镇（街道）分会场，共举办各类活动345场，观众32.01万人次。与区委宣传部联合推出了话剧《世界审判》、现代评剧《平西儿女》2部原创戏剧作品，演出10场次。

图书馆

全年，共办理借阅证2796个，全馆流通人次212951人，300848册次。开展送书下基层工作，共送书下乡152次，送书11万余册。开启24小时全天候图书馆服务，对区政府第三办公区和长阳体育公园的2台24小时自助图书馆进行管理与维护。开展第五届换书大集活动8000余读者参加活动，交换图书11200余册，免费发放图书和期刊2300余册。开展羊年迎新春系列读者活动。开展“红读”系列活动。在文博分馆设立了书法爱好者活动基地。举办新书推荐“您读书 我买单”公益活动，“我与中华古籍”摄影展活动，“梦想起航”——关爱外来务工子弟青年先锋行系列活动，“书香家庭”“阅读示范社区”和“金牌阅读推广人”评选活动，“聚焦阅读”活动，“亲子共读、亲子共绘”作品征集活动。文博分馆接受国家图书馆捐赠图书共计2000册。开展“读者之星”征文演讲比赛、“换书进校园”、“美丽房山我的家”摄影大赛活动等。

文化市场管理

行政许可　2015年，房山区共有文委审批的文化经营单位共368家，其中，歌舞娱乐场所35家、游艺娱乐场所30家、网吧经营场所51家、电影放映场所7家、印刷企业54家、出版物经营单位108家、广播电视行业单位45家、文艺表演团体36家、演出场所备案2家。

专项整治　组织开展“清源2015”“净网2015”“秋风2015”“护苗2015”及打击侵权盗版“五个”专项行动，共出动执法人员250余（人）次，检查各类文化场所350余（家）次，立案29件，结案29件，罚款2.7万元。先后取缔“黑网吧”12家，取缔“黑歌厅”1家。元旦、春节、全国两会期间及其他敏感期，共检查经营单位 150（家）次。西城、顺义、延庆、石景山 4 个区县对房山区文化市场开展专项交叉执法检查。

执法人员检查互联网上网营业场所

京津冀协同发展　加快推进京津冀文化一体化，深化京冀“拒马河工程”建设。开展京冀网吧学习交流活动，实地观摩保定市 7 家网吧经营场所。与保定市文广新局一同参与北京市文化执法总队在房山区府前广场举办的北京市文化执法宣传进区县宣传活动。印制了《中华人民共和国行政许可法》《中华人民共和国行政复议法》等文化行业相关法律法规 20 类 6000 余册，制作区域及京冀文化联合执法宣传展板 40 余块，编印房山文化市场与执法宣传手册 200 册。

燕山地区文化工作

燕山地区位于京西南房山区境内，地处北京西南部，占地面积 40 平方公里，建成区面积 20 平方公里，常住人口近 10 万人。燕山文化卫生分局隶属燕山工委、办事处领导，负责燕山地区文化和卫生工作。局机关设文化文物市场管理科和文化行政执法分队，分局下设副处级事业单位燕山文化活动中心（燕山文化馆、燕山图书馆、燕山影剧院）。

2015 年，燕山文卫分局以“文化新常态、幸福新燕山”作为贯穿全年的文化工作主题，注重社区文化建设，以文化软实力为燕山发展凝聚精神力量。

群众文化活动　举办百姓联欢文艺演出、艺术团队巡演、猜灯谜活动、换书大集、文化成果展、送福进社区、本土书画家作品展、集邮文化交流展、周末场演出、电影放映等 10 个大项 33 个小项的系列文化活动。举办夏日文化广场系列活动，自 6 月初启动至 7 月底闭幕，共举办 10 场。承办以“铭记历史　走向辉煌”为主题的地区合唱大赛，干部、职工、群众及文艺爱好者共 1300 余人参加纪念活动。举办以“伟大胜利　历史贡献”为主题的图片展，共接待观众上千人，地区 9 所中小学和阳光幼儿园组织师生观看，并于现场提供义务讲解。举办纪念抗战胜利 70 周年读书演讲比赛，共有 4 个街道选拔的 12 名选手参赛，地区 80 多名群众参与。

文化惠民活动　开展盘鼓、悠悠球、踢踏舞 3 个门类培训，教学 32 课时，累计受众达 2800 人次。开展声乐干部培训工作，受众达 300 余人。开展艺术“三送”活动，送专业艺术院团进社区演出 24 场；送专业艺术教师进社区辅导，累计培训人数达 100 余人；送传统文化艺术进基层活动 33 场次。

文化馆　推出书法、绘画、摄影、朗诵等 30 场特色讲座，受众达 1500 余人。成立燕山书画院，开展书画大赛、写生汇报、名家授课、公益培训、学术交流等活动。文化志愿者全年为社区、养老院、慈康社送爱心 30 场，参与志愿者 2000 余人次，累计服务时长 5000 余小时。开展各类文化助残工作及“福寿祝燕山　翰墨约重阳”敬老月系列志愿服务活动，3 名文化志愿者受到北京市文化志愿者中心表彰。

图书馆　开展“小小图书管理员”学生假期社会实践，阅览读者 2392 人次，借书 4477 册次，新办少儿借书证 130 个。电子阅览室接待读者 941 人次。升级电子自助借阅机。举办“分享阅读　交换快乐”北京市第五届换书大集活动，共 650 余人参加，换书 4400 余册；举办“全民阅读　悦慧人生”主题讲座。红领巾读书活动成绩喜人，地区中小学生获全市藏书票设计大赛一等奖、原创科普剧大赛二等奖。开展送书“五进”延伸服务，包括送书进武警部队、送书到河北邢台广宗县等。

文化市场管理　2015 年，共有互联网上网服务场所 5 家，歌舞娱乐场所 4 家，电子游艺 8 家，演出团体 6 家，电影放映及演出场所 3 家，广播电视放映单位 3 家，印刷企业 5 家，出版物发行单位 37 家。全年检查各类文化场所 101 次。

获奖情况

集体

区文化馆　荣获《我爱唱歌》2015 年北京市百姓歌手大赛组织奖；荣获北京市第十届舞动北京群众舞蹈大赛暨“中新联创杯”广场健身舞大赛组织奖、团体铜奖；荣获第二届“北京之声”——2015 首都市民合唱周优秀组织单位奖。

区图书馆　荣获“2015 全国少年儿童阅读年”——全国少年儿童“我的藏书票”设计大赛优秀组织奖。

区文化馆艺校　荣获 2015“不舞不型”全国街舞争霸赛（齐舞团体组）最佳编舞奖。

房山区相声俱乐部　荣获“第六届北京青年相

声节传统相声比赛”优秀组织奖。

海逸合唱团　荣获台北国际合唱音乐节金奖；荣获“和平颂”——2015北京合唱节比赛老年组金奖；荣获第二届“北京之声——2015首都市民合唱周”展演比赛老年组金奖。

个人

李佳琼　荣获2015新加坡国际表演艺术大奖赛声乐类艺术指导奖。

黄　莉　荣获“台北国际合唱音乐节最佳指挥”称号。

李成伦　荣获“放歌中华”第三届全国大型原创音乐暨合唱展演金奖。

楼天宇　荣获津、京、沪、渝四直辖市“都市风采”主持人大赛金奖。

张晨、李向东　荣获“我爱唱歌”2015年北京市百姓歌手大赛中青年组一等奖。

张文良　歌词《长城对我说》荣获“放歌中华”第三届全国大型原创音乐暨合唱展演金奖。

段　也　微视频作品《红领巾读书》荣获2015年第五届“书香中国·北京阅读季”聚焦阅读摄影展“聚焦阅读”微视频铜奖。

房山区文化委员会

书　记　胡淑苹
主　任　胡淑苹

（王新赛）

大兴区

概　况

大兴区位于北京南部，距离市区不足10公里，面积1052平方公里。常住人口154.5万人。辖区内有14个镇、8个街道办事处，437个村、195个社区居委会。

大兴区文化委员会（以下简称区文委）是大兴区政府管理文化的职能部门，下设办公室、人事教育科、文化市场管理科（社会文化管理所）、文化科、行政执法队。实有人数32人。所属企事业单位有图书馆、文化馆、文物管理所、影剧院（大兴区电影发行放映管理中心）、新华书店，所属社团有北京万兴歌舞团、北京南海画院。

2015年，区文委深入贯彻习近平总书记重要讲话精神，紧紧围绕区政府重点工作，充分发挥文化引领风尚、教育人民、服务社会、推动发展的作用，结合自身工作职能，深化服务观念、统筹意识、创新精神，紧紧围绕年初确定的工作目标，精心部署，狠抓落实，全面推进全区文化事业的发展。

2015年文化艺术发展

重要会议、调研

政协委员考察文化建设情况　6月18日，区政协学习与文史委员会、教文卫体委员会组织部分委员，就新区文化建设情况进行考察。考察组一行到榆垡镇求贤村文化大院，参观了村图书室、老物件展览室、小剧场和文化广场，听取了村委会负责人关于本村文化建设情况的汇报；随后到恭勤夫人谢氏墓，听取了项目修复工程的介绍。

驻文化部审计署到大兴区调研　8月7日，驻文化部审计署一行3人就公共文化服务政策措施的落实情况到大兴区调研。座谈会上，调研组听取了区公共文化服务开展情况的汇报，并与来自基层的村民代表就农村电影放映工程开展情况进行交流。调研组对大兴区公共文化建设和资金落实情况给予充分肯定，希望大兴区进一步落实好文化建设专项资金分配，促进全区公共文化服务建设。随后，调研组实地察看了庞各庄镇东梨园村文化室和榆垡镇求贤村文化服务中心。

首都公共文化服务示范区创建工作成立大会召开　11月3日，大兴区召开首都公共文化服务示范区创建工作成立大会。区委常委、宣传部部长沈洁出席会议并讲话。区文委主要负责人就示范区创建已开展进行汇报，全区52个成员单位主管领导参加会议。

重要活动

举办德孝文化宣传活动　1月23日，大兴区举办德孝文化宣传活动，对“大兴百名孝星”的事迹进行挖掘和宣传，向社会传递孝老爱亲正能量。在为期3个月的活动中，通过深入百姓生活的一系列形式，进一步展现了大兴人的孝道美德，并以“厚德大兴，孝行天下”向外界呈现美丽大兴、魅力大兴的文化软实力。

大兴区第二十五届农民艺术节群众文艺会演　2月5日，大兴区举行第二十五届农民艺术节群众文艺会演。本届农民艺术节历时2个月，全区各镇街共选送39个优秀节目，400余名选手参赛，经过激烈竞争，最终武吵子《弈》、舞蹈《满园春华》、快板《美丽大兴我的家》等12个节目脱颖而出，分别获得最佳创作、最佳表演、最佳风采等奖项。

第三届青年京剧演员擂台赛圆满结束　3月20日，第三届青年京剧演员（北京）擂台赛在大兴剧

院开锣。此次擂台赛由大兴区委宣传部、区文委和北京市委经济技术开发区工委宣传部共同主办，由北京京剧院、北京大兴剧院承办。擂台赛于3月20日～4月8日全程上演20场，共有来自北京、山东、大连、福建等全国10家院团的33名优秀青年演员参加。本次活动是在结合大兴剧院“京剧每周一星”和“首邑京剧沙龙培训”活动基础上与北京京剧院的又一次深度合作。

大兴区2015年原创作品征集活动落下帷幕 由大兴区文委、魏善庄镇政府联合主办，大兴区文化馆承办的“月季花开 耀动新区”大兴区原创作品征集活动于10月29日落下帷幕。活动分为文学，曲艺，小品，词曲、新民谣、新童谣4个类别。活动从5月初开始启动，历时5个月，收到全国各地来稿150余篇。区文化馆从优秀作品中遴选出适合于舞台表演的作品，举办展演活动。

文化惠民

区文委积极开展文化惠民工程 2015年，大兴区共完成“农村文艺演出星火工程”专业演出527场，业余演出1054场，“周末剧场”演出70场，公益电影放映23000场。

“2015首邑京剧沙龙”系列培训研讨会召开 3月10日，由大兴区文委与北京京剧院联合主办，大兴剧院与大兴区戏剧曲艺家协会联合承办的“2015首邑京剧沙龙”系列培训研讨会举行。研讨会以“传播京剧艺术弘扬传统文化”为主题，旨在传承国粹文化，实现传统文化普惠百姓，为全面提升群众整体文化素质打下良好基础。

多项活动喜迎重阳节 10月21日，大兴区文委为魏善庄镇敬老院、庞各庄镇敬老院、金锐社区服务中心等多家养老机构，送上养生讲座、数字电影以及“星火工程”慰问演出活动。

“岁末大戏台”圆满落幕 12月30日，在河北梆子《北国佳人》的曲调中，连唱6天的“岁末大戏台”圆满落下帷幕。“岁末大戏台”是大兴剧院2015年重点推出的一项文化活动，演出内容涵盖了京剧、评剧、河北梆子三大剧种，6场演出共接待观众近5000人。

社区文化

大刘各庄村举办元宵节联欢会 正月十五，魏善庄镇大刘各庄村举办第十届元宵节联欢会，整台联欢会的节目全部由村民自编自导自演，很多还是原创节目，令现场的观众耳目一新，度过了一个欢乐祥和的元宵佳节。

“百场讲座进基层”活动走进海子角社区 7月16日，大兴区图书馆“百场讲座”进基层活动走进海子角社区，为小朋友们举办了主题为“生命进化中的那些事”科普知识讲座。讲座从地球的形成开始，讲述了生命的起源、寒武纪大爆发、恐龙出现到人类的出现等七个生命历史中的重要事件。讲座结合大量地球图片、古生物图片、恐龙图片等素材，将小朋友们带进了一个神秘的远古时代。

队伍建设

基层文化组织员建设 2015年，全区660名基层文化组织员全部上岗，实现全覆盖。区镇两级财政保障的模式，使文化组织员的补贴得到有效保证。基层文化组织员的管理办法纳入《农村基础文化设施长效管护办法》，培训工作纳入区委组织部统筹范围。

区文委举办首届团队健步走活动 4月～12月，大兴区文委工会举行团队健步走活动。旨在通过活动，提高干部职工的健康水平，发扬团队精神，进一步增强责任意识和全局意识。此次活动全程为虚拟路线，从北京出发，循南水北调中线总干渠向水源源头丹江口水库行进，活动总里程约为1432公里。

基层文化骨干集中培训 7月24日，区文委邀请北京师范大学教授、文学博士李山为区基层文化骨干开展以“《诗经》——中国人的精神家底”为主题的讲座。全区14个镇、8个街道办事处宣传部部长、文体中心主任及基层文化骨干共计700人参加培训。

区文委组织干部职工参观中国人民抗日战争纪念馆 8月19日，区文委组织干部职工30余人前往卢沟桥畔的中国人民抗日战争纪念馆，参观纪念中国人民抗日战争暨世界反法西斯战争胜利70周年主题展览“伟大胜利 历史贡献”。

图书馆

北京传统文化公益讲座 1月15日，以北京文化特别是老北京传统文化为主题的公益讲座在大兴区图书馆多功能厅开讲。讲座中，老师从老北京人生活的点点滴滴讲起，从地理、气候、历史、文化、民生、风俗等多个角度，为听众揭示了一幅地地道道的老北京景象。

学雷锋宣传活动 3月5日，大兴区图书馆在黄村西大街开展了“弘扬雷锋精神，践行核心价值观”主题宣传活动。活动通过派发宣传雷锋先进事迹、社会主义核心价值观等内容的刊物、宣传品，引导群众通过阅读学习雷锋精神、弘扬雷锋精神，积极营造社会新风尚。

“春季养生图书专架”助力读者健康生活 4月20日，大兴区图书馆流通服务中心推出“春季养生保健图书专架”，精心挑选200余册春季常见疾病预防、春季养生常识等方面书籍供读者选择。

红领巾讲故事比赛　5月15日，由大兴区文委、大兴区少工委主办，大兴区图书馆承办的“身边的榜样”红领巾讲故事比赛举行。来自大兴区第二小学、榆垡镇第二中心小学等31所学校的同学参加比赛，他们带来了榜样人物、航天英雄、劳动模范、奥运冠军、科学家、青年志愿者的先进事迹以及身边助人为乐、诚实守信、敬业奉献、孝亲敬老的感人故事。

为残疾人送关爱　为迎接即将到来的第二十五个全国“助残日”，丰富新区残疾人的精神生活，5月12日、14日，大兴区图书馆分别为长子营镇温馨家园、观音寺街道温馨家园、兴丰街道温馨家园的残障人士送去了近千册图书，力求引导他们通过阅读获取更多的知识和技能，进一步树立自信、自立、自强的人生品格。

高米店街道分馆正式开馆　5月29日，大兴区图书馆高米店街道分馆正式开馆。分馆总面积约300平方米，设有少儿阅读区、成人借书区、电子阅览区、展览展示区、休闲区。馆内收藏文学、政治、经济、哲学、少儿读物等各类图书约1万册，光盘2000余张。此外，高米店街道分馆还与区图书馆总馆和各分馆之间联网服务，所有资源均可实现共享，让读者可就近享受便利服务。

5月29日，大兴区图书馆
高米店街道分馆揭牌仪

“品阅书香·名家面对面”活动全面启动　6月24日，“品阅书香·名家面对面”系列活动走进大兴。活动邀请中央人民广播电台经典儿童节目《小喇叭》主持人春天姐姐走进北京小学翡翠城分校和兴华中学仰山校区小学部，和2所学校的700余名学生及家长分享了“有趣的动物奥秘”。

红色主题教育活动　“七一”前夕，大兴区图书馆党支部开展了“踏革命先烈足迹”红色主题教育活动。旨在通过开展“三严三实”主题教育学习，提升党组织的号召力、凝聚力和战斗力，使广大党员干部以更加饱满的热情迎接中国共产党成立94周年。

情景演绎大赛圆满落幕　10月28日，由大兴区委宣传部、大兴区文委主办，大兴区图书馆承办的“天下首邑　大兴故事”情景演绎大赛圆满落幕，由高米店街道选送的《枣林趣话》获得大赛一等奖。本次活动自7月启动以来，共收到全区16个镇街报送的23个作品。这些作品围绕大兴历史文化、孝义文化、民俗文化等主题，讲述了发生在大兴的民间传说、历史故事、生活趣事。

文化馆站

春季公益培训　3月14日，区文化馆春季公益培训正式开课，课程包括少儿软笔书法、少儿相声快板、成人朗诵、主持提高等多类课程，吸引了近百人报名参加。为方便学员，开设课程全部定于周末进行，此次培训持续到6月。

情进千家——走进拆迁村进入拍摄阶段　2015年是首都第二机场开工之年。4月，摄影家纷纷走入拆迁村，就即将拆迁的12个自然村的村容村貌、百姓生活、文物古迹、特色民俗等内容进行拍摄，以存历史。

“六一”文化大餐　“六一”期间，大兴区文化馆为孩子们准备了丰富多样的活动。一是携手爱画空间举办“童心画梦·阳光成长”六一主题儿童绘画展。此次画展汇集了近200位小朋友近期的优秀作品，其中年龄最小的作者只有3岁。二是举办“我爱艺术”公益大讲堂，大讲堂为免费开放，为孩子们送上有趣的艺术体验课程，其中包括手绘相框、手绘团扇、手绘折扇以及传统捏面人等内容。三是与儿童希望救助基金会——爱中行助医项目联合举办“为亦庄同仁医院特困重症病患儿献爱心”宣传活动，希望向孩子们推广爱的教育，发起爱心的传递。

诗文朗诵会　6月18日，由区文委主办，区文化馆承办的“浓情端午　吟诵华章”名家名篇诗文朗诵会在大剧院举行。活动中，由文化馆组建的佳木朗诵艺术团和特别邀请到的我国著名语言艺术家曹灿、张家声、虹云、雅坤、刘纪宏、接厚芳、詹泽等多位老师同台登场演出。

非物质文化遗产保护工作

长子营镇举行“非遗文化进景区”活动　为开展好“南海子文化”系列活动，打造“长子好生活”文化活动品牌，保护和传承非物质文化遗产。12月10日，长子营镇组织开展非物质文化遗产演出进景区活动。在呀路古热带植物园为游客们带来国家级非物质文化遗产白庙雅乐、区级非物质文化遗产五音大鼓、神叉老会等的精彩表演。这次活动，文化与旅游有机结合，成功展示和宣传了长子营镇丰富的非物质文化遗产资源，提高了大家对非物质文化遗产的认知和理解，也为呀路古热带植物园的宣传带来积极的促进作用。

文化交流

原创舞蹈《新居》再次走进天津　继7月10日群星奖舞蹈作品《新居》参加天津市第八届家庭文化艺术节之后，7月21日，这支舞蹈再次受邀参加天津东丽区第十三届文化艺术节开幕式暨庆“八一”军民联欢会演出。平均年龄50多岁的演员们将艺术完美地呈现在舞台上，给天津的观众留下了深刻的印象。

贵州省毕节市支队到大兴区考察　为深入贯彻文化部《中西部地区文化市场综合执法能力提升三年（2014～2016）行动计划》，切实落实《北京市与贵州省帮扶合作意向书》，根据北京市文化市场行政执法总队有关《北京市与贵州省帮扶合作意向书》要求，8月15日，第一批贵州省毕节市支队11名文化执法骨干人员到大兴区开展参观交流工作。区文委相关负责人陪同参观，并汇报了大兴区文化市场总体情况、监管及执法工作等，重点介绍了相关工作经验。双方就执法检查、监督管理、案件办理等内容进行了交流。随后，对辖区内的3家出版物零售经营单位及2家文化娱乐场所进行了实地执法检查。

大兴区百名文化干部到河北省交流学习　12月11日，由各镇街宣传部部长、文体中心主任、文化骨干组成的百名文化干部培训班到河北省三河市，就国家公共文化服务体系示范区创建工作进行交流学习。一行人分别到三河市杨村镇文体中心、三河市兰各庄文体活动广场和三河市文化中心，实地参观了三河市、镇、村三级公共文化设施网络建设，体验三河市在完善公共文化服务设施、丰富公共文化产品供给、加快构建现代公共文化服务体系方面取得的成果。

12月11日，大兴区文化骨干到河北省三河市进行公共文化服务体系示范区创建工作经验交流

艺术品展览

大兴新城规划建设成就摄影图片展　5月12日，由北京市大兴区规划委员会、大兴区文委主办，大兴区文化馆、大兴区摄影家协会承办的“图说三十年”——大兴新城规划建设成就摄影图片展在区文化馆展厅展出，展览展出200幅新旧对比图片，展现了大兴区由衰而兴，由兴而盛的历史进程。本次展览持续一周。

儿童书画作品展　6月1日，“开启心扉自由世界”——北京开心世界书画院作品展在大兴区文化馆举办，孩子们充满创意的作品让参观者大开眼界。此次画展的主办方北京开心世界书画院的创始人郑朝亮既是区文化志愿者，又是文体活动带头人。美术专业科班出身的郑朝亮，大学毕业后便回乡创业，并开创了以实验美术结合多种材料、多种艺术形式，让孩子在玩味、探索、主题讨论中，由心而发，表达出自己内心的想法、感受，从而增强自信与快乐的教学方法。此次专门为孩子举办的画展，得到了大兴区文化馆、大兴区文化志愿者分中心的大力支持和帮助，在为孩子们搭建彩虹桥的同时，也让他们天真充满想象的作品得到社会的关注与认可。

文化市场管理

区文委召开文化市场监督员总结工作会　1月8日，区文委组织全体文化市场监督员召开培训会暨2014年总结工作会，执法队相关负责人主持会议。会议总结了2014年全年全区文化市场义务监督工作情况。全年共反馈上报信息600余条，根据反馈线索，执法人员办理案件10起，整改安全类隐患80余处，纠正违规经营45处。

行政许可　2015年，大兴区文艺表演团体总资产34472万元，从业人员458人，年演出3468场，税收204万元。

获奖情况

集体

大兴区文化馆佳木朗诵艺术团　荣获第四届“夏青杯”朗诵大赛优秀组织奖。

大兴区文化馆老年舞蹈队　舞蹈《春江》荣获2015年首都市民系列文化活动优秀原创作品奖。

瀛海镇　小品《穷婆婆来了》荣获“2015年首都市民系列文化活动优秀原创作品”称号。

大兴区文化馆舞蹈团、大兴区老干部艺术团、观音寺街道舞蹈队、清城合唱团、清源街道阳光合唱艺术团　荣获“2015年首都市民系列文化活动优秀文化团队”称号。

大兴剧院“院区手拉手·国粹艺术进基层”系列活动、“我们的节日”关爱弱势群体系列活动、林校路街道社区邻里节　荣获“2015年首都市民系列文化活动优秀品牌文化活动”称号。

个人

王冬梅　荣获第四届“夏青杯”朗诵大赛组织工作先进个人。

郭　磊　荣获第四届“夏青杯”朗诵大赛朗诵二等奖。

魏翠萍　荣获第四届“夏青杯”朗诵大赛原创作品二等奖。

刘博如　荣获第四届“夏青杯”朗诵大赛朗诵优秀奖和原创作品优秀奖。

徐晓玲　荣获第四届“夏青杯”朗诵大赛青少组一等奖。

大兴区文化委员会

书　记　王　健
主　任　王　健

（韩　莉）

密 云 区

概　况

密云区位于北京东北部燕山山脉脚下，距首都国际机场35公里。总面积2229.45平方公里，常住人口47.9万人，辖17个镇，2个街道办事处、1个地区办事处，共334个行政村，92个社区居委会。

密云区文化委员会（以下简称区文委。12月10前称密云县文化委员会，以下简称县文委）是主管全区文化、文物、新闻出版和广播电影电视工作的政府职能部门。设有文化活动指导科、文化市场管理科、法制科和党政办公室4个职能科室及文化行政执法队（副处级）。下属7个单位：文化馆、图书馆、文物管理所、博物馆、大剧院、电影发行放映管理中心（以下简称电影中心）和新华书店。

年内，在区委、区政府的正确领导下，区文委以中共十八大，十八届三中、四中、五中全会精神和习近平总书记系列重要讲话精神为指引，紧紧围绕区委、区政府中心工作，服务经济社会发展大局，弘扬社会主义核心价值观；以深入开展“三严三实”专题教育为契机，加强基层文化设施建设，创新群众文化活动，促进文化遗产保护与利用，强化文化市场管理，加大基层文化队伍辅导培训力度，推进密云文化繁荣发展，为建设和谐宜居的首善之区做出了新的贡献。

2015年文化艺术发展

文化设施建设

公共文化设施建设　加快构建现代公共文化服务体系。协调推进各镇街落实《密云县2015年度文化工作目标管理责任书》工作任务，制定《密云县政府公共文化管理绩效考评工作方案》，为圆满完成目标管理责任制考核和政府管理绩效考评工作奠定基础。加大对文化馆、图书馆、博物馆以及镇街文化中心（站）的监督指导力度。文化馆圆满完成全国第四次评估定级迎检工作。图书馆为镇（街）、村（居）图书室补充更新图书，维护共享工程设备，对14个村益民书屋卫星数字设备进行系统升级。基层公共文化服务标准化、均等化、社会化、数字化水平进一步提升。

重要文化活动

参加市级比赛演出　1月20日，在北京市第二十五届“农民艺术节”《乡村大舞台》市级总决赛中，舞蹈《同乐》荣获一等奖。9月26日，在第十届舞动北京群众舞蹈大赛暨“中新联创杯”广场健身舞大赛决赛中，《摆手舞》荣获原创作品表演奖金奖，县文化馆荣获郊区组团体金奖和大赛组织奖。在12月6日结束的第二届“北京之声”2015首都市民合唱周中，密云代表团分别荣获了中老年组金奖、铜奖和青年组、少儿组金奖，文化馆荣获了优秀组织奖。

2015年群众系列文化活动启动式举行　1月31日，“共筑中国梦、践行社会主义核心价值观、建设和谐宜居首善新密云暨密云县2015年群众系列文化活动”启动式在密云大剧院举行。县委常委、宣传部部长刘明义，副县长郭洪泉出席启动式。启动式上，区文委负责人对2015年群众系列文化活动进行了部署。2015年群众系列文化活动以基层群众文化活动为主，重点开展送文化下乡和文化志愿者送“福”到家春节文化活动，继续打造戏曲曲艺大赛、合唱大赛、霸王鞭舞蹈大赛、电视歌手大赛、原创作品大赛五大精品赛事，培育“文化密云”品牌。启动式上展演了舞蹈《鞭舞童乐》和京剧《走向复兴》等精品文艺节目

密云县2015年戏曲曲艺大赛　4月18日，密云县2015年戏曲曲艺大赛决赛在密云大剧院举办。郭

洪泉出席活动。大赛由县委宣传部、文委、文明办、社工委、广电中心和文联共同主办，县文化馆承办。大赛以“弘扬戏曲曲艺艺术，传承发展传统文化瑰宝”为主题，旨在丰富群众精神文化生活，挖掘培育戏曲曲艺人才和原创艺术作品。大赛从3月开始前期宣传发动，共有166位选手参赛，经过大赛海选、初赛和复赛激烈角逐，有36位选手晋级决赛。决赛邀请中国戏剧梅花奖获得者、全国五一劳动奖章获得者王洪玲等5位专家担任评委，最终评选出戏曲组一等奖3名，二等奖6名，三等奖19名；曲艺组一等奖1名，二等奖2名，三等奖5名。本次大赛特别设立了网络和微信平台的群众投票环节，提高了群众参与率。

4月18日，密云县2015年戏曲曲艺大赛决赛在密云大剧院举办

密云县第五届全民阅读季　4月25日，密云县第五届全民阅读季启动式在密云大剧院举行。刘名义出席启动式，县文委、文明办、广电中心等相关单位负责人员与各镇街主管领导、文化服务中心主任、益民书屋管理员和社区群众代表参加了启动式。北京阅读季由国家新闻出版广电总局、北京市人民政府统一部署，密云县已连续举办4届。第五届全民阅读季以“书香密云·全民阅读”为主题，结合纪念抗战胜利70周年，着力培育践行社会主义核心价值观，强化爱国主义教育，从4月份至年底，利用全县各级图书馆（室）、共享工程和益民书屋，广泛开展“好书交换　真情互动”换书大集、“悦·读”摄影作品展、“不能忘却的记忆”——纪念抗战胜利70周年主题诵读比赛等活动。启动式上，密云三小、十里堡镇等单位的阅读与朗诵爱好者，表演了诗朗诵《司马台长城》、舞台剧《我们的幸福阅读时光》、歌曲《读书吧》等精彩的文艺节目。

密云县2015年电视歌手大赛　6月6日，密云县2015年电视歌手大赛决赛在密云大剧院隆重举行。大赛由县委宣传部、文委、文明办、县直机关工委、社工委、广电中心和文联共同主办，县文化馆承办。活动旨在为广大声乐爱好者搭建展示才能的平台，壮大音乐人才队伍。大赛从5月开始前期宣传发动，共有170余名选手报名参赛，经过初赛和复赛激烈角逐，42名选手晋级决赛。决赛邀请国家一级演员、著名男高音歌唱家魏金栋等5位专家担任评委，最终评选出青年组一、二、三等奖共15名，中年组一、二、三等奖共16名，老年组一、二、三等奖共11名。

古镜·仇立权画和珅美术作品展　6月25日，“古镜·仇立权画和珅”美术作品展在文化馆开展。展览为期半个月，共展出作品46幅。展出的每幅作品都生动形象地反映了当今社会一些不良现象，旨在以古鉴今，寓教于乐，作品充满了喜剧性、教育性、当代性。作品以当时的真实历史人物为原型，故事人物丰富，既有和珅，也有乾隆皇帝，还有文武大臣，包括历史名人刘墉和纪晓岚，作品生动幽默，风趣盎然，有很深的现实意义，是一次成功的历史喜剧画探索。展览吸引社会各界近千人参观。

密云县纪念抗日战争胜利70周年抗战歌曲合唱大赛　7月4日，密云县纪念抗日战争胜利70周年抗战歌曲合唱大赛在密云大剧院隆重举办，刘名义出席并观看了比赛。大赛由县委宣传部、文委、文明办、县直机关工委、社工委、广电中心和文联共同主办，由县文化馆承办，各镇街，各工委和密云大剧院、密云360网站、密云县音乐家协会及有关单位共同协办。大赛从3月开始宣传发动，各镇街、各单位精心组织，积极参与。全县共有26支代表队、1400多名演职人员参加了大赛，经过市级专家评委的评选，共评选出农口组一、二、三等奖17名，城口组一、二、三等奖9名。冯家峪镇、高岭镇代表队和县教育工委代表队分别获得农口组和城口组第一名。

密云县纪念中国人民抗日战争胜利70周年专场演出　8月15日，密云县纪念中国人民抗日战争胜利70周年专场演出在密云大剧院隆重举办，县委常委、组织部部长刘颖，副县长郭洪泉出席，参加过密云地区抗日战争的老战士代表观看了演出。演出由县委宣传部、文委、文明办、县直机关工委、社工委、广电中心共同主办，县文化馆承办，各镇街，各工委、密云大剧院及有关单位共同协办。演出紧紧围绕纪念抗日战争胜利70周年和民族复兴的主题，分为铁蹄践踏、抗敌救亡、抗日烽火、战略反攻、民族复兴5个部分。合唱《松花江上》、歌舞《没有共产党就没有新中国》、诗朗诵《走在复兴路上》等17个精彩创编节目，让观众身临其境、重温抗战历史，进一步激发了广大群众的爱国热情。

原创评剧《母亲》京郊巡演在密云启动 9月16日，中国评剧院大型原创评剧《母亲》京郊巡演启动仪式在密云大剧院举行，文化部艺术司司长诸迪，市文化局党组书记、局长陈冬，县委、县人大、县政府、县政协四套班子领导、法检“两长”、县总工会主席出席启动仪式。邓玉芬是红色密云历史人物的杰出代表，评剧《母亲》再现了邓玉芬义无反顾、舍家为国的崇高形象，既歌颂了英雄母亲邓玉芬，同时也宣传了红色密云的历史人文之美。启动式后，该剧还在大剧院面向学生进行专场演出，并组建演出小分队深入各镇进行巡演。

2015年北京市百姓歌手大赛 9月22日，“我爱唱歌”——2015年北京市百姓歌手大赛决赛暨文化部第17届群星奖（北京地区）声乐类选拔活动在密云大剧院举行。活动由市文化局支持，北京文化艺术活动中心和县文委主办，县文化馆承办，各区县文委、密云大剧院、密云360网站共同协办。“我爱唱歌”——2015年北京市百姓歌手大赛是2015年首都市民系列文化活动之一，大赛从7月开始宣传发动，历时2个多月，经过各区县组织初赛，9月中旬在密云文化馆举行了复赛，共有38名选手进入此次决赛。决赛分演唱和才艺展示2个环节进行，邀请男高音歌唱家李初建等专家担任评委，最终评选出少年组、中青年组、老年组三个组别的一、二、三等奖，并评选出组织奖3名和优秀组织奖8名。大赛还通过密云360网站和关注密云360公众号设立了网络和微信平台投票环节，据此评选出最佳人气奖2名。部分获奖选手将被推荐参加文化部第17届群星奖北京地区声乐类选拔活动。

密云县2015年原创文艺作品大赛 10月29日，密云县2015年“艺术创作出精品　文艺演出惠民生”原创文艺作品大赛决赛在密云大剧院成功举办。大赛由县委宣传部、文委、文明办、县直机关工委、社工委、广电中心和文联联合主办，县文化馆承办，各镇街、各工委、大剧院、密云360网站共同协办。大赛旨在进一步贯彻落实2014年10月15日习近平总书记在文艺工作座谈会上的讲话精神，加强对文艺创作的引导，推动艺术创作出精品、惠民生。大赛从4月份开始宣传发动，各镇街、各工委组织初赛，62个作品参加在文化馆举办的复赛，19个作品进入决赛。经国家一级演员、男高音歌唱家李初建等5位专家细致评审，由县直机关工委选送的河北梆子表演唱《邓玉芬》选场《采药》、果园街道选送的快板《山洞遇险》和文化馆选送的小品《你是我的恩人》3个节目获得大赛一等奖，另评选出二等奖6名、三等奖10名，并评选出优秀表演奖等4个单项奖。

密云县2015年“霸王鞭”舞蹈大赛 12月9日，密云县2015年“霸王鞭”舞蹈大赛在密云大剧院举行。大赛由县委宣传部、文委、文明办、县直机关工委、社工委、广电中心、文联主办，县文化馆承办，各镇街、密云大剧院和密云360网站共同协办。共19支队伍、300多名基层舞蹈骨干参赛，经5位市级专家评委认真评定，太师屯镇选送的《张灯结彩》和果园街道选送的《老少鞭花乐》分获库北、库南赛区一等奖。“霸王鞭”舞蹈大赛已成功举办五届，传承和发展了“霸王鞭”这一市级“非遗”项目，已成为独具密云特色的群众品牌文化活动。

密云县荣获第十届舞动北京群众舞蹈大赛暨“中新联创杯”广场健身舞大赛决赛原创作品表演奖金奖的《摆手舞》

惠民文化消费活动 开展密云县2015年惠民文化消费季活动，推进惠民文化消费。密云大剧院组织中国木偶艺术剧院和北京畅春园评剧团等优秀院团，举办“周末场演出”，配合学校德育教育工作，组织全县中、小学生观看舞台剧《英雄王二小》《胡同儿》和电影《母亲的梦想》《百团大战》。支持密云360网站举办“2015‘大爱——密云360网络春晚’”，引导社会力量办文化。

农村文艺演出星火工程 制定《密云县2015年“文艺演出星火工程”工作方案》，组织北京市曲剧团、北京隐形翅膀艺术团等专业团体和北京金贵爱春艺术团、北京大和之星艺术团等非专业团体为各镇村演出，全年完成演出1002场。

培训

“声乐名师走基层”——密云县文化馆声乐演唱培训班 5月19日~20日，县文化馆举办“声乐名师走基层”——密云县文化馆声乐演唱培训班。国家一级演员、中国人民解放军总政歌剧团女高音歌唱家黄华丽，国家一级演员、男高音歌唱家李初健

和国家一级演员、武警文工团男高音歌唱家聂建华等声乐名师就发声技巧、声乐视听及声乐表演等内容进行了授课。来自全县各镇街的200余名声乐爱好者和声乐骨干参加了培训。培训班上，广大学员与声乐名师面对面的学习交流，提升了音乐素养和表演水平。

基层文化队伍建设　文化馆安排业务骨干、聘请市级专家教师，全年，举办了14个项目、29个公益培训班，共培训文艺爱好者13000多人次。文化馆业务干部深入基层镇（街）、村（居）进行艺术辅导，共辅导培训文艺骨干3500多人次。举办镇街益民书屋管理员、共享工程管理员培训班，共指导培训800多人次。

文化志愿服务活动

本年，文化志愿者深入河南寨等6个镇为群众书写春联和福字，并表演了精彩的文艺节目。走进沿湖社区，为居民进行舞蹈、合唱等艺术辅导。深化“共筑文艺梦想　关爱留守儿童”活动，到冯家峪镇中心小学进行书画等艺术辅导100余课时。走进外来务工子女学校——穆家峪镇新农村小学，举行“文化服务进校堂‘六一’七色花芬芳”文艺展演。深入基层镇村开展“走近抗战老兵，记录生活瞬间”摄影志愿服务活动，为56名抗战老兵拍摄生活照片及家人合影280余张。深化“摄影志愿服务进山区”活动，为贫困家庭和孤寡老人免费拍照留念；走进驻密云部队进行“庆八一”慰问演出，受到广大官兵的欢迎。

非物质文化遗产保护工作

年内，召开区域内市级以上“非遗”项目保护单位座谈会，做好新一轮“非遗”申报摸底和研讨工作。采集、录制金钟总督老会、上金山狮舞花会两项市级“非遗”项目的照片、视频资料。在清明节、端午节、文化遗产日、中秋节期间，举办“祭奠英雄先烈　弘扬革命精神”故事会、“端午食文化　角黍赛飘香”民俗活动、“保护成果，全民共享”主题宣传和“月圆梦园共赏习俗　奉献友爱互助进步”专题文艺会演等活动。

文化市场管理

文化市场行政审批工作　转变政府职能，推进简政放权，严格审批管理，强化审批服务。梳理文化行政许可事项及程序性规定，完成文化娱乐场所年审换证工作。新审批文化经营单位70家，全县文化经营单位达到330家。

文化市场管理暨“扫黄打非”工作　研究制定京冀文化市场京承地区“扫黄打非·护城河工程”战略合作方案，推进京津冀协调发展。制定实施《2015年密云县文化市场管理暨“扫黄打非”工作方案》，明确属地管理责任，履行行业监管职责。加强两节、两会、纪念抗战胜利70周年和世锦赛等重要时期、重点时段文化市场执法检查。加强文化执法人员和文化市场监督员队伍建设。深入开展“净网2015”“清源2015”“秋风2015”和“护苗2015”专项行动。共出动执法人员2791人次，检查各类场所2486家次，立案查处13起，罚款人民币1.8万元，依法取缔无证游商2个，协调公安网安发现并上报政治性有害信息1800条、淫秽色情有害信息1600条。

安全监管工作　强化“党政同责”“一岗双责”安全生产责任制的落实，签订《密云县文化委员会文化娱乐场所经营单位安全生产责任书》《北京市文化经营场所依法文明安全燃放烟花承诺书》等宣传材料。加大对人员密集场所等文化单位的安全生产执法检查力度，严格执行《北京市控制吸烟条例》，落实“安全生产月”活动各项任务。组织文化经营单位新《中华人民共和国安全生产法》培训班，举办“2015年密云县文化经营单位安全生产大型公开课”，加强安全教育培训，确保全县文化经营单位安全有序发展。

获奖情况

集体

县文委　荣获第五届“书香中国·北京阅读季”优秀组织奖。

县文委执法队　荣获“第六届全国服务农民服务基层文化建设文化市场管理和‘扫黄打非’机构先进集体”称号。

县文化馆　荣获第二届“北京之声——2015首都市民合唱周”展演比赛老年组金奖；舞蹈《吉祥彩蝶》荣获北京市优秀群众文化原创作品奖；霸王鞭舞蹈大赛荣获北京市优秀品牌文化活动二等奖；密云县原创文艺作品大赛荣获北京市优秀品牌文化活动三等奖；吉祥彩蝶舞蹈团、密云文化志愿者合唱团荣获“北京市优秀群众文化团体”称号；荣获第七届北京快板邀请赛组织奖；荣获北京群众艺术馆成立六十周年书法、美术、摄影作品巡展组织奖；《京妞闹鞭》获京津冀“非遗”舞蹈和民间传统舞蹈展演最佳风采奖；荣获第二届“北京之声”——2015首都市民合唱周优秀组织单位奖；荣获舞动北京2015年首都市民系统文化活动——第十届舞动北京群众舞蹈大赛暨“中新联创杯”广场健身舞大赛组织奖；荣获舞动北京2015年首都市民系统文化活动——第十届舞动北京群众舞蹈大赛暨“中新联创杯”广场健身舞大赛决赛原创作品表演金奖；荣获舞动北京2015年首都市民系统文化活动——第十届舞动北京群众舞蹈大赛暨“中新联创杯”广场健身舞大赛决郊区组团体金奖；荣获《我爱唱歌》2015年北京市百姓歌手大赛优秀组织奖。

县图书馆 荣获2015年北京市红领巾读书活动优秀组织奖。

县新华书店 荣获第五届书香中国·北京阅读季优秀合作机构奖。

个人

张合青 《依托网格化体系推进文化市场社会监督精细化》荣获2015年全国“扫黄打非”理论创新研究征文三等奖；荣获北京市文化市场综合行政执法文化执法“办案能手”称号；荣获“2015北京文化执法十佳信息员”称号；荣获2015年《法治政府建设》杂志创刊20周年纪念“明理原情、铸法致公”主题书画、摄影作品展一等奖。

张彩霞、李东林 荣获全国中小型公共图书馆联合会2015年研讨会征文二等奖。

宋歆鑫 荣获“北京市先进工作者”称号；荣获“首都拥军优属拥政爱民模范个人”称号。

郑书林 荣获第二届“北京之声”——2015首都市民合唱周优秀个人组织奖。

孙仲魁 荣获“《首都公共文化》2014～2015年度优秀特约记者”称号。

张永红 被评为2015年北京市孝星。

吴琼 荣获“2015年北京市红领巾读书活动优秀辅导员”称号。

密云区文化委员会

书 记 李洪仕

主 任 李洪仕

（马 超 李红生）

延 庆 区

概 况

延庆地处北京市西北部，三面环山，一面临水，平均海拔500米以上，地域总面积1993.75平方公里。其中，山区面积占72.8%，平原面积占26.2%，水域面积占1%。生态环境优良，是首都西北重要的生态屏障。下辖11镇4乡、376个行政村；3个街道办事处、30个社区。常住人口31.6万人。

延庆区文化委员会（以下简称区文委。12月28日之前称延庆县文化委员会，以下简称县文委）是负责全区文化、文物、广播电视、新闻出版、版权执法与监督的政府文化行政主管部门。机关设政办室、文化科、文物科、文化市场管理科、财务审计科、文化行政执法队6个科室，下属有文化馆、图书馆、电影发行放映管理处、文物管理所、文化中心后勤服务中心、新华书店和夏都文化传播有限公司7个基层单位。共有在编职工125人。

2015年，是“十二五”规划的收官之年。这一年，北京“1+3”公共文化政策出台、冬奥会成功申办、延庆撤县设区。一年来，在区委、区政府的领导下，区文委按照建设绿色北京示范区和美丽延庆的要求，以构建现代公共文化服务体系为目标，以美丽乡村、社区建设为主题，不断开拓创新，改进工作作风，实施新举措，推动文化事业各领域工作扎实稳定开展。为促进区域文化发展，彰显文化创造活力，保障人民群众基本文化权益做出了新的贡献。

2015年文化艺术发展

考察调研

何昕调研“北京非遗大观园”端午游园会活动 5月14日，市文化局副局长何昕到县文委调研“北京非遗大观园”端午游园会活动，实地察看了世葡园场地。县文委上报了《关于承办北京市第二届“非遗大观园”端午游园会的请示》。

胡东调研文化工作 5月20日，怀柔区宣传部部长胡东到延庆县调研文化工作，先后参观了博物馆和大榆树镇高庙屯村文化大院。

海淀区文委领导调研群众文化组织员工作 6月3日，海淀区文委领导以及工作人员到延庆县调研群众文化组织员工作，并到井庄镇老银庄村、大榆树镇高庙屯村和旧县镇文体中心进行了调研和座谈。

庞薇调研文化工作 10月20日，市文化局副局长庞薇到旧县镇、井庄镇调研文化惠民工作。

刘奇葆到延庆县考察 10月21日，中共中央政治局委员、中央书记处书记、中宣部部长刘奇葆到延庆县旧县镇、井庄镇考察基层公共文化服务体系和美丽乡村建设情况，与基层干部群众交流。刘奇葆对延庆县文化工作给予了肯定。

文化设施建设

农村文化设施冬季采暖工作调研 4月1日，县文委实地核实30个冬季采暖试点村文化设施相关数据，并初步确定各试点村改造功能区域。

市财政局、市文化局到延庆县调研 8月11日，市财政局、市文化局到延庆县调研冬季取暖和图书室建设情况。检查了沈家营镇八里店村、下花园村与旧县镇大柏老村。

重要活动

羊年“吉祥如意”新春特展开幕式 2月11

日，县文委组织系统内全体人员参加羊年“吉祥如意”新春特展开幕式及“羊年话羊”妫川大讲堂。北京市文物局副局长刘超英、北京艺术博物馆馆长张树伟、县政协副主席赵志萍出席活动。开幕式后，举办妫川大讲堂活动，邀请了北京市民俗专家王作楫作题为“羊年话羊民俗文化”的讲座。

春节冰雪旅游推介暨文化志愿者送福到家活动　2月11日，“推门长城就在屋檐下”2015年延庆春节冰雪旅游推介暨文化志愿者送福到家活动在柳沟文化广场举行启动仪式。县文化馆指导的舞蹈《开门红》《欢聚一堂》在启动仪式上演出。文委参与此项活动的演出及相关服务保障工作。

“果园老农杯”元宵节花会展演　3月5日，延庆县2015年“果园老农杯”元宵节花会展演圆满完成。此次元宵节花会展演活动以“共筑中国梦、借邀冬奥情”为主题，在会展中心广场环形路举行循环展演。旱船、竹马、秧歌、高跷等36档花会队的1000余名演员齐集一堂闹元宵。展演活动整整持续3个小时，来自县内外3.5万余名观众欣赏了这场民俗文化盛宴。最终，新兴东社区秧歌和南关竹马获得最佳表演奖。县领导胡耀刚、王立明、张素枝、李忠义、吕桂富、虞宝才、郭维峰到活动指挥部现场指挥。此次活动获北京市文化局组织的群众原创作品、群众文化团队、群众品牌文化活动专家评审“优秀品牌文化活动”三等奖。

公益惠民演出工程启动　4月14日，县文委启动延庆县2015年公益惠民演出工程。会上传达了演出方案、监督办法，根据市文化局相关标准确定演出场次，包括“星火工程”文艺演出1128场（其中，专业演出376场、业余演出752场）、“周末场演出”54场、“百姓周末大舞台”6场。会议决定全县推进星火工程等公益惠民演出活动，确保全年公益演出圆满完成。

华裔杰出青年华夏行“相约长城”联欢晚会　5月25日，由县文委作为主要承办单位，以“弘扬中华文化，传递中国声音”为主要内容的第十届华裔杰出青年华夏行“相约长城”联欢晚会在八达岭长城举行。来自五大洲82个国家和地区的500位华裔杰出青年代表应邀出席，共享祖国传统文化。

第二十届消夏避暑季　6月1日，第七届北京端午文化节暨北京市第二届“非遗大观园”端午游园会龙舟下水仪式在夏都公园举行。同时，延庆县第二十届消夏避暑季开幕，延庆夏季旅游正式启动。

北京端午文化节文化志愿者微庙活动　6月13日，“过端午　到延庆”北京市第七届端午文化节文化志愿者微庙活动在北海公园团城广场举行。伴随着《北京画廊》优美的旋律，延庆端午节的吉祥物、猪头狮子形象的“隆隆”和“庆庆”走进游客当中与孩子们互动。接着，歌曲《请到延庆来》、“非遗”节目传统民间舞蹈“二鞑子摔跤”和“延庆旱船”依次上演。庙会不仅展示了旱船、火勺等延庆“非遗”项目和虎头鞋、豆塑等延庆特色手工艺品，也向京城市民发出了“过端午，到延庆”的热情邀请。活动最引人注目的是端午巡游车队。车队由5辆新能源汽车和4辆越野车组成，车身绘有“过端午、到延庆”主题*LOGO*和端午龙舟、粽子、竹马、旱船以及龙庆峡、野鸭湖、百里山水画廊等特色图案。这些车在北海公园的微型庙会上吸引了众多市民的“眼球”。县文化馆负责活动的整个流程的相关工作。

第七届北京端午文化节暨北京市第二届“非遗大观园”端午游园会　6月20日～22日，第七届北京端午文化节暨北京市第二届“非遗大观园”端午游园会在夏都公园开幕。活动紧扣爱国主义、乡愁乡情、祈福迎祥、祛邪养正的节日内涵，策划了主题宣传、文化传承和休闲体验三大板块、十二项活动，新增加“京台”交流元素，体现了中华文化同根同源的民族凝聚力，扩大了传统武术展演、中医诊疗、非遗展示等项目。12月，在北京市文化局对群众原创作品、群众文化团队、群众品牌文化活动进行的专家评审中，由县文委主办的北京端午文化节获得优秀品牌文化活动一等奖。

第七届北京端午文化节文艺表演活动

北京申冬奥八达岭会场活动　7月31日，组织开展2015年北京申冬奥八达岭会场活动。7月31日，在八达岭长城望京广场举行“全民健身　与冬奥同行”群众文化体育交流展示活动，群众代表、志愿者、群众演员与专业团队共计1000多人参加现场活动。

夏日文化广场活动开幕　8月1日，夏日文化广场活动在会展广场开幕。县文委与县武装部为纪念反法西斯抗战胜利70周年，联合举办了“庆八一”活动专场演出，标志着夏日文化广场活动开幕。

赴南非参加“南非中国年”巡游狂欢活动　9月22日~26日，北京市文化局选派优秀民俗表演团队赴南非参加“南非中国年”活动。延庆舞龙、舞狮、旱船、竹马、二鞑子摔跤等“非遗”项目和中国杂剧团的变脸等节目联袂组团，在南非“非遗日”（9月24日）当天参加北京友好城市豪登省比勒陀利亚的狂欢节巡游活动。参演演职人员计40余人，由市文化局副巡视员马文带队，活动受到当地群众的热烈欢迎。

“最美家庭”宣讲活动　12月4日，县文委组织“最美家庭”宣讲活动。邀请了包括县文委先进典型刘越岭家庭在内的延庆县4个“最美家庭”，宣讲他们尊文重教、乐于助人、孝老爱亲、热心公益的感人事迹。

重要会议

2014年文化统计年报培训会　1月9日，县文委组织召开2014年文化统计年报培训会。县文委领导班子成员、各乡镇街道负责文化工作的主管领导和文体中心主任（文化站站长）、文化组织员代表、文委系统全体干部职工共计200余人参加培训。

延庆门神论证会　1月21日，延庆门神论证会在县文化馆召开。北京民俗专家王乐吉、北京博物馆唐国耀，县文委领导刘永强、刘满利、范学新，旅游委领导张迁、申玉民，文化馆郭延辉、刘越岭、董向阳、张义、闫兴国、晏怀英参加了会议。

农村公共文化设施冬季采暖协调会　2月4日，县文委组织召开基层公共设施冬季采暖协调会。在全县100个行政村开展公共文化设施冬季采暖试点工作。确定太阳能、天然气、电采暖三项技术，并责成负责人进行实地调查。同时对2016年第二批拟推进的218个行政村的数据进行统计摸底。县文委领导班子成员、各乡镇街道负责文化工作的主管领导和文体中心主任（文化站站长）、各行政村的文化组织员、文委系统全体干部职工共计150余人参加。

党风廉政建设工作会及“十三五”规划部署会　5月4日，县文委组织召开党风廉政建设工作会及“十三五”规划部署会。会上县文委与各基层单位签订了《党风廉政建设责任书》。

文化工作安全会议　8月20日，组织召开2015年延庆文化工作安全会议。县文委领导班子成员、各乡镇街道负责文化工作的主管领导和文体中心主任（文化站站长）、文委系统全体干部职工共计200余人参加。

农村公共文化设施冬季采暖建设工程会　9月17日，组织召开延庆县基层公共设施冬季采暖建设工程会，各乡镇街道负责文化工作的主管领导和文体中心主任（文化站站长）参加。

延庆县文化事业发展“十三五”规划乡镇街道研讨会　11月24日，组织召开延庆县文化事业发展“十三五”规划乡镇街道研讨会。各乡镇街道负责文化工作的主管领导和文体中心主任（文化站站长）参加。

文化志愿者春节送福到家启动仪　12月1日，县文委组织召开“情系冬奥　福到京津冀”文化志愿者春节送福到家启动仪式暨永宁古城迎新春文化庙会工作研讨会。县委常委、县政府常务副县长张素枝，县文委主任张迁，县广播电视中心副主任张树清，京津冀三地群艺馆馆长出席此次研讨会。

非物质文化遗产保护工作

“剪彩冬奥”——民间剪纸风貌展　8月19日，联合蔚县博物馆联合推出“剪彩冬奥”——民间剪纸风貌展，精选了60件剪纸作品进行展示，共迎2022冬奥会。

图书馆

古诗连连看和图书推荐活动　1月1日~3日，县图书馆举办了“翰墨飘书香”古诗连连看活动和“辞旧迎新　悦读接力”元旦图书推荐活动。共有50名读者参与此次活动。

“成长与__相伴而行”主题征文和“新春猜谜”活动　1月1日~2月26日，县图书馆圆满完成了“成长与__相伴而行”主题征文活动和“新春猜谜”活动。此次活动共有130名小读者参加。

全民读书活动　4月23日，第20届世界读书日之际，县图书馆以“把读书当成生活、让阅读成为习惯”为主题，通过专题讲座、参观展览、放映影片、发放宣传材料、赠送书籍等形式，开展全民读书活动。读书活动进行了“悦读阅美”——2014年度请读书目展板展览；馆内新书现场阅览；发放宣传材料（首都市民学习空间学习卡、杂志、申冬奥宣传材料、电子书下载介绍等）；填写读者调查问卷100份。

“阅读的力量”主题征文活动　6月13日，县图书馆开展了“阅读的力量”主题征文活动，本次活动共征集论文18篇。

图书管理志愿者招募　7月7日，县图书馆开展了图书管理志愿者招募活动。此次共招收图书馆管理志愿者20名，多为高中以及大学的在校学生，分为若干批次到图书馆成人借阅部参加志愿活动，参与图书馆书库管理以及读者参考咨询服务。

“你选书，我买单”读者现场选书活动　8月22日，县图书馆组织开展“你选书，我买单”读者现场选书活动。活动共吸引48名读者参与。经过选择、查重、登记，读者挑选了480种新书，由采编部完成各项后续环节后全部加工入库，摆放在各外借部门的“你选书，我买单”活动图书推荐专架上，供读者选择阅读。

8月22日，延庆县图书馆开展“你选书，我买单”读者现场选书活动

红领巾读书活动　完成“2014年红领巾读书活动总结专题片”制作。召开了2015年延庆县“红领巾读书活动”动员会。延庆中小学生分别参加首图“红读活动”青少年科普剧比赛、“红读”讲故事比赛决赛、第三届“我的藏书票”设计比赛、“我的校园生活”电子书制作、第十六届“读书小状元”评比、红领巾读书活动推荐书目“同伴荐书”等六项活动，通过活动充分展示了延庆青少年的风采。

文化馆

书画培训课　1月15日，县文化馆在馆内一楼组织书画培训课。课程邀请了北京群艺馆董云、张明伟作为主讲人，15个乡镇和3个街道，共46人参加培训。

第八届乡村欢乐节书画影暨第四届全国“次仲杯”隶书大赛作品展　4月3日，第八届乡村欢乐节书画影暨第四届全国“次仲杯”隶书大赛作品展在延庆县文化馆举行。县文明办主任齐鲁延，文委领导刘永强、马建壮，文联赵万里，教委赵建民、杜金华、王秋华、周尚启参加了开幕仪式。此次大赛于4月18日截止，共收集作品300余幅。

诗歌朗诵大赛　5月22日，中央人民广播电台第四届“夏青杯”朗诵大赛（北京赛区）暨第三届“放飞梦想”北京诗歌朗诵大赛、延庆县首届“美丽中国　魅力延庆”诗歌朗诵大赛在县文化馆小剧场举行。共100余位选手参加了比赛。5月27日上午举行复赛，通过初赛角逐共30位选手参加了复赛，县委宣传部王晓娟、文明办齐鲁延、广电中心张树清、文委马建壮等领导出席了活动。

“粽情端午，快乐童行”庆六一文艺演出　“六一”儿童节前夕，由县文委、县教委主办，县文化馆承办的“‘粽情端午、快乐童行’——我心中的端午”庆六一文艺演出在八达岭长城景区举行，县第三小学和永宁幼儿园的孩子们用精心编排的文艺节目庆祝自己的节日，迎接端午节的到来。

春节摄影作品展　6月16日～30日，延庆县2015年春节摄影作品展在县文化馆一楼展厅举办，共有163幅优秀作品参与展览。

首届中小学生作文大赛　7月1日～3日，县文化馆进行“延庆县首届中小学生作文大赛”征稿活动。此次征文活动设小学组和初中组，设一、二、三等奖和优秀奖，每组分别评选出48名获奖者。

“纪念中国人民抗日战争胜利70周年——长城下的老兵”主题摄影作品展　7月7日，县文委“纪念中国人民抗日战争胜利70周年——长城下的老兵”主题的摄影作品展在延庆县文化馆举行。共70块展板参展，县委宣传部副部长王晓娟等领导出席了活动。

中国人民抗日战争70周年书画展　9月1日，纪念中国人民抗日战争70周年书画展在县文化馆一楼展厅展览，共计158件作品参展，展期15天。

迎国庆“美丽延庆　北京画廊”油画、摄影大展　9月21日，迎国庆“美丽延庆　北京画廊”油画、摄影大展在县文化馆举行开幕仪式。共计150幅作品参展，本次展期为9月21日～10月8日。县委宣传部部长祁金利、文委主任张迁、书记马建壮、文联主席赵万里等领导，以及文化馆全体职工参加了开幕仪式。

北京群众艺术馆成立60周年——书法、美术、摄影作品巡展　12月21日，北京群众艺术馆成立60周年——书法、美术、摄影作品巡展在县文化馆一层展厅开展。共有书法作品96幅，绘画作品88副，展期4天。

《吾土文心——延庆文学六十年杂忆》出版座谈会　12月29日，县文化馆文学部召开孟广臣《吾土文心——延庆文学六十年杂忆》出版座谈会。县委宣传部、文联相关人员参加了此次活动。

文艺创作

《吾土文心——延庆文学六十年杂忆》出版　该书由中国作家协会会员、本县著名作家孟广臣撰写。

全书约30万字，共分9章，介绍了延庆县50多位作家、作者及他们的主要作品。该书既是对延庆文学60年的总结，也是对延庆文学60年来的成果展示。

《延庆旱船》出版　该书由中国长城学会会员、北京作家协会会员、延庆文化馆民保文学部主任张义编写，是介绍国家级非物质文化遗产延庆旱船的专著，在理论上使得旱船艺术更具规范性、系统性，并从更广泛的文化角度诠释了旱船艺术的特色、流派、传承和发展。

文化市场管理

娱乐场所经营单位年检换证　1月15日，县文委完成30家娱乐场所经营单位年检换证工作。

春节前文化市场安全大检查　2月12日，县文委联合县公安局、县安监局、县工商分局、县消防支队等部门进行春节前文化市场安全大检查。县委常委、宣传部部长、常务副县长张素枝参加检查。

文化市场安全生产标准化及企业安责险工作动员培训会　5月19日，在县博物馆召开延庆县文化市场安全生产标准化及企业安责险工作动员培训会。会议邀请了北京安科研培技术有限公司项目负责人进行授课。全县网吧、歌舞娱乐场所、游艺、电影放映场所、印刷厂五类行业部门的法定代表人、主要负责人参加了学习培训。

全县娱乐场所、网吧等行业经营者会议　5月26日，组织召开全县娱乐场所、网吧、出版物经营单位、印刷企业等行业经营者会议。进一步落实了文化市场安全生产标准化工作。

获奖情况

集体

区文委　在北京市文化局对群众原创作品、群众文化团队、群众品牌文化活动进行的专家评审优秀品牌文化活动中，由区文委主办的元宵节花会展演荣获优秀活动品牌文化活动三等奖；北京端午文化节荣获优秀品牌文化活动一等奖的荣誉。

县文化馆　在中央广播电台第四届“夏青杯”朗诵大赛中荣获组织奖；全体女职工及工作人员参加第十届“舞动北京——群众广场健身舞蹈大赛”，参赛舞蹈《感到幸福你就拍拍手》《梨花情》《燃烧吧蔬菜》荣获团体金奖；作品《文化馆创编广场舞蹈》在第十届舞动北京广场舞蹈大赛中荣获组织奖。

延庆镇和谐之声艺术团　在北京市优秀群众文化项目评选中被评为“优秀群众文化团队”。

大榆树镇真诚歌舞团　在北京市优秀群众文化项目评选中被评为“优秀群众文化团队”。

延庆区文化委员会

书　记　马健壮

主　任　刘永强（5月免）

　　　　　张　迁（5月任）

（曹　军）

▶ 4月3日，2015年东城区清明节风筝放飞活动

▶ 8月12日，2015第八届中国国际青年艺术周在东城区开幕

◀ 东城区第二文化馆原创舞台剧《壮美中轴》在北京喜剧院上演

◀ 2015年钟鼓楼中秋诗会

◀6 月 10 日，2015 年东城区群众文化展演季开幕式专场文艺演出

▶东城区创建国家公共文化服务示范区公益演出

◀11 月 18 日，“同仁堂中医药文化”传习教室在东城区小学活动课中心挂牌

▶东城区西总布小学第二届文化庙会

◀“京腔京韵总是情”文艺演出

◀2月11日，北京历代帝王庙2015（乙未年）小年文化庙会

◀2015年“荷舞莲香”群众文艺汇演

◀2015年天桥街头艺术专场活动

4 月 11 日，2015 年第六届宋庆龄故居海棠文化节

10 月 16 日，西城区文化艺术进军营专场文艺演出

话剧《后海也是海》（西城区文化委员会、北京典雅天地文化传播股份有限公司出品）

全聚德和平门店职工自导自演话剧《天下第一楼》

12月2日，全国人大常委会副委员长、民进中央主席严隽琪在垡头地区文化中心调研

2月1日，2015“打工春晚”在朝阳区文化馆举行

北京民俗博物馆清明节民俗体验活动

4月3日，庆丰公园第三届北京二闸清明踏青节开幕式文艺演出

▶ 10 月 28 日，朝阳区筑梦艺术团在垡头地区文化中心成立

◀ 2015 年朝阳区文化科技卫生“三下乡”集中示范活动

▶ 2015 年“相约北京——玫瑰之名”潮流音乐节

◀ 朝阳区文化志愿者、非物质文化遗产项目传承人赴拉萨市进行文化交流

▶ 2 月 11 日，海淀区人大常委会主任关成启（右一）带队检查文化市场

▶ 3 月 25 日，海淀区文委召开基层文化人才队伍建设工作部署专题会

▶ 9 月 30 日，海淀区创建国家公共文化服务体系示范区动员大会暨文明城区长效机制建设总结部署会召开

▶ 2015 年圆明园第六届皇家庙会“皇家冰嬉表演”

◀5 月 20 日，2015 第五届中关村国际青年艺术节开幕式

◀6 月 22 日，2015 年中关村儿童演出季开幕式演出

◀10 月 8 日，第四届中关村金秋演出季开幕式演出

◀2015 年“海之春”新春系列活动文艺演出

◀2月5日，丰台区2015年文化、科技、卫生"三下乡"活动启动仪式

◀3月1日，2015年丰台区群众文化工作部署会

▶5月28日，2015年"我的丰台·我的家"群众文化活动启动仪式

▶纪念抗战胜利70周年群众歌会

◀ 2015 丰台戏曲文化嘉年华

▶ 2015 年南苑乡周末百姓大舞台文艺演出

◀ 卢沟桥乡西局村大众读书会

▶ 快乐端午——彩蛋绘制

▶2 月 11 日，石景山区 2015 年新春交响音乐会

◀7 月 16 日，区人大常委会视察示范项目创建工作会

▶中国人民抗日战争暨世界反法西斯战争胜利 70 周年石景山区群众合唱文艺汇演

◀石景山区文化馆艺术团队节目展演

▶ 2 月 27 日，“石景山区少儿图书馆快乐奔跑——阅！悦！跃！”活动

◀ 5 月 14 日，第 32 届“古城之春”艺术节开幕式演出

▶ 5 月 22 日，北辛安小学开展“敲响太平鼓 文化共传承”活动

◀ 石景山区 2015 重阳诗歌会

◀1月27日，中国道德文化宣传（北京）社区行“精彩北京人”文艺节目市级选拔赛

◀2月5日，通州区文化、科技、卫生“三下乡”集体展示活动在潞城镇举办

▶3月5日，正月十五戏曲专场演唱会

▶4月24日，朗诵培训

▲2 月 13 日，区儿童福利院，“温暖我们的孩子”志愿服务故事会活动

▲4 月 18 日，“2015 书香中国暨北京阅读季”启动仪式

通州区

◀5 月 9 日，“花丝镶嵌”主题沙龙活动

◀2015 年通州区文化馆送福进社区活动

▶7 月 28 日，区图书馆开展送书到军营活动

▶10 月 26 日，2015 ~ 2016 年度顺义区文创重点项目专项资金评审会

▶10 月 30 日，中共顺义区委常委、宣传部部长霍光峰（右二）参观第十届文博会顺义展区

▶顺义区文委、顺义区文联编创的大型现代评剧《寸草春晖》

◀3 月 2 日，第十三届“赵全营杯”民间花会大赛暨 2015 年首都市民系列文化活动启动仪式

◀9 月 18 日，顺义区第二十二届“十月金秋”群众书法美术摄影展启动仪式

◀顺义区文化委员会与北京市曲剧团联合出品的现代曲剧《箭杆河边的新故事之“十不闲传奇”》

◀天竺杯“五月的鲜花”群众文化活动颁奖演出

◀4 月 21 日，怀柔区文委检查文化娱乐场所安全工作

▶第 25 届群众艺术节农民走街表演民间花会迎新春

◀怀柔区纪念抗日战争胜利 70 周年诵读活动

▶怀柔区 2015 年群众歌咏大赛

◀怀柔、西城手拉手文化交流专场演出

▶怀柔区原创现代评剧《草帽书记》

◀8月26日，第五届中国儿童戏剧节闭幕式在怀柔剧场举行

▶9月24日，怀柔区北房镇举办特色文艺汇演活动

◀“花开平谷 · 乐动北京”桃花大舞台系列演出

◀4月23日，平谷2015桃花音乐节京剧演唱会

▶5月18日，平谷区文化馆“放飞艺术的梦想”文化惠民公益艺术大讲堂

▶6月14日，第十个非物质文化遗产日宣传活动

▶ 8 月 26 日，老年文艺协会纪念抗日战争胜利 70 周年文艺演出

◀ 10 月 9 日，2015 年平谷区文艺团队擂台赛决赛

▶ 10 月 29 日，“美丽平谷 我的家”原创作品大赛（决赛）

◀ 12 月 27 日，第一届平谷区本土音乐人经典音乐会

◀ 3 月 6 日，昌平区文委考察长峪城山梆子戏

▶ 7 月 30 日，“美丽昌平”文化活动进军营

◀ 12 月 30 日，昌平区 2016 新年音乐会

▶ 昌平区迎新春书画作品展

7月29日，北京市级非物质文化遗产项目漆园村龙鼓传承基地揭牌

12月1日，昌平区第十七届艺术节开幕式暨广场舞舞蹈大赛

北京市第二十五届农民艺术节“乡村大舞台”优秀奖获奖作品——快板《小区热点三人聊》

昌平区业余歌手大赛决赛

▶ 2 月 10 日，大峪街道第八届邻里节启动暨峪园社区首届文化庙会开幕式

◀ 4 月 21 日，国家大剧院五月音乐节 · 2015 公益演出——门头沟区斋堂镇专场

▶ 纪念中国人民抗日战争暨世界反法西斯战争胜利 70 周年系列文化活动——“历史情怀 · 红色记忆”原创优秀作品音乐会

▶ 门头沟区文化创意产业培训班

▶门头沟区第二十六届文化艺术节“乡村大舞台”文艺演出

◀2015年，门头沟区“群众大民星”系列活动之“舞动门头沟”舞蹈大赛

◀“情定永定河”第九届中国北京永定河文化节展演周

▶“击节声声　唱响三地”京津冀特色梆子戏征集巡演活动

▶ 2 月 11 日，首都市民系列文化活动 2015 房山区百姓文艺大联欢

◀ 5 月 24 日，燕山书画院成立仪式

◀ 8 月 11 日，第三届房山区戏剧节系列活动启动式在良乡影剧院举行

▶ 11 月 10 日，房山区 50 个村级文化活动室设备发放仪式在区文委举行

4 月 18 日，燕山地区换书大集活动

6 月 11 日，燕山地区夏日文化广场启动仪式暨非物质文化遗产日活动

8 月 28 日，纪念中国人民抗日战争暨世界反法西斯战争胜利 70 周年房山区群众诗歌诵读会活动在平西抗日战争纪念馆举行

大型原创现代评戏《平西儿女》（琉璃河镇宏韵金声评剧团、琉璃河水泥厂评剧团演出）

◀2 月 5 日，大兴区第二十五届农民艺术节群众文艺汇演暨大兴新区 2015 年首都市民系列文化活动启动仪式

◀5 月 18 日，“月季花开 · 绽放梦想”原创节目展演在魏善庄镇桃花园举办

◀5 月 25 日，第 27 届北京大兴西瓜节开幕式文艺演出

◀12 月 10 日，大兴区文化馆培训成果展演

◀4 月 16 日，2015 年大兴区全民悦读汇启动

◀7 月 15 日，“美丽新区我的家，歌声唱响新航城”——大兴区合唱大赛

◀9 月 10 日，2015 年大兴区广场舞大赛

◀11 月 29 日，“首邑京剧沙龙”培训成果展演

1 月 31 日，密云县 2015 年群众系列文化活动启动式在密云大剧院举行

4 月 25 日，密云县第五届全民阅读季启动式

6 月 6 日，密云县 2015 年电视歌手大赛决赛

8 月 15 日，密云县纪念抗日战争胜利 70 周年专场演出

7月5日，以密云革命母亲邓玉芬为原型的原创评剧《母亲》在密云县演出

10月29日，密云县2015年“艺术创作出精品 · 文艺演出惠民生”原创文艺作品大赛决赛在密云大剧院举办

12月9日，密云县2015年“霸王鞭”舞蹈大赛在密云大剧院举行

2015年密云县文化市场法律法规培训班

1 月 9 日，延庆县文化组织员合唱指挥培训班结业仪式

7 月 9 日，延庆县群众文化组织员中专班毕业汇报演出

7 月 31 日，为庆祝北京申冬奥成功，在八达岭举行“全民健身与冬奥同行”群众文化体育交流展示活动

8 月 2 日，延庆县纪念中国人民抗日战争暨世界反法西斯战争胜利 70 周年专场演出

3 月 5 日，延庆县 2015 年“果园老农”杯元宵节花会展演

6 月 13 日，延庆县文化志愿者参加在北海公园举办的北京市第七届端午文化节微庙活动

9 月 24 日，延庆县赴南非共和国参加“南非中国年”活动

12 月 3 日，延庆县第六届群众舞蹈大赛

索引

笔画索引

15 至 20 世纪的波兰艺术展览 ………………… (34)
《2014 中国艺术发展报告》发布 ……………… (27)
“2014 中国文化产业年度人物”揭晓 ………… (33)
2014 文化管理年度十大人物推选活动 ……… (33)
2014《民族文学》年度奖……………………… (51)
2014 年中国当代文学最新作品排行榜揭榜 … (51)
2014 年文化志愿服务总结交流会 …………… (191)
2014 年度中国作家出版集团奖 ……………… (51)
2014 年度北京工笔重彩画会会员艺术展 …… (141)
2015 中央工艺美院 8090 水墨展……………… (143)
2015 中国艺术研究院中国书法院院展 ……… (168)
2015 中国文艺志愿者公益演出季 …………… (30)
2015 中国文化产业指数发布 ………………… (25)
2015 中国国际文化艺术博览会 ……………… (30)
2015 中国国家画院丝绸之路采风
写生作品展 ……………………………… (148)
2015 中国“俄罗斯文化节” ………………… (36)
“2015 中国舞蹈十二天”舞蹈演出 ………… (132)
2015 中韩书法年展 …………………………… (170)
《2015 文化发展统计分析报告》出版发行 …… (39)
2015 文化创意产业（北京）研讨会 ………… (25)
2015 书香中国暨北京阅读季 ………………… (215)
2015 龙潭庙会 ………………………………… (221)
2015 北京大学生舞蹈节 ……………………… (132)
2015·北京文艺论坛…………………………… (39)
2015 北京文化创意产业项目推介会 ………… (25)
2015 北京合唱节 ……………………………… (116)
2015 北京青年戏剧节 ………………………… (77)
2015 北京现代国际鼓手节暨爵士乐
教育发展论坛 …………………………… (120)
2015 北京音乐生活展 ………………………… (117)
2015 北京野生鸟类摄影展 …………………… (174)
2015 北京舞台美术设计邀请展 ……………… (74)
2015《民族文学》少数民族文字版作家
翻译家培训班……………………………… (59)
2015 地坛庙会 ………………………………… (221)
2015 年 iAuthor 应用与发展研讨会…………… (196)
2015 年中外文学翻译研修班 ………………… (54)
2015 年中国开放获取推介周 ………………… (196)
2015 年中国文化馆年会征文活动评选 ……… (223)
2015 年中国高校图书馆研究数据管理
推进工作组会议 ………………………… (193)
2015 年中国群众文化论文征集评选 ………… (226)
2015 年文化馆年会论文征集评选 …………… (226)
2015 年“水立方杯”海外华裔青少年
中文歌曲大赛颁奖 ……………………… (125)
2015 年世界大学生魔术交流大会 …………… (106)
2015 年北京中小学图书馆论坛 ……………… (195)
2015 年北京文化庙会台北之旅 ……………… (224)
2015 年北京市优秀小剧场剧目展演 ………… (76)
2015 年北京金秋优秀剧目展演 ……………… (76)
“2015 年外国摄影师拍北京”活动
开拍仪式 ………………………………… (179)
2015 年吉林省优秀戏曲剧目进京展演 ……… (83)
2015 年全国人大系统文献信息资源共建
共享研讨会 ……………………………… (192)
2015 年全国文化厅局长会议 ………………… (26)
2015 年全国古籍保护工作部际联席会议 …… (194)

2015 年全国职业院校艺术技能大赛 …………（33）
2015 年“卓越联盟”高校图书馆馆长年会 ……………………………………（192）
2015 年京津冀精品剧目展演 ……………………（75）
2015 年研究数据管理国际研修班 ……………（206）
2015 年省级古籍保护中心工作会议 …………（191）
2015 年度人民文学奖颁奖 ……………………（53）
2015 年度“乡土课堂”正式开讲 ……………（195）
2015 年度中国散文年会颁奖会 ………………（53）
2015 年音乐支教发布会 ………………………（119）
2015 年首都市民系列文化活动 ………………（214）
2015 年高层次文化人才论坛 …………………（39）
2015 优酷·土豆理想音乐节 …………………（119）
2015 全国校园歌手大赛 ………………………（224）
2015 全国铁路摄影美术书法展 ………………（219）
2015 两岸小剧场艺术节·北京站 ……………（80）
2015 国家大剧院国际戏剧季 …………………（75）
2015 国家大剧院新作品音乐会 ………………（120）
2015 国家大剧院舞蹈节 ………………………（132）
2015 京津冀系列群众文化活动 ………………（215）
2015 法国巴黎银行“明日之星”钢琴音乐节 ……………………………………（116）
2015 音乐数字化生态发展研讨会 ……………（126）
2015 首都市民合唱周 …………………………（217）
2015 首都剧场精品剧目邀请展演（国内单元） ……………………………（73）
2015 首都剧场精品剧目邀请展演（国际单元） ……………………………（76）
2015 海派书法进京展 …………………………（170）
2015 第十八届年北京国际音乐节 ……………（120）
2015 第十届北京九门爵士音乐周 ……………（120）
2015 道略音乐产业大会 ………………………（117）
2015 腾讯书院文学奖 …………………………（52）
2015 潮流音乐节 ………………………………（116）
2016 年新年戏曲晚会 …………………………（78）
20 世纪 50、60 年代中央美院对民族传统绘画的临摹与购藏展 …………………（149）
GoOA 正式上线服务……………………………（200）
“M 地铁·图书馆”成立 ……………………（189）
“TA 时代”第二回展…………………………（27）

一画

“一元剧场”进京展演 …………………………（81）
“‘一卡通’用户使用 BALIS 原文传递系统”培训 ……………………………（206）
“一拍即合晒大片”摄影展 ……………………（174）
“一带一路”主题摄影展 ………………………（175）
《一座营盘》 ……………………………………（42）
乙未新春生肖特展 ………………………………（218）

二画

十二属相大拜年演出 ……………………………（94）
“十三五”时期现代公共文化服务体系建设研讨会……………………………………（37）
“‘十三五’规划——十大惠民政策与你有关”主题展览 ………………………（203）
十首北京申冬奥优秀音乐作品发布 …………（117）
丁乃筝戏剧作品演出周…………………………（80）
“八音迭奏”音乐会 …………………………（120）
八路军老战士文工团“英雄赞歌”专场演出 ……………………………………（218）
《人民文学》推出法文版主题活动 ……………（48）
《人民文学》德文版研讨会 ……………………（58）
“人民的形象”主题展览 ……………………（140）
人偶剧《出窍》 …………………………………（71）
儿童文学作品《寻找鱼王》 ……………………（42）
儿童多媒体音乐游戏剧《我爱童话》 …………（71）
儿童戏剧《我和你》 ……………………………（71）
儿童剧《成语魔方二》 …………………………（72）
儿童剧《纯净的眼睛》 …………………………（72）
儿童剧《国王在姆咪谷》 ………………………（72）
儿童剧《胡同 . com》 …………………………（71）

三画

“三山五园文化巡展”——圆明园四十景文化展 ……………………………（200）
《三尺布》 ………………………………………（44）
《三只虫草》 ……………………………………（43）
三里屯小学“青少年摄影教育基地” ………（172）
下花园风光风情摄影展 ………………………（184）
“大师的视野”摄影展 ………………………（181）
大同数来宝专场汇报演出 ……………………（100）
大连艺术学院进京演出 ………………………（136）
“大陆与台湾：昆曲传承和发展”研讨会 ……（86）

大型古琴展览展演系列活动 …………………（116）
大型网络众筹项目《黄河大合唱》 …………（128）
大型交响场景演唱会“血肉筑长城” ………（119）
大型交响合唱《劳动创造幸福》 ……………（116）
大型原创歌剧《北川兰辉》 …………………（112）
大型歌舞诗《丝路情歌》 ……………………（130）
“大美七星关”摄影展 ………………………（182）
“大美水墨”——当代主题作品展及古代、
近现代作品文献展 ……………………………（149）
大美平谷·中国书法之乡——
第七届上元雅集·“友谊奖”书法展 ……（166）
“大美凉山”摄影展 …………………………（182）
大墨同禅·大禅艺术展 ………………………（144）
万芳“原来的地方”世界巡回演唱会
北京站 …………………………………………（122）
《万家亲友团》 ………………………………（44）
上海话剧艺术中心进京演出…………………（80）
上海话剧艺术中进京展演……………………（82）
口技专场演出 …………………………………（105）
山东省话剧院进京演出………………………（79）
山东籍书画名家学术邀请展 ………………（154）
山西画院建院30周年美术作品展 …………（160）
山西省优秀新创舞台剧晋京展演……………（81）
山西省话剧院进京演出………………………（82）
山西舞洲舞团进京演出 ……………………（136）
山西演艺集团歌舞剧院进京演出 …………（124）
《山河》 ………………………………………（45）
“山河百战”——抗战艺术作品展 …………（31）
广东民族乐团进京演出 ……………………（124）
广东佛山粤剧传习所进京演出………………（80）
广东顺德容桂青少年摄影作品赴京展 ……（224）
广东歌舞剧院进京演出 ……………………（135）
广西群众艺术馆进京演出 …………………（124）
广州歌舞剧院进京演出 ……………………（125）
《女人红》 ……………………………………（43）
小剧场京剧《碾玉观音》 ……………………（63）
小剧场话剧《女神出嫁》 ……………………（68）
小剧场话剧《画眉》 …………………………（69）
小剧场话剧《跳墙》 …………………………（65）
小剧场话剧《朦胧中所见的生活》 …………（65）
小剧场喜剧《幸福年》 ………………………（71）
《习近平总书记在文艺工作座谈会上的
重要讲话学习读本》出版发行………………（39）
习舞孤儿中戏体会艺术之美 ………………（135）
马达罗镜头中的中国摄影展 ………………（181）
马戏小丑快乐六一嘉年华 …………………（105）
马岐收徒 ………………………………………（102）
马库斯·吕佩尔茨——西方绘画的
回归·德国新表现主义大师展 ……………（154）
马贵荣受邀到台湾讲学………………………（99）
马常利艺术回顾展 …………………………（142）
马崇仁逝世……………………………………（84）
马静宜光碟发布助兴演唱会 ………………（102）
马增蕙从艺75周年研讨会…………………（102）
乡村实景歌舞剧《玫瑰情缘》 ……………（214）

四画

丰台书协刻字研究会创作基地成立暨
首届丰台书协书法刻字作品展开幕式 ……（168）
王传越获第15届柴科夫斯基国际音乐
比赛声乐组银奖 ……………………………（125）
王岳川书法展 …………………………………（167）
王金玲向北京中山堂捐赠《辛亥赋》 ………（59）
王临乙、王合内夫妇作品文献纪念展 ……（164）
王家新临摹历代书法经典作品展 …………（168）
王淑玲鼓曲专场………………………………（95）
《王羲之王献之书法全集》首发 …………（169）
天坛公园第十一届春节文化周 ……………（222）
天津人艺进京演出……………………………（79）
天桥小年文化庙会 …………………………（221）
云南红河州歌舞团进京演出 ………………（136）
云南省话剧院进京演出………………………（80）
云南德宏秘境歌舞乐集之《德宏之舞》
进京演出 ………………………………………（122）
木偶剧《飞吧！丹顶鹤——丹顶鹤的
故事》 …………………………………………（72）
五十六个民族作家红色赣州行………………（53）
“不见，不散”摄影艺术展 …………………（182）
“不朽的梵高”感映艺术展 …………………（29）
“太行风骨”——山西省美术书法作品
提名邀请展 ……………………………………（164）
“太行浩气”——吕云所中国画作品展 ……（162）
太和书画晋京展 ………………………………（157）
太原市话剧团进京演出………………………（80）
太原舞蹈团进京演出 ………………………（136）

"历史不容忘却"摄影展 ……………………（176）
《互联网环境下杂技（魔术）的推广与
保护》 ……………………………………（109）
少数民族摄影人才培养工程培训班 …………（178）
《日子是一种了却》 …………………………（45）
日本人形机器人版《变形记》到京演出 ……（81）
日本导演携古希腊戏剧到京演出………………（82）
《日本佬》 ……………………………………（44）
中小学生优秀传统文化技艺展演活动 ………（215）
中日传统戏剧交流座谈会………………………（88）
中日两国国家图书馆第34次业务交流 ………（204）
中日青少年摄影大赛颁奖 ……………………（222）
中央民族歌舞团2015"公众开放日" ………（131）
中央民族歌舞团2015"光荣绽放"
秋季演出季 ………………………………（119）
中央企业音乐专业委员会 ……………………（112）
中央国家机关第二届职工摄影作品展 ………（219）
中央音乐学院首届中国民族音乐节 …………（119）
中央美术学院与中国具象油画展 ……………（146）
中央歌剧院版歌剧《托斯卡》 ………………（114）
中央歌剧院赴河北慰问演出 …………………（115）
中共中央政治局召开会议审议
《关于繁荣发展社会主义文艺的意见》 ……（38）
"中华文化四海行——走进新疆"
系列活动……………………………………（35）
《中华古籍保护计划"十三五"时期
规划纲要（征求意见稿）》专家审议会 …（193）
中华古籍普查志愿服务行动 …………………（198）
《中华民族一家亲》大型美术作品创作
工程启动 …………………………………（150）
中华曲艺海外行在新西兰站展演………………（99）
中华诗词学会第四次全国会员代表大会………（49）
"中华颂"——中国民族艺术知多少
民族艺术展演………………………………（28）
中华辞赋高端论坛………………………………（55）
中英文化交流年中国文化季……………………（36）
"中英文学戏剧连线"项目启动 ………………（79）
中国儿童艺术剧院儿童戏剧推广日 …………（225）
中国工艺美术学会书画专业委员会换届 ……（151）
中国工笔画学会传承展 ………………………（142）
中国·大丰全国摄影大展 ……………………（184）
中国大自然风景摄影展 ………………………（182）
中国乡村音乐品牌发展战略发布 ……………（117）
中国乡愁文化发展研究中心……………………（23）
中国艺术摄影荟萃展 …………………………（177）
中国木偶剧院花乡剧场…………………………（62）
《中国少数民族戏剧通史》研讨会 ……………（87）
中国少数民族摄影师奖作品展 ………………（175）
中国中央芭蕾舞团赴美国演出 ………………（136）
中国文艺评论网开通……………………………（39）
《中国文艺评论》创刊 …………………………（39）
中国文艺评论家协会民族民间艺术委员会……（23）
中国文艺评论家协会青年工作委员会…………（22）
中国文艺评论家协会理论委员会………………（22）
中国文艺评论家协会聘任首批特约评论员……（26）
《中国文化思维之于杂技》 …………………（108）
中国文学艺术界2015春节大联欢 ……………（26）
中国文联九届七次全委会………………………（26）
中国文联职工歌咏比赛 ………………………（223）
中国书协第七次全国代表大会 ………………（169）
"中国书画日"体验活动 ……………………（224）
中国古籍保护协会成立 ………………………（190）
中国古籍保护网全新改版并上线运行 ………（205）
中国石油大学（北京）图书馆 ………………（208）
"中国写意"——中国美术馆邀请展 ………（142）
中国百年摄影艺术展 …………………………（180）
中国当代艺术国际巡展…………………………（28）
中国曲艺牡丹奖艺术团惠民演出………………（96）
中国曲协赴文艺资源中心调研 ………………（101）
中国曲协"送欢笑"10周年系列活动 ………（95）
中国网络正版音乐促进联盟 …………………（112）
中国传记文学学会第五次会员代表大会………（48）
中国自然之声油画艺术研究院首届油画
中国风景邀请展 …………………………（140）
中国企业家摄影学会工作会议 ………………（180）
中国杂协第七次全国代表大会 ………………（107）
中国杂技团《协奏·黑白狂想——
男女技巧》获"金小丑奖" ………………（107）
中国杂技团建团65周年纪念演出 ……………（106）
《中国杂技金菊奖理论作品奖论文集》
出版 ………………………………………（110）
中国交响乐团2014～2015音乐季闭幕
音乐会 ……………………………………（118）
中国军队维和行动25周年图片展 ……………（184）
"中国好风光"全国摄影大展颁奖 …………（186）
中国好京剧新春演唱会…………………………（73）

《中国好诗·第一季》 ……………………………（59）
《中国戏曲艺术思想史》出版 …………………（91）
中国戏曲学院与北京演艺集团签署
合作协议 ……………………………………（75）
中国戏曲学院招生新增两个“非遗”剧种 …（89）
中国戏曲学院到清华附小进行京剧
艺术讲座 ……………………………………（89）
中国戏曲音乐学会第四次理事会议 …………（77）
中国戏曲教育联盟成立 ………………………（62）
中国戏剧家协会第八次全国代表大会 ………（76）
中国抗日战争胜利70周年图片展 …………（175）
中国抗战主题图片展 ………………………（181）
中国作协八届八次主席团扩大会议 …………（50）
中国作协八届五次全委会 ……………………（48）
中国作协儿童文学委员会年会 ………………（50）
中国作协与《文艺报》合作创办
“抗战文学巡礼”专栏 ……………………（60）
中国作协网络文学委员会 ……………………（48）
中国作协网络文学委员会召开第一次
全体会议 ……………………………………（50）
中国作协作家法律服务团 ……………………（47）
中国作协诗歌委员会年会 ……………………（50）
中国作协举办全国省级作协负责人学习
研修班 ………………………………………（59）
中国作协举行产（行）业团体会员座谈会 …（58）
中国作家协会第八届主席团第七次会议 ……（48）
“中国作家馆”亮相北京图博会 ……………（49）
中国青年艺术家推介展 ………………………（28）
中国青年魔术师俱乐部 ……………………（104）
中国现代文学馆庆祝建馆30周年回顾展 ……（55）
中国现代作家珍稀手稿展 ……………………（48）
中国画学会展 ………………………………（142）
中国画《新中国诞生》收藏暨展出仪式 ……（151）
《中国非物质文化遗产百科全书》首发式 ……（28）
《中国非物质文化遗产保护发展报告
（2015）》 …………………………………（33）
中国非物质文化遗产摄影展 ………………（175）
中国国图与韩国国立中央图书馆进行
第18次业务交流活动 ……………………（204）
中国国图副馆长李虹霖率团访问法国、
英国 ………………………………………（203）
中国国图馆长韩永进率团访问土耳其、
阿塞拜疆及伊朗 …………………………（204）
中国国家话剧院2015台北演出季 ……………（82）
“中国国家博物馆典藏——甲骨文、
金文集粹”展 ……………………………（167）
中国金融全国摄影艺术展 …………………（178）
中国诗歌网上线 ………………………………（60）
中国诗歌诵读联盟 ……………………………（47）
“中国珍贵典籍史话丛书”出版座谈会 ……（193）
“中国故事”征文颁奖 ………………………（53）
中国重彩画作品展 …………………………（144）
中国音乐家协会第八次全国代表大会 ………（117）
《中国美术报》创刊 ………………………（165）
中国美术家协会策展委员会成立 …………（140）
中国原创话剧邀请展 …………………………（74）
中国原创舞剧《马可·波罗》赴意大利
演出 ………………………………………（136）
中国航空航天影像大赛颁奖 ………………（187）
中国爱乐乐团2015～2016音乐季开启 ………（119）
中国爱乐乐团成立15周年音乐会 …………（127）
中国高校魔术社团联谊会换届 ……………（104）
“中国梦·太行魂”——全国中国画
作品展 ……………………………………（144）
中国第三届舞台美术展暨首届视觉艺术
双年展 ……………………………………（148）
中国惠安南派雕刻艺术展 …………………（159）
《中国街舞艺术教育考级》系列教程 ………（138）
中国摄影著作权协会会员代表大会 ………（179）
中国新加坡艺术交流展 ……………………（153）
中国新锐摄影师群展 ………………………（173）
中国煤矿文联成立20周年座谈会 ……………（32）
中国歌剧与美声唱法学术研讨会 …………（126）
中国歌剧《骆驼祥子》赴意大利巡演 ………（124）
中国歌剧舞剧院赴台演出 …………………（135）
中国舞蹈家协会第十次全国代表大会 ………（133）
中图学会专业图书馆分会2014年
学术年会 …………………………………（191）
中图学会第九次全国会员代表大会 ………（191）
中法大学特藏文献暨中法文化交流学术
研讨会 ……………………………………（194）
“中法文化之春”芭蕾精品荟萃专场演出 …（137）
中法两国国家图书馆签约及数字资源
捐赠仪式 …………………………………（199）
中科院文献情报中心与IOPP签约 …………（205）
中科院文献情报中心启动“中国科技

资讯”平台建设 ……………………………（206）
中科院文献情报中心签署 Springer 电子
图书长期保存合作扩展意向书 ……………（205）
中俄举办抗战胜利图片展 ……………………（182）
中美大学图书馆馆长研讨会 …………………（192）
中美芭蕾艺术家联袂演出《天鹅湖》 ………（135）
中蒙当代美术交流展 …………………………（159）
“毛泽东诗词与中华民族伟大复兴的
中国梦”研讨会………………………………（57）
长江人民艺术剧院进京演出……………………（82）
长篇纪实文学《寻找平山团》 …………………（46）
长篇报告文学《北平硝烟》 ……………………（46）
长篇报告文学《抗日战争》 ……………………（46）
《仉仉》 …………………………………………（44）
《父亲的荣与辱》 ………………………………（45）
丹麦儿童剧到京演出……………………………（80）
六部作品入选青年作曲家计划 ………………（121）
“文艺理论学科建设与文艺理论发展”
研讨会……………………………………………（37）
文化市场经营单位………………………………（26）
“文化关爱　梦想同行”系列文化活动
启动 ……………………………………………（216）
文化部取消多个戏剧奖…………………………（74）
文化旅游摄影作品展 …………………………（185）
“文史翰墨——第二届中华诗书画展” ……（147）
文怀沙一百零五岁法书展 ……………………（167）
《文学的使命与担当》 …………………………（59）
文学界纪念杨宪益百年诞辰……………………（54）
文学界纪念雷加百年诞辰………………………（54）
文津读书·青少年科普活动 …………………（197）
文献剧《有冇》 …………………………………（67）
文献剧《关于美好新世界》 ……………………（67）
《忆秦娥》 ………………………………………（44）
“为人民服务·为劳模造像”大型活动 ……（215）
计美赤列、次仁旺加、平措多布杰三人展 …（153）
以色列中提琴家进小学普及音乐 ……………（220）
以色列爵士钢琴大师到京演出 ………………（123）
孔奇绘画艺术展 ………………………………（153）
“书写抗战”——两岸书法家作品公益展 …（171）
书法志愿服务走进北京城建集团 ……………（169）
“书香校园”雏鹰建言征集启动仪式 ………（197）
“水墨本色”——当代中国画邀请展 ………（148）

五画

“未来之星”魔术培训基地挂牌 ……………（110）
甘肃皮影戏进京演出……………………………（82）
“世界小极了”周岚摄影个展 ………………（178）
世界经典童话周…………………………………（74）
“世界读书日”延长文献外借期限服务 ……（199）
古巴国家芭蕾舞团到京演出 …………………（135）
古典诗词吟唱剧《诗酒李白》 ………………（214）
“古都·大观”——老北京图片、绘画展 …（174）
“古桥追梦”摄影展 …………………………（177）
《石渠宝笈（精选配图版）》赠书仪式 ………（199）
龙开胜书阮籍·饶宗颐咏怀诗作展 …………（166）
平安俊作品音乐会进京演出 …………………（123）
“东方之声”音乐会 …………………………（120）
东方少年杂志社儿童文学创作座谈会…………（57）
东方演艺集团赴意大利米兰世博会演出 ……（135）
东西方当代陶艺对话展 ………………………（153）
“东京审判资源库”发布 ……………………（205）
东京新画派艺术作品展 ………………………（159）
东莞长安女工的故事摄影展 …………………（173）
东莞塘厦松雷音乐剧剧团进京演出 …………（124）
北大医学图书馆与六家附属医院图书馆
正式开通图书通借通还服务 ………………（199）
北大图书馆马克思主义分馆暨国际
马克思主义文献中心揭牌仪式 ……………（190）
北大荒老知青纪念抗战胜利 70 周年
文艺演出 ……………………………………（217）
《北鸢》 …………………………………………（43）
北京一零一中学“青少年摄影教育基地”
…………………………………………………（172）
北京人艺赴新加坡演出…………………………（79）
北京儿艺与四所小学签约艺术教育……………（91）
北京儿童医院图书馆迁入新馆 ………………（204）
北京大学图书馆藏抗战文献图片展 …………（202）
北京女美术家联谊会成立二十周年
纪念展 ………………………………………（143）
北京天津大连三地书法交流展 ………………（170）
北京天桥艺术中心………………………………（22）
北京公布年度首批文化精品工程重点项目……（23）
北京文化产权交易中心…………………………（22）
北京引进英国皇家舞蹈学院培训课程 ………（137）
北京石油化工学院图书馆与北京中国

书画协会开展战略合作 ……………………… (206)
北京平谷第十七届国际桃花音乐节 ………… (115)
北京市 2015 年度第二批文化精品工程
重点项目（第二批）发布 …………………… (24)
北京市公布首批“市级文化创意产业
示范区”名单……………………………………… (25)
北京市公共图书馆馆长工作会议 …………… (192)
北京市文化馆系统参加全国第四次文化馆
评估定级 ………………………………………… (216)
北京市文联组团赴台进行魔术交流 ………… (108)
北京市正式印发《关于促进文化消费的
意见》……………………………………………… (24)
北京市民族艺术进校园 10 周年活动………… (219)
北京市昌平杂技家协会、北京市昌平
魔术协会 ………………………………………… (104)
北京市参加家庭文化建设征文活动获奖 …… (224)
北京市剧院运营服务平台启动………………… (24)
北京市基层文联原创优秀文艺节目汇报
演出 ……………………………………………… (218)
北京市第二十二中学端午文化主题庙会 …… (220)
北京民协小小艺术家协会北京第二实验
小学分会 ………………………………………… (214)
北京民族乐团 …………………………………… (112)
北京民族乐团成立专场音乐会 ……………… (120)
北京曲艺团复建…………………………………… (93)
北京曲艺团复建专场演出……………………… (96)
北京曲艺团贺岁展演周………………………… (94)
北京曲协送曲艺进校园系列活动 …………… (220)
北京曲剧走进方家胡同小学 ………………… (220)
北京优秀青年戏曲演员展演…………………… (72)
北京杂协四届五次理事会 …………………… (105)
北京杂技魔术艺术家赴深圳慰问演出 ……… (105)
北京多个群众文化期刊获奖 ………………… (223)
北京安贞医院图书馆迁入新馆 ……………… (204)
北京戏曲艺术职业学院少儿戏剧场
两周年庆典………………………………………… (84)
北京戏曲评论学会群众评论分会……………… (61)
北京作家走进拉萨校园………………………… (53)
北京评书《鹿鼎记》改编创作、
公益演出启动仪式……………………………… (95)
北京·张家口主题摄影作品展 ……………… (178)
北京画院花鸟画作品展 ……………………… (157)
北京画院画家小幅作品展 …………………… (142)
北京画院藏齐白石精品展 …………………… (154)
北京国际摄影周 2015 ………………………… (178)
北京昌平魔术文化创意产业研讨会 ………… (108)
北京昌平魔术文化创意展亮相文博会 ……… (107)
北京京剧院“经典现代戏展演季” ………… (76)
北京京剧院新编剧目展演季…………………… (75)
北京组织杂技（魔术）家赴意大利、
瑞士交流演出 …………………………………… (108)
“北京城·家国梦”主题图片展 …………… (174)
北京高校文献资源建设培训班 ……………… (207)
北京高校网络图书馆 2015 年馆长
工作交流会 ……………………………………… (195)
北京高校网络图书馆“十三五”
规划研讨会 ……………………………………… (194)
北京高校图书馆“大数据支撑下的
图书馆服务创新”学术研讨会 ……………… (193)
北京高校图书馆正式面向中小学
设立参观开放日 ………………………………… (200)
北京高校图书馆领导力提升与
发展培训会暨 2014 年馆长年会 …………… (191)
北京剧目排练中心……………………………… (62)
北京绢人艺术成就展…………………………… (32)
北京教育学会中小学教育文献信息
研究会“2015 学术年会” ………………… (194)
北京培训千名基层文化组织员 ……………… (225)
北京基层文联原创优秀文艺节目展演………… (31)
北京喜剧院……………………………………… (62)
“北京意象·生态密云”绘画作品展 ……… (147)
北京群众艺术馆成立 60 周年书法美术
摄影作品巡展 …………………………………… (219)
北京歌剧舞剧院召开专题研讨会 …………… (101)
北京舞蹈双周 2015 …………………………… (131)
北展一小举办“高参小”“城宫计划”
汇报演出 ………………………………………… (220)
卢甫圣书法艺术展 …………………………… (170)
甲骨文记忆展 …………………………………… (202)
叶少兰收杨楠为徒……………………………… (91)
叶少兰收张兵为徒……………………………… (89)
田学明收杨乐、卢迅为徒 …………………… (110)
四川人艺进京演出……………………………… (82)
“四面来风”音乐会 ………………………… (125)
“生活状态”波兰当代艺术展 ……………… (155)
《失焦》 …………………………………………… (42)

白天鹅摄影名家作品展 ……………………… （181）
白奉霖逝世 ……………………………………… （100）
白俄罗斯艺术展……………………………… （35）
“白菜的幻想”摄影展 ……………………… （173）
白雪石百年诞辰纪念画展暨座谈会 ………… （161）
丛志远艺术展 ………………………………… （156）
“册府千华”——民间珍贵典籍收藏展 …… （202）
“册府千华”——西域文献保护成果展 …… （200）
“册府千华”——珍贵古籍雕版特展 ……… （201）
“外国友人眼中的和谐北京”摄影奖颁奖 … （187）
包头市漫瀚艺术剧院进京演出………………… （82）
市文化局座谈习总书记讲话精神……………… （39）
市文联和北京美协迎新年下基层 …………… （152）
《市场稳步发展作品琳琅满目——
2014 年中国舞蹈发展述评》 ……………… （134）
市美术家元宵节深入京郊送作品 …………… （150）
“汉字”展览及相关活动走进社区 ………… （219）
宁夏演艺集团歌舞剧院进京演出 …………… （125）
宁德市摄影作品展 …………………………… （183）
冯至 110 周年诞辰纪念活动 ………………… （55）
冯牧藏书手稿捐赠仪式在京举行……………… （59）
“写意中国”——2015 中国国家画院年展 … （150）
尼泊尔艺术家访华采风作品展 ……………… （163）
尼泊尔文化艺术精品展………………………… （35）
民间文化进校园 ……………………………… （221）
“民间的力量”大型艺术展 ………………… （28）
《民族文学》广西中青年作家专号研讨会 …… （56）
民族先锋中流砥柱美术作品展 ……………… （161）
民族音乐剧《又见国乐》 …………………… （113）
民族管弦乐音乐会“国之瑰宝” …………… （119）
民盟中央文化艺术研究院……………………… （21）
“弘道养正”书法巡展走进北京交通大学 … （169）
加拿大艺术中人与风景的改造展览…………… （34）
皮埃尔·卡隆油画艺术展 …………………… （152）
圣彼得堡艾夫曼芭蕾舞团到京演出 ………… （137）
圣彼得堡卡贝拉交响乐团到京演出 ………… （123）
《对生命的赞美》 …………………………… （45）
台湾无独有偶工作室剧团进京演出…………… （80）
台湾先啬宫青少年国乐团进京演出 ………… （123）
台湾作曲家作品到京演出 …………………… （124）
台湾阿卡贝拉人声乐团进京演出 …………… （125）
台湾国光剧团进京演出………………………… （82）
台湾绿光剧团进京演出………………………… （79）
台湾歌手田馥甄进京举办“如果”
演唱会 ……………………………………… （122）
台湾歌手杨宗纬进京演唱 …………………… （125）
台湾歌手周传雄到京演出 …………………… （124）
台湾舞者黄翊进京演出 ……………………… （135）
台湾矗舞剧场进京演出………………………… （82）
辽宁人民艺术剧院进京演出…………………… （80）
丝绸之路艺术研究协同创新中心……………… （22）
“丝绸之路”风光摄影展 …………………… （173）
“丝路之光”国际摄影大赛揭晓 …………… （187）
“丝路丹青　茶马古韵”——舒建新
中国画作品展 ……………………………… （148）

六画

邢少臣画展 ………………………………… （147）
动漫曲目进校园 ……………………………… （221）
动漫游戏版权交易服务平台…………………… （25）
吉林省戏曲剧院京剧团晋京展演……………… （81）
老北京民俗曲艺专场…………………………… （95）
老甲作品展 …………………………………… （145）
老舍、胡絜青藏画展 ………………………… （141）
地坛文化庙会在柏林举办 …………………… （224）
地坛文化庙会曼谷之旅 ……………………… （224）
《地球之眼》 ………………………………… （43）
芒：女性艺术家五人联展……………………… （31）
亚美尼亚艺术展………………………………… （36）
西北民族大学进京演出 ……………………… （124）
西单音像大世界重张开业 …………………… （115）
西河大鼓《西山遗恨》 ……………………… （94）
西藏题材创作工程首期成果展 ……………… （149）
百人绘制京城超长画卷涂绘 ………………… （214）
百老汇经典音乐剧《剧院魅影》
到京演出 …………………………………… （125）
“百年有园”幼儿美术作品展 ……………… （220）
“百年华彩”——中国水彩艺术研究展 …… （141）
《百名摄影师聚焦俄罗斯》画册出版 ……… （188）
百度与北大图书馆、CALIS 签署战略
合作协议 …………………………………… （205）
百瑞缪斯·艺术信托…………………………… （22）
有态度戏剧论坛………………………………… （85）
“至美乐山”书画摄影作品展 ……………… （35）
光明文学遗产研究院…………………………… （47）

当代中国女画家中国画展 ……………………（142）
《当代》创刊35周年纪念活动 ………………（54）
当代岭南中国画作品展 ………………………（157）
当代基础艺术教育（舞蹈）发展研讨会 ……（134）
曲艺大观苑…………………………………（93）
曲艺进校园系列活动启动…………………（98）
曲艺英才培育行动启动 ……………………（102）
曲艺版权保护研讨会 ………………………（101）
曲艺深军新力量研讨会………………………（99）
曲艺精品节目展演……………………………（97）
曲协举办行风建设座谈会……………………（97）
《曲终人在》 …………………………………（42）
曲皓逝世 ……………………………………（138）
吕厚民逝世 …………………………………（185）
吕梁市民间艺术团进京演出 ………………（137）
网络音乐版权保护工作座谈会 ……………（118）
朱振南现代水墨展 …………………………（156）
朱琳逝世………………………………………（84）
先锋戏剧《飞向天空的人》 ………………（69）
乔十光漆画展 ………………………………（145）
《伟大史诗　铁血长歌——中国人民抗日战争暨世界反法西斯战争传记文学评鉴》新书发布会……………………………………（49）
“伟大胜利历史贡献”主题展 ………………（28）
《传世猫碗》 …………………………………（41）
传统杂技华北电力大学专场演出 …………（107）
传统杂技进小学展演 ………………………（106）
传统杂技、魔术走进中国政法大学 ………（105）
“传递关爱，携手屏山”义演活动 …………（121）
“伏尔加之声”——中国交响乐团合唱团音乐会 ……………………………………（115）
“伏尔加河之歌”——俄罗斯油画作品展 ……………………………………（152）
“伏尔加河回响”——特列恰科夫画廊巡回画派精品展 …………………………（154）
华人眼中的新西兰摄影主题展 ……………（184）
华君武百年诞辰纪念特展 …………………（163）
华侨与抗日战争主题图片展 ………………（175）
华夏星光原创文学大赛………………………（52）
华夏鹤鸣笙乐团音乐会 ……………………（121）
自由体戏曲《如烟情仇》 …………………（63）
“血肉筑起的长城——抗战中的文学”展览 ………………………………………（48）
“向人民汇报”文艺创作成果展演 …………（30）
“向人民汇报”——当代十五位美术家作品展 ……………………………………（146）
向人民汇报曲艺专场在京举办………………（96）
“向人民汇报”作品展 ……………………（177）
舟山渔民画展 ………………………………（225）
全市中老年合唱大赛 ………………………（223）
全军中青年文学创作骨干培训班……………（58）
全军文艺创作座谈会…………………………（56）
全国儿童文学创作出版座谈会………………（56）
全国少年儿童“我的藏书票”设计大赛 ……（198）
《全国少数民族曲艺艺术》编写专题会 ……（101）
全国少数民族戏剧创作培训班………………（89）
全国公安系统“卫士之光”美术、书法摄影作品展 …………………………（219）
全国文学报刊工作会议………………………（50）
全国文学报刊联盟……………………………（47）
全国正书六家展 ……………………………（167）
全国地方戏优秀中青年演员汇报演出………（78）
全国曲艺小剧场作品创作研讨会 …………（100）
全国农民工主题摄影展 ……………………（184）
全国戏曲工作座谈会…………………………（86）
全国青少年摄影教育发展研讨会 …………（179）
全国青年摄影大展 …………………………（174）
全国非遗剧种人才培养学术研讨会…………（88）
全国通信电子类高校图书情报工作委员会2015年学术会议……………………（193）
全国第十一届书法篆刻作品展 ……………（167）
全国摄影名家看重庆摄影展 ………………（185）
全媒体论坛“文艺走进新时代” ……………（37）
杂·书馆 ……………………………………（208）
杂·书馆揭牌仪式 …………………………（190）
《“杂技舞蹈化”构建杂技艺术“新常态”》 …………………………………（109）
多个乐团同台演奏民乐 ……………………（122）
多媒体儿童剧的产业创新与市场未来文化沙龙……………………………………（87）
多媒体电光剧《丑小鸭》到京演出 …………（80）
多媒体情景音乐会“五行” ………………（121）
庆祝《中国艺术报》创刊20周年展 …………（29）
庆祝中国评剧院建院60周年2015新春演出季……………………………………（73）
刘云山看望文艺界知名人士…………………（27）

刘艺书法脉络展 …………………………… (167)
刘兰芳听友会……………………………… (97)
刘延东在京主持召开座谈会……………… (38)
刘灿铭书法艺术展 ……………………… (171)
刘奇葆在北京调研………………………… (24)
刘奇葆到北京人民艺术剧院调研………… (76)
刘宝纯诗书画全国巡展 ………………… (158)
刘勃舒作品捐赠中国国家画院 ………… (151)
刘商英艺术展 …………………………… (144)
刘曾复京剧学思想研讨会………………… (87)
刘墉艺术展 ……………………………… (155)
齐白石笔下的草虫世界之二展 ………… (146)
"交响乐器总动员"音乐课改项目 ………… (220)
交响声乐套曲《南水北调》理论研讨会 …… (126)
交响芭蕾《四季》 ……………………… (131)
交响清唱剧《屈原颂》 ………………… (113)
关良绘画艺术展 ………………………… (153)
《灯官油流鬼》作品座谈会 ……………… (86)
"江山多娇"主题展览 …………………… (145)
江苏省美术馆馆藏新金陵画派精品展 ……… (159)
江苏省淮剧团进京演出…………………… (82)
江苏省演艺集团昆剧院进京演出………… (79)
江苏省演艺集团话剧院进京演出………… (80)
《守口如瓶》 …………………………… (45)
安娜·高美雕塑艺术展 ………………… (158)
安徽再芬黄梅艺术剧院进京演出………… (79)
安徽省徽京剧院进京演出………………… (81)
安徽新创精品剧目晋京展演……………… (79)
讲故事剧场《雪夜》 …………………… (67)
"军魂不朽"书画笔会 …………………… (151)
许鸿飞雕塑《飞花》落户北京 ………… (150)
《论现代杂技人才培养的教育理念与
　实践》 ………………………………… (110)
《收山》 ………………………………… (44)
"如梦的视界"摄影作品展 ……………… (183)
戏剧台词人才培养培训班………………… (91)
欢乐春节亚欧行…………………………… (34)
"红色影像之旅"刘远摄影展 …………… (174)
"红妆国乐"音乐会 ……………………… (115)
"红迷嘉年华，梦幻大观园"活动 ……… (55)
"红领巾相约中国梦"音乐故事会 ……… (217)
《红楼梦》珍贵古籍展 ………………… (49)
纪连彬中国画展 ………………………… (143)
纪念中国人民抗日战争暨世界反法西斯
　战争胜利70周年文艺晚会 …………… (29)
纪念中国人民抗日战争暨世界反法西斯
　战争胜利70周年馆藏文献展………… (202)
纪念方荣翔90周年诞辰京剧艺术研讨会 …… (85)
纪念世界反法西斯战争胜利70周年俄罗斯
　美术作品展 …………………………… (163)
纪念叶盛兰100周年诞辰活动…………… (83)
纪念先锋文学30年国际论坛 …………… (58)
纪念华君武100周年诞辰座谈会 ……… (163)
纪念刘宝瑞100周年诞辰相声晚会……… (96)
纪念抗战胜利70周年优秀曲艺节目展演 …… (96)
纪念抗战胜利70周年全军美术书法
　作品展 ………………………………… (163)
纪念抗战胜利70周年全国征联获奖作品
　书法展 ………………………………… (171)
纪念抗战胜利70周年第三届架上
　连环画展 ……………………………… (164)
《纪念我的朋友金枝》 ………………… (45)
纪念陈云同志110周年诞辰评弹专场演出…… (99)
纪念陈垣一百三十五周年诞辰展 ……… (203)
"纪念周信芳先生诞辰120周年"北京站
　系列活动………………………………… (83)
纪念徐悲鸿120周年诞辰座谈会 ……… (161)
纪念梅兰芳访苏演出八十周年国际学术
　研讨会…………………………………… (85)
纪念梁益鸣100周年诞辰座谈会………… (85)
纪念焦菊隐110周年诞辰学术研讨会…… (88)
纪念裘盛戎百年诞辰活动在京启动……… (84)
纪念歌剧《白毛女》70周年座谈会 …… (127)
纪弦文物捐赠中国现代文学馆…………… (59)
孙光言逝世 ……………………………… (138)

七画

声乐套曲《南水北调》 ………………… (112)
声乐套曲《感悟论语》 ………………… (114)
《声音史》 ……………………………… (43)
邯郸文化京津行惠民活动 ……………… (224)
花月仙逝世………………………………… (84)
"花样年华"——女性艺术家艺术形态
　生长展…………………………………… (31)
严文井百年诞辰纪念座谈会……………… (55)

芭蕾舞剧《红色娘子军》青年演员人才
培养项目启动 ……………………………（137）
芭蕾舞剧《鹤魂》 ………………………（130）
苏天赐艺术展 ……………………………（142）
苏格兰“红辣椒”风笛乐队到京演出 ………（122）
杜近芳收付佳、刘琪为徒…………………（88）
《极地天使》 ………………………………（42）
杨帆逝世 …………………………………（127）
杨晓阳“大写意”理论与实践学术
研讨会 ……………………………………（151）
杨非举办个人鼓曲演唱会…………………（95）
杨越峦摄影作品展 ………………………（181）
杨薇逝世……………………………………（83）
李义弘水墨画展 …………………………（160）
李玉双写生创作六十年艺术展 ……………（144）
李茂如捐赠资料暨学术成果研究室成立 ……（198）
李宗熹携话剧《谎言》进京演出 …………（81）
李铎作品收藏品捐赠军博 …………………（169）
李紫贵100周年诞辰暨导演艺术研讨会………（87）
李煦、曹寅与江南文坛学术研讨会…………（55）
“两个身体”——圣诞舞蹈晚会 ……………（133）
《“两个重要”：文艺地位和作用的
再认识》……………………………………（37）
两名中国音乐家获2015德国古典回声奖……（126）
“来自中国美术馆的艺术”墨西哥展 ………（157）
“抗战与文艺”系列展览 …………………（28）
抗战木刻展 ………………………………（162）
“抗战歌曲七十首”网络传唱活动启动 ……（118）
《抗战歌选：1931～1945》出版……………（128）
抗战题材文学创作研讨会…………………（56）
报告文学《一个村庄的抗战血书》 ………（47）
报告文学《“乌坎事件”调查》 …………（46）
报告文学《生命线上的奇迹》 ……………（45）
报告文学《拉贝先生》 ……………………（46）
报告文学《重症监护室——ICU手记》………（47）
报告文学《神圣抗战》纪念版 ……………（46）
报告文学《根据地》 ………………………（46）
《坚持以人民为中心的创作导向是新的
历史条件下党的文艺政策的立足点》………（37）
肖恩·斯库利艺术展 ……………………（152）
吴印咸115周年诞辰摄影艺术展 …………（175）
“时代领跑者”美术作品捐赠仪式 ………（151）
“时代领跑者”美术作品展 ………………（143）
时尚京剧晚会………………………………（73）
《别人》 …………………………………（42）
《我们的踟蹰》 …………………………（43）
“我的中国梦”精品杂技展演 ……………（107）
“我是一个老兵”主题摄影展 ……………（176）
我爱北京——市民新春联欢会 ……………（217）
“邱振中：起点与生成”展 ………………（166）
何水法花鸟画展 …………………………（158）
何满宗书法展 ……………………………（170）
《伶仃之美》 ………………………………（45）
“佛跳墙”演唱会 …………………………（122）
希望工程摄影展 …………………………（173）
邹明绘画艺术展 …………………………（156）
邹佩珠追思会 ……………………………（163）
迎新胡同庙会 ……………………………（221）
快板《一块传家匾》 ………………………（93）
快板《勤劳为本东北人》 …………………（94）
汪国真逝世…………………………………（55）
宋凤仪逝世…………………………………（83）
宋庆龄与伟大的抗日战争图片展 …………（176）
启功艺术回顾展 …………………………（161）
评书话本《血色苍穹》举办首发式 ………（102）
评剧《母亲》 ………………………………（63）
评剧《花为媒》青年培训班 ………………（89）
“初音未来”到京演出 ……………………（122）
《社会主义核心价值观优秀文学读本》 ……（60）
社会主义核心价值观组歌交响音乐会 ……（120）
张广中国画展 ……………………………（144）
“张火丁现象”专题研讨会 ………………（88）
张火丁京剧程派艺术传承中心………………（62）
张火丁赴北美演出…………………………（81）
张立国艺术研讨会 ………………………（150）
张学浩、董翠娜夫妇收王晶为徒……………（90）
张春华收靳智棋、刘佳、王浩为徒…………（89）
张祖英艺术展 ……………………………（149）
张继《中国书画千字文》诗书画印展 ………（141）
张喜忠油画作品展 ………………………（157）
“阿克塞”哈萨克族文学奖 ………………（51）
陈志安工笔人物画展 ……………………（155）
陈建中五十年回顾展 ……………………（152）
陈建坡书画篆刻展 ………………………（156）
陈勃逝世 …………………………………（186）
“努比亚智能手机杯”摄影展 ……………（176）

邵晓峰晋京书画展 ……………………………（159）
环球情景秀“东方之爱” ………………………（32）

八画

青少年艺术体验周 ……………………………（217）
青年影像传统印相展 …………………………（174）
青春鼓曲社…………………………………（93）
青藏铁路纪实摄影展 …………………………（173）
现代舞剧《大地·震》 ………………………（131）
其加达瓦艺术作品巡回展 ……………………（156）
苗族舞蹈诗作品进京演出 ……………………（136）
英国冷溪近卫军礼宾乐团到京演出 …………（124）
英国原版音乐剧《人鬼情未了》
　到京演出 …………………………………（123）
“茅台杯”诗歌征文大赛 ……………………（52）
林迈可纪实摄影展研讨会 ……………………（179）
林肯公园乐队到京演唱 ………………………（124）
林奕华舞台剧《恨嫁家族》进京演出 ………（80）
林峰中国水墨人物画展 ………………………（155）
杭州越剧院进京演出…………………………（82）
《卖烟叶儿》 …………………………………（45）
《奇葩奇葩处处哀》 …………………………（44）
拉美当代艺术展………………………………（34）
拉脱维亚国家芭蕾舞团到京演出 ……………（136）
非物质文化遗产剧种展演……………………（75）
非悬疑喜剧《人赃俱获》 ……………………（70）
昆曲《李清照》 ………………………………（63）
昆曲《图雅雷玛》 ……………………………（63）
国务院办公厅印发《关于支持戏曲
　传承发展的若干政策》……………………（76）
国际摄影大师作品典藏展 ……………………（183）
国际舞台美术联盟……………………………（62）
国图人民法院分馆开馆 ………………………（190）
国图公开课专家座谈会 ………………………（194）
“国图公开课”启动 …………………………（199）
国图宋元善拓暨全国书法临摹展 ……………（203）
国图启动《民国时期文献总目（图书卷）》
　编纂工作 …………………………………（205）
国图推出首场“馆长公开课” ………………（206）
国图集中首发三套大型抗日文献 ……………（209）
“国音杯”刘天华二胡作品演奏邀请赛 ……（125）
国家大剧院与卡内基音乐厅签署
　《战略合作备忘录》 ………………………（118）
国家大剧院“公众开放日艺术节” …………（217）
国家大剧院昆曲艺术周………………………（73）
国家大剧院版歌剧《西蒙·波卡涅拉》 ……（113）
国家大剧院版歌剧《玫瑰骑士》 ……………（112）
国家大剧院首届舞美学员队开班……………（90）
国家大剧院第七届五月音乐节 ………………（116）
国家大剧院歌剧节·2015 ……………………（116）
国家民族画院揭牌 ……………………………（140）
国家典籍博物馆宋元善拓暨全国书法
　临摹展 ……………………………………（168）
国家典籍博物馆举办青少年体验活动 ………（197）
《国家图书馆古籍普查登记目录》 …………（209）
国家图书馆藏传统楹联文献展 ………………（200）
国家京剧院建院60周年纪念大会 ……………（83）
国家京剧院慰问首都外来务工人员
　专场演出……………………………………（78）
国粹幽默剧《河东狮吼》 ……………………（63）
明清文人实景山水作品展 ……………………（145）
迪士尼经典动画艺术展 ………………………（157）
罗尔纯艺术展 …………………………………（143）
罗尔纯逝世 ……………………………………（164）
罗达尔·帕特里奇摄影作品展 ………………（181）
罗秉松收丁文民为徒 …………………………（110）
罗浪逝世 ………………………………………（127）
凯绥·珂勒惠支经典作品展 …………………（159）
《知识管理论坛（网络版）》 ………………（209）
“和谐北京”群众摄影文化活动优秀
　作品展 ……………………………………（219）
“版画珍珠”藏书票设计作品展 ……………（200）
侗族大歌新年音乐会 …………………………（121）
依法治国摄影作品展 …………………………（174）
“金长城杯”世界大学生魔术争霸赛获奖
　名单揭晓 …………………………………（107）
“金色花海　魅力汉中”全国摄影大展
　获奖作品展 ………………………………（182）
金湘逝世 ………………………………………（127）
周沧米画展 ……………………………………（154）
周思聪卢沉《矿工图》组画研究展 …………（145）
《狐步杀》 ……………………………………（44）
“饰界”化装作品展 …………………………（74）
京津陕鲁晋少儿曲艺培训全国巡演活动………（99）
京津冀三地群艺馆签署协同发展合作协议 …（215）

京津冀艺术家赴河北抗战圣地服务采风……… (35)
京津冀艺术职业教育协同发展联盟…………… (22)
京津冀百名艺术家抗战圣地采风创作
成果展………………………………………… (29)
京津冀非物质文化遗产展……………………… (32)
京津冀“非遗”舞蹈和民间传统
舞蹈展演 ………………………………… (132)
京津冀图书馆联盟正式成立 ………………… (190)
京津冀鼓曲发展交流研讨会举行 …………… (101)
京津冀签署演艺领域深化合作协议…………… (23)
京津冀演艺协作平台…………………………… (23)
京津冀演艺联盟………………………………… (21)
京剧专场演出走进北工大……………………… (74)
京剧《正考父》 ……………………………… (64)
“京剧电影工程进社区”系列活动 ………… (216)
京剧《西安事变》 …………………………… (63)
京剧名家在重庆收徒…………………………… (88)
京剧《杨门女将》培训班 …………………… (89)
京剧《南海子》 ……………………………… (63)
京剧《最后的武士》赴芬兰演出 …………… (81)
京剧《裘盛戎》 ……………………………… (63)
京韵大鼓《中国高铁》 ……………………… (94)
《夜色起》 …………………………………… (45)
郑百重中国画展 …………………………… (159)
单弦《过大年》 ……………………………… (93)
单弦《英雄母亲邓玉芬》 …………………… (94)
炎黄艺术馆2015国际艺术周 ……………… (31)
学习习近平总书记文艺工作座谈会
重要讲话学术研讨会………………………… (39)
学习贯彻《中共中央关于繁荣发展
社会主义文艺的意见》专题研讨班………… (31)
学习贯彻《中共中央关于繁荣发展社会
主义文艺的意见》座谈会…………………… (31)
《浅谈杂技艺术与中国传统文化精神》 …… (109)
法国玩酷嘻哈舞团到京演出 ……………… (136)
法国奇幻幽默舞台剧《窃窃私语的墙》
到京演出……………………………………… (81)
河北大厂评剧歌舞团进京演出 …………… (137)
河南省冰之梦艺术团进京演出 …………… (108)
河南省驻马店市演艺中心进京演出………… (80)
河南歌舞演艺集团曲艺团进京演出………… (83)
河南豫剧院三团进京演出…………………… (80)
“河套风情”摄影图片展 ………………… (182)
“泥人张”（北京支）彩塑艺术展 ……………(145)
波兰弗罗茨瓦夫剧院到京演出………………… (80)
波兰剧院到京演出……………………………… (81)
官布百余件作品捐赠首都博物馆 ……………(150)
官布捐赠首博作品暨官布绘画艺术展 ………(148)
《诗流双汇集》 ……………………………… (60)
话剧《3个诸葛亮》 ………………………… (70)
话剧《万尼亚舅舅》 ………………………… (64)
话剧《女孩们》 ……………………………… (68)
话剧《不可儿戏》 …………………………… (66)
话剧《太行情歌》 …………………………… (66)
话剧《反串》 ………………………………… (65)
话剧《办公室的故事》 ……………………… (70)
话剧《平西地下交通线》 …………………… (68)
话剧《旧爱》 ………………………………… (64)
话剧《只因单身在一起》 …………………… (65)
话剧《生命密码》 …………………………… (67)
话剧《失歌》 ………………………………… (66)
话剧《司马迁》 ……………………………… (69)
话剧《死水边的美人鱼》 …………………… (66)
话剧《毕业生之漂亮衣裳》 ………………… (70)
话剧《早安，妈妈（升级版）》 ……………(214)
话剧《网子》 ………………………………… (69)
话剧《危机公关》 …………………………… (69)
话剧《那年我学开车》 ……………………… (66)
话剧《戏台》 ………………………………… (68)
话剧《丽南山的美人》 ……………………… (66)
话剧《我们曾是夫妻》 ……………………… (69)
话剧《枕头人》 ……………………………… (66)
话剧《宛平人家》 …………………………… (67)
话剧《故园》 ………………………………… (68)
话剧《食堂》 ………………………………… (65)
话剧《帝国专列》 …………………………… (70)
话剧《前面就是我们的世界》 ……………… (69)
话剧《样式雷》 ……………………………… (68)
话剧《爱恋·契诃夫》 ……………………… (65)
话剧《爱情的印象》 ………………………… (64)
话剧《恋人》 ………………………………… (65)
话剧《牌坊》 ………………………………… (71)
话剧《甄嬛传》 ……………………………… (64)
话剧《新北平市长》 ………………………… (67)
话剧《燃烧的疯人院》 ……………………… (66)
话剧《蠢蛋》 ………………………………… (65)

《弦索吴语说红楼》评弹音乐会 ……………… (99)

九画

陕西省油画、水彩、水粉画作品展 ………… (152)
陕西省歌舞剧院进京演出 …………………… (122)
经典“中国经典民歌”“八只眼”
　专场音乐会 ………………………………… (117)
《春晚魔术的发展及新媒介对其的
　影响研究》 ………………………………… (109)
赵季平民族音乐作品音乐会 ………………… (118)
赵望云写生作品展 …………………………… (143)
赵溅球尼泊尔写生中国画展 ………………… (160)
郝远征肖像作品摄影展 ……………………… (173)
“带本书，给家乡的孩子”大型公益活动 … (216)
“故乡的路”研讨会 ………………………… (179)
故乡·遇见——九儿绘本作品原画展 ……… (202)
故宫老照片特展 ……………………………… (175)
故宫博物院“石渠宝笈特展” ……………… (146)
故宫藏历代书画展（第一期） ……………… (143)
胡宗温逝世……………………………………… (84)
南京博物院藏傅抱石写生山水展 …………… (152)
相声《上下这些年》 ………………………… (94)
相声《外语漫谈》 …………………………… (93)
相声《老小孩儿》 …………………………… (94)
相声《我有底线》 …………………………… (93)
相声《新药方》 ……………………………… (94)
“相遇·北京”摄影展 ……………………… (176)
柳成行逝世 …………………………………… (186)
“战友精品剧目”演出季 …………………… (26)
“战火·青春”征歌活动在京揭晓 ………… (126)
点亮星星音乐帮助计划公益演出 …………… (115)
“临时风景”摄影展 ………………………… (184)
贵州京剧院进京展演…………………………… (81)
哈里·卡拉汉原作展 ………………………… (183)
香港岭英学校师生到京进行文化交流 ……… (225)
重点网络文学网站座谈会……………………… (57)
“保卫黄河”舞蹈专场晚会 ………………… (132)
俄罗斯儿童文学作家利哈诺夫作品
　版权引进签约仪式…………………………… (54)
俄罗斯艺术大师西德罗夫油画展 …………… (158)
《俗世奇人新篇》 …………………………… (44)
《鬼子坟》 …………………………………… (44)
侯波、邵华摄影作品展 ……………………… (183)
侯宝林98周年诞辰纪念展 ………………… (102)
俞致贞百年诞辰作品展 ……………………… (164)
独角戏《木又寸》 …………………………… (71)
独角戏《你好，忧愁》 ……………………… (70)
饶宗颐百岁艺术展……………………………… (27)
《疯狂的榛子》 ……………………………… (43)
音乐剧《狂奔的拖鞋》 ……………………… (112)
音乐剧《或许明天属于我》 ………………… (112)
音乐剧《站台》 ……………………………… (113)
音乐剧《紫石街》 …………………………… (114)
音乐舞台剧《栀子花开 Neverland》 ……… (113)
“美丽中国”图片展 ………………………… (183)
“美丽公园·文明绽放”图片展 …………… (174)
“美妙的和谐——玫瑰之夜”演唱会 ……… (115)
美国佐治亚男童合唱团到京演出 …………… (123)
姜昆个人相声专场……………………………… (94)
姜健、江融肖像摄影作品联展 ……………… (175)
“送欢笑到基层”活动十周年座谈会 ……… (98)
首批22家中国文艺评论基地授牌 ………… (30)
首图儿童诗歌诵读会 ………………………… (196)
首图少儿馆“名家面对面”——
　走进神奇的冒险侦探世界活动 …………… (198)
首图向北京信息职业技术学院赠书 ………… (199)
首届中国文艺评论年会………………………… (38)
首届“中国园林”摄影大展 ………………… (172)
首届中国青年报告文学作家论坛……………… (56)
首届中国维吾尔族民间达斯坦国际学术
　研讨会………………………………………… (36)
首届北京中小学生书法节 …………………… (215)
首届“百姓摄影家”专场采风日活动 ……… (216)
首届全国高校图书馆阅读推广案例大赛 …… (198)
首届全国袖珍人公益春晚 …………………… (217)
首届全国微型小说（小小说）高峰论坛 …… (56)
首届会林文化奖………………………………… (33)
首届青铜葵花儿童小说奖……………………… (51)
首届“宣南杯”京津冀鼓曲大赛 …………… (98)
首经贸图书馆完成古籍整理工作 …………… (206)
首都艺术家代表团赴内蒙古自治区开展
　文化交流慰问活动…………………………… (35)
首都艺术家代表团赴西藏进行文化慰问
　交流…………………………………………… (35)
首都艺术家代表团赴新疆维吾尔自治区

开展文化交流慰问……（36）
首都文艺志愿服务联盟……（213）
首都文艺志愿服务联盟赴嘉兴开展公益活动……（35）
首都文艺家代表团赴南水北调水源地进行慰问……（35）
首都文艺家座谈文艺创作……（38）
首都文艺家新春联谊会……（27）
首都文化产业协会……（22）
首都文学界举办纪念抗战胜利70周年座谈会……（57）
首都优秀中青年文艺人才库……（23）
首都杂技艺术家赴京郊慰问演出……（105）
首都杂技家赴狼牙山慰问演出……（106）
首都体育学院图书馆第二届专家委员会成立……（207）
首都图书馆“法律沙龙”正式启动……（195）
首都金奖杂技演员赴十堰举办空竹技法培训班……（110）
首都道德模范故事汇曲艺精品节目高校巡演……（95）
首都摄影家送“福”下乡……（179）
首部文学版“故宫通史”首发……（50）
总政话剧团慰问驻京部队……（74）
“炫彩童年”——中国百年童书展……（201）
洪瑞生油画展……（160）
宫廷戏曲研究论坛（2015）……（87）
“宫廷戏剧文化大观”讲座……（90）
“穿过一个世纪的脚步”——钱存训先生纪念展……（207）

十画

语言杂技剧《北京》……（104）
费尔南多·博特罗作品展……（160）
《费家营》……（45）
姚恒璐手风琴作品在俄罗斯首演……（123）
贺岁喜剧《土豪的一千零一夜》……（64）
“贺新春”经典剧目展演……（73）
《结合文学创作展开文学批评》……（57）
“绘有话说”——中国原创绘本新生代力量大展……（201）
“绝世美云”摄影展……（182）
“艳·遇”科学摄影展……（173）
泰吉轩画廊五周年特别展览……（181）
班秀兰收李清华为徒……（110）
袁运甫画展……（148）
袁武绘画作品展……（141）
袁晓岑百年诞辰纪念展……（161）
袁阔成逝世……（100）
都匀市文化馆进京演出……（124）
聂危谷中国画展……（155）
荷花摄影精品展……（175）
《桃夭》……（42）
夏湘平书法艺术展……（167）
“原乡人”李伟坤作品展……（184）
原创十年·绘本原画展……（202）
原创儿童歌剧《渔公与金鱼》……（114）
原创中篇苏州评弹《徐悲鸿》文本论证座谈会……（98）
原创民族歌剧《彝红》进京演出……（123）
原创歌剧《日出》……（113）
原创歌剧《方志敏》……（114）
原创歌剧《我的母亲叫太行》……（114）
原创歌剧《这里的黎明静悄悄》……（114）
顾太清诗词研究会……（47）
顾长卫当代艺术展……（31）
振兴川剧晋京演出周……（79）
《较量》……（44）
“党的领导　人民的抗战”历史图片征集展……（176）
圆明园大台宫戏抢救传习及恢复演出项目研讨会……（85）
“铁军魂　中华情”图片摄影展……（177）
铁凝会见尼泊尔作家……（53）
铁凝获法国文学艺术骑士勋章……（52）
“笔墨新体”——中国国家画院美术研究院学术提名展（2015）……（141）
笑林逝世……（100）
“笑满京城、爱在重阳”——首都文艺家社会主义核心价值观主题巡演……（218）
“倒叙的美术史”展览……（30）
徐希逝世……（162）
徐治逝世……（186）
徐悲鸿及亲友、师生作品巡回大展……（162）
殷小烽作品展……（156）

爱八角曲艺茶园 …………………………………（213）
高二适遗墨展 ……………………………………（155）
高科联盟图书馆资源生态系统上线 …………（205）
高教学会财经分会图书资料协作委员会
主任委员工作会议 …………………………（192）
《阅读与欣赏》 …………………………………（43）
《粉墨人生》 ……………………………………（45）
浙江交响乐团到京演出 ………………………（125）
“海上丝路——过去与现在”摄影展 ………（177）
“海南百位百岁老人”北京图片展 …………（183）
海峡两岸网络原创文学大赛揭晓………………（53）
海棠社……………………………………………（62）
《流民图》册页首发 …………………………（164）
《谈戏说艺——百位名家口述百年京剧
传承史》出版…………………………………（91）
“剧荟——最美时光”音乐会 ………………（117）
通辽市民族歌舞团进京演出 …………………（135）
通州区图书馆（新馆） ………………………（208）

十一画

黄君璧书画展 …………………………………（154）
黄阿忠绘画作品展 ……………………………（156）
黄宾虹 150 周年诞辰纪念特展 ………………（161）
菊隐剧场揭幕……………………………………（63）
“梦想西沙”摄影作品展 ……………………（176）
“梅兰芳与穿越 80 年的老唱片”
主题讲座………………………………………（90）
梅派艺术人才培养基地…………………………（89）
梅葆玖收王艺臻为徒……………………………（90）
梅葆玖收王馨仪、王梓依为徒…………………（91）
曹雪芹 300 周年诞辰纪念大会…………………（55）
“接力”中央美院教师写生创作展 …………（162）
常青藤计划 2015 · 中国青年艺术家年展 ……（29）
常林任首都图书馆馆长 ………………………（207）
《略谈魔术艺术的历史传承、发展现状与
创新对策》 …………………………………（109）
崔振宽画展 ……………………………………（156）
《崛起的中国魔术新生代——
从 2015 央视春晚魔术说起》 ……………（109）
第 14 届“金刺猬”大学生戏剧节…………（222）
第 15 届“相约北京”艺术节 ………………（27）
第 17 届中国国际标准舞总会（CBDF）
“院校杯”暨第 6 届“怀柔杯”
国际标准舞公开赛 …………………………（133）
第 26 届科幻银河奖 ……………………………（52）
第 28 届专业报新闻摄影年赛获奖
作品揭晓 ……………………………………（187）
第一届迷你影戏节………………………………（72）
第二十一届红螺寺庙会 ………………………（222）
第二届 CAFAM 未来展 ………………………（140）
第二届太平洋地区音乐院校联盟高峰会议 …（115）
第二届中国文化遗产保护研究生论坛…………（32）
第二届中国国际芭蕾演出季 …………………（133）
第二届中国音乐产业高端论坛 ………………（126）
第二届世界华侨华人摄影展 …………………（178）
第二届北京大学生小剧场戏剧节………………（77）
第二届北京大学生魔术交流大会 ……………（105）
第二届北京 · 云南孔子学院国际音乐
夏令营 ………………………………………（118）
第二届北京师范大学国际音乐周 ……………（121）
第二届北京当代小剧场戏曲艺术节……………（77）
第二届百姓健康舞展演 ………………………（217）
第二届华语红色诗歌征稿评选揭晓……………（53）
第二届全国少年宫系统舞蹈展演 ……………（222）
第二届全国曲艺理论学术研讨会 ……………（101）
第二届“我是小小摄影家”夏令营活动 ……（180）
第二届社区广场舞大赛 ………………………（223）
第二届现当代诗学研究奖………………………（52）
第二届国际舞美大师论坛………………………（85）
第二届金长城小魔星选拔赛颁奖 ……………（107）
第二届“阅读之城”——市民读书计划 ……（197）
第二届路遥文学奖………………………………（52）
第二届魔法小巨人首都少儿魔术大赛 ………（107）
第十一届十月文学奖……………………………（50）
第十一届全国艺术学年会………………………（38）
第十一届“德艺双馨”奖 ……………………（33）
第十八届北京国际艺术博览会…………………（32）
第十五届京味文化之旅…………………………（34）
第十四届北京舞蹈大赛 ………………………（133）
第十届中国北京国际文化创意产业博览会……（25）
第十届中国青少年艺术节………………………（29）
第十届文津图书奖 ……………………………（203）
第十届亚洲大学生摄影大赛揭晓 ……………（187）
第十届全国纺织服装信息研究会馆长论坛
暨 2015 年学术年会 …………………………（196）

第十届首都职工文化艺术节 …………………… (215)
第十届“舞动北京”群众舞蹈大赛 ………… (222)
第七届 CMUC 新星杯魔术比赛 ……………… (108)
第七届上元雅集·友谊奖 …………………… (169)
第七届“中国图书馆馆长与国际出版社高层对话论坛” …………………………… (195)
第七届“世界歌剧院发展论坛” …………… (126)
第七届全国大学生古琴音乐会 ……………… (218)
第七届全国村歌大赛 ………………………… (223)
第八届“小荷风采”全国少儿舞蹈展演 …… (131)
第八届中国国际青年艺术周…………………… (29)
第八届北京电视书法大赛总决赛暨颁奖典礼 ………………………………… (170)
“第九届 AAC 艺术中国”年度艺术奖………… (33)
第九届“古韵新妍”两岸青年古典诗词联吟大会 ……………………………… (225)
第九届北京欢乐谷国际魔术节举办 ………… (106)
第九届“欢乐春节”北京文化庙会 ………… (224)
第九届茅盾文学奖……………………………… (52)
第三届中华吟诵周……………………………… (49)
第三届中韩日东亚文学论坛…………………… (54)
第三届文化创新国际论坛……………………… (37)
第三届“东方少年中国梦”新创意中小学生作文大赛 ………………………… (222)
第三届北京文学艺术品展示会………………… (30)
第三届北京国际女性戏剧节…………………… (74)
第三届北京国际芭蕾舞暨编舞比赛 ………… (134)
第三届北京剧本推介会………………………… (78)
第三届北京惠民文化消费季 ………………… (216)
第三届老舍青年戏剧文学奖励扶持计划揭晓…………………………………………… (78)
第三届全国相声小品优秀节目展演…………… (97)
第三届两岸青年文学会议……………………… (54)
第三届幸福年华卡广场舞大赛 ……………… (222)
第三届“拉美及加勒比艺术季”舞蹈晚会 …………………………………… (135)
第三届国风文学奖颁奖………………………… (52)
第三届图书馆现代技术学术研讨会 ………… (192)
第三届“麒麟杯”北京市大学生人物造型设计大赛…………………………………… (33)
第五届“大家之路”——中国画油画展 …… (148)
第五届中国儿童戏剧节………………………… (75)
第五届“中国外交官看世界”摄影展 ……… (173)
第五届北京换书大集 ………………………… (196)
第五届全国农民摄影大赛评选 ……………… (186)
第五届全国高校文学作品征集、评奖、出版活动……………………………………… (51)
第五届林兆华戏剧邀请展……………………… (74)
第五届国际戏剧“学院奖”颁奖 …………… (78)
第五届道略演艺产业年会暨 2015“演艺北京”剧目交易会 ………………… (24)
第六十九次全国网络文学重点园地工作联席会…………………………………… (49)
第六届《小说选刊》奖 ……………………… (51)
第六届中日韩青少年音乐交流节 …………… (123)
第六届中国文化产业前沿论坛………………… (25)
第六届北京中青年德艺双馨文艺工作者评选…………………………………………… (34)
第六届北京青年相声节………………………… (98)
第六届北京国际美术双年展 ………………… (158)
第六届北京美丽乡村书法艺术展 …………… (167)
第六届芭蕾创意工作坊晚会 ………………… (131)
第六届京剧学国际学术研讨会………………… (86)
第四次北京高校网络图书馆虚拟参考咨询项目培训会 ……………………………… (207)
第四届中国少数民族戏剧会演………………… (77)
第四届中国油画展——当代中国油画的表现性研究展 ……………………………… (147)
第四届北京国际喜歌剧演出季 ……………… (121)
第四届“动漫北京”展会 …………………… (25)
第四届曲艺高峰论坛在柯桥举办 …………… (101)
第四届全国中青年德艺双馨文艺工作者评选……………………………………… (34)
第四届全国乐器学研讨会 …………………… (127)
第四届国际创意舞蹈研讨会 ………………… (134)
第四届国际剧院团管理大师班………………… (90)
第四届京剧专业中青年教师高级进修班……… (90)
第四届“高级剧院运营与管理大师班” …… (89)
第四届唐弢青年文学研究奖…………………… (51)
“情系西双版纳”全国白描写生作品展 …… (144)
“情暖冬季、笑在京西”——首都曲艺家社会主义核心价值观主题巡演 …………… (218)
阎肃作品音乐会 ……………………………… (121)
“烽火妇女泪——哭慰安妇”国际巡回展 …… (36)
清华大学图书馆首届年度学术论坛 ………… (195)
《清华大学图书馆藏稀见方志丛刊》 ……… (209)

清华大学馆藏马克思、恩格斯文献展 ……… (201)
《清宫节令戏》 ………………………………… (91)
“深入生活、扎根人民”——中国艺术
研究院中国画院、中国油画院写生
作品展 ………………………………………… (145)
“深入生活、扎根人民”文艺创作成果
展演舞蹈专场 ……………………………… (132)
“深入生活、扎根人民”作品展 …………… (177)
“深入生活·表现时代”——中国艺术
研究院写生创作展 ………………………… (146)
“深蓝之梦”摄影展 ………………………… (185)
梁又铭抗战美术作品展 ……………………… (162)

十二画

越剧艺术研讨会 ……………………………… (86)
喜剧《代理村官》进京演出 ………………… (79)
散文集《妈妈的擂茶》 ……………………… (60)
董继宁山水画展 ……………………………… (160)
葡萄牙库伦芭蕾舞团到京演出 ……………… (135)
韩国儿童剧《库尔的宇宙大冒险》
到京演出 …………………………………… (81)
韩学章逝世 …………………………………… (186)
朝阳区图书馆（新馆） ……………………… (208)
“最后的民俗”摄影展 ……………………… (183)
践行《中国曲艺工作者行为守则》座谈会 … (98)
喻慧作品展 …………………………………… (153)
黑白艺术摄影10人展 ……………………… (180)
《黑白男女》 ………………………………… (42)
黑色幽默话剧《拜金一族》 ………………… (70)
“铸魂鉴史　珍爱和平”——
纪念抗战胜利70周年美术作品展 ………… (163)
程大利作品展 ………………………………… (146)
奥地利100年绘画展：1860～1960 ………… (154)
奥林巴斯2015年名家摄影展 ……………… (181)

十三画

鲁迅文学院与文艺报社座谈
习近平总书记讲话 ………………………… (56)
鲁迅文学院举办第十七期少数民族
文学创作培训班 …………………………… (58)
鲁迅文学院举办第八届网络文学
作家培训班 ………………………………… (58)
鲁迅文学院第二十六届中青年作家
高级研讨班 ………………………………… (58)
《装台》 ……………………………………… (43)
“童心描绘梦想”艺术作品展 ……………… (219)
“童声同梦”2015年合唱节 ……………… (221)
“童绘美丽家园”迎“六一”
大型公益专场活动 ………………………… (216)
湖北省书法院首届院展 ……………………… (170)
湖北省民族歌舞团进京演出 ………………… (125)
湖北省歌剧舞剧院进京演出 ………………… (123)
湖南首届旅游摄影大展 ……………………… (181)
滑田友雕塑展 ………………………………… (142)
“谧境·幻象”摄影艺术展 ………………… (175)
靳尚谊油画语言研究展 ……………………… (149)
《蓝天白云》新书发布会举办 ……………… (50)
“蒙卡奇和他的时代：世纪之交的
匈牙利艺术”展 …………………………… (152)
蒙特卡洛芭蕾舞团到京演出 ………………… (135)
赖少其艺术研究展 …………………………… (164)

十四画

雷锋生前所在团学雷锋主题摄影展 ………… (174)
“摄氏2014”年度摄影师大典 ……………… (186)
摄影画册《游牧色彩》出版 ………………… (187)
摄影界贯彻落实繁荣发展社会主义文艺的
意见精神座谈会 …………………………… (180)
“携手金帆情”合唱音乐会 ………………… (221)
简帛文字与书法学术研讨会 ………………… (168)
“微观”——馆藏部分早期油画作品
陈列展 ……………………………………… (142)
腾讯动漫行业合作大会 ……………………… (26)
“新力量”——十大新锐导演作品展演 …… (77)
新井卓银版摄影展 …………………………… (185)
新中国以来名家书画文牍大展 ……………… (149)
“新中国美术家系列”——山西省国画
作品展 ……………………………………… (161)
“新中国美术家系列”——甘肃省国画
作品展 ……………………………………… (155)
“新中国美术家系列”——四川省国画
作品展 ……………………………………… (153)
“新中国美术家系列”——江西省国画

作品展 …………………………………………(161)
新玉歌舞团进京演出 …………………………(136)
新加坡总统及夫人来访中国国家图书馆 ……(203)
新版歌剧《白毛女》在京上演 ………………(121)
新春儿童戏剧嘉年华……………………………(73)
“新型智库建设”2015 首届学术研讨会 ……(196)
新浪潮戏剧《平行宇宙爱情演绎法》 ………(69)
新编历史京剧《伏生》 ………………………(64)
新疆生产建设兵团杂技团进京演出 …………(108)
新疆生产建设兵团歌舞剧团进京演出 ………(136)
新疆麦盖提县刀郎文工团进京演出 …………(136)
新疆昌吉艺术剧院进京演出 …………………(122)
新疆维吾尔自治区成立 60 周年摄影
图片展 ……………………………………(184)
意大利 T. P. O. 剧团到京演出 ………………(80)
“数字图书馆推广工程”科普展览 …………(203)
《数据与情报科学学报(英文)》 ……………(209)
《群山之巅》 …………………………………(42)
群众摄影文化活动优秀作品展 ………………(218)
“聚焦阅读”摄影展 …………………………(178)
蔡文颖创作成就学术研讨会 …………………(150)
蔚县风情风光摄影展 …………………………(184)
歌剧《号角》 …………………………………(114)
歌剧《安德烈·谢尼埃》 ……………………(113)
歌剧《参孙与达丽拉》 ………………………(113)
歌剧《星海》 …………………………………(114)
歌舞诗《丝路情歌》 …………………………(113)
歌舞诗《英雄核潜艇》在京公演 ……………(131)
歌舞剧《圆梦》 ………………………………(114)
裴植逝世 ………………………………………(185)
舞台剧《无果花》 ……………………………(70)
舞台剧《战马》 ………………………………(68)
舞台剧《滚蛋吧!肿瘤君》 …………………(68)
舞台喜剧《我不是保镖》 ……………………(93)
舞剧《夕照》 …………………………………(131)
舞剧《仓央嘉措》 ……………………………(131)
舞剧《那里的花》 ……………………………(130)
舞剧《进化论》 ………………………………(130)
舞剧《进化论》创作沙龙 ……………………(134)
舞剧《花生》 …………………………………(130)
舞剧《青衣》 …………………………………(130)
舞剧《画皮》 …………………………………(130)
舞蹈创作青年人才培养暑期舞蹈营 …………(137)
《舞蹈:作为艺术教育(上、下册)》 ………(138)
舞蹈诗《中华赋》 ……………………………(130)
《舞蹈——高等院校学前教育专业
系列教材》 ………………………………(138)
“魅力大栅栏”抓拍赛摄影展 ………………(183)
“魅力大洋”摄影展 …………………………(177)
“精研博取”——中国传统书画小品展 ……(144)

十五画

谭元寿舞台生活八十周年座谈会………………(86)
谭平对话卡斯特利 ……………………………(155)
缪斯乐队到京演唱 ……………………………(124)
“醉美俄罗斯”张桐胜摄影作品展 …………(181)
黎明从艺七十六年艺术展 ……………………(157)
德宏民间艺人进京演出 ………………………(135)
德国吉森舞蹈团到京演出 ……………………(136)
颜荷作品《无间》 ……………………………(133)
澳大利亚国家芭蕾舞团到京演出 ……………(137)
澳大利亚踢踏舞者到京演出 …………………(137)
潘义奎油画作品展 ……………………………(160)
镜头中的西部·最美净土摄影展 ……………(185)
“戴你唱歌”网络公开课 ……………………(127)
戴建成摄影作品展 ……………………………(184)
戴继民探索摄影展 ……………………………(182)

十六画

繁荣发展军事文艺推进会………………………(38)
繁荣发展社会主义文艺推进会…………………(23)
“繁荣军事文艺、打造强军文化”研讨会 ……(37)
“魔幻青春公益行”走进北京前锋学校 ……(106)
《魔术艺术形式与教育的创新发展》 ………(109)

十七画

赣南苏区振兴发展图片展 ……………………(180)
衢州旅游摄影作品展 …………………………(185)

拼音索引

15至20世纪的波兰艺术展览 …………………… (34)
2014《民族文学》年度奖…………………………… (51)
2014年度北京工笔重彩画会会员艺术展 …… (141)
2014年度中国作家出版集团奖 ………………… (51)
2014年文化志愿服务总结交流会 …………… (191)
2014年中国当代文学最新作品排行榜揭榜 … (51)
2014文化管理年度十大人物推选活动 ……… (33)
"2014中国文化产业年度人物"揭晓 ………… (33)
《2014中国艺术发展报告》发布 ……………… (27)
2015北京大学生舞蹈节 ………………………… (132)
2015北京合唱节 ………………………………… (116)
2015北京青年戏剧节 …………………………… (77)
2015北京文化创意产业项目推介会 ………… (25)
2015·北京文艺论坛…………………………… (39)
2015北京舞台美术设计邀请展 ……………… (74)
2015北京现代国际鼓手节暨爵士乐教育
发展论坛 ………………………………………… (120)
2015北京野生鸟类摄影展 …………………… (174)
2015北京音乐生活展 ………………………… (117)
2015潮流音乐节 ………………………………… (116)
2015道略音乐产业大会 ……………………… (117)
2015地坛庙会 …………………………………… (221)
2015第十八届年北京国际音乐节 …………… (120)
2015第十届北京九门爵士音乐周 …………… (120)
2015法国巴黎银行"明日之星"
钢琴音乐节 ……………………………………… (116)
2015国家大剧院国际戏剧季 ………………… (75)
2015国家大剧院舞蹈节 ……………………… (132)
2015国家大剧院新作品音乐会 ……………… (120)
2015海派书法进京展 ………………………… (170)
2015京津冀系列群众文化活动 ……………… (215)
2015两岸小剧场艺术节·北京站 …………… (80)
2015龙潭庙会 …………………………………… (221)
2015《民族文学》少数民族文字版作家
翻译家培训班……………………………………… (59)
2015年iAuthor应用与发展研讨会…………… (196)
2015年北京金秋优秀剧目展演 ……………… (76)
2015年北京市优秀小剧场剧目展演 ………… (76)
2015年北京文化庙会台北之旅 ……………… (224)
2015年北京中小学图书馆论坛 ……………… (195)
2015年度人民文学奖颁奖 …………………… (53)
2015年度"乡土课堂"正式开讲 …………… (195)
2015年度中国散文年会颁奖会 ……………… (53)
2015年高层次文化人才论坛 ………………… (39)
2015年吉林省优秀戏曲剧目进京展演 ……… (83)
2015年京津冀精品剧目展演 ………………… (75)
2015年全国古籍保护工作部际联席会议 …… (194)
2015年全国人大系统文献信息资源共建
共享研讨会 ……………………………………… (192)
2015年全国文化厅局长会议 ………………… (26)
2015年全国职业院校艺术技能大赛 ………… (33)
2015年省级古籍保护中心工作会议 ………… (191)
2015年世界大学生魔术交流大会 …………… (106)
2015年首都市民系列文化活动 ……………… (214)
2015年"水立方杯"海外华裔青少年
中文歌曲大赛颁奖 ……………………………… (125)
"2015年外国摄影师拍北京"活动
开拍仪式 ………………………………………… (179)
2015年文化馆年会论文征集评选 …………… (226)
2015年研究数据管理国际研修班 …………… (206)
2015年音乐支教发布会 ……………………… (119)
2015年中国高校图书馆研究数据管理
推进工作组会议 ………………………………… (193)
2015年中国开放获取推介周 ………………… (196)
2015年中国群众文化论文征集评选 ………… (226)
2015年中国文化馆年会征文活动评选 ……… (223)
2015年中外文学翻译研修班 ………………… (54)
2015年"卓越联盟"高校图书馆馆长
年会 ……………………………………………… (192)
2015全国铁路摄影美术书法展 ……………… (219)
2015全国校园歌手大赛 ……………………… (224)
2015首都剧场精品剧目邀请展演
（国际单元） …………………………………… (76)
2015首都剧场精品剧目邀请展演
（国内单元） …………………………………… (73)
2015首都市民合唱周 ………………………… (217)
2015书香中国暨北京阅读季 ………………… (215)
2015腾讯书院文学奖 ………………………… (52)

2015 文化创意产业（北京）研讨会 …………（25）
《2015 文化发展统计分析报告》出版发行 ……（39）
2015 音乐数字化生态发展研讨会 ……………（126）
2015 优酷·土豆理想音乐节 …………………（119）
2015 中国"俄罗斯文化节" …………………（36）
2015 中国国际文化艺术博览会 ………………（30）
2015 中国国家画院丝绸之路采风写生
作品展 ………………………………………（148）
2015 中国文化产业指数发布 …………………（25）
2015 中国文艺志愿者公益演出季 ……………（30）
"2015 中国舞蹈十二天"舞蹈演出 …………（132）
2015 中国艺术研究院中国书法院院展 ………（168）
2015 中韩书法年展 ……………………………（170）
2015 中央工艺美院 8090 水墨展………………（143）
2016 年新年戏曲晚会 …………………………（78）
20 世纪 50、60 年代中央美院对民族
传统绘画的临摹与购藏展 …………………（149）
GoOA 正式上线服务……………………………（200）
"M 地铁·图书馆"成立 ……………………（189）
"TA 时代"第二回展…………………………（27）

A

"阿克塞"哈萨克族文学奖 …………………（51）
爱八角曲艺茶园 ………………………………（213）
安徽省徽京剧院进京演出………………………（81）
安徽新创精品剧目晋京展演……………………（79）
安徽再芬黄梅艺术剧院进京演出………………（79）
安娜·高美雕塑艺术展 ………………………（158）
奥地利 100 年绘画展：1860～1960 …………（154）
奥林巴斯 2015 年名家摄影展…………………（181）
澳大利亚国家芭蕾舞团到京演出 ……………（137）
澳大利亚踢踏舞者到京演出 …………………（137）

B

八路军老战士文工团"英雄赞歌"
专场演出 ……………………………………（218）
"八音迭奏"音乐会 …………………………（120）
芭蕾舞剧《鹤魂》 ……………………………（130）
芭蕾舞剧《红色娘子军》青年演员人才
培养项目启动 ………………………………（137）
"白菜的幻想"摄影展 ………………………（173）
白俄罗斯艺术展…………………………………（35）
白奉霖逝世 ……………………………………（100）
白天鹅摄影名家作品展 ………………………（181）
白雪石百年诞辰纪念画展暨座谈会 …………（161）
百度与北大图书馆、CALIS 签署
战略合作协议 ………………………………（205）
百老汇经典音乐剧《剧院魅影》
到京演出 ……………………………………（125）
《百名摄影师聚焦俄罗斯》画册出版 ………（188）
"百年华彩"——中国水彩艺术研究展 ……（141）
"百年有园"幼儿美术作品展 ………………（220）
百人绘制京城超长画卷涂绘 …………………（214）
百瑞缪斯·艺术信托……………………………（22）
班秀兰收李清华为徒 …………………………（110）
"版画珍珠"藏书票设计作品展 ……………（200）
包头市漫瀚艺术剧院进京演出…………………（82）
"保卫黄河"舞蹈专场晚会 …………………（132）
报告文学《根据地》 …………………………（46）
报告文学《拉贝先生》 ………………………（46）
报告文学《神圣抗战》纪念版 ………………（46）
报告文学《生命线上的奇迹》 ………………（45）
报告文学《"乌坎事件"调查》 ……………（46）
报告文学《一个村庄的抗战血书》 …………（47）
报告文学《重症监护室——ICU 手记》 ………（47）
北大荒老知青纪念抗战胜利 70 周年
文艺演出 ……………………………………（217）
北大图书馆马克思主义分馆暨国际
马克思主义文献中心揭牌仪式 ……………（190）
北大医学图书馆与六家附属医院图书馆
正式开通图书通借通还服务 ………………（199）
北京安贞医院图书馆迁入新馆 ………………（204）
北京昌平魔术文化创意产业研讨会 …………（108）
北京昌平魔术文化创意展亮相文博会 ………（107）
"北京城·家国梦"主题图片展 ……………（174）
北京大学图书馆藏抗战文献图片展 …………（202）
北京多个群众文化期刊获奖 …………………（223）
北京儿童医院图书馆迁入新馆 ………………（204）
北京儿艺与四所小学签约艺术教育……………（91）
北京高校图书馆"大数据支撑下的
图书馆服务创新"学术研讨会 ……………（193）
北京高校图书馆领导力提升与发展培训会
暨 2014 年馆长年会 …………………………（191）
北京高校图书馆正式面向中小学设立
参观开放日 …………………………………（200）
北京高校网络图书馆 2015 年馆长工作
交流会 ………………………………………（195）
北京高校网络图书馆"十三五"规划
研讨会 ………………………………………（194）
北京高校文献资源建设培训班 ………………（207）
北京歌剧舞剧院召开专题研讨会 ……………（101）
北京公布年度首批文化精品工程重点项目……（23）

北京国际摄影周 2015 ……………………………（178）
北京画院藏齐白石精品展 ……………………（154）
北京画院花鸟画作品展 ………………………（157）
北京画院画家小幅作品展 ……………………（142）
北京基层文联原创优秀文艺节目展演…………（31）
北京教育学会中小学教育文献信息
研究会“2015 学术年会” …………………（194）
北京京剧院“经典现代戏展演季” …………（76）
北京京剧院新编剧目展演季……………………（75）
北京剧目排练中心………………………………（62）
北京绢人艺术成就展……………………………（32）
北京民协小小艺术家协会北京第二
实验小学分会 ………………………………（214）
北京民族乐团 …………………………………（112）
北京民族乐团成立专场音乐会 ………………（120）
北京女美术家联谊会成立二十周年纪念展 …（143）
北京培训千名基层文化组织员 ………………（225）
北京平谷第十七届国际桃花音乐节 …………（115）
北京评书《鹿鼎记》改编创作、公益演出
启动仪式…………………………………………（95）
北京曲剧走进方家胡同小学 …………………（220）
北京曲协送曲艺进校园系列活动 ……………（220）
北京曲艺团复建…………………………………（93）
北京曲艺团复建专场演出………………………（96）
北京曲艺团贺岁展演周…………………………（94）
北京群众艺术馆成立 60 周年书法美术
摄影作品巡展 ………………………………（219）
北京人艺赴新加坡演出…………………………（79）
北京石油化工学院图书馆与北京中国
书画协会开展战略合作 ……………………（206）
北京市 2015 年度第二批文化精品工程
重点项目（第二批）发布 …………………（24）
北京市参加家庭文化建设征文活动获奖 ……（224）
北京市昌平杂技家协会、北京市昌平
魔术协会 ……………………………………（104）
北京市第二十二中学端午文化主题庙会 ……（220）
北京市公布首批“市级文化创意产业
示范区”名单…………………………………（25）
北京市公共图书馆馆长工作会议 ……………（192）
北京市基层文联原创优秀文艺节目
汇报演出 ……………………………………（218）
北京市剧院运营服务平台启动…………………（24）
北京市民族艺术进校园 10 周年活动…………（219）
北京市文化馆系统参加全国第四次文化馆
评估定级 ……………………………………（216）
北京市文联组团赴台进行魔术交流 …………（108）
北京市正式印发《关于促进文化消费的
意见》 …………………………………………（24）
北京天津大连三地书法交流展 ………………（170）
北京天桥艺术中心………………………………（22）
北京文化产权交易中心…………………………（22）
北京舞蹈双周 2015 …………………………（131）
北京喜剧院………………………………………（62）
北京戏曲评论学会群众评论分会………………（61）
北京戏曲艺术职业学院少儿戏剧场
两周年庆典……………………………………（84）
北京一零一中学“青少年摄影教育
基地” ………………………………………（172）
“北京意象·生态密云”绘画作品展 ………（147）
北京引进英国皇家舞蹈学院培训课程 ………（137）
北京优秀青年戏曲演员展演……………………（72）
北京杂技魔术艺术家赴深圳慰问演出 ………（105）
北京杂协四届五次理事会 ……………………（105）
北京·张家口主题摄影作品展 ………………（178）
北京组织杂技（魔术）家赴意大利、
瑞士交流演出 ………………………………（108）
北京作家走进拉萨校园…………………………（53）
《北鸢》 …………………………………………（43）
北展一小举办“高参小”“城宫计划”
汇报演出 ……………………………………（220）
“笔墨新体”——中国国家画院美术
研究院学术提名展（2015） ………………（141）
《别人》 …………………………………………（42）
波兰弗罗茨瓦夫剧院到京演出…………………（80）
波兰剧院到京演出………………………………（81）
“不见，不散”摄影艺术展 …………………（182）
“不朽的梵高”感映艺术展 …………………（29）

C

蔡文颖创作成就学术研讨会 …………………（150）
曹雪芹 300 周年诞辰纪念大会…………………（55）
“册府千华”——民间珍贵典籍收藏展 ……（202）
“册府千华”——西域文献保护成果展 ……（200）
“册府千华”——珍贵古籍雕版特展 ………（201）
长江人民艺术剧院进京演出……………………（82）
长篇报告文学《北平硝烟》 …………………（46）
长篇报告文学《抗日战争》 …………………（46）
长篇纪实文学《寻找平山团》 ………………（46）
常林任首都图书馆馆长 ………………………（207）
常青藤计划 2015·中国青年艺术家年展 ……（29）
朝阳区图书馆（新馆） ………………………（208）
陈勃逝世 ………………………………………（186）
陈建坡书画篆刻展 ……………………………（156）

陈建中五十年回顾展 …………………………（152）
陈志安工笔人物画展 …………………………（155）
程大利作品展 ……………………………………（146）
“初音未来”到京演出 ………………………（122）
“穿过一个世纪的脚步”——
钱存训先生纪念展 …………………………（207）
“传递关爱，携手屏山”义演活动 …………（121）
《传世猫碗》 ……………………………………（41）
传统杂技华北电力大学专场演出 ……………（107）
传统杂技进小学展演 …………………………（106）
传统杂技、魔术走进中国政法大学 …………（105）
《春晚魔术的发展及新媒介对其的
影响研究》 ……………………………………（109）
丛志远艺术展 ……………………………………（156）
崔振宽画展 ………………………………………（156）

D

大连艺术学院进京演出 ………………………（136）
“大陆与台湾：昆曲传承和发展”研讨会 ……（86）
“大美凉山”摄影展 …………………………（182）
大美平谷·中国书法之乡——
第七届上元雅集·“友谊奖”书法展 ……（166）
“大美七星关”摄影展 ………………………（182）
“大美水墨”——当代主题作品展及古代、
近现代作品文献展 …………………………（149）
大墨同禅·大禅艺术展 ………………………（144）
“大师的视野”摄影展 ………………………（181）
大同数来宝专场汇报演出 ……………………（100）
大型歌舞诗《丝路情歌》 ……………………（130）
大型古琴展览展演系列活动 …………………（116）
大型交响场景演唱会“血肉筑长城” ………（119）
大型交响合唱《劳动创造幸福》 ……………（116）
大型网络众筹项目《黄河大合唱》 …………（128）
大型原创歌剧《北川兰辉》 …………………（112）
“带本书，给家乡的孩子”大型公益活动 …（216）
戴继民探索摄影展 ……………………………（182）
戴建成摄影作品展 ……………………………（184）
“戴你唱歌”网络公开课 ……………………（127）
丹麦儿童剧到京演出 …………………………（80）
单弦《过大年》 …………………………………（93）
单弦《英雄母亲邓玉芬》 ……………………（94）
《当代》创刊35周年纪念活动 ………………（54）
当代基础艺术教育（舞蹈）发展研讨会 ……（134）
当代岭南中国画作品展 ………………………（157）
当代中国女画家中国画展 ……………………（142）
“党的领导 人民的抗战”历史图片征集展 ……（176）
“倒叙的美术史”展览 ………………………（30）
德国吉森舞蹈团到京演出 ……………………（136）
德宏民间艺人进京演出 ………………………（135）
《灯官油流鬼》作品座谈会 …………………（86）
迪士尼经典动画艺术展 ………………………（157）
《地球之眼》 ……………………………………（43）
地坛文化庙会曼谷之旅 ………………………（224）
地坛文化庙会在柏林举办 ……………………（224）
第14届“金刺猬”大学生戏剧节……………（222）
第15届“相约北京”艺术节 ………………（27）
第17届中国国际标准舞总会（CBDF）
“院校杯”暨第6届“怀柔杯”
国际标准舞公开赛 …………………………（133）
第26届科幻银河奖 …………………………（52）
第28届专业报新闻摄影年赛获奖
作品揭晓 ……………………………………（187）
第八届北京电视书法大赛总决赛
暨颁奖典礼 …………………………………（170）
第八届“小荷风采”全国少儿舞蹈展演 ……（131）
第八届中国国际青年艺术周……………………（29）
第二届CAFAM未来展 ………………………（140）
第二届百姓健康舞展演 ………………………（217）
第二届北京大学生魔术交流大会 ……………（105）
第二届北京大学生小剧场戏剧节……………（77）
第二届北京当代小剧场戏曲艺术节…………（77）
第二届北京师范大学国际音乐周 ……………（121）
第二届北京·云南孔子学院国际音乐
夏令营 ………………………………………（118）
第二届国际舞美大师论坛………………………（85）
第二届华语红色诗歌征稿评选揭晓……………（53）
第二届金长城小魔星选拔赛颁奖 ……………（107）
第二届路遥文学奖………………………………（52）
第二届魔法小巨人首都少儿魔术大赛 ………（107）
第二届全国曲艺理论学术研讨会 ……………（101）
第二届全国少年宫系统舞蹈展演 ……………（222）
第二届社区广场舞大赛 ………………………（223）
第二届世界华侨华人摄影展 …………………（178）
第二届太平洋地区音乐院校联盟高峰会议 …（115）
第二届“我是小小摄影家”夏令营活动 ……（180）
第二届现当代诗学研究奖………………………（52）
第二届“阅读之城”——市民读书计划 ……（197）
第二届中国国际芭蕾演出季 …………………（133）
第二届中国文化遗产保护研究生论坛…………（32）
第二届中国音乐产业高端论坛 ………………（126）
第二十一届红螺寺庙会 ………………………（222）
“第九届AAC艺术中国”年度艺术奖…………（33）
第九届北京欢乐谷国际魔术节举办 …………（106）

第九届“古韵新妍”两岸青年古典诗词联吟大会 …………（225）
第九届“欢乐春节”北京文化庙会 …………（224）
第九届茅盾文学奖…………（52）
第六届芭蕾创意工作坊晚会 …………（131）
第六届北京国际美术双年展 …………（158）
第六届北京美丽乡村书法艺术展 …………（167）
第六届北京青年相声节…………（98）
第六届北京中青年德艺双馨文艺工作者评选…………（34）
第六届京剧学国际学术研讨会…………（86）
第六届《小说选刊》奖 …………（51）
第六届中国文化产业前沿论坛…………（25）
第六届中日韩青少年音乐交流节 …………（123）
第六十九次全国网络文学重点园地工作联席会…………（49）
第七届 CMUC 新星杯魔术比赛 …………（108）
第七届全国村歌大赛 …………（223）
第七届全国大学生古琴音乐会 …………（218）
第七届上元雅集·友谊奖 …………（169）
第七届“世界歌剧院发展论坛” …………（126）
第七届“中国图书馆馆长与国际出版社高层对话论坛” …………（195）
第三届北京国际芭蕾舞暨编舞比赛 …………（134）
第三届北京国际女性戏剧节…………（74）
第三届北京惠民文化消费季 …………（216）
第三届北京剧本推介会…………（78）
第三届北京文学艺术品展示会…………（30）
第三届“东方少年中国梦”新创意中小学生作文大赛 …………（222）
第三届国风文学奖颁奖…………（52）
第三届“拉美及加勒比艺术季”舞蹈晚会 …………（135）
第三届老舍青年戏剧文学奖励扶持计划揭晓…………（78）
第三届两岸青年文学会议…………（54）
第三届“麒麟杯”北京市大学生人物造型设计大赛…………（33）
第三届全国相声小品优秀节目展演…………（97）
第三届图书馆现代技术学术研讨会 …………（192）
第三届文化创新国际论坛…………（37）
第三届幸福年华卡广场舞大赛 …………（222）
第三届中韩日东亚文学论坛…………（54）
第三届中华吟诵周…………（49）
第十八届北京国际艺术博览会…………（32）
第十届全国纺织服装信息研究会馆长论坛暨 2015 年学术年会…………（196）
第十届首都职工文化艺术节 …………（215）
第十届文津图书奖 …………（203）
第十届“舞动北京”群众舞蹈大赛 …………（222）
第十届亚洲大学生摄影大赛揭晓 …………（187）
第十届中国北京国际文化创意产业博览会……（25）
第十届中国青少年艺术节…………（29）
第十四届北京舞蹈大赛 …………（133）
第十五届京味文化之旅…………（34）
第十一届“德艺双馨”奖 …………（33）
第十一届全国艺术学年会…………（38）
第十一届十月文学奖…………（50）
第四次北京高校网络图书馆虚拟参考咨询项目培训会 …………（207）
第四届北京国际喜歌剧演出季 …………（121）
第四届“动漫北京”展会 …………（25）
第四届“高级剧院运营与管理大师班” ……（89）
第四届国际创意舞蹈研讨会 …………（134）
第四届国际剧院团管理大师班…………（90）
第四届京剧专业中青年教师高级进修班………（90）
第四届曲艺高峰论坛在柯桥举办 …………（101）
第四届全国乐器学研讨会 …………（127）
第四届全国中青年德艺双馨文艺工作者评选…………（34）
第四届唐弢青年文学研究奖…………（51）
第四届中国少数民族戏剧会演…………（77）
第四届中国油画展——当代中国油画的表现性研究展 …………（147）
第五届北京换书大集 …………（196）
第五届“大家之路”——中国画油画展 ……（148）
第五届道略演艺产业年会暨 2015 “演艺北京”剧目交易会 …………（24）
第五届国际戏剧“学院奖”颁奖 …………（78）
第五届林兆华戏剧邀请展…………（74）
第五届全国高校文学作品征集、评奖、出版活动…………（51）
第五届全国农民摄影大赛评选 …………（186）
第五届中国儿童戏剧节…………（75）
第五届“中国外交官看世界”摄影展 ………（173）
第一届迷你影戏节…………（72）
点亮星星音乐帮助计划公益演出 …………（115）
丁乃筝戏剧作品演出周…………（80）
东方少年杂志社儿童文学创作座谈会…………（57）
东方演艺集团赴意大利米兰世博会演出 ……（135）
“东方之声”音乐会 …………（120）
“东京审判资源库”发布 …………（205）
东京新画派艺术作品展 …………（159）
东莞长安女工的故事摄影展 …………（173）

东莞塘厦松雷音乐剧剧团进京演出 …………（124）
东西方当代陶艺对话展 ……………………（153）
董继宁山水画展 ……………………………（160）
动漫曲目进校园 ……………………………（221）
动漫游戏版权交易服务平台…………………（25）
侗族大歌新年音乐会 ………………………（121）
都匀市文化馆进京演出 ……………………（124）
独角戏《木又寸》 ……………………………（71）
独角戏《你好，忧愁》 ………………………（70）
杜近芳收付佳、刘琪为徒……………………（88）
《对生命的赞美》 ……………………………（45）
多个乐团同台演奏民乐 ……………………（122）
多媒体电光剧《丑小鸭》到京演出 …………（80）
多媒体儿童剧的产业创新与市场未来
文化沙龙…………………………………（87）
多媒体情景音乐会“五行” …………………（121）

E

俄罗斯儿童文学作家利哈诺夫作品版权
引进签约仪式……………………………（54）
俄罗斯艺术大师西德罗夫油画展 …………（158）
儿童多媒体音乐游戏剧《我爱童话》 ………（71）
儿童剧《成语魔方二》 ………………………（72）
儿童剧《纯净的眼睛》 ………………………（72）
儿童剧《国王在姆咪谷》 ……………………（72）
儿童剧《胡同.com》 …………………………（71）
儿童文学作品《寻找鱼王》 …………………（42）
儿童戏剧《我和你》 …………………………（71）
法国奇幻幽默舞台剧《窃窃私语的墙》
到京演出…………………………………（81）
法国玩酷嘻哈舞团到京演出 ………………（136）
繁荣发展军事文艺推进会……………………（38）
繁荣发展社会主义文艺推进会………………（23）
“繁荣军事文艺、打造强军文化”研讨会 ……（37）
非物质文化遗产剧种展演……………………（75）
非悬疑喜剧《人赃俱获》 ……………………（70）
费尔南多·博特罗作品展 …………………（160）
《费家营》 ……………………………………（45）
《粉墨人生》 …………………………………（45）
丰台书协刻字研究会创作基地成立
暨首届丰台书协书法刻字作品展
开幕式 …………………………………（168）
《疯狂的榛子》 ………………………………（43）
“烽火妇女泪——哭慰安妇”国际巡回展 ……（36）
冯牧藏书手稿捐赠仪式在京举行……………（59）
冯至110周年诞辰纪念活动…………………（55）
“佛跳墙”演唱会 …………………………（122）
“伏尔加河回响”——特列恰科夫画廊巡回
画派精品展 ……………………………（154）
“伏尔加河之歌”——俄罗斯油画作品展 …（152）
“伏尔加之声”——中国交响乐团合唱团
音乐会 …………………………………（115）
《父亲的荣与辱》 ……………………………（45）

G

甘肃皮影戏进京演出…………………………（82）
赣南苏区振兴发展图片展 …………………（180）
高二适遗墨展 ………………………………（155）
高教学会财经分会图书资料协作委员会
主任委员工作会议 ……………………（192）
高科联盟图书馆资源生态系统上线 ………（205）
歌剧《安德烈·谢尼埃》 ……………………（113）
歌剧《参孙与达丽拉》 ………………………（113）
歌剧《号角》 ………………………………（114）
歌剧《星海》 ………………………………（114）
歌舞剧《圆梦》 ……………………………（114）
歌舞诗《丝路情歌》 …………………………（113）
歌舞诗《英雄核潜艇》在京公演 …………（131）
“宫廷戏剧文化大观”讲座 …………………（90）
宫廷戏曲研究论坛（2015）…………………（87）
古巴国家芭蕾舞团到京演出 ………………（135）
古典诗词吟唱剧《诗酒李白》 ………………（214）
“古都·大观”——老北京图片、绘画展 …（174）
“古桥追梦”摄影展 ………………………（177）
故宫博物院“石渠宝笈特展” ………………（146）
故宫藏历代书画展（第一期） ………………（143）
故宫老照片特展 ……………………………（175）
“故乡的路”研讨会 ………………………（179）
故乡·遇见——九儿绘本作品原画展 ……（202）
顾长卫当代艺术展……………………………（31）
顾太清诗词研究会……………………………（47）
关良绘画艺术展 ……………………………（153）
官布百余件作品捐赠首都博物馆 …………（150）
官布捐赠首博作品暨官布绘画艺术展 ……（148）
光明文学遗产研究院…………………………（47）
广东佛山粤剧传习所进京演出………………（80）
广东歌舞剧院进京演出 ……………………（135）
广东民族乐团进京演出 ……………………（124）
广东顺德容桂青少年摄影作品赴京展 ……（224）
广西群众艺术馆进京演出 …………………（124）
广州歌舞剧院进京演出 ……………………（125）
《鬼子坟》 ……………………………………（44）

贵州京剧院进京展演 …… (81)
国粹幽默剧《河东狮吼》 …… (63)
国际摄影大师作品典藏展 …… (183)
国际舞台美术联盟 …… (62)
国家大剧院版歌剧《玫瑰骑士》 …… (112)
国家大剧院版歌剧《西蒙·波卡涅拉》 …… (113)
国家大剧院第七届五月音乐节 …… (116)
国家大剧院歌剧节·2015 …… (116)
国家大剧院"公众开放日艺术节" …… (217)
国家大剧院昆曲艺术周 …… (73)
国家大剧院首届舞美学员队开班 …… (90)
国家大剧院与卡内基音乐厅签署《战略合作备忘录》 …… (118)
国家典籍博物馆举办青少年体验活动 …… (197)
国家典籍博物馆宋元善拓暨全国书法临摹展 …… (168)
国家京剧院建院60周年纪念大会 …… (83)
国家京剧院慰问首都外来务工人员专场演出 …… (78)
国家民族画院揭牌 …… (140)
国家图书馆藏传统楹联文献展 …… (200)
《国家图书馆古籍普查登记目录》 …… (209)
"国图公开课"启动 …… (199)
国图公开课专家座谈会 …… (194)
国图集中首发三套大型抗日文献 …… (209)
国图启动《民国时期文献总目（图书卷）》编纂工作 …… (205)
国图人民法院分馆开馆 …… (190)
国图宋元善拓暨全国书法临摹展 …… (203)
国图推出首场"馆长公开课" …… (206)
国务院办公厅印发《关于支持戏曲传承发展的若干政策》 …… (76)
"国音杯"刘天华二胡作品演奏邀请赛 …… (125)

H

哈里·卡拉汉原作展 …… (183)
"海南百位百岁老人"北京图片展 …… (183)
"海上丝路——过去与现在"摄影展 …… (177)
海棠社 …… (62)
海峡两岸网络原创文学大赛揭晓 …… (53)
邯郸文化京津行惠民活动 …… (224)
韩国儿童剧《库尔的宇宙大冒险》到京演出 …… (81)
韩学章逝世 …… (186)
"汉字"展览及相关活动走进社区 …… (219)
杭州越剧院进京演出 …… (82)
郝远征肖像作品摄影展 …… (173)
何满宗书法展 …… (170)
何水法花鸟画展 …… (158)
"和谐北京"群众摄影文化活动优秀作品展 …… (219)
河北大厂评剧歌舞团进京演出 …… (137)
河南歌舞演艺集团曲艺团进京演出 …… (83)
河南省冰之梦艺术团进京演出 …… (108)
河南省驻马店市演艺中心进京演出 …… (80)
河南豫剧院三团进京演出 …… (80)
"河套风情"摄影图片展 …… (182)
荷花摄影精品展 …… (175)
贺岁喜剧《土豪的一千零一夜》 …… (64)
"贺新春"经典剧目展演 …… (73)
《黑白男女》 …… (42)
黑白艺术摄影10人展 …… (180)
黑色幽默话剧《拜金一族》 …… (70)
"弘道养正"书法巡展走进北京交通大学 …… (169)
"红领巾相约中国梦"音乐故事会 …… (217)
《红楼梦》珍贵古籍展 …… (49)
"红迷嘉年华，梦幻大观园"活动 …… (55)
"红色影像之旅"刘远摄影展 …… (174)
"红妆国乐"音乐会 …… (115)
洪瑞生油画展 …… (160)
侯宝林98周年诞辰纪念展 …… (102)
侯波、邵华摄影作品展 …… (183)
《狐步杀》 …… (44)
胡宗温逝世 …… (84)
湖北省歌剧舞剧院进京演出 …… (123)
湖北省民族歌舞团进京演出 …… (125)
湖北省书法院首届院展 …… (170)
湖南首届旅游摄影大展 …… (181)
《互联网环境下杂技（魔术）的推广与保护》 …… (109)
"花样年华"——女性艺术家艺术形态生长展 …… (31)
花月仙逝世 …… (84)
华君武百年诞辰纪念特展 …… (163)
华侨与抗日战争主题图片展 …… (175)
华人眼中的新西兰摄影主题展 …… (184)
华夏鹤鸣笙乐团音乐会 …… (121)
华夏星光原创文学大赛 …… (52)
滑田友雕塑展 …… (142)
话剧《3个诸葛亮》 …… (70)
话剧《爱恋·契诃夫》 …… (65)
话剧《爱情的印象》 …… (64)
话剧《办公室的故事》 …… (70)

话剧《毕业生之漂亮衣裳》……………………（70）
话剧《不可儿戏》……………………………（66）
话剧《蠢蛋》…………………………………（65）
话剧《帝国专列》……………………………（70）
话剧《反串》…………………………………（65）
话剧《故园》…………………………………（68）
话剧《旧爱》…………………………………（64）
话剧《丽南山的美人》………………………（66）
话剧《恋人》…………………………………（65）
话剧《那年我学开车》………………………（66）
话剧《女孩们》………………………………（68）
话剧《牌坊》…………………………………（71）
话剧《平西地下交通线》……………………（68）
话剧《前面就是我们的世界》………………（69）
话剧《燃烧的疯人院》………………………（66）
话剧《生命密码》……………………………（67）
话剧《失歌》…………………………………（66）
话剧《食堂》…………………………………（65）
话剧《司马迁》………………………………（69）
话剧《死水边的美人鱼》……………………（66）
话剧《太行情歌》……………………………（66）
话剧《宛平人家》……………………………（67）
话剧《万尼亚舅舅》…………………………（64）
话剧《网子》…………………………………（69）
话剧《危机公关》……………………………（69）
话剧《我们曾是夫妻》………………………（69）
话剧《戏台》…………………………………（68）
话剧《新北平市长》…………………………（67）
话剧《样式雷》………………………………（68）
话剧《早安，妈妈（升级版）》……………（214）
话剧《枕头人》………………………………（66）
话剧《甄嬛传》………………………………（64）
话剧《只因单身在一起》……………………（65）
欢乐春节亚欧行………………………………（34）
环球情景秀“东方之爱”……………………（32）
黄阿忠绘画作品展……………………………（156）
黄宾虹150周年诞辰纪念特展………………（161）
黄君璧书画展…………………………………（154）
“绘有话说”——中国原创绘本
新生代力量大展………………………………（201）

J

吉林省戏曲剧院京剧团晋京展演……………（81）
《极地天使》…………………………………（42）
计美赤列、次仁旺加、平措多布杰
三人展…………………………………………（153）
纪连彬中国画展………………………………（143）
纪念陈垣一百三十五周年诞辰展……………（203）
纪念陈云同志110周年诞辰评弹专场演出……（99）
纪念方荣翔90周年诞辰京剧艺术研讨会……（85）
纪念歌剧《白毛女》70周年座谈会…………（127）
纪念华君武100周年诞辰座谈会……………（163）
纪念焦菊隐110周年诞辰学术研讨会…………（88）
纪念抗战胜利70周年第三届架上
连环画展………………………………………（164）
纪念抗战胜利70周年全国征联获奖
作品书法展……………………………………（171）
纪念抗战胜利70周年全军美术书法
作品展…………………………………………（163）
纪念抗战胜利70周年优秀曲艺节目展演……（96）
纪念梁益鸣100周年诞辰座谈会………………（85）
纪念刘宝瑞100周年诞辰相声晚会……………（96）
纪念梅兰芳访苏演出八十周年国际学术
研讨会…………………………………………（85）
纪念裘盛戎百年诞辰活动在京启动…………（84）
纪念世界反法西斯战争胜利70周年
俄罗斯美术作品展……………………………（163）
《纪念我的朋友金枝》………………………（45）
纪念先锋文学30年国际论坛…………………（58）
纪念徐悲鸿120周年诞辰座谈会……………（161）
纪念叶盛兰100周年诞辰活动…………………（83）
纪念中国人民抗日战争暨世界反法
西斯战争胜利70周年馆藏文献展…………（202）
纪念中国人民抗日战争暨世界反法西斯
战争胜利70周年文艺晚会……………………（29）
“纪念周信芳先生诞辰120周年”
北京站系列活动………………………………（83）
纪弦文物捐赠中国现代文学馆………………（59）
加拿大艺术中人与风景的改造展览…………（34）
甲骨文记忆展…………………………………（202）
《坚持以人民为中心的创作导向是新的
历史条件下党的文艺政策的立足点》………（37）
简帛文字与书法学术研讨会…………………（168）
践行《中国曲艺工作者行为守则》座谈会…（98）
“江山多娇”主题展览………………………（145）
江苏省淮剧团进京演出………………………（82）
江苏省美术馆馆藏新金陵画派精品展………（159）
江苏省演艺集团话剧院进京演出……………（80）
江苏省演艺集团昆剧院进京演出……………（79）
姜健、江融肖像摄影作品联展………………（175）
姜昆个人相声专场……………………………（94）
讲故事剧场《雪夜》…………………………（67）
交响芭蕾《四季》……………………………（131）

"交响乐器总动员"音乐课改项目 …………（220）
交响清唱剧《屈原颂》 ……………………（113）
交响声乐套曲《南水北调》理论研讨会 ……（126）
《较量》 ……………………………………（44）
"接力"中央美院教师写生创作展 …………（162）
《结合文学创作展开文学批评》 ……………（57）
"金长城杯"世界大学生魔术争霸赛
获奖名单揭晓 ……………………………（107）
"金色花海　魅力汉中"全国摄影大展
获奖作品展 ………………………………（182）
金湘逝世 ……………………………………（127）
靳尚谊油画语言研究展 ……………………（149）
京津冀百名艺术家抗战圣地采风创作
成果展……………………………………（29）
京津冀非物质文化遗产展……………………（32）
京津冀"非遗"舞蹈和民间传统舞蹈
展演 ………………………………………（132）
京津冀鼓曲发展交流研讨会举行 …………（101）
京津冀签署演艺领域深化合作协议…………（23）
京津冀三地群艺馆签署协同发展合作协议 …（215）
京津冀图书馆联盟正式成立 ………………（190）
京津冀演艺联盟………………………………（21）
京津冀演艺协作平台…………………………（23）
京津冀艺术家赴河北抗战圣地服务采风………（35）
京津冀艺术职业教育协同发展联盟…………（22）
京津陕鲁晋少儿曲艺培训全国巡演活动………（99）
"京剧电影工程进社区"系列活动 …………（216）
京剧名家在重庆收徒…………………………（88）
京剧《南海子》 ……………………………（63）
京剧《裘盛戎》 ……………………………（63）
京剧《西安事变》 …………………………（63）
京剧《杨门女将》培训班 …………………（89）
京剧《正考父》 ……………………………（64）
京剧专场演出走进北工大……………………（74）
京剧《最后的武士》赴芬兰演出 …………（81）
京韵大鼓《中国高铁》 ……………………（94）
经典"中国经典民歌""八只眼"
专场音乐会 ………………………………（117）
"精研博取"——中国传统书画小品展 ……（144）
镜头中的西部·最美净土摄影展 …………（185）
菊隐剧场揭幕…………………………………（63）
"剧荟——最美时光"音乐会 ……………（117）
"聚焦阅读"摄影展 ………………………（178）
"绝世美云"摄影展 ………………………（182）
《崛起的中国魔术新生代——从 2015
央视春晚魔术说起》 ……………………（109）
"军魂不朽"书画笔会 ……………………（151）

K

凯绥·珂勒惠支经典作品展 ………………（159）
"抗战歌曲七十首"网络传唱活动启动 ……（118）
《抗战歌选：1931～1945》出版………………（128）
抗战木刻展 …………………………………（162）
抗战题材文学创作研讨会……………………（56）
"抗战与文艺"系列展览 ……………………（28）
孔奇绘画艺术展 ……………………………（153）
口技专场演出 ………………………………（105）
快板《勤劳为本东北人》 …………………（94）
快板《一块传家匾》 ………………………（93）
昆曲《李清照》 ……………………………（63）
昆曲《图雅雷玛》 …………………………（63）

L

拉美当代艺术展………………………………（34）
拉脱维亚国家芭蕾舞团到京演出 …………（136）
"来自中国美术馆的艺术"墨西哥展 ………（157）
赖少其艺术研究展 …………………………（164）
《蓝天白云》新书发布会举办 ……………（50）
老北京民俗曲艺专场…………………………（95）
老甲作品展 …………………………………（145）
老舍、胡絜青藏画展 ………………………（141）
雷锋生前所在团学雷锋主题摄影展 ………（174）
黎明从艺七十六年艺术展 …………………（157）
李铎作品收藏品捐赠军博 …………………（169）
李茂如捐赠资料暨学术成果研究室成立 ……（198）
李煦、曹寅与江南文坛学术研讨会……………（55）
李义弘水墨画展 ……………………………（160）
李玉双写生创作六十年艺术展 ……………（144）
李紫贵 100 周年诞辰暨导演艺术研讨会………（87）
李宗熹携话剧《谎言》进京演出 …………（81）
"历史不容忘却"摄影展 …………………（176）
梁又铭抗战美术作品展 ……………………（162）
"两个身体"——圣诞舞蹈晚会 …………（133）
《"两个重要"：文艺地位和作用的
再认识》……………………………………（37）
两名中国音乐家获 2015 德国古典回声奖 ……（126）
辽宁人民艺术剧院进京演出…………………（80）
林峰中国水墨人物画展 ……………………（155）
林肯公园乐队到京演唱 ……………………（124）
林迈可纪实摄影展研讨会 …………………（179）
林奕华舞台剧《恨嫁家族》进京演出 ………（80）
"临时风景"摄影展 ………………………（184）

《伶仃之美》 ……………………………… (45)
刘宝纯诗书画全国巡展 ……………………… (158)
刘勃舒作品捐赠中国国家画院 ………………… (151)
刘灿铭书法艺术展 ………………………… (171)
刘兰芳听友会……………………………… (97)
刘奇葆到北京人民艺术剧院调研……………… (76)
刘奇葆在北京调研………………………… (24)
刘商英艺术展 ……………………………… (144)
刘延东在京主持召开座谈会…………………… (38)
刘艺书法脉络展 …………………………… (167)
刘墉艺术展 ………………………………… (155)
刘云山看望文艺界知名人士…………………… (27)
刘曾复京剧学思想研讨会……………………… (87)
《流民图》册页首发 ………………………… (164)
柳成行逝世 ………………………………… (186)
六部作品入选青年作曲家计划 ……………… (121)
龙开胜书院籍·饶宗颐咏怀诗作展 ………… (166)
卢甫圣书法艺术展 ………………………… (170)
鲁迅文学院第二十六届中青年作家
高级研讨班……………………………… (58)
鲁迅文学院举办第八届网络文学作家
培训班…………………………………… (58)
鲁迅文学院举办第十七期少数民族
文学创作培训班………………………… (58)
鲁迅文学院与文艺报社座谈习近平
总书记讲话……………………………… (56)
吕厚民逝世 ………………………………… (185)
吕梁市民间艺术团进京演出 ………………… (137)
《略谈魔术艺术的历史传承、发展现状与
创新对策》 ……………………………… (109)
《论现代杂技人才培养的教育理念与
实践》 …………………………………… (110)
罗秉松收丁文民为徒 ……………………… (110)
罗达尔·帕特里奇摄影作品展 ……………… (181)
罗尔纯逝世 ………………………………… (164)
罗尔纯艺术展 ……………………………… (143)
罗浪逝世 …………………………………… (127)

M

马常利艺术回顾展 ………………………… (142)
马崇仁逝世………………………………… (84)
马达罗镜头中的中国摄影展 ………………… (181)
马贵荣受邀到台湾讲学……………………… (99)
马静宜光碟发布助兴演唱会 ………………… (102)
马库斯·吕佩尔茨——西方绘画的回归·
德国新表现主义大师展 …………………… (154)
马岐收徒 …………………………………… (102)
马戏小丑快乐六一嘉年华 …………………… (105)
马增蕙从艺 75 周年研讨会…………………… (102)
《卖烟叶儿》 ……………………………… (45)
芒：女性艺术家五人联展…………………… (31)
“毛泽东诗词与中华民族伟大复兴的
中国梦”研讨会………………………… (57)
“茅台杯”诗歌征文大赛 …………………… (52)
梅葆玖收王馨仪、王梓依为徒……………… (91)
梅葆玖收王艺臻为徒………………………… (90)
“梅兰芳与穿越 80 年的老唱片”主题讲座 … (90)
梅派艺术人才培养基地……………………… (89)
美国佐治亚男童合唱团到京演出 …………… (123)
“美丽公园·文明绽放”图片展 …………… (174)
“美丽中国”图片展 ……………………… (183)
“美妙的和谐——玫瑰之夜”演唱会 ……… (115)
“魅力大洋”摄影展 ……………………… (177)
“魅力大栅栏”抓拍赛摄影展 ……………… (183)
“蒙卡奇和他的时代：世纪之交的
匈牙利艺术”展 ………………………… (152)
蒙特卡洛芭蕾舞团到京演出 ………………… (135)
“梦想西沙”摄影作品展 …………………… (176)
“谧境·幻象”摄影艺术展 ………………… (175)
苗族舞蹈诗作品进京演出 …………………… (136)
“民间的力量”大型艺术展 ………………… (28)
民间文化进校园 …………………………… (221)
民盟中央文化艺术研究院…………………… (21)
民族管弦乐音乐会“国之瑰宝” …………… (119)
《民族文学》广西中青年作家专号
研讨会…………………………………… (56)
民族先锋中流砥柱美术作品展 ……………… (161)
民族音乐剧《又见国乐》 ………………… (113)
明清文人实景山水作品展 …………………… (145)
缪斯乐队到京演唱 ………………………… (124)
“魔幻青春公益行”走进北京前锋学校 …… (106)
《魔术艺术形式与教育的创新发展》 ……… (109)
木偶剧《飞吧！丹顶鹤——丹顶鹤的
故事》…………………………………… (72)
南京博物院藏傅抱石写生山水展 …………… (152)

N

尼泊尔文化艺术精品展……………………… (35)
尼泊尔艺术家访华采风作品展 ……………… (163)
“泥人张”（北京支）彩塑艺术展…………… (145)
聂危谷中国画展 …………………………… (155)
宁德市摄影作品展 ………………………… (183)

宁夏演艺集团歌舞剧院进京演出 ……………（125）
“努比亚智能手机杯”摄影展 ………………（176）
《女人红》 ………………………………………（43）

P

潘义奎油画作品展 ……………………………（160）
裴植逝世 ………………………………………（185）
皮埃尔·卡隆油画艺术展 ……………………（152）
平安俊作品音乐会进京演出 …………………（123）
评剧《花为媒》青年培训班 …………………（89）
评剧《母亲》 …………………………………（63）
评书话本《血色苍穹》举办首发式 …………（102）
葡萄牙库伦芭蕾舞团到京演出 ………………（135）

Q

齐白石笔下的草虫世界之二展 ………………（146）
其加达瓦艺术作品巡回展 ……………………（156）
《奇葩奇葩处处哀》 …………………………（44）
启功艺术回顾展 ………………………………（161）
《浅谈杂技艺术与中国传统文化精神》 ……（109）
乔十光漆画展 …………………………………（145）
青藏铁路纪实摄影展 …………………………（173）
青春鼓曲社 ……………………………………（93）
青年影像传统印相展 …………………………（174）
青少年艺术体验周 ……………………………（217）
《清宫节令戏》 ………………………………（91）
清华大学馆藏马克思、恩格斯文献展 ………（201）
《清华大学图书馆藏稀见方志丛刊》 ………（209）
清华大学图书馆首届年度学术论坛 …………（195）
“情暖冬季、笑在京西”——首都曲艺家
社会主义核心价值观主题巡演 ……………（218）
“情系西双版纳”全国白描写生作品展 ……（144）
庆祝中国评剧院建院60周年2015新春
演出季 ……………………………………（73）
庆祝《中国艺术报》创刊20周年展 ………（29）
“邱振中：起点与生成”展 …………………（166）
曲皓逝世 ………………………………………（138）
曲协举办行风建设座谈会 ……………………（97）
曲艺版权保护研讨会 …………………………（101）
曲艺大观苑 ……………………………………（93）
曲艺进校园系列活动启动 ……………………（98）
曲艺精品节目展演 ……………………………（97）
曲艺深军新力量研讨会 ………………………（99）
曲艺英才培育行动启动 ………………………（102）
《曲终人在》 …………………………………（42）
衢州旅游摄影作品展 …………………………（185）
全国地方戏优秀中青年演员汇报演出 ………（78）
全国第十一届书法篆刻作品展 ………………（167）
全国儿童文学创作出版座谈会 ………………（56）
全国非遗剧种人才培养学术研讨会 …………（88）
全国公安系统“卫士之光”美术、书法
摄影作品展 ………………………………（219）
全国农民工主题摄影展 ………………………（184）
全国青年摄影大展 ……………………………（174）
全国青少年摄影教育发展研讨会 ……………（179）
全国曲艺小剧场作品创作研讨会 ……………（100）
全国少年儿童“我的藏书票”设计大赛 ……（198）
《全国少数民族曲艺艺术》编写专题会 ……（101）
全国少数民族戏剧创作培训班 ………………（89）
全国摄影名家看重庆摄影展 …………………（185）
全国通信电子类高校图书情报工作委员会
2015年学术会议 …………………………（193）
全国文学报刊工作会议 ………………………（50）
全国文学报刊联盟 ……………………………（47）
全国戏曲工作座谈会 …………………………（86）
全国正书六家展 ………………………………（167）
全军文艺创作座谈会 …………………………（56）
全军中青年文学创作骨干培训班 ……………（58）
全媒体论坛“文艺走进新时代” ……………（37）
全市中老年合唱大赛 …………………………（223）
《群山之巅》 …………………………………（42）
群众摄影文化活动优秀作品展 ………………（218）

R

饶宗颐百岁艺术展 ……………………………（27）
“人民的形象”主题展览 ……………………（140）
《人民文学》德文版研讨会 …………………（58）
《人民文学》推出法文版主题活动 …………（48）
人偶剧《出窍》 ………………………………（71）
日本导演携古希腊戏剧到京演出 ……………（82）
《日本佬》 ……………………………………（44）
日本人形机器人版《变形记》
到京演出 …………………………………（81）
《日子是一种了却》 …………………………（45）
“如梦的视界”摄影作品展 …………………（183）

S

《三尺布》 ……………………………………（44）
三里屯小学“青少年摄影教育基地” ………（172）
“三山五园文化巡展”——圆明园四十景

文化展 ……………………………………………（200）
《三只虫草》 ……………………………………（43）
散文集《妈妈的擂茶》 …………………………（60）
山东籍书画名家学术邀请展 ……………………（154）
山东省话剧院进京演出…………………………（79）
《山河》 …………………………………………（45）
“山河百战”——抗战艺术作品展 ……………（31）
山西画院建院30周年美术作品展……………（160）
山西省话剧院进京演出…………………………（82）
山西省优秀新创舞台剧晋京展演………………（81）
山西舞洲舞团进京演出 ………………………（136）
山西演艺集团歌舞剧院进京演出 ……………（124）
陕西省歌舞剧院进京演出 ……………………（122）
陕西省油画、水彩、水粉画作品展 …………（152）
上海话剧艺术中进京展演………………………（82）
上海话剧艺术中心进京演出……………………（80）
少数民族摄影人才培养工程培训班 …………（178）
邵晓峰晋京书画展 ……………………………（159）
《社会主义核心价值观优秀文学读本》 ………（60）
社会主义核心价值观组歌交响音乐会 ………（120）
“摄氏2014”年度摄影师大典 ………………（186）
摄影画册《游牧色彩》出版 …………………（187）
摄影界贯彻落实繁荣发展社会主义文艺的
意见精神座谈会 ……………………………（180）
“深蓝之梦”摄影展 …………………………（185）
“深入生活·表现时代”——中国艺术
研究院写生创作展 …………………………（146）
“深入生活、扎根人民”文艺创作成果
展演舞蹈专场 ………………………………（132）
“深入生活、扎根人民”——中国艺术
研究院中国画院、中国油画院写生
作品展 ………………………………………（145）
“深入生活、扎根人民”作品展 ……………（177）
“生活状态”波兰当代艺术展 ………………（155）
声乐套曲《感悟论语》 ………………………（114）
声乐套曲《南水北调》 ………………………（112）
《声音史》 ………………………………………（43）
圣彼得堡艾夫曼芭蕾舞团到京演出 …………（137）
圣彼得堡卡贝拉交响乐团到京演出 …………（123）
《失焦》 …………………………………………（42）
《诗流双汇集》 …………………………………（60）
十二属相大拜年演出……………………………（94）
“‘十三五’规划——十大惠民政策与
你有关”主题展览 …………………………（203）
“十三五”时期现代公共文化服务体系
建设研讨会……………………………………（37）
十首北京申冬奥优秀音乐作品发布 …………（117）
《石渠宝笈（精选配图版）》赠书仪式 ………（199）
“时代领跑者”美术作品捐赠仪式 …………（151）
“时代领跑者”美术作品展 …………………（143）
时尚京剧晚会……………………………………（73）
“世界读书日”延长文献外借期限服务 ……（199）
世界经典童话周…………………………………（74）
“世界小极了”周岚摄影个展 ………………（178）
《市场稳步发展作品琳琅满目——
2014年中国舞蹈发展述评》 ………………（134）
市美术家元宵节深入京郊送作品 ……………（150）
市文化局座谈习总书记讲话精神………………（39）
市文联和北京美协迎新年下基层 ……………（152）
“饰界”化装作品展 ……………………………（74）
《收山》 …………………………………………（44）
《守口如瓶》 ……………………………………（45）
首部文学版“故宫通史”首发 …………………（50）
首都道德模范故事汇曲艺精品节目
高校巡演………………………………………（95）
首都金奖杂技演员赴十堰举办空竹技法
培训班 ………………………………………（110）
首都摄影家送“福”下乡 ……………………（179）
首都体育学院图书馆第二届专家委员会
成立 …………………………………………（207）
首都图书馆“法律沙龙”正式启动 …………（195）
首都文化产业协会………………………………（22）
首都文学界举办纪念抗战胜利70周年
座谈会…………………………………………（57）
首都文艺家代表团赴南水北调水源地
进行慰问………………………………………（35）
首都文艺家新春联谊会…………………………（27）
首都文艺家座谈文艺创作………………………（38）
首都文艺志愿服务联盟 ………………………（213）
首都文艺志愿服务联盟赴嘉兴开展
公益活动………………………………………（35）
首都艺术家代表团赴内蒙古自治区开展
文化交流慰问活动……………………………（35）
首都艺术家代表团赴西藏进行文化
慰问交流 ……………………………………（35）
首都艺术家代表团赴新疆维吾尔自治区
开展文化交流慰问……………………………（36）
首都优秀中青年文艺人才库……………………（23）
首都杂技家赴狼牙山慰问演出 ………………（106）
首都杂技艺术家赴京郊慰问演出 ……………（105）
首届“百姓摄影家”专场采风日活动 ………（216）
首届北京中小学生书法节 ……………………（215）
首届会林文化奖…………………………………（33）
首届青铜葵花儿童小说奖………………………（51）

首届全国高校图书馆阅读推广案例大赛 ……（198）
首届全国微型小说（小小说）高峰论坛 ……（56）
首届全国袖珍人公益春晚 ……………………（217）
首届“宣南杯”京津冀鼓曲大赛 ……………（98）
首届中国青年报告文学作家论坛………………（56）
首届中国维吾尔族民间达斯坦国际
　学术研讨会……………………………………（36）
首届中国文艺评论年会…………………………（38）
首届“中国园林”摄影大展 …………………（172）
首经贸图书馆完成古籍整理工作 ……………（206）
首批22家中国文艺评论基地授牌 ……………（30）
首图儿童诗歌诵读会 …………………………（196）
首图少儿馆“名家面对面”——
　走进神奇的冒险侦探世界活动 ……………（198）
首图向北京信息职业技术学院赠书 …………（199）
书法志愿服务走进北京城建集团 ……………（169）
“书香校园”雏鹰建言征集启动仪式 ………（197）
“书写抗战”——两岸书法家作品
　公益展 ………………………………………（171）
《数据与情报科学学报（英文）》 ……………（209）
“数字图书馆推广工程”科普展览 …………（203）
“水墨本色”——当代中国画邀请展 ………（148）
“丝绸之路”风光摄影展 ……………………（173）
丝绸之路艺术研究协同创新中心………………（22）
“丝路丹青　茶马古韵”——舒建新
　中国画作品展 ………………………………（148）
“丝路之光”国际摄影大赛揭晓 ……………（187）
四川人艺进京演出………………………………（82）
“四面来风”音乐会 …………………………（125）
宋凤仪逝世………………………………………（83）
宋庆龄与伟大的抗日战争图片展 ……………（176）
“送欢笑到基层”活动十周年座谈会 …………（98）
苏格兰“红辣椒”风笛乐队到京演出 ………（122）
苏天赐艺术展 …………………………………（142）
《俗世奇人新篇》 ………………………………（44）
孙光言逝世 ……………………………………（138）

T

台湾阿卡贝拉人声乐团进京演出 ……………（125）
台湾蠡舞剧场进京演出…………………………（82）
台湾歌手田馥甄进京举办“如果”
　演唱会 ………………………………………（122）
台湾歌手杨宗纬进京演唱 ……………………（125）
台湾歌手周传雄到京演出 ……………………（124）
台湾国光剧团进京演出…………………………（82）
台湾绿光剧团进京演出…………………………（79）
台湾无独有偶工作室剧团进京演出……………（80）
台湾舞者黄翊进京演出 ………………………（135）
台湾先啬宫青少年国乐团进京演出 …………（123）
台湾作曲家作品到京演出 ……………………（124）
太和书画晋京展 ………………………………（157）
“太行风骨”——山西省美术书法作品
　提名邀请展 …………………………………（164）
“太行浩气”——吕云所中国画作品展 ……（162）
太原市话剧团进京演出…………………………（80）
太原舞蹈团进京演出 …………………………（136）
泰吉轩画廊五周年特别展览 …………………（181）
《谈戏说艺——百位名家口述百年京剧
　传承史》出版…………………………………（91）
谭平对话卡斯特利 ……………………………（155）
谭元寿舞台生活八十周年座谈会………………（86）
《桃夭》 …………………………………………（42）
腾讯动漫行业合作大会…………………………（26）
天津人艺进京演出………………………………（79）
天桥小年文化庙会 ……………………………（221）
天坛公园第十一届春节文化周 ………………（222）
田学明收杨乐、卢迅为徒 ……………………（110）
“铁军魂　中华情”图片摄影展 ……………（177）
铁凝会见尼泊尔作家……………………………（53）
铁凝获法国文学艺术骑士勋章…………………（52）
通辽市民族歌舞团进京演出 …………………（135）
通州区图书馆（新馆） ………………………（208）
“童绘美丽家园”迎“六一”大型公益
　专场活动 ……………………………………（216）
“童声同梦”2015年合唱节 …………………（221）
“童心描绘梦想”艺术作品展 ………………（219）

W

“外国友人眼中的和谐北京”摄影奖
　颁奖 …………………………………………（187）
万芳“原来的地方”世界巡回演唱会
　北京站 ………………………………………（122）
《万家亲友团》 …………………………………（44）
汪国真逝世………………………………………（55）
王传越获第15届柴科夫斯基国际音乐
　比赛声乐组银奖 ……………………………（125）
王家新临摹历代书法经典作品展 ……………（168）
王金玲向北京中山堂捐赠《辛亥赋》 …………（59）
王临乙、王合内夫妇作品文献纪念展 ………（164）
王淑玲鼓曲专场…………………………………（95）
《王羲之王献之书法全集》首发 ……………（169）
王岳川书法展 …………………………………（167）

网络音乐版权保护工作座谈会 ………………（118）
“微观”——馆藏部分早期油画作品陈列展 ………………（142）
“为人民服务·为劳模造像”大型活动 ……（215）
“未来之星”魔术培训基地挂牌 ………（110）
“伟大胜利历史贡献”主题展 ………………（28）
《伟大史诗 铁血长歌——中国人民抗日战争暨世界反法西斯战争传记文学评鉴》新书发布会………………（49）
蔚县风情风光摄影展 ………………（184）
文化部取消多个戏剧奖………………（74）
“文化关爱 梦想同行”系列文化活动启动 ………………（216）
文化旅游摄影作品展 ………………（185）
文化市场经营单位………………（26）
文怀沙一百零五岁法书展 ………………（167）
文津读书·青少年科普活动 ………………（197）
“文史翰墨——第二届中华诗书画展” ……（147）
文献剧《关于美好新世界》 ………………（67）
文献剧《有冇》 ………………（67）
《文学的使命与担当》 ………………（59）
文学界纪念雷加百年诞辰………………（54）
文学界纪念杨宪益百年诞辰………………（54）
“文艺理论学科建设与文艺理论发展”研讨会………………（37）
我爱北京——市民新春联欢会 ………………（217）
“我的中国梦”精品杂技展演 ………………（107）
《我们的踟蹰》 ………………（43）
“我是一个老兵”主题摄影展 ………………（176）
吴印咸115周年诞辰摄影艺术展 ………………（175）
五十六个民族作家红色赣州行………………（53）
舞蹈创作青年人才培养暑期舞蹈营 …………（137）
《舞蹈——高等院校学前教育专业系列教材》 ………………（138）
舞蹈诗《中华赋》 ………………（130）
《舞蹈：作为艺术教育（上、下册）》 ………（138）
舞剧《仓央嘉措》 ………………（131）
舞剧《花生》 ………………（130）
舞剧《画皮》 ………………（130）
舞剧《进化论》 ………………（130）
舞剧《进化论》创作沙龙 ………………（134）
舞剧《那里的花》 ………………（130）
舞剧《青衣》 ………………（130）
舞剧《夕照》 ………………（131）
舞台剧《滚蛋吧！肿瘤君》 ………………（68）
舞台剧《无果花》 ………………（70）
舞台剧《战马》 ………………（68）
舞台喜剧《我不是保镖》 ………………（93）

X

西北民族大学进京演出 ………………（124）
西藏题材创作工程首期成果展 ………………（149）
西单音像大世界重张开业 ………………（115）
西河大鼓《西山遗恨》 ………………（94）
希望工程摄影展 ………………（173）
《习近平总书记在文艺工作座谈会上的重要讲话学习读本》出版发行………………（39）
习舞孤儿中戏体会艺术之美 ………………（135）
喜剧《代理村官》进京演出 ………………（79）
戏剧台词人才培养培训班………………（91）
下花园风光风情摄影展 ………………（184）
夏湘平书法艺术展 ………………（167）
先锋戏剧《飞向天空的人》 ………………（69）
《弦索吴语说红楼》评弹音乐会 ………………（99）
现代舞剧《大地·震》 ………………（131）
乡村实景歌舞剧《玫瑰情缘》 ………………（214）
相声《老小孩儿》 ………………（94）
相声《上下这些年》 ………………（94）
相声《外语漫谈》 ………………（93）
相声《我有底线》 ………………（93）
相声《新药方》 ………………（94）
“相遇·北京”摄影展 ………………（176）
香港岭英学校师生到京进行文化交流 ………（225）
“向人民汇报”——当代十五位美术家作品展 ………………（146）
向人民汇报曲艺专场在京举办………………（96）
“向人民汇报”文艺创作成果展演 …………（30）
“向人民汇报”作品展 ………………（177）
小剧场话剧《画眉》 ………………（69）
小剧场话剧《朦胧中所见的生活》 …………（65）
小剧场话剧《女神出嫁》 ………………（68）
小剧场话剧《跳墙》 ………………（65）
小剧场京剧《碾玉观音》 ………………（63）
小剧场喜剧《幸福年》 ………………（71）
肖恩·斯库利艺术展 ………………（152）
笑林逝世 ………………（100）
“笑满京城、爱在重阳”——首都文艺家社会主义核心价值观主题巡演 …………（218）
“携手金帆情”合唱音乐会 ………………（221）
“写意中国”——2015中国国家画院年展 …（150）
新版歌剧《白毛女》在京上演 ………………（121）
新编历史京剧《伏生》 ………………（64）
新春儿童戏剧嘉年华………………（73）

新加坡总统及夫人来访中国国家图书馆 ……（203）
新疆昌吉艺术剧院进京演出 ……………………（122）
新疆麦盖提县刀郎文工团进京演出 …………（136）
新疆生产建设兵团歌舞剧团进京演出 ………（136）
新疆生产建设兵团杂技团进京演出 …………（108）
新疆维吾尔自治区成立60周年摄影
图片展 ……………………………………………（184）
新井卓银版摄影展 ………………………………（185）
新浪潮戏剧《平行宇宙爱情演绎法》 ………（69）
“新力量”——十大新锐导演作品展演 ………（77）
“新型智库建设”2015首届学术研讨会 ……（196）
新玉歌舞团进京演出 ……………………………（136）
“新中国美术家系列”——甘肃省国画
作品展 ……………………………………………（155）
“新中国美术家系列”——江西省国画
作品展 ……………………………………………（161）
“新中国美术家系列”——山西省国画
作品展 ……………………………………………（161）
“新中国美术家系列”——四川省国画
作品展 ……………………………………………（153）
新中国以来名家书画文牍大展 ………………（149）
邢少臣画展 ………………………………………（147）
徐悲鸿及亲友、师生作品巡回大展 …………（162）
徐希逝世 …………………………………………（162）
徐冶逝世 …………………………………………（186）
许鸿飞雕塑《飞花》落户北京 ………………（150）
“炫彩童年”——中国百年童书展 …………（201）
学习贯彻《中共中央关于繁荣发展
社会主义文艺的意见》专题研讨班…………（31）
学习贯彻《中共中央关于繁荣发展
社会主义文艺的意见》座谈会………………（31）
学习习近平总书记文艺工作座谈会
重要讲话学术研讨会…………………………（39）
“血肉筑起的长城——抗战中的文学”
展览………………………………………………（48）

Y

亚美尼亚艺术展……………………………………（36）
严文井百年诞辰纪念座谈会……………………（55）
炎黄艺术馆2015国际艺术周 …………………（31）
阎肃作品音乐会 …………………………………（121）
颜荷作品《无间》 ………………………………（133）
“艳·遇”科学摄影展 …………………………（173）
杨帆逝世 …………………………………………（127）
杨菲举办个人鼓曲演唱会………………………（95）
杨薇逝世……………………………………………（83）
杨晓阳“大写意”理论与实践学术
研讨会 ……………………………………………（151）
杨越峦摄影作品展 ………………………………（181）
姚恒璐手风琴作品在俄罗斯首演 ……………（123）
叶少兰收杨楠为徒…………………………………（91）
叶少兰收张兵为徒…………………………………（89）
《夜色起》 …………………………………………（45）
“一带一路”主题摄影展 ………………………（175）
“‘一卡通’用户使用BALIS原文传递系统”
培训 ………………………………………………（206）
“一拍即合晒大片”摄影展 ……………………（174）
“一元剧场”进京展演 ……………………………（81）
《一座营盘》 ………………………………………（42）
依法治国摄影作品展 ……………………………（174）
乙未新春生肖特展 ………………………………（218）
以色列爵士钢琴大师到京演出 ………………（123）
以色列中提琴家进小学普及音乐 ……………（220）
《忆秦娥》 …………………………………………（44）
意大利T. P. O. 剧团到京演出 …………………（80）
音乐剧《或许明天属于我》 …………………（112）
音乐剧《狂奔的拖鞋》 …………………………（112）
音乐剧《站台》 …………………………………（113）
音乐剧《紫石街》 ………………………………（114）
音乐舞台剧《栀子花开 Neverland》 …………（113）
殷小烽作品展 ……………………………………（156）
英国冷溪近卫军礼宾乐团到京演出 …………（124）
英国原版音乐剧《人鬼情未了》
到京演出 …………………………………………（123）
迎新胡同庙会 ……………………………………（221）
有态度戏剧论坛……………………………………（85）
俞致贞百年诞辰作品展 …………………………（164）
语言杂技剧《北京》 ……………………………（104）
喻慧作品展 ………………………………………（153）
袁阔成逝世 ………………………………………（100）
袁武绘画作品展 …………………………………（141）
袁晓岑百年诞辰纪念展 …………………………（161）
袁运甫画展 ………………………………………（148）
原创儿童歌剧《渔公与金鱼》 ………………（114）
原创歌剧《方志敏》 ……………………………（114）
原创歌剧《日出》 ………………………………（113）
原创歌剧《我的母亲叫太行》 ………………（114）
原创歌剧《这里的黎明静悄悄》 ……………（114）
原创民族歌剧《彝红》进京演出 ……………（123）
原创十年·绘本原画展 …………………………（202）
原创中篇苏州评弹《徐悲鸿》文本
论证座谈会…………………………………………（98）
“原乡人”李伟坤作品展 ………………………（184）

圆明园大台宫戏抢救传习及恢复演出
项目研讨会 …………………………（85）
《阅读与欣赏》 …………………………（43）
越剧艺术研讨会 …………………………（86）
云南德宏秘境歌舞乐集之《德宏之舞》
进京演出 …………………………（122）
云南红河州歌舞团进京演出 …………（136）
云南省话剧院进京演出 ………………（80）

Z

《“杂技舞蹈化”构建杂技艺术
“新常态”》 …………………………（109）
杂·书馆 …………………………（208）
杂·书馆揭牌仪式 ……………………（190）
“战火·青春”征歌活动在京揭晓 ……（126）
“战友精品剧目”演出季 ………………（26）
《仉仉》 …………………………（44）
张春华收靳智棋、刘佳、王浩为徒 ……（89）
张广中国画展 …………………………（144）
张火丁赴北美演出 ……………………（81）
张火丁京剧程派艺术传承中心 …………（62）
“张火丁现象”专题研讨会 ……………（88）
张继《中国书画千字文》诗书画印展 ……（141）
张立国艺术研讨会 ……………………（150）
张喜忠油画作品展 ……………………（157）
张学浩、董翠娜夫妇收王晶为徒 ………（90）
张祖英艺术展 …………………………（149）
赵季平民族音乐作品音乐会 …………（118）
赵溅球尼泊尔写生中国画展 …………（160）
赵望云写生作品展 ……………………（143）
浙江交响乐团到京演出 ………………（125）
振兴川剧晋京演出周 …………………（79）
郑百重中国画展 ………………………（159）
《知识管理论坛（网络版）》 …………（209）
“至美乐山”书画摄影作品展 …………（35）
中俄举办抗战胜利图片展 ……………（182）
中法大学特藏文献暨中法文化交流学术
研讨会 …………………………（194）
中法两国国家图书馆签约及数字资源
捐赠仪式 …………………………（199）
“中法文化之春”芭蕾精品荟萃专场
演出 …………………………（137）
中共中央政治局召开会议审议
《关于繁荣发展社会主义文艺的意见》 …（38）
中国爱乐乐团 2015～2016 音乐季开启 ………（119）
中国爱乐乐团成立 15 周年音乐会 ……（127）
中国百年摄影艺术展 …………………（180）
中国传记文学学会第五次会员代表大会 ………（48）
中国·大丰全国摄影大展 ……………（184）
中国大自然风景摄影展 ………………（182）
中国当代艺术国际巡展 ………………（28）
中国第三届舞台美术展暨首届视觉
艺术双年展 ………………………（148）
中国儿童艺术剧院儿童戏剧推广日 ……（225）
《中国非物质文化遗产百科全书》首发式 ……（28）
《中国非物质文化遗产保护发展报告
（2015）》 …………………………（33）
中国非物质文化遗产摄影展 …………（175）
中国高校魔术社团联谊会换届 ………（104）
中国歌剧《骆驼祥子》赴意大利巡演 ……（124）
中国歌剧舞剧院赴台演出 ……………（135）
中国歌剧与美声唱法学术研讨会 ………（126）
中国工笔画学会传承展 ………………（142）
中国工艺美术学会书画专业委员会换届 ……（151）
中国古籍保护网全新改版并上线运行 ………（205）
中国古籍保护协会成立 ………………（190）
“中国故事”征文颁奖 ………………（53）
“中国国家博物馆典藏——甲骨文、
金文集粹”展 ………………………（167）
中国国家话剧院 2015 台北演出季 ……（82）
中国国图副馆长李虹霖率团访问法国、
英国 …………………………（203）
中国国图馆长韩永进率团访问土耳其、
阿塞拜疆及伊朗 ……………………（204）
中国国图与韩国国立中央图书馆进行
第 18 次业务交流活动 ………………（204）
中国航空航天影像大赛颁奖 …………（187）
“中国好风光”全国摄影大展颁奖 ……（186）
中国好京剧新春演唱会 ………………（73）
《中国好诗·第一季》 ………………（59）
中国画《新中国诞生》收藏暨展出仪式 ……（151）
中国画学会展 …………………………（142）
中国惠安南派雕刻艺术展 ……………（159）
中国交响乐团 2014～2015 音乐季闭幕
音乐会 …………………………（118）
《中国街舞艺术教育考级》系列教程 ………（138）
中国金融全国摄影艺术展 ……………（178）
中国军队维和行动 25 周年图片展 ……（184）
中国抗日战争胜利 70 周年图片展 ……（175）
中国抗战主题图片展 …………………（181）
中国煤矿文联成立 20 周年座谈会 ……（32）
《中国美术报》创刊 …………………（165）
中国美术家协会策展委员会成立 ………（140）

"中国梦·太行魂"——全国中国画作品展 …………（144）
中国木偶剧院花乡剧场 …………（62）
中国企业家摄影学会工作会议 …………（180）
中国青年魔术师俱乐部 …………（104）
中国青年艺术家推介展 …………（28）
中国曲协赴文艺资源中心调研 …………（101）
中国曲协"送欢笑"10周年系列活动 …………（95）
中国曲艺牡丹奖艺术团惠民演出 …………（96）
中国少数民族摄影师奖作品展 …………（175）
《中国少数民族戏剧通史》研讨会 …………（87）
中国摄影著作权协会会员代表大会 …………（179）
中国诗歌诵读联盟 …………（47）
中国诗歌网上线 …………（60）
中国石油大学（北京）图书馆 …………（208）
"中国书画日"体验活动 …………（224）
中国书协第七次全国代表大会 …………（169）
中国网络正版音乐促进联盟 …………（112）
《中国文化思维之于杂技》 …………（108）
中国文联九届七次全委会 …………（26）
中国文联职工歌咏比赛 …………（223）
中国文学艺术界2015春节大联欢 …………（26）
《中国文艺评论》创刊 …………（39）
中国文艺评论家协会理论委员会 …………（22）
中国文艺评论家协会民族民间艺术委员会 …………（23）
中国文艺评论家协会聘任首批特约评论员 …………（26）
中国文艺评论家协会青年工作委员会 …………（22）
中国文艺评论网开通 …………（39）
中国舞蹈家协会第十次全国代表大会 …………（133）
中国戏剧家协会第八次全国代表大会 …………（76）
中国戏曲教育联盟成立 …………（62）
中国戏曲学院到清华附小进行京剧艺术讲座 …………（89）
中国戏曲学院与北京演艺集团签署合作协议 …………（75）
中国戏曲学院招生新增两个"非遗"剧种 …………（89）
《中国戏曲艺术思想史》出版 …………（91）
中国戏曲音乐学会第四次理事会议 …………（77）
中国现代文学馆庆祝建馆30周年回顾展 …………（55）
中国现代作家珍稀手稿展 …………（48）
中国乡愁文化发展研究中心 …………（23）
中国乡村音乐品牌发展战略发布 …………（117）
"中国写意"——中国美术馆邀请展 …………（142）
中国新加坡艺术交流展 …………（153）
中国新锐摄影师群展 …………（173）
中国艺术摄影荟萃展 …………（177）
中国音乐家协会第八次全国代表大会 …………（117）
中国原创话剧邀请展 …………（74）
中国原创舞剧《马可·波罗》赴意大利演出 …………（136）
《中国杂技金菊奖理论作品奖论文集》出版 …………（110）
中国杂技团建团65周年纪念演出 …………（106）
中国杂技团《协奏·黑白狂想——男女技巧》获"金小丑奖" …………（107）
中国杂协第七次全国代表大会 …………（107）
"中国珍贵典籍史话丛书"出版座谈会 …………（193）
中国中央芭蕾舞团赴美国演出 …………（136）
中国重彩画作品展 …………（144）
中国自然之声油画艺术研究院首届油画中国风景邀请展 …………（140）
"中国作家馆"亮相北京图博会 …………（49）
中国作家协会第八届主席团第七次会议 …………（48）
中国作协八届八次主席团扩大会议 …………（50）
中国作协八届五次全委会 …………（48）
中国作协儿童文学委员会年会 …………（50）
中国作协举办全国省级作协负责人学习研修班 …………（59）
中国作协举行产（行）业团体会员座谈会 …………（58）
中国作协诗歌委员会年会 …………（50）
中国作协网络文学委员会 …………（48）
中国作协网络文学委员会召开第一次全体会议 …………（50）
中国作协与《文艺报》合作创办"抗战文学巡礼"专栏 …………（60）
中国作协作家法律服务团 …………（47）
中华辞赋高端论坛 …………（55）
《中华古籍保护计划"十三五"时期规划纲要（征求意见稿）》专家审议会 …………（193）
中华古籍普查志愿服务行动 …………（198）
《中华民族一家亲》大型美术作品创作工程启动 …………（150）
中华曲艺海外行在新西兰站展演 …………（99）
中华诗词学会第四次全国会员代表大会 …………（49）
"中华颂"——中国民族艺术知多少民族艺术展演 …………（28）
"中华文化四海行——走进新疆"系列活动 …………（35）
中科院文献情报中心启动"中国科技资讯"平台建设 …………（206）
中科院文献情报中心签署Springer电子图书长期保存合作扩展意向书 …………（205）
中科院文献情报中心与IOPP签约 …………（205）

中美芭蕾艺术家联袂演出《天鹅湖》 ………（135）
中美大学图书馆馆长研讨会 ……………………（192）
中蒙当代美术交流展 ……………………………（159）
中日传统戏剧交流座谈会…………………………（88）
中日两国国家图书馆第34次业务交流 ………（204）
中日青少年摄影大赛颁奖 ………………………（222）
中图学会第九次全国会员代表大会 …………（191）
中图学会专业图书馆分会2014年
学术年会 …………………………………………（191）
中小学生优秀传统文化技艺展演活动 ………（215）
中央歌剧院版歌剧《托斯卡》 …………………（114）
中央歌剧院赴河北慰问演出 ……………………（115）
中央国家机关第二届职工摄影作品展 ………（219）
中央美术学院与中国具象油画展 ……………（146）
中央民族歌舞团2015“公众开放日” ………（131）
中央民族歌舞团2015“光荣绽放”
秋季演出季 ………………………………………（119）
中央企业音乐专业委员会 ………………………（112）
中央音乐学院首届中国民族音乐节 …………（119）
中英文化交流年中国文化季………………………（36）
“中英文学戏剧连线”项目启动 …………………（79）
重点网络文学网站座谈会…………………………（57）
舟山渔民画展 ……………………………………（225）
周沧米画展 ………………………………………（154）
周思聪卢沉《矿工图》组画研究展 …………（145）
朱琳逝世……………………………………………（84）
朱振南现代水墨展 ………………………………（156）
“铸魂鉴史　珍爱和平”——纪念抗战
胜利70周年美术作品展…………………………（163）
《装台》 ……………………………………………（43）
自由体戏曲《如烟情仇》 …………………………（63）
总政话剧团慰问驻京部队…………………………（74）
邹明绘画艺术展 …………………………………（156）
邹佩珠追思会 ……………………………………（163）
“最后的民俗”摄影展 …………………………（183）
“醉美俄罗斯”张桐胜摄影作品展 …………（181）